제 4 판

국제조세법

이창희 김정홍 윤지현

박영사

제 4 판 머리말

제3판을 낸 지 두 해 만에 제4판을 낸다. 국내외 새 판례를 반영하였고 기존 서술 중 내용을 새로이 고쳐 쓴 것들도 있다. 제4판은 영어와 한자 표기의 원칙을 정해 좀 더 일관성 있는 서술이 되도록 전반적인 편집 작업도 곁들였다. 아울러 최근 국제조세의 동향으로 빠질 수 없는 '필라 2' 글로벌최저한세의 설명을 보완하고 사례를 추가하여 이해도를 높였다.

올해 초 더 강력해진 미국 우선주의를 주창하면서 돌아온 트럼프 정권의 일방적인 정책 추진으로 온 세상의 정치경제가 출렁이고 있다. 제3판에서 예상한 대로 미숙련노동자들과 전통적 보수세력의 결합이라는 새로운 정치세력과 그 선구자 내지 대변자인 트럼프의 재집권으로 국제조세질서의 앞날을 내다보기는 갈수록 더 어려워지고 있다. 2018년 즈음에 비롯했던 디지털세 또는 필라 1, 2 논의는 원래 일정대로라면 벌써 끝났어야 하지만, 이제 필라 1(원천지국 과세권의 강화) 논의는 미국의 불참이 명확해진 이상 거의 무산된 셈이다. 필라 2(글로벌최저한세)도 미국이 자국의 입법정책을 굽히면서 국제적 합의에 끼어들어오거나 국제사회가 미국의 위세에 눌려 기존 합의를 굽혀야 하는데 예측하기가 어렵다.

올해 미국 국회는 기존의 GILTI를 포함한 트럼프 1기 세제의 연장 방식을 정해야 한다. 미국이 필라 2를 반영하는 세법개정에 나설 가능성은 극히 낮다. 필라 2를 이미 도입한 국가들이 기존 합의 그대로를 법으로 시행한다면 미국계 기업들이 그런 국가에서 필라 2 세금을 두드려 맞을 가능성이 높아진다. 필라 1의 무산으로, 그 시행을 전제로 일단 유보했던 디지털서비스세를 유럽 등 많은 나라가 다시 들고 나오면 미국의 반발과 보복조치는 더욱 강력해질 것이다. 이미 관세만이 아니라 직접세 분야에서도 보복조치를 취하겠다는 법안이 미국 하원을 통과하고 상원에서 대기 중이다. 국제정치를 꿰뚫어 보지 못하는 상태에서 국제조세의 향방만 점치는 것은 애초 헛일이지만 그래도 그냥 허투루 짚는다면 결국 미국의 뜻대로 필라 2의 규칙을 일부 조정하는 방식으로 필라 2가 살아남을 가능성이 높다. 제4판에서 필라2에 관한 설명을 보완한 것은 이 때문이다.

현 국제조세 상황을 크게 보면 미국과 나머지 다른 나라의 대립 구도이지만, 후자는 다시 EU를 비롯한 선진국과 대다수 개도국으로 입장이 다시 갈린다. 그동안 OECD는 개도국들을 그 산하에 끌어들여 '포괄적 이행체제'라는 이름의 국제조세 협의체를 끌고 왔으나, 대부분의 개도국들은 눈치를 살필 기회마저 잃지는 않겠다는 수동적 참가자 내지 방관자 역할에 그쳤다. 이 현실에 불만을 가진 개도국들은 익숙한 포럼인 UN에서 'Global South'라는 이름으로 다시 개도국의 입장을 선명하게 반영하는 별도의 국제조세협력 체제 설립 협약을 논의하기 시작하였다. 개도국들도 그 숫자만큼이나 이해관계가 제각각이어서 쉬운 논의는 아니다.

늘 그래왔지만 '국제적 법질서나 규범질서'(rule-based international order)란 이제 더욱 국제공법 교과서에나 통하는 수사일 뿐이고 현실적 국제관계란 법규범보다는 힘이 지배하는 세상이라는 것이 더 분명히 드러나고 있다. 그렇더라도 법이, 국제조세법이 어디로 가는지 또는 가야 하는지를 공부하는 노력은 멈출 수 없다. 무엇이 옳은가, 어찌해야 맞는가, 이 질문은 탈세계화, 경제적 애국주의, 보호무역주의의 일렁이는 해일 속에서도, 나아가 그 물살이 거칠수록 더욱 더 물을 수밖에 없는 끝없는 자기성찰이기 때문이다.

초판 이래 이 책 작업을 도와주신 분들은 다음과 같다.

초판: 양한희 변호사. 제2판: 김석환 교수(법학박사, 강원대), 김범준 교수(법학박사, 서울시립대), 김영현 서기관(기획재정부), 노성건 변호사. 제3판: 김민후 미국변호사, 제4판: 조필제 변호사

2025. 6. 2. 공저자 적음

제 3 판 머리말

제2판을 낸 지 3년 반 만에 제3판을 낸다. 그 사이에 법령이 바뀐 것과 국내외 새 판례를 반영했다. 가장 큰 변화로는 제14장 피지배외국법인 세제 부분을 새로 썼다. 초판을 낸 지 8년 반 만에 추가한 것인데 현행법에 대한 자세한 해석론은 아니고 조세피난처의 역사와 자본수출 내지 해외자회사 과세의 역사라는 큰 틀을 다루었다.

글로벌 금융위기 이후 국제조세가 그야말로 범세계적 문제로 등장하고 G20 나아가서 온 세상의 백 몇 십 나라가 뒤엉켜서 BEPS 2.0으로 불리는 Pillar 1, 2 논의를 이어가고 있다. 고정사업장 없이 과세 없다든가, 다국적 기업에 대한 과세권은 독립기업 원칙에 따라야 한다든가, 이런 종래의 규범이 다 흔들리고 있다. 특히 범세계적으로 법인세 부담을 일정 기준 이상으로 끌어올리자는 생각을 담은 Pillar 2는 우리나라뿐만이 아니라 EU, 일본 등 여러 나라에서 개정법으로 도입하였거나 도입하는 중이다. 이 변화가 피지배외국법인 세제를 밑바탕에서부터 뒤흔들고 있지만, 막상 개정법이 정말로 시행될지, 된다면 언제부터인지, 아직 안개 속이다. 바이든 행정부에 와서 겨우 시동이 걸렸던 Pillar 1, 2 작업이 다시 하원 다수당이 된 미국공화당의 제동으로 움칫한 상태이고 게다가 트럼프 또는 그 아류의 재집권 가능성이 올라가면서 도대체 어떻게 되려는지 앞날을 내다보기가 어렵다. 한편, EU는 EU대로 새로운 국제조세질서를 추구하면서 제도개혁의 주도권을 잡으려 하고, 칠십여 년 동안 OECD에 밀려서 헛돌던 UN은 논의의 장 자체를 바꾸어보려는 시도를 하고 있다.

이러한 시대상황에서는 현행법을 둘러싼 미주알고주알 해석론보다는 해외자회사의 과세를 둘러싼 세법의 큰 틀이 어떻게 생겨나서 어떻게 바뀌고 있는가를 생각하는 것이 훨씬 중요한 과제이리라. 기실 제14장만이 아니라 책 전체에 걸친 이번 개정작업이 이런 생각에 터잡고 있다. 민주당 정부가 살아남는다고 하더라도 전통적 지지기반이었던 미숙련노동자들이 트럼프로 대변되는 새로운 정치세력의 강력한 지지자로 돌아섰다는 사실은 이미 굳어진 듯싶다. 자본유출을 억제해서 노동계급의 이익을 꾀하자는 생각이 세제의 기본 틀 가운데 하나로 남는 한 투자의 국제적 중립성 확보를 노리는 현행법제가 그대로 온존되지는 못할 것이다. 한편으로는 자본수출을 억제하고 싶기도 하고 다른 한편으로는 국외소득이나 외국기업에 대한 과세를 강화해서 세수를 확보하고 싶기도 하고, 근본적으로는 반드시 일치되지 않는 이런 생각들이 동시에 떠오르고 있는 것이다. 우크라이나 전쟁 이후로 새로 두드러지는 세계경제의 블록화 경향도 앞으로 국제조세법제의 향방에 장차 큰 영향을 미칠 것이다. 외국이라고 해서 다 같은 외국이 아니고 우리 편과 저쪽 편으로 나누어 보자는 것이니.

이번 제3판부터는 오랫동안 기획재정부에서 국제조세 업무를 책임졌던 김정홍 변호사와 서울법대의 윤지현 교수를 공저자로 맞았다. 워낙 엄청난 변화 속에서 새로 읽고 새로 생각해야 할 것이 끝없이 나오는 바람에 이제 세 사람의 공통적 노력 없이는 이 책을 계속 고쳐나간다는 것 자체가 불가능한 판에 이르렀다. 결국 언젠가는 이 책이 담고 있는 이야기들도 두 분의 이야기로 차차 바뀌어 가리라.

초판 이래 이 책 작업을 도와주신 분들은 다음과 같다.

초판: 양한희 변호사. 제2판: 김석환 교수(법학박사, 강원대), 김범준 교수(법학박사, 서울시립대), 김영현 서기관(기획재정부), 노성건 변호사. 제3판: 김민후 미국변호사

2023. 5. 25. 이 창 희

머 리 말

이 책은 내가 한 이십년 세월에 걸쳐 국내외에서 가르쳐 온 국제조세법의 강의안을 다듬은 것이다. 내용은 총론, 비거주자나 외국법인에 대한 과세, 해외로 진출하는 우리나라의 기업에 대한 이중과세의 배제, 이 세 가지로 나눌 수 있다. 대학강의인만큼 이 책의 주안점은 얼핏 답을 알 수 없는 논점을 분석할 수 있는 능력을 배양하는 것이다. 당연히 논의의 수준이 어렵고 앞뒤를 맞추면서 집중해서 읽어야 하는 무거운 내용이다. 특정한 구체적 논점에 대한 답이 법령, 판례, 행정해석 등에 어떻게 나와 있는가를 손쉽게 찾으려는 사람은 실무서적을 보아야 하고, 그런 것은 애초 이 책의 관심사가 아니다. 이 책의 관심사는 국제조세 분야에서 법을 어떻게 해석해야 하고 어떻게 만들어야 옳은가를 따지는 논리를 가르치는 데 있다. 이 점에서 이 책은 '세법강의'의 연장이다.

이 책의 내용 가운데 대부분은 지난 칠팔년 동안 단행본 논문의 형식으로 이미 발표한 것이다. 기실 2007년 NYU에서 조세조약을 가르칠 무렵 내 강의안은 전체 내용을 완성한 단계였다. 그 때 생각으로는 한 해 정도만 집중하면 전체를 다듬어 책을 낼 수 있으리라 생각했다. 그러다가 2008년 무렵부터 더 이상 일을 할 수 없는 상태에 빠져들고 말았다. 2009년판 세법강의 서문에도 적었듯이 어떻게든 국제조세법 책을 내보려고 안간 힘을 써보았지만 결국 불가능했고, 해마다 할 수 있는 일이란 기껏해야 강의안 가운데 한 두 꼭지 정도를 겨우 다듬어서 논문의 형식으로 내는 것 뿐이었다. 지난 칠팔년 동안 내가 내놓은 글이 다 국제조세법 분야의 글이었던 것은 이 탓이다. 솔직히 말하자면 제대로 된 글을 새로 쓸 수 없어서 기왕 써놓았던 강의안을 힘자라는 데까지 한 꼭지 한 꼭지 손보아서 논문의 형식으로 내놓고 있었을 뿐이다. 그러다가 한 이년 쯤 전부터는 그래도 몸이 많이 회복되면서 책 작업을 다시 시작했고 그 결과물이 이 책이다. 힘이 부쳐 강의안 전체를 다 손보지는 못했다. 아직 빠져있는 피지배외국법인 세제는 앞으로 개정판을 낼 때 덧붙일 생각이다.

애초 강의안에서 시작한 논문이기는 하지만 글을 낼 때에는 각각 독자적 논지를 가진 논문으로 발표했던 것인만큼 전체를 모아보니 겹치는 곳이 많고, 단행본으로 내자면 이가 빠진 곳도 많이 채워야 했다. 지난 칠팔년 사이에 바뀐 법령이 많고 새로 나온 판례도 많아서 글 자체를 다시 써야 할 부분도 많아서 힘에 부쳤다. 서울법대 박사과정에 있는 양한희 변호사가 도와준 덕택에 겨우 책을 낼 수 있었다. 새삼 감사드린다. 세법강의에 이어 책 표지를 그려준 막내딸 민지에게도 감사드린다. 이 책의 기초가 된 단행 논문의 목록은 이 머리말 뒤에 적어둔 바와 같다.

2014. 12. 10. 이 창 희

차 례

제 1 편 **국제조세법의 틀**

제 1 장 과세권의 국제적 분배원칙

제 2 장　조세조약의 의의와 해석방법

제 3 장 조약에 따른 과세권 분배

제 4 장 이전가격 세제

제 2 편 **비거주자 · 외국법인의 과세**

제 5 장　사업소득 및 고정사업장의 과세

제 6 장 종속대리인 고정사업장

제 7 장 외국인 투자기업 및 외국인 투자자에 대한 과세

제 8 장 비거주자 · 외국법인의 이자소득

제 9 장 이자비용 손금불산입

제10장 인적용역소득

제11장 임대소득과 양도소득

제12장 사용료소득

제 3 편 **해외사업의 과세**

제13장 외국납부세액공제

제14장 피지배외국법인 세제

제 1 편

국제조세법의 틀

제1장
과세권의 국제적 분배원칙

제 1 절 '국제조세'라니?

국제조세(國際租稅)? 이미 이런 제목을 단 책을 읽었거나 강의를 들은 사람이 아닌 이상, 법률가라면 누구나 고개를 갸우뚱할 것이다. 이 말이 널리 쓰이고 있고 이 강의의 제목 역시 '국제조세법'이라는 이름을 달고 있지만 사실은 국제조세라는 말은 그냥 상식적으로 쓰는 말일 뿐이고 정확한 용어는 아니다. 국제조세법(國際租稅法)이라는 말은 더욱 그렇고.

국제조세라는 말 그 자체, 곧 나라와 나라 사이의 조세라는 말은 뜻이 안 통한다. 이 말의 뜻을 '국제거래에 관련된 조세'라는 정도로 넓혀 잡는다면 웬만큼 뜻이 통할 듯하지만, 그렇게 잡으면 사실은 온갖 문제가 다 걸려든다. 가령 우리나라 회사가 우리나라에서 만든 물건을 미국 지점을 통해서 미국의 소비자에게 판다고 생각해보자. 여기에는 우리나라의 법인세, 미국의 연방소득세(법인세), 미국의 주(州) 소득세(법인세), 미국의 연방관세, 우리나라의 부가가치세, 미국의 주 소비세 등 온갖 문제가 다 걸려들게 마련이다. 실제 이런 거래를 하려면 이런 세금 문제를 다 검토해야 한다. 그러나 이 강의의 제목으로 잡고 있는 '국제조세'라는 말은 '국제거래에 관련된 조세'보다는 훨씬 좁은 뜻이다. 보통 대학의 강좌 이름으로 쓰이는 국제조세라는 말은 국제적 상거래에 관련된 소득세·법인세 문제, 그 중에서도 우리나라의 소득세·법인세 문제를 뜻한다. 이 강의의 주제와 범위도 바로 이것이다.

한결 정확히는 이 강의의 주제는 국제조세법. 다른 세금 문제나 마찬가지로 국제조세 역시 법학뿐 아니라 경제학, 회계학, 정치학, 역사학 등 다른 학문 분야에서도 연구대상으로 삼고 있다. 이 강의는 국제조세에 관한 법규범을 법 해석론과 입법론이라는 두 가지 시각에서 분석해 나가는 전형적 법학 공부이다. 이 강의의 주제가 국제조세법이라고 하는 말은 우선 국제조세에 관한 법규범이 존재한다는 것을 전제로 한다. '국제조세법'이라는 단행 법률은 없다. 그러나 국제조세라는 말을 앞 문단에서 정의한 뜻으로 쓴다면 국제조세에 관한 법규범은 실제로 존재한다. 제국주의 시대가 끝나 경제 블록이 깨어져 나간 20세기 초 이래 교역과 투자는 전세계적으로 이루어지고 생산, 소비, 투자, 저축이 온 세계에 걸쳐 서로 연결되게 되었다. 이리하여 소득, 곧 생산해 낸 재화나 용역의 가치라는 과세객체와, 소비, 곧 생산물에서 투자를 뺀 나머지의 가치라는 과세객체는 온 세계를 단위로 하여 성립하게 되었다. 이에 따라 이런 과세객체를 여러 나라들이 어떻게 나누어 세수(稅收)를 분배할 것인가 하는 국제조세법의 체계가 등장하게 되었다. 여러 나라에 걸쳐 돈을 버는 사람에 대한 과세권의 분배라는 문제의 국제적·세계적 성격 때문에 1) 소득의 '원천지국'의 국내법, 2) 소득을 버는 사람이 속하는 '거주지국'의 국내법, 3) 두 나라 사이의 과세권을 조정하는 조세조약(租稅條約), 이 세 가지 다른 법체계가 서로 유기적 연관 속에서 존재하게 되었다. 우리나라에서도 소득세법, 법인세법 또는 기타의 법률을 보면 이처럼 국제조세에 관련한 규정들이 있다.

그렇다면 이 강의의 주제인 국제조세법이라는 말은 이런 국내법 규정 가운데에서 국제조세에 관련된 내용이라는 뜻인가? 어림잡아 그렇다. 우리 법인세법은 제4장 '외국법인의 각 사업연도의 소득에 대한 법인세'라는 제목으로 제91조에서 제99조에 걸친 조문을 두고 있다. 소득세법도 제4장 '비거주자의 납세의무'라는 제목 아래 비슷한 내용을 정하고 있다. 한편 우리나라의 법인이나 개인이 다른 나라에서 버는 소득에 관련한 내용은 위의 각 장에 들어 있지 않고 내국법인이나 거주자의 납세의무에 관한 다른 규정들 속에 들어 있다. 엄격한 뜻으로는 이 강의의 제목은 '우리나라 소득세·법인세제의 국제적 측면'이라고 부를 수 있다. 이 내용은 앞 1)에서 우리나라가 원천지국이 되는 경우, 앞 2)에서 우리나라가 거주지국이 되는 경우, 3) 우리나라가 다른 나라와 체결한 조세조약, 이 세 가지로 이루어진다. 1)을 다루고 있는 것이 이 강의 제2편이고 2)를 다루고 있는 것이 제3편이다. 3)의 조세조약은 어디로 갔는가? 조세조약은 제1편부터 제3편에 흩어서 각각 그에 관련된 국내법 규정과 유기적으로 결합해서 다룬다. 미국의 교과서는 대체로 1)과 2)에 관련된 국내법을 다 다룬 뒤 뒤이어 조세조약에 대한 분석을 덧붙이는 꼴을 택한다. 그러나 우리나라는 미국과 달리 거의 모든 교역 상대국과 조세조약을 맺고 있는 까닭에 조세조약의 비중이 압도적으로 높고, 현실의 법률문제는 모두 조세조약을 벗어날 길이 없다. 나아가 국제조세에 관한 법규범은 문제의 성격상 나라와 나라 사이에 상호의존성이 워낙 높은 까닭에 조세조약만이 아니라 국내법조차도 서로 엇비슷한 구조를 띨 수밖에 없다. 이런 맥락에서는 국제조세법이라는 말에 국제적인, 또는 범세계적인 법규범이라는 뜻을 느슨하게 담자면 담을 수도 있다.

이 강의의 제1편은 국제조세법의 틀이다. 우선 제1장은 국제조세법의 가장 밑바탕 개념인 과세권의 인적·지역적 범위, 곧 소득의 지역적 원천의 내외(內外) 구분, 소득 종류의 구분, 납세의무자의 내외 구분을 공부한다. 국제조세에 관한 현행법의 뼈대는 이런 개념들이 서로 얽혀 있는 얼개로 이루어져 있다. 국제조세법 내지 국제조세에 관한 법규범이 이런 안팎 개념들을 필요로 하는 것은 오늘날 기업 활동은 여러 나라에 걸쳐서 국제적인 규모로 일어나지만 개별 국가의 과세권은 자국민이나 자국의 영역이라는 인적·지역적 범위 안에 머물 수밖에 없기 때문이다.

제2장은 조세조약이라는 것이 무엇이고 이것은 어떤 방법론을 가지고 풀어나가야 하는가를 공부한다. 국제적 기업 활동이 일어나고 있는 이상 각국은 모두 나름대로의 국내법 체계를 가지고 세금을 매기려 덤비기 마련이다. 그렇다면 법과 법이 서로 충돌한다는 잠재적 문제가 생길 수밖에 없고, 이 때문에 이해관계가 있는 각 국가는 서로의 이해관계를 조정하는 조약을 맺을 유인을 얻게 된다. 관세와 달리 소득세제에서는 이런 조약은 대부분 양자(兩者, bilateral) 조약의 꼴을 띠고 있다. 우리나라도 2025년 3월 현재 이름 들어 알 만한 거의 모든 나라와 조세조약을 맺고 있다. 제2장은 바로 이 조세조약이라는 것이 어떻게 생겨나게 되었고 그 해석방법은 무엇인가를 공부한다. 제1장과 제2장을 제대로 이해한다면 기실 그 뒤에 남는 내용은, 적어도 법해석론 차원에서는 국내법과 조약이라는 두 가지 법규범을 찾아서 두 가지 규범이 서로 어떻게 얽히는가를 살펴가면서 문제에 대한 답을 찾으면 된다. 이것을 구체적 논점별로 공부해 나가는

것이 제2편과 제3편의 내용이다.

그렇지만 구체적 논점을 분석하기에 앞서서 제1편에서 미리 풀어야 할 몇 가지 선결 문제가 있다. 우선 제3장은 조세조약의 적용범위를 공부한다. 지금까지 존재하는 조세조약이란 특정한 두 나라 사이에 체결되는 양자조약이고 그 효력은 당연히 일정한 적용범위 안에 머물러 있다.[1] 이 적용범위가 기실 매우 까다롭다. 조약의 글귀 자체가 그 해석에 조약의 목적, 역사, 전체 체계를 총동원해야 하는 어려운 문제를 낳는다. 거기에 실질과세 문제가 덧붙고 다시 그에 관련된 국내법 규정이 끼어든다. 대법원 판결이 이미 몇 십 개 나왔을 만큼 복잡하다. 제4장은 현행 국제조세법의 논점 가운데 현실적으로 가장 중요한 이전가격 문제를 다룬다. 이 문제를 제1편에서 다루는 것은 현실적 중요성도 있고 또 제2편의 다른 나라 기업의 국내 진출이든 제3편의 우리기업의 대외 진출이든 똑같이 문제된다는 뜻에서 총론적 성격을 띠기 때문이다.

한편 이 강의 전체에 걸쳐서 실제 공부하는 내용 가운데 적지 않은 부분은 앞서 말한 '우리나라 소득세제·법인세제의 국제적 측면'이라는 범위를 넘어서는, 다른 나라의 국내법이다. 구체적으로는 다른 나라가 원천지국의 입장에서는 어떤 세제를 갖추고 있는가, 거주지국의 입장에서는 어떤 세제를 갖추고 있는가, 조세조약은 어떻게 해석하고 있는가를 다룬다. 몇 가지 이유. 첫째, 우리나라 법학 일반에서 그렇지만 비교법적 분석은 이 강의에도 중요하다. 특히 국제조세에서는 여러 나라의 법이 엇비슷해서 비교법적 분석에 쓸모가 있다. 둘째, 국제조세법의 중요 부분이 조세조약이고, 조세조약은 우리나라와 특정한 다른 나라 사이에서 체결된 것이다. 따라서 조약 해석에서는 다른 나라가 조약을 어떻게 해석하고 있는가를 검토하지 않을 수 없다. 나아가 세계 어느 나라에서 체결한 것이든 조세조약은 모두 뼈대가 엇비슷하다. 따라서 다른 나라의 법원이나 행정청이 조약을 어떻게 풀이하는지가 언제나 중요한 참고자료가 된다. 마지막으로, 앞서 국제거래 실무자가 부딪히는 문제가 무엇인가를 생각해 보았듯 국제거래라는 문제의 성격상 거래상대방 국가의 세금 문제는 언제나 그 자체로 중요

---

1) 제2장 제1절 Ⅱ.에서 보듯 최근에 와서 이른바 BEPS 대책의 한 갈래로 다자(多者, multilateral) 조약이 발효했고 우리나라에서도 2020. 9. 1.부터 발효하였다. 정식 명칭은, Multilateral Convention To Implement Tax Treaty Related Measures To Prevent Base Erosion And Profit Shifting. 2020년대에 들어와서 논의 중인 이른바 필라(Pillar) 1, 2도 실제 성사된다면 그 내용의 상당 부분은 결국 이러한 다자 조약에 담겨야 하게 된다.

하다. 물론 세계 모든 나라의 법을 다 공부할 수는 없고, 가능하고 필요한 범위 안에서 미국 등 몇 나라의 법만 살펴볼 뿐.

실무에서 국제조세는 얼마나 중요할까? 이 질문은 우리 경제, 나아가 세계 경제에서 국제 교역(交易)과 국제투자가 얼마나 중요한가 묻는 것이다. 우리나라는 1960년대 초부터 수출 지향의 경제정책을 써온 까닭에 무역 의존도가 매우 높았지만 대략 1980년대 후반까지는 국제조세는 실상 그다지 중요하지 않았다. 구조적 무역적자를 메운 해외자본은 주로 차관(借款)이라는 꼴로 들어왔다. 외국인 직접투자는 선별적으로만 허용하고 포트폴리오 투자는 원칙적으로 금지하는 억제 정책이 오랫동안 계속되었다. 이 시대에는 자본수출이란, 해외시장 확보에 정말 꼭 필요한 범위 안에서 이루어졌을 뿐 자본수입국인 우리나라로서는 아예 생각하기 어려운 일이었다. 한편 외국인 직접투자든 차관이든 우리나라로 들어오는 외자(外資)는 외자도입법과[2] 후속 법률에 따른 조세감면의 혜택을 받았다. 1980년대 후반까지도 국제조세 실무란 외자도입 조세감면에 관한 일이 거의 다였고 조세조약에 관한 일이 이따금 생기는 정도였다. 그러다가 1980년대 후반을 넘으면서 수출이 수입을 넘어서고, 나라가 자본수출국으로 바뀌기 시작할 무렵 자본자유화가 진전되었다. 이에 따라 해외자본의 국내 투자나 국내자본의 해외 투자가 모두 큰 폭으로 늘어나기 시작하면서 국제조세는 실무적으로 아주 중요한 분야로 등장하기 시작했다. 특히 1997년에서 1998년에 걸친 금융위기를 겪으면서 거의 전면적으로 자본자유화가 이루어지고, 그 뒤 외국인 직접투자나 포트폴리오 투자가 폭발적으로 증가하고 그와 동시에 국내자본의 해외 투자 역시 빠르게 증가하기에 이르렀다.[3] 이리하여 이제 국제조세는 세법 실무에서 아주 중요한 분야가 되었다.

우리 경제에서 외자 도입과 해외 투자가 1980년대 후반부터 두드러지게 늘

2) 외국자본의 유치 및 보호를 목적으로 1966. 8. 법률 제1802호로 제정·공포된 법률. 1983년 전문개정하면서 '공공차관의 도입 및 관리에 관한 법률'과 '외자관리법'을 폐지하고 이들 두 법률의 내용을 흡수. 1997. 1. 13. '외국인투자 및 외자도입에 관한 법률'로 명칭이 변경되었으며 1998. 11. 17. '외국인투자촉진법'이 법률 제5559호로 제정되었다.

3) 수출입은행「해외직접투자통계연보」및「해외직접투자동향분석」에 따르면, 해외직접투자금액은 신고기준 1980년 2.7억 달러에서 1996년 70.2억 달러, 2021년 1,105억 달러로, 투자금액 기준 1980년 1.5억 달러에서 1996년 44.7억 달러, 2021년 766.46억 달러로 크게 증가하였다. 한편 외국인직접투자는 도착기준 1996년 약 23.3억 달러에서 2021년 180.3억 달러로 증가하였다(산업통상자원부 홈페이지, '외국인 투자 통계' 참조).

고 1990년대 말부터는 폭발적으로 증가했다는 것은 사실 선진국 경제의 세계적 추세와 일치한다. 세계경제 전체가 비슷한 추세였다. 나아가 세계 전체를 놓고 본다면 해외 투자와 해외교역의 대부분은 기실 선진국 상호간에 이루어진다. 우리 입장에서는 금융위기라는 고통스러운 과정을 겪으면서 국내 자본시장을 점령당했다는 느낌이 남아있지만 어쨌든 결과적으로 나타나는 우리 경제의 모습은 선진국 경제의 일반적 양상에 이르게 된 것이다.

국제조세 실무는 문제의 성격이 전문적인데다가 외국법에 관한 지식이 필요한 경우가 대부분이어서 잘 교육받은 변호사, 회계사 기타 전문가의 역할이 아주 크다. 국제조세를 익히려면 영어를 잘해야 한다. 적어도 잘 읽을 수 있어야 한다. 우리나라는 워낙 넓은 조세조약의 망을 펼치고 있어서 실제로 국내법보다 조약이 더 중요하다. 우리나라의 조약은 미국 같은 영어권 국가와 맺은 조약에서는 영어본과 한국어본을 대등한 정본(正本)으로 맺는다. 비영어권 국가와 맺은 조약에서는 대개 우리말, 상대방 체약국의 말, 영어, 이 세 가지 말로 맺지만 영어본이 우선한다.[4] 법이 아예 영어로 적혀있다는 말이다.[5] 나아가 20세기 말부터는 OECD를 중심으로 각국이 국내법에 일정한 내용을 공통으로 입법하자는 조약, 행정협정, 또는 사실상의 합의를 하고 영어 원문을 번역해서 국내법을 만들거나 고치는 일이 많다. 특히 2015년 이후에는 이른바 '세원잠식 및 소득이전'(BEPS; Base Erosion and Profit Shifting) 방지 작업의 결과를 국내법에 입법하기로 합의한 것이 늘었고 그 연장전이라 할 2020년대의 '필라'(Pillar) 1, 2[6] 역시 상당 부분은 합의대로 국내법을 만들거나 고치게 된다.[7] 영어를 모르면 국내법조차 읽기 어려운 판에 이른 것. 이 책에서는 영어가 우선하는 조약이나 OECD 모델조약같이[8] 아예 영어로 된 문서는 영어 원문을 인용하되 우리말 번역도 곁들

4) 예외로 프랑스와 맺은 조약은 한국어본, 프랑스어본뿐이고 둘 다 대등한 정본이다. 일본, 룩셈부르크 조약은 영어본뿐이다.

5) 보기를 들자면, 우리나라와 일본 사이의 조약 한국어본에서 "이윤배분이 발생한 회계기간"이라는 말은 영어본의 "the accounting period for which distribution of profits takes place", 곧 이익처분(배당)의 대상인 회계기간을 잘못 옮긴 것이다. 대법원 2021. 7. 21. 선고 2018두54408 판결. 이 판결에 대한 평석으로, 김범준, "조세조약에 정의되지 않은 용어의 해석방법: 한국-일본 조세조약 제10조 제2항 (가)목의 해석론과 조세조약 정책상 개선방안", 「조세학술논집」 제38집 제1호(2022), 1쪽 이하.

6) 이를 BEPS 2.0이라 속칭하기도 한다.

7) 제2장 제1절 Ⅰ. 3.

8) 제2장 제1절.

이기로 한다. 우리말 번역은 영어의 뜻이 올바로 드러나도록 모두 다시 옮겼다. 한국어본과 영어본이 대등한 정본인 조약은 한국어본만 인용한다. 우리나라와 외국 사이의 조약은 상대방 체약국만 적어서 가령 '미국조약', '일본조약' 식으로 부르기로 한다.

제 2 절 속지주의와 속인주의

I. 개 요

섭외(涉外) 문제에 관해 법의 적용범위를 정하는 방식으로는 속지주의(屬地主義)와 속인주의(屬人主義)를 생각할 수 있다. 세법도 같다. 즉 우리나라와 다른 나라 사이에 걸친 국제적 경제활동이 있을 때 우리나라가 그런 활동에서 버는 소득에 대해 세금을 어떻게 걷을 것인가를 정하는 기준으로 속인주의와 속지주의를 생각할 수 있다. 세법의 영역에서 속인주의란 사람을 기준으로 납세의무자의 내외(內外)를 구분하여 자국에 속하는 자의 소득은 세계 어디에서 벌었든 모두 자국이 과세하자는 생각. 속지주의란 과세객체를 기준으로 소득의 내외를 구분하여 자국에서 버는 소득이라면 자국이 과세하자는 생각이다. 오늘날 대부분의 나라가 속인주의와 속지주의 두 가지 제도를 병행하여, 자국에 속하는 납세의무자에 대해서는 전세계소득(全世界所得, worldwide income)을 과세하고 자국에 속하지 않는 납세의무자에 대해서는 속지주의 기준으로 국내원천소득만을 과세한다. 다른 한편, 현실 세계에서는 이 규범체계는 별 의미가 없고 속지주의가 오히려 지배적 지위를 차지한다. 국제적 경제활동은 거의 언제나 법인이라는 형식을 통해 이루어지고 있고, 외국에서 소득을 벌면서 그 형식으로 외국법인이라는 틀을 택하기만 하면 국외원천소득을 투자자 본국의 속인주의 과세권에서 제외할 수 있기 때문이다.

이 절의 과녁은 위와 같은 규범체계가 현행 법제에 자리잡게 된 논리적·역사적 이유를 찾는 것이다. 속인주의에 터잡은 전세계소득 과세라는 규범을 선언하면서도 다른 한편으로는 이를 거의 무의미한 정도까지 축소할 선택권을 납세의무자에게 주고 있다는 현실은 어디에서 연유하는 것인가? 이 절은 이 물음에 대한 답으로 속인주의와 속지주의의 대립은 궁극적으로는 인민주의적(人民主義

的) 공평 개념과 자본 소유자들의 집단이익 사이의 대립으로 환원할 수 있다는 가설 내지 시론(試論)을 제시한다. 이 주장이 가설이나 시론의 단계에 머무를 수밖에 없는 것은 세계 각국의 근대 법제사(法制史)에 대한 공부가 아직 미진해서 그렇다.[9] 나아가 이 가설은 어쩌면 애초 입증이 불가능한, 영원히 가설로 남을 수밖에 없는 주장일지도 모른다. 특정 세력이 자신의 이해관계에 따라서 법을 입법하였다는 것을 증명할 수 있는 경우란 아마 거의 없으리라. 할 수 있는 분석은 기껏해야 특정한 법의 내용이 특정 세력의 이해관계와 일치한다는 것을 밝혀낼 수 있을 따름.

이 절 제Ⅱ항은 우선 속인주의와 속지주의라는 두 가지 생각이 현행법에 어떻게 나타나 있는가를 정리한다. 제Ⅲ항은 현행법이 생겨난 과정을 역사적・제도적으로 살펴본다. 요는 속지주의는 세수 확보를 역사적 사명으로 삼은 소득원천설의 한 속성으로 제도화된 것이고, 속인주의 내지 전세계소득 과세는 그 뒤 인민주의적 공평이라는 당위에 터잡아 순자산증가설 소득 개념의 일부로 속지주의 위에 덧씌워졌다는 것. 공평을 잣대로 삼는다면 속인주의가 속지주의를 제압해야 마땅하다. 그럼에도 불구하고 현실의 세제에서는 속인주의가 차지하는 지위는 겉껍질 정도일 뿐이고, 현실을 지배하는 것은 외국법인이라는 형식을 이용한 속지주의이다. 왜 그런가? 제Ⅳ항과 제Ⅴ항은 효율이라는 잣대로 이 질문을 따져본다. 답은 효율의 관점에서도 전세계소득 과세가 우월하다는 것. 그렇다면 도대체 무엇이 현실을 설명하는가? 제Ⅵ항은 이에 대한 답에 갈음하여 법인 내지 법인세라는 제도 자체가 안고 있는 논리와 전세계소득 과세 사이의 갈등을 지적하고, 그에 더하여 현실의 법이란 입법과정의 정치경제학으로 설명할 수밖에 없는 것 아닌가라는 의문을 던짐으로써 마무리한다.

Ⅱ. 현행법상의 과세관할권: 속인주의와 속지주의

어떤 사람이 여러 나라에 걸친 경제활동에서 소득을 벌고 있을 때 특정한 국가는 그런 소득 가운데 어디까지를 과세할 수 있는가? 우리나라를 비롯한 세계 많은 나라는 이 문제에 대해 비슷한 답을 내어놓고 있다. 납세의무자를 내외(內外)로 구분하고 또 소득을 내외로 구분하여, 자국에 속하는 자에 대해서는 속

9) 또 앞으로 평생을 공부하더라도 마칠 수 없을 것이라는 생각 때문이다.

인주의 방식으로 전세계소득을 과세하지만 자국에 속하지 않는 자에 대해서는 속지주의 방식으로 국내원천소득만을 과세한다는 것. 우리 법을 보자.

> 소득세법 제3조(과세소득의 범위) ① 거주자에게는 이 법에서 규정하는 모든 소득에 대하여 과세한다. (단서[10) 생략)
> ② 비거주자에게는 제119조에 따른 국내원천소득에 대해서만 과세한다.

> 법인세법 제3조(납세의무) ① 다음 각 호의 법인은 이 법에 따라 그 소득에 대한 법인세를 납부할 의무가 있다.
> 1. 내국법인
> 2. 국내원천소득이 있는 외국법인

> 법인세법 제4조(과세소득의 범위) ① 내국법인에 법인세가 과세되는 소득은 다음 각 호의 소득으로 한다.
> 1. 각 사업연도의 소득
> ④ 외국법인에 과세가 되는 소득은 다음 각 호의 소득으로 한다.
> 1. 각 사업연도의 국내원천소득

거주자와 내국법인에 대해서는 전세계소득에 납세의무를 지우고 비거주자와 외국법인에 대해서는 국내원천소득에만 납세의무를 지운다.

자연인과 법인을 구별하여 법인에도 세금을 물리는 것은 아마도 만국공통인 듯. 여기에서 '법인세'라는 말은 자연인이 아닌 단체를 납세의무자로 삼아 단체를 단위로 소득을 계산하여 거기에 세금을 물리는 제도라는 뜻이다. 이와 다른 뜻으로 법인세라는 말을 '법인'을 납세의무자로 삼는 세금이라는 뜻으로 쓴다면 엄밀히 따진다면 법인세란 우리나라를 떠나서는 있을 수가 없다. '법인'이라는 한글로 읽어야 하는 이 말은 우리말이니까.[11) 다른 나라의 세제에 관하여 법인세라는 말을 쓰는 이상 이 말은 자연인이 아닌 단체를 소득계산과 납세의

---

10) "다만, 해당 과세기간 종료일 10년 전부터 국내에 주소나 거소를 둔 기간의 합계가 5년 이하인 외국인 거주자에게는 과세대상 소득 중 국외에서 발생한 소득의 경우 국내에서 지급되거나 국내로 송금된 소득에 대하여만 과세한다." 비영주자(非永住者)의 과세는 아래 제4절 Ⅲ. 2.

11) 상세는 이창희, 『세법강의』, 제18장 제2절 Ⅰ.

단위로 삼는 세제라는 뜻으로 쓸 수밖에 없고, 이런 의미의 법인세는 아마 오늘날 만국공통인 듯싶다.[12] 이런 세제에 따라 납세의무를 지는 단체를 법인이라 부른다면 세법이 자연인과 법인을 구별한다는 현상은 만국공통이라는 말.

국내 원천소득과 국외 원천소득이라는 소득의 내외구분은 매우 큰 주제로 뒤에 제3절에서 다룬다. 납세의무자의 내외구분 기준도 제4절에서 따로 다룬다. 우선은 나라마다 기준이 다르다는 것만 알아두라. 가령 미국법에서는 자연인(自然人)의 내외구분 기준으로 거주지라는 기준과 아울러 국적을 쓰고 있다.[13] 법인의 내외구분은 설립준거법에 따른다.[14] 납세의무자의 내외구분 기준에서 미국법은 오히려 예외라 할 수 있고 다른 나라 법은 대체로 우리나라와 비슷하다.

Ⅲ. 현행법제의 역사적 · 이념적 기초

납세의무자의 내외를 가르고 소득의 내외를 갈라 일정한 사람은 무제한(無制限) 납세의무자로 삼아 전세계소득을 과세하고 다른 사람은 제한적 납세의무자로 삼아 국내원천소득만 과세한다는 법제가 거의 만국공통의 규범에 이르게 된 것은 어떤 연유인가?

1. 소득 개념의 역사적 발전과 속지주의 · 속인주의

속인주의란 특정한 납세의무자가 어느 나라에 속하는가라는 인적 관할을 정한 뒤, 소득을 어디에서 어떻게 벌었는가에 관계없이 그 나라가 납세의무자의 모든 소득을 과세하자는 생각이다. 자국에 속하는 사람에 대해서는 소득을 어디에서 벌었든 무제한 납세의무자로 삼아 국가가 전면적 · 무제한적 과세권을 행사하겠다는 생각이다. 이런 생각은 근대 소득세제의 기본이념, 곧 어디에서 무엇을 해서 돈을 벌었든 형편이 같은 사람은 같은 세금을, 형편이 나은 사람은 더 많은 세금을 내어야 마땅하다는 생각으로[15] 돌아간다. 세계 어디에서 돈을

12) 역사적으로는 회사를 납세의무자로 삼지 않고 회사를 통해 버는 소득을 각 주주나 사원에게 바로 과세하는 제도도 있었다. 가령 미국의 1864년 소득세법. Act of June 30, 1864, ch. 173, 13 Stat. 223. 이창희, 『세법강의』, 제13장 제3절 Ⅳ.

13) 미국세법 제1조, 제872조(a), 제7701조(b). 미국 재무부규칙 1.1-1(b). Cook v. Tait, 267 U.S. 47 (1926), 특히 56쪽.

14) 미국세법 제11조, 제882조, 제7701조(a)(4)와 (5).

15) 근대 소득세제의 역사는 이창희, 『세법강의』, 제7장.

벌었든지 간에 돈을 번 이상 이를 모두 그 사람의 소득에 넣어 과세해야 공평하다고 생각하는 것.[16] 이런 의미의 인민주의적 공평이 소득세제의 기초가 된 것은 1894년의 미국 소득세법으로 돌아가지만 이 법은 바로 위헌 판결을 받아서 좌초되었다. 그 뒤 헌법 개정이라는 곡절을 거쳐 1913년의 미국 소득세법은 인민주의적 공평에 터잡아 소득이라는 개념을 부(富)의 증가, 순자산의 증가로 정의하였고, 그 속성으로 속인주의에 터잡은 전세계소득 과세제도가 생겨난다.[17] 같은 법은 바로 첫 조문에서 "국내에 살든 해외에 살든 모든 미국 시민에 대하여, 또 미국 시민이 아니더라도 미국에 살고 있는 모든 사람에 대하여, 어떤 원천에서 생겼거나 벌었든 간에 전년도 동안의 순소득 전체에 해마다 세금을 매기고 부과하고 징수하고 납부받는다"라고 정하고 있었다.[18]

법률적 사고방식에 젖은 사람이라면 인적 관할 내지 속인주의가 존재한다는 것을 너무나 당연하다고 여기기 십상이지만, 사실은 그렇게 당연하지는 않다. 거시적 관점에서 본다면 세금이란 국가가 제공하는 공공재의 대가이므로, 아무런 혜택도 주지 않는 나라가 세금만 걷겠다는 생각을 당연한 규범으로 정당화하기는 어렵다. 나아가 국가가 그에 속하는 사람의 전세계적 경제 활동을 파악할 수 있는 행정능력이 없다면 속인주의 과세권은 현실 세계에서는 구호로 남을 뿐이다. 속인주의에 대한 대안은? 속지주의, 곧 특정한 납세의무자가 자국 안에서 번 소득만 과세하자는 생각. 제대로 된 국가라면 어떤 국가든 어느 납세의무자가 자국 안에서 번 소득을 파악하여 과세할 수 있는 행정능력과 물리적 실력을 갖추고 있기 마련이다. 엄밀한 의미에서는 이런 속지주의에서는 거주자나 비거주자, 또는 내국법인이나 외국법인으로 납세의무자의 내외를 구별할 필요가 없고 소득의 내외만 구분하면 된다. 누구든지 국내원천소득에는 세금을 내어야 하고 또 국내원천소득에만 세금을 내기 때문이다.

실제 역사에서 소득세제는 공평이라는 추상적 개념에서 시작한 것이 아니라 세수(稅收)의 조달이라는 현실적 필요에서 시작했다. 논의를 국제조세로 좁히

16) 다른 나라가 매긴 세금에 관련한 2중과세 방지 문제는 잠깐 접어두자. 곧 본다.

17) 그에 앞서 일본은 1899년에 법인세법을 처음 만들면서 내국법인과 외국법인을 구분하고 내국법인에게는 전세계소득을 과세한다고 정하고 있지만, 법인세법 자체에 별 중요성이 없었던 만큼 아마도 개념적·선언적 성격에 갖는 데에 지나지 않았으리라. Yoshihiro Masui, "International Taxation in Japan: A Historical Overview", 21 Tax Notes International, 2813 (2000) 참조.

18) 38 Stats. 114 (1913), at 164, A. Subdivision 1.

William Pitt

면, 속인주의가 아니라 속지주의에서 시작했다는 말. 소득세제는 프랑스 혁명 당시의 영국 수상이었던 윌리엄 피트(William Pitt, 흔히 소小 Pitt)가, 영불 전쟁에 드는 전비를 마련하기 위한 한시적 비상재정의 조달수단으로 들여왔다.[19] 전비 조달을 위한 한시세(限時稅)라는 성격 탓에 이 소득세제의 역사적 임무는 조세저항을 최소화하면서 세수를 확보하는 데 있었다. 이리하여 피트 내각 당시의 시행착오를 거쳐 1803년 이후의 애딩턴(Addington) 소득세제는 소득 원천설(源泉說; source concept) 내지 제한적 소득 개념에 터잡게 되었다. 각 개인의 사생활을 들여다보지 않으면서 세수를 걷자면, 일정한 원천에서 계속적·반복적으로 생기는 소득만 과세하는 길뿐이니까.[20] 이런 세제에서는 소득을 버는 사람이 자국에 속하는 사람인가 또는 다른 나라에 속하는 사람인가라는 질문은 할 필요가 없다.[21] 애초 소득을 버는 사람을 기준으로 세금을 매기는 것이 아니라 국가가 원천에서부터 파악할 수 있는 일정한 소득의 흐름에 세금을 매기는 까닭이다. 국가가 그 흐름을 파악할 수 있는 소득이란 당연히 그 원천부터 자국 안에 있는 소득이게 마련이고 이리하여 소득원천설에 터잡은 소득세제는 자연스럽게 속지주의 내지 지역을 기준으로 한 과세권 분배로 이어진다.[22] 곧 소득을 버는 사람이 누구인가는 묻지 않고, 소득의 원천이 어디인가만을 따져서 자국 안에서 버는 소득은 모두 과세하자는 것이다. 해외에서 버는 소득은 국가가 이를 파악할 수 있는 길이 없는 이상 과세대상에서 벗어날 수밖에 없다.

속인주의, 곧 자국에 속하는 사람은 무제한 납세의무를 진다는 생각은 인민주의적 공평 개념의 산물이다. 속인주의란 개념의 차원에서 소득이라는 개념 자체가 원천을 묻지 않는 부(富)의 증가, 순자산(純資産)의 증가로 바뀌는 것을 필

19) 상세는 이창희, 『세법강의』, 제7장 제1절.

20) 같은 절.

21) 프랑스의 법인세제는 지금도 그렇다.

22) 1920년 무렵까지 프랑스의 상황이 그랬다. "Double Taxation and Tax Evasion", Report and Resolutions submitted by the Technical Experts to the Financial Committee of the League of Nations (1925), 13쪽 이하.

요로 하고, 다른 한편으로 법집행의 차원에서 행정능력이 강화되어 국가가 납세의무자의 해외 소득도 실제로 과세할 수 있는 능력을 갖추었을 것을 요구한다. 미국의 1913년 소득세법에 자리잡은 순자산증가 설(說) 내지 포괄적 소득 개념은 그 뒤 미국을 넘어 온 세상으로 번져나가기 시작하였고, 소득원천설·제한적 소득 개념은 순자산증가설·포괄적 소득 개념의 전면적 침투를 받게 된다. 어떤 이유로 공돈 1천만원이 생겼다면 그만큼 형편이 나아졌음이야 틀림없으니. 이런 이득이 계속적·반복적 소득이 아니라는 것을 이유로 내세워 세금을 물릴 수 없다고 주장하는 것은 설득력이 없다. 이 때문에 소득원천설은 허물어지고 각국의 소득세제는 순자산증가설의 영향을 받아 과세소득의 개념을 전면적으로 확대하기 시작한다. 다만 이 확대는 미국식의 순자산증가설 내지 포괄적 소득 개념을 전면적으로 도입하는 꼴이 아니라 소득원천설 내지 제한적 소득 개념을 유지하되 과세대상인 소득의 범위를 크게 넓혀 실질적으로 순자산증가설에 다가가는 꼴로 이루어진 것이 보통이다. 공평을 소득 개념을 정하는 유일한 잣대로 삼아 순자산증가설 내지 포괄적 소득 개념을 전면입법한다면 자유의 영역이 말살되고 국가에서 자유로운 사생활의 영역이라는 것이 살아남을 여지가 없다는 헌법 내지 정치철학적 문제가 생기는 까닭이다.[23)]

실제 영국 소득세제의 역사를 보면 이 점이 드러난다.[24)] 논의를 섭외(涉外) 문제로 좁혀서 전세계소득 과세가 어떤 식으로 들어오기 시작하는가만 알아보자. 논의의 시발점은 애초 피트(Pitt)의 세제에 "money arising from foreign securities"를 과세한다는 말이 있었다는 점이다. 뒤이은 애딩턴(Addington) 세제에는 같은 글귀에 더하여 "income from foreign possessions"를 과세한다는 말을 두었다.[25)] 이것은 무슨 뜻인가? 국외원천소득을 과세했다는 말인가? 우선 생각할 점은 이 말은 이백 수십년 전의 법전에 나온 말이고, 낱말의 뜻이 지금과 아주 다르다는 점이다. 그 당시의 뜻으로 전자는 담보부 채권자가 받는 이자라는 뜻이고[26)] 후

23) 이창희, 『세법강의』, 제9장.

24) 이하는 Avery Jones, "Taxing Foreign Income from Pitt to the Tax Law Rewrite — the Decline of the Remittance Basis" in *Studies in the History of Tax Law*(John Tiley Ed.), Hart Publishing (2004), 19쪽 이하를 간추린 내용이다.

25) "money"라는 말은 "interest"라는 말로 바뀌었다. 43 Geo Ⅲ ch. 122, Case Ⅳ.

26) 1842년까지는 회사라는 제도가 불법이었고 영국 아닌 다른 외국법인이라는 것은 영국법에서는 존재하지 않았다. 따라서 본문의 "securities"는 증권이라는 뜻일 수는 없다. Avery Jones, 앞의 글, 19쪽 이하.

자는 해외 "plantation"에서 받는 소득이라는 뜻이었다.[27] 이백년에 걸친 판례의 변화를 통해 지금에 와서는 후자는 전자의 이자소득 이외의 모든 국외원천소득이라는 뜻으로 확대되었지만,[28] 애딩턴 당시로 돌아가면 오늘날의 용어로 국외원천소득 가운데 과세대상이었던 것은 담보부 채권자가 받는 이자와 해외 "plantation"에서 받는 소득 두 가지뿐이라는 말이다. 국가가 국외의 원천을 관리할 수 없는 마당에 이 두 가지 소득은 어떻게 과세할 수 있었을까? 사실은 이런 소득을 과세한다는 말은, 이런 소득이 금융기관을 통하여[29] 국내에 송금되었을 때 과세한다는 말이었다.[30] 이를 일컬어 송금주의(送金主義, remittance basis)라 부른다. 돈이 국내로 송금된 이상은 국가는 이런 소득의 흐름을 파악할 수 있게 마련이므로, 국외에서 번 소득이더라도 과세할 수 있게 되는 것이다.

그 뒤 영국법에서는 법률 글귀 그 자체는 별 변화가 없었지만 판례를 통해 글귀의 뜻이 차츰 바뀐다. 한편으로는 송금주의의 범위를 점점 좁히고, 다른 한편으로는 "foreign possession"이라는 말에서 "foreign"이라는 말의 범위를 점점 좁혀서 국내원천소득의 범위를 넓히고 또 "possession"의 범위는 점점 넓혀서 과세가능한 국외소득의 범위를 점점 넓혀가게 된다. 종래 거주자의 국외원천소득으로 비과세되었던 소득이 점점 과세대상으로 편입되어 들어온다는 말이다. 제정법(制定法)에도 변화가 있어서 1914년부터는 자산소득을 '바로바로'(arising basis) 과세하기 시작했다.[31] 1940년부터는 송금주의의 적용대상이 상업소득과 근로소득으로 축소되었다. 1965년부터는 회사의 국외원천소득은 모두 바로바로 과세하기 시작했다.[32] 1974년부터는 개인의 국외원천소득도 바로바로 과세하기 시작했고. 그러나 근로소득과 양도소득은 아직도 송금주의 기준으로 과세하고 있다.

이 역사에서 분명하듯 각국 정부의 입장에서 본다면 속인주의와 속지주의

---

27) 같은 글 24쪽 이하. 그 무렵의 식민지, 곧 "plantation"이나 "colony"는 대개 왕령(王領)으로 설립된 회사였다. 오늘날 미국법에서는 푸에르토리코 따위 속령(屬領) 내지 식민지를 "possession"이라 부른다.

28) 대표적 판결로 Colquhoun v. Brooks, 2 T.C. 490 (1889), 특히 502쪽.

29) 물론 금융기관이라는 말 역시 오늘날의 은행은 아니고 그 전신이라 할 "factor"를 뜻한다.

30) 상세는 William Phillips, "The Origin of Income Tax", British Tax Review(BTR) (1967), 103; "The Real Objection to the Income Tax of 1799", BTR(1967), 177; "A New Light on Addington's Income Tax", BTR(1967), 271.

31) Finance Act 1914 s.5.

32) Finance Act 1965 s.511.

는 배타적 대안이 아니다. 세수의 확보라는 입장에서 본다면 납세의무자가 누구이든 국내에서 버는 소득은 모두 속지주의로 과세하게 마련이고, 그 후 속인주의 관할권을 행사할 수 있는 물적 기반이 마련됨에 따라 자국에 속하는 자에 대해서는 전세계소득을 과세하게 마련이다. 속인주의 과세권을 택한 나라라 하더라도 자국에 속하지 않는 납세의무자가 국내에서 버는 소득에 대한 속지주의 과세권을 구태여 마다할 이유가 없다. 이리하여 미국의 1913년 소득세법은 속인주의 관할권에 속하는 자의 전세계소득을 과세함과 아울러 속지주의로 "미국 밖에 사는 사람이 미국 안에 있는 재산이나 미국 안에서 벌이는 사업, 상업 또는 직업에서 버는 순소득은 그 전체에 대해" 미국에 사는 사람이나 "마찬가지 세금을 해마다 매기고 부과하고 징수하고 납부받는다"고 정하였다.[33] 이처럼 속인주의를 쓰는 나라는 속지주의를 병행하게 마련이고, 그에 따라 납세의무자와 소득 두 가지 모두에 대하여 내외구분이 필요하다. 자국에 속하는 사람이라면 속인주의에 따라 전세계소득에 대한 무제한 납세의무를 지우고, 자국에 속하지 않는 사람이라면 속지주의에 따라 국내원천소득만 과세하는 제한적 납세의무를 지우는 것이다.

이상을 요약한다면, 속지주의 과세권이란 과세소득의 범위를 국가가 파악하고 관리할 수 있는 원천이 있는가에 따라 정하던 소득원천설 시대의 산물이다. 그 뒤 인민주의적 공평의 이념에 따라 과세소득의 범위가 순자산의 증가로 다시 정의되게 됨에 따라 속인주의 과세권이 추가로 생겨났다. 현행법제가 속지주의와 속인주의를 병용(倂用)하게 된 역사적 이유가 바로 이것이다. 한편 이 흐름에 어긋나는 사례도 있다. 프랑스는 1917년 소득원천설 내지 제한적 소득 개념의 분류과세로 소득세제를 만들면서 자연인이든 법인이든 내외구별 없이 모두 원천이 국내에 있는 소득만 과세했다. 그 뒤 1948년부터 자국에 속하는 자연인의 종합과세 내지 전세계소득 과세를 시작했지만 국외원천 사업소득은 과세하지 않고 법인의 소득도 적극적 사업소득이라면 국외원천 소득을 과세하지 않는다. 라틴 아메리카 여러 나라에서는 오랫동안 속인주의를 받아들이지 않고 속지주의를 유일한 기준으로 그대로 유지했다.[34] 이처럼 속인주의 기준의 전세계소득

33) 38 Stats. 114 (1913), at 164, A. Subdivision 1.

34) Richard B. Goode, *Government Finance in Developing Countries*, Brookings Institution Press (1984), 123쪽.

과세에서 벗어나는 나라가 생기는 것은 두 가지 이유를 찾을 수 있다. 하나는 뒤에 보듯 자국 기업의 경쟁력 확보라는 생각이다. 다른 나라에 나가 있는 기업이 그 나라 세금만 아니라 자국의 세금까지 물어야 하면 경쟁에서 밀리리라는 염려이다. 둘째는 과세관청에 국외원천소득의 과세를 실제 집행할 행정능력이 있는가라는 현실 문제이다. 제한적 소득 개념은 현실적으로 원천에서 과세가능한 소득만 과세한다는 집행가능성의 문제에서 시작했다. 따라서 필연적으로 속지주의와 연결된다. 한결 근원적으로 이 문제는 어떤 나라에서는 전세계소득을 과세하는 법제를 만들어내고 어떤 나라는 그렇게 안 하는가, 또는 못 하는가라는 정치체제의 하부 문제이다. 소득세제의 역사란 인민주의, 좋은 말로 민주주의의 역사이니까.[35)]

2. 납세의무자의 내외(內外) 구분

국가의 행정능력이 강화되고 또 공평의 이념이 소득세제의 기초로 자리잡음에 따라 오늘날 세계 여러 나라는 소득의 내외를 가르고, 사람도 자국에 속하는 사람과 그렇지 않은 사람으로 내외를 가른다. 그런데 여기에서 어떤 사람이 자국에 속한다는 말은 도대체 무슨 말일까? 법률가라면 으레 속인주의 관할권이라는 말에서 국적이라는 개념을 기계적으로 떠올리기 마련. 그러나 앞서 보았듯 미국법은 속인주의 관할권의 범위를 국적과 거주지라는 두 가지 기준으로 정하였고, 그 뒤 다른 나라에서는 대부분 그 나라 안에 사는 사람인가 아닌가, 곧 거주지(居住地)를 유일한 기준으로 쓰고 있다. 왜 국적이 아니라 거주지? 이 문제에 대한 답은 다시 소득세제의 역사로 돌아간다. 국가가 어떤 사람의 전세계소득을 과세할 수 있으려면 다른 나라에서 번 소득이더라도 세금을 강제로 걷을 수 있는 힘 내지 세금을 내지 않고서는 버틸 수 없게 할 수 있는 만큼의 인적 지배력이 필요하다. 전형적으로는 자국 안에 실제 살고 있는 사람, 곧 거주자라야 그만큼 지배할 수 있다.

규범적으로 보더라도 속인주의 관할권을 정당화시킬 수 있는 개념은 거주이다. 나라의 살림살이에 들어가는 돈이란 어떤 식으로 나누어서 누가 얼마를 내야 할까? 국적이 우리나라라 하더라도 아예 해외에서 살고 있기에 우리나라 정부가 제공하는 공공재의 혜택을 누리지 않는 사람에게 우리나라 정부의 운영

35) 이창희, 『세법강의』, 제7장.

비용을 물리는 것이 공평한가에 의문이 들게 된다. 다른 한편 외국인이더라도 우리나라에 살면서 우리나라가 제공하는 공공재를 우리 국민과 똑같이 누리고 있다면 세금도 똑같이 물려야 공평하다는 생각이 들게 된다. 거주지를 기준으로 인적 관할의 범위를 정하는 이유가 바로 여기에 있다. 시각을 바꾸어 세계 사회의 관점에서 보더라도 거주지 기준이 일단 맞다. 어느 한 나라만이 전세계소득을 과세해야 한다고 생각한다면 전세계소득을 가장 잘 파악할 수 있는 입장에 있는 나라가 전세계소득을 과세하는 것이 효율적이기 때문이다. 이를테면, 아예 뉴욕에 사는 한국인이 전 세계에서 얼마나 돈을 벌고 있는가를 가장 잘 파악할 수 있는 나라는? 미국. 우리나라가 아니고.

다른 한편 개별 국가의 관점에서는 반드시 거주지 기준만을 따라야 할 이유가 없다. 미국의 예에서 보듯 국적이라는 기준을 병용할 수도 있다. 해외에 사는 사람이더라도 미국의 시민이라는 지위에서 혜택을 누린다는 생각, 또는 세금을 매기더라도 미국의 시민이라는 지위를 포기하지 않을 것이라는 생각에서 미국은 시민권을 속인주의 관할권의 기준으로 삼고 있는 것이다. 물론 이 설명은 미국이 세계 유일의 초강대국이라는 오늘의 현실에 비추어서 하는 설명이다. 전혀 사정이 달랐던 1913년 당시로 돌아가서 미국이 국적 기준을 택했던 배경은 애초 전세계소득 과세라는 제도를 처음 시작한 것이 미국이었다는 역사적 이유에서 찾아야 할 것이다. 1913년의 미국 소득세법은 말하자면 일종의 전세계적 진공 속에서 태어난 셈이고, 그 상황에서는 거주지와 국적이라는 이중 기준을 쓰더라도 국제적 마찰이 생길 여지가 전혀 없었던 것이다. 그 뒤 20세기 중반에 들면서 다른 나라도 차차 전세계소득 과세 제도를 들여오기는 했지만, 이 무렵까지는 미국은 이미 적어도 자본주의권에서는 세계 유일의 초강대국이라는 지위를 얻게 되었으므로 국적이라는 기준을 구태여 포기할 이유가 없었다.

여태까지는 자연인과 법인을 구별하지 않고, 거주자·내국법인에 대해서는 전세계소득을 과세하고 비거주자·외국법인에 대해서는 국내원천소득을 과세한다는 규범이 어떤 과정을 밟아 생겨났는가를 살펴보았다. 그런데 현실 세계에서는 자연인인 개인이 여러 나라에 걸쳐 소득을 버는 것은 그렇게 흔한 일도 아니고 세계 경제 전체로 놓고 볼 때 중요하지도 않다. 국제 교역과 투자는 거의 법인(法人)이라는 기업조직을 통해 이루어지기 때문이다. 법인을 통하여 버는 국제적 소득은 어떻게 과세할 것인가? 내외구분의 기준으로서 거주지 개념을 법인에 적용하여, 법인이 어디에 살고 있는가라고 묻는다면 이는 실로 황당한 질문이 되고 만다. 의제(擬制)의 의제를 따지자는 것이니까. 법인이란 애초 살아 있는 것이 아니고, 하물며 어떤 장소에서 살 수는 없으니까. 법인의 소득이란 출자자·주주의 집합적 소득일 뿐이다.[36] 삶의 기초로서 살고 있는 곳이 어딘가를 따지자면 각 주주를 놓고 따질 수밖에 없다. 법인의 거주지를 따져서 속인주의 관할권의 범위를 정하자는 생각은 법인세제 그 자체, 곧 법인을 하나의 과세단위로 삼자는 생각과 모순에 이를 수밖에 없다.

그렇게 본다면, 법인을 별개의 과세단위로 삼는 법인세제를 따로 가지고 있는 이상, 외국법인과 내국법인이라 부르든 거주자인 법인과 비거주자인 법인이라 부르든 법인의 내외구분은 어차피 실제 삶에서 멀리 떨어져 추상화된 자의적 기준일 수밖에 없다.[37]

Ⅳ. 과세관할권과 효율

1. 자본수입국의 비과세 전략과 유해(有害) 조세경쟁

속지주의 과세란 자국 안에서 버는 소득이라면 거주자·비거주자를 안 따지고 모두 과세하는 것을 말한다. 생산 활동이 자국 내에서 일어나는 이상 국가는 각 생산요소가 분배받는 소득을 과세할 수 있는 현실적 힘을 가지고 있고, 또 그런 과세를 정당화할 수 있는 규범적 근거도 가지고 있다. 실제 역사에서 속지주의 과세가 속인주의보다 먼저 생겨났던 것은 이 때문. 다른 한편 많은 나라가 속지주의 과세권에도 불구하고 외국자본에 대해서는 세금을 전부 또는 일부 감면해 주고 있다. 가령 우리나라 역시 1980년대 후반까지는 외자도입법이나 후속 법률로 외국자본에 대한 세금을 감면하고 있었다. 지금도 특정한 외자가 받는 금융소득 등 일정한 소득에 대해서는 세금을 감면해 주고 있다.[38] 미국이나 유럽 각국도 외국자본이 받는 금융소득 등에 대해서는 세금을 감면해 주는 것이 오히려 보통이고.

---

36) 이창희, 『세법강의』, 제13장 제2절 Ⅱ.

37) 이 문제를 다룬 고전적인 영국 판결인 De Beers Consolidated Mines Limited v. Howe (Surveyor of Taxes) (1905-06) 5 T.C. 198 (KB Div, CA, HL)의 표현으로 "법인이란 먹는 곳 자는 곳"이 없다.

38) 상세는 제8장 제2절 Ⅳ.

왜 이런 모순적인 행태가 생기는 것일까? 문제는 기실, 개방경제하에서 자본소득에 대한 최적(最適)의 과세정책은 비과세라는 데에서 비롯한다. 자본 한 단위를 추가로 유치해서 가령 100이라는 생산물이 추가로 생기고, 그 가운데 70은 임금으로 자본수입국의 노동에, 30은 자본에 귀속한다고 하자. 자본은 세계 아무 곳이나 자유로이 흘러 다니므로, 자본에 귀속하는 30이란 어딘가 세계 다른 곳에 투자한 경우 벌 수 있을 기회비용과 같은 수준일 수밖에 없다. 이제 자본수입국이 50% 세율로 세금을 매긴다면 자본에 귀속할 순소득이 떨어지므로 당연히 자본 유출이 생긴다. 자본 유출은 어느 점까지 일어날까? 세계시장 어딘가에서 얻을 수 있는 기회비용이 30인 이상, 자본수입국에서 벌 수 있는 순소득이 30이 되는 점까지 일어나게 마련이다. 이 말은 자본이 받을 세전(稅前) 순소득이 60이 되어야 한다는 말이고, 다시 이 말은 자본수입국 안에서 생산하는 세전 생산물이 70(임금)+60(자본소득)=130이 되는 점까지 자본 유출이 일어난다는 말이다. 즉 총생산물이 100에서 130 사이의 투자 기회에서는 자본이 다 빠져나간다는 말이다. 가령 자본생산국에서 130 이상을 생산할 수 없다면 자본은 전부 빠져나가게 된다.

이제 아주 손쉽게, 과세 전에는 자본이 세전 기준으로 131을 생산하던 것 한 단위와 101을 생산하던 것, 이 두 단위가 들어와 있었다고 하자. 이 때 자본수입국에 귀속하는 소득은 얼마인가? 두 가지 생산 활동에서 노동이 받는 임금인 (131－30)과 (101－30)의 합인 172이다. 과세 이후에는 어떻게 되는가? (131－30)을 생산하는 것 한 단위만 남게 되어, 총생산물 131 가운데 30은 외자에 귀속하고, 30은 자본수입국의 국고에 귀속하며, 71은 노동에 귀속한다. 결국 자본수입국에 남는 소득은 30＋71＝101이다. 최종 결과는 무엇인가? 자본을 과세함으로써 자본수입국은 172－101＝71이라는 소득을 잃고 말았다. 무슨 일이 벌어지고 있는 것인가? 세계시장의 자본수익률에 영향을 미칠 수 없는 소규모 경제의 입장에서는 당연한 논리적 귀결로 세금 부담은 모두 자국으로 돌아온다는 것. 과세의 결과로 세수는 30이 늘었지만 노동자의 임금이 172－71 ＝101만큼 줄고 만 것.[39)]

자본소득에 대한 최적과세는 비과세라는 바로 이 사실 때문에 각국은 자본 유치 경쟁을 벌이고 있다. 그런데 자본소득을 비과세함으로써 자국의 소득을 늘

---

39) OECD, *Taxing Profits in a Global Economy*, OECD Publishing (1991), 33~35쪽. 자본수입국에 투자되는 자본의 한계수익률이 체감하는 이상 이 결론은 일반적으로 옳다.

리자는 전략은 실상 다른 나라의 희생으로 내가 덕 보자는 말이다. 앞의 예에서 세전 생산물이 101인 투자를 끌어들이자는 생각은 기실 세계경제 전체의 관점에서 본다면 해로운 투자이다. 다른 나라가 모두 50%의 세금을 매기고 있는 상황에서 세계시장에서 자본의 기회비용이 세후 기준으로 30이라는 말은 세전소득이 60이라는 말이고 여기에 다른 나라의 노동이 받는 임금 70을[40] 더한다면, 이 자본은 다른 나라에서 130을 생산하고 있다. 이 자본을 우리나라로 끌어들여 세전 생산물 기준으로 101을 생산하게 하자는 것이 바로 조세감면 정책이다. 이것은 세계경제 전체로 본다면 당연히 나쁜 정책이다.[41] 이리하여 세계 각국, 적어도 선진국 사이에서는 세금 낮추기 경쟁을 서로 자제하자는 움직임이 생겨나게 마련이다. 자본유치 경쟁, 세금 낮추기 경쟁의 실제 역사는 아주 복잡하다. 아래 Ⅴ.

2. 자본수출국: 속인주의 v. 속지주의

자본소득에 대한 최적과세는 비과세라는 명제는 기실 외자만이 아니라 자본 일반에 적용할 수 있다. 앞 1.의 관련 부분을 다시 읽어보라. 이 명제는 외자와 내자를 구별하지 않는 속지주의 모델을 전제하고 있다. 그러나 앞서 역사에서 이미 보았듯, 공평이 세제의 기초이념으로 자리잡으면서 세계 대부분의 나라는 속인주의 과세를 병행하고 있다. 자국에 속하는 자에 대해서는 자국 안에서 번 소득에 대한 과세를 넘어서[42] 어디에서 벌었든 전세계소득을 과세할 수 있는 현실적 힘이 있고, 이것이 현실적으로 가능한 범위 안에서는 자국에 속하는 자본은 해외로 유출되더라도 여전히 과세할 수 있다. 그렇다면 어떻게 할 것인가?

---

40) 논의를 손쉽게 하기 위해 임금 수준이 세계경제 전체에서 같다고 전제하고 있다. 달리 전제하더라도 결론은 그대로 같다.

41) 물론 한 걸음 더 나아간 단계까지 생각한다면 각국이 서로 조세감면을 앞다투게 되면 전세계적으로 자본소득에 대한 세율이 떨어지게 되고, 이것은 좋은 일이라고 생각하는 사람도 있다. 가령 Julie Roin, "Competition and Evasion: Another Perspective on International Tax Competition", 89 Georgetown Law Journal 543 (2001). 그러나 자본소득에 대한 비과세란 결국 소비세를 말하고, 소득세와 소비세 사이의 선택은 궁극적으로는 가치판단이다. 이창희, 『세법강의』, 제8장 제3절.

42) 자국에 속하는 자가 국내에서 번 소득을 과세하자면 외자도 과세할 수밖에 없고 이 점에서 앞 1항의 비과세전략을 그대로 유지할 수는 없다. 외환을 통제하는 후진국이 아닌 한 외자에 대한 비과세는 '테두리를 쳐서'(ring-fencing) 외자를 따로 관리하는 범위 안에서만 가능하고, 이런 식의 조세감면은 다시 유해 조세경쟁에 대한 국제적 규제 문제로 돌아간다. 제7장 제1절 Ⅱ, 제14장 제5절 Ⅰ.

과세할 것인가, 말 것인가. 과세한다면 어떻게 과세할 것인가.

이 문제를 풀어나가기에 앞서 우선 한 가지 용례 정리. 이 항의 경제분석에서 자국에 속하는 자라는 말은 해외 자회사(子會社)를 포함한다. 본점 소재지든 설립준거법이든 아니면 관리장소든 어떤 기준을 쓰더라도 법인의 내외구분 기준이라는 것이 본디 각 주주의 내외를 구분하는 기준과 거리가 먼 추상적 기준이 될 수밖에 없는 이상 특정한 사업을 벌이는 형식으로 내국법인을 세울 것인가 외국법인을 세울 것인가는 납세의무자가 제 마음대로 정할 수 있게 마련이다. 해외 투자를 하면서 내국법인이 직접 하는 형식을 띨 것인가, 해외 자회사라는 형식을 통할 것인가는 납세의무자의 마음이다. 개인인 납세의무자가 속인주의 관할권의 범위를 벗어나려면 자기가 사는 곳이라는 삶의 기초를 바꾸어야 하는 것과는 딴판이다. 이것은 외국법인이라 하여 반드시 속인주의 관할권의 범위에서 제외해야 할 논리적 필연이 없음을 뜻한다.[43] 따라서 이 문제는 효율 내지 입법정책의 영역으로 넘어간다. 해외 자회사라는 형식이 던지는 법률적 문제점은 나중에 다시 보기로 하고, 우선은 논의를 경제적 분석으로 좁혀서 해외 자회사든 해외 지점이든 이를 모두 속인주의 관할권에 포함시켜 그 소득을 전세계소득의 일부로 과세하는 방식과 해외 지점이든 해외 자회사이든 국외소득은 과세하지 않고 자국 내에서 번 소득만 과세하는 방식 사이의 우열을 경제적 효율의 관점에서 살펴보자.[44] 기실 '경제적 효율'이라는 말도 누구의 입장에서 보는가에 따라 달라진다. 이하 두 가지 관점으로 각각 따져보자. 첫째, 국가의 책략으로 어느 쪽이 더 나은가? 둘째, 세계경제의 관점에서 어느 쪽이 더 나은가? 하나씩 나누어 생각해 보자.

3. 자본수출국의 국익(國益)

먼저 자본을 해외에 수출하는 나라의 개별적 국익이라는 관점에서 속지주의와 속인주의 둘 중 어느 것이 나은 책략이려나.

---

43) OECD, "Harmful Tax Competition: An Emerging Global Issue"(1998) 보고서도 '피지배(被支配) 외국법인'을 내국법인으로 보자고 제안하고 있다. 같은 보고서 97문단, 또 162~163문단.

44) 이하 3.에서 5.의 효율 분석은 어렵다. 실무가나 법해석론에 주된 관심이 있는 독자는 일단 이 부분을 그냥 건너뛰고 뒤따르는 부분을 읽다가 자본수출중립성, 자본수입중립성, 경쟁중립성 등의 개념이 꼭 필요해지면 다시 돌아와서 읽는 편이 좋으리라. 읽다가 너무 어렵다는 생각이 드는 독자도 마찬가지이다.

1) 자본수입국의 세금이 없을 때

우선 자본수출국의 세율이 자본수입국의 세율보다 높은 경우를 생각해 보자. 어느 나라(자본수출국)에 속하는 자본 소유자가 자본을 국내에 투자한다면 수출국이 소득의 50%로 세금을 물리지만, 자본 소유자가 자본을 다른 나라(자본수입국)에 투자한다면 수출국에서는 상대적으로 낮은 세율로 세금을 물린다고 하자. 우선 암산하기 쉽게 수입국의 세율은 0%라고 하고 보기를 들어보자.

논점은 속지주의 내지 원천지국 과세와 속인주의 내지 전세계소득 과세, 이 두 가지 중 어느 쪽을 자본수출국이 택하여야 하는가이다. 우선 전자를 국책으로 택한다고 하자. 자본수출국의 국내 투자에 대해서는 50%라는 세율로 세금을 물리고 자본수입국에 대한 투자에는 세금을 물리지 않는다면 어떤 결과가 생기는가? 투자자로서는 해외 투자와 국내 투자 사이의 자본 할당을 두 가지의 세후 수익률(순수익률)이 같아지는 점에서 결정하게 마련이다. 어떤 이유로 세후 수익률에 차이가 있다면 투자자는 세후 수익률이 높은 쪽으로 자본을 옮길 것이고, 이런 자본 이동은 세후 수익률이 서로 같아질 때까지 계속될 수밖에 없다. 이제 수출국 내 투자나 수입국에 대한 투자나 모두 순수익률이 5%인 점에서 투자가 이루어졌다고 하자. 이 점에서 세전 수익률(총수익률)을 보면 수출국 국내 투자는 10%인 데 비해 수입국에 대한 투자는 5%일 수밖에 없다. 수출국 국내 투자에서 생기는 총수익은 10%이지만 그 가운데 5%는 수출국 정부의 세수가 되고 5%는 투자자에게 돌아간다. 수입국 국내 투자의 총수익은 5%이고, 이는 전부 투자자에게 돌아간다.

이제 자본수출국이 전세계소득을 과세한다면 어떤 결과가 생기는가? 가령 위 예에서 수입국에 투자한 자본에 대해서도 총수익의 절반을 세금으로 내어야 한다면 수출국 국내 투자의 세후 수익률은 5%, 수입국 투자의 세후 수익률은 2.5%가 될 것. 따라서 자본이 해외에서 국내로 이동하여 해외 투자가 줄고 국내 투자가 늘게 된다. 이런 자본이동은 세후 수익률이 같아질 때까지 계속된다. 가령 세후 수익률이 4%로 서로 같아지는 점에서 균형이 이루어진다고 하자. 이 점에서 세전 수익률은 어떻게 되는가? 수출국 투자든 수입국 투자든 세전 수익률은 모두 8%로 같아진다.

자본수출국은 속인주의와 속지주의라는 두 가지 책략 중 어느 것을 택하게 될까? 정부가 어떤 법제를 택하는가는 물론, 실제 입법권을 장악한 특정한 계급・집단 또는 개인의 이해관계에 따라 달라질 수 있다. 그러나 이런 어려운 정치경제학적 논의는 피하고 그냥 손쉽게 수출국 정부는 국가 전체로 본 국익이 더 큰 책략을 택한다고 가정하자. 또 한 가지 가정으로 무엇이 국익인가라는 판단에서, 같은 국가에 속하는 이상 투자자의 손에 들어가는 돈이나 세금으로 나라 곳간에 들어가는 돈이나 국익에 이바지하는 정도가 같다고 생각하자.[45] 이 전제하에서, 자본수출국으로서는 어느 책략이 상책인가? 당연히 전세계소득 과세이다. 만일 자본수출국이 속지주의를 택하여 수입국 투자에서 생기는 소득을 비과세한다면 앞의 예에서 본 숫자로는 수입국 투자의 세전 수익률은 5%이고 수출국 투자의 세전 수익률은 10%이다. 이것은 수출국이라는 국가의 입장에서 보면 최적점이 아니다. 자본 1단위를 수입국에서 수출국으로 옮기면 잃는 것은 5%이고 얻는 것은 10%이기 때문이다. 세수로 정부 부문에 넘어가든, 또는 투자자의 소득으로 사(私) 경제 부문에 그냥 남든 총수익 전체가 수출국에 속한다는 점은 마찬가지이고, 그렇게 본다면 자본을 수입국에서 수출국으로 옮기는 것이 수출국의 국익이 된다. 물론 이 계산이 영원히 가지는 않는다. 자본이 이동함에 따라 수입국에서는 자본이 점점 귀해져 투자수익률이 올라갈 것이고 수출국에서는 자본이 점점 흔해져 투자수익률이 떨어질 것이다. 결국 수출국의 입장에서 본 최적점은 어느 쪽에서든 세전 수익률이 같은 점, 앞의 보기에서는 8%가 되는 점이다. 이 점은 바로 수출국이 전세계소득을 과세할 때 생기는 균형점과 같다. 수출국으로서는 전세계소득을 과세하여 수출국 국내에 투자하든 수입국에 투자하든 똑같이 중립적으로 과세하는 편이 상책이라는 말.

국내나 해외 어느 쪽에 투자하더라도 세부담이 같아서 투자의 왜곡이 없어지고, 자본의 국내외 분배는 총수익이 같은 점에서 균형을 이루게 되어 최적상태에 이르는 것을 세제의 자본수출중립성(資本輸出中立性; CEN, capital export neutrality)이라고 부른다.[46] 속인주의 내지 전세계소득 과세를 통해서 투자자 본국의 국내나 해외 어느 쪽에 투자하든 모두 같은 세금을 내게 해야 세전 수익이

45) 이 가정도 반드시 옳지는 않다. 정부와 민간 부문 가운데 어느 쪽이 자원을 한결 효율적으로 활용할 수 있는가에 달려 있다.

46) 자본수출중립성, 자본수입중립성, 국가적 중립성이라는 개념을 들여온 글로 Peggy B. Musgrave, "United States Taxation of Foreign Investment Income", International Tax Program (1969), Harvard Law School. Richard Musgrave와 결혼하기 전인 1963년에 Peggy Richman이라는 이름으로 낸 글도 있다고 한다.

가장 높은 곳에 투자가 이루어진다는 말이다. 애초 '투자의 국제적 중립성'이라고 부르는 편이 뜻이 더 잘 통하지만 자본수출중립성이라는 용어가 이미 굳었다.

2) 자본수입국의 세금이 있지만 자본수출국의 세율이 자본수입국보다 높을 때

앞 절의 분석을 조금 일반화해서 한결 현실적인 가정으로 자본수입국이 세금을 매기기는 하지만 세율이 자본수출국보다 낮다고 생각해보자. 전세계소득과세가 자본수출국의 국책이 될 것이라는 결론 자체는 안 바뀐다. 가령 자본수입국의 세율이 20%이고 자본수출국의 국내 투자에 대한 세율이 50%라면 자본수출국은 30%의 세금을 추가로 물림으로써 자본수출중립성을 유지하는 편이 제 이익이 된다. 제도로 표현하자면 원천이 국외(國外)인 소득도 국내소득과 마찬가지로 50%로 과세하면서 외국납부세액 20%를 공제해 주어, 국외원천소득에 세금 30%를 추가로 물리는 것이 국외원천소득을 무시하는 속지주의 과세보다 낫다는 말이다.

나아가 자본수출국이라는 개별 국가의 국익이라는 관점에서는, 외국납부세액공제 또는 자본수출중립성조차도 지나친 자본수출을 유도하는 결과가 된다. 자본수입국이 매기는 세금을 외국납부세액으로 공제해 준다는 것은, 국제투자에서 생긴 총수익 가운데에서 일정 부분을 자본수입국이 차지하고 나머지(세전 수익－자본수입국 세금＝세후 수익)를 자본수출국(투자가와 정부)이 차지한다는 말이다. 한편 자본수출국에 속하는 자본을 국내 투자하는 경우에는 세전 수익 전체를 자본수출국(투자가와 정부)이 차지한다. 자본수출국 개별 국가의 국익이라는 관점에서 본다면, 이것은 자본수출이 너무 많다는 것을 뜻한다. 자본수출국의 국익이 최대가 되는 점은 어디? 자본수출에서 생기는 국가적 이익(＝세후 수익)과 국내 투자에서 생기는 국가적 이익(＝세전 수익)이 같아지는 점이다. 자본 소유자로 하여금 이 점에서 투자를 배분하게 하려면 외국납부세액을 손금산입(損金算入)하고 세전 소득에서 공제하면 된다.[47] 그렇게 한다면 투자가는 해외 투자에서 생기는 세후 수익(세전 수익에서 자본수입국의 세금을 공제한 금액)과 국내 투자의 세전 수익을 견주어 두 가지가 같아지도록 투자할 것이기 때문이다. 자본

47) Oliver Oldman, "Taxation of International Income" in *Taxation in Developing Countries* (Bird and Oldman ed., 1990), 253쪽.

Oliver Oldman(1920-2008) 팔순 기념 학회. 사진에서 Oldman 교수의 왼쪽 뒤는 Prof. Alstat J. Rädler(1933-2012). 그 바로 왼쪽은 공저자 중 이창희, 오른쪽 약간 뒤에 있는 사람은 水野忠恒(미즈노 타다츠네) 교수.

수출국의 국익의 관점에서 투자자의 의사결정이 국익을 최대화하는 점에서 이루어지게 하는 것을 국가적 중립성(NN; national netrality)이라고 일컫기도 한다. 외국납부세액을 손금산입하는 이상 투자자가 국내에 투자하나 해외에 투자하나 자본수출국의 국익은 마찬가지라는 뜻. 엄밀히는 중립성이라는 개념에 포섭하기 어렵지만, 아무튼 외국납부세액 손금산입 제도가 국가적 중립성을 달성한다는 식의 표현을 널리 볼 수 있다.

자본수출국의 국익이라는 관점에서 볼 때 외국납부세액 손금산입 제도가 가장 낫다는 말은, 속지주의 과세와 속인주의 과세 사이에서 속인주의가 우월하다는 말이다. 외국세액 손금산입 제도 역시 전세계소득 과세라는 점은 마찬가지이다. 외국원천소득을 모두 과세하면서 외국세액을 손금산입해주는 것이다.

해외 투자에 대한 세금을 국내 투자보다 조금 높여서 국익을 꾀하는 방법으로는 꼭 외국세액 손금산입 방법을 쓸 이유는 없다. 실제로 미국에서는 최저한세(最低限稅) 계산에서 외국납부세액공제에 일정 상한이 있다. 특히 트럼프 세제로 들어온 BEAT 최저한세는 외국납부세액공제를 전혀 안 해준다.[48]

3) 자본수입국의 세율이 더 높을 때

자본수입국의 세율이 자본수출국보다 높다면 어떻게 되는가? 이 경우 자본수출중립성을 이루자면 자본수출국은 세율 차이만큼 국제투자에 대한 보조금을 지급해야 한다. 제도로 표현하자면 국내의 세율을 넘는 외국납부세액도 모두 공제해 주는 제도라야 자본수출중립성을 확보할 수 있다. 가령 앞의 보기로 돌아

48) 미국세법 제59A조. 제14장 제5절 Ⅱ. 2. "Kappus" 판결은 국내법을 그전에 생긴 조약에 우선시키고 있다. 제2장 제1절 Ⅳ. 3.

가 수출국의 세율은 20%이지만 수입국의 세율은 50%라 하자. 자본수출국이 속지주의를 택하고 있는 상황에서 자본의 순수익률이 가령 4%인 점에서 시장균형이 이루어져 있다면, 수입국에 투자되어 있는 수출국 자본은 8%라는 총수익을 벌어서 그 가운데 4%를 수입국에 세금으로 내고 있는 것이다. 한편 수출국에 투자되어 있는 수출국 자본은 5%라는 세전 수익을 벌어서 1%를 수출국에 세금으로 내고 있다. 총수익을 기준으로 보면 자본 한 단위를 수출국에서 수입국으로 옮기면 분명 3%가 늘어난다. 가령 자본수출국이 자본수입국에 납부한 세금 가운데 국내 세율을 넘는 부분을 모두 환급해 주어서(세율 차이만큼의 보조금) 어디에 투자하든 세부담이 20%가 되게 맞춘다면 투자자는 수입국에 대한 투자를 늘려서 세전 수익률이 같아지는 점까지 자본을 이동할 것이다.

그러나 자본수출국이 이런 세제를 택할 이유가 없다. 자본수출국 국내에 투자되어 있던 자본 한 단위가 자본수입국으로 옮겨간다면 자본수출국은 국내에 투자되어 있던 자본 한 단위에서 얻던 소득 5%를 잃게 되고, 자본수입국에 새로 투자된 자본 한 단위에서 생기는 8% 가운데에서는 4%만을 얻을 뿐이다. 안 그래도 1%라는 손해를 입는 마당에 보조금 3%를 줄 이유가 없다. 나아가 혹시라도 어떤 나라가 그런 제도를 들여온다면 자본수입국은 그저 외국인투자자에 대한 자국의 세율을 올리기만 하면 공돈을 얻게 된다. 그렇게 할 자본수출국이야 있을 리 없고, 자본수입국의 세율이 자본수출국보다 높다면 초과액은 모두 자본소유자의 부담으로 돌리게 마련이다. 외국납부세액공제라는 제도에는 그 필연적 속성으로 자본수출국의 국내세율이라는 공제한도가 따른다는 말.

나아가, 자본수입국의 세율이 더 높은 경우에도 외국납부세액 손금산입 제도라야 자본수출국의 국익을 극대화할 수 있다는 점은 마찬가지이다. 앞의 예에서 이미 1%라는 손해를 보고 있는 점에 주목한다면 자본수출국으로서는 자본수입국 투자의 세후 수익률(자본수입국의 세금을 뺀 수익률, 곧 앞의 예에서는 4%)이 국내 투자의 총수익률(앞의 예에서는 5%)과 같아지는 시점까지 자본수출을 줄일 필요가 있다.

결국 자본수입국의 세금이 자본수출국보다 더 무거운 상황에서도 전세계소득 과세가 자본수출국의 국익에 맞는다. 국익만 따진다면 국외원천소득을 과세하면서 외국납부세액을 손금산입하는 것이 옳다. 외국납부세액공제 제도를 택하는 경우 자본수출국은 세금을 더 걷을 것이 없고, 결과적으로 국내원천소득에 대한 세금만 걷게 되지만, 외형적으로는 전세계소득 과세를 유지하고 있다.

4) 전세계소득 과세의 우월성

위 1)에서 3)까지의 논의를 합하면 자본수입국의 세율이 자본수출국보다 낮다면 전세계소득 과세가 자본수출국의 국익에 맞는다.

5) 경쟁 중립성

앞 문단의 결론에 의문을 제기하는 견해로 '경쟁중립성'을 확보해야 한다는 주장이 있을 수 있다. 전세계소득 과세란 자본수입국의 국내자본은 자본수입국의 세금만 물지만 자본수출국에서 온 자본은 그에 더하여 자본수출국에도 세금을 문다는 말이다. 곧 두 가지 자본 사이에 경쟁중립성이 깨진다는 것을 말한다. 자본수입국은 세금을 매기지 않고 자본수출국만이 50%의 세율로 전세계소득을 과세한다고 하고 자본수입국 국내시장의 총수익률이 8%인 점까지 자본수출국 자본이 들어와 있다고 가정하자.

이 시장균형점의 순수익률은 내자(內資)는 8%이고 외자는 4%이다. 순수익률이 서로 다르다니, 이상하지 않은가? 앞에서 보았듯 시장은 저절로 순수익률이 같은 점에서 균형을 이루는 것 아닌가? 아니다. 둘 사이의 세금 차이는 자본 내지 자본 소유자가 어느 나라에 속하는가에 따른 인적 차별이기 때문이다. 자본수출국에 속하는 자본은 어차피 50%라는 세부담을 지고 있으며 이를 벗어날 길이 없다. 세후 수익률을 올리기 위해 할 수 있는 일은 자본수출국과 자본수입국 사이에서 유리한 쪽으로 자본을 이동하는 것뿐이다. 어떤 이유로든 자본수출국에서 온 자본이 내자보다 높은 세전 수익률을 벌 기회를 얻는다면 내자가 즉시 같은 투자기회에 진입하게 마련이므로, 둘 사이에 총수익률은 같게 마련이다. 그렇다면 둘 사이에 세후 수익률에 차이가 생길 수밖에 없다.

정확히는, 내자의 수익률은 세전·세후 모두 8%이고, 외자의 수익률은 세전 8%·세후 4%라는 균형은 외자가 내자보다 경쟁에 밀려서 이미 자본수입국 시장에서 내자가 상대적으로 높은 비중을 차지하고 있다는 것을 내포하고 있다. 자본수출국의 투자자로서는 불합리한 본국 세제의 세부담 때문에 해외시장의 경쟁에서 밀리게 되었다고 주장할 수 있다. 우리나라가 공연히 전세계소득을 과세하여 우리 기업의 해외경쟁력을 망칠 이유가 있는가? 응당 속지주의를 택해야 옳지 않은가?

정녕 그럴 성 싶은 주장. 그러나 아니지, 민족주의적 감성에 호소하는 것일 뿐 과학은 아니다. 논의를 분명히 하기 위하여 가령 삼성의 해외 자회사가 일본에 진출해서 영업을 하지만 삼성의 자회사라는 점을 제외하고는 우리나라와는 특별한 연관이 없고 전형적인 일본 회사와 똑같다고 하자. 이 경우 삼성의 자회사가 일본 시장에서 점유율을 높이는 것이 우리나라의 국익에 무슨 도움이 되는가? 아무런 도움이 못된다. 그저 그 투자에서 생기는 총수익 가운데 일본의 세금을 뺀 나머지 순소득이 삼성에 속한다는 것밖에. 가령 이 세후 소득을 배당하지 않고 전부 일본 시장에 재투자한다면 우리나라가 얻는 이득은 무엇인가? 없다. 아무 것도 없다. 경쟁중립성이라는 개념이 그 자체로는 자본수출국의 국익에 이바지하지 않는다는 말이다. 물론 한결 현실적 상황으로 들어온다면 삼성의 자회사는 삼성이라는 이름을 달고 사업을 벌이고, 삼성이라는 기업의 이미지가 올라가는 과정에서 우리나라 전체가 간접적 이득을 본다. 나라의 이미지야말로 나라 전체의 브랜드 파워, 곧 국격(國格)이다. 어쩌면 가장 중요한 국익일런지도. 그렇다 하더라도 여기에서 중요한 점은, 자본수출국이 해외 투자에서 얻을 수 있는 국익은 해외 투자 그 자체의 이익이 아니라 다른 연관효과에서 생긴다는 점이다. 해외시장의 점유율이 올라갈수록 나라의 국격을 떨어뜨리는 기업을 생각해 보라. 해외 투자 그 자체는 국내 투자보다 국익을 해친다. 앞뒤를 다 잘라내고 경쟁중립성 그 자체를 내세우는 것은 자본 소유자 낱낱의 이익을 대변할 뿐 자본수출국의 국익에는 안 맞는다.

4. 외자는 비과세, 대외투자는 손금산입

지금까지의 논의를 일단 정리해보자. 각국의 국익을 기준으로 생각한다면 가장 좋은 책략은 다른 나라에 속하는 자의 국내원천소득은 비과세하고 자국에 속하는 자의 국외원천소득에 대한 과세는 외국세액 손금산입 제도를 쓰는 것이다.

5. 세계경제의 효율

이제 시각을 넓혀서 자본수출국의 국익이 아니라 세계경제의 관점에서 바라보면서 어떤 제도가 가장 좋은가 따져보자. 어느 제도가 세계경제 전체로 보아서 나은 책략인가를 생각해보는 것은 무슨 의미가 있는가? 속지주의가 세계경제로 보아 더 효율적인 제도라면, 여러 나라가 속지주의를 범세계적 규범으로 택하는 합의를 맺으면서 이 변화로 생기는 추가적 소득을 서로 나누어 가짐으로써 모두 이득을 볼 수 있기 때문이다. 그렇다면 속지주의와 속인주의 둘 중 어느 쪽이 세계경제의 효율을 높이는가?

1) 자본수입국의 세율이 더 낮을 때

생각을 쉽게 하기 위해 자본수입국이 세금을 매기지 않고 자본수출국은 전세계소득 과세가 아니라 속지주의로 국내 투자에만 50%라는 세금을 물리고 있는 상황으로 돌아가자. 순수익률이 5%인 점에서 경제가 균형에 있다면 자본수입국의 국내 투자는 세전 수익률이 5%이고(세후 수익률=세전 수익률=5%) 자본수출국의 국내 투자는 세전 수익률이 10%가 된다(세후 수익률 5%=세전 수익률 10%－세금 5%). 세계경제의 관점에서 보자면 이 균형은 최적점이 아니다. 자본 한 단위를 자본수입국에서 자본수출국으로 옮기면 5%를 추가로 생산해낼 수 있기 때문. 뒤집어 말하면 세제가 국내 투자와 해외 투자를 차별하고 있는 까닭에 5%라는 "deadweight loss"가 생기고 있는 것이다. 속지주의는, 자본이 잠재적으로 생산해 낼 수 있는 최대한을 생산하지 못하게 한다는 비효율을 낳고 있는 것이다. 이제 자본수출국이 50%의 세율로 전세계소득 과세를 택한다면 어떻게 되는가? 자본수입국 투자의 순수익률은 2.5%로 하락하고, 따라서 투자자는 자본을 자본수출국으로 옮기기 시작하게 마련. 이 이동은 어느 나라에 투자하든 순수익률이 서로 같아지는 점까지 계속될 것이다. 이 변화는 자본수출국 한 나라에만 이득이 되는 것이 아니고 세계경제로서도 이득인 변화이다. 종래 자본수입국에서 5%를 생산하고 있던 자본 한 단위가 자본수출국으로 옮겨가면 10%를 생산하기 때문이다. 세계경제로 보더라도, 자본수출중립성이 이루어진 결과 "deadweight loss"가 줄어드는 것이다. 순수익률이 서로 같아지는 점, 자본을 어느 쪽에 투자하든 가령 세전 수익률(총수익률)이 8%이고 순수익률이 4%로 같아지는 점까지 계속되는 이런 자본 이동은 세계경제의 관점에서 효율을 높인다.

그렇다면 세계경제의 효율이라는 시각에서 보더라도 속지주의보다는 전세계소득 과세가 더 낫다는 결론. 그러나 여기에서 한 가지 더 생각해 볼 점이 있다. 앞 문단에서 말하는 자본수출중립성을 통한 최적 상태는 투자할 돈을 어느 나라에 얼마씩 투자할 것인가라는 투자의 분배 쪽에서 본 최적 상태일 뿐이다.

앞의 예는 모든 자본이 자본수출국 투자자의 소유라고 전제하고 있다. 이제 자본수입국에도 자본 소유자가 있다고 하자. 자본수출국에서 온 자본의 수익률이 총수익률 기준으로 8%라는 말은 자본수입국의 내자(內資)가 누리는 세전 수익률도 역시 8%라는 것을 뜻한다. 왜 그런가? 어떤 이유로든 자본수출국에서 온 자본이 자본수입국의 내자보다 높은 총수익률을 얻고 있다면 자본수입국의 내자는 이를 놓치지 않고 같은 투자 기회에 진출할 것이기 때문. 역으로 자본수입국의 내자가 자본수출국에서 온 자본보다 높은 세전 수익률을 얻고 있다면 자본수출국에서 온 자본이 이를 놓치지 않고 같은 투자 기회에 진출할 것이다. 따라서 두 가지 자본 사이에 경쟁이 자유로운 이상 총수익률이 서로 같을 수밖에 없다. 한편 이것은 두 가지 자본 사이에 순수익률이 서로 다르다는 것을 뜻한다. 자본수출국에서 온 자본은 세전 수익률의 절반을 세금으로 내므로 순수익률이 4%가 된다. 자본수입국의 내자는 총수익률 8% 전체를 순수익으로 얻게 된다. 순수익률의 차이는 세금이라는 인적 차별에 의한 차이이므로 시장이 이를 극복할 길이 없다.

두 가지 자본 사이에 인적 차별이 있고 이로 인하여 세후 수익률에 차이가 있다는 것은 세계 전체로 볼 때 저축한 돈이 나라와 나라 사이에서 최적 분배되지 못하고 있음을 뜻한다. 무슨 말인가? 앞의 예에서 자본수입국의 내자는 세후 수익률 8%를 얻고 있고 자본수출국에 속하는 자본은 국내 투자든 해외 투자든 세후 수익률 4%를 얻고 있다. 이 말은, 자본수입국 내자의 소유자들의 저축은 올해 소비를 100만큼 늘릴 수 있다면 내년의 소비가 108만큼 줄어도 괜찮다고 생각하는 수준이고, 자본수출국 자본의 소유자들의 저축은 올해 소비가 100만큼 줄어도 내년의 소비가 104만큼 는다면 괜찮다고 생각하는 수준이라는 말이다. 108과 104라는 비율(대체율)의 차이는 무엇을 뜻하는가? 가령 올해의 소비를 자본수출국 소유자들은 100 줄이고 자본수입국 소유자들은 100 늘리고, 반대로 내년의 소비는 각 106만큼 늘리고 줄인다고 하자. 전자는 내년의 소비가 104보다 큰 106으로 늘었으니 더 행복해지고 후자는 내년의 소비는 108보다 적은 106 줄면서 올해의 소비가 100 늘었으니 더 행복해질 것이다. 투자수익률이 8%로 같아지는 투자의 최적 분배점에서 저축의 분배는 최적이 아니라는 말이다. 어, 그런데 당연히 이런 차익거래(差益去來)가[49] 생겨서 할인율이 같아지는 점에서 시

49) 이창희, 『세법강의』, 제2장 제3절 Ⅰ.

장이 균형에 이르는 것 아닐까? 그렇지는 않다. 앞서 보았듯 투자순수익률의 차이는 인적 차별 때문에 순수익률에 차이가 생길 수밖에 없다는 것을 이미 전제하고 있다. 사실은 차익거래 과정에서 자본이 자본수입국으로 흐른다는 말이나 자본수출국에 속하는 자본이 한결 높은 수익률을 찾아 자본수입국으로 들어간다는 말이나 같은 말일 수밖에 없다. 같은 현상을 저축자와 투자자(기업)라는 두 가지 관점에서 따로 생각하는 것일 뿐이다.

다시 정리하자면 자본수입국의 세율이 자본수출국보다 낮은 상황에서 자본수출국이 전세계소득을 과세한다면, 자본수출국의 국내 투자와 해외 투자 사이에는 세부담이 같고(자본수출중립성) 따라서 순수익률이 같아지지만 자본수입국의 내자와 자본수출국에 속하는 자본 사이에는 순수익률이 달라진다. 후자의 차이를 자본수입중립성이 깨어졌다고 말한다. 뒤집어 말하면 자본수입국의 입장에서 자국에 속하는 내자와 다른 나라에서 온 외자 사이에 세부담(두 나라를 아우른 세금)의 차이가 없는 것을 자본수입중립성이라고 부른다. 가령 자본수입국이 세금을 매기지 않고, 자본수출국도 해외 투자에는 세금을 매기지 않는다면 자본수입국의 내자나 자본수출국에서 온 외자나 어느 쪽이든 세부담이 다같이 영(0)이므로 자본수입중립성이 유지된다. 자본수입중립성이 확보되면 두 나라 사이에 저축이 효율적으로 분배된다.[50]

끝으로 자본수입중립성이라는 개념은 앞에서 본 경쟁중립성이라는 개념과 매우 깊은 관계가 있다. 시작은 다르지만 실상 결과적으로는 같은 개념이다. 경쟁중립성이란 자본수입국의 내자와 자본수출국에서 온 외자 사이의 경쟁에 왜곡이 없으려면 둘 사이에 세부담의 차이가 없어야 한다는 뜻이다. 한편 자본수입중립성이라는 말은 자본수입국에 속하는 자본과 투자처가 어디든 자본수출국에 속하는 자본 사이에 세부담의 차이가 없어야 한다는 말이다. 예를 들어 자본수입국의 내자나 자본수출국에서 온 외자나 모두 영(0)의 세부담으로 세전 수익률=세후 수익률=5%를 벌지만(경쟁중립성), 어떤 이유로든 자본수출국의 국내 투자는 세전 수익률 8%・세후 수익률 4%(세율 50%)라는 상황에 있다고 하자. 자본수출국 투자자가 자본을 자유 이동할 수 있는 한 이 상황은 균형점일 수가 없다. 자본수출국의 자본 소유자는 더 높은 세후 수익률을 좇아 자본수출국 국내

50) 예를 들어 OECD, *Taxing Profits in a Global Economy*(1991), 39쪽.

투자를 줄이고 대외투자(자본수입국에 대한 투자)를 늘릴 것이다. 이런 자본이동은 자본수입국 투자의 총수익률 겸 세후 수익률과 자본수출국 국내 투자의 세후 수익률이 같아질 때까지 계속될 것이고, 두 가지가 같아지는 점에서 새로운 균형이 생길 것이다. 결국 경쟁중립성이 있다면 자본수입국에 투자된 자본수입국의 내자, 자본수입국에 투자된 자본수출국 자본, 자본수출국에 투자된 자본수출국 자본, 이 세 가지가 같은 순수익률을 얻을 수밖에 없다. 자본수입국의 세율이 자본수출국보다 낮은 이상, 경쟁중립성과 자본수입중립성은 논리적 동치(同値)가 된다는 말. 다시 정리한다면, 장소적 자유 이동이 보장되어 있는 한 자본수출국에 투자된 자본수출국 자본과 자본수입국에 투자된 자본수출국 자본은 순수익률이 같을 수밖에 없다. 경쟁중립성이란 자본수입국에 투자된 자본수출국 자본과 자본수입국에 투자된 자본수입국 자본이 같은 시장에서 같은 조건으로 경쟁하기 때문에 세전 수익률과 순수익률이 서로 같아진다는 말이다. 그렇다면 경쟁중립성이 있는 이상 세 가지 자본은 모두 순수익률이 같을 수밖에 없고, 따라서 경쟁중립성은 자본수입중립성과 같아진다.

2) 자본수입국의 세율이 더 높을 때

자본수입국의 세율이 자본수출국보다 높다면, 속지주의나 전세계소득 과세나 아무 차이가 없고 자본수입국에 투자된 자본수출국 자본이 자본수출국 국내투자보다 높은 세부담을 진다. 자본수출국의 투자자는 자본수입국 투자와 자본수출국 투자 사이에 순수익률이 같은 점에서 자본을 분배할 것이고, 따라서 총수익률은 자본수입국 투자 쪽이 더 높게 된다. 자본수입국의 내자와 자본수출국에서 온 외자는 같은 시장에서 경쟁하는 관계이므로 세전 수익률이 같을 수밖에 없고, 따라서 순수익률도 같다. 자본수출중립성은 깨어지지만 자본수입중립성(=경쟁중립성)은 확보된다.

3) 속인주의의 우월성

자본수출국과 자본수입국의 세율이 서로 다르다면 자본수출중립성과 자본수입중립성의 동시 달성은 불가능하다. 자본수출국이 국외원천소득을 면제한다면 총수익률이 다를 수밖에 없어서 자본수출국 자본의 국내 투자와 대외투자 사이에서 최적점이 깨어진다. 자본수출국이 전세계소득을 과세한다면 인적 차별로 세부담이 달라지므로 자본수출국에 속하는 자본과 자본수입국에 속하는 자본 사이에 순수익률이 달라지고 저축시장의 최적점이 깨어진다. 그렇다면 어떻게 해야 하는가?

경제적 효율을 가장 높이는 길이 무엇인가를 이론적으로 따진다면 자본수입국에 투자한 자본수출국 자본에 대한 세율을 가)와 나) 사이의 적절한 점, 즉 자본수출중립성과 자본수입중립성 사이의 어떤 점에 두는 것이 정답이다.[51] 그러나 이런 점을 실제로 구하고, 변동하는 경제에 맞추어 움직여 나가는 것은 아마도 불가능한 일일 터. 현실적인 답으로는 자본수출중립성과 자본수입중립성 사이에서 하나를 골라야 한다.[52] 그렇다면 자본수출중립성을 골라야 한다는 것이 경제학자들의 지배적 견해이다.[53] 투자는 수익률에 민감하지만, 저축은 상대적으로 덜 민감하기 때문이다.[54] 이 결론이 속지주의와 속인주의 사이의 선택에 주는 함의는? 효율의 관점에서는 속인주의 내지 전세계소득 과세가 낫다는 말.

4) 소유중립성?

Ⅳ항에서 여태 따져 본 내용과 달리 21세기 들어서 새로 나온 문헌으로 하바드 대학의 "Desai" 교수와 미시간 대학의 "Hines" 교수는 '소유중립성'(ownership neutrality)이라는 개념을 내세우면서[55] 전세계소득 과세가 더 나은 체제라는 종래의 이론을 부정하고 있다. 개별 국가의 관점에서는 '국가적 소유중립성'(national ownership neutrality)이 중요하고, 이는 속지주의라야 이루어진다는 주장이다. 한편 세계경제의 관점에서는 자본소유중립성(capital ownership neutrality)이

51) Thomas Horst, "A Note on the Optimal Taxation of International Investment Income", 94 Quarterly Journal of Economics 793~798 (1980).

52) OECD, *Taxing Profits in a Global Economy*, 40쪽.

53) 미국 재무부, "The Deferral of Income Earned Through U.S. Controlled Foreign Corporations" (2000), 36쪽.

54) 그 밖에 법인 부문과 비법인 부문의 차이, 포트폴리오 투자의 영향 등을 모두 고려하면 자본수출중립성이 정책목표가 되어야 한다고 한다. 미국 재무부, 같은 문서, 같은 쪽. 한편 Shaheen, "International Tax Neutrality", 27 Virginia Tax Review 203 (2007), 219쪽은 속지주의 과세가 두 가지 중립성을 동시 달성한다고 주장한다. 틀린 주장이라고 생각하나 자세한 분석은 이 글의 범위 밖이다.

55) Desai and Hines, "Evaluating International Tax Reform", 56 National Tax Journal 487 (2003); Grubert, "Comment on Desai and Hines — Old Rules and New Realities", 58 National Tax Journal 263~274 (2003).

중요하고, 전세계소득 과세나 속지주의 과세나 어느 쪽이든 온 세상이 같은 제도를 쓰기만 한다면 자본소유중립성이 이루어진다는 것이다.[56] 근래의 국제조세 문헌에서는 이 개념을 소개한 것이 늘고 있고, 특히 일본에서는 속지주의가 답이라는 결론을 맹종(盲從)하는 사람이 늘고 있는 듯. 소유중립성 개념에 대한 자세한 소개나 비판은[57] 강의 범위를 넘는다.

Ⅴ. 피지배외국법인: 전세계소득 과세와 속지주의의 타협

결국 개별 국가의 입장에서 본다면 Ⅲ항에서 본 공평이라는 잣대로 재든 Ⅳ항에서 본 효율이라는 잣대로 재든 국내원천소득만 과세할 이유가 없고 전세계소득을 과세하는 것이 옳다. 그러나 현실은 다르다.

1) 남아메리카 여러 나라는 애초 납세의무자가 어느 나라에 속하는가 묻지 않고 국내에서 버는 소득만 과세한다. 이 속지주의 과세는 자국에 속하는 자라고 하더라도 전세계소득을 파악할 길이 없다는 세무행정의 한계에서 비롯한 것이리라. 지금에 와서는 속인주의가 웬만큼 가미된 것이 보통이다.

2) 프랑스는 자연인 거주자라면 전세계소득을 과세하지만 내국법인이라면 국내원천소득 전부와 국외원천소득 가운데 소극적 투자소득을 과세한다. 독일은 국내법으로는 전세계소득을 과세하지만 다시 조세조약을 통해 거주자나 내국법인의 국외원천소득을 면제한다.[58] 자국 기업의 해외경쟁력을 염려한 것.

3) 우리나라, 미국, 일본은 오랫동안 표면적으로는 자연인이든 법인이든 자국에 속하는 자라면 속인주의로 전세계소득을 과세한다.

그러나 전세계소득을 과세하는 나라라 하더라도 대외투자를 하면서 외국법인이라는 형식을 빌리기만 하면 모회사가 배당을 받지 않는 한 대외투자 소득은

---

56) Desai and Hines, 같은 글, 488쪽.

57) 이창희, "세법상 속인주의와 속지주의의 대립", 서울대학교 「법학」 50권 1호(2009), 225쪽, 특히 249쪽 이하.

58) 독일의 조세조약 정책에 관해서는 Klaus Vogel, *Klaus Vogel On Double Taxation Conventions* (3rd ed., 1996) 참조. 이 유명한 조세조약 주석서는 클라우스 포겔 생존시에 출간된 제3판까지는 독일의 조세조약에 관한 내용을 함께 담았지만, 독일어권 학자들의 공동작업물인 현재의 제5판(2022)에는 독일 관련 내용이 따로 들어있지 않다. 이하 이 책에서 "*Klaus Vogel on Double Taxation Conventions*"라고 할 때에는 별도의 지시가 없는 한 제5판을 가리킨다(제4판 이후 내용이 많이 바뀌었기 때문에 제3판도 자주 인용한다). Tipke/Lang, Steuerrecht 제23판 제3장 46문단은 응익(應益) 과세 개념으로 속지주의를 택한 것이라고.

전세계소득 과세를 벗어난다. 배당을 받는다면 과세(자회사 소재지국이 매긴 세금을 공제받지만 모회사 본국의 세율이 더 높다면 추가로 세금을 낸다)하지만, 유럽 여러 나라는 예전부터 이른바 "participation exemption"(대주주 수입배당금 익금불산입)이라는 제도를 두고 있었다. 자국법인(모회사)이 외국법인을 지배하는 경우라면 그런 외국법인(해외 자회사)에서 배당받는 소득을 비과세하는 제도이다.[59] 2008년부터는 일본,[60] 2017년부터는 미국,[61] 2023년부터는 우리나라도 이런 제도를 들여왔다. 자연인이 여러 나라에 걸친 국제투자를 벌이는 경우는 현실 세계에서 거의 없고 또 기업의 국제투자는 거의 다 현지법인 형태로 이루어지고 있다는 점을 생각하면, 전세계소득 과세란 겉껍질일 뿐이고 현실을 지배하는 것은 속지주의라고 말할 수 있다. 도대체 왜 이렇게 된 것일까? 앞으로는 어떻게 될까?

1. 개념 또는 말장난

우선 한 가지 생각할 수 있는 답으로 해외 자회사를 속인주의 관할권에 집어넣는 것은 그 자체로 모순이라고 생각할 여지가 있다. 해외 자회사란 외국법인이고, 외국법인이란 그 자체로 이미 속인주의 관할권의 지배를 받지 않는 자라는 말 아닌가? 이 말은 물론 옳다. 그러나 여기에서 '속인주의'라는 말은 기실 전세계소득 과세라는 말이다. 바른 쟁점은, 자본수출국이 자국 회사의 해외 자회사가 버는 국외원천소득을 바로 과세할 수 있는가이다. 당연히 할 수 있다. 어차피 법으로 정하는 것일 뿐. 초기 소득세제에서는 법인격을 투시(透視)해서 과세했고,[62] 법인에 세금을 따로 매기는 지금의 법제에서도 실제로 대부분의 나라가 피(被) 지배 외국법인(흔히 CFC)이나 투자매체인 외국법인의 소득 가운데 일정한 소득을 이미 과세하고 있다. 우리나라도 1996년 「국제조세조정에 관한 법률」을 만들면서 이 제도를 들여왔다.[63] 법형식만 보자면 해외 자회사의 소득을 과세하는 것은 아니고 이를 그 주주인 거주자나 내국법인에게 귀속시켜서 거

---

59) 지배주식 수입배당금 익금불산입은 나라마다 차이가 있다. 법인세 2중과세 배제를 다른 나라에 납부한 세금까지 확대해서 배당을 지급하는 자가 내국법인이든 외국법인이든 가리지 않는 나라도 있고 2중과세 배제는 국내배당에 국한하고 국제조세에 특유한 제도를 없은 나라도 있다.

60) 일본 法人稅法 제23조의2.

61) 미국세법 제245A조.

62) 이창희, 『세법강의』, 제13장 제3절 Ⅱ.

63) 「국제조세조정에 관한 법률」, 제27조에서 제34조, 아래 제14장 제4절.

주자나 내국법인을 과세한다.[64] 그러나 그 실질은 해외 자회사, 곧 외국법인의 소득을 투자자 본국이 과세하는 것이다. 아예 솔직하게 피지배외국법인을 내국법인으로 보자는 제안을 OECD가 내어놓고 있는 것도 이미 보았다.[65] 외국법인의 소득을 바로 과세하는 것은 위헌 아닐까? 미국 판결은 거듭하여 위헌이 아니라고 밝히고 있다.[66]

위헌은 아니라고 하나 피지배외국법인 세제가 외국법인을 직접 과세하지 않고 국내 주주를 납세의무자로 삼아 외국법인의 소득 가운데 국내 주주의 몫을 과세한다는 형식을 구태여 밟고 있는 것이 바로 문제의 어려움을 보여준다. 이 법형식은 참으로 고육책이다. 역사를 돌이켜 미국이 현존 소득세제를 처음 들여온 1913년 당시로 돌아가면, 법인을 개인과 다른 별개의 납세의무자로 삼되 누진세를 회피하기 위한 목적으로 법인을 설립하거나 악용한다면 법인격을 무시하고 과세할 수 있다고 정하고 있었다.[67] 뒤집어 말하면 조세회피라는 목적이 없다면 법인격을 존중한다는 말이다. 법인격을 존중하는 이상 외국법인의 국외원천소득을 과세하는 것은 논리의 한계선상에 설 수밖에. 외국법인이라 하더라도 내국법인처럼 과세할 수 있다고 말하는 것은 법인의 내외구별은 자의적이라고 고백하는 것이고, 다시 이 고백은 내외구별이란 자연인 단계에서나 가능하다고 고백하는 것이며, 다시 이것은 법인이라는 개념은 과세관할권 설정에 적절한 개념이 아니라고 고백하는 것이기 때문이다. 법인세제를 부인하지 않으려면 법인 단계의 내외구분을 인정해야 하고, 그렇게 하려다 보니 외국법인의 국외원천소득은 과세하지 않는다고 말해야 한다. 그렇게 하려다 보니 다시, 외국법인의 국외원천소득을 과세하는 것이 아니라 내국법인이나 거주자인 주주의 소득을 과세한다고 말해야 하는 것이다.[68]

64) 나중에 실제로 배당받을 때 과세하지는 않는다. 같은 법 제32조.

65) OECD, Harmful Tax Competition 보고서, 162~165문단.

66) Foreign personal holding company 관련 판결로 Eder v. Commissioner, 138 F.2d 27 (1943). "Subpart F" 관련 판결로, Garlock Inc. v. Commissioner, 489 F.2d 197 (1973), cert. denied 417 U.S. 911.

67) Tariff Act of 1913, 38 Stat. 114 (1913) Subdivision 2, 특히 166~167쪽. 그전의 역사로 남북전쟁 당시 잠시 있었던 소득세법은 법인격을 투시하여 과세했다. Act of June 30, 1864, ch. 173, 13 Stat. 223.

68) 조세조약의 적용과 관련하여 피지배외국법인 세제가 외국법인의 소득을 과세하는 것인가에 대해서는 실로 그렇다는 프랑스 법원의 판결과 주주를 과세하는 것일 뿐이라는 영국 법원의 판결이 엇갈리고 있다. 본문에 보듯 국내 주주를 과세하는 것이라는 영국 판결이 옳다. 개념

아무튼 해외 자회사의 소득을 바로 과세하는 것이 아니라 해외 자회사의 소득 가운데 국내 주주에 귀속되는 소득을 과세한다는 말장난을 통해, 법률적으로는 해외 자회사를 통해 버는 소득을 과세하는 것도 가능하다.

2. 세제의 정치경제학

결국 현실세계를 지배하는 것이 전세계소득 과세가 아니라 속지주의인 까닭은 무엇인가? 분명한 답을 알 길은 없다. 다만 이 질문에 대한 해답의 단초를 해외 자회사 내지 피지배외국법인에 관한 입법사(立法史)에서 엿볼 수 있다.

오늘날 온 세상에 널리 퍼진 피지배외국법인 세제는 미국의 "Subpart F" 규칙에서 비롯한다.[69] Subpart F 규칙은 1962년 케네디 행정부가, 돈 많은 개인들이 조세피난처에 세운 외국법인을 돈놀이의 매체로 삼아 이자, 배당 등에 대한 세금을 줄이는 문제에 대한 대책으로 들여왔다. 사실 이 문제에 대한 대책은 그 전부터 이미 있었다. 반드시 외국법인에 관한 것은 아니지만 '법인격 있는 지갑'에 대한 대책의 일반론으로 1934년에 "personal holding company tax"가 생겼고,[70] 그 뒤 1937년에는 특히 외국법인[71]을 투자매체로 삼는 경우에는 법인의 소득을 바로 개인 주주들에게 과세하는 제도가 생겼다.[72] 1962년 케네디 행정부는, 이런 제도가 문제의 본질을 바로 이해한 것이 아니라고 생각하였다. 개인 투자자들이 세금을 빼먹으면서 돈놀이를 한다는 것이 문제라기보다는, 정상적인 기업 그 자체가 문제라는 것.[73] 외국의 실효세율이 미국보다 낮은 이상 기업들은 그런 외국에 현지법인을 세워 사업활동 자체를 그리로 옮길 유인을 받게 되고, 지나친 자본 유출이 일어난다는 것. 이것이 미국 경제를 해치고, 또 납세의무자

의 형이상학에서 논리를 맞추는 것이 법률가의 운명이니.

69) 미국법에 대한 상세는 미국 재무부, "The Deferral of Income Earned Through U.S. Controlled Foreign Corporations" (2000).

70) 2005년 이후에는 외국법인에는 적용하지 않는다. 미국세법 제542조(c)(5).

71) foreign personal holding company. Passive Foreign Investment Company(PFIC)제도를 보완하면서 2005년에 폐지.

72) 이 제도의 입법취지에 대하여는 "Report of the Joint Committee on Tax Evasion and Avoidance of the Congress of the United States", House Doc. No. 337, 75th Cong., 1st Sess. 7(1937).

73) "President's Tax Message along with Principal Statement, Detailed Explanation and Supporting Exhibits and Documents", H.R. Doc. No. 140, 87th Cong. 1st Sess. 7~8 (1961). 이 내용은 미국 재무부의 2000년 보고서 The Deferral of Income Earned Through U.S. Controlled Foreign Corporations, 111쪽에서 재인용하였다.

사이의 공평을 해친다는 것.[74] 미국의 납세의무자가 외국에서 영업을 하는데 국가가 보조금을 지급하는 꼴이라는 것.[75] 이리하여 케네디 행정부는 해외 자회사를 내국법인의 해외 지점이나 마찬가지로 바로바로 과세하자는 법안을 제출하였다.[76] 그러나 이 법안은 업계로부터 미국계 기업의 해외 시장 경쟁력을 해친다는 비판을 받았고, 의회는 문제 자체를 조세피난처 대책으로 다시 정의하였다.[77] 기존 법제와의 차이점은, 외국법인을 통한 부자들의 돈놀이만이 아니라 기업 활동 역시 조세피난처의 악용은 안 된다는 것이다.[78] 이리하여 최종 입법은 이른바 "Subpart F rule"이라는 타협안을 택하여, 해외 자회사(피지배외국법인)[79]의 소득 가운데 적극적 사업소득은 내버려 두고 이자, 배당, 임대료 따위의 소극적 소득과 실물거래 없이 신용장 등 서류만 가지고 외국으로 빼돌릴 수 있는 전매차익 등을[80] 미국의 주주[81]에게 과세하기에 이르렀다.[82]

그 뒤 여러 나라가 자본의 순수출국 입장에 들어서면서 "Subpart F"와 큰 차이가 없는 꼴로 피지배외국법인 세제를 입법해서, 해외 자회사의 적극적 사업소득은 투자자(모회사) 본국에서 과세이연하면서 소극적 투자소득은 투자자에게 배당한 것으로 보아서 바로바로 과세하기 시작했다. 제14장. 이 입법사는 외국법인이라는 형식에 대한 세제는 결국 공평 내지 자본수출 중립성이라는 논리와 경쟁중립성이라는 논리 또는 핑계의 타협이었다는 역사적 사실을 보여준다. 케네디 행정부가 낸 법안은 전자의 논리에 터잡은 것이었지만[83] 입법과정을 통과

---

74) 미국 재무부, 같은 보고서, 118쪽에서 재인용.

75) "President's 1961 Tax Recommendations, Hearings before the Committee on Ways and Means On the Tax Recommendations of the President Contained in his Message Transmitted to the Congress", April 20, 1961, 87th Cong., 1st Sess (Vol. 1) 26, 103쪽.

76) 같은 문서, 72~73쪽.

77) 108 Cong. Rec. 17752(1962).

78) 그에 더하여 소액투자자들의 돈을 모은 투자기금에 관해서도 해외법인을 이용한 조세회피에 대한 대책을 입법하였다. 미국세법 제1246조~제1247조의 foreign investment company.

79) controlled foreign corporation, 줄여서 CFC. 지배여부는 의결권의 50%에 의해 정해진다. 미국세법 제957(a)조.

80) 엄밀히는 Subpart F income. 미국세법 제951조(a)(2), 제952조.

81) 엄밀히는 미국시민, 거주자 또는 미국법인으로 의결권 있는 주식의 10% 이상을 소유하는 자이다. 미국세법 제951조(b), 제7701조(a)(30). 그 뒤 1986년에는 주식소유비율에 관계없이 주주를 바로 과세하거나 또는 뒤에 투자이익을 회수할 때 과세하면서 그 동안 미루어준 세금에 대한 이자를 받는 제도로 PFIC와 qualified electing fund가 생겼다. 미국세법 제1291조~제1298조. 신고의무는 미국세법 제6038조(a)(1).

82) 미국세법 제951(a)조.

하지 못하고, 경쟁력 확보라는 논리에 휘말리게 된 것이다. 그 뒤에도 논의가 숱하게 거듭되었지만 대세 그 자체에는 변화가 없다. 결국 이 역사도, 법은 현실이고 궁극적으로는 정책이라기보다는 정치라는 것을 보여주는 사례이리라.

그러나 끝이 아니었다. 해외 자회사의 꼴로 버는 사업소득 역시 전세계소득 과세대상에 포함하자는 생각은 그 뒤에도 계속 이어진다.[84] 특히 2021년에 와서는 이른바 '범세계 최저한세'(global minimum tax)라는 생각이 나와서 저율과세국 소재 해외 자회사의 사업소득을 모회사가 배당받은 것으로 간주해서 모회사 본국이 과세하자는 생각에 세계 대부분의 나라가 일단 합의하기에 이르렀다. 아래 4.

3. 자본유치 경쟁

해외 자회사의 소득을 투자자 본국의 속인주의 관할권의 범위에서 제외한다면, 이제 각국은 자본유치 경쟁을 벌이게 마련. 앞서 보았듯 외자에 대해서만 선별적으로 비과세하거나 조세 특혜를 주는 것은 외자와 내자 사이에 울타리를 칠 수 있는 개발도상국에서나 가능하다. 외환 통제가 불가능한 선진국에서는 외자에 대해서만 조세 특혜를 베푼다는 것이 근본적으로는 불가능하다. 외환 통제란 근본적으로 통제경제의 속성이라 경제발전과 양립할 수 없다. 우리나라가 예전에 외자도입법의 조세감면으로 외자도입을 유인하다가 1990년대말부터는 다 없앤 역사를 생각해보면 된다.[85] 외환 통제 없이도 이른바 '테두리 치기'(ring fencing)로 아일랜드처럼 외자와 내자를 준별해서 외자에만 조세특혜를 주는 제도를 시도해 볼 수는 있다. 실제로 룩셈부르크, 벨기에, 오스트리아 등이 그런 식으로 외국의 금융자본에만 세부담을 낮춰주기도 했다. 그러나 아무리 그래봤자 외환 통제가 없는 이상 내자가 왕복 유출입으로 외자라는 외관을 띠는 것을 막기는 근본적으로 무리. 결국 자본유치 경쟁이란 내외구별 없이 모든 자본에 대해 세부담을 낮추어 주는 꼴을 따를 수밖에 없다. 대표적 보기로 아일랜드는 2003년부터 법인세율을 12.5%로 낮추었다.

83) 앞 주석 73의 보고서 348쪽.

84) 가령 U.S. Department of Treasury, The Deferral of Income Earned Through U.S. Controlled Foreign Corporations (2000).

85) Chang Hee Lee, Foreign Investment and Tax Policy－Lessons from the South Korean Experience, Asia Pacific Tax Bulletin 197(1998), 특히 195~198쪽.

Tiebout Model at Fifty

세계경제의 입장에서 볼 때 이것은 바람직한 일인가? 재정의 지방분권 이론으로 널리 알려진 티부(Tiebout) 모델을 빌려서 자본유치 경쟁을 옹호하는 견해가 있다. 세금을 많이 걷으면서 공공재를 많이 제공하는 나라도 있고 세금을 조금 걷으면서 공공재도 조금 제공하는 나라도 있고, 그런 세상에서라면 자본 소유자가 각자 자기가 원하는 나라를 찾아갈 것이고 따라서 각 나라가 알아서 경쟁하게 내버려 두는 것이 상책이라는 것이다.[86] 그러나 엉뚱한 주장. 티부 모델이란 원래 사람이 각자 자기가 살고 싶은 것을 알아서 찾아가는, 즉 노동력이 자유이동하는 모델이다. 이와 정반대로 국제조세란 자본이 자유이동하고 노동력은 기본적으로는 각 국가에 붙박이로 붙어있는 현실 속에 있다. 나아가 티부 모델은 애초 각 단위 정부의 자본유치 경쟁이 좋은지 나쁜지에 대한 답을 주지는 않는다. 큰 정부도 있고 작은 정부도 있으면 납세의무자가 각자 제 좋은 나라를 찾아간다는 것이 이 모델이다. 구태여 자본유치 경쟁이 세상 전체에 좋은 일이라는 결론을 여기에서 끌어낼 수는 없다. 한편 "Oates"는, 정부는 외자유치 경쟁을 하고 있고, 외자를 유치하기 위해 공공재를 추가로 제공하는 데 드는 희생보다 적은 세금을 받고 외자를 유치하려 한다, 따라서 공공재의 공급수준이 너무 낮아지게 된다고 지적한다.[87] 정반대로 공공선택 이론에서는 관료는 정부의 규모를 늘리려 하므로 감세경쟁을 통해서 정부의 규모를 줄이는 것이 공공재 공급의 효율성을 개선한다고 지적한다.[88] 효율을 기준으로 따질 때 자본유치 경쟁이 온 세상에 도움을 주는가라는 물음에 분명한 답을 낼 길은 아마 없으리라.

---

86) Black and Hoyt, "Bidding for Firms", 79 American Economic Review (1989), 1249~1256쪽.
87) Wallace E. Oates, "Fiscal Competition or Harmonization? Some Reflections", National Tax Journal, Vol. LIV, No. 3, 510쪽.
88) Rauscher, "Leviathan and Competition among Jurisdictions: The Case of Benefit Taxation", Journal of Urban Economics 44 (1998), 특히 59~67쪽; Edwards and Keen, "Tax Competition and Leviathan", 40 European Economic Review (1996), 특히 113~134쪽.

정치경제학 문제로 자본유치 경쟁은 전세계 수준에서 분배 문제, 곧 노동과 자본이 부가가치를 어떻게 나누어 가지는가에 영향을 미친다. 세출 규모가 그대로라고 전제한다면 자본에 대한 세부담을 낮추어주는 것은 당연히 노동에 대한 세부담이 올라간다는 뜻이다. 1원1표가 아니라 1인1표의 민주주의 체제에서는 지지받기 어려운 정책이기 마련. 유럽연합이 자본유치 경쟁을 삼가자는 입장을 보인 근본적 배경이 이것이다. 이리하여 유럽연합은 1997년의 "Code of Conduct"로 외자에 대해서만 세금을 면제하거나 세율을 낮추어주는 각 회원국의 '우대과세 제도'(preferential tax regime)를 파악해서 모두 없애기로 의견을 모은다.[89] 클린턴이 이끄는 미국의 민주당 정부도 짐짓 같은 생각을 보였고[90] 그 결과 G7 정상회담을 거쳐서 1998년에 OECD가 '유해경쟁 보고서'로 자본유치 경쟁을 삼가자는 정책목표를 택했다.[91] 자본유치를 위한 세율인하 경쟁 자체를 막자는 것은 아니지만 외자만 가려내어 조세특혜를 주는 것은 해롭다고 보고 이를 '유해 조세우대 제도'(harmful preferential tax regime)라 이름짓고 없애기로 했다.[92] 그러자 미국 공화당 세력이 반격을 시작했다. 조세경쟁은 좋다는 것. 자본이 지는 세부담을 낮추어주니까. 이 전제 아래,[93] 2000년 대통령이 된 W. 부시는 OECD의 사업을 정보투명성 확보, 곧 조세피난처 대책으로 바꾸어내기에 성공하고, 나아가 조세피난처도 근본적으로는 그대로 온존시켰다. 제14장. 조세피난처나 경(輕) 과세국이 있어야 각국이 세율인하 경쟁을 벌인다는 생각.

4. GILTI와 필라(Pillar) 2

이 상태에서 2015년 BEPS 대책 작업을 일단 마무리하는 '최종 보고서'가 나왔다. 디지털 경제가 낳는 세원 누락과 소득 이전에 대한 대책과 세수의 분배를 둘러싼 미국, 유럽 등 다른 선진국, 개도국의 이해관계가 서로 얽힌 이 작업 결과물의 하나로 "Action 3" 보고서는 아직 피지배외국법인 세제를 입법하지 않은 나라들에게 입법을 촉구하면서, 배당간주할 소득의 범위를 정하는 방법으로, 정

89) European Union, Conclusions of the ECOFIN Council Meeting on 1 December 1997 concerning taxation policy(98/C 2/01, 1997. 1. 6.), Annex 1. Code of Conduct.

90) 1995, 1996년 G7의 정상회담. Hakelberg, The Hypocritical Hegemon(2019), 52~58쪽.

91) OECD, Harmful Tax Competition(1998)

92) OECD, 같은 보고서, 51~52 문단.

93) 미국 재무부 장관 Paul O'Neill, Letter to Ministers Brown, Eichel, Fabius, Martin, Shiokawa and Visco (2001). Hakelberg, 15쪽에서 재인용.

상소득을 넘는 초과이윤을 배당간주하자는 제안(초과이윤 분석)을 내었다.[94] 적극적 사업소득만 벌더라도 초과이윤에는 세금을 물리자는 제안을 낸 것이다.

이 생각은 그 뒤 2017년 트럼프 세제 개편에서 이른바 GILTI세로 나타난다. 정확히는 BEPS "Action 3"에 드러났던 미국의 생각을 실제 입법에 반영했다는 말이다. 상대적으로 노동보다는 자본의 이익을 대변하는 미국 공화당 정권이 전세계소득 과세를 강화한 이유는 무엇일까? 전통적으로 민주당의 텃밭이었던 미숙련 노동자가 트럼프 정권의 가장 강력한 지지기반으로 나타난 것이다. 트럼프와 공화당이 이제는 자본의 해외 유출을 막아야 하는 입장에 섰다는 말이다.

트럼프 집권 1기의 세제 개편은 10% 이상 주주가 외국법인으로부터 받는 배당소득을 비과세 내지 면세했기에[95] 자본 유출의 가능성이 한결 올라갔다. 이익을 유보하는 단계를 넘어서 실제 배당하더라도 세금을 안 물기 때문이다.[96] 자본 유출은 아니더라도 이전가격 조작 등 여러 가지 방법으로 해외 자회사로 소득을 빼돌려서 미국내 과세소득이 줄어들 가능성이 올라간 것도 마찬가지. 그 대책이 GILTI, BEAT, FDII 세 가지. BEAT는 제3장 제4절 Ⅳ. 4. FDII는 소득세제 속에 숨긴 수출보조금이다. GILTI세란 배당간주 과세의 강화, 곧 피지배외국법인의 초과이윤(GILTI; Global Intangible Low-taxed Income)을 미국 주주에게 과세하는 제도이다.[97] 피지배외국법인의 실제 사업자산(유형자산)에 정상수익률을 곱한 만큼만 실제 사업활동에 따르는 소득으로 보아서 과세이연하고 정상수익률을 넘는 초과이윤은 모두 배당간주한다는 것이다.[98] 당연한 일로 "Subpart F"와 2중과세는 하지 않는다.[99] 피지배외국법인 소재국에 낸 법인세를 외국납부세액으로 공제해주므로(한도는 외국법인세액의 80%[100]), 결국은 경과세국에 있는 피지

94) OECD, Designing Effective Controlled Foreign Company Rules. Action 3 Final Report(2015, 이하 BEPS Action 3 보고서), 87~94문단.

95) 미국세법 제245A조. 우리 문헌으로 전병목·김준현·장우용, 내국법인의 국외원천소득 과세제도에 대한 국제비교 연구(한국조세재정연구원 세법연구 18-04, 2018), 44~46쪽.

96) 한편 우리나라에서는 "participation exemption"을 들여오더라도 유효세율이 떨어지는 정도가 얼마 안 된다는 분석이 있다. 안종석·정재호, 해외직접투자소득에 관한 과세제도의 재검토: 거주지주의 대 원천지주의(2009, 한국조세연구원). 세수감소가 얼마 안 되니 "participation exemption"을 들여와도 괜찮다는 주장이지만, 경쟁력 강화 효과가 없다는 말이니 구태여 들여올 이유가 없다고 해야 오히려 논리에 맞는다. 국제적 대세를 좇는다는 의미가 있을 뿐.

97) 정확히는 주식소유비율 10% 이상인 미국 주주. 미국세법 제951A조.

98) 정상수익률을 10%로 높게 잡아주고 있기는 하다. 미국세법 제951A조(b)(1). 법인 주주라면 제250조(a)(1)(B)가 50% 소득공제를 해주므로 실효세율은 절반으로 줄어든다.

99) "Subpart F income"은 "GILTI tested income"에서 제외한다. 미국세법 951A조(c)(2)(A)(i)(II).

배외국법인의 초과이윤에만 물리는 세금이다. 이 초과이윤에다가 '전세계적으로 저율과세된 무형자산 소득'이라는 이름을 붙여 두기는 했지만 실상 무형자산과는 무관하다. 적극적 사업소득 가운데 초과이윤을 과세하면서 그 초과이윤에 무형자산 소득이라고 이름을 붙인 정치적 수사(修辭)일 뿐.

GILTI란 적극적 사업소득이라고 하더라도 투시 과세의 대상으로 삼겠다는 것. 그렇다면 미국계 기업의 경쟁력은? 다른 나라도 모두 투시과세를 하게 하는 방식으로 경쟁력을 확보한다는 강공책으로 바뀐 것이다. 바로 이것이 BEPS "Action 3"에 이미 나타났던 미국의 책략이다. 국제정치의 복잡한 우여곡절을[101] 거쳐서 BEPS 작업의 연장전 형식으로 2021년에는 이른바 '범세계 최저한세'로써 세율인하 경쟁을 막자는 생각('필라 2')에 세계 거의 모든 나라가 합의한다. 자국의 세율을 얼마 이상으로 한다라는 정공법은 아니고 자국법인(해외 자회사)이 버는 소득을 일정한 기준(일단 15%) 이하로 과세하는 저율과세국이 있다면 그런 소득을 모회사가 배당받은 것으로 간주해서 모회사 본국에서 세금을 물린다는 것. 법률적 형식이 피지배외국법인 세제와 같고, 과세대상이 적극적 사업소득까지 확대된 것이다. 이런 내용을 구체화해서 각 나라의 국내법에 둘 법조문안(model rules)과[102] 그 주석서 및 행정지침까지 나와 있고, 2025년 1월 현재 유럽연합(EU) 회원국을 비롯한 다수의 선진국과 개발도상국 및 일부 조세피난처까지 자국 상황에 맞게 필라 2를 입법해 오고 있고, 우리나라에서는 2022년 말 「국제조세조정에 관한 법률」 제5장에 이를 도입하였다. 제14장 제5절 Ⅱ. 3.

5. '멋진 신세계'?

20세기 말에 시작된 디지털 경제는 속인주의와 속지주의의 병행이라는 기존 법제에 새로운 도전을 던졌다. 구글, 아마존, 애플, 페이스북을 대표로 디지털 기업이[103] 전통적 제조업을 훨씬 넘는 전세계적 독점기업으로 등장해서 온 세상을 다 합쳐도 몇 백 명 몇 천 명 수준인 소유자나 경영자들에게 압도적인 소득과 부가 집중되었다. 이런 기업의 활동은 인터넷 위에서 이루어지므로 임직

---

100) 미국세법 제960조(d)(1).

101) 이창희, "조세피난처/피지배외국법인 세제의 회고와 전망", 「조세학술논집」 38집(2022), 1쪽.

102) OECD/G20, Tax Challenges Arising from the Digitalisation of the Economy - Globak Anti-Base Erosion Model Rules (Pillar Two) (2021. 12. 20; 이하 Pillar 2 모델법안).

103) 이런 기업의 총칭으로 GAAF(일본식으로는 GAFA)라는 말을 쓴다.

원들도 세계 어디든 다 흩어져서 비대면으로 일할 수 있다. 제 사는 곳이 어디이든 상관 없다. 무슨 뜻인가? 자국 안에 사는 자라면 그로부터 세금을 걷을 강제력이 국가에 있다는 전제가 흔들린다는 말이다. 왜? 어느 나라가 마음에 안 들면 다른 나라로, 세금이 더 적은 나라로 옮겨가면 그만이니까. 국외소득을 비과세・감면하거나 아예 전세계소득을 다 비과세・감면하는 방식으로 이런 사람들을 자국으로 유치하고 싶은 나라가 당연 생기게 마련이다. 약소국이더라도 독립국의 지위를 유지할 수만 있다면 자국에 속하는 사람을 다른 나라의 속지주의 과세권에서 벗어나게 할 수 있고 그 덕에 떡고물이라도 얻으면 되니까. 이 문제를 더 악화시키는 요소가 디지털 기업의 조세회피. 굴뚝산업 시절에 생긴 기존의 법제가 새 세상을 따라잡지 못한다는 점을 이용(악용?)해서 세금을 훨씬 덜 내기 시작한 것. 가령 온 세상에 걸쳐 번 소득을 아일랜드 같은 조세피난처에 둔 별도 법인에 떨구는 꼴로 거주지국과 원천지국 어느 쪽에도 세금을 안 낸다는 문제까지 벌어졌다.

이 싸움은 세계 자본주의의 운명을 걸머진 엄청난 싸움이 될 가능성이 높다. 99.9%라는 머릿수와 90%라는 경제력을 지닌 극소수, 어느 쪽이 이길까. 기존의 정치체제, 국가체제가 이겨서 압도적 부를 거머쥔 사람들에게 세금을 물릴 수 있을까, 있다면 세수(稅收)는 어떤 나라가 얼마씩 차지할까. 강대국이든 약소국이든 독립국은 모두 동등한 주권국이라는, 역사의 긴 흐름에서는 오히려 예외적인 기존의 국제정치체제가 살아남을까. 아니면 힘 가진 자가 이겨 국가의 속박에서 벗어난 주권적(主權的) 개인이나[104] 초인(超人, Übermensch)이 되는 '멋진 신세계'(The Brave New World)가 오는가. 민주주의는 살아남을까, 아니면 인민주의와 파국이 오는가. 현재까지의 추세에서 보자면 일단 가장 약한 고리는, 국가란 모두 동등한 주권국이라는 의제(擬制; fiction). 우선 각국의 입법주권을 다른 나라들이 집합적으로 제약하겠다는 이른바 범세계 최저 법인세(global minimum tax) 제안을 놓고 온 세상이 협상 중이다. 미국, 유럽 등 다른 선진국, 중국 등 개도국, 이 세 축 사이에서 과연 타협이 가능할지, 그 타협이 안정적으로 유지될지는 아직 미지수이지만. 도널드 트럼프로 대표되는 새로운 흐름(이른바 MAGA)이 미국 내에서 세를 얻고 있는 최근의 현실도 예측을 더욱 어렵게 한다. 제2장 제1절 3, 제14장.

104) William Rees-Morg & James D. Davidson, The Sovereign Individuals (1997).

제 3 절 소득의 원천과 소득 구분

Ⅰ. 원천의 내외구분의 의의

다른 나라가 끼어있는 소득이 있는 경우 과세소득의 범위는 납세의무자의 내외구분과 소득원천의 내외구분 두 가지에 달려있다. 우리나라에 속하는 거주자나 내국법인이라면 전세계소득을 과세하지만, 국외원천소득에 붙어있는 다른 나라의 세금을 외국납부세액으로 공제해준다. 우리나라에 속하지 않는 비거주자나 외국법인이라면 원천이 국내인 소득만 과세한다. 소득의 원천이 국내인지 국외인지는 어떻게 정해야지? 이 문제는 근본적으로는 그 소득을 창출하는 경제활동이 어디에서 이루어지는가를 묻는 것. 그러나 다시 생각해 보면 이는 실로 막막한 질문이고 사람마다 답이 달라지게 마련이어서, 법제의 기초로 삼을 수 없다. 이리하여 여러 나라의 국내법과 조약은[105] 법적 개념을 끌어들여 소득을 종류별로 구분하여 각 종류마다 소득의 원천을 정하는 기준을 두고 있다. 경제적 성질에 따라 소득을 법적 범주로 구분하여 각 종류별로 소득의 원천을 정한다는 것이다.

우리 소득세법은 거주자의 순자산증가액을 모두 과세하지는 않고 법에서 정한 범위만 과세하므로,[106] 거주자의 소득도 종합소득, 퇴직소득, 양도소득으로 구분하고 다시 종합소득은 이자소득, 배당소득, 사업소득, 근로소득, 연금소득, 기타소득으로 구분한다.[107] 연혁을 따지면 소득의 지역적 원천이 어디인가라는 질문 역시 소득원천설 내지 제한적 소득 개념으로 돌아가지만,[108] 이제 와서 입법론으로는 소득의 지역적 원천을 정하기 위한 구분을 반드시 거주자의 소득 구분에 맞출 이유는 없다.[109] 또 법인세법은 순자산의 증가를 모두 과세하므로[110] 일반적으로는 소득 구분이 필요 없지만 국제조세 문제로 소득의 지역적 원천을

---

105) 뒤에 보듯 국내법상의 소득 구분과 조약상의 소득 구분은 또 전혀 다른 문제이다.

106) 이창희, 『세법강의』, 제9장 제2절 Ⅰ.

107) 이창희, 『세법강의』, 제10장 제1절 및 제3절.

108) 위 Ⅲ. 1.

109) *Klaus Vogel on Double Taxation Conventions* (제3판), Preface to Arts. 6 to 22, 2문단. 이 내용은 현재의 제5판에서는 Introduction 부분 문단 64에서 찾아볼 수 있다.

110) 이창희, 『세법강의』, 제13장 제1절.

정하자면 소득 구분이 가장 편리한 방법이다. 미국처럼 개인, 법인 구별 없이 순자산증가를 다 과세하는 나라도 국제조세 분야에서는 소득을 구분.

Commissioner v. Piedras Negras[111)]

이 사건 납세의무자는 라디오 방송국으로서 원래 텍사스의 한 귀퉁이에서 전파를 송출하다가 1935년에 미국 정부의 방송국 허가를 연장받지 못하자 국경 넘어 바로 옆의 멕시코로 이전해서 전파 송출을 계속했다. 영어방송인만큼 수신자는 거의 다 미국 거주자이고 광고주도 95% 이상이 미국 회사들이었다. 광고료도 상당 부분은 미국 안에서 미국 돈으로 받았다. 쟁점은 이런 방송에서 번 소득의 원천이 미국 내에 있는가이다.

이 사건 당시의 미국법은 소득을 다음 여섯 가지로 구분하고 각 종류별로 지역적 원천을 판정하도록 정하고 있었다: (1) 이자 (2) 배당 (3) 노무의 대가 (4) 임대료 및 사용료 (5) 부동산의 매매 (6) 동산의 매매. 이 판결의 다수의견은 원고의 소득은 멕시코에 있는 방송시설의 운영이나 임대[112)]에서 나온 것이므로, 이 소득은 노무 대가나 임대료·사용료 둘 중 하나, 아니면 이 두 가지의 결합으로 구분해야 한다고 보았다. 노무소득의 원천 판정은 용역제공 장소가 국내인가 국외인가에 따르고 재산 임대료 및 사용료의 원천 판정은 재산의 소재지에 따른다. 납세의무자의 방송시설은 모두 멕시코에 있고 사업에 필요한 노무도 모두 멕시코에서 제공하였다. 따라서 소득의 원천은 미국 밖이다. 한편 소수의견은 방송국을 멕시코로 이전했을 뿐 전에 하던 사업을 계속한 것이고, 광고주가 모두 미국 거주자이고 광고료도 미국 안에서 받았으므로 미국 안에서 사업행위를 한 것이고 따라서 원천이 미국 안이라고 보았다.

"Piederas Negras" 사건 당시의 미국법에 비하면 오늘날의 소득 구분은 훨씬 세분화되어 있다. 가령 우리 법인세법은 다음과 같이 정하고 있다. 소득세법도[113)] 거의 같고.

---

111) 127 F.2d 260 (1942).

112) 광고방송을 말하는 듯하다.

113) 소득세법 제119조.

第93条(외국법인의 국내원천소득) 외국법인의 국내원천소득은 다음 각 호와 같이 구분한다.

1. 국내원천 이자소득: 다음 각 목의 어느 하나에 해당하는 소득 …
   가. … 내국법인 또는 외국법인의 국내사업장 … 으로부터 지급받는 소득
   나. 외국법인 또는 비거주자로부터 지급받는 소득으로서 … 국내사업장의 소득금액을 계산할 때 필요경비 또는 손금에 산입되는 것[114)]
2. 국내원천 배당소득: 내국법인 또는 법인으로 보는 단체나 그 밖에 국내에 소재하는 자로부터 지급받는 다음 각 목의 소득
3. 국내원천 부동산소득: 국내에 있는 부동산 또는 부동산상의 권리 … 의 양도·임대 또는 그 밖의 운영으로 인하여 발생하는 소득. 다만, 제7호에 따른 양도소득은 제외한다.
4. 국내원천 선박등임대소득: … 내국법인 … 에 선박, 항공기, … 산업상·상업상·과학상의 기계·설비·장치 … 를 임대함으로써 발생하는 소득
5. 국내원천 사업소득: 외국법인이 경영하는 사업에서 발생하는 소득[115)]
6. 국내원천 인적용역소득: 국내에서 … 인적용역을 제공함으로써 발생하는 소득[116)]
7. 국내원천 부동산등양도소득: 국내에 있는 … 자산·권리를 양도함으로써 발생하는 소득
8. 국내원천 사용료소득: … 권리·자산 또는 정보를 국내에서 사용하거나 그 대가를 국내에서 지급하는 경우 그 대가 및 그 권리등을 양도함으로써 발생하는 소득.
9. 국내원천 유가증권양도소득: … 주식등 … 을 양도함으로써 발생하는 소득 …
10. 국내원천 기타소득: 제1호부터 제9호까지의 규정에 따른 소득 외의 소득으로서 다음 각 목의 어느 하나에 해당하는 소득
    가.-자. (생략)
    카. 가목부터 차목까지의 소득 외에 국내에서 하는 사업이나 국내에서

---

114) 연지급 수입대금이나 금융리스 대금 중 이자 상당액은 법인세법 시행령 제72조 제5항. 제20장 제2절 Ⅱ. 법인격 투시 규정으로 미국세법 제861조(a)(1)(A), 제884조(f). 스왑거래의 실질을 대부로 본 사례로 대법원 1997. 6. 13. 선고 95누15476 판결.

115) 법인세법 시행령 제132조 제2항 내지 제4항.

116) 소득금액은 실비 제외 금액이다. 법인세법 제93조 제6호.

> 제공하는 인적용역 또는 국내에 있는 자산과 관련하여 제공받은 경제적 이익으로 생긴 소득 … 또는 이와 유사한 소득으로서 대통령령으로 정하는 소득[117)]

위 법조의 뜻에 관해서는 널리 오해가 있다. 우선 미국 판결 하나.

Korfund v. Commissioner[118)]

이 사건 원고 코르푼트(Korfund)는 1934년 초른(Zorn)이라는 독일회사(정확히는 초른으로부터 채권을 양수한 미국 거주자 V)에게 일정한 '로열티'에 관한 화해금액을 지급한 미국 회사(원천징수의무자)이다.[119)] 쟁점은 이런 지급액이, 원천이 미국에 있는 소득으로 미국법에 따른 원천징수 대상인가이다. 원고와 초른은 모두 방음재의 제조판매업을 영위하는 회사로, 1926년 다음과 같은 상호 경업피지(競業避止) 약정(covenant not to compete)을 맺었다: (가) 초른은 원고의 북미 사업과 경쟁하지 아니한다. (나) 원고의 청구가 있으면 초른은 원고에게 기술 및 영업 정보를 제공한다. (다) 원고는 북미 밖에서는 방음재를 판매하지 아니한다. (라) 서로 상대방 지역에서 받은 주문은 상대방에게 넘겨준다. 이 계약에 따라 원고는 초른에게 코르크판 판매액과 진동흡수재 판매액의 일정 비율을 로열티로서 지급하기로 했다. 또 원고는 1928년 원고의 대주주이자 초른의 100% 주주인 스퇴셀(Stoessel)이라는 독일인과 스퇴셀이 미국의 다른 회사와 고문계약을 맺지 않는다는 독점적 고문계약을 맺고 그 대가로 해마다 일정 금액을 지급하기로 했다. 1933년 나치스 집권에 따라 미국과 독일의 관계가 경색되고 원고는 1934년 이 두 계약을 취소했다. 뒤이은 법적 분쟁의 결과로 1938년에 화해약정을 맺으면서 원고는 둘에게(한결 정확히는 두 사람으로부터 채권을 양도받은 미국인 거주자 V에게) 일정 금액을 지급하였다.

원고의 주장은 이 사건 지급액은 국외에서 제공한 용역의 대가이므로 소득의 원천은 국외라는 것이다. 이 사건 지급액은 경업피지 약정의 대가이고, 경업피지란 경업을 하지 않겠다는 의지의 결과물이며 초른과 스퇴셀이 경업피지 의

---

117) 카.목에 관한 판례로 대법원 2005. 4. 29. 선고 2004두2059 판결(선박 제조를 발주한 해외 선주가 지정한 페인트를 조선사에 납품하는 국내법인이 해외 선주에 지급한 수수료는 국내 사업과 무관하다).

118) The Korfund Company, Inc. v. Commissioner, 1 T.C. 1180 (1943).

119) 원고가 원천징수납부한 세액이 왜 부족했는지에 대해서는 사실관계가 분명하지 않다.

> 사를 행사한 곳은 국외이다. 따라서 노무 제공지가 국외이므로 소득의 원천이 국외라는 것이 원고 주장이다. 그러나 이 주장은 옳지 않다. 초른과 스퇴셀이 받은 돈은 미국내에서 경업할 권리를 포기하고 받은 대가이므로, 경업하였더라면 벌었을 소득과 동일한 성격을 가진다고 보았다. 미국내에서 경업하였더라면 벌었을 소득의 원천은 미국 안에 있고, 따라서 이 사건 경업피지 대가의 원천지도 미국이다.

"Korfund" 판결은 경업피지 약정에 따른 지급금이라는 소득은 원천을 판정하기 위한 명문 규정이 없는 이상 경업한 경우에 벌었을 소득과 마찬가지로 과세해야 한다고 판시하고 있다. 한편 우리 대법원 판례는 법인세법 제93조는 국내원천소득을 '열거'한 것이라는 표현을 예전부터 써왔고,[120] 아마 그 때문이겠지만 같은 법조에 열거되지 않은 소득은 국내에서 과세되지 않는다는 식의 주장이[121] 나와 있다. 그러나 실제 우리 대법원 판결 가운데 어떤 소득이 제93조의 어느 호에도 나오지 않는다는 이유로 소득의 원천이 국외라고 판결한 것은 없다. 현재까지의 대법원 판결은 예외 없이, 제93조 각 호 가운데 어느 하나로 구분한 뒤 그 조에 따를 때 소득의 원천이 국내 또는 국외라고 판단하고 있다.[122] 제93조가 국내원천소득을 열거하고 있다는 판례의 표현은 기실 국내원천 여부의 판정기준을 열거하고 있다는 말이리라.

제93조를 국내원천소득의 열거라고 읽을 수 없는 것은 조금 생각해보면 너무나 당연하다. 어떤 내국법인이 완전한 국내거래로 다른 내국법인에게서 소득을 지급받는데, 그 국내거래가 신종(新種) 거래라서 법 제93조에 그에 해당하는 소득 구분이 없다고 하자. 그렇다면 국외원천소득인가? 아니다. 미국세법을 보면 제861조에 '다음의 소득은 국내원천소득'이라는 조문이 있고 제862조에 똑같은 형식으로 '다음의 소득은 국외원천소득'이라는 조문이 있다. 그런데 우리 법에는 국내원천소득 조문만 있고 국외원천소득이라는 조문은 없다. 그렇다면 내국법인에

---

120) 대법원 1992. 1. 21. 선고 91누3703 판결 등.

121) 가령 한만수, 조세법강의 제2편 제5장 제5절 Ⅰ. 하급심 판결로 서울행정법원 2009. 8. 20. 선고 2008구합42006 판결.

122) 대법원 2005. 4. 29. 선고 2004두2059 판결은 서울고등법원 2004. 1. 9. 선고 2003누584 판결을 그대로 유지하기는 하지만, 판시 이유를 보면 제9호로 구분한 뒤 같은 호에 따라 소득의 원천이 국외라고 판단하고 있다. 대법원 종합법률정보나 국세청 법령정보에 나오지 않는 판결이 있을 수는 있다.

게는 소득의 지역적 원천이라는 개념이 필요 없나? 천만에. 법인세법 제57조는 내국법인에게 외국납부세액공제를 허용하고 있고, 이 공제는 소득의 원천이 국외인 소득이라야 가능하다. 원천이 국내라면 우리나라에 전속적 과세권이 있고 다른 나라의 세금의 공제는 원천이 국외인 소득에 대해서만 해준다. 제13장 제3절. 미국세법도[123] 마찬가지이다. 그렇지만 우리 법에는 국외원천소득의 범위에 관한 조문이 따로 없으니, 법인세법 제93조를 가지고 원천을 내외로 가를 수밖에 없다. 위 보기의 신종거래에 따른 소득이 국내원천소득이어야 한다는 것은 불을 보듯 환하고, 제93조에서 이 결론이 나와야 한다. 결국 법인세법 제93조는 미국법으로 친다면 제861조와 제862조를 묶은 조문이고, 그렇게 본다면 같은 조에 열거되지 않았다는 이유로 국외원천소득이라는 논리는 설 자리가 없다. 제93조는 소득원천의 판정기준을 열거한 것이지 국내원천소득을 열거한 것이 아니다. 애당초 법인세법은 순자산증가를 모두 과세하는 포괄적 소득 개념을 따르고 있다. '국외원천소득'이라는 말에서도 소득의 개념 그 자체는 같다. '국내원천'이라는 말은 그저 소득이 국내에 속하는가 국외에 속하는가를 묻는 것일 뿐이다.

다시 정리하면, 법 제93조는 국내원천소득의 범위를 열거하고 있는 것이 아니고, 소득원천의 내외는 소득의 경제적 성질에 따라 어느 한 호로 구분하여 판단한다는 규정이다. 다시 돌아가서 "Piedras Negras" 판결을 보라. 기실 방송사업은 당시의 소득 구분 여섯 가지 가운데 나와 있지 않고 그 중 어느 하나에 뚜렷이 해당하는 곳도 없다. 그러나 이 여섯 가지 가운데 어디인가로 구분해야 하는 이상 노무소득 아니면 사용료나 임대료 소득이라는 소득 구분에 해당한다고 보고 해당 구분별 원천 판정규칙을 적용한 것이다. "Korfund" 판결에서도 경업피지에서 발생하는 소득은 사업소득으로 구분하고 그에 따라 원천을 판정했다.

특정한 소득을 놓고 "이 소득은 국내원천소득인가?"라고 묻는 것은 올바른 질문이 아니다. 이 소득의 원천이 국내에 있는가 국외에 있는가, 이것이 바른 질문. 실상 원천이라는 말도 필요없다. 독일법처럼 그저 국내소득인가, 국외소득인가, 이것을 묻는 것이다. 가령 법인세법 제93조 제2호(국내원천 배당소득)에서 '내국법인으로부터… 지급받는 다음 각 목의 소득 '이라는 말은 '내국법인으로부터 지급받는 배당이라야 국내원천소득'이라는 말이 아니고, "배당의 원천을 내외로 가르는 규칙은 지급자가 내국법인인가 아닌가이다"라는 말이다. 기실 현행

123) 미국세법 제901조(외국납부세액공제) 이하.

법의 글귀는 이런 생각을 담기 위해 일부러 고쳐 쓴 것이다. 예전에는 법의 글귀가 "국내원천소득이라 함은 다음 각 호에 규정된 소득을 말한다"고 되어 있었다. 그러다가 경제적 성질상 주로 우리나라와 관련된 소득이라면 이를 외국법인의 국외원천소득이라고 보아 비과세하거나 내국법인의 국외원천소득이라고 보아 외국 정부에 과세권을 인정할 아무 이유가 없다는 것을 깨달으면서 "국내원천소득은 다음 각 호와 같이 구분한다"로 글귀를 고쳤던 것이다.[124] 특정한 소득의 원천을 국내나 국외로 정하려면, 소득을 경제적 성질에 따라 위 각 호 가운데 하나로 구분한 뒤 각 호별로 정해놓은 기준을 적용하여 원천의 내외를 구분한다.[125] 이 구조에서는 어떤 소득이든지 원천의 내외를 구분할 필요가 있다면 반드시 위 각 호 가운데 하나로 구분해야 한다. 어떤 소득에 경제적 성질이 다른 두 가지가 섞여 있다면 세부를 나누어 각 호로 구분해야 함은 물론이다. 바로 그것이 "Korfund" 판결의 판시취지.

소득의 원천이 국내라는 말은 과세할 수 있다는 말이지 반드시 과세한다는 말은 아니다. 세무행정이나 경제정책이라는 면에서 과세하지 않는 수도 있다. 가령 다른 나라 기업이 우리나라 수입업자에게 상품을 팔아서 버는 전형적인 무역거래 소득은 설혹 원천이 우리나라이더라도 꼭 과세해야 할 이유가 없다.

마지막으로 "Korfund" 판결에서 또 한 가지를 주목해 보자. 이 사건에서 실제 돈을 지급받은 사람은 비거주자인 초른이 아니라 그로부터 채권을 양수한 미국 거주자였다. 코펀드의 입장에서 보자면 비거주자인 초른과의 계약에 따라 지급하는 돈이기는 하지만 실제 돈을 지급받는 상대방은 거주자가 된 것이다. 가령 이 양수인이 직업적인 채권회수업자라고 하자. 그렇다면 쟁점 소득의 법적 성격은 누구를 기준으로 판정해야 하려나? 코펀드를 기준으로 경업피지 약정의 대가로 보어야 하는가 아니면 채권회수업자의 사업소득인가? "Korfund" 판결은 전자를 당연히 전제하고 있다. 물론 옳은 생각.[126] 그렇지 않다면 사업자를 상대로 한 채권양도를 통해서 소득의 성격을 얼마든지 조작할 수 있게 되기 때문

124) 1998. 12. 28. 법률 제5581호 전부개정; 2019. 12. 10 개정한 제93조 및 부칙 제7조. 1998. 12. 28. 법을 이렇게 고친 뒤에도 제93조가 국내원천소득을 열거하는 조문이라는 오해가 사라지지 않아서 그런 오해 속에 법을 개정한 것도 있다.

125) 원래는 거주자・비거주자에 관계없이 소득의 원천을 국내와 국외로 갈라나가는 조문을 두어야 체계가 맞지만(미국세법 제861조~제865조 참조) 자칫 큰 혼란을 부를까 염려하여 현행법의 글귀를 택하였다.

126) 대법원 2016. 2. 18. 선고 2014두13812 판결(부가가치세).

이다. 한결 근본적으로는 소득이란 생산요소가 창출해낸 생산물 내지 이를 분배받는 것이다. 그렇다면 소득의 성격은 어떤 생산요소가 관여했는가를 기준으로 판정하는 것이고, 이것은 응당 지급하는 자를 기준으로 판정해야 한다.[127] 소득원천을 정한 현행법 글귀의 해석론으로서는 어떨까? 법령의 글귀로 돌아가면 '내국법인으로부터 지급받는 이자'나 '내국법인으로부터 지급받는 배당'이라는 말은 당연히 지급하는 자를 기준으로 성격을 파악해야 하는 말이다. 다른 한편 '외국법인이 영위하는 사업에서 발생하는 소득으로서 국내에서 발생하는 소득'이라는 말이나 '국내에서 인적 용역을 제공함으로 인하여 발생하는 소득'이라는 말은 소득을 받아가는 자를 기준으로 성격을 파악해야 하는 말이다. 둘 사이에 경합이 생긴다면, 가령 이자를 받을 권리가 있는 자가 제 채권을 직업적인 채권회수업자에게 양도한다면 전자의 이자소득으로 보아야 한다.[128] 그렇지 않으면 소득 성격의 조작이 가능해지기 때문이다. 그러나 소득을 실제 받아가는 자가 국내사업장을 두고 있다면 그 자는 순소득에 대해 신고납부의무를 지게 된다.[129] 국내사업장에 귀속되는 소득이라면 제93조의 국내원천소득이 아니더라도 이 순소득 신고·납세 의무에 들어가고[130] 원천징수의무는 없어지므로[131] 구태여 국내원천소득인가를 물을 이유가 없어지게 된다.

Ⅱ. 원천지 판정 규칙: 경제적 실질과 법형식

소득의 원천을 판정하는 규칙은 어떻게 만들어야 하는가? 현행법의 기본 태도는 소득을 경제적 성질별로 구분하여 각 종류별로 원천지 판정규칙을 따로 정한다. 가령 배당에 관한 우리 현행법은, 지급자가 내국법인이라면 원천이 국내이고 외국법인이라면 원천이 국외라는 것.

배당소득의 예로 돌아가 법인을 내국법인으로 설립할 것인가 외국법인으로 설립할 것인가란 설립자가 제 마음대로 정할 수 있다는 점을 생각해 본다면 지

127) 대법원 1988. 10. 24. 선고 86다카2872 판결. 이창희, 『세법강의』, 제10장 제1절 5.

128) 맥락은 좀 다르지만, 주(主) 채무자가 꾼 돈의 이자를 보증인이 지급하는 경우 이자소득으로 원천징수할 의무가 있다. 대법원 2016. 1. 4. 선고 2013두10267 판결.

129) 법인세법 제91조 제1항.

130) 법인세법 제91조 제1항, 제93조 제5호.

131) 법인세법 제98조 제1항.

급자의 국적을 중시하는 이런 규칙은 법형식에 따라 원천을 판정하는 셈이다. 한편 이와 달리 경제적 실질을 중시하는 규칙을 만들 수도 있다. 가령 배당소득이란 결국 사업에서 번 소득을 배당하는 것인 만큼 사업을 어디에서 했는가를 따져서 배당소득의 원천도 그에 따라야 한다고 생각할 수도 있다. 실제로 미국법은 이런 내용을 담고 있지만[132] 배당소득의 원천을 살피는 일은 제7장의 해당 부분으로 미루고 여기에서는 사업소득을 예로 들어 원천규칙을 어떻게 만들 것인가를 생각해 보자.

United States v. Balanovski[133]

이 사건 납세의무자는 아르헨티나 거주자로서, 미국의 공급업자와 아르헨티나의 수입업자 사이에서 중개무역업을 영위하는 아르헨티나 파트너십의 파트너였다. 파트너십은 둘 사이의 독립적인 중간상인으로서 아르헨티나의 수입업자로부터 자기 앞으로 신용장을 받고 이를 미국의 공급업자에게 양도하는 방식으로 둘 사이의 가격 차이만큼 판매마진을 벌었다. 상품 실물의 흐름이라는 측면에서 본다면 이 거래는 미국의 공급업자와 아르헨티나 수입업자 사이의 직접 매매와 별 차이가 없었다. 파트너십은 서류상으로만 상품 거래에 관여했고 상품을 점유한 적이 없었다. 파트너십의 행위는 수입업자와의 관계 부분은 아르헨티나에서 일어났고 나머지는 미국 안에서 일어났는데 원고는 미국내 사업행위를 맡았다. 파트너십과 아르헨티나 수입업자 사이의 계약조건이 FAS(Free Alongside Ship) 선적항 조건이었으므로, 운송비와 해상보험료는 모두 수입업자가 부담했다.

원고는 상품의 도착지가 아르헨티나이고 거래의 실체가 아르헨티나에서 일어났으므로 파트너십이 번 소득(판매차익)의 원천은 아르헨티나에 있다고 주장했다. 하급심은 이 주장을 받아들였지만 항소심 법원은 원고 패소 판결을 내렸다. 항소심도 소유권의 이전 장소라는 형식적 기준을 무조건 따르는 것이 바람직하지는 않다는 입장을 피력하기는 했지만 결론적으로는 하급심의 판결을 뒤집고 상품에 대한 소유권 이전 장소가 미국 안이라는 이유로(달리 정하지 않은

---

132) 미국세법 제861조(a)(2), 제862조(a)(2). 그러나 이런 '추적 과세'는 미국법의 역외(域外) 적용이라는 시비를 불렀고, 그 결과 1986년 이후에는 지점세를 물리는 외국법인이라면 추적과세를 하지 않는다. 미국세법 제884조(e)(3)(A). 나아가 2005년부터는 배당금을 받아가는 자가 외국인 비거주자이거나 외국법인이라면 원천징수세를 면제함으로써 결국 추적과세를 포기했다. 미국세법 제871조(i)(2)(D), 제881조(d).

133) 236 F.2d 298 (2nd Cir., 1956).

이상 FAS 조건이라면 소유권 역시 상품 인도 장소인 배 옆 하적시 이전한다) 원고가 번 소득의 원천은 미국에 있다고 판시하였다.

소유권 이전의 장소는 왜 형식적 기준인가? 소유권 이전 장소란 무슨 의미가 있을까? 실질적 의미는 상품에 사고가 생기는 경우 위험부담을 누가 지는가 정도일 뿐이다. 그런데 국제운송의 실제 위험은 언제나 보험회사가 부담한다. 다만 보험료를 매도인과 매수인 중 누가 부담하는가에 차이가 있을 뿐이다. 가령 순수한 물건 값이 100원이고 운송료가 3원, 보험료가 1원이라면, 매매가격을 100원으로 약정하고 매수인이 운송료와 보험료를 부담하는 조건(가장 널리 쓰는 조건으로 FOB)이나 매매가격을 104원으로 약정하고 매도인이 운송료와 보험료를 부담하는 조건(CIF)이나 아무 차이가 없다. 소유권 이전시기를 언제로 하든 경제적 실질에 아무 차이가 없다. 이 때문에 '무역용어 해석에 관한 국제규칙'(Incoterms)에서는 소유권 이전 시기에 관해서는 아예 언급 없이 당사자 사이의 특약에 맡기고 있다. 결국 소유권 이전의 시기와 장소는 당사자가 마음대로 정할 수 있는 형식적 기준이 된다. 소득의 원천을 당사자의 의사에 맡기는 형식적 기준에 대한 대안은 무엇인가? 의사가 아니라 실제 어디에서 무슨 행동을 하는가라는 거래의 실질을 기준으로 원천을 정할 수도 있다.

"Balanovski" 사건의 원고는 거래의 실체가 아르헨티나에서 일어났다고 주장했지만, 기실 보기에 따라서는 거래의 실체가 미국에서 일어났다고 볼 수도 있다. 원고가 한 일은 사실 중개상이나 진배없고 원고의 소득은 실질적으로는 중개수수료라 볼 여지가 있기 때문이다. 물론 사실판단 문제이지만 가령 이렇게 본다면 원고의 소득은 노무의 대가이고, 이 노무의 제공 장소는 미국이므로 소득의 원천지는 미국이라 볼 여지도 생긴다. 실제로 "Liggett" 판결을[134] 보면 미국 국세청이 이런 주장을 내어놓고 있다. "Liggett" 판결의 원고는 스코틀랜드의 공급업자와 미국의 수입업자 사이에서 "Balanovski" 판결의 원고와 거의 똑같은 역할을 했다. 차이가 있다면 이 원고가 한 일은 거의 수입국(이 사건에서는 미국)에서 이루어졌다는 것뿐. 미국 국세청은 상품에 대한 원고의 소유권 이전 장소가 미국 밖이라고 하나 원고의 소유권이 존재했다는 것 자체가 찰나일 뿐이므로 소유권 이전 기준은 적절치 않다고 주장했다. 그러나 법원은 국세청의 주장을

134) Liggett Group, Inc. v. Commissioner, 58 T.C.M. 1167 (1990).

내치고 소유권 이전 장소라는 형식적 기준을 고수했다.

같은 사실관계라면 우리 법에서는 어떤 결론이 나올까? 미국법은 재고자산 판매소득(엄밀히는 재고자산을 구입한 그대로 판매하여 버는 소득)의 원천지에 관하여 소유권 이전 장소라는 기준을 따로 두고 있지만 법인세법에는 제93조의 각호에 재고자산 판매소득이 따로 나와 있지는 않고, '외국법인이 영위하는 사업에서 발생하는 소득'으로 구분해야 한다. 다시 대통령령을 얼핏 보면 '국내에서의 양도'에서 생기는 소득은 국내원천소득이라고 정함으로써[135] 미국과 똑같은 소유권 이전 장소 기준을 취한 듯 보이지만 조금 더 자세히 보면 국내사업장에서 관리하는 자산이거나 양도계약이 국내에서 체결되거나 계약체결 협상 중 중요부분이 국내에서 이루어지는 경우에는 국내원천소득으로 한다고 정하고 있으므로[136] 결국 형식적 기준과 실질적 기준을 병용하고 있다.

형식적 기준과 실질적·경제적 기준의 대립이라는 시각에서 "Piedras Negras" 사건을 다시 보자. 소수의견에 나오듯 이 사건 납세의무자는 방송국의 위치만 멕시코로 옮겼을 뿐 원래 미국에서 하던 사업을 그대로 했고 실질적·경제적 연관을 보면 미국이 압도적으로 중요하다. 그러니 미국이 과세해야 마땅한 것 아닐까? 이 문제는 입법론과 해석론의 경계가 어디인가라는 원론적 질문의 한 부분일 뿐이다. 해석론으로는 다수의견이 맞다. 법이 재산의 사용 장소나 노무의 제공 장소라는 형식적 기준을 쓰는 이상은 해석론으로는 소득의 원천이 멕시코일 수밖에 없다. 그 밖에 참고로 순수한 미국법 문제이고 아주 기술적인 개념 문제이지만 소수의견이 미국내 사업이 있다는 이유로 소득의 원천이 미국에 있다고 본 것은 틀렸다. 미국내 사업이 있으면 미국에서 과세대상이라는 것은 맞지만, 미국법에서는 이것은 원천과 무관한 별개의 과세권이다. 미국법에서는 미국내 사업과 "effectively connected"(이 말의 뜻은 뒤에 보기로 한다)된 소득이라면 원천과 무관하게 과세한다.[137] 기실 오늘날에 와서 "Piedras Negras" 판결은 소득의 원천이 아니라 미국내 사업의 존부에 관한 판결로 생각하는 것이 보통이다.[138] 미국의 현행법에서는 이 판결의 논리를 명문으로 입법하여 외국법인의

135) 법인세법 시행령 제132조 제2항 제1호.

136) 같은 영조 제5항.

137) 미국세법 제871조(b), 제882조(a), 제864조(c)(3). 제5장 제3절 Ⅰ.

138) 가령 Avi-Yonah et als, *U.S. International Taxation — Cases and Materials* (3rd ed.), Foundation Press (2010), 178쪽.

국제통신 소득은 국외원천소득이지만 미국내 사업에 귀속되는 부분은 국내원천소득이라고 정하고 있다.[139)]

일반적 입법론으로는 형식적 기준과 실질적 기준 가운데 어느 쪽을 택해야 할까? 입법론이든 해석론이든 가장 기본적인 원칙은 국내 세원(稅源)을 잠식하는 것, 곧 내국법인이나 국내사업장에서 필요경비로 떨어낸다면 소득의 원천이 국내라고 보는 것이다. 우리 현행법의 태도는 i) 사업소득이나 인적용역소득이라면 국내에서 사업을 하거나 인적 용역을 제공하는가를 기준으로 판단하고, ii) 이자나 배당 같은 돈의 사용대가는 지급자가 내국법인인가 외국법인인가(residence of payor)라는 기준으로 판단하고, iii) 자산의 임대료, 사용료는 지급자가 누구인가라는 기준과 관련 자산의 소재지 · 사용지가 어디인가(place of use rule)라는 기준을 병용하고, iv) 자산의 양도소득은 자산의 소재지를 묻는다. 사업소득이나 인적용역소득이라면 납세의무자가 국내에서 실제 어떤 행위를 하는가를 보는 실질적 기준 말고는 달리 대안이 없다. 이자나 배당은 '국내에서 지급'하는 것인가, 곧 지급하는 자가 국내에 있는 자인가를 묻는 지급자(支給者) 기준(residence of payor rule)이[140)] 대세이지만 가령 미국처럼 돈의 사용지가 어디인가라는 실질 기준으로 판단하려는 태도를 보일 수도 있다. 다만 국제적 대세가 지급자 기준이다 보니 미국법의 실질 기준은 국제적 2중과세를 일으킬 수밖에 없는 경우가 많았고 오늘날에 와서는 미국법 역시 이자나 배당에 관한 한 사용지 기준은 사실상 폐기한 셈이다.[141)] 한편 사용료소득은 아직 사용지 기준을 쓰지만 이것도 본질적으로는 국제적 2중과세 문제가 남는다.[142)] 자산의 양도소득 역시 자산 소재지를 기준으로 판단하는 것이 가장 합리적이겠지만, 동산의 양도소득이라면 우리 법에서는 사업소득에 포함되는 경우가 대부분일 것이고 따로 자산 소재지 기준이 쓰일 여지는 주식이나 부동산의 양도소득 정도에 있을 뿐이다. 미국법에서는 비거주자의 동산 양도소득은 원칙적으로 국외원천소득으로 보고, 다만 사업자의 재고자산이라면 소유권 이전 장소를 기준으로 원천을 판정한다.[143)]

---

139) 미국세법 제863조(e).

140) 일본문헌은 지급지(支給地) 주의라는 말을 쓰지만 혼란을 일으키는 용례이므로 지급자 기준이라고 부르는 편이 낫다.

141) 제7장 제2절 및 제8장 제2절.

142) 제12장 제3절.

143) 미국세법 제865조, 제861조(a)(6).

Ⅲ. 소득 구분의 상대성

특정한 소득을 어떤 소득으로 구분할 것인가는 실제는 정답을 내기 어려운 경우가 많고, 시대가 바뀌면 문제의 성격 자체가 바뀌는 수도 많다. 제도 자체가 현행법상 소득 구분 가운데 어느 하나로 우겨넣는 것인 만큼, 우겨넣기에 너무 무리가 오면 법을 고쳐서 새로운 종류의 소득을 입법하는 수밖에 없다. 일찍이 "Piedras Negras" 사건 당시의 소득 종류는 이자, 배당, 노무, 임대료와 사용료, 부동산의 양도소득, 동산의 양도소득, 이 여섯 가지뿐이었다. 이에 견주어 현행 미국법이나 우리 법의 소득 구분은 종류가 훨씬 많고 복잡하다. 그래도 문제는 끝없이 계속 생긴다. 가령 컴퓨터 프로그램의 판매대가가 사업소득인가 사용료 소득인가라는 문제를 생각해 보자. 예를 들어 미국의 마이크로소프트(Microsoft)로부터 오피스(Office) 프로그램이 담긴 CD를 100만 장 사오는(좀 더 극단적으로는 100만 번 다운로드 받는) 경우와 CD는 1장만 사와서(또는 한 번 다운로드 받아서) 99만 9,999장을 복사할 권리를 받는 경우, 실질을 본다면 이 둘 사이에는 아무 차이가 없다. 그렇다면 각 경우 마이크로소프트가 받는 소득의 구분이 달라져야 하는가?[144)]

논점을 한 차원 더 추상화해서 책을 팔아 얻는 소득이라면 어떤 소득으로 구분할 것인가? 책을 이루는 종이는 사실 종이일 뿐이고, 그 안에 담긴 내용은 별개이다. 책을 사들이는 사람이 그 책을 마음대로 복사해 팔거나 그 책에 담긴 내용을 자기 글처럼 쓸 권리가 없다는 사실은, 책의 매매에서 얻은 소득과 다른 물건의 매매에서 얻은 소득 사이에는 법률적 성격에 분명한 차이가 있음을 뜻한다. 그렇지만, 적어도 복사기가 나오기 전에는 책의 무단복사라는 것은 현실적으로 중요하지 않았고, 책을 팔아 얻는 소득을 세법이 특별히 달리 취급할 필요가 별로 없었다. 복사기가 나온 뒤에도, 복사기는 각 집에 한 대씩 있을 만큼 대중화되지는 않았고, 불법 복제업자를 잘 단속하는 이상 책을 팔아 얻는 소득을 다른 물건과 마찬가지의 사업소득으로 보더라도 별 무리가 없었다.

결국 소득의 구분이란 기술이나 경제활동의 발전 정도에 달려 있다. 특히 최근에는 파생금융상품[145)] 등 신종 금융거래가 늘어나면서 종래의 개념으로는

144) 미국 재무부 규칙 1.861-18(h).

145) 일반론으로 이창희, 『세법강의』, 제20장 제3절.

소득의 종류나 원천을 정하기 어려운 경우가 많다. 가령 이자율 스왑거래(일정한 명목상의 원금을 가상하고 그 금액에 관한 변동금리와 고정금리 기타 금리의 흐름을 서로 맞바꾸는 거래)에서 생기는 소득은 이자소득인가, 사업소득인가, 아니면 새로운 종류의 소득으로 삼는 입법이 필요한가? 전자상거래도 소득의 구분을 어렵게 한다.[146] 가령 에미넴의 공연실황을 A방송국과 B방송국이 동시에 방영하는 경우와 A가 방영권을 독점하고 B는 A의 방송물에 터잡아 공연을 뒤에 중계한다면, 현행법으로는 앞의 경우 A방송국이 에미넴에게 지급하는 소득은 인적용역의 대가이고, 뒤의 경우 B방송국이 A방송국에 지급하는 대가는 사용료소득이 된다. 그러나 그 시차가 1시간 뒤, 30분 뒤, 10분 뒤, 1분 뒤, 극단적으로는 0.01초 뒤로 줄어든다면 둘 사이에 차이를 두는 것이 옳을까?

아마도 적어도 입법론의 관점에서 보자면 바른 접근방법은 현행법이나 판례가 쌓은 소득 구분의 기준이라는 도그마에 빠지지 않고 애초 소득 구분이 왜 필요한가라는 논점 자체로 돌아가 문제를 기본에서부터 다시 생각해 보는 것이리라. 해석론도 결국은 이 문제로 돌아가게 마련이다. 모름지기 법해석이란 일단은 기왕의 개념으로 문제를 풀어나가야 하지만, 그 결과가 지나치게 불합리하거나 체계에 모순을 일으킨다면 이제는 개념을 바꿀 때가 되었다는 말.

Ⅳ. 소득의 단위와 소득금액

1. 소득금액과 환율

국제조세에는 환율 문제가 생긴다. 가령 거주자가 미화 1달러가 1,000원인 당시에 10억원을 들여 1백만 달러짜리 미국 부동산을 샀다가 그 뒤 90만 달러에 팔았는데, 팔 때의 환율이 1달러가 1,200원이어서 원화로는 10억 8천만원이라고 하자. 이 사람에게는 8천만원의 소득이 있는가 아니면 10만 달러 손실이 생긴 것인가? 역으로 비거주자가 미화 백만 달러를 들여 10억원짜리 우리나라 부동산을 샀다가 그 뒤 10억 8천만원에 팔았는데, 팔 때의 환율이 1달러가 1,200원이라 미국 돈으로 치면 90만 달러를 받았다고 하자. 이 사람에게는 10만 달러의 손실이 생겼는가 아니면 8천만원의 소득이 있는가? 두 가지 답은

146) 상세는 Chang Hee Lee, "Impact of E-Commerce on Allocation of Tax Revenue Between Developed and Developing Countries", 18 Tax Notes International (1999) 2569 참조.

같아야 하는가, 달라야 하는가?

대법원 2015. 12. 10. 선고 2013두6107 판결

1. 구 소득세법(2008. 12. 26. 법률 제9270호로 개정되기 전의 것, 이하 같다) 제17조 제1항은 "배당소득은 당해연도에 발생한 다음 각 호의 소득으로 한다."고 규정하면서 제5호에서 '국내 또는 국외에서 받는 대통령령이 정하는 투자신탁의 이익'을 들고 있고 … 구 조세특례제한법(2008. 12. 26. 법률 제9272호로 개정되기 전의 것) 제91조의2 제2항(이하 '이 사건 법률 조항'이라 한다)은 '거주자가 구 소득세법 제17조 제1항 제5호의 요건을 갖춘 투자신탁(이하 '투자신탁'이라 한다)으로부터 받는 배당소득금액에는 … 당해 투자신탁이 직접 취득하는 … 국외 상장주식 … 매매 또는 평가로 인하여 2009. 12. 31.까지 발생한 손익을 포함하지 아니한다'고 규정 … 하고 있다.

소득금액은 원칙적으로 과세권을 가진 국가의 통화에 의하여 산정하여야 하므로, 국외에 있는 자산의 가격 변동에 따른 거주자의 소득을 과세대상으로 하는 경우 그 소득금액은 환율 변동에 따른 손익을 통산하여 계산하지 않을 수 없다. 이에 구 소득세법 제118조의4 제2항, 구 소득세법 시행령 제178조의5 제1항도 국외 자산의 양도에 따른 양도차익을 계산할 때 양도가액과 필요경비를 그 수령일과 지출일의 기준환율 또는 재정환율에 의하여 계산하도록 함으로써 환율 변동에 따른 손익을 통산하여 양도소득금액을 산정하도록 하고 있다.

이 사건 법률 조항은 거주자의 해외 투자를 활성화하기 위하여 2009. 12. 31.까지 한시적으로 국외 상장주식의 매매 또는 평가로 인하여 발생한 손익을 배당소득금액에서 제외하고 있는데, 국외 상장주식의 매매·평가손익을 원화로 환산하는 과정에서도 주식가격의 변동에 따른 손익과 환율 변동에 따른 손익이 통산될 수밖에 없으므로, 이 사건 법률 조항과 시행령 조항에 의하여 배당소득금액에서 제외되는 국외 상장주식의 매매·평가손익은 주식가격의 변동에 따른 손익과 환율 변동에 따른 손익을 통산한 것을 의미한다고 보아야 한다 …

2. 원심판결 이유 및 원심이 적법하게 채택한 증거에 의하면, ① 원고가 한국투자증권 주식회사(이하 '한국투자증권'이라 한다)를 통해 이 사건 투자신탁의 수익증권을 합계 2억 3,000만 원에 매수하였다가 2008. 12. 2. 환매를 청구한 사실, ② 이 사건 투자신탁은 일본에서 발행되어 일본 시장에서 거래되는 주식(이하 '이 사건 주식'이라 한다)에 70% 이상 투자하는 것으로서 이 사건 주식의

가격 변동 외에도 엔화/원화 환율 변동에 따라 손익이 발생하는 구조인데, 원고의 투자기간 중 이 사건 주식의 가격이 56% 넘게 하락하여 발생한 손실을 환율 상승으로 인한 이익이 일부 상쇄하여 환매가격이 185,518,844원으로 계산된 사실… 등을 알 수 있다.

이러한 사실관계를 앞서 본 규정과 법리에 비추어 살펴보면, 이 사건 주식의 가격 변동에 따른 손실과 이 사건 환차익을 통산한 금액이 이 사건 법률 조항과 시행령 조항에 의하여 배당소득금액에서 제외되는 국외 상장주식의 매매·평가손익에 해당하므로… 이 사건 환차익이 투자신탁의 이익으로서 배당소득금액에 포함된다고 보아 원고의 경정청구를 거부한… 원심의 판단에는 이 사건 법률 조항과 시행령 조항에 따른 국외 상장주식의 매매·평가손익의 산정방법에 관한 법리를 오해하여 판결에 영향을 미친 잘못이 있고, 이를 지적하는 상고이유 주장은 이유 있다.

소득세의 존재근거는 공평이다. 특정한 납세의무자의 처지가 다른 사람보다 나은가 못한가를 견주어[147] 세금을 더 낼만한가 아닌가를 묻는 것이다. 이 비교는 우리나라에 속하는 다른 사람과 비교하는 것일 수밖에 없고, 그렇다면 거주자·비거주자의 구별 없이 소득금액은 원화로 정해야 맞다.

예외로, 국내사업장을 가진 외국법인이나 부동산 임대소득이 있는 외국법인이 다른 나라 통화를 '기능통화'로 선택한 경우라면 해당 외화로 소득(양도소득은 제외)을 계산할 수 있다.[148] 내국법인도 해외에 사업장을 두거나 달리 특정 외화의 비중이 원화보다 더 중요한 기업이라면, 아예 그런 외화를 기능통화로 삼아 장부와 재무제표를 작성하는 경우가 있을 수 있다. 어떤 경우든 우리법상 납세의무를 지는 이상 소득과 세액은 원화로 결정하여야 한다. 법은 이런 기업에게 다음 세 가지 방법 가운데 하나를 고르게 정하고 있다.

법인세법 제53조의2(기능통화 도입기업의 과세표준 계산특례) ① 기업회계기준에 따라 원화 외의 통화를 기능통화로 채택하여 재무제표를 작성하는 내국법인의 과세표준 계산은 다음 각 호의 구분에 따른 방법(이하 이 조에서 "과세표준계산방법"이라 한다) 중 납세지 관할 세무서장에게 신고한 방법에 따른

147) 이창희, 『세법강의』, 제7장.

148) 법인세법 제91조 제1항, 제92조 제1항, 제53조의2.

다. 다만, 최초로 제2호 또는 제3호의 과세표준계산방법을 신고하여 적용하기 이전 사업연도의 소득에 대한 과세표준을 계산할 때에는 제1호의 과세표준계산방법을 적용하여야 하며, 같은 연결집단에 속하는 연결법인은 같은 과세표준계산방법을 신고하여 적용하여야 한다.

1. 원화 외의 기능통화를 채택하지 아니하였을 경우에 작성하여야 할 재무제표를 기준으로 과세표준을 계산하는 방법
2. 기능통화로 표시된 재무제표를 기준으로 과세표준을 계산한 후 이를 원화로 환산하는 방법
3. 재무상태표 항목은 사업연도종료일 현재의 환율, 포괄손익계산서(포괄손익계산서가 없는 경우에는 손익계산서를 말한다. 이하 같다) 항목은 해당 거래일 현재의 환율(대통령령으로 정하는 항목의 경우에는 해당 사업연도 평균환율로 한다)을 적용하여 원화로 환산한 재무제표를 기준으로 과세표준을 계산하는 방법

(보기) 우리나라 법인인 대미무역(주)는 미국에 사업장을 두고 있고 올해 다음과 같은 영업을 하였다. 각 사업연도의 소득은 얼마인가? 다른 사업활동에서 번 소득은 영(0)원이다.

1. 1. A, B, C 세 가지 상품을 각 미화 100달러에 취득하고 고정자산을 1,000달러에 취득하였다. 환율은 달러당 1,000원.
3. 1. 상품 A를 미화 200달러에 팔았다. 환율은 달러당 1,000원.
6. 1. 상품 B를 미화 200달러에 팔았다. 환율은 달러당 1,010원.
9. 1. 상품 C를 미화 200달러에 팔았다. 환율은 달러당 1,020원.
12.31. 고정자산을 10년 정액법으로 100달러 감가상각하였다. 기말현재 환율은 달러당 1,030원. 연평균 환율은 달러당 1,015원.

(풀이) 1호의 방법에서는 A, B, C의 취득원가가 각 100,000원, 100,000원, 100,000원이고 매출액은 각 200,000, 202,000, 204,000원이다. 따라서 매출총이익은 100,000+102,000+104,000=306,000원이다. 한편 고정자산은 취득원가가 1,000,000원이므로 감가상각이 100,000원이다. 따라서 소득은 206,000원이다.

2호의 방법에서는 A, B, C의 외화표시 매출액이 각 200달러, 200달러, 200

달러이고 매출원가는 각 100달러, 100달러, 100달러이므로 외화표시 매출총이익은 300달러이고, 감가상각 후 소득은 200달러이다. 법에 명문 규정은 없지만 소득은 한 해에 걸쳐 버는 것이므로 연평균 환율을 적용하여 200×1015=203,000원이다.

3호의 방법에서는 A, B, C의 취득원가가 각 100달러=100,000원, 100달러=100,000원, 100달러=100,000원이고 매출액이 각 200달러=200,000원, 200달러=202,000원, 200달러=204,000원이므로 매출총이익은 306,000원이다. 고정자산 감가상각비는 한 해에 걸쳐 사용하는 것이므로 연평균 환율을 적용하면 100달러=101,500원이다. 따라서 소득은 204,500원이다.

2. 소득에 대한 법적평가 단위

소득의 금액, 나아가 소득의 구분과 원천 판정은 그 선결문제로 애초 소득이 있다는 것을 전제로 한다. 소득의 존부는 법적 평가를 필요로 한다. 소득의 존부나 법적 평가의 단위 문제는[149] 실제로는 소득의 금액이나 구분 문제와 뒤엉킬 수밖에 없다.

대법원 2016. 11. 24. 선고 2016두47123 판결

구 법인세법 … 은 외국법인의 국내원천소득의 하나로 '국내에서 지급하는 위약금이나 배상금으로서 대통령령으로 정하는 소득'을 들고 … 있다 … ① 이 사건 각 계약서에서는 인도약정일 이후 일정한 유예기간이 경과하도록 선박의 인도가 지연되는 경우 계약가격이 조정되는 것으로 규정하고 있음이 문언상 명백하므로, 위와 같은 인도지연의 경우에는 그 문언대로 당사자들 사이에 계약가격을 조정하기로 하는 의사의 합치가 있었다고 보아야 하는 점, ② 선박의 인도가 지연되더라도 가격조정기간이 경과한 후에야 비로소 매수인은 계약을 해제할 수 있고, 계약해제 시에는 별도의 손해배상 청구를 할 수 있을 뿐 위 가격조정조항이 적용되지 않는 점, ③ 원고는 선주로부터 원래의 선박대금에서 인도지연에 따른 이 사건 금액을 공제한 나머지 대금만을 지급받은 것으로 볼 수 있고, 이는 원고가 일부 선주와 인도지연의 귀책사유에 관한 분쟁이 발생하여 계약서상 즉시지급조항에 따라 일단 해당 선박대금을 전부 지급받고 국제중재절차 결과에 따라 사후적으로 대금감액분과 그에 대한 이자를 반환하였다고 하여

149) 일반적 설명은 이창희, 『세법강의』, 제13장 제1절 Ⅳ.

달리 보기 어려운 점, ④ 선박의 인도가 지연된 경우 선주의 손해를 고려하여 선박가격을 감액하기로 한 것이라도 그와 같은 사정만으로는 이 사건 금액을 선주에 대한 별개의 소득으로 볼 수 없는 점 등을 종합하여 볼 때, 이 사건 금액은 이 사건 선박가격에서 차감되는 금액이므로 이 사건 각 선주의 국내원천소득으로 볼 수 없다.

가격조정이니까 '위약금'이나 '배상금'이 아니고, 따라서 선주가 소득을 받아간 바 없으니 국내원천인가라는 쟁점이 아예 생기지 않는다는 말이다. 이름이 다르다고 해서 법적 성질이 다를 수는 없다. 약정에 따른 대금 감액이 우리 민사법에서 손해배상인가는 일반화하기는 어렵고 구체적 계약해석 문제일 것이다.

제 4 절 납세의무자의 구분

Ⅰ. 외국단체와 법인격

여태 보았듯 우리나라는 속인주의 관할권에 속하지 않는 자에 대해서는 국내원천소득에만 납세의무를 지우고 있다. 그런데 속인주의 관할권에 속하지 않는 자란 우리나라가 인적 지배권을 확보하지 못하고 있는 자라는 말이다. 이들에게 도대체 어떤 식으로 납세의무를 지워야 세금을 제대로 걷을 수 있을까?

이 문제를 생각하기 위해서는 우선 한 가지 선결문제가 있다. 우리나라는 소득에 관한 납세의무를 지우는 법으로 소득세법과 법인세법이라는 두 가지 법률을 가지고 있다. 자연인은 소득세법에 따라 납세의무를 지고 법인은 법인세법에 따라 납세의무를 진다. 법인격 없는 비영리단체는 그 성격에 따라 소득세나 법인세를 낸다. 외국 정부는 비영리외국법인으로 보고 법인세법을 적용한다.[150] 나라에 따라서는 외국 정부의 소득 가운데 일정한 부분을 비과세하기도 하지만 우리 법인세법에는 그런 규정이 없다.[151]

---

150) 법인세법 제2조 제4호. 외국정부.

151) 외국 정부가 받는 금융소득 등 수익사업의 소득은 국내원천이라면 과세한다. 법인세법 제4조 제4항과 제5항. 군사, 경찰, 사법 같은 정부의 고유업무로 받는 돈은 수익사업이 아니다. 고유업무인지 수익사업인지의 구별은 법이나 조약에 명문 규정이 없는 이상 헌법 제6조의 일반적으로 승인된 국제법규 내지 국제공법의 일반원칙(GPL: general principles of law)이라는 애매한 개념에 의지하여 국제예양의 차원에서 상호주의를 고려할 수밖에 없다.

법인세법과 소득세법 사이에는 과세소득의 범위, 신고·납세 시기 등 아주 큰 차이가 있다. 그런데 외국단체란 우리나라 법에 따라 설립된 것이 아니므로 그런 단체에 우리 법을 적용하자면 어려운 문제가 생긴다. 자연인이라면 우리 법상 개인으로 보고, 또 독일법의 물적 회사나 미국의 "corporation"이라면 우리 법에서도 법인으로 보는 결과를 얻어야 한다는 것은 별로 다툴 여지가 없다. 비영리단체는 내국단체와 마찬가지로 구분하면 된다. 그러나 인적 회사, 파트너십,[152] 자산유동화 회사 같은 특수목적 법인, 신탁 등의 영리단체는 어려운 문제를 낳는다.[153] 예를 들어 미국의 파트너십이 우리나라에 들어와서 영업을 하거나 달리 소득을 얻는 경우, 우리나라는 단체와 구성원을 어떤 법에 따라 어떻게 과세하는가? 파트너십 그 자체를 법인으로 보아 법인세법에 따라 과세할 것인가, 파트너십은 공동사업장으로 보고 각 파트너를 법인세법이나 소득세법에 따라 과세할 것인가? 독일의 합명회사(offene Handelsgesellschaft)나 합자회사(Kommanditgesellschaft)가 국내에 들어와서 영업을 한다면 어떤 법을 적용하여 어떻게 과세할 것인가?

법인세법은 외국법인을 그저 외국에 본점이나 주사무소 또는 실질적 관리장소를 둔 법인으로만 정의하고 있다.[154] 여기에서 '법인'이라는 말에는 아무런 정의가 없다. 국내법에 따라 설립되는 단체라면 그 단체에 법인격이 있는지는 법을 찾아보면 알 수 있다.[155] 다른 나라의 단체가 '법인'인지는 전혀 별개의 문제가 된다. '법인'은 우리말이고 어떤 단체가 법인인가는 우리 법의 개념일 뿐이다.

여기에서 세 가지 해석 가능성이 생긴다. 첫째는, 외국단체가 설립된 준거법을 따져서 그 나라 법에 우리 법의 '법인'에 해당하는 개념이 있는가를 보고, 다시 그 단체가 그 범주에 속하는가를 보는 길이다. 가령 일본법에서는 우리 법과 똑같은 한자로 표기하는 "法人"이라는 말을 쓰고, 어느 단체가 일본법상 "法人"인지 아닌지는 일본법에서 확인할 수 있다. 또 독일법에서는 법인에 해당하는 개념으로 "Rechtsperson"이라는 말이 있고, 가령 우리 법의 주식회사에 해당하는 "Aktiengesellschaft"는 "Rechtsperson"이니[156] 우리 법에서도 법인이라 보자

152) OECD 모델조약 영어판에서 "partnership"이라는 말은 독어판, 불어판에서는 각각 "Personengesellschaft", "société de personnes"이고 이 말은 대개 '인적 회사' 정도로 번역된다.

153) 이창희, 『세법강의』, 제13장 제2절, 제14장 제1절 등.

154) 법인세법 제1조 제3호.

155) 예를 들어 상법 제171조 제1항 및 민법 제33조.

라는 생각이다. 반면 독일법의 합명회사나 합자회사는 "Rechtsperson"이 아니므로 우리 법인세법이 말하는 법인이 아니라고 풀이하는 방식이다.

둘째로 외국단체의 사법적(私法的) 성질을 따져서 그 단체가 국내법의 어느 단체에 가장 가까운가를 따질 수 있다. 가령 미국의 무한책임 파트너십은 우리 법의 조합에 해당하고, 독일법의 합명회사나 합자회사는 우리 법의 합명회사나 합자회사에 해당한다고 보자는 것이다. 미국법은 예전에는 이 방식을 따라서 외국단체를 미국법의 적용상 파트너십인지 "corporation"인지 구별하였지만, 이제는 이른바 "check-the-box" 규칙으로 납세의무자에게 선택권을 주고 있다.[157] 독일법도 전통적으로는 외국 기업의 사법상 성질을 따져서 독일법상 법인과 공동사업자 가운데 어디에 가까운가를 정하는 입장이다.[158]

셋째는 외국단체가 법인인가를 우리 세법의 맥락에서 따지는 길이다.[159] 가령 독일법의 인적 회사가 우리 법인세법상 외국법인인가라고 물을 때, '법인'이라는 말의 뜻을 우리 세법 체계상 법인과 법인 아닌 단체가 어떤 차이를 가지는가에서 찾아 나가는 것이다. 문제의 외국단체가 그 나라 법에서 어떻게 취급되는가를 따져서, 그 단체의 성격이 우리 세법상 법인과 다른 단체 가운데 어느 쪽에 가까운가를 정하자는 생각이다. 우리 세법상 법인과 나머지 단체 사이에는 여러 가지 차이가 있지만 가장 중요한 것은 법인세 납세의무를 지는가 아닌가라 할 것이고, 그렇게 본다면 외국의 단체가 우리 세법상 법인인가 아닌가는 그 단체가 그 나라 법에서 단체 자신의 소득에 대한 세금(우리의 법인세에 상당하는 세금)을 내는가 아닌가에 일단 기준을 둘 수 있다. 예를 든다면, 미국의 세법상 "corporation"에 해당하는 조직은 우리 법인세법상으로도 법인으로 볼 수 있다. 이런 입장에서 본다면, 독일의 합명회사나 합자회사는 우리 법인세법상으로는 법인이 아니게 된다. 독일의 합명회사나 합자회사는 독일에서 법인세를 내지 않는 까닭이다.

우리 법의 해석론으로 첫번째 입장은 택할 수가 없다. 영미법에는 실정법상

---

156) Aktiengesetz 제1조.

157) 미국 재무부 규칙 301.7701-3.

158) A.H.M. Daniëls, *Issues in International Partnership Taxation*, Kluwer Law International (1991), 103쪽 이하. Einkommensteuergesetz 제49조 제2항.

159) 본국에서는 비영리법인이더라도 우리나라에서 영리활동을 하면 영리법인이다. 대법원 1986. 10. 14. 선고 84누430 판결.

의 보편적 개념으로서 법인이라는 개념을 함부로 쓰는 법이 없다. 회사법상 회사의 개념, 법인세법상 법인의 개념, 또 다른 단체법상 단체의 개념은 실정법마다 각각 정의할 뿐이고, 모든 법률에 일괄적으로 적용되는 법인 개념은 없다. 미국의 "partnership"이 "juridical person"인지 아닌지라는 문제에 대한 답을 미국법에서 찾을 길은 없다. 그러나 미국의 "corporation"에 법인세법을 적용해야 한다는 것은 주어진 결론이다. 그렇다면 "corporation"이 법인이 되는 까닭이 법인격이 있기 때문이 아니라 다른 이유 때문이라는 말이다. 그 이유는 둘째 또는 셋째 방식의 사고일 수밖에 없다.

어느 길로 갈 것인가? 외국단체의 사법적 성질과 세법적 성질 가운데 어느 것을 기준으로 판단할 것인가? "Lonestar" 사건에 관한 대법원 판결을 보자. 이름이 아주 비슷해서 생기는 혼선을 피하기 위해 미리 적어둔다면 이 사건 원고는 "Lone Star Fund Ⅲ L.P."이고, 원고 및 그에 맞먹는 다른 펀드들을 묶어 부르는 총칭이 "Lone Star Fund Ⅲ"이다. L.P.라는 글자가 있는 것이 원고이고, 없는 것은 총칭이다.

대법원 2012. 1. 27. 선고 2010두5950 판결

구 소득세법(2006. 12. 30. 법률 제8144호로 개정되기 전의 것, 이하 같다) 제1조 제1항 제1호는 '국내에 주소를 두거나 1년 이상 거소를 둔 개인(이하 '거주자'라 한다)은 소득세법에 의하여 각자의 소득에 대한 소득세를 납부할 의무를 진다'고 규정하면서, 같은 조 제3항은 '법인격 없는 사단·재단 기타 단체 중 국세기본법 제13조 제4항의 규정에 의하여 법인으로 보는 단체 외의 사단·재단 기타 단체는 이를 거주자로 보아 소득세법을 적용한다'고 규정하고, 구 소득세법 시행규칙(2005. 3. 19. 재정경제부령 제424호로 개정되기 전의 것) 제2조 제1항은 '법인으로 보는 단체 외의 단체 중 대표자 또는 관리인이 선임되어 있으나 이익의 분배방법이나 분배비율이 정하여져 있지 아니한 것은 그 단체를 1 거주자로 보아 법을 적용한다'고 규정하고, 제2항은 '제1항의 규정을 적용함에 있어서 명시적으로 이익의 분배방법이나 분배비율이 정하여져 있지 아니하더라도 사실상 이익이 분배되는 경우에는 그 단체의 구성원이 공동으로 사업을 영위하는 것으로 보아 이 법을 적용한다'고 규정하고 있다. 그리고 구 소득세법 제87조 제1항, 제43조 제2항은 부동산임대소득, 사업소득, 산림소득이 있는 공동사업장에 대하여는 당해 소득이 발생한 공동사업장별로 그 소득금액을 계산하되, 각 공동사업자의 지분 또는 손익분배의 비율에 의하여 분배되었거나 분배될 소득금액에 따라 각 거주자별로 그 소득금액을 계산하도록 규정하고 있다.

위 각 규정의 내용과 입법 취지를 종합하면, 내국의 법인격 없는 사단·재단 기타 단체 중 국세기본법 제13조 제4항에 의하여 법인으로 보는 단체의 경우에는 법인세법에 의하여 그 단체를 납세의무자로 하여 법인세를 과세하여야 하고, 그 외의 경우에는 소득세법에 의하여 소득세를 과세하되, 구성원들에게 이익을 분배하지 않는 비영리단체에 해당하면 그 단체를 납세의무자인 1거주자로 보아 소득세를 과세하여야 하며, 구성원들에게 이익을 분배하는 영리단체에 해당하면 그 단체를 납세의무자인 1거주자로 보지 않고 구 소득세법 제87조 제1항, 제43조 제2항이 규정하는 바와 같이 구성원들을 납세의무자로 하여 그들 각자에게 분배되는 소득금액에 대하여 소득세를 과세하여야 한다.

그런데 구 소득세법 제1조 제1항 제2호가 '거주자가 아닌 자(이하 '비거주자'라 한다)로서 국내원천소득이 있는 개인'은 소득세법에 의하여 각자의 소득에 대한 소득세를 납부할 의무를 진다고 규정하면서, 제121조 제2항 후단에서 '구 소득세법 제119조 제8호 내지 제10호에 규정하는 소득이 있는 비거주자에 대하여는 거주자와 동일한 방법으로 과세한다'고 규정하는 한편, 구 법인세법(2010. 12. 30. 법률 제10423호로 개정되기 전의 것) 제2조 제1항 제2호는 '국내원천소득이 있는 외국법인은 법인세법에 의하여 그 소득에 대한 법인세를 납부할 의무가 있다'고 규정하고 있다.

따라서 외국의 법인격 없는 사단·재단 기타 단체가 구 소득세법 제119조 제8호 내지 제10호 소정의 국내원천소득을 얻어 이를 구성원인 개인들에게 분배하는 영리단체에 해당하는 경우, 법인세법상 외국법인으로 볼 수 있다면 그 단체를 납세의무자로 하여 국내원천소득에 대하여 법인세를 과세하여야 하고, 법인세법상 외국법인으로 볼 수 없다면 거주자의 경우와 동일하게 단체의 구성원들을 납세의무자로 하여 그들 각자에게 분배되는 소득금액에 대하여 소득세를 과세하여야 한다.

그리고 여기서 그 단체를 외국법인으로 볼 수 있는지 여부에 관하여는 법인세법상 외국법인의 구체적 요건에 관하여 본점 또는 주사무소의 소재지 외에 별다른 규정이 없는 이상 단체가 설립된 국가의 법령 내용과 단체의 실질에 비추어 우리나라의 사법(私法)상 단체의 구성원으로부터 독립된 별개의 권리·의무의 귀속주체로 볼 수 있는지 여부에 따라 판단하여야 할 것이다.

원심은 그 채택 증거를 종합하여, ① 원고는 국제적인 사모펀드(private

equity fund)인 론스타펀드Ⅲ의 일원으로서 미국 델라웨어주 법률에 의하여 유한 파트너십(limited partnership)으로 설립되었으며, 일상업무를 집행하며 무한책임을 지는 무한책임사원(general partner)과 투자한도 내에서만 책임을 지는 유한책임사원(limited partner)으로 구성되어 있는 사실, ② 원고는 론스타펀드Ⅲ의 다른 일원들과 함께 벨기에 법인 스타홀딩스 에스에이치(이하 'SH'라 한다)를 설립하고, SH는 주식회사 씨엔제이트레이딩(나중에 '주식회사 스타타워'로 명칭을 변경하였다. 이하 '스타타워'라 한다)의 주식 전부를 인수한 다음 스타타워를 통하여 서울 강남구 역삼동 737 토지 및 그 지상 건물을 매수한 후 스타타워의 주식 전부를 매각함으로써 약 2,450억 원 상당의 이 사건 양도소득이 발생한 사실, ③ 피고는 이 사건 양도소득이 구 소득세법 제119조 제9호 소정의 소득으로서 원고를 비롯한 론스타펀드Ⅲ의 구성원들에게 실질적으로 귀속되었다고 보아 원고에 대하여는 약 613억 원의 양도소득세를 과세하는 이 사건 처분을 한 사실 등을 인정하였다. 원심은 이러한 사실관계를 토대로 하여, 원고는 고유한 투자목적을 가지고 자금을 운용하면서 구성원들과는 별개의 재산을 보유하고 고유의 사업활동을 하는 영리 목적의 단체로서 구성원의 개성이 강하게 드러나는 인적 결합체라기보다는 구성원들과는 별개로 권리·의무의 주체가 될 수 있는 독자적 존재로서의 성격을 가지고 있으므로 우리 법인세법상 외국법인으로 보아 이 사건 양도소득에 대하여 법인세를 과세하여야 하며, 가사 원고를 외국법인으로 볼 수 없다고 하더라도 원고는 개인이 아닌 영리단체로서 그 구성원들에게 약정에 따라 이익을 분배하므로 원고 자체를 하나의 비거주자나 거주자로 보아 이 사건 양도소득에 대하여 소득세를 과세할 수는 없다는 이유로 이에 반하는 이 사건 처분이 위법하다고 판단하였다. 앞서 본 규정과 법리 및 기록에 비추어 살펴보면 이러한 원심의 판단은 정당한 것으로 수긍할 수 있고, 거기에 상고이유에서 주장하는 바와 같은 외국의 법인격 없는 단체의 과세에 관한 법리오해 등의 위법이 없다.

SH라는 벨기에 법인이 소유하고 있다가 매각한 스타타워㈜ 주식의 양도차익을 그 위 투자자의 몇 단계를 거슬러 올라 원고 "Lonestar Fund Ⅲ LP"에게 귀속시킬 수 있는가라는 복잡한 문제는 나중에 제3장에서 조세조약을 공부할 때 보기로 하자. 사안을 단순화한다면 당면 논점은 미국의 "limited partnership"(이하 LP)인 원고에게 귀속하는 소득으로서 우리나라가 과세할 수 있는 소득이 있다는 전제 하에서 다음 문제이다: 원고 LP가 우리나라에서 법인세를 내어야 하는 것인가, 아니면 원고의 구성원(사원 내지 조합원)들이 각자 세금(개인이면 소득세, 법인이면 법인세)을 내어야 하는 것인가? 2010두5950 판결이[160] 내린 답은 LP가 법인세를 내어야 한다는 것.[161] LP가 미국에서 미국 법인세를 내지는 않지만 민사법적 성질로 따져볼 때 LP는 우리나라 법에서 조합보다는 회사에 가깝다는 것이다.[162] 이처럼 한 나라에서는 투시(透視)의 대상으로 법인세를 안 내지만 다른 나라에서는 법인세를 내는 단체를 혼성(混成, hybrid) 단체라 부른다. 미국식 용례로는 다시 혼성단체와 역(逆) 혼성(reverse hybrid) 단체를 구별하기도 한다. 보기의 LP는 설립지 본국에서 세금을 안 내지만 원천지국에서 세금을 내는 역혼성단체. 역으로 원천지국에서는 법인세를 내지만 설립지 본국에서는 안 낸다면 혼성단체, 이런 용례.

미국 LP는 우리 상법의 합자회사에 가까우니 법인세를 내어야 한다는 결론은 언뜻 그럴 듯하다. 그러나 실제로는 아주 곤란한 문제가 생긴다. 조세조약의 적용에 관하여 OECD는, 외국단체의 국내법상 구분기준을, 그 본국법에서 단체 그 자체를 법인세(물론 소득에 대한 세금이라는 뜻이다) 납세의무자로 삼는가에 두도록 권고하고 있다.[163] 이 OECD의 접근방법과 위 2010두5950 판결을 양립시키기가 어려워[164] 결과적으로 납득하기도 어렵고 OECD 각국의 판례와도 동떨어진 결과를 낳는다. 제3장 제1절 Ⅲ.

민사법적 성질을 기준으로 외국 기업에 대한 법인세 과세 여부를 판단하자는 생각이 안고 있는 또 다른 난점은 우리 민사법상 기업조직 역시 안정된 법체

160) 파기환송후 재상고심인 대법원 2016. 12. 15. 선고 2015두2611 판결은 제11장 제2절.

161) 그밖에 대법원 2012. 10. 25. 선고 2010두25466 판결(영국이나 케이먼제도 LP는 법인).

162) 현행 법인세법 시행령은 이 판결을 좇아서 외국단체와 동종 또는 유사한 국내단체가 상법 등 우리나라 법률에 따를 때 법인이라면 해당 외국단체를 법인으로 본다고 정하고 있다. 또한 같은 영은 유한책임사원으로만 구성된 단체도 법인이라고 정하고 있다. 법인세법 시행령 제1조 제2항. 같은 조항 제1호는 동어반복일 뿐이다. '법인'이라는 말은 우리말이고, 우리말로 법률을 만드는 나라는 아직 우리나라뿐이다.

163) OECD, "The Application of the OECD Model Convention to Partnerships" (1999), 33~42문단. 이 보고서는 파트너십(독일이나 프랑스의 인적 회사를 포함한다)을 대상으로 한 것처럼 적고 있지만 실제 의미는 외국단체 일반에 미친다. 마치 여러 나라에 공통적인 '파트너십'이 있는 것처럼 전제하고 논의하다 보니 이 보고서는 여기저기 틀린 곳이 많다.

164) 윤지현, "'단체 분류(Entity Classification)'에 관한 대법원 판례와 경제협력개발기구(OECD)의 '파트너십 보고서(Partnership Report)'의 조화 가능성에 관한 검토 — 해석론과 문제점을 중심으로", 「조세학술논집」 제30집 제1호(2014), 특히 284~285쪽.

계가 아니라는 점이다. 가령 위 론스타 판결은 미국의 LP는 우리 법률상 민법상 조합보다는 상법상 회사(합자회사)에 가깝다고 보았다. 그런데 이 판결이 나온 뒤 상법에 합자조합이라는 새로운 기업 형태가 생겼고, 이 조직은 기실 미국의 LP를 염두에 두고 만들었다. 우리 상법상 합자회사는 법인이지만 합자조합은 법인이 아니다.[165] 그렇다면 우리나라에서 미국 LP에 대한 과세는 어떻게 되는 것인가? 결국 상책은, 그 조직이 설립된 나라의 세법에서 법인으로 보는 조직은 국내법의 적용에 있어서도 법인으로 보는 것이다.

현재로서 외국 기업에 대한 과세 문제를 보자면, 일본의 회사는 어느 쪽 견해를 따르든, 인적·물적 회사 모두 우리 국내법 적용상 법인으로 보게 된다. 독일의 물적 회사는 우리 법에서 법인으로 구분하게 된다. 독일의 인적 회사는 세법을 기준으로 한다면 사원들의 조합기업 내지 공동사업장으로 보고 다시 사원 하나하나가 물적 회사인가 아니면 자연인인가에 따라 소득세법 또는 법인세법을 적용해야 한다. 민사법을 기준으로 한다면 사원이 누구인가 물을 것 없이 법인세법을 적용한다. 마찬가지로 미국의 "corporation"은 어느 쪽 견해를 따르든 법인세법을 적용한다. 미국의 파트너십은 세법을 기준으로 한다면 파트너 각각에 대해 소득세법 또는 법인세법을 적용하게 되지만, 민사법을 기준으로 한다면 그 결과가 자명하지 않다. 미국법(정확히는 미국 각 주의 법)상 파트너십이 우리나라 법에서 조합에 가까운가, 또는 인적 회사에 가까운가는 답을 내리기 어렵기 때문이다. LP라면 종래의 상법에서는 합자회사에 가깝지만 개정 상법에서는 합자조합에 한결 더 가깝다.[166]

다른 나라의 기업조직을 우리나라 법의 무엇에 해당한다고 보아야 하는가라는 문제는 우리나라 사람이 해외에 투자하는 경우에도 똑같이 생긴다. 가령 우리나라 회사(출자자)가 미국의 LP의 파트너가 된 경우, LP의 소득 가운데 해당 부분은 바로 우리나라 출자자의 소득으로 과세하는가, 아니면 배당 받아야 비로소 우리나라 출자자의 소득으로 과세하는가? 이 문제의 안짝으로 우리나라에 투자하는 외국인 투자자의 본국법에서 본다면 우리나라의 어느 기업조직을 그 나라 법개념의 어디에 해당한다고 보아야 하는가라는 문제가 생긴다. 가령 미국

165) 상법 제169조 및 제170조.

166) 김정홍, "케이먼 유한파트너십의 외국법인 해당여부에 대한 검토 및 향후과제", 「조세학술논집」 36집 1호(2020), 75쪽.

사람과 우리나라 사람이 우리나라에 합작회사를 세우면서 회사의 꼴을 유한회사로 한다면, 이 유한회사가 미국세법상으로는 파트너십(우리 세법으로 치자면 공동사업장)으로 구분되는 수도 있다. 이미 말했듯이 미국의 "check-the-box rule"은 납세자에게 선택권을 주기 때문이다.

Ⅱ. 비거주자 · 외국법인에 대한 과세방법 두 가지

외국 기업을 우리 법에서 법인으로 볼 것인가, 외국법인 내지 그 출자자에 대해 소득세법과 법인세법 중 어떤 법을 어떤 식으로 적용할 것인가라는 문제를 풀어내면 그 다음으로는 이들의 내외를 구분해서 거주자 · 내국법인으로 볼 것인가, 또는 비거주자 · 외국법인으로 볼 것인가라는 문제를 정해야 한다. 법인세법은 납세의무자를 내국법인과 외국법인으로 구분하고[167] 소득세법은 거주자와 비거주자로 구분하고 있다.[168]

우리 법은 거주자나 내국법인은 속인주의 방식으로 전세계소득을 과세하지만(다만 뒤에 보듯 우리나라와의 관계가 제한적인 외국인 거주자의 소득 중 국외에서 발생한 소득은 국내에서 지급되거나 국내로 송금받은 소득만 과세한다), 비거주자나 외국법인은 속지주의 방식으로 국내원천소득에 대하여만 납세의무를 지운다.[169] 그렇다면 구체적으로 어떻게 과세할 것인가? 소득세제의 기본이념은 어디에서 번 소득이든 모든 소득을 모아서 순소득을 계산하여 거기에 누진세를 물리는 것이다.[170] 그러나 이 이념을 끝까지 관철하기는 어렵다. 행정효율 때문. 한결 나아가 국가의 과세권에서 자유로운 사생활의 영역을 깡그리 말살할 수 없는 이상 포괄적 소득 개념을 굽힐 수밖에 없는 부분이 생긴다. 과세소득의 범위에 한계가 생기고, 과세하더라도 그저 적당한 세율로 분리과세할 수밖에 없는 소득이 생기게 마련이다. 우리 법인세법에서 내국법인, 한결 정확히는 영리법인인 내국법인의 소득은 언제나 순자산증가설(純資産增加說)에 따른 포괄적 소득 개념이지만 소득세법에서 거주자의 소득은 소득원천설(所得源泉說)에 따른 제한적 소득

167) 법인세법 제1조.

168) 소득세법 제1조의2.

169) 소득세법 제3조, 법인세법 제2조 및 제3조.

170) 이창희, 『세법강의』, 제7-9장.

개념이고 또 일정한 소득은 분리과세하기도 한다.

거주자나 내국법인도 반드시 순자산증가 전부를 포괄적으로 과세하지 않는다는 점을 염두에 두고 생각할 때 비거주자나 외국법인은 어떻게 과세해야 할까? 두 가지 경우를 나누어 볼 수 있다. 국내에 사업장이 있다든가 달리 내국법인이나 거주자와 마찬가지로 볼 만한 사정이 있다면 세금도 마찬가지로 걷는다. 한편 국내 활동이 그만큼 못 된다면 우리나라 밖으로 가져가는 소득 지급액 전체에 원천징수세율을 곱하여 나온 세금을 당해 소득에서 원천징수하는 방식으로 세금을 걷는다.

1. 신고납세

비거주자나 외국법인은 우리나라에서 국내 거주자나 내국법인과 마찬가지로 본격적인 활동을 벌이는 경우도 있을 수 있고, 어쩌다 한 번씩 우리나라에 들어와 활동할 수도 있고, 아니면 아예 우리나라 안에서 아무 활동을 하지 않으면서 다른 나라에서 한 일의 대가로 돈만 거두어 가는 경우도 있을 수 있다. 우선, 국내에 들어와서 내국인과 마찬가지로 영업활동을 벌인다면, 다른 나라에서 무엇을 하는지는 무시하고 우리나라 안에서 벌이는 활동만을 보아서 우리나라의 법인이나 거주자와 마찬가지로 과세해야 하겠다는 생각을 할 수 있다.

> 법인세법 제91조(과세표준) ① 국내사업장을 가진 외국법인과 제93조 제3호에 따른 국내원천 부동산소득이 있는 외국법인의 각 사업연도의 소득에 대한 법인세의 과세표준은 국내원천소득의 총합계액 … 에서 다음 각 호에 따른 금액을 차례로 공제한 금액으로 한다 ….
> 1. … 결손금(국내에서 발생한 결손금만 해당한다)
> 2. 이 법과 다른 법률에 따른 비과세소득 …

이 과세표준은 내국법인의 과세표준이나[171] 거의 마찬가지. 그렇다면 그 전 단계로서 소득의 금액은 어떻게 정할까?

---

171) 법인세법 제13조. 이창희, 『세법강의』, 제13장 제1절 Ⅱ.

법인세법 제92조(국내원천소득 금액의 계산) ① 제91조 제1항에 해당하는 외국법인의 각 사업연도의 국내원천소득의 총합계액은 해당 사업연도에 속하는 익금의 총액에서 해당 사업연도의 손금의 총액을 뺀 금액으로 하며, 각 사업연도의 소득금액의 계산에 관하여는 … 제14조부터 … 제54조와 「조세특례제한법」 제138조를 준용하여 계산한 금액으로 한다. (하략)

법 제14조 내지 제54조는 내국법인의 각 사업연도의 소득을 계산하는 규정이다. 법 제91조 제1항에 따른 국내사업장이 있다거나 부동산소득이 있다면, 국내원천소득만을 따로 뽑아서 그 부분에 관하여는 내국법인과 똑같이 순소득을 계산하여 세금을 매기겠다는 것이다.[172] 국내에 사업장을 둔 외국법인이라면 우리나라 법인이나 마찬가지로 순소득을 계산하여 신고·납세할 의무를 지우는 데 무리가 없다. 부동산을 두고 있는 기업이라면 부동산 자체가 국내사업장이나 마찬가지인 셈이다.

2. 원천징수

한편 우리나라와 별로 연관을 맺지 않고 이따금씩 어떻게 한다든가, 또는 전혀 우리나라에 들어와 있지 않으면서 소득만 가져가는 경우, 이를테면 이자나 사용료만 받아가는 경우에는 위와 같이 순소득을 파악하여 과세하기가 곤란해진다. 그렇다면? 우리나라와 관련해서 실제 얼마를 이익으로 남겼는지는 접어놓고 "당신이 가져가는 돈 가운데 얼마는 우리가 무조건 세금을 매기겠다"라는 식으로 하게 된다. 위 법 제91조로 다시 돌아가 제2항을 보자.

법인세법 제91조(과세표준) ② 제1항에 해당하지 아니하는 외국법인의 경우에는 제93조 각 호의 구분에 의한 각 국내원천소득의 금액을 그 법인의 각 사업연도의 소득에 대한 법인세의 과세표준으로 한다.

법 제93조 각 호를 보면, 국내원천소득이라고 하여 소득을 종류별로 늘어놓은 것을 볼 수 있다. 그런 소득의 금액을 과세표준으로 삼는다는 것이다. 그런데 이에 대하여 세율이 어떻게 되는지에 관하여는 나와 있지 않다. 바로 법 제

172) 비거주자의 경우에도 마찬가지. 소득세법 제121조 제2항.

98조의 원천징수로 이어진다. 지급하는 소득의 금액에 대하여 법 제98조의 원천징수세율을 곱한 금액을 세금으로 걷는다는 말. 곧 실제 비용이 얼마인가 따지지 않고 소득의 지급금액에다가 원천징수세율을 곱한다. 비거주자인 개인에 대하여도 마찬가지이다.[173] 원천징수가 잘못되었다면 소득을 받아가는 외국법인이나 비거주자가 원천징수의무자를 통해서, 또는 직접 우리 국세청에 경정을 청구해서 환급을 구할 수 있다.[174]

3. 비 교 법

총수입금액(지급하는 자의 입장에서 보면 총지급금액) 기준 과세와 순소득 기준 과세를 병용하는 것은 다른 나라도 대체로 비슷하다. 가령 미국법에서는 비거주자의 소득을 일단 미국내 사업에 속하는 소득과 그렇지 않은 소득으로 구분한다.[175] 국내사업에 속하지 않는 소득을 과세하는 경우로는 세 가지. 첫째, 투자자산의[176] 양도소득은 양도인이 해당 사업연도에 미국 안에 183일 이상 머무르는 경우 순양도차익의 30%를 세금으로 걷지만,[177] 이 규정은 별 실익이 없다. 183일 이상 미국 안에 머무르는 사람은 미국 거주자가 되는 것이 보통이기 때문이다. 위 규정은 외교관 등 183일 이상을 머무르더라도 비거주자로 구분되는 사람의 경우에나 해당된다. 둘째, 미국 정부가 지급하는 사회보장 지급금은 언제나 85%가 과세소득. 앞의 두 가지를 제외하고 국내사업에 속하지 않는 소득으로 원천이 미국인 것은 (가) 대개 FDAP[178] 소득이라고 줄여 말하는 수동적 소득이든가, (나) 채권의 보유기간별 이자 상당액이든가[179] (다) 무체재산권의 양도소득으로 양도대가의 금액이 양도 후 무체재산권의 이용실적에 달린 것이든가, 이 세 가지 가운데 하나에 해당한다면 총수입금액의 30%를 세금으로 걷는

---

173) 소득세법 제121조 제3항 참조.

174) 소득세법 제156조의6, 법인세법 제98조의6, 그리고 국세기본법 제45조의2 제5항 제2문 괄호부분 참조. 국세기본법에 근거한 경정청구는 원천납세의무자인 비거주자・외국법인에 허용되지 않음에 유의.

175) 미국세법 제871조(a), (b); 제881조, 제882조, 제871조(3).

176) capital asset. 흔히 자본적 자산으로 옮긴다. 우리말로 어림잡자면 투자자산과 사생활 재산이지만, 사생활 재산은 실제 문제가 안 되니 "capital asset"이라는 말의 느낌을 살려 그냥 투자자산이라고 옮기기로 한다.

177) 미국세법 제871조(a)(2).

178) fixed or determinable, annual or periodical.

179) 우리 법으로 쳐서 이 개념은 이창희, 『세법강의』, 제11장 제4절 Ⅰ., 제20장 제1절 Ⅲ.

다.[180] 미국법에서 FDAP 소득은 거의 모든 소득을 다 포괄하므로[181] 국내사업에 속하지 않는 미국 원천소득에는 거의 언제나 총수입금액의 30%를 세금으로 걷는다. 원천징수를 벗어나는 소득은 비거주자의 투자자산 양도소득 가량을 생각할 수 있을 뿐이다.

한편 미국내 사업에 속하는 소득은 순소득 기준으로 거주자와 같은 세율로 과세한다. 어떤 소득이 국내사업에 속하는지는 원천이 어디에 있는가에 따라 판단기준이 다르다. 우선 미국원천소득으로 FDAP 소득이나 자본적 자산(고정자산·투자자산) 양도소득이 미국내 사업에 속하는지는 해당 소득을 낳는 자산이 미국내 사업에 속하는가, 해당 소득의 실현에 미국내 사업의 활동이 중요했는가를 기준으로 따진다.[182] 일단 미국내 사업이 있는 이상 FDAP 소득과 투자자산 양도소득을 제외한 다른 소득(대표적 예로 재고자산 양도소득)으로 원천이 미국인 소득은 모두 미국내 사업에 속하는 것으로 본다.[183] 소득의 원천이 미국 밖에 있다면, 미국내 고정사업장에 귀속하는 소득만을 미국내 사업에 속하는 것으로 본다. 소득이 미국내 고정사업장에 귀속하는가는 다시 해당 소득을 낳는 자산이 고정사업장에 귀속하는가, 고정사업장의 활동이 해당소득을 낳는 데 중요했는가, 이런 기준으로 따진다.[184]

마지막으로 미국내 부동산에 관한 권리의 양도소득에 대해서는 다시 특칙이 있어서 위 두 문단의 일반 원칙에 따르지 않고 언제나 미국에서 순소득 기준으로 과세한다.[185] 자산의 50% 너머가 부동산인 회사의 주식은 부동산에 관한 권리로 본다. 미국내 부동산에서 생기는 임대 기타 FDAP 소득은 총수입금액의 30% 과세 대신 순소득 기준으로 과세받을 수 있다.[186]

---

180) 미국세법 제871조(a), 제881조(a).

181) FDAP 소득이라는 말을 직역하자면 금액이 특정되거나 특정할 수 있는 기준이 있는 정기적 반복적 소득이 되지만 미국법에서 이 말은 반드시 그런 뜻은 아니다. Commissioner v. Wodehouse, 337 U.S. 369 (1949) 판결이 일시금으로 주는 저작권료도 FDAP 소득에 해당한다고 판시한 이래 이 개념의 범위는 매우 넓어졌다. 오늘날에는 가령 도박에서 딴 돈도 FDAP 소득이다. Barba v. United States, 2 Ct. Cl. 674 (1983). Rosenbloom, "Source-Basis Taxation of Derivative Financial Instruments", 50 U. Miami L. Rev. 597 (1997), 특히 608~609쪽.

182) 미국세법 제864(c)(2).

183) 미국세법 제864조(c)(3). 뒤에 조세조약과 관련해서 다시 보겠지만 이것을 "residual force of attraction"이라 부른다.

184) 미국세법 제864조(c)(4).

185) 미국세법 제897조.

186) 미국세법 제871조(d), 제882조(d).

복잡한 것을 단순화해서 어림잡자면 1) 미국내 사업에 속하는 소득은 순소득 기준으로 과세하고, 2) 원천이 미국인 FDAP 소득은 미국내 사업이 없더라도 총지급금액 기준으로 과세하고 3) 투자자산(주식 등)의 양도소득은 미국내 사업에 속하지 않는 한 비과세하고, 4) 미국내 부동산의 양도소득은 언제나 순소득 기준으로 과세하고, 5) 투자자산도 아니고 FDAP 소득도 아닌 소득(재고자산 양도소득 등)은 미국내 사업이 있으면 그 사업에 속하는 소득으로 간주하여 과세하고 없으면 과세하지 않는다.

4. 비거주자 · 외국법인의 국외원천소득

비거주자나 외국법인이 국내원천소득에만 세금을 낸다는 명제에는 한 가지 주의할 점이 있다. 제2절에서 보았듯 외국법인이더라도 피지배외국법인, 곧 수동적 투자의 매체로 쓰이는 법인에 해당한다면 그런 외국법인의 소득은 아직 유보되어 있는 국외원천소득이지만 국내 주주가 배당받은 것으로 보고 국내 주주에게 세금을 물린다.[187] 형식적으로는 국내 주주가 세금을 내는 것이므로 외국법인의 국외원천소득에 세금을 물리는 것은 아니나 경제적 실질로는 외국법인의 형식을 띠었더라도 바로 우리나라에서 세금을 걷는 것이다.

Ⅲ. 납세의무자의 내외구분 기준

납세의무자의 내외구분 기준은 자연인인가 법인인가에 따라 다르다.

1. 자연인의 거주지 판정

자연인은 거주지를 기준으로 내외를 구분한다. 우리나라 거주자라면 전세계 소득을 과세하고 비거주자라면 소득의 원천이 우리나라에 있는 것만을 과세한다. 거주자란 국내에 주소를 두거나 183일 이상의 거소를 둔 개인을 말한다.[188] 거주자가 아닌 자연인은 비거주자이다.[189] 판례는 여기에서 '주소'라는 개념을 기본적으로 민법이 말하는 주소, 곧 생활의 근거되는 곳이라는[190] 뜻으로 읽고

187) 「국제조세조정에 관한 법률」 제27조.
188) 소득세법 제1조의2 제1항 제1호. 종래의 1년 기준이 2015년부터 183일로 줄었다.
189) 소득세법 제1조의2 제1항 제2호.

있다. 미국법도 예전에는 비슷한 생각으로 민사법의 기준, 곧 "common law residence"를 쓰다가 1984년 이후에는 영주권이 있는가, 또는 미국내의 체류일수가 법정 기준을 넘는가라는 객관적 기준을 쓰고 있다.[191] 전통적 주소 기준과 체류일수 기준을 다 쓰는 나라도 있다. 우리나라에서 거주자 시비가 붙은 사건은 대개는 국내에 자주 들르는 해외동포 관련이었지만 요사이에는 우리나라에 주로 살면서 돈을 버는 외국인 운동선수나 연예인이 관련된 사건도 많다.

대법원 1997. 11. 14. 선고 96누2927 판결

1. 원심판결 이유에 의하면, 원심의 사실인정과 판단의 요지는 다음과 같다.

가. 원고 회사는 1992사업연도 이익잉여금의 처분에 의한 배당금으로 주주인 소외 이왈옥, 양순선(이하 '소외인들'이라고 한다)에게 1993. 3. 6.자로 금 77,467,500원씩을 배당하고, 소외인들을 일본국의 거주자로 보아 소득에관한조세의2중과세회피및탈세방지를위한대한민국과일본국간의협약…에 의한 세율 12%를 적용하여 배당소득세를 원천징수·납부하였다.

이에 피고는 소외인들을 일본국 거주자가 아닌 국내 거주자로 인정하여 위 협약에 의한 세율의 적용을 배제하고 구 소득세법(1994. 12. 22. 법률 제4804호로 전문 개정되기 전의 법률, 이하 같다) 제144조 제1항 제2호 (아)목 소정의 25%의 세율을 적용하여 …원고에게 소외인들에 대한 배당소득세 금 22,155,700원의 납부를 명하는 징수처분을 하였다.

소외인들은 모두 본적이 제주 북제주군 한경면 판포리이고, 1986. 7. 국내에서 관광호텔 경영업 등을 목적으로 한 외국인투자법인인 원고 회사를 설립하기 위하여 재무부에 외국인투자인가신청을 함에 있어 자신들을 위 본적지에 주소를 둔 내국인 투자가로, 재일교포인 소외 이성호와 이장호를 외국인 투자가로 신청하여 외국인 투자인가를 받았고, 원고 회사를 설립한 후에 이왈옥은 그 대표이사로, 양순선은 감사로 각 취임하여 활동하고 있다.

소외인들은 부부로서 국내에서 거주하기 위하여 1990. 2. 8. 제주시 용담3동 소재 현대아파트 103동 701호를 분양받았고, 어림잡아 1992년도에는 이왈옥이 165일, 양순선이 147일을, 1993년도에는 이왈옥이 248일, 양순선이 214일을, 1994년도에는 이왈옥이 307일, 양순선이 180일을 각 국내에 거주하였다.

---

190) 민법 제18조.
191) 미국세법 제7701조(b).

소외인들은 모두 일본국의 외국인등록법에 따라 등록된 한국 국적의 일본국 특별영주자들이고, 일본국 내에 본점을 둔 산신흥업 주식회사의 대표이사 및 이사에 취임하여 활동하고 있으며, 일본국 내에서 자녀와 함께 국민건강보험피보험자증을 발급받아 소지하고 있고, 일본국 내에 토지와 건물 등의 재산을 소유하고 있으며, 1992년부터 1994년까지 일본국 내에서 소득세를 납부하였다.

나. 원심은 위와 같은 사실인정을 바탕으로 하여 소외인들이 … 소득세법 제1조 제1항 제1호 및 같은법시행령(1994. 12. 31. 대통령령 제14467호로 전문개정되기 전의 시행령, 이하 같다) 제2조 제1항 내지 제3항의 규정에 의한 '국내에 주소를 두거나 1년 이상 거소를 둔 개인'에 해당하여 국내의 거주자로 볼 것이고, … 제한세율의 적용을 배제한 이 사건 처분은 적법하다고 판단하고 있다.

2. … 소득세법상 거주자라 함은 대한민국 내에 주소를 두거나 1년 이상 거소를 둔 사람을 말하고(제1조 제1항 제1호), 주소는 생활의 근거가 되는 곳으로 국내에서 생계를 같이하는 가족 및 국내에 소재하는 자산의 유무 등 생활관계의 객관적 사실에 따라 판정할 것이며, 거소는 주소지 이외의 장소에 상당기간에 걸쳐 거주하여도 주소와 같이 밀접한 일반적 생활관계가 발생하지 아니하는 장소를 말하는 것인바(대법원 1984. 3. 27. 선고 83누548 판결 참조), 원심이 위와 같이 확정한 사실에 의하면, 소외인들은 국내에 주소를 두거나 적어도 1년 이상 거소를 둔 개인에 해당하여 국내 거주자로 볼 것이므로, 같은 취지의 원심판단은 정당하고, 거기에 소득세법상 거주자에 관한 법리오해의 위법이 있다고 할 수 없다.

2. 비영주자

우리나라와의 관계가 제한적인 외국인(비영주(非永住) 거주자 또는 비영주자)은 앞 항에서 말하는 거주자의 개념에 들더라도 반드시 전세계소득을 과세하지는 않고 국외에서 발생한 소득은 국내에서 지급되거나 국내로 송금된 것만 과세한다.[192] 비영주자란 해당 과세기간 종료일 10년 전부터 국내에 주소나 거소를 둔 기간의 합계가 5년 이하인 외국인 거주자를 말한다. 비영주자에 대한 송금주의(remittance basis) 과세의 기원은 영국이고[193] 일본에도 이 제도가 있다.[194] 우리나

192) 소득세법 제3조 제1항. 상세는 양인준, "외국인단기거주자 과세제도의 입법정당성과 대안세제의 시론", 「조세학술논집」 제25집 제1호(2009).

193) 이 장 제2절 Ⅲ.

194) 제3장 제1절 Ⅲ. 3.의 McFadyen 판결 참조.

라가 비영주자 제도를 들여온 것은 외국인 투자를 활성화하자는 생각.

3. 내국법인 v. 외국법인

법인을 내국법인과 외국법인으로 구분하는 기준으로는, 전통적으로 본점이나 주사무소의 소재지가 국내인가 국외인가만 보다가 근래에 들어와 '관리장소'가 국내인가 국외인가라는 기준을 추가했다.[195)]

법인세법 제2조(정의) 이 법에서 사용하는 용어의 뜻은 다음과 같다.

1. "내국법인"이란 본점, 주사무소 또는 사업의 실질적 관리장소가 국내에 있는 법인을 말한다.
2. "비영리내국법인"이란 내국법인 중 다음 각 목의 어느 하나에 해당하는 법인을 말한다.
   가. 「민법」 제32조에 따라 설립된 법인
   나. 「사립학교법」이나 그 밖의 특별법에 따라 설립된 법인으로서 「민법」 제32조에 규정된 목적과 유사한 목적을 가진 법인(대통령령이 정하는 조합법인 등이 아닌 법인으로서 그 주주·사원 또는 출자자에게 이익을 배당할 수 있는 법인은 제외한다)
   다. 「국세기본법」 제13조 제4항에 따른 법인으로 보는 단체(이하 "법인으로 보는 단체"라 한다)
3. "외국법인"이라 함은 외국에 본점 또는 주사무소를 둔 단체(사업의 실질적 관리장소가 국내에 있지 아니하는 경우만 해당한다)…을 말한다.
4. "비영리외국법인"이란 외국법인 중 외국의 정부·지방자치단체 및 영리를 목적으로 하지 아니하는 법인(법인으로 보는 단체를 포함한다)을 말한다.[196)]

우리 상법학의 통설은 종래 정관 작성이나 법인등기 등 설립 준거법(準據法)이 어느 나라 법인가를 따져서 내국법인과 외국법인을 나누고 있다.[197)] 설립준

195) 법인세법 제2조.

196) 본국에서는 비영리법인이더라도 우리나라에서 영리활동을 하면 영리법인. 대법원 1986. 10. 14. 선고 84누430 판결.

197) 이철송, 『회사법강의』 제28판(박영사, 2020), 1235쪽; 김건식·노혁준·천경훈, 『회사법』 제7판(박영사, 2023), 998쪽. 미국법 제269B조는 내국법인과 "staple"된 외국법인은 내국법인으로 본다. 조세조약의 혜택도 받지 못한다. 제2장 제1절 Ⅲ. 3.

거법이라는 기준은 명확하다는 장점이 있지만 특히 세금 문제에서는 납세의무자가 마음대로 정할 수 있는 형식적 기준이라는 단점이 있다. 해외사업을 하는 자회사를 세운다고 하자. 자회사를 내국법인으로 세워서 전세계소득 과세를 받을 것인지 외국법인으로 세워서 이 결과를 피할 것인지는, 실제 사업 내용에 아무 차이를 발생시키지 않으면서 납세의무자가 마음대로 정할 수 있다.[198] 미국세법은 설립준거법을 기준으로 삼고 있지만 우리 법인세법의 기준은 설립준거법과는 무관하고 본점이나 주사무소 또는 '실질적 관리장소'를 기준으로 삼고 있다.[199] 다만 여기서 말하는 '본점'은 법인 등기부에 기재된 본점을 가리킨다는 의미에서 대체로 형식적 기준의 일종으로 받아들여지고, 그로 인해서 생길 수 있는 문제점을 현재 '실질적 관리장소' 개념이 메꾸고 있는 셈이다. 외국법에 따라 설립된 외국어 이름을 가진 단체라도 위 기준에 해당하면 내국법인이다. '내국법인 중 … 법인으로 보는 단체'를 비영리내국법인으로 본다는 말은 글귀가 아주 뒤틀려 있지만 법인으로 보는 단체 역시 본점, 주사무소, 또는 관리장소를 기준으로 내외를 판정한다는 뜻이다.

본점은 국외에 있지만 '주된 사무소'가 국내에 있다면 내국단체인가? 그런 뜻으로 풀이하기는 어렵다. 외국법인을 정의하면서도 '본점 또는 주사무소'가 외국에 있다면 외국법인이라고 정하고 있기 때문이다. 그렇게 본다면 본점이라는 말은 상법이 회사에 대해서 본점이라는 말을 쓰는 데 맞춘 것이고, 주사무소라는 말은 민법이 비영리법인에 대해서 주사무소라는 말을 쓰는 데 맞춘 것이라고 읽어야 한다.

다른 한편 본점이 외국에 있더라도 실질적 관리장소가 국내에 있다면 내국법인이 된다. 실질적 관리장소라는 기준의 장단점은 설립준거법과는 정반대이다.[200] 상법상 회사도 아니고 민법상 법인도 아닌 조직은, 등기한 본점 내지 주사무소가 있을 수 없으므로 사실상의 주된 사무소 내지 실질적 관리장소가 우리

198) 물론 나라에 따라서, 또 선진국에서도 업종에 따라서는 외국법인의 사업능력을 제한하기도 한다.

199) 제12장 제3절 Ⅱ.에서 볼 Procter & Gamble 판결(2010 U.S. Dist. LEXIS 83747)을 보면 일본이 싱가포르법에 따라 설립된 법인을 일본 *法人稅法*상 내국법인으로 과세하고 있다.

200) 영국법에 따라 설립한 회사도 실제로 사업을 외국에서 한다면 외국법인이라는 영국 판결의 효시로, Egyptian Delta Land and Investment Co. Ltd v. Todd., [1929] AC 1 (37446). 입법론적 여러 대안의 평가에 관해서는, "Tillinghast, A Matter of Deninition: Foreign and Domestic Taxpayers, 2 International Tax & Business Lawer 239 (1984), 특히 261~266쪽.

나라에 있다면 내국단체가 된다.

주된 사무소 내지 실질적 관리장소가 어디인가는 일의적으로 정할 수 없고 구체적 정황에 따라 판단.[201] 조세조약에서는 종래 같은 글귀를 이사회가 열리는 장소로 풀이하는 것이 일반적이었지만[202] 여러 가지 어려운 문제를 낳는 해석이다. 가령 일본 사람들끼리 출자해서 일본에서 하는 사업인데 그저 이사회 회의만 제주도에서 연다면 출자자들이 받는 배당소득의 원천이 과연 우리나라에 있다고 보아야 하는가? 일본에 사는 사람이 일본에서 하는 사업의 출자공동사업자로서 분배받는 소득이라면?[203] 이런 경우 아마 사업장이 있는 곳을 기준으로 원천을 판단하여야 할 것이다. 본디 실질적 관리장소라는 기준은 조세조약에서 이중거주자를 어느 한 쪽의 거주자로 가르는 기준으로 쓰던 것을 국내법과 조약의 충돌 때문에 거꾸로 국내법에 들여온 것이다. 따라서 판례는 국내법의 해석기준을 OECD 모델 주석에 맞추고 있다.

대법원 2016. 1. 14. 선고 2014두8896 판결

가. 내국법인과 외국법인을 구분하는 기준의 하나인 '실질적 관리장소'란 법인의 사업 수행에 필요한 중요한 관리 및 상업적 결정이 실제로 이루어지는 장소를 뜻하고, 법인의 사업수행에 필요한 중요한 관리 및 상업적 결정이란 법인의 장기적인 경영전략, 기본 정책, 기업재무와 투자, 주요 재산의 관리·처분, 핵심적인 소득창출 활동 등을 결정하고 관리하는 것을 말한다. 이러한 법인의 실질적 관리장소가 어디인지는 이사회 또는 그에 상당하는 의사결정기관의 회의가 통상 개최되는 장소, 최고경영자 및 다른 중요 임원들이 통상 업무를 수행하는 장소, 고위 관리자의 일상적 관리가 수행되는 장소, 회계서류가 일상적으로 기록·보관되는 장소 등의 제반 사정을 종합적으로 고려하여 구체적 사안에 따라 개별적으로 판단하여야 한다. 다만 법인의 실질적 관리장소는 그 결정·관리행위의 특성에 비추어 어느 정도의 시간적·장소적 지속성을 갖출 것이 요구되므로, 실질적 관리장소를 외국에 두고 있던 법인이 이미 국외에서 전체적인 사업활동의 기본적인 계획을 수립·결정하고 국내에서 단기간 그 사업활동의

---

201) 이에 대해서는 뒤에 조세조약의 이중거주자 부분을 참조하라. 제3장 제3절.

202) OECD, Model Tax Convention on Income and on Capital(이하 이 책에서 "OECD 모델"), 제4조 주석 24문단. 2008년 주석에는 "실질적 관리장소는 일반적으로 가장 높은 사람, 또는 그런 그룹(예를 들어 이사회)이 결정을 내리는 곳"이라는 문구가 있었지만 2010년판부터 삭제되었다.

203) 배당소득으로 구분한다. 소득세법 제17조 제1항 제8호.

세부적인 집행행위만을 수행하였다면 종전 실질적 관리장소와 법인 사이의 관련성이 단절된 것으로 보이는 등의 특별한 사정이 없는 한 그 법인이 실질적 관리장소를 국내로 이전하였다고 섣사리 단정할 것은 아니다.

나. 원심은, ① 싱가포르 회사법에 따라 설립되어 싱가포르에 본점을 둔 원고가 크레딧 스위스 은행 홍콩지점으로부터 국내회사 발행의 사채(이하 'CS채권'이라고 한다)를 매수하고 국내에서 이를 상환받아 2009 사업연도에 소득을 얻은 사실, ② 피고는 원고의 사업의 실질적 관리장소가 국내에 있다고 보아 2010. 7. 2. 원고에게 2009 사업연도 법인세를 부과하는 이 사건 처분을 한 사실 등을 인정한 다음, 원고가 2000. 3. 2. 설립된 이후 2008년경까지 주로 싱가포르 내의 특급호텔에 인터넷 서비스를 제공하는 사업을 영위하면서 상당한 매출액을 얻어온 점, 원고는 홍콩에서 CS채권의 거래조건에 관한 협상을 진행하고 그 대금 결제도 해외결제기관을 통해 이루어진 점, 원고의 2009 사업연도 이사회 구성원은 싱가포르 영주권자, 국내 거주자, 미국 거주자 3인인데, CS채권 투자에 관한 이사회는 그들이 국내외에서 이메일을 주고받는 방식으로 이루어졌을 뿐만 아니라 원고의 대표이사 소외 1이 CS채권 투자에 관한 의사결정을 한 장소도 국내외에 걸쳐 있던 점, CS채권 관련 회계자료만을 국내에서 보관하고 그 외의 회계자료의 보관이나 세금의 납부를 싱가포르에서 한 점, 원고는 2009. 1. 5.부터 2009. 9.경까지 CS채권의 매입과 회수 사업을 행한 외에도 2009년에 케냐에서 에너지 사업, 미국 및 싱가포르에서 부동산투자 사업 등을 추진한 점 등에 비추어, CS채권 매입과 회수업무의 일부가 단기간 국내에서 수행되었다는 사정만으로는 원고의 사업수행에 필요한 중요한 관리 및 상업적 결정이 국내에서 지속적으로 이루어진 것으로 볼 수 없을 뿐만 아니라 실질적 관리장소를 싱가포르에 두고 있던 원고가 싱가포르와의 관련성을 단절한 채 이를 국내로 이전한 것으로 보기도 어렵다는 이유로, 원고를 내국법인으로 보아야 한다는 피고의 주장을 배척하였다.

다. …원심의 판단은 정당하고…법인의 실질적 관리장소의 판단 방법 등에 관한 법리를 오해…하는 등의 잘못이 없다.

헌법재판소 2020. 2. 27. 선고 2017헌바159 전원재판부 결정

… 심판대상조항은 2005. 12. 31. 법률 … 개정에 의한 것이다. 개정 전에는 본점 및 주사무소 소재지라는 형식적 기준만 두고 있었다. 이는 원칙적으로 본

점 및 주사무소 소재지를 내・외국법인의 구별기준으로 삼되, 사업의 실질적 관리장소를 부차적 기준으로 가미한 것이다. … 심판대상조항은 조세피난처 등에 명목회사의 본점 또는 주사무소를 두고 실질적으로 국내에서 주된 업무를 수행하는 외국법인 등에 대하여 조세회피 등을 방지함으로써 우리나라의 과세기반을 확대하고, 외국의 입법례 및 국제관행과 상충되는 문제점을 해결하기 위해 OECD 모델조세조약(OECD, MODEL TAX CONVENTION ON INCOME AND ON CAPITAL, 이하 '모델조세조약'이라 한다)에서 법인의 최종 거주지 결정기준으로 채택하고 있는 사업의 실질적 관리장소(place ofeffective management)를 내국법인과 외국법인을 구별하는 기준의 하나로 도입한 것이다. … 내・외국법인의 구별기준과 구별실익, 심판대상조항의 입법연혁 및 취지, 법인세법 등 관련조항, 모델조세조약과 주석서의 관련내용 및 체계 등을 유기적・체계적으로 종합하면, 심판대상조항은 '전반적으로 그 법인의 사업을 수행하는 데 필요한 중요한 관리 및 상업적 결정이 실질적으로 이루어지는 장소'를 뜻한다. … 내・외국법인의 구별기준으로서 사업의 실질적 관리장소가 어디인지는 이사회 또는 그에 상당하는 의사결정 기구가 통상 열리는 장소, 최고경영자 및 다른 중요 임원들이 통상 업무를 수행하는 장소, 고위수준의 일상적 관리가 수행되는 장소, 회계기록이 보관되는 장소 등 모든 관련된 사실관계 및 제반사정을 종합적으로 고려하여 구체적 사안별로 판단되어야 한다.

제 2 장
조세조약의 의의와 해석방법

국제조세에 관한 것이든 아니든 '조세의 종목과 세율 기타 과세요건'은 법률로 정해야 한다는 것이 헌법의 규정이다. 우리 소득세법과 법인세법에도 국제교역과 투자에 관한 규정이 여럿 있다. 또 국제조세 특유의 문제를 다루고 있는 법률로 '국제조세조정에 관한 법률'도 있다. 세금 문제의 법원(法源)에 관한 일반적 논의는 세법 일반의 교과서로 미루기로 하고,[1] 국제조세에 특유한 법원으로 우리나라는 주요 교역국 대부분과 조세에 관한 조약을[2] 맺어두고 있다는 점만 밝혀둔다.

제 1 절 조세조약(租稅條約)이란?

Ⅰ. 국가간 2중과세와 조세조약

1. 조세조약은 왜 생기는가?

조세조약의 큰 줄기는 자본수입국(資本輸入國)이 자기 나라에 원천이 있는 소득에 대한 과세를 일정 범위로 줄이고, 그 범위 안에서 자본수출국(資本輸出

1) 이창희, 『세법강의』, 제3장.
2) 우리나라에 상속세 조약은 아직 없다. 이에 대해서는 백제흠, "국제상속세과세와 상속세조약", 「조세법연구」 XIII-3(2007).

國)은 자본수입국의 과세권이 앞섬을 받아들임에 있다. 앞 장에서 보았듯이, 세수의 국제적 분배를 둘러싸고 자본수입국과 자본수출국은 이해가 갈린다. 자본수입국은 원천지 과세를 주장하게 되고, 자본수출국은 거주지 과세를 주장하게 된다. 이 긴장관계 속에서 오늘날에는, 각국이 소득이라는 과세물건을 어떻게 나눌 것인가에 대한 웬만큼 안정된 규칙이 일정한 역사적 과정을 거쳐[3] 명시적・묵시적으로 합의되어 있다. 간추리면 세 가지 명제.[4]

(1) 각국(원천지국, 源泉地國)은 자국 안에서 이루어지는 경제활동에서 생기는 소득에 대한 속지주의 과세권을 가진다(원천지 과세).
(2) 각국(거주지국, 居住地國)은 자국의 국적을 가지고 있거나 자국에 살고 있는 자의 소득이라면, 세계 어디에서 벌었든 속인주의로 전세계소득을 과세할 수 있다. 법인의 경우에도, 훨씬 더 애매한 개념이기는 하나 자국의 법인이라면 전세계소득을 과세할 수 있다(거주지 과세).
(3) 원천지 과세와 거주지 과세의 경합에서 생기는 2중과세를 막기 위해, 원천지국은 스스로의 과세권을 일정 범위로 줄이고, 거주지국은 원천지국에서 발생한 소득을 비과세하거나 원천지국에 납부한 금액만큼 세금을 깎아 준다.

극히 최근에 이르기까지 이 원칙은 그런 대로 성공적으로 굴러왔다. 1930년대 초의 국제연맹 모델조약을 거쳐 OECD가 이 원칙을 담은 모델조약을[5] 만든 이래 수많은 나라가 그에 터잡은 조약을 맺어 왔다. 우리나라도 2025년 3월 현재 95개 외국과 조세조약을 맺고 있다.[6] 미국은 독자적 입장을 담고 있는 미국

3) Vogel, Shannon and Doernberg, *United States Income Tax Treaties*(looseleaf), Kluwer Law and Taxation Publishers(1989), 제1부 제2장 참조. 클라우스 포겔(Klaus Vogel)은 2007년 사망하였고, 이제는 공저자 명단에서 빠져 있다.

4) Chang Hee Lee, "Impact of E-Commerce on Allocation of Tax Revenue Between Developed and Developing Countries", 18 Tax Notes International 2569 가운데 2571~2572쪽. 같은 제목으로 2005년 현재까지 업데이트한 글이 Avi-Yonah, International Tax Law (2015), V.1, 712쪽에 실려 있다.

5) OECD, Model Tax Convention on Income and on Capital. OECD 모델은 여러 차례 개정을 거쳤고 현재에도 수시로 개정하고 있다. 여기서 "Capital"이라는 말은 ('자본'이라기보다) 재산의 의미, 독일어판에서는 "Vermögen"이다. 고전파 경제학의 용례로 총자산 = 총자본 = 타인자본+자기자본.

모델을[7] 따로 가지고 있지만, 이것도 큰 테두리는 다를 바 없고 미국이 실제로 맺은 조약은 OECD 모델에 가깝다. 이들 조약 하나 하나는 양자(兩者, bilateral) 조약이지만,[8] 수많은 조약이 전세계에 걸쳐 그물망을 이룬 결과 사실은 범세계적 다자(多者, multilateral) 조약이나 마찬가지로 조약망이 형성되어 있다.[9] 이 질서의 고갱이는 서로 합의된 범위 안에서는 원천지국의 과세권이 거주지국보다 우선한다는 데에 있다.

(1)의 원칙, 곧 원천지국의 과세권은, 어떤 나라든 그 나라에서 벌어지는 경제활동에 따르는 소득의 일정 부분을 세금으로 걷을 수 있다는 현실적 힘이 있다는 사실의 법적 표현이다. 자본소득은 이자, 사업소득 또는 배당이라는 돈의 흐름의 형식을 띠지만, 그 본질은 노동과 자본의 결합(=기업)에서 산출한 부가가치 내지 생산물 가운데 노동자가 가져가고 남은 몫인 잉여생산물 내지 그에 대한 화폐적 평가액이다. 각 생산요소에 귀속되는 생산물이 원천지국의 국가기구에 의한 현실적 지배하에 있고, 따라서 원천지국이 그 생산물 중 일부를 세금으로 걷을 수 있다는 본질에서는 임금이나 자본소득이나 아무런 차이가 없다. (2)의 원칙, 곧 거주지국의 전세계소득에 대한 과세권 역시 각국은 자국 안에 살고 있거나 국적 기타의 법적 인연을 버리지 않으려 하는 사람에 대한 인적(人的) 지배권을 가지고 있고, 따라서 그런 사람이 버는 소득 가운데 일정 부분을 세금으로 걷을 수 있다는 현실적 힘의 법적 표현이다.

원천지국이 자국 내에 원천이 있는 소득을 일방적으로 과세할 수 있음을 기

---

6) 그밖에 북한과 맺은 "남북 사이의 소득에 관한 2중과세방지 합의서"도 조약처럼 국회의 동의를 받았다. 홍콩은 국가가 아니지만 조세조약에 해당하는 협정서를 맺었다. 대만과는 "주타이베이 대한민국 대표부와 주한국 타이베이 대표부 간의 소득에 관한 조세의 2중과세 방지와 탈세 예방을 위한 약정"을 체결하였고, 국내 이행 법률이 국회를 통과하여 2023. 12. 26.부터 시행되었다. 구체적인 조문은 제1조(목적)와 제2조(2중과세 방지와 탈세 예방)로 구성되고, 별표로 대만과 체결한 2중과세방지 약정 국·영문본이 첨부되어 있다.

7) 미국 재무부, United States Model Income Tax Convention(이하 "미국 모델").

8) 다자(多者) 조약으로는 안데스 조약(The Convention for the Avoidance of Double Taxation among Members of the Andes Group)과 북유럽 조약(Nordic Multilateral Double Taxation on Income and Capital)이 있다. 뒤에 보듯 BEPS 대책의 한 갈래로 다자조약이 발효했고 우리나라에서도 2020. 9. 1. 발효하였다. Multilateral Convention To Implement Tax Treaty Related Measures To Prevent Base Erosion And Profit Shifting.

9) 국가별 유보 사항이 아주 복잡한 다자조약인 셈이다. 이리하여 어떤 이는 OECD 모델을 국제공법상 법의 일반원칙으로 이해하기도 한다. 村井 正, 日本人學者の眼から見た日韓租稅條約の問題点, 조세법연구 Ⅲ(1997), 89쪽. 그에 대한 비판은 ノモス, 第8號, 關西大學法學研究所(1997), 80쪽 이하 李昌熙 발표(日韓租稅條約改正の問題点について) 및 대담 부분 참조.

정사실로 전제하면, 이미 보았듯이 거주지국은 ① 국외원천소득을 과세범위에서 제외하거나, ② 국외원천소득도 과세하되 원천지국에 낸 세금만큼 세금을 깎아주거나, ③ 원천지국에 낸 세금을 필요경비로 빼 주거나, ④ 원천지국에 낸 세금의 존재를 무시하는 네 가지 가운데 하나를 택할 수 있다. 어느 길을 택할 것인가? ①이나 ②처럼 거주지국이 스스로 원천지국의 과세권을 우선하여 2중과세를 방지하는 것은 거주지국의 입장에서 볼 때 자국의 국민소득을 극대화하는 길이 아니다. 국제적 자본투자에서 원천지국이 자본소득을 과세한다면, 자본소득(세전(稅前) 생산물) 가운데 거주지국의 몫으로 남는 것은 원천지국의 세금을 뺀 잔액(세후(稅後) 생산물)뿐이다. 그에 비해 자본이 자본 소유자의 거주지국에 투자된다면 세전 생산물 전체가 그 나라에 남는다. 세전 생산물 가운데 일부는 세금으로 국고(國庫)에 귀속되고 나머지는 세후 소득으로 자본 소유자에게 귀속되어 귀속자가 나뉘기는 하나, 국내 투자의 경우에는 세전 생산물 전부가 거주지국의 국민소득을 이룸에는 변화가 없다. 결국 거주지국의 국민소득이라는 시각에서 본다면, 해외 투자는 원천지국의 세금이라는 차이만큼 국내 투자만 못하다. 결국 어느 한 거주지국의 국익이라는 관점에서 본다면, 국외원천소득에 대한 2중과세부담을 좀 남겨서 해외 투자를 국내 투자보다 더 무겁게 과세하는 편이 자국의 국민소득을 극대화하는 길이 된다. 자세한 내용은 제1장 제2절.

위 두 문단의 원천지국과 거주지국이 각각 제 국민소득을 극대화하는 최적 전략을 모아 본다면, 원천지국과 거주지국 사이의 2중과세는 필연이 되고, 그 결과 국제거래와 국내거래 사이의 조세중립성이 깨어지게 된다. 세계경제 전체로 보자면 국제 투자가 저해되어 자본의 분배가 왜곡되고 세상이 그만큼 가난해지게 된다.[10] 이리하여 두 나라가 모두 손해를 보는 점에서 두 나라의 게임은 균형에 이르게 된다. 이 진퇴양난(進退兩難)은 두 나라 사이의 의사소통으로 풀 수 있다. 원천지국의 과세권과 거주지국의 과세권을 절충하여, 원천지국은 스스로의 과세권을 일정 범위로 줄이기로 합의하고, 원천지국의 과세가 그와 같이 합의된 범위 안에 머물러 있는 한 거주지국은 2중과세를 조정하기로 합의한다면 두 나라는 모두 득을 보게 된다. 바로 이것이 조세조약의 본질이다.

제1장 제2절 Ⅳ.를 제대로 읽은 사람이라면 거기에 나오는 경제분석과 앞 문단의 설명이 서로 어긋난다고 생각하리라. 당연하다. 기실 조세조약이 왜 생

10) 조세중립성과 효율의 개념에 대하여는 이창희, 『세법강의』, 제2장 제3절 Ⅰ. 1. 참조.

기는가라는 앞 문단의 설명은 두 나라가 모두 자본수출국 겸 자본수입국의 지위에 있고 나아가 경제 규모와 자본수출입이 서로 비슷하다는 전제 하에 있다. 이 전제를 깨고서 균형이 어디인가를 찾는 것은 복잡한 문제이지만,[11] 극단적으로 한 나라는 오로지 자본수출국이고 다른 나라는 오로지 자본수입국이라고 한다면 어떻게 될까? 자본수입국의 최선책은 조세감면을 통해서 외자를 유치하는 것. 그렇다면 상대방 체약국(締約國)인 자본수출국이 외국납부세액공제 방식으로 전세계소득을 과세하는 경우라면 자본수입국이 자국의 세금을 깎아주어도 아무 소용이 없다. 깎아주는 바로 그만큼 자본수출국의 세금이 늘기 때문이다. 자본수입국의 입장에서 본다면 조세조약이란 자본수출국이 국외원천소득에 세금을 매기지 않도록 보장하든가 국외원천소득에 매길 보충적 세금을 삼가는(이른바 간주세액공제) 경우라야 존재의의가 있다.[12] 실제로 이런 이유로 남미 여러 나라는 오랫동안 미국과 조약 맺기를 거부했다.[13]

그러나 우리나라는 간주세액공제 제도가 없는 상태로 미국과 조약을 맺었다. 남미 여러 나라도 1990년대 초부터 미국 등과 조약을 맺기 시작해서 결국은 전세계적 조약망에 들어왔다. 조세조약을 맺는다는 것 그 자체가 외자도입 촉진에 중요했기 때문이다. 자본수출국 기업이나 정부는 자본수입국이 조세조약망에 들어오고 안 오고를 마치 예전의 우호통상항해 조약처럼 여겨서 문명국의 일원으로 투자자를 보호하겠다는 것인가 않겠다는 것인가로 받아들였기 때문이다. 조세조약의 체결은 양자간 투자협정(BIT: bilateral investment treaty)과 비슷한 추세를 보인다.[14] 1950년대식의 전면적 몰수 따위를 생각하기 어려운 세상이 온 만큼 BIT보다 실제 더 중요한 것은 난데없는 세금을 맞을 가능성이라고[15] 생각했

11) 상세는 Chang Hee Lee, "South Korea: Suggested Guidelines for Amending the Tax Treaty with Japan", 3 Asia Pacific Tax Bulletin 258(1997) 참조.

12) 간주세액공제는 제13장 제2절 Ⅰ. 우리나라가 1970년에 맺은 일본조약은 이른바 간주세액공제를 두었고 조약 체결 앞뒤로 5년을 견주면 일본에서 온 투자액이 절대금액으로 10배쯤 늘고 비중으로도 40% 미만에서 70% 이상으로 늘었다.

13) 제3장 제2절 Ⅳ. 5. 제13장 제1절.

14) 2023년 5월 현재 전 세계에서 체결된 BIT는 2,830개이고, 그 중 2,219개가 발효 중이다. https://unctad.org/topic/investment/international-investment-agreements 참조.

15) BIT에 따른 투자자-국가 분쟁해결 절차(Investor-State Dispute Settlement)로 넘어간 것은 2023년 5월 현재 1,257건이고, 그 중 890건이 해결되었다.
https://investmentpolicy.unctad.org/investment-dispute-settlement. 한편 조세조약에 관한 분쟁은 2023. 12. 31. 현재 전세계적으로 5,362건이 두 나라 과세당국 사이에 상호협의 계류 중이다. https://www.oecd.org/tax/dispute/mutual-agreement-procedure-statistics.htm. 법원에 걸려있는 소송

기 때문이리라. 조세조약이 있다면 투자자는 자본수입국 정부에 무방비로 당하지 않고 언제나 본국 정부에 기댈 길이[16] 열리니까.

2. 조세조약의 기본구조

조세조약은 어떠한 내용을 담는가? 한편으로는 원천지국의 과세권을 제약하는 내용을, 다른 한편으로는 원천지국의 세금이 우선한다는 전제하에 거주지국이 2중과세를 배제하는 내용을 담을 수밖에 없다.

우선 원천지국의 과세권은 구체적으로 어떤 식으로 제약할 것인가? 1920년대의 국제연맹 초안 이래로 조세조약은 소득을 경제적・법률적 성질에 따라 구분하여 각 종류별로 원천지국의 과세권을 제약하는 방법을 정하고 있다. 현재 통용되는 조약의 대다수는 OECD 모델을 따라서 소득을 부동산소득, 사업소득, 국제운수소득, 배당소득, 이자소득, 사용료소득, 양도소득, 인적용역소득, 근로소득, 연금소득 등으로 구분하고 있고, 거기에 더하여 특칙으로 이사의 보수, 연예인의 소득, 학생이나 훈련생의 소득에 관한 규정을 두고 있다. 또 다른 특칙으로 현지법인의 소득에 관한 규정도 있다. 이런 소득 구분 조항들은 모두 원천지국 과세권의 제약에 관한 조항이지만, 예외적으로 원천지국의 정부가 자국의 공무원에게 지급하는 근로소득이나 연금소득에 대한 거주지국의 과세권을 제약하는 조항도 있다. 소득 구분 조항에 더하여 원천지국의 과세권을 제약하는 조항이 하나 더 있다. 이른바 차별금지 조항이다. 곧 원천지국은 자국의 납세의무자에게 매기는 세금보다 더 무거운 세금을 거주지국에 속하는 납세의무자에게 매길 수 없다는 내용이다. 예전에는 이 차별금지란 별 중요한 조항이 아니었지만 1990년대에 이르면서 한편으로는 세계무역기구(WTO) 협정이나 BIT에서 차별금지(자국민 대우 및 최혜국 대우)와 관련하여, 다른 한편으로는 유럽법의[17] 다른 회원국 국민이나 기업에 대한 차별금지와 관련하여 점점 중요한 문제로 등장하고 있다.

둘째로 조세조약은 원천지국이 조약에 맞도록 세금을 부과하는 한 거주지국이 이를 존중하면서 2중과세를 배제하는 방법을 정하고 있다. 구체적 조약례

건수는 이보다 몇 배, 몇 십 배 될 것이다.

16) 뒤에 보듯 이것이 이른바 상호합의 절차이다. 제3절 II.

17) 정확히는 '유럽연합(EU) 법'이라 해야 할지 모르지만, 이 책에서는 그저 '유럽법'이라 하면 그 뜻이다.

에서는 원천지국에 납부한 세금을 거주지국이 부과할 세금에서 깎아주는 외국납부세액공제 방식과, 원천지국이 세금을 부과한 소득에 대해서는 거주지국은 세금을 부과하지 않는 외국소득면제 방식 두 가지가 다 쓰이고 있다.

셋째, 이런 실체법적 내용을 떠받치는 절차법적 규정으로 과세당국 사이의 상호합의, 정보교환, 징수협조 따위의 내용도 조세조약에 들어 있다.

3. 모델조약과 국제공조

현행 조세조약의 이런 구조는 기본적으로 OECD 모델에 터잡은 것이다. 긴 역사를 짚어보면 국제적 경제활동이 있는 이상은 2중과세 문제가 생기기 마련이었고, 실제로 역사를 되돌아보면 이미 19세기 후반에 독일에서는 프로이센과 작센 왕국 사이에 조세조약이 있었다고 한다.[18] 제1차 세계대전 이전에도 유럽 국가들끼리는 양자조약이 여럿 있었다.[19] 미국은 1960년 무렵까지 20개를 넘는 선진국과 조세조약을 맺었다. 조세조약이 범세계적 움직임이 된 것은 제1차 세계대전 이후 국제연맹이 나서서 국제투자와 무역을 촉진하는 수단으로 조세조약을 활용할 필요가 있다고 생각한 데에서 비롯한다. 이를 위하여 국제연맹은 브라윈스(Bruins, 네덜란드), 에이나우디(Einaudi, 이탈리아), 셀리그만(Seligman, 미국), 스탬프(Stamp, 영국)라는 4명의 경제학자에게 의뢰하여 모델조약의 기초작업을 맡겼고, 이 네 사람은 1923년에 최종 보고서[20]를 내었다. 이 보고서의 핵심이 바로 서로 합의한 범위로 원천지국이 과세권을 줄이고 그 대신 거주지국은 원천지국이 부과한 세금을 우선하여 2중과세를 배제해 주어야 한다는 것이었다.[21] 이 보고서에 기초하여 1935년 초안 등 국제연맹 내부의 몇 가

Prof. Edwin Robert Anderson Seligman(1861-1938)

18) Übereinkunft zwischen Preussen und Sachsen gegen Beseitigung Doppelten Besteuerung der Beiderseitigen Staats-Angehoerigen, 제2조. 조약 원문은 https//www.uni-heidelberg.de/institute/fak2/mussgnug/historyoftaxdocuments/normtexte/voelkerrecht/V00001.pdf. 정보교환조약은 1843년 프랑스와 벨기에 사이에 맺어진 것이 처음이었다고 한다.

19) 프로이센-오스트리아(1899); 헝가리-오스트리아(1909).

20) League of Nations, "Report on Double Taxation", Document E.F.S.73 F.19 (April 5, 1923). http://purl.library.usyd.edu.au/setis/id/brulegi.

21) 같은 문서, 42쪽, 48~51쪽.

지 초안을 거쳐서 1943년에 멕시코 모델조약이, 또한 1946년에는 런던 모델조약이 나왔지만, 그 뒤 국제연맹이 사라지면서 범세계적 차원의 모델조약 작업은 지지부진해지고 말았다.

그러다가 1960년대부터는 유럽경제협동체(OEEC)의 중간 단계를 거쳐 새로 만들어진 OECD가 나서서 선진국 사이에서라도 조세조약을 활성화하자는 생각으로 모델조약 작업에 나섰다. 그 첫 성과물이 1963년 OECD 모델조약(초안)과 그에 대한 주석. OECD 모델 그 자체는 그저 하나의 모델일 뿐이지만 그럼에도 불구하고 현실 세계에 존재하는 조약의 체결과 해석에 막대한 영향을 미쳐 이후 현실 세계의 양자조약은 거의 이 OECD 모델에 맞추어서 체결되거나 개정되었다. 그 뒤 UN에서, OECD 모델은 선진국의 이해관계에 중점을 두고 있다는 불만에서 시작하여 후진국의 이익을 옹호하는 새로운 모델을 제시하기도 하였지만[22] 이 UN 모델 역시 기본적으로는 OECD 모델의 연장일 뿐이다.[23] UN의 모델조약 작업이 아직 살아있기는 하지만 이제는 중국 등 일부 개발도상국도 OECD 모델조약 작업에 옵서버(observer)로 참가하여 의견을 개진하고 있어서 소득세 내지 직접세 분야에 관한 한 OECD가 관세나 간접세 분야에서 WTO가 하고 있는 역할을 사실상 맡고 있다는 느낌이 있다.[24] OECD 모델은 그 뒤 몇 차례 개정되다가 1992년 이후에는 그때그때 수정된 내용을 끼워넣는 형태로 조약 및 주석서 어느 쪽이든 수시로 개정하고 있다.

전세계적인 것은 아니지만 사실상 중요한 역할을 하고 있는 모델이 하나 있으니 이른바 미국 모델(U.S. Model)이다. 미국은 자국의 조약 정책을 담은 모델을 내어놓고, 오랫동안 다른 나라와 맺는 조약을 이 미국 모델에 따라 맺으려고 노력했다. 그러나 이 노력은 잘 먹히지 않았고 마침내는 미국도, 미국 모델 자체를 OECD 모델에 가깝게 뜯어 고침으로써 미국 모델의 중요성은 떨어지게 되었다. 이처럼 최근의 2016년 모델이 OECD 모델과 근접해 있기는 하지만, 아직도 몇몇 조항, 가령 미국 시민에 대한 속인주의 관할권을 유지하는 것이라든가, 미국 시민이나 거주자에 관한 한 조약의 내용이 어떻든 간에 미국의 국내법에 따라 과세한

22) United Nations, United Nations Model Double Taxation Convention between Developed and Developing Countries, 1980. 그 뒤 2001년, 2011년, 2017년, 2021년에 개정되었다(이하 "UN 모델").

23) OECD 모델 주석, Introduction 제14문단.

24) Pillar 1, 2 이후 UN과 OECD 사이에 패권 경쟁이 있다. 제14장 제5절 Ⅱ. 4.

다든가, 간주세액공제를 허용하지 않는다든가, 이런 몇 가지 미국이 절대 양보하지 않는 내용들은 미국 모델 및 미국이 실제로 맺은 양자조약에 여전히 남아 있다. 또 이러한 내용들은 반대로 OECD 모델에 영향을 미치기도.

국제조세에 관한 OECD의 사업은 사실은 모델조약 및 주석 작업에 그치고 있지는 않다. 가장 주목할 사업으로, 국제적 조세회피 내지 2중비과세 문제에 대한 대책으로 OECD는 각 회원국이 일정한 내용을 국내법에 입법할 것을 계속 권고해 왔고 실제로 각국은 그런 내용을 입법하고 있다. 결과적으로 아주 느슨한 다자조약과 비슷해진다. 그뿐만 아니라 OECD 차원에서 조세피난처(tax haven) 국가・지역에 대한 압력을 행사하여 그런 나라들이 국내법을 바꾸도록 강요하고 있다.

이런 작업들을 아우른 OECD의 야심찬 기획이 '세원잠식 및 소득이전'(BEPS: Base Erosion and Profit Shifting)에 관한 행동계획(Action Plan) 15가지이다. 초안이 2013년, '최종보고서'가 2015년에 나왔다. G20 정상회의는 각국이 이 보고서에 따라 국내법 및 조약을 후속 입법하기로 결의하여 국제사회에 공론화했다. 애초 OECD의 보고서 작업 당시에 100여 국가를 끼웠기에[25] 많은 나라들이 G20를 뒤따랐다. 우리나라도 가령 국내사업장의 범위를 확대한다든가,[26] 이자비용의 손금산입에 소득의 일정 비율이라는 상한을 건다든가,[27] 국제거래에 대한 자료제출 의무를 강화한다든가,[28] 이런 식으로 이 보고서에 따른 후속 입법을 하고 있다.

BEPS 기획의 시작은 다국적기업이 자본수입국과 자본수출국 어느 쪽에도 제대로 세금을 내지 않는 2중비과세가 흔히 벌어진다는 문제의식. 제1장 제2절에서 보았듯 자본수출국은 경쟁중립성을 입법의 지도이념으로 삼으면서 국외원천소득에 본국의 세금을 물리지 않거나, 표면적으로 자본수출중립성을 표방하면서 전세계소득을 과세하더라도 실제는 해외 자회사의 소득에 대한 본국의 세금을 과세이연한다. 자본수입국 내지 원천지국의 과세는, 아예 외자를 비과세하는

25) "Inclusive Framework"라 부른다. 우리말로는 '포괄적 이행체제'라는 번역이 있다. 2016. 6에 OECD/G20 IF라는 이름으로 시작했고 점점 상설조직의 성격이 강해지면서 이제는 그냥 OECD IF라 부른다. 백 몇십 국가가 OECD 산하의 하부조직이 된 희한한 상황이다.

26) 2018. 12. 24 개정된 법인세법 제94조 제3항, 제4항, 제5항.

27) 2017. 12. 19. 신설 「국제조세조정에 관한 법률」, 제15조의2.

28) 2017. 12. 19 개정된 「국제조세조정에 관한 법률」, 제11조, 제12조, 제13조.

경우는 아니더라도 조세조약에 의해 과세권이 대폭 줄어든다. 특히 1990년대 말부터 미국은 다국적기업이 조세조약을 적극적 내지 공격적으로 이용·악용해서(aggressive tax planning) 어느 나라에도 세금을 내지 않는다는[29] 식의 문제를 OECD, G7, G20 등에서 국제사회에 제기했고, 2004년부터 OECD가 이를 공식적 의제로 삼았다. 요는 세계 만방이 서로 협력하여 여러 나라의 법이 서로 안 맞아서 생기는 공백을 메우고 정보 투명성을 강화하자는 것이다.

2중비과세 문제를 들고 나올 당시 미국의 속셈은 그리함으로써 자본수출국으로서 자국의 세수를 늘릴 수 있으리라 생각한 것이지만[30] 그와 달리 BEPS 대책은 자본수입국 내지 원천지국의 속지주의 과세권을 오히려 강화하는 방향으로 흘러갔다. 여러 가지 사정이 있지만 1990년대 말부터 한 20여년 사이에 디지털 경제가 확 자라면서 미국과 유럽의 이해관계가 종전의 선·후진국처럼 갈리게 된 탓이다. 구글 등 디지털 기업이 종래의 제조업이나 굴뚝산업을 훨씬 넘어서는 범세계적 독점기업으로[31] 등장하면서 압도적인 부와 소득을 얻는 이런 기업과 그 소유자 내지 경영자들의 부와 소득에 대한 세금을 어느 나라가 차지하는가라는 문제가 생겼다. 더구나 이런 기업은 굴뚝산업 시절에 생긴 기존의 법제가 새 세상을 따라잡지 못한다는 점을 이용(악용?)해서 심지어 굴뚝산업보다도 세금을 훨씬 덜 내기 시작한다. 가령 온 세상에 걸쳐 번 소득을 아일랜드 같은 조세피난처에 둔 법인에 떨구는 꼴로 거주지국과 원천지국 어느 쪽에도 세금을 안 낸다는 문제까지 벌어진 것. 그 대책으로 미국이 생각한 것은 거주지국 내지

29) 특히 유명한 것이 구글 등 인터넷 기업이 아일랜드에 자회사(I)를 세워서 우리나라 등 제3국에서 얻은 소득을 유보해서 미국의 세금을 피했다는 시비이다. 아일랜드는 미국보다 세율이 훨씬 낮지만 그나마도 세금을 안 내기 위해서 아일랜드 법인의 소득을 사용료 등 비용 형식으로 버뮤다 등 조세피난처 법인(B)으로 다시 보내고 또 아일랜드의 원천징수세를 마저 피하기 위해서 다시 복잡한 구조를 짠 것이 이른바 "Double Irish with Dutch Sandwich"이다. 요는 B를, 아일랜드 세법상으로는 외국(버뮤다) 법인이지만 회사법상으로는 아일랜드 법인인 꼴로 세워서 가령 I-네덜란드법인-B로 사용료를 흘려보내면 아일랜드 국내법, 네덜란드 국내법, 조약, 유럽법이 서로 얽혀서 원천징수세가 없어진다는 것. 상세는 Brothers, From the Double Irish to the Bermuda Triangle, 76 Tax Notes International 688 (2014).

30) 미국이 특히 중시한 것은 세 가지이다: i) 피지배외국법인 세제를 강화하자, ii) 조약혜택배제(LOB) 규정을 조약에 두자, iii) 강제중재 규정을 조약에 두자. i)이 거주지국 과세권 강화라는 것은 바로 알 수 있다. 직관과 달리 적어도 미국의 입장에서 ii)가 거주지국 과세권 강화라는 점은 제3장 제2절 Ⅳ. 5. iii)에 대해서는 제2장 제3절.

31) 이런 독점적 디지털 기업의 총칭으로 GAAF(구글, 아마존, 애플, 페이스북)이라는 말을 쓴다. 일본식 용어로는 GAFA.

자본수출국 과세권의 강화였지만 유럽 각국은 원천지국 내지 자본수입국 과세권의 강화라는 개발도상국의 입장에 동조하기에 이른다. 미국·유럽연합 대 다른 나라라는 종래의 대립구도가 흔들리면서 미국 대 다른 나라라는 새 구도가 떠오른 것이다.

이 어정쩡한 상태 속에서 2015년에 BEPS 대책 보고서 15가지가 국제사회에 공식적으로 나왔다. 그 가운데 거주지국 과세권의 강화책이라 할 만한 것은 피지배외국법인 세제 정도이지만 기실 이 제도는 각국이 단독으로 국내법에서 정하면 된다. 원천지국이 혼성(hybrid) 금융상품에 관련한 지급이자나 속지주의 과세권을 갉아먹는 지급이자 등 경비의 손금산입을 부인할 수 있다든가, 고정사업장의 범위를 넓힌다든가 이런 것들은 원천지국 과세권의 강화책이다. 이런 내용 가운데 조약남용 방지, 유해(有害) 조세경쟁 방지, '국가별 보고서' 제출의무의 도입, 효과적 분쟁해결 따위는 이른바 최소기준(minimum standards)으로 각국이 반드시 이행하기로 하였고 그에 따라 우리나라도 국내법이나 아래 Ⅱ.에 볼 다자조약으로 이미 도입한 것도 있고 아직 도입 중인 것도 있다. 한편 BEPS 보고서의 내용 가운데 상당 부분은 OECD 모델 주석에 들어갔다. 특히 '혼성불일치' 거래(2번), 조약남용(조약편승)의 방지(6번), 고정사업장 범위 확대(7번), 강제중재(14번) 보고서의 내용이 대폭 들어갔다. 이익분할법(10번)은 OECD 이전가격지침에 들어갔다.

Ⅱ. 다자조약과 유럽법

BEPS 작업의 결과를 실제 조약에 반영하는 수단으로 OECD는 기존의 양자조약을 하나하나 고치느니 전세계적 다자조약으로[32] 조약망 자체를 한 판에 통째 뜯어고치자고 제안했다. 그 뒤 실제로 일정 수 이상의 여러 나라가 서명하고 비준하여 기탁함으로써 2018년 7월 1일 발효했다. 우리나라에서도 2020년 9월 1일 발효했지만 기실 조약의 구체적 내용에 거의 다 유보를 달았다. 조약의 목적, 조약 편승(便乘) 방지, 이전가격 조정에 관한 대응조정, 즉 BEPS

32) Multilateral Convention To Implement Tax Treaty Related Measures To Prevent Base Erosion And Profit Shifting(세원잠식 및 소득이전 방지 목적의 조세조약 관련 조치 이행을 위한 다자협약), 2018. 6. 7. 서명. 이하 '다자조약'.

최소기준에 해당하는 이 세 가지에만 유보가 없으므로, 다자조약의 발효로 기존의 양자조약 중 일부에는 이 세 가지 내용이 자동적으로 들어가는 효력이 생긴다.[33)]

한결 더 중요한 논의로 2019년 이후 공식적으로 시작된 이른바 필라(Pillar) 1, 2는 자본수출국과 자본수입국 사이의 세수 분배에 근본적 영향을 줄 내용을 다자조약으로 맺자는 제안이다. 2015년의 BEPS 최종보고서는 기실 미봉책일 뿐이었다. 미국 대 다른 나라라는 대립구도에서 2015년 BEPS 최종보고서까지는 미국이 이겼다. 최종보고서 중에서도 바로 첫 번째 것에 나오는 공식적 결론은, 디지털 경제라고 해서 고유의 문제가 생기는 것은 없고 그저 기존 규범의 집행상 어려움이 생기는 정도일 뿐이라고 못 박았다.[34)] 태산이 울며 꿈틀거리더니 쥐 한 마리 튀어나온 셈. 이렇게 되자 2018년 무렵부터 유럽 각국과 개발도상국들은 우회이익세, 디지털 서비스세 등의 이름으로 디지털 기업에 아무튼 세금(GAAF세)을[35)] 물리겠다고 나섰다. 이름이 다르니 소득에 관한 조세가 아니고 그러니 조약 위반이 아니라는 억지 주장을 내세우면서. 다시 미국이 그런 나라에서 수입하는 물품에 보복관세를 물리겠다고 나서면서 세계적 긴장이 올라갔다.

이에 대한 타협책 논의가 이른바 BEPS 2.0이라는 연장전이다. BEPS 자체가 다자조약(2018. 7. 1. 발효)을 필요로 했던만큼 OECD와 G20는 2016년부터 포괄적 이행체계(Inclusive Framework, IF)라는 이름의 비공식 조직으로 세계 거의 모든 나라를 얽었다. 이 IF의 이름으로[36)] BEPS 2.0 연장전을 시작했다. 필라 1, 2라는 두 꼭지로 BEPS 2.0 논의를 본격화하면서 미국의 입장과 타협을 시작한 그 결과가 2021년 10월 8일의 OECD/G20 합의.[37)] 다시 130개를 넘는 나라들이

33) 김정홍, BEPS 이행 다자협약의 현황과 전망, 「조세학술논집」 34집 1호(2018), 91쪽, 특히 95쪽과 115쪽.

34) OECD, Addressing the Tax Challenges of the Digital Economy, Action 1 Final Report (2015), 241문단, 353문단, 368문단

35) 영국의 우회이익세(diverted profits tax, 2015), 인도의 균등세(equalization levym 2016), 프랑스의 디지털서비스세(taxe sur les services numérique, 2019) 등. 속칭으로 GAAF세나 일본식 작명으로 GAFA세. 프랑스 국세청이 종속대리인이 있다는 이유로 구글 아일랜드에 부과한 법인세를 취소한 프랑스 행정대법원 판결로 2019. 4. 25. 선고 17PA030657 판결. 우리나라 언론에는 '구글세'라는 이름으로 널리 알려졌다.

36) 전세계적 조직이니 국제법으로 따진다면 OECD와 별개이고 국제연합 산하에 있는 편이 옳을 것이다. 내용을 보면 IF가 주체로 되어 있는 보고서를 OECD가 제 이름으로 내는 기묘한 상황이다.

37) OECD/G20, Statement on a Two-Pillar Solution to Address the Tax Challenges Arising From

이 뼈대를 받아들이기로 한 것이 2021년 12월의 필라 2 모델법안과[38] 2023년 10월의 필라 1 다자조약안.[39] 필라 1은 기존 조세조약의 고정사업장 원칙과 독립기업 원칙 두 가지를 다 손보아서 상품이나 용역의 수입국에 어느 정도 세수를 넘긴다는 것이다. 필라 2는 일정 기준에 못 미치는 정도의 세금만을 걷는 경(輕) 과세국이 있으면 모기업의 본국이 그 차액을 세금으로 매겨야 한다는 내용이다. 어느 쪽이든 내용 가운데 일부는 기존의 양자조약을 일괄 수정하는 다자조약에 담자고 한다. 필라 1과 필라 2의 전반적인 배경이나 내용, 방향성은 제14장 제5절 Ⅱ. 3. 특히 필라 1의 세부 내용은 제4장 제6절.

종래 우리나라와 직접 관계가 없다고 여겼지만 이제는 달라졌고[40] 실제로 국제조세에 엄청난 영향을 미치고 있는 것으로 유럽법이 있다.[41] 기본적으로 유럽연합 회원국 상호간에만 효력을 미치는 법규범이지만, 마스트리히트 조약 자체에 관세동맹의 성격을 보이는 조문 몇 개가 있고,[42] 회원국의 세제를 서로 조화시키고 통일하기에 필요한 조치를 취할 수 있는 근거 규정이 있다.[43] 후자의 구체적 조치는 이사회[44] 지침(Council Directive)이라는 형식으로 나오는데, '모자회사 지침', '합병 지침', '이자 및 사용료 지침' 따위가 나와 있다. 이런 지침은 회원국 상호간의 국제조세 문제에 영향을 미치고, 나아가 우리나라와 유럽 국가 사이의 국제조세 문제에도 혹 유럽법의 영향을 받는 것이 생기는지 따져보아야 한다.

유럽법의 영향으로 지금까지 드러난 것 가운데 가장 중요한 점은 차별금지. 나라마다 제 각각이기는 하지만 일단 현존 국제조세법의 기본은 자국에 속하는

---

the Digitilisation of the Economy(2021. 10. 8) (이하 "OECD/G20 선언"). 합의라고는 하지만 구체적 내용과 구속력이 결여된 정치적 합의에 불과하다.

38) OECD/G20, Tax Challenges Arising from the Digitalisation of the Economy - Global Anti-Base Erosion Model Rules (Pillar Two) (2021. 12. 20). 이 보고서(이하 필라 2 모델법안)는 2021. 12. 14. IF의 승인을 받았다고 하면서도 스스로를 OECD의 2021 문서로 인용하라고 한다.

39) OECD, Multilateral Convention to Implement Amount A of Pillar One (2023. 10. 11.).

40) EU의 "Code of Conduct for Business Taxation"에 따라 우리나라 조세특례제한법상 외국인투자 조세감면 제도(제121조의2)가 EU의 공평과세 기준 위반으로 판단되어 결국 해당 제도가 2018년 말 법 개정으로 폐지된 점을 상기하라. 제7장 제1절 Ⅱ.

41) EU 조세법의 최근 동향에 대한 논의로, 김정홍, "EU 조세법의 동향과 전망 —BEPS 이후 직접세를 중심으로—", 「세무와 회계연구」 12(4), 2023, 95~150쪽.

42) 마스트리히트 조약 제110조, 제111조, 제112조.

43) 마스트리히트 조약 제113조.

44) 분야별로 각국의 행정부 장관들이 모인 조직으로 EU법의 의결기관이다.

자와 아닌 자를 일단 갈라서 달리 과세한다.[45] 유럽법은 바로 이 기본을 흔든다. 유럽법의 고갱이는 적어도 사인(私人)과 사기업의 경제활동에 관한 한 유럽 전체를 한 나라처럼 여길 수 있게 하자는 것이니까. 이 기본이념은 경제적 자유라는 개념으로 구체화된다. 경제적 자유란, 기업을 중심으로 생산요소와 생산물이 모두 자유롭게 흐르게 하자는 생각이다. 기업이란 인간과 자본이라는 생산요소가 결합하여 재화와 용역을 생산하는 사회관계 내지 조직이다. 5가지 근본적 자유(fundamental freedom)란 인간, 자본, 기업, 재화, 용역, 이 다섯 가지 모두가 국적에 따른 차별 없이[46] 자유롭게 흘러 다니게 하자는 것이다: 1) 재화의 자유이동,[47] 2) 인간의 자유이동,[48] 3) 기업설립의 자유,[49] 4) 용역의 자유이동,[50] 5) 자본의 자유이동.[51]

가령 소득세 영역에서 다섯 가지 경제적 자유는 구체적으로 어떤 법률효과를 낳는가? 구체적 규정이 없으므로 이 법률효과를 정하는 것은 애초부터 법원에 맡겨진 셈이다. 이리하여 유럽법의 이념과 조세조약 사이의 관계라는 어려운 문제는 법률가들의 손에 넘어오게 되었다. 문제는 회사 내지 법인이다. 조세조약이든 각국의 국내법이든 기존의 국제조세 법제의 가장 밑바탕에 있는 개념은 내국법인과 외국법인을 준별하여 전혀 달리 대우하는 것인데 이것이 흔들린다. 법인이란 사는 곳이란 없으니 법인의 거주지라는 '의제(擬制)의 의제'는 법인의 국적에 강한 영향을 받게 마련이다. 한편 자연인은 여태까지는 큰 문제가 없었다. 조세조약은 거주자와 비거주자를 구별할 뿐 국적에 따른 차별은 안 하니까. 그러나 한 걸음 물러서서 따져보면 가령 필라 2는 각국이 세금을 줄여서 자본소유자들을 자국에 끌어들이는 것을 막자는 생각이다.

긴 장래는 내다보기 어렵다. 조세조약이란 애초에는 유럽 각국의 관계에서 나왔다는 점을 생각하면 유럽법이 조세조약의 미래를 비추는 것일 수도 있다. 무역자유화, 자본자유화가 더욱 진전되어 세계 전체라는 경제공동체에 필요한

45) 제1장 제2절.
46) 유럽 조약 제12조.
47) 유럽 조약 제23조~제27조.
48) 유럽 조약 제39조.
49) 유럽 조약 제43조.
50) 유럽 조약 제49조.
51) 자본이동의 자유는 유럽각국과 제3국 사이에도 미친다. 유럽 조약 제56조.

규범이 필요할 수도 있다. 그런 규범이 생긴다면 아마 다자조약이 될 것이다. 내용은 훨씬 제한되지만 이미 다자조약 논의가 진행 중이기도 하다. 이와 정반대로 브렉시트(Brexit)가 보여주듯 공동체가 축소되고 전세계적으로 세계화에 반대하면서 개별 국가의 독자성을 더 강화하는 방향으로 갈 수도 있다. Trump가 온 세상에서 유일한 패권(unipolarism)을 노리는 것인지 다시 제국주의 블록 나누기를 꾀하는 것인지도 아직 불분명하다.

Ⅲ. 조세조약의 체결

조세조약은 말 그대로 조약이다. 곧 국가와 국가 사이의 합의 내지는 약속이다. 우리나라를 대표하여 조약을 체결할 권한은 누구에게 있는가? 조약은 어떤 절차를 밟아서 만드는가? 이런 문제에서는 조세조약은 다른 어떤 조약과도 아무 차이가 없다. 조약의 체결이나 효력은 적어도 우리나라에서는 헌법에서 정한 대로 이루어진다.[52] 우리 헌법은 조약을 체결할 권한을 대통령에게 주고 있다. 물론 어느 조약이든 대통령이 조약의 내용을 놓고 다른 나라와 실제 협상하지는 않는다. 조약의 협상은 외교부 소관이지만, 사안이 조세라는 특수성 때문에 현실에서는 기획재정부의 역할이 더 크다. 조약은 국회의 동의를 받아 대통령이 비준함으로써 발효한다.

조약의 체결은 우리나라 같으면 위 문단에서 본 절차, 다른 나라 같으면 그 나라 헌법에 정한 절차를 따르지만, 서로 상대방의 헌법을 따져가며 조약체결 과정을 일일이 협상하여 만들어 나가는 것은 아주 번거로운 일이 된다. 이리하여 국제사회는 1969년부터 국제연합이 주관해서 「조약법에 관한 비엔나 협약」이라는 다자조약을 만들어 두고, 그에 따라 조약체결 절차를 밟고 있다.[53] 조약이 체결된 뒤 일부 조항만을 변경하는 개정 조약을 맺을 때 그런 일부개정 문서에는 '의정서'(protocol)라는 이름을 붙이는 것이 보통. 분량이 길면 "supplementary convention"이라는 이름을 붙이기도 하고.

상대방 체약국에서 어떤 절차를 밟아 누가 조약에 서명하고 조약이 어떻게

52) 이창희, 『세법강의』 제3장 제1절 4. 이하. 우리나라의 조세조약(양자조약)은 상대방 체약국만 나타내어 '미국조약', '일본조약', 이런 식으로 적는다.

53) Vienna Convention on the Law of Treaties, 제6조~제25조. 우리나라에서는 1980. 1. 27.에 발효했다.

발효하는가는 물론 그 나라 헌법 내지 정치체제에 달려있다. 가령 미국을 보면 조약체결권은 대통령에게 있다. 대통령은 상원 2/3의 찬성을 거쳐서 조약을 체결한다.[54] 헌법은 대통령으로 하여금 상원의 조언을 받으라고 정하고 있으므로 이론상은 조약의 협상 과정에 상원이 참가할 여지가 있지만[55] 실제로는 조약의 협상은 행정부에서 담당하고 있다. 구체적으로는 재무부가 맡되 국무부와 협의를 거쳐야 한다.[56] 미국은 비엔나 협약에 서명은 했지만 비준서를 기탁하지 않았기에 당사자는 아니다. 그렇지만 미국은 비엔나 협약의 대부분이 국제관습법을 성문화한 것이라는 태도를 취함으로써 실제로는 거의 비엔나 협약을 따르고 있다.[57] 실무자 사이에서 조약의 초안이 완성되면 대통령 또는 그의 위임을 받은 사람이 조약안에 서명하고 이를 모든 국민에게 입법예고한다. 뒤이어 국무장관은 조약 초안에 대한 설명서를 대통령에게 제출하고 다시 대통령은 조약 초안 및 국무부 설명서를 상원에 보내서 비준동의를 구한다. 상원은 우선 외교위원회에서 청문 절차를 거치는데 이 과정에서 재무부가 "Technical Explanation"라는 제목이 붙은 주석 또는 설명서를 상원에 제출하고 양원(兩院) 공통의 기구인 "Joint Committee on Taxation"의 전문위원들도 나름대로의 분석보고서를 제출한다. 이어서 조약안은 상원 본회의에 상정되고 동의에는 2/3 결의가 필요하다.

Ⅳ. 조세조약 전부의 종료 또는 일부 조항의 정지

존속기간을 미리 정했든[58] 아니든 국제정치나 경제상황이 바뀌어 조세조약을 종료하는 수도 생긴다. 존속기간이 있는 조약을 일방적으로 해지한다면 조약위반이라는 국제공법 문제가 당연히 생기지만[59] 상대방 체약국에 실제로 법적

54) 미국헌법 제II조2(2).

55) United States Senate Committee on Foreign Relations, "Treaties and Other International Agreements: The Role of the United States Senate", 98th Cong. 2d Sess., Committee Print (1984), at 25.

56) United States Congress (Joint Committee on Taxation and Senate Committee on Foreign Relations), "Tax Treaties: Steps in the Negotiation and Ratification of Tax Treaties and Status of Proposed Tax Treaties", 96th Cong. 1st Sess., Committee Print (1979), at 1.

57) "Interpretation of Tax Treaties: US Digest of US Practice in International Law", ch.5, sec.2., 75 American Journal of Int'l Law 147 (1981)에서 재인용.

58) OECD 모델조약 제32조는 최소 존속기간(5년이 흔하다)이 있는 글귀이지만 존속기간이 없는 조약도 많다.

책임을 묻는 경우는 생각하기 어렵다. 우리나라가 맺은 조약을 우리나라나 상대방 체약국이 일방적으로 해지한 적은 없지만, 가령 미국은 네덜란드 안틸레스 조약을 일방적으로 해지했고, 2022년에는 1979년 이래의 헝가리 조약을 해지하기도 했다.[60] 네덜란드 안틸레스는 제14장 제3절 Ⅲ. 우크라이나 전쟁의 여파로 우크라이나는 러시아와 맺었던 조세조약을 일방적으로 해지했다. 또 2022년 스웨덴이 포르투갈 조약을 해지한 사례도 있다. 포르투갈이 북유럽의 은퇴 이민자 유치를 위해서 의도적으로 2중비과세 제도를 만든 까닭. 제10장 제3절 Ⅵ.

조약 종료까지는 안 갔지만 우크라이나 전쟁과 관련해서 미국 등 서방이 가한 제제조치에 대한 반격으로 러시아는 2023년 8월 8일부터 미국, 우리나라를 비롯한 38개국과 체결한 조세조약에서 배당, 이자, 사용료 등에 세율상한 혜택을 일방적으로 정지시키고[61] 러시아 국내법으로 과세하기 시작했다.[62] 성격이 전혀 다른 조약정지 문제로 2016년 미국 모델은 조약체결 뒤 한 체약국이 법을 바꾸어 세율을 일정 수준 이하로 낮춘다면[63] 상대방 체약국은 제10~12조(배당, 이자, 사용료) 및 제21조(기타소득)의 적용을 정지할 수 있다고 정하고 있다.[64] 정치적으로든, 경제적으로든 나라들 간의 대립이 격화되면 그 와중에 조세조약의 이러한 종료, 또는 일시 정지의 사례들이 전보다 더 많이 생길 수 있다.

---

59) 비엔나협약 제60조(위반에 따른 조약의 종료 또는 정지) 제1항은 한 체약국이 '중대한 조약위반'을 한다면 상대방 체약국은 조약의 전부 또는 일부를 종료하거나 적용을 정지시킬 수 있다고 정한다. OECD는 일방 당사국의 조세조약 의무의 불이행(조약배제 treaty override 등) 시 상대국의 국제법적 구제조치(remedies)로 비엔나협약 제60조의 수단이 있으며 이는 국제관습법에 해당한다고 설명한다. OECD, Report on Tax Treaty Override(1989), 제21~23문단.

60) 헝가리가 국내법상 세율을 조약상 상한보다 더 낮추는 바람에 조약이 일방적으로 미국의 세수만을 갉아먹는다는 명분. 헝가리가 글로벌 최저한세를 반대한 것도 이유라고 한다. 제14장 제5절 Ⅱ.

61) 정지 절차는 비엔나협약 제65조 제1항, 제2항.

62) 러시아 측의 일방적 조약위반이므로 조약상 세율상한을 넘는 러시아 세금은 조약에 따른 외국납부세액공제는 못 받는다. 우리 국내법에 따른 외국납부세액공제는 가능하지만, 우리나라의 입장에서 보면 러시아에 낼 의무가 없는 세금을 낸 것이니 기부금 아닌가라는 문제가 생긴다. 제13장 제2절 Ⅱ. 그렇지만 법인세법 시행령 제94조 제1항(2024. 2. 29. 개정)으로 그냥 세액공제해 주기로 했다.

63) 법인세율을 15% 미만, 또는 상대체약국 법정세율의 60% 미만으로 낮추거나 자국 거주자의 모든 국외원천소득(이자, 사용료 포함)의 대부분에 대해 면세 제도를 들여오는 경우. 제3장 제1절 Ⅱ.

64) BEPS Action 6(조약남용 방지) 보고서에도 조세조약 서명 후의 국내세법 개정에 따른 대응 조치 논의가 있다. OECD, BEPS Action 6 보고서, 98쪽.

Ⅴ. 조약과 국내법

1. 조약의 국내법적 효력

조약이 비준되면 두 나라 사이의 합의라는 뜻에서 두 나라 사이에 효력이 생긴다. 조약이란 당연히 국제공법(國際公法)에 속하는 것이고, 원칙으로는 그 효력도 체결 당사자인 두 나라 정부 사이에 생긴다. 이런 일반 이론에 의하면 가령 원천지국 정부가 조약을 위반하여 세금을 매기더라도 이 문제는 두 나라 정부 사이에서 다툴 수 있을 뿐이지[65] 납세의무자가 다투고자 나설 수 있는 문제는 아니다. 그렇지만 달리 생각하면 조세조약은 애초 그 목표가, 한 나라에 속하는 납세의무자에 대한 다른 나라 정부의 과세권을 제약하고, 2중과세를 방지하자는 것을 목표로 한다. 이런 뜻에서 보자면 납세의무자는 각국 정부에 대한 관계에서 조약 내용의 적용을 직접 구할 수 있어야 하지 않는가라는 의문이 생긴다. 이 문제에 대한 답은 역시 각국의 헌법으로 돌아간다.[66] 나라에 따라서는 조약이란 국가와 국가 사이의 약속이라는 성격을 띨 뿐이고, 달리 이를 국내법의 일부로 삼는 법률이 있어야 비로소 납세의무자와 국가 사이에 적용할 수 있다. 가령 영국이나 캐나다에서는 조약 체결과 비준에 국회의 동의가 필요하지 않은 까닭에 조약집행법을 통하여 편입된 내용에만 국내법적 효력이 생기고,[67] 실제로 편입이 되지 않아 조약 내용의 일부에 국내법적 효력이 생기지 않는 경우도 있다.[68] 독일에서는 조약집행법의 입법이라는 형식으로 국회가 동의함으로써 비로소 조약이 국내법적 효력을 얻는다고 헌법이 정하고 있다.[69] 조세조약에 관한 판결은 아니지만 유럽법원의 판결 가운데에도 유럽공동체(지금은 유럽연합) 각국이 상호간 체결하는 조약은 국가간 효력이 있을 뿐이고 사인에게 직접

---

65) Jurisdiction of the Courts of Danzig Advisory Opinion [1928] PCIJ, Ser B No.15. http://www.worldcourts.com/pcij/eng/decisions/1928.03.03._danzig.htm.

66) 이른바 일원론(一元論)과 이원론은 여러 나라 헌법을 견주는 기준조차 되기 어렵다. Mario Mendez, The Legal Effects of Treaties in Domestic Legal Orders and the Role of Domestic Courts (Oxford Legal Scholarship Online), 40쪽.

67) Halsbury's Laws of England (4th ed.) Ⅴ. 18(2), 605문단; Canada v. Ontario (A.G.) [1937] AC 326 (PC), 특히 347~348쪽.

68) 예를 들어 UBS AG v. HM Revenue and Customs [2006] STC 716, 주석 76문단.

69) 독일 기본법 제59조 제2항. 이원론에 터잡은 이른바 '변형이론'은 폐기되었고, 조약이 국내법의 효력을 얻는 것은 조약집행법의 효력은 아니고 조약에 대한 국회동의의 효력이라고 이해하고 있다. *Klaus Vogel on Double Taxation Conventions*, Introduction 48문단.

효력을 미치지 않는다는 것이 있다.[70] 또 유럽 각국이 제3국과 체결한 조약도 유럽연합의 가맹국이 된 후에 체결한 조약이라면, 유럽 내부에서는 유럽법에 어긋나지 않는 범위 안에서만 효력이 있다.[71] 미국에서는 이런 집행법이 없더라도 조약은 바로 국내법적 효력을 가진다. 미국 헌법이 조약을 헌법이나 법률과 마찬가지로 미국의 법이라고 정하고 있기 때문이다.[72]

우리 "헌법에 의하여 체결·공포된 조약과 일반적으로 승인된 국제법규는 국내법과 같은 효력"을 가지고 국회의 동의를 받은 이상 법률과 같은 효력을 가진다.[73] 따라서 헌법에 의하여 국회 동의를 거쳐서 체결·공포한 조세조약은 따로 조약시행법을 입법할 필요 없이 국내법의 효력을 가진다. 다만 조약 내용 자체에서 명시적으로(때로는 묵시적으로) 국내법으로 뭔가 보완 조치를 취할 것을 정하고 있거나 조약 내용이 추상적 단계에 머물러 있어서 국내법으로 구체화할 필요가 생길 수 있지만[74] 조세조약의 내용에 국내법에 의한 보완을 예정하는 경우란 생각하기 어렵다. OECD 모델과 그에 터잡은 실제 양자조약의 글귀는 모두 자기집행적 내용만을 담고 있는 자기완결적 법규범이다. 2012년 발효한 다자간 조세행정공조협약은 국회동의를 거친 조약이고, 그 협약의 이행 내지 하부 규정 성격을 띤 채 행정부가 '비(非) 동의 조약' 내지 '고시 조약'의[75] 형태로 맺은 다자간 금융정보자동교환 협정에는 명령의 효력이 있다고 보아야 한다.

2. 납세의무자에게 불리한 조약?

어떤 절차를 밟아서든 조세조약이 국내법질서의 일부가 된 이후에는 납세

---

70) EC 조약 제293조. 관련 판결로 James and Others v. U.K. (1986), 8 EHRR 123, 특히 84~85문단; Observer and Guardian v. U.K. (1991), 14 EHRR 153, 특히 76문단; Judgment of the Court of 12 May 1998, Gilly, C-336/96, EU:C:1998:221 등.

71) Kofler, "European Taxation under an Open Sky: LOB Clauses in Tax Treaties between the U.S. and EU Member States", Tax Notes International (July 5, 2004), 78쪽.

72) 미국헌법 제VI조(2).

73) 헌법 제6조 제1항. 헌법재판소 2001. 3. 21. 선고 99헌마139 결정; 대법원 1986. 7. 22. 선고 82다카1372 판결; 대법원 2006. 4. 28. 선고 2005다30184 판결. 아래 IV. 3, 제2절 I.

74) 가령 WTO 협정. 대법원 2009. 1. 30. 선고 2008두17936 판결. 자기집행적 조약과 비(非) 자기집행적 조약의 구별에 관해서는 백진현, "조약의 국내적 효력", 「국제법학회논총」 45권 1호(2000), 102쪽; 장승화, "WTO 협정에 위반된 지방의회 조례의 효력", 「민사판례연구」 28집(2006), 815쪽.

75) 외무부나 국제공법 학자들은 조약이라고 부르지만 국회의 동의와 공포가 없으므로 법률의 효력은 없다.

의무자는 조세조약의 조문에 바로 기대어 납세의무의 존부나 금액을 다툴 수 있다. 조약의 내용과 국내법의 내용이 충돌한다면 어떻게 될까?

우선 조약으로 국내법보다 납세의무자에게 불리한 내용을 정할 수 있는가를 생각해보자. 짚고 넘어갈 점으로, 실제로 이런 문제가 생길 가능성은 거의 없다. 조세조약의 내용 자체가 가령 "이자에 대한 원천지국의 과세는 10%로 한다"가 아니라 "원천지국의 과세는 …을 넘을 수 없다"라는 식으로 원천지국의 법률에 의한 과세를 전제로 하고, 거기에 상한을 긋는 것이기 때문이다. 일본 문헌의 영향으로 가령 위 보기의 10%를 흔히들 '제한세율'이라고 부르지만[76] 옳은 개념이 아니다. 조약이 따로 세율을 정한 것이 아니고 국내법에 따른 과세에 상한(上限)을 정하고 있을 뿐이다. 이런 글귀에서는 납세의무자에게 국내법보다 불리한 내용이 조약에 있다는 생각 자체가 논리적으로 불가능하다. 사례를 하나 보자.

Murphy v. Asahi[77]

이 사건 원천징수의무자(원고, 피항소인)는 일본법인이 주식의 80% 이상을 소유한 아일랜드 자회사이고 쟁점은 원고가 1980년에 모회사에 지급한 차입금 이자에 대한 원천징수세율이 얼마인가이다. 아일랜드와 일본 사이에는 1974년부터 조세조약이 있었는데 이 조약은, 이자에 대한 원천징수세율은 10%를 넘지 못한다고 정하는 한편 배당에 대한 원천징수세는 아일랜드 국내법에 따르도록 정하고 있었다. 그런데 아일랜드는 1976년에 국내법(법인세법)을 개정하였다. 이 개정법에 따르면 아일랜드 법인이 지급하는 이자에 대한 원천징수세율은 10%로 하되, 아일랜드 법인이 그 발행 주식의 75% 이상을 소유한 외국모회사에 지급한 이자는 세법상 성격을 배당으로 보면서 원천징수세를 물리지 않기로 하였다. 납세의무자는 개정 법령에 따라 모회사에 지급한 이자에 원천징수를 하지 않았다. 이에 대해 국세청은, 원천징수의무자가 지급한 돈은 조세조약상 이자에 해당하고, 조세조약은 국내법질서의 일부가 되어서 국내법에 우선하므로 이 돈이 원천징수대상이 아니라는 국내법 규정에 불구하고 조약에 따라 10% 원천징수세를 물려야 한다고 보고 과세하였다. (바꾸어 말하면 조세조약 체결 당시의 국내법을 그대로 적용해야 한다는 주장이다.)

원천징수의무자가 지급한 돈은 조약상은 여전히 이자에 해당하지만, 조약

76) 하지만 이미 우리나라에서도 법률 자체에 이 말이 들어와 있다. 가령 법인세법 제98조의5.
77) Supreme Court (Ireland) Case 81 of 1985; High Court (Ireland) Case 1984 No. 560R.

이 정한 내용은 그런 이자에 대한 원천징수세가 10%라는 것이 아니고 원천징수세는 10%를 넘지 못한다는 상한일 뿐이므로 국내법과 조약 사이에 충돌은 없다. 국내법상으로는 이 돈은 75% 이상 주주에 대한 이자지급액으로서 배당이 되고 국내법상 원천징수대상이 아니므로, 결국 국내법에서 원천징수의무가 없다. 또 다른 주장으로 국세청은, 이 사건 지급액을 국내법상 배당소득으로 과세하므로 조세조약상으로도 배당소득으로 보아야 한다고 주장하나 조약상으로는 여전히 이자일 뿐이다.

그러나 모든 조약의 글귀가 다 "어느 체약국의 과세권은 …을 넘지 못한다"는 상한 개념은 아니다. 가령 전형적 사업소득 조항은 고정사업장이 있다면, 그 고정사업장이 독립기업이었을 경우 벌었을 소득이 그 고정사업장에 "귀속한다"(there shall be attributed)고 정하고 있다. 이런 글귀에서는, 일단 조약을 적용하는 이상 조약에 따라 계산한 소득이 국내법에 따라 계산한 소득보다 클 수도 있다. 그렇다면 조약에 기대어 국내법보다 불리하게 과세할 수 있을까? 이에 관련하여 미국 모델은 조약으로 과세권을 창출하지 않는다는 명문의 규정(이른바 "preservation clause")을 두어 "조약은 국내법이 베푸는 혜택을 빼앗지 않는다"고 정하고 있다.[78] 미국에서는 조약으로 국내법보다 불리하게 과세하는 것이 헌법상 불가능하다. 과세권은 하원의 전속적 권한인 데 반해 조약 비준동의는 상원이 하기 때문이다. 따라서 국내법상 과세불가능한 것을 조약에 터잡아 과세할 수가 없다.[79] 따라서 미국 모델의 위와 같은 명문 규정은 미국으로서는 아무런 손실이 없는 규정이고 오로지 상대방 국가의 과세권을 제약하는 규정이 될 뿐이다. 이런 명문 규정이 없는 조약이라면 국내법에 따라 계산한 고정사업장의 소득이 조약에 따라 계산한 소득보다 적은 경우 조약에 따라 과세할 수 있는가? 논란의 소지는 있지만 기본적으로 이 문제는 헌법 문제이다. 이미 보았듯 미국 헌법에서는 그런 과세가 불가능하다. 프랑스에서는 가능하다고.[80]

우리 헌법에서는 어떻게 될까? 우리 헌법 제38조는 "모든 국민은 법률에 의하여 납세의무를 진다"고 정하고 있다. 그렇지만 조약 역시 국회의 비준동의를

78) 미국 모델 제1조 제2항.

79) 마찬가지 이유로 스위스에서도 조약으로 과세하지는 못한다고 한다. *Klaus Vogel on Double Taxation Conventions*, Introduction 58문단.

80) Brian Arnold, International Tax Primer(4th ed., 2018), 146쪽.

비롯한 헌법상 요건을 갖춘다면 국내법 질서의 일부가 되어 법률과 마찬가지 효력을 지니고, 비준동의에 필요한 정족수나 법률의 제정에 필요한 정족수 사이에 아무 차이가 없다는 점을 고려하면 국내법보다 유리한 조약이라야만 효력이 있다고 생각할 논리적 근거가 없다. 다만 지금 들고 있는 보기의 고정사업장에 귀속하는 소득에 대해서는 우리 국내법이 조약상 과세가능한 것이라면 이를 과세한다는 특별 규정을 두고 있으므로[81] 충돌 문제 자체가 소멸한다. 기실 미국법도 고정사업장 귀속소득 문제에서는 같은 법률효과를 낳는 특별 규정을 두고 있다.[82] 현행 OECD 모델에서는 그 밖에 조약 규정이 국내법보다 더 불리한 과세규범을 정하고 있는 내용은 없고 이 문제는 적어도 당장은 이론적 문제로 남을 뿐이다. 즉 현행 OECD 모델의 글귀에서는, 조약이 독자적 과세근거가 되지 못한다는, 늘 보는 설명이 맞다.

특정한 납세의무자가 낼 세금이 얼마인가는 국내법으로 정한다. 다만 그 납세의무자에게 적용할 조약이 있는 경우 국내법에 따른 세금은 조약이 정한 상한에 걸린다. 이 말은 국내법과 조약은 원칙적으로 서로 다른 전혀 별개의 규범체계라는 말이다. 국내법은 국내법대로 자기완결적 체계로 조세채무의 금액을 정하고 조약은 조약대로 자기완결적 체계로 조세채무에 대한 상한을 정한다. 국내법과 국제법의 2원론을 말하는 것이 아니다. 조약에도 국내법적 효력이 있다는 점은 우리 헌법이 분명하게 정하고 있다. 가령 미국법인이 받아가는 사용료소득에 대한 세율이 얼마인가를 정하는 논리과정은, i) 외국법인이 받아가는 사용료소득에 적용할 법인세법 제98조 제1항 제6호의 규정에 따라 세율 20%라는 법인세법상 법률효과를 확정한다, ii) 미국법인이 받아가는 사용료소득에 적용할 미국조약 제14조 제1항에 따라 우리나라의 세금은 상한이 15%라는 조약상 법률효과를 각각 따로 확정한다, 이 두 가지 과정을 다 거치는 것이다. 앞뒤 차례가 없다. 두 가지를 각각 거쳐야 한다. 그 결과 모순이 없다면 두 규범을 다 적용한다. 가령 미국법인이 받는 항공기 임대소득에 대한 법인세법상 원천징수세율은 제98조 제3호에서 2%이고, 미국조약 제14조 (1)항 및 (4)항에 따른 세율상한은 15%이다. 이 경우 두 가지 법률효과에 모순이 없다. 국내법에 따라 세액을 정한 것이고 그 세액은 미국조약이 정한 상한 안에 있으니까. 한편 두 가지 법률효과

81) 법인세법 제93조 제5호.

82) 미국세법 제865조(e).

에 모순이 있다면, 가령 법인세법상 세율은 20%라는 법률효과와 조약상 상한이 15%라는 법률효과는 법의 충돌이고, 특별법 우선이든 신법(新法) 우선이든 무엇인가 원칙에 따라서 어느 한 쪽을 우선시킬 수밖에 없다.

조약과 국내법은 각 자기완결적 체계를 가진 독자적 법규범이지만, 두 가지가 서로 연결되어 국내법이 조약의 해석·적용에 영향을 미치는 부분도 있고 조약이 국내법의 해석·적용에 영향을 미치는 부분도 있다. 두 규범이 서로 서로 상대방을 편입하는 경우가 그렇다. 첫째로 OECD 모델도 그렇고 대부분의 실제 조약, 가령 미국조약은 조약에서 사용하는 용어로 "정의되지 아니한 기타의 용어는 달리 문맥에 따르지 아니하는 한, 그 조세가 결정되는 체약국의 법에 따라 내포되는 의미를 가진다"고 정하고 있다.[83] 우리 국내법의 규정이 미국조약의 해석에 영향을 미친다는 말이다. 둘째, 국내법에서 정하기를, 조약상 일정한 법률효과가 생긴다는 사실을 국내법상 법률요건으로 삼을 수 있고 실제로 그런 조문이 있다. 가령 앞서 본 법인세법 제93조 제5호 괄호 부분은 조세조약상 우리나라 국내사업장에 귀속되는 소득은, 같은 호의 일반 규정(괄호 부분 외의 글귀)에서 국내원천소득이 아니더라도 국내원천소득이라고 정하고 있다. 같은 법조 제8호는 조세조약이 산업상 설비 등의 사용대가를 사용료소득으로 구분하는 경우, 법인세법에서도 제4호의 임대소득에서 추려내어 제8호의 사용료소득으로 재구분한다. 다른 나라 법에서도 그런 수가 있다. 가령 일본 法人税法(법인세법) 제139조는 우리 법보다 훨씬 넓은 범위로 일반적인 규정을 두어, 조약에서 국내원천인 소득은 일본 法人税法에서도 국내원천이라고 정하고 있다. 그밖에 조약과 국내법이 서로 비슷한 개념을 쓰는 경우 법원이 어느 쪽의 해석을 빌려다 쓴다면 두 규범이 사실상 서로 영향을 미치게 마련이다. 가령 거주지 판정기준의 하나인 실질적 관리장소의 뜻을 풀이하면서 우리 법원은 OECD 모델조약의 해석론을 빌려쓰고 있다.

노파심에서 적자면 조세조약의 국내법적 효력에 관련하여 일본 문헌 가운데에는 조세조약의 조문 가운데에는 직접 적용할 수 있는 내용이 아니고 다시 국내법의 힘을 빌려야 적용할 수 있는 것도 있다고 적고 있는 것이 있다. 가령 소득 원천지 규정, 면세 규정, 세율상한(일본식 용어로 제한세율) 규정 등은 직접 적용할 수 있지만 소득 구분 규정, 과세권 규정, 2중과세방지 규정은 국내법 규

83) 미국조약 제2조 제2항.

정이 다시 있어야 한다는 식의 설명이다.[84] 일본의 법체계에서 혹시 가능한 주장일는지는 모르겠지만[85] 우리 법체계에서는 받아들일 여지가 전혀 없고 국제적으로도 전혀 통하지 않는 희한한 생각이다. 물론 조약의 규정 가운데 조약의 글귀 그 자체에서는 법명제를 끌어낼 수 없는 불명확한 비(非) 자기집행적 규정이 있을 수 있지만, 적어도 우리나라가 맺은 조세조약에는 그런 비자기집행적 규정이 없고 OECD 모델의 글귀에도 그런 규정은 없다.

3. 조약과 국내법의 비교 단위

조약 자체의 글귀상 또는 헌법상, 조약은 국내법에 의한 과세권을 제약할 뿐이고 새로운 과세권을 창설하지는 못하는 경우, 조약과 국내법 사이의 비교 단위는 무엇인가? 쟁점별로 따지는 것인가 또는 납세의무자의 세액이나 소득 전체를 놓고 따지는 것인가? 조금 깊게 생각해보면 실상 국내법과 조약의 관계라는 앞의 논점을 다시 보는 것일 뿐이다. 사례를 보자.

Rev. Rul. 84-17[86]

이 사건 납세의무자는 폴란드 법인으로서 미국에 관련하여 세 가지 사업활동을 각각 별개로 행하고 있었다. 한 가지 사업은 a라는 물건을 미국내에서 제조하여 미국 내외에서 판매하는 사업이었고 이 활동은 미국-폴란드 조약상 미국내 고정사업장에 해당하였다. 따라서 A사업에서 생기는 소득은 미국의 과세대상이었다. 다른 사업인 B사업은 폴란드에서 제조한 물건을 독립적인 다른 사업자를 통하여 미국 시장에 판매하는 사업이었다. 그에 더하여 이 회사는 A, B 두 사업과 무관한 사업으로 C라는 물건을 호주에서 제조하여 독립적인 다른 사업

84) 일본 문헌의 요약은 황남석, "조세조약에 의한 소득 구분 변경의 한계", 「조세법연구」 24-2(2018), 211쪽, 특히 220~221쪽.

85) 전형적으로 이런 설명은 과세를 가능하게 하는 자기완결적 내용이 조약에 없으므로 국내법이 필요하다고 한다. 그러나 OECD 모델의 글귀를 따른 조약의 글귀는 과세를 가능하게 하자는 것이 아니고 국내법에 따른 과세권을 제약하는 내용일 뿐이다. 또 한 가지 생각은 조약의 글귀는 법령처럼 자세하지 않은 불명확 개념이어서 조약 그 자체로는 과세요건명확주의에 어긋난다고도 한다. 어느 쪽이든 국제적으로 전혀 통하지 않는 생각이지만 일본 사람들이 알아서 할 일이고, 엉뚱하게 우리가 속지만 않으면 된다. 구태여 인용할 가치가 없으므로 그에 관한 일본 문헌은 소개하지 않는다.

86) 1984-1 CB 308. 이 행정해석은 일단 지금 읽고 뒤에 고정사업장의 과세에 나오는 Rev. Rul. 81-78을 공부한 뒤 다시 한 번 읽어 보아야 제대로 알 수 있다. 제5장 제3절 Ⅰ. 3.

자를 통하여 미국 시장에 팔고 있었다. B사업과 C사업에서 생기는 손익은, 미국법에 따르면 미국내 사업에 관련되어 A사업에 합산과세해야 하는 소득이다.[87] 조약에 따르자면 미국은 고정사업장에 귀속되는 소득에만 과세할 수 있고 고정사업장에 적용할 세율이 미국법인보다 더 높을 수 없다. 납세의무자는 A사업과 B사업에서는 흑자를 보았지만 C사업에서는 결손을 내고 있었다. 이 상황에서 납세의무자는 B사업에서 생기는 소득은 조약에 따라 합산대상에서 빼고 C사업에서 생기는 결손금은 A사업의 소득에서 차감하였다. 미국 국세청은 이를 부인하고 조약을 적용하려면 납세의무자의 소득 전체에 적용해야 하고, 자기에게 유리한 부분만 뽑아서 적용할 수는 없다고 결정하였다.[88]

당연히 옳은 결론이다. 쟁점은 조세채권의 금액이다. 그 금액은 국내법에 따라 정하되 조약의 상한을 넘지 못하는 것. 따라서 조약이 어떤 상한을 두는가라는 쟁점 역시 국내법이 정한 조세채무의 단위별로[89] 물어야 한다. 이 사건처럼 조세채무의 단위가 해마다 한 번씩 그 해(사업연도)의 소득을 모아 계산해서 해마다 세금을 내는 것으로 정해져 있는 경우라면 한 해의 소득 내지 한 해의 세액이 비교단위가 될 수밖에 없다. 국내법을 쭉 적용한 조세채무의 금액 '(A+B−C)×세율'을 구하고 조약을 쭉 적용한 상한금액 'A×세율상한'을 구해서, 두 가지를 견주어야 한다. 이 사안에서는 사업소득이므로 조약이 후자의 세율상한을 따로 정하고 있지는 않으니 세율은 국내법 그대로이다. 국내법에 조약의 특정한 내용을 편입시키는 규정이 없으므로, 국내법에 따른 과세표준(A+B−C)은 조약과 무관하다. 조약상 상한을 정하기 위한 고정사업장 귀속소득 금액은 조약에 따라 A이고 국내법 규정과는 무관하다. 어느 쪽에도 (A−C)가 설 자리는 없다. 조약과 국내법을 뒤섞어서 '세액=상한액'을 계산하는 것이 아니다. 각각 계산한 다음 그 결과를 견주는 것일 뿐이다.

87) 미국세법 제882조(a), 제861조(c). 미국법은 원천이 미국에 있는 적극적 사업소득(정확히는 이른바 FDAP 소득이 아닌 소득)은 모두 미국내 사업에서 발생하는 것으로 보고 순소득기준으로 과세한다.

88) 이 행정해석의 내용은 이제는 미국 모델 제1조 제2항의 주석에 들어있다.

89) 이창희, 『세법강의』, 제4장 제2절 Ⅳ.3.

4. 국내법에 의한 조약배제

1) 국내법과 조약의 관계에서 실제로 중요한 문제는 영어로 이른바 "treaty override", 곧 국내법으로 '조약을 배제'하는 것이다. 국내법에 의한 조약배제 문제가 불거진 것은 미국에서 시작되었다. 예전에는 조약을 정면으로 어기는 것은 생각할 수 없는 일이었다. 미국도 예전에는 마찬가지였다. 옛 미국세법도 제894조에서 "미국이 지고 있는 조약상 의무에 필요한 범위 안에서는 어떤 종류의 소득도 이 'subtitle'[=소득세법]에 따른 총수입금액에 들어가지 아니하고 면세된다"라고 정하고 있었다.[90] 미국세법 제7852조(d)에서도 "이 'title'[=미국세법]의 어떤 조항도, 이를 적용한 결과 이 'title'의 제정 당시에 미국이 지고 있는 조약상 의무에 어긋나게 된다면, 적용하지 아니한다"고 정하고 있었다.[91] 그러나 1960년대부터, 본격적으로는 1980년대에 들어서면서부터 미국 국회는 조약을 배제하는 법률 조항들을 입법하기 시작했고, 그에 발맞추어 아예 앞의 두 조항을 개정하여 현행법 제894조에서는 미국은 "당해 납세의무자에게 적용되는 조약에 정당한 주의를 기울이면서" 법률을 적용한다고 정하고 있고, 한걸음 나아가 제7852조(d)(1)은 "세수에 영향을 미치는 조약과 미국법의 관계를 결정하는 데는 조약이나 법률의 어느 쪽도 단지 조약이나 법률이라는 이유만으로는 우선적 지위를 누리지 않는다"라고 정하기에 이르렀다. 이런 개정법의 의도가 조약 체결 뒤에 새로 나온 국내법으로 조약을 배제할 수 있음을 명확히 하려는 것임은 입법자료에서도 분명하다.[92]

2) 조약과 국내법의 관계라는 이 문제는 조약의 국내법적 효력의 문제이고 국제공법(國際公法)상의 문제는 아니다. 조약을 맺어놓고 나서 나중에 국내법으로 조약을 배제하는 것이 조약 위반임이야 너무나 당연하다.[93] 헌법으로 배제하더라도 조약 위반이다.[94] 이 점에서 국제사회나 국제공법 학계에서 국내법에 의

---

90) 1988년 개정전 미국세법 제894조.

91) 같은 법 제7852조(d).

92) H.R. Rep. 100-1104, 100th Cong., 2d Sess. (Conference Report Accompanying the Technical and Miscellaneous Revenue Act of 1988), at 12.

93) 비엔나 협약 제27조.

94) 국가간의 국제공법 사건이라면 조약이 헌법을 포함하는 국내법보다 위라는 국제법우위론도 맞다. 그러나 조약의 국내법적 효력은 전혀 다른 문제로 각국의 헌법 문제일 뿐이다. 이 나라

한 조약배제에 비판적 견해를 보이는 것은[95] 당연하다. 그러나 국제공법 문제로 조세조약에, 그 조약의 위반에 어떤 제재가 따르는가를 정하는 경우는 생각하기 어렵고 실례도 없다. 이 문제를 다루는 조약이라 하더라도 그 내용을 보면 그저 '협의한다'는 정도일 뿐.[96] 현재까지 조세조약 위반 문제에 관한 조약례 가운데 가장 강한 것이라야 문제를 중재에 회부하는 것이고(그나마 사실은 미국이 맺은 조약에서는 국내법에 의한 조약배제는 중재 대상에 들어있지도 않다), 중재판정에도 따르지 않는 경우 제재 조치를 정하고 있는 조약은 없다. 결국 할 수 있는 것이란 조약을 종료·해지하는 것 뿐이지만,[97] 적어도 미국과의 관계에서 다른 나라가 조세조약을 종료·해지한 적이 없으니. 조약의 종료·해지는 위 Ⅳ.

3) 특별법 우선과 신법 우선

조약에 국내법적 효력이 생긴 경우(곧 조약이 납세의무자와 국세청 사이의 세금 사건의 법원(法源)이 된 경우) 그런 조약의 국내법적 효력을 배제하는 국내법 조문에 효력이 있는가? 이것도 근본적으로 헌법 문제이다. 가령 프랑스에서는 배제할 수 없다. 프랑스 헌법 제55조는, "조약은 다른 체약국도 그 조약을 적용한다는 전제하에서 국내법에 우선한다"고 정하고 있다. 따라서 국내법으로 조약을 배제할 수 없다.[98]

구체적으로 납세의무자에 대한 법적용 단계에서, 명시적·묵시적으로 조약

와 저 나라 사이의 조약으로 세운 제3국이나 위성국가라면 자국의 기초가 된 조약(기실 헌법인 셈이다)이 국내 사건에서도 국내법보다 위라고 보는 수도 있으리라. 기실 일본에서는 헌법과 미일안전보장조약이나 강화조약 등의 관계가 곤혹스러운 문제로 숨어있다. 일본 최고재판소 1999(昭和34). 12. 16. 선고 昭和34(あ)710 판결은 답을 회피.

95) OECD Committee on Fiscal Affairs, "Report on Tax Treaty Overrides" (1989); American Law Institute, *Federal Income Tax Project: International Aspects of United States Income Taxation II: Proposals of the American Law Institute on United States Income Tax Treaties* (Hugh J. Ault & David R. Tillinghast, 1992), 73~78쪽.

96) 1995년 미국-캐나다 조약 제17조 등.

97) 조세조약 위반이 결과적으로 양국간 투자협정 위반이 된다는 이유로 투자협정에 따른 중재를 신청한 사건들이 있다. 가령 Swiss Aluminium Ltd. et als v. Iceland, ICSID Case No. ABR/83/1 (June 16, 1983). 우리 국세청의 과세처분에 관련하여 론스타(Lone Star)가 2012. 11. 26. 대한민국을 상대로 중재를 신청한 사건은 10년이 걸린 중재절차 끝에 2022. 8. 30. 국세청의 과세처분에 대한 손해배상은 인정하지 않는다는 판정이 나왔다. LSF-KEB Holdings SCA and others v. Republic of Korea (ICSID Case No. ARB/12/37).

98) CE 20 octobre 1989, n 108 243, Ass., Nicolo. 조약 해석의 차이가 있다고 해서 상대방이 조약을 무시한다고 볼 수는 없다. CE 20 novembre, n 230 530, t et 10 ss, SA Etablissment Soules et Cie.

을 배제하는 국내법이 있을 수 있다는 것을 일단 전제로 한다면 이 문제는 국내법과 조약에 서로 다른 내용이 있는 경우 어느 법을 적용할 것인가라는 법충돌의 일반 문제로 돌아간다. 조약의 글귀에 불구하고 조약에 정한 내용보다 불리하게 과세한다는 국내법의 규정이 있을 때, 이런 국내법의 효력은 어떻게 되는가? 법률로 배제하기 위해서는 반드시 명문의 규정이 필요한가? 아니라면 어떤 경우에 조약을 배제할 수 있는가? 이 문제는 결국 법원의 판단.

Kappus v. Commissioner[99)]

이 사건 원고는 캐나다에 살고 있는 미국인이다. 미국세법의 속인주의 관할은 거주지 기준만이 아니라 국적 기준도 쓰고 있는 까닭에[100)] 원고는 캐나다 거주자임에도 불구하고 미국에 소득세를 신고납부할 의무를 지고 있었다.[101)] 이처럼 신고·납세 의무를 부과하면서 미국세법은 외국납부세액을 공제해 줌으로써 2중과세를 배제한다.[102)] 그러나 이 사안에서 문제가 된 것은 납세의무자가 최저한세 규정의 적용을 받게 되었다는 점이다. 우리 법의 최저한세 규정과 비슷하게 미국세법에도 최저한세 규정이 있고, 이 사건 당시의 미국세법은 이 최저한세를 계산할 때 외국납부세액 공제액은 공제전 세액의 90%를 넘을 수 없도록 정하고 있었다.[103)] 한편 이 사건에 관련하여 미국-캐나다 조약은 다음과 같이 정하고 있었다.

제24조(2중과세의 방지)

(1) 미국의 경우 2중과세는, 아래 제4항…의 규정을 조건으로 하여 다음과 같이 방지한다: 미국법의 규정에 따라 또 미국법의 제한을 조건으로 하여 (미국법은 이 조약의 기본을 바꾸지 않는 한 수시로 변경될 수도 있다)

---

99) 358 U.S. App. (D.C.) 11, 337 F.3d 1053.

100) 좀 놀랍게 미국세법의 규정에서는 일단 모든 사람에게 미국에 대한 신고납부 의무를 부과한 뒤, 다만 비거주자인 외국인은 국내원천소득이나 미국내 사업에 관련된 소득만 신고납부할 의무가 있다고 정하고 있다. 미국세법 제1조, 제872조(a), 미국 재무부 규칙 1.1-1(b). Cook v. Tait, 265 U.S. 47 (1924), 특히 56쪽.

101) 미국법에서는 일정 한도까지 해외 근로소득을 면세한다. 미국세법 제911조. 이 사건 원고가 이 조문을 적용받지 못하고 외국납부세액공제를 신청하게 이른 사정은 판결문에서 분명하지 않다. 아마 면세한도를 넘은 금액에 대해 미국에 신고·납세 의무가 생겼던 듯하다.

102) 미국세법 제904조.

103) 2004년 개정전 미국세법 제59조(a)(2).

> 미국은 미국의 거주자와 시민에게 캐나다에 납부하였거나 납부할 소득세액 가운데 적절한 금액을 미국의 소득세에서 공제해 준다.
>
> (4) (b) 미국의 세금을 계산함에 있어서 미국은 … 캐나다에 납부하였거나 납부할 소득세액을 미국세액에서 공제한다.

이 사건 원고의 주장은 그가 캐나다에 납부한 세액은 위 조약 글귀에 따라서 전액을 미국 세액에서 공제받을 수 있다는 것이다. 이에 대하여 국세청은 조약 문구 자체에 '미국법의 제한을 조건으로 하여'라는 문구가 들어있는 이상 애초부터 조약에 따른 외국세액 공제 역시 최저한세의 90%에 국한된다고 주장하였다. 이에 대해 원고는 '미국법의 제한을 조건으로 하여'라는 문구는 다시 '제4항의 규정을 조건으로 하여'에 걸리고, 제4항의 글귀는 전액을 공제하게 되어있다고 주장하였다. 법원은 이 부분 조약 해석에 대한 판단은 유보한 채, 설사 조약과 국내법의 내용이 어긋난다고 하더라도 국내법이 조약보다 신법인 이상 국내법에 따라야 한다고 판시하면서 다음과 같이 원고 패소 판결을 내렸다.

> 우선 법원은 조약의 국내법적 효력이라는 문제는 조약위반이라는 국제법적 문제와 다른 문제이고, 전자에 관한 한 법원은 입법부의 의사에 따라 판단하여야 한다는 점을 밝히고 있다. 조약과 국내법의 어느 쪽이든 미국법(supreme law of the land)이 된 이상, 법원으로서는 국회의 의사에 따라야 마땅하고 조약위반 문제는 정부 사이에 해결할 문제라는 것이다. 나아가 조약과 국내법의 관계는 신법 우선(新法優先)으로 판단해야 한다.

신법 우선이라니? 조약은 국내법에 비해서 특별법의 지위에 있다고 보아서 조약을 우선해야 하지 않는가? 그러나 잘못된 질문이다. 일단 조약과 국내법이 문제의 내용과 범위에서 전적으로 동일한 쟁점에 관해서 서로 다른 규정을 두고 있다고 생각해보자. 가령 미국과 캐나다 사이의 국제조세 관계만을 다룬 특별법이 있고 그 특별법에 "미국의 시민이 캐나다에 납부한 세금을 미국 세금에서 공제받는 경우에는 공제전 세액의 90%를 공제상한으로 한다"라고 정하고 있다고 가정해 보자. 앞의 판례와 이어서 말하다 보니 마치 이 문제가 미국법 문제인 것처럼 표현하게 되었지만, 우리나라가 맺은 조약과 우리나라 법률 사이의 관계에서도 아무런 차이가 있을 수 없다. 아무튼 쟁점의 범위가 전적으로 동일한 조약과 법률이 있다면 이런 법률과 조약 사이에는 어느 쪽이 일반 규정이고 어느 쪽이 특별 규정이라고 말할 수가 없다. 쟁점의 범위가 전적으로 동일하니까. 그렇다면 두 가지 규범 가운데 어느 것을 적용해야 하려나? 적어도 현재의 미국 사법(司法) 체제에서는 나중에 생긴 법이 우선한다. 나중에 생긴 법이 앞에 있던 법을 개정하고 이렇게 한다고 명문으로 규정한 경우는 물론이고(이 경우에는 사실은 두 가지 법 사이에 충돌 자체가 없다. 후자가 전자를 배제한다는 것이 분명한 까닭에 옛 법은 폐기된 것이다), 신법으로 구법(舊法)을 폐기하지 않았더라도 신법이 우선한다.[104]

신법의 우선을 당연한 원칙으로 받아들인다고 해서 조약보다 뒤에 생긴 법률이 언제나 조약보다 우선하는 것은 아니다. 앞선 가상례처럼 조약 규정과 쟁점의 성격 및 범위에서 전적으로 동일한 법률이란 있을 수 없다. 조약은 특정한 상대방 체약국과의 관계에서만 적용하는 것이고 법률은 모든 납세의무자에 대해서 적용하는 것이므로, 특정 논점에 관한 조약 규정은 같은 논점에 관한 법률 규정에 견주어 한결 특정한 쟁점을 다루고 있는 특별법이다. 그렇다면 문제는, 조약보다 뒤에 생긴 법률 규정이 조약의 규정에 불구하고 새 법률에 따르겠다고 정하고 있는 것인가, 이 물음에 대한 답을 구하는 것이다. 가령 어떤 우리나라의 어떤 법률이 '한국과 말레이시아 사이의 조약의 규정에 불구하고', 또는 '어떤 조약의 어떤 규정에도 불구하고' 어떻게 어떻게 하겠다고 정한다면, 이 법률 규정이 조약을 배제함에는 의문의 여지가 없다. 조약이나 법률이나 어느 쪽이든 다 입법부의 의사를 담은 것인데, 법원이 그 가운데 하나를 다른 하나보다 우선한다고 말할 수 있는 아무런 논거가 없기 때문이다(혹시 다시 특별법 우선의 원칙을 들고 싶은 사람이 있는가? 바로 그것이 논점임을 기억하라). 말하자면, 이런 식으로 조약을 배제하는 법률은 그런 조약에 대한 특별법이다.

---

104) 물론 신구 법규범의 충돌에서 신법이 절대적으로 우선해야 할 논리적 필연성은 없다. 가령 우리나라 조선시대의 법률제도에서는 조종성헌(祖宗成憲)이라던가 성왕지도(聖王之道) 따위의 개념에 의하여 적어도 원칙으로서는 구법이 신법에 우선하도록 하고 있었다. 국가권력의 정당성 자체가 (적어도 이념적으로는) 조상의 권위에서 나오고 있었기 때문이려나. 그러나 오늘날의 민주사회에서는 국가 권력의 정당성은 국민의 의사에서 나오는 것이고, 서로 다른 시점 사이에 표현된 국민의 의사가 서로 다른 경우 새로 드러난 의사가 국민이 현재 가지고 있는 의사라고 볼 수밖에 없다. 법규범의 존재근거가 조상의 뜻이 아니라 국민 다수의 의사인 이상.

BVerfG, Urteil vom 15.12.2015 - 2 BvL 1/12, BVerfGE 140, 317

1985년 채결된 독일-튀르키예 조세조약은 독일 거주자가 튀르키예에서 버는 근로소득은 독일에서 비과세한다고 정하고 있었다. 독일 거주자인 이 사건 납세의무자는 2004년 튀르키예에서 번 소득을 비과세로 신고하였지만 독일 정부는 2003년에 생긴 독일 국내법(소득세법)에 따라서 비과세를 부인하고 세금을 매겼다. 같은 법률은 조약에 따른 비과세는 상대방 체약국에서 과세(감면을 포함한다)하는 소득에 국한하고 그에 대한 증명책임은 납세의무자가 진다고 정하면서, 조약에 불구하고 그렇게 한다고 정하였다. 튀르키예에서 번 소득을 튀르키예 정부가 과세하였거나 감면하였다는 증명을 제출하지 못한 이 사건 납세의무자는 독일 소득세법이 조약은 법률과 동일한 효력이 있다는 헌법 제59조 제2항 위반이라고 주장하였다. 그러나 위헌이 아니다. 헌법 제59조 제2항은 신법의 우선을 막지 않고, 조약에 불구하고 소득세법대로 한다는 규정이 소득세법에 있는 이상 특별법 우선 원칙에도 맞는다. 헌법이 조약을 존중한다고 해서 조약에 어긋나는 국내법이 당연무효가 되지도 않는다.

4) 조약배제 국내법의 예

"Kappus" 사건으로 돌아가면 외국납부세액공제 한도에 상한을 두고 있는 미국세법의 규정에는 '조약 규정에 불구하고'라는 말이 없다. 그렇다면 조약은 후속법률에 비해서 여전히 특별법의 지위에서 효력을 그대로 지니는 것인가? 법원은, 비록 법률에 그런 말은 없지만 입법사를 보면 이 점에 관한 국회의 의사가 조약을 배제하는 것이라고 판단하고 있다. 곧 앞서 본 미국세법 제7852조(조약과 법률 사이의 선후 관계)를 개정하는 법률의 내용[105](우리 법으로 치면 부칙 정도에 해당한다)을 보면 최저한세에서 외국납부세액공제에 상한을 두는 규정은 조약의 규정에 불구하고 적용한다고 정하고 있다는 말이다.

이에 대해 이 사건 원고는 아주 재미있는 주장 한 가지를 내어놓았다. 즉 개정법이 생긴 뒤 조약의 일부 개정이 두 차례 있었지만 외국납부세액공제에 관한 기존의 조약 규정에 아무런 변경이 없었으므로, 결국 조약에 충돌하는 법률 규정은 묵시적으로 폐기했다고 보자는 것. 그러나 이 주장은, 조약이 법률을 묵

105) 102 Stat. 3342, 3531. Sec. 1012(aa)(2).

시적으로 폐기할 수 없다는 기존 판례에 어긋나는 것으로 배척되었다.

조약을 배제하기 위해서는 반드시 법률의 본문이나 부칙에 명문의 규정이 있어야 하는 것은 아니다. 미국 국내법 조항 가운데 조약을 배제하거나 그러한 혐의를 받을 만한 내용은 대체로 다음과 같고[106] 그 중에는 국회의 의사록이나 입법과정의 검토자료 등에서 조약배제 의도를 찾고 있는 것들도 있다.

1) 피지배외국법인 규정: 1962년 미국은 자회사(피지배외국법인)의 소득을 배당 전에 바로 국내 주주에게 과세하는 규정을 들여왔다.[107] 이런 세제에서 실질적 과세대상은 피지배외국법인의 소득이라 할 것이고, 그렇게 본다면 고정사업장이 없는 한 외국법인의 사업소득을 과세할 수 없다는 조약의 규정을 배제한 것이 아닌가라는 시비가 있다. 독일법은 피지배외국법인 과세에서는 조약을 배제한다는 명문 규정을 두고 있다.[108]

2) 부동산투자: 1980년의 FIRPTA[109]는 비거주자가 부동산을 주요 자산으로 하는 미국법인의 주식을 양도하는 경우 이런 주식양도차익을 부동산 양도소득으로 보고 과세하기 시작했다. 미국 국회는 비거주자의 주식양도차익을 과세할 수 없다고 정한 조약 내용에 불구하고 FIRPTA대로 과세하기로 법을 정하였다.[110] 다만 FIRPTA가 나온 뒤에 새로 나온 조약에서 FIRPTA와 다른 내용을 정하는 경우에는 그 조약을 따른다.[111]

3) Stapled stock: 외국법인 주식의 소유와 미국법인 주식의 소유가 계약상 하나로 묶여 있다면 그런 외국법인은 조약에 불구하고 미국법인으로 보고 과세한다.[112]

4) 지점세: 1986년 개정법은 지점세를 부과하기 시작했다.[113] 지점세란 외국법인의 미국내 지점의 이윤송금액을 배당이나 마찬가지로 보고 과세하는 것이다. 지점세는 미국법인의 국내 지점에는 과세하지 않으면서 외국법인에게만 과세하는 것이므로 조약상의 차별금지 조항에 어긋난다. 미국법은 조약에 의한 지

---

106) 상세는 이재호, 「국내세법과 조세조약」(2007), 서울대학교 법학연구소 법학연구총서.

107) Revenue Act of 1962, P.L. No. 87-834, Sec. 31, 1962-3 CB 205.

108) Aussensteuergesetz, 제20조 제1항.

109) Foreign Investment in Real Property Tax Act, P.L. No. 96-499 (1980), Sec. 1122.

110) 같은 법, Sec. 1255(c)(2), 94 Stat. 2690-2692 (1982).

111) 같은 법조. 제11장 제3절 Ⅲ.

112) 미국세법 제269B조(d) 제7장 제5절.

113) P.L. 99-514 (1986), Sec. 1241(a). 미국세법 제884조.

점세 금지를 인정하고 있기는 하지만, 당해 외국법인과 그 본국(=상대방 체약국) 사이에 실질적 관련이 있어야만 조약을 적용한다는 내용을 법률로 정했다.

5) 외국납부세액공제 한도: 미국세법상의 공제 한도 계산 규정은 대체로 조약이 정하고 있는 것보다 훨씬 복잡하다(현행법에서 단순화하기는 했지만 아직도 대부분의 조약보다는 복잡하다). 이 한도 규정과 조약 사이에 충돌이 생기면 국내법에 따른다.[114)]

6) 최저한세에 대한 외국납부세액공제: 한동안 미국세법은 최저한세에 대해서는 외국납부세액공제에 한도를 두어 공제전 금액의 10%는 반드시 납부하도록 정하고 있었다.[115)]

7) 과소자본 세제: 과소자본 세제는 미국법인이 외국의 계열회사에 지급하는 이자의 손금산입에 일정한 한도를 둔다.[116)] 이 제도는 내국법인(비영리법인)에도 적용하지만 비영리법인이 특정 회사의 계열회사가 될 만큼 높은 비율로 주식을 소유하는 법은 거의 없으므로, 결국 이 제도는 실질적으로 외국법인을 노리고 있다. 따라서 차별금지 조항에 위반된다는 시비가 있을 수 있지만, 그렇더라도 국내법에 따른다.

8) 조약 적용대상 소득의 신고: 미국세법 제6114조는 조약을 적용받으려는 자는 이 사실을 소득세 신고서나 달리 정부가 정한 서면으로 정부에 신고한 경우에만 조약의 혜택을 받을 수 있다고 정하고 있다.

9) Hybrid entities: 1997년 개정된 미국세법 제894조(c)는 미국세법상으로 법인이 아닌 투시단체(거주지의 국내외를 불문한다)에 지급하는 소득에 대한 거주지국의 취급이 미국법과 달라서 소득을 구성원에게 바로 과세하지 않는 경우에는 그런 단체에 대한 지급에 조약상 혜택을 부여하지 않고 국내법으로 과세한다.[117)] 다만 이 문제에 관한 조약 규정[118)]이 따로 있다면 그에 따른다.

앞에 적은 것 가운데 피지배외국법인 세제나 과소자본 세제는 기본적으로 같은 내용이 우리나라에도 있다. 흔히 생각하는 것과 달리 조약을 배제하거나 적

114) Joint Comm. on Taxation, Explanation of U.S.-Mexico Treaty (JCS-16-93). P.L. No. 99-514, 1986 Act, Sec. 1201.
115) 2004년 개정전 미국세법 제59조(a)(2). 앞의 Kappus 판결.
116) 미국세법 제163조(j), 제9장.
117) 미국세법 제894조(c).
118) 2016년 미국 모델 제1조 제6항.

어도 그러한 의심이 들게 하는 국내법이 우리나라에도 있다는 말이다. 다른 보기로 외교관계에 관한 비엔나협약[119] 제34조는 다른 나라 외교관의 소득은 비과세한다고 정하고 있지만 우리 소득세법은 거기에 상호주의라는 조건을 걸고 있다.

제 2 절 조세조약의 해석방법

세법을 해석하고 적용하는 방법은 국제조세에 관한 법률이라고 해서 특별히 다른 것이 있을 수 없다. 일반론으로 이창희, 『세법강의』, 제3장. 한편 조세조약의 해석방법이 혹시 특별한가라는 문제가 생길 수 있다.

I. 조세조약의 해석과 비엔나 협약

앞서 본 비엔나 협약은 조약의 해석에 관한 내용도 두고 있다. 이하의 논의에 필요한 범위 안에서 그 내용을 요약한다면 같은 협약 제31조가 조약해석의 당연한 전거로서 '맥락'(脈絡, context)이라는[120] 개념을 제시하고 있고, 제32조가 '보충적 전거'를 정하고 있다. 제31조는 "조약은, 조약의 글귀를 맥락 속에서 또 조약의 목적에 비추어 볼 때 생기는 일반적 의미에 따라서 선의로 해석해야 한다"라고 정하고 있다. 여기에서 맥락이라는 것은 전문(前文), 부록, 그 밖에 조약의 체결과 관련된 다른 합의서나, 달리 어느 당사자가 작성하고 상대방이 받아들인 문서 따위를 말한다. 제31조는 이 맥락과 더불어 조약 체결 이후의 합의나 묵시적 양해 등도 고려해야 한다고 한다. 제32조가 말하는 보충적 전거란 조약의 예비 작업과 체결 상황을 말한다. 보충적 전거와 맥락의 차이는, 후자는 조약해석의 당연한 전거이지만 전자는 조약의 뜻이 불분명하거나 해석결과가 명백히 불합리한 경우에만 전거가 된다는 데에 있다.

조약의 해석이 국제공법 문제로 제기된다면, 가령 국제사법재판소가 두 나

---

119) 소득세법 제12조 제3호 차). 조약법에 관한 비엔나 협약과는 다른 다자조약이다.

120) 영어의 "context"라는 말은 우리말의 '문맥'보다는 훨씬 넓은 말이다. '전후 관계'나 '주변 정황' 정도가 맞는 번역이다. 가령 기독교 성경을 공부하는 방법으로 "context" 속에서 "text"를 읽는다는 말은 문장의 앞뒤 관계를 생각하면서 읽으라는 뜻이 아니고, 배경을 알려주는 참고자료를 써가면서 읽으라는 뜻이다.

라 정부 사이의 분쟁을 재판한다면 국제사법재판소는 위와 같은 비엔나 협약의 규정에 따라서 조약을 해석해야 하고 실제 그렇게 한다. 특정한 납세의무자와 우리 국세청을 당사자로 하는 국내 쟁송사건에서 우리 법원이 조세조약을 해석할 때에도 비엔나 협약을 지켜야 하는가? 바꾸어 말하면 해석대상이 자국의 국내법인가 조약인가에 따라 해석방법이 서로 달라져야 하는가? 그래야 한다는 견해의 예로 포겔(Vogel)을 들 수 있다. 그 논거는 그렇게 하지 않으면 조약해석이 서로 달라져 조약 위반이 생긴다는 생각이다.[121]

그러나 국내사건에서 조약을 해석하는 방법은 헌법 문제로 돌아간다고 보아야 옳다. 가령 영국이나 캐나다처럼 행정부가 국회의 동의 없이 조약을 체결하고 비준할 수 있는 나라라면, 국회의 동의 없이는 조약이 국내법적 효력을 가지지 못한다.[122] 적어도 세금 문제를 포함한 입법사항에 관한 한 국회의 동의 없이는 조약이 국내법적 효력을 가지지 않는다는 명제는 우리나라에서도 옳다. 국회의 동의를 받아 법률의 효력이 생긴 조약이라야[123] 세법이 정한 내용을 수정·변경할 수 있기 때문이다. 그렇다면 우리나라 법원이 우리나라 법질서의 일부로 조세조약을 해석하면서, 비엔나 협약 기타 국내법과 다른 해석방법을 따라야 한다는 견해가 당연히 옳다고 말하기는 어렵다. 적어도 우리 헌법에서는, 조세조약이 국내법질서의 일부로 재판규범이 되는 이유는 법률과 마찬가지로 국회의 동의를 받았다는 데에서 찾을 수밖에 없다. 국내법으로 조약의 국내적 효력을 배제할 수 있다는 점을 생각해도 마찬가지이다.[124] 이 문제를 논의하는 구체적 실익은 조약 글귀의 입법목적을 어떤 전거에서 찾을 것인가, 구체적으로는 국회의 동의 과정에 드러나지 않았던 자료, 특히 OECD 모델 주석을 조약해석의 전거로 삼을 수 있는가에 있다. 뒤에 살펴보기로 한다.

---

121) 예를 들어 *Klaus Vogel on Double Taxation Conventions*, Introduction 91문단.

122) Halsbury's Laws of England (4th ed.) Ⅴ. 18(2), 605문단; Canada (A.G.) v. Ontario (A.G.) [1937] AC 326 (PC) 347~348쪽.

123) 판례 및 압도적 다수설에 따르면 국회의 동의를 받은 조약이라야 법률과 같은 효력이 생긴다. 반대설에서도 "입법사항에 관한 조약을 대통령이 단독으로 체결한다면 적어도 국내적으로는 위헌 무효"라고 한다. 정인섭, 『조약법강의』, 제15장 3. 나. (2) (나).

124) *Klaus Vogel on Double Taxation Conventions*, Introduction 170문단.

Ⅱ. 엄격해석 대 목적론적 해석

조세조약의 해석방법 문제로 우선 문리해석 또는 엄격해석과[125] 목적론적 해석의 관계를 생각해 보자.

1. 법해석방법의 대립과 조세조약

비엔나 협약의 해석조항에서든 일반적 법해석방법론을 따르든, 법해석이란 법규범의 글귀가 가진 가능한 범위라는 제약조건하에서 입법의도를 따져서 글귀의 의미를 확정하는 작업이다.[126] 이 점은 법률이나 조약이나 다를 바 없다. 교과서적 설명은 접어놓고 동일한 논점을 주고받는 영국 판결, 미국 판결, 다시 영국 판결을 차례로 보면서 조약의 해석에서 문리와 입법목적의 관계를 살펴보자.

Strathalmond (Lord) v. Inland Revenue Commissioner[127]

이 사건 원고는 영국 거주자로, 영국의 부부소득 합산규정에 따라 부인(S)이 미국 회사에서 받은 배당소득과 이자소득에 대한 세금을 물게 되었다. 부인은 남편과 함께 영국에 살고 있었지만 국적은 미국인이었다. 이 사건에 관련된 1966년의 미-영 조세조약 제15조에는 다음과 같은 글귀가 있었다:

> "한 체약국의 법인이 지급하는 배당과 이자는 상대방 체약국의 과세에서 면제된다. 다만 지급받는 자가 상대방 체약국의 시민, 거주자 또는 법인인 때에는 과세할 수 있다."

납세의무자의 주장은 제15조에 따를 때 자신이 미국법인에서 지급받는 배당과 이자는 영국에서 면세된다는 것이다. 이에 대해 영국 국세청은, S가 제15조 단서에서 말하는 상대방 체약국인 영국의 거주자이므로 제15조 단서에 따라 과세대상이라고 보았다.

---

125) 보통은 문리해석이라고 하지만 유독 세법에서는 판례의 영향인지 '엄격해석'이라는 말이 더 많이 쓰인다. 판례가 이 말의 뜻을 분명히 밝힌 일은 없는 듯하지만 대략 '법의 문언에 엄격'하게 따른다는 의미인 듯. 이 책에서도 엄격해석이라는 말을 이러한 뜻으로 쓴다.

126) 일반론으로 이창희, 『세법강의』, 제3장 제2절.

127) 1 W.L.R. 1511, High Court of Justice (Chancery Division), June 23, 1972.

Lord Strathalmond(1888-1970)
(by Herbert James Gunn)

이를 논박하며 납세의무자는 조약 제2조(1)의 '영국 거주자'라는 말을 들고 있다. 이 말을 '영국법상 영국 거주자인 자(단 미국 시민이 아닌 자)'라고 정의하고 있었다는 것. S는 미국 시민이므로 위 제2조(1)의 괄호에 해당하여 영국 거주자가 아니고, 따라서 제15조 단서에 따른 과세대상이 아니라는 논박이다. 이에 대해 국세청은 제15조 단서는 '영국 거주자'라는 말이 아니라 '상대방 체약국의 거주자'라는 다른 용어를 쓰고 있다는 점을 든다. 조약 제2조(3)(용어의 정의)을 보면 "이 조약에서 따로 정의하지 않은 말은 이 조약을 적용할 세금 문제가 생긴 나라의 자국법[128]에서 쓰고 있는 뜻으로 읽는다"고 정하고 있었고, 영국법으로 따지면 S는 영국의 거주자였다. 납세의무자의 제2조(1) 주장을 반박하는 논거로 국세청이 든 것은, 법인에 대해서는 조약에 영국법인, 미국법인이라는 말에 대한 정의가 있고, '한 체약국의 법인'이나 '상대방 체약국의 법인'이라는 말은 문맥에 따라서 영국법인, 또는 미국법인이라는 뜻으로 읽어야 한다는 명문 규정이 조약에 있었다는 점이다. 자연인에 대해서는 그런 규정이 없고, 따라서 한 체약국의 거주자나 다른 체약국의 거주자라는 말의 뜻을 제2조(1)의 영국 거주자나 미국 거주자라는 특정한 개념에 따라 풀이할 수 없고, 제2조(3)에 따라 영국 국내법 개념으로 풀이해야 한다는 것이다.

법원은, 제15조는 "영국법인이 미국 거주자에게 지급하는 돈은 미국이 과세할 수 있다"는 말과 "미국법인이 영국 거주자에게 지급하는 돈은 영국이 과세할 수 있다"라는 두 가지를 한 문장으로 묶은 표현일 따름이므로 제15조에서 상대방 체약국(영국)의 거주자인지 여부는 제2조(1)의 영국 거주자라는 개념에 따라야 한다고 판시하였다. 1966년 조약 제15조는 1946년 조약의 불평등 조문을 두 나라 사이에 상호 대등한 조항으로 고쳤다. 애초 1946년 조약은 "영국법인이 지급하는 배당과 이자는 미국의 과세에서 면제되나, 지급받는 자가 미국 시민이거나 미국 거주자이거나 미국법인인 경우에는 예외로 한다"는 일방적 내용이었다가 그 뒤 1966년의 조약에서 현행 조약의 상호주의 글귀로 바꾸었다. 이 1946년 조약에서, '미국 거주자'라는 제2조(1)에 나왔던 정의를 사용했었다는 것. 그렇

128) 일단 소송단계에 이르면 결국 법정지법(*lex fori*)이 된다.

다면 미국법인이 지급하는 배당과 이자에 세금을 내어야 하는 상대방 체약국의 거주자라는 말은 제2조(1)의 '영국 거주자'라는 말과 같은 뜻이라는 판단.

글귀로 따지자면 이 판결은 아마 옳다. 조약 전체에 적용되는 정의 규정에서 거주자 개념을 정해놓은 이상 제15조에서 말하는 거주자는 그 규정의 적용을 적용받지 않고 다시 국내법으로 돌아가서 해석한다는 국세청의 주장은 지지하기 어렵다. 판결문에 나오는 입법사를 보아도 그렇다.

그러나 여기 글귀를 넘어 한 가지 마뜩잖은 문제. 조세조약은 기본적으로 원천지국이 과세를 줄이고 거주지국은 2중과세를 배제해 주는 것을 목적으로 한다. 이 사건 영-미조약도 비슷하게 소득의 종류별로 원천지국의 과세권을 제약하면서, 그 대신 원천지국이 매긴 세금이 조약에 맞는 이상 거주지국은 이 세금을 외국납부세액공제라는 방식으로 공제해서 2중과세를 배제하게끔 정하고 있었다. 그런데 위 판결에 의하면, 조약 제15조는 영국 거주자가 미국(=원천지국)에서 받는 소득에 대해서 거주지국인 영국의 과세를 금지한단다. 제2조와 제15조의 문리를 둘러 싼 영국 국세청의 기술적 주장은 접어놓고 애초에, 원천지국인 미국에서 지급받는 이자·배당에 대해서 거주지국인 영국이 과세할 수 없다는 것이 도대체 무슨 말? 정말로 위 조항은 이런 뜻일까? 다음 판결을 보자.

The Great-West Life Assurance Co. v. United States[129)]

이 사건 원고는 캐나다의 보험회사로, 미국에서도 영업을 하고 있었다. 원고의 미국사업장은 미국에서 영업할 때 따라야 하는 미국법의 규제에 따라서, 다른 캐나다 법인들이 발행한 채권(債券)을 미국내 신탁 계정에 예치해 두고 있었다. 미국-캐나다 조약 제12조는 앞의 "Strathalmond" 판결에서 본 조항과 거의 같은 내용으로 다음과 같이 정하고 있었다: "캐나다 법인이 지급하는 배당과 이자는 미국의 과세에서 면제되나, 지급받는 자가 미국 시민이거나 미국 거주자이거나 미국법인인 경우에는 예외로 한다"(대칭되는 부분은 생략).

쟁점은 원고가 받은 채권이자가 위 조항에 따라서 미국의 과세권에서 면제되는가이다. 이 사건에서는 "Strathalmond" 판결처럼 글귀를 따질 만한 문제가

129) The Great-West Life Assurance Co. v. United States, 230 Ct. Cl. 477, 678 F.2d 180 (1982).

없다. 쟁점 조항의 글귀는 분명 미국의 과세권을 제약하는 것처럼 읽힌다. '글자대로' 한다면 원고의 이자소득이 면세라는 것은 피고인 미국 국세청도 인정하고 있다:

> 제12조의 글귀가 정한 요건이 모두 만족되어 있다는 점은 두 당사자 사이에 다툼이 없다: "Great-West"가 받은 소득은 '이자'이고, 이 이자는 모두 '캐나다 법인이 지급'한 것이며 이를 받은 자는 '미국 시민이거나 미국 거주자거나 미국법인'이 아니다.[130]

그럼에도 불구하고 미국 국세청은 원고가 받은 이자를 과세하였고 법원은 국세청 승소 판결을 내렸다. 어떻게 된 일일까? 법원은 이 조항을 글자 그대로 읽는 것은 조세조약의 기본목적에 어긋난다고 판시하면서, 이 조항의 뜻을 글귀보다 아주 좁히는 목적론적(目的論的) 해석을 하고 있다:

> 조약 제12조가, 캐나다 법인이 다른 캐나다 법인에게 지급하는 이자라면 모두 면세하고 있는 것은 아니다. 제12조는 소득원천 간주 규정을 통하여 미국 밖에 있는 자를 과세하는 경우를 노린 규정이다. 원고는 미국내 보험영업을 통하여 미국내에 있었고 따라서 제12조는 원고의 납세의무에 영향을 주지 않는다.[131]

조약 제12조는 소득원천 간주 규정이라는 미국법의 특정 조항과 관련해서 읽어야 한다는 말. 이 사건 당시 미국법은, 배당이나 이자를 지급하는 자가 외국법인이더라도, 배당이나 이자를 지급하게 된 돈의 대종(大宗)이 미국내 사업에서 번 것이라면 경제적 실질에 따라 그런 역외(域外) 배당소득을 미국 원천소득으로 보고 있었다.[132] 따라서 캐나다 법인(위 미국법 조항에서 '외국법인')에게서 배당이나 이자를 지급받는 자(가령 캐나다에 사는 캐나다 시민을 생각해보라)는, 지급하는 자가 캐나다 법인이고 지급장소 역시 캐나다 국내임에도 불구하고 미국 원

---

130) 같은 판결 480쪽.

131) 같은 판결 492쪽.

132) 현행법에서는 이 내용은 배당 부분에만 남아있다. 미국세법 제861조(a)(2)(B). 외국법인이 지급하는 이자는 미국세법 제862조(a)(1)에서 국외원천소득이다. 그러나 외국법인이 미국 지점을 통하여 미국내 영업활동을 영위하는 경우 미국 지점이 부담하는 이자는 내국법인이 지급하는 이자로 보아서 국내원천소득으로 과세한다. 미국세법 제884조(f), 제871조(a) 및 제881조.

천소득을 받는 것이 되어 미국에 세금을 물 의무를 지고, 배당금을 지급하는 캐나다 법인은 미국의 세금을 원천징수해서 미국 정부에 납부할 의무를 지게 된다.

캐나다나 다른 제3국의 입장에서 보자면 미국의 이 국내법은 미국법을 역외 적용하는 것으로서 주권 침해에 가깝다. 캐나다 회사가 캐나다 사람에게 배당금을 지급하면서 미국의 세금을 염려해야 한다니. 쟁점 조약 규정은 바로 이 문제를 다루고 있다. "캐나다 회사가 지급하는 배당이나 이자는 미국의 세금에서 면제된다"는 것. 다만 캐나다 회사로부터 "돈을 지급받는 자가 미국 시민이거나 미국 거주자이거나 미국법인이라면" 이들은 미국에 속하는 자들이므로 미국이 과세권을 행사하는 것이 당연하다는 사리를 예외로 적어두었다는 것. 미국내 사업장이 캐나다에서 받은 배당금도 역외 적용 문제와 무관하고, 미국내 사업장에 대한 미국의 과세권을 배제할 수 없다는 것.

쟁점 조약 규정을 이런 맥락에서 읽어야 한다는 입법의도는 어디에서 확인할 수 있는가? 법원은 국회가 조약을 검토할 때 제출받았던 입법자료, 이 사건에서는 상원 외교위원회의 검토보고서 기타 의안 검토자료를 보면 이 입법의도가 분명하다고 한다.[133] 원고는, 조약 글귀를 넓게 적은 의도가 미국법의 역외 적용을 막는 것만이 아니라 그를 넘어 캐나다 법인이 지급하는 배당이나 이자를 통째로 미국의 과세에서 제외(다만 미국 시민, 미국 거주자, 미국법인만 과세)한다는 뜻이라고 주장했다. 그러나 법원은 쟁점 조항에 관련된 의안자료가 미국법의 역외 적용 문제만 다루고 있다는 점에 주목하면서 원고의 주장을 배척하였다. 원고의 주장이 옳다면 의안자료에 그런 넓은 면세 의도를 뚜렷이 적었으리라는 판시.[134]

Inland Revenue Commissioners v. Commerzbank AG[135]

원고는 독일의 은행이다(브라질 은행 하나도 원고이지만 쟁점이 동일하므로 이하에서는 독일의 은행만 생각하기로 한다). 원고는 런던에 지점을 두고 있고, 이 지점은 미국의 회사들에게 돈을 대출해주고 이자를 받았다. 이 사건에 관련된 1966년의 미-영 조세조약 제15조에는 "Strathalmond" 판결에서 보았듯

133) Great-West Life 판결 485~487쪽.
134) 같은 판결 486쪽.
135) 1990 WL 754179(Ch D), [1990] S.T.C. 285, (1990) 87(13) L.S.G. 44, High Court (London) Chancery Division, Feb. 9, 1990.

다음과 같은 글귀가 있었다: "한 체약국의 법인이 지급하는 배당과 이자는 상대방 체약국의 과세에서 면제한다. 다만 지급받는 자가 상대방 나라의 시민, 거주자 또는 법인인 때에는 과세할 수 있다." 원고는 이 조항에 따라 런던지점이 미국법인에서 받은 이자는 영국의 과세에서 면제된다고 주장하였다.

이에 대해 영국 국세청은 여러 가지 반대 주장을 내어놓았다. 첫 번째는 조약해석이 영국에 일방적으로 불리해진다는 주장. 앞서 "Strathalmond" 판결에서 보았듯 쟁점 조문인 제15조는 '영국법인이 지급하는 배당과 이자'에 관해서 정하고 있던 1946년 조약의 조문을 상호 대등한 내용으로 '어느 체약국 법인이 지급하는 배당과 이자'에 관한 조문으로 바꾸었다는 것. 그렇다면 이 제15조는 상호주의를 기초로 해석해야 한다. 그런데 미국은 이 조항을, 미국 국내법의 역외적용을 막는 조문으로 풀이하고 있을 뿐이고 이 사건처럼 국내지점이 받는 이자에는 제15조의 적용을 받지 않는 것으로 보고 있다. 곧 만일 차주(借主)인 영국 법인이 대주(貸主)인 미국내 고정사업장에 이자를 지급한다면 "한 체약국(영국)의 법인이 지급하는 이자는 상대방 체약국(미국)의 과세에서 면제한다"는 글귀에도 불구하고 미국은 미국내 고정사업장이 받는 이자를 과세한다. 그렇다면 영국도 일방적으로 과세권을 포기하는 해석을 따를 이유가 없고, 차주인 미국법인이 대주인 영국 내 고정사업장에 지급하는 이자를 과세해야 한다는 주장. 그러나 법원은 조약해석이 반드시 상호주의 방식을 따르는 것은 아니라고 판시하였다.

국세청의 두 번째 주장은, 조약이란 두 체약국 사이에서 어느 한 국가에 속하는 사람의 과세 문제를 다루는 것인데, 이 사건처럼 엉뚱하게 독일법인이 영국-미국 조약을 들고 나설 수는 없다는 것. 법원은 이 주장을 내친다. OECD 모델조약처럼 "이 조약은 어느 한 체약국이나 두 체약국 모두의 거주자인 사람들에게 적용한다"는 글귀를 두고 있는[136] 조약이라면 제3국에 속하는 자가 두 체약국 사이의 조약을 적용받을 수 없지만 영-미조약에는 그런 글귀가 없다는 것이다. 따라서 영국이나 미국에 속하지 않는 사람도 영-미조약을 적용받을 수 있다고 판시.

국세청의 세 번째 주장은 고정사업장이 받는 이자소득은 고정사업장의 소득이 된다는 사업소득 조항이 이 사건 쟁점인 제15조에 우선해야 한다는 것이다. 미국법인의 영국지점이 미국에서 받는 이자소득이 영국에서 과세대상이라

136) OECD 모델 제1조.

면(이 점은 영국, 미국 두 나라 국세청이 조약에 따른 권한 당국으로서 합의한 사항이었다) 하물며 독일법인의 영국지점이 미국에서 받는 이자는 당연히 과세해야 마땅하지 않은가. 법원은 국세청간 합의는 조약이 정한 절차에 따라 이루어졌더라도 법원을 구속하지 않는다고 가볍게 물리치고 있다. 이에 대해 국세청은 "Great-West Life" 판결을 들면서, 미국 법원도 캐나다법인의 미국지점이 캐나다에서 받는 이자는 미국이 고정사업장의 소득으로 과세한다(이 사건에 대입하면 미국법인의 영국지점이 미국에서 받는 이자는 영국에서 지점의 소득으로 과세해야 한다)고 판시하였음을 들이대었지만, 영국 법원은 미국 법원의 해석은 재무부나 국무부의 해석에 대한 존중을 밑바닥에 깔고 있는 것이므로 따를 바 아니라고 판시하였다.

결국 법원은, 국세청 주장은 "상대방 체약국 법인의 고정사업장이나 제3자의 고정사업장이 상대방 체약국 법인에게서 받는 이자는 과세대상이다"라는 글귀가 제15조에 있는 것이나 마찬가지라고 우기는 것으로 문리의 범위를 뛰어넘는 것이라 보아 내쳤다.

문리해석 또는 엄격해석과 목적론적 해석의 대립이라는 시각에서 위 세 판결을 본다면, 영국 법원의 "Strathalmond" 판결은 쟁점 조항의 취지와 목적이 무엇인지 묻지 않고 글귀를 기계적으로 적용하여 비과세라는 결론을 내었다. 미국 법원의 "Great-West Life" 판결은 쟁점 조항의 입법취지를 중시한 판결이다. 쟁점 조항은 미국 국내법상 원천규정의 역외 적용을 막자는 것일 뿐이므로 미국내로 흘러 들어오는 소득은 애초 쟁점 조항과 무관하다는 것. "Commerzbank" 판결은 이런 입법취지를 고려하더라도, 입법취지가 조약의 글귀보다 우선할 수 없다는 것.

다른 법이나 마찬가지로 조약의 해석에서도 입법취지를 생각해야 한다는 것은 말할 나위도 없다. 오늘날에 와서는, 법의 해석 · 적용이란 언어가 가진 의미의 한계 안에서[137] 법률의 목적에 맞는 타당한 결론을 내리는 것이라는 명제에 이의를 달기는 어렵다. 그러나 문제는 '언어가 가진 의미의 한계'가 도대체

137) 법관이 법규에 얼마나 구속받는가라는 물음에 대한 답을 말뜻의 한계에서 찾기보다는 법관과 국회의 의사소통 내지 대화라는 관점에서 파악해야 한다는 견해의 소개로 이용식, "형법해석의 방법—형법해석에 있어서 법규구속성과 정당성의 문제—", 서울대학교 「법학」 46권 2호(2005), 36쪽, 특히 45~49쪽.

어디까지인가라는 물음이다. 위 세 판결이 보여주는 것처럼 목적론적 해석과 엄격해석은 정면으로 부딪힐 수 있다. 구태여 언어학 이론이 어떻고, 이런 것을 들먹일 것도 없이, 언어의 의미라는 것 자체가 꼭 미리 정해져 있는 것이 아니고 그때그때 상황에 따라 달라질 수 있기 때문이다. 말이란 '아 다르고 어 다른' 것이며, 언어의 의미는 그 자체가 언제나 해석을 필요로 한다. 앞의 사건에서도 미국법원은 "[미국] 거주자나 내국법인이 받는 이자소득은 과세한다"는 말은 "미국 안에 있는 자가 받는 이자소득은 과세한다"는 뜻이라고 읽고 있고, 영국법원은 '[영국] 거주자나 내국법인'이라는 말은 글자 그대로 영국 거주자나 영국법인일 뿐이라고 읽고 있다. 글귀의 '엄격'한 의미는 당연히 후자가 맞지만 그렇다고 해서 후자만이 옳다고 말할 길은 없다. 글귀를 '엄격'하게 읽을 것인가, 바로 이것이 논점이니까. 국내법의 역외 적용을 배제하는 입법취지를 생각하고 읽으면 과세대상인 '거주자나 내국법인'이라는 말을 국내에 있는 자라는 뜻으로 읽는 것이 말뜻의 한계를 벗어난다고 단정할 길은 없다.

말뜻의 한계라는 이 문제는 민사법이든, 세법이든, 조세조약이든 법해석에서는 언제나 생기는, 정답 없는 문제. 이 문제에 관해 모든 법률가가 선뜻 받아들일 수 있는 것이 있다면, 이 문제에 대한 답으로 모든 법률가가 누구나 선뜻 받아들일 수 있는 정답이 없다는 점뿐이려나.

2. 조세조약의 특성과 해석방법

이 글에서도 감히 엄격해석과 목적론적 해석의 대립 문제에 대한 정답을 내보겠다는 생각은 없다. 그 대신 논점을 훨씬 좁혀 해석대상이 세금에 관한 조약이라는 점이 엄격해석과 목적론적 해석의 대립에서 어떤 영향을 미치는가, 이 논점만을 생각해보자.

우선 종래 우리 법원의 판례는 세법의 해석은 언제나 엄격해야 한다고 한다. 과세요건은 물론 비과세요건이나 감면, 면세요건도 모두 법문대로 '엄격'하게 해석해야 한다고 한다.[138] 유추해석이나 확대해석이 안 되는 이유는 조세법률주의라고 한다.[139] 그러나 이런 레토릭에 불구하고 예로부터 우리 법원의 재판실무는

138) 대법원 1987. 5. 26. 선고 86누92 판결, 대법원 1990. 5. 22. 선고 89누7191 판결, 대법원 1994. 2. 22. 선고 92누18603 판결.

139) 대법원 1983. 12. 27. 선고 83누213 판결.

납세자에게 유리한 방향은 물론 납세자에게 불리한 방향으로도 법령을 확장·유추하거나 축소해석하고 있다. 확장이나 축소를 한다는 현실을 애써 외면하고 있을 뿐이지, 종래 아무 말 없이 실제로 유추나 확대해석을 한 판결은 매우 많다. 구체적 타당성을 얻자면 또는 법률체계에 앞뒤가 어긋나는 것을 막자면 그렇게 할 수밖에 없는 경우가 생기기 때문이다.[140] 이런 현실을 정면으로 인정하면서 "유추해석이 이루어지지 않는다면 당해 세법상 다른 납세자와의 형평성이 침해되는 경우에는 납세자에게 불리한 유추해석도 허용되어야 한다"는 주장도 나와 있다.[141] 우리 대법원 판결 가운데에도 납세자에게 불리한 판결을 내리면서 그 논거로 유추해석을 명시적으로 들고 있는 사례도 있다.[142]

세법이라고 해서 언제나 엄격해석만이 가능하다는 생각은 이론적 근거가 없고, 그렇다면 세금에 관한 규범이라는 이유로 조세조약의 엄격해석을 주장할 수는 없다. 우선 "세법은 원래 엄격해석하는 것이다"라는 명제가 자명한 선험적 진리는 아니다.[143] 법관의 권력은 국민의 대표라는 자격에서 나오는 것이 아니므로 법관은 언제나 자기가 내세우는 명제를 논증할 수 있어야 한다. 세법은 엄격해석해야 한다는 명제를 우리 헌법이나 법률에서 끌어낼 수 있는가? 그렇지는 않다. 이는 세법의 해석방법을 형법과 견주어 보면 자명하다. 형법의 해석에서는, 피고인에게 불리한 확대해석이더라도 법규의 의미·내용의 한계 안에서는 정당한 해석방법이라는 데에 이론이 없다.[144] 심지어 우리 대법원은 의미·내용의 한계를 넘는 확대해석까지 하고 있다. 예를 들어 '업무'라고 하는 말은 오락 목적의 자동차운전까지 포함한다고.[145] 그런데 세금에 관한 헌법 규정과 형벌에 관한 헌법 규정을 비교해 보면 세법의 해석방법이 형법보다 더 엄격해야 한다는 말은 성립

140) 상세는 이창희, "조세법 연구방법론", 서울대학교 「법학」 46권 2호(2005), 5쪽; 이창희, 『세법강의』, 제3장 제2절. 또 대법원의 엄격해석론을 비판하는 최근의 문헌으로, 윤지현, "'과점주주'의 존재를 요건으로 하는 두 가지의 제2차 납세의무에 관한 대법원 판결들의 해석방법론 비판 — 대법원 2019. 5. 16. 선고 2018두36110 판결과 대법원 2020. 9. 24. 선고 2016두38112 판결", 「조세법연구」 [27-1] (2021). 특히 163~165쪽.

141) 김성수, 『세법』(2003), 157쪽; 그 밖에 이동식, "조세회피방지를 위한 별도입법의 필요성", 「공법연구」 제28집 4호 2권(2000), 427쪽, 특히 442~443쪽.

142) 대법원 2000. 2. 11. 선고 98두14303 판결, 대법원 2003. 10. 23. 선고 2002두4440 판결.

143) 아무런 논거도 없이 납세자에게 유리한 유추만이 가능하다고 그냥 읊는 것은 신학도 아니고 신앙이다.

144) 신동운, 『형법총론』(2001), 19~20쪽.

145) 대법원 1970. 8. 18. 선고 70도820 판결. 이런 의미창조적 확장해석은 형법의 유추적용이므로 죄형법정주의라는 헌법 원칙에 어긋난다는 비판으로, 이용식, 앞의 글, 40쪽.

하지 않는다. 헌법의 글귀가 분명 그렇다.[146] 엄격해석을 관습헌법이라고 받아들일 수도 없고,[147] 법률의 차원에서는 세법 해석방법에 관한 국세기본법의 글귀는 오히려 납세자에게 불리한 확대나 유추해석을 요구하는 쪽에 가깝다.[148]

조세조약이 조약이라는 측면은 목적론적 해석과 엄격해석의 대립에 어떤 영향을 미치는가? 여기에는 양면이 있다. 우선 조세조약은 아주 간결하고 짧은 내용으로 이루어져 있다. 외국법인의 과세에 관한 국내 법령의 분량은 수백 페이지에 이르는데, 이 내용 전체가 다 조약의 영향을 받는다. 극히 짧은 분량을 담고 있을 뿐인 조세조약을 체결하면서 이 복잡한 국내법 내용을 다 고려해서 만들기는 어렵다. 오늘날 조세조약이란 OECD 모델에서 벗어날 여지가 사실 거의 없기 때문이다. 그렇다면 조약을 해석할 때에는 글귀보다는 입법목적이 더 중요하다는 논리가 선다.

다른 한편, 조약은 두 나라 사이의 약속이니까 오히려 엄격해석이 필요하다는 논리를 세울 여지도 있다. 조약이 두 나라에서 서로 같은 뜻을 가지자면 엄격해석이 필요하다고 생각할 수 있다는 말이다. 그러나 이 말도 반드시 옳지는 않다. 목적론적 해석을 하더라도 두 나라 법원이 같은 해석전거를 쓴다면 반드시 해석이 달라지지는 않기 때문이다.

결국 조세조약의 해석에서도 엄격해석과 목적론적 해석의 대립이라는 문제는 일반적인 다른 법령의 해석에서나 마찬가지로 똑같이 문제된다. 조세조약의 해석 역시 그저, 글귀가 가지는 말뜻의 한계 안에서 입법목적이 무엇인가를 파악하는 것이라고 말할 수밖에 없고, 이 말이 구체적 사안에서 결론이 어디로 가는지를 정하지 못한다는 것을 인정할 수밖에.[149]

3. 실질과세와 해석방법

마지막으로 조약의 해석·적용에도 실질과세 문제가 생기는 것은 국내법과 다를 바 없다. 조약의 글귀가 예정하고 있는 법률행위 기타 법적 형식과 다른 형식을 밟아서 같은 경제적 효과를 얻는 경우, 원래 글귀가 예정했던 법률효과

146) 상세는 이창희, "조세법 연구방법론", 1쪽. 특히 13~14쪽.

147) 같은 글, 14~15쪽.

148) 같은 글, 13쪽. 특히 제18조 제1항.

149) 독일 판례가 갈팡질팡하는 모습에 관해서는 *Klaus Vogel on Double Taxation Conventions*(제1판, 1991), Introduction 66문단. 제3판(1997) 이후에는 이 내용이 없다.

를 줄 것인가?

대법원 2012. 4. 26. 선고 2010두11948 판결

실질과세의 원칙은 소득이나 수익, 재산, 거래 등의 과세대상에 관하여 귀속 명의와 달리 실질적으로 귀속되는 자가 따로 있는 경우에는 형식이나 외관을 이유로 귀속 명의자를 납세의무자로 삼을 것이 아니라 실질적으로 귀속되는 자를 납세의무자로 삼겠다는 것이므로, 재산의 귀속 명의자는 이를 지배·관리할 능력이 없고, 명의자에 대한 지배권 등을 통하여 실질적으로 이를 지배·관리하는 자가 따로 있으며, 그와 같은 명의와 실질의 괴리가 조세를 회피할 목적에서 비롯된 경우에는 그 재산에 관한 소득은 재산을 실질적으로 지배·관리하는 자에게 귀속된 것으로 보아 그를 납세의무자로 삼아야 할 것이고, 이러한 원칙은 법률과 같은 효력을 가지는 조세조약의 해석과 적용에 있어서도 이를 배제하는 특별한 규정이 없는 한 그대로 적용된다.

조약에서 이 문제가 생기는 전형은, 형식적으로 다른 체약국의 거주자라는 요건을 만족하지만 실질적으로는 다른 체약국과 관계가 없는 자에게 조약을 적용할 것인가라는 문제이다. 제3장 제1절. 한 가지만 더 짚고 넘어가자면 조약의 해석방법이 민사법에서나 마찬가지라 보아 확대나 유추를 전면적으로 인정한다면 실질과세라는 개념이 따로 생길 수가 없다. 실질과세의 본질은 유추나 확대해석에 의한 과세를 인정하되 다만 그 범위에 무언가 제한을 둘 수 있지 않을까라는 생각이기 때문이다.[150)]

Ⅲ. 조세조약과 입법의도의 파악

그렇다면 조세조약의 입법목적은 어디에서 어떻게 파악할 수 있는가? 법의 목적과 입법의도는 무슨 관계인지, 목적론적 해석과 역사적 해석은 무슨 관계인지, 이런 어려운 문제는 접어두고 입법의도라는 논점만 따져보자. 미국 법원에서는 국회의 심의자료를 검토해서 국회의 의사를 파악하는 것을 중시한다. 앞서 "Great-West Life Assurance" 판결에서 보았듯 조약의 비준동의를 구하면서 국무

150) 이창희, "조세법 연구방법론", 1쪽, 특히 16~18쪽.

부가 제출한 설명자료, 또 조약의 비준에 관계된 상원 외교위원회 보고서 등에 나타나는 입법의도를 본다. 어느 나라든 국회의 입법의도가 드러나는 입법자료를 법원이 아예 그냥 무시할 수야 없다.

여기에 한 가지 생각할 점이 있다. 국내법 같으면 '입법자'의 의도란 당연히 입법부의 의도를 말한다. 설사 행정부에서 제출한 법률안이더라도 법률안을 초안한 행정공무원은 '입법자'가 아니다. 대학교수나 어느 국회의원 개인이 초안한 법률에서도 초안자의 생각 그 자체가 입법의도는 아니다. 국회의 심의과정에 드러나지도 않은 것이 입법부의 입법의도일 수야 없다. 조약에서도 똑같은 논리가 적용될까?

Xerox Corporation v. United States[151)]

영국에 납부한 세금을 미국에서 외국납부세액으로 공제받을 수 있는 시기가 언제인가를 다루고 있는 미국 판결이다. 이 판결의 실체적 쟁점은 매우 복잡하고 어려우니 제13장으로 미루어 두고 우선 우격다짐으로 단순화하면, 영국에 납부한 세금의 공제 시기에 관해 조약이 미국 국내법상의 공제 시기와 다른 특약을 둔 것이 있는데 그 특약이 무슨 뜻인가가 쟁점이라는 정도로만 생각하면 된다. 원고는 영국에 세금을 납부한 해에 미국에서 세액공제를 받을 수 있다는 것이 조약의 의미라고 주장하였다. 한편 미국 국세청은 이 사건의 특수한 사실관계에서는 납부 그 자체는 선납(先納)으로 보아야 하고 공제 시기는 미국 국내법을 따른다는 것이 조약의 의미라고 주장하였다.[152)] 법원은 원고승소 판결을 내려 영국에서 세금을 납부한 해에 미국에서 확정적으로 외국납부세액공제를 받을 수 있다고 판시하였다.

논의를 조약 해석방법 부분으로 줄이면, 법원은 국회의 의안심의시 제출된 미국 상원의 위원회 보고서와 미국 재무부의 '설명서'(Technical Explanation)를 검토한다. 문제는 재무부 설명서는 국세청의 입장과 일치하지만 상원의 위원회 보고서는 재무부 설명서의 내용을 받아들이지도 내치지도 않는다고 적으면서 또한 재무부 설명서가 반드시 조약의 의도와 일치하지는 않는다고 적고 있다는

---

151) Xerox Corporation v. United States, 41 F.3d 647, 74 A.F.T.R.2d 94-7097, 94-2 USTC P 50, 623.

152) 가령 우선 21을 낸 뒤 나중에 본세 51에서 상계한다고 하자. 원고 주장은 납부시기에 (차) 영국법인세 21 (대) 현금 21, 본세 납부시기에 (차) 영국법인세 30 (대) 현금 30. 미국 국세청 주장은 (차) 선납세액 21 (대) 현금 21, (차)영국법인세 51 (대) 선납세액 21+현금 30.

점이다. 법원은, "조약은 두 서명 당사자의 의도에 맞게 풀이해야 한다"고 하면서 조약의 협상과정에 직접 참가했던 두 나라 공무원들을 증인으로 채택하여 조약 협상 당시 어떻게 생각했는지, 재무부 설명서에 나타난 내용을 들어본 적이 있는지 이런 부분에 관한 기억을 묻고 있다. 영국 측 책임자였던 재무부 장관과 외무부 장관은 조약 협상이나 체결 당시 미국 재무부의 설명서 내용을 검토한 바가 전혀 없다고 증언한다. 한편 미국의 협상 담당 공무원들은 그에 반하는 증언을 내놓지 않는다. 이런 증언에 터잡아 법원은, 미국 재무부의 설명서는 조약 서명자들의 의도를 반영하지 않고, 조약의 글귀로 보면 영국에 세금을 낸 해에 미국에서 외국납부세액공제를 받을 수 있다고 판시하고 있다. 나아가 법원은 미국 국내법으로 보더라도 영국에 세금을 낸 해에 세액공제 받을 수 있는 점은 마찬가지라고 보충적으로 판시하고 있다.

국내법과 달리 조약의 해석에서는 협상 담당자들의 마음 속에 무엇이 있었는가를 따져야 옳은가? 조약은 두 나라 사이의 합의이다. 또 조약은 국회가 체결하는 것이 아니고 대통령이 체결한다. 국회는 비준에 동의할 뿐이다. 그렇다면 대통령 내지 그 위임을 받은 협상 담당자들이 서로 어떻게 생각하고 있었는지를 조약 해석에 반영해야 옳으려나. 실제 재판실무를 보더라도 전세계적으로 그런 예가 많다.[153] 비엔나 협약에서도 같은 결론이 나온다. 조약 자체에 들어있지는 않더라도 협상 담당자들의 합의를 추단할 수 있는 문서나 구두합의는 제31조가 말하는 '조약의 맥락'에 들어갈 것이고, 조약 체결 후의 사정도 보충적 해석전거가 될 수 있다.

그러나 엄밀히 이 문제는 조약이 국내법적 효력을 가지는 근거, 곧 헌법 문제이다. 조약이 국내법적 효력을 가지는 근거. 조약 위반이 있는가라는 두 나라 정부 사이의 국제공법 문제를 따질 때라면 조약이라는 약속을 맺을 때 서로 어떻게 생각했는가가 중요하다. 두 나라 사이에서 조약 위반이 있는가라는 질문 그 자체가 두 나라의 합의 내용이 무엇인가를 묻는 것이니까. 합의 내용이 무엇이었는가는 합의문 자체와 합의에 이른 각종 관련자료(비엔나 협약의 용례로 "context" 또는 맥락) 기타 합의의 전후사정에서 파악해야 한다. 민사법의 계약해

153) 미국판결로 Sumitomo Shoji America Inc. v. Avagliano, 457 U.S. 176 (1982), 특히 184~185쪽, National Westminster Bank PLC v. United States, 44 Fed. Cl. 120, 캐나다 판결로 Queen v. Crown Forest, (1995), 125 D.L.R. (4th) 485.

석 문제와 진배 없다.

그러나 여기서 쟁점은 두 체약국 사이의 분쟁이 아니다. 쟁점은 국가와 납세의무자 사이의 분쟁에서 조약을 따라야 하는 이유가 무엇인가라는 조약의 국내법적 효력 문제이다. 특정한 납세의무자와 국가 사이에서 조약의 의미가 무엇인가를 묻는 사건이라면, 조약이 왜 당해 세금 사건에 관한 법규범이 되는가를 물어보아야 한다. 이 질문에 대한 답은 국회가 조약비준에 동의했다는 것에서 찾을 수밖에 없다. 우리 조세조약이 국내법질서에 편입되는 이유를 국회의 동의에서 찾아야 하는 우리 헌법 체제에서 우리 법원이 국내 사건을 판단하는 한, 국회의 동의 과정에 아예 나타나지 않은 자료에 적힌 내용이 국회의 의도라고 말하기는 어렵다. 조약 협상에 참가한 공무원 등의 메모나 기억은 국내 사건에서 조약 해석의 전거가 될 수 없다. 국회의 동의 과정에 드러나지 않은 한.

한편 "Xerox" 판결에서 미국 법원이 협상 담당자들의 의사를 따지는 것은 미국 헌법에서는 아마 옳으리라. 미국 헌법에서는 세법의 입법은 반드시 하원에서 시작해야 하고 그에 더하여 양원의 합의를 거쳐야 한다. 한편 조약은 상원의 동의를 얻을 뿐이지 하원의 동의는 받지 않은 채 국내법적 효력이 생긴다. 조세조약 역시 조약이므로 상원을 거칠 뿐이지 하원은 거치지 않는다. 그렇더라도 조세조약은 당연히 국내법적 효력을 가지고 세금 문제의 법원(法源)이 된다. 하원을 거치지 않았지만 그렇더라도 법원이라는 점에서 본다면, 조세조약에서는 국회의 의사가 아니라 다른 나라와의 합의라는 측면이 더 중요하다고 보아야 논리가 선다. 그렇다면 아마 조약의 협상 담당자인 행정부의 의사가 조세조약 해석에 전거가 될 수 있는 것 아닌가 싶다.

Ⅳ. OECD 모델 주석과 조약해석

현실적으로 조세조약의 해석방법에 관한 가장 중요한 문제는 OECD 모델 주석서를 해석의 기초로 삼을 수 있는가, 삼을 수 있다면 그 근거는 무엇인가, 삼는다면 권위를 얼마나 인정할 것인가라는 문제이다. 현실 세계의 조세조약은 조문이 30개 가량인 별로 길지 않은 문서이다. 이에 비해 OECD 모델 조약 주석서는 모델조약의 해석이라 할 만한 구체적 내용을 깨알 같은 글자로도 천 쪽도 넘게 적고 있고, 다시 주석서에서 "xxx에 대해서는 xxx 보고서를 따른다"는 식으로 주석서의 일부로 삼고 있는 길고 긴 문서들이 여럿 있다. 대표적 보기로 OECD의 '이전가격 지침'이 그렇다. 이 주석을 실정(實定) 조약의 해석 전거로 삼을 수 있는가?

OECD 모델 주석서는, 주석서가 조약 해석의 당연한 전거가 된다는 전제를 암암리에 보이고 있다. 이런 생각에서 주석서는 OECD 모델 주석서가 변경된 경우 그 전에 이미 체결된 조약의 해석에 영향을 줄 수 있는가, 이런 문제를 제기한다. 답은? "주석에 대한 변경이나 추가는 그 전에 체결된 조약의 해석에도 대체로 적용할 수 있다…. 모델이나 주석서의 의미를 변경하려는 것이 아니라 분명히 하려는 것일 뿐인 수정이 많이 있고, 이런 경우 반대해석은 분명 잘못"이라나.[154] 주석 변경 가운데 다수는 창설적 변경이 아니라 확인적 변경이라는 것.[155] 특정한 조약을 맺을 때 아직 나오지도 않았던 주석이 그 뒤에 맺어진 조약의 해석 전거가 된다는 이런 식의 언급은, 주석서가 실정 조약 해석의 당연한 전거가 됨을 전제로 해야 할 수 있는 생각이다.

OECD 모델 주석을 실정 조약 해석에서 법적 효력이 있는 당연한 전거라고 볼 수 있을까? 우선 적어도 아직까지는 OECD 모델 주석을 국제관습법이라고 우기는 사람은 없는 듯하고, 그렇게 우길 여지도 찾기 어렵다. 한편 OECD 모델 주석에 구속력을 주는 논거로, "soft law"의 개념을 드는 사람도 있다.[156] 그러나 "soft law"라는 말은 그 자체로는 법적 구속력이 없다는 뜻이다. 물론 OECD 모델 주석을 "soft law"라고 부름으로써, 함부로 무시할 수 없는 문서라는 점을 지적할 수는 있다. 그러나 함부로 무시할 수 없다고 해서 법은 아니다. 가령 미국이 북한을 테러국가로 지정하고 북한에 관련된 은행거래를 동결함으로써, 온 세상의 어떤 은행도 북한에 보내는 돈을 송금하지 않으려 했다는 사실, 미국 정부의 명령이 세계 모든 은행에 사실상의 강제력을 발휘했다는 사실을 떠올려 보라. 미국 정부의 명령이 온 세계에 걸친 국제공법상의 "soft law"인가? "soft law"라는 개념은 결국 현실을 말하는 것일 뿐 규범으로서의 효력을 말하는 것이 아니다.

---

154) OECD 모델 주석 서론 36문단.

155) 그에 반대하고 조약체결 당시의 주석만이 해석자료가 된다는 견해로 Ward et als., *The Interpretation of Income Tax Treaties with Particular Reference to the Commentaries on the OECD Model*, International Fiscal Association (IFA) (2005), 27~38쪽. 포겔(Vogel)의 2000년 글도 이 생각과 비슷하다.

156) *Klaus Vogel on Double Taxation Conventions*, Introduction 118문단.

그렇다면 OECD 모델 주석은 조약의 해석에 어떤 위치를 가지는가? 우선 이에 관한 몇 나라의 판결을 먼저 살펴보자.

Thiel v. Federal Commissioner of Taxation[157)]

호주의 1990년 판결이다. 이 사건 원고인 스위스 거주자는 1984년 호주에서 신탁재산의 수익권을 사들였고, 뒤이어 이 수익권을 신설되는 호주법인에 현물출자하여 주식을 받았다. 1985년 이 주식이 상장되자 원고는 주식의 일부를 팔았다. 호주-스위스 조세조약 제7조는 "한 체약국 기업(enterprise)의 이윤은, 그 기업이 상대방 체약국에서 고정사업장을 통하여 사업을 영위하지 않는 한 전자의 체약국에서만 과세할 수 있다"고 정하고 있다. 원고 주장은 그가 주식양도에서 번 차익은 "스위스 기업의 이윤"이므로 호주에서 면세된다는 것이다. 좀 의아할 수도 있지만 호주 법원은 사업소득이란 반드시 계속성이나 반복성을 필요로 하는 것이 아니므로 이 주식양도차익은 스위스 기업의 이윤에 해당한다고 판시하고 있다.[158)]

일시적 · 우발적 소득도 사업소득이 될 수 있다고 본 점에서 이 판결은 이례적이라 할 수 있지만 당장의 논의에 적절한 것은 이 판결에서 법원이 OECD 모델 주석을 판단의 전거로 삼으면서 논거를 제시하고 있다는 점이다(OECD 모델 주석 내용을 제 논에 물대기로 끌어대는 느낌은 있지만). 스위스-호주 조약은 OECD 모델조약에 터잡고 있고 두 나라 모두 OECD 회원국이기 때문이라는 것. 그러나 그것만으로는 넉넉한 논거가 못 된다. 스위스-호주 조약에 OECD 모델이나 모델 주석서에 관한 언급이 전혀 없으니까. 이에 법원은 조약법에 관한 비엔나 협약을 끌어들인다. 그런데 스위스는 비엔나 협약의 당사자가 아니다. 그리하여 법원은 비엔나 협약은 국제관습법의 성문화(成文化)일 뿐이므로, 스위스-호주 조약의 해석에 여전히 적절하다는 준비 작업을 거쳐 OECD 모델 주석에 의존할 수 있는 근거로 비엔나 협약을 끌어들인다:

"비엔나 협약은 제31조에서, 조약은 맥락 속에서 또 조약의 목적에 비추어

157) High Court of Australia, 94 A.L.R. 647 (April 3, 1990).

158) 물론 영어에서 "enterprise"라는 말은 우리 말(적어도 현대 우리 말)의 '기업'이라는 말보다는 훨씬 넓은 말이므로 '무언가 벌이고 있는 일' 정도의 넓은 뜻을 담을 수도 있다. 제5장 제2절.

용어가 가지는 통상의 의미에 따라 선의로 해석하라고 정하고 있다. 이 '맥락'이라는 것은 전문, 부록, 그 밖에 조약의 체결과 관련된 다른 합의서나, 달리 어느 당사자가 작성하고 상대방이 받아들인 문서 따위를 말한다. OECD 모델의 틀에 따라 그 뒤 맺어진 양자조약이라면 두 체약국이 그 조약을 OECD 모델 및 동 주석서에 연관하여 맺으면서 OECD 모델 및 동 주석서를 받아들였다고 보지 못할 이유가 없다는 것이 내 생각이다. 다만 글귀로 볼 때 제31조를 조세조약 같은 양자조약에 적용할 수 있는지에 의심하는 견해가 있다.[159] 따라서 비엔나 협약 제32조에 의존할 수도 있다. 제32조는, 제31조를 적용하여 생기는 의미를 확인하기 위하여, 또는 제31조에 따른 해석 결과 뜻이 애매하거나 불분명한 채 남아 있거나 결과가 이상하고 불합리함이 분명한 경우 뜻을 정하기 위하여 조약의 예비작업과 조약 체결의 정황을 포함하는 보충적 해석수단을 허용하고 있다. 모델조약과 주석이 엄밀한 뜻에서 호주-스위스 조세조약의 예비작업에 해당하지 않을는지는 모르지만 쟁점이 된 종류의 양자간 조세조약의 체결 기초를 이루는 문서이고, 비슷한 내용을 담은 조약처럼 두 당사자의 현재 용례에 대한 안내를 제공한다. 따라서 비엔나 협약 제32조에 따라 채택할 수 있는 보충적 해석수단에 해당한다."[160]

"Thiel" 판결은 OECD 모델을 조약 해석의 당연한 전거로 받아들이면서 논거를 비엔나 협약에서 찾고 있다. 앞서 보았듯 이 협약 제31조 제1항은 "조약은, 조약의 글귀를 맥락 속에서, 또 조약의 목적에 비추어 볼 때 생기는 일반적 의미에 따라서 선의로 해석해야 한다"라고 정하고 있다. 제2항은 맥락이라는 말의 뜻을 정하고 제3항은 후속 사항도 고려해야 한다고 하며, 제4항은 체약 당사국의 의사를 고려해야 한다고 한다. 제32조는 보충적 전거에 관한 규정이다. "Thiel" 판결은 OECD 모델 및 동 주석이 비엔나 협약이 말하는 맥락 내지 보충적 전거가 된다고 한다. 학자들 가운데에서도 주석의 권위를 비엔나 협약에서 찾으면서 주석 내용에 구속력을 인정하려는 사람들이 있지만 이야기는 제 각각. OECD 모델 주석이 조약의 일상적 의미를 밝힌 것이라고 우기든가,[161] 맥락이라

159) (판결문에 있는 原註) John Avery Jones et al., "The Interpretation of Tax Treaties with Particular Reference to Article 3(2) of the OECD Model-Ⅱ", (1984) British Tax Review 90, at 92.

160) 원문 쪽수는 확인하지 못했고 Lexis로 판결문 5~6쪽.

161) *Klaus Vogel on Double Taxation Conventions*, Introduction 118문단에서 이런 주장을 내세우는 독일 문헌을 소개하고 있다.

우기든가,[162] '후속 사항'이라 우기든가,[163] 두 체약국의 의사라고 우기든가,[164] 보충적 전거라고 우기기도.[165]

이런 견해를 따른다면 OECD 모델 주석은, 적어도 국제공법 문제로서는 모든 나라에서 언제나 타당한 해석 전거로서 구속력을 가지게 되리라. 그러나 이런 견해는 학자들(조금 심하게 말하면 OECD 관변학자들[166])의 주장일 뿐이다. 구태여 무엇이 잘못 되었는가를 하나하나 따질 것도 없이, OECD 모델 주석에 구속력을 주려는 논변이 제 각각 난무한다는 사실 자체가 OECD 모델 주석에 법률적 권위를 인정하기가 어렵다는 점을 반증한다.[167] 기실 OECD 모델 주석을 보면, 모델조약 글귀에서 도저히 끌어낼 수도 없고 목적론적 해석의 입장에서 논리필연으로 끌어낼 수도 없는 내용을 주석에 정하고 있는 것이 숱하다.[168] 주석이라는 형식으로 법을 새로 만들고 있는 것이다. 이것은 OECD 모델의 책임자 휴 올트(Hugh Ault)도 솔직히 인정하고 있다.[169] 이 현실에서 OECD 모델 주석을 구속력 있는 당연한 해석 전거로 삼는다는 것은 주석 자체를 법원(法源)의 지위로 끌어올리려 하는 것이다. OECD 모델 주석에 법률적 권위를 인정하려는 시도는, 정말 솔직히 말하자면 법률적 분석이 아니라 정치 문제일 뿐이다. 누가 왜 그렇게 하려 하는지? OECD의 속사정은 잘 모르지만, 생각해보면 두 가지 의미가 있겠거니. 첫째는 OECD 관료조직 그 자체의 권력추구이다. OECD는 수천

162) Van Raad의 주장으로, Ward et als., 앞의 책, 18쪽에서 재인용.

163) Vann, "Interpretation of Treaties in New Holland" in *A Tax Globalist: Essays in Honour of Maarten J. Ellis* (Van Arendonk et al. eds.) 144, Online Books IBFD (2005), 특히 156쪽.

164) Vogel, "The Influence of the OECD Model Commentaries on Treaty Interpretation", 54 Bulletin for International Fiscal Documentation 612 (2000), 특히 주석 19.

165) David Oliver, "Employees and Double Taxation Agreements", in 1995 Britisch Tax Review 529, 특히 531쪽; Hugh Ault, "The Role of the OECD Commentaries in the Interpretation of Tax Treaties", Intertax (1994), 145쪽.

166) 이런 온갖 견해는 OECD의 조세조약 책임자인 휴 올트(Hugh Ault) 교수가 OECD 모델 주석을 비엔나 협약 제31조나 제32조에 어찌 되었든 맞춰 넣어야 한다고 말한 뒤에 쏟아져 나왔다. Ault, 같은 글, 146~147쪽.

167) OECD 모델 주석이라는 문서가 그 자체로 해석 전거가 된다는 각종 주장이 왜 틀렸는가에 대해서는 Ward et als., 앞의 책, 18~27쪽; Ault, 앞의 글, 145쪽.

168) 가령 실질과세가 조약에 내재된 것인가에 대한 OECD 모델 주석 내용은 1977년에서 2003년 사이에 걸쳐 정반대로 바뀌었다. 다른 예로는 연예인과 소속사의 관계(모델 제17조 제2항), 이자소득의 정의와 국내법(모델 제11조 제3항) 등을 들 수 있다.

169) Ault, 앞의 글, 148쪽. 같은 결론으로 *Klaus Vogel on Double Taxation Conventions*, Introduction 123문단.

명에 달하는 자체 직원을 거느린 거대한 관료조직. 각국의 행정공무원의 합의를 거치기는 하지만 이 주석의 기초작업은 모두 이 관료조직에서 시작한다.[170] 둘째는, 분명한 증거를 대기는 어렵지만, 미국의 국익이다. 각국의 이해관계가 대립하는 현실에서 미국도 OECD 모델을 제 마음대로 바꿀 수는 없다. 그 대신 국제조세의 학술적 · 이론적 논의구조를 장악하여 이를 주석에 반영하는 것이[171] 아마도 한결 손쉬우리라.

한편 막상 미국의 판결에서는 어느 것을 보더라도 비엔나 협약에 대한 아무런 언급이 없다. 당연한 것이 미국은 비엔나 협약의 가맹국이 아니다. 그렇다면 OECD 모델의 지위는 어떻게 되는가? OECD 모델을 최초로 언급한 "Taisei" 판결과 OECD 모델과 어긋난다는 이유로 재무부 규칙을 내친 "Natwest" 판결을 차례로 보자.

Taisei Fire & Marine Insurance v. Commissioner[172]

이 사건의 쟁점은 일본 보험회사의 미국내 보험대리인이 일본 보험회사의 종속대리인으로 고정사업장이 되는가 아니면 독립대리인이므로 고정사업장이 아닌가이다. 이에 대한 판단을 내리면서 법원은 OECD 모델 주석서의 해당 부분을 인용하고 있다. 다만 이 판결에서는 주석서의 견해에 방론(傍論) 정도의 중요성밖에 주지 않고 있고, 또 주석서에서 독립대리인이 되자면 '경제적 독립성 또는 법적 독립성'이 있어야 한다고 적은 부분은 '경제적 독립성 및 법적 독립성'이 있어야 한다는 말을 잘못 적은 것이라는 학자들의 분석을 받아들이고 있다.

---

170) 주석을 통하여 모델조약의 유권해석 권한을 장악하고 그에 더하여 현재 OECD가 논의하고 있는 중재기관으로서의 지위를 얻게 되면 OECD 관료조직은 국제조세의 규범을 거의 제 마음대로 정할 수 있는 지위에 오르게 된다.

171) 좋은 예로 조약혜택 배제(limitation on benefits) 규정을 들 수 있다. 이 조항은 기본적으로 거주지국의 이익을 대변하는 것이지만, 오늘날에 와서는 마치 모든 나라가 응당 따라야 하는 국제규범인 것처럼 논의되고 있고 OECD 모델 주석에도 그런 식으로 적고 있다가, 2017년부터는 OECD 모델 자체에 들어갔다. 아래 제2절 V.

172) The Taisei Fire and Marine Insurance Co., Ltd., et al., v. Commissioner, 104 T.C. 535 (1995). 제6장 제2절 II.

National Westminster Bank v. United States[173)]

원고는 영국의 은행으로 미국에 지점을 여러 개 두고 영업하고 있었다.[174)] 쟁점은 본·지점 사이에 오가는 자금에 관한 이자 상당액을 손금산입할 수 있는가이다. 국세청은 본지점 사이의 자금 흐름 그 자체에 대한 이자 상당액의 손금산입을 부인하면서 재무부 규칙[175)]에 정한 법정 공식에 따라 전세계 영업에서 생긴 지급이자 가운데 미국내 영업에 상당하는 부분을 산출해서 이를 손금산입하였다. 원고는 이를 다투면서 재무부 규칙은 영국-미국 조약상 독립기업의 원칙, 곧 미국내 과세소득은 미국지점이 본점에서 독립한 기업이었더라면 벌었을 소득이라는 원칙에 어긋난다고 주장하였다.

이 판결에서는 독립기업의 원칙이라는 쟁점 조약 글귀의 해석을 거의 전면적으로 OECD 모델 주석서에서 찾고 있다. 법원은 납세의무자가 적절한 장부를 기장하고 있는 한, 고정사업장 소득의 계산은 납세의무자의 장부에서 시작해야 한다고 결론지으면서 그 전거를 OECD 모델 주석서에서 찾고 있다. 전세계 지급이자를 공식에 따라 배부하는 미국 재무부의 규칙은 OECD 모델 주석서가 말하는 고정사업장 소득계산 원칙과 어긋나므로 규칙은 조약 위반으로 무효라는 것이다. OECD 모델 주석서가 영국-미국 조약의 해석 전거가 되는 까닭은 무엇인가? 법원은 두 가지 이유를 들고 있다. 첫째로 조약의 사업소득 조문이 OECD 모델의 사업소득 조문과 마찬가지라고 상원의 검토보고서에 적고 있다. 둘째로 조약을 협상한 사람들이 OECD 모델 주석서를 염두에 두고 있었다고 보아야 마땅하다.

이런 판결이 조약 해석에 OECD 모델을 끌어들일 수 있는 근거는 무엇인가? "Taisei" 사건에서는 그에 대한 설명이 전혀 없고, "Natwest" 사건에서는 위에서 보듯 두 가지 이유를 들고 있다.[176)] 그러나 첫째 이유는 논리적으로 받아들이기

---

173) National Westminster Bank PLC v. United States, 44 Fed. Cl. 120 (1999). 제5장 제5절 Ⅲ.

174) 다른 업종과 달리 은행업은 자회사보다는 지점의 형태로 해외에 진출하는 것이 오히려 보통이다. 금융업 감독규정에 따른 자기자본 비율을 자회사마다 따로 유지하려면 자기자본이 훨씬 많이 들어가기 때문이다. 지점이라면 은행 전체의 규모에서 관련 규정을 적용받으므로 훨씬 유리하다. 아무튼 지점이 있는 이상 지점의 영업자금은 본점에서 송금받을 수밖에 없다. 영업규모가 커지면 점차로 고객의 예금을 예수받아서 대출하는 식으로 영업을 할 수 있지만 적어도 초기에는 상당 부분은 본점에서 들여온 자금을 대출하는 비중이 적지 않다.

175) 미국 재무부 규칙 1.882-5.

어렵다. OECD 모델 주석서가 전거가 되는 이유는 주석서 스스로가 그렇게 예정했다는 동어반복일 뿐이다.[177] 둘째 이유는 아마 미국 헌법에서는 옳으리라. 협상 담당자들이 주석서를 염두에 두었다는 판단의 근거를 다시 보면, 재무부의 '조약 설명서'(Technical Explanation)와 상원 위원회 검토보고서에서 쟁점 조항이 OECD 모델에 터잡은 것이라고 적고 있다는 점이다. 이 문서는 둘 다 국회의 심의 과정에 제출하는 문서이므로, 국회의 입법의도를 추단함에 있어서 OECD 모델 주석서가 전거가 될 수 있다. 결국 "Natwest" 판결의 입장은 조약 협상 당시에 두 체약국의 담당공무원이 OECD 모델 주석 내용을 모두 알면서 협상한 이상 당사자의 의사를 추단하는 자료로 OECD 모델을 참고할 수 있다는 것이다.

이런 생각을 지지하는 문헌으로 각국의 논객 12명이 공동으로 내놓은 단행본이 있다. 이 책은, 비엔나 협약 제31조나 제32조에 끌어 맞추려는 생각이 무리임을 솔직히 인정하면서 그냥 OECD 모델 주석이 각 체약국의 의사를 나타낸다면, 그리고 나타내는 한, 이를 조약 해석에 고려해야 건전한 상식에 맞는다고 적고 있다.[178] 실제로 조약을 협상한 사람들의 머릿속에 당연히 OECD 모델이 들어가 있었을 테니까.[179] 이런 관점에서는 조약 해석 당시까지 아직 나오지 않은 주석은 해석 전거가 될 수 없다.[180] 새로 생긴 내용이 종래 있던 내용과 모순이라면 이는 당사자의 의사와 반대되는 자료일 뿐이므로 받아들일 수 있는 해석이 아니다.[181] 실제로 미국 판결은 모두 조약 체결 당시의 주석서만을 참고하고 있을 뿐이고 그 뒤에 나온 주석 내용은 무시하고 있다.[182] OECD 모델 주석을

---

176) 오랫동안 OECD 모델에 관한 언급이 전혀 없던 미국의 판결에서 갑자기 "Taisei" 판결이 OECD 모델을 들고 나선 배경은 무엇일까? 혹시 미국이 OECD 모델 주석 작성의 논의구조를 장악했다는 의미 아닐까?

177) 다만 OECD 회원국은 집행부의 권고를 따를 의무가 있다. OECD 절차규칙 제18조(c). 집행부는 각 회원국에게 조세조약을 체결할 때 OECD 모델 및 주석을 따르라고 권고한 바 있다. Klaus Vogel et als, *United States Income Tax Treaties*, 제1부 제1장, 2.4.3문단.

178) Ward et als., 앞의 책, 31~37쪽.

179) American Law Institute, *Federal Income Tax Project: International Aspects of United States Income Taxation II* (1992), 54쪽.

180) Ward et als., 앞의 책, 110쪽.

181) 한편 종래 없던 내용이 새로 들어간 것은, 당사자의 의사는 아니지만 조약 해석에 참고자료는 될 수 있다. Ward et als., 같은 책, 80~81쪽.

182) "Taisei" 판결(104 T.C. 535(1995)); "Natwest" 판결(58 Fed. Cl. 491 (2003)). OECD 모델 주석을 쓰는 논거로 비엔나 협약에 기대더라도 주석을 제32조의 예비작업으로 본다면 조약 체결 후의 모델 주석은 전거가 못 된다. Thiel (1990) 21 ATR 531, 특히 537쪽.

당사자의 의사로 본다면 주석에 달아놓은 이의(異議)는 실제 조약 해석에서 어떤 역할을 하는가? 주석에 이의를 달면서 다른 해석을 제시해 놓았다면 이것은 당사자의 의사를 특별히 미리 밝혀 놓은 것이므로 그대로 존중해야 한다고 한다.[183] 그러나 역으로, 미리 이의를 달지 않았다고 해서 주석 내용을 전부 그대로 당사자의 의사로 보아야 하는 것은 아니다.[184] 실무상 주석이 언제나 각국의 이의를 다 적어 넣지는 않는다는 것이다.[185] 마지막으로 비엔나 협약 관련 문제가 아직 한 가지 남아 있다. OECD 모델 주석의 법적 권위를 협약 제31조의 '선의로' 해석하라는 표현에서 찾을 수는 없을까? 그렇지는 않다. 주석이 이미 규범이 되어 있다고 전제하지 않는 한 선의로 해석하라는 말이 주석을 규범으로 끌어올리는 계기는 되지 않는다.[186]

그러나 국내 법원이 특정한 납세의무자와 특정한 국가 사이의 분쟁이라는 국내 사건을 해결하면서 조약을 해석하는 경우라면, 당사자의 의사를 추단하는 자료로 OECD 모델을 쓰는 것도 당연히 정당화되지는 않는다. 앞서 보았듯 이 문제는 헌법 문제로 돌아간다. 가령 영연방(英聯邦) 국가에서 조약이 국내법적 효력을 가지는 이유는, 국회가 조약집행법을 통하여 조약 내용과 동일한 내용을 국내법의 일부로 입법했기 때문이다. 따라서 국내 사건에서는 조약의 해석이라는 문제 자체가 생기지 않는다. 해석대상은 국내법일 뿐이며, 다만 그 내용이 조약과 일치할 뿐. 이리하여 가령 캐나다라면 다음과 같은 결과가 생긴다.

> OECD 모델 주석이 결과적으로 모델 자체를 수정하고 있어서 결과적으로 같은 모델에 터잡은 캐나다의 조약으로서 조약집행법에 의하여 캐나다 국내법의 일부가 된 조약을 수정하는 결과가 생긴다면, 캐나다의 법원은 그런 주석 내용을 국제법상 효력이 없다고 보든가 국내법상으로 법원에 구속력이 없다고 볼 것이다.[187]

183) Ward et als., 앞의 책, 64~78쪽, 특히 74쪽. OECD 모델 주석 자체도 이런 생각을 보인다. Introduction, 30문단.

184) 뒤집을 수 없다는 주장의 예로 Engelen, *Interpretation of Tax Treaties Under International Law* (2004), IBFD, 특히 465쪽 이하.

185) Ward et als., 앞의 책, 48~53쪽.

186) 같은 책, 42~48쪽.

187) 같은 책, 55쪽.

실제로 유명한 캐나다 판결로 "Crown Forest" 판결[188]을 보면 OCED 모델 주석은 '높은 설득력'(high persuasive value)이 있다고 하면서 이를 캐나다-미국 조약 해석에 참조하고 있다. 영국에서도 같은 결과가 생긴다.[189]

어쨌든 실제로 중요한 것은 각국의 현실이다. 현실적으로 OECD 모델 주석은 조약 해석에 중요한 전거가 되고 있다. OECD 회원국 사이에서는 적어도 행정해석은 거의 주석을 따르고 있다. 주석에 담긴 합의란 결국 각국 행정공무원들의 생각의 합치점이니까.[190] 회원국이 아닌 나라에서도 행정해석은 주석을 존중하는 것이 보통이다. 법원의 재판실무는 나라마다 큰 차이. 앞서 보았듯 캐나다나 호주에서는 비엔나 협약 등을 들면서 일찍부터 상당한 존중을 보였다. 미국에서는 1990년대 후반부터 OECD 모델 주석을 명시적으로 참조하는 판결이 나오고 있다. 그러나 비엔나 협약을 근거로 삼고 있는 것은 아니고, 구체적인 조약의 협상 과정이나 조약의 비준동의 과정에 OECD 모델이 반영되었으므로 OECD 모델 주석에서 입법의도를 추단할 수 있다는 것이다. 나아가 OECD 모델 주석은 그저 하나의 참고자료일 뿐이라고 보는 나라들도 있다. 가령 프랑스 법원이 OECD 모델 주석의 견해를 받아들이는 경우라면 그 이유는 OECD 모델 주석이기 때문이 아니라 그 내용이 옳기 때문이라고. 다시 말하면 모델 주석은 다른 어떤 사인(私人)이 쓴 글과도 법적 성격에는 차이가 없고[191] 그 내용이 틀린 경우에는 법원이 이를 받아들일 이유가 없다는 생각이다.[192]

그렇다면 우리 법원이 국내법 질서의 일부로 조약을 해석할 때 OECD 모델 주석에 어떤 지위를 인정해야 하는가? 우리 헌법에서는 참고자료일 뿐.

---

188) Queen v. Crown Forest, 1995.6.2.(Case No. 23940).

189) Ward et als., 앞의 책, 56쪽.

190) OECD 모델 및 주석은 OECD 회원국 대표로 구성된 이사회(Council, 집행부)가 각 회원국에 보내는 권고이다. OECD 조약 (1960. 12. 14) 제6조, 1997. 10. 23. 이사회 권고. 실제로 주석 작업을 맡고 있는 재무위원회(Committee for Fiscal Affairs. 전에는 Fiscal Committee라고 불렀다) 제1작업반은 각 회원국의 조세조약 담당 행정공무원으로 이루어져 있다. 상세는 Ward et als., 앞의 책, 6~15쪽.

191) 국제조세협회(International Fiscal Association)의 샌프란시스코 총회(San Franscisco Congress) (2001) 당시 "Conseil d'Etat"의 대법관 발언에서 들은 말인데 글로 적힌 것은 확인하지 못했다.

192) Waters, "The Relevance of the OECD Commentaries in the Interpretation of Tax Treaties", in ***Praxis des Internationalen Steuerrechts, Festschrift für Helmut Dakota*** (Michael Lang et als eds., 2005), Linde, 685쪽.

> OECD 모델협약의 주석은 헌법 제6조 제1항에 의해 체결·공포된 조약이 아니고 일반적으로 승인된 국제법규라고 볼 수 없으므로 법적인 구속력이 인정될 수는 없는 것이지만, 이는 우리나라와 벨기에 등을 비롯한 OECD 회원 국가간에 체결된 조세조약의 올바른 해석을 위한 국제적으로 권위를 인정받는 기준으로서 국내법상의 실질과세원칙 등과 관련한 OECD 회원 국가간 조약 해석에 있어서 하나의 참고자료가 될 수 있다.[193]

OECD 모델 주석서를 구체적 조약의 해석에서 법적 의미가 있는 당연한 해석 전거로 삼을 수는 없다. 이 문제는 조약이 국내법적 효력을 가지는 근거가 무엇인가로 다시 돌아간다. 조약이 국내법적 효력을 가지는 이유를 국회의 의사에서 찾는다면, 각국의 행정공무원들이 모여서 정한 내용이 우리나라 국회의 의사라고 볼 수는 없다. 나아가 OECD 모델 주석이 입법자의 의사를 나타낸다고 말할 수도 없다. 조약의 국내법적 효력의 근거가 국회의 비준동의인 이상, 협상 담당자의 의사가 국회의 동의 과정에 따로 드러나 국회가 이를 받아들이지 않은 이상, 협상 담당자의 생각은 그 개인의 생각일 뿐이다. 국내법에서 법 초안을 실제 만든 행정공무원이나 법학자의 생각이 입법자의 의사가 아닌 것과 마찬가지이다. 국회동의 과정에 OECD 모델을 제출하지도 않았고 조약의 글귀가 불분명하다면, OECD 모델 주석에 따라 풀이하는 것이 국회의 의사라고 달리 추단할 수 있는 다른 근거가 없는 한 모델조약 주석은 그저 참고자료일 뿐이다.

대법원 2016. 6. 10. 선고 2014두39784 판결

> 한·미 조세조약 … 제13조는 제2항에서 이자에 대하여 원천지국이 부과하는 세율은 그 이자 총액의 12%를 초과해서는 아니된다고 규정하고 … 있다 … . 한편 OECD 모델 조세협약 제11조 제3항 제2문에서는 지급지체로 인한 벌과금은 이자에서 제외된다고 규정하고 있고, 위 조항의 주석에서는 체약당사국은 양자 간 협상에서 위 제2문을 생략하고 벌과금을 이자로 취급할 수 있다고 설명하고 있으나, 이러한 내용은 1977년 개정판에서 비로소 신설된 것이므로, 1976. 6. 4. 이미 체결된 한·미 조세조약에서 체약당사국인 대한민국과 미합중국이 위 내용을 참조하여 지연손해금을 이자의 범위에 포함시키기로 정하였다고 볼 수

---

193) 서울고등법원 2010. 2. 12. 선고 2009누8016 판결. 대법원 2012. 1. 27. 선고 2010두5950 판결로 상고기각. 제1장 제4절 Ⅰ.

> 는 없다 … 금전채무의 이행지체로 인한 지연손해금이 이 사건 쟁점조항에서 정한 이자에 해당한다고 잘못 전제한 … 원심의 판단에는 이 사건 쟁점조항의 해석에 관한 법리를 오해하여 판결에 영향을 미친 잘못이 있다.

이 판결은 조약체결 뒤에 나온 주석이니 조약협상 담당자들의 의사가 아니라고 하나, 특정한 조약의 체결 당시 이미 있었던 주석이라고 해서 반드시 따라야 할 이유도 없다. 이미 있든 주석이든 그 뒤에 새로 나온 주석이든 모두 참고자료일 뿐. 어느 쪽이든 아예 무시할 이유도 없고 무조건 따를 이유도 없다.[194] 어느 쪽이든 내용이 옳으면 받아들이면 되고 틀렸으면 내치면 된다. 다만 이 주석서는 현재까지 나온 각종 문헌 가운데 가장 포괄적 참고자료라 할 수 있고, OECD의 전문적 관료조직의 작업에 터잡아 각국 행정공무원이 합의한 해석을 담고 있다는 점에서 옳은 해석일 가능성은 높다. "Crown Forest" 판결의 표현을 빌리면 '높은 설득력'을 가진다. 물론 반드시 옳다는 보장은 없다. 국내법 해석에서 법원이 종종 행정해석을 내칠 수밖에 없는 사정에 이르는 것과 마찬가지이다. OECD 모델 주석 작성과정에서 우리나라 대표가 모델조약이나 주석에 이의를 달았는지도[195] 법원의 조약 해석에서는 아무런 구속력이 없다. 그 이의란 그를 단 우리나라 행정공무원의 생각일 뿐이니까.

Ⅴ. 국내법에 따른 조약해석

앞서 "Strathalmond" 판결에서 보았듯, 전형적 조약은 조약에서 달리 정하고 있지 않은 용어는 조약을 적용하는 나라의 국내법(또는 법정지법 法廷地法, lex fori)에서 가지는 의미에 따라 해석한다고 정하고 있다.[196] 바로 앞의 2014두39784 판결을 다시 보자. 쟁점은 지연손해금을 조약상 어떤 소득으로 구분하는가이다.

대법원 2016. 6. 10. 선고 2014두39784 판결

> (원심) 이 사건 소득은 한미조세조약이 정하는 이자소득에 해당한다고 보아

---

194) Waters, 앞의 글, 688쪽, 특히 주석 38도 같은 생각인 듯하다.

195) OECD 모델 주석은 모델 자체에 대한 이의를 유보하는 것을 "reservation"이라고 부르고 주석에 대한 이의를 유보하는 것을 "observation"이라고 부른다.

196) OECD 모델 제3조 제2항. *Klaus Vogel on Double Taxation Conventions*, 제3조 2항 주석 115문단.

야 하므로 … 기타소득에 해당함을 전제로 한 이사건 처분은 위법 …

(대법원) …'한·미 조세조약' … 제13조는 제2항에서 이자에 대하여 원천지국이 부과하는 세율은 그 이자 총액의 12%를 초과해서는 아니된다고 규정하고, 제6항(이하 '이 사건 쟁점조항'이라 한다)은 "이 협약에서 사용되는 '이자'라 함은 공채, 사채, 국채, 어음 또는, 그 담보의 유무와 이익 참가권의 수반 여부에 관계없는, 기타의 채무증서와 모든 종류의 채권으로부터 발생하는 소득 및 그 소득의 원천이 있는 체약국의 세법에 따라 금전의 대부에서 발생한 소득으로 취급되는 기타의 소득을 의미한다."라고 규정하고 있다. 그리고 제2조 제2항 제1문은 "이 협약에서 사용되나 이 협약에서 정의되지 아니한 기타의 용어는, 달리 문맥에 따르지 아니하는 한, 그 조세가 결정되는 체약국의 법에 따라 내포하는 의미를 가진다."라고 규정하고 있다.

한편 구 법인세법(2010. 12. 30. 법률 제10423호로 개정되기 전의 것, 이하 같다) 제93조는 외국법인의 국내원천소득을 구분하여 제1호에서 '소득세법 제16조 제1항에 규정하는 이자소득' 등을 규정하면서, 이와 별도로 제11호 (나)목에서 '국내에서 지급하는 위약금 또는 배상금으로서 대통령령이 정하는 소득'을 규정하고 … 있다 … 한·미 조세조약은 소득을 이자, 배당, 사용료 등 종류별로 구분한 다음 각 소득별로 원천지국과 거주지국 사이에 과세권을 조정하는 조항을 두고 있으므로, 이 사건 쟁점조항 전단의 '모든 종류의 채권으로부터 발생하는 소득'의 의미를 채권으로부터 유래된 소득이기만 하면 모두 이자에 해당한다는 것으로 볼 수 없음은 분명하다. 한편 한·미 조세조약에서 '모든 종류의 채권으로부터 발생하는 소득'에 관하여 특별한 정의규정을 두고 있지 아니하고 달리 문맥상 위 문언의 의미가 명확하게 드러난다고 할 수도 없는데, 이와 같은 경우에 한·미 조세조약 제2조 제2항 제1문에 의하면 해당 용어는 그 조세가 결정되는 체약국의 법에 따라 내포하는 의미를 가진다. 우리나라 국내법에 이 사건 쟁점조항이 말하는 '모든 종류의 채권으로부터 발생하는 소득'에 해당되는 정의규정은 없으나, 구 법인세법 제93조가 인용하는 구 소득세법(2009. 12. 31. 법률 제9897호로 개정되기 전의 것) 제16조 제1항은 이자소득으로 제12호에서 '제1호부터 제11호까지의 소득과 유사한 소득으로서 금전 사용에 따른 대가로서의 성격이 있는 것'을 규정하고 있는 반면, 구 법인세법의 해석에 있어서 채무의 이행지체로 인한 지연손해금은 본래의 계약의 내용이 되는 지급 자체에 대한 손해가 아니고 그 채무가 금전채무라고 하여 달리 볼 것도 아니므로 구 법인세법 제93조 제1호의 '이자소득'이 아니라 제11호 (나)목의 '위약금 또는 배상금'에 해당할 수 있을 뿐이다(대법원 1997. 3. 28. 선고 95누7406 판결 등 참조). 이러한 이 사건 쟁점조항과 관련 규정들의 문언과 체계 등에 비추어 보면, 금전채무의 이행지체로 인하여 발생하는 지연손해금은 이 사건 쟁점조항에서 정한 이자에 해당하지 아니한다고 봄이 타당하다.

여기에서 한 가지 문제가 생긴다. 국내법의 규정에 변경이 있다면, 조약에 나온 용어는 조약 체결 당시의 법률에 따라 해석(static interpretation)할 것인가, 아니면 조약 적용 당시의 법률(조세채무 성립 당시의 법률)에 따라 해석(ambulatory interpretation)할 것인가? 논자에 따라서는 OECD 모델 주석에 대해서도 똑같은 문제를 제기하기도 하지만, 적어도 우리 헌법에서는 OECD 모델은 참고자료일 뿐이고 법규범이 아니므로 애초 문제 자체가 성립하지 않는다.

The Queen v. Melford Developments Inc.[197]

이 사건 납세의무자(원천징수의무자)는 독일의 은행에서 지급보증을 받고 보증수수료를 지급한 캐나다 회사이다(이 보증 덕으로 원고는 캐나다 은행에서 대출을 받았다). 1956년에 체결된 캐나다-독일 조세조약은 제3조에서 고정사업장이 없는 한 사업소득은 원천지국에서 면세한다고 정하고 있었지만 이자는 사업소득의 범위에서 제외하여 원천지국에서 과세할 수 있게 정하고 있었다. 한편 캐나다 국내법은 1974년에 개정되었고 개정법은 지급보증 수수료를 이자의 일종으로 보도록 정하였다. 이 사건에서 국세청은 조약이 말하는 '이자'라는 말은 개정된 국내법에 따라 지급보증 수수료를 포함하는 개념으로 풀이해야 하고, 따라서 지급보증 수수료는 사업소득이 아니므로 캐나다에서 과세대상이라고 주장하였다. 납세의무자는 이자라는 말은 조약 체결 당시의 국내법상 의미로 읽어야 하므로 지급보증 수수료를 이자로 보는 나중의 국내법 변경에 불구하고 조약상 면세된다고 주장하였다. 법원은 납세의무자 승소 판결을 내렸다. 국회가 조약을 배제하는 국내법을 입법할 수 있음은 분명한 일이지만, 이 사건에서는 조약을 배제할 의도로 국내법을 입법한 것은 아니다. 그렇다면 국내법을 변경하여 조약의 의미를 바꿀 수는 없다.

1995년 개정된 OECD 모델은 위 판결과 달리 조약의 해석이 구체적 쟁점으

---

197) CanLII 201 (SCC), [1982] 2 S.C.R. 504 (Canada).

로 등장한 당시의 국내법, 곧 세금을 매길 당시의 현행 국내법에 따라 해석하여야 한다고 정하고 있다:[198)]

> **1995 OECD Model Article 3 (General Definitions)** (2) As regards the application of the Convention at any time by a Contracting State, any term not defined therein shall, unless the context otherwise requires, have the meaning that it has *at that time* under the law of that State for the purposes of the taxes to which the Convention applies, *any meaning under the applicable tax laws of that State prevailing over a meaning given to the term under other laws of that State.*
>
> **1995년 OECD 모델 제3조(일반적 정의)** (2) 언제이든 한 체약국이 이 조약을 적용할 때에는 이 조약에 달리 정의가 없는 용어는, 맥락이 달리 요구하지 않는 한,[199)] 그 때 당시 그 나라 법에서 조약적용 대상이 되는 세금 목적으로 쓰는 의미를 지닌다. 그 나라 세법상의 의미가 그 나라의 다른 법률상 의미에 우선한다.

밑줄 친 부분이 1995년 개정된 부분이다. 세법상 의미가 우선한다는 것이야 당연하다. 어느 시점 현재의 국내법인가에 대해 OECD 모델 주석은, 개정 글귀가 없던 1992년에 위 개정 내용처럼 과세시점 현재의 국내법상 의미에 따른다고 주석에 토를 달았다가 1995년에 아예 모델조약을 개정하면서 이 개정은 창설적 규정이 아니고 확인적 규정이라고 한다.[200)] 현행법상의 의미를 그 전에 체결한 조약에 소급적용할 수 있다는 생각은 과연 옳은가? 다시 이 문제는 조약이 국내법적 효력을 가지는 근거가 무엇인가로 돌아간다. 국내법적 효력의 근거를 조약이라는 사실 그 자체에서 찾는다면, 조약 체결 이후에 생긴 국내법의 의미가 조약 체결 당시 두 체약국의 의사라고 보는 것은 논리적으로 불가능하다. 그러나 조약이 국내법적 효력을 가지는 이유를 국회의 의사에서 찾는다면, 조약 체결 이후의 국내법을 조약 해석의 전거로 삼는 것도 논리적으로 전혀 불가능하지는

198) OECD 모델 제3조 제2항.

199) 이 말은 두 체약국의 의사를 고려할 수 있고 또 상호주의 기준으로 쟁점 용어가 다른 체약국에서 쓰이는 뜻을 고려할 수 있다는 뜻이라고 한다. OECD 모델 제3조 주석 12문단.

200) OECD 모델 제3조 주석 13.1문단.

않다. 국내법으로 이미 체결한 조약의 효력을 배제하는 것이 가능한 이상 조약의 해석을 그 뒤에 생긴 국내법에 맞추어야 한다는 생각을 반드시 틀렸다고 말하기는 어렵다.[201] 각국의 재판실무나 행정실무도 현행법에 따른 해석을 받아들이는 듯하고,[202] "Melford" 판결은 이례적인 판결인 듯 싶다. 결국 조약보다 나중에 생긴 국내법으로 조약의 명문 규정 자체를 배제할 수 있는 이상, 조약의 특정 용어에 특정한 뜻을 주기 위한 국내법이라면 조약보다 늦게 생긴 법이더라도 그에 맞추어 조약을 풀이할 수밖에 없다. 다른 한편 국내법에 의한 조약배제는 가능하다고는 해도 되도록 피해야 할 일이므로, 조약을 염두에 둔 것이 아닌 국내법 개정이라면 개정법상 의미를 조약해석에 적용하지 않아야 옳다.

제 3 절 조약에 관한 다툼의 해결

Ⅰ. 행정심판과 소송

조세조약의 적용과 해석을 둘러싼 분쟁 역시 국세기본법에 따라 심사청구나 심판청구를 구할 수 있고 행정소송법에 따라 소송을 할 수 있다. 경정청구를 구할 수도 있다. 이창희, 『세법강의』, 제6장.

Ⅱ. 권한 당국[203] 사이의 상호합의

우리 헌법에서는 조약 해석 역시 법원의 권한이다. 우리나라가 맺은 조약이 무슨 뜻인가에 대해서는, 적어도 우리 법원이 맡은 사건인 이상 우리 법원의 판단 말고는 다른 정답이 있을 수 없다. 과연 옳은가에 관한 시비야 붙게 마련이지만 조약이든 법률이든 궁극적으로 대법원이 내리는 답이 정답이다.[204] 그러나

201) 법률을 만드는 것은 국회이지만 법률의 해석권은 국회가 아니라 법원의 전권이라는 점에서 본다면, 법원은 국회가 법을 만들던 당시의 의사만 고려하면 충분하다고 볼 수도 있지만, 국회의 새로운 의사를 고려할 수 없다는 결론은 안 나온다.

202) Brockway, "The Interpretation of Tax Treaties and Their Relationship to Statutory Law" - A U.S. Perspective, Canadian Tax Foundation Reports of Proceedings of the 35th Tax Conference 619 (1984); Rev. Rul. 80-243, 1980-2 CB 413. Supreme Court of India, Civil Appeal Nos. 8733 - 8734 of 2018, decided on 11 February 2021.

203) 영어로는 "competent authority". '권한 있는 당국'이라는 번역도 많이 쓰인다.

조약이란 상대방 체약국이 있다 보니, 우리 국세청의 과세처분이 옳은지를 우리 법원 아닌 자가 끼어들어 판단하는 수가 생긴다. 가령 미국조약은 다음과 같이 정하고 있다.

> 미국조약 제27조(상호합의 절차)[205] 1. 일방 체약국 또는 양 체약국의 과세처분이 일방 체약국의 거주자에 대하여 이 협약에 의거하지 아니하는 과세의 결과를 가져오거나 또는 가져올 것으로 동 거주자가 간주하는 경우에, 동 거주자는 양 체약국의 국내법에 의하여 규정된 구제절차에 불구하고, 그가 거주자로 되어 있는 체약국의 권한 있는 당국에 그 사건에 대한 이의를 신청할 수 있다. 동 청구를 받은 체약국의 권한있는 당국에 의하여 동 거주자의 청구가 이유있는 것으로 간주되는 경우에 동 체약국은 이 협약의 규정에 배치되는 과세를 회피할 목적으로 타방 체약국의 권한있는 당국과의 합의에 도달하도록 노력한다.
>
> 2. 양 체약국의 권한있는 당국은 이 협약의 적용에 관하여 발생하는 곤란 또는 의문을 상호합의에 의하여 해결하도록 노력한다. 특히, 양 체약국의 권한있는 당국은 다음의 사항에 관하여 합의할 수 있다.
>
> (a) 일방 체약국의 거주자와 타방 체약국내에 소재하는 동 거주자의 고정사업장에 산업상 또는 상업상의 이윤을 동일하게 귀속하는 것
>
> (b) 일방 체약국의 조세 관할에 따라야 하는 인과 특수관계인 간에 소득, 비용공제세액공제 또는 소득공제를 동일하게 할당하는 것
>
> (c) 특정 소득 항목의 원천을 동일하게 결정하는 것
>
> (d) 소득과 비용공제를 일관성 있게 계산하는 것, 또는
>
> (e) 이 협약에서 사용되는 용어를 동일하게 정의하는 것 …
>
> 3. 양 체약국의 권한있는 당국은, 본조에서 의미하는 합의에 도달할 목적으로, 서로 직접 의견교환을 할 수 있다. 합의에 도달할 목적으로 유익하다고 간주되는 경우에 권한있는 당국은 구두의 의견교환을 위하여 상호 회합할 수 있다.
>
> 4. 권한있는 당국이 그러한 합의에 도달하는 경우에는, 동 합의에 따라 양

204) 대법원의 답이 늘 '진리'라는 뜻이 아니다. 참고로 20세기 중반 미국의 연방대법관을 지낸 로버트 잭슨(Robert Jackson)은 다음과 같은 말을 남겼다. "We are not final because we are infallible, but we are infallible only because we are final." 여기서 '정답'이란 이러한 의미이다.

205) 우리말, 영어 모두 대등한 정본이므로 우리말만 본다.

체약국이 동 소득에 대하여 과세하며 또한 조세의 환불 또는 세액공제를 허용한다.

상호합의 또는 권한당국간[206] 협의는 2/3 가량이 이전가격 시비이다. 이전가격이든 다른 문제든 상호합의 결과가 우리 법원의 해석과 같으리라는 보장은 전혀 없다.[207] 법률가도 사람마다 생각이 다르다는 점은 접어놓더라도, 상호합의란 본질적으로 두 나라 국세청 사이의 흥정. 반드시 국내법이나 조약의 구속을 받지 않는다.[208] OECD 모델 주석도, 한 편에서는 가령 이전가격 같으면 주석(이전가격지침)의 내용이 권한당국간 협의의 기준이 된다고 하지만 다른 한편으로는 꼭 법대로 정할 수 있는 것은 아니니 '공평'하게 결정하면 된다고 말하고 있기도 하다.[209] 현실은 분명 주고받는 흥정이다. 이 협의 과정은 결국 두 나라 국세청 사이의 협의이며, 납세의무자는 원칙적으로 그 과정에서 배제된다. 다른 한편 납세의무자는 상호합의와 별도로 법원에 소송을 낼 수 있으므로, 두 가지가 따로 돌아가게 된다. 이 때문에 권한당국의 합의사항은 납세의무자가 이를 받아들이고 소를 취하한다는 조건하에서 합의할 수밖에 없다.[210]

제1항에서 주목할 점은 납세의무자가 이의 내지 보호를 요청하는 상대방이 본국 정부라는 점이다. 우리 국세청에 불만이 있는 미국법인이 우리 법에 따라 국세청을 상대로 불복할 수 있음이야 당연하고 우리 국세청에 상호합의를 신청할 수 있는 것도 당연하다. 우리나라는 불복절차에서 거주자와 비거주자를 차별하지 않는다.[211] 그에 더해 조약은 미국법인이 미국 국세청에 하소연할 기회를 열어주고 있다. 미국 국세청이 볼 때 그 말이 맞다 싶으면 우리 국세청에 요청해서 협약의 해석·적용에 관해 서로 합의하자는 것. 마치 19세기 영사재판권의[212] 잔재 같은 느낌을 주지만 상호간 자본수출국 겸 자본수입국으로 같은 입

206) 대부분의 조세조약에서 '권한당국(Competent Authorities)'은 '재무부 장관 또는 그의 권한을 위임받은 대표'로 정의된다. 국제조세조정에 관한 법률 제51조의2에 따라 기획재정부 장관은 상대방 체약국의 권한당국과 공동협의체를 구성할 수 있다.

207) 상호합의는 법원을 구속하지 않는다. 제2장 제2절 Ⅱ의 Commerzbank 판결.

208) 법인세법 제53조.

209) OECD 모델 제25조 주석 38문단.

210) OECD 모델 제25조 주석 45문단. 국제조세조정에 관한 법률 시행령 제89조.

211) 국세기본법 제55조 이하, 「국제조세조정에 관한 법률」, 제42조 제1항.

212) 1876년(고종 13) 조선이 일본과 맺은 조일 수호 조규(朝日修好條規)에 처음 들어갔고 그 뒤 1882년의 조미 수호 통상 조약, 조청 상민 수륙 무역 장정, 1883년의 조영 수호 통상 조약과 조

장이라면 기분 나쁠 일이 없고, 완전한 자본수입국의 입장에서 보더라도 이 조항이야말로 조세조약의 핵심이다. 조세조약이 외자 유치에 도움되는 가장 큰 이유가 바로 이것, 상호합의 조항이 투자자에게 안도감을 준다는 것이다.[213] 여기에서 한 가지 의문이 들리라. 실제 해외 투자는 다 자본수입국에 설립한 현지법인 내지 자회사의 형태를 띠고, 현지법인의 거주지국은 자본수입국이다. 그렇다면 자본수출국 정부에 하소연할 수가 없다. 일단 맞지만 실제 문제는 별로 없다. 조세조약 조문 가운데 자본수입국 현지법인에 대해 적용하는 조항이란 실제로는 독립기업 원칙 정도이지만[214] 자본수입국이 이 원칙을 빌미로 현지법인의 소득을 늘려잡는 경우 소득이 자본수출국의 주주 내지 모회사에 유출되었다고 보아 주주나 모회사에도 세금을 물리는 수가 많기 때문이다.[215] 2017년 OECD 모델 제25조 제1항은 이 문제를 정면으로 고쳐서 납세의무자는 두 체약국 가운데 어느 쪽에도 상호합의를 신청할 수 있도록 하였다.

제1항에 따른 이의를 하지 않는다면, 자본수출국에서 외국납부세액공제를 받는 데에 문제가 생길 여지가 있다. 자본수출국 국세청이 보기에 자기네가 나섰더라면 내지 않아도 될 세금이라고 여긴다면, 공연히 낸 돈이니까 세금이 아니고 기부금이라고 볼 가능성이 있다.[216] 제2항의 상호합의는 특정 부류의 납세자들에 관한 일반적 성격의 사안으로서 조약의 해석·적용에 관하여 발생하는 곤란이나 의문을 해결하기 위한 것이다. 실무상 '일반적 상호합의'라고 부른다.[217] 제3항은 상호합의의 절차로 양 권한당국 간 의사소통 방식을 규정한 것이다. 제1항에 따른 신청을 했더라도 납세의무자는 이 절차에 참가할 수 없다. 제2항과 제3항의 상호합의는 반드시 제1항의 신청을 필요로 하지 않고, 그저 두 나라 권한당국이 시작하면 된다.[218] OECD 모델과 달리 미국조약 제2항 각호는 상호합의의 대상을 적고 있으나 그저 예시일 뿐이다.

독 수호 통상 조약, 1884년의 조러 수호 통상 조약 등 조선이 체결한 모든 조약에 들어 있다.

213) 제2장 제1절 Ⅰ.

214) 제4장 제4절 Ⅰ.

215) 제4장 제4절 Ⅳ.

216) 제13장 제2절 Ⅱ; 제12장 제4절 Ⅱ의 P&G 판결.

217) 이에 관한 상세한 논의는 김정홍, "조세조약상 일반적 상호합의의 법적 성질과 제도적 개선방안", 「조세학술논집 」37-2(2021), 45~83쪽; 이중교, "상호합의절차의 종류와 법리상 쟁점", 「조세학술논집」 39-2(2023), 157~187쪽 참조.

218) 보기로 아래 대법원 2016. 12. 15. 선고 2015두2611 판결에 나오는 상호합의.

제2항과 제3항은 상호합의에 이르도록 절차를 시작하라는 뜻일 뿐이므로 반드시 합의에 이르러야 한다는 뜻은 아니다. 그런 뜻에서는 상호 '합의' 절차라는 말은 마땅치 않고, 법적 성격은 권한당국 상호간의 '협의' 절차일 뿐이지만 실제로 합의에 이르는 수도 많다. 한편, 개별적・구체적 사안에 대한 상호합의는 법대로 가는 것이 아니고 두 체약국 사이의 흥정일 뿐이다. 구체적 사안에 대한 조약의 해석・적용에 관해서 서로 생각이 달라서 벌어진 분쟁이니만큼, 따져보니 상대방 국가의 법해석이 과연 옳고 내가 틀렸구나, 이렇게 깨닫는 일은 없다. 아예 협의 자체에 불응한다면 조약 위반이라는 식의 문제 제기가 있을 수 있지만, 조약 위반에 따르는 법률효과란 적어도 조세조약 그 자체에서는 해지뿐이니 아예 협의를 거절하는 수도 있고.

대법원 2016. 12. 15. 선고 2015두2611 판결

가. 대한민국과 미합중국 간의 소득에 관한 조세의 2중과세 회피와 탈세방지 및 국제무역과 투자의 증진을 위한 협약(이하 '한・미 조세조약'이라 한다) 제27조는 개별적 과세처분에 관한 상호합의뿐만 아니라 '조약의 적용에 관하여 발생하는 곤란 또는 의문'을 해결하기 위한 일반적 상호합의절차를 규정하고 있고, 일반적 상호합의의 대상 중 하나로 '특정 소득항목의 원천을 동일하게 결정하는 것'을 들고 있으며[제2항 씨(C)호], 권한 있는 당국이 그러한 합의에 도달하는 경우 그 합의에 따라 양 체약국이 그 소득에 대하여 과세하며 또한 조세의 환불 또는 세액의 공제를 허용한다고 규정하고 있다(제4항). 그리고 제6조 제9항은 소득별 원천을 규정한 제1항 내지 제8항이 적용되지 아니하는 항목의 소득원천에 관하여 일방 체약국 법이 타방 체약국 법과 상이하거나 또는 어느 체약국 법에 의하여 용이하게 결정될 수 없을 경우에 2중과세를 회피하거나 기타 조약상 목적을 촉진하기 위하여 양 체약국의 권한 있는 당국이 조약 목적상 공동의 원천을 확정할 수 있다고 규정하고 있다.

부동산을 과다 보유하고 있는 회사의 주식이 양도됨에 따라 발생하는 소득(이하 '부동산 주식 양도소득'이라 한다)의 경우 외형상으로는 주식의 양도소득에 해당함이 분명하지만 그 실질은 부동산 자체가 양도됨으로써 발생하는 소득과 다를 바 없다고 볼 여지가 있는데,[219] 한・미 조세조약 제15조는 부동산 소득의 경우 부동산이 소재하는 체약국에 의하여 과세될 수 있다고 규정한 반면

219) 제11장 제3절 Ⅲ.

제16조는 타방 체약국에 소재하는 부동산의 매각 등에 의하여 발생하는 소득이거나 타방 체약국 내의 고정사업장과 실질적으로 관련되는 소득 등이 아닌 한 자본적 자산의 매각 등으로부터 발생하는 소득은 거주지국에서만 과세되고 타방 체약국에 의한 과세로부터 면제된다고 규정하고 있으면서도, 소득별 원천에 관한 제6조는 부동산 주식 양도소득에 관하여 따로 규정하고 있지 아니하다. 한편 조세조약과 국내법 사이의 우열관계를 신법우선의 원칙에 따르도록 하고 있는 미국은 한·미 조세조약의 체결 이후에 국내법으로 미국 소재 부동산을 과다보유한 법인의 주식 양도소득에 대하여 미국 원천소득으로 과세하도록 하였고, 한국 역시 한국 소재 부동산을 과다보유한 법인의 주식 양도소득에 대하여 국내원천소득으로 보아 과세하는 규정을 두고 있다. 이러한 경우 한국과 미국 사이에 한국 소재 부동산을 과다보유한 법인 주식의 양도소득에 대한 한국의 과세권 행사에 관하여 상호합의절차가 개시되어 한국 원천소득으로 합의하였다면, 이와 같은 합의는 한·미 조세조약 제27조 제2항 씨(C)호가 예정한 조약의 적용, 특히 특정 소득항목의 원천을 동일하게 결정하는 데 관하여 발생하는 곤란 또는 의문을 해결하기 위한 상호합의에 해당하여 유효하다고 볼 것이므로 한국은 그에 따라 한국 소재 부동산을 과다보유한 법인 주식의 양도소득에 대하여 과세할 수 있고, 이 경우 국내에서 따로 조약 개정에 준하는 절차를 밟지 않았다고 하여 그 효력을 부인할 것이 아니다.

나. 원심은 그 채택 증거에 의하여 판시와 같은 사실을 인정한 다음, 한국 재정경제부가 1997. 4. 21. 미국 국세청에 제안하여 수차례 협의를 거친 후, 양국이 1999. 6. 23. '한·미 조세조약 제6조 제9항과 제27조 제2항 씨(C)호의 목적상 2중과세 방지를 위하여 한국 소재 부동산을 과다보유한 법인의 주식 양도소득의 원천이 부동산 소재지국에 있다'고 합의하여 2001. 4. 6. 공표한 이 사건 쟁점합의는 부동산 주식 양도소득에 관하여 부동산 소재지국이 그 과세권을 행사한다는 점이 내포된 것으로서, 한·미 조세조약 제27조 등이 이미 예정한 상호합의절차를 거친 것에 불과할 뿐 기존 조약 내용의 범위와 한계를 벗어나 이를 실질적으로 변경하는 조약 개정[220]이라고 볼 수 없다고 판단하였다.

다. 앞서 본 법리와 원심판결 이유 및 기록에 의하여 알 수 있는 이 사건 쟁점합의의 전·후 진행경과 및 내용 등 여러 사정들에 비추어 살펴보면 원심의 이러한 판단은 정당하고, 거기에 상고이유 주장과 같이 조세법률주의나 한·

220) 저자 주: '사항'이라는 말 정도가 빠졌다고 읽으면 된다.

미 조세조약의 해석 · 적용에 관한 법리를 오해하거나 논리와 경험의 법칙에 반하여 자유심증주의의 한계를 벗어난 잘못이 없다.

2017년 OECD모델 제25조에는 미국조약의 위 글귀에 없는 내용이 있다. 우선 상호합의를 어느 나라 국세청에 신청해도 된다는 점은 이미 보았다. 둘째, 제1항에 따른 이의는 3년이라는 제척기간 안에 해야 하고, 제2항에서 상호합의가 되면 세금을 매겼던 나라는 자국 국내법상 불변기한을 무시하고 그에 따른 조치를 해야 한다. 국세기본법은 그에 맞춘 규정을 두고 있다. 상호합의 절차를 하는 동안에는 부과제척기간이 사실상 정지해서 국세청은 절차종료일 다음 날로부터 1년까지 세금을 매길 수 있다.[221] 기왕의 신고, 결정 또는 경정의 내용과 달리 상호합의가 이루어진 경우 납세의무자는, 그를 안 날부터 3개월 이내에 경정청구할 수 있다.[222]

Ⅲ. 중 재

자본수출국의 입장에서 보자면, 특히 선 · 후진국 사이라면 상호합의 절차에 볼멘소리를 하게 마련이다. 이리하여 '구속력 있는 중재' 절차를 들여오자는 제안이 나왔고 실제 조약에 들어온 것은 1990년 미국과 독일 사이의 개정 조약이 처음이다. 그 뒤 미국은 중재를 세게 밀었고, 그 결과 2008년에 OECD 모델 제25조에 제5항을 얹어서, 2년 안에 상호합의가 안 되면 중재로 넘어간다는 내용을 새로 두었다. 그 뒤 2015년의 BEPS 보고서 제14호는 중재를 이른바 '공통접근'(common approach)에 집어넣어 중재 조항을 각국에 강력히 권고하고, 나아가 보고서 제15호에서 시작하여 이미 발효한 다자조약에 무려 아홉 조에 걸친 아주 자세한 중재 조항을 두었다. 중재인의 수는 3명. 각 체약국이 1명씩 선임하고 두 중재인이 의장을 선입한다.[223] 중재인들이 법원 판결처럼 정하는 것은 아니고 이른바 '야구 중재' 방식을 따라 두 나라 국세청이 낸 답안 가운데 하나를 고르기만.[224] 두 나

221) 국세기본법 제26조의2 제6항 제2호.
222) 국세기본법 제45조의2 제2항.
223) 다자조약 제20조 제2항.
224) 다자조약 제23조 제1항. '야구 중재'라는 말은, 이와 같이 두 당사자가 내세운 답 중 어느 하나를 고르기만 하는 방식의 분쟁 해결이 미국 프로야구 메이저리그의 연봉조정 절차에서 쓰

라의 입장 차이가 되도록 줄도록 유도하면서 절차도 간소화하자는 생각이다.

우리나라의 실제 양자조약에는 아직 중재 조항을 둔 것이 없고, 다자조약도 중재 조항을 빼고 서명했다.[225] 국제정치의 역학(力學) 문제이기는 하지만 앞으로 중재가 이른바 최소기준 강제사항으로 바뀌어 억지로 중재 조항을 택하는 사태가 올 수도 있다.[226] 이 가능성에 대비하여 권한당국 간 상호합의절차가 실패하고 납세의무자의 요청에 따라 중재절차가 개시될 가능성을 염두에 두고 세부적인 내용은 조세조약에서 정하는 바에 따르도록 법에 정했다.[227]

중재판정이라면 우리 법원의 판결과 달리 OECD 모델 주석이 압도적 중요성을 띠게 마련이다. 야구중재 방식이 아니고 중재인이 이유를 붙인 판단에 따라 결정하는 경우라면 국내법을 고려할 여지도 있지만[228] 중재인단의 구성이 그렇게 안 된다. 이 중재판정은 상사(商事) 중재가 아니고 납세의무자와 국세청을 당사자로 하는 것도 아니어서 납세의무자가 국내 법원에서 승인집행을 구할 수는 없다.[229] 그러나 납세의무자가 받아들이지 않는 경우나 법원이 중재판정을 취소하는 경우가 아닌 한 중재판정이 각 체약국을 구속한다고 다자조약 자체에 정하고 있다.[230] 국세청이 중재판정의 취소를 구하지도 않은 채 그냥 무시한다면 납세의무자는 경정청구를 낼 수 있고[231] 그밖에 절차법적으로 여러 가지 따져볼 문제가 생기지만 그런 일이야 실제 생길 리 없다. 현실적으로는 다자조약의 글귀에 따른 중재라 해도, 중재신청 당시 납세의무자가 그 결과를 그대로 받아들이기로 합의하면서 법원에 낸 소는 다 취하하고 앞으로도 소를 내지 않기로 약정하는 경우에만 절차가 개시되리라. 이 전제가 충족되지 않으면 국세청이 중재절차 개시에 아예 응하지 않을 가능성이 높기 때문에.

이면서 널리 알려졌다. "Pendulum arbitration", "final offer arbitration"(FOA)라는 말도 있다고 한다.

225) www.oecd.org/tax/treaties/beps-mli-position-korea.pdf. 다자조약 제18조, 제29조.

226) 양인준 · 최정희, "조세조약상 중재제도의 최근 국제동향과 그 도입방안", 「조세법연구」 23-3 (2017), 227쪽, 특히 235~236쪽.

227) 「국제조세조정에 관한 법률」 제43조.

228) 다자조약 제23조 제2항.

229) 외국 원천징수세의 당부를 둘러싼 사인 사이의 분쟁에서는 중재 판정이 일단 나온 이상 승인집행을 구할 수 있다는 미국 하급심 판결이 있다. Mondis Technology Ltd. v. Wistron Corp., No. 15-cv-02340, (S.D.N.Y. Nov. 3, 2016).

230) 다자조약 제19조 제4항.

231) 국세기본법 제45조의2 제2항 제3호. 다자조약에 따른 중재는 기존 양자조약의 상호합의 절차의 일부라 보아야 한다. 다자조약 제19조 제1항, 제24조.

제3장
조약에 따른 과세권 분배

제3장에서는 조세조약이 제1장에서 분석한 국내법상의 과세규범을 어떤 식으로 수정하는지를 공부한다. 조세조약은 소득을 일정한 종류로 구분하고 각 종류별로 관계 당사국 중 어느 나라가 어느 범위에서 과세권을 가진다고 정함으로써 국내법에 따른 각국의 과세권을 제약한다. 또 조세조약은 각국이 자국에 속하는 자에 대해서 택하고 있는 2중과세 배제방법에 영향을 줄 수도 있다. 자세한 내용은 모두 뒤따르는 각론에서 다루지만 우선 제3장에서 과세권 분배의 뼈대를 보기로 한다. 그에 앞선 선결문제로 제3장은 애초 조약을 적용받기 위한 인적 적용요건 내지 적용범위 문제에서 시작한다.

특정 조세조약을 적용받기 위해서는 그 조약상 상대방 체약국의 거주자이어야 한다. 그러자면 조약이 정한 명문의 요건, 전형적으로는 상대방 체약국의 국내법에서 그 나라 거주자이어야 하고 이중거주자가 아니어야 한다. 그에 더해서 21세기에 들어서 계속 시비가 걸리고 우리 대법원 판례만도 열댓개 쏟아져 나온 문제로 상대방 체약국의 거주자로 조약을 적용받자면 납세의무자와 상대방 체약국 사이에 뭔가 실질적 · 경제적 연관이 있어야 비로소 상대방 체약국의 거주자가 된다는 생각이 자리잡았다. 이 문제는 엄밀히는 상대방 체약국 거주자라는 조약상 명문 요건과는 다른 문제이지만 실제 사건에서는 마구 뒤엉킨 채 세 가지 차원에서 불거졌다. 첫째는 실질과세라는 일반 원칙, 둘째는 조약상의 '수익적 소유자'(beneficial owner) 개념, 셋째는 이른바 조약혜택 배제(LOB)에 관한 조약상의 명문 규정이다. 문제를 한 차원 더 복잡하게 하는 것으로, 상대방 체약국 거주자라는 요건과 실질적 귀속자, 또는 '실질귀속자',[1] 수익적 소유자 이 세 가지 요건 모두에 영향을 주는 규정으로 소득세법 제119조의2와 법인세법 제93조의2가 2020년부터 시행되었다.

제 1 절 조약상의 거주지 판정

법인세법은 납세의무자를 내국법인과 외국법인으로 구분하고[2] 소득세법은 거주자와 비거주자로 구분하고 있다.[3] 비거주자나 외국법인의 경우에는 한 걸음 나아가 그 사람의 본국 내지 거주지국이 어디인가를 확정해야 한다. 그런 나라와 우리나라 사이에 조세조약이 있다면 우리나라의 과세권은 그런 조약의 제한을 받는 까닭이다. 뒤집어 말하면 우리나라와 어떤 상대방 체약국 사이에 조세조약이 있을 때 그 조약을 적용받으려는 자는 상대방 체약국의 거주자라야 한다.

어떤 납세의무자가 상대방 체약국 거주자라는 말을 OECD 모델 주석은 상대방 체약국에서 포괄적(comprehensive), 또는 완전(full) 납세의무를 지는 자라고 풀이하고 있다.[4] 다시 이 말을 받아 여러 나라의 법원, 행정청 또 주석가들은 '한 체약국의 거주자'라는 말을 그 나라에서 전세계소득 납세의무를 지는 자라고 풀이하고 있다. 너무나 당연해 보이는 이런 풀이는 기실 법해석론상 난점을 안고 있다. 1) 이 절에서 보듯 이 해석을 조약의 글귀에서 끌어내기는 무리이다. 2) 그러나 속인주의(屬人主義)를 택한 나라의 입장에서 보자면 목적론적 관점에서 그렇게 해석할 수밖에 없다. 3) 다시 그러나 이 해석은 속지주의(屬地主義)와는 근본적 모순 관계에 있다. 왜 그럴까?

이 절은 우선 조세조약에서 '거주자'라는 개념이 어떤 의의를 지니는가를

1) 실질적 귀속자란 실질과세 원칙에 따랐을 때 소득이 귀속되는 사람이란 뜻. 우리 국세기본법으로는 제14조 제1항 참조. 법인세법 제93조의2나 제98조의4, 6에서 '실질귀속자'라는 말을 쓰는 것을 감안하여, 이 책에서는 앞으로 내내 '실질귀속자'로 표현한다.

2) 법인세법 제1조. 제1장 제2절 Ⅲ. 2, 제4절 Ⅲ. 3.

3) 소득세법 제1조의2. 제1장 제2절 Ⅲ. 2, 제4절 Ⅲ. 1.

4) OECD 모델 제4조 주석 1~3문단, 8문단.

살피고, 그에 이어 각국의 판결을 통하여 거주자라는 말의 의미를 밝힌 후 그에 터잡아 논지 1)과 2)를 분석한다. 그 다음에는 논지 3)으로 넘어가 기존 판결의 해석론으로는 속지주의 국가에 대해서는 조세조약의 적용을 부인해야 논리의 앞뒤가 맞지만 이런 해석은 조세조약의 역사와 맞지 않는다는 것을 보인 뒤, 현실 세계에서는 이 모순이 이론적 관심사로 남을 뿐이라는 것을 밝힘으로써 마무리하기로 한다.

조약상 거주자 개념의 속성으로서 전세계소득 과세가 필요한가라는 문제에 관해서는 우리나라나 일본에는 문헌이 전혀 없는 듯하다. 영미에서도 이 점을 정면으로 다룬 논문은 못 찾았고 그저 이 점을 가볍게 건드리고 지나가는 주석서 하나뿐이었다. 이 절에 참고문헌이 거의 없는 것은 그 까닭.

Ⅰ. 거주자의 의의

조세조약은 곳곳에서 어느 한 체약국의 '거주자'라는 말을 쓰고 있다. 그 가운데 실제 문제가 되는 상황은 거의 언제나 조약이 상대방 체약국 거주자에 대한 자국의 과세권 행사를 제약하는 경우이다. 실제 조약은 저마다 글귀가 다르니 2010년 OECD 모델 조약의 글귀로 몇 조항을 보자.

> Article 7 (Business Profits) 1. Profits of an enterprise of a Contracting State shall be taxable only in that State unless the enterprise carries on business in the other Contracting State through a permanent establishment situated therein.
>
> 제7조(사업소득) 1. 한 체약국 기업의 이윤은 그 체약국에서만 과세할 수 있다. 다만 그 기업이 수행하는 사업이 상대방 체약국 내에 고정사업장을 두고 그를 통하여 하는 것이라면 다르다. (하략)

> Article 3 (General Definitions) 1.d) the terms "enterprise of a Contracting State" mean … an enterprise carried on by a resident of a Contracting State … .
>
> 제3조(정의) 1.d) 용어로 '한 체약국 기업'…의 뜻은 … 그 체약국 거주자가 영

위하는 기업…이다.

c) the term “enterprise” applies to the carrying on of any business;

c) 용어로 ‘기업’에 해당한다. 아무 사업이든지 사업을 영위하는 것이라면.

Article 10 (Dividends) 1. Dividends paid by a company which is a resident of a Contracting State to a resident of the other Contracting State may be taxed in that other State.

제10조(배당) 1. 배당금으로서 지급하는 회사가 한 체약국 거주자이고 받는 자가 상대방 체약국 거주자인 것에 대한 과세는 상대방 체약국이 할 수 있다.

2. However, dividends paid by a company which is a resident of a Contracting State may also be taxed in that State according to the laws of that State, but if the beneficial owner of the dividends is a resident of the other Contracting State, the tax so charged shall not exceed:

2. 그러나 배당금을 지급하는 회사가 거주자로 있는 체약국에서도 과세를 자국법에 따라 할 수 있다. 다만 배당금의 수익적 소유자가 상대방 체약국 거주자라면 세금을 위와 같이 매기는 것의 상한이 다음이다… .

Article 11 (Interest) 1. Interest arising in a Contracting State and paid to a resident of the other Contracting State may be taxed in that other State.

제11조(이자) 1. 이자로서 한 체약국에서 발생하고 받는 자가 상대방 체약국 거주자인 것에 대한 과세는 그 상대방 체약국에서 할 수 있다.

2. However, interest arising in a Contracting State may also be taxed in that State according to the laws of that State, but if the beneficial owner of the interest is a resident of the other Contracting State, the tax so charged shall not exceed 10 per cent of the gross amount of the interest … .

2. 그러나 이자가 발생하는 체약국에서도 과세를 자국법에 따라 할 수 있다. 다만, 이자의 수익적 소유자가 상대방 체약국 거주자라면 세금을 위와 같이 매기는 것은 이자 총지급액의 10%를 넘지 못한다… . (하략)

Article 13 (Capital Gains) 5. Gains from the alienation of any property, other than that referred to in paragraphs 1, 2, 3 and 4, shall be taxable only in the Contracting State of which the alienator is a resident.

제13조(양도소득) 5. 양도차익이 재산에서 나온 것이라면 1항, 2항, 3항과 4항에 나온 것이 아니라면 그에 대한 과세는 양도인이 거주자인 체약국에서만 할 수 있다.

Article 15 (Employment Income) 1. … salaries, wages and other similar remuneration derived by a resident of a Contracting State in respect of an employment shall be taxable only in that State unless the employment is exercised in the other Contracting State …

제15조(근로소득) 1. …임금, 급여 기타 이와 비슷한 보수를 한 체약국의 거주자가 근로와 관련하여 버는 것에 대한 과세는 그 체약국에서만 하되, 다만 근로의 수행을 상대방 체약국 안에서 한다면 예외로 한다 … .

Article 18 (Pensions) … pensions and other similar remuneration paid to a resident of a Contracting State in consideration of past employment shall be taxable only in that State.

제18조(연금) … 연금 기타 이와 비슷한 보수로서, 받는 자가 한 체약국 거주자이고 과거의 근로에 대한 대가로 받는 것에 대한 과세는 그 체약국에서만 할 수 있다.

Article 21 (Other Income) 1. Items of income of a resident of a Contracting State, wherever arising, not dealt with in the foregoing Articles of this Convention shall be taxable only in that State.

제21조(기타 소득) 1. 한 체약국 거주자의 소득 항목으로서, 어디에서 발생하는 것이든 앞서 나온 이 조약조문에서 다루지 않고 있는 것에 대한 과세는 그 체약국만 할 수 있다.

위에 적은 조문 가운데 배당소득 조문과 이자소득 조문은 한 체약국 거주자가 상대방 체약국의 거주자에게 지급하는 소득을 적용대상으로 삼고 있다.

가령 우리나라 거주자가 상대방 체약국 거주자에게 지급하는 이자나 배당에 대한 우리나라의 세금은, 그 나라와 우리나라 사이에 체결된 조약상의 상한에 걸린다. 역으로 우리나라와 어떤 다른 나라 사이에 조세조약이 있다고 가정하고 그 조약이 위 OECD 모델과 같은 내용을 담고 있다면, 다른 나라는 제 거주자가 우리나라 거주자에게 지급하는 이자나 배당을 조약이 정한 상한 안에서만 과세할 수 있다. 배당과 이자를 제외한 나머지 조항에서는, 납세의무자가 다른 체약국의 거주자이기만 하면 지급하는 자가 누구든, 우리나라 거주자이든 아니든, 우리나라의 과세권에 제약이 있다.[5] 가령 다른 나라의 거주자가 우리나라에서 버는 사업소득은, 그 나라와 우리나라 사이의 조약상 사업소득 조항에 따라, 우리나라에 고정사업장이 있는 경우에만 우리나라가 과세할 수 있다.

어느 유형이든 이런 조문에서 상대방 체약국의 거주자라는 말은 무슨 뜻인가? 2017년 OECD 모델은 거주자라는 말을 다음과 같이 정의하고 있다.

> Article 4 (Resident) 1. For the purposes of this Convention, the term "resident of a Contracting State" means any person who, under the laws of that State, is liable to tax therein by reason of his domicile, residence, place of management or any other criterion of a similar nature … . This term, however, does not include any person who is liable to tax in that State in respect only of income from sources in that State … .
>
> 제4조(거주자) 1. 이 조약에서 '한 체약국의 거주자'라는 말은 누구든 그 나라에 납세의무를 지는 사람으로서, 주소, 거소, 관리장소 기타 이와 비슷한 기준을 이유로 그 나라 법에서 납세의무를 지는 사람을 말…한다.[6] 그러나 이 말은, 그 나라에서 납세의무를 지기는 하지만 오로지 그 나라에 원천이 있는 소득…에만 납세의무가 있는 사람은 포함하지 않는다.

---

5) 그러나 다른 체약국 거주자라 하더라도 조약 혜택을 배제하는 명문 규정(limitation on benefits)을 두는 조약도 있고, 또 소득의 수익적 소유자나 실질귀속자가 아니라는 이유로 조약적용을 거부당할 수도 있다. 제2절. OECD 모델(2014) 제1조 주석 9.4문단. 이중거주자에 대한 혜택배제는 제3절.

6) 2000년 개정된 글귀는 상대방 체약국 국가 그 자체와 그 정치적 하부조직이나 지방정부를 명문으로 상대방 체약국 거주자에 포함하고 있다. 이하에서 다루는 조약은 모두 이 글귀를 담지 않고 있다.

Article 3 (General Definitions) 1. a) the term 'person' includes an individual, a company and any other body of persons.

제3조(일반적 정의) 1. a) 용어로 '사람'에 들어가는 것에는 개인, 회사 및 다른 사람의 단체가 있다.

b) the term "company" means any body corporate or any entity that is treated as a body corporate for tax purposes.

b) 용어로 '회사'의 뜻은 법인 또는 법인으로 과세목적상 대우받는 단체이다.

Ⅱ. 거주자＝전세계소득에 대한 납세의무자?

지금까지 살펴본 조세조약상 조문에 의하면 거주자라는 말은 자연인이든 법인이든 다른 단체든 '주소, 거소, 관리장소 기타 이와 비슷한 기준을 이유로 그 나라 법에서 납세의무를 지는 사람'을 말한다. 위 글귀의 일상적 의미는 분명 일정한 장소가 있기 때문에 세금을 내는 사람이라는 뜻이다. 그러나 아래에 보듯 각국 판결은 이 말을 전혀 다른 뜻으로, 전세계소득에 대한 포괄적 납세의무를 지는 자라는 뜻으로 읽고 있고, 각국의 학설도 비슷하다.[7] 왜 이런 해석이 생기는가?

1. 제4조 제1항 제2문

우선 논의의 전제로 제4조 제1항 제1문과 제2문의 관계를 보자. 제2문이 국내원천소득에만 납세의무를 지는 사람은 거주자가 아니라고 정하고 있는 것을 뒤집어 풀이하면 제1문의 거주자란 전세계소득 납세의무자라고 풀이해야 하는 것 아닐까? 그런 반대해석도 논리적으로 불가능한 것은 아니지만 논점은 과연 그렇게 반대해석해야 하는가이다.[8] 적어도 제4조 글귀의 역사에서는 이 반대해

---

7) 대법원 2015. 3. 26. 선고 2013두7711 판결 등. American Law Institute, *Federal Income Tax Project: International Aspects of United States Income Taxation II: Proposals of the American Law Institute on United States Income Tax Treaties* (1992) 127~128쪽; *Klaus Vogel on Double Taxation Conventions* 제4조 주석 20문단.

8) 확장해석, 반대해석 따위는 해석방법이 아니라 해석의 결과일 뿐이다. 라드부르흐, 『법학원론』 (정희철 옮김), 196쪽. Tipke/Lang, *Steuerrecht* (17. Aufl., 2002) 제5장 제64문단. 이창희, 『세법강의』, 제3장 제2절.

석이 꼭 옳지는 않다. 제2문은 1977년 모델에 처음 들어온 것으로서 외교관처럼 주재지국에 주소는 있지만 납세의무를 지지 않는 자를[9] 염두에 두었던 까닭이다.[10] 남는 논점은 제1문에서 '주소, 거소, 관리장소 기타 이와 비슷한 기준을 이유로 그 나라 법에서 납세의무를 지는 자'라는 말의 의미이다.

2. 장소 v. 납세의무

논점을 잘 보여주는 사건으로 인도의 행정해석 하나를 보자.

Abdul Razak A. Merman In re[11]

신청인 압둘(Abdul)은 아랍에리미트(UAE) 인으로서 1999년 8월부터 아부다비 은행에서 근무하고 있었다. 이 사건의 쟁점은 압둘이 UAE에 살고 있다는 이유로, 인도에서 받는 이자소득이나 배당소득에 대해 인도-UAE간 조세조약에 따른 면세 혜택을 누릴 수 있는가이다. 같은 조약 제1조는 "이 조약은 체약국 일방 혹은 쌍방에 거주하는 사람에게 적용한다"고 정하고 있다. 거주자란 "어떤 사람이든지 주소, 거소, 관리장소 기타 이와 비슷한 기준을 이유로 그 나라 법에서 납세의무를 지는 사람"이라고 정의하고 있다. 다시 같은 조약은 여기에서 '사람'이라 함은 "개인, 법인 기타 각 체약국의 세법에서 과세단위로 삼고 있는 단체를 말한다"고 정하고 있다. 문제는 UAE가 개인 소득세를 매기지 않는다는 데에서 생겼다.

인도의 유권해석청은 위 조약 글귀에서 말하는 거주자라는 말을 주소, 거소 따위의 장소를 가진 자라는 말이 아니라 전세계소득에 대한 납세의무자라는 뜻이라고 판시한다. 위 조약의 글귀는 조세조약의 협상 당시 UAE가 3개월 안에 개인 소득세제를 입법할 것을 전제로 협상했던 글귀라는 것. 인도-UAE 조약은 '주소, 거소, 관리장소 기타 이와 비슷한 기준을 이유로 그 나라 법에서 납세의무를 지는 사람'이라는 OECD 모델의 거주자 정의를 그대로 가져왔다. 이와 달리 프랑스-UAE 조약, 캐나다-UAE 조약, 독일-UAE 조약은 'UAE 거주자'를 'UAE에 주소가 있거나 [거기에] 설치되었거나 또는 [거기에] 관리장소를 두고 있는 사람'[12]이라고 정의하고 있다. 이 차이가 생긴 까닭은 인도-UAE 조약은 UAE가

9) 외교관계에 관한 비엔나 협약 제34조.

10) 1977년 OECD 모델 제4조 주석 제8문단. 아래 제5항의 Crown Forest 판결.

11) India Case AAR No. 637 of 2004, IBFD Citation CL:IN:2005-05-09-1:DEC (IBFD Tax Treaties 데이터베이스).

개인 소득세제를 입법할 것을 전제했기 때문.[13] 따라서 신청인은 조약의 혜택을 받지 못한다.

3. 납세의무의 범위

'한 체약국의 거주자'라는 말을 그 나라에서 전세계소득에 대한 납세의무를 지는 자라고 풀이한다면, 다시 이 말의 범위는 어디까지인가? 캐나다 조세법원의 "McFadyen" 판결은 한때 세계 여러 나라에서 흔히 볼 수 있었지만 이제는 우리나라와 일본 등 몇 나라에만 있는 이른바 비영주(非永住) 거주자 제도를 다루고 있다.[14] 일본은 거주자를 영주자(永住者)와 비영주자(非永住者)로 구분한다.[15] 전자는 국외원천소득을 포함한 전세계소득에 납세의무를 지지만,[16] 후자가 버는 국외원천소득은 이른바 송금주의(送金主義) 원칙(remittance basis)에 따라 일본으로 송금해 들여온 소득에만 납세의무를 진다.[17] 쟁점은 이런 비영주 거주자를 조약상 일본 거주자라고 볼 수 있는가이다.[18]

McFadyen v. The Queen[19]

이 사건 원고인 "McFadyen"은, 캐나다 국세청 공무원이었던 부인이 주일 캐나다 대사관으로 파견 나가게 되자 함께 일본으로 건너가 1992년부터 1995년까지 일본에서 살았다. 원고는 일본 슈뢰더 증권사에서 1년 계약직으로 일했다. 부부는 일본에서 더 거주하려고 하였으나 여의치 않자 다시 캐나다로 돌아왔다. 원고가 이 기간 동안 캐나다에 머무른 날은 각 연도별로 183일에 미치지 못했다. 쟁점은 원고가 일본에서 번 소득에 대하여 캐나다에 납세의무를 지는가이고 다시 이는 원고가 캐나다 거주자인가에 달려있다.

---

12) "any person domiciled, established or having its place of management in the United Arab Emirates".
13) 같은 판결 15문단.
14) 제1장 제2절 Ⅲ, 제1장 제4절 Ⅲ.
15) 일본 所得稅法 제7조 제1항.
16) 같은 법조항 제1호.
17) 같은 법조항 제2호.
18) 일본이 맺은 조약 가운데에는 비영주자는 조약상 일본 거주자가 아니라고 명시한 조약들이 있다. 가령 미국-일본 조약 제4조 제5항.
19) 97-2037(IT)G, Tax Court (Canada), 2009. 9. 11. Lexis 인용방식으로 2000 Can. Tax Ct. LEXIS 2079. Tax Analysts 인용방식으로 2000 WTD 197-21.

캐나다 조세법원은 우선 원고가 1992년에서 1995년 사이에 캐나다 국내법상 거주자라고 판단했다. 원고는 캐나다에 은행계좌를 두고 있었다. 집도 두 채 소유하고 있었고 그 중 한 채는 두 달 전에 통지하면 세입자를 내보낼 수 있었으며 나중에 귀국하자 그 집에 들어가 살았다. 캐나다의 토목기사 협회에도 그대로 회원 자격을 유지했고, 가구도 모두 창고에 보관했고, 연금구좌, 신용카드, 운전면허증 등도 모두 유지하고 있었다. 비록 그가 캐나다를 떠나고자 했고 다시 돌아오지 않기 위한 많은 노력을 했다는 증거가 있었지만 그럼에도 불구하고 "McFadyen"은 캐나다와의 인연을 유지했으며 결국 캐나다로 돌아왔다. 이리하여 법원은 관련 기간 동안 "McFadyen"이 캐나다의 거주자라고 판단했다.[20]

두 번째 쟁점으로 법원은 "McFadyen"이 캐나다-일본 조약상으로도 일본 거주자가 아니라고 보았다. 조약은 한 체약국의 거주자를 '주소, 거소, 주사무소, 관리장소 기타 이와 비슷한 기준을 이유로 납세의무를 지는 사람'이라고 정의하고 있다.[21] 법원은 이 말을 놓고 일본의 거주자란 일본에서 포괄적 납세의무를 지는 자라고 풀이한다.[22] 그렇다면 일본에서 송금주의 기준으로 납세의무를 지는 원고는 일본에서 포괄적 납세의무를 진다고 볼 것인가? 캐나다 국세청은 이런 송금주의의 적용을 받는 자도 전세계소득에 대한 납세의무라고 본다는 입장을 표시한 적이 있지만, 구체적 사정판단 문제라는 것이 법원의 판단. 이에 원고는, "McFadyen"이 일본의 거주자라는 내용을 담은 일본 국세청의 거주자 증명서를 제출한다. 법원은 거주자 증명서는 쉽게 떼주는 것이므로, 일본 국세청이 원고의 사정을 제대로 파악하고서 이 증명서를 발행했다고 볼 수 없으며, 이 증명서가 원고가 일본 거주자임을 입증하지 못한다고 판단한다.[23]

그러나 캐나다 국세청은 "McFadyen" 판결의 의의를 당해 사실관계를 전제로 하는 좁은 맥락으로 축소하고 일본의 비영주 거주자는 일본-캐나다 조약상 여전히 일본 거주자라는 것을 재확인하는 행정해석을 다시 내어놓았다.[24]

---

20) 같은 판결, Lexis 자료로 97~133문단, 특히 109문단.

21) OECD 모델과 다른 점으로 '주사무소'(place of head or main office)가 들어 있다.

22) 같은 판결. Lexis 자료로 138문단. 논거가 되는 선례로 뒤에 볼 "Crown Forest" 판결을 들고 있다.

23) 같은 판결. Lexis 자료로 151문단 이하. 따라서 원고는 캐나다 거주자이고 일본 거주자는 아니므로, 조약의 이중거주자 조항은 판단할 필요가 없다. 나아가 일본-캐나다 조약에서는 이중거주자 조항은 국세청간 협의사항이므로 법원에서 이 점을 판단할 수 있는지에 의문이 있다고 판결에 적고 있다.

Conseil d'État, 9 Juin 2020, n° 434 972

이 사건 원고는 프랑스인으로 중국 상하이에 근무하였고, 중국에서 2013~2014 과세기간 동안 원천이 프랑스에 있는 배당소득을 지급받으면서 프랑스-중국 조약을 적용받지 못하고 프랑스 국내법에 따라 30%의 세율로 원천징수 당했다. 한편 중국법은 비영주자인 외국인에 대해서는 중국에 체류하는 최초 5년 간 원천이 중국 밖인 소득에 과세를 면제했고, 따라서 원고는 중국에서 받는 근로소득에 대해서만 중국에 납세의무가 있었다.

원고는 자신은 중국 거주자이므로 프랑스에서 받는 배당소득에 대한 프랑스의 원천징수세는 프랑스-중국 조약 제9조 제2항에 따라 10% 상한에 걸린다고 주장하면서 원천징수세의 차액에 대한 환급을 구하였다. 쟁점은 중국의 비영주자 세제의 적용대상인 원고가 조약상 중국 거주자에 해당하는지 여부이다.

제1, 2심은 원고가 중국에서 전세계소득에 대한 납세의무가 있다는 점을 증명하지 못하였으므로 조약상 중국 거주자가 아니라고 보아 원고 패소로 판결하였다. 그러나 프랑스 행정대법원은 위 조약 제4조 제1항의 충족을 위해서는 중국 내 소득에 대해서만 과세된다는 이유가 아니라 주소, 거소, 관리장소 기타 이와 비슷한 기준, 즉 중국과의 장소적 연관성을 이유로 과세된다는 점을 증명하면 족하다고 판시하면서 원심을 파기하였다.

한편 비영주자가 거주자인가에 관해 OECD 모델 주석서는 다음과 같이 적고 있다.

어떤 나라에서는 거주자이기는 하지만 그 나라와 항구적 연관(때로는 이를 주소라 부르기도 한다)이 없다고 간주되는 사람이 국외원천에서 받는 소득은, 이 소득을 그 나라로 실제 송금받는 범위 안에서만 과세한다. 그러므로 이런 사람은 국외원천소득을 송금받지 않은 범위에서는 2중과세의 위험을 지지 않고, 그런 사람에게 조약 혜택을 주는 것은 적절치 않다고 생각할 수 있다. 조약 규정의 적용을 이런 사람들이 실제 과세받는 소득에 국한하기로 합의하는 체약국들은 다음과 같은 규정을 조약에 추가함으로써 그렇게 할 수 있다: "이 조약의

---

24) Revenue Canada, Technical Interpretation, Document 2001-0069885 (2001. 4. 5.); Revenue Canada 982220 (1998. 9. 13.).

어느 규정이 한 체약국에서 발생하는 소득에 대하여 그 나라에 납부할 세금의 전부나 일부를 경감하고 있지만 다른 체약국의 법령이 그런 소득에 관계되는 사람에 대한 세금을 자국에 송금되었거나 자국에서 수취된 소득금액에만 과세하고 소득 전액에 과세하지 않는다면, 이 조약에 따른 경감은 소득 가운데 다른 체약국이 과세하는 부분에만 적용한다".[25)]

현행 OECD 모델의 해석론으로는, 위와 같은 비영주자 조항을 추가한다는 생각 자체가 송금주의 기준으로 과세받는 비영주자라고 하더라도 조약상 거주자임을 당연한 전제로 한다. 비영주자도 거주지국으로 송금받는 국외원천소득에는 납세의무를 지므로 제1항 제2문의 비거주자가 되지는 않는다. 비영주자는 제1항 제1문에서 거주자이다. 만일 비영주자가 거주자가 아니라면 애초 조약의 인적 적용범위에 들어가지 않게 되므로 위 OECD 모델 주석과 같은 규정을 둘 필요조차 없기 때문이다. 기실 주석이 제시하고 있는 위 비영주자 조항은 새로운 것이 아니고 이미 일부 실정 조약에 들어있는 내용으로, 이 조항에 관련한 외국 판결은 비영주자 역시 상대방 체약국 거주자로서 조약의 인적 적용범위에 들어가는 것을 당연시하고 있다.[26)]

4. 납세의무를 진다는 말의 뜻

한 체약국에서 주소 등의 장소가 있다는 이유로 '납세의무를 지는 자'라는 말은 무슨 뜻인가? 우선 가령 과세소득이 음(−)이라서 세금 낼 것이 없는 사람이라 하더라도 일반적으로 소득세 납세의무자라는 점은 의심할 바 없다. 나아가 아예 납세의무 자체가 없는 자가 '주소 기타 이와 비슷한 기준을 이유로 납세의무를 지는 사람'이 될 수도 있다. 매우 이상한 말이지만, 가령 상대방 체약국 국가 내지 정부가 받는 소득을 생각해보라. 상대방 체약국 국가 그 자체는 상대방 체약국에 납세의무를 지지 않는다. 그러나 상대방 체약국 정부가 받아가는 소득이 조세조약의 적용대상이라는 해석에는 예전부터 다툼이 없었다.[27)] 그렇다면

---

25) OECD 모델 제1조 2003년 주석 26.1문단, 2017년 주석 108문단.

26) 가령 Hoge Raad, 28 oktober 1988, BNB 1988/43.

27) OECD 모델 제4조 주석 8.1문단. 2000년 개정된 모델조약 제4조 제1항은 이 점을 명문으로 확인하고 있다. 미국 모델 조약은 면세 조직에 대해서도 이를 거주자로 본다는 명문 규정을 두고 있다. 미국 모델 제4조 제2항.

'납세의무를 진다'는 말의 외연은 어디까지인가? 유명한 사례로 캐나다 대법원의 1995년 "Crown Forest" 판결을 살펴보자.

Crown Forest Industries Ltd. v. Canada[28]

이 사건 원고인 캐나다 회사 "Crown Forest"(이하 'CF')는 "Norsk"(이하 'N')라는 회사에서 배를 빌리고 용선료(傭船料, 선박 임차료)를 지급함으로써 원천징수의무를 지게 되었다. 쟁점은 이 원천징수세가 조약상의 세율상한에 걸리는가이다. 이 사건 쟁점인 미국-캐나다 조약의 사용료 조항[29]은 캐나다 거주자가 미국 거주자에게 지급하는 사용료에 대한 캐나다의 과세권을 제약하여, 사용료의 10%라는 세율상한을 정하고 있었고, 이 조항은 나(裸) 용선료에도[30] 적용되었다. 한편 같은 조약은 한 체약국(미국) 거주자라는 말을 '한 체약국(미국)에 주소, 거소, 관리장소, 설립장소 기타 비슷한 기준을 이유로 납세의무를 지는 사람'이라고 정의하고 있었다.[31] N은 바하마 법에 따라 설립된 회사이고 미국 국내법에서는 외국법인이지만[32] 하나뿐인 사무소(관리장소)를 미국에 두고 있었다. 원고의 주장은 유일한 관리장소가 미국에 있는 이상 N은 조약에서 말하는 미국 거주자이고 따라서 이 건 용선료는 위 조항의 세율상한을 적용받는다는 것이다. 캐나다 국세청의 주장은 N은 미국법인이 아니므로 조약상으로도 미국 거주자가 아니고 따라서 CF는 캐나다 국내법에 따라 25%로 원천징수세를 납부해야 한다는 것이다. 국세청 승소.

이 사건의 여러 논점 중 우선 '납세의무를 지는 자'라는 말 부분만 보자. N은 온 세상에서 유일한 관리장소를 미국에 두고 있었고, 따라서 그의 사업에서 버는 소득은 세계 어디에서 벌든 모두 '미국내 사업'(trade or business within the

28) Crown Forest Industries Ltd. v. Canada, (1995), 125 D.L.R. (4th) 485, Lexis로 1995 SCR LEXIS 405.

29) 1980년의 미국-캐나다 조약 제4조.

30) 우리 현행법은 종래의 나용선을 선체용선이라 부른다. 제11장 제4절 Ⅱ. 현행 OCCD 모델 제8조 주석 제5문단은 선체용선료는 사업소득이고 예외적으로 운수소득이라고 한다.

31) "any person who, under the laws of that State, is liable to tax therein by reason of his domicile, residence, place of management, place of incorporation or any other criterion of a similar nature". 같은 조는 OECD 모델 제4조 제1항 제2문의 국내원천소득에만 납세의무를 지는 자는 거주자가 아니라는 글귀를 담고 있지 않았다.

32) 미국 국내법에서 법인의 내외구분은 설립준거법에 따른다. 미국세법 제7701조(a)(4), (a)(5).

United States)에 귀속하는 소득으로 미국에서 납세의무가 생긴다.[33] 그렇지만 이 사건에서는 N이 실제로 미국에 세금을 내지는 않았다. N의 소득은 선박운수업 소득에 해당했고, 미국법은 상호주의를 조건으로 외국법인(외국법에 따라 설립된 법인)의 선박운수업을 면세하기 때문이다.[34] 바하마와 미국은 운수업 소득의 상호면세(相互免稅) 협정을 맺고 있고 그 협정에 따라 나용선료 역시 상호면세하고 있다.[35]

그렇다면 N은 실제로 미국에서 납세의무를 지지 않는 자이므로, 미국 거주자의 정의, 곧 '미국법에서 주소, 거소, 관리장소, 설립장소 기타 이와 비슷한 기준을 이유로 미국에 납세의무를 지는 자'에서는 그대로 빠지는 것 아닐까? 그러나 캐나다 국세청은 이 주장을 내세우지 않았고 법원도 이 점을 거의 언급하지 않고 있다.[36] 왜 그럴까? 실제로 세금을 내어야만 거주자에 해당한다고 풀이한다면 가령 비영리법인 따위 면세 단체나 법인세를 내지 않도록 제도가 짜여 있는 특수목적법인(SPC, special purpose company) 따위는 언제나 본국의 거주자가 아니게 되어 조세조약을 적용받지 못한다는 결과가 된다. 1995년 전 OECD 모델의 글귀에서는 정부나 지방자치단체도 마찬가지이다.[37] 이런 난점을 피하자면 반드시 실제 납세의무를 지는 자가 아니라 하더라도 여전히 상대방 체약국의 납세의무자로서 거주자가 될 수 있다는, 무언가 글귀에 어긋나는 해석을[38] 택할 수밖에 없다.[39] 이리하여 면세 조직이나 SPC는, 법정 요건을 갖추어야 면세를 받는 것이므로 납세의무 자체는 있다고 보는 식으로[40] 어려움을 피하고 있다. 이런 해석과 앞뒤를 맞추자면 N이 미국에서 실제 납세의무를 지지 않지만 조세

33) 미국법에서는 외국법인의 미국내 사업에 귀속되는 소득은 소득의 원천이 어디인가를 묻지 않고 모두 미국에서 과세한다. 미국세법 제882조, 제864조(c)(4). 따라서 외국원천소득에 붙은 외국납부세액도 공제해준다. 미국세법 제906조. 제13장 제5절.

34) 미국세법 제883조(a)(1).

35) Rev. Rul. 2001-48, 2001-2 CB 324.

36) 판결문 48문단은 N이 미국에서 세금을 내지 않는다는 부분을 중시하고 있지만 이는 납세의무자의 개념에 관한 것은 아니고, 2중과세 방지의 필요가 없다는 점을 논한 것이다. 다음 항의 목적론적 해석에서 본다.

37) OECD 모델 제4조, 제4조 주석 8.4문단.

38) OECD 모델 제4조 주석 8.2문단.

39) 상세는 Robert Couzin, *Corporate Residence and International Taxation* (2002), IBFD, 3.1.1절. 이 글은 약간 말장난 같기는 하지만 '납세의무를 지는'이라는 조약 글귀는 'liable to be liable to tax'라는 뜻, 곧 납세의무를 질 가능성을 말한다고 풀이하고 있다.

40) OECD 모델 제4조 주석 8.2문단.

조약상으로는 그래도 여전히 미국에서 납세의무를 지는 자라고 볼 수밖에 없다. 우리 대법원도 "미국에서 납세의무를 부담하는지 여부는 현실적으로 과세되는지 여부가 아니라 추상적 · 포괄적 납세의무가 성립하는지"에 따라 판단한다.[41)]

5. 거주자 개념의 목적론적 해석

그렇다면 이제 "Crown Forest" 사건의 논점은 N이 미국에 유일한 관리장소를 두고 있고, 그로 인하여 미국내 사업에 귀속하는 소득에 납세의무를 지는 것이 앞서 조약에서 말하는 '미국법에서 주소, 거소, 관리장소, 설립장소 기타 비슷한 기준을 이유로 미국에 납세의무를 지는 자'에 해당하는가로 돌아간다.[42)] 하급심에서는 1심 · 2심 모두 원고 승소 판결을 내렸지만 대법원에서는 국세청 승소 판결을 내렸다.

> N이 미국에 납세의무를 지는 이유는 미국에 관리장소가 있기 때문이 아니라 미국내 사업이 있기 때문이다. 관리장소가 미국에 있다는 사실은 미국내 사업을 인식하는 징표 중 한 가지일 뿐이다. 그렇다면 N이 미국에서 납세의무를 지는 이유는 관리장소가 미국에 있기 때문이 아니라 미국 안에서 사업을 하기 때문이다.[43)] 미국 안에서 사업을 한다는 이유로 지는 납세의무는 "주소, 거소, 설립장소…가 있다는 이유로" 지는 납세의무가 아니다. 후자는 전세계소득에 대한 납세의무라는 뜻이기 때문이다. 이에 비해 미국내 사업이 있다는 이유로 지는 납세의무는 국내원천소득에 대한 납세의무일 뿐이다.[44)] 입법사로 볼 때 미국과 캐나다 사이의 조약이란 미국과 캐나다의 어느 한 쪽에서 전세계소득에 납세의무를 지는 자들을 염두에 두고, 2중과세의 방지를 위해 체결한 것이다. 캐나다와 바하마 사이에 조약이 있다면 바하마 법인 N이 이 조약을 적용받을 수 있겠지만, N이 난데없이 미국-캐나다 조약을 적용받는 것은 조약의 취지에 어긋나고, 법원이 조약편승을 부추길 이유가 없다.[45)]
>
> 이에 대해 원고는 OECD 모델 제4조 제1항 제2문에는 "한 체약국의 거주자라는 말은 그 체약국에 원천이 있는 소득에 대해서만 납세의무를 지는 자를 포

41) 대법원 2017. 7. 11. 선고 2015두55134 판결; 대법원 2017. 12. 28. 선고 2017두59253 판결 등.
42) Couzin, 앞의 책, 3.1.2절.
43) Crown Forest 판결 23~38문단.
44) 같은 판결 29문단, 68문단.
45) 같은 판결 44~48문단.

함하지 않는다"라고 적혀 있는 데 비해 미국-캐나다 조약에는 그런 글귀가 없다는 점을 지적한다. 그런 글귀가 없는 이상, 관리장소가 미국에 있으니 N은 미국 거주자라는 주장이다. 그러나 이 제2문은 같은 조항 제1문을 새삼 확인하는 규정일 뿐이다. OECD 주석이나 다른 문헌을 보면 조약에서 거주자라는 말은 전세계소득에 대한 납세의무를 지는 자라는 뜻이라고 적혀 있다.46) OECD 주석에 따르면 제2문이 특별히 들어가 있는 취지는, 외교관처럼 국내법으로 보면 거주자이지만 특례규정 덕택에 전세계소득에 납세의무를 지지 않는 자는 조약상 거주자가 아니라는 뜻이다.47) 따라서 미국-캐나다 조약에 이 글귀가 없다고 해서 N이 미국의 거주자가 되지는 않는다.

OECD 모델 제4조 제1항으로 쳐서 N이 '그 나라 법에서 납세의무를 지는 사람'이라고 일단 인정하는 이상48) N은 전세계소득에 대한 세금을 미국에 낼 의무를 지고 있으니 당연히 미국의 거주자인 것 아닐까? 아니다. 법원의 판단이 옳다. 이 사건에서 N이 미국에서 전세계소득 납세의무를 지고 있었다는 사실은 N의 유일한 사업활동이 미국 안에서 벌어지고 있었다는 우연적 계기 때문이다. 가령 N이 미국 아닌 다른 나라에서도 사업장을 두고 사업활동을 하고 있었다면 그런 소득은 미국의 과세권에 속하지 않는다. 그렇게 본다면 N은 미국내 사업에 대한 세금을 내는 것일 뿐이다. N의 납세의무는 미국내에 관리장소가 있다는 사실이 아니라 미국내 사업이 있기 때문이라는 법원의 판단은 옳다.

N의 처지는 가령 우리나라 법인의 미국지점이 캐나다에서 사용료를 받는 경우와 다르지 않다. 가령 한국-캐나다 조약의 사용료 조항은 세율을 12%로, 미국-캐나다 조약의 사용료 조항은 세율을 10%로 정하고 있다고 하자. 한국법인의 미국지점이 캐나다에서 받는 사용료에 대해 캐나다가 부과할 수 있는 세율의 상한은 얼마인가? 12%이다. 이 사용료는 '캐나다에서 발생하고 미국의 거주자에게 지급하는 사용료'가 아니므로 미국-캐나다 조약은 적용할 수가 없다.49) 이 사용료는 '캐나다에서 발생하고 한국의 거주자에게 지급하는 사용료'로 한국-캐나다 조약의 적용을 받을 뿐이다. 이런 점 때문에 법원은, N은 캐나다와 바하마 사이

46) 같은 판결 58문단.
47) 같은 문단; OECD 모델 제4조 주석 8문단.
48) 물론 실제로는 면제받고 있었다는 점은 이미 보았다.
49) 제2장 제2절 II "Commerzbank" 판결의 미·영 조세조약 제15조의 글귀와 견주어 보라.

에 조약이 있을 경우 바하마 거주자로서 그 조약의 적용을 받을 수 있을 뿐이라고 말하고 있다.

6. 조약과 속지주의(屬地主義)

이제 "Crown Forest" 판결의 사실관계를 조금 바꾸어 N이 미국법에 따라 설립된 회사로 미국법에서 전세계소득에 대한 납세의무를 진다고 하자.[50] 그렇다면 N이 받은 용선료는 미국-캐나다 조약의 혜택을 누릴 수 있는가? 목적론적 해석의 관점에서 OECD 모델이 말하는 '한 체약국의 거주자'라는 말을 그 나라에서 전세계소득에 대한 납세의무를 지는 자라는 뜻으로 해석해야 한다면 당연히 조약 혜택을 받게 마련. 그런데 바로 여기에 한 가지 문제가 남는다. 어떤 사람이 어떤 나라에서 전세계소득에 대한 납세의무를 지는가라는 질문은 당연히 그 나라의 국내법에 관한 질문이다. 조약상 거주자 개념을 전세계소득 납세의무로 풀이한다면 거주자 개념은 국내법에 의존하는 개념이 된다. OECD 모델 주석도 '거주의 정의란 국내법이 택한 거주자 개념을 말하는 것'이라고 적고 있다.[51]

가령 미국법에서 미국에 전세계소득 납세의무를 지는 법인이란 미국법 — 정확히는 미국의 어느 한 주(州)의 법 — 에 따라 설립된 법인이다. 그런데 '미국법에 따라 설립되었다는 이유로'라는 말이 조약상 거주자의 정의에서 '주소, 거소, 관리장소, 설립장소 기타 비슷한 기준을 이유로'라는 말에 포함되는가? 글귀로 본다면 포함된다고 말하기 어렵다. 한 걸음 나아가 생각해보면 누구에게 어떤 기준으로 전세계소득 납세의무를 지울 것인가는 국내법 문제이므로, 조약이 정하고 있는 주소 기타 이와 비슷한 장소라는 말은 글귀 자체에는 아무 의미가 없는 기술적 용어로 전락하고 만다. 물론 목적론적 해석의 관점에서 보자면 조약이 말하는 '한 체약국의 거주자'라는 말을 그 나라에서 전세계소득에 대한 납세의무를 지는 자라는 뜻으로 해석해야 한다는 생각은 옳아 보인다.[52] 그러나,

50) 미국세법 제7701조(a)(4), (a)(5).

51) 1977년 OECD 모델 제4조 주석 8문단.

52) American Law Institute, *Federal Income Tax Project: International Aspects of United States Income Taxation II* (1992), 127~128쪽. *Klaus Vogel on Double Taxation Conventions*, 제4조 주석 20문단. 반대 주장으로 Couzin, 앞의 책, 3.1.4.2절은 거주지국이 당해 소득을 과세해야 한다는 요건이 없는 이상 전세계소득 과세를 요구하는 것은 앞뒤가 맞지 않는다고 지적한다. 특히, 가령 세금을 아예 안 내는 비영리법인이 거주자인 마당에 세금을 내는 법인이 납세의무의 범위가 제한적이라는 이유로 거주자가 아니라는 것은 앞뒤가 맞지 않는다. 이리하여 그 책은 OECD 모

"그렇다면 정면으로 그렇게 써야 옳지 않은가",[53] 곧 '거주자란 한 체약국 국내법에서 전세계소득 납세의무를 지는 자'라고 써야 옳지 않은가? 바로 여기에 문제의 핵심이 있다. 목적론적 관점에서 보자면 얼토당토 않게 도대체 조약은 왜 거주자 개념을 주소 기타 장소를 이유로 납세의무를 지는 자라고 정의하고 있는 것일까? 바꾸어 묻는다면 조약의 글귀에 불구하고 거주자 개념을 국내법상 전세계소득 납세의무라고 풀이하는 것은 과연 옳은 것일까? 이 문제를 미국의 1974년 판결에서 풀어보자.

Compagnie Financière de Suez[54]

이 사건 납세의무자는 수에즈 운하를 운영하는 회사로 프랑스법에 따라 설립된 법인이지만 이집트법에서 특별 영조물(營造物)로 보아 이집트법의 규율을 받는다는 특수한 성격을 띠고 있다. 이 회사는 미국에서 이자소득과 배당소득을 받았다. 쟁점은 이 이자소득과 배당소득에 대한 원천징수세가 프랑스-미국 조약의 적용을 받아 15%라는 상한에 걸리는가, 아니면 미국 국내법의 적용을 받아 30% 세율로 원천징수 대상인가이다. 법원은 국세청 승소 판결을 내리면서 이 회사는 프랑스법에 따라 설립되었지만 이집트법에 따라 이집트 거주자로 보아야 하므로 프랑스-미국 조약의 적용을 받지 않는다고 판시하였다.

여기에서 관심사는 판결의 마지막에 나오는 일종의 방론(傍論) 부분이다. 법원은, 프랑스는 속지주의 기준으로 과세하므로 국외원천소득을 과세하지 않는다는 점에 주목하고 있다.[55] 프랑스-미국 조세조약은 두 나라 사이의 2중과세를 막자는 것을 기본 목적으로 하므로, 납세의무자가 2중과세를 당하지 않는 이상

델 주석이 말하는 포괄적(comprehensive) 납세의무나 완전(full) 납세의무의 개념을 무시해야 옳다는 결론에 이른다. 같은 책 3.3.4절. 논리적으로 가능한 주장이지만, OECD 모델 주석과 정면으로 어긋나고 본문에서 보았듯 미국, 캐나다 등 영미권 국가의 판례가 이 주장을 받아들일 가능성이 전혀 없으므로 옳고 그름을 더 이상 따질 가치가 없다.

53) "Crown Forest" 사건 하급심 판결에 나오는 글귀이다.

54) Compagnie Financière de Suez v. United States, (1974), 492 F.2d 798 (203 Ct. Cl. 605). 이 사건 납세의무자의 2중적 지위는 1956년 수에즈 운하 국유화 때문이다. 운하를 다시 뺏기 위해 영국과 프랑스가 동맹을 맺고 이스라엘과 더불어 이집트에 쳐들어간 것이 제2차 중동전쟁이다. 미국의 압력으로 영국 군대가 철수하면서 대영제국은 결정적으로 몰락했다. 제15장 제3절 Ⅰ.

55) 같은 판결 626쪽.

조약을 적용할 필요가 없다고 판시하고 있다.[56] 원고는, 그런 식으로 조약 적용을 배제한다면 국제 예양(禮讓)에 어긋난다고 주장하였지만, 법원은 프랑스는 세금을 걷지 않고 미국만이 세금을 걷으므로 오직 미국만이 이해관계자일 뿐이고 국제예양의 문제는 발생하지 않는다고 판단하고 있다.[57]

무슨 말? 속지주의 기준으로 세금을 부과하는 나라가 조세조약을 맺는다면, 그 나라에 속하는 기업은 조세조약의 혜택을 보지 못한다는 말인가? 지금도 남미 여러 나라 가운데에서는 순수한 속지주의를 택하여 국내원천소득에만 세금을 물리고 국외원천소득은 아예 쳐다보지도 않는 나라들이 있다. 이런 나라가 주소 등의 장소를 기준으로 거주자를 정의하는 조약을 우리나라와 맺는다면[58] 우리나라는 이 나라 법인들이 우리나라에서 버는 소득에 대하여 조약 적용을 부인할 수 있는가? 상대방 체약국 거주자란 그 나라에서 전세계소득에 대한 납세의무를 지는 자라는 해석에 따른다면 이런 나라의 법인은 해당 체약국의 거주자가 아니라는 말이 되고 따라서 조약의 혜택을 받을 수 없다는 말이 된다.[59]

논리적으로 옳아 보이기는 하지만, 이 결과는 무언가 이상하지 않은가? 조세조약이란 애초 유럽 여러 나라 사이에서 생긴 것이고, 유럽에는 속지주의를 쓰는 나라가 오히려 많다. 맺어보아야 소용도 없는 조약을 맺었다는 말인가?

이 모순을 푸는 실마리는, 애초 유럽 각국이 맺었던 조약은 OECD 모델과 아주 다른 글귀로 되어 있었다는 것이다. 유럽 각국은 2중과세 방지조약을 이미 1920년대부터 체결했다.[60] 이런 조약의 글귀는 지금의 OECD 모델과는 전혀 다르고, 거주지국이 다른 체약국에 원천이 있는 소득을 과세하는가 여부를 물을 만한 글귀로 되어 있지 않았다. 가령 OECD 모델의 이자소득이나 배당소득에 해당할 내용으로 '자금 투자에서 생기는 소득'은 '투자자의 거주지가 있는 나라'에서만 과세하도록 정하고 있었고,[61] 여기에서 거주지라는 말은 우리 민법의 주소

56) 같은 판결 628쪽.

57) 같은 쪽.

58) 우리나라가 남미 국가와 맺은 조세조약상 거주자 조항의 글귀는 OECD 모델과 별 차이가 없다.

59) 실제로도 아마 속지주의 기준으로 과세하고 있었던 남미 국가의 법인들이 자국이 맺은 조세조약의 혜택을 받지 못했던 경우가 있다는 말은 들은 적이 있지만 우리가 읽을 수 있는 언어로 된 판결이나 행정해석으로 공간된 사례는 찾지 못했다.

60) 가령 1925년의 독일-이탈리아 조약, 1930년의 프랑스-이탈리아 조약, 1934년의 프랑스-독일 조약(이 조약은 비준동의를 받지 못하여 발효하지 않았고 나중에 일부 조항에만 소급효를 부여했다) 등.

에 해당하는 개념으로 정주(定住) 의사가 있는 장소로 정의하고 있다.[62] 이런 구조에서는 거주지국이 세금을 어떻게 매기고 있는가가 아예 문제되지 않는다. 그런 조약을 몇십년 운영하다가 1950년대 말부터 그 내용을 가다듬은 새로운 글귀로 조약을 맺었다. 1963년에 처음 채택된 OECD 모델의 내용은 크게 보아 이 1950년대 말 조약의 글귀와 별 차이가 없다. 거주자라는 말을 정의하면서 '주소 등의 이유로 납세의무를 지는 자'라고 정의한 글귀 역시 이미 1959년의 독일-프랑스 조약에 이미 나온다.[63] 그 당시 프랑스는 속지주의 국가였다는 점을 생각하면 여기에서 '주소 등의 이유로 납세의무를 지는 자'라는 말은 아마 거주자라는 말을 민법상 개념이 아니라 세법상 개념으로 정한다는 정도의 뜻이었으리라.[64] 이런 역사로 보면 거주자란 전세계소득에 대한 납세의무를 지는 자라는 식의 해석은 주객(主客)이 뒤집힌 이야기일 뿐이다. 이 와중에 1970년대 이후 영미권에서 앞서 본 "Compagnie Financière de Suez" 사건이나 "Crown Forest" 사건 따위가 생긴 듯하다. OECD 모델 주석이 1992년에 다음과 같은 내용을 추가하고 있는 것은 아마 이런 문제에 대한 반응이었던 듯싶다.

> 이 조항[거주자의 정의]은 엄격하게 해석해야 한다. 그렇지 않으면 과세에서 속지주의를 택하고 있는 나라들의 거주자를 조약의 적용범위에서 제외하는 결과가 생긴다. 이것이 조약의 의도가 아님은 분명하다.[65]

Conseil d'État, 2 février 2022, n° 443 018

프랑스 행정 대법원 판결이다. 프랑스 법인 O는 튀니지 법인(T)으로부터 용역을 제공받고 용역대가를 프랑스 세법에 따라 일단 원천징수한 뒤 프랑스-튀니지 조약(1973)이 이 용역대가를 면세한다는[66] 이유로 원천징수세의 환급을 프랑스 국세청에 청구하였다. 프랑스 국세청은 T가 튀니지의 수출기업소득 면

61) 1925년 독일-이탈리아 조약 제8조.

62) 같은 조약 제13조.

63) 독일-프랑스 조약(1959년), 제4조 제1항.

64) '납세의무를 지는 자'라는 말이 들어간 정확한 배경에 관한 문헌은 찾지 못했다. 거주자라는 말을 세법상 거주자라는 뜻으로 정의하고 있는 조약의 예로 캐나다-호주 조약 (1980), 제4조.

65) OECD 모델 제4조 주석 8문단. 1992년에 이 내용을 추가한 배경에 관한 문헌은 찾지 못했다. 입법론으로 OECD, "Harmful Tax Competition" (1998), 162~165문단은 거주지국에서 국외원천소득을 과세받지 않는 자를 거주자의 개념에서 제외할 필요성을 논하고 있다.

66) T는 프랑스에 고정사업장이 없었다. 프랑스-튀니지 조약 제11조. 제1절 Ⅰ, 제5장 제1절 Ⅰ.

세 제도에 따라 튀니지에서 법인세를 안 냈으니(튀니지 국내원천소득도 없었던 듯) 조약상 튀니지 거주자가 아니라고 주장하였다. 1심은 국세청 승소, 2심은 원고 승소. 조약의 글귀는 현행 OECD 모델 제4조 1항에서 제2문이 빠진 내용으로, 한 체약국 거주자란 '그 나라에서 납세의무를 지는 사람으로서 주소, 거소 관리장소 또는 기타 이와 비슷한 기준을 이유로 체약국에서 납세의무를 지는 사람'이라고 정의하고 있다. 행정 대법원은 튀니지 법인의 본점이 튀니지에 있는 이상 이 국외원천소득에 면세를 받더라도 튀니지 거주자에 해당한다고 판시. 나아가 실제로 국내원천소득이 없어 법인세를 내지 않더라도 잠재적으로 법인세 납세의무가 있다면 이는 거주자에 해당한다고 판시하였다.

표면만 본다면 비영주자가 거주자인가라는 앞 3.의 문제와 같지만 역사적 의의는 전혀 다른, 훨씬 깊은 논점. 이론적으로는 아주 커다란 문제이지만 현실세계에서는 별로 문제가 안 된다. 우선 엄밀한 뜻으로 속지주의를 택하고 있는 나라는 현재 일부 남미 국가 정도뿐이다. 튀니지처럼 프랑스 식민지였던 아프리카 국가의 법은 잘 모르겠다. 이런 나라를 제외한다면, 오늘날 엄밀한 뜻의 속지주의 국가는 없고 국외원천소득 면제 국가가 있을 뿐이다. 무엇이 다른가? 두 가지 큰 차이.[67] 우선 각국 국내법 문제이기는 하지만 국외원천소득 면제는 대체로 원천지국이 그 소득을 정규적 세율로 과세할 것을 전제로 한다. 이런 뜻에서 OECD 모델은, 원천지국의 세금이 세율상한에 걸린 경우 거주지국은 국외원천소득을 면제하는 것이 아니라 원천지국의 세금을 세액공제하고 차액 부분에 대한 보충적 과세권을 행사할 수 있다고 정하고 있다.[68] 국외 사업장에서 버는 소득은 면제하지만 소극적 소득은 보충적으로 과세하다는 말. 둘째, 국외원천소득을 면제하는 경우라 하더라도 국외원천소득을 아예 무시하는 나라는 찾기가 어렵고, 적어도 세율 적용은 국외원천소득을 고려하여 누진세율을 적용하면서 국외원천소득을 면세한다.[69] 예를 들어 국내원천소득 100억원만 있는 회사와 국내원천소득 100억원과 국외원천소득 100억원이 있는 회사를 비교한다면, 전자에는 20%의 세율을 적용하여 20억원의 세금을 물리지만 후자에는 30%의 세

67) 독일과 프랑스의 예로, 中里實, 國際取引の課稅 — 課稅權の配分と國際的租稅回避 (1994) 제1편.

68) OECD 모델 제23조A 제2항. 이 장 제4절 Ⅲ.

69) OECD 모델 제23조A 제3항. 이 장 제4절 Ⅲ.

율을 적용하여 60억원을 물리되 그 절반인 30억원을 감면하므로 결국 30억원의 세금을 내게 된다. 국외원천소득 100억원에 대해서 10%(30%−20%)의 세금을 부담하게 된다는 말. 이런 뜻에서 국외원천소득 면세는 속지주의와 다르다고 말할 수도 있다. 국외원천소득 면세 방식을 따르는 국가에 속하는 기업은 국외원천소득에 대한 세금을 부담한다는 뜻에서 전세계소득에 대한 납세의무를 지는 자라고 말할 수 있고, 따라서 조세조약 적용대상이 된다.

결국 지금에 와서는 거주자 개념과 속지주의의 모순이라는 문제는 일부 남미 국가에 국한되는 문제이고, 앞으로는 이 문제도 점점 사그러들리라. 세계 모든 나라가 속지주의를 택한다면 속지주의도 세계적인 체제로 과세권의 국제적 분배를 감당할 수 있다. 그러나 오늘날 우리나라, 미국, 일본을 비롯한 많은 나라가 속인주의와 속지주의를 병행하여, 거주자 · 내국법인은 속인주의로 전세계소득을 과세하고 비거주자 · 외국법인에 대해서만 속지주의를 택하고 있다. 원래 속지주의로 출발한 나라도 이제는 누진세율의 적용이라는 면에서 웬만큼 전세계소득 과세에 가까운 체제에 이르렀음은 위 문단에서 본 바와 같다. 오늘날 속지주의는 과세권의 국제적 분배라는 세계 체제의 성격을 거의 상실하였고, 나라 밖에서 벌어지는 일을 실제로 감시 · 감독할 수 없는 나라라면 속인주의를 택할 길이 없다는 현실적 행정력의 한계라고 자리매길 수밖에. 다만 제1장 제2절 Ⅳ. 3. 5), Ⅴ.

Ⅲ. 혼성단체와 '가분적 거주자' 이론

전세계소득 납세의무의 뜻을 둘러싸고 다른 나라에서는 찾아보기 어려운 우리 판례 특유의 문제로 이른바 가분적(可分的) 거주자 개념이 있다. 이 개념은 외국단체를 우리 세법상 법인으로 볼 것인가의 기준이 설립지국의 민사법에서 그 단체의 성질이 우리 민사법상 법인(구성원으로부터 독립된 별개의 권리의무의 귀속 주체)에 해당하는가 아닌가라고 정한 2012년 판결에서[70] 비롯한다. 구체적으로 미국의 LP(유한파트너십, 합자조합)는 미국에서 법인세는 안 내지만 민사법적 성질이 우리 민법상 조합보다는 상법상 인적 회사에 가깝고, 따라서 인적 회사나 마찬가지로 우리 세법에서는 법인에 해당한다고 한다.

---

70) 대법원 2012. 1. 27. 선고 2010두5950 판결. 제1장 제4절 Ⅰ.

그렇다면 새로운 논점이 곧바로 차곡차곡 생긴다. 이 LP는 미국에서 법인세 납세의무가 없으니 일단 조약 적용대상이 아니게 된다. 그렇다면 그냥 우리 국내법대로 과세하는가? 이 LP의 출자자(사원 내지 조합원)가 모두 미국에 사는 자연인이라면 이 LP가, 궁극적으로는 미국 출자자가 받는 소득에 대해 미국조약을 배제하는 것이 도대체 말이 되는가? OECD의 해석론은 미국조약을 응당 적용한다는 것이다. LP를 투시하면 소득을 받는 자는 출자자이고 그들은 미국 거주자이니까. 우리 국내법상 법인이라는 것은 조약 적용에서는 무시하고, 조약상으로는 LP를 투시해서 출자자가 소득을 받는 것이라고 보아 출자자의 거주지국과 우리나라 사이의 조약을 (있다면) 적용한다는 것이다. 가령 출자자가 미국 거주자라면 미국조약을 적용하고 일본 거주자라면 일본조약을 적용한다는 것이다. 한편 위 2012년 판결의 논리로 투시단체가 아니라는 생각을 조약 적용까지 일관하면 소득을 받아가는 LP는 조약 적용상 미국 거주자가 아니라고 일단 생각할 수 있다. 이 난감한 결과를 어이하랴.[71)]

1. 가분적 거주자 판례

대법원 2014. 6. 26. 선고 2012두11836(속칭 'DM Food') 판결

영국령 케이먼제도의 유한 파트너십(Limited Partnership)인 CVC Capital Partners Asia Pacific L.P.(이하 'CVC 아시아'라 한다)와 미국의 유한책임회사(Limited Liability Company)인 Asia Investors L.L.C.(이하 'AI'라 한다)가 각 66.7%와 33.3%의 비율로 공동 출자하여 … 내국법인인 디엠푸드 주식회사(이하 '디엠푸드'라 한다) … 발행 주식 전부(이하 '이 사건 주식'이라 한다)를 매입한 다음, 2005. 7. 20. 이를 원고에게 170억 원에 매각함으로써 양도차익이 발생하였다 … 이에 피고는 … 이 사건 주식양도소득 가운데 … CVC 아시아가 그중 66.7%의, AI의 주주들인 미국의 Travelers Property Casualty(지분 20%)와 Metlife(지분 20%) 및 홍콩의 Citicorp Secrurities Asia Pacific Ltd.(지분 60%, 이하 'CSAP'라 한다)가 그중 33.3%의 실질귀속자에 해당한다고 보아 … , 2007. 5. 1. 원고에게 우리나라와 조세조약이 체결되지 아니한 영국령 케이먼제도의 CVC

71) 대법원 판례가 만들어 낸 이 문제를 특히 미국조약의 맥락에서 다룬 것으로, 윤지현, "'파트너십'과 조세조약에서의 '거주자' — 대법원 2013. 10. 24. 선고 2011두22747 판결", 서울대학교 「법학」 제55권 제2호(2014), 특히 708면 이하.

아시아 및 홍콩의 CSAP에 귀속된 양도소득 부분에 관하여 2005 사업연도 원천징수 법인세를 고지하는 이 사건 처분을 하였다.

… 이 사건 처분 중 CVC 아시아에 귀속되는 양도소득에 관하여 원고에게 원천징수 법인세를 고지한 부분은 적법하다 … CVC 아시아는 구성원의 개인성이 강하게 드러나는 인적 결합체라기보다는 구성원의 개인성과는 별개로 권리·의무의 주체가 될 수 있는 독자적 존재로서의 성격을 가지고 있다는 이유로, CVC 아시아를 법인세법상 외국법인으로 보아야 한다 … CVC 아시아가 자신에 귀속된 양도소득에 관한 납세의무자에 해당하는 이상 그 구성원인 투자자들을 납세의무자로 볼 수는 없다 … .

비록 AI가 미국 세법상 … 구성원과세를 선택하였더라도 유한책임회사에 대한 미국 세법상 취급에 따라 법인세법상 외국법인에 해당하는지 여부가 좌우되지는 않는 점 등에 비추어, AI는 법인세법상 외국법인에 해당하고 이 사건 주식 양도소득 … 중 33.3%의 실질귀속자를 AI로 보아야 한다 …. 그러나 원심판단 중 AI가 한·미 조세조약상 미국의 거주자에 해당하여 AI에 귀속된 양도소득 전부에 대하여 한·미 조세조약이 적용됨을 전제로 하여 AI에 귀속된 양도소득 중 그 구성원인 CSAP 지분 60%에 해당하는 부분을 과세대상으로 볼 수 없다고 한 부분은 다음과 같은 이유에서 수긍하기 어렵다 … .

한·미 조세조약 제16조 제1항은 "일방 체약국의 거주자는 아래의 경우에 해당하지 아니하는 한, 자본적 자산의 매각, 교환 또는 기타의 처분으로부터 발생하는 소득에 대하여 타방 체약국에 의한 과세로부터 면제된다."고 규정하고 있는데, 그 각 호에는 '주식의 양도로 인한 소득'이 열거되어 있지 않으므로, 결국 한·미 조세조약상 일방 체약국의 '거주자'가 얻은 주식의 양도소득은 원천지국에 의한 과세로부터 면제된다. 한편 한·미 조세조약 제3조 제1항 (b)호는 "'미국의 거주자'라 함은 … 조합원 또는 수탁자로서 행동하는 인의 경우에, 그러한 인에 의하여 발생되는 소득은 거주자의 소득"[이]라고 규정하고 있다 … . 위 단서 … '그러한 인에 의하여 발생되는 소득은 거주자의 소득으로서 미국의 조세에 따라야 하는 범위에 한한다'는 의미는 그러한 단체의 소득에 대하여 그 구성원이 미국에서 납세의무를 부담하는 범위에서 그 단체를 한·미 조세조약상 미국의 거주자로 취급한다는 뜻으로 해석함이 옳다. 따라서 우리나라의 사법(私法)상 외국법인에 해당하는 미국의 어떠한 단체가 우리나라에서 소득을 얻었음에도 미국에서 납세의무를 부담하지 않는 경우 그 구성원이 미국에서 납세의무를 부담하는 범위에서만 한·미 조세조약상 미국의 거주자에 해당하여 조세조약을 적용받을 수 있고, 그 단체가 원천지국인 우리나라에서 얻은 소득 중 그 구성원이 미국의 거주자로 취급되지 아니하는 범위에 대하여는 한 · 미 조세조약을 적용할 수 없다.

"CVC Asia"라는 케이먼 제도(諸島, Cayman Islands) LP는 법인세법상 외국법인이고 적용할 조약이 없으니 법인세법대로 과세하면 된다는 말이다. 그 윗 단계의 출자자가 누구인가는 묻지도 않고 있다. 한결 어려운 문제는 AI이다. 미국의 LLC이니 우리 법인세법상은 외국법인이다. 그런데 미국에서 조합과세 내지 파트너십 과세를 택하였기에[72] 미국에서 법인세를 내지 않는다. 2012두11836 판결은 일단은 AI는 미국에서 전세계소득 납세의무를 지지 않으므로 미국 거주자가 아니라고 판단한다. 그러나 다시 미국조약에 특유한 글귀로, "조합원[으]로서 행동하는 인의 경우에, 그러한 인에 의하여 발생되는 소득[이] 거주자의 소득으로서 미국의 조세에 따라야 하는 범위" 안에서 조합원(AI의 구성원)의 소득은 AI의 소득이라고 한다. 전형적으로는 LP가 따로 법인과세를 택하지 않은 이상 구성원이 전부 미국 거주자라면 LP가 받는 소득 전부에 미국조약을 적용하고, 구성원 가운데 33.3%가 미국 거주자라면 LP가 받는 소득 가운데 33.3%에만 미국조약을 적용한다. LP 자체가 33.3%만큼 미국 거주자라는 말, 이것이 이른바 가분적(可分的) 거주자 이론이다.[73]

그러나 이 논점은 영미법계의 파트너십에 그치지 않는다. 대륙법계 국가, 가령 우리 법의 인적 회사와 민사법적 성질이 거의 같은 독일의 인적 회사가 받아가는 돈이라면 어떻게 할 것인가? 앞의 미국조약 제3조 제1항(b) 같은 글귀가 없는데 … .

72) 제1장 제4절 Ⅰ.

73) 이른바 가분적 거주자 이론의 시작에 관한 재판연구관 판례해설로 정광진, "법인세법상 외국법인에 해당하는 미국의 단체가 미국에서 납세의무를 부담하지 않는 경우, 미국의 거주자로서 한 · 미 조세조약을 적용받을 수 있는 범위: 2014. 6. 26. 선고 2012두11836 판결 : 공2014하, 1485",「대법원판례해설」제100호(2014). 그 뒤의 전개는 정광진, 외국의 혼성단체에 대한 조세조약의 적용 — 독일의 유한합자회사와 한 · 독 조세조약상 거주자의 의미, 사법 제33호(2015); 윤지현, "혼성단체에 대한 조세조약 적용과 가분적 거주자 이론",「조세학술논집」제32집 제3호(2016). 윤지현, 위의 글이 판례 이론에 '가분적 거주자'라는 이름을 처음 붙였다.

대법원 2015. 3. 26. 선고 2013두7711(속칭 'TMW') 판결

가. … 대한민국과 독일연방공화국 간의 소득과 자본에 대한 조세의 2중과세회피와 탈세방지를 위한 협정(이하 '한 · 독 조세조약'이라 한다) 제10조는 제1항에서 "한 체약국의 거주자인 법인이 타방체약국의 거주자에게 지급하는 배당에 대하여는 동 타방국에서 과세할 수 있다."고 규정하고, 제2항에서 "그러나 그러한 배당에 대하여는 배당을 지급하는 법인이 거주자인 일방체약국에서도 동 일방국의 법에 따라 과세할 수 있다. 다만 그 배당의 수익적 소유자가 타방체약국의 거주자인 경우 그와 같이 부과되는 조세는 다음 각 목을 초과할 수 없다."고 규정하면서 … (나)목에서 '기타의 모든 경우에는 배당총액의 15%'를 각각 들고 있다 … . ① 독일의 유한합자회사인[74] TMW Asia Property Fund I GmbH & Co. KG(이하 'TMW'라 한다)가 … 2003. 2. 21. 원고를 설립하여 그 발행주식 전부를 보유한 사실 … ③ 피고는 이 사건 배당소득의 실질귀속자를 TMW로 보아 … 원고에게 구 법인세법 제98조 제1항 제3호에 따른 25%의 세율을 적용하여 산출한 2006 내지 2008 사업연도 각 원천징수 법인세를 고지하는 이 사건 처분을 … 하였다.

… 한 · 독 조세조약은 어떠한 단체의 활동으로 얻은 소득에 관하여 단체가 아니라 그 구성원이 포괄적인 납세의무를 부담하는 이른바 '투과과세 단체'(Fiscally Transparent Entity)가[75] '거주자'로서 조세조약의 적용대상인지에 관하여 아무런 규정을 두고 있지 않으나, 우리나라의 법인세법상 '외국법인'에 해당하는 독일의 투과과세 단체가 거주지국인 독일에서 포괄적인 납세의무를 부담하지 않는다고 하더라도 그 구성원이 위 단체가 얻은 소득에 관하여 독일에서 포괄적인 납세의무를 부담하는 범위에서는 조세조약상 독일의 거주자에 해당하여 한 · 독 조세조약의 적용을 받을 수 있고, 그 단체가 원천지국인 우리나라에서 얻은 소득 중 그 구성원이 독일에서 포괄적인 납세의무를 부담하지 아니하는 범위에서는 한 · 독 조세조약의 적용을 받을 수 없다고 보아야 한다. 그리고 독일의 투과과세 단체가 우리나라의 법인세법상 '외국법인'에 해당하더라도 독일 세법에 따라 법인세와 같은 포괄적인 납세의무를 부담하지 않는다면

---

74) 저자 주: 주식회사나 유한회사를 무한책임사원으로 하는 합자회사라는 말이다. 독일에서는 인적회사에 법인세를 매기지 않고 투시한다. 제1장 제4절.

75) 저자 주: "transparent"나 "look-through"를 '투과'라고 옮기면 투자회사나 유동화전문회사 같은 pass-through를 부를 말이 없어진다. 각 투시, 투과라고 부르는 편이 낫다.

이를 한·독 조세조약상 '법인'으로 볼 수는 없으므로, 원천지국인 우리나라에서 얻은 배당소득에 대하여는 그 구성원이 독일에서 포괄적인 납세의무를 부담하는 범위 안에서 한·독 조세조약 제10조 제2항 (나)목에 따른 15%의 제한세율이 적용될 수 있을 뿐이다 ··· .

독일법에서 투시단체는 독일법상 포괄적 납세의무를 지지 않으니 독일조약상 독일 거주자가 아니지만 구성원이 독일법상 포괄적 납세의무를 지는 범위만큼 가분적으로 투시단체를 독일 거주자로 본다는 말이다. 독일조약과 미국조약의 글귀가 다르다는 점은 무시하더라도, 다시 한 가지 문제가 생긴다. 구성원이 다른 나라, 가령 미국에서 포괄적인 납세의무를 부담한다면 그 범위에서 이 투시단체는 미국조약상 거주자에 해당하는가? 실제 이 판결의 사실관계에서 TMW의 구성원에는 오스트리아나 룩셈부르크 거주자도 있었다. 실질적으로 독일의 유한합자회사 TMW가 받았다고 보는 배당금 가운데 오스트리아 인(人) 지분과 룩셈부르크 인 지분은 각 오스트리아조약과 룩셈부르크조약의 세율상한을 적용받는가?

대법원 2019. 6. 27. 선고 2016두841 판결[76)]

원심은 이 사건 배당소득 지급 당시 TMW의 구성원 중 독일에서 포괄적인 납세의무를 부담하는 독일 거주자와 그렇지 않은 오스트리아와 룩셈부르크 거주자 범위를 거주자증명서 등에 기초하여 심리한 다음, 이 사건 배당소득 중 독일 거주자인 구성원의 비율에 해당하는 금액에 대해서는 대한민국과 독일연방공화국 간의 소득과 자본에 대한 조세의 2중과세회피와 탈세방지를 위한 협정(이하 '한·독 조세조약'이라 한다) 제10조 제2항 (나)목에 따라 15% 제한세율을, 다른 구성원의 비율에 해당하는 금액에 대해서는 구 법인세법(2008. 12. 26. 법률 제9267호로 개정되기 전의 것) 제98조 제1항 제3호에 따라 25% 세율을 적용해야 한다고 판단하였다. 나. 원심판결 이유를 적법하게 채택한 증거에 비추어 보면, 원심의 위 판단은 환송판결에 따른 것으로서 정당하다.

가분적 거주자라는 생각은 애초 논점 자체가, 소득을 받는 자가 TMW라는

---

76) 2013두7711 판결과 원천징수의무자만 다르고 주요 사실관계는 똑같은 대법원 2013두7704 판결에 따른 파기환송후 재상고심 판결이다.

독일법인이라는 전제 하에 TMW 법인에 독일조약을 적용할 수 있는가, 있다면 몇 % 적용할 수 있는가를 묻자는 것이다. 출자자 본국과 우리나라 사이의 조약을 적용할 수 있는가는 애초 물을 가치조차 없는 질문이 된 것.

2. OECD의 해석론

투시단체 구성원의 거주지국과 우리나라 사이에 조약이 있는 경우 우리나라의 과세권은 그 조약의 제약을 받는가? 그렇다는 것이 OECD의 입장. 가령 TMW 판결의 사실관계에서 독일의 유한합자회사의 구성원인 오스트리아 거주자와 룩셈부르크 거주자는 유한합자회사의 소득 가운데 자기 몫에 대해서 각 오스트리아조약과 룩셈부르크조약을 적용받는다는 것이다.[77] 나아가 "DM Food" 판결의 사실관계에서 케이먼제도 LP인 CVC 아시아의 파트너 가운데 가령 미국이나 독일 거주자가 있다고 하자. 우리나라와 케이먼제도 사이에는 조세조약이 없다. 그러나 미국법이나 독일법이 케이먼제도 파트너십을 투시하여 미국 파트너나 독일 파트너를 바로 과세하는 이상 우리나라는 미국조약과 독일조약을 각각 적용해야 한다고 한다.[78]

이런 입장을 반영하여 OECD 모델은 다음 글귀를 2017년에 추가했다. 우리나라의 기존 조약과 무관한 이 글귀를 괜히 따지는 것은 OECD가 우리 대법원의 가분적 거주자 이론을 따라왔다는 턱없는 오해가 있기 때문이다.

> 2017 OECD Model, Article 1 (Persons Covered) 2. For the purposes of this Convention, income derived by or through an entity or arrangement that is treated as wholly or partly fiscally transparent under the tax law of either Contracting State shall be considered to be income of a resident of a Contracting State but only to the extent that the income is treated, for purposes of taxation by that State, as the income of a resident of that State.
>
> 2017년 OECD 모델 제1조 (인적 적용범위) 2. 이 조약 적용상, 어떤 단체나 관계를 어느 체약국에서라도 전부 또는 일부를 과세상 투시한다면 그(그런 단체나 관계)에 의하여, 또는 그를 통하여 버는 소득은 한 체약국 거주자의 소

77) OECD, The Application of OECD Model Tax Convention to Partnerships (1999), Ex. 3과 Ex. 7. OECD 모델(2017) 제1조 주석 2문단.

78) 같은 보고서 Ex. 10.

득으로 보되, 다만 그런 소득 다루기를 같은 체약국의 과세상 같은 체약국 거주자의 소득으로 다루는 범위에 한한다.

무슨 말인가? 읽기 혼란스러울 수 있지만 기실 예전부터 있었던 미국의 입장이자 파트너십 보고서 이래 OECD의 입장, 곧 원천지국의 과세권을 거주지국의 과세 여부의 종속변수로 삼자는 생각 그대로이다.

1) 이 글귀가 가령 미국조약(한-미조약)에 들어있다고 치고 미국의 LP가 우리나라에서 이자소득을 받는다고 하자. 미국 LP는 우리나라에서는 법인이지만 미국에서 투시하는 이상(법인과세를 택하지 않은 이상),[79] 미국 LP가 버는 소득, 또는 미국 LP를 '통하여 버는 소득'은 "미국 거주자의 소득으로 보되, 다만 그런 소득 다루기를 미국이 미국 거주자의 소득으로 다루는 범위에 한한다." 이 글귀에서 생기는 법률효과는 '미국 거주자의 소득으로' 본다는 말이다. 소득을 버는 자를 누구로 본다는 말은 없다. 소득을 버는 자가 미국 LP라고 본다, 또는 미국 LP가 미국 거주자라고 본다는 말이 아니다. 이른바 가분적 거주자 이론과는 전혀 다른 말. 글자 그대로 그 소득을 '미국 거주자의 소득으로' 보아서, 가령 이자소득이라면 미국 거주자의 이자소득에 해당하므로 우리나라의 과세권이 조약상 세율상한에 걸린다는 법률효과가 생긴다는 말이다. 이 법률효과는 '그런 소득 다루기를 미국이 미국 거주자의 소득으로 다루는 범위'에서 생긴다. 미국법에 따른 투시 결과 파트너가 미국 거주자라면 미국법이 '그런 이자소득 다루기를 미국 거주자의 소득으로 다루는 범위'에서, 곧 미국 파트너의 지분만큼, 이자 '소득[을] 미국 거주자의 소득으로' 보아서 우리나라의 과세권이 조약상 상한에 걸린다. 투시 결과 파트너가 영국 거주자라면 미국법이 '그런 소득 다루기를 미국 거주자의 소득으로 다루는' 것이 아니므로, 미국조약의 적용상 그 '소득[을] 미국 거주자의 소득으로' 본다는 법률효과가 안 생긴다. 따라서 미국조약상 이자소득 조항의 적용범위를 벗어난다. 결국 원천지국의 국내법에서는 투시단체가 아니더라도 거주지국에서 투시단체라면 조약 적용시는 거주지국의 구분을 우선시킨다는 말이다.

2) 위 글귀의 의미를 더 따지기 위한 가상적 시나리오로, '미국 LP를 우리나

79) 미국의 사원들이 우리나라에 인적회사나 유한회사를 세우고 투시과세를 선택하는 경우도 똑같다.

라에서 투시'한다고(우리 대법원이 미국 LP를 국내법상 법인이 아니라고 판시하였다고) 생각해 보자. 우선 이 경우 조약의 글귀를 따질 것도 없이 우리나라의 입장에서 본다면 각 파트너가 납세의무자이고, 가령 파트너가 미국 거주자라면 이자소득 가운데 그 자의 지분만큼이 미국조약상 세율상한에 걸린다. 위 제1조 제2항의 글귀에서도 같다. 우리나라가 투시한다고 이미 전제하였으므로 '미국 LP에 의하여, 또는 미국 LP를 통하여 버는 소득'은 바로 파트너의 소득이다. 이 파트너가 미국 거주자이고, 법인과세를 선택하지 않은 이상 그런 소득은 '미국의 과세상 미국 거주자의 소득으로 다루는 범위에' 들어가므로 '미국 거주자의 소득'이고, 우리나라의 과세권은 미국조약이 두고 있는 상한에 걸린다.

3) 다시 1)로 돌아가 미국 LP의 파트너 가운데 영국 거주자가 있다고 하자. 손쉽게 파트너 모두가 영국 거주자라면 '미국의 과세상 미국 거주자의 소득으로 다루는 범위'란 없고, 미국 LP가 벌거나 미국 LP를 통하여 버는 소득은 미국 거주자의 소득으로 보지 않으므로, 가령 이자소득에 대한 우리나라의 과세권은 미국조약상 세율상한에 걸리지 않는다. 그렇다면 영국조약상 이자소득 세율상한을 적용받는가? 이 문제는, 뭔가 특별한 규정이 없는 이상 미국조약에서 정할 수 있는 문제가 아니고 오로지 영국조약에 달려 있다. 가령 영국조약에도 위 제1조 제2항의 글귀가 들어 있다면 어떻게 되는가? 우리나라는 미국 LP를 투시하지 않으므로, 영국의 "outbound rule"이 영국 거주자들로 이루어진 미국 LP를 투시하는가를 따져야 한다. 답은 그렇다는 것이다.[80] 미국 LP에 의하여, 또는 그를 통하여 버는 소득은 '영국의 과세상 영국 거주자의 소득으로 다루는' 것이므로, 그 소득은 영국 거주자의 소득으로 본다. 따라서 이 이자소득에 대한 우리나라의 과세권은 영국조약이 정한 상한에 걸린다.

4) 다시 미국조약으로 돌아와서 미국 거주자들이 오로지 미국 거주자들로 이루어진 제3국 LP를 거쳐서 우리나라에서 이자소득을 받는 상황을 따져보자. 미국법의 "outbound rule"이 제3국 LP를 투시하는 이상 우리나라에서 받는 소득은 미국 거주자가 받는 소득이 되어서, 우리나라의 과세권은 미국조약이 정한 상한에 걸린다.

5) 실상 위 제1조 제2항의 오래전 원형은 이른바 가분적 거주자 이론의 시발점이 된 미국조약 제3조 제1항 (b)에 이미 들어있었다.

---

80) HMKC, Double Taxation Relief Manual (2016).

미국조약 제3조 (과세상의 주소) (1)(b) "미국의 거주자"라 함은 다음의 것을 의미한다 … . (ii) 미국의 조세 목적상 미국에 거주하는 기타의 인 … 다만, 조합원 … 로서 행동하는 인의 경우에, 그러한 인에 의하여 발생되는 소득은 거주자의 소득으로서 미국의 조세에 따라야 하는 범위에 한한다.

Article 3 (Fiscal Domicile) (1)(a)[81] The term "resident of the United States" means … . (ii) Any other person … resident in the United States for purposes of its tax, but in the case of a person acting as a partner or fiduciary only to the extent that the income derived by such person is subject to United States tax as the income of a resident.

가분적 거주자 이론은 위 글귀 읽기를 조합원의 소득을 미국이 과세하는 범위 안에서 조합이 미국의 거주자라고 읽었다. 그러나 꼼꼼히 보면 애초 그런 뜻이 아니다. 한글판·영어판을 다 따지면 '그러한 인'이란 '조합원으로서 행동하는 인'이다. 따라서 위 글귀를 추리면 '미국의 거주자'가 조합원을 포함하는 경우란, "조합원에 의하여 발생되는 소득[이] 거주자의 소득으로서 미국의 조세에 따라야 하는 범위에 한한다." 곧 미국법이 조합원의 소득을 바로 과세하는 범위에서 조합원을, 조합이 아니라 조합원을 미국의 거주자로 본다는 말이다. 위 1)과 똑같은 말이다. 미국에서는 법인으로 과세하는 단체를 우리나라 법에서는 투시하는 경우란 아마 없을 듯 하고, 이 가능성을 제친다면 2017년 OECD 모델 제1조 제2항이나 기존 미국조약은 적용범위나 내용이 근본적으로 같다.

3. 국외투과단체 귀속소득 과세특례

혼성단체와 관련하여 국내(inbound) 투자뿐만 아니라 우리나라에 속하는 사람들의 해외(outbound) 투자에서도 투자매체가 되는 단체를 단위로 법인세를 물릴까, 아니면 각 출자자를 단위로 법인세나 소득세를 물릴까라는 문제가 생긴다. 우리나라에서는 법인세 과세대상으로 보는 단체, 즉 외국법인을 그 설립지국에서는 투시과세 단체로 보는 경우(이른바 "reverse hybrid", 역(逆) 혼성 단체), 해당 단체가 받은 소득을 설립지국에서는 출자자의 거주지국인 우리나라에서 과세하리라고 생각하는데, 막상 우리나라에서는 해당 외국법인 소재국에서 과세하

81) 우리말 정본과 영어 정본은 (a), (b)의 차례가 서로 다르다.

는 것으로 보아 양쪽에서 비과세 되는 문제가[82] 생길 수 있다. 이에 대해 BEPS "Action 2"는 소득의 원천지국에서 대응 입법을 통해 과세하라고 한다.[83] 이와 같은 입법례가 확산되자[84] 2022년 말 「국제조세조정에 관한 법률」 개정을 통해 '국외투과단체 귀속소득에 대한 과세특례' 규정을 들여왔다. '투시'를 '투과'라고 잘못 적기는 했지만 아무튼 현행법의 국외투과단체 과세특례는 일정한 요건을 갖춘 국외투과단체에 출자하는 국내 투자자들이 신청하는 경우 국외투과단체에 귀속되는 소득을 바로 출자자의 소득으로 간주하여 과세한다.[85] 출자자에게 귀속되는 소득의 성격은 당초 국외투과단체에 귀속되는 소득 구분 그대로이고[86] 사후에 출자자에게 실제로 분배되는 소득은 이미 과세했으니 다시 과세하지는 않는다.[87] 국조법의 특정외국법인 유보소득 배당간주 규정의 적용에서도 벗어나는 것은 당연.[88]

제 2 절 조약편승과 실질귀속자

상대방 체약국 거주자라고 해서 반드시 조약을 적용받지는 못한다. 그 자와 상대방 체약국 사이에서 좀 더 실질적인 요건이 추가로 충족되어야 한다는 것이 현재 해석론의 대세이다. 상대방 체약국의 거주자로 조약을 적용받자면 납세의무자와 상대방 체약국 사이에 뭔가 실질적・경제적 연관이 있어야 비로소 상대

82) 전형적인 사례로 소득의 지급자 단계에서 비용공제가 되지만, 이를 받아가는 외국법인의 소재국과 출자자(투자자) 거주지국 어느 쪽도 이를 과세하지 않아서 비용공제(deduction)/익금불산입(non-inclusion) 상황이 되는 경우를 생각할 수 있다.

83) BEPS Action 2 보고서, 55~57쪽 참조. 구체적으로는 소득의 지급자에 대한 비용공제를 부인하는 방식을 권고한다.

84) EU는 이를 구속력 있는 지침으로(일명 ATAD II; Council Directive (EU) 2017/952 of 29 May 2017 amending Directive (EU) 2016/1164 as regards hybrid mismatches with third countries) 회원국의 국내 세법에 반영하고 있다. 구체적으로 특정 국가의 투자자(특수관계인 합산)가 50% 이상 지분을 보유하는 역혼성단체의 경우 그 소득이 투자자 거주지국에서 과세되지 않는다면 해당 단체의 설립지국(EU)에서 이를 법인으로 보아 과세한다.

85) 국조법 제34조의2. 이와 같은 외국의 역혼성단체 대응입법으로 국외투과단체 단계에서 법인과세되는 경우를 방지하려는 취지라고 국회 전문위원 검토보고서는 설명한다.

86) 국조법 제34조의2 제6항.

87) 국조법 제34조의2 제7항.

88) 국조법 제34조의2 제9항.

방 체약국의 거주자가 된다는 생각이다. 조약의 해석 · 적용 차원에서는 실질과세라는 일반원칙에 기대어 그런 연관이 없는 자를 소득의 실질귀속자가 아니라고 보자, 또는 그런 자를 조약에 나오는 수익적 소유자(beneficial owner)가 아니라고 보자는 두 가지 생각이 나왔다. 입법론 차원에서는 이른바 조약혜택 배제 규정을 두어 조약을 적용받기 위한 요건으로서 일정한 실질적 · 경제적 연관을 조약에 명문으로 분명히 정하자는 생각이 나왔다. 우선 이 절에서 실질과세 문제부터 시작해보자.

Ⅰ. 조세조약의 이용? 악용?

조약을 악용하는 편승(便乘)이니 조약을 적용해 줄 수 없다는 문제의 기원은 미국의 "Aiken" 판결이다.

Aiken Industries, Inc. v. Commissioner[89)]

이 사건 원천징수의무자인 A(=MPI)는[90)] 미국법인으로서 바하마법인 E의 자회사였다. E는 다른 자(子) 회사 밑에 딸린 손(孫) 회사로 I라는 온두라스 손회사도 거느리고 있었다. 1963년 A는 E로부터 이자율 4%로 돈을 빌렸고, E는 이 대여금 채권(어음상 채권)을 I에게 양도하였다. 양도대금은 현금으로 받은 것이 아니고 I가 4% 이자가 붙는 약속어음을 E에게 주었다. 결국 E의 입장에서는 A가 발행한 약속어음을 I에게 주고, I가 발행한 약속어음을 받은 것이다. 그 뒤 A는 I에게 이자를 지급하였고, I는 E에게 이자를 지급하였다. 그런데 미국과 온두라스 사이에는 조세조약이 있었고, 이 조약에 따르면 온두라스법인이 미국 채무자에게서 받는 이자에는 원천징수세를 매길 수가 없었다. 한편 미국과 바하마 사이에는 조세조약이 없었고, 미국 국내법에 따른다면 비거주자에 대해 지급하는 이자소득에는 원천징수세가 붙었다. I는 이자소득을 받는 금액만큼 이자비용을 지급하므로 온두라스에서 법인세를 낼 것은 없다. 또 이 사건 판결문에는 분명하지 않지만 아마도 I가 E에 지급하는 이자에는 원천징수세 부담이 없었던 듯하다. 그렇다면 결국 무슨 일이 벌어졌는가? A가 E에게 이자를 바로 지급한

89) 56 T.C. 925 (1971).

90) 원고인 A가 애초 거래 당사자였던 MPI라는 회사를 흡수합병하였다. 판결문 내용에는 MPI라고 적고 있다.

다면 미국이 원천징수세를 걷었겠지만 I를 가운데 끼워서 A-I-E라는 형태로 지급함으로써 미국은 원천징수세를 걷지 못하게 되었다.

국세청은 세법상으로는 I의 법인격을 투시하여 E가 이자소득을 받는 것으로 보아야 한다고 주장하였다. 이에 대해 법원은 I가 제대로 설립된 법인인 이상 투시는 불가능하다고 판시한다. 그러나 법원은 I는 미국 채무자로부터 이자를 '받았다'고 볼 수 없으므로 온두라스 조약을 적용할 수 없다고 판시하였다. E에게 다시 넘겨 줄 돈인 이상 '받는' 돈이 아니라는 것. '받는다'는 말은 돈을 완전히 지배·관리한다는 뜻이라는 것. 돈에 대한 완전히 지배·관리하는 회사는 바하마 회사이고, 이 바하마 회사가 미-온두라스 조약에 편승하는 것은 안 된다는 것이다. 또한 법원은 I를 끼워 넣은 거래에 사업상 또는 경제적 목적을 찾을 수 없다고 덧붙이고 있다. 두 번째 쟁점은 원천징수의무이다. 원천납세의무자가 제공한 정보를 신뢰한 경우 원천징수의무자에게 불이행 책임을 묻지 않는 것이 보통이지만, 이 사건에서 A, E, I 사이의 특수관계를 생각하면 원천납세의무자가 제공한 정보를 신뢰하였다고 볼 수 없다고 보고 국세청 승소 판결을 내렸다.

"Aiken" 판결이 던지는 문제는 바하마법인이 자신의 실제 사업과는 별 상관이 없는 온두라스에 특수관계인을 도관(導管, conduit)으로 세우고 이 도관을 통하여 소득을 받는 형식으로 미국-온두라스 사이의 조약을 이용한다는 것. 역으로 원천지국의 입장에서 본다면 상대방 체약국과 별 관계가 없는 제3국 거주자가 상대방 체약국에 세운 특수관계인을 거쳐서 소득을 받는 형식으로 조약을 남용한다는 것이다.

"Aiken" 판결은 '받는다'는 표현을 결론에 이르기 위한 중간적인 도구 개념으로 쓰고 있지만, 결국 판결의 궁극적인 취지는 소득(정확히는 '소득으로 받은 돈')을 지배·관리해야만 조세조약을 적용할 수 있다는 말. 즉 특정 국가의 거주자라는 자격으로 조세조약을 적용받으려는 자는 소득을 지배하고 관리하는 실(實) 소득자라야 한다는 말이다. 이 판결 뒤 조세조약 남용방지 대책에는 두 가지 방향이 생긴다. 하나는 "Aiken" 판결의 자취를 이어 여러 나라에서 실질과세 원칙 내지는 일반적 남용방지 규정을 적용하는 판결이 나왔다. 또 한 가지는 조약편승(treaty shopping) 방지에 관한 객관적 기준을 세우자는 생각이다.

이 논점을 살피기에 앞서 우선 따질 문제 한 가지. 이 조약편승이라는 논점은 제1절에서 이미 본 것 아닌가? 똑같은 논점 아닌가? 아니다. 제1절은 우리나라와 특정한 상대방 체약국 사이의 조약을 적용받자면 그 나라 거주자라야 한다는 것, 특히 그 나라에서 투시단체가 아니고 법인세를 내는 단체라야 한다는 것이다. 당면 논점은 조약편승이고 조약의 남용이라면 조약을 적용받지 못한다는 것이다. 두 가지는 어떤 관계인가? "Aiken" 판결로 돌아가면 국세청은 온두라스 법인 I를 투시해서 소득을 받은 자를 바하마 법인 E로 보아야 한다고 주장했지만 법원은 이를 받아들이지 않았다. 명문의 규정이 없는 이상 법인격을 함부로 투시할 수 없다는 것. 그럼에도 불구하고 법원은 소득의 귀속자가 E라고 보면서 미-온두라스 조약의 적용을 배제했다. 온두라스 법인 I에게 미-온두라스 조약을 배제하는 것은 투시가 아니다. I는 온두라스에서 법인세를 내므로 미-온두라스 조약에서 온두라스 거주자이고 투시 대상도 아니다. I를 투시한 것이 아닌데, I는 온두라스 거주자가 맞는데, 그런데도 A가 지급하는 소득에 대해서 미-온두라스 조약을 적용하지 않은 이유는 무엇인가?

이 판결에서는 소득을 '받는' 자가 I가 아니고 바하마 법인 E라는 것. 사실관계 확정이든 실질과세 적용이든 무엇이든, 이 판결에서는 제목조차 구태여 붙이지 않은 채 아무튼 소득의 귀속자가 I가 아니고 E라고 정했으므로, I에게 대한 미-온두라스 조약 적용의 가부는 애초 쟁점이 아니게 된다. 한편 E는 미-온두라스 조약상 온두라스 거주자가 아니므로 조약을 적용받지 못한다, 바로 이것이 "Aiken" 판결이 제시한 화두이다. I를 투시하거나 뚫는 것이 아니다. 이를테면 I를 무시하는 것, 제치는 것, 비껴가는 것이다. 어떤 자가 실질귀속자가 아니라는 말은 그 자를 투시하는 것이 아니고 무시하거나 제치고 다른 자를 귀속자라고 보는 것이다. 앞의 I가 자연인이었다고 쳐보라. 투시할 길은 없다. 그렇더라도 I를 제치고 무시할 수는 있다. 실질귀속자가 E였다고 보면 E는 애초 온두라스 조약을 적용받지 못한다. 어떤 요건 하에 이렇게 할 수 있는가, 이것이 조약의 악용·남용, 또는 편승의 방지라는 논점이다.

Ⅱ. 조약과 실질과세

"Aiken" 판결에서 당시의 미국-온두라스 조약에는 온두라스 거주자에게 조약 적용을 거부할 수 있다는 아무런 명문 규정이 없었다. 그런데도 법원은 조약 적용을 거부하면서 그 이유 가운데 하나로 온두라스 법인 I를 거치는 거래형식에 사업상 목적을 인정할 수 없다는 점을 지적하고 있다. 지금으로 말하자면 실질과세를 조약에 적용한 것이다. 이 판결이 실질과세를 직접 언급하고 있지 않으니 사후약방문(死後藥方文)이라는 느낌은 있지만, 아무튼 지금에 와서 본다면 이 판결은 온두라스 법인 I는 실질귀속자가 아니고 바하마법인 E가 실질귀속자라고 판시한 것이다. 국내법대로 과세한다는 결론에는 그 전제로 두 단계의 판단이 들어있다. i) 온두라스 조약상 온두라스 거주자인 I는 쟁점 소득의 실질귀속자가 아니므로 온두라스 조약은 애초 적용할 여지가 없다, ii) 실질귀속자는 E인데 쟁점 이자소득에 관련하여 E에게는 적용할 조약이 없다. 실질로 따질 때 쟁점 이자소득은 A가 E에게 지급한 것이니 국내법대로 과세한다는 것이다.

1. 실질과세는 조약적용에 내재한 원칙인가?

실질과세, 미국 용어로는 '실질우위'(subtance over form) 원칙에 따른 조세조약 적용의 배제는, 이 원칙이 언제나 그렇듯 법적 형식을 어디까지 존중(A-I-E)하고 어디에서부터 배제(A-E)할 것인지가 불분명하다는 실무적 어려움을 낳는다.

이제 와서는 실질과세가 세계 여러 나라의 대세이기는 하지만 나라마다 실질과세라는 것이 있는가, 있다면 그 범위는 어디까지인가는 입법 내용과 법원의 법해석 전통에 따라 다 답이 다르다. 우선 실질과세 그 자체에 관하여 독일처럼 실질과세 원칙 내지 일반적 조세회피 규정을[91] 국내법에 둔 나라도 있고, 미국의 전통적 해석론처럼 실질과세란 법에 내재된 당연한 원칙이므로 일반적 조세회피 규정이 아예 필요 없다고[92] 생각하는 나라도 있고. 종래 우리나라 사법 판결의 전통은 민사법상 가장행위나 법에서 부인 대상으로 구체적으로 정해둔 조세회피 행위가 아니라면 민사법상 법률효과가 귀속되는 자를 세법상 납세의무자로 보았다.[93] 그러나 대법원 2012. 1. 19. 선고 2008두8499 전원합의체 판결(속칭 로담코 판결)은 이를 뒤엎고 가장행위(假裝行爲)가 아니더라도, 민사법상 법률효과가 귀속되는 자가 아니라 소득이 실질적으로 귀속하는 자를 납세의무자

91) 독일 조세기본법 제42조.

92) 2010년 입법된 미국세법 제7701조(o)는 종래의 판례이론을 정리한 내용을 두고 있지만, 실질과세(여기서는 "economic substance doctrine")라는 것이 역사적·논리적으로 이 조문에 앞서 이미 존재한다고 전제하고 있다.

93) 기실 민사법상 가장행위가 아니라고 보아야 하는 경우에도 이를 가장행위라고 부름으로써, 겉으로는 법적 실질설을 유지하였지만 결과적으로는 경제적 실질을 따른 판결도 적지 않다. 이창희, 『세법강의』, 제3장 제4절 참조.

로 볼 수 있다고 판시하고 있다.[94] 이 판결은 그로부터 얼마 전 2008년 1월 1일 개정된 국세기본법 제14조 제3항의 '세법의 혜택을 부당하게 받기 위한' 행위나 거래가 있다면 '경제적 실질'에 따라 법을 적용한다는 규정을 당연한 사리의 확인일 뿐이라고 판시하기도 했다. 후속 판결로 실질과세에 관한 명문 규정이 없었던 옛 지방세법이나 관세법에서도 실질과세가 당연하다는 것도 있다.[95]

이처럼 실질과세가 법에 내재된 원칙이라고 생각하더라도 조약을 적용할 때에는 생각이 달라질 수도 있다. 조세조약 가운데 실질과세의 원칙을 언급하고 있는 조약은 없다. 그렇다면 실질과세 원칙을 적용하여 조세조약의 적용을 배제하는 것은 조약위반 아니려나, 실질우위라는 국내법의 개념을 조약의 해석·적용에도 그대로 쓸 수 있으려나, 이런 문제가 생긴다. 특히 문제되는 것은 납세의무자가 형식적으로는 조약 상대방 국가의 거주자라는 요건을 만족하지만 납세의무자와 거주지국 사이에 실질적 관련을 찾기 어려운 경우에도 조약에 따라 원천지국의 과세권이 제약받는가라는 문제이다.

국내법과 달리 조약은 상대방 국가가 있다. 어느 한 쪽이 실질과세를 들고 나온다면 같은 조약을 놓고 두 나라 사이에서 전혀 다른 결과가 빚어질 수 있고, 결과적으로 국내법을 조약보다 우선시키는 셈이라 볼 여지도 있다. 각 당사국더러 조약을 성실히 이행하라는 비엔나 협약 제26조에 어긋난다는 논리도 세울 수 있다. 그러나 반대 입장에서 비엔나 협약 제26조의 글귀에 터잡아 조약에도 실질과세 원칙이 내재되어 있다는 주장도 있다.[96] 실질과세를 인정하기는 하되 두 나라의 조약 해석에 차이가 없도록 하기 위해 두 나라가 조약에 관한 한 국내법상 실질과세를 수정하여 같은 의미에 이르는 합의를 해야 한다는 절충적 주장도 있고,[97]

---

94) 로담코 판결은 전원합의체 판결이면서도 이와 어긋나는 종래의 판결을 정면으로 폐기하고 있지는 않다. 따라서 형식적으로는 모순되는 대법원 판례 두 가지가 병존하고 있는 셈이었지만 후속 판결의 대세는 로담코 판결의 다수의견을 좇고 있다. 특히 2017. 2. 15. 선고 2015두46963 판결(교차증여 부인).

95) 대법원 2016. 3. 10. 선고 2011두26046 판결; 2016. 8. 30. 선고 2015두5208 판결.

96) David A. Ward, "Abuse of Tax Treaties", Intertax No.4 (1995), 178~179쪽.

97) *Klaus Vogel on Double Taxation Conventions* (제3판), 제1조 문단 89~95.

2. OECD의 1987년 '조약편승 보고서'와 2003년 모델조약

조세조약에 관한 OECD의 전통적 입장은 조약에는 실질과세 원칙이라는 말이 나오지 않으므로 엄격 또는 문리해석해야 한다는 것이었다. 1987년에 나온 OECD의 '조약편승 보고서'는 "조약을 선의로 지키자면, 조약에 실질과세 조항이 없는 한 조약 혜택을 주는 것이 적절치 않다는 생각이 들더라도 조약을 그냥 적용할 수밖에 없다"고 적고 있다.[98] 1989년의 다른 OECD 보고서[99]는 "조약의 남용이 있다면 급히 대처할 필요가 있다는 것이 위원회의 생각이다. 국내법을 입법하여 대응할 수도 있겠지만, 새 입법이 국제관계를 해치지 않는다는 폭넓은 합의가 있음이 분명할 때에만 입법할 일이다. 그렇지 않다면 조약을 재협상하는 것만이 받아들일 수 있는 대안이라고 위원회는 생각한다"는 입장을 보이기도 했다.

OECD의 1987년 조약편승 보고서의 입장은[100] 조약에 객관적 기준을 새로 두자는 쪽에 가깝다. 1987년 보고서의 이러한 내용은 그 뒤 1992년 OECD 모델 주석에 편입되었고 아래와 같은 대책을 내고 있다.

1) Look-Through Approach

"Aiken" 판결에서 국세청은 I를 투시해야 한다고 주장하면서 그 이유로 I를 지배하고 있는 E가 온두라스 거주자가 아니라는 점을 내세웠다. 상대방 체약국 거주자이기는 하지만 제3국 거주자가 지배하고 있다면 이를 투시할 수 있다는 조문을 조약에 두자는 생각이다. OECD 모델 주석은 이런 투시는 조세피난처 내지 경(輕) 과세국 법인에나 적절하다고 토를 달면서[101] 그 경우에도 사업 활동이나 사업상 목적이 있는 법인을 보호한다는 단서를 붙이자고 한다.

조약 이용 내지 남용의 가장 고전적인 형태는 조세피난처 내지 경과세국에

---

98) OECD, "Double Taxation Conventions and the Use of Conduit Companies", 23문단 in *International Tax Avoidance and Evasion: Four Related Studies*(1987). '도관회사 보고서'라고 부르기도 한다.

99) OECD, "Tax Treaty Override"(1989), (2010년 OECD 모델(full version)의 R(8)-1).

100) OECD, "Double Taxation Conventions and the Use of Conduit Companies", 23문단 in *International Tax Avoidance and Evasion: Four Related Studies*(1987).

101) OECD 모델 제1조 2003년 주석 14문단. 이 경우 경과세국 기지(基地) 회사(base company)라 하더라도 사업상 목적이 있다면 이를 보호하는 규정을 추가할 필요가 있다고 한다.

특수관계 법인을 징검다리로 세워서 소득을 받는 것이다. 케이먼제도나 미국 판결에 많이 나오는 예로는 네덜란드 안틸레스(Netherlands Antilles)를 이용하는 것이 전형적 보기이다.[102] 네덜란드 안틸레스는 경과세 지역이지만 미국-네덜란드 조약의 적용범위에 들어 있었던 까닭에 투자자가 네덜란드 안틸레스에 세운 법인을 거친다면 미국의 원천징수세를 피하고, 또 네덜란드 안틸레스에 소득을 유보함으로써 투자자 본국의 세금도 줄일 수 있었기 때문이다. 즉 조세조약으로 원천지국의 세금을 피하고, 다시 그 소득을 경과세국에 그냥 유보해 두어 거주지국의 세금까지도 피한다는 것이다.

이에 대한 대책의 기본으로 경과세국과는 아예 조약을 맺지 않으면 된다. 역사적으로 경과세국 역시 조약망에 들어 있었기는 하지만 그런 조약을 폐기하면 되고 실제로 미국은 1987년에 '미-안틸레스 조약'을[103] 폐기했다. 그러나 경과세국의 대다수는 과거 영국과 프랑스를 주축으로 하는 제국주의 식민사의 산물로 정치경제적 이해관계가 복잡하게 얽혀 있어서 이런 역사적 경과세국들이 조약망 안에 여전히 들어있는 경우가 오랫동안 오히려 일반적이었다.[104] 그러니 그런 경과세국과 조약이 있더라도, 제3국 거주자가 지배하는 경과세국 법인한테는 조약 적용을 배제할 필요가 있다. 이것이 OECD 주석의 내용이다.

2) Subject-to-Tax Approach

조세피난처나 경과세국과 아예 조약을 맺지 않고 혹 조약이 있더라도 제3국 거주자가 지배하는 법인인 이상 조약 혜택을 배제한다면 조약 악용의 문제는 다 해결한 것인가? 그래도 여전히 남는 문제가 있다. 상대방 체약국이 정상세율 국가이기는 하지만 외국인 투자자에 대한 조세특례를 두는 수가 흔하기 때문이다. 가령 우리나라도 오랫동안 외국인 투자기업 및 외국인 투자자들의 세금을 대폭 감면해 주는 제도를 가지고 있었다.[105] 이 문제에 대한 대책으로, 제3국 거주자가 출자한 회사라면 상대방 체약국에서 정상적으로 세금을 내는 경우에만 조약

---

102) 제14장 제3절 III.

103) 미국-네덜란드 조세조약이 1955년의 의정서로 그 적용범위를 네덜란드 안틸레스까지 확대했는데, 흔히 이를 '미-안틸레스 조약'이라고 부른다.

104) 이창희, "조세피난처/피지배외국법인 세제의 회고와 전망", 「조세학술논집」 38집 3호(2022), 1쪽.

105) 제7장 제1절.

을 적용한다는 생각(subject-to-tax approach)을[106] 할 수 있다. 이 2)는 본질적으로 1)이나 마찬가지이므로 상대방 체약국 법인이 세금을 내지 않더라도 사업상 목적이나 사업 활동이 있다면 여전히 조약을 적용해 주어야 한다는 생각도 따라붙게 마련이다.

3) Channel Approach

나아가 경과세국도 아니고 외국인 투자자에 대한 조세특례도 없더라도 조약편승 시비가 생길 수 있다. "Aiken" 판결의 화두가 바로 그것이다. 가운데 낀 상대방 체약국인 온두라스가 경과세국이 아니더라도 그 나라에 낼 세금은 없다.[107] 가운데 낀 법인의 입장에서 본다면 이자수입과 맞먹는 이자비용을 다시 지급하고 있으니까. 이처럼 상대방 체약국 법인이 제3국 거주자에게 비용을 지급하는 형식으로 상대방 체약국에서 세금을 안 내는 꼴을 "stepping stone"(징검다리나 디딤돌)이라고 부른다.[108] 쟁점 이자소득이 온두라스 법인 I라는 징검다리를 거쳐서, A-I-E로 흐른다는 뜻이다. 이처럼 가운데 낀 I를 도관(conduit) 회사라고 부르기도 하고.[109]

이에 대한 대책이 이른바 "channel approach", 곧 제3국 거주자가 출자한 법인으로서 소득 중 일정 비율 이상을 제3국 출자자에게 비용으로 지급하는 회사라면 조약을 적용받을 수 없게 하자는 생각. 가령 "Aiken" 판결로 돌아가서 I처럼 받은 이자 전액을 다시 이자비용으로 E에게 지급하는 경우라면 상대방 체약국 거주자이더라도 원천지국이 조약 적용을 거부할 수 있다고 정하자는 것.

4) 선의 투자자 보호

그렇지만 OECD 모델 주석은 이런 남용방지책이 너무 광범위하다는 생각에서 다시 선의(善意) 투자자를 보호하는 특칙이 필요하다고 적고 있다. 여기에서

---

106) 제2절 Ⅴ. 2. 2017년 전의 OECD 모델 제1조 주석 15문단.

107) 그 당시 온두라스 법에서 쟁점 이자소득이 국외원천소득으로 면제받았는지는 잘 모르겠다.

108) "stepping stone"이라는 말은 법률용어가 아닌 저잣거리의 표현이므로 사람에 따라서, 또 글에 따라서는 4개국 이상이 걸리는 경우에 가운데 낀 법인이라는 뜻으로 쓰기도 한다. 우리말로 치자면 가운데 돌이 하나면 디딤돌이고 둘 이상이면 징검다리려나.

109) 도관회사라는 말은 좁은 뜻으로는 소재지국에서 세금을 내지 않는 경우를 말하고 넓은 뜻으로는 소재지국에서 세금을 내더라도 아무튼 소득을 받아서 다시 다른 자에게 넘겨주는 회사라는 뜻으로 쓰이기도 한다. OECD 모델 제1조 주석 제13문단 이하의 용례는 후자이다.

선의 투자자라는 말은 a) 우회투자에 사업상 목적이 있는 경우, b) 거주지국에 사업 활동이 있는 경우, c) 거주지국에서 세금을 제대로 내는 경우, d) 거주지국 상장(上場) 회사인 경우, e) 원천지국과 거주지국 사이의 조약이 원천지국과 제3국(출자자 본국) 사이의 조약보다 더 유리할 것이 없는 경우 정도이다.[110] 마지막 e)의 경우를 보통 '파생적 혜택'(derivative benefits)이라고 부른다.[111] 직접 들어오는 것이 세금에서는 오히려 더 유리한 마당에 구태여 제3국을 통해서 들어왔다면, 거기에는 사업상 이유가 있을 수밖에 없다는 생각이다.

1987년 보고서에 위 4가지를 담던 당시 OECD의 입장은 그 내용이 입법론이라는 것이었다. 그러나 조약의 엄격해석을 강조하면서 조약에는 실질과세란 없다는 그런 입장이 논리적 필연은 애초 아니었다. 조약에서는 반드시 엄격해석만 가능하다고 단언하기는 어렵다.[112] 더구나 엄격해석이라는 생각은 명문의 규정 없이도 조약 적용을 거부하고 있는 미국 판결 및 재무부 규칙에[113] 정면으로 어긋났다, 이런 배경 아래 1987년 보고서의 내용을 편입한 1992년 모델 주석에서는, 조약편승 대책이 입법론인지 해석론인지 분명한 입장을 보이지 않은 채 회원국 다수의 입장이 국내법상 실질과세 원칙을 적용하여 조세조약의 혜택을 배제할 수 있다고 보는 것이라고만 적고 있었다.[114]

그 뒤 국제정치의 역학관계 속에서 결국 미국은 자국의 입장을 OECD의 입장으로 관철시키기에 성공한다. OECD의 조약편승 방지 논의는 몇 개의 보고서를 더 거쳐서[115] 2003년부터는 조약해석론으로 성격이 바뀌었다. OECD가 2003년 1월 실질과세 원칙과 조세조약의 관계나 조약의 남용과 관련된 문제를 명확히 할 목적으로 모델조약 제1조에 대한 주석을 광범위하게 개정하면서 조세조약의 남용이라면 조세조약의 적용을 배제할 수 있다는 쪽으로 입장을 정리하기에 이른 것.[116] 이런 변화의 배경에는 조세조약의 기본목표가 2중과세의 배제만이

110) 같은 조 주석 19문단.

111) Ruth Mason, "When Derivative Benefits Provisions Don't Apply", Tax Notes International, August 14. 2006, 564쪽. 파생적 혜택은 기실 유럽법상의 기업설립의 자유나 자본 이동의 자유와 깊은 연관을 맺고 있고, 어쩌면 앞으로 LOB 규정의 기본을 뒤흔들 수도 있다.

112) 제2장 제2절. Vaughan Lowe, "How Domestic Anti-Avoidance Rules Affect Double Tax Conventions", 제48회 IFA Congress, Proceedings of Seminar, Vol. 19c (1995), 7쪽.

113) 미국 재무부 규칙 1.881-3(a)(3)(ii)(C).

114) 2003년 개정 전 OECD 모델 제1조 주석 23문단.

115) OECD, Restricting the Entitlement to Treaty Benefits (2002) 등.

아니라 2중비과세의 배제, 곧 조세회피와 탈세의 방지이기도 하다라는 기본 입장의 변화가 깔려 있다.[117] 여전히 OECD는 조세조약의 혜택을 함부로 배제할 가능성을 다음과 같이 염려하고 있기도 하지만.

> 그러나 납세자가 위에 언급한 남용적인 거래를 하고 있다고 쉽사리 짐작하여서는 안 된다는 것을 유의하는 것이 중요하다. 한 가지 지도원칙으로, 어떤 거래의 주목적이 보다 유리한 과세상 입장을 확보하는 것이고 이러한 상황에서 보다 유리한 과세상 취급을 받는 것이 관련 규정의 목적에 반하는 경우 조세조약상 혜택을 허용하지 말아야 한다.[118]

이렇게 되자 애초 입법론으로 나왔던 1987년 보고서의 조약편승 대책은 그 내용 그대로[119] 2003년 모델의 주석에 들어가면서 해석론으로 성격이 바뀐 셈이 되었다. 대책이라고 나오는 구체적 내용이 도대체 입법론인지 해석론인지를 알기 어려운 이 어정쩡한 상태가 한참 가다가, 2017년 모델은 종래 미국 모델의 LOB 규정을 모델조약 자체에 수입했다. 그러면서 1987년 보고서가 내었던 조약편승 대책은 OECD 모델 주석에서 빠져나갔다.

3. 실질과세 판례의 국제적 동향

OECD 모델 주석이 각국의 판례에 영향을 주는 것이야 당연하지만 실제로 한결 더 중요한 것은 법해석방법에 관한 법원의 전통이다. 이 전통은 나라마다, 법원마다 다르다. "Aiken" 판결보다 사실관계와 논점이 조금 더 복잡한 판결을 몇 개 보자.

---

116) 2003년 OECD 모델 제1조 주석 9.4문단; 2017년 제1조 주석 60문단.

117) 같은 조 주석 7문단.

118) 2003 OECD 모델 제1조 주석 9.5문단, 2017 제1조 주석 61문단. 한편, 실질과세 원칙과 같은 국내법상 일반 원칙(CFC 규정 제외)과 관련된 2003년 주석의 개정에 대하여 아일랜드, 룩셈부르크, 네덜란드, 포르투갈, 스위스, 5개국은 이의(유보)를 달았다. 2003 OECD 모델 제1조 주석 27.5-27.9 문단. 2017년 주석에는 유보가 없다.

119) 완전히 그대로인지는 확인하지 않았다.

Northern Indiana Public Service Co. v. Commissioner[120)]

이 사건 원고(원천징수의무자)인 N은 미국법인으로서 네덜란드 안틸레스에 100% 자회사 F를 거느리고 있었다. F의 사업 목적은 N에게 자금을 제공하는 것이었다. F는 유로본드를 발행하여 7천만 달러를 조달하였고, 그 돈으로 N이 발행하는 회사채를 샀다. 유로본드 사채권자에 대한 F의 원리금 채무는 N이 보증하였고, F가 지급하는 이자는 17.25%, N이 지급하는 이자는 18.25%이었다. 이 사건 당시의 미국-네덜란드 조약상 미국 채무자가 네덜란드 거주자에게 지급하는 이자는 미국에 과세권이 없고 또 이 조약은 네덜란드 안틸레스 법인도 적용범위에 넣고 있었다(미-안틸레스 조약). 미국 국세청은 N이 F를 거쳐서 유로본드 사채권자에게 지급한 이자는, N이 사채권자(유로본드는 무기명사채이므로 사채권자들이 어느 나라에 속하는지는 알 수도 없다)에게 바로 지급한 것으로 보아야 하므로 국내법에 따른 원천징수 대상이라고 주장하였다. 법원은 이 주장을 내치면서, F를 가운데에 끼운 것은 F가 N보다 싼 금리로 자금을 꿀 수 있었기 때문이므로 여기에는 정당한 사업상 목적이 있다고 보았다. "Aiken" 사건과의 차이는, 이 사건 F는 1%의 마진을 받고 있었고 거기에서 생긴 돈을 N의 간섭 없이 독자적으로 투자하였다는 것.

Del Commercial Properties Inc. v. Commissioner[121)]

이 사건 원고(원천징수의무자)인 미국법인 "Del Com Properties"(이하 "P")는 계열회사인 네덜란드법인 BV에서 돈을 꾸고 이자를 지급하면서 미국-네덜란드 조약에 따라 원천징수를 하지 않았다. BV가 꿔 준 돈은 원래는 계열회사인 캐나다법인 F가 캐나다 은행에서 꾼 돈이었고, F는 이 돈을 그 자회사인 캐나다법인 H에 꿔주었고, H는 이 돈을 케이먼제도 법인 C에게 출자하였고, C는 이 돈을 다시 네덜란드 안틸레스 법인 A에게 현물출자하였고, A는 이 돈을 다시 BV에게 출자하였다. P는 캐나다 은행에 대한 F의 원리금 지급채무에 관한 보증인 겸 물상보증인의 지위에 있기도 하다. 이런 자금거래 후 얼마 동안 P는 BV에게 이자를 지급하였지만 얼마가 지난 뒤에는 바로 F에 이자를 지급하기 시작

120) 105 T.C. 341 (1995). 자회사를 자금조달 통로로 삼은 우리나라 사례로 대법원 2000. 9. 29. 선고 97누18462 판결(실질귀속자는 모회사); 2009. 3. 12. 선고 2006두7904 판결(자회사가 실질귀속자). 이창희, 『세법강의』, 제3장 제4절 Ⅲ.

121) 251 F.3d 210 (2001).

하였다. 미국-네덜란드 조약에서는 네덜란드 거주자에게 지급하는 이자는 원천징수 대상이 아니지만, 미국-캐나다 조약에서는 캐나다 거주자에게 지급하는 이자는 원천징수 대상이었다.

법원은 국세청 승소 판결을 내린다. 실질을 본다면 BV는 소득 귀속자가 아니므로 미국-네덜란드 조약은 애초 적용할 여지가 없고, 실질귀속자인 F는 미-네덜란드 조약상 네덜란드 거주자가 아니고 미-캐나다 조약상 캐나다 거주자일 뿐이라는 것이다. 원고는 위와 같은 자금 거래는 미국의 세금만이 아니라 캐나다의 세금을 줄인다는 의도로 고안한 것이고 후자의 금액이 더 큰 이상, BV를 통하여 캐나다 세금을 줄이는 것은 미국법 적용의 범위에서 정당한 사업상 목적이라는 주장이었다. 법원은 캐나다의 세금을 줄이는 것이 미국법상 정당한 사업상 목적으로 볼 수 있는가에 관한 판단은 유보하고, 캐나다의 세금을 줄인다는 데 대한 입증이 없다는 이유로 원고의 주장을 기각하였다. "Northern Indiana Public" 사건과의 차이는, "Northern" 사건의 원고는 사업상 목적을 입증했지만 이 사건 원고는 입증하지 못했다는 것이다.

실질과세를 조약에 내재한 것으로 보자는 OECD의 입장 변화 뒤에도 명문의 규정이 없다는 이유로 실질과세를 거부하는 판결도 여전히 나오고 있다.

MIL (Investments) S.A. v. The Queen[122)]

이 사건 원고 M은 원래 케이먼제도 회사로 캐나다 회사 DFR이 발행한 주식 11.9%를 소유하고 있었고 DFR은 광산을 개발하는 회사로서 '부동산회사'에 해당했다.[123)] 케이먼제도와 캐나다 사이에는 조약이 없으므로, 원고가 주식을 판다면 캐나다 국내법에 따라 과세대상이다. 한편 캐나다-룩셈부르크 조약은 주식양도차익을 비과세하지만 부동산회사에 관한 특칙을 두어 부동산회사의 주식 10%[124)] 이상을 양도한다면 과세대상으로 삼고 있었다. DFR의 광산개발 성공가능성이 점점 올라가는 와중에 1995년 6월 28일 I라는 큰 광산회사가 DFR 주식을 통째로 다 사들이기를 원했지만 기존 주주들은 이를 거부하고 I사의 신규 투

122) 2006 DTC 3307.

123) 부동산을 일정 수준 이상으로 소유한 회사라는 의미로 쓴 것이다. 부동산회사에 대해서 더 자세한 것은 제11장 참조.

124) 정확히는 특수관계인을 합한 비율이 10% 이상. 이 사건에서도 원고의 주주 B가 소유한 DFR 주식이 있었지만 본문에서는 손쉽게 원고의 주식소유 비율에 얹어서 적었다.

자를 받으면서 기존 주식 가운데 일부를 I에 넘기는 형식의 구조조정을 하기로 했다. 이 구조조정은, DFR에 대한 기존 주주들의 지배권을 잃지 않기 위해서 기존 주주들이 DFR의 광산 등 재산을 현물출자하여 V라는 자회사를 세우고, I는 V에 투자하고, 원고 M등은 DFR 주식의 일부와 I의 주식을 교환하였다. 이 주식교환은 캐나다법상 양도차익 과세의 이연 대상이었고, 주식교환의 결과 원고의 주식소유 비율은 9.817%로 떨어졌다. 뒤이어 7월 14일 원고는 해산하여 주주가 잔여재산을 받고, 다시 이 잔여재산을 새로 출자하여 룩셈부르크에 회사를 세우는 방식으로 룩셈부르크법인이 되었다.[125] 그 뒤 1995년 8월 17일 원고는 I사의 주식 전부를 현금으로 팔아서 주식 양도차익 64,982,713달러를 벌었다. 1995년 10월 DFR의 핵심 임원 P가 갑자기 사망하여 DFR은 광산 개발을 계속하기 어렵게 되었고, 또 다른 주주사인 T사와 I사가 서로 경쟁적으로 주식 공개매수에 나섰다. DFR의 이사회는 결국 한결 좋은 조건을 제시한 I사에 주식을 팔 것을 주주들에게 권유하였고, 그에 따른 주주총회 특별결의가 이루어짐에 따라 1996년 8월 원고를 비롯한 주주 전체가 DFR 주식을 I에 넘기고 원고는 427,475,645달러의 주식 양도차익을 벌었다.

캐나다 국세청은 i) 주식소유 비율을 9.817%로 떨어뜨리고 ii) 케이먼제도 법인을 해산하고, iii) 본국을 룩셈부르크로 옮긴 뒤, iv) DFR 주식을 판 것은, 조세회피 목적의 다단계 행위라고 보고 캐나다-룩셈부르크 조약의 적용을 거부하였다.

쟁점은 두 가지. 첫째, 캐나다는 2005년에 조약의 해석·적용에 관한 국내법을 두어서, 사업이 아니라 조세회피를 목적으로 하는 행위에는 조약을 적용하지 않는다는 일반적 조세회피방지 조항(general anti-avoidance rule. 보통 줄여서 GAAR이라고 부른다)을 입법하면서 그 전에 맺은 조약에도 이를 소급적용하기로 하였다. 국세청은, DFR은 애초부터 공개매수를 바라는 상태에 있었으므로 원고의 DFR 주식 매각은 미리 예정된 행위로서 부인 대상이라고 주장하였다. 그러나 법원은 DFR이 '포이즌필'(poison pill, '독약 조항') 등 공개매수 방어장치를 두었다는 사실을 들면서 이를 부인하고, DFR이 공개매수자를 찾게 된 것은 핵심 임원 P의 급작스러운 사망 때문이라고 판단하였다. 또한 애초 주식소유 비율을

125) 룩셈부르크 법에서는 이 경우 회사계속 등기를 하면 되는 듯하다. 판결문 42문단 및 별첨 A 11문단. 케이먼제도 법인이 룩셈부르크 법인이 되었다는 말이 우리 법체계에서 가능한 말인지에는 의문이 있지만 현재의 논점에서는 DFR사의 주식소유자가 케이먼제도 법인에서 룩셈부르크 법인으로 바뀌었다는 것으로 충분하다.

10% 아래로 떨어뜨린 것에 대해서도 원고의 주주 B의 현금 사정이라는 사업상 목적 때문이라고 판단하고 있다. 법원의 판단은 기본적으로 영국 법원의 "Duke of Westminster" 판결의[126] 전통을 따라 법률형식을 존중한 것이다.[127]

두 번째 쟁점으로 국세청은 실질과세와 조세회피 행위의 부인은 조약에 내재된 원칙이라고 주장하였다. 논거는? OECD 모델 주석 2003년 판에서 그렇게 명시하고 있다는 것.[128] 그러나 법원은 비엔나 조약 제31조를 근거로 조약체결 후에 나온 주석은 참고하기에 적절하지 않다고 판시하고, 조약의 문리로 따지면 원고가 비과세 받는다고 판시하였다. "OECD 주석과,[129] 조약을 주의 깊게 협상하면서도 명시적 남용방지 규정을 넣지 않은 캐나다와 룩셈부르크의 결정에 비추어 볼 때, 나[판사]는 조약에 남용방지 규정이 내재되어 있지 않음이 자명하다고 본다. 간단히 말해서, 납세의무자에게 면세 혜택을 주는 조약의 분명한 글귀를 존중해야 한다."[130] 마지막으로 이 판결은 한 가지 근본적 의문을 던지고 있다. 광산의 가치가 올라서 생긴 이익이라면 소유주가 내국법인인 이상 어차피 국내에 과세권이 남아 있는 것이고(거주자가 비거주자로 바뀌는 경우에는 미실현이득에 세금을 물린다[131]), 그렇다면 비거주자 사이의 거래에 세금을 매길 필요가 있는가라는 근본적 의문을 제시하고 있다.

Vodafone v. Union of India[132]

2012년의 인도 대법원 판결이다. 홍콩의 허치슨(Hutchison) 그룹이 케이먼제도 1차 자회사('HTIL') → 케이먼제도 2차 자회사('CGP') → 모리셔스 3차 자회사 → 인도 통신회사('HEL')의 방식으로 투자하여 인도에서 통신사업을 하다가, HTIL이 보유하던 CGP의 주식을 네덜란드의 보다폰(Vodafone) 사에 매각하면서 양도차익을 남겼다. 주식을 발행한 법인은 케이먼제도 법인이고 그 주식의 매매 당사자는 케이먼제도 법인과 네덜란드법인이니 일단 인도에는 과세권이 없다, 그러나 인도 국세청은 CGP 및 모리셔스 자회사가 아니라 HTIL이 HEL 주식의 실질적 소유자 내지 HEL 주식 양도소득의 실질귀속자라고 보고, 인도법인

126) 이에 대해서는 이창희, 『세법강의』, 제3장 제4절 II.
127) 같은 판결문 55문단.
128) 이에 대해서는 다음 판결 뒤 곧 다시 설명한다.
129) 1977년 주석을 말한다.
130) 같은 판결문 87문단.
131) 같은 판결문 75문단.
132) Vodafone v. Union of India & Anr. SLP (C) No. 26529 of 2010, 2012. 1. 20.

인 HEL 주식의 양도소득은 원천이 인도안에 있다면서 매수인인 보다폰에게 원천징수세를 매겼다. 그러나 대법원은 원고 승소 판시: "예측가능성과 법적 안정성은 조세 제도의 기본 토대를 형성하며, 이러한 원칙은 납세자(외국 투자자 포함)가 가장 효과적인 방법으로 합리적인 경제적 선택을 하는 데 있어서 결정적이다. LOB와 투시원칙(≒법인격 부인 등)과 같은 법 원칙들은 정책의 문제인데, 오늘날 정부는 이와 같은 불확정 개념으로부터 비롯되는 견해의 대립을 피하기 위해서 이 원칙들을 조약 또는 법률에 포함시켜야 한다. 투자자들은 미리 그 과세 여부를 알아야 할 뿐만 아니라, 이는 과세당국이 세법을 집행하는 데에도 도움을 준다. 이 사안의 사실관계에 따르면, 허치슨 그룹이 짜 놓은 투자구조는 1994년 이후부터 존재해 왔으며, 동 그룹은 HEL을 통한 인도 내 사업을 통해 2003~2011년도에 걸쳐 20,242 크로레(약 4.6조 원) 상당의 직·간접적 세금을 인도에 납부한 바 있다."

The Queen v. Alta Energy Luxembourg SARL[133]

2021년의 캐나다 법원 판결. 원고는 룩셈부르크 회사(Sarl). 원고의 주주인 미국 LLC는 애초 2011년 캐나다 셰일오일 회사(Alta Canada, 이하 'AC')의 주식을 소유하고 있다가 이 AC 주식을 현물출자하여 2012년 원고를 설립하였다. 2013년 원고는 AC 보통주 전체를 제3자에게 약 6억 8천만 달러에 양도하고 3억 8천만 달러 이상의 양도차익을 얻었다. 이 주식은 부동산회사 주식으로 캐나다-미국 조약에서는 과세대상이지만 캐나다-룩셈부르크 조약에서는 부동산회사 주식이더라도 그 회사가 보유한 부동산이 사업용이라면 비과세한다고 정하고 있다. 캐나다 국세청은 사업용 부동산이 아니라는 이유를 들고, 나아가 주식을 룩셈부르크법인에 현물출자한 것은 오로지 캐나다-룩셈부르크 조약의 혜택을 얻을 목적뿐인 조세회피 행위라면서 일반적 양도소득에 세금을 물렸다. 1심, 2심 모두 원고 승소.[134] 대법원에서는 실질과세(GAAR)로[135] 조세회피를 부인할 수

133) 2021 SCC 49. 비판적 평석으로, Jinyan Li, "Finding the Purpose of Tax Treaty Provisions Under GAAR: Lessons From Alta Energy", Tax Notes, 2022. 1. 10.

134) 캐나다 항소법원은 기본적으로 캐나다-룩셈부르크 조약 제1조, 제4조 및 제13조 제4항의 목적과 취지에 비추어 1) 어느 인(人)이 조약의 목적상 룩셈부르크 거주자이고, 2) 법인 주식의 가치가 주로 캐나다 소재 부동산으로 구성되고 해당 법인의 사업이 부동산에서 수행된다면 조약상 원천지국 면세 요건을 갖추었다고 보고, 이러한 규정은 체약국 간 합의이기 때문에 여기에 GAAR가 추가로 개입될 여지가 없다고 판단하였다.

135) 조세조약상 조세회피에 관한 캐나다 국내법(GAAR)은 앞의 MIL (Investment) S.A. 판결.

있는가가 주된 쟁점이 되었다. 국세청은 이런 조세회피를 인정한다면 캐나다 조약망이 형해화되고 GAAR가 무의미해진다고 주장하였다. 그러나 대법원의 다수 의견은 조약 제1조(적용대상 인)와 제4조(거주자)의 해석상 룩셈부르크에서 무제한 납세의무를 지는 거주자에 해당하는 이상 조약상 혜택을 주장할 수 있고, 달리 실질적인 경제적 관련성이 필요하지는 않다고 판시. 사업이 부동산을 통해 수행되는 부동산회사의 주식 양도소득 규정에 관해서는 원천지국 면세가 국제투자를 장려한다는 입법취지에 맞다고 보았다.

4. 실질과세에 관한 우리 판례

우리나라로 돌아오면 조약상 실질과세 문제는 국내법과 조약 전체에 걸친 조세회피 문제라는 일반론의 하부 문제이다. 종래 몇십년 동안 우리 판결의 대세는, 모름지기 세법이란 '엄격해석'해야 한다는 전제를 따르면서 실질과세라는 말을 법적 실질설(法的實質說), 곧 가장행위(假裝行爲, 통정허위로 무효인 행위)가 아닌 한 법률행위를 그대로 존중하고 민사법상의 법률효과대로 과세해야 한다는 뜻으로 보고 있었다. 우리 대법원은 종래 '조세법률주의'를 근거로 삼아 유추해석이나 확대해석은 허용될 수 없고[136] 과세요건은 물론 비과세요건이나 감면・면세 요건을 막론하고 법문대로 엄격하게 해석하여야 한다고 말해 왔다.[137] 극단적 예를 들면 물건을 사면서 수취한 증빙이 법에 맞지 않는 경우 가산세를 물린다는 법규정이 있을 때, 아예 증빙을 받지 않은 경우는 가산세를 물릴 수 없다는 판결까지 있었고.[138] 다른 한편 우리 판결 가운데 논리의 외부 구조는 법적 실질설을 그대로 유지하지만 가장행위 이론을 동원하여 결과적으로는 경제적 실질설을 따르고 있는 것도 적지 않았다.[139] 그뿐만 아니라 2008년 이후의 대법원 판결 가운데에는 목적론적 해석을 전면으로 들고 나온 것도 생겼다.[140]

---

136) 대법원 1983. 12. 27. 선고 83누213 판결 등.

137) 대법원 1994. 2. 22. 선고 92누18603 판결 등.

138) 대법원 2007. 6. 28. 선고 2005두13537 판결.

139) 상세는 이창희, 『세법강의』, 제3장 제4절 Ⅲ.

140) "조세법률주의의 원칙상 조세법규의 해석은 특별한 사정이 없는 한 법문대로 해석하여야 하고 합리적 이유 없이 확장해석하거나 유추해석하는 것은 허용되지 않지만, 법규 상호간의 해석을 통하여 그 의미를 명백히 할 필요가 있는 경우에는 조세법률주의가 지향하는 법적 안정성 및 예측가능성을 해치지 않는 범위 내에서 입법 취지 및 목적 등을 고려한 합목적적 해석을 하는 것은 불가피하다." 대법원 2008. 1. 17. 선고 2007두11139 판결; 2008. 2. 15. 선고 2007두4438 판결; 2008. 4. 24. 선고 2006두187 판결. 이런 변화의 전조가 되었던 판결로 대법

이 추세를 결정적으로 굳힌 것이 대법원 2012. 1. 19. 선고 2008두8499 전원합의체 판결(속칭 로담코 판결)이다. 이 판결은 민사법상 가장행위가 아니더라도, 민사법상 법률효과가 귀속되는 자가 아니라 소득이 실질적으로 귀속하는 자를 납세의무자로 볼 수 있다고 한 판시였다. 이 '경제적 실질설'은 그 뒤 대법원 판결의 대세로 굳었다.[141] 그 연장선상에서 2012년 조약 적용상의 실질과세 문제를 정면으로 다룬 대법원 판결(이른바 라살레 판결)이 나왔다. 라살레 판결과 이른바 TMW 판결만 일부 발췌해 보자.

대법원 2012. 4. 26. 선고 2010두11948(속칭 '라살레') 판결[142]

가. … 실질과세의 원칙은 … 형식이나 외관을 이유로 그 귀속명의자를 납세의무자로 삼을 것이 아니라 실질적으로 귀속되는 자를 납세의무자로 삼겠다는 것이므로, 재산의 귀속명의자는 이를 지배·관리할 능력이 없고, 그 명의자에 대한 지배권 등을 통하여 실질적으로 이를 지배·관리하는 자가 따로 있으며, 그와 같은 명의와 실질의 괴리가 조세를 회피할 목적에서 비롯된 경우에는, 그 재산에 관한 소득은 그 재산을 실질적으로 지배·관리하는 자에게 귀속된 것으로 보아 그를 납세의무자로 삼아야 할 것이고(대법원 2012. 1. 19. 선고 2008두8499 전원합의체 판결 참조), 이러한 원칙은 법률과 같은 효력을 가지는 조세조약의 해석과 적용에 있어서도 이를 배제하는 특별한 규정이 없는 한 그대로 적용된다고 할 것이다.

나. 원심은 채용 증거에 의하여 다음과 같은 사실들을 인정하였다.

1) 영국의 유한 파트너십(limited partnership)인 원고들 … 라살레 … I 엘피 … ('원고 1') … 라살레 … II 엘피('원고 2' …)는 한국 내 부동산에 대한 투자를 위하여 설립되었고, 설립 당시부터 부동산 투자수익에 관한 세부담을 회피할 수 있는 투자구조를 설계하기 위하여 조세회피가 가능한 국가인 벨지움국(이하 '벨기에'라 한다) 등 각국의 조세제도를 연구하였다.

2) 그 과정에서 원고들은 벨기에 법인에 귀속되는 한국 내 주식의 양도소득에 대하여는 한국 정부가 과세할 수 없다는 「대한민국과 벨지움간의 소득에

원 2003. 10. 23. 선고 2002두4440 판결.

141) 대법원 2012. 8. 30. 선고 2012두7202 판결; 2013. 2. 14. 선고 2012두22119 판결; 2013. 7. 11. 선고 2013두6742 판결 외 다수. 이창희, 『세법강의』, 제3장 제4절 III.

142) 대표적 평석으로 김석환, "조세조약 해석에 있어서 국내법상 실질과세원칙의 적용 여부", 조세판례백선 2(2015), 770~777쪽.

대한 조세의 2중과세회피와 탈세방지를 위한 협약」(이하 '한·벨 조세조약'이라 한다) 제13조 제3항을[143] 적용받을 목적으로 … 에스에이알엘[인] 이 사건 룩셈부르크 법인들 … 을 통하여 … 에스씨에이[인] 이 사건 벨기에 법인들 … 을 설립하였다.

3) 이에 따라 이 사건 벨기에 법인들은 2002. 2. 1. 자산유동화에 관한 법률에 의하여 설립된 … 노스게이트 유동화전문유한회사(이하 '노스게이트'라 한다)의 주식 전부(이하 '이 사건 주식'이라 한다)를 약 47억 원에 인수한 다음 노스게이트를 주체로 내세워 서울 종로구 적선동 (지번 생략) 토지 및 그 지상의 현대상선빌딩(이하 '이 사건 부동산'이라 한다)을 매수하여 보유하던 중 2004. 9. 9. 이 사건 주식을 영국법인인 … 푸르덴셜 … 에게 약 430억 원에 매각함으로써 이 사건 양도소득을 얻었다.

4) 이 사건 주식의 인수대금과 이 사건 부동산의 매수대금은 모두 원고들이 이 사건 벨기에 법인들의 이름으로 지급하였고, 이 사건 주식의 인수와 양도, 이 사건 부동산의 매수 등 전 과정을 원고들과 그들의 투자자문사가 주도적으로 담당하였다.

5) 이 사건 벨기에 법인들은 벨기에 내에서 실질적으로 경제활동을 영위하고 있다고 보기 어렵고, 한·벨 조세조약 제13조 제3항을 이용한 조세회피목적 외에 실질적으로 사업을 영위할 목적으로 설립되었다거나 이 사건 부동산의 투자에 관하여 독립적인 경제적 이익이 있음을 인정할 자료가 없다.

6) 이 사건 주식의 양수인인 푸르덴셜은 한·벨 조세조약 제13조 제3항에 의하여 주식양도로 인한 소득은 양도인의 거주지국에서만 과세되도록 규정되어 있다는 이유로 이 사건 벨기에 법인들에 대한 이 사건 주식 양도대금의 지급 시 이 사건 양도소득에 관한 법인세를 원천징수하지 아니하였다.

7) 그러자 피고는 2006. 12. 18. 이 사건 벨기에 법인들은 조세회피목적을 위해 설립된 명목상의 회사에 불과하여 이 사건 양도소득의 실질적인 귀속자가 될 수 없고 영국 법인인 원고들이 그 실질적인 귀속자이며 그들에게는 한·벨 조세조약 제13조 제3항이 적용될 수 없다는 이유로 이 사건 양도소득에 대한 법인세로 원고 1에 대하여 7,638,984,440원을, 원고 2에 대하여 2,672,391,460원을 각 부과하는 이 사건 처분을 하였다.

다. 원심은 이러한 사실관계를 토대로 하여, 실질과세의 원칙은 조세조약의

143) 저자 주: 원천지국(우리나라)에서는 주식양도소득을 비과세.

규정을 해석·적용하는 기준으로도 삼을 수 있다고 전제한 다음, 이 사건 벨기에 법인들은 이 사건 주식의 인수와 양도에 관하여 형식상 거래 당사자의 역할만을 수행하였을 뿐 그 실질적 주체는 원고들이며, 이러한 형식과 실질의 괴리는 오로지 조세회피의 목적에서 비롯되었으므로, 실질과세의 원칙에 의하여 이 사건 양도소득의 실질귀속자를 원고들로 보아야 하며, 이들은 영국법인이어서 한·벨 조세조약 제13조 제3항이 적용될 수 없다고 판단하였다.

라. 앞서 본 법리와 관련 규정 및 기록에 비추어 살펴보면, 원심의 이러한 판단은 정당하고, 거기에 원고들이 상고이유에서 주장하는 바와 같은 실질과세의 원칙과 한·벨 조세조약의 해석·적용에 관한 법리오해 등의 위법이 없다.

대법원 2015. 3. 26. 선고 2013두7711(속칭 'TMW') 판결[144)]

TMW Hansol의 설립경위와 목적, TMW Hansol의 인적·물적 조직과 사업활동 내역, TMW와 TMW Hansol의 소득에 대한 지배·관리 정도 등에 비추어 보면, TMW Hansol은 원고의 발행주식이나 이 사건 배당소득을 지배·관리할 능력이 없고 TMW가 TMW Hansol에 대한 지배권 등을 통하여 실질적으로 이를 지배·관리하였으며, 우리나라의 법인세법상 '외국법인'에 해당하는 TMW가 직접 이 사건 배당소득을 얻는 경우에는 한·독 조세조약에 따른 5%의 제한세율이 적용되지 아니하여 그와 같은 명의와 실질의 괴리가 오로지 조세를 회피할 목적에서 비롯된 것으로 볼 수 있으므로, 이 사건 배당소득의 실질귀속자는 TMW Hansol이 아니라 TMW라고 보아야 할 것이다.

일단 실질과세 원칙의 영역에 들어서면 문제는 한마디로 납세자가 선택한 법적 형식을 어디까지 존중하고 어디에서부터 배제할 것인지. 라살레 판결에서는 '오로지 조세회피 목적'만 있다고 사실관계를 확정하여 벨기에법인을 무시하고 실질귀속자를 영국 LP로 보았지만 다시 영국 LP는 벨기에조약상 벨기에 거주자가 아니어서 벨기에조약을 적용받을 수 없다고 판시하였다.[145)] 한편 TMW

144) 재판연구관의 판례해설로 정광진, "외국의 혼성단체(Hybrid Entity)에 대한 조세조약의 적용 – 독일의 유한합자회사와 한·독 조세조약상 거주자의 의미", 「사법」 제33호(사법발전재단, 2015).

145) 양수인이 지급한 대금을 받는 자가 누구인가라는 사실 내지 실질을 영국 LP가 받는 것이라고 확정하는 경우 구체적 사실관계에서 실제로는 그 대금이 벨기에법인에 남아있었다면 그 돈이 영국 LP에서 벨기에법인에 넘어가는 부분까지 거래를 재구성해야 하지만(이창희, 『세법강의』, 제2장 제4절 II.), 적어도 이 사실관계에서는 우리나라의 과세권의 범위 밖이므로 재구성할 필요가 없어진다. 미국법처럼 역외거래에 따른 소득도 국내원천소득으로 추적과세하는 입법

판결 역시 '오로지 조세회피 목적'만 있다면서 독일법인인 "TMW Hansol GmbH"(유한회사)를 제치고 같은 독일법인인 TMW 유한합자회사를[146] 실질귀속자로 보았다. TMW 판결에서는 "TMW Hansol"이나 TMW나 둘 다 독일법인이라는 점은 마찬가지이지만 실제 차이가 생긴 것은 실질귀속자인 TMW가 독일에서 법인세를 내지 않는 합자회사이므로 독일조약상 독일 거주자가 아니기 때문이다. 그렇지만 이른바 가분적 거주자 이론에 따라 사원이 독일에서 전세계소득 납세의무를 지는 범위 안에서 그런 사원의 지분만큼 독일의 합자회사를 독일조약상 독일 거주자라고 판시한 것이다.[147]

라살레 판결이나 TMW 판결은 각 벨기에법인과 "TMW Hansol GmbH"에는 오로지 조세회피 목적만 있고 사업상 목적이나 사업 행위 또는 독립한 경제적 이익이 없으므로 벨기에나 독일에서 법인세를 내는가와 무관하게 실질로 보아 애초 소득 귀속자가 아니다, 따라서 이들에 대한 벨기에조약이나 독일조약의 적용 가부는 애초 논점 자체가 생기지 않는다고 보았다. 그러나 실질과세란, 말이야 쉽지만 정말로 주관적인 기준.

대법원 2018. 11. 29. 선고 2018두38376 판결

위에서 본 CHDS의 설립 경위, 중간지주회사 겸 공동서비스센터로서 사업 연혁과 사업부문 구성 및 활동, 임직원 고용과 관리를 비롯한 인적·물적 설비의 현황, 원고를 비롯한 자회사들에 대한 주주로서 권한 행사, 증자 대금의 출처, 지분 관리와 배당금 수령, 자금 사용과 투자 내역 등을 비롯한 배당 소득의 지배·관리·처분 내역 등을 종합하여 보면, CHDS는 코닝 그룹의 전 세계적 구조개편이라는 독립된 사업목적에 따라 헝가리에서 설립되어 오랜 기간 정상적으로 중간지주회사 및 공동서비스센터로서 역할과 업무를 수행하는 충분한 실체를 갖춘 법인으로서, 다른 보유 자산들과 마찬가지로 원고에 대한 지분과 그에 따른 배당 소득을 실질적으로 지배·관리하였다고 봄이 타당하다. 코닝 그룹의 최종 모회사인 CI가 경영자위원회(ECM)를 통하여 이사회 결정에 영향력

례에서는 이런 2차 재구성도 필요할 수 있다. 추적과세는 제2장 제2절 Ⅱ, 제7장 제2절 Ⅲ, 제7장 제3절 Ⅳ, 제12장 제3절 Ⅲ.

146) 유한회사가 무한책임사원인 합자회사. 이창희, 『세법강의』, 제14장 제1절 Ⅱ. 2.; 이창희, "독일법상 인적회사와 조합의 과세", 「조세학술논집」 제19집(2003), 148쪽.

147) 제1절 Ⅲ. 1.의 주 71에 인용된 문헌들 참조.

을 행사하였다거나 국내 외국인투자 조세감면 규정의 일몰로 2006년 배당금부터 조세조약이 적용되게 되었다는 등의 사정만으로는 CHDS가 원고에 대한 지분을 지배・관리할 능력이 없다거나 이 사건 배당 소득의 귀속에 있어 명의와 실질 간에 괴리가 있다고 볼 수 없다. 이처럼 소득의 귀속에 명의와 실질 사이에 괴리가 없어 원고가 지급한 이 사건 배당 소득이 명의대로 CHDS에게 실질적으로 귀속된다고 보는 이상, 국세기본법 제14조 제1항의 실질과세 원칙에 의하더라도 이 사건 배당 소득에 대하여 한・헝가리 조세조약 적용을 부인할 수 없다.

대법원 2018. 11. 15. 선고 2017두33008 판결

을 법인이 소속된 글로벌 그룹의 헝가리 내 사업 연혁, 을 법인의 각 사업부문 구성과 장기간의 활발한 사업활동, 인적・물적 설비, 배포권과 사용료소득의 지배・관리・처분 내역 등을 종합하여 보면, 을 법인은 헝가리에서 뚜렷한 사업목적으로 정상적으로 미디어 관련 사업을 영위하는 상당한 규모의 충분한 실체를 갖춘 법인으로서, 다른 보유 재산과 마찬가지로 그 명의의 배포권과 그에 따른 사용료소득을 실질적으로 지배・관리하였다고 봄이 타당하므로, 국세기본법 제14조 제1항의 실질과세 원칙에 의하더라도 사용료소득에 대하여 한・헝가리 조세조약 적용을 부인할 수 없는데도, 조세절감의 측면 등만을 들어 사용료소득의 실질귀속자가 병 법인이라고 보아 위 처분이 적법하다고 본 원심판단에 법리오해의 잘못이 있다.

이 논점에 관한 최근의 판결들의 논리 전개는 서로 유사하기도 하지만 그렇다고 반드시 일관되지도 않는다. 대법원 2018두38376 판결(코닝 판결)은 문제된 헝가리 법인이 '중간지주회사'로서 헝가리 안에서 '실체'를 갖추었음에 주목하였고, 대법원 2017두33008 판결(CJENM 판결)은 결국 마찬가지로 헝가리 법인의 존재에 뚜렷한 사업상 목적이 있고 역시 '실체'를 갖추었음을 내세웠다. 하지만 조금씩 다른 기준을 내세우고 심지어 결론도 달리하는 판결도 있다.[148] 우리 대법

148) 본문에 언급한 것 외에 대법원 2017. 4. 28. 선고 2017두32135 판결("Akzo Nobel" 판결)은 스위스법인에 인적・물적 시설이 전혀 없더라도 활동 기간(50여 년)에 비추어 없는 '독립된 실체'를 인정하면서 동시에 스위스조약이 아니더라도 어차피 동일한 세율상한을 규정하는 네덜란드조약이 적용될 것임을 내세워 실질귀속자 인정. 대법원 2019. 9. 10. 선고 2019두41096 판결(유코카캐리어 판결)은 몰타 '중간지주회사' 사건으로 몰타조약의 세율상한이 유리함에도 조

원의 판례를 종합해보면 결국 납세의무자가 선택한 형식을 배제하고 실질에 따라 과세할 수 있는 요건은 1) 납세의무자의 선택이 조세회피 목적에서 비롯한 것이고, 2) 달리 사업상 목적이나 사업행위 기타 경제적 이익이 없다는, 이 두 가지. 이 기준은 결국 일찍이 1935년에 미국대법원이 "Gregory v. Helvering" 판결로[149] 정립하였고 그 뒤 세계 여러 나라에서 통용되고 있는 기준과 궤를 같이 한다.[150] 조세회피 목적이 전혀 없어야 실질귀속자인가, 아니면 독립한 경제적 이익이 조금이라도 있으면 실질귀속자인가? 조세회피 목적이 있기는 하지만 사업상 목적도 있는 자라면 그 자가 받는 소득은 실질귀속자로서 받는 것인가? 정답은 없다. 그저 두 가지를 재어 어느 쪽이 압도적인가, 주목적인가, 더 중요한가, 이를 견주어야 한다는 정도로 얼버무릴 수밖에 없다. 물론 일단 그렇게 말로 정리를 하더라도 이를 적용할 때 항상 일관성이 유지되리라 기대하기도 어렵다.

5. 주(主) 목적 기준

미국 모델 및 미국의 실제 조약은, 객관적 기준에 관한 종래의 논의를 집대성한 포괄적 규정이기는 하지만 다시 그 위에 미국의 국익을 반영하는 내용으로 이른바 조약혜택배제(Limitation on Benefit: LOB) 규정을 두고 있다. 아래 V. 이 규정은 거의 그대로 2003년 OECD 모델 주석에 들어갔고, 2017년부터는 아예 OECD 모델조약 자체에 제29조로 들어갔다. 한편 제29조는 객관적 기준과 한꺼번에, 또는 택일하여 둘 수 있는 주관적 기준으로 애초 조약에 기대는 주목적이 조약의 취지에 어긋나는 방법으로 세금을 줄이려는 것 아닌가를 묻는 주관적 기준(이른바 주목적 기준, principal purpose test: PPT)도 두고 있다. 그러면서 BEPS "Action 6"으로 LOB나 PPT 가운데 적어도 한 가지는 필요한 보완책을 곁들여서 세계 만방이 다 채택하자고 정했다.

우리나라는 다자조약을 비준하면서 제29조 제9항에 해당하는 주관적 기준만 택했다. 우리나라와 같이 다자조약에 가입한 어떤 다른 나라가 우리나라처럼

세회피 목적을 인정하지 않음. 반대로 대법원 2016. 2. 18. 선고 2015두55011 판결(타이코 판결)은 몰타법인의 설립 존재는 오로지 조세회피 목적에 따른 것으로 판단. 판결들에 소개된 사실관계만 보아서는 몰타 관련 두 판결의 사실관계 면에서 가지는 결정적 차이는 불분명. 자주 쓰이는 법인의 '실체'라는 말의 뜻도 명확하게 제시된 일은 없다. 그저 상식적 차원에서 막연히 짐작할 뿐.

149) 293 U.S. 465 (1935).

150) 제3장 제2절 II. 이창희, 『세법강의』, 제3장 제4절.

주관적 기준만 택하는 경우 PPT가 기존의 양자조약 속으로 편입되어 들어간다.[151] 뒤따르는 실질과세와 PPT가 같은 내용이라고 풀이하는 한 우리나라의 입장에서는 별 의미는 없다. 그저 실질과세 원칙에 따른 우리 국세청의 처분이 조약위반이라는 식의 문제를 상대방 체약국이 국제공법 문제로 제기할 가능성이 사라지고, 납세의무자가 과세처분을 다투는 쟁송에서 조약위반이라는 주장 자체가 애초 성립하지 않게 될 뿐이다. 우리나라의 양자조약 가운데 영국조약 등 몇 개는[152] 조약마다 조금 다르기는 하지만 아무튼 조약의 특정 조항에 기대어 세금을 줄이는 것이 주목적인 경우라면 그런 조항의 적용을 배제한다고 정하고 있다.

> OECD Model ARTICLE 29 (Entitlement to Benefits) 9. Notwithstanding the other provisions of this Convention, a benefit under this Convention shall not be granted in respect of an item of income … . if it is reasonable to conclude, having regard to all relevant facts and circumstances, that obtaining that benefit was one of the principal purposes of any arrangement or transaction that resulted directly or indirectly in that benefit, unless it is established that granting that benefit in these circumstances would be in accordance with the object and purpose of the relevant provisions of this Convention.
>
> OECD 모델 제29조 (조약혜택에 대한 자격) 9. 이 조약 다른 규정에 불구하고 이 조약의 혜택을 부여하지 않는다: 어떤 소득 항목에 관한 합리적 결론으로 모든 적절한 사실관계를 고려하여 내린 바가 조약 혜택을 받자는 것을 주목적으로 삼아 구조나 거래를 짜고 그 직·간접적 결과로 조약의 혜택을 얻으려 하는구나 라는 결론이라면. 다만 혜택을 그런 사실관계에서 부여하더라도 이 조약 해당 조항의 목적과 취지에 맞는다면 예외로 한다.

151) 김정홍, 앞의 글, 114쪽. 물론 그 조약의 상대방 당사국도 다자조약에 가입한 상태이어야 한다. OECD는 다자조약 가입국 간 양자조약이 실제 개정된 결과를 보여주는 매칭(matching) 데이터베이스를 홈페이지에 제공하고 있다. https://www.oecd.org/tax/treaties/mli-matching-database.htm 참조.

152) 영국조약(1996), 페루조약(2012), 우루과이조약(2013) 등. 김범준, “주요목적 기준의 회고와 전망”, 「조세학술논집」 제33집 제3호(2017).

우선 OECD 모델 주석이 이 글귀를 어떻게 풀이하고 있는가를 보자. 이 글귀의 역사, 지위,[153] 의미에 관해 주석에 나오는 추상적인 이야기는 실제 별 도움이 안 되니 주목적 기준의 적용 사례를[154] 보자.

(A) S국 법인의 배당결의가 있은 뒤에 주주인 T국 거주자가 주식을 R국 거주자에게 양도하는 경우 S-R 조약의 배당소득 원천징수세가 S-T 조약보다 낮다면 주식양도의 주목적이 조세회피이고 배당소득에 관한 조약 규정의 취지에 안 맞으니 조약을 적용하지 않는다.

(B) S국 법인의 주주인 T국 법인이 주식을 R국 은행에 매도하지만 3년 뒤 다시 환매하기로 하고, 또한 양도인은 양수 은행이 받는 배당소득을 다 그대로 넘겨받을 권리(usufruct)를[155] 갖기로 한다. 배당소득 3년치의 현재가치는 양도인이 양수 은행에게 지급한다.[156] 이 경우에도 조세회피가 주목적이고 배당소득에 관한 조약 규정의 취지에 안 맞으니 조약을 적용하지 않는다.

(C) R국 거주자가 S국의 낮은 생산원가를 고려해서 S국에 법인을 세워서 사업을 벌인다면, 조세회피 목적이 없고 조약의 취지에도 맞는다.

(D) 집합투자회사인 R국 법인은 S국에 투자해서 받는 소득을 해마다 투자자에게 분배하고 투자자 가운데에는 S국과 조약이 없는 나라 거주자도 있다. 이 경우 딱히 조세회피 목적이 없다면 조약을 적용받는다.

(E) S국 법인 주식의 24%를 소유하던 R국 법인이 있었다. 그런데 주식소유비율이 25% 이상인 주주에게는 원천징수세율 상한을 한결 낮추어주는 S-R 조약이 새로 생기자 그에 맞추어 주식 1%를 추가 취득한다. 이 경우 조세회피가 주목적인 것은 맞지만 배당소득세 원천징수세 조문의 취지에 맞으니 조약을 적용해 준다.

(F) 정보통신 사업을 하는 T국 법인이 사업을 확장하려고, 자회사를 통해서 정보통신 사업을 하는 R국 지주회사의 주식을 100% 다 사들였다. R국

---

153) PPT와 국내법의 관계에 대한 글로 Duff, "Tax Treaty Abuse and the Principal Purpose Test－Part Ⅱ", 66(4) *Canadian Tax Journal* (2018), 47, 특히 959~967쪽.

154) 2017년 OECD 모델 제29조 주석 182문단 보기 A.

155) usufruct에 대해서는 中里實, "dividend usufructによる配當受取權の切り出し", 租税法と民法(東京: 有斐閣, 2018). 용익권 내지 용익물권 정도의 개념이다. 제11장 제2절 Ⅱ.

156) 본문은 OECD 모델 주석의 보기를 선해한 것이다. (B)에서 이 부분은 기실 말이 안 된다.

법인의 사업 가운데에는 S국에서 사용료를 받는 것도 있다. 이 경우 주식을 살 당시 세금을 고려했더라도 사용료소득을 받는 것이 사업 확장과 관련 있으므로 S-R 조약을 적용한다.

(G) T국 법인은 다섯 나라에 자회사를 두고 있다가 관리가 필요해서 중간지주회사를 R국에 세웠고 이 중간지주회사는 다섯 법인으로부터 관리수수료를 받는다. 중간지주회사는 다섯 나라와 R국 사이의 조약을 적용받는다.

(H) 다국적기업인 T국 법인은 해오던 해외사업을 신설 법인인 R국 자회사로 넘긴다. R국 자회사는 제조, 도소매, 금융 등 여러 가지 사업을 실제 벌이던 중 S국에 제조업 법인을 세웠고 거기에서 배당소득과 이자소득을 받는다. R국 자회사와 S국 손회사는 사업상 목적과 사업 활동이 있고 조세회피 목적이 없으므로 S-R 조약을 적용받는다.

(I) 저작권 관리업체인 R국 법인이 저작권자 본인 여럿을 대리하여 S국에서 받는 사용료소득에 대해서 S국과 본인 각자의 거주지국과 맺은 조약을 적용하는 것은 사용료소득 조문의 취지에 맞으니 조약을 적용한다.

(J) 건설업체인 R국 모회사는 S국 법인이 발주하는 도급공사의 주(主) 협상대상자가 된 뒤 실제 계약 과정에서 공사를 두 개의 계약으로 쪼개어 일부를 R국 자회사에 맡긴다. 모법인은 자법인의 공사계약을 이행보증한다. 모법인·자법인 각각의 계약에서는 공사기간이 S-R 조약상 고정사업장을 이루기에 모자라지만[157] 두 계약을 합해서 보면 공사기간이 고정사업장을 이룬다면 이렇게 공사를 쪼갠 주목적이 조세회피라고 볼 수 있다.

(K) 기관투자자인 T국 펀드는 R국에 일정 지역의 여러 나라를 관리하는 중간관리회사를 두고 있다. 중간관리회사는 사업 활동의 한 갈래로 S국에 투자한다. 이 경우 S-R 조약을 적용한다.

(L) 자산유동화 회사인 R국 법인은 갑 은행으로부터 S국 거주자를 채무자로 하는 채권을 사들였다. 자산유동화의 특성상 R국 법인에는 자기자본이 없고 갑 은행은 후순위 유동화증권 가운데 일부를 보유하고 있다. R국 법인은 S-R 조약을 적용받는다.

157) 제5장 제1절 II.

(M) 부동산 투자펀드인 C국의 파트너십은 자금 조달, 출자자의 책임 제한 등 여러 가지 사업상 이유로 R국 법인을 중간관리법인으로 세우고 다시 그 아래에 부동산 소재지국(S국)마다 자회사를 따로 두고 있다. S-R 조약이 S국과 각 파트너 소재지국 사이의 조약보다 더 유리한 점은 없다. R국 법인은 S-R 조약을 적용받는다.

우선 위 보기에서 "이게 실질과세와 무슨 관계가 있지?"라는 의문이 드는 것이 여럿 있으리라. 기실 위 보기의 상당수는 실질과세와 무관하다. 가령 앞의 보기 (C)에는 법형식과 다른 실질이라는 것이 애초 없다. (H)와 (K)도 같다. (D)는 조세회피 목적이 없다고 애초 전제한다. (E)는 사실관계를 어떻게 재구성하더라도 주식소유 비율이 25%라는 사실을 바꿀 수 없다. 그렇다면 조약이 정한 한결 낮은 세율상한을 적용하는 것이야 당연하다. (I)는 대리인이 낀 경우 법률효과는 본인을 기준으로 판단한다는 당연한 사리일 뿐이다. 기실 이런 보기들이 제29조 주석에 나오는 것은 제29조 글귀의 외연이 실질과세보다 넓기 때문이다. 제29조에는 실질이 따로 있다면 그에 따라 과세한다는 말이 없다. 그저 조세회피가 주목적이라면 조약의 혜택을 부인한다고 적고 있을 뿐. 그러다 보니 가령 (E)에서도 조약 적용을 배제할 수 있는가라는 문제가 생긴다. 이에 대해 주석은 조약 적용을 인정한다면서 그 이유로 제29조 단서를 들고 있다. 조세회피가 주목적인 것은 맞지만 배당소득세 원천징수세 조문의 취지에 맞으니 조약을 적용해 준다나.[158] 그러나 문제 자체가 애초 제29조가 자초한 것이고 논거라고 내놓은 것은 동어반복일 뿐이다. 애당초 실질과세와 전혀 별개로 조약 적용 여부를 따로 검토하자는 것이 제29조의 의도였는지는 혹시 모르겠지만 아마 그건 아닐 터. 만에 하나 그런 의도였다면 지금 있는 단서로는 답이 나오지도 않고.

제29조는 실질과세에 어떤 영향을 주는가? 아마 실제 영향은 없으리라. 유일한 차이는 제29조에 '주목적'이라는 말이 있다는 정도. 주목적이라는 말이 있으니 조약에 따른 부인의 요건이 국내법 사건보다 더 엄격하다거나, 또는 그 반대로 국내법에 따른 부인을 하려면 조세회피 목적이 지배적이라야 한다는 전제 아래 조약에 따른 부인의 요건이 국내법보다 덜 엄격하다거나, 이리저리 생각할 여지가 있지만 실제 차이가 생기지는 않을 것이다.[159] 조세회피가 주목적이라는

158) 2017년 OECD 모델 주석 182문단 보기 I.

말은 더 중요한 독립한 사업상의 이익(판례의 용례로 경제적 이익)이 없다는 말이고, 조세회피가 주목적이 아니라는 말은 더 중요한 독립한 경제적 이익이 있다는 말이다. 기실 주목적 기준이라는 것이 실질과세와 다른 새로운 기준이 아니라는 점에 대해서는 이미 대법원 판결이 있다. OECD 모델 제29조의 PPT보다는 훨씬 범위가 좁기는 하지만, 독일조약 제27조 제2항은 같은 조약의 몇몇 조(條)에 관련하여 '적정한 경제적 이유 없이' 그런 조를 '이용하는 것이 주요한 목적'이라면 그런 조의 적용을 배제한다고 정하고 있다. 이 조항과 실질과세의 관계에 대해 대법원은 "제27조 제2항이 한·독 조세조약의 해석과 적용에서 실질과세 원칙을 배제하는 특별한 규정에 해당한다고 보아서는 안 된다"라고 판시하였다.[160] 당연한 판시인 것이 애초 OECD 모델에 주목적 기준이라는 개념이 들어온 것은 2003년에 실질과세를 조약에 내재한 원칙으로 받아들일 때 실질과세의 한 요소로 들여왔던 것이다.[161] 앞의 보기로 돌아가서 애초 실질과세와 무관한 (C), (D), (E), (H), (I), (K)를 제외하면 모두 기존의 실질과세 원칙 그대로이다. (A), (B), (J)에서는 조세회피 목적이 있고 거래구조를 그렇게 짜야 할 경제적 이익이 따로 없다. (F), (G), (L)에서는 세금을 줄이는 것보다 더 중요한 경제적 이익이 따로 있다. (M)은 조세회피 목적이 없고 따로 경제적 이익도 있다. 결국 주목적 기준이 있는 조약이나 없는 조약이나 실질과세의 해석·적용에는 아무 차이가 없다.

Ⅲ. 실질귀속자에 관한 국내법 규정

실질귀속자가 누구인가라는 판정, 또는 특정한 상대방 체약국 거주자가 실질귀속자인가라는 판정에 결정적 영향을 주는 법조문이 2020년 1월 1일을 시행일로 하여 소득세법과 법인세법에 생겼다. 두 법을 묶으면 다음과 같다.

소득세법 제119조의2와 법인세법 제93조의2(국외투자기구에 대한 실질적 귀속자 특례) ① 비거주자나 외국법인이 국외투자기구(투자권유를 하여 모은 금전

159) 두 가지 요건이 다르다고 생각하면 여러 가지 묘한 문제가 생긴다. 김범준, 앞의 글, 29쪽, 특히 59~69쪽.

160) 대법원 2019. 6. 27. 선고 2016두841 판결.

161) 2003년 OECD 모델 제1조 주석 9.5문단과 21.4문단.

등을 재산적 가치가 있는 투자대상자산의 취득, 처분 또는 그 밖의 방법으로 운용하고 그 결과를 투자자에게 배분하여 귀속시키는 투자행위를 하는 기구로서 국외에서 설립된 기구를 말한다. 이하 같다)를 통하여 제93조에 따른 국내원천소득을 지급받는 경우에는 그 비거주자나 외국법인을 국내원천소득의 실질적 귀속자 … 로 본다. 다만, 국외투자기구가 다음 각 호의 어느 하나에 해당하는 경우(「소득세법」 제2조 제3항에 따른 법인으로 보는 단체 외의 법인 아닌 단체인 국외투자기구는 이 항 제2호 및 제3호에 해당하는 경우로 한정한다)에는 그 국외투자기구를 국내원천소득의 실질적 귀속자로 본다.

1. 다음 각 목의 요건을 모두 갖추고 있는 경우
   가. 조세조약에 따라 그 설립된 국가에서 납세의무를 부담하는 자에 해당할 것
   나. 국내원천소득에 대하여 조세조약이 정하는 비과세.면제 또는 제한세율(조세조약에 따라 체약상대국의 거주자 또는 법인에 과세할 수 있는 최고세율을 말한다. 이하 같다)을 적용받을 수 있는 요건을 갖추고 있을 것.
2. 제1호에 해당하지 아니하는 국외투자기구가 조세조약에서 국내원천소득의 수익적 소유자로 취급되는 것으로 규정되고 국내원천소득에 대하여 조세조약이 정하는 비과세.면제 또는 제한세율을 적용받을 수 있는 요건을 갖추고 있는 경우.
3. 제1호 및 제2호에 해당하지 아니하는 국외투자기구가 그 국외투자기구에 투자한 투자자를 입증하지 못하는 경우(투자자가 둘 이상인 경우로서 투자자 중 일부만 입증하는 경우에는 입증하지 못하는 부분으로 한정한다)

② 제1항 제3호에 해당하여 국외투자기구를 국내원천소득의 실질적 귀속자로 보는 경우에는 그 국외투자기구에 대하여 조세조약에 따른 비과세 · 면제 및 제한세율의 규정을 적용하지 아니한다.

이 법조는 풀이하기에 따라서 꼬일 대로 꼬인 조약 적용의 가부(可否) 문제를 여러 겹 더 꼬아서 우리나라의 조약해석론을 더 극단론으로 몰고 갈 수도 있고, 국제적 대세에 가까워지도록 풀이할 수도 있다. 답부터 내는 꼴이지만 후자 쪽으로 가는 편이 맞다.[162] 그렇게 해야 아래에 보듯, 외국단체의 국내법상 지위

162) 이에 대한 논증은 Chang Hee Lee, "Foreign Investment and Tax Policy", 4 *Asia Pacific Tax*

나 가분적 거주자 개념 등 기존의 대법원 판결이 일으킨 온갖 어려움을 풀어낼 수 있다. 조약적용 여부에 관한 기존의 대법원 판결은 입법론적·정책적 고려에 터잡은 것이 아니다. 우리나라의 인적 회사에 견줄 만한 단체에는 법인세를 물리지 않는 나라가 대부분이라는 사실을 무시하고, 민사법적 성질로 따질 때 우리 법의 법인(당연히 인적 회사를 포함한다)에 해당할 만한 외국단체는 영미법계의 파트너십이나 대륙법계의 인적 회사를 포함해서 모두 우리 세법에서도 법인으로 보고 세법을 적용한다는,[163] 언뜻 옳아 보이는 법해석론을 첫 단추로 삼고 이것을 일관하다 보니 국제적 대세에서 멀리 떠나고 말았다.[164] 이 해석론이 끝없는 혼란을[165] 가져와서 결국은 가분적 거주자 개념처럼 조약의 글귀에 아무 근거가 없는 개념을 발명해내고 최종 결과도 다른 나라 대부분의 조약해석론과 전혀 다르게 되는 문제점을 낳았다. 이런 점을 생각하면 소득세법 제119조의2나 법인세법 제93조의2를 읽기를 우리나라의 조약해석론과 국제적 대세와의 차이를 좁히는 방향으로 읽어야 한다. 적어도 정부 입법을 마련한 기획재정부 공무원들의 의도 역시 궁극적으로는 그러하였을 것이다.

1. 국외투자기구

우선 이 법조는 '국외투자기구'라는 말을 아주 넓게 정의하고 있다. "투자권유를 하여 모은 금전 등을… 운용하고 그 결과를 투자자에게 배분하여 귀속시키는 투자행위를 하는 기구"라는 말은, 기구의 법적 형태 면에서는 영리단체를

Bulletin 187 (1998). 한마디로, 조세조약 혜택을 부인하여 세수를 걷는 것이 국익과 일치하지 않는다. 조약 해석에는 상호주의가 알게 모르게 영향을 미치므로, 자본수출국과 자본수입국의 지위를 겸한 나라라면 외자에 대한 과세 강화는 자국에 속하는 자본에 대한 다른 나라의 과세 강화를 낳기 마련이다. 나아가 거의 전적으로 자본수입국의 지위에 있는 나라들도 1990년대 후반부터 시작해서 결국 다들 조세조약망에 들어왔다는 사실은, 조세조약으로 인한 세수 감소보다 더 큰 국익이 따로 있다는 말이다. 제1장 제2절 Ⅳ. 제13장 제2절 Ⅰ. 투자자들이 기댈 수 있는 조세조약 그 자체가 자본유치에 결정적 영향을 미치기 때문이다. 제2장 제1절 I, 제3절 Ⅱ.

163) 대법원 2012. 1. 27. 선고 2010두5950 판결.

164) 론스타 판결부터 라살레 판결을 거쳐 TMW 판결에 이르는 이러한 일련의 과정을 소개하고 비판적으로 분석한 문헌으로, Ji-Hyun Yoon, "An End of a Journey or a New Beginning? — The 2012 Trilogy of Supreme Court Decisions on International Tax", Asia-Pacific Tax Bulletin (May/June, 2013); J.-H. Yoon, "The Journey Goes on, but Where to? — A review of the 2013 Korean Supreme Court Decisions on Entity Classification Issues", Bulletin for International Taxation (September 2014); J.-H. Yoon, "Much Ado about Nothing? — A Critical Review of the TMW Decisions of the Supreme Court of Korea", Bulletin for International Taxation (April 2019).

165) 이에 대한 사전 경고로 이창희, "파트너쉽과 국제조세", 「조세학술논집」 제21집 제1호(2005), 281쪽.

넘어 신탁처럼 우리 법으로 치자면 단체가 아닌 계약관계도, 영리 목적이 있는 이상 다 품어 안는다. 설립지 내지 거주지 본국법에서 법인세를 내는 단체든(가령 미국의 "corporation", 독일의 AG, 미국의 사업신탁) 안 내는 단체든(가령 미국의 LP나 독일의 인적 회사) 다 포함한다. 공모(公募)·사모(私募)도 가리지 않고 다 국외투자기구에 해당한다. '투자권유'라는 말이 그 뜻이다. 자본시장법은 사모의 경우에도 투자권유라는 말을 쓰고 있기 때문이다.[166] OECD 모델 제1조 주석에서 다루고 있는 "collective investment vehicle"은 공모 내지 불특정 다수의 투자자를 전제로 하지만[167] 국외투자기구라는 개념은 투자자가 2명 이상이라면 다 포함한다. '투자권유'라는 말이 있으니 특정인이 스스로 100% 투자하는 기구가 빠질 뿐.

한편 기구의 활동 면에서는 '모은 금전 등을 재산적 가치가 있는 투자대상자산의 취득·처분 또는 그 밖의 방법으로 운용'한다는 글귀 자체는 일단 인적 노무의 제공 등 모든 사업 활동을 다 포함한다. 이 글귀를 읽는 데에는 두 가지 가능성이 있다.

첫째, 이 글귀의 의미를 좁혀 읽어서 자본시장법에 나오는 '집합투자'라는 뜻으로 읽어 볼까나. 이 글귀는 '모은 금전 등을… 재산적 가치가 있는 투자대상자산을 취득·처분 그 밖의 방법으로 운용'한다는 자본시장법의 글귀와[168] 거의 같고, 다만 어법에 안 맞는 부분을 고쳤을 뿐이다. 집합투자기구라는 개념의 의의로 따져보자면 자본시장법의 글귀는, 금전 등을 운용하는 방법이 투자대상 자산을 취득·처분 기타 방법으로 운용하는 것이라야 집합투자라는 뜻으로 읽어야 할 것이다. 다시 그에 맞춘다면 국외투자기구라는 말의 뜻은 소득세법이나 법인세법의 글귀보다는 좁아진다. 자본시장법에 맞추자면 '투자권유를 하여 모은 금전 등을 재산적 가치가 있는 투자대상 자산을 취득, 처분 그 밖에 달리 운용하는 방법으로 운용…'하는 기구라야 집합투자기구가 된다.[169] 가령 법률회사나 회계법인처럼 주로 인적 노무를 제공하는 사업이나 통상의 제조업체 따위라면, '투자

166) 자본시장과 금융투자에 관한 법률('자본시장법') 제249조의4.

167) OECD 모델 제1조 주석 22문단.

168) 자본시장법 제6조 제5항.

169) 자본시장법상 투자기구 개념을 당연 전제한 해석론으로 이미현, "국외투자기구의 소득에 대한 조세조약 적용", 「조세학술논집」 제31집 제1호(2015), 141쪽, 특히 149~161쪽; 홍성훈 외, 국외투자기구 과세제도 국제비교 연구, 한국조세재정연구원(2014), 특히 12~13쪽.

대상 자산을… 운용'하는 것이 아니므로 국외투자기구가 되지 않는다.

그러나 위 법조는, 자본시장법의 글귀를 무시하고 소득세법과 법인세법에 있는 글귀 그대로 받아들여, 집합투자기구만이 아니라 다른 나라 법에 따라 설립한 단체나 기구 전체에 적용할 수 있도록 국외투자기구라는 말을 글귀 그대로 영리를 꾀하는 모든 단체 기타 기구로 풀이하는 편이 낫다. 이 법조의 적용범위를 넓혀서 종래의 조약해석론을 통째로 바꾸자는 것이다. 솔직히 말해서 답 먼저 내놓고 그리로 몰고 가는 해석론이다. '금전 등을… 운용하고 그 결과를… 투자자에게 배분'하는 단체라는 글귀는 법인세를 내는 단체이든 안 내는 단체이든, 우리 민사법의 법인에 해당하든 안 하든, 모든 영리단체를 다 포괄한다. 사업 내용이 무엇인가도 묻지 않는다. 돈을 벌어서 배분하는 영리단체인 한 모두 다 국외투자기구에 해당한다.

국외투자기구라는 말을 글자 그대로 받아들여서 이처럼 넓은 뜻으로 풀이한다면 소득세법 제119조의2와 법인세법 제93조의2는 적용범위가 매우 넓어진다. 특히 외국단체의 국내법상 구분은 민사법적 성질에 따른다는 판례가 일으킨 문제점을 거의 다 풀어낼 수 있게 된다. 뒤에 다시 본다.

2. 실질적 귀속자로 '본다'

소득세법 제119조의2와 법인세법 제93조의2의 글귀 그 자체는 본문에 해당하는 비거주자나 외국법인을 또 단서에 해당하는 국외투자기구를 '실질적 귀속자로 본다'고 정하고 있다.

이 법조는 기실 '실질귀속자' 문제만이 아니라 외국단체가 조약상 상대방 체약국 거주자인가라는 문제에도 영향을 준다. 아마 이 법조를 입법할 때 혼선이 있었던 듯 싶지만 이 두 가지는 서로 다른 개념이다. 조약의 구체적 규정, 가령 어떤 외국법인이 받는 배당소득에 대한 우리 국세청의 과세권이 어떤 조약의 배당소득 조항에 따라 일정한 상한에 걸리는가라는 구체적 규정을 놓고 따질 때에는 실질귀속자인가라는 논점과 상대방 체약국 거주자인가라는 논점은 결과적으로는 같은 효과를 낳는다. 어느 쪽에서 불합격하든 이 조항의 혜택을 받지 못하니까. 그러다 보니 이 두 가지를 같은 논점으로 여기기 쉽다.

그러나 이 두 가지는 다르다. 특정한 조약상 상대방 체약국 거주자인가라는 논점은, 투시단체는 상대방 체약국에서 법인세를 내지 않으므로 상대방 체약국의 거주자가 아니고, 그래서 가령 배당소득 조문에 가서 '상대방 체약국 거주자가 받는 배당'이 아니므로 세율상한이라는 조약혜택을 받지 못한다는 말이다. 일단 조약의 영역에 들어섰지만 각 조문에 들어가 보면, 해당 조문이 '상대방 체약국 거주자에게는' 원천지국 세금을 매기지 않는다거나 일정한 상한을 둔다고 정하고 있는 이상 그런 조약 혜택을 받을 주관적 요건에 불합격이라는 말이다. 다른 한편 실질귀속자가 아니라는 말은 실질을 볼 때 그런 자에게는 애초 소득이 없다는 말이다. 소득이 없는 자이니 애초 조약의 적용 여부라는 논점 자체가 처음부터 없다. 그래서 전자는 투시하는 것, 뚫어보는 것이고, 후자는 제치는 것, 돌아가는 것, 무시하는 것이라고 말한 것이다.[170)]

TMW 판결은 이 두 가지의 관계를 잘 보여준다. "이 사건 배당소득의 실질귀속자는 'TMW Hansol'(유한회사)가 아니라 TMW(합자회사)"이다. 그러나 이 TMW 합자회사는 독일에서 법인세를 내지 않는 투시단체이므로 독일조약상 독일 거주자가 아니다. 실질귀속자이지만 원래는 조약상 상대방 체약국 거주자가 아니다. 다만 우리 대법원의 가분적 거주자 이론에 따른다면 합자회사가 얻은 소득에 관하여 사원이 '독일에서 포괄적인 납세의무를 부담하는 범위에서' 합자회사의 일부가 가분적으로 '조세조약상 독일의 거주자에 해당하여 한·독 조세조약의 적용을 받을' 뿐이다. 만약 TMW 합자회사의 사원 모두가 제3국에 속한다면 이 회사는 가분적으로도 독일조약상 독일 거주자가 될 수 없다. 역으로 "TMW Hansol"은 독일에서 법인세를 내므로 독일조약상 독일 거주자이다. 그러나 이 유한회사에 대해서는 애당초 독일조약의 적용 여부라는 논점 자체가 안 생긴다. 실질을 볼 때 이 회사에는 소득이 애초 없기 때문. 실질귀속자 여부와 상대방 체약국 거주자 여부는 원래는 전혀 다른 논점이라는 말이다. 결과적으로 조약 혜택을 받지 못한다는 점은 같지만 서로 다른 개념이다.

거듭 되풀이하자면 실질귀속자가 아니라는 말은 실질을 보니 그 자에게 소득이 없다는 말이다(그리고 소득이 누구에게도 없다는 것이 아니라 다른 사람에게 있다는 뜻이다). 라살레 판결 이후 거듭해서 우리 대법원은 조약과 국내법의 구별 없이 똑같은 실질과세 원칙을 적용한다.[171)] 그렇다면 실질귀속자가 아니라는 말은 사실 국내법에서부터 실질귀속자가 아니고 조약에서도 실질귀속자가 아니라

170) 제2절 Ⅰ.

171) 주목적 기준 역시 실질과세와 같다는 판결로 대법원 2019. 6. 27. 선고 2016두841 판결.

는 말이다. 실질귀속자가 아니라는 말은 국내법에서 그 사람에게 세금을 매길 수가 없다는 말이고 그렇다면 그 자에 대해서는 조약 적용의 여부라는 문제 자체가 아예 생기지 않는다. 애초 조약을 따질 여지가 없다.

이처럼 실질귀속자인가와 상대방 체약국 거주자인가는 서로 다른 논점이지만 소득세법 제119조의2와 법인세법 제93조의2의 글귀에서 이 두 가지는 서로 얽혀 있다. 제1항 단서 제1호 나목에서 국외투자기구가 실질귀속자가 되려면 '그 설립된 국가에서 납세의무를 부담'해야 한다. 이 요건을 충족하는 자는, 조약이 있는 이상 당연히 상대방 체약국 거주자이다. 설립지에서 납세의무를 부담하는 가는 그 나라 국내법 문제이므로 '조세조약에 따라 … 납세의무를 부담하는 자'는 글귀는 조세조약의 해석·적용상 상대방 체약국에서 전세계소득에 대한 납세의무를 지는 자, 곧 상대방 체약국 거주자라는 요건을 거듭 확인한 것이다. 결국 국외투자기구는 상대방 체약국 거주자라야 실질귀속자의 반열에 들 가능성이 생긴다. 요컨대 거주자 판단은 물론이고, 실질귀속자 판단에서도 상대방 체약국의 세법으로 기준이 이동한 셈이다.

3. 단서 ≥ 본문

소득세법 제119조의2와 법인세법 제93조의2 제1항의 본문은 거기에 해당하는 비거주자나 외국법인을 실질귀속자로 본다. 같은 법조항 단서는 일정한 국외투자기구를 실질귀속자로 본다. 이 두 가지는 긴장 관계. 본문에서는 국외투자기구를 통하여 소득을 지급받는 비거주자나 외국법인이 실질귀속자. 한편 단서에서는 각 호에 해당하면 국외투자기구 자체가 실질귀속자이다.

둘 다 실질귀속자로 보면 되지 않는가? 상대방 체약국에서 법인세를 내는 단체가 국외투자기구로서 실질귀속자인 이상 그 윗 단계의 출자자(외국법인이나 비거주자)도 실질귀속자로 보면 될텐데 … . 기실 위 법조가 없다면 그렇게 보는 것이 맞다. 실질귀속자라는 말이 원래 그런 뜻이다. 반드시 어느 한 단계의 특정한 자만이 실질귀속자인 것은 아니고 소득의 실제 흐름에 속하는 자 모두가 실질귀속자이다. 갑이 지급하는 소득이 가령 '갑 사용료→ 을 이 자→ 병 배당금→ 정'으로 흐르는 것을 법형식 그대로 인정하면 을·병·정, 셋 다 실질귀속자이다. 을은 갑에게서 받은 사용료소득이 있고, 병은 을에게서 받은 이자소득이 있고, 정은 병에게서 받은 배당소득이 있다. 다만 가령 사용료와 이자가 서로 금액이 같다면 필요경비를 뺀 뒤 을의 순소득금액이 영(0)일 뿐이다. 병은 이자소득이 생기지만 공제받을 필요경비가 없다. 이 흐름에 나타나 있지는 않은 자라도, 가령 을이 받았다는 소득을 실질적으로 받은 자가 무라면 을은 실질귀속자에서 탈락하고 실질귀속자는 무(사용료소득), 병(이자소득), 정(배당소득)이다. 무가 따로 없고 을이 받았다는 소득을 실질적으로 받은 자가 병이라면 실질귀속자는 병(사용료소득), 정(배당소득)이다. 아무튼 소득의 흐름에 실질적으로 들어가는 자는 다 (원래 의미에서는) 실질귀속자이다.

그러나 앞 문단의 분석은 갑·을·병·정이 모두 다 우리나라의 과세권 안에 들어오는 경우에나 맞는 말이다. 가령 을·병·정이 모두 외국단체이고 그들 사이의 소득 흐름이 모두 우리나라 밖에서 일어난다고 하자. 이 경우 을을 사용료의 실질귀속자라고 일단 정하면 병과 정은 우리나라와 무관하고 그들을 실질귀속자로 보든 말든 우리나라와 아무 상관이 없다. 역으로 가령 우리나라의 과세권 행사상 병을 사용료의 실질귀속자로 본다면, 이 말은 그 앞 단계의 을은 실질귀속자가 아니라고 본다는 말일 수밖에 없다. 앞 문장을 다시 보라. 정을 사용료의 실질귀속자로 본다면, 그 앞 단계의 을과 병은 실질귀속자가 아니라는 말이다. 이 과정은 사실관계에 따라서는, 갑에서 바로 정으로 갈 수도 있고, 일단 을을 실질귀속자로 보고 갑에서 을로 갔지만, 다시 을과 병 사이에서는 병을 실질귀속자로 확정하는 결과 을이 실질귀속자라는 모순적인 법률효과가 사라지는 것일 수도 있다. 다시 병과 정 사이에서 정을 실질귀속자로 확정하는 순간 병은 실질귀속자의 지위에서 탈락한다.

소득세법 제119조의2와 법인세법 제93조의3의 본문에서 비거주자나 외국법인이 국외투자기구를 통해서 소득을 지급받는다면 그 비거주자나 외국법인이 실질귀속자라는 말과 단서에서 각 호의 요건을 만족하는 국외투자기구가 실질귀속자라는 말도 그런 뜻이다.

i) 국외투자기구가 단서 각 호의 요건을 만족해서 실질귀속자가 되려면 상대방 체약국에서 법인세를 내는 단체라야 한다. 실질귀속자가 되는 이상 그와 동시에 조약상 상대방 체약국 거주자도 된다는 말. 상대방 체약국의 법에서 법인세를 내는 국외투자기구를 우리 국내법상으로는 조합으로 구분할 수 있는 가능성을(혹시라도 있을는지 모르지만 구태여 따질 필요조차 없는 극단적 가능성이다) 배제한다면, 그 윗 단계의 비거주자나 외국법인은 실질귀속자인 외국법인(국외투자기구)에서

소득을 지급받은 자이므로 추적과세를 논외로 한다면 우리 과세권의 범위를 벗어난다. 결국 단서에 따라서 일정한 국외투자기구를 실질귀속자로 보는 이상 그 윗 단계의 비거주자나 외국법인은 (여기서 말하는) 실질귀속자일 수가 없다. 바꾸어 말하면 본문에 따라서 비거주자나 외국법인을 실질귀속자로 볼 수 있는 경우란 가운데 낀 국외투자기구가 단서에 따른 실질귀속자가 아닌 경우라고 전제해야 비로소 말뜻이 통한다. 정리하자면 국외투자기구는 단서에 정한 요건을 만족하면 실질귀속자가 되고, 국외투자기구를 통해서 소득을 지급받는 비거주자나 외국법인은 그런 국외투자기구가 단서에 따른 실질귀속자가 아닌 경우에만 실질귀속자가 된다.

ii) 어느 단계든 제1항에 따라서 실질귀속자라고 판정하는 순간 그 아랫 단계에 있는 자는 실질귀속자의 범위에서 탈락한다.

4. 본문 = 무한반복 사슬, 단서 = 탈출 문고리

소득세법 제119조의2와 법인세법 제93조의2 제1항의 본문과 단서의 선후관계를 앞 Ⅳ. 3.과 같이 정리하면, 이제 이 법조의 논리적 구조를 맞출 수 있다. 외국법인이 국외투자기구를 통하여 소득을 지급받는 경우, 그 국외투자기구는 실질귀속자가 아니므로 무시하고 그 외국법인을 실질귀속자로 본다. 그런데 이 외국법인 역시 국외투자기구이므로, 다시 그 윗 단계의 외국법인의 입장에서 본다면 국외투자기구를 통하여 소득을 지급받는 경우에 해당하여 그 자를 실질귀속자로 보는 이상 그 아랫 단계의 국외투자기구는 실질귀속자에서 탈락한다. 본문은 단계를 올라가면서 무한반복하는 사슬이라는 말이다.

이 사슬에서 벗어나는 탈출구는, 더 이상은 실질귀속자가 아니라고 하여 무시할 수 없고 조약에 따라 투시할 수도 없는 자가 나타나는 것이다.

i) 첫째, 국외투자기구에 해당하지 않는 자가 제1항 본문의 비거주자로 드러나면 반복사슬을 멈춘다. 자연인 비거주자나 투자기구의 성격이 없는 비영리단체가 드러나면 그들은 국외투자기구가 아니므로 본문의 사슬은 더 윗 단계로 올라가지 못한 채 끝나고, 그런 비거주자나 비영리단체는 실질귀속자이다. 일단 실질귀속자인 이상 조약의 적용 단계로 넘어가고 상대방 체약국 거주자에 해당하므로 조약을 적용받는다.

ii) 국외투자기구가 단서의 요건을 만족하는 실질귀속자인 경우에도 이 사슬은 끝난다. 단서의 요건을 만족하자면 거주지국 본국에서 법인세를 내는 기구라야 하고, 따라서 단서에서 실질귀속자가 된 국외투자기구는 조약으로 넘어가 조약상 상대방 체약국 거주자(외국법인)로서 조약의 해당 규정을 적용받는다. 그 윗 단계의 비거주자나 외국법인은 실질귀속자이든 아니든 우리나라가 상관할 바 아니고, 어차피 실질귀속자인 외국법인(=국외투자기구)에서 소득을 지급받기에 우리나라의 과세권 밖이다.

iii) 비영리단체를 제외한다면 제1항 본문 첫머리의 외국법인을 실질귀속자로 본다는 규정은 실제 적용되는 경우를 생각하기 어렵다. 영리법인은 다 국외투자기구에 해당하여 본문의 사슬에 들어가기 때문이다. 국외투자기구가 상대방 체약국에서 법인세를 낸다면 그 기구는 거의 언제나 외국법인에 해당할 것이고, 그런 기구 내지 외국법인이 단서에 따라 실질귀속자가 되면 본문을 적용하여 그 윗 단계에 누가 있는가를 더 이상 물을 이유가 없다.

5. 국외투자기구를 실질귀속자로 보는 요건

그렇다면 이 법조는 국세기본법 제14조 내지 종래 판례에 따른 실질과세에 어떤 영향을 미치는가? 종래 판례에서는 조세회피 목적이 있는가, 사업활동 등 독립한 경제적 이익이 있는가, 이 두 가지 정도를 기준으로 실질귀속자를 정했다. 세금도 줄이지만 그것 말고 다른 경제적 이익도 있다면 두 가지를 견주어서 판정한다.

2019년까지는 국외투자기구에 대한 실질귀속자 특례 규정(현행 소득세법 제119조의2와 법인세법 제93조의2)이 없어서 국외투자기구는 애초 실질귀속자에서 빠지는 것 아닌가라는 혼선이 있었다. 그러나 그 당시 법도 그렇게 해석할 일은 아니었고[172] 2022년 대법원 판결로[173] 정리되었다. 2021년까지 시행되던 소득세법 제119조의2와 법인세법 제93조의2에서는, 국외투자기구는 '소득세 또는 법인세를 부당하게 감소시킬 목적으로 설립한 것이 아니'어야 실질귀속자가 된다. 이 글귀는 불문(不問, safe harbor) 조항으로, 그에 해당하면 실질귀속자로 본다는 뜻이다.[174] 그에 해당하지 않더라도 국세기본법 제14조나 그를 구체화한 판례에

172) 상세는 이 책 초판인 이창희, 국세조세법(2014), 제3장 제2절 Ⅱ. 2.

173) 아래 대법원 2022. 10. 27. 선고 2020두47397 판결.

174) 상세는 이 책 제2판 참조.

따라서 실질귀속자라면 여전히 실질귀속자이므로, 조세회피 목적이 있더라도 이를 압도하는 경제적 이익이 따로 있다면 실질귀속자이다.

대법원 2022. 10. 27. 선고 2020두47397 판결

원고는 미합중국 법령에 따라 설립된 국외투자기구로 … 국외공모집합투자기구에 해당한다 … SC은행 … 은 2013. 4. 12.부터 2013. 4. 15.까지 원고에게 국내 보유 주식에 대한 배당소득을 지급하면서 구 법인세법 제98조 제1항 제3호가 정한 세율(20%)에 따른 법인세를 원천징수하여 그 무렵 피고에게 납부하였다 … 원고는 … 피고에게 … [미국조약]에서 정한 제한세율(15%)이 적용되어야 한다는 이유로 … SC은행이 납부한 원천징수분 법인세의 일부 환급을 구하는 취지의 경정청구를 하였으나, 피고는 … 거부하였다 … 구 법인세법은 … "국내원천소득을 실질적으로 귀속받는 … 외국법인(이하 이 조에서 '실질귀속자'라고 한다)이 … 제한세율을 적용받으려는 경우에는 실질귀속자 또는 원천징수의무자가 일정한 기한 내에 원천징수의무자의 납세지 관할세무서장에게 경정을 청구할 수 있다'고 규정하고 있다(이하 '이 사건 규정'이라고 한다).

… 나. 위 각 규정의 내용과 입법 취지 및 관련 규정과의 관계 등에 비추어 보면, 국외투자기구도 … '국내원천소득을 실질적으로 귀속받는 외국법인'에 해당하면 이 사건 규정에 따라 조세조약에 따른 제한세율을 적용받기 위한 경정청구를 할 수 있다고 보아야 한다. … 국외투자기구도 설립된 국가의 법에 따라 법인격이 부여되거나 구성원과 독립하여 직접 권리·의무의 주체가 되는 경우 등에는 법인세법상 외국법인에 해당할 수 있다. … 국외투자기구가 해당 국내원천소득과 관련하여 법적 또는 경제적 위험을 부담하고 그 소득을 처분할 수 있는 권리를 가지는 등 그 소득에 대한 소유권을 실질적으로 보유하는 경우에는 해당 국내원천소득이 국외투자기구에 실질적으로 귀속된다고 볼 수 있다. …

2022년 시행 법률은 조세조약상 우리나라의 과세권을 제약하는 조세조약상의 요건을 갖추고 있으면 실질귀속자라고 정하고 있다. 당면 논점이 실질귀속자로서 조세조약을 적용받을 수 있는가이므로, 이 글귀는 동어반복이다. 따라서 실질귀속자 여부는 국세기본법 제14조에 따른다.

또 한 가지 문제는 소득세법 제119조의2와 법인세법 제93조의2에서 실질귀속자란 "그 국내원천소득과 관련하여 법적 또는 경제적 위험을 부담하고 그 소득을 처분할 수 있는 권리를 가지는 등 그 소득에 대한 소유권을 실질적으로 보유하고 있는 자를 말한다"는 글귀이다. 이 글귀는 종래의 판례를 제치고 실질귀속자의 판단기준을 둔 것인가? 이 글귀의 내용이나 종래의 판례나 어느 쪽도 분명한 기준은 아니지만 아무튼 사뭇 내용이 다르니 서로 판단이 갈릴 수 있다. 기실 이 글귀는 조약의 명문 개념인 '수익적 소유자'라는 말을 실질귀속자와 혼용해서 쓰던 종래의 판례 내지 실무의 잔재이고, 아래 Ⅳ.3에서 보듯 대법원 2017두33008 판결 이후에는 혼란을 초래한다. 그렇기 때문에 소득세법 제119조의2와 법인세법 제93조의2의 글귀에서도 위 글귀는 실질귀속자의 정의 내지 요건을 정한 것은 아니라고 읽는 것이 옳다. 이 법조에 정한 요건을 만족하는 자는 이미 실질귀속자로 판정된 것이고, 그 결과 '그 소득에 대한 소유권을 실질적으로 보유하고 있는 자'도 된다고 읽어야 한다. 실질귀속자라면 수익적 소유자라는 말이다. 아래 Ⅳ.에서 보듯 그 역은 성립하지 않는다는 것이 대법원의 입장.

6. 경우별 법률효과

이상을 정리하자면 소득세법 및 법인세법에 따라 실질귀속자로 보든 국세기본법이나 판례에 따라 실질귀속자로 판정하든 실질귀속자에 대해서는 조약의 영역으로 들어가 조약상 상대방 체약국 거주자인가 아닌가를 검토해야 한다. 국세기본법이나 판례에 따라 실질귀속자가 아니라고 판정한 자로서 위 법조의 실질귀속자 간주대상도 아닌 자에 대해서는 애초 조약적용 여부를 검토할 필요가 없다. 구체적으로 어떻게 되는가를 경우를 나누어가며 하나하나 따져보자.

1) 상대방 체약국에서 법인세를 내는 단체

1) 조세회피 목적이 아예 없는 단체라면 국세기본법에서 실질귀속자이고 법인세법 제93조의2 제1항 단서 제1호에 해당하는 국외투자기구이다. 따라서 조약으로 넘어가서 상대방 체약국 거주자인지를 검토해야 한다. 상대방 체약국에서 법인세를 낸다면 상대방 체약국 거주자이고, 실질귀속자라는 사실이 법인세법 제93조의2에서 이미 정해진 상태이므로 다른 사실관계를 더 이상 따질 것도 없이 조약을 적용받는다.

2) 오로지 우리나라 세금을 줄일 목적뿐이고 다른 경제적 이익이 따로 없는

단체(가령 라살레 판결의 벨기에 법인이나 TMW 판결의 독일 유한회사)라면 국세기본법상 실질귀속자가 아니므로 제1항 본문의 투시사슬로 들어가서 아래 Ⅴ. 2.와 같아진다.

3) 우리나라 세금을 줄일 목적으로 세운 단체라도 한결 더 중요한 경제적 이익이 따로 있다면 — 얼마나 더 중요해야 하는지는 결국 법원의 판단이지만 — 국세기본법 및 판례 이론에 따라서 실질귀속자이다. 따라서 조약으로 넘어가서 상대방 체약국 거주자인지를 검토해야 한다. 가령 미국 워싱턴주 법에 따라 설립된 유명한 마이크로소프트 사(社, Microsoft Corporation) 같은 대규모 사업을 벌이는 상장법인이 우리나라에 투자한 경우 케이먼제도 거주자의 투자지분(주식)이 일부 있더라도 그 법인은 그 존재에 별도의 독립적인 경제적 이익이 있으므로 소득세법 제119조의2나 법인세법 제93조의2 제1항 제1호 단서와는 무관하게 국세기본법 제14조 내지 법에 내재한 원칙에 따라 실질귀속자이다. 나아가 이 법인은 미국에서 법인세를 내므로 미국조약상 미국 거주자이고 미국조약을 적용받는다.

4) 비영리단체는 대개 국외투자기구에 해당하지 않는다. 그런 단체는 소득세법 제2조 제3항의 비거주자로서 소득세법 제119조의2 제1항 본문 첫머리의 비거주자에 해당하여 실질귀속자이다. 따라서 조약으로 넘어가서 상대방 체약국 거주자인지를 따져야 한다. 비영리단체는 실제로 법인세를 내지는 않지만 대부분의 조약에서 상대방 체약국 거주자로 풀이하여 조약을 적용해 준다.[175] 혹시라도 국외투자기구에 해당하는 비영리단체라면 앞 1), 2), 3)에 따른다.

2) 상대방 체약국 투시단체

상대방 체약국 국내법에서 법인세를 내지 않는 영리단체, 가령 일본의 조합, 독일의 인적 회사, 법인과세를 택하지 않은 미국의 LP 따위 투시단체는 위 법조에서 실질귀속자로 보지 않는 국외투자기구이다. 따라서 제1항 본문의 사슬에 따라서 윗 단계로 올라가서 실질귀속자가 있는지 찾아야 한다. 이렇게 풀이하면 외국단체의 국내법상 구분을 민사법적 성질에 따라 정한다면서 미국 LP를 외국법인으로 구분했던 2010두5950판결(론스타)은 적어도 조약의 해석·적용에서는 무의미해지고 제1항의 사슬이 시작된다. 제1항 단서에 따른 실질귀속자는 아니

175) 제3장 제1절 Ⅲ. 4.

더라도 조세회피 목적이 없든가 있더라도 더 중요한 경제적 이익이 따로 있어서 일본 조합 따위가 국세기본법 내지 판례에 따라 실질귀속자가 되는 경우는 있을 수 있다. 이 경우 제1항 본문의 사슬에 들어가지 않고 조약으로 넘어가지만 투시단체는 상대방 체약국 거주자가 아니므로 투시하여 윗 단계의 조합원으로 올라가게 되어 결과는 같다. 이하의 분석에서 '조합'이나 '일본 조합'이라는 말은 미국의 LP(가령 라살레 사건의 영국 LP)나 독일의 합자회사(가령 TMW 유한합자회사) 따위 투시단체를 나타내고 '조합원'이라는 말은 그런 투시단체의 출자자(파트너, 사원)를 포함한다.

1) 조합원(가령 라살레 사건의 파트너)이 조약이 없는 나라(가령 케이먼제도)에 속하는 자연인이거나 소득세법 제2조 제3항의 단체라면, 제1항 본문에 따라서 그런 자가 실질귀속자(최상위 투자자)이고 적용할 조약이 없으므로 그 조합원 지분의 소득은 우리 국내법 그대로 과세한다.

2) 조합원이 일본(미국, 독일)에 거주하는 자연인이라면 제1항 본문 첫머리의 비거주자로서 바로 실질귀속자가 되어 일본(미국, 독일)조약의 적용 여부를 따져야 한다. 일본(미국, 독일)조약상 일본(미국, 독일) 거주자이면서 실질귀속자이므로 조세회피 목적이나 사업 활동 등 더 이상의 사정을 따질 것 없이 조약을 적용받는다. 소득세법상 비거주자에 해당하는 비법인 비영리단체도 같다. 단서의 괄호는 그런 비영리단체가 국외투자기구인 경우에 관한 규정을 두고 있지만, 특별한 예외가 아닌 한 애초 소득세법 제119조의2 제1항 본문에서 국외투자기구에 해당하지 않을 것이고 소득세법 제2조 제3항의 비거주자로서 제119조의2 제1항 본문 첫머리에 해당한다. 이하 자연인과 구별할 필요가 없다.

3) 일본 조합의 가령 50:50 조합원이 미국의 "corporation"(또는 독일의 AG)이라면 이 조합원("corporation"이나 AG)이 다시 국외투자기구에 해당한다.

(i) 조합원인 "corporation"(AG)이 미국(독일)에서 자기 지분 부분의 납세의무를 부담하고 있고 또한 그 "corporation"(AG)의 설립 주목적이 조세회피가 아닌 한 제1항 단서 제1호에 따라 실질귀속자(최상위투자자)가 되어 미국(독일)조약으로 넘어든다. 미국(독일)에서 법인세를 내므로 미국(독일)조약에서는 미국(독일) 거주자이고 조약상으로도 실질귀속자이므로 조약을 적용받는다.

(ii) "corporation"(AG)의 설립목적이 세금을 줄이려는 것이기도 하지만 사

업활동 등 독립한 경제적 이익도 있다면 두 가지를 견주어 실질귀속자 인지를 판정하여 조약 적용 여부를 정한다.

(iii) 위 보기의 50:50 조합원이 비영리단체인 경우 실제로 조합소득 가운데 자기지분 부분에 대한 납세의무를 지지는 않지만 그렇더라도 미국(독일) 조약상 미국(독일) 거주자로 본다.[176]

4) 일본 조합의 조합원이 미국법이나 독일법에서 법인세를 내지만 미국법이나 독일법이 일본 조합을 자국세법상 외국법인으로 보고[177] 조합원인 미국 "corporation"(독일 AG)을 자국 세법상 별개의 인격으로 본다면, 곧 일본 조합의 소득 중 자기지분에 바로바로 법인세를 물리지 않는다면 제1항 제1문에 따라 다시 윗 단계로 올라가는가? 단서 제1호에서 '그 국외투자기구가 납세의무를 부담' 한다는 요건은 반드시 우리나라에서 과세할 수 있는가를 따지는 바로 그 소득에 납세의무를 진다는 말은 아니다. 소득 전반에 납세의무가 있는 이상 단서의 실질귀속자가 되어 조약으로 넘어가고 조약에서는 미국(독일) 거주자이다. 따라서 3)의 결론이 그대로 맞는다.

5) 일본 조합의 조합원이 상대방 체약국에서 법인세를 내지 않지만 우리나라 법에서는 법인에 해당하는 단체, 가령 미국 LP라면, 미국 LP(외국법인)가 그 밑에 딸린 일본 조합(국외투자기구)을 통하여 소득을 지급받는 것이므로 제1항 본문에 해당한다. 그런데 이 미국 LP는 다시 영리단체로서 제2문의 국외투자기구에 해당한다. 따라서 제1항 본문에 따라 다시 그 윗 단계의 파트너를 실질귀속자로 보고 그와 동시에 미국 LP는 실질귀속자에서 탈락한다. 앞의 1)에서 4)를 반복하는 이 사슬은 윗 단계로, 윗 단계로 거듭 올라가다가 자신의 소득에 세금을 내는 자, 곧 본문 첫머리에서 말하는 비거주자가 드러나거나 단서에 따라서 실질귀속자가 되는 국외투자기구가 처음으로 드러나기까지 거듭 되풀이되고, 이렇게 실질귀속자가 드러나면 조약의 영역으로 넘어간다. 앞 문장에서 실질귀속자가 되었다는 말은 자연인이거나 비영리단체이거나 자신의 소득에 세금을 내는 자라는 말이므로 해당 조세조약이 있는 경우 그 조약상 상대방 체약국 거주자로서 조약 적용대상이다.

6) 조합원이 거주자인 범위에서 조합을 거주자로 본다는 종래 판례의 가분

176) 제3장 제1절 Ⅲ. 4.

177) 미국법에서는 외국단체의 법인과세 여부는 납세의무자가 고를 수 있다. 제1장 제4절 Ⅰ.

적 거주자 개념은 적용할 여지가 없다. 조합의 거주지와 조합원의 거주지가 다르다고 해서 앞 3)의 분석에 바뀌는 부분이 없기 때문이다. 거주지가 다르다는 점을 명시적으로 생각하면서 새삼 확인해 보자. 가령 미국에 살고 있는 자연인이나 미국의 "corporation"이 일본 조합의 조합원이라고 하자. 일본 조합은 일본에서 법인세를 내지 않는 국외투자기구이므로 제1항 본문에 따라서 윗 단계로 올라가서 실질귀속자가 있는지 찾는다. 일본 조합에 세금을 줄일 목적이 없거나 독립적인 경제적 이득이 따로 있어서 국세기본법상 실질귀속자일 수도 있지만 그렇게 되면 일본조약으로 넘어가고, 일본에서 법인세를 안 내므로 일본조약상 일본 거주자가 아니고 투시한다. 어느 경우든 윗 단계의 자연인이나 "corporation"으로 올라간다. 자연인은 미국조약상 거주자이고 소득세법 제119조의2 제1항 제1문 첫머리에 해당하는 실질귀속자이므로 미국조약을 적용받는다. 미국 "corporation"은 미국에서 법인세를 내므로 제1항 단서에 따라서 실질귀속자가 되고, 미국조약으로 넘어가면 미국 거주자이므로 미국조약을 적용받는다.

3) 상대방 체약국에서 법인세를 내지 않는 단체가 그 윗 단계의 투자자를 밝히지 못할 때

상대방 체약국에서 법인세를 내지 않는 단체가 그 윗 단계의 투자자를 밝히지 않거나 못한다면 제1항 제2문 제3호에 해당하므로 그 단체를 실질귀속자로 본다. 윗 단계의 투자자 가운데 일부만 밝힌다면 그 부분에 한하여 위 4.의 사슬을 되풀이한다. 밝히지 않은 부분에 대해서는 단체를 실질귀속자로 보아서 조약으로 넘어가지만 상대방 체약국에서 법인세를 내지 않으므로 조약상 거주자가 아니고 조약을 적용받지 못한다. 제2항은 이 결과를 새삼 확인하고 있다.[178)]

4) 특정한 국외투자기구를 수익적 소유자로 정해놓은 조약이 있는 경우

제1항 제2호는 조약상 수익적 소유자이고 조약 혜택을 적용받는다(=국세기본법상 실질귀속자라)면 실질귀속자라고 정하고 있다. 이는 수익적 소유자에서 탈

178) 애당초 2010두5950 판결(론스타 판결)의 사건에서 미국 합자조합을 내국 '법인'으로 본 데에는 국세청이 조합원(파트너)들을 파악할 수 없었다는 현실의 사정이 영향을 미쳤을 가능성이 있다. 만약 그때 본문의 제2항과 같은 조항이 있었거나 그러한 결과를 해석으로 달성할 수 있었다면, 외국의 파트너쉽을 법인세법의 '법인'으로 보는 무리수를 두고 다시 이 때문에 가분적 거주자 이론을 도입하는 것과 같은 복잡한 일을 벌이지 않아도 되었을지 모른다.

락한다면 실질귀속자가 아니라는 말이다. 그러나 아래 Ⅳ.3.

5) 특정한 국외투자기구를 상대방 체약국 거주자라고 정한 조약

다른 한편 특정한 국외투자기구를 상대방 체약국 거주자라고 정한 조약이 있다. 더 이상 투시하지 않고 그런 기구에 조약을 적용한다는 말이다. 조약의 이런 글귀는 그런 기구를 법인세를 내는 단체로 본다는 뜻이므로 단서 제1호 가목에 해당하여 실질귀속자가 된다고 풀이하면 된다.

6) 자국법상 법인세 납세의무를 지지만 특례를 적용 받아 법인세를 내지 않는 투자기구

미국의 '투자회사'(Regulated Investment Company: RIC)나 '부동산투자회사'(Real Estate Investment Trust: REIT)처럼 일단은 자국법상 법인세 납세의무를 지지만 다시 특례를 적용받아서 법인세를 내지 않는 국외투자기구는 소득세법 제119조의2나 법인세법 제93조의2에서 실질귀속자인가? 조약해석론으로 미국의 RIC나 REIT는 조약상 미국 거주자이고[179] 그와 비슷한 상대방 체약국의 투자회사는 상대방 체약국의 거주자라는 것이[180] 미국의 해석론이다. 이 해석론은 OECD의 2008년 보고서로 그대로 넘어가 "대부분의 경우 REIT는 한 체약국의 거주자라는 요건을 만족한다"라고 적고 있다. 아무 이유도 대지 않은 채. 생각이 다른 나라는 따로 협상하라나.[181] 아무튼 이 해석을 그냥 좇는다면 RIC나 REIT는 조약에서 상대방 체약국 거주자이다. 이 말은 다시 상대방 체약국에서 제1항 단서 제1호 가목의 '납세의무를 부담'한다고 쳐준다는 말이므로 앞 5.와 같아진다. 결국 상대방 체약국 거주자라는 조약해석론을 전제로 삼는다면 국외투자기구로서 실질귀속자이고, 결국 조약을 적용받는다.

7. 조세조약 적용 절차

상대방 체약국의 거주자가 조약을 적용받기 위해서는 소득이 실질적으로 그 자에게 귀속해야 한다는 생각은 당연히 실무상 어려움을 낳는다. 소득을 받

179) 미국 모델 제4조 제1항 주석 55문단.

180) Rev. Rul. 2000-59, 2000-2 C.B. 593 (2000).

181) OECD, *Tax Treaty Issues Related to REITs* (2008), 9문단. 이와 모순되게 15문단은 투시할 수도 있다고 적고 있다.

아가는 자가 실질귀속자라는 것은 어떻게 증명하는가? 언제까지 어떤 식으로 증명해야 하는가?

법인세법 제98조의6(외국법인에 대한 조세조약상 제한세율 적용을 위한 원천징수 절차 특례) ① 제93조에 따른 국내원천소득의 실질귀속자인 외국법인이 조세조약에 따른 제한세율(이하 이 조에서 "제한세율"이라 한다)을 적용받으려는 경우에는 대통령령으로 정하는 바에 따라 제한세율 적용신청서를 제98조제1항에 따른 원천징수의무자(이하 이 조에서 "원천징수의무자"라 한다)에게 제출하여야 한다. 이 경우 제93조의2 제1항 제1호에 해당하여 국외투자기구를 국내원천소득의 실질귀속자로 보는 경우에는 그 국외투자기구에 투자한 투자자의 국가별 현황 등이 포함된 국외투자기구 신고서를 함께 제출하여야 한다.

② 제1항을 적용할 때 해당 국내원천소득이 국외투자기구를 통하여 지급되는 경우에는 그 국외투자기구가 대통령령으로 정하는 바에 따라 실질귀속자로부터 제한세율 적용신청서를 제출받아 그 명세가 포함된 국외투자기구 신고서를 원천징수의무자에게 제출하여야 한다.

③ 원천징수의무자는 실질귀속자 또는 국외투자기구로부터 제한세율 적용신청서 또는 국외투자기구 신고서를 제출받지 못하거나 제출된 서류를 통해서는 실질귀속자를 파악할 수 없는 등 대통령령으로 정하는 사유에 해당하는 경우에는 제한세율을 적용하지 아니하고 제98조제1항 각 호의 금액을 원천징수하여야 한다.

④ 제1항 및 제2항에 따라 적용받은 제한세율에 오류가 있거나 제3항에 따라 제한세율을 적용받지 못한 실질귀속자가 제한세율을 적용받으려는 경우에는 실질귀속자 또는 원천징수의무자가 제3항에 따라 세액이 원천징수된 날이 속하는 달의 말일부터 5년 이내에 대통령령으로 정하는 바에 따라 원천징수의무자의 납세지 관할 세무서장에게 경정을 청구할 수 있다. 다만, 「국세기본법」 제45조의2 제2항 각 호의 어느 하나에 해당하는 사유가 발생하였을 때에는 본문에도 불구하고 그 사유가 발생한 것을 안 날부터 3개월 이내에 경정을 청구할 수 있다

⑤ 제4항에 따라 경정을 청구받은 세무서장은 청구를 받은 날부터 6개월 이내에 과세표준과 세액을 경정하거나 경정하여야 할 이유가 없다는 뜻을

청구인에게 알려야 한다.

위 법조에서 '실질귀속자'라는 말은 소득세법 제119조의2, 법인세법 제93조의2 및 실질과세의 일반 이론에 따라서 판정한 실질귀속자라는 말이다. 법인세법 제98조의4에는 조약상 비과세와 면제에 관해 제98조의6과 같은 내용이 들어 있다. 애초 제98조의6에서 제한세율이라는 말 대신 세율상한이나 과세상한이라 적었더라면 제98조의4는 필요 없었을 군더더기.[182]

제98조의6 제1항은, "제93조의2 제1항 제1호에 해당하여 국외투자기구를 국내원천소득의 실질귀속자로 보는 경우에는 그 국외투자기구에 투자한 투자자의 국가별 현황"을 밝히라고 정하고 있다. 그렇다면 앞 Ⅲ. 1.로 돌아가 가령 미국 워싱턴 주의 법에 따라 설립된 마이크로소프트 사(社, Microsoft Corporation)가 한국마이크로소프트(유)에서 받는 배당금에 미국조약을 적용받자면 "Microsoft Corporation" 주주의 국가별 현황을 밝혀야 하는가? 애초 입법의도가 거기까지 가지는 않았을 것. 기실 국외투자기구라는 말을 영리단체 일반이라는 뜻으로 넓게 해석한 결과 생겨난 자업자득이지만 빠져나갈 길이 있다. 마이크로소프트 사의 설립에는 세금과는 별도의 독립적인 경제적 이익이 있으므로 국세기본법 제14조, 아니면 법에 내재한 원칙에 따라 실질귀속자가 된다고 보면 된다. 법인세법 제93조의2 제1항 제1호 단서에 해당하여 비로소 실질귀속자가 되는 것이 아니므로, 주주의 국가별 현황을 밝히지 않아도 조약을 적용받는다.

8. 실질귀속자라면 수익적 소유자

마지막으로 소득세법 제119조의2와 법인세법 제93조의2에는 해석 문제로 아직 남은 것이 있다. 조문 글귀 제1항 본문에서 '실질적 귀속자'라는 말 뒤에 … 로 생략한 부분에는 괄호 속에 "(법적 또는 경제적 위험을 부담하고 그 소득을 처분할 수 있는 등 그 소득에 대한 소유권을 실질적으로 보유하는 자를 말한다)"고 적고 있다. 위 법조에서 실질귀속자가 되자면 Ⅲ. 1.에서 6.까지 살펴본 요건에 더하여 괄호 속의 이 글귀가 정한 요건을 다시 만족해야 하는가? 아니다. 이 글귀는 일정한 요건을 만족하는 비거주자, 외국법인 및 국외투자기구를 실질귀속자로 본다고

---

182) OECD 모델을 따른 조약에서는 애초 조약상 세율상한이 있을 뿐이고 조약상 세율이 따로 있는 것이 아니다. 제2장 제1절 Ⅳ.

정하고 있고, 실질귀속자가 된다면 다시 '그 소득에 대한 소유권을 실질적으로 보유하는 자'라고 본다. 수익적 소유자에 관한 아래 Ⅳ. 참조.

실상 이 논지는 앞에서 본 국외투자기구에 관한 논지처럼 결론부터 내고, 대법원 판결도 이 논지에 맞추어 읽고 법의 글귀도 그에 맞추어 읽자는 말이다. 그렇게 하지 않으면 제Ⅰ절에서 제Ⅲ절에 걸쳐서 실질귀속자를 둘러싸고 넘어온 온갖 고비가 모조리 헛수고로 돌아간다. 실질귀속자인가 아닌가라는 시비가 그저 이름만 수익적 소유자로 바꾼 채 전면적으로 다시 생긴다. 실질귀속자에 대한 이 항의 논지가 옳거나 적어도 바른 방향이라면, 수익적 소유자 시비도 한꺼번에 끝장을 내어야 한다.

9. 원천납세의무자의 책임

소득세법 제119조의2 및 법인세법 제93조의2가 생기기 전에는 실질귀속자인지라는 판정(수익적 소유자 판정도 마찬가지)은 건건이 따져볼 수밖에 없는 애매한 문제였다. 이 법조가 생기고 난 뒤에도 이 문제가 여전히 남는 경우가 아마 있을 법(수익적 소유자 판정은 더구나 마찬가지). 이런 경우 원천징수의무자는 조약상 세율상한을 적용할 것인가 국내법대로 원천징수할 것인가라는 어려운 문제에 부딪힌다. 판례는 오랫동안 원천징수의무자에 대해 일반론으로 거의 엄격책임을 물어왔다.[183] 그런 태도의 한 갈래로 국제조세의 영역에서도 실질귀속자가 따로 있다면 후자를 기준으로 원천징수의무의 존부를 판단한다고 하다가[184] 2013년에 새 판시가 나왔다.

대법원 2013. 4. 11. 선고 2011두3159 판결

… 영국령 케이만군도의 유한 파트너십(limited partnership)인 … CVC 아시아 … 는 영국, 미국, 아시아 등지에서 모집한 투자자금을 가지고 … 룩셈부르크에 … AMS … 을 설립한 다음, AMS를 통하여 2002. 7. 3. 네덜란드 법인인 Asia Cinema Holdings B.V.(이하 '이 사건 외국법인'이라 한다)를 설립하였다 … 원고는 이 사건 외국법인에게 2003. 3. 25. 배당금 5,050,000,000원(이하 … '이 사건 배당소득'이라 한다)을 지급한 다음, 이 사건 외국법인이 네덜란드 소

183) 그에 대한 비판은 이창희, 『세법강의』, 제5장 제6절 Ⅰ.

184) 대법원 2012. 10. 25. 선고 2010두25466 판결.

재 법인이라는 이유로 「대한민국과 네덜란드왕국 간의 소득에 대한 조세의 2중 과세회피와 탈세방지를 위한 협약」(이하 '한-네 조세조약'이라 한다) 제10조의 제한세율 10%(주민세 포함)를 적용하여 이 사건 배당소득에 대한 원천징수분 법인세 459,090,090원을 납부하였다 … 원심은 위와 같은 사실관계를 토대로 하여, 실질과세의 원칙은 조세조약의 규정을 해석·적용하는 기준으로 삼을 수 있다고 전제한 다음, 이 사건 외국법인은 이 사건 주식의 매입 및 매각에 관하여 형식상 거래 당사자의 역할을 수행하였을 뿐 그 실질적 주체는 CVC 아시아 등이며, 이러한 형식과 실질의 괴리는 조세회피의 목적에서 비롯되었으므로, 이 사건 배당소득의 실질적인 귀속자를 CVC 아시아 등으로 보아야 하며, CVC 아시아 등이 케이만군도 등에 설립된 이상 이 사건 배당소득에 대해서는 한-네 조세조약이 적용될 수 없다고 판단하였다 …

외국법인에 대하여 국내원천배당소득을 지급하는 자는 우리나라가 그 외국법인이 거주자로 되어 있는 나라와 체결한 조세조약 등에서 … 법인세법 제98조 제1항 제3호에서 정한 세율보다 낮은 제한세율을 적용하여 과세하거나 비과세하도록 규정하고 있지 아니한 한 위 규정에 따른 세율을 적용하여 그 소득에 대한 법인세를 원천징수할 의무가 있다. 그리고 구 국세기본법 제14조 제1항이 규정하는 실질과세의 원칙은 … 국내원천배당소득에 대한 원천징수에도 그대로 적용되므로, 국내원천배당소득을 지급하는 자는 특별한 사정이 없는 한 그 소득에 관하여 귀속 명의와 달리 실질적으로 귀속되는 자가 따로 있는지를 조사하여 실질적인 귀속자를 기준으로 그 소득에 대한 법인세를 원천징수할 의무가 있다. 다만 국내원천배당소득을 지급하는 자는 조세수입의 조기확보와 조세징수의 효율성 도모 등의 공익적 요청에 따라 원천징수의무를 부담하는 반면, 질문검사권 등 세법이 과세관청에 부여한 각종 조사권한은 가지고 있지 아니한 점 등을 고려하면, 국내원천배당소득을 지급하는 자가 거래 또는 소득금액의 지급과정에서 성실하게 조사하여 확보한 자료 등을 통해서도 그 소득의 실질적인 귀속자가 따로 있다는 사실을 알 수 없었던 경우까지 실질적인 귀속자를 기준으로 그 소득에 대한 법인세를 원천징수할 의무가 있다고 볼 수는 없다. …

… 이 사건 주식 매매계약서의 서명자도 CVC AP 소속 직원인 Roy Kuan이었던 점, 원고의 직원과 CVC 아시아 직원 사이에 오고 간 이메일에도 원고에 대한 투자주체가 CVC 아시아 등으로 되어 있었던 점 … 등에 비추어 보면, 원고는 이 사건 배당소득의 실질적인 귀속자가 CVC 아시아 등임을 알고 있었다고 보이므로, 원고에게 이 사건 배당소득에 대한 원천징수의무를 부여하는 것이 비

례의 원칙 등에 위반된다고 볼 수 없다 …

원천징수의무자의 책임은 결과책임은 아니고, 악의나 과실이 있어야 책임을 물을 수 있다는 판시이다.[185] 납세자 패소의 결론에 영향을 주지 않았다는 점에서 일종의 방론이기는 하지만 아무튼 만약 이것이 판례라면 법인세법 제98조의6이 생긴 이후의 현행법에서도 그대로 옳다. 다만 어떤 서류를 징구해야 하는가에 대해서는 이제는 명문 규정이 있으므로 악의(서류의 내용이 사실과 다르거나 달리 실질귀속자가 따로 있다는 사실의 인식)가 아닌 한 원천징수의무자는 제한세율적용 신청서와 국외투자기구 신고서 등 법령이 정한 서류를 징구하고 그에 따라 원천징수의무를 이행하면 된다. 한편 2016년에는 이와 모순되는 판결이 나왔다.

대법원 2016. 1. 28. 선고 2015두52050 판결

… 원고는 이 사건 주식 양도 당시 구 소득세법상 거주자에 해당하지 아니한다 …

가. 구 소득세법 제119조 제12호 (가)목은 비거주자의 국내원천소득 중 하나로 내국법인이 발행한 주식 등의 양도로 인하여 발생하는 소득을 규정하고 있고, 제121조 제3항은 국내사업장이 없는 비거주자에 대하여는 제119조 각 호(제8호 및 제9호를 제외한다)의 소득별로 분리하여 과세하도록 규정하고 있으며, 제156조 제1항은 비거주자에 대하여 제119조 제12호 등의 규정에 따른 국내원천소득 금액을 국내사업장이 없는 비거주자에게 지급하는 자는 그 지급하는 때에 소득세를 원천징수하여 납부하도록 규정하고 있다.

이들 규정에 의하면 구 소득세법상 국내사업장이 없는 비거주자가 내국법인이 발행한 주식을 양도함으로써 발생하는 소득에 대하여는 지급자가 그 소득세를 원천징수하여 납부하여야 하고, 이러한 소득세의 경우에는 납세의무자의 신고나 과세관청의 부과결정 없이 법령이 정하는 바에 따라 그 세액이 자동적으로 확정될 뿐만 아니라 구 소득세법 제126조의2와 같이 원천납세의무자인 비거주자의 신고・납부의무나 과세관청의 비거주자에 대한 결정・경정권한을 별도로 정한 규정이 적용되지 아니하는 이상 비거주자와 과세관청 사이에서는 원칙적으로 조세법률관계가 존재하지 아니하게 되므로, 과세관청으로서는 원천징수의무자가 그 소득세를 원천징수하지 아니하였다고 하더라도 원천납세의무자

185) "Aiken" 판결도 그렇게 보았다. 제3장 제2절 Ⅰ.

인 비거주자에게 이를 부과할 수는 없다고 할 것이다.

나. 원심은, 원고의 이 사건 주식 양도로 인한 소득은 구 소득세법 제119조 제12호에서 정하는 비거주자의 국내원천소득에 해당하고, 원고가 미국 거주자라고 하더라도 2008 과세연도 중 합계 183일 이상을 국내에 체재하였으므로 대한민국과 미합중국 간의 소득에 관한 조세의 2중과세 회피와 탈세방지 및 국제무역과 투자의 증진을 위한 협약 제16조 제1항 제c호 (ii)목에 따라 대한민국의 과세권이 배제되지 아니한다고 보면서도, 이 사건 주식 양도로 인한 소득은 분리과세대상으로서 그 지급자인 양수인들이 양도소득세를 완납적으로 원천징수하여 납부하여야 하고 달리 과세관청이 원천납세의무자인 원고에게 직접 양도소득세를 부과할 수 있는 근거가 없다는 이유로, 피고가 국내사업장이 없는 비거주자로서 원천납세의무자인 원고에 대하여 양도소득세를 부과한 이 사건 처분은 위법하다고 판단하였다.

다. 원심의 이러한 판단은 앞서 본 법리에 따른 것으로서 정당하고, 거기에 상고이유 주장과 같이 비거주자의 국내원천소득에 대한 원천징수 및 부과권 등에 관한 법리를 오해한 위법이 없다.

두 판결을 합하면 어떤 결과가 생기는가? 원천납세의무자가 상대방 체약국 거주자가 아니라는 점을 원천징수의무자가 몰랐고 이 선의가 무과실이라면 원천징수의무자는 가산세뿐 아니라 본세에도 책임을 안 진다. 한편 원천납세의무자는 완납적 원천징수라는 이유로 일반적으로 본세 및 가산세에 책임을 안 진다. 이러한 경우에는 결국 국가는 어느 쪽에서도 세금을 못 받는다. 두 판례 가운데 적어도 하나는 폐기해야 한다. 후자의 판례를 폐기하는 편이 정답.[186] 후자는 2001년의 대법원 판결[187] 이후 새로 짠 판례 이론을 통째 다시 흔들어서 갈피를 못 잡게 할뿐더러 법의 글귀에 어긋난다. 법인세법 제98조의4 및 제98조의6은 국가와 원천납세의무자 사이에 직접적 법률관계를 창설하고 있다. 국외투자기구에 대한 실질귀속자 특례가 생기기 전인 2019년까지의 법에서도 법인에 해당하는 국외투자기구로서 국내원천소득에 대한 법적·경제적 위험을 부담하고 그 소득에 대한 처분권이 있는 자는 실질귀속자로서 경정청구권이 있다. 앞 5.

186) 이창희, 『세법강의』, 제5장 제6절.

187) 대법원 2001. 9. 27. 선고 2000두10649 판결.

Ⅳ. 수익적 소유자

OECD 모델을 본딴 조약 가운데 다수는 이자소득이나 배당소득 따위를 받는 자가 조세조약의 세율상한이라는 혜택을 적용받기 위해서는 해당소득의 '수익적 소유자'(beneficial owner)라야 한다고 정하고 있다.

OECD Model Article 11(Interest) 1. Interest arising in a Contracting State and paid to a resident of the other Contracting State may be taxed in that other State.

OECD 모델 제11조(이자) 1. 이자로서 한 체약국에서 발생하고 상대방 체약국 거주자에게 지급되는 것은 그 상대방 체약국에서 과세할 수 있다.

2. However, interest arising in a Contracting State may also be taxed in that State according to the laws of that State, but if the beneficial owner of the interest is a resident of the other Contracting State, the tax so charged shall not exceed 10 per cent of the gross amount of the interest

2. 그러나 그런 이자는, 이자가 발생하는 나라에서도 자국법에 따라 과세할 수 있다. 다만 이자의 수익적 소유자(Beneficial owner)가 상대방 체약국의 거주자라면 위와 같이 매기는 세금은 이자 총 지급액의 10%를 넘을 수 없다. (하략)

제10조(배당), 제12조(사용료) 조항에도 제11조(이자)와 비슷한 구조로 "beneficial owner"라는 말이 나온다. "Beneficial owner"라는 영어 낱말을 직역한다면 '수익적 소유자'가 된다. 우리나라 실제 조약의 공식 번역본도 다 그렇게 번역하고 있다. 그러나 우리말, 그리고 우리 법에서는 '수익적' 소유자라는 말은 애초 뜻이 통하지 않는다. 또 사실은 소득의 수익적 '소유자'라는 것이 애초에 말이 안 된다. 소유란 민법의 용어이고 민법에서 말하는 '물건'을 소유하는 것이지 소득을 소유한다는 것은 말이 안 된다(소득은 어떤 경제적 이익 — 순자산의 증가 — 이 있을 때 이를 세법적으로, 또는 경제적으로 평가한 결과일 따름이다). 독일 사람들은 이 말을 '쓸 권한이 있는 사람'(Nutzungsberechtigte)이라고 옮기고 있다.[188]

1. 수익적 소유자 개념의 연혁

OECD 모델에 수익적 소유자라는 말이 처음 들어간 것은 1977년이고(즉 1963년 초안에는 없었다), 그 이후에 나온 조세조약에도 대부분 이 말이 등장하게 되었다. 이 말이 들어간 배경은 안개 속.[189] 1977년 모델에 관한 OECD 주석은 그저 "이 말은 맥락에 따라서 또 조약의 목적에 따라서 넓게 해석해야 한다"고 얼버무리고 있을 따름이다.[190] 구체적 지침으로는, 대리인("agent"나 "nominee"[191])이 중간에 끼어서 돈을 받는다면 대리인은 수익적 소유자가 아니라고 밝히고 있었을 뿐이다. 이리하여 위 주석에 있는 설명 정도를 제외한 나머지는 모두 다 수익적 소유자라는 주장도[192] 나와 있었고. 사실 법률효과란 대리인이 아닌 본인을 기준으로 판단해야 한다는 것은 너무나 당연한 일이다. OECD 모델 주석도 이자소득을 지급받는 자가 대리인일 뿐이라고 보아 대리인의 거주지국과 원천지국 사이의 조약을 배제하더라도, 수익적 소유자의 거주지국과 원천지국 사이에 조약이 있다면 그 조약은 적용해야 한다고 한다.

최근 10여 년간 새로 밝혀져 논의되는 내용에 따르면, 1977년의 OECD 모델에 생겨난 '수익적 소유자'라는 말은 아마 영국법 개념에서 넘어왔을 가능성이 높다고.[193] 이 말은 이미 1966년경 영국이 미국, 캐나다 등과의 조세조약에 이를 도입함으로써 조세조약에 처음으로 등장하게 되었다.[194] 또 1977년 OECD 모델에 수익적 소유자라는 말이 처음 들어간 당시의 실무작업반(working group)

188) 프랑스에서는 "bénéficiaire effectif"라고 한다. '실질적 수익자' 정도의 뜻이 되려나.

189) Lukoff, "Dividends, Interest, Royalties: The 'Beneficial Ownership' Change in the 1974 Amendments to the OECD Draft Convention", Taxes-The Tax Magazine(1977/8), 566쪽. 우리말 문헌으로는, 윤지현, "수익적 소유자 개념의 해석: 최근 국내외의 동향과 우리나라의 해석론", 「사법」 제25호(2013), 124~126쪽.

190) OECD 모델 제11조 주석 9문단.

191) 미국 국내법 판결로 Commissioner v. Bollinger, 485 U.S. 340 (1988) 판결은 명의수탁자를 "nominee"라 부르고, 다시 명의수탁자를 명의신탁자의 대리인이라고 본다.

192) Hinnekens, "The Application of anti-treaty shopping provisions to Belgium co-ordination centers", Intertax 1989/8-9, 359쪽.

193) 윤지현, "수익적 소유자 개념의 해석: 최근 국내외의 동향과 우리나라의 해석론", 「사법」 제25호, 2013, 123쪽 이하가 호주의 리처드 밴(Richard Vann)의 저술을 인용하면서 관련된 내용을 소개하고 있다. 그 외에도 이의영, "조세조약에서 수익적 소유자의 해석", 제9회 법원조세커뮤니티 — 한국세법학회 공동학술대회 발표문(2013. 5. 30), 40쪽.

194) 영국-안티구아 조약(1947년)에 대한 1968년의 개정조약, 1968년의 아일랜드-프랑스 조약, 1969년의 호주-일본 조약, 1975년의 영국-스페인 조약에도 수익적 소유자라는 말이 나온다.

에 영국 대표가 들어 있었다는 점에서, 실무작업반이 이 말을 쓴 것은 영국법의 의미로 생각하고 썼을 가능성이 높다고.[195] 영국법에서는 수익적 소유자 내지 수익적 소유권이라는 말을, 처분권이 그대로 붙어 있는 소유권이라는 뜻으로 풀이한 판결이 여럿 있지만 그 뜻은 영국법상의 기술적·법률적 개념이라고 한다. 가령 매수인에게 강제이행 청구권이 생기고 난 뒤에는 매도인은 법률상 소유권자이지만 수익적 소유권자는 아니라고 한다.[196] 나아가 아무런 조건이 없는 계약이라면 계약을 맺음으로써 매수인이 수익적 소유자가 되었다고 본 판결도 있다.[197] 다른 한편 매매계약을 풋옵션과 콜옵션으로 분리한 사건에서, 이런 옵션계약(두 옵션을 결합하면 매매계약을 한 것과 같다[198])이 있다는 사실만으로는 소유자(매도인)가 수익적 소유권을 잃은 것은 아니라고 한다.[199] 반면 주식 입질(入質)의 경우 소유자에게 처분권은 없지만 그래도 소유자가 여전히 수익적 소유자라고 한다.[200] 어느 경우에든 수익적 소유자라는 말은 상식적·경제적인 의미로 따로 정의할 수 있는 것은 아니고 법률적 개념이라고 한다.[201] 대표적 예로 모회사가 자회사 자산의 수익적 소유자는 아니라는 것.[202] 이런 판결들은 모두 재산에 관한 수익적 소유권을 다루고 있고 소득에 관한 것은 아니다. '소득의 수익적 소유자'라는 말은 신탁계약 사건에만 나오는 듯하다. 신탁계약에서는 소유권은 수탁자에게 있지만 신탁의 이익(소득, 수익, "income")을 받을 권리는 수익자("beneficiary" 또는 "cestuis que trustent")에게 있다. 우리말로 하자면 이 수익자를 신탁의 이익(소득)의 수익적 소유자라고 부른 판결들이 있다.[203] 신탁재산에서 생긴 소득을 어떻게 할당하는가가 수탁자의 전권이라면 수탁자의 결

195) Charl P. du Toit, *Beneficial Ownership of Royalties in Bilateral Tax Treaties*(1999), 99~100쪽. 이 문단의 영국 판결은 모두 이 책 내용을 줄인 것이다.

196) Wood Preservation Ltd. v. Prior (Inspector of Taxes)(1968) 45 TC 112, CA, 특히 132~133쪽.

197) Parway Estates Ltd. v. Commissioner (1958), 45 TC 135, CA, 148쪽; Leigh Spinners Ltd v. Commissioner (1956), 46 TC 425, Ch D.

198) 이창희, 『세법강의』, 제21장 제3절 Ⅱ. 2.

199) Sainsbury plc v. O'Connor (Inspector of Taxes), [1991] 18 S.T.C. 318, CA, 328~331쪽.

200) English Sewing Cotton Company v. Commissioner, [1947] ATC 79, CA, 81쪽.

201) 그러므로 자산가치 등락의 위험을 지는 자라야 수익적 소유자인 것은 아니다. Sainsbury plc v. O'Connor (Inspector of Taxes), [1990] STC 516, Ch D, 531~533쪽; Rodwell Securities Ltd. v. Commissioner, [1968] ATC 249, Ch D, 특히 253쪽.

202) Rodwell Securities Ltd. v. Commissioner, [1968] ATC 249, Ch D, 특히 253쪽.

203) Ayerst(Insector of Taxes) v. C&K (Construction) Ltd., [1975] STC 345, HL, 특히 349쪽.

정에 따라서 소득을 받을 수 있게 되어야 수익자가 그 소득의 수익적 소유자라고 한다.[204)]

한편 수익적 소유자라는 말을 처음 쓰기 시작한 1966년 영국-미국 조약의 다른 당사자인 미국 세법에서도 수익적 소유자라는 말은 널리 쓰이는 개념이다. 가령 재무부 규칙은 자산의 양도시기를 수익적 소유권 및 위험부담이 이전되는 시기라고 정하고 있다.[205)] 그러나 일반론으로 미국법에서는 수익적 소유자라는 말에 특별한 의미를 찾기가 어렵다. 미국법에서는, 세법 사건의 '소유자'라는 개념 자체를 반드시 민사법상 소유자라는 뜻으로 보지 않고 실질과세 원칙에 따라 파악하기 때문이다. 가령 리스계약에서 임차인을 자산의 소유자로 보고 감가상각을 허용하는 것이[206)] 좋은 예이다. 물론 법에 '세법상 소유자'라는 개념이 따로 없는 이상, 구체적 사건에서는 소유자라는 말을 민사법상 소유자로 쓰면서, 재산이나 그런 재산에서 생기는 소득을 다른 자에게 귀속시키기 위해 수익적 소유자라는 말을 쓰는 판결도 있기는 하다. 어느 용례든 세법상 소유자, 또는 수익적 소유자라는 개념의 범위는 불분명하다.[207)] 그저 영국법과의 차이를 하나 든다면 미국법에서는 자산가치 등락의 이익과 위험을 세법상 소유권, 또는 수익적 소유권의 중요 기준으로 삼는 판례가 많다는 정도를 들 수 있다. '수익적 소유'라는 말을 쓰는 판결은 숱하게 많지만 이런 판결은 모두 자산의 소유에 관한 것이고, 소득의 수익적 소유자라는 표현을 쓴 판결을 찾아보면 다 합쳐서 열 건도 안 된다. 그 내용도 모두 영국과 마찬가지로 신탁계약, 파산재단의 관리관계, 또는 부모가 관리하는 미성년자인 자식의 재산처럼 신탁과 비슷한 법률관계에 관한 것이다.[208)] 법률상 소유자와 수익자의 관계가 아닌 사건에서 소득의 수익적 소유자라는 표현이 나오는 판결은 딱 하나뿐이고 그것도 당사자의 주장에 나오는 개념일 뿐이므로 아무 의미가 없다.[209)]

---

204) Avery Jones, "The Treatment of Trusts under the OECD Model Convention", European Taxation 1989/12, 379쪽.

205) 미국 재무부 규칙 1.861-7(c). 이 규칙은 자산 양도소득의 원천을 양도 장소에 따라 정하던 옛법에 따른 규칙이다. 양도 장소를 정해야 하므로 양도 시기 개념이 필요하다. 현행법에서는 동산 양도소득은 양도자의 거주지에 따라 원천을 정한다.

206) Helvering v. F&R Lazarus & Co., 308 U.S. 252(1939). 이창희, 『세법강의』, 제22장 제2절 Ⅲ.

207) Cunningham et als, "Taxation Without Realization", Tax Law Review 1992/4, 725쪽.

208) Slocum v. Bowers, 15 F.2d 400 (1926); Cochran v. United States, 105 Ct. Cl. 628(1945).

209) Blew v. Commissioner, T.C. Memo 1958-220(1958). 도급인이 지급하는 돈이 일단 수급인(원청업자)의 소득이 되는가 아니면 애초부터 하청업자의 소득인가가 쟁점이 된 사건이다.

결국 우리말에서 '수익적 소유자'라는 말뿐만이 아니라 OECD 모델이나 실제 조세조약의 영어본에서 쓰고 있는 "beneficial owner"라는 영어 표현도 그 뜻이 전혀 분명하지 않다. 소득의 수익적 소유라는 말은 신탁관계를 떠나서는 용례가 없다. 소득의 수익적 소유자라는 말의 뜻을 넓혀 잡아서 특정한 소득을 낳는 재산의 수익적 소유자라는 뜻으로 풀이할 수는 있겠지만, 이 경우 재산의 수익적 소유자가 누구인가라는 말은 영국법의 개념에서는 구체적 상황을 놓고 판례를 따져보아야 하는 영국법상의 기술적 개념이 되고, 미국법의 개념에서는 이 말은 독자적 의미를 상실하고 세법상의 실질귀속 내지 실질 우위의 개념으로 돌아오고 만다.

결론적으로 1977년 OECD 모델 조약에서 수익적 소유자라는 말의 외연은 대리인이 가운데 낀 경우의 본인이라는 의미 정도밖에 남지 않는다. 이 말은 원래 이처럼 그 정확한 외연이 모호했다. 그리고 그 뒤 이 말에 그 이상의 의미를 불어넣기 위한 노력이 지금껏 이어져왔다. 조세조약의 수익적 소유자라는 말에 관한 최초 판결인 1994년의 네덜란드 대법원 판결(속칭 "Royal Dutch" 사건, 또는 "First Market Maker" 사건이라고 한다)을 보자.

Hoge Raad, 6 april 1994, BNB 1994/217[210)]

영국의 거주자인 원고는 이미 배당 결의는 있었지만 아직 배당일에 이르지 않은 상태에 있는 네덜란드 법인 로열 더치(Royal Dutch) 사(社) 주식의 배당표(dividend coupons)를 배당결의액의 80%라는 값으로 매입하였다. 배당기일에 로열 더치 사는 원고에게 배당금을 지급하면서 국내법에 따른 25%의 세율을 적용하여 원천징수하였으나, 원고는 영-네덜란드 조세조약상 배당소득에 대한 세율 상한이 10%라고 주장하면서 소를 제기하였다. 네덜란드 대법원은 원고는 남의 대리인으로서 배당금을 받은 것이 아니고 자신의 권리로 받았으니 수익적 소유자라고 판시하였다. 배당표의 매입자로서 원고는 배당표의 소유자이고 배당표에 대한 완전한 지배·처분권을 가지고 있었고, 배당금을 받은 뒤에는 그 돈에 대한 완전한 처분권을 가지고 있었다는 이유로.

210) Netherlands Supreme Court, 6 April 1994, BNB 1994/217.

2. 수익적 소유자 = 조약남용 대책?

1977년 OECD 모델에서 수익적 소유자라는 말은 위와 같이 대리인이 아닌 자 정도의 뜻이었지만, 그 뒤 조약편승 문제가 불거지면서 이 말은 위 판결과는 달리 넓은 뜻으로,[211] 곧 조약편승 문제의 대책으로 읽히기 시작한다. 수익적 소유자라는 말을 이런 맥락에서 읽는다면 이 말은 독자적 의미를 잃고 앞 절에서 본 실질귀속자와 같은 뜻이 될 수밖에 없지만 조약상 명문 규정에 나오는 개념이라는 차이가 있다. 수익적 소유자라는 말을 이런 조약편승의 맥락에서 쓰기 시작한 첫 문헌은 OECD의 1987년의 보고서[212]인 듯싶다. 이 보고서는 대리인만이 아니라 '도관회사'(comduit company)도 수익적 소유자의 개념에 들어가지 못할 가능성을 제시하고 있다. 곧 가운데 낀 도관회사가 그저 수탁자나 관리인 정도의 기능만 한다면 수익적 소유자가 아니라는 것.[213] 조약에는 실질과세 원칙의 적용이 없다는 그 당시의 OECD 입장을 전제로 수익적 소유자 개념을 조약편승 대책으로 나름 자리매김하려 한 것이다. 그 뒤 2003년 OECD는 실질과세란 조약에도 당연 내재하는 법원칙이라고 해석론을 바꾸면서 1987년 보고서의 내용도 2003년의 OECD 주석서에 집어넣었다.[214] 이리하여 수익적 소유자는 실질귀속자나 같은 뜻으로 여길 가능성이 열리고, 특히 법원이 실질과세란 조약에 없다는 종래의 해석론을 고수한 나라에서는 수익적 소유자라는 말을 실질귀속자의 대체물로 여기는 판결들이 나왔다. 이를 배경으로 수익적 소유자에서 빠지는 도관회사의 범위가 어디까지인가를 다루고 있는 대표적 판결이 2006년 영국법원의 "Indofood" 판결이다.

Indofood 판결[215]

이 사건 원고는 모리셔스법인으로서 회사채의 발행자이고 피고는 영국법인

211) Aleksandra van Boeijen-Ostaszewska, et al., "Clarification of the Meaning of "Beneficial Owner" in the OECD Model Tax Convention—Response from IBFD Research Staff", IBFD(2011), 3쪽.

212) OECD, *International Tax Avoidance and Evasion: Four Related Studies*(1987).

213) 1995년 OECD 모델 제11조 주석 8문단.

214) 2003년 OECD 모델 제10조 주석 12.1문단, 제11조 주석 9문단.

215) Indofood Int'l Finance Ltd. v. JP Morgan Chase Bank NA London Branch, [2006] EWCA Civ 158 (2006. 3. 12.). 판결문 요약은 Michael McGowan, "Indofood Court Expands Interpretation of Beneficial Ownership", 2006 Tax Notes International 1091(2006. 6. 26.).

으로서 그 회사채의 수탁회사이다.[216] 원고는 사채를 조기 상환하기 위해 피고의 승인을 구했지만 피고가 이를 거절함에 따라서 준거법 국가인 영국 법원에 조기상환권 확인의 소를 제기하였다. 세금 문제가 이 사건에 연결되는 것은 원고가 조기상환하려 했던 이유가, 인도네시아 정부가 모리셔스와 맺고 있던 조세조약을 폐기한 결과 원고(정확히는 자금의 실(實) 사용자인 모회사)의 세부담이 늘어났기 때문이다.

모리셔스법인인 원고는 인도네시아 모회사의 지급보증 하에 회사채를 발행하여 자금을 조달하고 이 자금을 모회사에 대여하였다. 바꾸어 말하면 인도네시아 회사가 자금조달 매개체로 모리셔스 자회사를 설립하고 모회사의 신용으로 돈을 꾸면서 차입자의 명의를 자회사로 한 것이다. 이런 구조를 짠 까닭은 모회사가 직접 자금을 조달하면 인도네시아의 원천징수세가 20%이지만, 모리셔스 자회사를 통하면 모회사가 자회사에 지급하는 이자는 인도네시아-모리셔스 조약상 10%로 줄어들고 모리셔스는 자회사가 채권자에게 지급하는 이자에 원천징수세를 물리지 않았기 때문이다. 조약편승이 생기는 전형적 배경이다. 문제는 이 사건 사채발행 뒤 인도네시아 정부가 모리셔스와의 조약을 폐기했다는 데에서 불거졌다. 인도네시아 정부는 모리셔스 자회사를 이용한 조약편승이 너무 심하다고 생각해서 조약을 폐기하고 말았다. 이렇게 되자 차입자로서는 세부담이 늘어나게 되었다. 그런데 차입자는 기실 이 가능성을 염두에 둔 것이겠지만, 세금 부담이 늘어난다면 사채를 조기상환할 수 있는 권리를 미리 유보해 두었고 그에 따라 조기상환권을 행사하려 하였다. 피고인 수탁회사는 조기상환에 대한 승인을 거부하면서 원고(자회사) 대신에 네덜란드 자회사를 새로 세우고 사채권을 네덜란드 자회사에게 양도하면, 네덜란드 역시 지급이자에 대한 원천징수세를 매기지 않으므로 기존의 구조를 그대로 유지할 수 있다는 주장을 내세웠다. 이리하여 도관인 네덜란드 자회사가 받아가는 이자가 인도네시아-네덜란드 조약상의 세율상한이라는 혜택을 누릴 수 있는가라는 세법상 쟁점이 민사 판결에서 등장했다. 이 조약은 이자를 받아가는 자가 조약을 적용받기 위해서는 수익적 소유자이어야 한다는 글귀를 두고 있었고, 따라서 쟁점은 도관회사가 수익적 소유자인가로 좁혀졌다.

제1심은 피고 승소 판결을 내렸으나, 항소심은 이를 뒤집고 인도네시아 정부의 조약 적용상 네덜란드 도관회사가 조약 혜택을 누리지 못할 가능성이 높

216) trustee. 경제적 기능은 우리 상법상 사채관리회사나 마찬가지이지만 우리 법과 달리 신탁이론을 따르고 있으므로 수탁회사라고 옮겼다.

아 원고의 세부담이 증가할 가능성이 높다고 보면서 원고에게 조기상환권이 있다고 판시하였다. 법원은 OECD 주석 및 학설을[217] 인용하면서, "수익적 소유자라는 말은 체약국의 국내법에서는 도출되지 않는 개념으로서 조약편승을 막기 위한 조약 고유의 개념이라고 보고 있다. 이 개념은 대리나 명의대여만이 아니라 도관회사에도 적용할 수 있다는 것. 도관회사는 '소득을 직접 누릴 완전한 권리'가 없는 형식적 소유자일 뿐이고 수익적 소유자가 아니라는 것이다. 특히 도관회사가 파산할 경우 다른 사람에게 소득을 가져갈 권리가 있다면 도관회사가 수익적 소유자일 수가 없다. 이 사건에서 네덜란드 자회사는 모회사인 'Indofood'로부터 받은 자금을 곧바로 사채권자들에게 지급해야만 하므로 모회사로부터 지급받는 이자소득에서 '직접 누리는 것'이 없다"고 판시하였다.

결국 도관회사가 받은 돈을 바로 수익적 소유자에게 다시 지급할 법적 의무를 지고 있는 이상 도관회사는 결국 돈을 전달할 수탁자나 관리인 정도의 기능을 할 뿐이므로 대리인이나 마찬가지로 수익적 소유자의 개념에서 빠진다는 것이다. 그러나 그 뒤 2008년 인도네시아 법원은 모리셔스 소재 컨소시엄에 지급하는 차입금 이자에 관련하여 컨소시엄이 수익적 소유자에 해당한다고 판시하였다고 한다.[218]

Prévost Car Inc. v. The Queen[219]

네덜란드 회사의 100% 자회사인 캐나다법인(원고)이 네덜란드 모회사(H)에 지급한 배당금에 관한 원천징수세 의무를 다투는 사건으로서, 모회사가 배당금의 수익적 소유자인가가 문제된 사건이다. 원고 P사는 100% 주주인 H사에 배당금을 지급하면서 캐나다-네덜란드 조세조약을 적용하여 5%의 원천징수를 하였다. H의 주주는 스웨덴의 V사(51% 소유)와 영국의 E사(49% 소유)이다. V와 E는 주주간 계약으로 H가 버는 이익의 80% 이상을 주주들에게 배당키로 합의하였다. H는 아무런 물적·인적 설비를 소유하지 않았지만 법원은 V와 E가 H를 설립한 데에는 영어로 소통이 가능한 유럽 국가에 회사를 세워야 한다는 사업상 필요가 있었다고 인정하였다. 또 캐나다-네덜란드 조약상의 세율상한(5%)

217) 영국의 세법학자인 필립 베이커(Philip Baker).

218) 김석환, "조세조약상 수익적 귀속자와 국내세법상 실질적 귀속자와의 관계", 「조세학술논집」 29집 1호(2013. 2.), 177쪽, 특히 194쪽.

219) 2009년 캐나다 항소법원 판결. 2009 FCA 57(2009). 제1심인 조세법원 판결(2008 T.C.C. 23)을 대부분 인용하면서 일부 논거를 추가 설시하는 형식이다.

이 캐나다-영국 조약(15%/12%)이나 캐나다-스웨덴 조약(15%/12%)보다 낮다는 절세 목적도 있었다. 쟁점은 H가 수익적 소유자로서 5%라는 상한에 걸리는가 아니면 V와 E만이 수익적 소유자로서 15%/12%라는 상한에 걸리는가이다.

제1심 법원은 기본적으로 법인격 존중을 밑바탕에 깔면서, 주주간 약정이나 정관이 H에게 직접 배당금 지급 의무를 지우는 바가 없고 배당 여부는 H의 이사회와 주주총회가 정한다는 이유로 H는 받은 배당금의 수익적 소유자라고 판시하였다. 항소심 역시 원고 승소 판결을 내리면서, OECD 문서 어디에도 이런 사안을 수익적 소유자가 아니라고 말한 바 없다고 지적하고 있다.

3. 현재의 해석론

1) OECD 모델 주석

기실 수익적 소유자의 개념을 둘러싸고 이런 소송들이 벌어진 것은 처음부터 이 개념의 뜻이 모호했던 데다 OECD의 보고서가 조약남용이라는 말을 함부로 남용했던 까닭. 과거사를 돌이켜 보면 OECD는 애초 수익적 소유자라는 개념을 일반적인 조약남용 대책으로 여기지는 않았고, 그저 1987년의 '도관회사 보고서'나 2003년 모델조약 주석에 수익적 소유자 여부가 조약남용 맥락에서 문제될 수 있다고 애매하게 글귀를 적어놓았던 것뿐이다. 그러자 여러 나라의 과세관청이 이 말에 함부로 기대는 사태가 벌어진 것이다. 이리하여 "Prévost Car" 판결 이후 2012년 10월 19일 자 개정안을 거쳐서 2014년 OECD 모델의 주석은 이를 다시 분명히 정리하여 이 판결이 제시한 해석론을 그대로 따르고 있다. 수익적 소유자에서 빠지는 경우란 받은 소득을 제3자에게 그대로 전달할 계약상·법률상 의무가 있어야 하는 경우이고, 이 의무는 받는 대가와 1:1로 추적되는 특정한 의무라야 한다.

> "이러한 여러 사례들(대리인, 명의인, 단순 수탁자나 관재인으로 행위하는 도관회사)에서, 이들 배당의 수취인은 '수익적 소유자'에 해당하지 않는다. 배당 수취인의 사용 권능은 그 수취인이 그 수령액을 다른 자에게 그대로 전달하여야 하는 계약상 또는 법률상 의무에 의해서 제한받기 때문이다. … 이러한 의무는 반드시 수취한 대가와 관련이 있어야 한다; 그러므로 수취한 대가와 관련이 없는 계약상, 법률상 의무는, 비록 수취인이 수취한 대가를 그러한 의무를 만족시키는 데 사용하는 결과가 생겼더라도 이에 포함되지 않는다…"[220)]

OECD의 논의는 캐나다 법원의 "Velcro Holdings" 판결에도[221] 그대로 이어져서, 받은 사용료 가운데 일정 비율을 송금할 계약상 의무가 있었더라도 그런 송금이 '자동적'이라거나 '사전에 미리 정해진' 것이라고 보기 어렵다는 이유로 수익적 소유자라고 판시하였다.

2) 대법원 판결

우리 판례도 한 때는 수익적 소유자 개념을 조약편승 대책으로 받아들여 '실질귀속자 내지 수익적 소유자'라는 식의 표현으로 두 가지를 같은 개념으로 섞어 쓰기도 했고,[222] 그러다 보니 "Prévost" 판결이나 OECD 모델 주석에 따르자면 수익적 소유자이지만 실질귀속자가 아닌 자를 수익적 소유자가 아니라고 말한 판결도 있었다. 그러다가 2018년 이후에는 OECD의 새로운 용례에 맞추어 두 가지를 구별하는 입장을 취한다.

대법원 2018. 11. 15. 선고 2017두33008(속칭 'CJ E&M') 판결[223]

… 원고는 2011. 5. 31. 영화제작사인 파라마운트사, 음악 채널 엠티비 등을 산하에 둔 글로벌 엔터테인먼트 콘텐츠 그룹인 바이어컴(Viacom) 그룹 소속의 헝가리국 소재 법인 … VIH … 와 사이에 파라마운트 영화 등의 국내배포와 관련하여 사용허락 계약을 체결하고, 그 무렵부터 2013. 12.까지 VIH에게 합계 약 135억 원의 사용료(이하 '이 사건 사용료'라고 한다)를 지급하였다 … . 피고는 VIH가 조세회피를 목적으로 설립된 이른바 도관회사에 불과하고 이 사건 사용료소득의 실질적인 수익적소유자는 VIH의 네덜란드 모회사인 바이어컴 글로벌 네덜란드 비브이(이하 'VGN'이라고 한다)라고 보아, 2014. 5. 2. 및 2014. 7. 1. 한・헝가리 조세조약을 적용하지 않고 … 한・네덜란드 조세조약 … 을 적용하여 원고에게 원천징수분 법인세 합계 약 23억 9,100만 원(가산세 포함)을 부과하였다 … 한・헝가리 조세조약 제12조 제1항은 "일방체약국에서 발생하여 타

220) OECD 모델 제10조 주석 12.4문단.

221) Velcro Canada Inc. v. The Queen, 2012 TCC 57 (24 Feb. 2012).

222) 대법원 2012. 10. 25. 선고 2010두25466 판결; 2015. 5. 28. 선고 2013두7704 판결; 2016. 7. 14. 선고 2015두2451 판결. 이 점에 관하여는, 윤지현, "수익적 소유자 개념의 해석: 최근 국내외의 동향과 우리나라의 해석론", 「사법」 제25호(2013), 114~116쪽. 주로 대법원 2012. 10. 25. 선고 2010두25406 판결('위니아만도' 사건)을 놓고 분석한다.

223) 원고(원천징수의무자)가 CJ E&M이다. 그밖에 대법원 2018. 11. 29. 선고 2018두38376 판결.

방체약국의 거주자에게 지급되는 사용료에 대하여는 동 거주자가 사용료의 수익적소유자인 경우 동 타방체약국에서만 과세한다."라고 규정한다 … .

수익적소유자는 당해 사용료소득을 지급 받은 자가 타인에게 이를 다시 이전할 법적 또는 계약상의 의무 등이 없는 사용·수익권을 갖는 경우를 뜻한다 … 사용료소득의 수익적소유자에 해당한다고 할지라도 국세기본법상 실질과세의 원칙에 따라 조약 남용으로 인정되는 경우에는 그 적용을 부인할 수 있다 … VIH는 영화(파라마운트사 제작)배급 사업부문, 글로벌 경영 서비스(GBS) 사업부문, 중부·동유럽 미디어 네트워크(VIMN-CEE) 사업부문 등 관련 사업을 활발히 영위하였다 … VIH의 순매출액은 2011년 약 2,148억 원, 2012년 약 4,402억 원, 2013년 약 3,035억 원에 달하고, 부다페스트의 사무실에서는 영화배급 사업부문에 19명의 직원을 고용하여 3년간 약 66억 원의 인건비를 지출하였다 … 원고와 VIH 간의 계약서 문안도 VIH의 법무팀에서 검토하는 등 계약 체결 업무(계약서 송부, 확인, 계약 체결 등)부터 원고에 대한 영화 배포 관련 업무(구체적인 영화 내용, 화질, 음질, 자막 등 주문 형식의 협의)와 사용료 수령·관리 업무에 이르기까지 모두 VIH의 임직원이 직접 수행하였다 … VIH는 2011~2013년 순매출 합계 약 9,224억 원 중에서 약 2,335억 원을 인건비와 매출원가(광고비, 인쇄비, 영업비용, 기타 계약비용) 등 사업활동에 소요되는 비용으로 사용하였고, 주주에 대한 배당금은 약 3,887억 원으로 전체의 약 42% 정도이며, 남은 자금을 계열회사(Viacom Overseas Holdings CV)에 대여하여 정상적인 이자[BUBOR (Budapest Interbank Offered Rate) + 0.625%]를 수령하였다 … VIH는 이 사건 사용료소득을 VGN 등 타인에게 이전할 법적 또는 계약상의 의무를 부담한 바 없이 그에 대한 사용·수익권을 향유하고 있었다고 보이므로, 한·헝가리 조세조약의 거주자로서 위 조약 제12조 제1항에서 말하는 사용료소득의 수익적소유자에 해당한다 … VIH는 헝가리에서 뚜렷한 사업목적으로 정상적으로 미디어 관련 사업을 영위하는 상당한 규모의 충분한 실체를 갖춘 법인으로서, 다른 보유 재산과 마찬가지로 그 명의의 배포권과 그에 따른 사용료소득을 실질적으로 지배·관리하였다 … VIH가 네덜란드의 100% 모회사인 VGN에 배당가능이익 중 상당 부분을 배당하였다거나, VIH가 설립 시 VGN으로부터 양도받은 영화 배포권의 상대방 국가들이 모두 헝가리와 조세조약 체결국으로서 사용료소득에 대해 원천지국에서 과세되지 않는다는 등의 사정만으로는 VIH가 배포권을 지배·관리할 능력이 없다거나 배포권과 이 사건 사용료소득의 명의와 실질 간에 괴리가 있다고 볼 수 없다 … 원고가 지급한 이 사건 사용료가 계약 명의대로 VIH에 실질적으로 귀속된다.

'수익적 소유자'가 "당해 사용료소득을 지급 받은 자가 타인에게 이를 다시 이전할 법적 또는 계약상의 의무 등이 없는 사용·수익권을 갖는" 자라는 말이라고 하면, 수익적 소유자라고 해서 다 실질귀속자가 되지는 않을 것이다. 한편 실질귀속자라면 응당 수익적 소유자이고. 그렇다면 2017두33008 판결에서 구태여 두 가지를 다 판단할 필요는 없고, 그저 실질귀속자 여부만 판단했더라도 결론이 같고 논리도 그대로이다. 사실 수익적 소유자라는 개념은 우리나라의 조약해석론에서는 근본적으로는 불필요한 개념이다. 실익이 있다면 증명책임 또는 증명의 부담. 자신이 수익적 소유자라는 사실은 원고가 주장하고 증명해야 하지만(이것이 증명 '책임'의 문제인지 아니면 '부담'의 문제인지는 불분명하다) 원고가 실질귀속자가 아니라는 사실은 국세청이 주장하고 증명해야 한다(증명책임). 대법원 판결 가운데에는, 실질귀속자가 아니라는 주장을 국세청이 빠뜨린 경우 수익적 소유자가 맞다는 점만 판단한 채 조약적용 대상이라고 결론지은 것들이 있다. 두 가지가 같은 개념이라는 오해 자체가 종래 대법원 판결의 산물이니 수익적 소유자가 아니라는 국세청 주장에는 실질귀속자가 아니라는 주장도 포함된 것으로 읽어야 맞다.[224]

3) 여전한 혼선?

OECD 모델 주석이 수익적 소유자라는 말은 일반적인 조약남용 대책은 아니고 소득으로 받은 돈의 처분권이 있는 자라는 뜻 정도로 정리한 뒤에도 수익적 소유자라는 개념을 실질귀속자와 같은 뜻으로 쓴 이탈리아 대법원 판결이 있다.[225] 기실 이 판결은 막상 수익적 소유자라는 말이 안 나오는 1963년 OECD 모델을 따른 글귀에서 조약 적용을 거부하면서 수익적 소유자가 아니라는 이유를 대고 있다. 수익적 소유자라는 말을 실질귀속자와 같은 뜻으로 쓴 것. 용례

224) 기실 수익적 소유자와 실질귀속자 개념을 구별하는 일이 현실에서 가능한가, 혹시 가능하더라도 그와 같이 기교적인 구별에 도대체 무슨 정책적 필요가 있는가 하는 의문이 남을 수 있다. 윤지현, 앞의 글은 처음부터 이러한 의문을 전면에 내세운 것. 물론 단순히 국제적 대세를 따라가는 것 자체에 의미를 둔다면 또 모르겠지만….

225) Corte di Casszione, 30 settembre 2019, n. 24287, Pension Welfare Service Public Corporation v. Agenzia delle Entrate.

는 차이가 있지만 판시 내용은 국제적 대세에 맞는다.

대법원 2022. 3. 31. 선고 2017두31347 판결

Dow Corning Corporation(이하 'DCC'라 한다)은 미합중국 법률에 따라 설립된 외국법인으로서 1983년경부터 … 한국다우코닝 주식회사 … 의 발행주식 전부를 소유하여 왔다 … DCC는 2009. 3. 24. 네덜란드에 원고 … 코리아 홀딩스 비브이(이하 '코리아'라 한다)를 설립한 다음, 2009. 4. 20. … 코리아에 … 한국다우코닝의 발행주식 전부인 93만5,000주(이하 '이 사건 주식'이라 한다)를 2,288억 7,771만 5,000원으로 평가하여 현물출자하고(이하 '이 사건 현물출자'라 한다), 네덜란드에 있는 완전자회사인 … DCN … 코리아의 발행주식 전부를 양도하였다. 한국다우코닝은 2009. 9. 14. 이 사건 주식 중 40만 주에 대한 유상감자를 실시하고, 2009. 11. 29. 코리아에 감자대가 930억 2,000만 원(이하 '이 사건 감자대가'라 한다)을 지급하였다. … 한국다우코닝은 2012. 10. 4. … 코리아에 배당금 700억 원(이하 '이 사건 배당금'이라 한다)을 지급하고, 「대한민국 정부와 네덜란드 왕국 정부 간의 소득에 대한 조세의 2중과세회피와 탈세방지를 위한 협약」(이하 '한네조세협약'이라 한다)에 따른 제한세율을 적용하여 원천징수 법인세 등을 납부하였다. … 피고는 이 사건 감자대가 및 배당금이 실질적으로는 DCC에 귀속되었다고 보았다. 이에 따라 피고는 이 사건 감자대가 중 DCC의 감자 대상 주식 취득가액 102억 1,160만 원을 초과하는 금액을 DCC의 의제배당소득으로 보고, 위 의제배당소득과 이 사건 배당금에 대하여 「대한민국과 미합중국 간의 소득에 관한 조세의 2중과세 회피와 탈세방지 및 국제무역과 투자의 증진을 위한 협약」(이하 '한미조세협약'이라 한다)에 따른 제한세율을 적용하여, 2013. 7. 8. 원고 한국다우코닝에 2009 사업연도 원천징수 법인세(납부불성실가산세 포함) … 2012 사업연도 원천징수 법인세(납부불성실가산세 포함)의 납부를 고지하였다. …

원심은 … 코리아와 DCN의 설립 경위, 임원 구성, 인적·물적 설비의 구비 여부, 사업활동 내역, 이 사건 감자대가의 지급 및 사용 내역 등 판시와 같은 이유를 들어 이 사건 감자대가 및 배당금의 실질귀속자는 DCC이고, 이 사건 감자대가와 관련한 DCC의 의제배당소득도 … 코리아가 아닌 DCC의 감자 대상 주식 취득가액을 기준으로 산정하여야 한다고 판단하였다. 또한 원심은, 이러한 의제배당소득에 대한 과세는 이 사건 현물출자에 따른 주식양도소득에 대하여 과세하는 결과가 되어 일방체약국 거주자의 타방 체약국 주식양도소득에 대한 면세를 규정한 한미조세협약 제16조에 위배된다는 원고 한국다우코닝의 주장에 대하여, 이 사건 감자대가와 관련하여 DCC의 의제배당소득에 대하여 과세가 이루어진 것을 DCC의 주식양도소득에 대하여 과세가 이루어진 것으로 볼 수 없다는 등의 이유로 이를 배척하였다.

원심판결 이유를 관련 법리와 기록에 비추어 살펴보면, 원심의 이러한 판단은 정당하고, 거기에 상고이유 주장과 같이 소득의 실질귀속자 내지 수익적 소유자 판단 기준에 관한 법리오해, 한미조세협약상 면제되는 소득의 범위 및 실질과세원칙의 적용범위에 관한 법리오해 등의 잘못이 없다.

4. 실질귀속자 특례와 수익적 소유자

소득세법 제119조의2와 법인세법 제93조의2는 일정한 요건을 만족하는 비거주자, 외국법인 및 국외투자기구를 실질귀속자로 본다고 정하고 있고, 실질귀속자가 된다면 다시 "법적 또는 경제적 위험을 부담하고 그 소득을 처분할 수 있는 등 그 소득에 대한 소유권을 실질적으로 보유하는 자", 곧 수익적 소유자라고 본다. 결국 수익적 소유자일 것을 적용요건으로 명시한 조약 조문의 적용에서도 실질귀속자라고 정한 이상 수익적 소유자 여부는 구태여 다시 판단할 필요가 없다.

Ⅴ. LOB 조항

1. 개　　관

미국의 조약 실무에서 시작하여 오늘날 많은 조약은 '조약혜택의 배제'(limitation on benefit: LOB)라 하여 조약 적용의 배제 대상인 조약편승에 관해 구체적 규정을 두고 있다.[226] 실질과세를 조약에 적용할 수 없다고 생각하는 나라

226) 말뜻 문제로 여기에서는 LOB라는 말을 미국 모델 조약 제22조나 그와 비슷한 조세조약상 조항이라는 좁은 뜻으로 쓴다. 넓은 뜻에서는 LOB라는 말은, 가령 유럽법에서는 반드시 조세조약에 국한하지 않고 어떤 조약에서든지, 실질적으로 상대방 체약국에 속한다고 보기 어려운 자에게 조약 적용을 거부하는 것을 말한다. 조세조약으로 좁히더라도 LOB라는 말을 가령 우리나라와 독일 사이의 조세조약 제27조 제2항(실질귀속자과세)이나 우리나라와 캐나다 사이의 조세조약 제27조 제2항(옛 미국 모델의 지주회사 조항)같이 조약편승 대책이라는 넓은 뜻으로 쓰는 사람도 있지만, 이 글에서는 그보다는 훨씬 좁은 뜻으로 미국 모델 제22조나 그 연

라면 LOB 조문이 필요하고, 그렇지 않더라도 전형적 조약편승에 대한 확인적 조문으로 두자는 생각이다.[227] OECD 모델은 제29조에 LOB 규정을 두고, BEPS "Action 6"은 다자조약으로 앞서 본 PPT나 LOB 둘 중 하나, 아니면 둘 다를 선택하도록 정하고 있다. 미국조약에는 미국 LOB의 아주 초기적인 형태가 '지주회사'라는 좀 엉뚱한 제목 아래 들어 있다.[228]

이하에서는 먼저 미국이 조약혜택 배제 조항을 두기 시작한 역사와 취지를 미국 모델을 중심으로 살펴보고, 미국의 입장이 실제 조약례에서는 어떻게 반영되고 있는가를 살펴본다. 연이어 OECD라는 국제사회 차원에서 조약혜택 배제 규정에 관한 논의가 어떻게 이루어지고 있는가를 본다. 이 항의 마지막 부분에서는 당장 우리나라에 해당하는 문제는 아니지만, 앞으로 조세조약의 운명에 큰 영향을 미칠 수도 있는 조약혜택 배제 조항과 유럽법의 충돌이라는 문제를 생각해 보기로 한다.

LOB 조항은 결국 미국의 입장을 반영한 것일 뿐이고 우리나라가 좇을 것은 못된다. 한때 논란이 있었지만 이제는 정리가 끝났으니 따로 관심이 안 가면 제3절로 뛰어넘을 것.

2. 1977년 미국 모델과 한국-미국 조약의 혜택제한 규정

미국은 1977년에 미국 자체의 모델 조세조약을 도입한 이래 1981년의 개정과 1996년 9월 20일의 개정을 거쳐, 가장 최근에는 2016년 개정된 모델 조세조약(U.S. Model Income Tax Convention)을 내 놓았다.

1977년 모델은 앞서 본 "Aiken" 판결에서 본 조약편승 문제에 대한 대책 가운데 하나로 '투자회사나 지주회사'(investment or holding companies)라는 제목 아래 조약혜택 배제에 관한 규정을 두었다.[229] 이 내용은 사실 1977년 모델에 처음 들어온 것은 아니고 그 전에 이미 미국이 맺은 실제 조약에서 쓰던 것을 다듬어서 모델에 집어넣은 것이다. 우리나라와 미국 사이의 조약이 그런 실제 조

장선인 OECD 모델 제29조(2017년 전에는 제1조 주석 20문단)에 있는 그런 형태의 조문이라는 뜻으로 쓰기로 한다. 용례를 이처럼 좁혀 쓰는 것은 기실 미국 모델에서 시작한 LOB 조항은 미국의 특유한 정치적 이해관계를 담고 있기 때문에 일반적인 조약편승 대책과는 다른 의의가 있기 때문이다. 본문을 읽어나가면 후련하게 드러나리라.

227) OECD 모델 제1조 주석 9.6문단.

228) 미국조약 제17조.

229) 1977년 OECD 모델 제17조.

약례이다.[230] 1976년 6월 4일 서명되고 1979년 10월 20일 발효된 이 조약에는 조약편승에 관한 조항이 둘 있다. 하나는

"각 체약국은 이 협약에 따라 타방체약국에 의하여 부여된 조세의 면제 또는 경감세율이 그러한 이익을 받을 권리가 없는 자에 의하여 향유되어서는 아니되는 것을 보장하도록, 동 타방 체약국에 의하여 부과되는 조세를 동 타방 체약국을 대신하여 징수하는 것에 노력한다"

라는 선언적인 규정(미국조약 제30조)으로, 구체적 내용을 담고 있지는 않다. 둘째는 제17조의 투자회사 또는 지주회사 조문이다.

미국조약 제17조(투자회사 또는 지주회사) 타방체약국 내의 원천으로부터 배당·이자·사용료 또는 양도소득을 발생시키는 일방체약국의 법인은, 다음의 경우에, 제12조(배당), 제13조(이자), 제14조(사용료) 또는 제16조(양도소득) 상의 혜택을 받을 권리를 가지지 아니한다.

(a) 특별조치에 의한 이유로 동 배당·이자·사용료 또는 양도소득에 대하여 상기 일방체약국이 동 법인에 부과하는 조세가, 동 일방체약국이 법인소득에 대하여 일반적으로 부과하는 조세보다 실질적으로 적으며, 또한

(b) 동 법인 자본의 25퍼센트 이상이, 상기 일방체약국의 개인 거주자가 아닌(또는 한국법인의 경우에는 미국시민) 1인 이상의 인에 의하여 직접적으로 또는 간접적으로 소유되는 것으로 등록되어 있거나, 또는 양 체약국의 권한 있는 당국 간의 협의를 거쳐 달리 결정되는 경우

미국조약 제17조(a)는 우리나라 거주자라는 요건을 충족하여 원천지국인 미국에서 미국조약의 혜택을 받는 자가 기실 제3국 법인이 우리나라에 설립한 자회사 기타 기업조직이고, 그런 기업조직이 우리나라에서 외자도입 촉진 기타 조세혜택을 받는 경우 조약 적용을 거부할 수 있다는, 이른바 "subject-to-tax" 조문이다.[231] 미국조약의 혜택을 누릴 목적으로 제3국 법인이 우리나라를 경유하여

230) 그 밖에도 미국이 노르웨이, 아이슬란드, 모로코, 이집트 등과 맺은 조약에도 거의 같은 글귀가 들어 있다.

미국에 투자할 것을 저어한 탓. 물론 역(逆)의 경우에도 적용되지만 미국조약을 맺을 당시로는 제3국 법인이 미국을 경유하여 우리나라에 투자한다는 것은 생각할 수도 없었다. 미국조약과 거의 같은 글귀로 되어 있는 미국-트리니다드 조약에 관한 미국 재무부 설명서를 보면 이 조의 취지는 제3국 기업이 조약에 편승하여 미국의 원천징수세도 감면받고 거주지국에서 세금도 내지 않는 결과를 피하려는 것이라고 밝히고 있다.[232]

3. 현행 미국 모델과 OECD 모델

아무튼 미국조약의 투자회사 내지 지주회사 규정은 조약편승에 관한 미국의 관심사가 처음 어떻게 시작되었는지를 보여준다. 제3국 기업이 한국에 자회사 기타 기업조직을 세워 한국 거주자라는 신분을 획득한 뒤 이 조약을 이용하여 미국의 세금을 감면받을 것을 염려한 것이다. 다만 한국이 세금을 제대로 다 부과한다면 제3국 기업이 구태여 그렇게 한국-미국 조약에 편승할 이유가 없을 것이라고 생각하여, 한국에서 조세혜택을 받을 것을 조약혜택 배제의 요건으로 삼았다. 1977년 미국 모델도 기본적으로 같은 구조였다.

그러나 그 뒤 1981년 미국 모델은 조약혜택 배제에 관한 두 가지 대안을 내놓는다. 하나는 위와 같은 투자회사나 지주회사 조문을 이어받는 안. 다른 안이 오늘날의 LOB 조항의 효시이다. 제3국 법인이 체약국 법인을 지배하고(ownership test) 체약국 법인이 손금산입되는 비용이라는 형식으로 제3국 법인에게 소득을 지급한다면(base erosion test), 미국은 조약 적용을 배제한다는 것이다. 그 뒤 미국이 실제 맺은 조약은 예외 없이 조약혜택 배제 조항을 두면서 두 번

231) 제3장 제2절 Ⅱ. 2.

232) 한편 미국조약의 글귀는 조약편승과 무관한 문제를 일으켰다. "Transocean Gulf Oil company" 사건(대법원 1984. 2. 14. 선고 82누177 판결)을 보면, 다소 엉뚱하게 미국이 양도소득을 경상소득에 비해 경과세한다는 이유로 우리나라가 이 조에 기대어 미국법인의 주식양도소득을 과세한 사례가 있다. 이 사건은 "Gulf"가 1980년에 주식회사 대한석유공사에 대한 투자금 회수를 위하여 소유주식 전부를 제3자에 양도하여 얻은 양도소득에 대하여, 국세청이 미국조약 제17조 (b)항의 요건을 충족한다는 이유로 같은 조약 제16조의 양도소득에 대한 면제규정에 불구하고 과세를 한 사례이다. 글자로 따지면 반드시 못할 이유가 없기 때문이다. 또 제17조의 글귀를 곰곰 보면, 우리나라 법인이 미국에 투자하는 경우 미국이 조세조약 혜택을 배제할 수 있는 요건으로 우리나라 법인의 주주가 미국 시민일 것을 요구하고 있다. 곧, 의도적인지 실수인지는 알기 어렵지만 한미조약 제17조의 글귀는 미국 시민에 의한 "round trip" 투자라는, 한결 좁은 목표에 맞추어져 있다. 제14장 제2절. Ⅰ.

째 안을 따랐다. 이 맥락에서 말하는 조약편승이란 1977년 모델(곧 미국조약의 사례)과는 정의가 달라진다. 곧 미국과 조약이 없는 (또는 조약이 있더라도 그 내용이 불리한) 나라(투자자 '본국')에 속하는 자가, 미국과 다른 나라('경유국') 사이에 조약이 있고 또 경유국과 본국 사이에 조약이 있는 것을 이용하여 경유국에 법인을 설립하여 소득을 미국-경유국-본국의 차례로 흐르게 하여 미국의 세금을 줄이는 것을 말한다. 가령 본국 거주자가 경유국의 회사에 돈을 꿔주고, 도관 역할을 하는 이 회사는 다시 미국의 채무자에게 돈을 꿔주는 경우를 생각해보자.[233] 이자소득이 미국-본국으로 바로 흐른다면 미국 국내법에 따라 세금을 내지만, 미국-경유국-본국의 차례로 소득이 흐르게 하면 미국-경유국 조약과 경유국-본국 조약의 혜택을 볼 수 있다. 가령 두 조약이 이자소득에 대한 원천징수세를 비과세한다면 미국-경유국-본국의 경로를 밟은 이자소득은 경유국의 원천징수세를 물지 않은 채 본국 거주자의 손에 들어오게 된다. 경유국의 도관회사는 경유국에서 법인세를 물지 않는가? 미국에서 받는 수입이자와 본국에 지급하는 이자비용이 같기 때문에 경유국에서 법인세 부담은 지지 않는다.

오늘날 쓰이고 있는 조약혜택 배제 규정은 이 상황을 염두에 두고 만들었다. 앞 문단의 상황을 막자면 미국에서 이자소득을 받아가는 경유국 거주자가 이 돈을 이자, 사용료, 기타 적당한 비용의 형식으로 다시 본국에 지급하는 경우, 미국이 조약 적용을 거부한다는 "channel" 접근법이 이 규정의 기본구조가 된다. 이리해서 미국에서 소득을 받아가는 다른 체약국 거주자가 그 소득의 상당 부분(가령 50%)을 제3국 거주자에게 손금(비용)으로 지급한다면, 원천지국은 조약 적용을 거부할 수 있다는 내용을 밑바탕에 깔게 된다. 그러나 이런 규정에는 한 가지 문제점이 생긴다. 경유국과 본국 사이에 투자와 교역이 있는 이상 경유국 거주자가 본국 거주자에게 비용을 지급하는 것은 조약편승과 무관하게 일상적으로 일어날 수밖에 없는 일이다. 따라서 조약편승의 가능성이 없거나 낮은 행위는 규제 대상에서 빼줄 필요가 생긴다.

이런 배경 하에서 미국 모델은 조약혜택 배제 규정을[234] 두게 되었다. 2016년 모델 조세조약 제22조에 이 내용을 담아두고 있다. 최근 미국이 체결한 조세

233) 제3장 제2절 Ⅱ. 2. 3).

234) 미국 모델 제22조. LOB 조문은 미국 국내법에는 1986년에 지점세와 관련하여 들어왔다. 제7장 제5절 Ⅱ.

조약에서는 혜택의 배제(제22조)가 중요한 쟁점 이슈 중의 하나로 부각되고 있으며, 동 조항의 반영 여부가 조세조약 협상의 타결에 큰 영향을 주는 것으로 나타나고 있다.[235] 한편 실제 조약의 LOB 규정은 반드시 미국 모델과 같지는 않다. 상대방 국가가 있기 때문이다.[236] EU 회원국들 가운데 미국과 조세조약을 체결하면서 LOB 규정을 두기를 꺼리는 나라들이 있는 까닭에 미국이 EU 회원국들과 맺은 조세조약의 LOB 규정은 다양한 모습으로 나타난다.[237]

2016년 미국 모델의 LOB 규정은 7개의 항으로 이루어져 있다. 제1항은 제22조의 주관적, 또는 인적 적격이라는 요건을 만족해야 조약 혜택을 받을 수 있다는 내용이다. 제2항은 상대방 체약국과의 관련을 보여주는 몇 가지 객관적 징표에 따라 적격요건을 정한다. 제3항은, 제2항의 부적격인 납세의무자라 하더라도, 미국에서 받아가는 소득의 성질을 따져볼 때 그 소득이 납세의무자 거주지국의 국내사업과 관련이 있다면 조약을 적용한다고 정하고 있다. 제4항은 이른바 '파생적 혜택'에[238] 관한 것으로 2006년 모델에는 없었다. 제2항에서 부적격인 납세의무자라도, 미국과 그 윗 단계 출자자의 거주지국 사이에 조약이 있어서 출자자가 직접 소득을 받았더라도 마찬가지 혜택을 이미 누릴 수 있다면 조약을 적용한다는 내용이다. 제5항은 4개국 이상에서 제대로 사업을 벌이는 계열기업 군(群)의 본사(headquarter company)가 관계회사에서 받는 배당소득 및 이자소득에는 조약을 적용한다는 것이다. 여러 나라에 걸쳐서 사업을 하다 보면 특정 국가와의 관련이 아무래도 엷어서 제2항에서 비적격인 수가 생기기 때문이다. Ⅱ.4.의 우리나라 판례에서 제시된 이른바 '중간지주회사' 개념과 일맥상통하는 면이 있다. 제6항은 두 체약국 국세청의 합의로 조세조약 혜택을 줄 수 있다는 내용이다. 제7항은 앞의 각항에서 쓰고 있는 용어의 정의이다. 제1항에서 제5항의 내용을 발췌 번역한다면 다음과 같다:

---

235) "'조약편승'을 방지하기 위한 포괄적인 조항을 포함하기 위한 미국 정부의 헌신이 조세조약망 개선에 중요한 이슈 중의 하나이다." 미 국무부의 2004. 2. 25.자 "Angus Testimony on Japan and Sri Lanka Protocol" 참조. http://treas.gov/press/release/js1191.html.

236) 미국 조약의 상대국별로 LOB 규정의 차이를 정리한 것으로, https://www.irs.gov/pub/irs-lbi/Tax_Treaty_Table_4.pdf 참조.

237) 아래 6. Georg W. Kofler, "European Taxation Under an Open Sky: LOB Clauses in Tax Treaties Between the U.S. and EU Member States", Tax Notes International (July 5, 2004), 49쪽.

238) 제3장 제2절 Ⅱ. 2. 4).

제22조(조약혜택의 배제)

1. 원천지국으로서 미국 과세권의 제한은 납세의무자가 다른 체약국의 적격거주자일 것을 전제로 한다.
2. 다른 체약국의 적격거주자란 다음 각 호의 어느 하나에 해당해야 한다.
   a) 개인인 거주자[239)]
   b) 다른 체약국의 정부와 정부의 정치적 하부조직 또는 지방정부
   c) 상장법인이나 상장법인의 자손회사: 거래소 상장법인으로서 i) 상장된 거래소가 거주지국에 있거나 ii) 주 관리장소(영업소)가 거주지국에 있어야 조약을 적용받는다.[240)] 수종의 주식을 발행한 회사라면 여기에서 말하는 상장이란 주된 주식을 상장하고 그 밖에 특유한 이익[241)]을 받는 주식 모두를 상장한 것을 말한다.
   d) 상장회사가 아니더라도 i) 발행주식 총수의 50% 이상을, 앞 c)의 요건을 만족하는 상장회사로 5개 이하의 회사가 직간접 소유하고 있고 ii) 제3국 거주자에게 지급하는 비용이 총수입금액의 50% 미만이라면 조약혜택을 받는다. 다만 간접 소유의 경우에는 가운데 끼어 있는 회사들이 모두 다른 체약국 거주자이어야 한다.
   e) 연금기금(자법인 포함)으로서 수익자의 50% 이상이 다른 체약국 거주자인 것과 종교, 교육, 과학, 자선, 예술, 문화 목적을 위한 비영리단체
   f) 자연인 아닌 자로서 소유권 기준과 과세기반 잠식 기준을 모두 만족하는 자: 자연인이 아닌 자로서 i) 사업연도 가운데 절반 이상의 기간 동안 앞의 a), b), c) i) 또는 d)에 따라서 조약혜택을 받을 수 있는 자가 의결권 및 가치의 50% 이상을 나타내는 주식 기타 수익권을 소유하고,[242)] ii) 앞의 a), b), c) i) 또는 d)에 따라서 조약혜택을 받을 수 있는 다른 체약국 거주자말고 다른 자에게 지급하는 비용(다만 일상적 사업과정에서 노무나 유형재산의 대가로 지급하는 정상가액은 제외)이 해당 과세

239) 여기에서 미국 거주자라는 말은 미국 시민권자와 영주권자를 포함한다. 미국 모델 제4조 제1항.

240) 회사의 주요한 사업 통제 장소는, 이사회와 최고관리자가 회사의 전략, 재무, 의사결정 등에 대하여 일상적으로 책임을 행사하는 곳을 말한다. 미국 모델 제22조 제5항.

241) 영문은 disproportionate이지만 지분비율을 넘는다는 말은 아니고 다른 종류의 주식에 비해 특유하다는 뜻이다. 미국 모델 주석의 보기 참조 (http://www.irs.gov/Individuals/International-Taxpayers/The-U.S.-Model-Income-Tax-Convention-and-Model-Technical-Explanation의 65~66쪽).

242) 간접 소유의 경우에는 가운데 끼어있는 자들이 모두 다른 체약국 거주자이어야 한다.

연도 총수입금액의 50% 미만인 자.

3. a) 위 2항의 요건을 충족시키지 못하는 납세자이더라도 원천지국에서 받는 소득이 거주지국에서 행하는 적극적인 사업에 관련하여 또는 그에 부수하여 받는 것이라면 조약의 혜택을 부여한다. 자기 자신의 계산으로 하는 투자활동은 적극적 사업으로 보지 않는다. 다만 은행, 보험회사 또는 증권회사의 은행, 보험, 중개활동은 적극적 사업이다.

   b) 한 체약국(거주지국)의 거주자가 원천지국에서 사업을 벌여서 소득을 얻거나, 원천지국에서 특수관계자로부터 받는 소득에는 조약혜택을 준다. 이런 소득은 납세의무자가 거주지국에서 행하는 사업활동이, 납세의무자나 특수관계자가 원천지국에서 벌이는 사업활동에 견줄 때 중요해야[243] 조약혜택을 준다.

   c) 적극적 사업을 하는가라는 판단에서 자회사나 형제회사의 활동은 자기자산의 활동으로 보고, 여기에서 자회사나 형제회사란 의결권 및 주식가치의 50% 또는 다른 방법에 의한 지배관계로 정의한다.

4. 제2항에서 부적격인 법인에 대해서도 조약을 적용한다: 만일 i) 그 법인 주식의 95% 이상을 직간접 소유한 윗 단계 출자자가 동등수익자(그 자가 미국에서 직접 소득을 받는 경우 그의 거주지국과 미국 사이에 맺은 조약에서 같은 혜택을 받는 자를 말한다)이고, ii) 동등수익자 말고 다른 자에게 지급하는 비용이 총수입금액의 50% 미만이라면.

5. 상대방 체약국 법인이 계열기업군의 본사로서 거느리고 있는 자회사에서 받는 배당과 이자에는 조약을 적용한다. 여기에서 계열기업군이란 4개국 이상에서 사업을 벌이고, 그 중 어느 한 나라에서 받는 소득이 50% 이하이고 미국에서 받는 소득이 25% 이하일 것 등의 요건을 만족해야 한다.

위와 같은 미국 모델의 포괄적인 혜택제한 조항은 2003년 개정된 미국-일본 조세조약에 일부 수정되는 형태로 포함되었으며,[244] 이후 체결되는 다수의 조세

243) 미국이 원천지국인 경우 거주지국의 사업활동이 미국에 견주어서 10% 이상이면 된다고 정한 조약이 많다. 미국과 다른 나라의 경제 규모의 차이를 생각한 것이다. 상세는 Félix Alberto Vega Borrego, *Limitation on Benefits Clauses in Double Taxation Convention*, Eucotax(2005), Wolters Kluwer, 182쪽.

244) "신 미일 조세조약은 일본의 입장에서는 조세조약 정책에 있어 중요한 변화로 평가된다. 조약은 일정한 유형의 배당과 투자소득에 대한 원천지국 과세를 면제하고, 처음으로 포괄적인

조약으로 확산되었다.

4. OECD 모델

미국이 조약혜택 배제 조항을 들고 나온 이후에도 2016년 까지 OECD 모델은 그저 제1조에[245] 대한 주석에만, 2006년 미국 모델 제22조와 거의 같은 내용을 조약편승에 대한 '포괄적 대책'으로 조약에 포함할 수 있다고 적고 있었다.[246] 그러다가 2017년 모델은 2016년 미국 모델을 거의 그대로 베낀 내용을 제29조 제1항에서 제7항으로 두고 있다.

미국 모델에 없는 내용은 제8항이다. 제8항은 상대방 체약국(투자자본국)이 국외원천소득을 면제하는 나라로서 자국법인이 원천지국에서 받는 소득을 경(輕) 과세국(조세피난처이거나 조약에 의해서 경과세하는 나라)에 있는 고정사업장에 귀속되는 소득으로 면제하는 경우 원천지국이 조약 적용을 배제할 수 있다는 말이다. 곧 해당 경과세국이 자국 내 고정사업장에 지우는 세부담이 투자자본국의 60% 아래라면 원천지국이 조약 적용을 배제할 수 있다(a호). 제3국 고정사업장을 통한 조약의 남용을 방지하자는 구체적 부인 규정(specific anti-abuse rule)이다. 고정사업장이 능동적 사업활동을 하는 경우(b호)와 권한당국이 정당하다고 인정하는 경우에는(c호) 부인하지 않는다. 원천지국으로서는, 상대방 체약국이 어떻게 하는지를 알아야 과세 여부를 정할 수 있다는 말이 된다. 제3국에 속하는 자가 조약을 남용하는 것과는 전혀 다른 문제로 제1항에서 제7항까지와는 별 상관이 없고 제23조(2중과세 배제방법)와 연관되는 세수 재분배 규정일 뿐이다. 아래 제4절 Ⅲ. 2016년 미국 모델에서는 이 내용을 LOB 조항에서 빼고 제1조 제8항에 넣고 있다.

5. LOB 조항의 성격

그러나 기실 OECD 모델 주석에서 LOB 조항이 담고 있다고 일컫는 '포괄적

LOB 규정을 포함한 것이며, 이러한 포괄적인 LOB 규정은 일본-영국 조세조약에도 규정되게 되었다"라고 한다. Kiyoshi Nakayama, "Limitation on Benefits provisions under tax treaty", Tsukuba Univ.(www.mof.go.jp/english/f_review/fr84tm)에서 참조.

245) "제1조(Persons Covered): 이 조약은 일방 또는 양 체약국의 거주자인 사람에게 적용한다(This Convention shall apply to persons who are residents of one or both of the Contracting States)."

246) OECD 모델 제1조 주석 20문단.

대책'은 미국이라는 특정 국가의 입장을 반영할 뿐이다. 곰곰 따져보면 OECD 주석에 종래부터 담겨 있던 조약남용의 개념과 여러 모로 충돌한다. 보기를 들어, 1) 투자자 본국 회사가 경유국에 세운 자회사가 미국에서 이자소득을 받고 이 이자소득은 전액 경유국 자회사에 유보한다, 2) 경유국 자회사는 본국 회사에 아무런 비용을 지급하는 것이 없다, 3) 경유국은 정상적 세율로 법인세를 매기는 나라이고 경유국 자회사가 받는 이자소득은 모두 이 법인세 부담을 진다, 4) 경유국 자회사는 미국에서 소득을 받아서 유보하는 회사로서 다른 사업은 없다, 이렇게 가정하자. 이런 역할을 맡는 경유국 자회사를 '기지회사'(基地會社, base company)라고 부른다(소득을 유보할 뿐이고 제3국으로 흘려보내는 역할을 하는 '도관회사'와 구별된다).

이미 본 "Aiken" 판결 등에서 비롯한 실질과세라는 기준에 따른다면, 이 예에서 미국은 경유국 기지회사에 조약혜택의 부여를 거부할 수 없다. 경유국 자회사는 소득으로 받은 돈에 대한 지배권도 있고 경제적 위험도 지기 때문이다. 미국 대신 우리나라가 원천지국이라 생각하고 법인세법 제93조의2를 적용해 보아도 똑같다. 경유국 기지회사는 실질귀속자로서 조약을 적용받는다.[247] 종래의 실질과세 판례를 조문화한 미국 재무부 규칙의 "conduit financing regulation"에 따르더라도 같은 결론이 나온다. 곧 경유국 기지회사가 본국 모회사에서 주식으로 출자받은 돈을 미국에 꿔주는 것은 부당행위계산부인 대상이 아니라고 한다.[248] 경유국 기지회사가 경유국에 세금을 다 내고 있는 이상 이 기지회사는 경유국의 여느 거주자와 다를 바가 없다. 2중비과세도 없고 조약남용도 없다. 종래 OECD 모델 주석에서도 이른바 "subject to tax" 접근이라 하여 경유국 기지회사가 경유국에 세금을 다 내는 한 원천지국이 조약 적용을 거부해서는 안 된다는 해석을 보여 왔다.[249]

그러나 OECD 모델에 들어 있는 LOB 조항에 따른다면, 경유국 기지회사는

247) 다만 대법원 2015. 11. 26. 선고 2014두335 판결은 원천지국이 아니라 거주지국이 제3국에 설립된 '기지회사'를 투시해서 직접 과세할 수 있는 가능성을 다루는데, 이는 본문에서 논의하는 LOB 쟁점과 구별된다.

248) 미국 재무부 규칙 1.881-3(a)(2)(ii)(A)(2), (B). 상환주식을 발행하였다든가 달리 C국 모회사가 B국 자회사에서 돈을 받을 권리가 있다면 계산부인 대상이 된다. 또 가운데 출자라는 형식을 띤 이유가 미국의 세금을 회피할 목적이라면 부인대상이 될 수 있다. 미국 재무부 규칙 1.881-3(a)(2)(i)(A), (B). 출자이지만 부인대상이 된 예로 1.881-3(e), Ex. 5.

249) OECD 모델 제1조 주석 15문단, 19문단 (c).

미국에서 조약 혜택을 누리지 못하게 된다. 경유국 기지회사는 비상장법인이므로 제2항(c)에는 해당하지 않는다. 주주가 제3국 법인이므로 제2항(e)에도 해당하지 않는다. 경유국 기지회사는 수동적 이자소득을 받을 뿐이고 경유국에서 적극적 사업을 벌이고 있지 않으므로 제3항에도 해당하지 않는다. 그렇다면 제5항에 따라 두 나라 국세청이 특별히 합의하지 않는 한 경유국 기지회사는 미국-경유국 조약의 이자소득 조항을 적용받지 못하고 미국 국내법에 따라 30% 원천징수를 받게 된다. 무슨 일이 벌어지고 있는 것인가? 조약의 악용이나 남용이라는 말을 앞 문단에서 본 전통적 의미로 쓴다면 LOB 조항은 조약남용이 없는 상황에도 적용하는 규정이라는 말이다.[250] 종래 조약남용으로 여기지 않던 투자형식을 조약남용이라 부르고 있는 것이 LOB 조항이다. 조약남용이라는 말의 정의가 달라지고 있다는 말이다. LOB 규정은 미국이 자국의 이익을 관철하기 위하여 내세운 조항이다.

LOB 조항의 고갱이는 미국의 입장에서 미국의 세수가 감소했는가를 묻는데 있다. 본국 회사가 경유국 자회사를 거치지 않고 직접 이자소득을 받아간다면 미국은 국내법에 따라 원천징수세를 걷을 수 있었을 것이고, 그렇게 생각한다면 미국으로서는 경유국 자회사에게 조약의 적용을 거부해야 한다는 생각이다. 미국은 조약편승 여부를 미국-경유국의 문제로 보는 것이 아니고 미국-본국의 문제로 보는 것이다. 본국과 미국 사이에 조약이 없는 한 본국에 속하는 자의 해외 기지회사에는 조약의 혜택을 안 주겠다는 것. LOB 조항과 종래의 조약남용 개념 사이에 이런 분명한 차이가 있다 보니 OECD는 어정쩡한 타협책을 택했다. 미국이 주장하는 LOB 조항을 2003년부터 OECD 모델 주석에 반영하여 각국은 조약을 체결할 때 이런 조항을 넣는 것도 생각해 볼 수 있다는 정도로 적어 두면서, 종래의 해석과의 차이를 의도적으로 숨긴 채 LOB를 조약남용에 대한 '포괄적 대책'이라는 이름으로 얼버무리고 있었다.[251] 그러다가 결국 2017년 모델에 이르러서 아예 LOB 조항이 미국 모델 그대로 들어왔다.

---

250) 이를 솔직히 인정하는 문헌으로, 2012 IFA Boston, Seminar L slide 자료(http://www.ifa.nl/CongresDocumenten/2012SemLPPP.pdf) 8쪽.

251) 이것은 OECD 모델 주석이 보이고 있는 수많은 자체모순의 한 예일 따름이다. OECD 내부자 가운데에서 국제조세법의 최고위직인 휴 얼트(Hugh Ault, "Boston College" 법대 교수)와 직접 이야기해 본 바에 의하면 이런 자체모순은 '의도적인 얼버무림'(intentional ambivalence)이라고 한다.

조약의 악용이나 남용이라는 개념의 범위, 또는 조약적용 배제의 가부에 관해서 미국이 다른 나라와 입장을 달리했던 까닭은 미국 조세조약의 역사 때문. 요사이 한 십여 년 사이에 사정이 좀 바뀌기는 했지만[252] 오랫동안 미국은 적어도 선진국 가운데서는 조약망(條約網)이 세계에서 가장 좁은 나라였다.[253] 미국의 입장에서 보자면 조세조약을 맺는 취지는 상호간 원천지국의 과세권을 줄이자는 것이다. 그런데 어느 한 나라와 사이에라도 조세조약이 있고, 다른 나라의 거주자들이 그 나라에 세운 현지법인을 거쳐서 소득을 받아가는 꼴로 미국의 조세를 줄일 수 있다면, 다른 나라들은 미국과 조세조약을 맺을 유인을 잃게 되고 반면 미국은 (마찬가지로 현지법인으로 우회하지 않는 한) 다른 원천지국의 세금을 줄일 수 없게 된다. 조약남용을 방지하지 않는다면 한 나라와 조세조약을 체결함으로써, 결과적으로 원천지국으로서 미국의 입장에서는 마치 전 세계와 조약을 체결한 셈이 되어 버리지만, 다른 한편 거주지국으로서 미국의 입장에서는 다른 원천지국의 과세권을 전혀 줄이지 못하게 된다. 미국의 입장에서는 본국에서 직접 오는 투자라면 국내법으로 과세할 수 있지만 경유국을 거친 우회 투자라면 미국-경유국 조약의 제약을 받게 되고, 이 결과를 피하는 수단이 LOB 규정이다. 이런 배경에서 미국은 본국에게 미국과 조세조약을 맺기 위한 압박을 가하는 수단의 하나로 조세조약 혜택배제 규정을 들고 나온 것이다. 다른 나라를 통한 우회투자의 길이 막힌다면 본국은 미국과 조세조약을 맺을 압력을 받게 마

252) 미국은 2024년 12월 기준으로 66개의 양자 조세조약을 체결하고 있다.

253) 이 이유는 일찍이 1957년 미국 의회가 파키스탄 조약의 비준동의를 거부한 데에서 비롯한다. 이 파키스탄 조약(안)은 간주외국세액 공제 조문을 포함하고 있었는데, 국회의 심의 과정에서 이것이 문제되었다. 그 당시 하버드대 로스쿨의 스탠리 서리(Stanley Surrey) 교수는 간주외국세액 공제는 자본수출의 중립성을 해치므로 미국의 국익을 해하고 세계경제 전체의 효율을 떨어뜨린다는 의견을 내었다. 파키스탄이 세금을 면제해 주었는데도 마치 세금을 낸 것처럼 미국에서 공제를 해 준다면, 결과적으로 납세의무자는 두 나라 어느 쪽에도 세금을 내지 않게 된다. 따라서 납세의무자는 미국내 투자보다 파키스탄 투자를 선호하게 된다. 이처럼 조세중립성이 깨어진 결과 파키스탄의 열등한 투자 기회가 미국의 우월한 투자 기회를 눌러버리게 되어, 경제효율 면에서 본다면 자본이 생산할 수 있는 최대한을 생산하지 못하게 된다는 것이다. 제1장 제2절 Ⅳ.3. 미국 의회가 이 이론을 받아들인 이후 미국의 조세조약 정책에서 간주외국세액 공제는 전혀 설 자리가 없어졌다. 그 결과 개발도상국들은 모두 미국과 조약 맺기를 거부하게 되었다. 개발도상국의 입장에서 본다면, 미국과 조약을 맺으면 자국의 원천지 과세권은 축소되지만, 자국이 줄여준 세금은 모두 미국 정부가 흡수해 버리고 만다. 따라서 개발도상국이 미국과 조약을 맺을 아무런 유인이 없다. 이리하여 오랫동안 미국은 개발도상국과 조약을 제대로 못 맺고 1990년대 말까지도 미국이 맺은 조세조약은 그저 한 이십여 개에 머물렀을 뿐이다.

련이니까.

다른 한편 경유국과 본국 두 나라 모두와 조약을 맺고 있는 나라의 입장에서는 본국에서 직접 오는 투자와 경유국을 경유한 투자 사이에는 기본적으로는 차이가 없다. 어느 쪽이든 조약을 적용하기 때문이다. 이런 나라의 입장에서 보자면 직접적인 투자든 우회투자든 모두 조약 적용을 받으므로, 우회투자를 그 자체로 조약남용이라고 생각할 이유가 없고 도관회사를 이용한 우회투자 정도만 규제하면 된다. 회사 단계의 세부담 없이 조약 사이의 차이를 이용하려는 도관회사라면 조약남용이라고 보아 규제하자고 생각할 수 있기 때문이다(앞에서 언급했듯이 이것이 일반적인 이해이다).

이와 달리 미국의 입장에서 보자면 우회투자는 기본적으로 조약남용이다. 조약망이 좁은 미국으로서는 특정한 상대방 체약국(경유국)을 경유하여 제3국(본국) 거주자가 투자해 들어오는 경우 본국이란 조약이 없는 나라라고 생각하는 것이 기본일 수밖에 없다. 설사 상대방 체약국에서 정상적으로 세금을 낸다고 하더라도 본국 거주자가 이런 우회투자를 할 수 있는 이상 본국이 미국과 조약을 맺을 유인이 없어지게 마련이고, 따라서 도관회사이든 기지회사이든 모든 우회투자는 조약남용이라고 정의하게 된다.

Prof. H. David Rosenbloom. 미국의 저명한 국제조세 전문가이며 NYU의 교수. 공저자 중 이창희에게는 은사이고 동시에 직장 상사, 동료 교수로서도 인연을 맺었다. 그 밖에도 많은 한국의 세법 전문가들과 알고 지낸다.

하지만 미국이라고 해서 제 입장만 밀어붙일 수야 없는 법, 미국 모델의 LOB 규정은 상대방 체약국의 상장법인이 받는 소득이나 상대방 체약국에서 하는 사업과 연관된 소득이라면 원래는 제3국 자본이더라도 '선의의 투자'라고 보아 조약을 적용해 주도록 정한다. 그에 더하여, 2016년 미국 모델에는 이른바 '파생적 혜택' 조항도 들어갔다. 미국의 실제 조약에 이따금 나타나던 것을[254] 2016년 미국 모델이 받아들인 것. 미국-경유국(회사의 거주지국) 사이만이 아니라 미국-본국(출자자의 거주지국) 사이에도 조약이 있고 후자의 세율상한이 전자보다 더 낮거나 같은 정도라면 회사에 대해서 미국-경유국 조약을 적용해 준다는 것이다. 예를 들어 미국-

254) 상세는 H. David Rosenbloom, "Derivative Benefits: Emerging US treaty policy: Essays on International Taxation", Intertax 1994/2, 83쪽.

캐나다 조약은 캐나다 법인 주식의 90% 이상을 소유한 자가 미국 거주자나 미국 국적자, 또는 미국과 조세조약을 맺고 있는 나라의 거주자라면 캐나다 법인이 미국-캐나다 조약 제10조의 배당소득, 제11조의 이자소득, 제12조의 사용료 소득에 대한 세율상한을 적용받는다고 정하고 있다.[255] 이미 조약이 있는 나라에 속하는 자본이라면 제3국을 우회하더라도 조약을 적용해 주자는 것. 2003년 OECD 모델 주석의 '포괄적 대책'을 담은 규정안에서도[256] 원천지국과 제3국 사이에 조약이 있고 이 조약의 내용이 원천지국과 거주지국 사이의 조약과 같거나 그보다 유리한 때에는 그런 제3국 거주자를 거주지국의 거주자로 보라고 적고 있다. 직접 들어오는 것이 더 유리한 제3체약국의 회사가 다른 나라를 거쳐서 들어왔다면 이는 사업상 필요가 있었을 수밖에 없다는 생각이다. 한편 좀 다른 맥락에서 파생적 혜택 조항을 둔 조약인 미국-멕시코 조세조약에서는 출자자들이 USMCA[257] 지역 안에 거주하고 있는 법인이라면 조약을 적용받는다고 정하고 있다. 2001년의 미국-영국 조약도 출자자들이 USMCA 지역 거주자이거나 유럽공동체(European Communities, EU의 전신) 거주자라면 각 영국과 미국에서 조약을 적용받는다고 정하고 있다.[258] 이미 보았듯 이런 대안은 이미 미국식의 LOB 조항과는 문제의식 자체가 다른, 도대체 조약편승이란 무엇인가라는 문제에 대한 인식의 차이를 보인다. 그러나 결국 이 파생적 혜택 조항은 2016년의 미국 모델과 2017년의 OECD 모델에 들어갔다.

결국 미국 말고 다른 나라의 입장에서는 LOB 조항을 둘 이유가 없다. 미국과의 조약을 뺀다면 이 조항을 조약에 들여오는 나라는 많지 않았다.[259] 일본은 스위스 조약과 네덜란드 조약에서 LOB 규정을 두고 있다. 이 두 나라야 조세피난처에 가까운 경과세국이므로, LOB 조항을 두려면 둘 수도 있을 것이다. 인도

---

255) 미국-캐나다 조약 제29A조 제4항. 비슷한 예로 미국-영국 조약 제23조 제3항, 미국-스웨덴 조약 제17조 제3항, 미국-벨기에 조약 제21조 제3항.

256) OECD 모델 제1조 주석 19문단 (e).

257) 과거의 NAFTA. 제1기 트럼프(Trump) 행정부에서 USMCA로 바뀌었다. 2018년 11월 시행. Trump 재집권으로 흔들리는 중.

258) "Brexit"로 영국이 EU에서 이탈하여 이 조항에 문제가 발생하자, 2021년 7월 양국의 권한당국은 영국의 경우 여전히 유럽공동체의 일원으로 간주하고 NAFTA 자리에는 USMCA를 대신 넣는 상호합의를 체결하였다. 김정홍, "EU 조세법의 동향과 전망", 「세무와 회계연구」, 제12권 제4호, 2023, 137쪽.

259) 2012년 현재까지 인도가 21개, 일본이 6개의 조세조약에 LOB 조항을 들여왔다고 한다. 2012 IFA Boston, Seminar L slide 자료 9쪽.

의 경우 모리셔스 조약이 조약편승의 대표적인 수단으로 사용됨에 따라 조약 정책으로 LOB를 도입하고 있다.[260] 미국이 국제사회의 일반적 개념으로 조약남용이라는 개념 자체를 자국의 입장에 맞추어 재정의하여 OECD 모델에 반영하는데 완전 성공한 만큼 앞으로 LOB 조항을 택하는 조약이 나올 수도 있다. 다자조약이라는 수단까지 만들어 두었으니까. 다만 다자조약 초기에는 가입국 중 압도적으로 많은 나라들이 LOB보다는 PPT를 선택하는 경향을 보이고 있다는 보고가 있었다.[261]

6. LOB 규정과 유럽법의 충돌

앞 5.에서는 미국이 시작한 조약혜택 배제 규정이 아주 어정쩡한 국제정치 상황 속에서, 다른 OECD 회원국을 제압하면서 결국은 OECD 모델에 들어갔다는 것을 보았다. 그러나 판이 완전히 정리된 것은 아마도 아닐 듯. LOB 규정과 유럽법의 갈등 문제가 아직 남아 있다. 조세조약이라는 것 자체가 유럽에서 생겨나서 전 세계로 영향을 미친 것인 만큼 이 문제는 조세조약의 앞날에 아주 큰 영향을 미칠 수도 있다. 세계사의 큰 흐름에 관심이 없는 독자는 이 항은 안 읽어도 된다.

유럽법 가운데 LOB 조항과 갈등이 생기는 부분은 차별금지 규정이다. 유럽연합 창설에 관한 1992년의 마스트리흐트(Maastricht) 조약 제6조는 이 조약이 적용되는 영역 내에서는 국적에 터잡은 어떠한 차별도 금지한다고 정하고 있다. 또한 같은 조약 제53조는 설립의 자유를 정하고 있는데, 같은 조약 제58조에 의하여 위 원칙이 회사 등에도 동일하게 적용된다.[262] 일반적으로 설립의 자유는 EU 회원국에 속하는 사람에게는 다른 EU 회원국의 영토 내에 법인을 설립할 자유, 또는 다른 EU 회원국에 새로운 국적을 가진 단체를 만들 자유가 있다는 뜻이다. 그런데 조세조약의 LOB 규정은 조약상의 특정 요건을 갖춘 회사에만 혜택을 부여

260) 2003년 인도 대법원은 정당하게 발급된 거주자 증명서에 따른 모리셔스 거주자의 인도 법인 주식양도차익에 대해 인도-모리셔스 조약(제13조 제4항)에 따라 인도에서 비과세된다고 판단하였다. Union of India v. Azadi Bachao Andolan, (263 ITR 706). 이 판결을 계기로 인도 조약에 LOB 조항이 강화되기 시작하였다고 한다. https://bcajonline.org/journal/limitation-of-benefits-articles-concept-and-its-application-in-indian-tax-treaties/ 참조.

261) Craig Elliffe, "The Meaning of the Principal Purpose Test: One Ring to Bind Them All", World Tax Journal (February 2019), p.50.

262) 제2장 제1절 Ⅱ.

하게 되므로, 그러한 혜택을 받자면 회사의 소유 형태에 제한을 받게 되어, 기업 설립의 자유를 규정한 위 조항과 충돌하는 문제가 생겨난다.[263]

이 논의는 우선 국내법의 입법만이 아니라 조약 체결 역시 EU 법의 구속을 받는다는 것을 전제로 한다. 이를 잘 보여주는 사건으로 유럽법원의 "Saint-Gobain" 판결이[264] 있다.

Compagnie de Saint-Gobain('생-고뱅') 판결

조세조약에 관련되는 부분만 본다면 이 사건 납세의무자는 프랑스 회사로 독일에 고정사업장을 두고 있는데, 이 고정사업장에 귀속되는 소득은 독일 자회사(98.63% 소유)에서 받은 배당소득을 포함하고 있었고 다시 독일 자회사는 스위스 손회사(33.34% 소유)에서 배당을 받았다. 이 판결 당시 독일법은 외국법인의 국내사업장에도 연결납세(정확히는 손익통산)를[265] 허용하고 있었다. 한편 스위스-독일 조약은 독일 국내법상 외국납부세액공제 대상이 되는 스위스자회사 배당소득은 독일에서 면세한다고 정하고 있었다. 또 독일 국내법은 10% 이상 해외 자회사에서 받는 배당소득은 외국납부세액공제 대상이라고 정하고 있었으나, 문제는 이 간접외국세액공제는 독일법인만 적용받을 수 있었다는 점이다.

납세의무자는, 이 규정들을 합하고, 또 거기에 독일-스위스 조약상의 차별금지 조항을 얹으면 프랑스 회사의 독일 고정사업장이 스위스 손회사에서 받는 배당소득도 독일에서 면세 대상이라고 주장하였다. 독일-프랑스 조약이 차별을 금지하고 있으므로 고정사업장도 독일법인이나 마찬가지로 간접외국세액공제를 받을 수 있어야 하고, 그렇다면 다시 독일법인이 스위스에서 받는 배당소득은 독일-스위스 조약에 따라서 면세되므로 프랑스법인이 받는 배당소득도 독일-프랑스 조약의 차별금지 조항에 따라 면세 받아야 한다는 주장.[266]

이에 대해 독일 정부는 내국법인과 외국법인은 애초 과세소득의 범위가 다르므로 차별은 정당하다고 주장하였지만 법원은 고정사업장이 있다는 이유로 일단 국외원천소득을 과세범위에 넣는 이상 이 점에서는 둘 사이에 차이가 없

263) 기본권으로서 자유권이 세법의 입법재량에 미치는 입법한계에 관한 일반론은 이창희, 『세법강의』, 제2장 제3절 Ⅱ.

264) Judgment of the Court of 21 September 1999, Saint-Gobain, C-307/97, EU:C:1999:438. 상세는 제5장 제4절 Ⅱ.4. 참조.

265) 이창희, 『세법강의』, 제14장 제2절 Ⅴ.

266) 그 밖의 논점으로 독일-미국조약에 관한 문제는 이 글의 범위 밖이다.

다고 판시하였다.[267] 또 독일 정부는 배당을 지급받은 회사가 다시 주주에게 배당을 지급하는 단계에 가서 외국법인과 내국법인 사이에 차이가 있음을 지적하였으나 법원은 이는 단순한 세수 문제일 뿐이므로 유럽법상 차별 정당화 사유가 못 된다고 판시하였다.[268] 마지막으로 이 글의 당면 논점인 양국간 조약 체결이 유럽법의 적용을 받는가라는 문제로서 독일 정부는, 유럽연합 회원국이 아닌 스위스와 맺은 조세조약이 유럽연합 설립에 관한 조약 위반인가라는 판단은 애초 유럽연합의 권한에 속하지 않는다고 주장하였으나 법원은 이 주장 역시 받아들이지 않았다. 조세조약의 체결 자체는 각국의 권한이더라도 각국은 이 권한을 유럽법에 맞게 행사해야 한다는 것. 국내 자회사(=자국법인)를 국내지점(=다른 회원국 법인)보다 유리하게 대우하는 조약을 체결한다면 유럽법상 기업설립(입지선정)의 자유에 어긋난다는 것이다.[269]

한편 세금 사건은 아니지만 LOB 조항과 동일한 정책목표를 꾀하는 국내법이 유럽법 위반이라는 판결로 "Factortame" 판결이[270] 있다. 이 사건은 영국 국내법상의 어선 등록 제도가 설립의 자유를 다룬 유럽연합 조약 위반인가를 다룬 사건이다. 실제로는 영국과 무관한 나라에 속하는 어선이 영국에 할당된 어획량 쿼터(quota)를 받을 목적으로 영국에 어선 등록을 하는 것을 막기 위해 영국법은 어선 소유권의 75% 이상이 영국인(영국 회사 포함)에 속해야 하고, 어선의 관리장소가 영국이어야 하고, 용선자 등이 영국에 거주자라야 등록이 가능하다고 정하고 있었다. 유럽사법재판소(ECJ), 곧 유럽법원은 이 국내법이 유럽연합 조약에 반한다고 보았다.

조약에 관한 사건으로는 "Open Skies" 판결에서[271] 유럽법원은, EU 8개국 회원국이 미국과 각 맺은 양자 항공조약의 국적기(國籍機) 조항이 유럽연합 조약

---

267) "Saint-Gobain" 사건의 판결문 48문단.

268) 같은 판결문 50문단.

269) 같은 판결문 58문단.

270) Judgment of the Court of 25 July 1991, The Queen v. Secretary of State for Transport, ex parte Factortame, C-221/89, EU:C:1991:320.

271) 유럽 위원회가 1998년에 ECJ에 EU 8개국 회원국이 미국과 맺은 양자 항공조약에 대하여 제소한 사건이었다. 2002. 11. 5. 결정이 있고, 가장 최근의 결정은 2007. 4. 24. 선고된 "Dutch Open Skies" 사건으로 알려진 Commission v. Netherlands 사건(C-523/04)이 있다. 상세는, Cornelia Woll, "Transatlantic Relations as a Catalyst to European Integration-the Activism of the European Commission in the Case of International Aviation", AICGS/DAAD Working Paper Series American Institute for Contemporary German Studies, Johns Hopkins University(2003).

의 차별금지 조항, 기업 설립의 자유 조항에 위반된다고 결정하였다. 예를 들어 "Dutch Open Skies" 사건을[272] 보면 네덜란드가 미국과 맺은 항공운송협정(Air Transport Agreement, ATA)은 네덜란드에 속하는 자가 50% 이상을 소유한 회사의 항공기라야 협정상 취항허가의 적용대상이 된다고 정하고 있었다.[273] 조세조약상 LOB 조항이나 마찬가지 기능을 하는 규정이고, 유럽정부(EU Commission)는 이 국적기 조항이[274] 유럽법 위반이라고 보고 유럽법원에 제소하였다. 유럽법원은 이 주장을 받아들이면서 미국이 네덜란드에 속하는 자를 다른 EU 회원국에 속하는 자보다 우대하는 조약이므로 네덜란드와 미국 사이의 이 조약은 유럽법 위반이라고 판시하였다.[275]

그러나 유럽법원의 ACT 판결은[276] 상대방 체약국 법인의 주주가 상대방 체약국 거주자인가 아닌가에 따라 자국원천 배당소득을 차별과세하는 영국법이 유럽법 위반이 아니라고 판시하였다(제1쟁점). 네덜란드-영국 조세조약은 소유자가 대부분 네덜란드 사람인 네덜란드 회사에 대하여는 일정한 세액공제[277]를 해주면서 네덜란드 회사의 실질적 소유자가 네덜란드 사람(또는 조약이 세액공제를 해주고 있는 다른 국가에 속하는 사람)이 아닌 경우에는 세액공제 혜택을 부여하지 아니하도록 정하고 있다.[278] 이 사건에서 영국원천의 배당소득을 받은 네덜란드 회사의 주주들은 독일 거주자였고, 영국과 독일 사이의 조약은 세액공제를 해주

272) Judgment of the Court of 24 April 2007, Commission v. Netherlands, C-523/04, EU:C:2007:244.

273) ATA, 제4조.

274) 실제로 유럽법 문헌에서는 LOB 조항이라고 부르지만, 우리나라의 용례로 LOB 라는 말은 본문에서 쓰고 있는 뜻, 즉 미국에서 시작한 조세조약 혜택 제한 배제 규정이라는 뜻으로 쓰고 있으므로 국적기 조항의 법적 성격이 LOB나 마찬가지라고 적었다.

275) 이 판결이 세법에 미치는 영향을 다룬 글로 Tom O'Shea, "Netherlands-U.S. Air Transport Agreement Won't Fly, ECJ Says", Tax Notes International 46(2007), 790쪽.

276) Judgment of the Court of 12 December 2006. ACT Group, C-374/04, EU:C:2006:773. 여기에서 "group"이라는 말은 기업집단이나 계열기업군이 아니고 ACT(advance corporation tax)라는 같은 쟁점을 다투는 원고들의 집단이라는 뜻이다.

277) 여기에서 세액공제는 당시 영국법상의 ACT 제도와 관련이 있다. 영국 자회사의 프랑스 또는 독일 모회사는 영국 자회사로부터 받는 배당소득에 관하여 영국의 세액공제를 받지 못했다. 프랑스나 독일 모회사의 주주들이 영국 거주자라 하더라도 마찬가지였다. 반면 벨기에, 덴마크, 네덜란드, 이탈리아, 룩셈부르크, 스웨덴의 모회사는 5% 영국 소득세 공제 후에(벨기에의 경우 10%) ACT의 2분의 1을 공제받았다. 그러나 이 또한 영국 모회사가 받는 전체 세액공제에 비하면 불이익한 상황이었다. European Tax Policy Forum: Rome 26&27 Feb 2007, ECJ Case Law Update Oct 2006-Feb 2007 PricewaterhouseCoopers LLP 참조. ACT에 관한 상세는 제7장 제4절 Ⅱ.

278) 앞의 국적기 조항이나 마찬가지로 유럽법 문헌에서는 LOB 조항이라고 부른다.

지 않고 있었으므로, 결국 영국-네덜란드 조약에 대해서 유럽법 위반이 아닌가라는 문제가 생겼다. 이에 대하여 ECJ는 실질적 소유자가 네덜란드 사람인 네덜란드 회사는 영국 배당소득에 대하여 5% 배당세를 부담하고, 실질적인 소유자가 네덜란드 사람이 아닌 네덜란드 회사는 5% 배당세를 면세받아서 영국법상 2중과세를 안 받기 때문에, 위 두 종류의 네덜란드 회사는 똑같은 상황에 있지 않다고 판단하였다.[279]

ACT 판결에 대해서는 "Saint Gobain" 판결이나 "Open Skies" 판결의 논리와 어긋나는 이례적 판결이라는 것이 일반적 시각이다.[280] 또한 이런 판결에 나오는 유럽법원의 논리를 종합하면 조세조약상의 LOB 조항은 국적기 조항이나 마찬가지 논리구조를 띤 것이므로 유럽법 위반이 될 것이라고 보고 있다.[281] 이 문제에 대한 대책으로는 여러 가지 논의가 있다. 우선 순수한 유럽식 해결방법으로 유럽연합 회원국이 각각 미국 등 다른 나라와 조약을 맺으면 안 되고 조약의 체결 단위가 유럽연합이 되어야 한다는 생각이 있다. 실제로 "Open Skies" 사건은 유럽정부가 제기한 것이고, 판결이 나온 뒤 2007년 유럽정부가 미국과 항공협정을 체결하였다. 조세조약에서도 같은 생각을 할 수 있지만, 각국의 경제적 이해관계와 조세정책에 상당한 차이가 있으므로 양자조약을 모두 없애는 것은 아직은 생각하기 어렵다. OECD라는 매개체를 통해 LOB를 국제적 규범으로 재정립하겠다는 미국의 속내가 어디까지 먹힐지는 더 두고 볼 일이고.

제 3 절 이중거주자

이 절은 조세조약상 이중(二重) 거주자 규정에 대한 법해석론이다. 속인주의에 기초하여 전세계소득을 과세하는 나라라면 예외 없이 자국 거주자에게 전세계소득 납세의무를 지우고 있다. 우리 소득세법이나 법인세법도 각 거주자와 내국법인에게 전세계소득 납세의무를 지운다.[282] 다른 나라 법도 이와 비슷하게

279) ACT 판결문, 58문단.

280) Maikel Evers & Arnaud de Graaf, "Pushing Back Frontiers (Un)charted Territories in the Field of International Tax Law and EU Law", in *Fiscal Sovereignty of the Member States in an Internal Market* (Jacobus Johannes Maria Jansen ed., 2011), 151쪽, 특히 176쪽.

281) 같은 글, 177쪽.

자국과 법에 정한 연관을 맺고 있는 자연인이나 단체에게 전세계소득 납세의무를 지우고 있고. 문제는 이처럼 전세계소득 납세의무를 지는 자의 범위에 나라마다 차이가 있을 수 있고, 결과적으로 여러 나라에서 전세계소득 납세의무를 지는 사람이 생길 수 있다는 것이다. 조세조약은 두 체약국 사이에서 이런 2중과세가 생기는 것을 막기 위한 규정으로, 양쪽 모두에서 거주자가 되는 납세의무자, 곧 이중거주자의 거주지를 어느 한쪽 국가로 판정하는 조항을 두고 있다. 이 글은 바로 이 조항에 관한 해석론이다.

이 절은 다음 차례로 진행한다. 우선 거주지를 어느 한 체약국으로 판정하는 기준을 검토하고, 그런 판정에 따르는 법률효과를 검토한다. 뒤따르는 논의는 이중거주자 조항의 적용범위에 관한 특수 문제로, 거주자가 아니지만 전세계소득 납세의무를 지는 자에 대한 2중과세 문제와 조세회피 목적으로 거주지를 변경하는 자에 대한 대책 문제를 검토한다.

Ⅰ. 이중거주자의 거주지 판정

조세조약은 이중거주자로서 양 체약국 모두에서 국내법상 전세계소득 납세의무를 지는 자를 두 체약국 가운데 한 쪽의 거주자로 판정하기 위한 기준을 설정하고 있다. 가령 미국과 우리나라 양국에서 동시에 거주자인 자가 미국조약상 미국 거주자로 판정된다면, 우리나라나 미국은 그 자를 미국 거주자로 보고 조약을 적용한다. 이중거주자를 어느 한 쪽의 거주자로 판정하는 기준은 무엇인가? 세상에 있는 수많은 양자조약을 다 볼 수는 없고 우리나라가 맺은 조약도 여기서 다 살필 수는 없지만, 다행히 대부분의 조약이 OECD 모델의 글귀를 따르고 있다.

1. 자연인 · 개인의 거주지 판정

OECD Model Article 4 (Resident)

OECD 모델 제4조(거주자)

1. For the purposes of this Convention, the term "resident of a Contracting State" means any person who, under the laws of that

282) 소득세법 제1조, 제3조. 법인세법 제2조, 제3조. 제1장 제2절 Ⅲ.

State, is liable to tax therein by reason of his domicile, residence, place of management or any other criterion of a similar nature … This term, however, does not include any person who is liable to tax in that State in respect only of income from sources in that State … .

1. 이 조약에서 '한 체약국의 거주자'라는 말은 누구든 그 나라 법에서 납세의무를 지는 사람으로서, 주소,[283] 거소,[284] 관리장소 기타 이와 비슷한 기준을 이유로 그 나라 법에서 납세의무를 지는 사람 … 을 말한다. 그러나 이 말은, 그 나라에서 납세의무를 지는 사람이기는 하지만 오로지 그 나라에 원천이 있는 소득…에만 지는 사람은 포함하지 않는다.

2. Where by reason of the provisions of paragraph 1 an individual is a resident of both Contracting States, then his status shall be determined as follows:

2. 위 제1항의 규정에 따라 개인이 양 체약국의 거주자로 되는 경우 그의 지위는 다음과 같이 결정한다.

a) he shall be deemed to be a resident only of the State in which he has a permanent home available to him; if he has a permanent home available to him in both States, he shall be deemed to be a resident only of the State with which his personal and economic relations are closer (centre of vital interests);

283) 미국법에서는 "domicile"이라는 말은 의미가 없다. 영국법에서 "domicile"은 특정한 장소를 일컫는 말이 아니고 영국이라는 나라와 맺고 있는 상당히 영구적인 연관관계라는 뜻이다. 억지로 옮기자면 영주(永住)나 영주지(永住地) 정도려나. 국적과 겹치는 수가 많지만, 국적이란 제정법에 따르는 공법 개념이고 "domicile"은 민사법 개념이므로 반드시 같지는 않다. 부모의 "domicile"이 영국이면 자식의 "domicile"은 날 때부터 영국이지만(domicile of origin), 부모의 "domicile"이 바뀐다면 미성년자인 자식의 "domicile"은 부모를 따라서 바뀐다(domicile of dependency). 성년이 된 뒤에는 스스로 새로운 "domicile"(domicile of choice)을 얻을 수 있지만 그러자면 항구적 거주국을 옮겨야 하고 "domicile"을 옮긴다는 명시적 의사표시도 필요하다. 동시에 두 나라 이상에 "domicile"이 있을 수는 없다. 불어판에서는 같은 "domicile"이라는 말을 쓰지만 그 뜻은 우리 법의 주소에 가깝다. 상세는 *Klaus Vogel on Double Taxation Conventions,* 제4조 주석 54문단. 독일어판에서는 "Wohnsitz"라는 말을 쓰고 있다. 글자 그대로의 뜻은 "Wohnort"나 마찬가지이고, "Wohnort"라는 말은 우리 민사법의 주소이다.

284) 미국세법에서 "residence"라는 말은 장소 개념이 아니고 실제 거주기간이 법정 일수를 넘는다는 말이다. 미국 재무부 규칙 301.7701(b). 제1장 제4절 Ⅲ. 1.

a) 그를, 그가 쓸 수 있는 항속적인 집이[285] 있는 체약국의 거주자로 간주한다. 동 개인이 쓸 수 있는 항속적인 집이 양 체약국 모두에 있다면 그의 인적 및 경제적 관계가 더 밀접한 체약국에서만 거주자로 본다(핵심적 이해관계의 중심).

b) if the State in which he has his centre of vital interests cannot be determined, or if he has not a permanent home available to him in either State, he shall be deemed to be a resident only of the State in which he has an habitual abode;

b) 그의 핵심적 이해관계의 중심지가 있는 체약국을 결정할 수 없거나, 또는 쓸 수 있는 항속적인 집이 어느 체약국에도 없다면 일상적으로 머무르는 곳이 있는 체약국의 거주자로 본다.

c) if he has an habitual abode in both States or in neither of them, he shall be deemed to be a resident only of the State of which he is a national;

c) 그가 일상적으로 머무르는 곳이 양 체약국 모두에 있거나, 또는 어느 체약국에도 없다면 그가 국민인 체약국의 거주자로 본다.

d) if he is a national of both States or of neither of them, the competent authorities of the Contracting States shall settle the question by mutual agreement.

d) 그가 양 체약국의 국민이거나, 또는 어느 체약국의 국민도 아니라면 양 체약국의 권한 있는 당국이 상호합의에 의하여 문제를 해결한다.

우리나라와 캐나다 사이에서 자연인 이중거주자의 거주지 판단을 다룬 캐나다 판결로 논의를 시작해 보자. 이 조약의 해당 조문은 실질적으로 OECD 모델조약과 같으므로 따로 인용하지 않는다.

---

285) "Permanent home"을 '항구적 주거'로 옮기는 것은 틀린 번역이다. 어쩌다가 잠시 사는 곳이 아니라 늘 있는, 항속적인 집이라는 뜻이다. 가령 한 6개월 동안 늘 사는 곳은 "permanent home"에 해당한다. *Klaus Vogel on Double Taxation Conventions*, 제4조 주석 99문단. 그러나 항속적인 집인가라는 판단은 납세의무자의 생활 수준을 고려하여야 한다고 한다.

Yoon v. The Queen[286)]

이 사건 납세의무자 "Mrs. Yoon"(이하 "Yoon"이라 한다)은 우리나라에 살다가 1975년 캐나다로 이민을 가서 결혼을 한 후 캐나다 국적을 취득하였다. 1984년 남편, 아들, 딸과 함께 한국에 돌아왔다. 1999년 "Yoon" 부부는 캐나다에서 노후를 보내기로 결정하고, 2000년 캐나다에 집을 샀다. 2001년 남편은 캐나다로 먼저 갔고, "Yoon"은 2001년 1월부터 2002년 6월까지는 한국에서 통·번역일을 하다가 2002년부터는 주로 캐나다에서 살기 시작했다. "Yoon"은 2001년에 224일을 한국에서 보냈고, 135일을 캐나다에서 보냈다. 캐나다 국세청은 "Yoon"은 캐나다 국민이고 캐나다에서 135일을 보냈다는 이유로 2001년도에 캐나다 거주자로 인정하고, 한국에서 받은 근로소득을 포함한 전세계소득에 대하여 소득세를 부과했다. "Yoon"은 2001년도에는 자신은 캐나다 거주자가 아니라는 이유로 캐나다 국세청의 소득세 부과결정에 이의를 제기하였다.

캐나다 법원은, "Yoon"은 ① 2001년에 캐나다에서 보낸 135일보다 많은 224일을 한국에서 보냈고, ② 사회적·문화적·종교적 관계가 한국에서 훨씬 강했고, ③ 한국에서 일을 하였고, ④ 한국에서 아들·딸과 거주했다는 이유로 "Yoon"은 2001년도에 캐나다 거주자가 아니라고 판단하였다. 그에 더한 예비적 쟁점으로 "Yoon"을 캐나다 거주자라고 보는 경우 동시에 한국 거주자에도 해당되는가라는 쟁점에 관련하여, 한국-캐나다 조약의 이중거주자 조항(Tie-Breaker Rules)에 따라 조약상의 거주지를 판정하였다. 한국-캐나다 조약의 이중거주자 조항은 판정기준으로 항속적인(언제나 쓸 수 있는) 집, 핵심적 이해관계의 중심, 늘 머무르는 곳, 국적, 상호합의라는 기준을 차례로 내놓고 있다.

법원은 OECD 모델 주석서에 터잡아 이 기준 각각이 무엇을 뜻하는가를 살핀다. 우선 캐나다에서는 집을 소유하고 있고, 한국에서는 임대하여 살았지만 쓸 수 있는 항속적인 집은 두 나라에 다 있다고 보았다. 다음으로 핵심적 이해관계라는 면에서는, 가족·사회적·문화적 관계가 한국에서 더 강한 데다가 한국에서 직장을 가지고 있었다는 이유로 핵심적 이해관계는 한국에 있다고 보았다. 마지막으로 설령 핵심적 이해관계가 한국에 있다는 점에 의문이 있다고 해도 한국에서 더 많은 시간을 보냈으므로 일상적으로 머무르는[287)] 곳은 한국이

286) Tax Court (Canada) 2004-175 (IT)G.

287) 한편 캐나다 판례로 Lingle v. The Queen, 2009 TC 435에서는 일상적으로 머무르는 곳이라는 개념은 "Yoon" 판결과 달리 단순히 날짜를 세는 것 이상의 요소를 내포한다고 하면서도 결국

고 "Yoon"은 2001년도에 한국 거주자라고 판시하였다.

대법원 2019. 3. 14. 선고 2018두60847 판결

… 원고는 일본 NTT스포츠커뮤니티 주식회사(이하 '이 사건 회사'라고 한다)와 계약을 체결하고 2012년부터 2014년까지 이 사건 회사가 운영하는 축구 구단 ○○○ ○○○○에서 프로축구선수로 활동하였다 … 구 소득세법(2014. 12. 23. 법률 제12852호로 개정되기 전의 것, 이하 같다) 제1조의2 제1항은 제1호에서 거주자를 '국내에 주소를 두거나 1년 이상 거소를 둔 개인'으로 정의하고, 제2조 제1항 제1호는 거주자에게 소득세를 납부할 의무를 지우고 있다 … 원고가 2014년에 구 소득세법상 거주자에 해당한다 … .

한·일 조세조약 제4조는 제1항 본문에서 "이 협약의 목적상 '일방체약국의 거주자'라 함은 그 체약국의 법에 따라 주소·거소·본점 또는 주사무소의 소재지 또는 이와 유사한 성질의 다른 기준에 따라 그 체약국에서 납세의무가 있는 인을 말한다."라고 정하고 있다. 또한 같은 조 제2항은 … "이 조 제1항의 규정에 의하여 어느 개인이 양 체약국의 거주자가 되는 경우 … 그가 양 체약국 안에 이용할 수 있는 항구적 주거를 가지고 있는 경우, 그는 그의 인적 및 경제적 관계가 더 밀접한 체약국(중대한 이해관계의 중심지, centre of vital interests)의 거주자로 본다"라고 규정하고 … 있다 … 여기서의 항구적 주거란 개인이 여행 또는 출장 등과 같은 단기체류를 위하여 마련한 것이 아니라 그 이외의 목적으로 계속 머물기 위한 주거장소로서 언제든지 계속 사용할 수 있는 모든 형태의 주거를 의미하는 것이므로, 그 개인이 주거를 소유하거나 임차하는 등의 사정은 항구적 주거를 판단하는 데 고려할 사항이 아니다 … 원고는 우리나라와 일본 모두에 항구적 주거를 두고 있으나, 원고와 인적 및 경제적 관계가 더욱 밀접하게 관련된 체약국은 우리나라가 아닌 일본이므로 한·일 조세조약상 일본의 거주자로 보는 것이 옳다 … .

원고는 2012년부터 2014년까지 일본에서 축구선수로 활동할 당시 대부분의 시간을 일본에서 보내면서 이 사건 일본 주거에서 머물렀다 … 이 사건 회사와의 계약에 의하면, 원고는 구단의 경기, 훈련, 합숙 일정을 따라야 하며, 축구 국가대표경기 등을 위하여 한국을 방문할 때에는 이 사건 구단의 허가를 받아야 한다 … 위 기간 동안 원고의 국외 체류일수가 평균 337일에 이르는 반면 국

은 날짜를 세고 있다.

내 체류일수는 평균 28일에 지나지 않는다 … 원고는 2012년부터 2014년까지 국내에서 2012년에 11일, 2013년에 34일, 2014년에 39일을 체류하였는데, 이는 거의 대부분 축구국가대표로 선발되어 일시적으로 한국을 방문한 것에 불과하고, 달리 우리나라에서 사회활동이나 사업활동을 하였다고 볼 자료도 없다. 원고의 국내 재산은 그 소유 국내 아파트와 예금 등뿐이어서 예금이자 등에 불과한 국내원천소득은 원고가 일본에서도 충분히 관리할 수 있었던 것으로 보이며, 원고의 부모와 누나들이 위 아파트에서 거주하기는 하였으나, 이는 성년인 원고가 별다른 소득이 없는 가족들을 부양하기 위한 것일 뿐이다 … 원고가 한·일 조세조약에 따라 2014년에 국내 거주자로 취급되어야 [한다는] 원심의 판단에는 한·일 조세조약에서 정한 거주자 판정 기준에 관한 법리를 오해하여 판결에 영향을 미친 잘못이 있다.

항속적 주거나 항속적인 집이라는 개념에 관해 OECD 모델 주석서는

"거주지란 집(home)을 소유하거나 보유한 장소이다. 여기에서 말하는 집이란 항속적인 것이어야 한다. 바꾸어 말하면, 개인이 항속적으로 쓰려고 집을 마련하고 유지하는 곳이어야 한다. 그와 반대로 잠시 머무를 생각임이 분명한 조건하에서 머무르는 특정한 장소는 집이 아니다"

라고 풀이하고 있다.[288] 또

"집의 형태야 어떻든(개인이 소유하거나 임차한 단독주택이나 공동주택, 가구 포함으로 임차한 방) 모두 고려대상이 됨을 염두에 두어야 한다. 중요한 것은 주거의 항속성(恒續性)이다; 이 말은 개인이 언제든지 계속적으로 사용할 수 있도록 집을 마련한 것이고, 체류 이유 그 자체의 성질상 단기 체류(관광여행, 사업여행, 교육여행, 학교과정 참여 등)일 수밖에 없는 체류를 위하여 어쩌다가 마련한 곳이 아니라는 뜻이다"

라고 풀이하고 있다.[289] 항속적 주거가 되기 위한 요건으로서 집이란, 주관적으

288) OECD 모델 제4조 주석 12문단.

로 단기체류 목적이 아니라 항속적으로 사용하기 위한 목적에서 마련한 것이어야 하며, 객관적으로 개인이 언제든지 계속적으로 쓸 수 있는 주거의 형태를 갖추어야 한다는 말.

이런 의미에서 항속적 주거란 반드시 그 곳을 중심으로 밀접한 인적·경제적 관계를 형성하거나 실제로 그 곳에서 일정 기간 이상 장기 체류해야 한다는 뜻은 아니다.[290] OECD 주석서에서 보듯 항속적 주거의 개념에 위와 같은 요소는 아예 들어있지 않다. 만일 이런 요소가 있어야 한다면 항속적 주거라는 개념은 그 다음 차례의 기준인 핵심적 이해관계의 중심지 기준이나 날짜수를 세는 일상적 거소라는 기준에 흡수되어 버리고 말기 때문이다. 주석은 다음과 같이 적고 있다. "한 개인이 A국에 항속적인 집을 두고 있고, 거기에는 그의 처자식이 살고 있다고 하자. 그는 B국에서 6개월 이상 살았고 B국의 법률에 따라 체류기간의 결과로 B국의 거주자로 과세된다고 하자. 그래서, 양국에서 그가 무제한 납세의무가 있다고 주장하게 된다고 하자. 이 같은 충돌은 협약에 의해 해결되어야 한다."[291] 이 이중거주자 문제에 대한 답으로 뒤이어 7문단에서는 "이 조 제2항은 A국의 주장에 우선권을 준다"고 결론짓고 있다. 결국 두 체약국의 국내법에 의하여 이중거주자가 된 자가 어느 한 쪽에 항속적인 집을 두고 있다면 항속적인 집이 있는 쪽의 거주자로 판정한다. 실제 머무른 날짜는 상대방 체약국에 훨씬 많더라도 이 결론은 바뀌지 않는다.

이중거주자의 판정 기준에 관한 다른 보기로 OECD 모델 주석에 있는 것을[292] 조금 변용하여 우리나라의 예로 만들어 생각해보자. 예전부터 우리나라에 쭉 살던 어떤 사람이 어느 해 가령 20××년 3월 31일에 B국으로 이주했고 그

---

289) 같은 조 주석 문단 13문단.

290) *Klaus Vogel on Double Taxation Conventions*, 제4조 문단 91~95. BFH, Urteil vom 16.12.1998 - I R 40/97, BFHE 187, 1, BStBl II 1999, 207 판결은, 독일 쾰른에서 월 220 DM에 가구가 딸린 방을 임대하거나 상당한 임대료를 지불하고 72㎡의 아파트를 임대하여 대략 50일 가량 체류하면서 자문 업무를 행한 사람에 대하여 독일에 항속적인 집이 있다고 판단하였는데, 그 논거는 다음과 같다. "항속적인 집"의 개념상 주거는 일년 내내, 또는 최소한의 일정 기간 동안 사용할 것을 요구하지 않는다. 다만 정기적으로 사용하는 집이어야 한다. 따라서 단순히 집이 존재한다는 것만으로는 충분하지 않다. 그러나 조약 제4조 제2항은 납세자가 핵심적 이해관계의 중심지를 형성하고 있지 않는 장소에도 '항속적인 집'이 충분히 존재할 수 있다는 것을 보여주기 때문에 핵심적 이해관계의 중심지는 '항속적인 집'의 요소가 될 수 없다".

291) 제4조 주석 6문단

292) OECD 모델 제4조 주석 10문단.

뒤에는 내내 B국에서 살았다. 우리 소득세법에서는 이 사람은 20××년 3월 31일까지는 우리나라 거주자로 전세계소득 납세의무를 진다. 그 때까지 이 사람은 우리나라에 주소도 있고 183일 이상 거소도 있기 때문이다.[293] 여기에서 한 가지 의문이 생기리라. 소득세 납세의무는 매 역년(曆年)을 단위로 12월 31일이 되어야 성립하는 것이니까 12월 31일에는 이미 비거주자가 된 것이 아닐까? 그 말은 맞지만, 이 사람의 경우 소득세 납세의무는 3월 31일에 성립한다. '거주자가 주소 또는 거소의 국외 이전으로 인하여 비거주자가 되는 경우에는 1월 1일부터 출국한 날짜까지'를 과세기간으로 삼아 그 '날까지의 소득에 대하여 소득세를 과세'하기 때문이다.[294] 따라서 1월 1일에서 3월 31일까지의 기간 동안 이 사람은 우리나라 거주자로서 소득세 납세의무를 진다.

다시 조약 문제로 돌아가 보기를 다시 정리하면 우리나라에 쭉 살던 사람이 20××년 3월 31일에 B국으로 이주했고 B국의 법률에서는 특정 역년 동안 자국에 산 날수가 183일을 넘는 사람은 그 역년 전체에 걸쳐 자국 거주자로 납세의무를 진다고 하자.[295] 그렇다면 20××년 1월 1일에서 3월 31일까지의 기간 동안 이 사람은 두 나라 모두에서 거주자가 되고 2중과세를 받는다. 이 상황에서 OECD 모델의 이중거주자 판정기준을 적용하면 어떻게 되는가? 1월 1일에서 3월 31일까지의 기간 동안에는 늘 쓸 수 있는 집이 우리나라에 있으므로 우리나라 거주자로 판정된다. 4월 1일에서 12월 31일까지의 기간 동안에는 늘 쓸 수 있는 집이 B국에 있으므로 B국 거주자로 판정된다.

국내법이 개인으로 보고 과세하는 단체, 또는 개인과 마찬가지로 과세하는 단체, 예를 들어 우리나라 법에서 비영리단체 가운데 개인으로 과세받는 단체[296]는 조약 적용에서도 개인으로 보지만,[297] 이중거주자 구분기준은 성질상 자연인과 다르고 다음 2.의 법인과 같다.

---

293) 소득세법 제1조의2 제1항.

294) 소득세법 제5조 제3항, 국세기본법 제21조 제1항 제1호.

295) 스페인에서는 거주지의 변경에 따르는 단기 과세기간이 없고, 과세기간은 역년과 일치한다고 한다. OECD모델 제4조 주석 26문단. 미국법도 원칙은 그렇다. "An alien individual shall be treated as a resident of the United States with respect to any calendar year if … such individual meets the substantial presence test … ", 미국세법 제7701조(b)(1). 그러나 다시 특별 규정을 두어 실제 미국에 살기 시작한 날 이후의 기간에만 거주자로 본다. 미국세법 제7701조(b)(2).

296) 소득세법 제2조 제3항. 이창희, 『세법강의』, 제10장 제2절 Ⅲ, 제14장 제2절 Ⅳ.

297) 제1장 제4절 Ⅰ.

2. 법인의 거주지 판정

법인, 나아가 국내법에서 법인으로 보거나 법인과 동일하게 과세하는 단체에도[298] 이중거주자 문제가 생긴다. 개인처럼 과세하는 비영리단체도 마찬가지. 전세계소득 납세의무를 지우는 기준이 나라마다 다를 수 있기 때문이다. 가령 미국법에 따라 설립된 법인은 미국에서 전세계소득에 세금을 낸다. 이 법인의 본점이나 주사무소가 우리나라에 있다면 우리나라도 전세계소득에 세금을 매긴다. 두 나라 사이의 조약을 적용하자면 이 법인을 어느 한 나라의 거주자로 판정해야 한다. 미국조약은 이런 법인을 무조건 미국 거주자로 판정한다. 같은 조약은 법인에 대한 이중거주자 판정기준 조항을 따로 두고 있지는 않지만, 법인이 두 체약국 양쪽에서 거주자가 되는 경우가 애초 생기지 않는다. 같은 조약에서 한국법인은 한국 거주자이고 미국법인은 미국 거주자이지만,[299] 우리나라에 본점이나 주사무소를 둔 법인이라 하더라도 미국법인에 해당하는 법인은 애초 한국법인의 범위에 속하지 않는다는 명문 규정이[300] 있다.

현행 미국조약의 이런 내용은 이례적인 규정이고 우리나라 실제 조약의 대부분은 2017년 전의 OECD 모델 조약을 따라서 '실질적 관리장소'를 이중거주법인의 거주지 판정기준으로 쓰고 있다.

OECD Model Article 4 (Residence)

3. Where by reason of the provisions of paragraph 1 a person other than an individual is a resident of both Contracting States, then it shall be deemed to be a resident only of the State in which its place of effective management is situated.

OECD 모델 제4조(거주자)

3. 제1항의 규정을 이유로 개인 아닌 사람이 두 체약국 모두에서 거주자가 된다면, 그런 자는 실질적 관리장소가 있는 나라에서만 거주자로 본다.

2017년 모델은 이중거주자인 법인의 거주지는 양 체약국 권한당국 간의 합의

298) 국세기본법 제13조, 소득세법 제2조 제3항. 이창희, 『세법강의』, 제14장 제2절.

299) 미국조약 제3조 제1항(a), (b).

300) 같은 조약 제2조(1)(e).

로 결정하되 실질적 관리장소, 설립지, 기타 사정을 고려하라고 한다. 설립지 내지 준거법이라는 미국의 기준이 밀고 들어오고 있는 중이라는 말이다. 합의가 안 되면 각자 내국법인으로 본다는 당연한 사리를[301] 확인하고 있기도 하다.[302]

'관리장소'라는 말은 무슨 뜻인가? '관리'(management), 또는 '경영'은 종업원이 아니라 관리자나 임원이 한다. 따라서 실제 공장이나 매장 같은 영업장소라 하더라도 그저 현장 종업원들이 일하는 장소는 관리장소가 아니다.[303] OECD 모델 주석은 예전에는 가령 이사회 같은 최고경영진이 의사결정을 내리는 곳이 관리장소라고 토를 달고 있었다.[304] 다음으로, '실질적'이라는 말은 영어의 "effective"를 옮긴 것으로 법인세법과 같은 개념이다. 영어 단어의 용법으로는 좀 이례적이기는 하지만 여기에서 "effective management"라는 말이 '실제'나 '실질적 관리' 정도의 뜻이라는 점에는 별 다툼이 없다.[305] 우리나라가 맺은 실제 조약으로 영어판과 한글판이 나란히 정본인 조약에서도 이 말은 '실질적'이라는 낱말에 대응하고 있다. 실질적이라는 말은 형식적이나 명목적이라는 말에 견주어 쓰는 말이다. OECD의 보고서는 가령 지배 주주가 따로 있어서 실제 의사결정을 내린다면 그 자가 의사결정을 내리는 곳이 실질적 관리장소라고 한다.[306] 영국 국내법상의 거주지 판정기준인 '관리·통제의 중심장소'(central management and control)에[307] 관한 오래된 판결로 영국 법원의 "Unit

---

301) 아래 II. 4.

302) 2017년 OECD 모델 제4조 제3항. OECD 다자조약 제4조 제1항에도 같은 글귀가 있지만 우리나라는 조문 전체를 유보하였다.

303) 독일 판례는, *Klaus Vogel on Double Taxation Conventions*(제3판), 제4조 주석 105문단 참조. 그러나 이런 해석에 반대하는 견해도 있다. 한 예로 2006년 OECD 모델 제4조 주석 25문단에 있는 이탈리아의 유보 참조.

304) 2008. 7. 18 개정 전 OECD 모델 제4조 주석 24문단. 이런 생각을 지지하면서 관련 판결을 분석한 문헌으로, Robert Couzin, *Corporate Residence and International Taxation* (IBFD, 2002), 특히 26~29쪽.

305) OECD 모델 제4조 주석 22문단. 모델조약을 만들 때 프랑스 말로 "effectif"라는 말의 영향이 영어판에도 미친 듯하고, 프랑스 말에서 이 단어는 '실제'라는 느낌이 있다고 한다. 영국 판결로 Trevor Smallwood Trust v R&C Commrs., (2008) Sp C 669. 영어에서도 "nominal"에 반대되는 말로 '실효'라는 느낌이 있으니 거기에서 '실제'나 '실질'이라는 뜻까지 가는 것도 아주 이상하지는 않다.

306) OECD, "Place of Effective Management Concept: Suggestions for Changes to the OECD Model Tax Convention", http://www.oecd.org/dataoecd/24/17/2956428.pdf (2010년 2월 11일 확인).

307) 이 기준은 법인의 내외 구분에 관한 고전적 판결이라 할 수 있는 20세기 초의 "De Beers Consolidated Mines Ltd. v Howe" (1906) 5 TC 198 판결에서 세웠다. OECD 모델 제4조 주석 24문단처럼 실질적 관리장소란 하나뿐이라고 풀이한다면 실질적 관리장소라는 개념은 관리의

Construction Co. Ltd. v. Bullock" 판결도[308] 모회사가 다른 곳에서 실제 의사결정을 내리는 경우 그런 장소를 관리장소라고 보고 있다. 다른 한편 이와 달리 2006년의 영국 법원의 "Wood v. Holden" 판결은 법형식을 중시하고 있다.[309]

Wood v. Holden[310]

쟁점은 어떤 네덜란드법인(CIL)이 역시 네덜란드법인인 자회사(Eulalia)에 주식을 양도하고[311] 번 양도차익이 영국에서 과세대상인가이다. 영국법에서는 외국법인이라 하더라도 폐쇄회사이고 주주 가운데 영국 거주자가 있다면 자산양도차익 가운데 그런 주주의 몫을 과세한다.[312] 그러나 자산의 양수인이 매도인과 특수관계 있는 외국법인이라면 양도차익에 대한 과세를 이연한다.[313] 따라서 이 사건 주식 양도는 과세이연 대상이 되는 듯하지만, 문제는 실질적 관리장소를 기준으로 볼 때 "Eulalia"가 과연 외국법인인가라는 점이다. 행정재결은, "Eulalia"는 세금을 줄이기 위한 껍질일 뿐이고 경영 의사결정은 영국의 주주[314] (또는 절세 전략을 고안한 영국 내 회계사)가 내렸다는 이유로 "Eulalia"를 영국법인이라고 결정하였다. 1심과 2심 판결은, 제3자가 경영 의사결정의 권한을 앗아가지[315] 않은 이상 그런 권한 있는 기관이 아닌 제3자가 의사결정에 영향을 주는 것을 바로 경영 의사결정이라고 볼 수는 없다고 판시하면서 납세의무자 승소 판결을 내렸다. 나아가 "Eulalia"를 영국법인이라고 보더라도 동시에 네덜란드법인이기도 하므로 영국-네덜란드 조약상의 이중거주자이고, "Eulalia"의 실질적 관리장소가 영국이라는 점에 관한 국세청의 입증이 불충분하다고 보았다. 조약의 기준이 국내법보다 더 엄격하다는 것.

실질적 관리장소를 기준으로 법인의 거주지를 판정하자는 생각이 옳은지는

중심장소라는 개념에서 크게 벗어날 길이 없다.

308) (1959) 38 TC 712.

309) 상세는 Gordon, "Resident either here or there", Tax Adviser (Jul. 2006).

310) Wood and another v Holden (HMIT) [2006] EWCA Civ 26.

311) 실제 사실관계는 신탁이 얽혀 있어서 훨씬 복잡하다.

312) Taxation of Chargeable Gains Act ('TCGA') (1992), s 13.

313) 같은 법 제14조.

314) 정확하게는 신탁의 수익자.

315) 가령 독일법의 기관관계에서는 Organträger의 주소지가 관리장소가 된다. *Klaus Vogel on Double Taxation Conventions*(제3판), 제4조 주석 107문단. 경영위임 계약에 관해서는 같은 책, 108a문단 참조.

의문이다. 이사회란 일 년에 한 번이나 열리는 것이고, 이사회를 어디에서 열 것인가는 기업의 영업과는 거의 아무런 관련이 없다. 실제로 다국적기업의 이사회는 관광지를 돌아가면서 여는 경우도 가끔씩 볼 수 있다. 더구나 정보통신 기술이 발달하여 이제는 이사회가 열리는 곳이라는 개념 자체가 사라지고 있는 중이기도 하고. 이사들이 각자 서로 다른 나라에 있으면서 화상회의를 진행한다고 생각해 보라.[316] 이사회 개최지 같은 우연적 장소를 거주지 판정 기준으로 삼는다면 법인의 거주지는 언제나 임의로 만들어 낼 수 있다는 말이 된다.

역사를 다시 돌이켜 보면 관리장소, 나아가 실질적 관리장소라는 기준이 생긴 것 자체가 납세의무자의 내외 구분을 납세의무자가 제 마음대로 조작하는 것을 막자는 생각이었다. 일찍이 19세기의 영국 판결들이[317] 설립준거법을 기준삼아 법인의 내외를 구분하면 안 된다고 정한 것이 바로 그 때문이다. 관리장소가 내외구분 기준이 된 것은, 20세기 초의 "De Beers" 판결에서 지적하고 있듯 납세의무자의 사업과 특정한 국가 사이의 장소적 관련을 파악한다는 점에서 보면, 관리장소가 그래도 설립지 내지 설립준거법보다는 한결 낫다는 생각. 법인을 어느 나라의 법에 따라 설립하는가는 그 법인의 실제 사업이 어느 나라와 관련이 있는가와는 전혀 무관하게 정할 수 있기 때문이다. 다른 한편 설립준거법이 어디인가는 안정적인 개념인 데에 비해서 실질적 관리장소는 시비가 생기게 마련인 불안정한 개념이다.[318] 해외여행이 손쉬운 일이 되고 나아가서 정보통신 기술의 발전이 세법에서 장소라는 개념이 차지하는 의의를 거의 박탈하고 있는 오늘날에[319] 이르러서는 이 불안정성은 더 커지고 정당화되기도 어렵다.

2017년 OECD 모델은 2008년의 개정 주석, 곧 실질적 관리장소라는 일의적(一義的) 기준을 포기하고 건별(件別)로 결정하는 조항을 두자는 생각을 입법했다. 중요한 점은, 또 다른 기준으로 미국법을 본받아 설립지 내지 설립준거법을

---

316) OECD, "The Impact of The Communications Revolution on The Application of 'Place of Effective Management' As A Tie Breaker Rule", http://www.oecd.org/dataoecd/46/27/1923328.pdf (2010년 2월 11일 확인).

317) Royal Mail System Packet Company v Braham (1877), 2 App. Cas. 381, 특히 386쪽.

318) 캐나다의 국내법이 설립준거법을 법인 내외구분의 기준으로 추가한 것은 이런 맥락이다. Bouthillier, "Residence-Based Taxation and FAPI: A World of Fictions", 53 Canadian Tax Journal 179, 특히 186~187쪽.

319) 상세는, Chang Hee Lee, "Impact of E-Commerce on Allocation of Tax Revenue between Developed and Developing Countries", 18 *Tax Notes International* 2569 (1999).

결정 기준의 하나로 명시한 점이다. 주석은 이사회의 개최지, CEO 등 최고경영진의 근무장소, 상위 관리자의 일상 경영활동 장소, 본점 소재지, 설립준거법, 회계기록의 보관 장소 등 모든 사실관계를 고려하여 관리장소를 판정할 수 있다고 적고 있지만 납세의무자와 특정 국가와의 실제 연관과 별 상관이 없고 시비가 남는 것은 어떤 기준이든 마찬가지이다. 이리하여 OECD 모델은 결국 건별 상호합의를 택하게 된 것. 근본적으로 이 문제는 자연인의 내외를 구분하는 것에 견줄 수 있는 장소적 기준으로 법인의 내외를 구분하자는 생각 자체가 안고 있는 모순 때문에 벌어지는 것이다.[320] 법인이란 살아 있는 것이 아니고, 특정한 장소에서 '사는' 것은 더더욱 아니다.[321] 기실 설립준거법이라는 기준은 이 문제점을 한결 악화시킬 뿐이다.

법인도 자연인처럼 내외를 구분하여 내국법인은 전세계소득을 과세하고 외국법인은 국내원천소득만 과세한다는 생각을 대전제로 삼는다면 무언가 내외구분 기준을 쓰는 것은 피할 수 없는 일이다. 이중거주자인 법인을 어느 한 체약국의 거주자로 판정하는 조약상의 기준은 무엇이어야 하는가? 이 문제는 결국 조약 자체를 놓고 논리의 앞뒤를 맞추는 작업일 수밖에 없다. 그렇게 본다면 실질적 관리장소라는 개념이 모든 조약에 타당한 보편적 기준은 아니다. 국내법상 내국법인을 관리장소나 실질적 관리장소라는 개념으로 정의하는 나라라면 조약에서도 같은 기준을 써서 이중거주자를 판정하면 된다. OECD 모델 조약의 실질적 관리장소라는 기준은 아마 이 맥락에서 생긴 조약례를 베껴온 것이리라.[322] 그러나 본점 소재지나 설립준거법을 쓰는 나라 사이의 조약에서 실질적 관리장소라는 개념이 갑자기 등장하는 것은 이치에 안 닿는다. 이중거주자의 거주지 판정 기준 역시 조약을 맺으려는 두 나라의 국내법에 맞추어 정할 일이지 무조건 모델조약에서 베껴올 일이 아니다. 결국 그러다 보니 미국법의 설립준거법 기준이 OECD 모델로 들어간 것이다. 거꾸로 우리나라에서는 국내법의 본점 내지 주사무소 소재지 기준과 조약의 실질적 관리장소 기준이 잘 안 맞는다는 문제의 해답으로 국내법에 실질적 관리장소라는 기준을 추가하기에 이르렀다.[323]

---

320) 같은 글.

321) 같은 글, 44쪽.

322) 영국 조약의 '사업의 관리·지배 장소' 및 여러 조약들의 예를 참조하여 1977년 개정 OECD 모델 조약에 '실질적 관리장소'라는 기준이 도입되었다. OECD 모델 제4조 주석 23, 24문단 history 부분.

거듭 말하거니와 국제조세법이란 정책이라기보다는 정치(이 둘을 구분하는 것이 가능하다면).

아무튼 이런 연유로 우리 법인세법의 실질적 관리장소 기준이란 조세조약에 맞추어 해석할 수밖에 없다. 판례는 법인세법에서 말하는 실질적 관리장소라는 개념을 풀이하면서 '관리'란 '법인의 사업 수행에 필요한 중요한 관리 및 상업적 결정', 곧 '법인의 장기적인 경영전략, 기본 정책, 기업재무와 투자, 주요 재산의 관리 · 처분, 핵심적인 소득창출 활동 등을 결정하고 관리하는' 것이라 풀이하면서, 이러한 관리를 실질적으로 하는 장소가 어디인지를 OECD 모델 주석에[324] 맞추어 판단한다.

"실질적 관리장소가 어디인지는 이사회 또는 그에 상당하는 의사결정 기관의 회의가 통상 개최되는 장소, 최고경영자 및 다른 중요 임원들이 통상 업무를 수행하는 장소, 고위 관리자의 일상적 관리가 수행되는 장소, 회계서류가 일상적으로 기록 · 보관되는 장소 등의 제반 사정을 종합적으로 고려하여 구체적 사안에 따라 낱낱이 판단"

하되, "실질적 관리장소는 그 결정 · 관리 행위의 특성에 비추어 어느 정도의 시간적 · 장소적 지속성"이 필요하다.[325] 국내 활동의 수준이 조약상 고정사업장을 이룰 만큼도 못 된다면 국내에 실질적 관리장소가 없다는 것이야 당연하고.[326]

3. 이중거주자 증명책임

조세조약상 이중거주자 규정을 적용받기 위해서는 우리나라 거주자인 납세의무자가 동시에 상대방 체약국에서도 거주자라는 점을 증명해야 한다. 여러 가지 이론적 어려움을 낳기는 하지만 여기에서 '거주자'라는 말은 국내법상 전세계소득 납세의무를 진다는 말이다.[327] 문제는 상대방 체약국에서 전세계소득 납

323) 2005. 9. 28. 법인세법 일부개정법률안(의안번호 2840)에 대한 국회 재정경제위원회 검토보고서 23쪽.

324) OECD 모델 제4조 주석 24문단, 24.1문단과 같은 내용이다.

325) 대법원 2016. 1. 14. 선고 2014두8896 판결.

326) 같은 판결.

327) 제1절 Ⅲ. 참조.

세의무를 지는가는 그 나라의 법에 관한 문제로 우리나라 행정청이나 법원이 당연히 알 수 있는 사실이 아니라는 것이다. 우리 대법원은 이 문제에 대한 증명책임을 납세의무자에게 지우고 있다.[328)]

대법원 2008. 12. 11. 선고 2006두3964 판결

어느 개인이 소득세법상의 국내 거주자인 동시에 외국의 거주자에도 해당하여 그 외국법상 소득세 등의 납세의무자에 해당하는 경우에는 하나의 소득에 대하여 이중으로 과세될 수도 있게 되는 것이므로, 이를 방지하기 위하여 각국 간 조세조약의 체결을 통해 별도의 규정을 두고 있으며, 납세의무자가 이와 같은 이중거주자에 해당하는 사실이 인정된다면 그 중복되는 국가와 사이에 체결된 조세조약이 정하는 바에 따라 어느 국가의 거주자로 간주될 것인지를 결정하여야 하고 그 조세조약에 따른 거주지국 및 그 세율의 결정은 과세요건에 해당한다고 할 것이나, 국내 거주자인 납세의무자가 동시에 외국의 거주자에도 해당하여 조세조약이 적용되어야 한다는 점에 대하여는 이를 주장하는 납세의무자에게 그 증명책임이 있다고 할 것이다. 원심은 그 판시와 같은 사실을 인정한 다음, 소외 1이 1997년부터 2001년까지 사이에 미국 과세당국에 세무신고를 하였고, 소외 1과 그의 처가 미국에서 의료보험에 가입한 적이 있으며, 소외 1의 자녀들이 미국에서 직장을 가지고 있으면서 미국 정부에 세금을 납부한 사실이 있다는 사정이나, 소외 2, 3이 각 주일대한민국대사관의 재외국민등록부상 주소지가 일본국 동경으로 기재되었다는 사정만으로는 소외 1이 미국의 거주자에, 소외 2, 3이 각 일본의 거주자에 해당한다고 보기 어렵다는 이유로, 소외 1이 대한민국과 미국의 이중거주자에, 소외 2, 3이 각 대한민국과 일본의 이중거주자에 해당함을 전제로 각 해당 외국과 체결된 조세조약이 적용되어야 한다는 원고의 주장을 배척하였는바, 앞서 본 법리와 기록에 비추어 살펴보면, 이와 같은 원심의 판단은 정당하고, 거기에 상고이유에서 주장하는 바와 같은 거주자 판단에 관한 법리오해 등의 위법이 없다.

앞서 본 "Yoon" 사건에서 캐나다 국세청도 우리 법원과 같은 입장. 한국법에 따를 경우 "Yoon"이 한국 거주자라는 점에 대한 입증이 없는 이상 "Yoon"은 캐나다에서 전세계소득 납세의무를 진다는 것이다.[329)] 그러나 캐나다 법원은 생

328) 대법원 2008. 12. 11. 선고 2006두3964 판결.

각을 전혀 달리하여, "Yoon"이 한국 거주자인가라는 쟁점을 법정지법(法廷地法)인 캐나다법에 따라 판단한다. 한국법상 한국 거주자인가라는 쟁점을 캐나다법상 캐나다 거주자인가와 같은 잣대로 재자는 생각으로, 외국법의 입증이 없는 경우에 외국법은 법정지법과 같을 것이라는 추정 아래 법정지법을 적용한다는 캐나다 판례에[330] 따른 것이다. 간명하다는 점에서, 또 체약 상대국의 법에서 납세의무가 있는가를 자국법에 따라 판단한다는 것은 분명 이상하다는 점에서는 일단 직관적으로 우리 법원의 입장을 두둔할 수 있다. 다른 한편 이 사건을 가령 외국에서 벌어진 불법행위에 대한 손해배상 사건과 견주어 보자. 불법행위 사건에서 준거법인 외국법은 우리 법원에서도 단순한 사실이 아니라 법이다.[331] 법은 법원이 아는 것이므로, 외국법의 내용이 불분명하면 법원은 직권으로 이를 조사하여 적용하여야 하고,[332] 직권조사로도 그 내용을 알 수 없는 경우 최후 수단으로 법정지법인 우리 법을 적용한다.[333] 공법관계가 국제사법의 적용범위 밖이기는 하지만, 논리구조를 따진다면 납세의무의 존부나 불법행위 손해배상의무의 존부는 차이점을 찾기 어렵다. 어느 쪽이든 당사자의 의사와 관계없이 행위지의 법이 적용된다는 점에서는 마찬가지이기 때문이다.

4. 혼성단체와 이중거주자

혼성단체는 이중거주자와 똑같은 문제를 일으킬 수 있다. 가령 미국법인이 우리나라에 100% 자회사를 유한회사로 설립하면서 미국법에서 파트너십 과세를

329) Yoon v. The Queen Tax Court (Canada) 2004-175 (IT)G. http://decision.tcc-cci.gc.ca/en/2005/2005tcc366/2005tcc366.html에서 [5]문단.

330) The Ship "Mercury Bell" v. Amosin, [1986] 3 F.C. 454(F.C.A), Bankman v. Canada, 99 DTC 5602.

331) 대법원 1990. 4. 10. 선고 89다카20252 판결.

332) 국제사법 제5조(외국법의 적용) 법원은 이 법에 의하여 지정된 외국법의 내용을 직권으로 조사·적용하여야 하며, 이를 위하여 당사자에게 그에 대한 협력을 요구할 수 있다; 대법원 1981. 2. 10. 선고 80다2189 판결.

333) 이시윤, 『신민사소송법』 제14판(박영사, 2020), 465쪽. 대법원 2000. 6. 9. 선고 98다35037 판결은 "외국법의 내용의 확인이 불가능한 경우 법원으로서는 법원(法源)에 관한 민사상의 대원칙에 따라 외국 관습법에 의할 것이고, 외국 관습법도 그 내용의 확인이 불가능하면 조리에 의하여 재판할 수밖에 없는바, 그러한 조리의 내용은 가능하면 원래 적용되어야 할 외국법에 의한 해결과 가장 가까운 해결방법을 취하기 위해서 그 외국법의 전체계적인 질서에 의해 보충 유추되어야 하고, 그러한 의미에서 그 외국법과 가장 유사하다고 생각되는 법이 조리의 내용으로 유추될 수도 있을 것이다"고 판시하였지만, 공법관계에서는 관습법은 적용할 여지가 없고 조리를 적용하는 것도 불가능할 것이다.

택한다고[334] 하자. 이 경우 미국법에서는 우리나라 유한회사를 독립적 단체로 보지 않고 미국법인의 일부로, 곧 해외 지점으로 보므로 전세계소득을 과세한다. 한편 우리나라에서는 이 유한회사는 분명한 내국법인이므로 전세계소득을 과세한다. 이런 식으로 우리 법에서는 내국법인이지만 다른 나라에서는 자국법인의 일부이거나 투시단체로 보는 것을 역(逆) 혼성 내국단체(domestic reverse-hybrid entity)라고 부른다.

이 보기의 유한회사는 실제 조약인 미국조약에서 이중거주자인가? 실제 미국조약에서는 미국법인 및 한국법인의 정의가 OECD 모델과 다르다. 우리나라에 본점이나 주사무소가 있더라도 설립준거법이 미국법이면 미국법인이다.[335] 그 밖에는 법인의 이중거주자 문제는 해결기준이 미국조약에 없고, 두 나라의 권한당국이 달리 합의하지 않는 한 이중거주자인 채로 남는다. 우리나라의 입장에서는 우리 상법에 따라 설립한 유한회사니까 이중거주자라고 볼 수 있다. 반면 애초 이 유한회사의 독립적 인격을 부인하는 미국의 입장에서는 설립준거법이라는 것이 따로 없고, 그저 미국법인의 일부일 뿐 이중거주자로 남을 수가 없다고 볼 것이다.

일반화해서 역혼성 내국단체, 곧 우리나라에서는 법인으로 과세하는 단체를 상대방 체약국의 입장에서는 자국법인의 일부이거나 투시단체로 보아서 생기는 혼성단체가 겪는 2중과세에 OECD 모델조약의 이중거주자 조항이 적용될까? 이 문제를 다루는 글은 찾지 못했지만 긍정해야 논리에 맞는다. 우리나라 법인에 별도의 인격이 있다고 전제하는 우리나라의 입장에서 본다면 우리나라가 전세계소득을 과세함과 동시에 다른 나라도 그 법인의 전세계소득을 과세하고 있는 것이므로 이중거주자인 것이 맞다. 한편 종래 미국법은 제1503조(d)의 이월결손금의 이중공제 제한이라는 좁은 맥락이기는[336] 하지만 역혼성 내국단체는 그 조에서 내국법인일 뿐이고 이중거주자가 아니라고 보았다. 그러나 아래 Ⅱ.1.에 보듯 BEPS "Action 2" 및 2017년 말에 새로 생긴 제267A조와 관련하여 나온 재무부 규칙안은 이중거주자일 수 있음을 전제로 하는 선택권을 주고 있다.

334) 미국 재무부 규칙 301.7701-3. 제1장 제4절 Ⅰ.
335) 미국조약 제2조(1)(e).
336) 미국세법 제1503조(d)

Ⅱ. 거주지 판정에 따르는 법률효과

1. 조약상 거주지 판정은 조약의 내부 문제

"Yoon" 판결에서 몇 가지 의문이 생겼을 것이다. 우선 "Yoon"이 한국-캐나다 조약상 한국 거주자이므로 캐나다 법에 따른 전세계소득 납세의무를 지지 않는다는 말은 옳은가? "Yoon"이 캐나다 조약상 한국 거주자라는 말은, 같은 조약의 적용에서 한국 거주자라는 것을 뜻할 뿐이다. 국내법은 국내법이고 조약은 조약이므로, 조약에 따른 판정은 조약에 적용될 뿐이다. 국내법은 국내법상 거주자인지 비거주자인지를 국내법 적용상 따지는 것이고, 조약은 한국 거주자인지 캐나다 거주자인지를 조약의 적용상 따지는 것이다. "Yoon"이 캐나다 국내법상으로 캐나다 거주자라면 조약에 따른 이중거주자 판정 여하에 불구하고 캐나다 국내법상으로는 여전히 캐나다 거주자이다.[337] 물론 이 사건에서 "Yoon"을 조약 목적상 한국 거주자로 판정한다는 것은 결과적으로 캐나다의 전세계소득 과세권을 배제하게 된다. "Yoon"이 한국 거주자이므로 캐나다는 "Yoon"의 소득을 조약이 허용하는 범위, 곧 원칙적으로 원천이 캐나다에 있는 소득에 대해서만 과세할 수 있을 뿐이다. "Yoon"의 근로소득 중 원천지가 한국인 소득은 캐나다에 과세권이 없다. 그렇다면 "Yoon" 판결은 어쩌다가, 조약상 한국 거주자라는 이유로 캐나다 국내법상 자국 거주자가 아니라는[338] 논리적 비약을 하고 있는 것일까? 캐나다 국내법이, 조약상 상대방 체약국 거주자로 판정되는 자는 국내법 적용상으로도 비거주자로 간주하는 특별 규정을 두고 있기 때문이다.[339] 영국법의 전통을 따른 것이다.[340] 미국도 최근에는 이런 규정을 들여왔다. 그 밖에도 비슷한 법을 둔 나라들이 있겠지만, 많지는 않은 듯하다.[341] 즉 "Yoon" 판결에서 조약상 한국 거주자이므로 캐나다에서는 전세계소득 납세의무를 지지 않는다는 '논리적 비약'은 캐나다 국내법을 생략하고 안 적은 까닭이다.

---

337) 같은 취지의 캐나다 판결로, Conrad Black v. The Queen, 2014 FCA 275(FCA) Nov. 26, 2014.

338) Yoon v. The Queen 판결, [41]문단, [42]문단.

339) Income Tax Act (Canada) 제250(5)조.

340) Finance Act (1994) 제249(1)조. 피지배외국법인 세제의 적용상은 내국법인으로 본다. 상세는, Jonathan Schwartz, *Schwartz on Tax Treaties* (Wolters Kluwer Law & Business, 2009), 105쪽.

341) *Klaus Vogel on Double Taxation Conventions*, 제4조 주석 5문단(영국, 프랑스, 캐나다를 들고 있다).

대법원 2018두60847 판결은 원고가 일본조약상 일본 거주자라는 이유로 과세처분은 위법하다고 한다. 왜 위법한가? 원고가 우리 소득세법상 비거주자이기 때문은 아니다. 판결문에 나오듯 원고가 소득세법상 거주자라는 사실은 이미 굳었고, 이를 전제로 조약상 이중거주자 문제가 생긴 것이다. "Yoon" 판결에 나오는 캐나다법처럼 조약상 상대방 체약국 거주자라면 국내법에서도 비거주자로 본다는 규정이 따로 없는 이상 원고가 소득세법상 거주자라는 사실은 뚜렷하다. 그렇다면 과세처분이 왜 위법한가? 조약에서 그렇게 정하고 있기 때문이다. 인적용역소득은[342] 거주지국에서만 과세하는 것이 원칙이라고 제14조 제1항 본문이 정하고 있다.[343] 우리나라가 조약상 거주지국이 아닌 이상, 곧 원고가 상대방 체약국인 일본의 거주자인 이상 조약의 위 조항에 따라 우리나라에 과세권이 없다.

원천지국에서 전세계소득 납세의무가 없다는 결과는 마찬가지인데, 그 논거가 조약에서 상대방 체약국 거주자라는 것이든 국내법에 따른 비거주자이든 따질 이유가 없는 것 아닐까? 이미 언급했듯이 "Yoon" 판결의 캐나다법에는, 국내법상 거주자이지만 조약상 다른 나라의 거주자로 판정된 자, 미국의 용례로는 '반쪽 거주자'(half resident)를 국내법상 비거주자로 본다는 특별 규정이 있었다. 따라서 결과적으로 아무 차이가 없다. 그러나 우리 법에는 그런 특별 규정이 없다. 2018두60847 판결에서는 소득의 원천이 상대방 체약국이어서 우리나라에 과세권이 없지만 논점에 따라서는 결과가 사뭇 달라질 수 있다. 반쪽 거주자가 국내법상으로는 여전히 자국 거주자라는 것은 무슨 의미가 있는가? 가령 2018두60847 판결의 원고가 우리나라와 조약이 없는 제3국에서 번 소득이 있다고 하자. 기실 우리나라는 조약망이 워낙 넓어서 그런 일을 생각하기는 어렵지만. 아무튼 제3국에서 번 소득이 있다면 우리나라는 이 소득을 과세할 수 있는가? 답은 다시 조약의 글귀에 달려있다. 일본조약 제22조(기타소득)는 OECD 모델을 따라서 조약에 달리 정하고 있지 않은 소득에 대한 과세권을 거주지국에 전속시키고 있다. 따라서 우리나라에는 과세권이 없다.[344] 원천이 제3국인 소득에 대해

342) 하급심 판결을 보면 원고의 소득은 일본조약에서 인적용역소득이다. 독립적 인적용역소득과 종속적 인적용역소득(근로소득)의 구분에 대해서는 제10장 제3절 Ⅱ.

343) 다만 조약이 예외로 정한 요건(이 사건에서는 제17조 제1항)에 맞으면 원천지국도 과세할 수 있지만, 이 사건의 소득은 애초 일본에서 번 소득이다. 소득의 원천이 있는 곳이 우리나라가 아니다.

일본조약이 달리 정한 것이 없는 이상, 제3국 원천소득은 기타소득에 해당하고 따라서 거주지국인 일본에만 과세권이 있다. 기타소득 조항이 아예 없는 조약에서는[345] 어떻게 될까? 원천이 제3국인 소득은 조약의 적용범위 밖에 남게 되고, 따라서 그에 대한 과세는 오로지 우리 국내법을 따르게 된다.[346] 결과는 무엇인가? 우리 국내법상 거주자는 조약상 상대방 체약국 거주자로 판정되더라도, 여전히 우리 국내법에 따라 제3국 원천소득에 대한 세금을 우리나라에 내야 한다는 것이다. 조약에 달리 정하지 않은 소득은 양 체약국이 모두 과세권을 가진다고 명시한 조약에서도 마찬가지 결과가 생긴다.

한결 일반화한다면, 이중거주자가 우리 국내법상으로는 여전히 거주자로 남는다는 사실은, 국내법 규정 가운데 조약의 제한을 받지 않는 것은 여전히 전면 적용됨을 뜻한다.[347] 앞 문단의 제3국원천 소득은 다만 한 가지 예일 뿐이다. 다른 예도 많이 있을 수 있다. 가령 법인설립신고 의무 같은 절차 규정은 조약의 적용범위 밖이므로 이중거주자에게도 그대로 적용된다. 그 밖에도 이리저리 따지다 보면 뜻밖의 결과에 부딪히는 경우가 생길 수 있다.

이중거주자인 법인은 일부러 만들어 내는 수가 잦다. 본보기로 연결납세를 내국법인에 국한하고 있는 나라 사이에서, 특정 법인의 필요경비나 결손금을 두 나라 모두에서 공제받기 위해 이중거주자로 만드는 수가 있다. 이런 이중공제(double dipping)는 각 체약국의 국내법에 터잡은 것이므로 이중거주자의 거주지를 조약상 어느 한 쪽으로 판정하더라도 원칙적으로는 아무 영향을 받지 않는다. 미국법은 예전부터 이월결손금의 이중공제를 막는 규정을 두고 있었다.[348] 또 앞에 보았듯 이제는 조약상 비거주자를 국내법상 비거주자로 보는 특별 규정에 따라 연결 대상에서 빠지게 되어 이중공제를 막는 수도 있고. BEPS "Action 2"는 이월결손금뿐 아니라 지급이자나 사용료 기타 필요경비의 이중공제도 막자고 하면서 두 가지를 강력권고(이른바 '공통기준')하고 있다. 첫째, 조약을 개정해

---

344) *Klaus Vogel on Double Taxation Conventions*(제3판), 제4조 주석 14문단.

345) 다만 미국조약은 제4조에서 원천지국의 과세권을 자국원천소득에 국한하고 있다.

346) 제4절 Ⅰ. 2.

347) 독일 판결로 BFH BStBl. Ⅲ 738 (1975); *Klaus Vogel on Double Taxation Conventions*(제3판), 제4조 주석 13문단, 18문단. 우리나라 해외금융계좌 신고의무의 경우 조약에 따라 체약상대국 거주자로 인정된 자에 대해서는 신고의무를 면제한다. 국조법 제54조 제7호.

348) 미국세법 제1503조(d). 상세는, Taylor, "Tax Advisors' Forum : Final Regulations Change Dual Consolidated Loss Rules", 5 Tax Notes International 723 (1992).

서 이중거주자가 생길 가능성 자체를 막자는 것. 이 경우 조약상 비거주자는 국내법에서도 비거주자가 된다고 국내법에서도 따로 정해야 한다. 둘째는 필요경비를 어느 한 나라에서만 공제해 주자는 것. 원칙은 자본수출국에서 손금불산입하는 것으로 하고, 자본수출국이 그렇게 안한다면 자본수입국에서 손금불산입하자고 한다. 손금불산입이라는 방편은 조약에서 정하기에 적절치 않으므로 이 제안은 국내법 개정을 필요로 한다.[349] 이중거주자가 남아 있는 이상 이 둘째 제안의 적용범위에 이중거주자까지 넣어야 하겠지만, 결국 첫째 제안이 얼마나 시행되는가에 달려 있다. 미국법은 2018년부터 이중공제를 부인하는 규정을 신설했지만, 혼성단체를 이용한 특수관계인 사이의 이자나 사용료에 국한하므로 적용범위가 BEPS "Action 2"의 공통기준보다 훨씬 좁다.[350]

2. 이중거주자가 상대방 체약국 거주자로 판정되는 경우

이중거주자가 상대방 체약국 거주자로 판정된다면, 그에 따라 조약을 적용해야 한다. 가령 이자소득의 원천지가 우리나라라면 우리나라는 조약이 정한 세율상한 안에서만 과세할 수 있고, 원천이 상대방 체약국이라면 우리나라에는 과세권이 없다.[351] 조약에 따로 명시되지 않은 기타의 소득에 대해서는 우리나라에 여전히 과세권이 있을 수도 있고, 국내법상의 절차법 규정은 대체로 조약에 관련 내용이 없으므로 국내법이 전면적용된다는 점은 앞 1.에서 본 바와 같다.

3. 이중거주자가 우리나라 거주자로 판정되는 경우

이중거주자가 조약상 우리나라 거주자로 판정되는 경우에는 어떤 법률효과가 따르는가? 상대방 체약국은 조약상 원천지국이 되므로 조약의 제한을 전면적으로 받는다. 거주지국이 되는 우리나라의 과세권이 받는 영향은 크지 않다. OECD 모델의 글귀를 따르는 조약에서는 거주지국의 과세권에 관련된 조문은 몇 개뿐이다. 주목적이 거주지국의 과세권에 관련되는 조문은, 1) 이전가격 과세에서 독립기업 원칙을 적용해야 한다,[352] 2) 외국인투자기업이라 하여 순수한

349) OECD, Neutralising the Effects of Hybrid Mismatch Arrangements, Action 2 (2015), 51~54쪽.

350) 미국세법 제267조A. 김범준, "OECD BEPS Action 2와 연계규정", 조세법연구 24-1(2018), 95쪽, 특히 124~125쪽.

351) OECD 모델 제11조 제2항.

352) OECD 모델 제9조.

국내기업보다 불리하게 차별해서는 안 된다,[353] 3) 원천지국의 세금을 우선시켜서 2중과세를 없애주어야 한다,[354] 이 세 가지뿐이다.[355] 이 세 가지 가운데 어느 것도 우리 국내법에 없는 내용을 새로 의무 지우는 것이 없고, 국내법과 충돌되는 바가 없다. 그 밖의 조약 규정으로서 때에 따라 거주지국의 과세권을 제약할 수 있는 결과를 빚을 수도 있는 내용으로는, 공무원연금은 지급하는 나라에서만 과세할 수 있고,[356] 이사의 보수는 회사의 거주지국에서만 과세할 수 있다는 것[357] 등이 있다.

4. 끝까지 이중거주자로 남는 자

조약에 이중거주자 판정기준이 없거나 판정기준을 적용하더라도 끝까지 이중거주자로 남고 상호합의도 되지 않는 사람은 두 나라에서 각각 과세를 당한다. 거주지국과 거주지국 사이의 과세권 경합이 생기는 것이다.[358] 한 가지 문제는 조약의 글귀이다. 글귀로 따지자면 조약은 대개, 다른 나라 거주자가 받아가는 소득에 대한 원천지국의 세금은 일정 한도를 넘어가지 못한다고 정한다. 가령 이자소득에 대한 세금은 10% 상한에 걸린다고 적고 있다. 이 글귀는 이중거주자도 보호하는 것 아닐까? 자국 거주자는 상대방 체약국 거주자가 아니라는 말이 조약에 없는 이상, 이중거주자 역시 상대방 체약국 거주자라는 사실에는 변화가 없는데. 그러나 두 나라 법이 모두 거주자로 보는 경우 그런 자를 다른 나라 거주자로 본다는 것은, 거주지 판정에 관해 다른 나라 법을 우리나라 법에 우선시킨다는 말이 되므로, 주권(主權) 국가로서는 있을 수 없는 일이다. 납세의무자가 국제적 2중과세를 당한다는 결과는 가엾지만, 자국의 주권을 다른 나라에 양보할 수는 없기 때문이다. 결국 글귀가 양보할 수밖에 없다. 미국 모델에서는 이른바 "saving clause"가 이 글귀의 모순을 정면으로 풀어서, 자국 거주자에 대한 과세는 조약의 영향을 받지 아니한다고 정하고 있다.[359] 이중거주자 문

353) OECD 모델 제24조 제5항.
354) OECD 모델 제23조.
355) 아래 제4절 Ⅰ.
356) OECD 모델 제19조 제1항.
357) OECD 모델 제16조.
358) OECD 모델 제4조 주석 1~7문단.
359) 미국 모델 제1조 제4항.

제를 풀지 못한 이상 미국 거주자로 남아 있는 것이고 그렇다면 미국 국내법에 따라 과세받는 것이다. 2017년 OECD 모델도 제1조 제3항에서 이러한 "saving clause"를 받아들였다. 한편 조약례에 따라서는 명문으로 이중거주자를 조약의 적용 대상에서 빼기도 한다.[360] 2017년 OECD 모델 제4조 제3항도 마찬가지.[361] 상대방 체약국이 스스로 거주지국이라면서 매긴 세금은 외국납부세액공제도 불가.[362]

끝까지 이중거주자로 남는 자를 아예 조약 적용대상에서 배제하는 것은 불가피한 일인가? 반드시 그렇지는 않다. 뒤 Ⅲ항에서 보는 것처럼 두 나라에서 모두 전세계소득 납세의무를 지되 조약도 적용받을 수 있는 2중과세 배제방법이 있다. 그러나 그렇게 정하고 있는 조약례는 아직 없는 듯.

5. 제3국의 과세권

이중거주자 조항에 따라 어느 한 쪽의 거주자로 판정하는 것이 제3국의 과세권 행사에 영향을 줄 수도 있다. 본보기로 미국 국세청의 행정해석 하나.

Rev. Rul. 2004-76[363]

미국은 X국과 조세조약을 맺었다. X국의 법률에 의하면 자국법에 따라 설립된 회사는 전세계소득에 납세의무를 진다. 따라서 X국 법에 따라 설립된 회사는 미-X 조약상 X국 거주자가 되고 미국에서 받는 소득에 관해 조약의 혜택을 누릴 수 있다. 그런데 여기에 Y국이 등장한다. Y국의 국내법에 따르면, 자국에 실질적 관리장소를 둔 법인은 전세계소득에 납세의무를 진다. 미국-Y국 사이에도 조세조약이 있으므로 Y국에 실질적 관리장소가 있는 법인은 미국에서 받는 소득에 미-Y 조약의 혜택을 누릴 수 있다.

---

360) 1975년의 미국-영국 조약 제1조 제2항은 이중거주자인 법인에게 조약 혜택을 부인하고 있다. 2003년의 미국-일본 조약 제4조 제4항 제2문도 그렇다. Stephen E. Ehrlich, "New U.S.-Japan Income Tax Treaty Signed", http://us.kpmg.com/jnet/English/Archives/2004/JanFeb/TaxTreaty_E.pdf (2010. 2. 10 최종확인). 矢内一好, 詳解 日米租税條約 (2004), 55쪽.

361) 이중거주자인 단체는 실질적 관리장소, 설립장소 등 요인을 감안하여 상호합의로 거주지를 결정하도록 노력하되, 이에 실패하는 경우 상호합의로 정하는 범위와 방식을 제외하고는 조약에 따른 경감과 면제를 부여하지 않는다.

362) 2017년 OECD 모델 제23조 제1항이 추가한 괄호 부분은 당연한 사리의 확인. 같은 조 주석 11.1문단.

363) Rev. Rul. 2004-76, 2004-2 CB 111.

문제는 X국 법에 따라 설립되었으나 Y국에 실질적 관리장소를 둔 법인이다. 이 법인은 두 나라의 이중거주자가 된다. 이제 X국과 Y국 사이에 조세조약이 있고, 이 조세조약에서는 이중거주자인 법인의 거주지를 실질적 관리장소에 따라서 판정한다. 따라서 이 조약을 적용한 결과 이중거주자인 특정법인은 X-Y 조약상 Y국 거주자로 판정된다. 쟁점은 이 특정법인이 미-X 조약의 혜택을 누릴 수 있는가이다.

미-X 조약의 글귀와 X국의 법만 본다면 이 법인은 X국 거주자이다. X국에 전세계소득 납세의무를 지기 때문이다. 그러나 미국 국세청은 이 법인은 미-X 조약을 적용받지 못한다고 풀이한다. X-Y 조약 때문에 실제로는 X에 전세계소득 납세의무를 지지 않기 때문이라는 것이다. 이 결과는 이 법인에 X국 원천소득이 있어서 실제로 X국에 세금을 내더라도 마찬가지이다. X국에 내는 세금은 국내원천소득에 대한 세금일 뿐이므로, X국과의 관계에서 이 법인은 Y국 법인의 X국 내 고정사업장일 뿐이라는 것이다. 결국 X국과 Y국 사이의 이중거주자가 Y국 거주자라는 판정은 두 나라만이 아니라 제3국의 과세에도 영향을 미치게 되는 것이다.[364]

OECD 모델 제4조 제1항 제2문(어느 체약국 원천소득에 대해서만 납세의무를 지는 자는 거주자에서 제외한다)에 대한 주석도 같은 취지로 설명하고 있다.[365] X국과 Y국의 이중거주자이지만 조약의 이중거주자 판정에 따라 X국 거주자가 된다면 Y국에서는 포괄적 납세의무가 없으므로 Y국 거주자가 아니라는 것. 이 사람에게 소득을 지급하는 제3국은 X국 조약만 적용한다. X국과 Y국 사이의 조약이 무어라고 정하고 있는가가, X국 법인에 대한 제3국의 과세권에 영향을 주고 있는 것이다. 이 행정해석의 현실적 의미는 무엇인가? X국 법률상 X국 법인인 특정법인이 막상 X국에 내는 세금은 X국 원천소득에 대한 세금뿐이라는 사실을 원천지국 국세청이나 원천징수의무자들이 어떻게 파악할 수 있을까? 현실적 길은 한 가지뿐일 것이다. 자국에서 지급하는 소득이 X국의 세금 신고에 반영되었는가를 보는 것이다. 그렇다면 이 행정해석이 결국 말하는 것은 무엇인가? 상대

---

364) 이 행정해석은 그 전의 Rev. Rul. 73-354, 1973-2 C.B. 435쪽 (1973)을 바꾼 것이다. 새로운 행정해석이 나오기 전의 문헌이기는 하지만 *Klaus Vogel on Double Taxation Conventions*(제3판), 제4조 주석 11문단은 Rev. Rul. 73-354를 지지하고 있다.

365) OECD 모델 제4조 주석 8.2문단.

방 체약국(이 사례에서는 X국)에서 2중과세가 발생하지 않는다면 조세조약의 혜택은 적용하지 않는다는 것. 제3국(Y국)과의 관계에서 2중과세가 생기는가는 생각할 것 없이, X국 거주자인가 아닌가는 자국과 X국 사이에 2중과세가 생기는가만 보면 된다는 것이다.

Ⅲ. 거주자 아닌 무제한 납세의무자

미국법은 다른 나라와 달리 미국 영주권자를 전세계소득 납세의무자에 포함하고 있다. 미국 영주권자는 미국의 거주자라는 것이 미국의 입장.[366] 미국 영주권이 과연 조약이 말하는 거주 개념의 일부인가, 또는 시민권과 비슷한 일종의 신분인가에 관해서는 의문이 있을 수 있지만 아무튼 미국의 입장을 받아들인다면, 미국 영주권자이면서 동시에 다른 나라의 거주자인 자는 이중거주자에 해당하고, 새로운 문제를 낳지는 않는다.

또 미국은 미국 국적, 속칭으로 미국 시민권을 가진 자에게도 전세계소득 납세의무를 지우고 있다. 미국인이 다른 나라 거주자인 경우에는 미국과 거주지국, 두 나라가 모두 전세계소득을 과세하는 2중과세가 생기는 것이다. OECD 모델의 글귀에서는 2중과세가 풀릴까? 제13장 제6절에서 보듯 미국 모델은 이에 대한 특칙을 두고 있고 미국의 조약은 예외없이 미국 모델을 따르고 있지만, 그런 특칙이 왜 필요해지는가를 이해하기 위해 우선 OECD 모델의 글귀에서는 어떤 일이 벌어지는지 생각해 보자.

첫 번째로 다른 나라 거주자인 미국인에게 이중거주자 조항이 적용되는 것 아닐까? 이중거주자 조항의 의의가 무제한 납세의무, 또는 전세계소득 납세의무 사이의 충돌을 해결하는 것이라면, 어떤 이유로든 국내법상 전세계소득 납세의무를 지는 자는 그 나라의 거주자라고 보아야 하는 것 아닐까? 실제로 OECD 모델 주석에 보면 이중거주자 조항을 납세의무자와 특정 국가 사이의 인적 연관에 터잡은 무제한 납세의무 사이의 충돌이라고 설명하면서 그런 특정 국가를 거주지국이라 부르고 있기도 하다.[367] 그러나 전세계소득 납세의무가 오늘날 거주자 개념의 결정적 징표이기는 하지만,[368] 전세계소득 납세의무가 있다고 하여 무조

366) 미국세법 제7701조(b), 미국 모델 제4조 제1항 주석(2006 U.S. Model Technical Explanation, 13쪽).
367) OECD 모델 제4조 주석 3문단.

건 거주자라고 볼 수는 없다. OECD 모델의 글귀에서는 여전히 전세계소득 납세의무가 생기는 이유를 따져야 한다. 즉 무제한 납세의무가 생기는 이유가 "주소, 거소, 이해관계의 중심 … 따위를 나라 안에 두고 있다"는 것이어서 비로소 거주자가 된다고 보아야 한다. 결국 미국 시민처럼 특정한 '신분'을 이유로 무제한 납세의무를 지는 자는 해당 국가의 거주자는 아니다.[369] 따라서 이중거주자 조항이 미국 시민에 대한 속인주의 2중과세를 풀어주지는 못한다.

두 번째로, 미국인이라 하더라도 다른 나라 거주자인 이상, OECD 모델의 글귀가 미국의 과세권을 원칙적으로 미국 원천소득으로 국한하고 따라서 전세계소득 2중과세는 없어지는 것 아닌가? 이것은 실제 그렇다. 미국 국내법상 전세계소득 납세의무가 있다 하더라도 다른 체약국 거주자라는 사실에는 변함이 없고, OECD 모델의 글귀는 미국의 전세계소득 과세권을 배제한다.[370] 이 문제는 앞서 이중거주자에 관련하여 이미 본 바 있다. 그렇다면 미국인에 대한 미국의 과세권은 미국 원천소득으로 축소되고 만다.

바로 이 점 때문에 미국 모델은 시민권자와 영주권자에 대한 조약의 차꼬를 풀고 전세계소득 과세권을 확보하기 위한 조항을 두고 있고 미국의 조약은 언제나 이를 따르고 있다. 이것이 이른바 "saving clause"이다. 2017년 개정 이후 지금은 OECD 모델도 제1조 제3항에서 이 조항을 두고 있지만 여기서는 국적자를 언급하지 않는다.

미국 모델 제1조

> (4)…이 조약상의 어떤 규정도 자국 거주자(제4조에 따라서 결정된 거주자)와 시민권자에 대한 각 체약국의 과세에 영향을 주지 않는다.(하략)

위 글귀에 따르면 미국 영주권자와 미국인은 전세계소득 2중과세를 당하게 된다. 그러나 미국 모델은 이 2중과세를 피할 길을 다시 열고 있다. 첫째 미국 영주권자는 정확히 이중거주자에 해당하므로, 이를 어느 한 쪽의 거주자로 판정하는 조항을 적용받을 수 있다. 정확히는 위 "saving clause" 자체에서 미국 거주

368) 이 장 제1절.

369) *Klaus Vogel on Double Taxation Conventions*, 제4조 주석 65문단.

370) 같은 책, 제4조 주석 66문단.

자라는 말 자체가 이미 이중거주자 조항에 따라 미국 거주자로 판정된 자라는 말이다. 둘째로, 미국 모델은 시민권자에 대해서도 영주권자와 같은 구조를 짜고 있다. 미국 모델에서 '거주자'라는 말은 시민권 때문에 전세계소득에 대한 납세의무를 지는 자를 포함한다.[371] 실정 조약에서도 가령 현행 미국-캐나다 조약은 그렇게 되어 있다.[372] 따라서 미국 시민권자 겸 캐나다 거주자인 사람은 이중거주자가 되어 어느 한 쪽의 거주자로 판정받는다. 이중거주자 조항에 의해 미국 시민이 미국 거주자로 판정된다면 캐나다는 거주지국이 아니므로 미국 원천소득을 과세할 수 없고 캐나다 원천소득만 과세할 수 있다. 미국은 미국 원천소득을 포함한 전세계소득을 과세하면서 캐나다의 세금을 외국납부세액으로 공제해준다.[373] 반면 미국 시민이 캐나다 거주자로 판정되면, 미국은 이미 보았듯[374] 캐나다 원천소득을 과세할 수 없고 미국 원천소득만 과세 가능하다.

Ⅳ. 해외이주자

우리 소득세법은 이른바 국외전출세(國外轉出稅. 영어 표현으로는 "departure tax", "exit tax"라는 것도 있다)로 해외로 이주하는 사람에 대해서는 이주 시점에 내국법인이 발행한 주식을 양도한 것으로 보고 미실현이득에 세금을 매긴다.[375] 미국법에도 같은 규정이 있다.[376] 해외 이민으로 거주자가 비거주자가 된다는 것은, 거주자가 자기 재산을 비거주자에게 양도하는 것과 마찬가지라고 보는 것이다. 이주 시점 현재까지는 소득세법상 거주자이고 혹 조약의 적용 대상이 되더라도 거의 언제나 우리나라 거주자일 수밖에 없다. 해외 이주 후에는? 이중거주자가 조약의 혜택을 받지 못하는 이유는 조약 상대방 국가의 거주자라는 요건을 만족했음에도 불구하고 아직 인연이 남아 있다 보니 우리나라의 입장에서도 거주자이기 때문이다. 여기에서 한 가지 문제를 생각해 보자. 해외 이주자가 우

371) 미국 모델 제4조 제1항.
372) 미국-캐나다 조약 제4조 제1항.
373) 제13장 제6절.
374) 제3절 Ⅱ. 2.
375) 소득세법 제118조의9와 제118조의11. 미국세법 제877A조. 이창희, 『세법강의』, 제12장 제2절 11, 제17장 제3절 Ⅲ.
376) 미국세법 제877A조, 제1293조. Katcher, "Back to Basis", 97 Tax Notes 547 (2002).

리나라와의 인연을 거의 단절하여 우리나라 거주자라고 보기는 어려운 상황에 이르기는 했지만, 해외 이주의 주된 동기가 우리나라의 세금을 피하기 위한 것이라면 이런 사람에게도 조약의 혜택을 줄 것인가?

미국 모델조약의 "saving clause"는 단서를 두어, 현재 미국 국적이나 영주권을 가지고 있는 사람만이 아니라 과거에 가지고 있었던 자에게도 국내법대로 전세계소득을 과세할 권리를 유보하고 있다. 이 유보의 범위는 계속 확대일로. 1996년 모델의 "saving clause"에서는 거주자나 시민에 대한 전세계소득 과세권을 유보하면서 '시민'이라는 말에 "과거에 시민이었던 자나 장기 거주자로서 그런 지위의 상실 이유 가운데 주요 이유의 하나가 조세회피인 자를 포함하되, 지위 상실 뒤 10년 동안만 그렇게 한다"는 단서를 두었다.[377] 2006년 모델은 조세회피 의도라는 말을 빼면서 10년 기간을 두었고, 다시 2016년 모델은 기간에 관한 언급 없이 미국 시민권이나 영주권이 있었던 자는 국내법대로 과세할 수 있다고 정하고 있다. 이런 단서 조항의 전제로 미국의 국내법 역시 미국 시민이나 영주권자이었던 자에 대한 과세권을 확대하고 있다. 1966년에 FITA(Foreign Investors Tax Act)로 그런 규정을 처음 두었을 때에는 미국의 세금을 피할 의도로 시민권이나 영주권을 버리는 경우 그 뒤 10년 동안 재산 양도차익에 관한 한 그 자를 시민권자나 영주권자와 거의 마찬가지로 과세했다.[378] 2004년 개정법은 조세회피 의도라는 주관적 요건을 없애고 객관적 요건만 두었지만 10년이라는 기간 제한은 남아 있다.[379]

Tedd N. Crow v. Commissioner[380]

미국 시민이며 거주자였던 이 사건 납세의무자 C는 1978년 11월 캐나다로 이주하면서 미국 시민권을 포기했다. 해외 이주 및 영주권 포기의 주된 동기는 미국 세금을 피하자는 것이었다. 캐나다로 이주 후 약 한 달 지나서 C는 자기 소유인 미국법인 주식을 636만 달러를 받고 팔면서, 이 사건 당시의 미국-캐나

377) 미국 모델 제1조 제4항 단서.

378) 1966년 당시에는 미국 시민에 대한 최고세율은 70%이었고, 비거주자에 대한 세율은 30%이었기 때문에 미국의 세금을 피할 인센티브가 컸다. Joel D. Kuntz & Robert J. Peroni, *US International Taxation* (looseleaf), C1.10[1][f] Current Significance of Section 877 참조.

379) 미국세법 제877조. 위헌이 아니라는 판결로, DiPortanpva v. United States, 680 F.2d 169 (Ct.Cl. 1982).

380) 85 T.C. 376 (1985).

다 조약 제8조(양도차익)에 따를 때 미국은 캐나다 거주자의 미국법인 주식양도 차익을 과세할 수 없다고 주장하였다.[381] 이 사건 당시의 미국 국내법은 비거주자의 주식 양도차익을 과세하지 않았다.[382] 한편 미국-캐나다 조약상의 "saving clause"는 "이 조약 어느 조항에 불구하고 미국은 마치 이 조약이 발효하지 아니한 것처럼 미국 시민, 거주자나 미국법인의 모든 소득을 미국세법에 따라 과세할 수 있다"고만 정하고 있었다.[383] 미국 국세청은 이 "saving clause"가 조약 제8조를 배제하므로 미국은 속인주의 과세권을 행사하여 주식 양도차익을 과세할 수 있다고 주장하였다.[384] "Saving clause"가 말하는 시민이라는 말은 과거에 시민이었던 자를 포함한다고 풀이해야 한다는 것이다.

법원은 국세청의 주장을 받아들이지 않았다. 우선 국세청 주장처럼 조약을 해석한다면 국회의 의도가 조약배제가 아니었음에도 불구하고 조약을 배제하는 결과가 생긴다는 것이다. 해외 이주자도 10년은 과세한다는 개정법(FITA)의 부칙을 보면 조약배제의 의도가 없다고 적혀 있다는 것이다. FITA에 따른 개정법 가운데 조약과 충돌하는 대표적인 조문이 바로 양도소득 조문인 마당에, 제877조가 조약을 배제한다면 이 부칙 조문에 아무런 의미가 없게 된다.

왜 조약배제 문제가 나오지? 앞서 조약 해석방법론에서 보았듯 국내법이 조약보다 뒤에 나왔더라도 조약의 용어를 국내법에 따라 해석하면 미국은 이 사건 원고를 조약과 무관하게 국내법대로 과세할 수 있는 것 아닐까? 그렇지는 않다. 이 사건이 조약해석 문제가 아니라 조약배제 문제가 된 것은 미국 국내법이, '미국 시민'이나 '미국 거주자'라는 말은 해외 이주자를 포함한다고 정하는 대신 해외 이주자를 미국 시민이나 미국 거주자<u>처럼</u> 과세한다고 정하고 있기 때문이다. 미국 시민이나 미국 거주자라는 말 자체는 해외 이주자를 포함하지 않기에 쟁점은 미국-캐나다 조약의 "saving clause"에서 말하는 미국 시민이나 미국 거주자라는 말의 해석이 아니라 개정된 미국 국내법이 조약을 배제하는가라는 문제가 된다. 법원은 FITA의 입법취지를 보면 조약을 배제할 생각이 아니었다고 판시하고 있는 것이다. 끝으로 이 사건 자체에서는 사족(蛇足)이지만 그 뒤 1996년에

381) 1942년 미국-캐나다 조약 제8조. 56 Stat. 1399, T.S. No. 983.

382) 현행법도 같다. 제1장 제4절 Ⅱ.

383) 1981년 처음 나올 때부터 미국 모델조약은 해외 이주자에 대한 단서를 두고 있지만 이 사건 조약은 미국 모델이 나오기 전에 맺은 조약이다.

384) Rev. Rul. 79-152, 1979-1 CB 237.

미국세법 제877조를 개정할 때 미국 국회는, 제877조는 조약을 배제한다는 뜻을 의사록에 남기고 있다.[385)]

OECD 모델에는 미국 모델같은 해외 이주자 규정이 없다. 조세회피 목적의 해외 이주자가 상대 체약국의 법에 따라 그 나라 거주자가 되었지만 옛 거주지국의 국내법이 해외 이주자를 여전히 거주자로 본다고 하자. 이 경우 OECD 모델의 글귀에서는 이 해외 이주자는 아마 새로운 거주지국에서만 거주자이고 옛 거주지국에서는 더 이상 거주자가 아닌 것이 보통일 것이다. 옛 거주지국에서 전세계소득 납세의무를 지고 있기는 하지만, 그 이유는 과거에 거주지가 있었다는 것이기 때문이다. 이제는 더 이상 거주지가 없으므로 옛 거주지국에서는 거주자가 아니다. 한편 말뜻을 더 넓게 잡아 과거에 거주지가 있었다는 것이 거주자 개념을 만족시킨다고 한다면 이중거주자가 되겠지만, 조약상 기준에 따라서 새로운 거주지국의 거주자로 최종 판정된다. 앞서 Ⅰ. 1.에서 3월 31일에 우리나라에서 B국으로 이주한 사람의 예를 생각해보면 된다.

미국 모델에서 해외 이주자에게 2중과세 문제가 생기는 것은 당연하다. OECD 모델의 글귀를 따른 조약이라면, 해외 이주시 우리 국내법(우리나라로 이민 오는 경우라면 다른 나라 법)에 따른 국외전출세는 내지만 그 뒤에는 우리나라(그 나라) 거주자라는 지위는 벗어난다. 그렇지만 그 뒤 재산을 양도할 때 다시 2중과세 문제가 생길 수 있다. 이민 간 나라가 원래 살던 나라의 국외전출세를 무시하고 양도차익(양도가액－취득가액)에 세금을 매긴다면. 이리하여 미국 모델은 취득가액 상향 조정(step up) 규정을 신설하였다.[386)][387)] 미국세법 제877A조는 미국 시민권자 또는 영주권자가[388)] 시민권·영주권을 포기하는 경우 그 시점에,

385) H.R. rep. No. 496, 104th Cong., 2d. Sess. 155 (1996); H.R. Conf. rep. No. 736, 104th Cong. 2d Sess. 329 (1996). IRS Notive 97-19, 1997-1 CB 394.

386) 2016년 미국 모델 제13조 제7항. OECD의 경우 BEPS “Action 6” 보고서에서 자연인에 대한 조약남용 방지 차원에서 국외전출세 문제를 다루는데, 체약국의 거주자로 있는 동안 발생한 차익에 대한 과세는 조약 위반의 문제가 없다고 하면서, 구체적으로 이중과세방지 문제를 상호합의를 통해 해결하고, 나아가 조약에 규정을 두는 방안을 제시한다. OECD, BEPS Action 6 보고서, pp. 90~91 참조.

387) 우리나라 조약에는 거의 없지만 한-캐나다 조약 제13조 제7항과 제8항이 미국 모델과 유사한 국외전출세 조항이다. 제7항은 어느 체약국이 국외전출세를 부과할 수 있는 권한을 규정하고, 제8항은 이 경우 상대 체약국의 과세권은 해당 국가의 거주자로 있는 동안 발생한 양도차익만을 대상으로 한다.

388) 미국 시민권자, 영주권자(포기일 직전 15년 중 최소 8년 이상 미국세법상 거주자) 중 국적포기 시점을 기준으로 일정한 소득세액, 순재산가액 등 요건을 충족하는 개인이다.

더 정확히는 출국 전날 기준으로 보유한 전 세계 소재 재산을 당시의 공정시장 가격으로 양도한 것으로 보아 그 차익을 과세한다. 이처럼 시가 차익에 세금을 낸 사람은 미국 모델에 따라 자산의 취득가액을 시가로 평가 증(增, step-up)할 수 있고 뒤에 상대방 체약국에서 양도차익을 과세할 일이 생기면 이 평가 증된 시가상당액을 취득가액으로 공제받는다고 정하고 있다. 결국 상대방 체약국은 이민 뒤 새로 생기는 시가 상승분에만 과세한다는 말이다.[389]

제 4 절 조약에 따른 과세권 분배

앞서 제1장에서 보았듯 우리 국내법은 소득의 지역적 원천을 판정하는 방법으로 소득을 경제적 성질 별로 구분하여 원천 판정의 규칙을 정하고 있다. 다른 나라도 이 사정은 다 마찬가지. 소득을 구분할 필요는 조세조약에서도 마찬가지이다. 조세조약이란 원천지국의 과세권과 거주지국의 과세권을 절충하여, 원천지국은 스스로의 과세권을 일정 범위로 줄이기로 하고, 원천지국의 과세가 그와 같이 합의된 범위 안에 머물러 있는 한 거주지국은 2중과세를 조정하기로 서로 합의하는 것이다.[390] 따라서 조세조약은 한편으로는 원천지국의 과세권을 제약하는 내용과, 다른 한편으로는 원천지국의 세금이 우선한다는 전제 하에 거주지국이 2중과세를 배제한다는 내용, 이 두 가지를 주된 내용으로 담을 수밖에 없다.

Ⅰ. 소득 종류별 분배규칙

원천지국의 과세권을 제약하는 방법으로 1920년대의 국제연맹 초안 이래 조세조약이 택한 수단은 소득을 경제적·법률적 성질에 따라 구분하고 각 종류별로 원천지국 과세권의 허용범위를 정하는 것이다. 영어권에서는 이와 같이 소

389) 미국 재무부, 미국-칠레 조약 해설서, p. 51 참조.

390) 제2장 제1절 Ⅰ. 본문은 두 나라 사이의 자본 수출입이 서로 비슷하다는 전제 하에 있다. 이 전제가 깨어지고 또 나라와 나라 사이의 경제 규모가 아주 다르면 균형이 어디인가는 복잡한 문제가 된다. 상세는, Chang Hee Lee, "South Korea: Suggested Guidelines for Amending the Tax Treaty with Japan", 3 Asia Pacific Tax Bulletin 258(1997) 참조.

득을 구분하고 소득의 종류 별로 원천지국과 거주지국 사이에서 과세권을 나누는 것을, 국제연맹 초안 작성 당시 보고서의 용례대로 종류별 분배(classification and assignment)라고 부른다.[391]

1. OECD 모델

조세조약상 소득 구분 역시 어떻게 본다면 자의적인 구분일 수밖에 없고, 기술의 진보 등 경제 환경이 바뀔수록 뜻하지 않았던 어려움이 생긴다는 것은 국내법상 소득 구분이나 마찬가지이다. 구체적으로 소득을 어떻게 구분할 것인지, 소득 구분의 기준은 어떻게 정할지, 각 소득의 종류별로 과세권의 분배규칙을 어떻게 정할지, 이런 내용은 제2편 이하에서 하나하나 생각해 보기로 하고, 우선 여기에서는 현재 OECD 모델의 주된 내용만 간단히 정리해 두자.

제6조(부동산소득): 양 체약국에서 과세 가능

제7조(사업소득): 고정사업장이 없으면 거주지국에서만 과세. 고정사업장이 있으면 그에 귀속되는 순소득을 고정사업장 소재지국이 독립기업 원칙에 따라 과세

제8조(운수소득): 2014년 모델까지는 실질적 관리장소가 있는 나라에서만 과세. 2017년 모델부터는 거주지국에서 과세.

제9조(특수관계 기업): 현지법인 소재지국(현지법인의 거주지국)에서는 독립기업 원칙에 따른 소득을 과세

제10조(배당소득): 양 체약국에서 과세가능하나 원천지국은 세율상한 안에서만 과세

제11조(이자소득): 양 체약국에서 과세가능하나 원천지국은 세율상한 안에서만 과세

제12조(사용료소득): 거주지국에서만 과세

제13조(양도소득): 부동산양도소득과 부동산회사 주식은 양 체약국 과세, 동산양도소득은 거주지국에서만 과세

제14조(독립적 인적용역소득): 삭제 (2000. 4. 29. 삭제 전에는 고정시설이 없으면 거주지국에서만 과세. 고정시설이 있으면 그에 귀속되는 소득을 원천지

391) 그런가 하면 클라우스 포겔(Klaus Vogel)은 과세권 분배 규칙(distributive rule)이라고 부른다. Vogel, ***Double Taxation Conventions***, Introduction 57문단.

국에서 독립기업 원칙에 따라 과세)

제15조(근로소득): 양 체약국에서 과세가능하나 원천지국 체제일수가 183일 이하 이고 고용주가 원천지국에서 손금산입하지 않는다면 거주지국에서만 과세

제16조(이사보수): 양 체약국에서 과세

제17조(예술가와 운동선수): 양 체약국에서 과세

제18조(연금소득): 거주지국에서만 과세

제19조(공무원연금): 지급자인 국가에서만 과세

제20조(학생): 거주지국(학교 소재지)은 국외원천소득 비과세

제21조(다른 소득): 거주지국에서만 과세

위에 간추린 내용은 대부분 원천지국의 과세권을 영(0)으로, 또는 일정한 범위 내로 줄인다는 것이다. 예외적으로 거주지국의 과세권을 제약하는 조문도 있다. 제8조에서 실질적 관리장소가 있는 나라만이 과세할 수 있다든가, 제9조에서 거주지국이 독립기업 원칙을 따라야 한다든가, 제19조에서 연금을 지급하는 국가에서만 과세한다든가, 제20조에서 유학생이 다른 나라에서 받는 돈은 거주지국이 비과세한다든가, 이런 규정은 거주지국의 과세권에 대한 제약이다. 위에 적지는 않았지만 거주지국의 2중과세 배제의무(제23조) 역시 거주지국에 대한 속박이다.

2. 달리 구분이 없는 소득

위에서 적은 요약은 굵은 뼈대만 보인 것이고 또 위 요약에는 각 소득 종류별로 원천지국이라는 말이 무엇을 뜻하는지, 원천을 내외로 구분하는 기준은 무엇인지는 적지 않고 있다. 우리 국내법의 소득 구분에서는 어떤 소득이든지 법이 정한 종류 가운데 하나로 구분해야 한다.[392] 이와 달리 조약에 관한 소득 구분은 조약에 명시한 소득 가운데 어느 하나로 반드시 구분하는 것이 아니고 조약의 적용범위 밖인 소득일 수도 있다. 조약마다 글귀가 다르기는 하지만 적어도 우리나라의 실정 조약은 모두 국내법에 따른 과세권을 조약이 정한 범위 안에서 제약할 뿐인 까닭이다.[393] 조약에 따라서는 위 제21조(기타소득)에 해당하는 내용이 없는 것도

392) 제1장 제3절.

393) Maximov. v. United States, 373 US 49 (1963), 특히 51쪽.

있다. 가령 미국조약이 그렇고, 이런 조약에서는 제6조에서 제20조의 어디에도 해당하지 않는 소득은 조약의 적용범위 밖이므로 각 체약국이 제 국내법대로 과세한다.[394] OECD 모델에서는 제6조에서 제20조, 곧 '앞의 각 조에서 다루고 있지 않은 소득'은 제21조의 소득(기타소득)이므로 거주지국에서만 과세한다. 제3국 원천인 소득은 OECD 모델에서는 기타소득으로 거주지국에서만 과세한다. 미국조약에서는 제3국 원천소득은 각 조에서 다루고 있지 않은 소득이지만 다시 원천지국의 과세권은 자국에 원천이 있는 소득에 한하므로 과세할 수 없다.[395] 그런 제한이 없는 조약에서는 제3국 원천인 소득이 기타소득으로 과세대상이거나 조약상 제약이 없는 소득이 되어 국내법에 따른 과세가 가능한 수도 있다.

대법원 2024. 2. 8. 선고 2021두32248 판결

한・중 조세조약 제11조 제4항은 "이 조에서 사용되는 '이자'라 함은 저당 여부와 채무자의 이윤에 대한 참가권의 수반 여부에 관계없이 모든 종류의 채권으로부터 발생하는 소득과 특히 정부채권, 공채 또는 회사채로부터 발생하는 소득 및 그러한 채권에 부수되는 프레미엄과 장려금을 말한다."라고 규정하고 있다. … 위 조약 규정의 문언과 그 문맥 등을 종합하면, 어떠한 소득을 한・중 조세조약에서 정한 '이자'라고 보기 위해서는 그 소득은 수취인이 자금을 제공한 것에 대한 대가에 해당하여야 한다.

이 사건 지급보증수수료는 원고가 제공한 지급보증의 대가일 뿐이고 원고 자신이 자금을 제공한 것에 대한 대가는 아니므로 한・중 조세조약 제11조에서 규정하고 있는 '이자'에 해당하지 아니한다고 봄이 타당하다. 이러한 경우 이 사건 지급보증수수료가 그 외의 다른 조항에서 취급하고 있는 소득 항목에도 속하지 아니하는 한 결국 한・중 조세조약 제22조 제1항에 따라 거주지국인 우리나라에만 과세권이 있으므로, 중국에 납부한 이 사건 원천징수세액은 구 법인세법 제57조 제1항 제1호에 따른 외국납부세액공제 대상에 해당하지 않는다.[396]

---

394) 대법원 2016. 6. 10. 선고 2014두39784 판결(지연손해금은 국내법 그대로 과세). Sang J. Park v. Commissioner, 136 TC 509 (2011) (우리나라 거주자가 미국에서 도박을 하고 딴 돈은 미국 국내법 그대로 과세). 1999 Field Service Advice Lexis 714(1994)(비금융 일본법인이 미국자회사의 빚을 보증하고 받는 수수료는 미국 국내법대로 과세).

395) 미국조약 제4조. 대법원 2018. 12. 13. 선고 2018두128 판결(미국 거주자가 홍콩법인에서 받은 배당금).

396) 이 판결의 결론에는 의문이 있다. 제13장 제5절에서 다시 살핀다.

대법원 2016. 9. 8. 선고 2016두39290 판결

(원심판결)

룩셈부르크법인 Delphi International S.a.r.l.(이하 'DIS'라 한다)는 2009. 10. 16. … 미국법인 Delphi Automotive Systems (Holding), Inc.(이하 'DASHI'라고 한다)로부터 … 국내법인인 대성전기공업 주식회사 발행의 비상장 주식 1,913,980주(지분율 49.5%, 이하 '이 사건 주식'이라 한다)를 증여받았다 … 원고는 2010. 12. 13.경 DIS와 이 사건 주식에 대하여 396억 원에 매매계약을 체결하고, 2011. 1. 31. 그 대금을 지급[하면서] 아래와 같이 DIS의 2011 사업연도 소득에 대한 법인세로서 원천징수하여 신고·납부하였다.

… 원고는 이 사건 주식의 취득가액을 DIS가 증여받은 당시인 2009. 10. 2.자 시가 … 36,865,168,780원으로 산정한 다음, 이 사건 양도차익은 위 양도대금 396억 원에서 위 취득가액을 뺀 2,734,831,220원(= 39,600,000,000원-36,865,168,780원)으로 산정하였다 … 구 법인세법 제92조 제2항 제1호 단서, 제98조 제1항 제5호 단서에 따[라] 원고는 위 양도차익의 20%에 해당하는 546,966,244원(= 2,734,831,220원 × 0.2)을 원천징수하였다 … 피고는 DIS가 이 사건 주식의 수증이익에 대한 법인세를 납부하지 아니하여 법인세법 시행령 제129조 제3항 제2호 단서에 정한 수증 당시의 시가를 취득가액으로 할 수 있는 경우(이 사건 주식의 증여로 인한 소득이 과세된 경우)에 해당하지 않는다는 이유로, 법인세법 시행령 제129조 제3항 제2호 본문에 따라 … DASHI의 이 사건 주식 매수가액 27,625,521,864원을 취득가액으로 하여 양도차익을 11,974,487,136원(=양도대금 39,600,000,000원-27,625,521,864원)으로 산정하였다 …

(대법원 판결)

… 제93조는 외국법인의 국내원천소득의 하나로 제9호 (가)목에서 '일정한 요건을 갖춘 내국법인이 발행한 주식을 양도함으로써 발생하는 소득'을, 제10호 (다)목에서 '국내에 있는 자산을 증여받아 생기는 소득'을 들고 있다 … 구 법인세법 제92조 제2항은 제1호 단서에서 '제93조 제9호에 따른 국내원천소득의 경우에는 그 수입금액에서 대통령령으로 정하는 바에 따라 확인된 해당 유가증권의 취득가액 및 양도비용을 공제하여 계산한 금액으로 할 수 있다'고 규정하고 있고, 그 위임에 따른 법인세법 시행령 제129조 제3항은 유가증권의 취득가액 및 양도비용에 관하여 제2호 본문(이하 '이 사건 본문 조항'이라 한다)에서 '수

증자가 양도한 유가증권의 취득가액은 해당 양도자산의 당초의 증여자를 해당 유가증권의 양도자로 보고 제1호에 따라 계산한 금액'으로 규정하면서 그 단서(이하 '이 사건 단서 조항'이라 한다)에서 '해당 유가증권이 법 제93조 제10호 (다)목에 따라 과세된 경우에는 해당 유가증권의 수증 당시의 시가'로 규정하고 있다 … 한·룩 조세조약 … 제21조 제1호는 '자산을 증여받아 생긴 소득'과 같은 기타소득에 대하여 '소득의 발생지를 불문하고 이 협약의 선행 제 조항에 규정되지 아니한 일방체약국의 거주자의 소득에 대하여는 동 일방체약국에서만 과세될 수 있다'고 규정하고 있으나, 한·룩 조세조약에 대한 의정서(1986. 12. 26.) 제3조는 '제21조의 규정에도 불구하고 이 조약은 재산의 양도소득에 대한 조세에는 적용되지 아니한다'고 정하고 있 … 다. 한·룩 조세조약 및 그 의정서는 … 소득을 사업소득, 이자소득, 배당소득, 기타소득 등으로 구분한 다음 각 소득별로 원천지국과 거주지국 사이에 과세권을 조정하는 조항을 두고 있을 뿐 각 소득금액의 구체적인 산정방법이나 양도소득 및 수증소득의 범위 등에 관하여는 따로 정하고 있지 아니하다. … 외국법인이 증여받은 내국법인 발행 주식을 양도함으로써 발생하는 소득을 계산함에 있어서 증여자가 주식을 보유한 기간 동안의 가치증가액에 상응하는 자본이득을 수증법인에게 귀속되는 양도소득으로 보아 과세할지의 여부는 입법정책의 문제이고, 이 사건 본문 조항은 수증법인이 그 주식을 양도할 때에 그와 같은 자본이득이 수증법인에게 실현된 것으로 보아 양도소득금액을 계산하도록 규정하여 한·룩 조세조약에 따라 원천지국의 과세권이 인정되는 양도소득의 범위를 정하고 있을 따름이므로, 증여재산 자체의 가치에 대하여 그 증여를 과세의 계기로 삼아 수증소득으로 과세하는 규정으로 볼 수 없다. 따라서 … 양도소득금액을 계산하면서 이 사건 본문 조항을 적용한 것을 두고 수증소득에 대한 원천지국의 과세권을 제한하는 한·룩 조세조약 제21조 제1호에 위반된다 … 고 볼 수 없다. 나아가 이 사건 단서 조항은 … 취득가액을 수증 당시의 시가로 정하면서 조세조약을 이용한 조세회피 등을 방지하기 위하여 그 적용 범위를 수증소득이 과세된 경우로 한정하고 있음을 알 수 있으므로, 수증소득이 실제 과세된 바가 없다면 한·룩 조세조약에 따라 비과세되더라도 이 사건 단서 조항이 적용될 수 없다 …

3. 조약상 소득 구분 ≠ 국내법상 소득 구분

조세조약은 국내법에 따른 과세권을 제약하는 규범이다. 국내법 그 자체에 따른 조세채무의 금액이 얼마인가와는 전혀 별개로 조약의 적용 대상이 되는 사람이라면 국내법에 따른 과세권이 조약에 정한 제약을 받게끔 속박하는 규범이다. 조세조약과 국내법은 서로 목적이 다른 별개의 법규범이므로, 소득 구분은 구분체계가 아예 서로 다르다. 우리나라를 포함한 대부분의 나라에서는 국내법의 소득 구분이 조약보다 훨씬 세분되어 있다.

대법원 2018. 2. 28. 선고 2015두2710 판결

구 국제조세조정에 관한 법률 … 에 의하면, 금융업을 영위하는 내국법인(외국법인의 국내사업장을 포함한다)의 차입금 중 국외지배주주로부터 차입한 금액이 국외지배주주가 주식 등으로 출자한 출자지분의 6배를 초과하는 경우에는 그 초과분에 대한 지급이자 중 일정액은 내국법인의 손금에 산입하지 아니하고 법인세법 제67조에 따른 배당으로 처분된 것으로 보아 국외지배주주인 외국법인의 국내원천소득이 된다. 한편 … 한·싱가포르 조세조약 … 은 제10조 제4항에서 배당소득의 의미를, 제11조 제5항에서 이자소득의 의미를 각각 규정하고 있다. 그리고 구 국제조세조정법 제28조는 외국법인의 국내원천소득의 구분에 관하여 법인세법 제93조에도 불구하고 조세조약이 우선하여 적용된다고 규정하고 있다.

이러한 규정들의 내용과 체계 등을 종합하여 보면, 외국법인의 국내사업장을 포함한 내국법인이 국외지배주주로부터 금전을 차입한 경우 차입금 중 일정 한도 초과분에 대한 지급이자는 이 사건 조항에서 배당으로 보아 국외지배주주의 국내원천소득으로 규정하고 있으므로 원칙적으로 배당소득에 해당하나, 해당 초과분에 대한 지급이자가 조세조약상 배당소득으로서 원천지국의 과세권이 인정되는지는 우리나라가 그 국외지배주주인 외국법인이 거주자로 되어 있는 나라와 체결한 조세조약에 따라 판단하여야 하고, 이때 만일 그 조세조약상 배당소득이 아닌 이자소득 등 다른 소득에 해당한다면 그에 따라 원천지국의 과세권 유무나 적용되는 제한세율 등이 결정된다고 할 것이다 …

원고 지점은 2010 사업연도에 원고 본점으로부터의 차입금 중 원고 본점의 출자지분의 6배를 초과한 부분의 지급이자에 해당하는 7,684,517,875원(이하 '이 사건 금액'이라고 한다)에 대하여 손금불산입하고 '기타 사외유출'로 소득처분하였다 … 피고는 2011. 7. 18. 이 사건 금액을 '배당'으로 소득처분하면서 원고에게 소득금액변동통지를 하였다(이하 '이 사건 처분'이라고 한다) …

한 · 싱가포르 조세조약 … 지점 소재지국의 세법에 의한 배당소득은 상정하지 않고 있고 … 이 사건 금액은 한 · 싱가포르 조세조약에서 규정하는 '배당소득'에 해당하지 않는다 … 이 사건 금액은 차입금에 대한 지급이자로서 채권으로부터 발생되는 소득에 해당하므로 한 · 싱가포르 조세조약에서 규정하는 '이자소득'으로 볼 수 있다.

결국, 이 사건 금액은 이 사건 조항에 의하여 국내 세법상 배당으로 간주되는 이상 국내원천 배당소득에 해당하고, 그 결과 구 조세특례제한법 …에 의하여 법인세가 면제되는 국제금융거래에 따른 이자소득에는[397] 해당하지 않는 것이나, 다만 국내 세법보다 우선하는 한 · 싱가포르 조세조약상으로는 배당소득이 아닌 이자소득에 해당하여 이를 전제로 제한세율 등이 정해질 것이므로, 원심으로서는 이러한 사정들을 종합하여 이 사건 처분의 적법 여부 등을 판단하였어야 했다.

… 그럼에도 원심은 위와 같은 사정을 구체적으로 살펴보지 아니한 채 그 판시와 같은 이유만으로 이 사건 금액이 한 · 싱가포르 조세조약상 배당소득에 해당하지 않는 이상 이 사건 처분이 위법하다고 판단하였다. 이러한 원심의 판단에는 과소자본세제의 적용효과 및 조세조약의 소득 구분 등에 관한 법리를 오해하여 판결에 영향을 미친 잘못이 있다. 이 점을 지적하는 취지의 상고이유 주장은 이유 있다.

위 판결에 나오는 옛 「국제조세조정에 관한 법률」 제28조는 "비거주자 또는 외국법인의 국내원천소득의 구분에 관하여는 소득세법 제119조 및 법인세법 제93조에도 불구하고 조세조약이 우선하여 적용"된다고 적고 있다. 애초 법을 잘 모르는 사람들에게 친절(지나친 친절)을 베풀어서, 조세조약상의 법률효과가 조세조약상의 소득 구분에 달려있는 경우라면 "조세조약이 적용된다", 곧 법인세법상의 소득 구분을 그 조세조약에 적용하는 것은 아니라는 당연한 사리를 구태여 설명했던 것이다. 같은 조에서 "조세조약이 우선하여 적용된다"는 말을 둔 것은 조세조약에서 정하지 않은 용어는 국내법 규정이 보충적으로 적용되기 때문이다. 제28조의 규정은, 조약상 소득 구분은 조약 자체에 내재하는 것이고 국내법의 소득 구분을 조약상 소득 구분에 적용할 수 없다는 뜻이다.

그러나 기실 「국제조세조정에 관한 법률」 제28조의 내용은 방금 말한 대로

397) 저자 주: 제8장 제2절 Ⅳ.

법을 아는 사람이라면 애초 너무나 당연한 내용이어서 입법할 필요가 없는 것을 구태여 입법한 데다, 입법 당시 조문의 표현을 좀 이상하게 적어서 마치 조세조약상 특정한 소득 구분에 해당한다면 법인세법상으로도 그런 구분에 해당한다는 식의 오해를 과세 실무에 일으켰다. 가령 미국법인이 받는 항공기 임대소득은 미국조약상 제14조 (4)항의 사용료소득이므로, 원천징수세율을 2%로 정하고 있는 법인세법 제98조 제1항 제3호에 불구하고 법인세법상 사용료소득으로 20%로 과세하되 미국조약 제14조 (1)항에 따라 15%로 경감한다는 식의 오해를 불렀다. 당연히 2%가 맞다.[398] 2015두2710 판결에서도 원심은 싱가포르 조약상 이자소득이니[399] 국내법(조세특례제한법)에서도 이자소득이라는 오해를 저질렀던 것이다. 결국 「국제조세조정에 관한 법률」 제28조의 공연한 친절은 득보다 실이 커서 2018년 폐지했다.[400]

Ⅱ. 고정사업장

소득 종류별로 원천지 판정의 기준이 무엇이고 과세권 분배가 어떻게 이루어지는지는 제2편 이하에서 하나하나 보기로 한다. 앞에서 요약한 소득 종류별 과세권 분배 조문들의 내용에서 여태 배우지 않은 새로운 개념이 나타난 것이 두 가지 있다. 하나는 독립기업 원칙이라는 말이고 또 하나는 고정사업장이라는 말. 독립기업의 원칙은 근본적으로 우리 국내법상 부당행위계산 부인과 같은 제도인바, 제4장에서 따로 살펴보기로 한다. 고정사업장이라는 개념도 제5장에서 자세히 보겠지만 우선 어림잡기만 해보자.

고정사업장이란 제1장에서 본 우리 국내법상 비거주자·외국법인의 국내사업장과 비슷한 개념이기는 하지만 기능이 같지는 않다. 우리 국내법상으로는 우리나라에 과세권이 있는가 없는가는 오로지 소득의 원천지가 국내인가 국외인가에 달려 있다. 사업장의 존부는 외국법인을 순(純) 소득 기준으로 과세할 것인가, 총지급금액 기준으로 과세할 것인가라는 차이를 낳는다. 조약에서도 고정사업장 개념이 총소득 기준과 순소득 기준의 갈림길인 점은 같다. 사업소득으로서

398) 제11장 제4절 Ⅱ. 행정해석으로 기재부 국조-528(2017. 11. 13).
399) 제9장 제3절 Ⅰ.
400) 상세는 김정홍, "국세조세조정법 제28조의 삭제에 관한 소고", 「세무사」(2018 가을호), 18쪽.

고정사업장에 귀속되는 소득은 순소득 기준으로 과세하고 귀속되지 않는 이자, 배당, 사용료소득 등은 총수입금액 기준으로 과세한다. 나아가 국내사업장 개념과 달리 고정사업장 개념은 과세권의 분배 기능도 맡고 있다. 사업소득의 경우에는 고정사업장이 없는 이상 원천지국에는 과세권이 없다. 나아가 앞의 조문 요약에 적어 두지는 않았지만 부동산소득 · 배당소득 · 이자소득 · 사용료소득으로서 고정사업장에 귀속되는 것은 각 조문에 따른 지역적 원천이 어디에 있든 이를 묻지 않고 사업소득으로 재구분하여 고정사업장의 소득에 합산하여 과세한다.[401] 양도소득도 고정사업장에 속하던 재산의 양도소득이라면, 반드시 합산할 필요는 없지만 아무튼 고정사업장이 소재한 국가에서 과세할 수 있다.[402] 또 고정사업장의 존부는 근로소득의 과세에도 영향을 미친다.[403]

이처럼 고정사업장 개념에는 국내사업장과 다른 기능도 있어서 두 가지가 반드시 같은 개념은 아니다. 가령 미국법은 순소득 과세 여부를 정하는 잣대로 사업장 개념이 아니라 '국내사업'이 있는가 없는가를 묻고, 따라서 '국내사업'과 '고정사업장'은 글자 그대로 서로 다른 개념이다. 한편 우리 현행법에서는 법이 사업장이라는 기준을 택하고 있기에 법해석론으로 국내사업장 개념과 고정사업장 개념 사이에 큰 틈이 벌어지기 어렵다. 고정사업장이라는 말이 무엇을 뜻하는지, 고정사업장이 있으면 거기에 귀속되는 소득은 어떻게 과세할 것인지에 대해서는 제2편에서 보기로 한다.

Ⅲ. 외국납부세액공제 v. 외국소득 면제

앞서 과세권 분배 규칙에서 보면 가령 부동산소득 · 배당소득 · 이자소득 따위는 원천지국과 거주지국의 양쪽에서 다 과세가능하다. 이 말이 두 나라가 2중과세한다는 뜻은 아니다. 애초 보았듯 조세조약의 기본 구조란, 원천지국이 자국의 세금을 조약에서 합의한 범위로 줄이는 한편 거주지국은 원천지국의 과세권을 자국보다 우선한다는 것이다. 조약이 원천지국의 과세권을 인정하는 범위 안에서 거주지국의 과세권은 언제나 보충적 과세권일 뿐이다. 그래야 2중과세를

401) OECD 모델 제10조 제4항, 제11조 제4항, 제12조 제3항.
402) OECD 모델 제13조 제2항.
403) OECD 모델 제15조 제2항.

막을 수 있고 자본의 효율적 분배를 이룰 수 있다는 것이다.

거주지국이 원천지국의 세금을 우선시키는 방법에는 어떤 길이 있을 수 있으려나. 생각하면 두 가지. 첫째, 원천지국이 세금을 물렸으니 거주지국에서는 세금을 아예 물리지 않겠다는 생각이 있을 수 있다. 둘째, 원천지국이 세금을 매겼지만 그 세금을 거주지국이 국내원천소득에 매기는 세금과 비교하여 후자가 더 많다면 그 차액에 관한 보충적 과세권을 행사하겠다는 생각이 있을 수 있다. 전자가 이른바 외국소득 면제방식이고 후자가 외국납부세액 공제방식이다.

두 가지를 견주자면 외국소득 면제는 한결 단순하다는 장점이 있지만 2중과세 배제로 자본의 효율적 분배를[404] 이루자는 조세조약의 기본 목적과 잘 안 어울린다. 특히 문제는 이자소득과 배당소득이다. 그 밖의 다른 소득, 그러니까 부동산소득, 고정사업장에 속하는 사업소득, 부동산 양도소득, 근로소득, 이사의 보수, 연예인의 소득 따위는 모두 일단 원천지국이 국내법에 따른 정규 세율로 과세한다. 따라서 원천지국에서 제대로 세금을 내는 이상은 거주지국에서는 면세한다는 구조에 논리가 닿는다. 이와 달리 배당소득과 이자소득에 대해서는 원천지국의 과세권이 조약이 정한 세율상한에 걸리므로, 거주지국이 추가로 세금을 걷어서 정규적 세부담을 지울 필요가 생긴다. 역으로 거주지국이 세금을 안 물린다면 원천지국이 세금을 줄이지 않겠다고 나서기 마련. 한편 외국납부세액 공제 방식에서는 거주지국이 다시 세금을 물리면서 원천지국의 세금을 공제해 주므로, 이자소득이나 배당소득의 경우에도 두 나라의 세금을 합하면 정상적인 세금 부담을 진다고 생각할 수 있다. 이리하여 큰 틀은 외국소득면제 방식이라 하더라도 원천지국에서 물리는 세금이 정상적 세금이 아닌 경우에는 제한적으로 외국납부세액공제 방식을 병행하게 된다. 이리하여 OECD 모델은 두 가지 방법에 관한 조문을 다음과 같이 두고 있다.

Article 23A (Exemption Method)

1. Where a resident of a Contracting State derives income which may be taxed in the other Contracting State in accordance with the provisions of this Convention … the first-mentioned State shall, subject to the provisions of paragraphs 2 and 3, exempt such income … from tax.

---

404) 제1장 제2절 Ⅳ. 5.

제23조A(면제 방식)

1. 한 체약국의 거주자가 버는 소득에 대한 과세를 상대방 체약국이 이 조약 규정에 따라서 할 수 있다면 … 전자의 체약국이 아래 2항과 3항을 조건으로 그런 소득을 면제한다.

2. Where a resident of a Contracting State derives items of income which may be taxed in the other Contracting State in accordance with the provisions of Articles 10 and 11 … , the first-mentioned State shall allow as a deduction from the tax on the income of that resident an amount equal to the tax paid in that other State. Such deduction shall not, however, exceed that part of the tax, as computed before the deduction is given, which is attributable to such items of income derived from that other State.
2. 한 체약국의 거주자가 버는 소득의 항목에 대한 과세를 상대방 체약국에서 제10조[배당소득]와 제11조[이자소득]에 따라 할 수 있다면 … 전자의 체약국이 거주자에 대한 세금에서 공제해 줄 금액은 상대방 체약국에 낸 세금 만큼이다. 그러나 이런 공제액은, 공제를 해 주기 전에 계산한 세액으로서 상대방 체약국에서 번 소득에 대한 세금 부분을 넘을 수 없다.

3. Where in accordance with any provision of the Convention income derived by a resident of a Contracting State is exempt from tax in that State, such State may nevertheless, in calculating the amount of tax on the remaining income of such resident, take into account the exempted income.
3. 이 조약의 어느 한 규정에 따라 한 체약국의 거주자가 버는 소득을 그 체약국이 면제하는 경우 그 체약국은 거주자의 나머지 소득에 대한 세금을 계산할 때 면제한 소득을 감안할 수 있다.

4. The provisions of paragraph 1 shall not apply to income derived by a resident of a Contracting State where the other Contracting State applies the provisions of this Convention to exempt such income from tax or applies the provisions of paragraph 2 of Article 10 or 11 to

such income.

4. 제1항의 규정은, 한 체약국의 거주자가 버는 소득으로서 상대방 체약국이 이 조약의 규정을 적용하여 면제하였거나 제10조나 제2항이나 제11조 제2항의 규정을 적용한 소득에 대해서는 적용하지 아니한다.

Article 23B (Credit Method)

1. Where a resident of a Contracting State derives income which may be taxed in the other Contracting State in accordance with the provisions of this Convention …, the first-mentioned State shall allow as a deduction from the tax on the income of that resident, an amount equal to the income tax paid in that other State. Such deduction shall not, however, exceed that part of the income tax as computed before the deduction is given, which is attributable to the income which may be taxed in that other State.

제23조B(세액공제 방식)

1. 한 체약국의 거주자가 버는 소득에 대한 과세를 상대방 체약국이 이 조약 규정에 따라서 할 수 있다면… 전자의 체약국이 거주자의 소득에 대한 세금에서 공제해줄 금액은 상대방 체약국에 낸 세금만큼이다. 그러나 이런 공제액은, 공제를 해 주기 전에 계산한 세액으로서 상대방 체약국에서 번 소득에 대한 세금 부분을 넘을 수 없다.

2. Where in accordance with any provision of the Convention income derived by a resident of a Contracting State is exempt from tax in that State, such State may nevertheless, in calculating the amount of tax on the remaining income of such resident, take into account the exempted income.

2. 이 조약의 어느 한 규정에 따라 한 체약국의 거주자가 버는 소득을 그 체약국이 면제하는 경우 그 체약국은 거주자의 나머지 소득에 대한 세금을 계산할 때 면제한 소득을 감안할 수 있다.

제23조A에서 제2항과 제4항의 뜻은 앞서 본 바와 같이 거주지국이 국외소득을 면세하는 것은 원천지국에서 정규의 세금을 내었음을 전제한다는 말이다. 결국 국외소득 면제 조항은 다른 체약국 원천 소득을 1) 원천지국에서 정규 세

율로 과세하는 소득, 2) 원천지국에서 과세하지만 조약에 세율상한이 있는 소득, 3) 원천지국에서 과세하지 않는 소득, 이 세 가지로 나누어 1)에 대해서는 거주지국 세금을 면제하여 원천지국의 정규 세율로 세금을 내게 하고 2)의 배당소득이나 이자소득에 대해서는 원천지국은 조약이 정한 상한 안에서만 세금을 걷고 거주지국이 추가로 세금을 걷어서 거주지국의 세율로 세부담을 지우며, 3) 원천지국이 세금을 매기지 못하게 되어 있는 소득에 대해서는 거주지국이 국내원천소득처럼 세금을 매긴다는 것이다. 3)에 대해서는 조약에 아무런 규정이 없으므로 거주지국의 과세권에 대한 조약상 제약이 없다. 따라서 거주지국은 자국법에 따라 과세하면 되고, 원천지국에서 아무런 세금을 내지 않은 소득에 대해서는 거주지국이 과세할 수 있다는 것이 당연한 결론이 된다. 역으로 거주지국이 세금을 매기지 않는 경우 원천지국이 세금을 매길 수도 있는가? OECD 모델은 일반적으로 이를 긍정하지는 않지만 앞서 본 LOB 조항 가운데 하나로 제29조 제8항에 제3국 고정사업장에 관한 규정을 두고 있다. 거주지국이 제3국 고정사업장의 소득을 면제하는 경우 원천지국이 과세할 수 있다는 것이다.

제23조A 제3항은 무슨 뜻인가? 우리말에서 면제와 비과세라는 말의 뜻을 먼저 생각해 보자. 물론 구체적으로 실정법에서 어떤 뜻으로 쓰는가에 달려 있기는 하지만, 우리 실정법은 대체로 두 가지를 서로 다른 뜻으로 쓰고 있다. 비과세소득이라면 해당 소득을 아예 무시하고 과세표준과 세액을 계산하지만 면세소득은 이를 포함하여 과세표준과 세액을 계산한 뒤 세액 가운데 면세소득에 안분되는 부분을 줄여준다는 뜻으로 쓰는 것이 보통이다.[405] 비례세율이라면 어느 쪽이든 차이가 없지만 누진세율(累進稅率)에서는 결과가 달라진다.

국제조세에서도 똑같은 문제가 생긴다. OECD 모델 주석에 있는 보기를[406] 옮겨와서 순소득 기준으로 국내원천소득이 80,000(이하 단위 천원), 국외원천소득이 20,000 있다고 하자. 가령 세율이 30% 비례세율이라면 국외원천소득을 비과세(주석의 용어로, '완전 면제')하는 경우 납부할 세액은 80,000 × 30%＝24,000이다. 국외원천소득을 면제(주석의 용어로, '누진하는 면제')하는 경우 납부할 세액은 100,000 × 30%＝30,000을 일단 계산한 뒤 이 30,000을 과세소득 80,000 부분과 면제 부분 20,000 사이에 안분하므로 납부할 세액은 24,000이 된다. 즉 비례세율

405) 이창희, 『세법강의』, 제13장 제1절 Ⅳ.
406) OECD 모델 제23조 주석 18문단 이하에 있는 보기.

에서는 차이가 없다. 한편 거주지국이 누진세 제도를 가지고 있어서 과세표준이 80,000까지는 세율이 30%이고 초과부분은 55%라고 하자. 국외원천소득을 비과세한다면 세액은 24,000이다. 국외원천소득을 면제한다면 소득 100,000에 대한 세액이 24,000 + (120,000 - 80,000) × 55% = 35,000. 이 35,000이라는 세액을 80,000 : 20,000으로 안분하므로 납부할 세액은 28,000이 된다. 달리 말하면 국외원천소득 20,000에 대한 세율이 30%에서 35%(=35,000/100,000)로 올라간다. 국외원천소득 20,000이 있고 없고에 따라 4,000이라는 세부담 차이가 생기는 것이다. 곧 국외원천소득으로 인하여 국내원천소득에 대한 세부담이 누진세율만큼 늘어난다. 제3항이 "나머지 소득(국내원천소득)에 대한 세금을 계산할 때"라는 말을 넣고 있는 것은, 앞서 보았듯 외국소득면제 방식이란 과세소득 자체는 국내원천소득이지만 그에 대한 국외원천소득의 금액이 늘어남에 따라 국내원천소득에 대한 세율이 올라가는 결과를 낳기 때문이다. 모델 조약 주석은 조약의 글귀에서 한 걸음 나아가 비과세 방식은 쓸 수 없고 면제 방식만 인정하는 듯한 토를 달고 있다.[407)]

제23조B의 제2항이 제23조A의 제3항과 똑같은 내용을 두고 있는 까닭은 무엇인가? 외국납부세액공제 방식은 전세계소득 과세를 전제한 것이니까 누진세율을 적용하는 것은 너무나 당연한 일 아닌가? 외국납부세액공제 방식에서도 누진과세에 관한 특칙을 둘 필요가 생긴 것은, 아주 예외적인 상황이지만 OECD 모델이 거주지국의 전세계소득 과세권을 배제하는 경우가 있기 때문이다. 가령 앞서 제8조에서 운수소득은 2016년 모델까지 실질적 관리장소가 있는 국가에서만 과세한다고 정하고 우리나라의 실제 조약은 대부분 그렇다. 제19조에서 공무원의 연금소득은 고용주였던 국가에서만 과세한다고 정하고 있다. 이 글귀에서는 실질적 관리장소나 고용주였던 국가가 상대방 체약국이라면 거주지국이더라도 이런 소득을 과세할 수 없다. 따라서 누진세율 적용에 관한 특칙이 필요해지는 것이다. 외국납부세액공제에 관한 상세는 제13장.

앞서 제23조A 및 제23조B 제1항에서 인용을 생략한 부분이 있었다. 2017년 OECD 모델에 새로 들어간 글귀로, "다만 그런 규정에 따른 과세를 상대방 체약국이 할 수 있는 유일한 이유가 그런 소득이 그 체약국 거주자가 버는 소득이기도 한 것이라면 그런 범위를 제외하고"(except to the extent that these provisions

407) OECD 모델 제23조A 주석 29문단.

allow taxation by that other State solely because the income is also income derived by a resident of that State)라는 글귀이다. 끝까지 이중거주자로 남는 자는 2중과세를 받을 수밖에 없다는 당연한 사리라고[408] 읽을 수도 있지만, OECD 모델 주석은 같은 소득에 대한 과세시기가 서로 달라서 두 나라가 각자 거주지국으로 과세하는 경우가 이 글귀에 해당한다고 풀이한다. 가령 스톡옵션을 받는 근로자의 소득에 관하여, 옵션을 받을 때 옵션의 가치를 바로 과세하는 상대방 체약국과 행사할 때에 가서 행사차익에 포함하여 과세하는 우리나라 사이의 조약이 있다고 하자. 이 근로자가 옵션을 받을 때에는 상대방 체약국 거주자였지만 행사할 때에는 우리나라 거주자라서 2중과세 문제가 생긴다고 하자. 이런 경우도 대개는 상대방 체약국의 과세권이 우리나라에 우선한다. '고용을 상대방 체약국에서 수행'하는 이상 제15조 제1항 제2문에 따라 '그 보수를 상대방 체약국에서도 과세할 수' 있으므로, '우리나라 거주자가 버는 소득에 대한 과세를 상대방 체약국이 이 조약 규정에 따라서 할 수 있'는 경우에 해당한다. 따라서 우리나라는 제23조 B에 따라 '상대방 체약국에 낸 세금만큼을 공제'해 주어야 한다.[409] 그러나 근로장소가 제3국인 경우라면 제15조 제1항 제1문으로 돌아가서, 우리나라와 상대방 체약국이 각자 거주지국으로서 자국만이 과세할 수 있다고 보게 되어 제23조로는 2중과세를 풀 수 없고, 2017년 모델에 신설된 글귀가 이 점을 확인하고 있다는 것. 그러니 상호합의에 넘길 수밖에 없다는 것이다.[410]

원천이 외국에 있는 소득에 대한 면세나 그런 소득에 매긴 외국세액의 공제에 제한이 있는 수도 있다. 조약 자체에서 상한을 두기도 하고 미국의 최저한세처럼 국내법으로 상한을 두기도 한다. 특히 1기 트럼프 세제의 BEAT 최저한세에는 외국납부세액 공제가 아예 없다. BEAT는 애초 조약의 객관적 적용범위에 안 들어간다는 것.

Ⅳ. 차별금지

소득 종류별 과세권 배분 조문과 2중과세 배제 조문에 더하여 각 체약국의

408) 제3장 제3절 Ⅱ. 4.
409) OECD 모델 제23조 주석 4.2문단.
410) OECD 모델 제23조 주석 4.3문단.

Prof. Alvin C. Warren. 하버드 대학에서 오랜 동안 세법을 강의하였고, 공저자 중 이창희의 학위과정 지도교수였다.

과세권에 영향을 미치는 주요한 조약 조문으로 차별금지가 있다. 이 조문이 아예 없는 조약도 있고[411] 차별금지가 있더라도 글귀는 조약마다 사뭇 다르다. OECD 모델로는 제24조에서 1) 자국민(自國民)과 외국인의 차별, 2) 자국민과 무(無) 국적자의 차별, 3) 고정사업장과 자국 기업의 차별, 4) 소득을 지급하는 자의 필요경비 계산시 소득을 받아가는 자가 자국 거주자인가 상대방 체약국 거주자인가에 따른 차별, 5) 외국인투자기업과 그렇지 않은 자국 기업의 차별, 이 다섯 가지 차별을 금지하고 있다.[412] 여기에서 차별을 금지한다는 말은 절대적으로 똑같게 대우해야 한다는 뜻은 아니고, 다른 조건이 같은데도 외국인이다, 무국적자다, 외국법인이다, 이런 이유로 더 무거운 세금을 매겨서는 안 된다는 말이다. 문제는 과연 다른 조건이 같은가라는 판단이다. 다섯 가지 가운데 3)은 고정사업장에 대한 과세 부분에서 보기로 한다. 4)는 지금까지 특히 문제된 상황이 과소자본 세제이므로 그와 연관하여 보기로 한다. 5)는 외국인투자기업에 대한 과세 부분에서 본다.

1. 자국민 대우

OECD Model Article 24 (Non-Discrimination)

1. Nationals of a Contracting State shall not be subjected in the other Contracting State to any taxation or any requirement connected therewith, which is other or more burdensome than the taxation and connected requirements to which nationals of that other State in the same circumstances, in particular with respect to residence, are or may be subjected. This provision shall, notwithstanding the provisions of Article 1, also apply to persons who are not residents of one or both of the Contracting States.

---

411) 가령 호주조약. 호주는 영국, 일본, 노르웨이 등 10여 개 조약에만 차별금지 조항을 두고 있다.

412) 조세조약상 차별금지와 유럽법의 관계에 관해서는, Alvin C. Warren Jr. and Michael J. Graetz, "Income Tax Discrimination and the Political and Economic Integration of Europe", 115 Yale Law Journal 1186 (2006).

OECD 모델 제24조(차별금지)

1. 한 체약국의 "national"이 다른 체약국에서 지는 세금이나 그와 관련된 요건은 같은 상황—특히 거주에 관하여— 에 처한 상대방 체약국 "national"이 지는 세금이나 그에 관련된 요건보다 더 많거나 부담스러워서는 안 된다. 이 규정은 제1조의 규정에 불구하고 두 체약국 중 어느 한 쪽이나 양 쪽의 거주자가 아닌 사람에게도 적용한다.

여기에서 "national"이라는 말을 영어로 그냥 둔 데에는 이유가 있다. 한 체약국의 "national"이라는 말은 그 체약국의 국민만 뜻하는 것이 아니고 "'legal person'이나 'partnership'이나 'association'으로서 그런 지위를 그 체약국 법에서 얻은 자"를 포함한다.[413] 자연인의 국적과 단체의 설립준거법, 이 두 가지가 제1항의 적용범위.

Addy v Commissioner of Taxation[414]

'워킹홀리데이' 비자로 호주에서 일하는 영국인을 호주 국적자보다 무겁게 과세하는 호주 소득세가 영국-호주 조약(정확히는 조약과 같은 내용을 편입한 국내법)의[415] 국적 차별금지 위반인지를 다룬 호주 대법원의 판결이다. 원고 A는 영국인으로 호주의 워킹홀리데이 비자를 받아[416] 거주자가 되었고 2017년 식당 웨이터로 근로소득 26,576 달러를 벌었다. 2017년 당시의 국내법은 그런 외국인(back-packer)의 소득을 연 3만 7천 달러까지 15% 단일세율로 과세했고, 이 세율은 일반적 소득세율보다 높았다. 이 15% 단일세율이 국적 차별인가가 쟁점. 1심은 원고 승소. 2심은 영국인이 호주 거주자가 되는 사유가 반드시 워킹홀리데이 비자는 아니고 또한 호주 국민이 워킹홀리데이 비자로 호주 거주자가 되는 일은 있을 수 없으므로, 애초 국내법에 같은 것을 달리 다루는 차별이 없다고 보았다. 그러나 대법원은, 비자란 외국인에게만 적용하는 제도이므로 비자 지위에 따른 차별은 국적 차별이라고 판시. 같은 곳에서 같은 일을 하는 호주 국민보다 더 많은 세금을 물릴 수는 없다는 것. 원고 승소.[417]

413) OECD 모델 조약 제3조 1항 g).
414) [2021] HCA 34 3 Nov 2021.
415) 제2장 제1절 Ⅲ.
416) 1958년 호주 이민법(Immigration Act)에 따른 제도로, 외국인이 호주에 체재하면서 관광, 취업 등을 병행할 수 있다.

우리 세법에서 자연인의 국적에 따라 차이를 둔 것은 거주자라 하더라도 외국인이라면 비영주자로 구분하는 경우가 있는 것 한 가지뿐이다. 비영주자, 곧 우리나라 거주자이기는 하지만 우리나라와의 관계가 제한적인 외국인(현행법에서는 최근 10년 중 국내거주 기간이 5년 이하인 자)의 국외소득은 국내로 송금된 부분만 과세한다.[418] 이 제도는 외국인 투자를 활성화하자는 생각에서 나온 역차별이고, 우리 법이 외국인을 국민보다 불리하게 대우하고 있는 경우는 없다.

미국법은 비거주자를 미국인(non-resident U.S. citizen)과 외국인(non-resident alien)으로 나누고 가령 인적 공제 따위에서 후자를 불리하게 대우한다.[419] 이런 내용은 앞 제1항의 글귀에서 '같은 상황 —특히 거주에 관하여— 에 있는' 내·외국인을 차별대우하는 것으로 볼 여지가 있다. 이 때문에 미국 모델은 예전 1982년 모델에는 "비거주자인 미국인은 비거주자인 외국인과 같은 상황에 있는 것이 아니다"는 억지 단서를 두고 있다가,[420] 2006년 모델부터는 이유를 달아서 "전세계소득 납세의무를 지는 비거주자인 미국인은 비거주자인 외국인과 같은 상황에 있는 것이 아니다"는 단서를 두고 있다. 실제 조약에서는 이 글귀 대신 "같은 상황 —특히 전세계소득 과세에 관하여— 에 있는" 내외국인을 차별대우하면 안 된다고 적고 있는 것도 있다. OECD 모델 주석은 아예 기존 제24조 제1항의 글귀에서도 전세계소득 과세 여부에 차이가 있으므로 미국세법은 차별대우하는 것이 아니라는 뜻을 2008년에 새로 분명히 했고,[421]

단체의 경우 제1항이 뜻하는 바는 우리나라 법에 따라 조직된 "legal person", "partnership", 또는 "association"을[422] 다른 나라 법에 따라 조직된 "legal person", "partnership", 또는 "association"으로서 동일한 상황(특히 거주 여부에 관하여)에 처한 것보다 우대하면 안 된다는 것이다. 법인의 거주지를 실질적 관리장소에 따라 판정한다면, 가령 법인의 실질적 관리장소가 우리나라에 있지만 설립준거법이 상대방 체약국 법이라면 우리나라 거주자이지만 상대방 체약국의

---

417) 이 판결의 영향으로 호주와 차별금지 조항을 조약에 포함한 칠레, 핀란드, 일본 등 8개 국가의 국민(워킹홀리데이 비자의 소지자)들은 호주 국민들과 같은 세율을 적용받게 된다. 한-호주 조약은 차별금지 조항이 없다.

418) 소득세법 제3조 제1항 단서.

419) 미국세법 제873조(b).

420) 1982년 미국 모델 제24조 제1항 단서.

421) 2008년에 신설된 OECD 모델 제24조 주석 9문단.

422) 미국법에서 association의 의미는 이창희, 『미국법인세법』, 제1장 제2절 Ⅱ.

"national"이 된다. 이런 법인을 우리나라 법에 따라 설립된 내국법인(거주자)보다 불리하게 차별하면 안 된다는 것이다. 똑같은 내국법인 내지 거주자인데 그저 설립준거법이 다르다는 이유로 차별하면 안 된다는 것.

우리 법체계에서는, 거주자라는 점이 같지만 설립준거법에 따라 차별하는 경우라는 것이 애초 있을 수 없다. 우리 법은 내국법인(거주자)과 외국법인(비거주자)의 구별 기준으로 설립준거법을 쓰지 않고, 달리 설립준거법에 관한 언급이 법에 아예 없다.[423] 외국법을 설립준거법으로 하는 단체를 내국법인과 달리 과세하는 경우란 외국법인(비거주자)에 해당하는 경우일 수밖에 없다. 그런 단체는 외국법인(비거주자)이므로 달리 과세하는 것이고 설립준거법 때문에 달리 과세하는 것은 아니다. 가령 외국법인 사이의 "합병에 따르는 재산의 이전을 자산의 양도로 보아 내국법인 사이의 합병과 달리 과세한다고 하더라도, 외국법인이 내국법인과 원칙적으로 동일한 상황에 있다고 할 수 없고 또한 그 과세를 두고서 그 설립의 준거법이 다르다는 이유만에 따른 차별이라고 볼 수도 없으므로" 제1항의 차별금지에 어긋나지 않는다.[424] 설립준거법 문제 말고, 가령 "조세조약의 남용을 통하여 대한민국 내 원천소득에 관한 조세회피를 목적으로 하는 법인은 그와 같은 조세회피의 목적 없이 소득의 귀속자로서 과세의 대상이 되는 국내 유동화전문회사 등 특수목적법인과 동일한 상황에 있다고 볼 수 없"다.[425]

한편 미국법에서는 내국법인과 외국법인의 구별기준이 설립준거법이므로, 실질적 관리장소가 미국이지만 설립준거법이 외국법인 회사는 조약상 미국 거주자이지만 미국법상 외국법인이 된다. 그렇다면 가령 이런 법인에서 받는 배당소득은 미국법상 미국법인에서 받는 것이 아니므로 배당소득 공제(법인간 배당에 대한 2중과세 방지 장치)[426]를 받을 수 없게 되어 내국민대우 조항에 어긋나게 된다.[427] 미국 모델은 이 문제 때문에 애초 법인의 경우에는 이중거주자의 거주지 판정 기준을 설립준거법으로 정하고 있다. 앞 보기의 법인은 설립준거법에 따라 조약상으로도 상대방 체약국의 거주자가 되고 따라서 이 법인이 배당소득 공제를 못 받는 이유는 설립준거법에 따른 차별이 아니라 거주자와 비거주자의 구별

423) 제1장 제4절 Ⅲ. 3.
424) 대법원 2017. 12. 13. 선고 2015두1984 판결.
425) 대법원 2015. 8. 19. 선고 2014두40166 판결.
426) 미국세법 제243조.
427) OECD 모델 제24조 주석 20문단.

때문이다.[428]

조세조약만이 아니라 우호통상항해조약에도 자국민 대우 조항이나 최혜국 대우 조항이 있지만 그런 조약의 효력은 소득세제에는 미치지 않는다고 명시하는 것이 보통이다.[429] 양자간 투자협정도 대개는 그렇지만 다른 경우도 꽤 있다.[430] 사람에 대한 차별이 아니라 국내 물품과 수입물품 사이의 차별에 관한 것이기는 하지만 WTO 협정의 자국민 대우 규정이 결과적으로 소득세제에 영향을 줄 수도 있다.[431]

2. 무국적자에 대한 차별 금지

현실적으로 중요한 문제가 아니다.

3. 고정사업장에 대한 차별 금지

고정사업장에 대한 과세 부분에서 보기로 한다.

4. 지급받는 자에 따른 필요경비 공제상의 차별금지

2017 OECD Model Article 24 (Non-discrimination)

4. Except where the provisions of paragraph 1 of Article 9, paragraph 6

---

428) OECD 모델 제24조 주석 21문단은 법인의 이중거주자 판정 기준이 OECD 모델의 글귀(실질적 관리장소)가 아니라 미국 모델의 글귀(설립준거법 기준)와 같은 경우를 구태여 상정함으로써 이 결과를 새삼 확인하고 있다.

429) 가령 한국-미국 우호통상항해조약 제11조 제3항, 제5항(b). Sang J. Park v. Commissioner, 136 TC 509 (2011). 이 사건 논점은 국적과 거주지가 한국인 원고가 단기 미국 여행 중 번 도박소득이 제11조 제3항의 최혜국 대우로 미국의 과세권을 벗어날 수 있는가이다. 도박 소득은 한미조세조약의 적용범위에 안 들어가고 미국 국내법상 과세대상이다. 한편 미국과 제3국 사이의 조세조약 가운데에는 도박 소득을 거주지국에서만 과세하는 조약도 있으므로, 도박 소득은 최혜국 대우로 비과세라는 것이 원고 주장. 조세법원은 우호통상항해 조약 제11조 제5항의 상호주의와 조세 유보에 터잡아 원고 패소 판결을 내렸다. 항소심은 미국 국내법의 해석·적용 문제로 원고 승소 판결을 내렸다. Park, et al. v. Commissioner of IRS, No. 12-1058 (D.C. Cir. 2013) 이 항소심 판결의 주심은 현재 미국 대법원의 브렛 캐버노(Brett Kavanaugh) 대법관이다.

430) 김정홍, 차별과세의 금지에 관한 국제법 규범의 연구(서울대학교 박사학위 논문, 2014), 제Ⅲ장 제2절.

431) 가령 미국세법이 WTO 협정 위반이라고 본 결정으로 Appellate Body Report, United States - Tax Treatment for "Foreign Sales Corporations", WT/DS108/AB/R (24 February 2000), WTO, DS 108, U.S-FSC (Article 21.5-EC).

of Article 11, or paragraph 4 of Article 12, apply, interest, royalties and other disbursements paid by an enterprise of a Contracting State to a resident of the other Contracting State shall, for the purpose of determining the taxable profits of such enterprise, be deductible under the same conditions as if they had been paid to a resident of the first-mentioned State.

2017년 OECD 모델 제24조(차별금지)

4. 예외로 제9조 제1항, 제11조 제6항이나 제12조 제4항이 적용되지 않는 한, 이자, 사용료 기타 지출로 한 체약국기업이 지급을 상대방 체약국 거주자에게 하는 것은 그런 기업의 이윤을 결정할 때, 이를 공제해주기를 똑같은 조건으로 해주되 마치 전자의 체약국 거주자에게 지급한 것처럼 똑같이 해주어야 한다.

여기에서 한 체약국의 기업이란 그 체약국 거주자가 운영하는 기업을 말한다.[432] 제4항에서 제외 사유로 되어 있는 것 세 가지는 모두 부당행위계산의 부인에 관련한 것이다. 특수관계자 간의 거래로 정상가격보다 많은 금액을 지급하는 것이 아니라면 지급받는 자가 누구든지 필요경비의 손금산입에 차별이 없어야 한다는 것이다. 제9장.

2018년의 트럼프 세제가 새로 낳은 문제가 미국법의 BEAT 최저한세(最低限稅).[433] 미국법인이 해외 특수관계인에게 사용료나 이자를 지급하는 경우 이를 손금부인해서 최저한세를 물린다는 것이다.[434] 필라(Pillar) 2의 "subject-to-tax" 규칙도 똑같은 문제를 낳는다. 특수관계인이 거주하는 상대방 체약국에서 일정 기준 이상 세금을 물린다면 손금부인하지 않는다는 차이는 있지만 지급받는 자가 미국 거주자인가 아닌가에 따른 차별은 마찬가지.

---

432) OECD 모델 제3조 제1항 d).

433) 미국세법 제59A조. 제14장 제5절 Ⅱ.

434) 미국세법 제59A조의 입법사로 볼 때 조약이 우선한다는 주장으로, H. David Rosenboloom & Fadi Shaheen, The BEAT and the Treaties, Tax Notes International (2018. 10. 15)↔신법인 제59A조가 조약에 우선한다는 반론으로, Avi-Yonah, Reuven S. and Wells, Brett, "*The Beat and Treaty Overrides: A Brief Response to Rosenbloom and Shaheen*", Tax Notes, 2018. 10. 22. 제2장 제1절 Ⅳ.3. 제59A조 입법 후에 새로 조약을 체결하거나 비준할 때에는 유보를 달거나 명문 규정을 두고 있다. 가령 미국-칠레 조약(2022. 5. 비준); 미국-크로아티아 조약(2022. 12월 체결) 제1조 제9항.

5. 외국인 투자기업에 대한 차별금지

OECD Model Article 24 (Non-Discrimination)

5. Enterprises of a Contracting State, the capital of which is wholly or partly owned or controlled, directly or indirectly, by one or more residents of the other Contracting State, shall not be subjected in the first-mentioned State to any taxation or any requirement connected therewith which is other or more burdensome than the taxation and connected requirements to which other similar enterprises of the first mentioned State are or may be subjected

OECD 모델 제24조(차별금지)

5. 한 체약국 기업으로서 그 자본의 전부나 일부를 직간접으로 소유하거나 통제하는 자가 상대방 체약국의 거주자(들)인 기업이 전자의 체약국에서 지는 세금이나 그와 관련된 요건은 비슷한 기업으로서 전자 체약국의 기업이 지는 세금이나 그와 관련된 요건보다 더 부담스러워서는 안 된다.

여기에서 실제 문제가 되고 있는 것은 과소자본 세제 정도이다. 제5항은 외국인 투자기업이라고 해서 자국민이 투자한 기업보다 더 불리하게 대우해서는 안 된다는 말이다. 상세는 외국인 투자기업에 대한 세금 부분에서 보기로 한다.

제 4 장
이전가격 세제

이 장의 논의는 다음과 같은 차례로 진행한다. 우선 제1절은 전세계적 규범으로서 이전가격(移轉價格) 세제가 어떤 경과를 거쳐서 현행 제도에 이르게 되었는가를 살핀다. 제2절은 우리나라 현행법의 이전가격 세제를 다룬다. 우리 현행법은 OECD의 이전가격 지침에 따른 것이지만, 이 지침이라는 것이 기실 글귀만 그럴 듯 할 뿐 실제 정상가격의 산출은 엿가락 자르는 주먹구구일 뿐이다. 우리나라의 실제 판례를 보나 OECD 지침의 보기를 보나, 솔직히 말한다면 사실관계(이전가격 문제)에 법(독립기업 원칙)을 적용하더라도 답(정상가격)이 안 나온다. 이 점에서는 독립기업 원칙이란 이미 법으로서는 소멸했다. 이 '원칙'에 남은 의미가 있다면, 정상가격이란 원칙에 따라 구할 수 있는 것이 아니고 건별로 적당히 정하는 것이라는 방금 말한 의미 정도일 뿐이다. 제3절은 현행 법제 가운데 특히 최근에 생긴 원가분담 약정 문제를 따로 다룬다. 그 중핵은 무체재산 대가의 주기적 조정이다. 독립기업 원칙의 전통적 의미와는 어긋나지만 아무튼 OECD 지침을 따라서 우리 법에도 들어와 있다. 제4절은 이전가격의 조정에 따른 대응조정과 2차 조정에 관한 쟁점을 조약을 중심으로 살펴본다. 마지막으로 제5절은 자료제출 의무와 정상가격 산출방법 사전승인 제도를 아주 간략히 보고 제6절에서는 앞으로 이전가격 세제가 어떻게 될 것인가에 관한, 어떻게 본다면 비과학적이고 경험적인 개인적 전망을 내놓는다.

이 장의 범위는 특수관계자 사이의 이전가격 문제에 국한되고, 같은 법인 내부의 본·지점 사이, 또는 지점과 지점 사이의 이전가격 문제는 나중에 따로 다룬다. 우리 국내법에서든 조세조약에서든, 본·지점 사이의 이전가격에도 독립기업 원칙을 적용한다는 점은 마찬가지이지만, 본·지점 거래는 같은 법인 안의 내부적 행위로서 민사법상 계약이 될 수 없다는 점에서 특수관계자 사이의 거래와 차이가 있다. 이 차이가 낳는 영향은 뒤에 고정사업장의 과세 부분에서 보기로 한다. 제5장.

제 1 절 이전가격 세제의 연혁과 현황

I. 이전가격 세제와 독립기업 원칙의 등장

국제조세에서 이전가격 문제가 생긴 것은 이미 20세기 초로 돌아간다. 국제연맹의 1935년 모델조약 초안에 보면 독립기업 간 거래와 다른 조건의 거래라면 계산을 부인하고 정상적으로 생겼을 소득으로 과세한다고 적고 있다.[1] 실제 조약에서도 가령 1939년의 미국-프랑스 조약은 비슷한 내용을 정하고 있다.[2] 현재 쓰고 있는 뜻으로 독립기업 원칙을 중심으로 하는 이전가격 세제는 기본적으로 미국에서 태어났다.[3] 다국적기업이 국제거래를 하면서 세율이 낮은 나라의 특수관계자에게 소득을 이전하여 세금 부담을 낮추고 그 과정에서 미국이 세수를 잃었다는 식의 시비를 미국 국세청이 걸고 나선 것.

기실 납세의무자가 부당한 이전가격으로 특수관계자에게 소득을 이전해서 세금 부담을 줄인다는 시비는 국제거래에 특유한 것은 아니다. 국내거래에서도 이 문제는 늘 생기게 마련이고, 가령 우리 법은 그에 대한 대책으로 실질과세 원칙 내지 부당행위계산의 부인이라는 제도를 두고 있다.[4] 독일법의 '숨은 이익

---

1) League of Nations Fiscal Committee, "Work of the Fiscal Committee during Its Sixth Session", C.450.M.266.1936.Ⅱ.A. http://setis.library.usyd.edu.au/oztexts/parsons.html에 나와 있다.

2) UN의 문서 "Transfer Pricing History: State of the Art: Perspectives" (ST/SG/AC.9/2001/CRP.6, 2001) 제6쪽은 국제연맹 모델에 앞서서 이미 1920년대나 1930년대에도 미국, 영국이나 프랑스의 실제 조약에 그런 글귀가 있었다고 하고 당연히 그랬으리라 짐작할 수 있지만 막상 1차 자료를 찾지 못했다.

3) 같은 문서 5쪽은 제1차 세계대전 전후로 미국과 영국에서 국제적 이전가격 문제가 대두되었다고 적고 있지만, 실제 찾아본 미국 판결로는 그 때까지 올라가는 것은 없다. 과세실무에서 이미 문제되었는지는 알 길이 없다.

4) 이창희, 『세법강의』, 제22장 제3절.

처분' 개념도[5] 마찬가지이지만 특수관계자의 범위가 한결 좁다. 곧 주주나 그 친인척, 또는 주주의 지배를 받는 회사에 시가보다 싼 값으로 재산을 파는 것은 재산을 시가로 판 것으로 보아 증액경정하면서 그 차액을 주주에 대한 숨은 배당으로 재구성하게 된다.[6] 미국법은 일찍이 1921년부터 현행 미국세법 제482조에 해당하는 부당행위계산의 부인 제도를 두고 있었다.[7] 현행법은 1928년 미국세법의 다음 글귀를[8] 물려받고 있다.

> 둘 이상의 사업(회사이든 아니든, 미국에서 설립한 것이든 아니든, 특수관계가 있든 없든 이를 불문한다)을 같은 이해관계자가 직접·간접으로 소유하거나 통제하는 경우로, 조세회피를 막거나 그런 사업의 소득을 제대로 반영하기 위해 총수입금액이나 필요경비를 배분·안분 또는 할당하는 것이 필요하다고 결정한다면 국세청장은 그런 배분·안분 또는 할당을 할 수 있다.

이 조문은 그 뒤 똑같은 글귀로 1954년 미국세법의[9] 제482조가 되었고, 그 뒤 1986년에 가서 나중에 보는 바와 같이 개정된다. 이 조문의 글귀는 '이전가격' 문제보다는 적용범위가 넓다. "총수입금액이나 필요경비를 배분·안분 또는 할당할 수 있다"고 적고 있을 뿐이므로, 이전가격의 조정만이 아니라 특수관계자 가운데 소득의 실질귀속자가 누구인가, 특수관계자가 함께 지급한 공통비용의 안분 기준이 적절한가, 이런 것들이 모두 이 조문의 적용범위에 들어간다. 물론 느슨한 뜻으로 '이전가격 세제'라는 말 안에 이런 특수관계자 사이의 소득 분배 문제 모두를 담아 쓰더라도 큰 문제가 생길 바는 없다. 어차피 '이전가격'이라는 말은 법령상의 용어가 아니고 편의상 쓰는 말일 뿐.[10]

1928년 법 제45조나 1954년 법 제482조를 실제로 적용한 판결을 찾아보면,

5) Körperschaftsteuergesetz 제8조 III 2.

6) Tipke/Lang, ***Steuerrecht*** 제11장 50~66문단, 특히 60문단, 66문단.

7) 1921년 미국세법(Revenue Act of 1921, 42 Stat. 227. 제240(d)조.

8) 1928년 미국세법(Revenue Act of 1928, 45 Stat. 791) 제45조. 1921년 법이나 1926년 법과의 중요한 차이로 납세의무자는 이 법조에 기댈 수 없다.

9) 1954년 미국세법(Internal Revenue Code of 1954).

10) 이 말 자체는 원가회계, 관리회계에서 예전부터 써오던 말이다. 기업 내부에서 재산이나 노무를 다른 부서로 제공할 때 부서끼리 붙이는 계산상의 대가 상당액을 말한다. 우리 회계학 문헌은 '대체가격'이라는 말을 썼다.

우리나라의 부당행위계산부인 사건에 비해 사건 수가 아주 적고 행정해석까지 다 찾아보더라도 사건 수가 얼마 안 된다. 그 까닭은 미국법에서는 조세회피가 있는가를 특수관계자를 묶어서 판단하므로 한 납세의무자의 소득을 증액경정하면 거래 상대방의 소득을 감액경정하기 때문이다.[11] 따라서 국내거래 같으면 특별한 사정이 없는 한 국세청이 이전가격을 문제삼을 이유가 없다. 1986년 법에서도 이 사정은 마찬가지로, 특별한 사정이 없는 한 국내거래에서 국세청이 이전가격 문제를 제기할 실익이 없다.[12] 제482조나 그 전신을 적용한 판결은 주로 이전가격 사건이 아니라 소득을 사법상 명의자로부터 실질귀속자에게 할당할 수 있는가가 쟁점인 사건들이다.[13] 개인과 법인 사이에 세율이 다른 이상 실질귀속자가 누구인가는 언제나 쟁점이 되기 때문이다.

국제 이전가격 문제가 떠오른 초기 사건으로는 미국세법이 수출을 장려하기 위해 일정한 수출 전문 기업조직에[14] 대해서 세율을 낮추는 특혜를 준 데에서 비롯한 사건이 많았다. 미국 기업들은 제품을 바로 수출하는 대신 중간에 수출 전문 기업조직을 일부러 끼워 넣고 그 기업조직에 중간판매 차익을 남기는 방식으로 법인세를 피하기 시작했다. 이런 구조에서는 대응조정을 인정하더라도 세금 부담에 차이가 생기므로, 미국 국세청이 제조업체의 과세소득을 늘려 잡고 그에 대응하여 수출전문 기업의 과세소득을 줄여잡아 세금을 걷는 사건들이 생겼다.[15]

이런 초기 사건의 주요 쟁점은 특수관계자 사이에 소득을 어떤 기준으로 나누어 가져야 하는가라는 문제였다. 제482조의 글귀는 그저 소득을 제대로 반영

11) 미국 재무부, Technical Information Release 838, August 2, 1966 (published in 7 C.C.H. 1966 Stand. Fed. Tax Rep. par. 6681; 6 P.H. 1966 Fed. Tax Serv. par. 54998). 현행법으로는 미국 재무부 규칙 1.482-1(g)(2)(i).

12) 물론 여러 계열회사 사이에서 일부는 이익이 나고 일부는 결손이 난다든가 달리 특별한 사정이 있으면 납세의무자를 합해서 본 세부담이 감소하여 이전가격 문제가 걸리는 경우가 있다. 예를 들어, Kahler Corp. v. Commissioner, 486 F.2d 1 (1973).

13) 예를 들어, Seminole Flavor Co. v. Commissioner, 4 T.C. 1215 (1945); Commissioner v. First Sec. Bank, 405 U.S. 394 (1972); United States v. Basye, 410 U.S. 441 (1973) 등.

14) Western Hemisphere Corporation. 1942년에 생긴 제도로, 1976년 PL 94-455로 폐지되기 전의 미국세법 제921조. 그 뒤 "Domestic International Sales Corporation"이라는 제도, "Foreign Sales Corporation"이라는 제도, 또 역외소득면세 제도가 차례로 생겼지만 모두 GATT 내지 WTO 규범에 어긋난다는 문제가 생겨서 다 없어졌다. Appellate Body Report, United States - Tax Treatment for "Foreign Sales Corporations", WT/DS108/AB/R (24 February 2000),

15) Eli Lilly & Co. v. United States, 178 Ct. Cl. 666 (1967); United States Gypsum Company and United States Gypsum Export Company v. United States, 304 F.Supp. 627 (1969) 등.

하라고 요구하고 있을 뿐이었으니까. 사실은 여기에서 '제대로'라고 적은 말은 영어의 'clearly', 곧 '분명하게'라는 말을, 이 말이 그 뒤에 가지게 된 뜻에 맞추어 좀 무리하게 의역한 것이다. 초기 사건으로 돌아가면 법의 글귀는 소득을 분명하게 반영하라고 적고 있었을 따름이다. 제482조에 딸린 재무부 규칙은 이른바 독립기업 원칙(arm's length principle), 곧 특수관계 없는 자들 사이에서 생겼을 소득을 기준으로 한다고 정하고 있었지만,[16] 법원 판결에서는 이것을 받아들일 수 없고 적정한 기준이기만 하면 된다는 것이 오히려 대세에 가까웠다.[17] 수출전문 기업에 대한 이전가격 사건에서는, 재무부 규칙을 사실상 무효화하면서 제조기업의 총 원가에 '적정한' 마진을 붙이기만 한다면 국세청이 수출전문 기업의 소득을 제조업체로 분배하거나 할당할 수 없다고 판시한 고등법원(9th Circuit) 판결도 있다.[18]

한편 그저 우연인지는 잘 모르겠지만 해외 자회사에 소득을 이전한 사건에서는 위와 같은 대세와 달리 독립기업 원칙을 지지한 판결이 있었다.[19] 그 뒤 역시 해외 자회사 관련 사건인 1966년의 "Oil Base" 판결[20]에서, 적정하기만 하면 된다는 종래의 대세를 이끌었던 "9th Circuit" 고등법원이 입장을 바꾸어 독립기업 원칙이 제482조의 바른 해석이라고 풀이하게 된다. 이 사건 원고는 특수관계 없는 중간상을 통하여 해외 영업을 하다가 직접 해외 판매자회사를 세워 중간상을 대체하면서, 종래 중간상에게 지급하던 수수료의 두 배를 지급했다. 그렇게 할 수 있다는 원고 주장의 명분은? 수수료를 두 배로 지급하더라도 원고가 해외 수출에서 얻는 소득 마진이 내수 판매보다 높으니 그만하면 적정하다는 것. 법원은 이 주장을 받아들이지 않으면서, 독립기업 원칙이 제482조의 기준이라고 판시한다.[21] 이런 변화의 중요한 배경으로 그 중간인 1962년에 국회가 아예 특수관계자의 소득을 합산하여 안분하는 내용으로 법을 바꾸려 하다가,[22] 거

16) 1935년 미국 재무부 규칙 86호 45-1조(c) 규칙 전문은 Essex Broadcasters, Inc. v. Commissioner, 2 T.C. 523, 528 (1943)에서 찾을 수 있다.

17) Grenada Industries, Inc. v. Commissioner, 17 T.C. 231, 260 (1951), aff'd, 202 F.2d 873 (5th Cir. 1953), aff'd, 346 U.S 819; Motors Securities Co., Inc. v. Commissioner, 11 T.C.M. 1074, 1082 (1952); Polak's Frutal Works, Inc. v. Commissioner, 21 T.C. 953, 976 (1954); The Friedlander Corp. v. Commissioner, 25 T.C. 70, 77 (1955) 등.

18) Frank v. International Canadian Corp., 308 F.2d 520 (9th Cir., 1962).

19) Hall v. Commissioner, 32 T.C. 390 (1959), aff'd, 294 F.2d 82 (5th Cir. 1961).

20) Oil Base Inc. v. Commissioner, 362 F.2d 212 (9th Cir., 1966).

21) 같은 판결 214쪽.

기까지 가지는 않기로 하면서 재무부에 대하여 조세회피를 막을 수 있는 방향으로 규칙 내용을 한결 강화하라고 요구하였다는 것을[23] 들 수 있다.[24] 아무튼 "Oil Base" 판결 이후에는 이전가격의 기준으로 독립기업 원칙이 자리잡았다.[25] 1969년의 판결로 수출전문 기업에 관한 사건을 하나 보자.

U.S. Gypsum v. U.S.[26]

이 사건 납세의무자는 캐나다에서 천연 석고(gypsum)를 바윗돌 상태로 사들이면서 중간에 저율 과세 대상인 자회사(Export)를 끼워 넣었다.[27] "Export"는 계열회사에서 석고를 사들여서 이를 모회사인 "U.S. Gypsum"에 재판매하는 계약을 맺었다. 재판매가격은 "Export"의 톤당 매수가격에 일정 마진을 덧붙인 가격이다. 문제는 "Export"가 물건을 사들이면서 인도받는 장소가 항구의 부두이고 이 물건을 "U.S. Gypsum"에 인도해주는 장소가 부두에 대어놓은 배의 갑판이라는 것이다. "Export"가 소유권을 가지는 시간이란 물건이 부두에서 갑판으로 떨어져 내리는 그 순간뿐이다. 법원은 "Export"의 행위는 아무런 경제적 실질이 없고 그저 세금을 줄이자는 것뿐이며 독립기업 원칙에 따른다면 "Export"에 귀속했던 소득은 "U.S. Gypsum"에 재할당(re-allocate)해야 한다고 판시했다.

루벤 아비=요나 교수(Prof. Reuven S. Avi-Yonah)와 그의 아들. 아비-요나는 미시건대 교수로서 잘 알려진 이스라엘 출신 국제조세 분야의 전문가. 공저자 중 이창희의 박사학위 심사위원이자 친구이며, 사진에서 보듯이 한국에도 아는 사람이 많다.

이 판결에서 독립기업 원칙이라는 말은 아직 이전가격이 얼마인지를 따지는 내용이 아니고 소득의 귀속자가 누구인가를 묻는 개념이다. 그 사이 국회의 1962년 요청에 따라 재무부는 독립기업 원칙을 한결 구체화한 새로운 규칙을 1965년에 내어놓았고 1968년부터 규칙

22) H.R. Rep. No. 1447, 87th Cong., 2d Sess. 28 (1962).
23) H.R. Rep. No. 2508, 87th Cong, 2d Sess. 18-19, reprinted in 1962 U.S.C.C.A.N. 3732, 3739.
24) Avi-Yonah, "The Rise and Fall of the Arm's Length Principle", 15 Va. Tax Rev. 89 (1995).
25) Johnson Bronze Co. v. Commissioner, 24 T.C.M. (CCH) 1542 (1965); Eli Lilly & Co. v. United States, 178 Ct. Cl. 666 (1967) 등.
26) United States Gypsum Company and United States Gypsum Export Company v. United States, 304 F.Supp. 627 (1969).
27) 이제는 완전히 죽은 옛날 법이니만큼 수입과 관련한 조세특혜의 범위는 구태여 따로 조사하지 않고 판결문에 나온 그대로만 요약했다.

내용을 확정하여 시행했다.[28)]

1968년의 재무부 규칙에서 독립기업 원칙의 핵심은 이전가격의 기준으로서 '시가'(時價) 내지 '정상가격'(正常價格, arm's length price)을 어떻게 결정하는가로 옮겨간다. 대표적 판결인 "Du Pont" 판결을 보자.

E.I. Du Pont Nemours and Company v. United States[29)]

널리 알려진 미국의 화학제품 제조업자인 "Du Pont de Nemours"(이하 'DP')는 1959년 스위스에 "DP International S.A."(이하 'DISA')라는 판매 자회사를 세우고, 미국 아닌 다른 나라 소비자에 대해 판매할 제품은 모두 DISA를 거쳐서 해외의 유통업자에게 공급했다. DP는 여러 가지 제품을 생산했지만 이 사건에서 쟁점이 된 제품은 DP 특유의 발명품인 화학섬유와 합성고무[30)]였다. 1959년과 1960년 과세연도에 관한 세무조사에서 국세청은 DP의 소득에 비해 DISA의 소득이 너무 많다고 보고 DISA의 소득 가운데 일부를 DP에게 할당했다.[31)] 스위스의 세율은 미국보다 훨씬 낮았고, 그룹 차원의 세금 절약이 DISA를 설립한 주된 이유 가운데 하나라는 점은 다툼이 없었다. 특히 DISA의 설립에 관계된 회사 내부 문서를 보면 영업부에서는 DISA의 설립을 달가와 하지 않았지만 "이를 세우자는 생각을 지지하는 결정적 이유는 세금을 줄일 수 있다는 것"이라고 적고 있다.[32)] DISA의 설립을 주도한 자금부의 문서는

"조세피난처 자회사에 청구할 이전가격을 독립기업 가격보다는 낮추는 편이 낫다. 그 이유는 (1) 국세청이 문제삼지 않을 가능성도 있고, (2) 문제 삼더라도 그런 이전가격을 정당화할 수 있는 가능성이 있고, (3) 회사가 사용한 가격을 정당화하지 못하더라도, 정상적 이전가격이 얼마라야 하는가는 협상 대상이 될 것이고 그 결과는 독립기업 가격보다 높지는 않을 것이다. 따라서 어떤 경우에

---

28) 1965년에 미국 재무부 규칙 1.482-1(d) 및 (2)의 개정안(proposed regulation)이 나왔고 1966년에 일부 수정하고 1968년에 미국 재무부 규칙 1.482로 시행하기 시작했다. 미국법에서는 "proposed regulation"에도 일정한 법적 효력이 있다.

29) E.I. Du Pont de Nemours and Co. v. United States, 608 F.2d 445 (1979). cert. denied, 445 U.S. 962.

30) elastomer.

31) 1968년 규칙은 1959년과 1960년에도 소급적용되었고, 그 효력에 관해서는 당사자 사이에 다툼이 없었다. 일반론으로 이창희, 『세법강의』, 제2장 제3절 Ⅱ. 4.

32) 위 판결, 특히 447쪽 주석 4.

도 이전가격을 처음부터 높이는 것보다는 유리한 결과가 생긴다"

라고 적고 있기도 했다.[33] DISA는 판매차익을 스위스에 유보해서 추가로 필요한 해외 투자의 재원으로 사용했다. 다시 회사 내부의 문서를 보면 "이런 '소득도피회사'[34]가 줄 수 있는 이득이 얼마나 되는가는 판매가격을 통해 DP에서 소득도피회사로 넘길 수 있는 소득의 양에 달려 있다"라고 적고 있었다.[35] 이런 생각에서 DP와 DISA 사이의 매매가격은 건건이 결정하는 방식이 아니라 자금부와 법무부에서 일괄 결정했고 그룹 차원의 판매차익 가운데 약 75% 정도가 DISA에 귀속되도록 매매가격을 정했다. 그러나 매매가격을 정하던 당시에 내다볼 수 없었던 사정이 생겨서 결과적으로 두 회사의 소득은 그룹 차원 판매차익을 50:50 정도로 나눈 셈이 되었다.[36]

1968년 재무부 규칙 1.482-1조는 스스로를 규칙이 나오기 전의 사건에도 소급적용하도록 정하고 있었는데, 이 사건에서 법원도 이를 인정했고 이 납세의무자도 다투지 않았다.[37] 같은 조는 시가를 비교가능 제3자 가격법, 재판매가격법, 원가가산법, 기타 방법, 이 네 가지의 순서를 따라서 산정하라고 정하고 있었다. 우선 이 사건에서 비교가능한 제3자 가격은 없었다. DP 제품의 특성상, DP와 DISA 사이의 매매에 견줄 만한 거래로 특수관계 없는 자 사이의 거래는 아예 찾을 수가 없기 때문이다. 두 번째 방법인 재판매가격법이란, 이 사건 같으면 DISA의 재판매가격에서 정상적 유통 마진을 빼어서 DISA의 정상적 구매가격(DP의 입장에서 보면 정상적 매출가격)을 정하는 것을 말한다. 정상적 유통 마진은 어떻게 구하는가? 특수관계 없는 유통업자로서 DISA에 견줄 만한 자들이 실제 얻고 있는 마진을 찾아야 한다. 견줄 만한가 아닌가는 물건의 성질, 유통업자의 기능, 무체재산 내지 무형자산의 존부, 시장의 지리적 여건, 이런 것들을 모두 따져서 정한다.[38] 일단 견줄 만한 유통업자를 찾으면, DISA와 그런 비교대상 사이에서 기능과 상황의 차이를 조정해서 DISA에 적용할 정상 마진을 구한다.[39] 그러나 이 사건에서는 DP 제품을 재판매하는 유통업자는 없었다. 원

33) 같은 주석. 그 당시 미국법에서는 시가 차액에 기인한 추징세액에 붙는 가산세가 미미했다.

34) profit sanctuary trading company. 세율이 낮은 나라에 현지법인을 세워 판매차익을 유보함으로써 미국의 세금을 회피할 수 있다는 정도의 뜻이었을 것이다.

35) 위 판결 447쪽 주석 4.

36) 같은 판결 448쪽.

37) 같은 판결 450쪽.

38) 미국 재무부 규칙 1.482-2(e)(3).

39) 같은 규칙조항.

고는 다른 회사 제품의 독립적 유통업자 여럿의 마진에 관한 자료를 내지만, 애초 제품이 다르고 시장 여건이 다른 이상 법원은 이런 회사는 견줄 만한 잣대가 못되고 기능과 상황의 차이를 조정할 자료도 없다고 제친다.[40] 특히 DISA는 DP의 100% 자회사인 만큼 DISA가 독립적으로 위험을 부담한다는 것이 불가능하고, 이 점에서 독립적인 유통업자와 본질적 차이가 있다는 것이다. 결국 "DISA의 특유한 지위 때문에 재무부 규칙이 요구하는 입증이 불가능하고, 재판매가격법을 적용할 길이 없다"는 것이다.

다음 방법은 원가가산법이다. 이 방법을 적용한다면 제조업자가 받아야 하는 정상가격은 제조원가에 정상적 마진을 얹어서(mark up) 계산한다. 그러나 이 사건에서는 두 당사자 중 어느 쪽도 원가가산법을 주장하지 않았다. 원고의 입장에서 본다면 애초 원가와 무관하게 이익을 최대한 해외로 이전하는 가격구조를 설정해 두었기 때문이고, 국세청의 입장에서 본다면 애초 제조국인 미국에 기본적 이윤만을 남기는 원가가산법을 주장할 이유가 없기 때문이다. 또한 DP에 견줄 만한 제조업자란 아예 없기 때문에 독립기업이 버는 정상적 마진을 구할 길도 아예 없다. 원가가산법이란 애초 유통업자에게 물품을 공급하는 소규모 제조업자에게나 적당한 방법이다. 마지막 네 번째 방법은 상황에 맞게 적당히 계산한다는 것이다.[41] 이 사건에서 국세청은 통계자료에 기대어 우리나라로 치자면 화학제품 유통업의 표준소득률에 해당하는 비율을 DISA의 매출총액에 곱하여 DISA의 순소득을 구하고 그를 넘는 금액을 DP에 할당하였다.[42] 법원은 이 4번째 방법은 비유하자면 어차피 큰 칼로 자르는 것이므로, 국세청의 과세처분이 재량 남용임을 원고가 달리 입증하지 못한 이상 과세처분을 그대로 유지할 수밖에 없다고 판시하였다.[43]

"Du Pont" 사건에서는 국세청이 완승을 거두었지만, 그 뒤에는 국세청의 완전 승소로 끝나는 판결은 찾기 어렵다. 기실 "Du Pont" 사건에서 국세청이 이긴 것은 이전가격을 낮추어 소득을 해외 자회사로 돌리려는 목표가 회사의 내부 자료에서 너무나 뚜렷하게 드러났기 때문. 그 뒤 다국적기업이 모두 이런 식의 자

40) 같은 판결 453쪽.

41) 미국 재무부 규칙 1.482-2(e)(1)(iii).

42) 쟁점 과세연도 중 일부에는 또 다른 방법을 사용했지만 논외로 한다. 이 사건 하급심 판결인 1978 U.S. Ct. Cl. LEXIS 694, 특히 71~73쪽.

43) 위 판결, 특히 455쪽.

료 작성・보관을 피하면서 반대로 적극적으로 이전가격을 정당화하기 위한 내부 자료를 미리미리 갖추기 시작하자, 국세청은 대부분의 사건에서 불리한 처지에 빠지게 된다.

미국 정부의 대책은 두 가지 방향으로 나온다. 하나는 사업상 필요 없이 해외 계열회사로 빼돌린 소득은 아예 바로 과세하자는 생각이다. 이런 생각이 구체화된 것이 피지배외국법인(被支配外國法人, CFC) 세제.[44] 다른 하나는 이전가격 세제를 강화하자는 생각이다. 특히 "Du Pont"처럼 밑져야 본전이라는 생각에서 이전가격을 조작하는 데 대한 대책으로 납세의무자의 기존 이전가격과 정상가격 사이에 법정 기준 이상의 차이가 있으면 40%의 중(重) 가산세를 물리기로 했다.[45]

Ⅱ. 외국 기업의 국내 진출과 이전가격 세제

그러다가 1980년대 중반에 들어서면서 외국계, 특히 일본계 다국적기업이 미국의 세금을 빼먹는다는 생각이 떠돌기 시작했고,[46] 1990년대 초반 클린턴(Clinton)과 아버지 부시(Bush)가 대통령 선거에서 맞붙을 무렵에는 그런 생각이 극성을 부리기도. 자국에 진출한 외국계 기업에 대해 이전가격 시비가 생기는 이유는 무엇인가? 다국적기업은 되도록 현지법인이나 지점 소재지국의 세부담을 줄이려는 경향을 가지게 된다. 투자자(주주법인) 본국의 세제가 외국 소득을 면제한다면 현지법인 소재지국의 법인세가 그대로 투자자에 대한 세부담이 되므로 이를 줄이려 함은 당연하다. 투자자 본국의 세제가 외국납부세액을 공제하는 경우에도 공제한도에 걸리는 경우가 많으므로 되도록 외국납부세액을 줄이려는 경향이 생길 수밖에 없다. 또 현지법인의 경우에는, 법인격이 다르다는 이유로 현지법인이 소재지국에 내는 세금을 주주 단계에서 공제받지 못하는 경우도 있을 수 있다.

---

44) 현행법에서라면 DISA의 소득은 "foreign base company sales income"이라는 유형으로 "Subpart F income"이 된다. 미국세법 954조(a), (d). 제1장 제2절 Ⅴ, 제14장.

45) 미국세법 제6662조(h)(1).

46) 1990년 7월 미국 국회에서 피클(Pickle) 의원이 주도한 청문회에 제출한 "Heck" 보고서에 따르면 조사 대상이 된 외국 기업의 미국 자회사 36사 가운데 18사는 10년 동안 거의 세금을 내지 않았다고 한다. Lorraine Eden, *Taxing Multinationals* (1998), 344쪽.

이런 배경 아래 이전가격은 현지법인이나 지점 소재지국의 세금을 줄이는 수단의 하나로 쓰일 수 있다. 모회사나 다른 특수관계자가 현지법인에 파는 원재료 기타 물건 값은 되도록 올리고 현지법인으로부터 받아가는 기술료도 되도록 올려서, 현지법인에서 손금이 되는 경비의 꼴로 돈을 받아가는 것이다. 모회사 등이 물건 값으로 받는 돈은 고정사업장이 없는 기업이 받아가는 사업소득이므로 현지법인 소재지국에서 세금을 매길 수 없다. 기술료로 받아가는 돈에 대해서는 현지법인 소재지국이 원천징수 방식으로 세금을 매길 수 있다 하더라도 조약상 세율상한이 있게 마련이므로 현지법인이 법인세를 내는 것보다는 세금이 훨씬 줄어든다.

그러나 일본계를 비롯한 외국계 기업이 미국의 세금을 빼먹고 있다는 막연한 혐의는 기실 턱없는 지레짐작으로 드러났다. 미국 국세청의 실제조사 결과에서 외국 기업의 조세회피는 별 대단한 규모가 아닌 것으로 드러났고 외국 기업이 세금을 빼먹는다는 생각은 결국 정치적 문제였을 뿐이다.[47] 1980년대 중・후반 일본 기업이 미국 내 부동산을 대거 사들이고 또 미국 기업을 대거 인수하자, 그에 불안감을 느낀 미국 정치권이 보인 배외(排外) 감정이었던 셈이다. 1990년대 후반부터 다시 미국 경제가 경쟁력을 회복하고 일본 경제가 가라앉으면서 외국 기업을 겨냥한 이전가격 시비도 물밑으로 가라앉았다.

Ⅲ. 독립기업 원칙의 실패

독립기업 원칙의 현실적 의미는 특수관계가 있는 기업 사이의 거래에 적용할 정상적 가격이라는 것이 얼마인가를 찾거나 만들어 내는 문제가 된다. 추상적 개념에 머물러 있던 독립기업의 원칙이 정상가격을 계산하는 구체적 방법이라는 현실성을 띤 것은 앞서 본 1968년의 미국 재무부 규칙이[48] 비교가능한 물건의 거래실례 가액(비교가능 제3자 가격[49])을 찾음을 원칙으로 하되, 실례가 없다면 재판매가격 방법, 원가가산 방법을 차례로 적용하라고 정한 데에서 비롯한다.[50] 1979년의 OECD 보고서 "이전가격세제와 다국적기업"[51]은 미국 재무부

47) UN, 앞의 문서 2쪽.
48) 1935년 미국 재무부 규칙 86호, 45-1조(b). 뒤에 1965년 규칙 1.482-1로 다시 공포.
49) comparable uncontrolled price. "CUP"이라고 줄여 부름이 보통이다.

규칙을 약간 손본 것이다.[52] 1984년에는 이를 보완하는 내용으로 상호합의, 은행의 이전가격 및 중앙관리 비용의 배부에 관한 보고서가 나왔다.[53] OECD 각 회원국은 아무 유보 없이 1979년 보고서를 채택하였고, 그 뒤 각국은 모두 이 보고서 내용을 따라서 이전가격 세제를 자국법으로 입법하였다. 우리나라도 1980년대 후반에 들어서면서 OECD의 보고서에 기초한 이전가격 세제를 들여와서 법인세법령에 비교가능 제3자 가격법, 재판매가격 방법, 원가가산 방법, 기타의 방법으로 적용 순위를 정하여 시가 내지 정상가격을 산출하라는 규정을 들여왔다.[54]

그러나 온 세계가 미국법을 본따서 독립기업 원칙의 내용을 구체화하는 사이에[55] 막상 미국은 이것이 실패한 원칙임을 깨닫기 시작하였다. 앞서 "Du Pont" 판결은 그 사건에서 비교가능 제3자 가격이란 없다고 한 마디로 제친다.[56] 모양·성능·사양이 다 다른 온갖 상품을 놓고 비교가능한가를 따지는 것이 어려운 문제임은 쉽게 알 수 있다. 더구나 전세계에 걸친 다국적기업이란 성질상 독점기업이거나 적어도 과점기업일 수밖에 없다. 독점이면 자기 하나밖에 없으므로 비교가능한 다른 제품이 있을 수가 없다. 과점이라면 각 기업은 제품 차별화를 하게 마련이다. 그렇지 않으면 경쟁 과정에서 초과이윤이 소멸하기 때문이다.

나아가 여기에는 한결 본질적 어려움이 있다. 독립기업의 원칙은, 독립기업들이라면 어떤 특정한 값에 도달했을 것이라는 한 가지 정답의 존재를 전제하고 있다. 1977년 OECD 모델의 신설 규정이, 어느 한 나라가 독립기업의 원칙에 따

50) 미국 재무부 규칙 1.482-2A(e)(1).

51) OECD, "Transfer Pricing and Multinational Enterprises" (1979).

52) UN, 앞의 문서 7쪽. 미국 재무부 규칙과 OECD 보고서의 주된 차이점은, i) 미국 재무부 규칙은 비교가능 제3자 가격법, 재판매가격법, 원가가산, 기타 방법의 순으로 우선 순위를 정한데 비해, OECD 보고서는 비교가능 제3자 가격법을 선호하기는 하나 우선 순위를 두지는 않았다는 점과, ii) 미국 재무부 규칙은 '보조적' 서비스에 대해서는 이윤을 붙이지 않는 데 대해 OECD 보고서는 이윤을 붙이도록 하고 있다는 것 등이다. BEPS Action 8을 거쳐서 현재의 OECD 보고서는 보조적 서비스에 5%라는 이윤을 붙이라고 한다. BEPS Action 8-10, D.3 문단.

53) OECD, "Transfer Pricing and Multinational Enterprises—Three Taxation Issues" (1984).

54) 1988. 12. 31. 개정 법인세법 시행령 제46조 제4항, 1989. 3. 6. 개정 법인세법 시행규칙 제22조의2.

55) 가령 미국법이 독일에 미친 영향에 관한 글로, Gumpel, "Germany's new international tax law patterned after U.S. Code", New York Law Journal (1973. 3. 26.자).

56) E.I. Du Pont de Nemours and Co. v. United States, 608 F.2d 445 (1979). cert. denied, 445 U.S. 962, 특히 450쪽.

라 거래 당사자 중 한쪽의 소득을 늘려 잡으면 상대 당사자가 속하는 나라는 이에 맞추어 소득을 줄여 잡는 대응조정(對應調整; corresponding adjustment)을 하도록 정하고 있음은,[57] 이와 같이 딱 떨어지는 정답(경제학 용어를 빌린다면 일물일가(一物一價)의 법칙)이 있음을 전제로 한다. 이 한 가지 정답이란, 당해 물건과 똑같은 물건의 가격, 곧 독립기업간 가격의 기본 개념인 비교가능한 제3자 가격이다. 그러나 이런 한 가지 정답은, 이론적으로 말한다면 완전경쟁 시장에서나 있을 수 있다. 다국적기업 —정의상 거대기업일 수밖에 없는 기업— 이 초과이윤을 거두어들이는 현실과는 맞지 않는다.

다국적기업에서는 일물일가의 법칙이 안 통한다. 유효경쟁시장이라면 어느 회사든 투자에 정상이윤을 덧붙인 정도만 회수할 뿐. 즉 경쟁시장에 들어있는 기업은 스스로 가격을 설정할 능력이 없고, 각 회사가 버는 소득은 대세만 따진다면 가격기구에 따라서 수동적으로 결정된다. 이와 달리 다국적기업은 거의 언제나 독점적 지위에서 스스로 가격을 설정할 수 있다. 제품의 판매가격을 스스로 설정할 수 있다는 것은 내부적 이전가격 역시 스스로 설정할 수 있다는 뜻이고, 그렇다면 이전가격을 얼마로 정할 것인가라는 문제에서 다국적기업과 경쟁기업은 이미 서로 비교가능한 상태에 있지 않다. 이 문제는 비교가능 제3자 가격법 등 네 가지 방법을 적용한 첫 사건이라 할 "Du Pont" 판결에서 이미 두드러지고 있다.[58]

다국적기업의 공급가격이 얼마라야 '정상'인가라는 질문은 독점적 초과이윤을 어떻게 나누어 가질 것인가라는 협상에서 어떤 결과에 이를까를 묻는 것이다. 한 회사가 받아들일 수 있는 최대한도가 90 : 10이고 다른 회사가 받아들일 수 있는 최대한도가 10 : 90이라면, 그 사이의 어떤 배분도 모두 독립기업의 원칙에 맞는다는 결과가 된다.[59]

U.S. Steel v. Commissioner[60]

이 사건 납세의무자인 "U.S. Steel"은 철강 제조업자이다. 철강 제조의 주된

57) OECD 모델 제9조 제2항.

58) E.I. Du Pont de Nemours and Co. v. United States, 608 F.2d 445 (1979), cert. denied, 445 U.S. 962, 특히 449쪽 E 부분.

59) 쌍방 독점("monopoly"와 "monopsony" 사이의 거래)의 경우 가격이 한 가지로 결정되지 않는다는 것은 미시경제학 교과서에서 쉽게 찾아볼 수 있다.

60) 617 F.2d 942(2nd Cir., 1980).

원료는 철광석과 석탄이고, "U.S. Steel"은 베네수엘라에 있는 철광석 광산을 소유하고 있었다. 이런 원재료의 수송 역시 큰 일이므로 남에게 맡기기가 어렵다. "U.S. Steel"도 처음에는 외부 해운업체에 수송을 맡기다가 1953년에 "Navios"라는 해운회사를 자회사로 설립하고 수송을 맡긴다. "Navios"의 선적은 라이베리아이고 주사무소는 바하마여서 기본적으로는 어느 나라에도 법인세를 내지 않았다. "Navios"는 상당한 인원을 고용하고 실제 수송 업무를 수행했으며 그렇게 할 만한 사업상 이유가 있었음에는 다툼이 없었다. "Navios"의 운송 수입 가운데 대부분은 "U.S. Steel"의 화물이지만 대략 1/10 정도는 독립적인 화주들의 화물에서 생긴 수입이었다. 화주가 누구이든 "Navios"가 받은 운송료는 똑같았다. 국세청은 "Navios"가 "U.S. Steel"에게서 받은 운임이 정상가격을 넘는 과다한 가격이라고 주장하면서 그 논거로 애초 특수관계 없는 제3 화주와 "Navios" 사이의 관계는 특수관계자인 "U.S. Steel"과 "Navios" 사이의 관계와 비교가능한 것이 아니라는 점을 내세웠다. 그러나 법원은 비교가능하다는 말은 동일하다는 뜻이 아니라고 말하면서 납세의무자 승소 판결을 내린다. 독립적인 화주에게서 받은 물량이 훨씬 적다고는 하나 절대적으로 볼 때 한번에 10만 톤씩을 운송하면서 100만 달러 이상을 받는 계약이고 계약상대방 역시 "U.S. Steel" 못지 않은 대규모 철강회사라는 점을 생각하면, 이런 독립적 화주와 맺은 계약은 정상가격이라고 볼 수밖에 없다는 것이다. 독립적인 매도인과 매수인이 선의의 협상 끝에 도달한 가격은 설사 완전경쟁시장 가격이 아니더라도 비교가능한 정상가격이라는 것이다.

기실 "U.S. Steel"이 "Navios"에 맡기는 물량이 "Navios"의 매출액의 대종이라는 점에서 본다면 "U.S. Steel"은 더 싼 운임을 지불했어야 한다고 볼 수도 있다. 실제로 제1심 판결은 그렇게 보았고. 그러나 제2심 판결은 이 생각을 내친다. 일단 이런 길로 들어선다면 얼마를 지불했어야 하는지 답을 낼 수가 없고, 이 함정을 피하려면 이런 차이는 무시하고 독립당사자 사이의 협상가격인 이상은 모두 정상가격이라고 보아야 한다는 것이다. 구체적인 차이를 이처럼 무시하고 웬만하면 다 비교가능하다고 본다면 그 결과는 무엇인가? 우리 국내법의 용어로 표현한다면 특정한 정상가격이란 없고, 그저 '정상가격의 범위'가[61] 있을

61) arm's length range. 이전가격이 정상가격의 범위 내에 들어 있다면 부당행위계산 부인 대상이 아니다. 대법원 2001. 10. 23. 선고 99두3423 판결. 특수관계자 사이의 거래가 정상가격이 아

뿐이라는 말. 그렇다면 구체적 분쟁에서는 어떤 결과가 생기는가? 납세의무자는 납세의무자대로, 국세청은 국세청대로 각자 웬만큼 비슷한 조건의 가격을 찾아 이것이 정상가격이라고 우기게 마련이고 그 사이에서 구체적으로 몇 원을 과세의 기준으로 삼을 것인가는 정답이 나오지 않는다. 그렇다면 법원은 무엇을 어떻게 해야 하는가? 결국은 엿가락 자르듯 적당히 자르는 수밖에 없다. 납세자는 납세자대로, 국세청은 국세청대로 각각 자기에게 유리한 온갖 주장과 자료를 내세우고, 최종 결과는 두 당사자가 적당히 타협하거나 법원이 가운데 어딘가를 적당히 자르는 것일 뿐이다. 어떻게 보자면 제482조를 소득의 적정한 반영이라는 뜻으로 읽었던 1960년대로 돌아간 셈이다. 제482조는 독립기업 원칙을 나타낸다는 말은 남았지만, 일정한 범위 안에 들어가면 다 독립기업 원칙에 맞다는 결과가 생긴 것이다.

Bausch & Lomb v. Commissioner[62]

B&L은 미국계 기업으로 세계적인 콘택트렌즈 제조회사이고 이 사건 당시 미국 시장에서 50%를 넘는 시장 점유율을 차지하고 있었다. B&L은 아일랜드에 자회사를 세워 그 자회사에서 렌즈를 제조하고 있었다. 아일랜드는 외국인투자 유인책의 하나로 현금 보조금도 지급하고, 법인세도 낮추어 10%라는 낮은 세율로 정하고 있었던 데 더하여 투자의 초기 일정기간은 법인세를 아예 면제해 주고 있었다. 1981년 B&L은 아일랜드 정부와 맺은 합의에 따라 제조 공정을 아일랜드로 옮겨서 아일랜드 자회사에서 렌즈를 생산했다. 이 합의 내용 가운데 하나가 아일랜드 자회사가 지급하는 기술 사용료는 매출액의 5% 이하이어야 한다는 것이었다.[63] 아일랜드 자회사는 1981년에 1,116,000개, 1982년에 3,694,000개를 판매했고 그 가운데 B&L이 사들여서 미국 소매시장에 판 개수는 1981년에 680,000개, 1982년에 2,056,435개였다.[64] 나머지는 해외의 다른 계열회사들이 사들여서 해외 시장에 팔았다. 아일랜드 자회사의 판매가격은 B&L에 대한 판매나 해외 계열회사에 대한 판매나 모두 FOB 가격으로 7 달러 50 센트이어서 매

님을 국세청이 어느 정도 입증한 뒤에는, 정상가격의 범위가 있고 쟁점 이전가격이 그 범위에 들어감을 납세의무자가 입증하여야 한다. 같은 판결. 시가의 개념은 이창희, 『세법강의』, 제22장 제3절 Ⅱ, 제25장 제1절 Ⅴ.

62) Bausch & Lomb, Inc. and Consolidated Subsidiaries v. Commissioner, 92 T.C. 525 (1989).

63) 같은 판결 562쪽.

64) 같은 판결 573쪽.

출액은 1981년에 8,373,000 달러, 1982년에 27,370,000 달러이었다.[65] 미국 시장에서 특수관계 없는 자에 대한 B&L의 재판매가격은 1981년에 16달러 74센트, 1982년에 15달러 25센트이었다. 해외 계열회사들의 재판매가격은 좀 더 높은 22달러 03센트, 18달러 41센트이었다.[66] B&L은 아일랜드 자회사의 매출액의 5%를 '로열티'로 받았고 그 금액은 1981년에 8,373,000×.05=약 418,869 달러, 1982년에 27,370,000×.05=1,368,000 달러이었다.[67] 한편 미국 시장에서 B&L의 경쟁업체인 콘택트렌즈 제조회사는 약 10개 사가 있었고, 이런 경쟁업체가 유통업자에게 판 가격은 FOB 가격으로 조정했을 때 7달러 50센트에서 10 달러 정도였다.[68] 주목할 점은 다른 경쟁업체의 제조원가가 4 달러에서 6달러 46센트 사이인 데 비해서[69] B&L의 제조원가는 "spin-cast"라는 신기술 덕택에 1달러 50센트 정도로 훨씬 낮았다는 것이다.[70]

국세청은 1981년과 1982년 이 사업에서 생기는 소득 가운데 아일랜드 자회사에 귀속할 부분은 아일랜드 자회사 매출액의 20%뿐이라고 보았다. 나머지는 모두 B&L에 귀속해야 적정하다고 보고, B&L이 이미 사용료로 받은 금액을 제외한 나머지 모두 B&L이 추가로 받아야 할 사용료라고 보았다. 이렇게 계산한 사용료의 금액은 1981년에 2,778,000 달러, 1982년에 19,793,750 달러이고, 이미 받은 5% 사용료와의 차액으로 추가 과세한 소득금액은 2,359,331 달러와 18,425,750 달러이었다.[71]

국세청은 이 사건의 쟁점이 두 회사의 소득을 어떤 기준으로 나눌 것인가라고 주장하였으나 법원은 이를 내친다. 우선 아일랜드 자회사의 설립은 정당한 사업 목적이 있었지만 제482조의 부당행위계산 부인은 조세회피 목적이 없어도 적용할 수 있다.[72] 이 법조의 적용에서 국세청 주장은, 아일랜드 자회사는 그저

65) 실제 계산해보면 사소한 차이가 있다.

66) 같은 판결 573쪽.

67) 같은 판결 574쪽. 미세한 숫자 차이는 일부 사정을 반영한 것이다.

68) 같은 판결 575~579쪽.

69) 같은 판결 553쪽, 592쪽.

70) 같은 판결 583쪽.

71) 판결문에 안 나오지만 국세청의 계산을 어림잡자면 아일랜드 자회사의 단위당 판가가 7.5 달러, 원가가 1.5 달러인 상황에서 순이익이 1.5 달러(=매출액 7.5 달러×20%) 남게 하려면 사용료로 단위당 4.5 달러를 받아야 한다는 계산이 된다. 물론 회사의 초기단계에는 단위당 제조원가가 상대적으로 높기 때문에 단위당 1.5 달러의 순이익을 보장하려면 사용료는 단위당 4.5 달러보다는 좀 낮아진다. 납세의무자가 이미 받은 5% 기술료는 단위당 7.5 달러×5%=37.5 센트이므로 차액을 과세한 것이다.

72) 이에 대해서는 아래 제Ⅳ항 참조.

생산기지일 뿐이며 사업상 위험을 따로 지지 않으므로 거기에는 원가에 적정한 마진(매출액의 20%)을 더한 정도의 소득만 귀속시키고 나머지는 모두 B&L에 귀속시켜야 한다는 것이다. 그러나 아일랜드 자회사의 판매물량과 가격이 미리 보장된 것도 아니고, 또 원가가산법은 적용 순위상 3번째 방법일 뿐이므로 이 주장은 그르다. 이리하여 법원은 쟁점을 7 달러 50 센트라는 제품 판매가격이 정상가격인가, 또 매출액의 5%라는 기술료가 정상가격인가 이 두 가지로 나누어서 분석한다.[73)]

우선 7 달러 50 센트라는 판매가격은 비교가능한 제3자 가격(다른 제조업자가 유통업자들에게 판매한 가격) 및 경쟁력이 낮지만 생존하고 있는 회사의 제조원가와[74)] 견주어 볼 때 높지 않다. 국세청은 B&L이 다른 유통업자와 달리 기술을 제공하였고 의약품 인가를 받는 등 여러 가지 기능을 수행했다는 점을 지적하나 그 차이는 대수롭지 않다. 또 국세청은 B&L의 구매량이 아일랜드 자회사의 판매물량 가운데 차지하는 비중이, 독립기업이라면 애초 사들이지 않았을 만큼 절대 다수라는 점을 지적한다. 그러나 "U.S. Steel" 판결에 따른다면 독립기업 원칙이란 사실관계 자체는 움직이지 않은 채 거래 조건만 보는 것이다. 물량의 차이에도 불구하고 독립적 제3자가 사들인 가격은 비교가능 제3자 가격이다. 진짜 문제는 두 번째의 사용료이다. 국세청 주장은 어림잡아 단위당 1.5 달러의 이익을 넘는 부분은 모두 사용료로 B&L에 귀속시켜야 한다는 것이다. 한편 납세의무자는 경쟁업체가 지불하는 사용료가 개당 1 달러, 또는 매출액의 5%라는 점을 지적하나 B&L의 기술은 훨씬 뛰어난 기술이므로 비교대상이 아니다.

그렇다면 남는 기준은 두 회사의 손익이라는 내부적 사정밖에 없다. 국세청은 사용료가 얼마라야 아일랜드 자회사의 실제 소득 가운데 적정 금액을 미국 모회사로 옮길 수 있는가를 계산해 내려 하지만 이것은 잘못된 시도이다. 정상가격이란 가격설정 내지 협상 당시의 사정으로 볼 때 정상적인가를 묻는 것이다. 이것은 애초 기술료를 얼마로 책정하였더라면 두 회사의 소득이 적정하게 배분되었을까라는 가상적 수치 예측(projection)으로 문제를 풀어나간다. 애초

73) 같은 판결 582~584쪽.

74) 이 판단의 한 갈래로 가장 경쟁력이 약한 회사의 원가가 6 달러 50 센트 정도라는 점을 지적한다. 경쟁시장이라면 시장가격은 경쟁력이 가장 약한 회사의 원가(경제학의 원가 개념은 정상이윤을 포함하는 개념이므로 이런 회계상 원가에 정상이윤을 덧붙여야 한다)라는 점을 지적하고 있는 것이다. 같은 판결 592쪽. 이창희, 『세법강의』, 제2장 제3절 Ⅰ. 2.

사업계획 단계로 돌아가서 두 회사의 소득이 적정하게 나뉠 수 있도록 기술료의 수준을 결정하고 그 기술료를 실제 생산 · 판매량에 적용해야 한다는 것이다. 그렇다면 적정하게 나눈다는 것은 무엇을 뜻하는가? 법원은 영업이익을[75] 50:50으로 나누어야 한다고 결정한다. 구체적으로는 이 사건에서 애초 사업계획 단계로 돌아가면 아일랜드 자회사의 10년간 판매량 · 판매단가 · 원가 등의 예측치를 따져서 이익의 예측치를 다음과 같이 계산한다.

	1980	1981	1982	1983	1984	1985	1986	1987	1988	1989
생 산 량		1,000	2,100	3,100	3,200	3,225	2,580	1,935	1,290	645
판매단가		7.5	7.5	6.5	6.0	5.5	5.0	4.5	4.0	3.5
매 출 액		7500	15750	20150	9200	17378	12900	8708	5160	2258
영업이익	(1231)	2554	6415	8119	8800	9693	6167	3287	1053	(537)

위 숫자에 사용료 금액을 매년 매출액의 15%, 20%, 57% 등 여러 수준으로 넣어보면 20% 선에서 위와 같이 예측한 10년간 영업이익의 합계가 대략 50:50으로 나뉜다.[76] 명목금액 기준으로 10년을 합하면 영업이익은 44,320이 되고 사용료는 21,874, 사용료 공제후 영업이익은 22,446달러가 된다. 이 계산에 근거하여 사용료의 정상가격을 20%라고 정한 뒤, 이 요율을 1981년과 1982년의 실제 매출액에 곱하면 1,116,000개×7.5달러×20%=1,674,000달러, 3,694,000개×7.5달러×20% =5,541,000달러가 된다.[77]

경쟁업체와 견주어 볼 때 B&L이 기술적 우위 덕으로 누리던 초과이윤은 6달러 20센트－1달러 50센트＝4달러 70센트 정도였다. 이 초과이윤은 누구에게 귀속하는 결과가 되었는가? 애초 국세청 주장으로 B&L의 정상적 사용료는 2,778,000 달러와 19,793,750 달러이었다. 최종적으로 법원이 정한 정상적 사용료는 1,674,000 달러와 5,541,000 달러이다. 단가로 어림잡으면 법원이 아일랜드

75) 영업이익이란 금융수익이나 금융비용 등을 반영하기 전의 이익을 말한다. 아래 Ⅵ. 이창희, 『세법강의』, 제18장 제5절 Ⅳ. 이 사건에서는 왜 영업이익을 골랐는지는 판결문에 설명이 없다. 제2절 Ⅵ, Ⅶ.

76) 같은 판결 610~611쪽.

77) 법원은 실제 매출액 8,373,000 달러와 27,370,000 달러를 쓰지 않고 실제 판매수량에 실제 단가를 곱한 금액에 20%를 곱했다. 사소한 차이는 아마 매출에누리 따위의 회계처리 방법 때문일 것이다.

자회사에 귀속시킨 소득은 (판매단가 7.5달러－제조원가 1.5달러－사용료 1.5달러)＝4.5달러가 된다. 초과이윤은 거의 다 아일랜드 자회사에 귀속하게 되어 미국의 과세권을 벗어난 것이다.

유효경쟁시장이라면 어느 회사든 투자에 정상이윤을 덧붙인 정도를 회수할 수 있을 뿐이다. 즉 경쟁시장에 들어있는 기업은 스스로 가격을 설정할 능력이 없고, 각 회사가 버는 소득은 대세만 따진다면 가격기구에 따라서 수동적으로 결정된다. 이에 비해 B&L은 독점적 지위에서 스스로 가격을 설정할 수 있다. 경쟁업체가 최소 6 달러 20 센트를 들여야 만들 수 있는 제품을 1 달러 50 센트에 만들어내고 있다는 사실은 원한다면 언제라도 제품의 가격 인하를 통해 경쟁기업을 시장에서 내쫓을 수 있음을 뜻한다. 제품의 판매가격을 스스로 설정할 수 있다는 것은 내부적 이전가격 역시 스스로 설정할 수 있다는 뜻이고, 그렇다면 이전가격을 얼마로 정할 것인가라는 문제에서 B&L과 경쟁기업은 서로 비교가능한 상태에 있지 않다.

렌즈의 공급가격이 얼마라야 정상이고 기술료로 얼마를 받아야 정상인가라는 논점은 B&L 아일랜드와 B&L 미국이 서로 독립적인 회사라면, 개당 5 달러라는 초과이윤을 어떻게 나누어 가질 것인가라는 협상에서 어떤 결과에 이를까를 묻는 것이다. 우리 국내법의 용어로 표현한다면 정상가격이란 없고, 다만 '정상가격의 범위'가 있을 뿐이다. 그 범위 안에서는 모두 정상가격이라고 보아야 한다. 그렇다면 답을 어떻게 낼 것인가? 결국은 엿가락 자르듯 적당히 자르는 수밖에 없다. B&L 사건에서는 법원이 납세자의 편을 들어 경쟁업체의 공급가격이 정상가격이라고 보았다고 앞서 말했지만, 실제 판결 내용을 잘 들여다보라. 결국 엿가락 자르듯 자르고 있다. 법원은 이 사건의 두 가지 쟁점, 즉 기술료의 수준이 적당한가, 또 제품의 이전가격이 정상가격인가라는 논점을 뭉뚱그려 판단하고 있다. 제3자 가격에 견주어 제품 이전가격(B&L 아일랜드의 입장에서 본다면 판매가격)을 정하고 거기에서 제품 제조원가 기타 비용을 뺀 소득을 구한 뒤, 이 소득을 B&L 미국과 B&L 아일랜드가 50:50으로 나누어야 한다는 것이다. 바꾸어 말하면 이 소득의 50%가 B&L 미국이 받아야 하는 기술료. 그런데 이 금액은 사업 전망치에서 볼 때 B&L의 매출액의 20%에 해당. 따라서 기술료의 정상가격은 매출액의 20%라는 것이다.[78] 두 회사 사이에 소득이 50:50으로 분할되어야 한

78) Bausch & Lomb 판결(92 T.C. 525), 특히 610쪽.

다는 논거는 무엇인가? 기술 제공자와 기술 도입자 사이의 소득분할이 대개 1:4라는, 그냥 그렇다는 주먹구구를 인용한 뒤, 이 사건에서는 1:4는 불공평하고 5:5로 해야 공정하다는 것이다.[79] 왜 그런가를 따져 물으면 그에 대해서는 아무런 답이 있을 수 없다.

이전가격 사건의 본질이 초과이윤을 엿가락처럼 잘라 나누는 것이라는 점은 다른 사건에서도 마찬가지이다. "Bausch & Lomb" 판결에서는 50:50이었지만, "Hospital Corp" 판결[80]에서는 75:25로, "Eli Lilly" 판결[81]에서는 45:55로 나누고 있다. 사태를 한결 악화시키는 요소로 독립기업 원칙이란 특수관계자들이 매매계약을 맺을 당시로 돌아가 얼마의 가격에 합의하였을 것인가를 묻는 것이다. 이미 B&L 판결에서 본 바와 같다. 논리적으로는 당연히 옳다. 그러나 현실세계에서 이 물음은 사후적으로 생긴 소득을 나누는 것이 아니고, 계약 당시 각 당사자가 얼마의 소득을 예상하였을까라는, 계약 당시로 돌아가서 미래를 그리는 '소설'이 된다. 이런 소설은 그 속성상 만들어내기도 쉽고 내치기도 쉬울 수밖에 없다. 더구나 사태를 더 복잡하게 하는 것은 과세소득의 계산 과정이다. 특수관계자 각각에 귀속되는 과세소득은 사후적 실제 소득을 나눈 것이다. 과세소득의 계산은 사전적 소득 예상액에 터잡아 정상가격을 산정한 뒤 이 정상가격을 실제 일어난 거래에 적용하여 실제 소득을 다시 계산할 때 특수관계자 소득은 각 얼마가 된다는 식의 복잡한 계산 구조를 띠게 된다. 이리하여 소송이나 당사자간 화해에 드는 시간과 돈은 한량 없는 데 비해서, 그 결과로 나오는 판결이나 합의는 선례로서의 가치를 거의 지니지 못한다.[82] 이전가격을 둘러싼 분쟁해결 절차는 '헛된 일을 연습'하는 것일 뿐이게 되었다.[83]

Ⅳ. "Super Royalty" 규정과 국제적 세수 싸움

그렇게 본다면, 이전가격 문제는 이미 조세회피에 대한 대응이라는 차원의

79) 같은 판결, 608쪽.

80) Hospital Corporation America v. Commissioner, 81 T.C. 520 (1983).

81) Eli Lilly & Co. v. Commissioner, 84 T.C. 996 (1985).

82) Matthew T. Adams, "Advance Pricing Agreements", in Transfer Pricing and the Foreign Owned Corporation 59 (Handbook for PLI course chaired by Bobbe Hirsh; 1991. 6. 19).

83) "exercise in futility", 같은 글.

문제가 아니라, 다국적기업이 누리는 초과이윤에 대한 조세를 관련 국가들이 어떻게 나누어 가질 것인가 하는 세수(稅收) 싸움. 초과이윤의 분배에는 어차피 정답이 없다는 점을 생각하면, 고율 과세국 사이의 거래에서도 이전가격 문제가 정당하게 제기될 수 있다.[84] 심지어는 예를 들어 40% 세율 국가에서 50% 세율 국가로 소득을 이전했다는 주장을 40% 세율 국가가 제기하는 경우도 가능하게 된다. 결국 독립기업의 원칙은 필연적으로 납세의무자를 볼모로 삼은 채 관련 국가들 사이의 분쟁을 부르게 된다.

독립기업의 원칙이 낳는 실무적 어려움에 더하여 미국은 이 원칙이 자국에 불리하다는 생각에 이르게 된다. 미국이 압도적 자본수출국인 상황에서, 독립기업 원칙으로 정당화할 수 있는 가격의 범위가 워낙 넓다 보니 자본수입국이 매기는 세금이 부당히 많다고 말할 논리가 궁하기 때문이다. 미국 자본이 해외에 공장을 두어 생산한 물건을 미국의 소비자에게 판다면, 공장 소재지국은 미국 내 판매 활동에는 정상이윤 내지 최소한의 이윤만 남기고 초과이윤은 모두 과세하면서 자기 입장을 독립기업의 원칙으로 정당화할 수 있다. 재판매가격법이 그 결과를 보장한다. 다른 한편 미국 기업이 미국 안에서 생산한 물건을 다른 나라에 현지법인을 거쳐 파는 경우, 물건의 수입국은 미국 내 제조활동에는 정상이윤만 귀속되고 초과이윤은 모두 자국이 과세해야 맞다고 우길 수 있다. 원가가산법을 적용하면 그렇게 되니까. 특히 1980년 무렵 이후로는 외국 기업의 대미(對美) 투자가 늘어남에 따라, 이 문제가 외국 기업이 세금을 빼먹는다는 감정적 성격을 띠게 되었다는 점은 이미 보았다.

미국은 이 결과에 분개하고 초과이윤에 대한 세수는 미국이 차지해야 맞다고 주장했다. 1986년 미국 국회는 법을 바꾸어 "무형재산의 이전이나 라이선스의 경우에는 이전이나 라이선스에서 생기는 소득은 무형재산에 귀속될 소득과 '비례'(commensurate)하여야 한다"라는 저 유명한 제2문을 담아서 제482조를 가다듬었다. 이것이 이른바 "super royalty", 우리말로 옮기자면 '초과분 사용료' 조항.[85] 사실 이 개정법은 뜻을 알기 어렵다. 입법 연혁[86]을 뒤져 미국 국회의 주

84) 부당행위계산부인(미국세법 제482조) 사건에서는 조세회피의 의도가 없더라도 소득을 경정할 수 있다. Central Cuba Sugar Co. v. Commissioner, 198 F.2d 214, 215(2d Cir), cert. denied 344 U.S. 874(1952) 등. 우리나라에서도 대법원 1979. 2. 27. 선고 78누457 판결 이후 굳은 판례. 이창희, 『세법강의』, 제22장 제3절.

85) 미국세법 제482조.

관적 의도를 찾아보더라도, 어떤 식으로든 좋으니 미국이 세금을 더 걷도록 하라는 정도의 뜻밖에 나오지 않는다. 미국 재무부와 국세청은 의회의 명을 받아 1988년 '이전가격에 관한 제482조 백서'를[87] 내었고, 그 뒤 1992년 재무부 규칙 개정안을 내었다.[88]

위 백서나 규칙안의 요는, 초과이윤을 연구개발의 성과로 보고 연구개발이 이루어지는 나라에서 과세한다는 것이다. 그 나라가 바로 미국임은 말할 나위도 없고 이 결과를 이루기 위한 수단으로 등장한 개념이 이른바 "best method rule" 이다. 곧 원가가산, 재판매가격 등 여러 방법이 모두 대등한 효력이 있는 것이 아니라 납세의무자마다 그에게 가장 알맞는 최선의 방법이 하나씩 있다는 것이다. 그렇다면 최선의 방법은 어떻게 정하는가? 이는 당해 납세의무자의 소득과 다른 기업의 소득을 비교하여(이익비교법)[89] 미국 정부가 정한다.[90] 결국 미국의 세수를 최대화하는 방법이 최선의 방법이 되게 마련. 이 결과를 이루기 위한 수단 가운데 하나로 이익분할법도 원가가산법이나 재판매가격법처럼 정상가격의 계산방법이 된다고 인정하게 되었다. 이익분할법이란 특수관계자들의 소득을 모두 합한 금액의 일부를 납세의무자의 소득으로 삼는 것으로, 근본적으로는 여태껏 이단(異端)으로 여겼던 '공식 배분'(公式配分, formulary apportionment) 내지 '단일기업 과세' 방식에 가깝다. 독립기업 원칙이란, 자국 거주자의 과세소득을 결정하는 각국은 오로지 자국에서 벌어지는 일만을 보아야 하며 거래 상대방의 소득이 어떤가는 보지 말아야 하고 구태여 볼 이유도 없다는 것이므로, 그런 뜻에서 단일기업과세 방식은 독립기업 원칙에 어긋난다. 거래 당사자 둘의 소득을 합한 결과를 일정한 기준에 따라 분할한다는 점에서 이익분할법은 단일기업과세 방식과 본질이 같다. 미국은 제 세수를 늘리기 위한 방편의 하나로 이 이익분할법을 계산 과정에 들여왔던 것이다. 실은 "super royalty" 규정 자체가, 적어도 그 때까지 국제사회의 이해에 따른 독립기업의 원칙과 맞지 않는다.[91] 미국

86) H.R. Rep. 99-281, 99th Cong., 2d Sess.(1986), at Ⅱ-637.

87) 미국 재무부, I.R.S. Notice 88-123, 1988-2 C.B. 458 (Oct. 18, 1988).

88) 2017년 개정법은, 역시 무슨 말인지 알기 어렵지만 아무튼 무형재산의 평가 방법을 바꾸어서 세수를 늘리라는 뜻으로 제3문을 추가했다.

89) Comparable Profit Method ("CPM"). Prop. Reg. 1-482-2(e)(iii), Fed. Reg.(Jan. 30, 1992).

90) 미국 국세청에서는 1994년 규칙의 도입 전에도 실제는 이익비교법으로 큰 틀을 정해 놓고 정상가격을 구했다. Eden, 앞의 책, 383~453쪽.

91) Department of Finance (Canada), "Transfer Pricing Rules and Guidelines Clarified", reprinted

의 전략은, 독립기업의 원칙이 이미 국제적 규범이 되어 있음을 고려하여, 독립기업의 원칙이라는 말 자체는 유지하면서 그 내용을 바꾸어내려 했던 셈이다.[92]

Ⅴ. 싸움의 결말: 현행 법제

1. 미 국

유럽을 비롯한 다른 나라들은 미국의 이 제안에 반발하였고,[93] 결국 미국은 초과이윤을 독차지하겠다는 제 뜻을 펴지 못했다. 최종 결과는 미국의 1993년 임시 규칙을 거쳐 1994년 개정 재무부 규칙으로 나타났다. 개정 규칙은 유형재산과 무형재산을 나누어 정하고 있다. 유형재산의 정상가격은 비교가능 제3자 가격법, 재판매가격법, 원가가산법, 이익비교법, 이익분할법 가운데 가장 알맞은 방법으로 정한다.[94] 제3자와의 소득 비교를 우선하려던 생각은 포기하였고, 이런 방법 가운데 어느 것이든 모두 대등한 지위에서 최선의 방법이 될 수 있다고 정하고 있다.[95] 무형재산에 대해서는 비교가능 제3자 가격이[96] 없다면, 이익비교법이나 이익분할법, 또는 기타 방법에 따라서 정상가격을 산출한다.[97] 성질상 재판매가격법 등은 적당하지 않기 때문이다. 결국 거의 원점으로 돌아간 셈이고[98] 예전에 비한다면, 달라진 점은 두 가지 정도이다. 하나는 이익분할법이 재무부 규칙에 들어간 것이지만, 이것은 사실 종래 판례가 이미 쓰던 방법이므로 새로운 변화라고 할 것도 못된다. 또 하나는 무형재산의 사용대가에 대한 '주기적'(periodic) 경정이다.[99] 계약 당시에는 정상적 가격조건이었던 거래라도 사후적 사정에 맞추어 그런 거래에서 생기는 소득을 경정할 수 있다는 것이다.

---

at 23 Tax Management International Journal 148 (Mar. 11, 1994).

92) Chang Hee Lee, "A Strategic Tax Approach for Capital Importing Countries under the Arm's Length Constraint", 18 Tax Notes International 677(1999), 특히 684쪽.

93) OECD, Executive Summary (1992. 12).

94) 미국 재무부 규칙 1.482-1(c), 1.482-3(a).

95) 미국 재무부 규칙 1.482-1(c)(1).

96) 무체재산에 '가격'이라는 말을 쓰기가 적당치 않다는 생각에서 비교가능 제3자 거래법(comparable uncontrolled transaction: CUT)이라는 말을 쓰고 있지만 내용은 다를 바 없다.

97) 미국 재무부 규칙 1.482-4(a).

98) Chang Hee Lee, 앞의 글, 683쪽.

99) 미국 재무부 규칙 1.482-4(f)(2).

2. OECD

OECD도 이 국제적 힘겨루기의 결과를 공식적으로 문서화하였으니, 그것이 1995년에서 1997년에 세 차례에 걸쳐 나온 보고서 '다국적기업과 과세관청을 위한 이전가격지침'[100]이라는 몇 백 쪽 분량의 문서이다. 이 보고서는 개정 작업의 필요성을 두고, 국제거래의 수가 늘고 질적으로 복잡해졌다, 다국적기업이 급증했다, 무형재산 등이 포함된 특수관계기업 간 거래에 대해서는 비교가능한 시장거래 파악이 어렵다, 이런 식으로 점잖게 표현하고 있으나,[101] 실제 과정은 미국과 벌인 한판 싸움이었다. 1995년 OECD 이전가격지침은, 비교가능한 거래를 중심으로 한 독립기업의 원칙이 쓸모없다는 입장과 이를 그대로 지켜나가자는 입장을 절충한 셈이다. 곧 독립기업 원칙을 이전가격 결정을 위한 가장 효과적인 수단으로 보고 계속 유지하였지만,[102] 다른 한편 독립기업 원칙의 뜻을 보다 넓게 풀이하여 이익분할법이나 거래 순(純) 이익률법(둘을 합쳐 거래이익법이라 부른다) 따위 단일기업과세에 가까운 비(非) 전통적 방법들도 보충적으로 인정하였다.[103] 겉껍질은 전통적 원칙을 지켜낸 듯 하지만 실상은 미국의 입장을 대폭 받아들인 것. 이 지침은 그 뒤 몇 차례 개정을 겪는다. 2010년에는 거래이익법에 관한 내용을 한결 구체화하면서 거래이익법을 최선의 방법이라고 볼 여지를 넓혔다.[104] 2017년에는 BEPS "Action 8, 9, 10"에 따라 정상가격 산정 방법을 손보고 "Action 13"에 따른 '문서화'(documentation) 관련 내용을 추가했다. 2018년에는 이익분할법 부분에 다시 손대었다.

분석대상인 특수관계 거래에서[105] 정상가격, 곧 독립한 기업이라면 합의하였을 가격을 구하는 작업은 비교대상 거래, 곧 특수관계 거래와 견줄 만한 독립기업 사이의 거래를 찾는 데에서 시작한다. 내용(거래 당사자 사이의 재무적·상업

---

100) OECD, "Transfer Pricing Guidelines for Multinational Enterprises and Tax Administrations". 이 문서는 OECD 모델 주석의 일부인 셈이다. OECD 모델 제9조 주석 1문단. 이 문서도 모델 주석처럼 수시로 개정하고 있다. 계속 논의되는 개정안은 OECD의 웹사이트나 www.itc-leiden.nl 등에서 찾을 수 있다. 이하 'OECD 이전가격지침'.

101) OECD 이전가격지침 전문(前文).

102) OECD 이전가격지침 Ch. Ⅰ.

103) OECD 이전가격지침 Ch. Ⅱ, Part Ⅲ.

104) OECD 이전가격지침 Ch. Ⅱ, Part Ⅲ.

105) OECD 이전가격지침은 이것을 "controlled transaction"이라 부른다.

적 관계)과 경제 환경이 서로 견줄 만한 거래를 찾는다는 것.[106] 전통적 방법이든 비전통적 방법이든, 비교가능한가는 계약 조건, 기능 분석, 재화나 용역의 특성, 경제 환경, 사업 전략, 이 5가지를 모두 고려해서 정해야 한다.[107] 여기에서 기능분석이라는 말은 맡고 있는 사업활동 내지 기능이 제조·판매·구매·연구개발·광고·운송·재무관리 등 측면에서 비슷한지, 쓰고 있는 자산은 종류·내용연수·시장가치 이런 것들이 비슷한지, 지고 있는 위험은 시장 여건의 변화, 투자의 성패, 신용 위험 등으로 볼 때 비슷한지, 이런 것들을 따져보아야 한다는 말이다.[108] 가령 제조업자가 제 돈을 투자해서 공장을 지어서 제품을 특수관계인에게 공급하지만, 그런 투자에 대한 위험을 부담하지 않는 거래구조라면 제조업자가 원가 보상에 더해서 받을 수 있는 이문은 무(無) 위험 수익률뿐이라고 한다.[109]

정상가격을 찾는 전통적인 거래방법에서는 근본적으로 같거나 비슷한 물건의 가격 실례(實例)에서 정상가격을 이끌어낸다. 특수관계자 사이의 매매가격 기타 거래가격을 검토하여 정상가격을 산정하는 이런 전통적 방법에는 거래실례가격(CUP)에 근거한 비교가능 제3자 가격법, 재판매가격법, 원가가산법의 세 가지가 있다.[110] 당연한 사리로 CUP이 있다면 CUP이 가장 우선하지만,[111] 이 문제는 결국 견줄 만한, 비교가능한 거래가 있는가로 돌아간다. OECD 지침이 미국 재무부 규칙의 "best method rule"을 직접 언급하고 있지는 않지만, 일반론으로는 방법 상호 간의 우선 순위는 없고 구체적 상황에 따라서 가장 비교가능성이 높은 방법이 무엇인가를 찾을 수밖에 없다고 정하는 점에서[112] 결국은 "best method rule"을 받아들인 셈이다(물론 미국에서도 이익비교법을 최우선 순위로 삼지 못한 이상 "best method rule"에 큰 의미가 남아 있지는 않다). 가령 물건은 비슷하지만 그 밖의 사정이 전혀 다른 거래가 있고, 물건 자체는 다르지만 다른 모든 사정이 같은 거래가 있다면 전자의 CUP에서 시작해서 차이를 조정하기보다는 후

106) OECD 이전가격지침 Ch. Ⅰ, Sec. D.
107) OECD 이전가격지침 Ch. Ⅰ, Sec. D.
108) OECD 이전가격지침 Ch. Ⅰ, Sec. D.1.2.2.
109) OECD 이전가격지침 Ch. Ⅰ, Sec. D.1., Annex to Ch. 6, 58문단.
110) OECD 이전가격지침 Ch. Ⅱ, Part Ⅱ.
111) OECD 이전가격지침 Ch. Ⅱ, Part Ⅰ, 2.3문단
112) OECD 이전가격지침 Ch. Ⅱ, Part Ⅰ, A.

자 거래의 재판매가격에서 시작해서 이문(利文)을 역산하는 것이 오히려 믿을 만한 결과를 낳는다.[113] 재판매가격법은 주로, 제조업자가 특수관계 판매업자에게 파는 물건에 적용한다. 단순한 판매업자라면 비교가능한 다른 판매업자의 이문을 비교적 손쉽고 정확하게 산출할 수 있기 때문이다.[114] 같은 이유로 원가가산법은 주로, 특수관계 제조업자에게 물건(특히 반제품)이나 노무를 공급하는 공급업자에게 적용한다.[115]

종래의 3가지 전통적 거래 방법에서 답을 얻을 수 없다면, 가령 비교가능한 가격도 없고 비교가능한 거래도 없다면 '다른 방법'에 의할 수 있다.[116] 다른 방법이란 결국 미국이 제안했던 이익분할법과 이익비교법이지만, 이런 방법을 회사 전체의 이익이 아니라 검토 대상인 거래 하나하나를 단위로 삼아 적용하라고 하면서[117] 이름 자체를 손보아 '거래이익분할법'과 '거래순이익률법'이라고 새로 붙였다. 이 두 가지를 합하여 '거래이익 방법'이라고 부르고 있으니까 결국 지침이 허용하는 '다른 방법', 비전통적 방법, 거래이익 방법은 다 같은 뜻이다.

거래이익분할법이란 앞서 보았듯 특수관계자의 소득 내지 이익을 합하여 이를 적당히 자르는 것이다. 그러자면 우선 특수관계 거래의 이익(이를 "relevant profits"이라 부른다)을 확정하고 이를 거래 당사자 각자의 기능과 각자가 부담한 위험에 따라 산출한 공헌도에 따라 분할한다.[118] 이 방법은 두 당사자 모두 나름대로 공헌이 있는 경우에 쓰자는 것이고 애초 한 쪽 당사자에게는 위험 부담도 없고 공헌도 없다면 마땅치 않다. 이익분할에는 다시 두 가지 방법이 있다. 하나는 각 당사자의 공헌도를 정하여 이익 전체(total profit)를 이 공헌도로 나누는 것이다. 다른 하나는 각 당사자에게 통상적 이윤을 할당한 뒤 '남은 이윤'(residual profit)을 각 당사자의 특별 공헌도에 따라 나누는 것이다. 거래순이익률법이란 원가·매출액·자산 등 적절한 변량(變量)을 기준으로 볼 때 제3자가 영업이익률(원가대비 이익률, 매출총이익률, 총자산이익률 등)을 얼마나 내고 있

---

113) OECD 이전가격지침 Ch. Ⅱ, Part Ⅱ, C.1.

114) OECD 이전가격지침 Ch. Ⅱ, Part Ⅱ, C.1.

115) OECD 이전가격지침 Ch. Ⅱ, Part Ⅱ, D.1.

116) OECD 이전가격지침 Ch. Ⅱ, Part Ⅰ, A.

117) OECD 이전가격지침 Ch. Ⅱ, Part Ⅲ, C.3.3.

118) OECD 이전가격지침 Ch. Ⅱ, Part Ⅲ, B.2. 전에는 "combined profits"라는 말을 쓰다가 2018년에 BEPS "Action 10"으로 이전가격 지침 가운데 이익분할법 부분만 따로 개정하면서 "relevant profits"로 바꾸었다. 같은 문서 Ch. Ⅱ, Part Ⅲ, C.1.

는가를 보아서 특수관계자 거래에서는 이익이 얼마나 나야 하는지 따지는 방법이다.

전통적 방법도 실무에서는 어려움을 낳지만 비전통적 방법의 적용은 한결 더 어렵다. OECD의 지침은 이제는 예제까지 담고 있지만,[119)] 기실 앞에서 말한 각종 개념에서 이익안분 기준을 어떻게 끌어내는가에 대해서는 침묵을 지키고 있다. 아무튼 이 지침은 거의 그대로 우리 국내법에 들어왔고, 이하에서 필요한 대로 살펴보자.

3. 21세기의 동향

The Coca-Cola Company & Subsidiaries v. Commissioner[120)]

원고 TCCC는 코카콜라 미국 본사이고 해외 시장에서는 자회사(해외 공급회사)들이 원액(concentrate)을 생산해서 그대로 특수관계 없는 병입(瓶入) 회사(bottler)에게 팔고 병입회사들은 이를 희석해서 병에 넣은 완제품을 직접 소매점에, 또는 유통업자들에게 판다. 해외 공급회사들은 원액의 제조・판매 라이센스 계약에 따라 TCCC의 비밀 제조법, 제조 공정 등을 이어받고 브랜드 명이나 로고 등의 사용권한을 받았다. 1996년 원고와 미국 국세청은 1987~1995년 기간에 대한 원고의 소득을 '10-50-50 공식' 이익분할법으로 계산하기로, 곧 매출의 10%와 영업이익의 50%를 공급 회사에 귀속시키고 영업이익의 나머지 50%를 원고에게 귀속시키기로 합의하였다.

1996년 이후에 대해서는 같은 합의에 따로 언급이 없었지만 원고는 그 뒤에도 10-50-50 이익분할법을 쭉 썼다. 그러다가 2007~2009년의 기간에 대해서 국세청이 법인세 33억 달러를 추징했다. 10-50-50 이익분할법이 정상가격 원칙에 어긋나고 해외 공급회사들에게 귀속된 소득이 너무 많다는 것. 국세청은 이

---

119) 예제의 한글 번역은 이경근・서덕원・김범준, 「국제조세의 이해와 실무」, ㈜영화조세통람, 제2장 제2절.

120) 155 T.C. No. 10 (U.S.T.C. Nov. 18, 2020). 당초 미국 조세법원 판결은 2020년 나왔으나, 소송의 관련 쟁점에 대해 다른 판결(3M 사건)의 결과가 나온 후, 2024. 8. 2. 최종 판결문이 공개되었다. 이 판결에 대해 코카콜라는 제11 연방항소법원에 항소한 상태이다. 이 판결이 확정되면 1979년 "Du Pont" 판결 이후 이전가격 사건에서 미국 국세청의 가장 큰 승리가 된다. 이에 대한 평석으로, R. Avi-Yonah & G. Mazzoni, "Coca-Cola: A Decisive IRS Transfer Pricing Victory, at Last", Tax notes, 2020. 12. 14. 국내 문헌의 소개로, 김석환, "이전가격 세제상 증명책임에 관한 일고찰", 「강원법학」 제74권, 2024, 497~501쪽.

익비교법(CPM, comparable profit method)으로 원고의 소득을 다시 계산했다. 제3자인 병입회사들을 비교대상으로 삼아 그들의 영업자산수익률(return on operating assets)을 기준으로 공급회사들의 소득을 계산하고 나머지는 다 원고에게 귀속시킨 것.

원고는, 국세청이 기존 이익분할방식(10-50-50)을 자의적으로 내쳤다, 공급회사들과 병입회사들은 비교가능성이 없다, 제3자가격법이나[121] 잔여이익분할법이 최선의 방법이다, 영업자산수익률 계산에는 각 공급회사들의 마케팅 무형자산이 충분히 고려되어야 한다, 이런 반론을 제시했다.

국세청 승소. 이익비교법이 맞다는 것. 그 이유는 대략 다음과 같다. 병입회사들의 기능과 공급회사들의 기능은 유사하고,[122] 국세청이 신뢰가능한 자료를 바탕으로 일정한 조정을 가하여 영업자산수익률을 계산하였다. 이 사안에서 원고는 코카콜라 음료의 생산과 판매에 관하여 상표권, 특허권, 의장, 공정, 제법 등 거의 모든 무형자산을 소유하였다. 마케팅도 원고가 현지 서비스 회사들을 통해 했고 그저 해당 비용을 공급회사의 비용으로 계상했을 뿐이다. 병입회사들과의 계약을 통해 코카콜라의 유통과정 전반을 통제한 것도 원고였으므로, 공급회사는 달리 가치 있는 무형자산을 소유하지 않았다. 원고와 공급회사의 계약에 따른 공급회사의 권한 역시 제조와 판매에 관한 제한적인 권한뿐이었다.

제 2 절 우리나라의 이전가격 세제

우리나라도 1980년대 말에 들어서면서 OECD의 지침에 터잡은 이전가격 세제를 들여와서 법인세 및 소득세법령에 비교가능 제3자 가격법, 재판매가격 방법, 원가가산 방법, 기타의 방법으로 적용 순위를 정하여 시가 내지 정상가격을 산출하라는 규정을 만들었다.[123] 이런 규정의 주된 적용 대상은 당연히 우리나라에 진출한 외국계 기업이었다. 1980년대 중반까지만 해도 우리 기업의 해외

121) 미국법에서는 무형자산에 대해서는 비교가능 제3자가격(CUP)이라는 말 대신 비교가능 거래(comparable uncontrolled transaction)라는 말을 쓴다. 아래 제3절 Ⅰ.

122) 구체적으로 공급회사와 병입(甁入) 회사들이 같은 산업, 유사한 경제적 위험, 원고와 유사한 계약을 체결하여 결국 원고 음료의 판매에서 같은 소득 흐름에 들어가 있다는 점을 들었다. 판결문 121쪽.

123) 1988. 12. 31. 개정 법인세법 시행령 제46조 제4항; 1989. 3. 6. 개정 법인세법 시행규칙 제22조의2.

진출이란 워낙 보잘 것 없었기에 우리 기업이 과세소득을 해외로 빼돌렸는가라는 문제가 제기될 여지가 없었다. 외국 기업의 국내 진출에서도 1980년대 초까지는 외국인 투자기업은 외자도입에 적용되는 조세 특례 덕택에 우리나라에서 세금을 낼 것이 거의 없었으므로[124] 국세청이 이전가격 시비를 걸 필요가 없었다. 그러다가 1980년대 중반부터 외자 도입에 관한 조세 특례가 확 줄면서 국세청이 이전가격 문제에 눈을 돌리기 시작했고, 1988년에 법인세법 및 소득세법에 부당행위계산부인 조항의[125] 일부로 정상가격의 산출 방법에 관한 특칙을 마련했다. 미국의 재무부 시행규칙이나 1979년의 OECD 지침과 마찬가지로 비교가능 제3자 가격법, 재판매가격 방법, 원가가산 방법, 기타의 방법을 차례로 적용하도록 정했던 것. 그 뒤 1995년에 「국제조세조정에 관한 법률」을 새로 만들면서 그 내용을 옮겨왔다. 다시 2002년에는 국제거래에 대해서는 부당행위계산 부인 조항의 적용을 배제하는 특칙을 신설하여[126] 국조법의 이전가격 세제는 자족적 규정이 되었다.

> 국제조세조정에 관한 법률 제7조(정상가격에 의한 결정 및 경정) ① 과세당국은 거주자와 국외특수관계인 간의 국제거래에서 그 거래가격이 정상가격보다 낮거나 높은 경우에는 정상가격을 기준으로 거주자의 과세표준 및 세액을 결정하거나 경정할 수 있다.
> ② 과세당국은 제1항을 적용할 때 제8조에 따른 정상가격 산출방법 중 같은 정상가격 산출방법을 적용하여 둘 이상의 과세연도에 대하여 정상가격을 산출하고 그 정상가격을 기준으로 일부 과세연도에 대한 과세표준 및 세액을 결정하거나 경정하는 경우에는 나머지 과세연도에 대해서도 그 정상가격을 기준으로 과세표준 및 세액을 결정하거나 경정하여야 한다.

124) 외자 도입 조세감면의 역사에 관해서는, Chang Hee Lee, "Foreign Investment and Tax Policy—Lessons from the South Korean Experience", 4 Asia Pacific Tax Bulletin 187 (1998).

125) 법인세법 제52조; 소득세법 제41조 및 제101조. 이창희, 『세법강의』, 제10장 제5절. 제23장 제5절.

126) 다만 자산의 증여 등 일정한 거래에는 법인세법이 보충적으로 적용된다. 「국제조세조정에 관한 법률」 제3조. 콜옵션을 … 행사하지 않고 국외특수관계인으로 하여금 이를 행사하도록 함으로써 특수관계자에게 이익을 분여한 것은 국제거래로 인정된다 하더라도 법인세법에 따른 부당행위계산 부인의 대상이다. 대법원 2015. 11. 26. 선고 2014두335 판결. 이 법조의 시행 전에는 국조법만 적용된다. 대법원 2015. 9. 10. 선고 2013두6862 판결.

Ⅰ. 주관적 적용범위

「국제조세조정에 관한 법률」 제7조는 거주자(내국법인과 국내사업장을 포함한다)와 국외 특수관계인 간의 국제거래에[127] 적용한다. 이 법조를 적용하는 이상 법인세법에 따른 부당행위계산 부인 대상이 아니다.

특수관계가 있는지는 약정 당시 현재를 기준으로 판단하고, 형식적으로 제3자를 끼워서 빠져나갈 수는 없다.[128] 이전가격 세제에서 말하는 특수관계의 범위는 법인세법상 부당행위계산부인 조항의 그것보다 넓다. 법은 특수관계를 가) 모자회사나 모손회사 등 50% 이상 직·간접적 소유(직렬 출자), 나) 50% 이상 직·간접적 소유에 의해 같은 자의 지배를 받는 관계, 다) 사업 방침의 실질적 결정, 라) 같은 제3자가 사업 방침을 실질적으로 결정하는 관계, 네 가지로 정의하고 있다.[129] 특수관계 거래와 견줄 비교대상 거래가 되자면 거래 당사자 사이에 특수관계가 없어야 한다.[130]

기실 50:50 합작투자를 생각하면 50% 소유 주주에게 반드시 지배력이 있다고 보기는 어려울 수도 있지만 아무튼 일단 50%에 지배력이 따른다고 보는 이상, 간접 소유 방식으로 50%를 지배하는 경우에도 특수관계가 성립한다. 가령 모회사가 자회사 주식의 50% 이상을 소유하고 자회사가 손회사 주식의 50%를 소유하고 있다면, 모회사는 손회사에 대한 지배력을 가진다. 기술적으로는 모회사가 손회사를 50% 간접 소유하는 것으로 보아[131] 모회사와 손회사는 특수관계인이다. 한편 모회사가 자회사 주식의 40% 만을 소유하고 있다면 자회사가 손

---

127) 거래 당사자 중 어느 한쪽이나 거래 당사자 양쪽이 비거주자 또는 외국법인(비거주자 또는 외국법인의 국내사업장은 제외한다)인 거래로서 유형자산 또는 무형자산의 매매·임대차, 용역의 제공, 금전의 대차(貸借), 그 밖에 거래자의 손익 및 자산과 관련된 모든 거래를 말한다. 「국제조세조정에 관한 법률」 제2조 제1항 제1호.

128) 같은 법 제10조. 원고와 6개 해외 자회사들이 외국 은행인 '뱅크 오브 아메리카'(BOA)와 체결한 혼장(混藏) 예금계약에 따라, 원고와 해외 자회사들이 각 일정액을 예금한 후 상호 간의 연대보증하에 해외 자회사들이 BOA로부터 대출을 받았더라도 이 사건 계약의 주요 거래 조건을 BOA가 직접 결정한 경우 제3자 개입 거래로 볼 수 없다. 대법원 2015. 9. 10. 선고 2013두6862 판결. 제3자가 실질적으로 관여하더라도 특수관계자나 마찬가지로 가격을 조작할 유인이 있다면 부인한다는 미국 판례로, DHL v. Commissioner, 285 F.3d 1210 (2001), 특히 1217~1219쪽.

129) 같은 법 제2조 제1항 제3호

130) 같은 법 제8조 제1항.

131) 같은 법 시행령 제2조 제2항 제1호.

회사 주식의 100%를 소유하고 있더라도 그것만으로는 모회사가 손회사를 지배한다는 보장이 없다. 기술적으로는 손회사 주식에 대한 모회사의 간접소유 비율이 40%×100%=40%가 되므로,[132] 모회사와 손회사는 특수관계인이 아니다. 모회사가 40% 자회사 두 개를 두고, 각 자회사가 손회사 주식의 50%씩을 가지고 있다면 손회사에 대한 모회사의 지배력은 40%이고 모회사와 손회사는 특수관계인이 아니다. 그러나 모회사가 50% 소유한 자회사가 손회사 주식의 40%를 소유하고, 모회사가 30% 소유한 자회사가 손회사 주식의 50%를 소유한다면, 전자를 통한 지배력은 40%이다. 후자에 지배력이 따르는가는 의문이지만 대통령령은 후자를 통한 간접소유 비율을 15%로 보아서 모회사가 손회사 주식의 55%를 간접 소유한 특수관계가 있다고 본다. 증손 이상의 출자관계가 있는 경우에는 위와 같은 방식을 연장해서 계산한다.[133]

대법원 2008. 12. 11. 선고 2008두14364(속칭 '다우케미컬') 판결

원심은 … 피고는 원고가 영위하는 도매업 등과 관련하여 국외특수관계회사로부터 … 정상가격을 초과하여 상품을 구입한 것으로 보아 … 재판매가격방법으로 정상가격을 산정하는 과정에서 강신산업 주식회사, 로지트코퍼레이션 주식회사, 주식회사 세원종합상사, 조양케미칼 주식회사, 주식회사 한진화학상사, 이화소재 주식회사의 6개 업체를 비교대상업체로 선정하여 매출총이익률에 산출하고, 이를 토대로 계산된 이전가격 소득조정액을 익금에 산입하는 방법으로 2005. 12. 1. 원고에 대하여 2003사업연도 법인세 2,073,563,500원과 2004사업연도 법인세 27,209,340원을 부과하는 이 사건 과세처분을 한 사실을 인정한 다음 … 비교대상업체로 선정된 강신산업 주식회사는 2003사업연도에 외국법인인 MITSUI로부터 전체 매입액 중 53.0%를 매입하였으므로 … MITSUI와 사이에 특수관계에 있고, 주식회사 세원종합상사는 대표이사 최두원이 1998. 3. 이후 한국로드의 대표이사를 겸임하고 있으므로 … 한국로드와 사이에 특수관계에 있으며, 따라서 … 강신산업 주식회사, 주식회사 세원종합상사를 이 사건 비교대상업체의 일부로 선정하여 정상가격의 범위를 산정한 점에서 이 사건 과세처분은 위법하다고 판단하였다.

그러나 … 국조법 제2조 제1항 제8호 … (다)목에서 '자본의 출자관계, 재

132) 같은 법 시행령 제2조 제2항 제2호.

133) 같은 영조항 제3호.

화·용역의 거래관계, 자금의 대여 등에 의하여 거래 당사자 사이에 공통의 이해관계가 있고 거래 당사자의 일방이 타방의 사업방침을 실질적으로 결정할 수 있는 관계'를 들고 … 있다 … 특수관계에 있다고 하려면 … '일방이 타방의 사업방침의 전부 또는 중요한 부분을 실질적으로 결정할 수 있는 경우'에 해당하여야 할 것이다. 그럼에도 원심이, 강신산업 주식회사와 MITSUI 사이에, 주식회사 세원종합상사와 한국로드 사이에 일방이 타방의 사업방침의 전부 또는 중요한 부분을 실질적으로 결정할 수 있는지 여부에 대하여는 아무런 심리도 하지 아니한 채, 단지 강신산업 주식회사의 경우 2003사업연도에 MITSUI로부터 전체 매입액 중 53%를 매입하였고, 주식회사 세원종합상사의 경우 그 대표이사가 한국로드의 대표이사를 겸하고 있다는 사정만으로 곧바로 … 특수관계가 있는 것으로 판단하고 말았으니 … 원심판결을 파기하고, 이 사건을 다시 심리·판단하게 하기 위하여 원심법원에 환송하기로 … 한다.

Ⅱ. 정상가격

정상가격은 '거주자, 내국법인 또는 국내사업장이 국외 특수관계인이 아닌 자와의 통상적인 거래에서[134] 적용되거나 적용될 것으로 판단되는 가격'이다.[135] 정상가격에 대한 이 정의는 독립기업의 원칙을 나타낸다. 위에서 보았듯이, 독립기업의 원칙이란 당해 거래의 당사자가 특수관계 없는 독립된 기업들이었다면 그들 사이에서 가격이 얼마로 결정되었을 것인가를 계산해서, 그 가격을 적용해서 각 거래 당사자의 소득을 산출한다는 원칙이다.[136] 우리 법은 정상가격의 산출 방법으로 위에서 본 세 가지 방법, 곧 비교가능 제3자 가격법, 재판매가격법, 원가가산법의 세 가지와 1995년 이후 OECD 지침이 인정한 이익분할 방

134) 시가와 다르더라도 자국법이나 외국법이 요구하는 행위라면 부당성이 없다. Commissioner v. First Sec. Bank of Utah, 405 U.S. 394(1972), 특히 400쪽. Procter & Gamble Co. v. Commissioner, 95 T.C. 323(1990), aff'd, 961 F.2d 1255(6th Cir. 1992); Texaco, Inc. v. United States, 98 F.3d 825(5th Cir. 1996), cert. denied, 520 U.S. 1185(1997).

135) 「국제조세조정에 관한 법률」 제2조 제1항 제5호. 거래 당사자를 합해서 본다면 결손이거나 소득이 미실현 상태이더라도 조정 대상이 된다. Latham Park Manor Inc. v. Commissioner, 69 T.C. 199, 215-216(1977), aff'd 618 F.2d 100 (4th Cir. 1980). 어느 하나만 보면 부당한 거래라도 그와 상계되는 거래가 있다면 이를 합하여 부당성 여부를 판단한다. 「국제조세조정에 관한 법률」 제11조.

136) Bausch & Lomb 판결(92 T.C. 525), 특히 602쪽.

법과 거래순이익률 방법을 정하고, 그것이 안 되면 그 밖에 합리적 방법을 쓰도록 정하고 있다.[137]

> 제8조(정상가격의 산출방법) ① 정상가격은 국외특수관계인이 아닌 자와의 통상적인 거래에서 적용되거나 적용될 것으로 판단되는 재화 또는 용역의 특성·기능 및 경제환경 등 거래조건을 고려하여 다음 각 호의 방법 중 가장 합리적인 방법으로[138] 계산한 가격으로 한다. 다만, 제6호의 방법은 제1호부터 제5호까지의 방법으로 정상가격을 산출할 수 없는 경우에만[139] 적용한다.
>
> 1. 비교가능 제3자 가격방법: 거주자와 국외특수관계인 간의 국제거래와 유사한 거래 상황에서 특수관계가 없는 독립된 사업자 간의 거래가격을 정상가격으로 보는 방법
> 2. 재판매가격방법: 거주자와 국외특수관계인 간의 국제거래에서 거래 당사자 중 어느 한쪽인 구매자가 특수관계가 없는 자에 대한 판매자가 되는 경우 그 판매가격에서 그 구매자가 판매자로서 얻는 통상의 이윤으로 볼 수 있는 금액을 뺀 가격을 정상가격으로 보는 방법
> 3. 원가가산방법: 거주자와 국외특수관계인 간의 국제거래에서 거래 당사자 중 어느 한쪽이 자산을 제조·판매하거나 용역을 제공하는 경우 자산의 제조·판매나 용역의 제공 과정에서 발생한 원가에 자산 판매자나 용역 제공자의 통상의 이윤으로 볼 수 있는 금액을 더한 가격을 정상가격으로 보는 방법
> 4. 거래순이익률방법: 거주자와 국외특수관계인 간의 국제거래와 유사한 거래 중 거주자와 특수관계가 없는 자 간의 거래에서 실현된 통상의 거래순이익률을 기초로 산출한 거래가격을 정상가격으로 보는 방법
> 5. 이익분할방법: 거주자와 국외특수관계인 간의 국제거래에서 거래 당사자 양쪽이 함께 실현한 거래순이익을 합리적인 배부기준에 따라 측정된

---

137) 「국제조세조정에 관한 법률」 제8조.

138) 2010년까지는 1), 2), 3)과 4, 5) 사이에 선후가 있었다. 대법원 2015. 12. 10. 선고 2013두13327 판결.

139) "비상장주식인 이 사건 주식을… 자회사들과… 계열사들만 보유하고 있고 이 사건 주식양도 전후 상당한 기간 내에 제3자에게 양도한 사례도 발견할 수 없어" 제6호를 적용할 수 있다. 대법원 2015. 7. 23. 선고 2013두21373 판결. 제6호를 적용할 수 없다고 본 사례로 대법원 2015. 12. 10. 선고 2013두13327 판결.

거래 당사자들 간의 상대적 공헌도에 따라 배부하고, 이와 같이 배부된 이익을 기초로 산출한 거래가격을 정상가격으로 보는 방법

6. 그 밖에 대통령령으로 정하는 바에 따라 합리적이라고 인정되는 방법

② 과세당국은 제1항을 적용할 때 거주자와 국외특수관계인 간의 상업적 또는 재무적 관계 및 해당 국제거래의 중요한 거래조건을 고려하여 해당 국제거래의 실질적인 내용을 명확하게 파악하여야 하며, 해당 국제거래가 그 거래와 유사한 거래 상황에서 특수관계가 없는 독립된 사업자 간의 거래와 비교하여 상업적으로 합리적인 거래인지를 판단하여야 한다.

③ 과세당국은 제2항을 적용하여 거주자와 국외특수관계인 간의 국제거래가 상업적으로 합리적인 거래가 아닌 것으로 판단하고, 해당 국제거래에 기초하여 정상가격을 산출하는 것이 현저히 곤란한 경우 그 경제적 실질에 따라 해당 국제거래를 없는 것으로 보거나 합리적인 방법에 따라 새로운 거래로 재구성하여 제1항을 적용할 수 있다.

어떤 방법이 가장 합리적인 최선의 방법인가는 이전가격지침이나 마찬가지로 재화나 용역의 종류 및 특성, 계약 조건, 거래 당사자가 수행한 사업 활동의 기능, 경제 여건, 사업 전략, 이런 면에서 특수관계 거래와 비교대상 거래를 차례로 파악하고, 이런 면에서 두 거래의 비교가능성을 견주어 가장 합리적 방법을 정한다.[140] 용역 계약에 대해서는 성질상, 또 법령의 글귀상 재판매가격법은 적용할 수가 없다. 비교가능 제3자 가격[141]이 없는 경우 원가에 이윤을 가산할 것인가가 예전부터 문제되었지만 우리 법은 OECD 지침을 따라[142] 이윤을 허용한다. 원가가산법에서는 글귀상 분명하고, 이익분할법이나 거래순이익률법은 성질상 이윤을 내포하고 있기 때문이다. 불필요한 용역을 제공하는 형식의 소득이전은 비용이 되지 않는다.[143]

1. 정상가격, 정상가격의 범위, 입증책임

꼭 앞뒤가 다 맞지는 않는 듯 하지만 판례의 대세는 '일응의 입증' 이론을

140) 「국제조세조정에 관한 법률」 제8조, 같은 법 시행령 제14조와 제15조.

141) 회계대행 등 정형화된 용역이 있을 수 있다.

142) OECD 이전가격지침(2022) 7.35문단. 다만 다시 외주 용역을 주는 경우 외주 부분에 이윤을 붙일 수 없는 것은 당연하다. 같은 문단. 「국제조세조정에 관한 법률」 시행령 제12조 제1항 제2호.

143) 「국제조세조정에 관한 법률」 시행령 제12조 제7항 제3호.

따르고 있다. 특수관계 거래(쟁점 거래, "controlled transaction", 국세청 실무 용어로 '분석대상 거래')의 실제 "거래가격이 정상가격보다 낮거나 높다고 보아 정상가격을 기준으로 과세하려면"[144] 그와 같이 낮거나 높다는 것을, 곧 거래가격이 정상가격과 다르다는 것을 일단 어느 정도 증명할 책임이 국세청에 있다. 국조법 제7조를 다시 보라. 설사 납세의무자가 자료 제출을 거부하더라도 국세청은 과세처분의 기초로 삼은 정상가격이 합리적임을 먼저 어느 정도(좋은 말은 아니지만 이때 '일응'이라는 말을 쓴다) 증명해야 하고[145] 이에 실패한다면 부과처분은 전부 취소의 대상이다. 국세청이 이러한 증명을 한다면 그 가격이 정상가격이 아님은 납세의무자가 증명해야 하고, 전형적으로는 국세청이 제출한 증거 말고 새로운 다른 증거로 자신의 거래가격이 정상가격의 범위 안에 들어가는 것을 증명한다면 부과처분은 전부 취소대상이다. 납세의무자가 이 증명에 실패하는 경우 손금산입을 부인할 금액은 정상가격 범위의 대푯값(중간값, 평균값, 최빈값 등)과 실제 거래가액의 차액이다. 이론적으로 따지자면 이 납세자의 증명은 이른바 '반증'(反證)에 속하겠지만, 이 말이 현실의 개별 사건에서 구체적으로 어떤 의미를 가지는지는 재판부의 판단에 달려 있을 듯. 방금 입증의 정도에 관련해서 쓴 '어느 정도'라는 말도 이 뜻이다.

쟁점 거래에 관련한 과세처분의 기초로 삼은 정상가격에 관한 '일응의 증명' 책임이 국세청에 있다는 말은 비교가능한 독립기업 간의 거래가격이 있음을 국세청이 증명하고 또한 거래 조건의 차이를 조정한 것이 합리적이라는 점을 국세청이 먼저 증명해야 한다는 말이다. 국조법 제8조의 6가지 방법 가운데 비교가능 제3자가격 방법과 거래순이익률 방법은 비교가능한, 유사한, 비슷한 거래를 찾는 것에서 시작한다고 명시적으로 정하고 있다. 비교가능 제3자 가격법은 '유사한 거래 상황에서 특수관계가 없는 독립된 사업자 간의 거래가격'을 찾는 것이다. 거래순이익률 방법에서도 '특수관계가 없는 자 간의 거래 중 해당 거래와 비슷한 거래'를 찾아야 한다. 재판매가격법이나 원가가산방법에서 말하는 '통상

---

144) 「국제조세조정에 관한 법률」 제7조 제1항.

145) "피고가 … 정상수익금액을 산정함에 있어 적용한 평균이익률은 … 조건이 유사한 … 거래인 18건에 대한 이익률을 평균한 수치라는 것이고, 한편 이 사건에서 피고는 그 정상가격의 산정을 위하여 원고에게 그 산정을 위한 구체적인 자료의 제출을 요구하였으나 제대로 이에 응하지 아니하였다는 것이므로, 피고가 이러한 사정에 기하여 정상가격의 산출에 있어 전통적인 '비교가능제3자가격법'에 토대를 둔 위 평균이익률에 기초하여 감소된 소득금액을 산정한 것은 합리성이 있다." 대법원 1997. 6. 13. 선고 95누15476 판결.

의 이윤'도 비교가능 거래의 이윤이 얼마인가를 찾는 데에서 시작한다. 꼭 다른 특정한 거래와 비교하는 것은 아니지만 이익분할법에서도 공헌도를 특수관계 없는 자 사이의 거래에서 끌어올 수밖에 없고, 그러자면 무언가 견줄 만한 거래를 찾거나 견줄 만한 거래의 집합적 통계를 찾아야 한다. 이런 비교가능한 거래를 찾지 못하면, 곧 과세처분의 기초로 삼은 거래가 애초 비교가능한 거래라는 점을 국세청이 증명하지 못하면 과세처분은 그대로 취소 대상이다. 비교가능한 거래가 있더라도 거래 조건의 차이를 조정한 것이 합리적임을 증명하지 못하는 경우에도 마찬가지이다. 기실 세상에 똑같은 거래란 없으니까 거래 조건의 차이를 합리적으로 조정할 수 있으면 비교가능한 거래이고, 불가능하면 비교가능한 거래가 아니라고 보아도 되지만, 아무튼 판례는 일단 두 가지 단계를 구별하고 있다.

대법원 2001. 10. 23. 선고 99두3423 판결

1. 원심의 판단

가. 원심이 확정한 이 사건 부과처분의 경위

(1) 원고 회사는 네덜란드의 영화 배급회사…가 영화 및 비디오의 국내 배급을 위하여 공동출자하여 …설립한 내국법인인데, 원고는 위 …UIP사와 …CVI…사로부터 영화 및 비디오 작품들을 공급받고 그 사용료를 지급함에 있어 …1990 사업연도…와 1991 사업연도…에, 영화에 대하여는 UIP에게 위 각 사업연도별로 매출액의 69.47% 및 59.92% 상당의 금액을, 비디오에 대하여는 CVI에게 위 각 사업연도별로 매출액의 51.13% 및 57.89% 상당의 금액을 각 지급하고, 그 지급 사용료를 위 각 사업연도의 손금으로 계상하였다.

(2) 피고는, 원고가 특수관계회사인 위 UIP 및 CVI에게 지급한 사용료 중 피고가 아래 (3)항과 같은 방법으로 산정한 정상사용료율(시가)에 의하여 계산한 금액을 초과하는 부분에 대하여, 이를 특수관계자로부터 자산 또는 용역을 높은 사용료율로 제공받음으로써 조세부담을 부당히 감소시킨 부당행위계산으로 보고, 구 법인세법…에 따라 …위 초과 부분에 해당하는 금액의 손금산입을 부인하여 …법인세 등의 부과처분을 하였다.

(3) 피고는 원고의 위와 같은 지급 사용료에 관하여 …'비교가능 제3자 가격법'에 따른 정상사용료율을 산정함에 있어서, 영화의 경우에는 홍콩에 UIP 영화작품을 배급하는 특수관계 없는 독립된 사업자인 팬아시아사(Pan Asia Ltd.,

이하 '팬아시아'라 한다)가 UIP에 지급한 사용료율과 국내의 주식회사 우진필름(이하 '우진'이라 한다)이 특수관계 없는 외국의 영화 공급사들에게 지급한 사용료율을 산술평균한 수치로, 비디오의 경우에는 대만에 CVI 비디오작품을 배급하는 독립된 사업자인 킹비디오사(King Video Ltd., 이하 '킹비디오'라 한다)가 CVI에게 지급한 사용료율과 국내의 주식회사 에스케이시(이하 '에스케이시'라 한다)가 특수관계 없는 외국의 비디오 공급사들에게 지급한 사용료율을 산술평균한 수치로 각 산정하였다 …

나. 원심의 사실인정

나아가 원심은 관계 증거를 종합하여 다음과 같은 사실을 인정하였다.

(1) 피고는 원고의 UIP 및 CVI에 대한 지급 사용료가 적정한 것인지 조사하기 위하여 비교가능 제3자 가격법에 따른 정상사용료율에 관한 자료를 수집하였으나, 국내에는 UIP 및 CVI로부터 영화 및 비디오를 공급받은 다른 거래처가 없고 달리 적절한 자료를 수집할 수 없어 여러 차례에 걸쳐 원고에게 UIP 및 CVI의 해외 거래처에 대한 거래자료의 제출을 요구한 결과, 원고로부터 UIP와 팬아시아 사이의 영화에 관한 거래자료 및 CVI와 킹비디오 사이의 비디오에 관한 거래자료를 제출받은 후, 그 거래자료만으로는 국내의 시장조건을 제대로 반영할 수 없다고 보고 원고로부터 제출받은 거래자료 외에 국내의 우진 및 에스케이시의 거래자료를 추가로 수집하여 앞서 본 바와 같이 각 사용료율을 산술평균한 수치를 원고의 영화 및 비디오의 지급 사용료에 대한 각 정상사용료율로 산정하였다.

(2) 영화의 경우, 원고가 UIP로부터 수입하여 배급한 영화 64편 중 58편이 같은 기간에 홍콩에서 팬아시아에 의하여 수입되어 상영되었고, 같은 기간 동안 홍콩과 우리 나라의 흥행실적 상위 10편의 영화 중 7편이 UIP 배급영화로서 일치하는 등, 원고와 팬아시아가 UIP로부터 공급받은 영화는 제품의 질에서 유사하고, 홍콩과 우리 나라의 영화선호도가 유사하여 지리적·문화적 시장조건 등의 차이에 따른 거래 조건의 차이도 없거나 무시할 수 있는 정도이다.

반면에 우진이 같은 기간 동안 수입·배급한 영화는 평균입장객수 및 평균수입에 있어서 원고가 수입·배급한 영화의 1/2.7 정도에 불과하여 제품의 질에서 큰 차이가 있을 뿐만 아니라, 사용료 지급방식에 있어서도 원고와 팬아시아는 흥행결과에 따라 사용료 액수가 정해지는 소위 경상로열티 방식을 취하고 있음에 비하여 우진은 흥행결과와 무관하게 정해진 사용료를 지급하는 소위 단매 방식을 취하고 있어 원고와 우진의 거래조건은 흥행위험 부담의 면에서 큰 차이가 있다.

(3) 비디오의 경우, 원고가 CVI로부터 수입하여 배급한 비디오 작품의 89%가 같은 기간에 대만에서 킹비디오에 의하여 수입·배급되는 등, 원고와 킹비디오가 CVI로부터 수입한 비디오 작품은 제품의 질에서 유사하고, 사용료 지급방식 등의 거래조건에서도 의미 있는 차이는 없다. 다만, 영화의 경우와 달리, 비디오의 경우에는 불법복제의 가능성과 같은 문화수준이나 재생기 보급률과 같은 생활수준 등에 따른 지리적·경제적 시장조건의 차이가 사용료율 결정에 큰 영향을 미친다.

한편, 에스케이시가 같은 기간 동안 수입·배급한 비디오 작품은 대부분 미국의 워너브라더스사에서 제작된 것으로서 제품의 질에서 원고가 수입·배급한 비디오 작품과 큰 차이는 없다. 원고가 수입·배급한 비디오 작품이 흥행수입에 있어서 에스케이시가 수입·배급한 비디오 작품보다 62% 정도 높고, 사용료 지급방식에 있어서도 원고가 경상로열티 방식을 취하고 있음에 비하여 에스케이시는 기본적으로는 경상로열티 방식을 취하면서 일정액의 최소금액을 보장하는 일종의 단매 방식이 복합되어 있는 등의 차이가 있지만, 그와 같은 차이는 비디오 작품의 사용료 결정에 큰 영향을 미치는 지리적·경제적 시장조건의 차이를 조정하는 방법에 의하여 충분히 조정될 수 있다.

다. 원심의 판단

위와 같은 사실관계를 기초로 하여 원심은 다음과 같이 판단하였다.

(1) 영화의 정상사용료율(시가)

팬아시아와 UIP 사이의 거래사례는 제품의 질과 사용료 지급방식 등 거래조건의 측면에서 원고의 경우와 매우 유사하고, 영화의 사용료율 결정에 있어서 홍콩과 우리 나라의 지리적·문화적 시장조건 등의 차이에 따른 거래조건의 차이도 없거나 무시할 수 있는 정도이므로, 팬아시아와 UIP 사이의 사용료율은 지리적·문화적 시장조건 등의 차이를 조정할 필요 없이 원고의 지급 사용료에 대한 비교가능 제3자 가격으로서의 정상사용료율로 삼을 수 있고, 한편 우진의 거래사례는 가장 중요한 요소인 제품의 질에서 합리적 조정으로 극복할 수 없는 차이가 있을 뿐만 아니라 사용료 지급방식에 따른 거래조건에서도 차이가 있어 원고의 지급 사용료에 대한 비교가능한 거래사례에 해당한다고 할 수 없으므로, 피고가 지리적·문화적 시장조건 등의 차이를 조정한다는 취지에서 팬아시아와 UIP 사이의 사용료율과 우진의 사용료율을 산술평균한 수치를 원고의 지급 사용료에 대한 정상사용료율로 산정한 것은 위법하고, 결국 팬아시아와 UIP

사이의 사용료율을 원고의 지급 사용료에 대한 정상사용료율로 보아야 한다.

원고는, 원심 감정인 전주성의 감정결과에 나타난 바와 같이 팬아시아의 거래사례 외에 이스라엘, 포르투갈 소재 기업의 거래사례까지 포함하여 4분위법에 따라 영화 사용료율에 대한 정상가격 범위를 산정하고 위 정상가격 범위를 벗어난 것인지 여부에 따라 원고가 지급한 영화 사용료의 사용료율이 부당한 것인지를 판단하여야 한다고 주장하나, 당해 특수관계자 간의 거래와 거래조건이 같거나 조정이 필요 없을 정도로 유사한 독립된 사업자 간의 거래사례가 있으면 그 거래사례만으로 정상사용료율을 산정하면 족한 것이지 반드시 별도로 다른 자료를 추가하여 정상가격 범위를 고려하여야 할 필요는 없는 것이고, 위 감정결과에 나타난 정상가격의 범위가 합리적이라고 보기도 어려우므로, 위 주장은 이유 없다.

(2) 비디오 작품의 정상사용료율(시가)

킹비디오와 CVI 사이의 거래사례는 제품의 질과 제반 거래조건의 측면에서 원고의 경우와 유사하므로 킹비디오의 사용료율을 원고의 지급 사용료에 대한 정상사용료율 산정의 기초자료로 삼을 수 있다고 할 것이나, 다만 영화의 경우와 달리, 비디오의 경우에는 문화수준이나 생활수준 등에 따른 지리적·경제적 시장조건의 차이가 사용료율 결정에 큰 영향을 미치는 만큼, 그와 같은 차이를 조정하기 위하여 원고와 같이 국내에서 영업을 하는 다른 기업의 거래사례를 참작하여 정상사용료율을 산정하여야 할 것인바, 에스케이시의 거래사례는 제품의 질에서 원고의 경우와 큰 차이가 없고 흥행수입이나 사용료 지급방식 등 거래조건에서 다소 차이가 있을 뿐이며 그와 같은 차이는 비디오 작품의 사용료율 결정에 큰 영향을 미치는 지리적·경제적 시장조건의 차이를 조정함에 있어서 그다지 문제되지 아니하므로, 위와 같이 지리적·문화적 시장조건 등의 차이를 조정하기 위하여 킹비디오와 CVI 사이의 사용료율과 에스케이시의 사용료율을 산술평균한 수치를 원고의 지급 사용료에 대한 정상사용료율로 산정한 것은 합리적이라 할 것이다.

원고는, 비디오의 경우에도 위 감정결과에 나타난 바와 같이 킹비디오의 거래사례 외에 멕시코 소재 기업의 거래사례까지 포함하여 4분위법에 따라 비디오 작품 사용료율에 대한 정상가격 범위를 산정하고 위 정상가격 범위를 벗어난 것인지 여부에 따라 원고가 지급한 사용료의 사용료율이 부당한 것인지를 판단하여야 한다고 주장하나…과세관청이 위와 같은 자료수집에 최선을 다한 후 주어진 자료를 바탕으로 계산한 정상가격은 그것이 자의적이고 불합리하다는 반증이 없는 한 함부로 이를 배척할 것은 아니[다]…

2. 원고의 상고이유에 대한 판단

가. 상고이유 제1의 가. 내지 다.의 점

… 시가(정상가격)를 비교가능 제3자 가격법에 의하여 산정함에 있어서는, 국외의 특수관계자와의 거래와 동종의 재화 또는 용역에 관한 거래로서 거래조건·거래수량 등 제반 조건이 유사하여 비교가능성 있는 독립된 사업자 간 거래의 가격을 시가로 하되, 거래조건·거래수량 등 제반 조건의 차이가 있는 경우에 그 차이에 의하여 가격을 조정할 수 있는 경우에는 합리적인 방법에 의하여 조정한 후의 금액을 시가로 하여야 한다고 풀이된다.

원심은, 대만의 킹비디오와 CVI 사이의 비디오 작품 사용료율은 제품의 질 및 제반 거래조건의 측면에서 원고와 CVI 사이의 거래와 유사하여 일응 비교가능성 있는 거래사례에 해당하지만, 비디오의 경우 사용료율 결정에 큰 영향을 미치는 문화수준이나 생활수준 등에 따른 지리적·경제적 시장조건의 차이를 조정하여야 하는데, 제품의 질에서 원고의 경우와 큰 차이가 없고 사용료 지급방식 등에서 위 지리적·경제적 시장조건의 차이를 조정하는 데에 그다지 문제되지 아니할 정도의 차이가 있을 뿐인 국내 에스케이시의 사용료율을 킹비디오와 CVI 사이의 사용료율에 더하여 산술평균하는 것은 위 지리적·경제적 시장조건의 차이를 조정하는 방법으로서 합리적이며, 따라서 그 조정 후의 수치를 원고의 지급 사용료에 대한 정상사용료율(시가)로 산정한 것은 적법하다고 판단하였는바, 앞서 본 법리와 기록에 비추어 살펴보면 원심의 위와 같은 판단은 정당하다.

나. 상고이유 제1의 라. 및 제2의 나.의 점

… 국외의 특수관계자와의 거래와 동종의 재화 또는 용역에 관한 거래로서 거래조건·거래수량 등 제반 조건이 유사하여 비교가능성 있는 독립된 사업자 간 거래의 가격이 신뢰할 만한 수치로서 여러개 존재하여 '정상가격의 범위'를 구성하는 경우, 국외의 특수관계자와의 이전가격이 그 정상가격의 범위 내에 들어있다면 부당행위계산 부인대상에 해당한다고 볼 수 없을 것이다.

그러나 시행령 제46조 제5항에 규정된 바와 같이 국외 특수관계자와의 거래의 경우 납세의무자로서는 과세관청이 정상가격을 조사하기 위하여 요구하는 자료 및 증빙서류를 성실하게 제출할 의무가 있고, 과세관청이 스스로 위와 같은 정상가격의 범위를 찾아내어 고려해야만 하는 것은 아니므로, 국외의 특수관계자와의 이전가격이, 과세관청이 납세의무자에게 시행령 제46조 제5항 소정의 자료 및 증빙서류의 제출을 요구하는 등의 최선의 노력으로 확보한 자료에 기하여 합리적으로 산정한 정상가격과 차이를 보이는 경우에는, 비교가능성 있는 독립된 사업자 간의 거래가격이 신뢰할 만한 수치로서 여러 개 존재하여 정상가격의 범위를 구성할 수 있다는 점 및 당해 국외 특수관계자와의 이전가격이 그 정상가격의 범위 내에 들어있어 경제적 합리성이 결여된 것으로 볼 수 없다는 점에 관하여 그 입증의 필요가 납세의무자에게 돌아간다고 보아야 할 것이다.

이 사건에서 보면, 원고가 원용하고 있는 원심감정인 전주성의 감정결과에 나타난 정상가격의 범위는, 감정인이 감정에 즈음하여 원고로부터 송부받은 자료에 기하여 영화의 경우 팬아시아의 사용료율 외에 이스라엘, 포르투갈 소재 기업의 사용료율을 포함시키고, 비디오의 경우 킹비디오의 사용료율 외에 멕시코 소재 기업의 사용료율을 포함시켜 4분위법에 따라 각 정상가격 범위를 일응 산정한 것일 뿐, 위 이스라엘, 포르투갈, 멕시코 소재 각 기업의 거래자료가 비교가능성 있는 자료인지, 나아가 위 정상가격 범위를 구성한 수치들이 거래조건 · 거래수량 등 제반 조건의 차이에 의하여 합리적으로 가격을 조정한 신뢰할 만한 수치들인지 등에 관하여는 이를 인정할 만한 아무런 자료가 없으므로, 위 감정결과에 나타난 정상가격의 범위가 신뢰할 만한 수치로 구성된 것이라고 보기 어렵다.

대법원 2012. 12. 26. 선고 2011두6127 판결

과세관청이 거주자의 국외 특수관계자와의 거래에 대하여 국제조세법 제4조 제1항을 적용하여 정상가격을 기준으로 과세처분을 하기 위해서는 납세의무자에 대한 자료제출 요구 등을 통하여 수집한 자료를 토대로 비교가능성 등을 고려하여 가장 합리적인 정상가격 산출방법을 선택하여야 하고, 비교되는 상황 간의 차이가 비교되는 거래의 가격이나 순이익에 중대한 영향을 주는 경우에는 그 차이를 합리적으로 조정하여 정상가격을 산출하여야 하며, 과세처분의 기준이 된 정상가격이 이와 같은 과정을 거쳐 적법하게 산출되었다는 점에 대한 증명책임은 과세관청에 있다고 할 것이다(대법원 2001. 10. 23. 선고 99두3423 판결 참조) … 위 원고들 발행의 유동화사채와 비교대상 국내 유동화증권들의 비교상황(발행형식, 만기, 신용보강 유무, 지급통화, 발행시기, 기초자산, 선순위 채권의 비

> 율 등)의 차이는 정상이자율의 산정에 중대한 영향을 미치는데 그 본질적인 차이가 지나치게 커서 피고들이 정상이자율을 산정하면서 한 조정이 이러한 상황 차이를 제거할 수 있는 합리적인 조정이었다고 보기 어려워 위법하다 … 나아가 이와 같이 피고들의 정상이자율 산정이 합리적이라고 보기 어려운 이상, 독립된 사업자 간의 유동화증권 발행이자율이 신뢰할 만한 수치로서 여러 개 존재하여 정상이자율의 범위를 구성하고 이 사건 유동화사채의 발행이자율이 그 범위 내에 들어 있다는 사정을 증명하여야 할 필요가 위 각 처분의 적법성을 다투는 위 원고들에게 돌아간다고 보기 어렵다.

두 판결의 방향이 좀 다른 느낌도 있지만 2011두6127 판결이 99두3423 판결을 명시적으로 인용하고 있는 점을 감안하여 앞뒤를 맞추자면 통상적인 '일응의 입증' 이론으로 돌아간다. 99두3423 판결의 영화 부분에서는 국세청이 주장하는 정상가격 그 자체에는 '일응의' 합리성조차 없는 부분이 있지만(우진의 영화사용료율을 비교대상 거래로 본 부분) 그 부분만 빼면 국세청이 법원에 제출한 증거로(곧 팬아시아-UIP 거래가격에서) 어느 정도의 합리성이 있는 정상가격이 나온다. 납세의무자는 '일응의' 정상가격을 위와 같이 구한 국세청 쪽의 증거를 탄핵하지 못했고, 달리 다른 증거를 들어서 자신의 실제 거래가격이 정상가격이거나 정상가격의 범위 안에 있음을 새로 증명하지도 못 했다. 그러니 국세청이 먼저 어느 정도 증명한 정상가격에 따라 과세처분 가운데 팬아시아 부분은 유지하고 우진 부분은 취소한다는 것이다. 한편 2011두6127 판결에서는 국세청이 주장하는 정상가격에는 그러한 정도의 입증도 없으니 과세처분이 위법하다는 것이다. 99두3423 판결의 영화 부분에서도 만일 팬아시아와 UIP 사이의 거래마저 쟁점거래와 비교가능하지 않았다면 과세처분 가운데 영화 부분은 그대로 위법하게 된다.

납세의무자가 자신의 실제 거래가격이 정상가격임을 적극적으로 증명하지 못하더라도 국세청이 과세처분의 기초로 삼은 가격이 정상가격임을 증명하지 못하는 이상 현행 「국제조세조정에 관한 법률」에서는 2011두6127 판결처럼 과세처분을 전부 취소할 수밖에 없다. 법인세법에서는 법령 자체에서 일단 시가를 정하고 있으므로, 원고든 피고든 이와 다른 시가를 주장하려면 그러한 사정을 증명하여야 하고 어느 쪽도 입증이 없다면 법령에 정한 시가로 돌아간다.[146] 그러나 법인세법과 달리 「국제조세조정에 관한 법률」에는 법령 자체에서 시가를 정한 것이 없으므로, 조세채권의 존재를 주장하는 국세청이 과세요건 사실을 증명해야한다는 증명책임의 기본 원칙으로 돌아간다. 국조법 제4조 제2항에 불구하고 법인세법령이 정하여 둔 시가를 일단 정상가격으로 준용할 수밖에 없다.

한편 99두3423판결에서 "과세관청이 스스로 위와 같은 정상가격의 범위를 찾아내어 고려해야 하는 것은 아니다"라는 말은 오해하기 쉽다. 비교가능한 가격이 여럿이라면 '정상가격의 범위'가 나오고, 쟁점 가격이 그 범위 안에 들어가면 부인할 수 없다. 판결에서 말하는 '4분위법'이란 무슨 말인가? 미국법[147]에 있는 개념으로, 거래 실례 가운데 양 극단에 속하는 일정 범위(25%씩)를 잘라내고 나머지로 정상가격 범위를 구성한다는 것이다. 우리 법에 명시된 개념은 아니지만[148] 어차피 정상가격의 산정이란 기계적 과정이 아니고 합리적으로 적당한 답을 찾는 것이라는 점에서 우리 법에서도 받아들일 수 있다.[149] 통계학에서 말하는 "outlier"를 잘라내는 방법이 꼭 4분위라야 할 이유도 없지만,[150] 미국 등 다른 나라에서 시비를 걸 가능성을 생각하고 행정청의 자의를 막을 필요를 생각하면 구태여 다른 기준을 쓸 이유도 없다. 4분위법이든 무엇이든 정상가격의 범위 안에 쟁점 가격이 들어간다면 부인할 수 없다.

가령 원고가 국외 특수관계자에게 실제 지급한 가격이 125원이라고 하자. 비교가능 거래를 찾아서 거래 조건의 차이를 합리적으로 조정한 가격이 90원에서 140원까지의 범위에서 여러 가지가 나왔고, 거기에서 양 끝의 극단적 사례(이 판결에 나오는 이른바 4분위법이라면 양 끝 1/4씩에 들어가는 이례적 사례)를 뺀 뒤에 남은 가격이 100원, 110원, 120원, 130원인 네 가지 사례가 나온다고 하자. 99두

146) 대법원 2018. 7. 26. 선고 2016두40375 판결과 대법원 2018. 7. 20. 선고 2015두39842 판결은 법인세법상 부당행위 계산부인 사건에서 국세청이 주장하는 시가에 입증이 부족하다고 보면서 과세처분을 전부 취소하였다. 그러나 법인세법에서는 법령 자체로 일응의 시가를 정하고 있으므로, 원고든 피고든 다른 시가를 주장하는 자가 그를 입증해야 한다. 앞의 두 판결에서 과세처분을 전부 취소한 것은 원고 쪽에 입증의 우위가 있었다는 말을 잘못 적은 것으로 선해해야 옳다.

147) 미국 재무부 규칙 1.482-1(e)(5).

148) 「국제조세조정에 관한 법률」 시행령 제15조에서는 그저 정상가격 범위 안의 특정 가격을 기준으로 삼을 수 있다고 할 뿐이고, 정상가격 범위를 구할 때 양끝의 4분위를 자르라는 말은 없다.

149) 행정해석으로 「국제조세조정에 관한 법률」 기본통칙 5-6-3.

150) 통계학에서 신뢰도를 얼마로 설정할 것인가의 문제로 생각해보면 된다.

3423 판결은, 국세청은 이 네 가지를 산술평균해서 115원을 정상가격으로 정하고 10원을 부인할 수 있다고 한다. 그런데 동시에 99두3423 판결은 납세의무자는 자신이 지급한 비용이 정상가격의 범위 안에 있음을 보여서 과세처분을 벗어날 수 있다고 한다. 그렇다면 납세의무자는 다른 추가 자료를 찾을 것도 없이 125원이 정상가격의 범위 안에 있다고 주장만 하면 된다? 그러면 과세처분을 취소해야 한다? 그런 뜻은 아니다. 위 보기에서는 애초 국세청이 과세처분할 수가 없다. 125원이라는 실거래가액이 정상가격의 범위 안에 있기 때문이다. 국세청이 알고 있는 비교가능 거래가 여럿 있으면 이를 무시할 수 없음은 당연하다. 99두3423 판결의 취지는 과세관청이 최선의 노력을 다해서 찾은, 비교가능하고 합리적 조정이 가능한 거래가 하나뿐이라면 그걸 그냥 쓰면 되고, 국세청이 스스로 정상가격의 범위를 찾아낼 필요는 없다는 말이다. 영화에서는 팬아시아의 거래실례가액만을 비교가능 제3자 가격으로 받아들였으므로 그 가격 하나에서 정상가격이 나왔다.

한편 위 문단의 보기에서 원고가 지급한 가격이 가령 135원이라면 국세청이 부인할 수 있는 금액은 얼마인가? 135－130 ＝ 5원인가, 135－115 ＝ 20원인가? 이 문제는 정상가격이라는 개념이 특정한 가격 하나인가, 아니면 범위 안에 드는 것은 다 정상가격인가라는 법해석 문제가 된다. 전자라는 것이 시행령의 해석. 정상가격 범위의 특정한 대표값을 정상가격으로 본다는 것이다.[151] 이 보기에서는 비교가능 가격이 딱 4개뿐이고 빈도도 모두 같으므로 4가지 모두 동등하게 대우해야 하고, 정상가격의 대표값으로 쓸 수 있는 것은 평균값인 115원이다. 따라서 특수관계인 사이의 거래가격 135원과 정상가격 115원의 차액 20원을 부인할 수 있다. 한편 거래 빈도를 볼 때 110원짜리 거래가 20개 있고 나머지 세 가격은 1거래씩이라면, 아마도 최빈값인 110원을 정상가격이라 보아야 할 것이다. 통계학의 상식으로 돌아갈 뿐이다.[152] 이 경우 납세의무자는 어떻게 해야 하는가? 국세청이 찾지 못한 다른 사례를 찾아내어서 차이를 합리적으로 조정해

151) 「국제조세조정에 관한 법률」 시행령 제15조 제6항에서 평균값, 중위값, 최빈값은 모두 '한 가운데'라는 개념이므로 다른 합리적 가격도 그에 준하는 특정한 값일 수밖에 없다. 한편 법인세법 시행령 제35조에서는 시가에 30%를 가산하거나 30%를 차감한 범위 안의 가액을 정상가액으로 정의하고 있어서, 본문의 보기 같으면 130원도 정상가격이다.

152) 한편 미국 재무부 규칙은 대표값을 쓰라고 하면서도, 원칙으로는 정상가격의 범위 안에 드는 어떤 가격이라도 정상가격이라고 하면서 특별한 사정이 없으면 4분위법에서는 중간값을, 다른 경우에는 평균값을 쓰라고 한다. 미국 재무부 규칙 1.482-1(e)(3).

서 정상가격의 범위가 더 늘어남을 입증하면 된다. 새로 찾아낸 거래를 마저 고려하면 정상가격의 범위가 110~135원으로 늘어난다고 입증할 수 있으면 과세처분 전부를 취소 받을 수 있다. 99두3423 판결에서도 원고는 이스라엘, 포르투갈, 멕시코 등의 거래 사례도 쟁점 거래와 비교가능하고 이를 마저 감안하면 자신의 쟁점 가격이 정상가격의 범위에 들어간다고 주장했지만, 입증에 실패했다. 그런데 국세청도 찾지 못한 다른 사례를 어떻게 찾아서 정상가격의 범위를 넓힐 수 있을까나.

2. 비교가능성과 거래 조건의 차이 조정

비교가능 거래를 찾는 것은 정상가격을 증명하는 단계의 일부일 뿐이니 따로 논할 필요는 없지만 아무튼 판례는 정상가격을 끌어낸 기초가 된 거래가 비교가능하지 않다면 부과처분을 취소해야 한다고 한다.

대법원 2011. 8. 25. 선고 2009두23945 판결

① 원고는 독일에 소재하는 … 모회사로부터 이알피(ERP: 전사적 자원관리) 시스템용 소프트웨어 … 에 대한 판매권을 부여받아 이를 국내에 판매하는 거래(이하 '이 사건 거래'라 한다)를 하면서 이 사건 모회사에게 이알피 소프트웨어의 사용료(이하 '이 사건 사용료'라 한다)로 2000년까지는 매년 매출액의 40%를, 2001년부터는 매년 매출액의 50%를 각 지급하여 왔으며, 그 결과 2000 사업연도에는 7.27%의 영업이익률을, 2001 사업연도에는 -1.67%의 영업손실률을 각 기록한 사실, ② 피고 서울지방국세청장은 … 이알피 소프트웨어의 연구개발활동, 제조활동, 판매활동 등을 모두 직접 수행하면서 국제거래 없이 국내거래만을 수행한 국내의 8개 업체(이하 '이 사건 비교대상업체들'이라 한다)의 영업이익률을 기준으로 이 사건 사용료의 정상가격을 산출하고 이 사건 사용료 중 그 정상가격을 초과하는 부분을 원고의 2001 사업연도의 익금에 산입하는 한편 이를 이 사건 모회사에 대한 2002년 귀속 배당으로 소득처분하여 2004. 10. 5. 원고에게 그 내용을 통지(이전소득금액통지)한 사실 … 등을 인정하였다.

거래순이익률방법에 의하여 이 사건 사용료의 정상가격을 산정하려면 특수관계가 없는 제3자간의 국제거래 중 이 사건 거래와 유사한 거래의 순이익률을 기준으로 삼아야 함에도 피고들이 그 기준으로 삼은 것은 국외의 제3자로부터 판매권을 부여받지 아니하고 국내에서 직접 연구개발활동과 판매활동을 수행하는 이 사건 비교대상업체들의 거래에 의한 순이익률로서 그와 같은 거래는 국외의 제3자로부터 판매권을 부여받아 판매활동만을 수행하는 이 사건 거래와 유사하다고 하기 어려우므로 이 사건 처분은… 위법하다.

대법원 2011. 10. 13. 선고 2009두15357 판결

… 특수관계가 없는 독립된 사업자간의 거래가 국내거래일지라도 당해 국제거래와의 차이를 제거할 수 있는 합리적인 조정이 가능하다면 이를 굳이 비교대상거래에서 원천적으로 배제할 필요는 없는 점 등을 종합하면, 비교가능 제3자 가격방법에서의 비교대상거래에는 특수관계가 없는 독립된 사업자간의 거래 중 국내거래도 포함된다… 이 사건 사채발행거래와 이 사건 차입거래는 그 사용목적이 동일하고 금전차용거래로서의 속성도 동일하며, 양 거래의 시기가 근접하여 경제여건 및 원고의 경영환경에 근본적인 변화가 없었다는 등의 이유로 피고가 비교가능 제3자 가격방법을 적용함에 있어 이 사건 사채발행거래와 유사한 거래상황에서 형성된 이 사건 차입거래를 비교대상거래로 삼아 차입시기의 차이 등에 대한 조정을 거쳐 정상이자율을 10.2%로 산정한 것은 정당하다.

대법원 2012. 11. 29. 선고 2010두7796 판결

가. 구 국제조세조정에 관한 법률 시행령(2004. 12. 31. 대통령령 제18628호로 개정되기 전의 것, 이하 '국조법 시행령'이라 한다) 제5조 제1항은 "법 제5조 제1항의 규정에 의하여 정상가격을 산출하는 경우에는 다음 각 호에서 정하는 기준을 고려하여 가장 합리적인 방법을 선택하여야 한다."고 규정하면서, 제1호에서 '특수관계가 있는 자 간의 국제거래와 특수관계가 없는 자 간의 국제거래 사이에 비교가능성이 높을 것. 이 경우 비교가능성이 높다는 것은 비교되는 상황 간의 차이가 비교되는 거래의 가격이나 순이익에 중대한 영향을 주지 아니하는 경우[(가)목] 또는 비교되는 상황 간의 차이가 비교되는 가격이나 순이익에 중대한 영향을 주는 경우에도 동 영향에 의한 차이를 제거할 수 있는 합리적 조정이 가능한 경우[(나)목]를 말한다'고 규정하고, 제3호에서 '특수관계가 있는 자 간의 국제거래와 특수관계가 없는 자 간의 국제거래를 비교하기 위하여 설정된 경제여건·경영환경 등에 대한 가정이 현실에 부합하는 정도가 높을 것'을 규정하고 있다.

위 각 규정의 내용과 입법 취지 … 국조법 시행령 제5조 제1항 제1호와 제3호는 비교가능 제3자 가격방법을 비롯한 국조법 소정의 정상가격 산출방법을 적용함에 있어 특수관계가 없는 자 간의 거래 중 국제거래를 비교대상거래로 선택할 경우에 고려해야 할 요소들을 예시적으로 규정한 것일 뿐 특수관계가 없는 자 간의 국내거래를 비교대상거래에서 배제하려는 취지는 아닌 것으로 해석되는 점, 특수관계가 없는 독립된 사업자 간의 거래가 국내거래일지라도 당해 국제거래와의 차이를 제거할 수 있는 합리적인 조정이 가능하다면 이를 굳이 비교대상거래에서 원천적으로 배제할 필요는 없는 점 등을 종합하면, 비교가능 제3자 가격방법에서의 비교대상거래에는 특수관계가 없는 독립된 사업자 간의 거래 중 국내거래도 포함된다고 할 것이다(대법원 2011. 10. 13. 선고 2009두15357 판결 등 참조) … 원심이 비교가능 제3자 가격방법에서의 비교대상거래는 특수관계가 없는 독립된 사업자 간의 거래 중 국제거래로 한정된다는 전제 아래 피고가 국내거래인 이 사건 비교대상 유동화거래를 비교대상거래로 선정한 것이 위법하다고 판단한 것은 잘못이다. 그러나 한편 원심판결 이유 및 적법하게 채택된 증거에 의하여 인정되는 이 사건 유동화사채 발행거래와 이 사건 비교대상 유동화거래 사이의 발행형식, 발행통화, 만기, 기초자산에 대한 유동화증권의 발행비율, 신용보강, 발행시기의 차이 및 그에 대한 피고의 조정 내용, 그 밖에 위 각 거래 사이의 기초자산의 차이 및 선·후순위사채의 비중과 구조의 차이 등을 앞서 본 규정에 비추어 살펴보면, 정상이자율의 산정에 중대한 영향을 주는 이 사건 유동화사채 발행거래와 이 사건 비교대상 유동화거래 사이의 비교되는 상황의 차이에 대하여 피고가 합리적인 조정을 하였다고 보기는 어렵다. 따라서 피고가 이 사건 비교대상 유동화거래를 기초로 산정한 연 16.98%의 이자율을 국조법 제4조, 제5조 제1항 제1호 등에서 규정한 정상가격(정상이자율)으로 볼 수 없다는 이유로, 원고 2에 대한 이 사건 증액경정처분 중 이전가격 부분이 위법하다고 본 원심의 결론은 정당하 … 다.

우선 '국내'·'국제'부터 주목. 2009두23945 판결에서는 정상가격을 끌어낸 기초가 된 국내 거래는 판매권과 연구개발 여부에 차이가 있어서 비교가능하지 않다는 이유로 부과처분을 취소하고 있다. 2009두15357 판결에서는 국내·국외가 달라도 서로 비교가능하고 차이 조정도 합리적이라는 이유로 부과처분을 유지하고 있다. 2010두7796 판결에서는 국내·국외가 달라도 비교가능하기는 하지만 차이 조정이 불합리하다면서 부과처분을 취소하고 있다. 2009두23945 판결에서도 만일 거래 조건의 차이 조정이 합리적이라고 보았다면 국내 거래를 비교가능하다고 여겼으리라. 결국 문제는 합리적 조정. 정상가격에 대한 입증책임이 국세청에 있는 이상 비교가능하지 않다는 말이나 합리적 조정이 아니라는 말이나 똑같은 말이다. 비교가능하지 않다고 하려면, 그만큼의 조정만으로는 차이를 제거 못한다는 이유를 달아야 한다. 이 점에서 2010두7796 판결은 틀렸다. 차이 조정이 불합리한 까닭을 대지 않은 채 그냥 비교 불능이라고. 비교 불능이니 비교 불능이라는 동어반복. 판결문에 적지 않았다 뿐이지 차이 조정이 불합리하다는 판단에 이른 구체적인 분석이 법원의 내부 자료에 따로 있는지는 혹 모르겠지만.

조건의 차이에 관한 합리적 조정이란 도대체 무엇인가? 거래 조건의 차이가 손익에 미치는 영향을 어떤 식으로 제거한다, 또는 할 수 있다는 논리 과정을 보자. 아주 간단한 보기로, 납세의무자가 특수관계인으로부터 제품을 수입하는 정상가격이 쟁점이라 하자. 이 쟁점 거래는 CIF 조건이다. 비교대상 거래에서 똑같은 제품의 수입가격이 FOB 조건으로 100 달러라면, 이 거래를 CIF 조건으로 바꾼다면 제품의 수입가격은 100 달러에 운임과 보험료를 더한 가격일 것이다. 비교대상 거래에 해당하는 운임이 3 달러이고 보험료가 2 달러라면 비교대상 거래 제품의 수입가격은 105 달러가 되고, 이 105 달러는 쟁점 거래의 정상가격을 끌어내는 기초가 될 수 있다.

하지만 실제 세상에는 위와 같이 간단한 차이만 조정하면 될 만큼 비슷한 거래란 없다. 거래순이익률 방법에 관한 실제 판결을 하나 보자.

대법원 2014. 9. 4. 선고 2012두1747 판결

… 원고는 쉘그룹 계열회사 또는 비계열회사들로부터 스티렌모노머, 솔벤트 등의 액체 화학제품을 구입한 다음 국내기업에 수백 또는 수천 t 단위로 판매하여 왔다. 원고는 국내사업장인 원고 지점을 통한 제품판매에 따른 매출액과 매출원가에 관하여 2001, 2002 사업연도 각 법인세를 신고하였는데, 그 신고내용에 따른 2001 사업연도 영업이익률은 -3.3%, 2002 사업년도 영업이익률은 -1.5%이다. 서울지방국세청장은 거래순이익률방법에 따라 산업용 기초화합물 등의 수입·판매업(도매업)을 영위하는 주식회사 한진화학상사, 강신산업 주식

회사, 삼영무역 주식회사, 이화소재 주식회사, 조양케미칼 주식회사, 로지트코퍼레이션 주식회사, 주식회사 세원종합상사의 7개 업체를 비교대상업체로 선정하여 2001, 2002 사업연도 영업이익률을 계산하였다. 서울지방국세청장은 이를 토대로 원고와 비교대상업체 간의 재무자료 및 위험수준, 재고자산 보유금액과 기타 영업자산에 대한 투하자본 수준 등에 대한 차이를 조정하여 정상가격을 산출한 다음, 원고의 화학제품 재판매사업부문에 관한 2001, 2002 사업연도 매출총이익률과 비교하여 계산한 이전가격 소득조정액을 원고의 2001, 2002 사업연도 익금에 산입 … 하였다 …

피고가 선정한 비교대상업체들은 유기화학품을 비롯한 기초 화학제품이나 기초 화합물을 국내로 수입하여 판매하는 기업들로서 원고 지점이 행한 이 사건 거래의 조건과 상황이 비슷한 거래를 하였으며, 피고가 거래순이익률방법에 따라 산출한 정상가격은 영업이익률에 영향을 미칠 수 있는 운전자본 등에 대한 차이도 조정된 것임을 알 수 있으므로, 피고는 이 사건 거래와 비슷한 거래를 행하는 비교대상업체를 선정하고 최선의 노력으로 확보한 자료에 기하여 합리적으로 정상가격을 산출한 것으로 볼 수 있다. 따라서 일정한 정상가격의 범위가 존재하고 이 사건 거래의 이전가격이 그 정상가격의 범위 내에 들어 있어 경제적 합리성을 결여한 것으로 볼 수 없다는 특별한 사정을 원고가 증명하지 못하는 한, 피고가 산출한 정상가격이 틀렸다고 단정할 수는 없다.

(1심 서울행정법원 2011. 6. 10. 선고 2009구합37982 판결)

서울지방국세청장은 … 비교대상업체와 원고의 거래순이익의 차이에 대해 비교가능성을 높이기 위하여 재무자료 및 위험수준에 대해 차이를 조정한바, 대차대조표 항목상의 차이에 대한 이자비용을 계산하여 손익계산서 항목에 미치는 영향만큼 차이를 조정하였다. 이는 원고의 연평균 매출채권 및 매입채무 금액을 원고와 비교대상업체들의 매출액 규모 비율을 고려하여 환산한 후 비교대상업체들의 연평균 매출채권 및 매입채무 금액을 차감한 금액에 일정한 이자율을 곱하여 산출된 금액으로 비교대상업체들의 매출액 및 매출원가를 조정하고, 원고와 비교대상업체들간의 재고자산 보유금액과 기타 영업자산에 대한 투하자본 수준의 차이를 이와 유사한 방법으로 조정하여 기회비용(암묵적 이자비용) 차이를 조정한 것이다.

이 판결에 보면 거래순이익률, 매출총이익률, 영업이익률이라는 세 가지 이익 개념이 나온다. 국세청이 거래 조건의 차이까지 조정한 비교대상 업체의 '정상가격'을 찾아서 원고의 '매출총이익'과 비교하여 익금산입할 금액을 정했다고 대법원 판결이 적고 있는 부분은 아마 그 뒤에 나오는 '영업이익'을 잘못 적은 것이리라(하급심 판결이나 전심 결정까지 다 찾아보면 쟁점 거래의 영업이익과 비교대상 업체의 영업이익을 서로 비교한 것으로 나오므로 아마도 대법원 판결의 실수인 듯). 이 판결에서 '영업이익'이라는 말은(이 말과 거래순이익이 도대체 무슨 관계인가라는 의문은 나중에 다시 보자) 손익계산서에 나오는 영업이익이라는 뜻이고, 다시 그 말은 매출총이익(=매출액-매출원가)에서 판매비와 관리비를 뺀 금액이다.[153] 영업이익을 견주자면, 거래 조건의 차이에서 생기는 부분은 빼고 견주어야 한다.

이 판결에 관한 실제 재무제표 자료는 못 구했고 그 대신 OECD 이전가격 지침에 나오는 보기를 보자.[154] 이 보기는 위 대법원 판결에 나오는 '운전자본' 차이의 조정 가운데 1심 판결에서 '매출액 및 매출원가를 조정'하고 '재고자산 보유금액'을 조정했다는 부분이다. 여기에서 '운전자본' 내지 '순운전자본'이라는 말은 재무관리 용어로 "매출채권+재고자산-매입채무", 그러니까 조달한 자금(1심 판결이 말하는 '투하자본')이[155] 일상 영업 과정에서 어디에 얼마나 들어가 있는가를(투하되어 있는가를) 나타내는 개념이다. 이제 쟁점 거래(원고에게 다른 거래가 없다고 치면 원고, 곧 분석대상인 기업)는 매출액이 179.5이고 매출총이익률이 0.8%, 순운전자본(=매출채권+재고자산-매입채무)은 매출채권의 25.6%라고 하자. 한편 비교대상 거래(=비교대상 기업)는 매출액이 120.4이고 매출총이익이 1.59로 매출총이익률이 1.32%이지만 순운전자본이 매출채권의 19.9%라고 하자. 비교대상 기업의 순운전자본을 25.6%에 맞추어 올린다면 자산을 그만큼 더 보유하는 데 자금이 그만큼 더 들어갔을 것이고 그 자금을 꿨다면 이자를 더 주었을 것이다. 더 들어갔을 자금은 120.4×(25.6%-19.9%) = 6.87이다. 차입이자

153) 이창희, 『세법강의』, 제18장 제5절 Ⅳ.

154) OECD, 이전가격지침 (2022), Annex to Ch. Ⅲ.

155) 운전 '자본'(working capital)에서 '자본'이라는 말은 재무관리나 금융경제학에서 쓰는 용례로 상법이나 법인세법이 말하는 자본(capital; 주식 액면총계나 달리 정해서 법인등기부에 공시하는 금액), 기업회계의 자본(equity; 자기자본 = 순자산), 경제학의 자본(capital; 사람이 만들어낸 생산요소 = 토지 외의 자산), 어느 것과도 뜻이 다르다. 고전파나 맑스주의 정치경제학의 자본(capital) 개념(자본 = 가변자본 + 불변자본)에 가깝고, 이때 운전자본이라는 말은 가변자본에 가깝다. 미국세법의 "capital gain"이나 독일 소득세법의 "Kapitaleinkommen"에서 자본이라는 말은 일정한 자산이라는 뜻이다.

율이 가령 4.8%라면 추가로 지급했을 이자는 0.33이고, 같은 금액만큼 매출총이익을 고쳐잡으면[156] 1.59+0.33 = 1.92가 되고, 따라서 조정 후 비교가능 매출총이익률은 1.92/120.4 = 1.59%가 된다. 그러니 쟁점 거래에서도 같은 0.8%가 아니라 1.59%라는 매출총이익률이 나왔어야 하고, 특수관계인으로부터 사온 매입가격이 정상가격보다 비쌌다는 것이다.

기실 위 문단의 보기는 매출총이익까지만 따져서 서로 견준 것이다. 재판매가격법이라면 거기까지만 따져도 되겠지만, 영업이익을 서로 견주자면 다시 더 따져야 한다. 영업이익이란 매출총이익에서 판매비와 관리비를 마저 뺀 금액이니 판매비와 관리비에 영향을 주는 다른 요소를 마저 따져야 한다. 위 1심 판결의 표현으로 '기타 영업자산에 대한 투하자본의 차이'도 조정해야 한다. OECD 이전가격지침에도 구체적 보기가 없지만, 가령 분석대상 기업은 사옥을 소유하고 있지만 비교대상 기업은 사옥을 임차하고 있어서 임차료를 판매비와 관리비에 포함하고 있다면, 후자의 영업이익을 임차료만큼 늘려잡아서 비교해야 할 것이다. 한편 비교대상 기업이 임차료를 영업외비용에 포함하고 있다면 고쳐잡을 것이 없다.

차이 조정이란, 자산과 관련해서 지급이자 상당액(암묵적 이자비용)을 조정하는 것으로 끝나지 않는다. 가령 같은 종류의 제품 도매업자이고 매출액도 엇비슷한 분석대상 기업이나 비교대상 기업의 매출총이익을 견준다고 하자. 분석대상 기업은 국내 광고를 하지 않지만 해외 공급선이나 다른 특수관계자가 국내 광고를 해주고 있는데 비해 비교대상 기업은 자신의 비용으로 국내 광고를 한다고 하자.[157] 매출총이익을 견주자면 이런 기능의 차이를 고려해야 한다. 비교대상 기업도 공급선이 국내 광고를 해준다면 제품 사오는 값이 올라갈 것이므로 비교대상 기업의 매출원가를 그만큼 올려 잡고 매출총이익을 그만큼 낮추어 잡아야 한다. 한편 이 두 기업의 영업이익을 견준다면 그렇게 할 필요가 없다. 매출원가를 높여 잡고 광고비를 낮춰 잡으면 서로 상계되므로, 광고 기능을 누가 맡는가는 영업이익에는 별 영향이 없으리라고 일단 생각할 수 있다. 다른 예로 도매상인 분석대상 기업은 안 팔리는 상품을 해외 공급업자에게 반품할 권리가 있지만 비교대상 기업의 수입계약에는 그런 권리가 없다고 하자.[158] 매출총이익

156) OECD 이전가격지침, 같은 부분.
157) OECD 이전가격지침, Annex I to Ch. Ⅱ.

을 견줄 때에는 이 위험도 차이를 반영해서 비교대상 기업의 매출원가를 올려 잡아야 한다. 영업이익을 견줄 때에는 꼭 그렇지는 않다. 못 파는 상품의 땡처리 손실과 서로 상계되기 때문이다.

자산구성·기능·위험도 따위의 온갖 차이를 조정한다는 이런 보기에 의문이 들 것이다. 당연하다. 이런 조정을 '합리적'이라 볼 여지는 어디까지일까? 우선 순운전자본이란 1년 내내 움직이는 숫자이니 그 금액을 얼마라고 볼 것인가라든가, 분석대상 기업과 비교대상 기업의 회계방법이 선입선출법과 총평균법,[159] 또는 정액법과 정률법[160] 식으로 서로 다르다든가, 같은 비용을 매출원가로 잡는 기업도 있고 판매비와 관리비로 잡는 기업도 있다든가, 이런 실무적 어려움은 다 해결한다고 치자. 조금 더 어려운 문제로 자산금액과 매출총이익을 올려잡고 이자비용 상당액을 잡자면 이자율은 어떻게 정할 것인가? 두 기업의 부채·자본 비율이 서로 다르고 신용도가 서로 다른데?

조금 더 어려운 문제로 순운전자본이 더 큰 금액이었더라면 거기에 들어갔을 자금의 이자 상당액만큼 매출액이 늘었을 것이라는 가정은 말이 되는가? OECD 이전가격지침은 매출채권 금액을 올려 잡는다는 말을 채권 만기를 늘려준다는 말과 같은 뜻으로 생각하고, 채권 만기를 늘려주려면 채권의 액면금액을 이자 부분만큼 더 올려야 계산이 맞는다(채권의 현재가치가 같아진다)는 생각을 보인다.[161] 채권 만기를 어떻게 정하더라도 경쟁 때문에 결국은 수익성에 아무 변화가 없을 것이라는 전제를 두고 있는 생각이다. 재고자산에 들어갈 자금의 이자 상당액만큼 매출총이익을 올려 잡는 이유에 대해서는 OECD 이전가격지침에 아무 설명이 없다. 채권에 관한 설명을 연장한다면 재고가 많은 기업이나 적은 기업이나 수익성이 같다는 전제를 세운다면, 재고 물량을 늘리는 이유는 그만큼 판매에 도움되기 때문일 것이고, 결국 경쟁시장에서는 재고보유 비용이 더 드는 만큼 매출총이익이 늘어야 재고를 늘린다고 볼 수 있다. 따라서 재고자산을 늘려 잡는 것에 매출총이익을 늘리고 이자비용을 늘리는 조정이 필요하다, 아마 이런 논리일 것이다. 그러나 정반대로 생각할 여지도 있다. 재고가 는다는 것은

158) 같은 문서 같은 부분.

159) 이창희, 『세법강의』, 제19장 제1절 Ⅴ.

160) 이창희, 『세법강의』, 제21장 제2절 Ⅰ.

161) OECD 이전가격지침(2022), Annex to Ch. Ⅲ. 회수기간 1년 이내의 채권의 가액은 현재가치가 아닌 액면으로 잡는 기업회계의 관행을 전제한 것이다. 이창희, 『세법강의』, 제19장 제2절 Ⅳ.

안 팔린다는 말이고 그렇다면 판가를 낮추어야 하니 매출총이익이 구조적으로 낮아진다. 이 쪽이 오히려 일반적이리라. 채권도 마찬가지이다. 상대적으로 매출채권이 많다는 말은 구조적으로 수익성이 나쁘다는 말이다.

조금 더 어려운 문제로 원가가산법을 써보려고 두 업체의 제품 단위당 제조원가를 견준다고 하자. 분석대상 업체는 조업도가 100%이지만 비교대상 업체는 조업도가 80%이어서 고정비용의 단위당 배부액이 더 높다. 제품 단위당 원가는 이 조업도 차이를 고려해서 견주어야 하는가? OECD 이전가격지침은 그렇게 읽히지만[162] 정말 그런가? 비교대상 업체의 조업도가 만성적으로 80% 이하라면, 비교대상 업체의 제품당 원가는 당연히 조업도가 80% 이하인 것을 전제하고 계산해야 하는 것 아닌가? 조업도를 더 올리고 싶어도 올릴 길이 없다면, 조업도가 올라간다면 단위당 원가가 떨어진다는 생각은 애초 불가능하지 않은가? 비슷한 문제로 분석대상 업체는 노동집약적 생산방법으로 인건비가 높고 감가상각 등 제조간접비가 낮은데 비해 비교대상 업체는 자본집약적 생산방법으로 인건비가 낮고 감가상각 등 제조간접비가 높다면, 두 회사의 생산방법이 동일하다면 어떻게 되었을까를 따져서 비교하라는 말인가? 한 걸음 더 나아가 제품은 같지만 원료와 기술이 서로 전혀 다르다면 이 차이를 고려해서 제조원가를 비교하라는 말인가? 똑같은 제품이더라도 장기공급 계약에 따라 물건을 들여다 파는 분석대상과 병행수입업자인 비교 대상의 차이는 어떻게 조정할까? 병행수입을 하고 있는 비교대상 기업도 원한다면 장기공급 계약을 맺을 수 있으리라는 가정이 애초 가능한가?

결국 OECD 이전가격지침이 말하는 차이 조정이란 비교대상 기업은 다 경쟁시장에서 정상이윤을 얻을 것이라는 전제 하에 있는 사전적(事前的, ex-ante) 의사결정 모형이다. 비교대상 기업이라는 표본이 시장참가 기업 전체라는 모집단을 다 망라하고 있거나 통계적으로 치우침이[163] 없다면, 시장에서 실제 측정한 사후적 소득도 시장 전체로는 정상이윤을 나타낼 것이라는 전제는 맞다. 그러나 온갖 주관적 기준으로 몇 만 개의 기업을 몇 개로 추려낸 표본이 모집단을 제대로 대표하리라는 생각은 받아들이기 어렵다. 우선 비교대상 기업의 수가 몇십 개도 안 된다면 애초 대수(大數)의 법칙이 작용하지 않고, 혹 몇 십 개 이상이

162) OECD 이전가격지침(2022), Annex I to Ch. Ⅱ.

163) bias, 편행(偏向).

더라도 애초 통계학이 말하는 무작위 추출이 아니다. 일단 비교대상 기업이 시장 전체를 대변하지 않는다고 보면, 비교대상 기업 하나하나의 수익률은 정상이윤과는 무관하다. 일시적으로 초과이윤을 누리고 있는 기업일 수도 있고 망해가는 기업일 수도 있다. 경쟁시장의 균형이 정상이윤을 이룬다는 말은 새로 생기는 기업과 망하는 기업이 계속 이어지고 있다는 말이다. 시장에서 측정한 개별 기업의 소득이 정상이윤을 나타내는 것은 아니다.

결국 조건의 차이가 일정한 정도를 넘어가면, 애초 불가능한 가정을 세워야 하고, '합리적' 조정이란 불가능하다. 전제가 거짓이라면 뒤따르는 결론이 참이든 거짓이든 논의가 이미 무의미하다는 것이야 형식논리학의 기본. 이미 공상의 세계, 마법의 세계에 들어선 까닭이다. 세상에 똑같은 것은 없다. 합리적 조정이란, 비교가능성이란 어디까지 인정할 수 있는 것인가? 구체적 상황에서 무엇과 무엇을 견주는가에 따라 하나하나 따져볼 수밖에 없다. 이하 비교대상 별로, 곧 정상가격 산정방법 별로 실제 판례를 보자.

Ⅲ. 비교가능 제3자 가격법

비교대상인 물건이나 용역이 똑같고 거래 조건도 차이를 따질 필요도 없을 만큼 비슷하다면 비교대상 거래의 가격이 바로 분석대상 거래의 정상가격이다. 가령

> "한국방송공사가 자본금 및 운영자금을 전액 출자하여 미국에 설립한 미주한국방송에게 한국방송공사 프로그램 케이블티비 방송권 … 부분에 관하여는 원고와 괌 한인방송국과의 거래가 원고와 미주한국방송과의 이 사건 한국방송공사 프로그램 공급 거래의 거래 상황과 가장 유사하다고 할 것이므로 … 괌 한인방송국과의 … 거래가격이 … 비교가능 제3자가격 방법에 의한 정상가격에 해당"

한다.[164] 앞의 99두3423 판결에서도 "팬아시아와 UIP 사이의 사용료율은 시장조건 등의 차이를 조정할 필요 없이 … 비교가능 제3자 가격"이라고 한다.[165] 아래

164) 대법원 2006. 9. 8. 선고 2004두3724 판결.

165) 그밖에 이자율 스왑거래에 관하여 "피고가 … 정상수익금액을 산정함에 있어 적용한 평균이익

Ⅳ. 이하의 방법으로 정한 정상가격을 거꾸로 끌고 와 비교가능 제3자 가격이라고 할 수는 없다.166)

거래 조건에 차이가 있다면 이를 합리적으로 조정해야 정상가격이 나온다. 가령 조정대상 거래의 목적물이 상품거래소 같은 공개 시장에서 거래하는 원유, 농산물, 광물 등 물품(commodity) 따위로, 다른 조건은 똑같고 그저 FOB나 CIF의 차이뿐이라면 운임과 보험료만 조정하면 된다.167) 어려울 일이 없다. 문제는 그 정도 차이만 뺀다면 나머지 조건이 다 같은 거래란 실제는 없다는 것. 거래량이 확 다르다면 어떻게 조정하는가? 앞서 "U.S. Steel" 판결에서 보았듯 이만큼만 차가 나도168) 분명한 정답이 안 나온다. 품질의 차이는 어떻게 제거할까? 장기공급 계약의 유무, 독점권의 유무, 이런 차이는 어떻게 제거할까? 제1절 Ⅲ을 다시 보라. 거래가격을 직접 비교하는 경우 이런 합리적 조정이 이루어졌다고 본 실제 판결은 드물다. 앞에 나온 2009두15357, 2010두7796 판결에서 국세청이 거래 조건의 차이를 조정한 방법과 최종 결론을 견주어 보자.

대법원 2011. 10. 13. 선고 2009두15357 판결

… 비교가능 제3자 가격방법에서의 비교대상거래에는 특수관계가 없는 독립된 사업자간의 거래 중 국내거래도 포함된다 … 시행령 제6조 제2항은 '법 제5조의 규정에 의하여 정상가격을 산출하는 경우 당해 거래와 특수관계가 없는 자간의 거래 사이에서 수행된 기능, 부담한 위험 또는 거래조건 등의 차이로 인하여 적용하는 가격 등에 차이가 발생하는 때에는 그 가격 등의 차이를 합리적으로 조정하여야 한다'고 규정하고 있다 … ① 내국법인인 원고와 버뮤다 법인 … LSF3KC … 및 아일랜드 법인 … LSIF … 는 모두 미국계 사모펀드인 론스타 펀드에 의해 설립되어 그 지배력 아래에 있고, 원고는 LSF3KC 및 LSIF와 사이에

률 … 는 … 조건이 유사한 외국은행 지점의 국내법인과의 거래인 18건에 대한 이익률을 평균한 수치라는 것이고 … '비교가능 제3자 가격법'에 토대를 둔 위 평균이익률에 기초하여 감소된 소득금액을 산정한 것은 합리성이 있다"는 판결이 있다. 대법원 1997. 6. 13. 선고 95누15476 판결. '이익률'이라는 말을 무슨 뜻으로 썼는지를 알 수가 없어서 비교가능 제3자 가격법을 적용하기에 적절한 사안인지는 잘 모르겠다. 이익률이라는 말을 실제로 주고받은 이자율 사이의 차이(=이자 차액/명목 원금)라는 뜻으로 쓴 것이라면 결국 이자율에 비교가능 제3자 가격법을 적용한 사안일 것이다.

166) 관세 사건으로 대법원 2019. 12. 27. 선고 2019두47834 판결.

167) 「국제조세조정에 관한 법률」 시행령 제5조. OECD 이전가격지침 (2022), 2.25문단.

168) OECD 이전가격지침(2022) 2.26문단.

> 각 법 제2조 제8호에서 정한 특수관계에 있는 사실, ② 원고는 2000. 8. 31. 서울 중구 (주소 생략) 소재 청방빌딩과 그 부속토지(이하 이들을 합하여 '청방빌딩'이라 한다)의 매수자금 104억 원을 조달하기 위하여 LSF3KC에 이자율 19%, 만기 7년 조건으로 미화 6,748,250.98불(약 75억 원) 상당의 이 사건 사채를 발행하였고(이하 '이 사건 사채발행거래'라 한다), LSF3KC는 2001. 1. 23. 이 사건 사채를 다시 LSIF에 미화 7,268,241.21불에 양도한 사실, ③ 원고는 이 사건 사채발행거래 이후 그 이자를 지급하지 않고 있다가 2001. 9. 7. 및 2002. 8. 13. 주식회사 한국외환은행으로부터 합계 65억 원을 이자율 8%로 차입(이하 '이 사건 차입거래'라 한다)하면서 부터 원리금을 변제하기 시작하여 2002. 10. 15. 그 상환을 완료한 사실, ④ 피고는 이 사건 사채발행거래의 이자율이 정상이자율을 초과하는 것으로 보고, 법 제5조 제1항 제1호 소정의 비교가능 제3자 가격방법에 의하여 정상이자율을 산정함에 있어 이 사건 차입거래를 비교대상거래로 선정한 다음 이 사건 차입거래 당시 그 이자율에 가장 근접한 회사채 이자율이 3년 만기 회사채(공모사채) BBB+ 등급의 이자율인 7.94%인 점에 착안하여 같은 조건의 회사채 이자율이 이 사건 사채발행거래 당시인 2000. 8. 31.에는 10.2%이었다는 이유로 이를 이 사건 사채발행거래의 정상이자율로 보아 원고가 LSIF에게 지급한 이자 중 10.2%를 초과한 부분을 손금불산입하는 내용의 이 사건 처분을 한 사실 등을 인정하였다 … 이 사건 사채발행거래와 이 사건 차입거래는 그 사용목적이 동일하고 금전차용거래로서의 속성도 동일하며, 양 거래의 시기가 근접하여 경제여건 및 원고의 경영환경에 근본적인 변화가 없었다는 등의 이유로 피고가 비교가능 제3자 가격방법을 적용함에 있어 이 사건 사채발행거래와 유사한 거래상황에서 형성된 이 사건 차입거래를 비교대상거래로 삼아 차입시기의 차이 등에 대한 조정을 거쳐 정상이자율을 10.2%로 산정한 것은 정당하다.

쟁점 거래(이 사건 회사채 발행 거래)와 비교가능 거래(이 사건 차입 거래)를 서로 견줄 수 있다고 정한 비교가능 이자율 8%에서 쟁점 거래의 이자율을 끌어내야 한다. 조정해야 할 차이는 두 가지. 은행 차입인가 회사채 발행인가라는 차이와, 거래 시기가 2000년 8월 31일과 2001년 9월 7일로 서로 다르다는 차이. 사실관계에 딱 나오지는 않지만 이 사건의 구체적 사실관계에서 전자의 차이는 중요하지 않다고 본 듯. 후자는 원고가 8%로 돈을 꾸던 당시인 2001년 9월 7일 당시 거의 같은 7.94% 이자율로 회사채를 발행할 수 있었던 회사(BBB+ 등급의 회사)라면 2000년 8월 31일에는 이자율 10.2%로 회사채를 발행할 수 있었다는 것. 따라서 이 10.2%가 쟁점 거래에 적용할 정상가액이라는 것이다. 2000년 8월 31일 당시 원고의 신용등급을 BBB+로 볼 수 있다고 전제해야 맞는 판단이겠지만 그 부분 사실관계는 판결문에 안 나온다.

대법원 2012. 11. 29. 선고 2010두7796 판결

① 원고 2가 2002. 12. 27. 케이디비 론스타 기업구조조정전문 주식회사로부터 장부가액 합계 미화 228,009,077.49불 및 76,561,255,680원 상당의 화의채권 및 사모전환사채를 212,844,055,245원에 양수한 다음 이를 기초자산으로 하여 그 발행가액 중 …미화 53,907,341.72불은 만기 7년, 이자율 연 18% 조건의 후순위 유동화사채(이하 '이 사건 유동화사채'라 한다)로 각 발행하였고, 그 중 이 사건 유동화사채를 원고 2의 국외 특수관계자인 엘에스에프 포 글로벌 캐피탈 리미티드(LSF 4 Global Capital, Ltd.)가 인수하여 2003. 2. 3. 이를 다시 원고 2의 다른 국외 특수관계자인 론스타 인터내셔널 파이낸스 리미티드(Lone Star International Finance, Ltd., 이하 'LSIF'라 한다)에 매도 … ② 피고는 이 사건 유동화사채의 이자율이 정상이자율을 초과하는 것으로 보아, 15개 국내 유동화전문회사들이 공모방식으로 발행한 후순위사채의 이자율을 비교대상거래(이하 '이 사건 비교대상 유동화거래'라 한다)로 선정하고 그 이자율을 기초로 발행형식, 발행통화, 만기, 기초자산에 대한 유동화증권의 발행비율, 신용보강, 발행시기의 차이에 대한 조정을 거쳐 국조법 제5조 제1항 제1호에서 규정한 비교가능 제3자 가격방법에 의한 정상이자율을 연 16.98%로 산정한 다음, 원고 2가 LSIF에 지급한 이자 중 위와 같이 산정된 정상이자율을 초과하는 부분을 손금불산입 … 하였다 … 이 사건 유동화사채 발행거래와 이 사건 비교대상 유동화거래 사이의 발행형식, 발행통화, 만기, 기초자산에 대한 유동화증권의 발행비율, 신용보강, 발행시기의 차이 및 그에 대한 피고의 조정 내용, 그 밖에 위 각 거래 사이의 기초자산의 차이 및 선·후순위사채의 비중과 구조의 차이 등을 앞서 본 규정에 비추어 살펴보면, 정상이자율의 산정에 중대한 영향을 주는 이 사건 유동화사채 발행거래와 이 사건 비교대상 유동화거래 사이의 비교되는 상황의 차이에 대하여 피고가 합리적인 조정을 하였다고 보기는 어렵다.

(서울고등법원 원심판결)

피고가 이 사건 후순위사채에 대하여 비교가능 제3자 가격방법을 선택하여 정상이자율을 산정한 구체적인 내역은 아래와 같다.

① 비교대상거래의 선정

원고 2와 같이 2002 내지 2004 사업연도에 대출채권 및 카드채권 등을 기초자산으로 하여 유동화를 실시한 국내 유동화전문회사의 유동화증권(ABS) 발행내역은 아래 표1 기재와 같은데, 피고는 그 중 ㉠ 위 원고와 동일한 방식으로 사모발행을 한 경우는 모두 특수관계자 간의 거래에 해당하여 비교대상에서 제외하였고, ㉡ 2002년도 2건은 모두 2002. 2. 이전에 발행된 건으로 이 사건 유동화사채의 발행시점(2002. 12.)과 차이가 커 비교대상에서 제외하였으며, ㉢ 2003년도 중 1건은 모두 선순위채로만 발행되었으므로 비교대상에서 제외하였는바, 이에 따라 피고는 국내 유동화전문회사 15개 업 체가 2003년과 2004년에 특수관계가 없는 자에게 모두 공모발행 방식으로 발행한 유동화사채(아래 표 2 참조, 이하 이 사건 국내 유동화증권이라 한다)의 이자율을 비교대상거래로 선정하였다(이하, 이 사건 국내 유동화증권의 이자율을 이 사건 비교대상거래 라고도 한다).

② 정상이자율 산출을 위한 조정

㉠ 발행형식(공모와 사모)의 차이

피고는, 사모발행이 공모발행에 비해 대상투자자가 제한적이고, 재판매시장이 존재하지 않으며, 발행자의 경영상태 등에서 취약한 면을 갖고 있으므로, 공모발행의 경우보다 인수에 따른 위험부담이 인수자에게 상대적으로 더 많아 공모발행에 비하여 이자율이 다소 높게 형성된다는 전제 하에서, 원고 2가 이 사건 유동화사채를 발행한 시점을 기준으로 한국증권업협회 및 채권평가회사가 인터넷 홈페이지(www.ksda.or.kr)에 고시한 동일 만기·신용등급의 공모사채 수익률과 사모사채 수익률 차이(0.28~0.75%)를 계산하여 이 사건 국내 유동화증권의 이자율에 가산하여 그 차이를 조정하였다.

㉡ 만기의 차이

피고는, 이 사건 유동화사채는 약정상 만기가 7년으로 되어 있으나, 선순위사채와 후순위사채의 평균 만기인 5년을 기준으로, 한국증권업협회 등이 고시하고 있는 발행 일자별 통일등급 공모사채의 만기별 수익률 차이(0.79-1.39%)를 계산하여 그 차이를 이 사건 국내 유동화증권의 이자율에 가산하여 조정을 하였다.

㉢ LTV(Loan to Value)의 차이

피고는, ⓐ 자산가치 대비 대출비율(LTV, 여기에서는 기초자산에 대한 유동화증권 CABS) 발행비율을 의미함]이 높을수록 채권자가 부담하는 내재적인 위험이 더 높아지고 채무불이행의 위험이 커지게 되어 이자율이 높게 형성되고, ⓑ 원고 2는 유동화자산취득가액의 약 59-85% 정도를 선순위채로 발행하였으나, 이 사건 국내 유동화증권을 발행한 회사들은 선순위채 발행을 통한 자금조달은 50-68%까지 다양하여 직접 비교가 곤란하며, ⓒ 원고 2가 경제적 합리성을 가지고 의사결정을 한다면, LTV에 따라 이자율이 변화된다고 하더라도 총 유동화증권(ABS) 발행으로 조달한 자금을 사용함에 따라 연간 지급해야 하는 이자비용이 일정할 것이라는 전제 하에서, 선・후순위 발행 비율에 불문하고 연간 이자비용 대비 유동화증권(ABS) 발행금액 총액 비율로 계산한 가중평균이자율 개념을 사용하여 이 사건 유동화사채와 이 사건 국내 유동화증권 사이의 LTV 차이에 따른 이자율의 차이를 제거하였다.

㉣ 신용보강 여부의 차이

피고는, 이 사건 유동화사채는 사모방식으로 발행하여 외부적 신용보강[신용보강기관의 신용제공을 통하여 유동화증권(ABS) 투자자들의 손실위험에 대비하기 위한 조치를 의미함]이 없는 반면, 이 사건 국내 유동화증권 중 신용공여를 받은 경우에는 신용 공여액에 대한 이자비용 이외에 별도의 신용공여 약정수수료를 부담하므로 그 수수료를 총 발행금액으로 나누어 산출된 비율을 가산금리로 하여 신용보강차이를 조정하되, 신용공여 약정이 있는 경우에도 실제로 신용공여를 받은 경우는 거의 없는 것으로 파악되어 실제 부담비용인 약정수수료만 감안하여 조정하였다.

㉤ 발행통화간의 차이

피고는, 원고 2가 기초자산으로부터 원화로 현금을 회수하여 이 사건 유동화사채의 원리금을 외화(USD)로 지급하는 반면, 이 사건 국내 유동화증권의 경우 원화채권으로서 원리금 지급이 모두 원화로 이루어지므로 그 차이를 조정하되, 조달된 외화를 원화로 교환하였다가 만기에 다시 외화로 교환(이자교환 포함)하는 스왑거래(CRS)시 적용되는 금리와 원화 조달자금을 국고채에 투자한다고 가정할 경우 적용되는 금리의 차이를 해지비용으로 보아, 양 금리 차이를 가산금리로 조정하였다.

ⓑ 발행시기의 차이

피고는, 이 사건 유동화사채 및 이 사건 국내 유동화증권이 발행된 시기인 2002. 12.-2004. 12. 기간 중의 시장수익률(5년 만기 BBB-등급 기준)이 8.5-10.3%로 편차를 보이고 있어 발행일자별 수익률 차이를 구하여 그 차이를 조정하였다.

③ 정상가격 범위 및 정상이자율 산출

피고는 이전가격 과세조정 여부의 판정기준으로 사분위법을 사용하여, 이 사건 국 내 유동화증권의 이자율을 토대로 위와 같은 조정을 거쳐 그 정상이자율의 범위를 1/4 분위값: 15.12%, 중위값: 16.98%, 3/4분위값: 17.39%로 계산한 다음, 그 중 중위값인 16.98%를 이 사건 유동화사채의 이자율에 대한 정상이자율로 보아 과세조정을 하였다.

거래 조건의 차이를 조정하려는 국세청의 노력이라는 면에서는 2009두15357 판결보다는 2010두7796 판결이 오히려 더 최선을 다 했다고 볼 수 있다. 그러나 결론은 반대로 나왔다. 2010두7796 판결에서는 국세청의 조정이 합리적이지 않다는 이유에 대한 구체적 설시는 없고, 거래 조건이 애초 너무 다르다고 간단히 내치고 있다. 두 판결의 차이는 아마도 합리적 차이 조정이라는 개념을 법원이 점점 엄격하게 적용하는 추세를 나타낸다고 보는 편이 맞을 것이다. 차이 조정이 불합리하다는 이유를 대지 않은 동어반복일 뿐이다.

합리적 차이 조정이 아니라고 본 다른 사례로 대법원 2007. 9. 20. 선고 2007두13913 판결을[169] 보자. 원고는 우리나라에서 '오리지날' 의약품을 제조판매하는 외국인 투자기업이다. 이 오리지날 의약품의 원재료는 해외 특수관계인으로부터 수입해 오는 것이다. 당연한 일로 오리지날 의약품은 '제네릭'보다 비싸다. 국세청은 원재료 가격의 차이는 완제품 소비자 가격의 차이에 비례할 것이라고 보아, 제네릭 원재료의 평균 가격에 완제품 가격의 차이 비율을 곱한 금액이 오리지날 원재료의 정상가격이라고 보고, 실제 수입가격이 정상가격을 넘는 부분을 부인했다. 합리적 조정 아닌가? 법원은 아니라고 한다. 우리나라의 약값은 국민건강보험법에 따라 정하는 것이고 시장에서 형성될 시가와 다르니, 약값의 차이를 원재료에 반영하는 것은 합리적 조정이 아니라는 것.

제3자 가격에 비교가능성을 인정하기 어려운 것이야 애초 너무 당연하다.

169) 항소심·상고심 모두 제1심 판결 그대로이다.

질문은 다국적기업의 내부적 이전가격이 얼마라야 정상인가를 묻는 것이다. 애초 독과점 기업이라야 다국적기업이 될 수 있다. 독점 기업이란, 그 기업의 제품은 세상에 하나뿐이라는 말이다. 과점시장의 경우 같은 제품을 생산하는 경쟁기업이 있지만, 그 경쟁기업 역시 다국적기업이라는 점은 마찬가지이니 독립당사자 사이의 가격이 아니다.

Ⅳ. 재판매가격 방법

재판매가격법이란 원고가 매수인에게 넘기는 가격에서 '통상의 이윤'을 빼서 역산한 값이 특수관계인에게서 사오는 물건의 정상가격이라는 것이다. '매출가격 − 매입가격＝이윤'이니까 '매입가격＝매출가격 − 이윤', 곧 매출액에서 통상의 이윤을 뺀 값이 매입가격이라는 것이다. 조문의 형식은 특수관계인 사이의 정상가격을 찾는 꼴로 적혀 있지만 기실 정상적인 매출총이익을 정한 뒤 판매비와 관리비 및 영업외비용을 빼면 과세소득이 나오므로 실상은 정상가격이 아니라 정상적인 소득을 바로 구하는 셈이다. 여기에서 '이윤'이라는 말은 그저 매수가격과 매도가격의 차액 그러니까 이문이라는 뜻일 뿐이고 이 법조 바깥에서, 가령 경제원론 교과서에서 뜻을 끌어올 수 있는 개념은 아니다. '그 구매자의 통상의 이윤'이라는 말은 '그 구매자의, 통상의' 이윤이다. 그 구매자를 기준으로 통상적이라는 말이 아니고 비교대상 거래를 기준으로 통상적이라는 말. 애초 '통상의 매출총이익으로서 그 구매자에게 속할 금액'이라고 적는 편이 공연한 혼선을 막는다. 아무튼 그 뜻.

대법원 2011. 10. 13. 선고 2009두24122 판결(원고상소 기각)
원심 서울고등법원 2008누37611 판결[170)]

원고는[171)] 미국에 본사를 둔 The Dow Chemical Company가 100% 출자하여 1992. 7. 11. 설립한 다국적기업(다우 그룹은 약 40개 국가에 소재한 120개 공장에서 응용화학제품, 농약 등 2,400개 이상의 제품을 생산하고 있다)으로서

170) 서울행정법원2007구합12026[1심] → 서울고등법원2007누29392[2심] → 대법원2008두14364[3심] → 서울고등법원2008누37611[4심] → 대법원2009두24122[5심].

171) 한국다우케미컬 주식회사.

··· 국내 고객으로부터 신용장을 개설 받아 원고의 홍콩지점이 국외특수관계회사에 주문한 다음 국외특수관계회사의 국내 보세창고에 입고된 상품의 소유권을 국내고객에게 인계하고 관세 및 통관비용을 국내고객이 부담하게 하는 방식으로 상품을 등관(이하 '신용장판매'라 한다)하는 도매업 등을 영위하고 있다.

나. 피고는 원고가 영위하고 있는 도매업 등(··· 신용장판매 ···)과 관련하여 국외특수관계회사로부터 구 국제조세조정에 관한 법률 ··· 에 의한 재판매 가격방법으로 정상가격을 산정한 다음 이전가격 소득조정액을 계산하였다 ···

라. 피고는 원고에 대하여 재판매가격방법을 적용하여 정상가격을 산정하면서 ··· 우선 원고와 동종업종인 '산업용 기초화합물' 및 '합성수지·플라스틱물' 도매업을 영위하는 1,565개 업체를 선정하고 ··· 업체를 제외한 강신산업 주식회사 로지트코퍼레이션 주식회사, 주식회사 세원종합상사, 조양케미칼 주식회사, 주식회사 한진화학상사, 이화소재 주식회사(이하 위 각 위 회사들을 표시함에 있어 주식회사는 생략하고, 로지트코퍼레이션은 '로지트'라고만 한다)를 비교대상업체로 선정하여 매출총이익률을 산출하였다 ···

4. 인정사실

··· 2003사업연도를 기준으로 하였을 때, 원고가 영위하고 있는 도매업 중 스톡판매 와 신용장판매의 판매비중은 신용장판매가 84.4%이고, 스톡판매가 15.6%인데, 신용장 판매와 관련하여, 원고는 자신의 위험부담 아래 그 명의(한국다우케미칼 홍콩지점 명의)로 상품을 수입하여 직접 고객에게 판매하고 있고, 상품에 대한 시장조사 및 홍보, 경쟁사 가격동향 과악 및 경쟁력 검토, 고객과의 직접적인 가격협상, 계약체결 및 집행, 수요예측 및 계획보고, 고책확보, 고객의 불만사항 사후관리 등의 실질적인 도매기능을 모두 수행하고 있다 ···

라. 이 사건 비교대상업체들의 주된 거래방식[은] ··· 상품을 구입하여 추가적인 변형·가공절차 없이 국내 고객에게 단순 채판매하는 스톡판매 형태이다.

마. 피고는 앞서 본 바와 같이 이 사건 비교대상업체들을 선정한 다음, 다음과 같은 차이조정을 거쳐 매출총이익률을 산정하였다. 먼저, 매출액과 매출원가에 영향을 미치는 순영업자산인 매출채권, 매입채무, 재고자산, 기타 영업자산의 차이를 조정하였고 (재무구조의 차이 조정), 원고의 도매업 중 신용장판매에 대하여 스톡판매와 비교하여 추가로 발생한 운송관리, 재고관리, 유형자산관리, 대손위험관리 등에 대한 차이를 제거하기 위하여 운반비, 보관료, 포장비,

감가상각비, 대손상각비, 재고자산폐기손실, 매출채권양도손실에 대한 차이를 조정하였다(판매기능상의 차이 조정). 그리고 원고의 신용장판매 형태는 국내고객이 직접 상품을 통관하기 때문에 관세 및 통관비용을 원고가 부담하지 아니하나 비교대상업체는 관세와 통관비용 등을 추가로 부담하고 있으므로, 이에 대하여 차이를 조정하였고(관세 및 통관비용의 공헌이익 상당액 차이 조정) … 매출액 구분 오류분, 매출액에서 직접 차감돼었던 판매장려금 등에 대한 차이를 조정하였다(기타의 차이 조정).

바. 위와 같은 차이조정을 거쳐 산출한 이 사건 비교대상업체들과 원고의 1999년부터 2003년까지의 매출총이익률은 아래 〈표〉와 같다.

과. 피고는 위 〈표〉에서 상위 사분위와 하위 사분위에 해당하는 2개 업체를 제외하고 3개 업체의 연도별 평균 매출총이익률과 원고의 연도별 매출총이익률을 비교하여 아래 〈표〉와 같이 이전가격 소득조정액을 계산하여 이 사건 과세처분을 하였다(2003년의 경우 상위 사분위값 14.97%, 하위 사분위값 7.38%, 원고의 조정 매출총이익률 6.44%) …

자. 이 사건 비교대상업체들의 경우 2003사업연도를 기준으로 하였을 때, 한진화학 상사는 63.9%, 장신산업은 50.4%, 조양케미칼은 54.5%, 로지트는 29.2%, 세원종합상사 는 47% 정도의 비중으로 수입업을 영위하고 있다.

…

6. 결론

그렇다면 제1심 판결은 정당하므로 원고의 항소를 기각 … 한다.

이 사건 원고와 비교대상 기업은 사업 방식이 많이 다르다. 판결문에 나오지는 않지만 원고의 주(主) 사업인[172] 신용장 판매란 아마 신용장 양도 방식이었을 것이다. 국내 매수인과 맺은 매매계약에 따라 원고가 매수인으로부터 신용장을 받은 뒤 매매가격을 낮추면서 신용장을 국외 매도인에게 양도하여 중간에서 판매차익을 얻는 방식이다. 신용장 양도가 아니고 "master L/C local L/C" 방식이었을 수도 있지만, 아무튼 원고는 상품 실물을 직접 보유하지 않고 실물은 매도인에게서 매수인에게 바로 넘어간다.[173] 가령 매도인과 원고 사이의 매매가격

172) 원고는 일부 스톡 판매도 했지만 본문의 분석과는 무관하다.

173) 가운데 낀 전매업자는 자기가 어디에서 사오는지 얼마에 사오는지를 매수인이 모르게 하는

이 150원이고 원고와 매수인 사이의 매매가격이 200원이라고 하자. 차액 50원은 원고가 차지하는 매출총이익이다. 광고비 등 다른 판매비와 관리비가 20원이고 지급이자 등 영업외비용이 10원이라면 일단 원고의 소득은 일단 50－(20＋10)＝20원이다. 한편 비교대상 업체들은 모두 해외에서 수입한 상품을 재고로 가지고 있다가 매수인에게 넘긴다. 비교가능 제3자 가격법을 적용하지 않은 사안이니 같은 화학 제품이라고는 하나 서로 다른 물건이다. 비교대상 업체들의 수입가격이 100원이고 매수인에게 넘기는 가격이 200원이라고 하자. 비교대상 업체들은 관세를 내고 물건을 수입해서 창고에 보관하다가 매수인에게 넘기므로, 원고와 견주면 관세, 운송료, 창고료 등을 더 부담한다. 운송 수단이나 창고를 직접 소유하고 있다면 운송료나 창고료는 들지 않겠지만 운송 수단과 창고라는 자산을 보유하는 데 자금이 들었을 것이니 이자비용 상당액만큼 차이가 생긴다. 그밖의 구조적 차이로 재고자산도 있고 없고도 서로 다르지만, 순운전자본(＝매출채권＋재고자산－매입채무)의 차이에서 이미 조정한 이상 따로 생각할 필요는 없다.

실제 이 사건에서 조정을 어떻게 했는지는 모르겠고 가상적 숫자례를 만들어보자. 견주기 쉽게 매출액 대비 (매출채권－매입채무)의 비율은 원고나 비교대상 업체나 같다고 치고 창고나 운송 수단도 직접 소유한 것은 없다고 치자. 관세가 15원, 운송료가 5원, 창고료가 5원이라면 비교대상 업체의 매출총이익은 일단 200－(100＋15＋5＋5)＝75원이다.[174] 그런데 비교대상 업체도 신용장 판매를 했더라면 재고자산이 필요 없었을 것이므로 관세, 통관료, 운송료, 창고료는 모두 안 들었을 것이고 매출총이익은 200－100＝100원이 되었을 것이다(판매 기능상의 차이 조정이지만 위 판결에서는 관세 및 통관비용의 공헌이익 상당액 차이 조정이라고 따로 갈라내었다). 재고자산이 없었더라면 재고 보유에 들어간 이자비용 상당액 가령 10이 안 들어갔을 것이므로 영업외비용을 그만큼 줄이고 그에 맞추어 매출총이익도 줄이면[175] 매출총이익은 다시 90원이 되었을 것이다(재무구조의 차이 조정이라고 불렀지만 판매 기능상의 차이조정이라고 보아도 좋다). 한편 땡처리에 따른 재고자산 폐기손실은 없었을 것이므로, 이 폐기손실이 영업외손실이 아니고 매출총이익에 반영되어 있었다면 매출총이익을 그만큼 올려 잡아야 한다(판

것이 보통이다. 다국적기업이 상대라면 매수인이 알아도 직접 살 길이 없겠지만.

174) 제품의 매입에 관계되는 운송료 창고료 따위 부대비용은 원칙적으로 매입원가에 가산한다. 이창희, 『세법강의』, 제19장 제1절 Ⅲ.

175) 이미 보았듯 이것이 옳은지는 의문이다.

매 기능상의 차이 조정). 그밖에 매출채권 양도손실 따위를 조정한 구체적 사정은 모르겠다. 아무튼 이런 조정의 결과 비교대상 업체의 조정 후 매출총이익이 100원이라고 하자. 비교대상 업체의 매출총이익률은 100/200=50%이고 이 비율을 원고에게 적용하면 원고의 정상적 매출총이익은 200×50%=100원이라는 것이다. 거기에서 앞 문단에서 가정한 판매비와 관리비 20원과 영업외비용 15원을 빼면 원고의 과세소득은 65원이다.

여기에서 단박 드는 의문. 웬 소설? 과세소득을 정하는 방법으로서 도대체 말이 되나? 이런 것을 법이라고 할 수 있나? 위 원심 판결에 나오는 원고 주장과 재상고를 기각한 대법원 판결을 보자.

2. 원고의 주장

가. 비교대상업체 선정의 위법성

… 이 사건 비교대상업체들은 다음과 같은 이유로 원고와 비교가능성이 높다고 할 수 없다.

(가) … 이 사건 비교대상업체들은 매출규모가 원고의 10% 정도밖에 되지 않아 비교가능성이 높다고 할 수 없다.

(나) 이 사건 비교대상업체들은 원고와 수입기능의 차이가 상당하여 비교가능성이 높다고 할 수 없다. 즉, 2003사업연도를 기준으로 원고는 매입의 100%를 수입에 의존하고 있는데 비하여, 한진화학상사는 63.9%, 강신산업은 50.4%, 조양케미칼은 54.5%, 로지트는 29.2%, 세원종합상사는 47%만을 수입하고 있을 뿐이다 …

나. 국가별이 아닌 일괄적인 이전가격 산출의 위법성

원고가 속한 다우 그룹은 약 40여국에 소재하는 120여 개의 공장에서 화학제품 등을 생산하고 있고, 원고는 각국에 있는 국외특수관계회사로부터 상품을 매입하여 재판매하고 있는데, 각국의 물가와 생활수준 등이 모두 같을 수 없는 이상 그 매입가격도 국가별로 차이가 날 수밖에 없으므로, 국가별로 이전가격을 산정하여야 한다. 만약 국가별로 이전가격을 산출하지 않고 피고처럼 일괄적으로 이전가격을 산출하게 되면 누구로부터 얼마의 이전가격을 반환받아야 하는지를 특정할 수 없고, 소득처분의 대상과 제한세율이 대상 특수관계인의 형태에 따라 달라지므로 개별적 검토 없이 일괄하여야 전소득을 산출한 피고의 이 사건 과세처분은 위법하다.

다. 차이조정의 위법성

(1) 피고는 비교대상업체들이 주로 하는 스톡판매와 원고가 주로 하는 신용장판매의 차이를 조정하기 위하여 운반비, 보관비, 포장비, 감가상각비, 재고자산 폐기 및 처분손실, 매출채권에 대한 대손상각비 및 처분·양도손실 등의 차이조정을 하였으나, 신용장판매에 대한 기능조정을 위해서는 광고선전비, 접대비, 견본비, 해외시장 개척비, 판매수수료, 수출비용(이하 '이 사건 판매비'라 한다)에 대하여 추가로 조정이 이루어져야 하고, 매출총이익에서 이 사건 판매비와 기왕에 조정된 운반비, 보관료, 포장비, 감가상각비가 매출총이익의 형성에 추가로 기여한 부분(공헌이익)도 차감되어야 하므로, 이러한 차이조정이 누락된 이 사건 과세처분은 위법하다 …

(3) 일반적으로 차이조정은 이미 상당한 정도의 비교가능성이 확보된 상태에서 그 비교가능성을 더욱 높이기 위해 극히 일부의 항목에 대하여 이루어져야 하는 것인데, 피고의 이 사건 과세처분과 관련된 차이조정은, ① 매출채권, 매입채무, 재고자산, 기타 영업자산에 관한 재무구조의 차이조정, ② 운반비, 보관료, 포장비는 물론 감가상각비, 재고자산 폐기 몇 처분손실, 매출채권에 대한 대손상각비 몇 처분·양도손실과 같은 판매기능상의 차이조정, ③ 관세 및 통관비용의 차이조정, ④ 기타의 차이조정 등 광범위한 항목에 걸쳐 있고, 차이조정의 액수도 강신산업의 경우 당초 매출총이익의 약30%에 이르는 등 너무 크므로, 이 사건 차이조정은 국제조세조정에관한법률상 허용되는 차이조정 제도의 내재적 한계를 벗어난 것으로서 위법하다 …

5. 과세처분의 적법 여부

…

(2) 이 사건 비교대상업체들이 원고와 비교가능성이 높은지 여부

(가) 매출규모 및 수입기능의 차이와 관련하여

… 재화의 물리적 특성, 품질과 신뢰도, 공급확보의 가능성 및 공급량 등 재화나 용역의 특정 차이는 가격비교에서는 가장 중요한 요소라고 할 수 있지만 이익비교에 있어서는 그 중요성이 떨어지므로, 비교가능 제3자 가격방법에 비해 거래품목의 동일성보다 기업이 수행하는 기능상의 비교가능성에 중점을 두는 재판매가격방법에 있어서 거래수량의 차이가 비교가능성이 높은지 여부를 평가하는 중요한 요소라고 보기는 어려운 점 … 이 사건 비교대상업체들이 수행하는 수입기능의 비율이 원고에 비하여 낮기는 하지만 그 차이를 제거할 수 있

는 합리적 조정이 불가능한 것은 아닌 점 등에 비추어 보면, 합리적 차이조정의 필요성 여부는 별론으로 하더라도, 원고와 비교대상업체들이 매출규모나 수입가능의 차이로 인하여 비교가능성이 크지 않다고 단정할 수 없다. …

다. 국가별이 아닌 일괄적인 이전가격 산출의 위법 여부

… 반드시 국가별로 이전가격을 산출하도록 규정하고 있지는 않으므로, 이에 관한 원고의 주장도 받아들이지 아니한다.

라. 차이조정의 위법 여부

… 앞서 본 바와 같이, 원고의 신용장판매는 실질적 기능상 도매거래와 동일하다고 할 것으로서, 원고가 신용장판매와 관련하여 조정을 필요로 한다고 하는, 물류 및 일반관리 부문의 기능 중 통관관리, 운송, 보관, 재포장, 혼합 등의 기능은 수행기능의 사소한 차이에 불과한 것으로 보이고 비교대상거래와의 재무구조 차이, 판매기능상의 차이, 관세 및 통관비용의 공헌이익 상당액 차이 등 매출총이익에 중대한 영향을 주는 요소들은 이미 조정이 이루어졌음을 알 수 있고 그것이 특별히 합리적인 한계를 벗어나 지나치게 과소하게 이루어졌다고 볼 만한 사정도 없으며, 원고가 이 사건 판매비 등 사실상 판매비 및 일반관리비 전부에 대하여 추가적으로 조정을 요구하는 것은 거래순이익을 비교하여 달라는 것과 다름없어 위에서 본 바와 같이 우리의 규정체계와도 맞지 아니하여 이를 받아들이기 어렵고, 차이조정의 범위가 크다는 것만으로 위법하다고 할 수는 없 … 다.

대법원 2011. 10. 13. 선고 2009두24122 판결

… 법 제4조, 제5조 제1항 제2호는 재판매가격방법으로 정상가격을 산출하는 경우에는 상품에 대한 재판매가격에서 비교대상업체의 통상의 이윤을 뺀 나머지 부분을 정상가격으로 보고 국외 특수관계자와의 거래가격과의 차이를 조정하여 과세하도록 규정하고 있을 뿐 그 차이를 거래국가별로 구별하여 산출하도록 규정하고 있지는 않다 … 원고와 이 사건 비교대상업체들 사이에 매출규모나 수입기능 등의 차이가 있다고 하더라도 합리적 조정이 불가능할 만큼 비교가능성이 없다고 할 수 없으며, 그 밖에 원고가 주장하는 광고선전비, 접대비 등은 통상이익률에 영향을 미치는 요소가 아니므로 차액조정의 대상이 아니 … 다.

이 조정이 구체적 사실관계에서 왜 합리적인지 제대로 이유를 대지 않은 채 그저 합리적이라는 말만 동어반복처럼 되뇌고 있지만 몇 가지 따져보자.

첫째, 판매비 역시 매출에 이바지하였으니 정상적 매출총이익을 구할 때 원고 주장처럼 차감해야 하지 않을까? 일단 재판매가격법을 전제한다면 아니다. 비교대상 기업에 비해 원고의 판매비가 더 들어갈 수밖에 없는 구조적 차이가 있다면 비교대상 업체의 매출총이익률을 끌어다 붙여서 원고의 과세소득을 구할 수는 없다는 말 자체는 맞지만, 이 말은 재판매가격법이 적절치 않다는 말이기 때문이다. 매출총이익에서 판매비까지 뺀 금액을 견주자는 말은 영업이익(원심 판결의 용어로 거래순이익)을 견주자는 말이다. 판매비가 더 들 수밖에 없는 구조적 차이가 있다는 증명은 원고의 부담이고 구체적으로 이 사건에서는 신용장 판매가 스톡 판매보다 판매비가 더 들어갈 수밖에 없는 구조적 차이는 얼핏 생각하기 어렵다.

둘째, 원고의 과세소득은 비교대상 기업에서 끌어다 붙여서 정한 원고의 통상의 이윤, 곧 정상적 매출총이익에서 판매비와 관리비 및 영업비용을 빼서 영업이익을 구하고 다시 거기에서 지급이자 등 영업외비용을 빼서 구한다. 여기에서 영업외비용이란, 앞에서 정상적 매출총이익을 정할 때 조정했던 순운전자본의 이자 상당액만큼을 다시 조정해 준 금액이 되어야 하지 않을까?

보기를 들어 분석대상 기업의 자산은 (매출채권 40+다른 자산 60=100)이고 비교대상 기업의 자산은 (매출채권 30+다른 자산 60=100)이라고 하자. 어느 쪽이든 특수관계 없는 제3자에 대한 매출뿐이고 매출액은 400이다. 매입채무는 다 현금 결제한다. 전자는 부채비율이 100%이고 후자는 영(0)%라고 하자. 상품시장이든 자본시장이든 모두 완전경쟁 내지 유효경쟁 상태이고 자본의 수익률이 10%라면 분석대상 기업의 당기순이익은 영(0)원이고 비교대상 기업은 9원일 것이다.

이제 비교대상 기업의 매출채권을 10원만큼 늘려 잡으면 매출총이익이 1원 는다. 자본의 기회비용 역시 1원 늘고, 이 10원을 차입금으로 조달한다면 영업외비용이 1원 늘어서 당기순이익은 9원 그대로 남을 것이다. 이 10원을 자기자본으로 조달한다면 매출총이익만 1원 늘어서 당기순이익이 10원이 될 것이다. 어느 쪽이든 비교대상 기업의 매출총이익은 1원 늘어나니까 분석대상 기업에게 재판매가격 방법을 적용해서 매출총이익만 1원 늘려 잡고, 다른 비용에는 아무 변화가 없을 것이라고 보아 과세소득을 1원 늘려잡는 것은 옳은가? 당연히 틀렸다. 분석대상 기업의 부채비율이 100%라고 가정하고 있는 이상 정상적 당기순이익이 영(0)이라는 사실은 움직일 수가 없다. 분석대상 기업의 부채비율이 영(0)%라고 가정하더라도 결과는 같다. 당기순이익이 10원이라는 사실은 움직일 수 없고 매출총이익을 1원 올려잡는 이상 이자비용을 1원 올려잡아야 한다. 비교대상 기업과 분석대상 기업의 차이를 조정할 때 매출채권의 수준이라는 차이를 구조적 차이로 보는 이상 이자비용도 구조적 차이로 조정해야 한다는 말.

조금 더 어려운 문제 하나. 앞에서 본 차이 조정만 한다면, 재고를 가지고 있다가 파는 업체와 재고 없이 서류 거래로 전매차익만 버는 업체의 이익률을 과연 견줄 수 있을까? 서류 거래로 전매차익을 10원 벌던 기업이 시간과 돈을 더 들여서 상품 실물을 가져다가 팔기로 결정하는 것은, 그렇게 하면 돈을 더 벌리라 생각한 것일 터이고, 그러나 그렇게 하면 결국은 경쟁 때문에 다시 정상이윤으로 돌아오고 말 것이다, 이런 식으로 생각해볼 수 있다. 그러나 그렇게 한다면 매출총이익이 같을 것이라는 명제가 성립하지 않는다. 투자자는 당연히 투하자본 전체를 놓고 순소득이 어떻게 되는가를 따질 뿐이다. 매출총이익을 놓고 정상이윤 선이라든가 아니라든가 이런 말은 애초 있을 수가 없다.

이제 마지막 문제가 남아 있다. 표본이 모집단을 편향성 없이 대표한다고 치고 진짜 문제를 생각해보자. 원고는 다국적기업인 다우의 국내 유통업체이다. 비교대상 업체는 매출이 원고의 10%밖에 안 되는 훨씬 작은 도매상들이고 물건도 여러 가지를 판다. 매출총이익이든 영업이익이든 순이익이든 과연 이익률을 견줄만한 대상인가? OECD 지침은 '토스트 기'(toaster)나 '반죽섞이'(blender)나 매출총이익률이 비슷할 것이라고 한다.[176] 이런 사소한 물건이야 그렇겠지만, 애초 이 따위는 경쟁시장에 속하는 소기업들이 파는 품목이다. 토스트기나 블렌더를 팔아서는 삼성전자는커녕 도시바도 이룰 길이 없다. 분석대상 기업은 초과이윤을 누리고 있는 다국적기업이고 비교대상 업체는 경쟁시장에 있는 소기업들이다. 애초 서로 견줄 수 있는 것이 아니다. 비교대상 업체에서 찾아낸 '통상의 이윤'에서 원고의 정상적 이익률 또는 정상적 매입가격을 끌어내는 것은 논리적으로 불가능하다. 그렇다면 OECD 이전가격지침, 나아가 그 지침대로 우리 법에 들어와 있는 재판매가격 방법이란 도대체 무슨 역할을 하는 것인가? 상품 수입국에서는 다국적기업의 초과이윤을 과세할 수 없다는 말이다. 이 초과이윤에 대한 세수를 어느 나라가 차지하는가는 뒤에 다시 본다.

176) OECD 이전가격지침(2022), 2.30 문단.

비교대상 업체의 이익률에서 분석대상 업체의 이익률을 끌어내는 합리적 조정이 불가능하다는 원고 주장이 맞으니 과세처분은 그냥 전부 취소해야 하는가? 그렇지는 않다. 다국적기업의 이익률은 구조적으로 경쟁시장에 있는 소기업의 이익률보다 높을 수밖에 없다. 그러니 분석 대상인 유통 기능에는 경쟁시장 소규모 도매업자의 이익률 이상의 소득이 있다고 보아야 한다. 분석대상 기업이 모집단을 제대로 대표한다고 친다면, 국세청은 원고의 소득 또는 원고가 낼 세금이 그 이상임을 증명한 것이니[177] 과세처분은 적법하다고 말할 여지가 생긴다.

V. 원가가산 방법

원가가산 방법이란 원가에 통상의 이윤을 붙인 금액을 제품의 정상가액으로 보는 방법이다. 역사적으로는 미국 기업이 해외 자회사에 기술을 제공해서 제품을 생산하게 하고 그 제품을 다시 미국에 들여다 파는 이른바 '왕복'(round-trip) 거래에 관련해서, 해외 자회사에 귀속할 과세소득을 정하는 방법으로 미국 국세청이 시작한 방법이다. 해외 자회사에는 정상이윤만 귀속시키고 초과이윤에 대한 세수는 미국이 걷는다는 말이다.

우리 국세청이 원가가산 방법을 쓰는 경우란 실제는 생각하기 힘들다. 국세청이 제조원가를 제대로 파악할 수 있어야 하기 때문이다. 근본적으로는 우리나라 안에서 제품을 제조해서 특수관계인인 해외 유통업체로 수출한다면 실제 적용할 수는 있지만 그런 경우란 실제 드물게 마련이다. 미국의 입장에서 본 왕복거래로 외국 자본이 우리나라를 단순한 생산기지로 삼아 우리나라에서 제조한 물건을 되가져가던 시절은 이미 지나갔다. 외국 자본이 우리나라에 팔 물건을 우리나라에서 제조하는 경우(그것도 드물지만)라면 이전가격 시비가 걸릴 대상은 해외에서 들여오는 원재료의 가격이므로 원가가산 방법은 애초 마땅치 않다. 우리나라 기업이 우리나라에서 제조한 제품을 해외 판매자회사로 넘기는 경우는 있지만, 이런 경우에 그저 통상의 이윤, 그러니까 납득할만한 정도의 소득금액에만 세금을 내면 된다는 생각을 국세청이 받아들일 수가 없다. 이런 경우에는 재판매가격 방법으로 해외 판매자회사에는 통상의 판매이윤만 남기고 초과이윤

177) 소송물에 대해서는 이창희, 『세법강의』, 제6장 제5절.

을 국내의 제조업체에 과세하게 마련이다.

우리나라 자본이 해외 자회사에서 제품을 제조해서 해외에 파는 경우 우리나라에서 원·부자재가 나가는 경우란 거의 없고 설사 있더라도 원재료에 원가가산 방법은 마땅치 않다. 이전가격 시비가 붙는 경우란 우리나라 모법인이 기술료 내지 사용료를 너무 적게 받았다는 시비 정도일 것이고, 사용료소득은 성질상 원가가산법과는 잘 안 맞는다. 앞서 본 "Bausch & Lomb" 판결처럼 해외 자회사에 정상이윤을 귀속시키고 나머지 모든 소득은 다 사용료로 받았어야 한다는 생각이 있을 수 있지만 그런 사례는 아직 없는 듯 싶다.

원가가산 방법을 실제 쓰는 경우란 용역계약 정도일 것이다. 용역계약에 대해서는 성질로 보나 법령의 글귀로 보나 재판매가격법은 적용할 수가 없다. 회계대행 등 정형화된 용역이 아니라면 비교가능 제3자 가격도 없게 마련이다. 용역 원가에 이윤을 가산할 것인가가 예전부터 문제되었지만 우리 법은 OECD 이전가격지침을 따라[178] 이윤 가산을 허용한다.

Ⅵ. 거래순이익률 방법

거래순이익률 방법이란 쟁점 거래의 거래순이익률과 비교가능한 거래의 거래순이익률을 견주고, 후자를 기초로 전자의 정상가격을 정한다는 말이다. 여기에서 당장 한 가지 문제에 부딪힌다. '거래순이익'이라는 말은 무슨 뜻인가? '거래'라는 말은 비교 단위가 쟁점 거래와 무관한 다른 사업까지 다 포함하는 법인이나 기업 단위의 이익이 아니고, 쟁점 거래 부분의 이익만 가지고 따진다는 뜻이라는 점은 이미 보았다. 그저 손쉽게 쟁점 거래든 비교대상 거래든 무관한 다른 사업은 아예 없어서 거래순이익이라는 말이 기업 단위의 이익 전체라고 치자. 그렇다면 '순이익'이라는 말은 기업회계에서 말하는 당기순이익이라는 뜻인가? 거래순이익률법에서 '순이익'이란 OECD 이전가격지침의 "net margin"을 옮긴 말이다. 법률용어라기보다는 저잣거리에서 쓰는 말이지만 일단 우리말의 '순이익'과는 다르다. '순이문' 정도려나. 같은 지침에서 매수가격과 매도가격의 차

178) OECD 이전가격지침, 7.35문단. 같은 지침 7.61문단은 BEPS Action 8-10을 반영하여 회계, 채권추심, 인사, 법무 따위 저(抵) 부가가치(변호사나 회계사의 신세가 이리 처량하다) 노무에는 뜬금없이 5% 이윤을 붙이라고 한다. 다시 외주 용역을 주는 경우 외주 부분에 이윤을 붙일 수 없는 것은 당연하다. 같은 문단. 「국제조세조정에 관한 법률」 시행령 제12조 제1항 제2호.

액을 "gross margin"이라고 부르고 있으니까[179] "net margin"이라는 말은 매수가격 말고도 더 든 비용이 있으면 그것도 다 뺀다는 말이다. 구체적으로는 판매비 기타 간접비도 그 거래에 관한 것은 빼주지만[180] 이자비용은 빼주지 않는다.[181] 그러니까 다른 거래가 없는 기업이라면 기업회계에서 쓰는 말로 '영업이익'이 된다. 판례가 거래순이익률 방법을 적용한다고 하면서 영업이익을 견주는 것은 이 때문이다.

대법원 2014. 8. 20. 선고 2012두23341 판결

… ① 미국법인인 Herbalife International, Inc(이하 'HII'라 한다)의 100% 출자로 설립된 내국법인인 원고는 HII로부터 제공받은 기술정보를 이용하여 체중관리 및 영양제품 등을 구입한 후 이를 국내 다단계판매원에게 판매하는 형태의 다단계판매업을 영위하여 온 사실, ② 원고는 HII의 100% 출자로 설립된 미국법인인 Herbalife International of America, Inc(이하 'HIAI'라 한다)와 사이에 경영자문서비스 계약을 체결한 후 다단계판매업에 필요한 마케팅, 전산시스템, 다단계판매원의 관리 및 회계·재무지원 등의 용역서비스에 대한 대가로 HIAI에 경영자문료를 지급하여 온 사실 …

거래순이익률방법은 매출원가 및 판매비와 일반관리비 등 영업비용이 반영된 순이익률지표 또는 영업이익률에 기초하여 정상가격을 산출하는 것이므로 … 상품의 차이나 거래단계 등 사업활동의 기능상 차이 등에 의한 영향이 적다. 다만 국외특수관계자거래와 비교대상거래 사이에 상품이나 거래단계의 차이가 현저하여 양자가 본질적으로 다르고 그로 인하여 거래에 수반되는 위험이나 사용되는 자산 등 다른 비교 가능성 분석요소의 차이를 야기하며 나아가 그러한 차이가 영업이익률에 중대한 영향을 미친다면, 그 비교대상거래는 합리적인 차이조정이 이루어지지 아니하는 한 비교 가능성이 높다고 할 수 없어 당해 거래의 조건과 상황이 유사한 거래라고 할 수 없으므로, 그러한 비교대상거래를 기초로 거래순이익률방법에 따라 산출한 가격은 적법한 정상가격이라고 할 수 없다 … 피고 서울지방국세청장은 거래순이익률방법에 따라 정상가격을 산정하면서 주식회사 하이리빙 … 등 4개 업체를 비교대상업체로 선정하여 이들 업체의

---

179) OECD 이전가격지침, Ch. Ⅱ, Part Ⅱ. C.1.

180) OECD 이전가격지침, Annex Ⅰ to Ch. Ⅱ, 보기 1,2,3.

181) OECD 이전가격지침(2022), 2.86문단.

2001 및 2004 사업연도 영업이익률을 계산하고, 이를 원고의 2001 및 2004 사업연도 영업이익률과 비교하여 계산한 이전가격 소득조정액을 원고의 2001 및 2004 사업연도 익금에 산입 … 하였다.

… 2001 내지 2004 사업연도 기간 동안 원고가 취급하는 제품 중 매출 상위 5개 제품은 건강보조식품(다이어트식품)으로서 전체 매출액의 절반 이상에 이르고 원고의 거래는 OEM 방식을 통하여 제조 · 수입한 제품을 다단계판매원에게 판매하는 다단계판매방식인 데 반하여, 비교대상업체 중 하이리빙을 제외한 나머지 업체들은 모두 의류나 화장품 등을 취급하고 건강보조식품을 취급하지 아니할 뿐만 아니라 다단계판매방식이 아닌 일반적인 도매 또는 소매방식을 취하고 있는 점, 원고는 HII 및 HIAI에 대하여 미국 달러화로 기술사용료, 프랜차이즈사용료 및 경영자문료를 지급하였기 때문에 환율변동에 따라 영업이익의 상당 부분이 좌우되고 있으나, 비교대상업체 중 하이리빙은 순수하게 국내에 기반을 둔 다단계업체로서 환율변동에 거의 영향을 받지 아니한 점 등에 비추어, 비교대상업체들은 원고와는 취급제품의 종류 및 거래단계(사업활동의 기능), 환율변동을 비롯한 경제여건 등에 있어서 본질적인 차이가 존재함에도 그로부터 야기되는 차이를 극복할 수 있는 합리적 조정이 이루어졌음을 인정할 만한 자료가 없다.

대법원 2014. 9. 4. 선고 2012두1747 판결[182)]

… 원고는 쉘그룹 계열회사 또는 비계열회사들로부터 스티렌모노머, 솔벤트 등의 액체 화학제품을 구입한 다음 국내기업에 수백 또는 수천 t 단위로 판매하여 왔다. 피고가 선정한 비교대상업체들은 유기화학품을 비롯한 기초 화학제품이나 기초 화합물을 국내로 수입하여 판매하는 기업들로서 원고 지점이 행한 이 사건 거래의 조건과 상황이 비슷한 거래를 하였으며, 피고가 거래순이익률방법에 따라 산출한 정상가격은 영업이익률에 영향을 미칠 수 있는 운전자본 등에 대한 차이도 조정된 것임을 알 수 있으므로 … 피고가 산출한 정상가격이 틀렸다고 단정할 수는 없다.

여러 가지 이익지표 가운데 왜 영업이익인가? 거래순이익률 방법(영업이익)

182) 이 판결은 앞서 비교가능성과 거래조정 부분에서 좀 더 길게 인용한 바로 그 판결이니 돌아가서 다시 보기를 권한다.

은 "상품의 차이나 기능의 차이 등에 의한 영향이 적다"는 것. 이 말은 무슨 뜻인가? 거래 조건의 차이에 따라 매출총이익을 늘려 잡더라도 판매비 및 관리비가 똑같이 는다면 영업이익에는 변화가 없다. 그러니 구태여 거래 조건의 차이를 조정할 필요가 없다는 말이다. 가령 분석대상 기업은 국내 광고를 하지 않지만 해외 공급선이나 다른 특수관계자가 국내 광고를 해주고, 비교대상 기업은 자신의 비용으로 국내 광고를 한다고 하자.[183] 매출액 기타 다른 조건은 모두 똑같다고 전제하고 두 기업의 재무제표를 견주자면 차이를 어떻게 조정해야 할까? 비교대상 기업도 광고를 하지 않고, 그 대신 해외공급선이 광고를 하면서 광고비만큼 가격을 더 물린다면 생길 재무제표를 만들어서 비교해야 한다. 곧 비교대상 기업의 광고비는 잘라내고 그 대신 매출원가를 광고비만큼 올린 조정 재무제표를 만들어야 두 가지를 나란히 비교할 수 있다. 그러나 두 기업의 영업이익을 견주는 경우에는 구태여 이 작업이 필요없다. 비교대상 기업의 원래 재무제표든 조정 재무제표든 영업이익은 그대로이기 때문이다.

그러나 두 판결의 결론은 서로 갈렸다. 무엇이 그 차이를 갈랐는지는 알 길이 없다. 거래 조건이 다르니 합리적 조정이 불가능하다는 첫 번째 판결이나 거래 조건이 비슷하고 합리적 조정이 이루어졌다는 두 번째 판결이나, 왜 합리적인지 아닌지에 대한 판단이 없으니 동어반복일 뿐이다. 몇 가지 따져보자.

2012두1747 판결은 거래순이익률법에서도 운전자본의 차이를 조정해야 한다고 한다. OECD 이전가격지침 그대로이다.[184] 그러나 앞에서 보았듯 의문이다. 매출총이익만 조정하면서 구조적으로 그와 묶여 있는 이자비용 조정액을 무시하는 것은 그르다.

2012두23341 판결의 원고가 HII 및 HIAI에 대해 지는 채무가 외화 채무라는 것은 조정불가능한 차이인가? 애초 그 전에 차이로서 조정 대상인가? OECD 지침은 비교대상 기업과 달리 원고가 환율 변동의 위험을 진다면 조정 대상이라고 하나[185] 도대체 100% 자회사인 원고가 그런 위험을 진다는 생각 자체가 애초 말이 안 된다. 이런 위험은 오로지 주주가 질 뿐이다. 파산 가능성을 따지면 자회사의 채권자와 모회사의 채권자 가운데 어느 쪽이 위험을 지는가라는

183) OECD 이전가격지침(2022) Annex Ⅰ to Ch. Ⅱ.

184) OECD 이전가격지침(2022), 2.87문단.

185) OECD 이전가격지침(2022), 2.88문단.

차이도 있지만, 유한책임 제도를 전제하는 이상 모회사든 경영자든(대리인 문제도 무시한다) 모두 모회사 내지 그 주주의 이익을 꾀하게 마련이다. 결국 모든 위험은 주주가 질 뿐이고, 양 쪽을 합쳐서 보면 애초 환차손익이라는 것이 생기지 않는다.

다단계 판매와 일반적인 도·소매라는 기능 차이는 구체적인 사정을 모르니 합리적 조정의 가부를 모르겠다. 앞서 다우케미컬 판결에서 본 신용장 판매와 스톡 판매의 차이보다 더 큰 차이인지는 모르겠다.

가장 어려운 문제는 물품이나 업종의 차이일 것이다. 2012두1747 판결에 나오는 비교대상 업체는 다우케미컬 판결에 나왔던 업체 거의 그대로이다. 구체적 사실관계는 모르겠지만 같은 비교대상 업체의 이익률에서 다우의 이익률과 쉘의 이익률을 다 끌어낼 수 있다는 말이다. 한편 2012두23341 판결에서는 화장품과 건강보조 식품은 차이를 합리적으로 조정할 수 없고 비교가 불가능하다고 한다. 일반적인 명제로는 '영업이익률은… 상품의 차이에 의한 영향이 적'지만 화장품과 건강보조식품은 '본질적인 차이'가 있다는 것이다.

영업이익률은 업종이나 상품의 차이에 별 영향을 받지 않는다는 말은 무슨 말인가? 맞는가? 왜 그런가? 영업이익률이란 총 운전자본, 곧 기업에 투자한 돈 전체가 얼마나 수익을 내는가를 보여주는 개념이다. 손쉽게 '기업=회사'라고 생각하면 주주와 채권자가 투자(원금 개념이 아니고 찾아갈 수 있는 돈, 곧 주주 지분과 채권자 지분이라는 말이다)한 돈이[186] 얻고 있는 소득이 영업이익이다. 여기에서 상품이나 원재료의 공급자 등 사업상 채권자를 빼고 생각하면, 주주와 채권자가 투자한 돈은 회사의 (자산－영업채무)를 이루고, 그 가운데 미리 약정한 지분은 채권자의 몫이고 나머지는 주주의 몫이다.[187] 벌어들인 영업이익을 채권자와 주주가 차례로 나누어 가지는 것이 회사라는 개념이다.[188] 따라서 영업이익률이란 경제학에서 말하는 실물자본(더하기 토지)이 받고 있는 수익률이다. 자본

186) 증권가에서 EVA(경제적 부가가치)를 계산할 때에는 '투하자본'이라는 말을 주로 쓰는 듯 하다.

187) 이창희, 『세법강의』, 제13장 제3절 Ⅰ. 도산하는 경우가 아니라면 사업상 채권자는 곧바로 변제받으므로 주주와 금융채권자만 생각하는 것이다.

188) 주주 몫의 소득에서 자본의 기회비용을 뺀 금액이 초과이윤 내지 미시경제학에서 말하는 이윤이다. 영업이익에서 자본비용(채권자 및 주주의 기회비용)을 뺀 금액이 EVA이다. 채권자는 자본비용만큼만 받아가므로 EVA는 사후적으로 측정한 이윤과 같다. 투자 내시 사업을 벌이기 전에 사전적으로, 또 사업기간 단위가 아니라 투자안 단위로 예상한 EVA를 재무관리에서는 투자안의 순 현재가치라고 부른다.

이 마찰 없이 자유로이 이동할 수 있다면 실물자본의 수익률이 균등해지는 것이야 당연하다. 어떤 제품이나 어떤 업종에서 일시적 초과이윤이 생긴다면, 그 초과이윤이 없어질 때까지 자본이 그리로 몰려들게 마련이고, 정상이윤도 누리지 못한다면 정상이윤이 회복될 때까지 자본이 빠져나가게 마련이다. 이 점에서 거래순이익률법이란, 제품 수입국은 자국에 투자된 자본에 대한 정상이윤 부분만 세금을 걷는다는 점을 한결 더 뚜렷이 보여준다. 영업이익률이 업종이나 상품의 차이에 별 영향을 받지 않는다는 말은 이처럼 경쟁시장의 장기 균형에서는 (영업이익/투하자본)=자본수익률이 같다는 말이다.

되풀이하자면 영업이익률이 균등하다는 말은 자본수익률 개념이다. 통상 쓰는 회계용어로 영업이익률이란 매출액에 견준 비율이지만, 그런 뜻의 영업이익률은 장기 균형에서도 같을 이유가 없다. 같은 제품이라면 웬만큼 비슷하겠거니 지레짐작할 수 있지만 제품이나 업종이나 제품이 다르거나 그밖에도 조건이 확 다르다면 영업이익/매출이 애초 같아질 이유가 없다. 대통령령은 OECD 이전가격지침을 따라서 영업이익/매출, 영업이익/자산, 영업이익/(매출원가+영업비용), (영업이익+영업비용)/영업비용,[189] 이런 여러 가지를 다 견줄 수 있다고 정하고 있다.[190] (영업이익/자산)이라는 비율은 경쟁시장의 장기 균형에서는 같겠지만, 나머지는 모두 구조적으로 같아질 이유가 없다. 가령 영업이익/(매출원가+영업비용)을 견주는 것은 미시경제학에서 말하는 한계이익 개념이다. 의사 결정의 객관적 단위를 특정 사업연도 동안 들여다 팔 물건 전체라고 보아 그것을 1단위라 생각하면 '영업이익-(매출원가+영업비용)'='한계수익-한계원가=한계이익'이므로, 이 비율은 '한계수익/한계원가'가 된다. 이미 투자해 놓은 고정자산(미시경제학의 고정자본 더하기 토지)이 있는 기업들 사이에서 이 비율이 애초 같을 이유가 없다. "Berry" 비율은 더 그렇다. "Berry" 비율이란 이미 팔 물건을 확보해 놓은 상황에서 추가로 영업비용을 들여서 팔 것인가 말 것인가라는 의사 결정에서나 균등화 경향이 생길 수 있는, 극단적 단기의 의사 결정을 견주는 경우에나 의미가 있다. OECD 지침은 특수관계인으로부터 물품을 들여다 파는 도매업자라면 매입가격을 무시하고 "Berry" 비율만 견주는 것이 적절할 수 있다고 한다.[191] 그러나 '물건을 얼마나 사다가 팔 것인가'라는 의사 결정을 하면서 물건

---

189) 이것이 속칭 "Berry" 비율이다.

190) 「국제조세조정에 관한 법률」 시행령 제8조 제1항.

사는 데 드는 돈을 무시하고 추가 비용만 따지면 된다는 것은 바보를 전제로 하는 말이다.

결국 분모가 무엇이든 분자가 영업이익인 이상 업종이나 제품에 관계없이 비교대상 업체를 골라서 견줄 수 있다는 생각은 틀렸다. 자산 대비 수익률조차도 경쟁시장의 장기 균형에서나 같아질 뿐이다. 실제 시장은 장기 균형을 축으로 개별 기업의 끝없는 참가와 퇴출이 있을 뿐이다. 가령 화장품과 건강보조 식품 사이에 자본 이동을 막는 요소는 특별히 생각하기는 어렵지만 시장의 현황은 실제 수익률 상황을 따져볼 일이다. 이 과정에서 비교대상 업체의 선정이 편향성 없이 모집단을 대표하는 표본 추출 과정이 못 된다는 점은 이미 보았다. 결국 거래순이익률법의 의미가 자본수입국이 걷을 수 있는 세수란 자국에 투자된 정상이윤 분(分)이라는 것이라면, 차라리 재무관리나 금융경제학 이론에 따라 업종별 수익률을 자본시장에서 측정하는 편이 훨씬 쉽고 오히려 정확할는지도 모르겠다.[192]

Ⅶ. 이익분할 방법

대법원 1998. 7. 24. 선고 97누19229 판결

… 원고는 미국법인인 소외 알제이레이놀즈 타바코사(R. J. Reynolds Tobacco Co., 이하 R.J.R.이라고 한다)가 전액 출자하여 설립한 홍콩의 소외 알제이레이놀즈 타바코 인터내셔날 아시아 퍼시픽사(R. J. Reynolds Tobacco International Asia Pacific Inc., 이하 A.P.I.라고 한다)가 전액 출자하여 설립한 내국법인으로서, 1989사업연도부터 1991사업연도까지 R.J.R.이 제조하는 담배를 A.P.I.를 통하여 수입하여 이를 국내도매상에게 판매해 온 사실, 원고의 위 각 사업연도 법인세과세표준 신고에 대하여 피고는, 원고가 출자자로 특수관계에 있는 A.P.I.로부터 시가를 초과하여 담배를 매입한 것이라고 하여 신고된 매출원가를 부인하고, R.J.R.의 영업이익을 한국 내 담배제조 및 판매업자의 표준소득률을 기초로 제조분이익과 도매분이익으로 구분하여 그 도매분이익을 원고와 A.P.I.가 반분하는 것으로 보고 원고의 영업이익을 산정하여 위 각 사업연도의

191) OECD 이전가격지침(2022), Ch. Ⅱ, Part Ⅲ, B.3.5.

192) 거기에서도 β값의 측정은 소설에 가깝지만 …

> 법인세 등을 부과한 사실, 원고의 주요판매제품인 입생로랑 담배의 경우 A.P.I.는 R.J.R.로부터 갑당 120원에 매입하고서도 원고에게 435원에 판매하여 갑당 315원의 매출차익을 올린 반면 원고는 이를 국내도매상에게 465원에 판매하여 갑당 30원의 차익만을 올리는 것으로 매입가격을 산정하여 신고하였고 이에 따라 계산된 영업이익률이 A.P.I.는 6.6%에 이르는 반면 원고는 0.08%에 불과하여 A.P.I.는 흑자를 올리고 있음에도 원고는 설립 이후 계속하여 적자로 회계처리된 사실, 한국 내 담배판매업무에 있어서 A.P.I.는 광고비를 부담하고 광고물 결정 등을 수행하는 반면 원고는 광고선전을 위한 자료수집과 경쟁사의 활동자료 수집, 도매상에 대한 판매업무 등을 담당하고 있어 판매에 대한 기여도에 큰 차이가 없는 사실, 원고가 신고한 매출이익은 한국 내 담배제조 및 판매업자의 평균소득률에 훨씬 미치지 못할 뿐 아니라 다른 미국 담배제조업체 한국현지법인의 이익률에도 미치지 못하는 사실 등을… 종합해 보면 원고와 A.P.I.와의 거래는 법인세법 시행령 제46조 제2항 제4호 소정의 자산을 시가를 초과하여 매입한 경우로서 객관적으로 보아 경제적 합리성이 없는 비정상적인 것이어서 법인소득에 대한 조세의 부담을 부당히 감소시킨 경우에 해당한다…
>
> 3. 제4점에 대하여
>
> … 원고가 피고의 소득산정자료 제출요구에 대하여 제대로 응하지 아니하고 유사한 거래내역에 대한 객관적인 자료도 없어 피고는 한국 내 담배제조 및 판매업자의 평균이익률을 기준으로 R.J.R.의 제조분이익과 도매분이익을 58:42의 비율로 산정한 후 그 도매분이익을 A.P.I.와 원고가 반분하는 것으로 보아 원고의 영업이익을 산정하였고, 원고는 피고와의 과세협의 과정에서 위와 같은 이익분할방법의 적용 및 A.P.I.와의 도매분이익 분할에는 동의하면서 다만 제조분과 도매분의 이익산정비율을 70:30으로 하여 그 1/2을 원고의 영업이익으로 하자고 주장하여 협의가 성립되지 아니하였으며, 다른 미국 담배제조업체의 한국현지법인으로 거래규모가 유사한 소외 필립모리스 코리아 주식회사의 경우에 적용된 이익률보다도 낮다는 것이므로, 피고가 이러한 사정에 기하여 위와 같은 방법으로 원고의 영업이익을 산정한 것은 합리성이 있다…

해외에서 제조한 물건을 우리나라에 들여다 파는 경우 일단 비교가능 제3자가격법이나 재판매가격 방법을 먼저 생각해 보게 마련이지만 OECD는 결국 미국의 입장을 받아들여 방법 사이의 순위를 없앴고 우리나라도 법을 바꾸었다. 현행법에서는 오로지 합리적 조정만이 문제될 뿐이다. 옛 법에 따른 판결이지만 아무튼 다른 방법으로는 합리적 조정이 불가능해서 이익분할법을 적용한 사안이다. RJR, API, 원고 셋의 소득을 합한 금액을 일단 제조 : 도매＝RJR : (API＋원고)＝58:42로 나누고 다시 API : 원고＝21 : 21로 나누어 원고의 과세소득이 21%라는 것이다.

우선 97누19229 판결과 앞서 본 "Bausch & Lomb" 판결에서 이익분할법 부분(B&L 아일랜드 자회사의 판매가격은 7.5불이 정상가격이라고 확정한 뒤 사용료 부분)을 견주어보면 어떤 차이가 있는가? 정상가격이 얼마인지를 묻는 대상이 97누19229 판결에서는 매매가격이고 "Bausch & Lomb" 판결은 사용료율이라는 점으로 다르다는 것이야 당연하고, 지금 하고 있는 질문은 이익분할법의 적용에서 어떤 차이가 있는가를 묻는 것이다. 97누19229 판결에서는 58 : 21 : 21이라는 기준으로 이미 나온 실제 소득금액을 사후적으로 분할했다. "Bausch & Lomb" 판결에서는 손익 전망으로 돌아가 소득 예측치를 50 : 50으로 나누는 정상가액을 세우고 그 기준을 실적에 적용해서 실제 소득금액을 분할했다. 이론상은 당연히 후자가 맞다. 정상가액 내지 시가란 계약하던 당시의 약정가격이 독립기업 원칙에 맞는 가격인가를 묻는 것이다. 엄밀히 본다면 97누19229 판결은 매매가격이 얼마라야 정상인가라는 쟁점을 아예 따져보기도 않은 채 그저 과세소득이 얼마라고 정하고 있는 원님재판이다.

그렇지만 지금에 와서는 사후조정을 정면으로, 또는 뒷문으로 인정하는 것이 대세로 바뀌고 있다. 독립기업이더라도 이와 입술처럼 서로 의지할 수밖에 없는 그런 여건이라면 상생하도록 계약조건을 계속 고쳐왔을 것이라는 생각이다. 그런 관계라면 과연 독립기업인가에 의문이 생기지만 아무튼 아래 제3절 Ⅱ. 이런 생각이 옳다고 친다면 그냥 사후소득을 분할하는 원님재판도 설 자리는 있다.[193] 결과적으로 과세소득이 위와 같이 나누어지도록 정상 매매가격이 계속 변동한다는 말이 되기 때문이다.

97누19229 판결에서 58:42라는 분할기준은 무엇인가? 달리 비교가능한 거

---

193) OECD 이전가격지침의 이익분할 방법 부분은 BEPS "Action 10" (2018)으로 따로 개정했다. 이하 주석은 개정된 지침이다. OECD 이전가격지침 (2022), Ch. Ⅱ, Part Ⅲ, C.3.4.1. Annex Ⅱ to Ch. Ⅱ, Ex. 13.

래가 없어서 재판매가격법 등을 적용할 수 없는 마당에 도대체 어떤 식으로 과세소득 금액을 정할 것인가? 법은 "합리적인 배부기준에 의하여 측정된 거래 당사자들의 상대적 공헌도에 따라 배부"하라고 정하고 있을 뿐이다. 이 판결에서는 한국 내 제조업자 대 도매업자의 평균이익률을 보니 58:42였다는 것이다. 다시 21 : 21이라는 분할기준은 무엇인가? 달리 기준이 없다는 것이다. 무슨 법이 이런 주먹구구, 이 생각이 들겠지만 "Bausch & Lomb" 판결 등에서 보았듯 이익분할 방법이란 어차피 무 자르듯 어딘가를 골라 뚝뚝 자르는 것이다.

OECD 이전가격 지침은 무 자르는 방법으로 두 가지를 제시한다. 첫째는 97누19229 판결이나 "Bausch & Lomb" 판결처럼 칼질 한 번으로 무를 자르는 것이다. 결합이익 전체에 대한 공헌도를 가령 58 : 42, 이런 식으로 정해서 자른다는 말이다. 둘째는 이른바 잔여이익법이다. 이 판결에서 가령 제조 기능에 붙을 통상이윤이 10, 도매기능에 붙을 통상이윤이 5라는 식으로 통상이윤을 우선 정하고 잔여이익 85에 대한 공헌도가 가령 60 : 40(=51 : 34)이라면, 결국 제조 : 도매=61 : 39, 이런 식으로 소득을 분할한다는 것이다.

분할 대상이 되는 이익이란 어느 단계의 이익인가? 97누19229 판결이나 "Bausch & Lomb" 판결에서는 영업이익을 50:50으로 나누었다. 따라서 금융비용 등 영업외비용은 각 회사의 실제 금액을 따로 빼주어야 한다. OECD 이전가격지침도 영업이익을 원칙으로 삼되 각 기업 별로 판매비와 관리비가 분명히 드러난다면 매출총이익 단계의 분할이 나을 수도 있다고 한다.[194]

문제는 분할 기준이다. "Bausch & Lomb" 판결 등 이익분할법을 만들어 낸 미국 판례는 아무 근거를 대지 않은 채 가령 50 : 50 식으로 과감하게 뚝뚝 잘랐다. 제1절 Ⅲ. OECD 지침은 분할 기준을 얼버무린 채 보기에 가서[195] 초과이윤은 모두 무형자산에 나오는 것으로 본다는 속내를 드러내고 있다. A, B 두 기업의 매출원가가 각 60원과 170원, 무형자산개발비 공제 전의 영업이익이 각 35원과 120원, 개발비가 각 30원과 40원, 개발비 공제 후의 영업이익이 각 5원과 80원이라는 신고가 있다고 하자. 결합이익 85원을 어떻게 분할해야 옳을까?[196] 우선 매출원가의 10%라는 정상이윤으로 각 6원과 17원을 배분하고 잔여이익 내지

194) C.4.2.
195) Annex Ⅱ to Ch. Ⅱ, Ex. 11, 14.
196) Annex Ⅱ to Ch. Ⅱ, Ex. 14.

초과이윤 62원을 개발비(30 : 40)를 기준으로 26.57 : 35.43으로 배분한다는 것이다. 결국 최종 영업이익이 A는 32.57, B는 52.43이어서 A, B의 소득을 27.57씩 각 증액경정 · 감액경정해야 한다는 것이다.

기실 이 보기는 답이 틀렸다. 위 결과에 맞추어 검산해 보자. 위 보기에서 특수관계 거래는 개발비 분담뿐이므로 경정액 27.57은 개발비에 조정해서 개발비의 정상적 분담액을 정해야 한다. 정상적 분담액은 A가 30 − 27.57 = 2.43, B가 40 + 27.57 = 67.57이다. '정상' 금액의 개발비를 기준으로 초과이윤 62원을 안분하면 A의 몫이 2.15, B의 몫이 59.85원이어서 개발비를 기준으로 초과이윤을 나눈다는 가정 자체와 모순이 생긴다. 정답을 찾아보자. A, B의 정상적 개발비를 x, y로 놓는다면 x + y = 70이고, 각각 분배받을 초과이윤은 (35 − x − 6) = (29 − x), (120 − y − 13) = (103 − y)이다. 초과이윤이 개발비에 비례한다면 (29 − x)/62 = x/70이 성립해야 한다. 연립방정식을 풀면 x = 15.38, y = 54.62가 나오고 초과이윤은 A가 13.62, B가 48.38, 합계 62이다. 검산해 보면 13.62/15.38 = 48.38/54.62로 잘 맞는다. 영업이익의 정답은 A가 19.62, B가 65.38, 합계 85이다. 결국 A, B의 소득을 14.62씩 각 증액경정 · 감액경정해야 하고, 이는 개발비를 14.62씩 각 감액 · 증액한다는 말이다.

위 보기를 조금씩 변형해 가는 OECD 이전가격지침의 나머지 보기도 다 오답. 한 걸음 나아가 이 보기는 무형자산 공동개발 모형이므로 애초 이익분할법에 적절하지 않은 것을 억지로 꿰맞춘 것이다. 원가분담 약정 부분에 가서 다시 보자. 아무튼 이 보기의 의미로 남는 것은, 초과이윤은 모두 무형자산에서 생기는 것으로 본다는 생각을 드러냈다는 점뿐이다.

Ⅷ. 거래의 재구성: 2차 조정

실제 이전가격과 정상가격이 다른 경우 거래 당사자가 정상가격대로 거래를 한 뒤 둘 사이의 관계에 터 잡아 차액을 상대방에게 지출한 것으로 거래를 재구성해야 한다. 조약에서 나온 용어로, 이처럼 상대방에게 생기는 법률효과를 흔히들 2차 조정(secondary adjustment)이라고 부른다. 거래 재구성은 실질과세 원칙이나 부당행위계산부인 조항에 터잡아 당사자의 거래 형식을 부인할 때에는 언제나 생기는 문제이지만,[197] 국조법은 시가 차액을 거래 상대방에게서 실제로

돌려받을 가능성을 염두에 둔 특칙을 두고 있고 거래 재구성의 내용에도 특칙을 두고 있다.[198]

> **국제조세조정에 관한 법률 제13조(소득처분 및 세무조정)** ① 제6조, 제7조, 제9조, 제12조 및 제15조에 따라 내국법인의 익금(益金)에 산입(算入)된 금액이 대통령령으로 정하는 바에 따라 국외특수관계인으로부터 내국법인에 반환된 것임이 확인되지 아니하는 경우에는 그 금액은 「법인세법」 제67조에도 불구하고 대통령령으로 정하는 바에 따라 국외특수관계인에 대한 배당으로 처분하거나 출자로 조정한다.

Ⅸ. 자료 싸움

법은 비교가능한 제3자 가격을 원칙으로 삼고 있지만 현실에서는 오히려 예외라는 점은 이미 누누이 보았다. 현실 세계에서는 비교가능한 거래를 아예 찾을 수 없는 것이 오히려 보통이다. 그렇다면 어떻게 할 것인가? 우선 실무적으로 국세청의 과세처분 차원에서 독립기업의 원칙을 어떻게 운용하고 있는가를 생각해 보자. 납세의무자는 해마다 정상가격 산출방법 중 가장 합리적이다 싶은 방법을 골라서 과세표준을 계산하고, 왜 그 방법이 가장 합리적인지를 관할 세무서장에게 설명하는 자료를 제출하여야 한다.[199] 또 특수관계자의 거래명세 및 적정가격 산출에 필요한 자료도 제출하여야 한다.[200] 납세의무자 스스로가 특수관계 없는 제3자와 거래한 실적이 있다면 그 자료를 참고할 수 있다.[201] 그런 내부 자료가 없다면 납세의무자가 비교가능 제3자 가격을 찾을 길은 거의 없고, 경쟁기업의 재무제표 등 국내외에서 구할 수 있는 자료를 구해서[202] 비교가능한 기업의 이익에서 역산해서 제 정상가격이 얼마쯤이어야 한다는 소명 정도에 머

---

197) 부당행위계산 부인 일반에 관하여 이창희, 『세법강의』, 제22장 제3절.

198) 「국제조세조정에 관한 법률」 제13조. OECD 이전가격지침(2022), Ch. Ⅳ, C.5.

199) 「국제조세조정에 관한 법률」 시행령 제33조. 이것을 "Transfer Pricing Report"라고 부른다고 한다. 오윤, "이전가격과세상 비교가능성에 관한 연구", 「조세법연구」 XIII-3(2007), 304쪽, 특히 317쪽.

200) 「국제조세조정에 관한 법률」 제16조, 같은 법 시행령 제38조.

201) 그러나 계약조건이 워낙 다른 까닭에 비교가능하다고 말하기 어려운 때가 많다. 예를 들어 "U.S. Steel" 판결(617 F.2d 942).

202) 우리나라에서는 한국신용평가에서 제공하는 데이터베이스를 많이 쓴다고 한다.

무를 뿐이다. 이전가격 세무조사가 시작되면 국세청은 납세의무자가 제출한 자료도 참고하지만 한결 중요한 자료로 국세청이 확보하고 있는 통계자료에 터잡아 CUP의 분석을 시작한다. 이 자료는 국세청이 다른 납세의무자를 조사하거나 다른 납세의무자의 신고서에서 확보한 자료이므로 대외비로 되어 있고, 납세의무자는 그 내용을 알 수가 없다.[203)][204)]

그렇다면 납세의무자가 할 수 있는 거의 유일한 대책은 큰 회계법인의 이전가격 담당자들을 고용하는 것이다. 회계법인은 감사, 세무대리 또는 이전가격 조사 대리 따위 업무를 하는 까닭에 여러 업종에 걸쳐서 많은 고객을 가지고 있고 나름대로 폭넓은 가격 기타 통계자료를 가지고 있다. 국세청에 필적하지는 않겠지만, 어쨌거나 납세의무자로서는 국세청의 대외비 자료에 대항할 수 있는 유일한 자료 원천은 회계법인뿐이다.[205)] 우리나라에서는 이전가격 조사업무를 많이 하고 있는 법률회사들도 업무과정에서 나름대로 자료를 축적해서 경쟁력을 갖추고 있는 것 같기도 하다. 거래소가 공시하는 상장법인 재무정보 따위로는 거래의 내역을 알 수 없으니 거래 조건의 차이를 합리적으로 조정하기 어렵다.

국세청은 제3자의 거래 실례를 분석하면서, 아울러 납세의무자에게 국세청의 내부 자료에 의한 과세를 피하려면 해외 특수관계자의 소득 자료를 모두 제출하고, 거래 당사자의 이익을 합한 금액을 이익분할법으로 분할할 수 있는 기준이 될 수 있는 자료로, 각 당사자의 업무와 기능에 관한 자세한 자료를 제출하라고 요구한다. 납세의무자는 대개 해외 본사나 계열회사의 전세계 영업에 관한 소득 자료의 제출을 꺼리게 마련이다. 세액이 어디까지 올라갈지 내다볼 수 없다는 불안감 때문이다. 실제로 일본에 진출해 있는 외국계 기업의 경우, 해외 관련자의 소득 자료를 모두 제출한 결과 이익 합산액의 90% 이상을 일본이 과세한 적도 있다고 한다.[206)] 우리나라 통계는 모르겠다. 납세의무자가 소득 자료

203) 이리하여 오윤, 앞의 글, 342쪽은 납세의무자가 알 수 없는 자료로 정상가격을 산출한 경우에는 가산세를 감면하여야 한다고 주장하고 있다. 납세의무자가 이전가격을 산출한 방법이 주어진 여건 아래 최선의 방법이었다는 전제 하에서는 옳은 주장이다.

204) 한편 같은 글, 331쪽에 따르면 우리 국세청은 비교대상 자료를 직간접으로 납세의무자에게 공개한다고 한다. 억울하다는 생각은 줄일 수 있겠지만 국세기본법 제81조의13 참조.

205) 적어도 미국에서는 이전가격 조사가 거의 공인회계사의 업무영역으로 넘어간 이유가 바로 이것이다. 물론 고객의 비밀을 누설하지 않을 만큼 정보를 가공해야 한다. 공인회계사법 제20조.

206) Thomas, "Adequacy of International Dispute Resolution Mechanism", 10 Geo. Mason L. Rev.

의 제출을 거부한다면 국세청은 내부 자료에 의한 CUP 방법으로, 또 때로는 이익분할법으로 증액경정할 금액을 정한다.

소송은, 특히 우리나라에서는 납세의무자와 국세청 양 쪽이 미리 자료를 얼마나 준비해 두었고 소송 과정에서 이를 어떻게 잘 활용하는가라는 자료 싸움이다. 정상가격이 얼마인가라는 쟁점은 계약 당시의 상황에 비추어볼 때 얼마라야 적당하다는 식의 '소설'을 다시 쓰는 것으로 돌아간다. 쟁점이 다국적기업이 누리는 초과이윤의 분배인 이상 이 분배에는 정답이 있을 수 없고 납세의무자와 국세청은 각각 온갖 자료와 온갖 방법을 다 동원하게 된다. 특히 현행법은 전통적 방법이든 비전통적 방법이든 사업 활동의 기능, 계약조건, 거래에 수반되는 위험, 재화나 용역의 종류 및 특성, 경제 여건 등의 요소를 분석하여 비교가능성을 평가하게 하고 있고,[207] 또 비교가능하다면 수행된 기능, 부담한 위험 또는 거래 조건 등의 차이가 가격이나 이익에 가져오는 차이를 조정하도록 요구하므로[208] 경제학자들을 감정인으로(솔직히 적자면 숫자를 다루는 '소설가'로) 소송 과정에 끼워 넣는 수도 흔하다.

이전가격 소송이란 양 당사자가 서로 다른 자료에 터잡아 전혀 다른 소설을 내세우는 것이다. 미국의 법원은 엿가락 자르듯 적당히 잘라서 자신의 소설을 쓴다. 앞서 보았듯 예전에는 "Du Pont" 판결처럼 표준소득률을 쓰기도 했지만 이제는 그렇게 하지는 못하고, 훨씬 정교한 논리를 짜고 있지만 결국 엿가락 자르기는 마찬가지이다. "Bausch & Lomb" 판결에서 본 바 있다. 그러다 보니 1990년대 후반부터는 미국에서도 소송은 찾기 어렵다. 한없이 복잡한 사실관계를 확정하고 온갖 감정인을 대느라고 소송비용만 엄청 쓴 뒤 나오는 최종 결과는 납세의무자로서도 국가로서도 만족스럽지 않은 '무 자르기'가 되기 때문이다. 이리하여 설사 소송이 걸리더라도 중간에 화해로 끝나고 말지 판결 선고까지 가는 수가 드물다.[209] 한편 우리나라에서는 법원은 스스로 소설을 쓰려 하지 않고 어느 한 쪽의 손을 들어주는 것이 상례. 온갖 자료를 보고 어느 쪽이 더 열심히 자료 준비를 해두었는지를 가늠해서, 그 쪽 편을 든다. 특히 이유를 대지 않은

995, 특히 1004쪽.

207) 「국제조세조정에 관한 법률」 시행령 제14조 제2항.

208) 같은 영 제15조 제1항.

209) 가령 "GlaxoSmithKlein" 사건. 34 Tax Notes International 456 (2004) 및 뒤이은 보도 참조.

채 그냥 차이 조정이 불합리하다, 또는 애초 비교가능 거래가 아니다라는 정도로 판결을 내고, 실은 판결문에 드러내지 않는 주관적 심증으로 어느 한 쪽 편을 드는 셈이다. 아무튼 이전가격에 관한 엄청난 양의 자료를 읽고 가늠해보는 것은 기본적으로 사실심의 성격이므로 대법원이 사실심 판결을 뒤집는 경우는 아주 드물다. 미국보다 우리나라에서 소송이 훨씬 많은 것은 이런 까닭이리라.

과세처분에 불복하는 납세의무자는 소송과는 별개로, 조약에 기대어 권한당국간 협의를 신청할 수 있다. 이 협의는 어차피 두 나라 사이의 흥정이고 법대로 가는 결정이 아니다. 국세청이 일단 '세게' 과세하고 보는 이유 가운데 하나가 이 흥정에서 유리한 고지를 점하자는 것이다. 한편 이런 과세 실무는 소송에서는 국세청에게 불리하게 작용한다. 스스로 답을 내지 않고 그저 어느 한 쪽 손을 들기만 하는 법원 실무에서 본다면 납세의무자의 손을 들어주기가 상대적으로 쉬워지기 때문이다. 국세청으로서는 여기서 일종의 전략적 딜레마를 느낄지도 모르겠다.

X. 정상가격과 관세 과세가격

국제조세조정에 관한 법률 제19조(관세의 경정처분에 따른 국세의 경정청구) ① 국외특수관계인으로부터 물품을 수입하는 거래와 관련하여 납세의무자가 과세당국에 소득세 또는 법인세의 과세표준신고서를 제출한 후 「관세법」 제38조의3 제6항에 따른 세관장의 경정처분으로 인하여 신고한 소득세 또는 법인세의 과세표준 및 세액의 산정기준이 된 거래가격과 관세의 과세가격 간에 차이가 발생한 경우 납세의무자는 대통령령으로 정하는 바에 따라 과세당국에 소득세 또는 법인세의 과세표준 및 세액의 경정을 청구할 수 있다. 이 경우 납세의무자는 세관장의 경정처분이 있음을 안 날(처분의 통지를 받은 때에는 그 받은 날)부터 3개월 이내에 경정을 청구하여야 한다.
② 제1항에 따른 경정청구를 받은 과세당국은 해당 거래와 관련한 소득세 또는 법인세의 과세표준 및 세액의 산정기준이 된 해당 수입물품의 거래가격 산출방법과 계산근거 등이 제8조에 적합하다고 인정되는 경우에는 세액을 경정할 수 있다.

관세법 제30조(과세가격 결정의 원칙) ③ 다음 각 호의 어느 하나에 해당하는 경우에는 제1항에 따른 거래가격을 해당 물품의 과세가격으로 하지 아니하고 제31조부터 제35조까지에 규정된 방법으로 과세가격을 결정한다 …
4. 구매자와 판매자 간에 대통령령으로 정하는 특수관계(이하 "특수관계"라 한다)가 있어 그 특수관계가 해당 물품의 가격에 영향을 미친 경우 …

관세법 제31조에서 제34조는 동종·동질 물품의 거래가격, 유사 물품의 거래가격, 국내 판매가격, 산정가격, 제35조는 기타 합리적 방법으로 정한 가격이라는, 얼핏 정상가격 산출방법과 마찬가지인 듯한 기준을 정하고 있다. 거래순이익률법은 성질상 관세의 거래가격 산정과는 어울리지 않는다. 법인세와 관세 사이에 차이가 난다고 해서 다 정상가격을 조정해 주지는 않는다. 관세청이 사용한 방법이 '제5조의 규정에 적합'해야 조정해 준다.[210] 정상가격과 관세의 거래가격 사이에는 개념상 차이가 날 수밖에 없는 부분이 있기 때문이다. 관세법은 이 책의 범위 밖.

제3절 무형자산과 원가분담 약정

Ⅰ. 무형자산의 정상대가

특수관계인 사이의 국제거래로 특허권이나 상표권 같은 지식재산권, 또는 영업비밀이나 노하우 같은 다른 무체재산 또는 무형자산을[211] 양도하거나 사용하는 경우, 정상가격을 구해서 과세소득을 계산한다는 점에서는 다른 거래와 다를 바 없다.[212] 정상가격이라는 개념 자체는 무형자산이라 하여 다를 바 없고, 법은 무형자산과 다른 자산을 구별하지 않고 똑같은 정상가격의 산출방법을 적용한다.[213] 다만 성질상 제한이 있을 수 있다.

가령 특수관계자에게 특허권을 팔거나 실시권(實施權)만 설정해주고 다른 사업 관계는 일체 없다고 하자. 그런 상황이라면 재판매가격법이나 원가가산법은 성질상 사용하기가 어렵다. 논점이 제품의 이전가격이 아니기 때문이다. 거

210) 「국제조세조정에 관한 법률」 제19조 제2항.
211) 법학에서 대개 쓰는 말은 '무체재산'이지만 「국제조세조정에 관한 법률」은 '무형자산'이라는 말을 쓰고 있다.
212) 「국제조세조정에 관한 법률」 제7조 제2항, 제2조 제1항 제1호.
213) 같은 법 제8조. 같은 법 시행령 제13조 제1항은 법 제6조의2에서만 의미가 있다.

래순이익률 방법도 영업이익 비교가 마땅치 않다.[214] 따라서 비교가능한 제3자 가격이[215] 없다면 이익분할법이나 기타 사용가능한 방법, 가령 시행령이 들고 있는 현금흐름 할인법을 찾아서 적용하여야 한다.[216] 앞서 "Bausch & Lomb" 판결이 기술료 부분에 관하여 비교가능한 다른 거래가 없다고 보고 나서 바로 이익분할법으로 넘어갔던 것을 생각해 보면 된다. 무형자산 양도나 실시계약에 더하여 제품이나 원재료의 매매 관계가 따르는 한결 현실적 상황에서는 결국 제품이나 원재료의 정상가액과 사용료의 정상가액은 서로 묶인 같은 문제가 되고, 앞서 "Bausch & Lomb" 판결에서 보았듯 이익을 몇 대 몇으로 뚝뚝 자르는 이익분할법이 유일한 답일 수도 있다. 그러나 이 경우에도 사용료에 원천징수세가 붙는다면, 무엇인가 기준을 마련하여 제품이나 원재료의 정상가격과 사용료의 정상가격을 구별하지 않으면 안 된다.

무형자산의 정상가격 산출에서는 유형자산보다도 훨씬 무딘 칼로 무를 자를 수밖에 없다. 우리 법령은 무형자산으로 인하여 기대되는 추가 수입이나 절감 비용의 크기, 권리 행사에 대한 제한 여부, 이전이나 재사용의 가부를 고려하여야 한다고 정하고 있다.[217] "Bausch & Lomb" 판결과 나란한 대표적 사건으로 미국의 DHL판결을 보자.

DHL v. Commissioner[218]

속달 우편물 배달업체인 DHL은 1969년에 세워진 미국법인으로, 1972년에 DHLI라는 관계회사를 홍콩에 세우고 해외운송 부분의 영업을 전담하게 했다. 미국에서 해외로 보내는 우편물은 DHL이 받아서 DHLI에게 넘겨주어 배달하게 했고, 해외에서 미국으로 보내는 우편물은 DHLI가 받아서 DHL에 넘겨주어 배달하게 했다. 1974년 DHL과 DHLI는 DHL 상표 실시계약을 구두로 맺었고, 미

214) OECD 이전가격지침(2022), Ch. 6, D.2.6.

215) 있다고 본 사례로 대법원 2001. 10. 23. 선고 99두3423 판결. 제2절 Ⅱ. 미국법은 무형재산에 대해서는 비교가능 제3자 거래(comparable uncontrolled transaction: CUT)라는 말을 쓰고 있다. '가격'이라는 말이 적당치 않기 때문이다.

216) 「국제조세조정에 관한 법률」 제8조, 같은 법 시행령 제13조 제4항. 미국 재무부 규칙 1.482-4(a) 참조. Sub-license가 있다면 재판매가격법을 사용할 여지가 있지만(OECD 이전가격지침 Annex to Ch. Ⅵ) 우리 법 제8조 제1항 제2호의 글귀에서는 '자산의 판매'로 보기 어렵다.

217) 「국제조세조정에 관한 법률」 시행령 제13조 제2항 제2호.

218) DHL Corp. and Subsidiaries v. Commissioner, 285 F.3d 1210(2002). 하급심 판결은 T.C. Memo 1998-461 (1998).

국 내 상표권은 DHL이 1977년에 자기 명의로 등록했으며 다른 나라의 상표권은 1983년 이후 DHLI가 직접 자기 명의로 등록했다. DHL은 큰 결손을 보았고 DHLI는 많은 이익을 남겼다. 1990년 DHL은 전세계적 사업 재편에 들어가, 일본항공 등이 DHLI에 출자하면서 DHLI가 DHL로부터 상표권을 사들였다. 상표권 양도대가는 일본항공 등의 출자약정서에서 2,000만 달러로 약정하였고 그 뒤 DHLI는 실제로 2,000만 달러를 주고 상표권을 사들였다.[219] 이에 미국 국세청은 상표권의 정상가격을 6억 달러로 산출하고 세액을 추징하였다.

DHL의 주장은, 2,000만 달러라는 가격은 일본항공 등 출자자와 DHL 사이의 독립기업 간 약정이므로 이것이 정상가격이라는 것이다. 이에 대해 법원은 DHL의 세금을 줄이는 부분에 관한 한 출자자도 DHL과 이해관계를 같이 하므로 정상가격이라고 볼 수 없다고 판시하였다.[220] 국세청 소속 경제학자가 애초 과세처분 당시 어떤 근거로 상표권의 가치를 6억 달러로 산출하였는지는 판결문[221]에서 분명하지 않다. 소송에 이르자 국세청은 정상가격이 3억 달러라고 주장하면서 그 근거로 납세의무자의 초과수익력을 현재가치로 환산하면 2억 8천만 달러 내지 3억 2천만 달러에 이른다는 다른 경제학자들의 감정 소견을 제출하였다. 원고는, 초과수익력을 환산하여 계산한 상표권의 가치는 5,500만 달러라는 전문가 감정 소견을 제출하였다. 당연한 말이지만, 이런 감정 결과는 참고자료일 뿐이고 재산의 가치가 얼마인가는 사실 문제로 사실심 법원이 확정한다.[222] 법원은 국세청 감정인의 계산방법이 한결 설득력이 높다고 보고 초과수익력의 현재가치가 3억 달러라는 사실을 일단 받아들이지만 그 가운데 상표권의 덕택이라고 볼 수 있는 부분은 그 가운데 절반인 1억 5천만 달러라고 잘라낸다. 상표 말고도 유통망 등 달리 초과수익력을 낳는 요소는 많다는 것이다. 왜 절반인가에 대해서는 별다른 이유를 대지 않은 채 그저 "보니까 그렇다"고 할 뿐이다. 그 다음 단계로 이 1억 5천만 달러를 다시 해외사업 부분 1억 달러와 미국 내 사업 부분 5천만 달러로 갈라낸다. DHL 상표권의 가치 가운데 미국 상표권의 가치는 5천만 달러라는 것이다. 그 이유는 DHLI가 맡은 해외 영업은 성공적인 데 비해 DHL의 미국 내 영업은 결손이 나고 있으므로 2/3는 상표권의 해외 가치로 1/3은 미국 내 가치로 정한다는 것이다. 여기에서도 2:1이라는 비

219) 실제 사실은 훨씬 복잡하지만 단순화하였다.
220) 285 F.3d 1210, 특히 1218~1219쪽.
221) T.C. Memo 1998-461, 81~84쪽.
222) 이창희, 『세법강의』, 제26장 제1절 V.

율의 근거는 따로 없다.

나아가 조세법원은 상표권의 해외 가치 1억 달러 가운데 절반은 애초 DHLI에 귀속된다고 판단한다.[223] DHL이 상표권자이기는 하지만 DHLI와 DHL의 관계에서 오로지 DHL을 상표권자라고 보기에는 무리도 있다는 것이다.[224] 우선 미국 아닌 다른 나라에서 DHLI가 상표권자로 등록되어 있었다고 하더라도, DHL과의 관계에서는 DHL이 상표권자라는 사실에는 변함이 없다는 것이 법원의 판단이다. DHLI의 권리는 모두 1974년의 약정에 따라 DHL이 설정해 준 실시권이라는 것이다. 그러나 서면 약정도 없고 또 DHLI가 직접 자기 명의로 다른 나라에서 상표를 등록했다는 사실을 생각하면, 두 회사의 관계에서 DHLI를 단순한 실시권자로 보기도 마땅히 않다는 것이다. 이리하여 조세법원은 상표권의 해외 가치 1억 달러 가운데 DHL의 몫은 5천만 달러라고 정한다.

그러나 해외 상표의 가치 가운데 5천만 달러를 DHL의 양도소득에 가산하여야 한다고 결론짓기에는 아직 한 가지 문제가 남아있다. 원고는 DHL을 해외 상표에 대한 권리자로 본다는 것은 두 회사의 민사법 관계에서 그렇다는 것일 뿐이고 세법상으로는 DHLI를 상표에 대한 권리자로 보아야 한다고 우긴다. 이 사건 당시 제482조에 딸린 시행규칙을 보면, 상표법이나 민사법상의 권리자가 당연히 세법상으로도 상표에 대한 권리자가 되는 것은 아니고 그 상표를 개발한 자, 곧 상표의 가치를 실질적으로 창출해 낸 자를 권리자로 보고 있다. 조세법원은 해외 상표권의 가치를 실질적으로 창출해 낸 자는 DHLI라는 원고 주장을 내쳤지만 항소심은 받아들인다. 해외 사업의 주체가 DHLI이고 해외에서 상표를 등록하고 온갖 마케팅 활동을 하는 데 들어간 비용도 모두 DHLI가 지출한 이상 DHLI를 상표 개발자로 보아야 한다는 것.[225] 따라서 5천만 달러를 DHL의 소득으로 증액경정할 수 없다.

자, 결국 DHL의 소득으로 증액경정된 금액은 얼마인가? 미국 상표권의 가치 5천만 달러이다. 처음 6억 달러에서 시작한 금액이 5천만 달러로 줄어든 과정을 본다면 6억 달러에서 3억 달러로 줄어든 이유는 전혀 불분명하고, 3억 달러가 1억 5천만 달러로 준 것은 상표에 귀속하는 부분이 절반이라는 것이다. 다

223) T.C. Memo 1998-461, 120~151쪽.
224) 조세법원 판결은 권리자 문제를 먼저 따지고 있다. 같은 판결 108~119쪽.
225) 285 F.3d 1210, 특히 1221~1224쪽.

시 1억 5천만 달러가 5천만 달러로 준 것은 미국 상표권과 해외 상표권의 가치는 1:2라는 것이다. 3억 달러 가운데 상표에 귀속하는 부분이 절반이라는 논거는 무엇인가? 1억 5천만 달러 가운데 5천만 달러만이 미국 상표권에 귀속한다는 논거는? 그냥 딱 보니까 그렇다네.

Ⅱ. 사후조정

국제적으로 중요한 문제는 무형자산 대가의 사후(事後) 조정이다. 무형자산에 관한 미국 현행법의 밑바탕이 이른바 "super-royalty" 개념이다. 다국적기업의 초과이윤은 다 기술의 덕택이니 그에 대한 세수를 '초과분'(super) 기술료로 미국이 걷어야 한다는 것이다. 다국적기업, 특히 미국에 기반을 둔 다국적기업이라면 연구개발의 대다수를 과학기술의 인적·물적 기반이 모여 있는 미국에서 하고 있다는 점에 착안하여, 초과이윤이란 연구개발의 성과이고 무형자산의 사용대가라는 논리를 짜낸 것이다.

이 논리의 한 갈래로 미국법이 들여온 생각이 무형자산의 사용대가는 계약 당시의 사정만이 아니라 사후 성과에 '비례'해야 한다는 것이다.[226] 계약 당시의 사정으로는 사용료 약정이 공정했다 하더라도 뒤에 사정변경이 생기면 사용료소득을 주기적으로 증액경정할 수 있다는 것이다.[227] OECD 이전가격지침은 기본적으로는 '주기적 조정'(periodic adjustment)이라는 생각에 반대하지만, 애초 약정 당시에 미래를 내다보기가 아주 어려워 당사자가 애초부터 사후조정 조항을 두었으리라고 볼 수 있는 경우에는 사후조정이 가능하다고 하고 있었다.[228] 그러다가 2017년에 와서는 사전에 합의했던 가격이 정상가격인지를 사후 결과를 가지고 추정할 수 있다는 식으로 미국의 입장을 받아들였다.[229] 이렇게 되자 우리나라에서도 시행령으로 사후조정 개념을 받아들이게 되었다.[230] 실체법적 개념은

---

226) 미국 재무부 규칙 1.482-4(a), (f)(2). 여기서 '비례'란 영어 단어 "commensurate"의 번역으로 '상응한다'는 정도의 의미이고, 엄밀한 수학적 의미로 '비례한다'(proportion)는 뜻이 아니다.

227) 같은 규칙 조항 (i). 사정변경 후 정상가액이 당초 약정시 정상가액의 80%-120%의 범위 안에 있다면, 비교가능 제3자 가격이 없는 이상 주기적 조정을 하지 않는다. 1.482-4(f)(ii)(C). 또 사후적 변화가 당사자가 통제할 수 없고 미리 내다볼 수 없는 특별한 사정으로 생기는 경우에도 주기적 조정을 하지 않는다. 1.482-4(f)(ii)(D).

228) OECD 이전가격지침(2022) Ch. 6. D. 4.

229) OECD 이전가격지침(2022) Ch. 6. D. 4.

아니고 사후적으로 부당하면 사전적으로 정상이었다는 증명책임을 납세의무자가 진다는 것이다. 아직은 우리나라가 거의 일방적으로 미국 등 선진국의 기술을 받아들이고 있는 현실에서 우리 국익에는 도움이 안 되지만, 대세 추종이라는 현실적 제약을 벗어나기 어려우니.

Ⅲ. 원가분담 약정

여러 회사가 무형자산의 개발에 드는 돈을 분담하고 개발 결과를 나누어 가지는 약정을 원가분담(cost sharing 또는 cost contribution) 약정이라고 부른다. “Bausch & Lomb” 판결이나 DHL 판결에서 보았듯 무형자산의 정상대가에 관한 시비는 결과 면에서 엄청난 편차를 보인다. 이 위험을 피하기 위한 수단으로서 원가분담 약정이 나왔다. 특수관계자 사이에서 원가분담 약정이 특히 널리 쓰이기 시작한 것은 미국의 “super royalty” 규정이 나온 뒤부터이다.[231] 미국 국세청이 무형자산의 사용대가를 사후적으로 증액경정한다는 위험에서 벗어나기 위해 납세의무자들이 짜낸 대책이 바로 외국 영업에 관한 무형자산은 애초부터 외국 기업에 소유권이 돌아가게 하는 것이다. 이를 위한 수단으로 널리 쓰이기 시작한 것이 원가분담 약정이다. 미국 정부로서도 이 약정 자체를 부인할 길은 없고, 납세의무자가 이 약정을 부당히 이용하지 않도록 하는 규정을 두고 있을 뿐이다.[232]

2007년부터는 우리 법에도 이에 관한 규정이 들어왔다. 원가분담은 꼭 무형자산만이 아니라 다른 자산의 창출이나 용역의 공동이용 관계에도 있을 수 있고, OECD의 이전가격지침은 이런 다른 원가분담 약정도 다루고 있지만[233] 우리 법은 미국법을 본받아 무형자산의 공동개발에 관한 규정만 두고 있다. 시행령은 이 규정을 적용받는 무형자산이라는 말에 계약에 따른 권리, 계속기업가치 따위도 포함하고 있다.[234]

---

230) 「국제조세조정에 관한 법률」 시행령 제13조 제5항.

231) 미국 재무부 규칙 1.482-4(a), (f)(2).

232) 미국 재무부 규칙 1.482-7.

233) OECD 이전가격지침(2022), Ch. Ⅷ, B.3.

234) 「국제조세조정에 관한 법률」 시행령 제13조 제1항.

국제조세조정에 관한 법률 제6조의2(정상원가분담액 등에 의한 과세조정) ① 과세당국은 거주자와 국외특수관계인이 사전에 사전에 원가·비용·위험(이하 이 조에서 "원가등"이라 한다)의 분담에 대한 약정을 체결하고 이에 따라 무형자산을 공동으로 개발 또는 확보(이하 이 조에서 "공동개발"이라 한다)하는 경우 거주자의 원가등의 분담액이 정상원가분담액보다 적거나 많을 때에는 정상원가분담액을 기준으로 거주자의 원가등의 분담액을 조정하여 거주자의 과세표준과 세액을 결정하거나 경정할 수 있다 …

(보기 1)[235] 국내 모회사와 외국 자회사가 특수관계 없는 제3자까지 끼워서, 이 셋이 새로운 오디오 기술 개발을 위해 원가분담 약정을 체결한다고 하자. 약정 첫해에, 국내 모회사는 무형자산 개발원가 225억원을 약정에 따라 일단 전액 부담하고, 그 가운데 70억원과 25억원을 각 외국 자회사 및 제3자로부터 구상받았다. 한편 이 무형자산의 개발에서 국내 모회사와 외국 자회사가 얻으리라 기대하는 소득은 각 240억원과 160억원, 비율로 치면 60:40이다. 국내 모회사와 외국 자회사 사이의 계산에 법 제6조의2 제1항을 적용하면 어떤 결과가 생기는가?

(풀이) 특수관계 없는 자는 이전가격 조정대상이 아니므로, 문제는 개발비 전체 225억원에서 제3자 부담액 25억원을 뺀 원가 200억원을 모자회사가 얼마씩 분담해야 정상인가이다. 기대이익의 비율로 나누어 정해야 한다는 것은[236] 너무나 당연하고. 국내 모회사의 정상원가 부담액은 200억원×60% = 120억원이다. 그런데 국내 모회사의 실제 부담액은 200억원−70억원 = 130억원이므로, 그 가운데 10억원은 부인 대상이 된다. 이 10억원을 실제로 돌려받지 않는다면 자회사에 대한 출자로 처분한다.[237] 원가분담 약정에 관련하여 이전가격을 조정하여 과세표준을 결정·경정하는 경우 거래 상대방에 대한 법률효과는 이전가격을 조정하는 경우나 다를 바 없다.[238]

(보기 2)[239] 내국법인 A와 외국법인 B 두 회사가 공동개발을 하는데 원가의 분담 비율과 성과물의 분배 비율이 서로 다른 경우를 생각해보자. A는 시

235) 미국 재무부 규칙 1.482-7. 여기저기에 흩어져 있는 보기를 우리 법에 맞추어 손본 것이다.
236) 확인 규정으로「국제조세조정에 관한 법률」제9조 제2항.
237) 같은 영 제23조 제1항 제1호.
238)「국제조세조정에 관한 법률」제13조.
239) OECD 이전가격지침(2022), Annex to Ch. Ⅷ.

가로 3,600원, 원가로 3,000원 어치 품을 들였고 B는 시가로 2,100원, 원가로 2,000원 어치 품을 들였다. 그런데 실제 성과는 3,600:2,100이 아니라 2,850:2,850으로 둘이 똑같이 공유했다. 두 회사의 정상적 분담액은 얼마씩인가?

(풀이) 앞의 문제나 똑같이 풀면 된다. 앞의 법조에서 정상 '원가' 분담액이라는 말은 당연히 분담 당시의 시가로 공정하게 분담해야 정상이라는 말이다. 이 문제에서는 공동개발에 투입하는 자원에 관해 원가 정보가 추가로 나와서 헛갈리게 할 뿐이다.[240] 시가 기준으로 A는 750원 손해를 보고 B는 750원 이득을 보았다. 계산이 공정하자면 시가 기준으로 쳐서 A의 정상 분담액은 750원 어치를 손금불산입하여 3,600－750 = 2,850원 어치이고 B의 정상 분담액은 같은 금액을 2,100 = 750 = 2,850원 어치라야 맞다. 원가 기준으로 환산한 정상 분담액은 A가 2,850 × 5000/5700 = 2,500원, B가 2,850 × 5000/5700 = 2,500원이라야 한다.[241] 소득처분할 금액은 750원인가, 500원인가? 내국법인 A의 원가분담액 손금불산입액이 외국법인 B에게 이미 유출된 것인가 아닌가? 원가분담액을 조정한다는 생각 자체가 B가 낼 분담금을 A가 대신 내었다는 생각이므로, 분담 단계에서 이미 유출되었다고 보아야 한다. 그렇다면 이 단계에서 미실현이득 250원을 익금산입하면서 유출액 750원을 A, B의 관계에 맞추어 배당이나 출자 등으로 소득처분해야 한다. 이 문제에서는 사용료로 볼 수는 없다. 상대방이 직접 무형자산을 개발하는 데 드는 비용이나 마찬가지로 보아야 하기 때문이다. 다만 원가분담의 내용이 거주자가 기존의 무형재산을 제공하는 것이라면 다를 수 있다.[242]

이 계산에는 몇 가지 의문이 들게 마련이다. 우선 분배받은 성과(물)를 기준으로 투입한 분담액을 조정할 일이 아니라 들어간 투입액을 기준으로 받을 성과를 조정해야 하지 않을까? (보기 1)에서는 국내 모회사의 손금 10억원을 부인할 일이 아니라 기다렸다가 실제 익금이 생기는 단계에 가서 130:70으로 익금을 정하면 되지 않나?

---

240) 다만 시가가 불확실하고 미실현이득이 미미하다면 가령 시가가 3,600:2,100이 아니라 3,250:2,100이고 그나마 흔들리는 수치라면 그냥 간편법으로 3,000:2,000을 쓰는 편이 나을 수도 있다.

241) 이 계산은 5,000에 딸린 미실현이득이 700이라는 계산을 둘에게 똑같이 적용한 것이다. 미실현이득을 두 회사 각자 계산하자면 연립방정식을 풀거나 여러 차례 반복 계산해야 한다.

242) OECD 이전가격지침 Ch. Ⅷ, C.7.

(보기 3) A, B 두 기업의 매출원가가 각 60원과 170원, 무형자산개발비 공제 전의 영업이익이 각 35원과 120원, 개발비가 각 30원과 40원, 개발비 공제 후의 영업이익이 각 5원과 80원이라는 신고가 있다고 하자. 결합이익 85원을 어떻게 분할해야 옳을까?

어디서 본 문제 아닌가? 맞다. 앞서 이익분할법에서 본 보기이다. OECD 지침에 나오는 답은 정상이윤(이 보기에서는 매출원가의 10% 씩)으로 각 6원과 17원을 A와 B에게 배분하고 잔여이익 내지 초과이윤 62원을 개발비(30:40)를 기준으로 26.57 : 35.43으로 나눈다는 것이지만, 정답은 A가 13.62, B가 48.38, 합계 62이다. 정답이야 무엇이든 여기에서 중요한 부분은, 개발비를 기준으로 성과를 배분한다는 것이다. 제5조 제1항 제4호에 따라 "거래 쌍방이 함께 실현한 거래순이익을 … 공헌도에 따라 배부"한 것이다. (보기 1)에 이 글귀를 적용하면 국조법 제6조의2를 적용하지 않은 채 기다렸다가, 실제로 소득이 생기는 단계에 가서 결합이익이 가령 기대한 대로 400억원 생겼다면 그것을 130:70이라는 공헌도, 또는 일단 정상이윤을 배분하고 잔여이익을 130:70으로 나누면 된다. (보기 2)에서는 실제 성과라는 결합이익을 3,600:2,100으로 또는 잔여이익을 나누면 된다. 의도인지 실수인지는 모르겠지만 아무튼 OECD 이전가격지침에 따르자면 제6조의2를 적용하지 않고 그냥 두었다가 나중에 제5조를 적용할 수 있다는 말이다. 원가분담 계약 부분에 나오는 다른 보기도 그렇게 적고 있다. B회사는 기존 기술을 대고 A회사는 돈을 대어서 신기술을 공동개발하는데, 투자위험을 감안할 때 A회사가 기대할 수 있는 정상적 투자원리금을 계산해 보면 110원이다. 그런데 개발 성과의 분배에 관한 합의를 보면, 기대성과 550 가운데 330을 A회사가 차지하도록 정하고 있다. 그렇다면 A가 B에게 220원을 물어내어야 계산이 맞으니, 그에 맞추어 두 회사의 소득을 220원씩 경정한다는 것이다.[243)]

국제조세조정에 관한 법률 제6조의2(정상원가분담액 등에 의한 과세조정) (3) 과세당국은 거주자와 국외특수관계인이 공동개발한 무형자산에 대하여 적정하게 원가 등을 배분하여 각 참여자의 지분을 결정하는 약정을 체결한 후 공동개발한 무형자산으로부터의 기대편익이 약정 체결시 예상한 기대편익과

243) OECD 이전가격지침(2022), Annex to Ch. Ⅷ, Ex. 4.

비교하여 대통령령으로 정하는 비율[244] 이상 변동된 경우에는 원래 결정된 각 참여자의 지분을 변동된 기대편익을 기준으로 조정하여 거주자의 과세표준과 세액을 결정하거나 경정할 수 있다.

(보기 1)로 돌아가 그 뒤 제4차 연도에서 제6차 연도에 걸쳐 국내 모회사와 외국 자회사가 앞 문단의 기술에서 실제 얻은 소득을 비율로 따져 보면 50:50이라고 하자. 국내 모회사는 앞서 개발비의 60%를 부담했으므로 다시 10% 상당액인 20억원을 추가로 손금불산입해야 하는 것 아닐까? 문제는 애초 기술 개발 당시의 기대소득으로는 60 : 40이 적정한 분담액이었고, 실제 소득이 50 : 50이 된 것은 사후적 사정변경일 뿐이라는 점이다. 정상가격, 곧 특수관계 없는 자들이 선의로 협상하였더라면 합의하였을 가격이란 응당 가격설정 당시의 사정으로 따져야 한다. 이미 "Bausch & Lomb" 판결에서 본 바대로, 애초 가격 설정 당시의 기대치로 돌아가 기대소득을 적정하게("Bausch & Lomb" 판결에서는 50:50으로) 나누는 결과를 낳도록 무형재산 사용대가의 정상가격("Bausch & Lomb" 판결에서는 매출액의 20%라는 사용료)을 설정하고, 그 정상가격을 적용하는 것이다. 이 원칙에 따른다면 애초 60 : 40이 적정한 원가분담액인 이상 각 당사자가 얻는 실제 소득의 비율이 다르다는 것은 경정 대상이 아니다.

그러나 법 제6조의2 제2항은 특칙을 두고 있다. 원가분담약정 뒤에 사정이 바뀌었고 그에 따라 새로 따진 '기대편익'이 애초 약정 당시의 기대편익보다 ±20% 이상[245] 차이가 난다면 "원래 결정된 각 참여자의 지분을 변동된 기대편익을 기준으로 조정하여 거주자의 과세표준과 세액을 결정하거나 경정할 수 있다"는 것이다. 법 제6조의2 제2항은 기대편익의 변동이 있는 경우 원가분담액의 소급 경정에 관한 내용만 정하고 있으나, 그 전제로 실제 편익의 변동이 있는 경우 원가분담액을 소급 경정할 수 있음은 논리상 당연하다.[246] 앞의 보기로 돌아가 두 회사의 소득이 실제 낳은 성과가 국내 모회사와 외국 자회사 사이에 50 : 50이라고 하자. 국내 모회사의 실제소득 비율인 50%는 기대편익(60%)의 80% 내지 120%라는 편차범위, 곧 48% 내지 72%라는 편차범위 안에 들어간다. 따라서 제1

244) 20%. 「국제조세조정에 관한 법률」 시행령 제18조 제1항.
245) 「국제조세조정에 관한 법률」 시행령 제18조 제1항.
246) 미국 재무부 규칙 1.482-7(f)(3)(iv)(B).

차 연도의 원가분담액을 소급해서 경정하지는 않는다.[247] 다른 한편, 두 회사 사이에 실제 소득의 비율이 35 : 65라면 편차 범위를 벗어나므로 실제부담원가(앞서 본 경정 후의 원가) 120만 달러 가운데 200만 달러×35% = 70만 달러를 넘는 50만 달러 부분을 손금불산입하여 과세표준을 경정한다.[248]

원가분담 약정에 따라 연구개발이 진행하고 있는 중에 당사자 중 빠져나가는 자가 생기거나 새로 들어오는 참여자가 생기는 경우 기대편익의 이전에 관한 당사자 사이의 계산이 정상가격과 다르다면 당연히 부인 대상이 된다.[249] 원가분담 방식으로 무형자산을 개발하였다면 각자 자기 몫이 있는 것이고, 이 몫을 다른 사람에게 주었다면 정상적인 대가를 받는 것은 너무나 당연하다.[250] 기대편익의 정상가격이란 무엇인가? 이 조는 단순히 원가분담액의 조정을 뜻하는 것이 아니다. 원가분담 약정을 통하여 창출한 완성·미완성 무형자산의 대가를 정상가격만큼 받아야 한다는 뜻이다.[251] 이 대가는 매매대금 형식일 수도 있고, 기술료 형식일 수도 있다.[252] 미국 재무부 규칙에 있는 예를 보자.

(보기 4) 국내 자회사(USS), 해외 모회사(FP), 해외 자회사(FS), 세 회사가 원가분담약정을 맺고 X 제품군에 속하는 신제품을 개발하기로 했다. 약정 X군 제품의 국내 제조·판매는 USS가 맡고 있었고, 남미는 FS가, 세계 나머지 지역은 FP가 각각 맡고 있었다. 세 회사의 예상으로, 신제품의 생산·판매는 각 1/3씩

247) 「국제조세조정에 관한 법률」 시행령 제18조 제1항. 20% 변동 여부는 거주자만을 기준으로 따진다는 점에서 미국법과 차이가 있다. 미국법에서는 특수관계자 누구라도 20%를 벗어나면 경정 대상이다. 미국 재무부 규칙 1.482-7(f)(3)(iv)(B). (f)(3)(4)(D), Ex. 7.

248) 「국제조세조정에 관한 법률」 시행령은 이에 관하여 "그 변동이 발생한 사업연도의 과세표준을 계산할 때 조정한다"고 정하고 있다. 이 사안의 경우 50만 달러는 뒤에 실제 편차가 생긴 사업연도(앞의 보기에서는 제4차 연도에서 제6차 연도)의 과세표준에서 조정할 수 있다. 영 제18조 제2항. 이런 조정은 개발일이 속하는 연도 이후 5년 동안만 가능하다고 정하고 있다. 같은 영조 제4항. 한편 기대편익의 예측이 애초 틀린 부분은 당초의 정상원가 분담액을 경정하여야 한다. 「국제조세조정에 관한 법률」 제9조 제1항.

249) 「국제조세조정에 관한 법률」 시행령 제19조. 「국제조세조정에 관한 법률」 제9조 글귀 그 자체는 이 경우를 포함하지 않지만 같은 법 제4조 제2항을 생각한다면 시행령 제19조는 법 제9조의 범위 안에 있다고 풀이할 수밖에 없다.

250) 특수관계자군이 원가분담 약정에 참여하는 경우 무형자산에 대한 참여자 지분의 변화는 …무형자산의 양도이고, 관할 세무서장은 1.482-1조, 1.482-4조, 1.482-5조, 1.482-6조에 따라 양도대가를 정상가격으로 반영하기에 적절한 할당을 할 수 있다. 미국 재무부 규칙 1.482-7(g)(1).

251) OECD 이전가격 지침(2022), Ch. 8, D.

252) 미국 재무부 규칙 1.482-7(g)(7).

되리라고 보고 있고, 이에 따라 세 회사는 개발원가를 1/3씩 부담하였다. 그러나 신제품의 개발이 완료되었을 때 보니, 그 사이에 USS는 X제품군의 국내 생산을 포기하고 그 대신 FP가 생산한 제품을 미국에 들여다 팔기로 하였다. USS의 소득은 증액경정 대상인가?

(풀이) USS의 무체재산 원가분담분(1/3)은 기대편익(0)보다 크다. USS는 생산을 포기하였으므로 무체재산 가운데 제 몫을 FP에게 이전한 것이고 따라서 FP로부터 이전 대가를 받아야 한다. FP의 원가분담액(1/3)이 기대편익(2/3)보다 적기 때문이다. 따라서 무형자산에 대한 USS의 지분을 반영하여, 1.482-1조(부당행위계산 부인 내지 이전가격에 관한 일반조항) 및 1.482-4조(무형자산의 이전가격), 1.482-5조(비교이익법), 1.482-6조(이익분할법)에 따라 FP의 소득을 USS에게 할당할 수 있다. FS는 USS의 무형자산을 이용하지 않았으므로 FS의 소득을 USS에게 할당할 것은 없다.[253)]

Amazon.com., Inc. v. Commissioner[254)]

원고인 미국법인 "Amazon U.S."는 유럽에 자회사 여럿을 두고 있다가 이를 통합해서 룩셈부르크 법인 "Amazon Europe Holding Technology" (AEHT)를 세웠다. 2005년 원고와 AEHT는 원가분담 약정을 맺어, 원고의 기존 무형자산을 유럽홀딩과 공유하고 앞으로 더 드는 개발비도 공동 분담하기로 했다. 쟁점은 원고가 받아야 할 대가의 정상가격이 얼마인가이다. 국세청 주장은, 2005년 이후 앞으로 AEHT기 얻을 현금 흐름을 현재가치로 할인해서 계산한 기업가치를 일단 도출한 뒤 이 기업가치와 약정일 현재 AEHT의 기업가치의 차액이 원고가 받아야 할 정상가격이고, 계산하면 34.7억 달러가 나온다는 것. 원고 주장은 실제로 넘어가는 무형자산이 소프트웨어, 마케팅무형자산, 고객정보의 세 가지이니 이 세 가지를 비교가능 재3자 가격법으로 계산해서 합하면 4.13억 달러 이하라는 것이다. 조세법원은 국세청의 계산방법을 따르면 i) AEHT가 이 사건 무형자산에서 초과수익을 얻는 기간이 20년을 넘게 되어 앞으로 AEHT가 개발하는 무형자산의 초과수익도 원고에게 귀속시키는 결과가 된다, ii) AEHT가 버는 돈 가운데 인력이나 성장 기회 따위도 기존 무형자산에 포함시키는 결과가 된다, 이 두 가지 이유로 무형자산 3가지를 하나하나 계산해야 한다고 판시했다. 국세

253) 미국 재무부 규칙 1.482-7(g)(8) Ex. 2.
254) 148 TC 108 (2017), 934 F.3d 976 (9th Cir. 2019).

청은 쟁점 ii)만 항소했고, 항소심은 현금흐름 할인법이나 비교가능 제3자 가격법 사이의 선택에 대한 판단은 피한 채 쟁점 ii)에서는 조세법원 판결이 옳다고 보았다.[255)]

제 4 절 독립기업 원칙과 조약

Ⅰ. 조약상 독립기업 원칙 조항의 의의

조세조약이 이전가격에 관해 현재 늘 볼 수 있는 글귀를 갖추게 된 것은 1977년의 OECD 모델조약에서 비롯한다. 모델조약은 다음과 같이 정하고 있다.

Article 9 (Associated Enterprises)

1. Where a) an enterprise of a Contracting State participates directly or indirectly in the management, control or capital of an enterprise of the other Contracting State, or b) the same persons participate directly or indirectly in the management, control or capital of an enterprise of a Contracting State and an enterprise of the other Contracting State, and in either case conditions are made or imposed between the two enterprises in their commercial or financial relations which differ from those which would be made between independent enterprises, then any profits which would, but for those conditions, have accrued to one of the enterprises, but, by reason of those conditions, have not so accrued, may be included in the profits of that enterprise and taxed accordingly.

제9조(특수관계 기업)

1. (가) 한 체약국 기업이 직간접적으로 상대방 체약국 기업의 관리, 통제 또는 자본에 참가하고 있거나 (나) 같은 사람(들)이 직간접적으로 한 체약국 기업과 상대방 체약국 기업의 관리, 통제 또는 자본에 참가하고 있는 경우로서, 두 기업 사이의 상업적 또는 재무적 관계가 독립적 기업 사

255) 항소심 판결은 무형자산에 영업권이나 인력 따위도 포함한 현행법에서라면 국세청 판단이 맞다는 사족을 붙이고 있지만 이 사건에서 원고로부터 AEHT로 인력이 넘어갔다고는 안 나온다.

이에서 만들어질 것과 다른 조건으로 만들어지거나 설정된다면, 그런 조건이 없었더라면 각 기업 사이에 생겼을 것이지만 그런 조건 때문에 생기지 않은 이윤을 각 기업의 과세소득에 포함하여 그에 맞추어 과세한다.

2. Where a Contracting State includes in the profits of an enterprise of that State – and taxes accordingly – profits on which an enterprise of the other Contracting State has been charged to tax in that other State and the profits so included are profits which would have accrued to the enterprise of the first mentioned State if the conditions made between the two enterprises had been those which would have been made between independent enterprises, then that other State shall make an appropriate adjustment to the amount of the tax charged therein on those profits. In determining such adjustment, due regard shall be had to the other provisions of this Convention and the competent authorities of the Contracting States shall if necessary consult each other.

2. 한 체약국이 자국 기업의 이윤에 포함하여 과세하는 이윤이 상대방 체약국의 기업이 상대방 체약국에서 세금을 낸 이윤이고, 그렇게 포함한 이윤이, 두 기업 사이의 조건이 독립적 기업이었더라면 만들어냈을 조건에서는 첫 체약국의 기업에 발생하였을 것이라면 상대방 체약국은 그런 이윤에 매긴 자국 세금을 적절히 경정하여야 한다. 이런 경정을 할 때에는 이 조약의 다른 조항에 정당한 주의를 기울여야 하고 각 체약국의 권한 당국은 필요한 대로 서로 협의하여야 한다.

위 1항의 내용이 독립기업의 원칙을 정하고 있는 것임은 바로 알 수 있다. 모델 조약의 이전가격 규정은 위에서 본 바와 같이 독립기업의 원칙을 선언하고 있는 아주 짧은 글귀뿐이다. OECD는 1979년에 그 당시의 미국 재무부 규칙을 약간 손보아 "이전가격 세제와 다국적기업"이라는 보고서[256]를 내어놓았다. 1984년에는 이를 보완하는 내용으로 상호합의, 은행의 이전가격 및 '중앙관리

256) OECD, "Transfer Pricing and Multinational Enterprises" (1979).

비용'의 배부에 관한 보고서가 나왔다.[257] 그 뒤 미국의 "super royalty" 규정을 둘러싼 한판 싸움의 최종 정리로 OECD는 이미 보았듯 1995년에서 1997년에 세 차례에 걸쳐 "다국적기업과 과세관청을 위한 이전가격 지침"[258]이라는 몇 백 쪽 분량의 문서를 내놓았고, 현행 OECD 모델조약 주석은 "이 보고서는 국제적으로 합의한 원칙을 담은 것이며 이 조(OECD 모델 제9조)가 공식적으로 나타내는 독립기업 원칙을 적용하기 위한 지침을 제공한다"고 적고 있다.[259]

조약에 독립기업 원칙이라는 글귀를 정해 두는 이유는 무엇인가? 이전가격 문제란 해외에 자회사를 둔 자국 기업이든 또는 외국 회사의 국내 자회사이든, 기본적으로 내국법인의 소득을 증액경정하는 것을 목표로 한다.[260] 법률적 형식 논리로만 따지면, 어느 경우든 우리나라 법에 따라 세운 우리나라 회사는 우리 국내법에 따라 과세하면 된다. 주주가 외국법인이더라도 마찬가지이다. 가령 외국인 투자기업의 과세소득은 모회사와 현지법인을 묶어서 그 가운데 적당한 금액을 우리나라가 과세하겠다는 식의 규칙을 국내법에 입법할 수도 있다. 그런데 현지법인이라는 이유로 현지법인의 소재지국이 제 마음대로 세금을 매길 수 있다면, 조세조약이란 맺으나 마나가 된다. 국제투자는 거의 대부분 현지법인의 꼴로 이루어지는 까닭이다. 이 때문에 독립기업 원칙에 관한 규정을 두는 것이다.[261] 곧 독립기업의 원칙을 정하고 있는 조약 규정은, 근본적으로 자본수출국과 자본수입국 사이의 세수 분배에 있어서 자본수입국의 속인주의 과세권에 대한 제약이라는 법적 성격을 띤다. 이른바 단일기업 과세 방식 내지 공식배분법, 즉 모회사를 포함한 다국적기업 군(群)의 소득을 합하여 그 중 일부를 자본수입국 자회사에 과세해서는 안 되고, 자본수입국의 국내에서 이루어지는 사건만 보면서 정상적 거래 조건에 따라 계산한 소득만 과세해야 한다는 것이다.

Ⅱ. 미국의 조약과 독립기업 원칙

그런데 눈썰미가 있는 사람이라면 지금까지의 논의에서 아주 재미있는 문

257) OECD, "Transfer Pricing and Multinational Enterprises—Three Taxation Issues" (1984).
258) OECD 이전가격지침.
259) OECD 모델 제9조 주석 1문단.
260) 지점에 대한 이전가격 과세는 제5장.
261) *Klaus Vogel on Double Taxation Conventions* 제9조 주석 5문단.

제 한 가지를 알아차렸으리라. 여태껏 본 우리나라 판결이나 미국 판결에는 왜 조세조약에 관한 언급이 없을까? 분명히 조약의 적용을 받는 사건이고 그렇다면 조약상 독립기업의 원칙에 따라서 판단해야 할 터인데 조약에 대한 언급은 단 한 마디도 없고 오로지 국내법 이야기만 있다. 열쇠는 DHL 판결의 한 귀퉁이에 숨어 있다. 이 판결 주석 14에 독일 정부가 이 사건에 간접 참여하여[262] 불만을 터뜨리고 있는 것을 볼 수 있다. 미국 정부의 과세처분이 조약상의 독립기업 원칙 위반이라는 것. 납세의무자와 미국 국세청 사이의 재판 과정에 난데없이 독일 정부가 왜 등장하는가? 판결의 사실관계를 보면 알 수 있지만 DHL의 주주가 DHLI이고 DHLI의 주주가 독일 회사인 "Lufthansa"와 독일 체신부이다. 따라서 미국이 DHL에 세금을 매기면 독일 회사들이 받는 배당금이 줄고 그에 따라 독일 정부가 받는 세금도 줄게 된다는 것이다.[263] 미국 국세청의 과세처분이 독일-미국 조약 제9조 위반이라는 독일 재무부의 주장에 대한 법원의 대답은? 미국 국내법이나 조약이나 내용에 차이가 없다는 것.

미국법 문제이기는 하지만, 엄밀히 말하자면 법원의 이 답은 필요 없는 답이다. 미국 국내법과 조약 사이에 차이점이 얼마나 있는가라는 문제는 접어두고, 엄밀히 법을 따져보면 법원이 그런 대답을 내어놓는 것 자체가 틀렸다. 미국-독일 조약 제9조 위반이라는 독일의 주장 자체가 잘못이기 때문이다. 무슨 말인가? 미국이 체결하는 조약은 언제나 조약상의 독립기업 원칙이 미국을 구속하지 않도록 정하고 있다. 옛 1981년 미국 모델은 이 점을 정면으로 밝혀 "제9조 제1항은 국내법상 부당행위계산부인 조항의 적용을 막지 않는다"고 정하고 있었다.[264] 현행 미국 모델에는 이 말은 없고, DHL 사건에서 미국-독일 조약에도 그 말은 없다. 그럼에도 불구하고 같은 결과를 얻는 조문이 있다. 바로 미국 모델 제1조의 "saving clause"이다. 미국의 입장에서는 미국 거주자인 DHL을 과세하고 있는 것이고, 자국 거주자에 대한 과세는 조약의 제한을 받지 않는 것이 원칙이다.[265] 물론 예외가 있다. 그러나 조약 제9조 제1항은 이 예외에서 빠져있

262) "amicus curiae"란 그대로 번역하자면 '법원의 친구'라는 뜻이다. 우리 법제라면 일종의 독립당사자 같은 것일 수도 있지만, 사건에 대한 이해관계가 꼭 분명하지 않아도 되고 같은 맥락에서 판결에 구속받지 않는다.

263) Brief amicus curiae of the Ministry of Finance of the Federal Republic of Germany, 2000 TNT 93-27 (May 12, 2000).

264) 1981년 미국 모델 조약 제9조 제3항.

265) 미국 모델 제1조 제4항. 2017년 개정된 OECD 모델 제1조 제3항.

고 제2항만이 예외에 들어간다. 즉 다른 체약국이 그 거주자의 소득을 경정하고 경정 내용이 조약상 독립기업의 원칙에 맞는다면 미국도 미국 거주자의 소득을 감액경정할 제2항의 의무를 지고 있을 뿐이다. 미국이 자국 거주자의 소득을 경정하는 것은 국내법에 따르면 그로 충분한 것이다. 그런데 이 사건에 적용될 미국-독일 조약을 보면 제1조에 그런 내용이 없다. 그러나 그것이 끝이 아니다. 조약 본문과 동시에 맺은 의정서(protocol)가 조약에 붙어 있다. 이 의정서의 합의는 조약 본문과 같이 맺었고 그 뒤 조약의 일부로 비준된 것이다. 이 의정서 안에 "saving clause"가 미국 모델과 똑같은 내용으로 들어있다.

Ⅲ. 미국세법 제482조와 조세조약 제9조

조세조약과 미국법상 독립기업 원칙의 관계에 관한 DHL 판결의 답이 틀린 것은, 아마도 법원이 잘 몰라서 그런 것은 아니리라. 조문의 글귀를 쭉 따르기만 하면 틀릴 수가 없기 때문이다. 독립기업 원칙이 국제관습법이나 국제공법이 말하는 법의 일반 원칙이라고 본 것이라고[266) 봐주고 싶기도 하지만, 그런 생각이 판결에 나오지도 않는다.[267) 진짜 이유를 찾자면, 조약상 독립기업 원칙은 상대방 체약국만 구속하고 미국은 안 한다고 차마 말할 수 없었으리라. 일반론으로 미국 정부나 미국의 식자(識者)들은 미국이 맺은 조약의 구조와 글귀가 미국을 독립기업의 원칙에서 해방시키고 있다는 사실을 적시하는 법이 없다. 아마도 OECD 국가 전체와, 나아가 세상 모든 나라와 싸우기에는 미국도 역부족이라는 것이 이미 1990년대 초의 한판 싸움에서 드러났기 때문. 따라서 조약의 구조와 글귀에 불구하고 미국 역시 독립기업의 원칙이라는 말을 지키고 있다. 다만 독립기업의 원칙에 관한 너희 생각은 틀렸고 이 생각이 옳다는 식으로 독립기업 원칙이라는 개념을 재해석 내지 재창조하고 있다. OECD의 이전가격지침이 미국의 입장을 상당 부분 받아들여 종래의 전통적 방법 외에 다른 방법도 받아들였음은 이미 본 바와 같다. 그럼에도 불구하고, 미국과 다른 나라 사이의 갈등은 완전히 봉합되지 않았다. 남은 문제는? DHL 사건에서 독일 정부의 불만은 주로

266) 애초 과세권의 행사에 관한 국제관습법이나 법의 일반 원칙이란 없다는 것이 일반적 견해이지만 반대 주장도 있기는 하다. Avi-Yonah, Altera, The Arm's Length Standard, and Customary International Law, 38 MJIL Opinio Juris 1(2018), 주석 17.

267) 호주의 "Thiel" 판결과 견주어 보라. 제2장 제2절 Ⅳ.

특수관계의 존부에 관한 것이므로 논외로 하고, 일반론으로 미국에 대한 불만을 몇 가지로 요약해 보자.

첫째, "super-royalty"라는 사고 자체에 대한 불만. 제482조의 요는 특허, 기술 등 무형자산은 미국에서 개발된 미국의 것이니 거기에 '제 값'을 받는 방식으로 미국의 세수를 올리라는 것이다. 바로 이 생각 때문에 제482조를 "super-royalty" 조항이라 부르는 것이다. 가령 앞서 이익분할법 가운데 잔여이익법이 연구개발이 있었던 곳을 기준으로 이익을 나누었음을 기억할 것이다. 연구개발 활동의 대부분은 미국에서 일어나고 있고 그렇다면 다국적기업의 초과이윤(잔여이익)은 기본적으로 미국 몫이라는 생각이 "super-royalty", 곧 초과분 사용료이다(바로 이 생각에 스스로 설복되어 미국은 연구개발을 미국 안에서 일어나게 하기 위한 여러 가지 조세 유인책도 두고 있다). 다른 나라로서는 응당 이 생각이 마땅치 않다. 기술적으로는 미국세법에서 무형자산의 해외 이전에 제 값대로 과세하는 규정[268]이 이미 있는 마당에 다시 웬 "super- royalty"냐는 반발이 있다. 나아가 연구개발이 일어나는 지역이 미국이라고 해서 그 연구개발의 성과를 미국이 독식하겠다는 생각 자체가 가만 생각해 보면 희한한 발상이다. 가령 일본 회사가 연구개발을 하면서, 여러 가지 여건상 연구개발을 주로 미국에서 할 수 있다. 이 연구개발 인력의 다수는, 특히 자연계의 고급 두뇌는 다수가 제3세계에서 넘어온 고급 인력들이다. 이들의 연구성과를 미국이 독식해야 할 이유가 있는가? 대학원 교육 과정쯤 오면 미국의 지원 덕택에 이들이 공부를 할 수 있었다는 말은 분명 옳은 점이 있다. 그러나 적어도 학부 교육까지는 자국에서 받고 온 사람이 대부분이고, 연구개발 성과란 그저 돈만 대면 나오는 것이 아니다. 연구개발이란 사람의 머리를 필요로 하는 것이고, 사람의 머리란 좁게 본다면 그 사람을 낳고 키운 나라의 자산이고 더 넓게 본다면 인류 공영(人類共榮)의 자산이다. 똑똑한 연구 인력이 미국에 모인다는 것은 현재 세계의 정세와 사회 구조에서 우연히 그렇게 되어있는 것일 뿐이다.

현실적으로 불만이 두드러지는 부분은 미국세법이 무형자산의 대가를 주기적으로 사후 조정한다는 점이다.[269] 독립기업의 원칙이란 특수관계자 없는 자들이 합의하였을 가상적 가격이다. 약정 체결 당시로 돌아가 얼마로 합의하였을

268) 미국세법 제367조(d), 제936조(h).

269) 미국 재무부 규칙 1.482-4(f)(2).

것인가를 다시 생각해 보는 것이다. 그렇다면 여기에는 그 뒤 현실적 사정이 바뀌었다고 해서 사후에 조정한다는 생각은 들어가기 어렵다. 물론 전혀 없는 것은 아니다. 약정 당시에는 제 역할을 과소평가하고 합의한 당사자가 나중에 두고 보니 자기가 제공한 것 때문에 상대방이 돈을 엄청나게 벌고 있는 것을 발견하면 계약의 재협상을 요청할 가능성은 있다. 그러나 일신전속적인 급부가 아닌 이상, 더 이상 주고받을 것이 없다고 생각하는 상대방은 거절하게 마련이다(인지상정으로 '개평'을 주는 사람이야 있으려만). 그런데 미국은 "licensee"가 돈을 얼마나 버는가를 따져서 거기에 맞추어 기술료를 주기적으로 사후 조정한다. 오랫동안 OECD는 이 생각에 반대했다. 그저 당사자들이 내다볼 수 없었던 사정이 있었다면 이것을 반영할 수 있다고 생각할 뿐이다.[270] 이런 생각에서 가령 캐나다 국세청은 미국식의 사후 조정은 독립기업 원칙에 어긋난다고 밝히기도 했다.[271] 그러나 결국 2017년에 와서는 OECD가 미국의 입장을 받아들였고[272] 우리나라도 이를 따르게 되었다.[273] 사후적으로 부당하면 사전적으로 정상이었다는 증명책임을 납세의무자가 진다는 것이다.

미국 재무부 규칙에 따른 사후 조정이, 또는 "super-royalty"라는 생각 자체가 독립기업 원칙 위반이라는 주장은 옳은가? 답은 물론 독립기업 원칙이라는 말이 무슨 뜻인가에 달려있다. 독립기업 원칙이란 '특수관계가 없었더라면 거래당사자 기업 중 하나가 벌었을 소득'을 찾는 것이다. 있을 수 있는 온갖 상황에서 이 말이 어떤 결과를 낳는가는 전혀 자명하지 않다. 그것이 자명하다면 애초 미국과 다른 나라 사이의 갈등도 없었을 것이다. 이 말의 뜻은 누가 정하는가? 결국은 조약을 적용하는 각국이 제 입장에서 정해 나갈 수밖에 없다. OECD에서 낸 이전가격지침의 내용이 어떻다고 해서 바로 그것이 독립기업 원칙이라고 말할 수는 없다. OECD 지침의 방대한 내용을 '특수관계 없는 자들이 합의하였을 가격'이라는 말에서 논리필연적으로 끌어낼 수 있는 것이 아님은, 이 지침 내용 자체가 미국의 입장을 조금씩 반영하여 거듭거듭 바뀌고 있다는 데에서도 자명하다. 이 지침은 독립기업의 원칙이라는 개념 하에서 이전가격의 과세기준을 구

270) OECD 이전가격지침 (2000) 6.34문단.

271) 캐나다 국세청 통칙(Circular) IC-87-2R, 149문단.

272) OECD 이전가격지침(2017) Ch. 6. D.4.,6.186-6.195 문단.

273) 국조법 시행령 제13조 제5항.

체적으로 정하고 있는 창설적 내용을 각국 재무부나 국세청 실무자들이 합의하고 있는 것일 뿐이다. 그러나 OECD에 법을 만들 권한은 없다. OECD 모델 주석 전체에 걸쳐서 제기되는 문제이지만, 모델조약 제9조의 짧은 글귀와 몇 백 쪽에 이르는 주석 사이에서는 이 문제가 한결 두드러지게 드러난다. 이에 대해서는 다른 나라에서도 법률 자체는 몇 마디 안 되고 독립기업 원칙의 내용은 모두 재무부 시행규칙이나 기타 하위 법령에서 정하고 있다고 항변할는지 모르겠다. 그러나 이 사정은 전혀 다르다. 법령이기 때문이다. 미국이나 우리나라나 법률의 위임을 받은 사항을 명령이 정할 수 있고(위임명령) 법률의 내용이 애매한 경우 그 뜻을 밝히는 명령(집행명령. 미국식 용어로는 해석명령)을 둘 수도 있다. 헌법이 그렇게 정하고 있는 까닭이다. 그렇다면 미국의 입장이 종래 세계 여러 나라가 독립기업의 원칙이라 여겨온 것에 어긋난다는 말은 당연히 옳은 말이지만 미국의 입장이 독립기업의 원칙에 어긋난다, 또는 조약에 어긋난다는 말이 당연히 옳지는 않다. 몇 백 쪽에 이르는 이전가격 지침을 '독립기업들이 합의하였을 가격'이라는 한 마디에서 끌어낼 수 없는 이상 이는 피할 수 없는 결론이다. 적어도 법해석론의 관점에서는 그저 미국과 다른 나라가 서로 생각이 다를 뿐이다.

Ⅳ. 제9조 제2항: 2차조정(소득처분)과 대응조정

어느 한 나라가 특수관계자 거래에서 자국 거주자의 소득을 증액경정한다면 상대방 국가에서는 어떻게 해야 하는가? 증액경정한 국가에서는 자국 거주자와 거래 상대방의 관계는 어떻게 정리해야 하는가?

납세의무자가 정상가격 아닌 조건으로 특수관계자와 거래한 결과 납세의무자가 마땅히 신고하였을 소득보다 적은 소득을 신고하였다는 말은 납세의무자가 소득을 거래 상대방에게 유출하였다는 말이 된다. 가령 100억원짜리 재산을 해외 모회사에게서 150억원에 사들이는 거래는 물건값 100억원을 주는 거래와 웃돈 50억원이 흘러나가는 거래로 재구성할 수 있다. 이같이 흘러나간 돈에 대해서는 2차조정(secondary adjustment), 곧 거래의 성질에 따른 새로운 과세처분이 필요할 수 있다.[274] 우리나라는 앞의 예에서라면 50억원은 소득처분의 형식을 빌려 모회사에 지급하는 배당소득으로 과세한다.[275] 거래 상대방이 자회사라면

274) 「국제조세조정에 관한 법률」 제13조. 이창희, 『세법강의』, 제3장 제2절, 제23장 제3절 참조.

흘러나간 돈을 출자의 증가로 보아 상대방에게 세금을 매기지 않는다.[276] 다른 경우에는 기타 사외유출로 본다.[277] 납세의무자가 흘러나간 돈을 일정 기한 안에 다시 돌려받기로 약속하고 실제로 돌려받는다면 소득처분하지 않는다.[278]

어느 납세의무자와 다른 나라에 속하는 거래 상대방 사이의 거래 조건이 정상가격이 아니라고 보고 우리나라가 납세의무자의 소득을 늘려 잡는다면, 다른 나라는 그에 대응하여 거래 상대방의 소득을 줄여 잡아야 한다.[279] 이것을 대응조정(corresponding adjustment)이라 부른다. OECD 모델은 다음과 같이 정하고 있다:

OECD Model Article 9 (Associated Enterprise)

2. Where a Contracting State includes in the profits of an enterprise of that State —and taxes accordingly — profits on which an enterprise of the other Contracting State has been charged to tax in that other State and the profits so included are profits which would have accrued to the enterprise of the first-mentioned State if the conditions made between the two enterprises had been those which would have been made between independent enterprises, then that other State shall make an appropriate adjustment to the amount of the tax charged therein on those profits. In determining such adjustment, due regard shall be had to the other provisions of this Convention and the competent authorities of the Contracting States shall if necessary consult each other.

OECD 모델 제9조(특수관계 기업)

2. 한 체약국이 자국 기업의 이윤에 포함하여 과세하는 이윤이 상대방 체약국의 기업이 상대방 체약국에서 세금을 낸 이윤이고, 그렇게 포함한 이윤이, 두 기업 사이의 조건이 독립적 기업이었더라면 만들어냈을 조건에서는 첫 체약국의 기업에 발생하였을 것이라면 상대방 체약국은 그

275) 같은 법 시행령 제23조 제1항 제2호.
276) 같은 영조항 제1호.
277) 같은 영조항 제3호; 법인세법 제93조 제10호 아목; 소득세법 제119조 제12호 아목.
278) 「국제조세조정에 관한 법률」 제13조 제1항, 같은 법 시행령 제23조.
279) OECD 모델 제9조 제2항.

> 런 이윤에 매긴 자국 세금을 적절히 경정하여야 한다. 이런 경정을 할 때에는 이 조약의 다른 조항에 정당한 주의를 기울여야 하고 각 체약국의 권한 당국은 필요한 대로 서로 협의하여야 한다.

다자조약 제17조 제2항도 실질적으로 같은 내용. 기존 양자조약의 대응조정 조항을 수정하자는 것이다. 다자조약에 서명하면서 우리나라는 기존 양자조약에 대응조정 조항이 있다면 그것만 적용하기로 했다. 기존 대응조정 조항이 없는 양자조약이라면 상대방 체약국의 유보 여부에 따라 다자조약 제17조 제2항이 양자조약에 편입되어 들어갈 수도 있다.

대응조정이 있는 조약이더라도 정상가격이 무엇인가에 대한 분명한 답이 없는 이상 다른 나라가 우리나라의 과세 조정에 발맞추어 무조건 대응조정을 할 이유는 없고, 2중과세가 벌어질 수 있다. 실제로는 납세의무자가 두 나라 과세행정청 사이의 상호합의를 구하여, 두 나라 행정청이 협상에 들어가는 것이 보통.[280] 역으로 다른 나라가 먼저 세금을 매기는 경우라면 우리나라가 인정하는 부분에 대해서만 대응조정을 하도록 법으로 정하고 있다.[281] OECD 모델조약 제9조 제2항의 글귀를 담고 있지 않은 조약이라면 대응조정을 할 필요가 없는가? 이 조항이 없더라도 결과에는 차이가 없다. 이전가격을 조정하는 과세처분이 조약 제9조 제1항에 어긋난다고 생각한다면 이 문제에 관한 권한당국 사이의 협의를 신청할 수 있기 때문이다.[282] 협의 과정에서 합의가 이루어진다면 합의대로 두 나라 국세청이 행정처분을 다시 할 것이다. 물론 합의가 이루어지지 않을 가능성이 있지만, 이 가능성은 제9조 제2항에 해당하는 글귀가 있더라도 똑같이 존재한다. 결국 제9조 제2항이 반드시 필요한 글귀는 아니지만 OECD 모델의 글귀에서 한 가지 차이가 있을 수는 있다. OECD 모델은 권한당국간 협의에 3년이라는 제척기간을 정해두고 있다.[283] 한편 OECD 모델 제9조 제2항의 대응조정에는 제척기간이 정해져 있지 않고, 이것을 제9조 제2항의 대응조정은 언제라도 해 주어야 한다는 뜻으로 읽는다면[284] 둘 사이에 차이가 생긴다. 미국 모델

280) OECD 모델 제9조 제2항 및 제25조.

281) 법인세법 제53조.

282) OECD 모델 제25조 주석 10문단. 10.1문단 초안(2006. 2. 1.) 그렇게 생각하지 않는 나라도 있다고 하나, 논리에 닿지 않는다.

283) OECD 모델 제25조 제1항.

제25조에는 제척기간이 없다.

대응조정과 2차조정이 낳는 여러 가지 논점을 미국 조세법원의 "Schering" 판결로 분석해 보자.

Schering Corp. v. Commissioner[285)]

이 사건 원고인 "Schering" 사는 미국법인으로 스위스에 "Scherico"라는 100% 생산 자회사를 거느리고 있었다.[286)] 원고는 스위스 자회사에 특허권 기타 기술을 제공하고 기술료를 받았다. 미국 국세청은 원고에 대한 세무조사를 벌인 결과, 원고와 "Scherico" 사이의 특허권 양도 자체를 부인하고 "Scherico"가 받은 기술료를 원고에게 귀속시켰다. 원고는 기술료 소득을 증액경정하는 미국 국세청의 처분을 받아들이는 내용의 합의서를 1969년 9월 23일자로 국세청과 맺었다.[287)] 이 합의서 내용은 미국 국세청이 원고의 기술료소득 1961년분, 1962년분, 1963년분 세 해치를 증액경정하면서, 이처럼 덜 받은 기술료는 원고가 스위스 자회사에 꿔준 대여금으로 보고, 합의서 작성일로부터 90일 이내에 스위스 자회사가 이 대여금을 갚기로 한다는 것이다.[288)] 이 대여금에 덧붙여 스위스 자회사는 1965년 1월 1일부터 갚는 날까지의 이자를 지급하기로 하면서,[289)] 대여금 원금의 상환은 원고의 소득이 아니지만 대여금 이자는 원고의 소득에 익금산입하기로 하였다. 한편 90일 이내에 대여금을 갚지 못하는 경우에는 애초 덜 받은 기술료는 대여금이 아니라 출자금으로 보기로 하였다.

문제는 스위스 정부가 미국 정부의 증액경정을 인정하지 않았다는 점이다.[290)] 이렇게 되자 스위스 자회사는 100% 주주인 원고에게 배당금을 지급하는 형식으로 대여금 원리금을 갚는다. 스위스 정부는 이 '배당금'에 원천징수세를 물리되 미국-스위스 조약에 따른 세율상한인 5%(모자회사 간 배당금에 대한 세율상한)를 적용하여 원천징수세를 물린다.

이 판결의 쟁점은 이 원천징수세를 원고가 미국에서 외국납부세액으로 공제받을 수 있는가이다. 국세청은 이자 부분은 원고의 소득이므로 원천징수세액

---

284) OECD 모델 주석은 이 부분에 관한 해석이 각각 다르다고 적고 있다. 제9조 주석 10문단.
285) 69 T.C. 579 (1978).
286) 단순화를 위해서 손회사인 "Essex"와의 거래는 뺐다. 어차피 논점은 같다.
287) 미국에서는 행정사건에서도 화해가 가능하다.
288) 우리 법의 해당조문으로 「국제조세조정에 관한 법률」 제13조, 같은 법 시행령 제22조.
289) 같은 법조, 같은 영조.
290) 위 판결, 특히 586쪽.

을 공제해 주었지만 대여금 원금 부분에 관한 스위스 세금은 공제해 주지 않았다. 논거는 소득이 없는 데 물린 세금이므로 소득세(우리 법에 맞추자면 법인세)가 아니고 따라서 공제 대상이 아니라는 것이다. 이에 대해 법원은 납세의무자의 편을 들면서 소득세인지는 개별 항목을 기준으로 정하는 것이 아니고, 이 원천징수세가 스위스 소득세제 전체의 일부라는 관점에서는 소득세로 보아야 맞다고 판시하였다. 나아가 스위스의 입장에서 본다면 이 원천징수세는 배당에 대한 원천징수세이어서 소득세임이 분명하므로, 이 사건 원천징수세는 외국납부세액으로 공제해 주어야 한다고 판시하였다.

이 판결이 옳은지 그른지는 잠시 접어두고 조세조약의 관점에서 이 사안을 보기로 삼아 몇 가지 논점을 따져보자. 우선 미국의 증액경정이 있다면 스위스는 반드시 대응조정을 해주어야 하는가? 그렇지 않다. 미국의 증액경정 처분이 '독립기업 원칙에 맞다면' 대응조정을 해줄 의무를 질 뿐이다. 미국의 증액경정이 독립기업의 원칙에 맞지 않다면 대응조정을 해 줄 필요가 없다. 미국으로서는 당연히 독립기업의 원칙에 맞다고 생각했으니까 과세한 것이지만, 앞서 보았듯 독립기업의 원칙이란 '무 자르기'일 뿐이다. 스위스로서는 전혀 맞지 않는다고 생각해도 무리가 아니다. 물론 두 나라 국세청이 권한당국 간 협의 과정을 밟아 독립기업 원칙에 맞는 증액경정 금액이 얼마라고 합의한다면 그 합의에 따라 감액경정을 하여야 한다. 이런 합의가 없다면, 스위스로서는 자국 거주자인 자회사의 소득을 감액경정할 이유가 없고.[291)]

미국 국세청의 입장으로 돌아가, 원고가 1961년부터 1963년까지의 기술료를 너무 적게 받았다고 본다면, 원고가 아직 받지 않은 돈의 성격은 어떻게 이해해야 하는가? 원고가 돈을 제대로 받았다고 보고 그에 맞추어 거래를 재구성하는 2차조정을 해야 한다. 이 사건에서는 원고가 기술료를 제대로 다 받고 그 가운데 일부(실제 받은 금액을 넘는 부분)를 스위스 자회사에 다시 꿔준 것으로 거래를 재구성하고 있다. 그에 따라 대여금 이자 계산이라는 문제가 생긴 것이다. 이처럼 차액을 대여금으로 본다면 대여금의 상환이라는 문제가 생긴다. 이리하여 국세청은 납세의무자와 협의하여 일정 기간 안에 납세의무자가 차액을 실제 돌려받겠다고 약속하면 그 차액을 대여금으로 구성한다. 한편 납세의무자가 돌

---

291) OECD 모델 제9조 주석 6문단.

려받을 생각이 없거나, 또는 돌려받겠다고 약속하고서 약속기간 안에 실제 돌려받지 않는다면, 거래 당사자의 관계에 따라서 거래를 달리 구성하여야 한다. 모회사가 자회사에 돈을 유출하고 모회사에 이 돈을 돌려받을 권리가 없는 관계라면 대여금일 수는 없고 출자금일 수밖에 없다.[292] 역으로 자회사가 모회사에 돈을 유출하고 돈을 돌려받지 않는 관계라면 배당금일 수밖에 없다.[293] 이런 2차조정 문제는 이전가격에 특유한 문제는 아니고 부당행위계산에 따르는 거래 재구성 문제의 한 갈래일 뿐이다.[294]

한편 스위스 정부의 입장에서도 2차조정의 문제가 생긴다. 이 사건에서 미국의 증액경정 처분에 따른 대응조정으로 만일 스위스 정부가 1961년에서 1963년까지의 세액을 감액경정해 준다면, 미국 정부의 증액경정에 따른 기술료 증가액을 스위스 자회사가 애초 모회사에 지급했지만 같은 금액을 미국 모회사에서 다시 꾼 것으로 거래를 재구성해야 한다. 바꾸어 말하면 스위스 정부는 스위스 자회사의 1961년에서 1963년까지의 기술료 비용을 추가로 잡으면서 그에 맞추어 미국 모회사에 지급할 채무를 잡아주어야 한다. 그렇게 한다면 1969년 들어 스위스 자회사가 지급하는 금액은 이 채무 원리금을 갚는 것으로 구성하면 된다. 그러나 이 사건에서는 스위스 정부가 감액경정을 인정하지 않았으므로 1961년에서 1963년 당시의 거래에 관해서는 스위스 정부로서는 거래를 재구성하여 2차조정을 할 것이 없다. 1969년에 스위스 자회사가 미국에 지급하는 금액은, 스위스의 입장에서 보면 자회사가 아무런 대가를 받지 않으면서 모회사에 지급하는 금액이므로 배당일 수밖에 없다.

그렇다면 "Schering" 판결로 돌아가 스위스 세금을 공제한다는 판시는 옳은가? OECD 모델의 글귀로 따져보자. 이 문제는 스위스가 원천징수세를 물린 돈의 흐름이 소득인가를 누구의 관점에서 파악할 것인가로 돌아간다. 이전가격 문제에 관해 두 나라 사이의 합의가 없는 한, 스위스의 관점에서 본다면 이것은 분명 배당금이라는 소득에 대해 물린 소득세이다. 미국의 입장에서 본다면 이것은 대여금 원금의 반환에 물린 세금이니 소득세가 아니다. 조약은 여기에 어떤 답을 주는가? OECD 모델조약은 '다른 체약국에서 이 조약에 따를 때 과세할 수

292) 「국제조세조정에 관한 법률」 시행령 제23조 제1항 제1호.

293) 같은 영조항 제2호.

294) 이창희, 『세법강의』, 제22장 제3절 참조.

있는 소득'에 대해서는 외국납부세액을 공제하라고 정하고 있다.[295] 그렇다면 이 사건에서는 문제된 배당금 내지 대여금은 조약에 따를 때 스위스가 과세할 수 있는 금액인가? 다시 이 문제는 최초 미국의 증액경정처분의 당부로 돌아간다. 독립기업 간 가격이 얼마인가에 관한 두 나라 사이의 생각이 다를 수 있다는 것을 인정하는 이상 스위스 정부에게 미국의 증액경정처분을 받아들일 조약상 의무는 없다. 그렇다면 스위스로서는 1969년에 자회사가 지급한 돈은 줄 의무가 없는 돈을 지급한 것이고 따라서 이를 배당금으로 과세하는 것이 조약에 어긋날 바 없다. 따라서 판결은 옳다.

V. 이전가격에 관한 권한당국 간 협의

"Schering" 판결의 쟁점으로 이제 마지막 한 가지 문제가 남아 있다. 대응조정의 가능성은 증액경정을 한 나라(이 사건에서는 미국)에서 재미있는 문제를 낳는다. 미국의 입장에서는 일단 자국의 과세처분이 옳다고 보고 증액경정을 한 것이고, 그렇다면 원칙적으로는 납세의무자(정확히는 거래 상대방인 자회사)가 상대방 체약국에 이미 낸 세금의 환급을 청구했어야 한다고 볼 수 있고, 상대방이 이 환급을 구하지 않았다면 내지 않아도 될 세금을 낸 것이므로 이것은 외국납부세액공제 대상이 못된다고 주장할 수 있다. 실제로 미국 재무부 규칙이 그렇게 정하고 있다.[296] 주목할 점은 환급청구 수단에 권한당국 간 협의가 들어있다는 것이다. 즉 상대 체약국 국내법상 행정쟁송이나 민사소송만이 아니라 권한당국 간 협의도 해야만 외국납부세액공제 대상이 된다는 것. 다만 법령이 분명하다면 국내법상 쟁송 절차는 밟지 않아도 되고, 그 밖에도 너무 많은 비용이 든다든가 달리 환급청구를 제약하는 사정이 있으면 예외가 있을 수 있다.[297]

이 사건에서 국세청은, 원고가 스위스 정부에 권한당국 간 합의를 신청하지 않았다는 것을 들면서 스위스 자회사가 납부한 스위스 세금은 세금이 아니라고 주장하였다. 자발적 납부금이라는 것. 미국 재무부 규칙도 그렇게 정하고 있음 역시 이미 보았다. OECD 모델 조약 제25조는 '다른 체약국이 조약에 어긋나는

295) OECD 모델 제23B조.

296) 미국 재무부 규칙 1.901-2(e)(5).

297) 같은 규칙조항 Ex.4.

행동을 해서 자기가 조약과 다른 세금을 물게 되었다고 생각하는 사람'은 제 거주지국에 권한 있는 당국간 합의를 신청할 수 있다고 정하고 있다. 그러나 이 사건 스위스-미국 조약에서는 해당 조문의 글귀가 다르다. '체약국 과세당국이 조약에 어긋나는 행동을 해서 자기가 조약과 다른 2중과세를 당하게 된' 납세의무자는 그의 거주지국에 권한당국 간 합의를 신청할 수 있다고 정하고 있다. 법원은 미국 국세청의 주장을 내치면서, 달리 외국납부세액공제를 부인할 수 있는 이유가 없는 이상 2중과세가 없고 따라서 권한당국 간 협의를 신청해야 할 이유가 없다고 하였다.

법원이 펴는 논리는 옳은가? 이 사건에서는 외국납부세액공제 문제를 접어놓더라도, 2중과세는 있다. 애초 1961년에서 1963년분 소득에 관한 2중과세가 있기 때문이다. 그러나 그에 관해 권한당국 간 협의를 신청했더라도 아무 소용이 없었을 것임이 애초부터 분명했고, 이를 전제로 한다면 나중에 스위스 정부가 매기는 배당소득 원천징수세는 스위스에 대해 더 이상 다툴 여지가 없고 따라서 조약상 외국납부세액공제 대상이 된다. 결국 법원의 결론은 옳다.

마지막으로 권한당국 간 협의를 신청하지 않았으니 자발적 납부금으로 보아야 한다는 미국 국세청 주장에 대해 법원은 일침을 놓고 있다. 미국 국세청의 입장은, 해외 자회사가 권한당국 간 협의를 신청했어야 한다는 것이다. 이것은 다른 나라에서도 마찬가지인 듯하다. 가령 프랑스에서는 세액을 증액경정당한 프랑스 법인이 프랑스에 권한당국 간 협의를 신청하면 각하 대상인 듯하다.[298] 캐나다의 실무도 해외 관계회사가 다른 체약국에 신청하도록 한다고 한다.[299] 그러나 이에 대해 "Schering" 판결은 권한당국 간 협의는 미국 국세청에서 시작할 수도 있는데 이것을 납세의무자의 불이익으로 돌려서는 안 된다고 말한다. 조약의 글귀를 놓고 따진다면 이 지적은 옳다. 앞 문단의 조약 글귀에서 '행동'을 보인 나라는 미국이고, 그 행동에 따라 세금을 물게 된 사람은 미국법인이다. 이를 전제로 앞의 조약 글귀를 다시 보라. 권한당국 간 협의를 신청하려면 누가 누구에게 신청해야 하는가? 세액을 증액경정당한 미국법인이 미국에 신청해야 한다. 한편 모델조약 제25조 제3항을 보면 두 체약국 국세청은 언제나 직권으로 권한당국 간 협의를 시작할 수 있다. 그렇게 본다면 증액경정이라는 행정처분으

298) Tax Portfolio Management (France), A-66.

299) Tax Portfolio Management (Canada), A-76.

로 일을 처음 벌인 미국 국세청이, 행정처분의 직접 상대방도 아닌 해외 관계회사가 다른 체약국에 권한당국 간 협의를 신청하지 않았다는 이유로 불이익을 입힌다는 것은 논리에 닿지 않는다. 이에 대해서는 상대방 체약국 국세청이 대응감액경정을 하지 않는다는 부작위에 의해 자국 거주자에게 피해를 입혔다는 반대논리를 펼칠는지 모르나, 이것은 미국 국세청의 증액경정처분이 조약에 맞는다는 전제를 세워야 한다. 그러나 권한당국 간 협의란 바로 이 증액경정처분이 조약에 맞는가를 협의하자는 것이다. 적어도 조약의 글귀로는 권한당국 간 협의는 증액경정처분을 받은 자가 제 거주지국에 신청하는 것이 맞다.

한편 외국법인 고정사업장의 과세소득을 증액경정하는 경우라면 외국법인이 제 거주지국에 권한당국 간 협의를 신청해야 한다. 이런 시비를 피하기 위해 실무에서는 권한당국 간 협의는 거래 당사자 양쪽이 동시에 각자 거주지국에 신청하는 것이 보통이다. 권한당국 간 협의는 본질적으로 흥정이다. 반드시 국내법이나 조약의 구속을 받지 않는다. 이 협의 과정은 두 나라 국세청 사이의 협의이며, 납세의무자는 원칙적으로 그 과정에서 배제된다.[300] 그러나 납세의무자는 권한당국 간 협의와 별도로 법원에 소송을 낼 수 있으므로, 두 가지가 따로 돌아가게 된다. 이 때문에 권한 있는 당국의 합의사항은 납세의무자가 이를 받아들이고 소를 취하한다는 조건하에서 합의할 수밖에 없다.[301]

제 5 절 정상가격 사전승인

정상가격 산출이 이처럼 무 자르기를 벗어날 길이 없으므로 국가와 납세의무자의 분쟁, 국가와 국가의 분쟁은 풀 길 없는 문제로 남게 된다. 기존의 해법인 독립기업 원칙은 국가와 납세의무자 모두에게 엄청난 행정 부담만 지운 채, 그저 복잡하기만 할 뿐 전혀 불분명한 기준으로 그때그때 적당히 답을 찾자는 것이다. 이 문제를 풀어낼 길이 있는가? 이전가격에 대한 추상적 답으로서 독립기업 원칙은 과연 살아남을 것인가?

이전가격 세제의 불확실성을 없앨 수 있는 수단이라고 1980년대 말부터 등

300) 같은 글, 1009쪽, 1011쪽.

301) OECD 모델 제25조 주석 45문단.

장하기 시작한 것이 이른바 정상가격 산출방법 사전승인(advance pricing agreement: APA) 제도이다. 1987년에 일본이 들여온 것이 처음이라고 한다.[302] 미국에서는 1991년에 이 제도를 시작했고, 그 뒤 많은 나라에 들어왔다. OECD의 이전가격지침도 이를 다루고 있다.[303] 우리나라도 「국제조세조정에 관한 법률」을 만들면서 이 제도를 들여왔다.[304]

정상가격 산출방법을 미리 우리 국세청과 합의해 놓더라도 국외 특수관계자가 속하는 나라의 세무당국이 이를 받아들이지 않는다면 납세의무자는 2중과세 부담을 지게 마련이다. 대부분의 주요 교역국과 조세조약을 맺고 있는 우리나라의 현실에서는 우리 국세청과 납세의무자 사이의 편면(片面) 사전합의(unilateral APA: 법은 이를 '일방적 사전승인'이라고 부르고 있다[305])는 별 의미가 없고, 납세의무자는 우리나라와 상대방 국가가 동시에 합의하는 양면(兩面) 사전합의(bilateral APA)를 구하게 마련이다. 사전승인은 이전가격 문제에 대한 답이 되는가? 더 두고 볼 일이지만 아마 아닌 듯하다. 납세자로서는 예측가능성이 높아지고 가산세 염려를 안 해도 된다는 점에서 사후적 해결방법보다는 한결 낫다. 그러나 국가의 입장에서는 결국은 소송이나 상호합의나 마찬가지로 행정비용이 들어간다. 본질적으로 쟁점이 똑같기 때문이다. 통계를 보면 사전승인 과정에 적체되는 사건 수가 점점 늘고 있다. 그렇다면 APA가 본질적 해결책은 아니다. 또 APA는 반드시 법을 법대로 집행하는 것이 아니라는 점에서 여러 가지 어려운 문제를 낳을 수도 있다. 가령 국세청이 특정한 납세의무자와 APA를 맺고, 다른 납세의무자와는 APA 맺기를 거절하였다고 하자. 그 결과 전자의 세부담이 후자보다 가볍다고 하자. 이것은 평등원칙에 어긋나지 않는가?[306] APA는 일종의 계약이니 불평등해도 괜찮은 것인가? 또는 APA는 과세처분에 준하는 것이므로 평등해야 하는가? 다른 사람의 APA보다 불리한 과세처분을 받았다고 주장하

302) National Tax Agency, APA Program Report 2005, 3쪽 (2005).

303) OECD 이전가격지침(2022) Ch, Ⅳ, F.

304) 「국제조세조정에 관한 법률」 제14조. 국세청에서 해마다 보고서를 낸다.

305) 같은 조 제2항.

306) "GlaxoSmithKlein" 사건에서 원고가 제기한 쟁점 가운데 하나가 정확히 이것이다. 화해로 끝난 사건이라 정확한 내용을 알 수는 없지만 34 Tax Notes International 456 (2004) 등을 보면 자료가 있다. 일반론으로는 불법적 대우를 평등하게 하라고 주장할 수 없다. 이창희, 『세법강의』, 제3장 제5절 Ⅱ. Tipke/Lang, *Steuerrecht* 제4장 72문단. 그러나 불법을 감수하더라도 평등한 과세처분을 명한 판결로. IBM Corp. v. United States, 343 F.2d 914 (Ct. Cl. 1965), cert. denied 382 U.S. 1028 (1966).

는 납세의무자가 소송을 낸다면 APA의 내용은 공개해야 하는가?[307)]

제 6 절 필라(Pillar) 1과 이전가격 세제의 전망

독립기업 원칙의 실패라는 현실 앞에서 이전가격 세제에 대한 대안으로 공식배분법이나 연결납세 등의 여러 가지 생각이 있을 수 있다. 공저자 이창희의 오래 전 글에서도 “global trading”과 전자상거래 등의 발달이 결국은 독립기업 원칙을 무너뜨릴 것이고, 공식배분법 내지 연결납세로 가는 것 아닌가라는 전망을 내놓은 적이 있다.[308)] 적어도 식자(識者) 사이에서는 독립기업 원칙의 실패를 누구나 다 아는데도 독립기업 원칙은 아직도 살아 있다. 도대체 어인 일인가? 물론 독립기업 원칙이 살아 있다는 말의 정확한 뜻을 다시 짚어볼 필요가 있다. 1990년대 초·중반의 세수 싸움을 거치면서 독립기업 원칙의 의미는 분명 바뀌었다. 그 전에는 이익분할법이나 이익비교법은 독립기업 원칙에 어긋나는 방법이었지만 이제는 독립기업 원칙에 어긋나지 않는다는 것이 국제사회의 합의이다. 또 오늘날에 와서는 과세소득의 주기적 조정이나 사후 조정도 반드시 독립기업 원칙에 어긋난다고 잘라 말할 수는 없다. 지금에 와서 독립기업 원칙이라는 말은, 건건이 구체적 자료를 놓고 따져보기 전에는 정상가격이 얼마인지는 알 수 없다는 말 정도일 뿐이다. 거래 당사자의 각 거주지국과 납세의무자가 모두 달려들어 세수를 서로 협상해서 나눈다는 이런 제도가 살아 움직이는 이유는 무엇인가?

답은 아마도 미국의 이해관계와 OECD 조직의 관료주의, 이 두 가지에서 찾아야 하리라. 1990년대 초중반의 논란에서 분명해진 것은, 아무리 미국이라도 다국적기업의 독점이윤에 대한 세수를 혼자 독차지하는 제도를 힘으로 강요할 길이 없었다는 것이다. 획일적이고 분명한 세수 분배의 규칙을 만든다면 이 규칙이 미국에 불리하게 작용할 것임이 분명해진 것이다. 여기에서 미국은 전략적으로 독립기업 원칙이라는 명분을 유지하면서, 자국의 힘을 현실적 배경으로 삼

307) 국세청장의 APA 비밀유지 의무에 관해서는 「국제조세조정에 관한 법률」 시행령 제26조 제5항.

308) 정찬모·이창희 외, “세정정보화 및 전자상거래 세제지원 방안”(정보통신정책연구원 정책연구 99-05), 177쪽(1999).

아 건건이 각개격파 방식으로 세수 싸움을 벌이는 것이 유리하다고 판단한 것이다. 이것이 '독립기업 원칙'이라는 말과, 그 말에 기대어 세수 분배를 일일이 협상대상으로 삼는, 매우 비효율적인 제도가 살아남게 된 이유라고 볼 수 있다. 이 과정의 밑바탕에 깔려있는 것은 힘의 대결이지만, 표면에 드러나는 것은 법과 경제학에 걸친 이론의 대립이다. 한결 더 재미있는 것으로 이런 이론의 대립을 미국이 장악하면서 이익과 힘의 대립이라는 본질이 뒤로 숨었다.[309)]

이 대결 과정에서 주목할 것은 미국과 OECD의 관계이다. 1990년대 초반까지 미국은 OECD의 논의 과정에 상대적으로 소극적 자세를 보였다. 미국은 미국 모델을 따로 가지고 독자행보를 보이고 있었기 때문이다. 그러나 세수 싸움의 결과가 위와 같이 정리되자 미국은 미국 모델을 OECD 모델에 근접시키면서 OECD 안으로 들어와 OECD의 논의 구조 그 자체에 미국의 입장을 반영시키기 시작했다. 한편으로는 OECD의 관료조직 안에 사람을 심고, 다른 한편으로는 이론적 논의를 주도하기 시작한 것이다. 그 결과 현재의 OECD 모델 주석이나 보고서에는, 기실 미국의 이익을 옹호하는 내용들을, 마치 전세계적으로 응당 그래야 하는 규범성을 띤 것처럼 적고 있는 것이 많다. 조약과 실질과세의 관계라든가, 조약편승에 관한 논의 따위가 그 대표적 예이다. 이전가격 세제도 적어도 2015년 BEPS 최종보고서까지는 미국이 이겼다. OECD의 이전가격 지침은 2010년판, 2017년판 모두 독립기업 원칙을 지지하고 있다.[310)]

2022년판도 일단은 같은 입장이지만 이제 문제는 필라(Pillar) 1로 넘어갔다. 일정한 기준을 넘는 다국적기업(군)이라면 원천지국 내지 수입국은 과세소득의 금액을 독립기업 원칙이 아니라 일정한 공식에 따라 정할 수 있다는 것이다.[311)] 독립기업 원칙과 달리 공식배분법은(전통적 공식배분법이든 필라 1이든) 원천지국이나 수입국이라면 자국 내에 다국적기업의 현지법인이나 고정사업장이 없더라도 과세권을 준다. 독립기업 원칙이란 자국 안에 있는 현지법인이나 고정사업장이 특수관계 거래에서 얻는 소득을 정상가격에 따라 계산한다는 것이므로, 애초 자국 내에 현지법인이나 고정사업장이 없다면 과세소득이 생기지 않는다. 이와 달리 필라 1은 다국적기업의 전세계 연결소득 가운데 일부(이른바 "Amount A")를

309) 그람시(A. Gramsci)를 읽었는가. 데리다(J. Derrida)는 못 읽었더라도.

310) 이전가격지침 1.15 문단.

311) 독립기업원칙과 공식배분법의 비교분석과 "Pillar 1"의 문제점에 대한 논의로, 노미리, 공식배분법의 입장에서 바라본 Pillar 1 비판, 서울대학교 박사학위 논문, 2023.

오로지 국가별 매출액 기준으로 안분한다.[312] 현지법인이나 고정사업장이 있든 없든. 이 "Amount A"란 연결 순소득이 매출액의 일정 비율(일단 10%)을 넘는 경우 그 차액의 1/4을 말한다. 가령 전세계 매출액이 100억원인 미국법인의 매출총이익이 20억원이고 판매비와 관리비나 금융비용이 2억원, 순이익이 18억원이라면 "Amount A"는 (18－100×10%)×1/4 = 2억원이다. 이 미국법인이 한국, 일본, 중국의 독립적 수입업자에게 각 25억원씩을 판다면, 세 나라는 각 5천만원씩을 과세할 수 있다.

이 미국법인이 우리나라에 파는 물건은 모두 우리나라에 세운 현지법인을 통해서 파는 것이라면 우리나라의 과세소득은 얼마가 되는가? 기본 판매 활동에[313] 대해서는 기존의 이전가격 세제의 체계를 벗어나 매출액의 일정 비율(Amount B)을 소득으로 잡자는 논의가 진행 중.[314]

소규모 다국적기업은 필라 1 공식이 아니라 예전 그대로 독립기업 원칙에 따르고, 다만 일정한 판매 활동은 "Amount B"를 적용한다는 것이 현재의 잠정합의. 필라 1 적용의 경계선은 전세계 연결 매출액 200억 유로, 그러니까 몇십조원 정도이다.

필라 1은 수입국이나 원천지국의 과세권을 넓힌 것인가 줄인 것인가? 대규모 다국적기업(군)의 물건이나 용역을 자국 안으로 수입해 오는 자가 모두 독립적 수입업자나 독립적 소비자뿐인 나라에서도 과세권이 생긴다는 점에서는 확대한 것이 맞다. 애초 GAAF세(稅)를 막겠다는 생각으로 나온 타협책이니까. 한편 자국 안에 판매 자회사나 고정사업장이 있는 나라라면 어떻게 되는가? 기존의 독립기업 원칙보다 감소하는 것이 오히려 일반적일 것이다. 독립기업 원칙에서는 수입국은 여러 가지 방법 중 자국에 유리한 방법을 골라서 과세하고 상대방 체약국과 싸우면서 세수를 확보하는 것이 일반적이었다. 그러나 필라 1은 초과이윤은 무형재산에 귀속되는 것이라는 논리로 "Amount A" 외의 금액은 모두 무형재산의 소재지나 개발지 국가가 과세한다고 못박고 있다. 초과이윤에 대한 과세권이 원래는 그런 나라에 전속하는 것이라는 전제를 세우고, 마치 수입국에

312) OECD/G20, Statement on a Two-Pillar Solution to Address the Tax Challenges Arising from the Digitilisation of the Economy (2021. 10. 8),

313) baseline marketing and distribution activities. 여기에는 "Amount A"와 같은 매출액 기준이 따로 적용되지 않고, 일정한 형태의 판매활동 기업이면 모두 대상이다. 제14장 제5절 Ⅱ. 3.

314) OECD, Pillar One-Amount B, 2024. 2. 19.

세수를 양보한 그런 논리 구조를 띠고 있는 것이다.

그렇다면 소규모 다국적기업(군)에 대해서는 독립기업 원칙대로 과세한다는 말은 어떤 뜻이 되는가? 무형자산의 개발지나 소재지국에서만 과세한다는 결론이 나오게 된다. 결국 무슨 일이 벌어진 것인가? 미국이 자국의 이익을 관철하는 데 성공한 것이다.

건별 협상은 사라질 것인가? 소규모 다국적기업(군)에서는 일단 유지되지만 선진국, 특히 미국이 논리적으로 우위에 서면서 협상에 드는 시간과 노력은 줄어들 것이다. 대규모 다국적기업(군)에서는 "Amount A"가 도입됨에 따라 건별 협상은 완전히 사라질 것인가? 여러 가지 기술적 문제가 복잡한만큼 적어도 당분간은 국가간 분쟁이 사라질 수가 없다. 이런 분쟁은 길게 보면 결국 OECD의 손으로 넘어가게 마련이다. OECD는 수천 명의 자체 직원을 거느린 엄청난 관료조직이다. 모든 조직은 힘을 좇는다. 이들은 OECD 모델 주석의 위상을 조약 해석의 법원(法源)으로 끌어 올리는 데 온 힘을 기울이고 있고[315] 조약의 해석·적용에 중재 제도를 들여와 OECD의 권력을 늘리려 하고 있다. OECD가 조약의 해석권을 독점하여 사실상 유일한 중재기관이 된다면, 그 다음 무엇을 꾀하겠는가? 사건의 수를 늘리게 마련. 조약 분쟁 가운데 가장 중요한 사건은 무엇인가? 두말할 나위 없이 이전가격. 결국 미국의 압도적 우위에 현실적으로, 또 논리적으로 밀리는 구조가 생기기는 하지만 이전가격을 둘러싼 분쟁이 사라질 수는 없다(필라 1의 운명을 비롯하여, 국제조세 전반에 대한 전망은 제14장 제5절, 특히 Ⅲ. 3. 참조).

---

315) 제2장 제2절 Ⅳ.

제 2 편

비거주자·외국법인의 과세

제1편에서는 납세의무자가 여러 나라에 걸쳐 사업이나 투자를 하는 경우 관계되는 나라들이 세수를 어떻게 나누어 가질 것인가를 정하는 법규범의 큰 틀을 살펴보았다. 제2편에서는 다른 나라 기업이 우리나라로 진출해 들어오는 경우에 이를 어떻게 과세할 것인가라는 문제, 영어로 "in-bound rule"을 공부한다. 구체적으로는 외국 기업의 사업 형태를 1) 지점 형태의 외국인 직접투자, 2) 현지법인 형태의 외국인 직접투자, 3) 금융거래, 4) 인적 용역의 제공, 5) 유형재산의 임대나 양도, 6) 기술 등 무형자산의 제공으로 나누어 각 경우에 생기는 세금 문제를 공부하기로 한다.

제5장
사업소득 및 고정사업장의 과세

이 장의 과제는 외국 기업의 국내 지점 내지 고정사업장(permanent establishment, PE)을 어떻게 과세할 것인가이다. 한결 정확히 말하자면 우리나라에 고정사업장을 둔 외국법인이나 비거주자의 과세 문제이지만 손쉽게 고정사업장의 과세 문제라 부르기로 한다. 구체적으로는 다음 차례로 몇 가지 쟁점을 살핀다: ⅰ) 고정사업장의 의의와 요건, ⅱ) '고정사업장 원칙'을 적용받는 사업소득의 범위, ⅲ) 고정사업장에 귀속되는 거래의 범위를 중심으로 한 고정사업장 총수입금액의 확정, ⅳ) 고정사업장에서 공제받을 수 있는 비용의 범위와 순소득 및 세액의 계산, ⅴ) 고정사업장 과세에서 독립기업 원칙의 의의. 조세조약상의 고정사업장 등 외국법인의 국내사업장은 각 사업연도의 법인세만이 아니라 지점세도 납부하여야 하지만, 이에 대해서는 제7장 참조.

이 장은 이런 쟁점에 관한 여러 나라의 판례, 행정해석, 그 밖에 해석론상 생기는 논점을 때로는 비교법적 관점에서, 때로는 상호연관 속에서 분석한다. 이런 순서는 안정적 법체계를 구축함을 목표로 삼는 법해석론의 전형적 논리구조처럼 보이지만, 이 장의 분석 결과는 정반대. 고정사업장의 과세를 둘러싼 현행 조세조약의 혼란이, 안정적 법규범이 존재하지 않는다는 것이 드러난다. 구체적으로 고정사업장이란 무엇인가, 고정사업장의 존부에 따라 과세 여부가 결정되는 사업소득이라는 말은 그 범위가 어디까지인가, 고정사업장에 귀속하는 거래란 무엇을 말하는가, 고정사업장에서 공제받을 수 있는 비용의 범위는 어디까지인가, 고정사업장 과세소득의 계산 기준인 독립기업의 원칙이란 무엇을 말하는가, 어느 것 하나 분명한 답이 없다. 나라마다 해석이 다르다. OECD 모델 주석이 엄밀한 법률적 분석을 담고 있지도 않다. 나아가 조약의 글귀 자체도 흔들리고 있으며, 이런 입법론에 이르는 논리도 비법률적·비논리적 배경을 안고 있다. 선진국의 개명(開明)된 주장이 후진국을 계몽해 가는 과정은 더더욱 아니다. 결국 국제조세 규범이란 국제정치의 현실을 반영할 뿐이다. 세금에 관한 국내 규범도 정치인 마당에 국제 규범이야 국제정치의 힘 관계를 반영할 수밖에 없다. 이 난맥상을 깨달아야 입법론과 해석론에 걸쳐 하나하나 쟁점이 무엇인지를 비로소 이해할 수 있다. 그래야 안 속는다. 각 쟁점이 왜 생기는지, 답을 내자면 옳은 방향이 어느 쪽인지, 입법이나 해석의 규범적 한계나 정치적 제약은 어디까지인지.

제 1 절 과세권 배분과 고정사업장

Ⅰ. 고정사업장의 의의

조세조약은 '고정된 사업장소로서 그를 통하여 기업 활동의 전부나 일부를 행하는 곳'을 고정사업장이라고 부르고 있다. 국내 원천인 소득으로 고정사업장에 귀속하는 부분은 순소득 기준으로 과세하지만 귀속하지 않는 부분은 사업소득이라면 과세하지 않고 다른 소극적 소득이라면 총 지급금액의 일정 비율을 원천징수 방식으로 과세한다.

사업소득은 고정사업장이 있어야 과세한다는 규정은 세계에서 가장 오래된 조세조약이라고 하는 1869년의 프로이센-작센 조약에[1] 이미 나온다.[2] 그 뒤 1920년대 후반의 국제연맹 모델 준비과정에서는 논란이 있었지만[3] 1930년대의 실제 조약에는 그렇게 정한 것들이 있었다. 1943년의 '멕시코 모델'은 고정사업

1) 제2장 제1절 Ⅰ. Vogel, Double Taxation Convention, Introduction, 특히 20문단.

2) Übereinkunft zwischen Preussen und Sachsen gegen Beseitigung Doppelten Besteuerung der Beiderseitigen Staats-Angehörigen, 제2조. 조약원문은 https//www.uni-heidelberg.de/institute/fak2/mussgnug/historyoftaxdocuments/normtexte/voelkerrecht/V00001.pdf.

3) Arvid Skaar, *Permanent Establishment – Erosion of a Tax Treaty Principle* (2nd edition, Wolters Kluwer, 2020), p.88.

장 없이도 원천지국이 사업소득을 과세할 수 있다고 정했으나 1946년의 '런던 모델'은 이를 다시 뒤집었다.[4] 그 뒤 1963년 OECD 모델도 사업소득의 과세는 고정사업장이 있어야 가능하다고 정하였고 실제 조약이 대체로 OECD 모델을 따라가게 되어,[5] 지금에 와서는 사업소득은 고정사업장이 있어야 과세한다는 명제가 조세조약에 자리잡았다.[6] 21세기의 디지털 경제에서도 이 명제 자체는 아직 살아있지만 원천지국의 과세권을 다시 강화하는 방향으로 해석론이 요동치다가 결국 2015년의 BEPS "Action 7"을[7] 거쳐서 2017년 OECD 모델은 고정사업장의 성립요건을 완화하는 방향으로 모델조약의 내용을 살짝 손보았다. 나아가 다자조약은[8] 같은 방향의 개정 내용을 기존의 양자조약에 편입한다고 정하고 있으나 우리나라는 다자조약의 해당 조항을 모두 유보하였다. 2021년 재개된 필라(Pillar) 1에서는 매출액과 소득이 일정 기준을 넘는 다국적기업이라면 고정사업장이 없어도 원천지국이 이른바 "Amount A"로 기준 초과 소득의 일부를 과세할 수 있다는 쪽으로 논의 중이다. 아래 제5절 Ⅵ.

OECD 모델이나 우리나라 실제 조약의 고정사업장 조항은 크게 세 가지 내용을 담고 있다. 첫째는 고정사업장이라는 말의 정의 내지 적극적 요건이다. 고정사업장이란 '고정된 사업장소(fixed place of business)로서 그를 통하여 기업이 사업의 전부나 일부를 행하는 곳'으로 정하고, 그런 장소의 예시로 관리장소, 지점, 사무실, 공장 등을 적고 있다. 둘째는 고정사업장의 소극적 요건이다. 고정된 사업장소라고 하더라도 제품이나 상품의 보관시설 등 일정한 예비적・보조적 성격의 장소는 고정사업장이 아니라는 것이다. 셋째, 납세의무자가 일정한 종속적 대리인을 두고 그가 일정한 활동을 수행한다면 고정된 사업장소가 없더라도 고정사업장이 있다고 간주한다. 여기에서 고정된 사업장소가 고정사업장일 수도 있고 아닐 수도 있다, 또는 고정된 사업장소가 없어도 고정사업장이 있을 수 있다는 식으로 말이 혼란스러운 것은 우리말의 용례 때문이고 영어로는 서로 다른 낱말이다. 일본인들은 "permanent establishment"라는 말을 고정사업장이

4) 상세는 김해마중, 고정사업장 과세의 이론과 쟁점(2017), 제2장 제2절 2.

5) 제2장 제1절 Ⅰ. 3.

6) 그냥 '예외 없이'가 맞을지도 모르지만 세상의 모든 조약을 다 찾아보지는 못했다.

7) BEPS Action 7 Final Report: OECD, Preventing the Artificial Avoidance of Permanent Establishment Status (2015).

8) 다자조약, 제10조에서 제15조.

아니라 '항구적(恒久的) 시설(施設)'로 옮겨 쓰고 있다. 항구적보다는 항속적(恒續的), 또는 항상(恒常) 시설 정도가 맞는 번역이기는 하지만.

고정사업장의 존부는 순소득 기준 과세와 총 지급금액 기준 과세의 갈림길이다. 고정사업장에 귀속하는 소득(사업소득, 이자소득, 배당소득, 기타소득)은 순소득 기준으로 과세(지점세도 덧붙는다)하는 데 비해 그렇지 않은 국내원천소득은 총지급금액 기준으로 과세한다. 이 점은 우리 소득세법이나 법인세법상 비거주자나 외국법인의 국내사업장 개념과 마찬가지이다.

둘째로 고정사업장 개념은 과세권의 분배 기능도 맡고 있다. 국내법 개념으로 국내사업장이라는 개념이 순소득기준으로 과세할 것인가 총수입금액 기준으로 과세할 것인가라는 갈림길이 되는 것에[9] 더해서 조약 개념으로서 고정사업장은 과세 방법의 차이만이 아니라 사업소득의 과세 가부(可否)를 판정하는 개념이 된다. 사업소득이라면 고정사업장이 없는 이상 원천지국에 과세권이 없다. 우리 국내법에서는 비거주자나 외국법인에게 국내사업장이 없는 경우에는 신고납부의무를 지우지 않고 국내원천소득 각각의 총수입금액을 과세표준으로 삼아 거기에 일정한 세율을 곱한 금액을 원천징수하는 방식으로 과세한다.[10] 사업소득도 국내원천이라면 이렇게 과세하지만, 다른 소득은 원천징수 세율이 10%나 20%인 데 비해서 사업소득은 훨씬 낮은 2%이다.[11] 사업소득에 대한 원천징수 세율이 훨씬 낮은 것은 무슨 까닭일까? 사업소득은 그 성질상 순소득의 금액에 큰 편차가 있으므로 총소득 기준 과세가 순소득 과세에 가까워지리라는 보장이 전혀 없고, 2중과세가 발생할 가능성이 매우 커지기 때문이다. 이런 사정을 고려한다면 두 나라가 조세조약으로 원천징수세를 서로 낮추는 과정에서 사업소득에 대해서는 아예 원천지국 세금을 없애는 편이 차라리 정답이 된다. 이리하여 OECD 모델조약은 '고정사업장 없으면 과세 없다'는 원칙을 채택하기에 이르렀다.[12]

사업소득은 고정사업장이 있어야 과세한다는 말에는 함정이 있다. 고정사업

9) 제1장 제4절 Ⅱ.

10) 법인세법 제98조 제1항.

11) 법인세법 제98조 제1항 제4호와 제5호는 부동산이나 유가증권의 양도소득에 대하여, 순소득의 20%와 양도대가의 10% 가운데 낮은 쪽을 적용하도록 정하고 있으나, 입법론상은 그르다. 순소득이 확인된다면 일반적 법인세율을 적용해야 할 일이다. 다만 투자유치를 위한 조세감면 조치로 생각할 수는 있다.

12) OECD 모델 제7조 제1항.

장이 없어도 세금을 내는 수가 있다. 무슨 말인가? 대표적인 예로 미국은 외국 보험회사가 미국에서 받아가는 보험료는, 미국 안에서 사업을 하지 않더라도 과세한다.[13] 이는 혹시 조약 위반이 아닐까? 형식적으로는 물론 조약 위반이 아니다. 왜냐하면 미국법은 이 세금을 소득세가 아니고 거래세(excise tax)라고 부르고 있기 때문이다. 그러나 이 세금은 지급하는 보험료의 일부를 원천징수하는 형식으로 걷는 것으로 그 실질은 이자나 배당에 대한 원천징수세와 다를 바가 없다. 그렇다면 그 이름이 무엇이든 이 세금의 실질은 소득세라고 보아서, 고정사업장 없이는 과세하지 못한다는 조세조약 규정의 적용을 받는 것 아닐까? 실제로 국내법에서 무어라고 부르든 조세조약 해석상은 이런 세금은 사업소득에 대한 세금으로 보아 고정사업장이 없는 한 면세 대상이라고 해석할 여지도 있다. 이리하여 미국 모델조약 및 이를 본받은 미국이 실제 체결한 조약에서는 이런 결과를 막기 위한 장치를 두어, 조세조약의 적용범위를 미국연방소득세 등 조약에 분명히 정한 세금으로 국한하고 있다.[14]

이런 구조 탓에 가령 외국 보험회사가 걷어가는 보험료에 별도의 세금을 부과하지 않고 소득세로 과세하는 나라가 미국과 조약을 맺으면서 그 내용을 미국 모델조약과 같이 한다면 미국은 세금을 걷는 반면 다른 체약국은 세금을 걷지 못하게 된다. 이런 일방적 결과를 받아들이고 싶지 않다면 조약에 별도의 규정을 두어서 외국 보험회사가 걷어가는 보험료는 고정사업장이 없더라도 과세할 수 있다고 정하면서 세율도 두 나라 사이에 상호주의 기준으로 정할 수 있을 있을 것이다. OECD 모델 주석도 이 가능성을 제시하고 있다.[15] 다른 가능성은 미국처럼 보험료에 걷는 세금을 소득세가 아닌 다른 세금으로 정하고 있는 나라와 조약을 맺을 때에는 조약의 적용범위를 그런 세금까지 확대하는 것이다. 가령 1975년의 영국-미국 조약은 고정사업장이 있든 없든 영국의 보험회사를 아예 보험료 거래세에서 면제하고 있다.[16]

소득세가 아니라고 우기면서 조약에 어긋나는 세금을 걷는다는 문제가 한

---

13) 미국세법 제4371조~제4374조.

14) 미국 모델 제2조 등.

15) OECD 모델 제5조 주석 114문단. 그런 조약례가 실제 있는지는 세계 모든 조약을 다 찾아보지 않아서 잘 모르겠지만 해석론으로 다루고 있는 예로 제6장 제1절 Ⅱ에 나오는 "Taisei" 판결. 한편 UN 모델 제5조 제6항은 보험중개인을 고정사업장에 포함하고 있다.

16) 이 조문을 쟁점으로 삼고 있는 사건으로, Columbia Marine v. Reffet Ltd., 861 F.2d 18 (1988), 현행 영미조약 조문으로는 제2조(3)(a)(ⅱ), 제7조(5).

결 불거진 것은 2010년대 말로 이른바 '구글세' 내지 'GAAF세'이다.[17] 전통적으로 같은 입장이었던 미국과 유럽의 이해관계가 갈린 것이다. 디지털 경제가 처음 등장하던 1990년대 초반 OECD는 전통적 고정사업장 개념을 그대로 간직해 나가자는 입장이었다.[18] 그러나 그 뒤 세월이 흐르면서 디지털 경제는 미국기업들의 압도적 우위로 자리잡기 시작했고 그에 따라 OECD라는 단일대오가 무너지고 유럽 각국이 후진국 입장에 서게 되었다. 이리하여 고정사업장이라는 개념 자체가 통째로 흔들리는 가운데[19] 유럽을 포함하는 디지털 후진국이 잠정적으로 택한 전략이, 다른 나라의 디지털 기업에 세금을 매기면서 그런 세금은 소득세가 아니라고 우기는 것이다.[20] 이에 맞서 트럼프 1기 행정부는 유럽에서 수입하는 물품에 관세를 매기겠다는 등 보복 조치를 공언했다.[21]

2021년 이후 바이든 행정부와 유럽 사이의 타협안의 일부로 필라 1은 고정사업장 없이도 수입국에서 과세가능한 기업의 범위를 디지털 기업만이 아니라 삼성이나 LG 같은 굴뚝산업 기업까지 넓히자고 한다. 앞으로 어떻게 될지는 두고 보아야 한다. 초과이윤이란 모두 다 무형자산에 귀속한다는 미국식 이론을 그냥 간직한 채 원천지국의 과세권도 일정 부분 인정하자는 타협책으로 현재 논의되고 있는 희한한 개념이 '마케팅 무형자산'이라는 개념이다.[22] 마케팅에도

17) Google, Apple, Amazon, Facebook.

18) 그 당시의 상황과 전망은 Chang Hee Lee, Impact of E-Comerce on Allocation of Tax Revenue between Developed and Developing Countries, 18 Tax Notes International 2569 (1999).

19) BEPS Action 7 Final Report: OECD, Preventing the Artificial Avoidance of Permanent Establishment Status (2015).

20) diverted profits tax(영국과 호주), equalization tax(인도), digital services tax(EU) 등. Chang Hee Lee & Ji-Hyun Yoon, Withholding Tax in the Era of BEPS and Digital Economy, 103 Cahiers de Droit Fiscal Internationale (IFA 2018 Seoul Congress General Report), 223쪽, 특히 254~255쪽.

21) USTR, Report on France's Digital Services Tax Prepared in the Investigation under Section 301 of the Trade Act of 1974 (Dec. 2, 2019).

22) 미국의 무형자산 논리에 속은 것인지 힘에 밀린 것인지 알기 어렵지만 중국은 일단 초과이윤은 무형자산이 낳는 것이라고 받아들인 뒤 '마케팅 무형자산'이라는 개념을 만들어서 국제사회에 퍼뜨리는 데 성공했다. United Nations, Practical Manual on Transfer Pricing for Developing Countries (2021), 2.20.8문단, 2.20.9문단. 그러나 광고비만 들이면 독점기업이 되어서 초과이윤을 얻는다는 생각은 당연히 틀렸다. 시장 진입이 자유로운 이상 애초 불가능한 생각이다. 회계 목적으로 광고비를 무형자산으로 처리한다고 해서 거기에서 초과이윤이 생길 수 없다. 당연한 말로 광고비라는 무형자산의 상각 이후에도 초과이윤이 생길 수 없다. 남이 이룩한 초과수익력을 돈 주고 산 것을 영업권이라는 무형자산에 넣는 것도 마찬가지이다. 시장 균형을 전제하면 사는 데 돈이 드는 이상 초과이윤 자체가 사라지게 마련이다.

무형자산이 있다면 그 소재지는 시장 내지 소비지, 곧 원천지국이니 독점이윤 가운데 일부에 대해 원천지국 과세를 인정하겠다는 생각이다.

Ⅱ. 고정사업장의 적극적 요건

OECD Model Article 5 (Permanent Establishment)

1. For the purposes of this Convention, the term "permanent establishment" means a fixed place of business through which the business of an enterprise is wholly or partly carried on.
2. The term "permanent establishment" includes especially: a) a place of management; b) a branch; c) an office; d) a factory; e) a workshop, and f) a mine, an oil or gas well, a quarry or any other place of extraction of natural resources.

OECD 모델 제5조(고정사업장)

1. 이 조약 용어로 고정사업장이란 고정된 사업장소로서 그를 통하여 기업이 사업의 전부나 일부를 행하는 곳을 뜻한다.
2. '고정사업장'이라는 용어는 다음을 포함한다: a) 관리장소, b) 지점, c) 사무실, d) 공장, e) 작업장, f) 광산, 유전이나 가스전, 채석장 기타 천연자원 채취장소.

고정사업장의 정의 자체는 외연이 애매한 제1항의 개념이고 제2항은 보기일 뿐이다. 제1항에 해당하는 장소가 있는가를 자산 기준(asset test)이라고 부르는 문헌도 있다.[23] '고정된 사업장소'란 무슨 뜻인가? 어떤 정도에 이르러야 '고정된' 사업장소가 있는 것인가? 앞서 본 국내사업장이라는 개념과는 같은 것인가, 다른 것인가? 미국법 같으면, 미국내 사업이라는 개념과 조약상 고정사업장 개념은 어떤 관계인가?

---

23) R. Williams, "Permanent Establishments in the United States" in *Income Tax Treaties*(J. Bischel ed., 1978), 189~312쪽.

Lewenhaupt v. Commissioner[24)]

이 사건 원고는 스웨덴 거주자로 스웨덴에서 수출입업을 하였다. 그는 1946년 과세기간 동안에 미국에서 물려받은 부동산 3건을 소유하고 있다가 그 중 하나를 팔았다. 원고는 그 밖에 그 해에 다른 부동산을 2건 사들였으며 이자소득과 배당소득도 받고 있었다. 원고는 미국 내 재산을 대리인에게 맡겨 관리하였다. 대리인에게는 처분권 등 부동산이나 주식을 사고 팔고 할 권리가 있었으나 원고와 사전 상의할 것을 전제로 했다. 쟁점은 부동산 양도소득이 일반 양도소득(투자자산의 양도소득) 규정을 적용받아 비과세되는지였다. 스웨덴-미국 조약에서는, 제5조에서 부동산 양도소득은 소재지국의 국내법에 따라 과세할 수 있다고 정하고 제9조는 투자자산(capital asset)의 양도소득은 미국에 고정사업장이 있어야 과세할 수 있다고 정하고 있었다. 원고 주장은 이 사건 부동산은 투자자산이고 미국에 고정사업장이 없으므로 제9조에 따라 미국이 과세할 수 없다는 것이다.

법원은, 일견 제5조와 제9조 사이에는 법이 엇갈리는 것처럼 보이지만 입법사(立法史)를 따져 보면 둘 사이에 모순이 없다고 판시한다. 미국 국회의 의도를 짚어 본다면 조약상의 양도소득 규정은 증권만 면세할 생각이었고 부동산에 대해서는 국내법대로 과세할 생각이었다고 판시한다. 조약상 양도소득 규정에 관한 상원의 입법 자료가 증권만 언급하고 있다는 것이다. 그 당시의 미국 국내법에서는 외국인의 부동산이든 동산이든 투자자산의 양도소득은 '국내에서 사업'을 하는 경우에만 과세하도록 정하고 있었다.[25)] 조약상 양도소득 조항이 투자자산인 부동산에도 적용된다고 전제하고, 그렇다고 하더라도 조약이 양도소득 과세에 관한 국내법 규정에 아무런 변화를 줄 생각이 없었다고 하려면 어떻게 풀이해야 하는가? 조약상 양도소득 조항에 나오는 고정사업장이라는 말이 '국내사업'과 같은 뜻이라고 풀이하는 길밖에 없다. 또한 그렇게 본다면 조약 제5조와 제9조의 모순은 없어진다. 제5조에서는 국내법으로 넘어가서 국내사업의 존부에 따라 과세 여부가 갈리고 제9조에서는 고정사업장=국내사업의 존부에 따라 과세 여부가 갈리기 때문이다.

이리하여 법원은 조약상 고정사업장이란 미국법상 국내사업과 같은 뜻이라

---

24) 20 T.C. 151(1953).

25) 당시나 지금이나 미국 국내법에서는 단순한 증권이나 선물 투자는 미국 내에서 대규모에 이르더라도 이른바 "portfolio/commodity exception"이라 하여 국내사업으로 보지 않는다.

고 전제한 뒤, 원고는 미국에서 국내사업을 행하였으므로 부동산 양도차익에 대해 세금을 내야 한다고 판시하였다. 원고의 대리인이 원고를 대신하여 한 여러 가지 활동은 부동산의 단순한 보유, 또는 부동산으로부터 발생하는 소득을 받기만 하는 정도를 넘어서는, '중요하고, 계속적이고 정기적(considerable, continuous, and regular)인' 활동이므로 미국 국내법에서 말하는 국내사업의 요건을 충족한다는 것이다.

그러나 그 뒤에 나온 판결들은 조약상 고정사업장이라는 말과 미국법상 '국내사업'이라는 말을 서로 다른 뜻으로 풀이하기 시작한다. 행정해석은 예전부터 국내사업이 반드시 고정사업장에 해당하지는 않는다고 풀이하고 있었고[26] 1960년의 조세법원 판결인 "de Amodio" 판결[27]도 같은 취지로 판시하고 있다:

> 아모디오에 대한 과세는 미국내 사업이 있는 비거주자·외국인으로서 과세한다[28] … 아모디오가 신탁을 통하여 공동소유한 부동산은 조약상 '고정사업장'으로 볼 수 없다.[29]

국내사업, 또는 '미국내 사업'(U.S. trade or business)이 모두 고정사업장에 해당하지는 않는다면 둘 사이에는 얼마나 차이가 있는가? 경주마의 경우라면 미국내 시합에 두 번 이상 참가하면 고정사업장이 있다는 것이 행정해석이다.[30] 말을 데려와 시합에 두 번 참가했다는 정도만으로 '고정된 사업장소'라는 글귀에 들어간다고 하기는 어렵지만[31] 이 문제는 뒤에 다시 보기로 하자.

OECD 모델 주석은 '고정된 사업장소로서 그를 통하여 기업이 사업의 전부

---

26) Rev. Rul. 58-63, 1946-1 CB 134. 프랑스 사람이 프랑스에서 키우는 경주마를 미국에 데려와서 며칠 동안 경주에 참가하여 상금을 얻었다. 이 활동은 '미국내 사업'이지만 고정사업장에 해당하지는 않는다.

27) Inez de Amodio, John de Amodio v. Commissioner, 34 T.C. 894 (1960). 이 판결에 대한 상세는 제11장 제2절 참조. 고정사업장 존부가 문제된 부분은 배당소득과 이자소득의 과세에 관한 부분이다.

28) 같은 판결 906쪽.

29) 같은 판결 909쪽.

30) Rev. Rul. 60-249, 1960-2 CB 264, reaffirmed and amplified by Rev. Rul. 85-4, 1985-1 CB 294.

31) Vogel, Shannon and Doernberg, *United States Income Tax Treaties*, Kluwer Law and Taxation Publishers (1989), 제5조(1) 주석, Part 2 Commentary A.1.d.문단.

나 일부를 행하는 곳'이라는 글귀에 대해 하나하나 토를 달고 있다. 그러나 여러 나라의 서로 다른 해석을 절충하다 보니 앞뒤가 안 맞는다. 특히 21세기에 들면서는 미국이 디지털 기술과 산업에서 유일한 선진국으로 독주함에 따라 유럽이 원천지국 과세권의 강화에 동조하면서, 고정사업장이 있다고 보는 문턱을 높이던 종래의 해석론과 반대되는 해석론이 마구 섞여 들어오기 시작했다. 그 결과 주석의 내용, 특히 구체적 보기는 모두 몹시 혼란스럽다. 혼란만 더하는 보기는 빼고 주요 내용만 간추려 본다면 아래와 같다.

1) 사업장소: 사업장소란 반드시 사업을 영위하는 납세의무자가 소유하고 있는 장소일 필요는 없지만 납세의무자가 사용하고 있는 장소이고 '처분할 수 있는 장소'(at one's disposal)라야 한다. 그러한 뜻에서 임차한 장소도 고정사업장일 수 있고 때로는 불법으로 점유하고 있는 장소가 고정사업장이 될 수도 있다.

2) 물리적·지역적 고정성: 특정한 지역적 공간에 '고정'되어야 고정사업장이 될 수 있지만, 반드시 물리적으로 딱 붙어 있어야 한다는 말은 아니다. 방금 살펴본 경주마 사례는 물론이고, 가령 자국 안에서 돌아다니는 유람선,[32] 일정한 대륙붕 지역 안에서 여기 저기 다니며 구멍을 뚫는 시추선,[33] 행상의 트럭[34] 따위를 고정사업장라고 본 사례가 있다. 일정한 연관성이 있다면 여러 장소를 묶어서 고정성을 판단할 수도 있다.[35]

3) 시간적 고정성: 일정 기간 이상 존재해야 고정사업장이 될 수 있다. 건설업에 대해서는 12개월이라는 기준이 OECD 모델 제5조 제3항에 따로 명시되어 있지만 다른 일반적 업종에는 명시적 기준이 없다. 예전에는 제3항이 기간을 명시한 것은 건설업에 대해서는 특별히 낮은 기준을 두어 제1항에 따를 고정된 사업장소가 없더라도 고정사업장이 된다는 뜻으로 정한 것이라고 보는 쪽이 대세였다.[36] 그러나 2003년 신설된 주석은 정반대의 입장에서 건설업이 아닌 다른 업종에 대한 일차적 기준으로 6개월을 내세우고 있다.[37] 계약기간이나 공기(工期)가 이런 기간 이상이라면 드문드문 작업이 중단되더라도 고정사업장이 된

32) 프랑스 판결로, Conseil d'État, 23 novembre 1992, n° 94 137, 김해마중, 앞의 책, 78쪽에서 재인용.
33) 미국의 행정해석으로, PLR 8526005 (1985. 3. 8.).
34) 캐나다 판결로, Fowler v, MNR, Tax Court (Canada), 90 DTC 1834. 아래 V.
35) OECD 모델 제5조 주석 25문단.
36) 뒤에 볼 "McDermott" 판결 참조.
37) OECD 모델 제5조 주석 28문단.

다.[38] 최근 많이 던져지는 질문으로, 인위적으로 계약을 쪼개서 여러 개의 단기 계약으로 만들었다면?

4) 사업: 예전에는 고정사업장에는 임・직원이 주재하면서 사업 활동을 하는 것이 보통이지만, 최근에 와서는 완전 자동화된 기계가 고정사업장이 될 수도 있다는 정도의 주석만 있었다.[39] 그러다가 전자상거래까지 생각하면 애초 고정사업장 개념을 버리고 새로운 기준을 설정해야 하는 것 아닌가라는 논란을 거쳐서[40] 현재는 주재하는 임・직원이 없더라도[41] 일정한 재산만 있으면 그것이 수행하는 역할을 사업 활동으로 보고 있다. 가령 송유(送油) 사업이라면 송유관 그 자체로도 고정사업장이고[42] 전자상거래를 하는 기업이라면 컴퓨터 서버가 고정사업장이 될 수 있다.[43] 웹사이트를 고정사업장으로 보자는 "virtual PE" 주장은 2004년 OECD 내부 보고서에서[44] 검토한 적은 있지만 주석의 해석론에서는 채택하지 않았다.

한편 조약에 따라서는 고정사업장을 OECD 모델과는 전혀 다른 수준에서 설정하기도 한다. 선진국과 견줄 때 개발도상국, 대표적인 예로 인도 같은 나라는 과세권 확보의 차원에서 고정사업장의 기준을 훨씬 낮게 설정하려고 애쓰게 마련이다. 이제는 미국에 견주어 '디지털 후진국'이 되어버린 유럽 각국이 고정사업장의 기준을 낮추는 쪽에 힘을 보태고 있기도 하다. 그 결과 현재 논의 중인 필라 1은 아예 고정사업장이 없어도 초과이윤의 일부를 수입국에서 과세할 수 있다는 방향이다.

그 밖에도 고정사업장의 기준을 달리 설정하는 특별한 사정이 있을 수 있다. 가령 호주-싱가포르 조약은 납세의무자에 '의하여, 그를 위하여 또는 그와의 계약 하에서 사용되는 중요 장비(裝備)'를 고정사업장으로 간주하고 있다.[45] 그

---

38) BFH, Urteil vom 21.04.1999 – I R 99/97, BFHE 188, 1, BStBl II 1999, 694. OECD 모델 제5조 주석 19문단.

39) 1977 OECD 모델 제5조 주석 9문단.

40) 대표적 문헌으로 Chang Hee Lee, "Impact of E-Commerce on Allocation of Tax Revenue between Developed and Developing Countries", 18 Tax Notes International 2569 (1999).

41) OECD 모델 제5조 주석 127문단. 아래 Ⅲ에 나오는 대법원 2011. 4. 28. 선고 2009두19229 판결.

42) BFH, Urteil vom 30.10.1996 – II R 12/92, BFHE 181, 356, BStBl II 1997, 12.

43) OECD 모델 제5조 주석 125문단, 126문단.

44) OECD Technical Advisory Group, Are the Current Treaty Rules for Taxing Business Profits Apprporiate for E-Commerce (2005).

45) 1990년 싱가포르-호주 조약 제4조(3)(b).

에 관한 호주 판결을 하나 보자.

McDermott Industries (Aust) Pty Ltd. v. Commissioner of Taxation[46]

이 사건 원고(M)는 호주법인으로서 싱가포르 법인(C)에 지급한 나(裸) 용선료[47] 4,300만 달러에 대한 원천징수의무의 존부를 다투고 있다. 이 나용선료는 호주-싱가포르 조약상 사용료소득으로 구분되고, 호주 국내법은 원천징수의무를 어긴 경우에는 사용료 지급액의 손금산입을 금지하고 있었다. 다만 사용료가 고정사업장에 귀속하는 경우에는 소득을 받아가는 자가 순소득 기준으로 세금을 신고납부하고 사용료를 지급하는 자에게는 애초 원천징수의무가 없다. 원고의 주장은 나용선한 선박이 그 자체로 C의 고정사업장이므로 나용선료는 고정사업장에 귀속하는 소득이 되고, 따라서 원천징수 의무가 없다는 것이다. 호주-싱가포르 조약은 고정사업장을 다음과 같이 정하고 있다.

제4조(고정사업장)

1. 이 조약의 용어로 기업(enterprise)의 '고정사업장'이란 고정된 사업장소로서 그를 통하여 기업이 사업의 전부 또는 일부를 영위하는 장소를 뜻한다.
2. 고정사업장이라는 용어는 다음을 포함한다: (a) 관리장소, (b) 지점, (c) 사무소, (d) 상점 또는 판매장소, (e) 공장, (f) 작업장, (g) 창고, 단 제4항에 열거된 목적들 중 하나에 국한하여 사용되는 경우를 제외, (h) 광산, 유전 또는 가스천, 채석장 또는 기타 자연자원의 채취 장소, (i) 건축장소, 건설·조립·설비공사로서 그러한 장소나 공사나 이들의 조합이 어느 12개월의 기간 동안에 합계 6월을 초과하여 지속되는 경우에 한하여.
3. 다음의 경우에 일방 체약국의 기업은 상대방 체약국 내의 고정사업장을 통하여 영업 또는 사업을 영위하는 것으로 간주한다…
   (b) 중요한 장비가 그 기업에 의하여, 그를 위하여 또는 그와의 계약하에서 상대방 체약국 내에서 사용되는 경우…

제5조(사업소득)

1. 호주 기업의 이윤은 그 기업이 싱가포르 내의 고정사업장을 통하여 영

46) Full Federal Court, [2005] FCAFC 67(2005. 4. 29.).
47) 현행법 용어로 선체용선료나 선박임대차료. 제11장 제4절 Ⅱ.

업 또는 사업을 영위하지 않는 한 싱가포르에서 과세되지 아니한다. 호주 기업이 고정사업장을 통하여 영업 또는 사업을 영위하는 경우, 싱가포르는 고정사업장에 귀속시킬 수 있는 이윤에 대해서만 과세할 수 있다.…

제10조(사용료소득)

1. 싱가포르 거주자가 수익적 소유자로서 수취하는 사용료에 관하여 호주가 부과하는 세금은 동 사용료 총액의 10%를 초과하지 못한다…
4. 사용료의 수익적 소유자인 일방 체약국의 거주자가 타방 체약국 내에 고정사업장을 가지고 있고, 사용료의 지급원인이 되는 정보, 권리 또는 자산이 고정사업장을 통하여 수행되는 영업 또는 사업과 실질적으로 관련되는 경우 본 조 제1항 … 은 적용되지 아니한다.

이 사건에서 문제된 바지(barge) 선(船)이 '중요한 장비'라는 점에 대해서는 다툼이 없다. 법원은 조약의 글귀로는, 이 사건 바지선은 C가 소유한 '중요한 장비'로서 C에 의하여 또는 C와의 계약에 의하여 호주 국내에서 사용되는 것이므로 고정사업장이 된다고 보고 있다. 나아가 목적론적 관점에서도 이 글귀와 다른 의미를 줄 근거가 없다는 것이다. 국세청 주장은 제4조 제3항의 '중요한 장비'가 고정사업장이 되려면 제4조 제1항의 고정된 사업장이라는 요건을 만족해야 한다고 주장하나 법원은 제3항은 고정사업장의 범위를 제1항보다 늘리는 간주 규정이라고 판시한다.

'중요 장비'를 고정사업장으로 간주하는 조약은[48] 그리 흔하지 않고, 또 사업 활동에서 중요 부분이라면 재산 자체로도 고정사업장이 된다는 최근의 해석론에서는 구태여 그런 글귀가 없더라도 구체적 사실관계에 따라서는 고정사업장이 될 수 있다. 그런데도 위 판결을 자세히 설명하고 있는 이유는 기실 따로 있다. 앞의 요약문에 적지는 않았지만 법원은 제4조 제2항과 제3항을 견주고 있다. 제2항에서 늘어놓은 관리장소, 지점, 사무소 따위는 예시일 뿐이므로 제1항의 '고정된 사업장소'라는 요건을 만족해야 고정사업장이 되는 것인 데 반해서, 제3항은 간주 규정으로서 제3항에 해당하는 중요 재산은 제1항의 요건을 충족하지 못하더라도 고정사업장이 된다는 것이다. 그런데 이 비교를 하면서 법원은 다음과 같이 적고 있다.

48) 천연자원 탐사나 채굴 장비 정도이다. 가령 우리나라와 호주 사이의 조약 제5조.

> 제4조 제2항은 적어도 일반적으로는 제4조 제1항에 해당하는 경우들을 예시한 것이다. 여기에서 '일반적으로는'이라고 덧붙이는 까닭은 [앞 문장이] 제4조 제2항(i)에 관해서는 옳지 않기 때문이다. 이 조항은 건축 현장이나 다른 건설공사에 대해서 6개월이라는 기간을 정하고 있다. 건축, 건설, 설치, 조립 공사에 대해서 합계 6개월밖에 안 되거나, 또는 6개월 이상이지만 1년이 안 되는 현장이라면 제4조 제1항에서 요구하는 정도로 고정된 것이 아니고 따라서 이 조항에서 말하는 고정사업장이 아니라고 말하는 것이 합리적이기 때문이다.

앞서 말했듯 예전에는 건설업은 예외적으로, 존속 기간이 12개월만 되면 제1항의 높은 요건을 만족하지 못해도 고정사업장이 된다고 생각하는 것이 일반적 대세였다. 그런데 여러 나라의 국내법에서 건설업에 대해서는 6개월을 국내사업장 판정 기준으로 정한 나라가 많았고, 이 기준이 조약으로 차츰 침투해 들어와 마침내는 6개월이 제1항의 고정사업장 판정에서 1차적인 기준이라는 지위를 차지하기에 이른 것이다. 애초 OECD 모델이나 그에 딸린 주석이라는 것이 법규범이라기보다는 정치적 타협의 산물이라는 것을 보여주는 한 예일 뿐이다. 비슷한 보기로 인적 용역을 제공하는 고정사업장(이른바 "service PE")은 제10장 제3절 Ⅳ. 2.

OECD 모델의 전형적인 고정사업장이 아닌 경우로 자원의 탐사와 개발에 관련된 활동을 고정사업장으로 규정하는 조약도 있다. 가령 미국-영국 조약(2001년) 제21조(Offshore Exploration and Exploitation Activities)는 상대방 체약국 안에서 자원의 탐사에 관련된 활동이나 자원의 개발에 관련된 활동을 해저 및 하층토에서 벌인다면 고정사업장으로 간주한다.[49] 이와 관련한 미국 조세법원의 판결 하

---

49) OECD는 2023년 11월, 위 미국-영국 조약과 비슷한 내용을 둔 약 200여 조약을 참고하여 제5조(고정사업장)와 제13조(양도소득)에 대한 별도의 특별 조문(안)과 주석을 추가하자는 OECD 모델 주석 개정 협의 초안을 공개하였다. 자원 부국, 특히 해상 석유·가스 매장량이 풍부한 국가들의 원천지 과세권을 강화하자는 생각. OECD, Public Consultation Document, "*Provision on Activities in Connection with the Exploration and Exploitation of Extractible Natural Resources*"(2023. 11. 16). 특별 조문은 4개 항으로 구성되어 있다. 제1항은, 제5조와 제13조에도 불구하고 이 별도의 조문이 적용된다고 하여, 고정사업장과 양도소득 조문의 특칙임을 규정한다. 제2항은, '해양활동(offshore only)', 또는 '해양 활동 및 육상 활동(offshore and onshore)' 중 선택하도록 하면서 구체적인 '관련 활동(relevant activity)'의 정의를 둔다. 해양 활동이란 해저, 하층토와 그 천연자원의 탐사 또는 개발과 관련된 활동을, 육상 활동은 육지에서 하는 천연자원 탐사 또는 개발을 말한다. 제3항은 어느 체약국 기업이 타방 체약국에서 수행하는 위 '관련 활동'이 하나의 기간 또는 여러 기간을 합하여 12개월 기간 중 30일을 초과하는 경우 고정사업장을

나를 보자.

ADAMS CHALLENGE (UK) Ltd. v. COMMISSIONER[50)]

이 사건 원고(A)는 영국법인으로 2009년 5월 다목적 특수선박 한 척을 미국 원유가스 서비스 회사(E)에 계약기간 동안 항해용선[51)] 방식으로 제공했다. 계약의 핵심 내용은 A가 위 선박과 선원을 제공하여 E가 미국 멕시코만 대륙붕의 석유·가스전 시설을 해체하는 작업을 지원하는 것이다. 구체적으로 A의 선원들은 유압크레인의 운용 및 선박의 모든 설비들의 관리에 책임을 지고, E의 직원들은 유전의 다양한 해체 작업을 담당하였다. 해당 선박은 과세기간 동안 유전의 탐사 또는 개발 작업에는 관여하지 않았다.

원고는 항해용선료가 미국에서 과세대상이 아니라고 주장하였으나, 미국 국세청은 항해용선료 전체를 과세 대상이라고 보았다. 이 사건의 쟁점은 첫째, A가 받은 항해용선료가 미국내 사업에서 번 것인가, 둘째, 미국-영국 조약 제21조에서 말하는 고정사업장이 미국에 있는가, 이 두 가지.

법원은 첫째 쟁점에 관하여, A의 항해용선료는 미국 안에서 자산을 임대하고 용역을 제공하여 번 미국원천소득이며(미국세법 제864조(a)(3)), 이는 미국내 사업에 속하는 소득(미국세법 제882조(a)(1))이라고 판단하였다.

둘째 쟁점에 관하여 A는 미-영 조약 제21조의[52)] 자원 개발(exploitation)은

구성하는 것으로 규정한다. 즉 30일이라는 단기간에도 해양 자원개발 활동을 통해 고정사업장 요건이 충족된다는 것이며, 이는 실제 조세조약 체결 사례들을 감안한 것이라고 한다. 제4항은 자원 개발과 관련된 부동산과 동산 등의 양도소득에 대해 원천지국 과세권을 부여하는 규정이다. 구체적인 과세대상 재산으로, i) 천연자원에 관련된 부동산(탐사 또는 개발 권리 포함), ii) 고정사업장의 사업재산인 동산으로 상대 체약국에서 탐사 또는 개발에 사용되는 재산, iii) 위 두 가지 재산이 주식 또는 유사한 지분의 가치의 50%를 초과하는 경우 해당 주식 또는 지분(해당 비율이 양도 이전 365일 중 어느 시점이라도 충족되는 경우)을 들고 있다. 김정홍, "BEPS 이후 모델조세조약의 변화와 향후 정책과제",「조세학술논집」40(3), 2024, 117쪽.

50) Adams Challenge (UK) Ltd. v. Commissioner, 154 T.C. No. 3 (U.S.T.C. Jan. 8, 2020).

51) 제11장 제4절 Ⅱ.

52) 원문은 다음과 같다. 1. The provisions of this Article shall apply notwithstanding any other provision of this Convention where activities are carried on offshore in a Contracting State in connection with the exploration (hereinafter called "exploration activities") or exploitation (hereinafter called "exploitation activities") of the sea bed and sub-soil and their natural resources situated in that State.

2. An enterprise of a Contracting State which carries on exploration activities or exploitation activities in the other Contracting State shall, subject to paragraph 3 of this Article, be deemed to be carrying on business in that other State through a permanent establishment situated

해상유전 시추 행위에만 적용된다고 주장하였으나, 법원은 조약에 '개발'에 대한 정의가 따로 없으므로 조약 제3조 제2항에 따라 미국 국내법에서 의미를 찾을 수 있다고 하고,[53] 관련 재무부 규칙이 개발을 '생산 전 단계, 생산, 생산 후 활동을 포함하는 개발의 모든 단계'라고 정의하고 있으므로 유전의 해체도 개발에 포함된다고 판단하였다. 아울러 법원은 조약에서 말하는 개발과 '관련한' 활동이라는 글귀는 미국세법 제638조에서 석유가스전과 '관련하여'(with respect to) 및 재무부 규칙의 '관련하여'(related to)와 같은 의미라고 보고, 재무부의 조약 설명서(technical explanation)에서도 해상 유전개발 활동이라는 말은 석유가스의 직접 개발에 한하지 않는다는 점을 지적하였다.

결국 이 사건 해상유전 해체와 관련한 용선소득은 미국세법에 따라 미국 내 사업에 속하고, 미국-영국 조약에 따라 고정사업장의 사업소득에도 해당하여 미국에 과세권이 있다.

Ⅲ. 고정사업장의 소극적 요건

2014 OECD Model Article 5 (Permanent Establishment)

4. Notwithstanding the preceding provisions of this Article, the term "permanent establishment" shall be deemed not to include:
   a) the use of facilities solely for the purpose of storage, display or delivery of goods or merchandise belonging to the enterprise;
   b) the maintenance of a stock of goods or merchandise belonging to the enterprise solely for the purpose of storage, display or delivery;
   c) the maintenance of a stock of goods or merchandise belonging to the enterprise solely for the purpose of processing by another enterprise;
   d) the maintenance of a fixed place of business solely for the purpose of purchasing goods or merchandise or of collecting information, for the enterprise;
   e) the maintenance of a fixed place of business solely for the purpose of carrying on, for the enterprise, any other activity of a preparatory or

therein.

53) 제2장 제2절 V.

auxiliary nature;

f) the maintenance of a fixed place of business solely for any combination of activities mentioned in subparagraphs a) to e), provided that the overall activity of the fixed place of business, is of a preparatory or auxiliary character.

2014년 OECD 모델 제5조(고정사업장)

4. 이 조의 앞 규정에 불구하고 고정사업장이라는 말은 다음을 포함하지 아니한다:

a) 시설을 사용하지만 그 목적이 오로지 그 기업에 속하는 재화나 상품을 보관, 전시 또는 인도하기 위한 것

b) 그 기업에 속하는 재화나 상품을 유지하지만 그 목적이 오로지 보관, 전시 또는 인도하기 위한 것

c) 그 기업에 속하는 재화나 상품을 유지하지만 그 목적이 오로지 다른 기업으로 하여금 가공하게 하기 위한 것

d) 고정된 사업장소를 유지하지만 그 목적이 오로지 그 기업을 위한 재화나 상품의 구매 또는 정보제공인 것

e) 고정된 사업장소를 유지하지만 그 목적이 오로지 그 기업을 위하여 예비적 또는 보조적 성격의 행위를 영위하기 위한 것

f) 고정된 사업장소를 유지하지만 오로지 앞의 a)에서 e)호에서 말하는 행위의 결합을 위한 것. 다만 이 결합의 결과 고정된 사업장소의 전반적 활동이 예비적 또는 보조적 성격인 경우에 한한다.

우선 저잣거리에서 쓰는 용례로 외국법인이 자기 자신을 위한 구매나 정보제공에만 쓰는 곳을 '연락사무소'(liaison office)라고 부른다. 더 좁게는 정보 제공만 하는 곳이라는 뜻으로 쓰기도 하고, 아주 넓게는 고정사업장이 아닌 사무소라는 뜻으로 쓰기도 한다.[54] 계열회사를 위한 정보 제공이나 구매에 쓰는 곳은 사무소를 설치한 법인의 고정사업장이고 과세소득의 금액은 그런 용역의 대가가 얼마라야 정상인가라는 이전가격 문제가 된다. 정보를 제공받는 계열회사가 우리나라에 물건을 판다면 종속대리인 고정사업장이 있다고 보아 판매차익에 대한 과세 문제가 생길 여지도 있다. 아래 제6장.

54) 연락사무소의 현황보고 의무는 법인세법 제94조의2.

위 각 호의 어느 하나에 해당한다고 하여 당연히 고정사업장에서 빠져나가는 것은 아니다. 가령 송유관을 보자. 정유사업자가 고객에게 기름을 인도하는 송유관은 a)에 해당한다. 그러나 송유관이더라도 송유사업자가 정유사업자나 기름의 사용자로부터 대가를 받고 제 소유인 송유관으로 기름을 수송하는 경우라면 '그 기업(송유사업자)에 속하는' 기름을 인도하는 것이 아니므로 a)에 해당하지 않는다. 그렇다면? 다시 제1항의 적극적 요건으로 돌아가고, 송유사업자의 사업 중 '본질적이고 중요한' 부분이므로 적어도 현재의 해석론으로는 고정사업장.[55] 다른 보기로 창고업자가 남의 물건을 보관하는 창고는? a)에 해당하지 않고 당연히 고정사업장이다. 창고업자가 보관하는 물건은 '그 기업에 속하는 재화나 상품'이 아니므로 글귀에도 해당하지 않지만, 애초 모델조약의 글귀가 그 기업에 속하는 물건이라고 적고 있는 것 자체가 그런 경우라야 예비적·보조적 사업이라고 보고 있는 것이다.

a)에서 d)에 명시한 것은 글귀만 만족하면 당연히 예비적·보조적인 것으로서 고정사업장에서 빠지는가, 아니면 이런 행위도 예비적·보조적인 범위 안에 있는지를 다시 따져서 고정사업장의 존부를 결정해야 하는가? OECD 2014년 모델까지는, 글귀에서는 애매하지만 후자로 보는 것이 옳다. 1963년 OECD 모델, 실제 조약으로는 가령 미국조약을 보면 '고정된 사업장소를 유지하지만 그 목적이 오로지 그 기업을 위하여 광고, 정보제공, 과학적 연구 기타 비슷한 활동으로서 예비적이거나 보조적인 성격을 가지는 것'을 고정사업장에서 제외하고 있다. 지금은 광고, 정보 제공, 과학적 연구에 대해서는 OECD 모델 자체에는 언급이 없고 주석에서 이런 활동도 예비적·보조적 성격이라면 고정사업장에서 빠진다고 토를 달고 있다.[56] 광고, 정보 제공, 과학적 연구라는 것이 아직 a)에서 d)에 남아 있는 활동과 성질이 다르다고 말하기는 어렵다. 그렇다면 a)에서 d)에 남아 있는 것도 모두 예비적·보조적 성격이라는 전제 하에서만 고정사업장에서 빠진다고 보아야 한다. 2015년 BEPS "Action 7"에 뒤이어 2017년 OECD 모델은 글귀 자체를 아예 바꾸어 이 점을 확인하고 있다. 가령 2024년 체결된 르완다 조약은 2017년 모델 그대로 f)의 단서를 a)에서 f)까지 전체에 대한 단서로 바꾸고 글귀를 다음과 같이 고쳤다.

55) OECD 2014년 모델 제5조 주석 26.1문단, 2017년 모델 제5조 주석 64문단.
56) OECD 2014년 모델 제5조 주석 23문단, 2017년 모델 주석 71문단.

2017 OECD Model Article 5(4) 단서: provided that such activity or, in the case of subparagraph f), the overall activity of the fixed place of business, is of a preparatory or auxiliary nature

2017년 OECD 모델 제5조(4) 단서: 다만 그런 행위를, 또는 f)의 경우에는 전반적인 행위를, 고정된 사업장소가 하는 것이 예비적 또는 보조적 성격인 경우에 한한다.

가령 구매사무소도 사업의 성격상 구매 그 자체가 중요하고 본질적인 기능이라면 고정사업장이다.[57] 위 단서가 없는 2014년 이전 모델의 글귀에서도 같은 결론이 나와야 함은 이미 본 바와 같다.

나아가 2017년 모델은 제4.1항을 신설해서 고정사업장 업무 가운데 예비적·보조적 부분을 따로 쪼개내어 별개의 사무소를 두더라도 그런 사무소는 여전히 고정사업장이라고 정하고 있다. 21세기에 들어와서 OECD 모델 주석의 해석론이 달라지면서 새로 생긴 문제를 반영한 조항이다. 본디 고정사업장이란 국내에 특정한 비거주자나 외국법인의 고정사업장이 있고 없고에 따라서 법률효과가 달라지는, 유무(有無) 내지 존부(存否) 개념이다. 개개의 사무소 기타 장소를 놓고 고정사업장인가 아닌가를 묻는 것이 아니다. 중요하고 본질적인 기능을 하는 사업장이 여럿 있다고 해서 사업장마다 따로 소득을 계산해서 신고하는 것이 아니다.[58] 내국법인이나 다를 바가 없다. 그런데 21세기에 들면서 OECD 모델 주석이 이 점을 헷갈리기 시작했다. 장소 하나하나를 놓고 고정사업장인가 아닌가를 따진다는 생각이 곳곳에 나온다.[59] 이러다보니 고정사업장의 기능 가운데 예비적·보조적인 부분만 따로 떼어내면 그 부분은 세금을 피할 수 있다는 이상한 해석론이 생기고 다시 그에 대한 대응으로 제4.1항을 신설한 것이다. 종래의 개념 체계로는 고정사업장이 있다는 사실 그 자체에는 아무런 변화가 없고 따로 때어낸 행위가 고정사업장에 귀속하는가를 묻는 것이 바른 질문이다. 제4.1항 단서에서 다른 장소가 고정사업장과 묶인 '사업상 일체'(cohesive business operations)인가를 묻는 것도 결국 같은 말이고 실제로 법이 바뀐 것은 없다.

한편 제4.1항은 비거주자나 외국법인("RCO") 자신의 국내행위는 예비적·보

57) OECD 2017년 모델 제5조 주석 68문단.

58) 아래 제5절 Ⅲ.에 나오는 Natwest Ⅲ 판결 참조.

59) 가령 OECD 2017년 모델 제5조 주석 22문단. 2003년에 5.1문단으로 추가된 내용이다.

조적이지만 그런 행위(가령 RCO의 창고에서 제품을 보관하는 행위)가 50% 이상 지배력이 있는 특수관계인("SCO")의 고정사업장과 사업상 일체를 이루는 경우(가령 고정사업장이 동종 제품을 팔 때 SCO 직원이 RCO 창고에서 물건을 가져다가 인도하는 경우)라면 그런 비거주자나 외국법인에게 고정사업장이 있는가라는 판단에는 제4항을 배제하고 제1항으로 돌아가도록 정하고 있다.[60] 종래의 개념 체계에서는 SCO 내지 그 종업원이 RCO의 종속대리인 고정사업장인가라는 문제를 뒤틀어서 다시 풀고 있는 것. 2018년 개정 법인세법 제94조 제5항도 같은 내용.

결국 고정사업장의 소극적 요건에 들어있는 시설이나 행위라 하더라도 고정사업장인가 아닌가는 건건이 따져 보아야 한다.[61]

대법원 2011. 4. 28. 선고 2009두19229, 19236 판결

대한민국과 미합중국 간의 소득에 관한 조세의 2중과세 회피와 탈세방지 및 국제무역과 투자의 증진을 위한 협약(이하 '한미조세협약'이라 한다) 제8조 제1항은 "일방 체약국의 거주자의 산업상 또는 상업상의 이윤은, 그 거주자가 타방 체약국에 소재하는 고정사업장을 통하여 동 타방 체약국 내에서 산업상 또는 상업상의 활동에 종사하지 아니하는 한, 동 타방 체약국에 의한 조세로부터 면제된다."고 규정하면서, 제9조 제1항에서 "이 협약의 목적상 '고정사업장'이라 함은 어느 체약국의 거주자가 산업상 또는 상업의 활동에 종사하는 사업상의 고정된 장소를 의미한다."고 정의하고 있다. 한편 한미조세협약 제9조 제3항은 "고정사업장에는 다음의 어느 하나 또는 그 이상의 목적만을 위하여 사용되는 사업상의 고정된 장소가 포함되지 아니한다."고 규정하면서, (a)목에서 '거주자에 속하는 재화 또는 상품의 보관, 전시 또는 인도를 위한 시설의 사용'을, (e)목에서 '거주자를 위한 광고, 정보의 제공, 과학적 조사 또는 예비적 또는 보조적 성격을 가지는 유사한 활동을 위한 사업상의 고정된 장소의 보유'를 들고 있다.

위 각 규정의 문언 내용 및 그 취지 등에 비추어 보면, 국내에 미국법인의 고정사업장이 존재한다고 하기 위하여는, 미국법인이 '처분권한 또는 사용권한'을 가지는 국내의 건물, 시설 또는 장치 등의 '사업상의 고정된 장소'를 통하여 미국법인의 직원 또는 그 지시를 받는 자가 예비적이거나 보조적인 사업활동이

60) OECD 2017년 모델 제5조 주석 81문단.

61) 같은 조 주석 같은 문단.

아닌 '본질적이고 중요한 사업활동'을 수행하여야 한다고 할 것이며, 여기서 '본질적이고 중요한 사업활동'인지 여부는 그 사업활동의 성격과 규모, 전체 사업활동에서 차지하는 비중과 역할 등을 종합적으로 고려하여 판단하여야 한다.

원심판결 이유에 의하면, 원심은 제1심판결을 인용하여 그 판시와 같은 사실을 인정한 다음, 블룸버그 리미티드 파트너십(이하 '비엘피'라 한다)의 사업활동은 세계 각국의 정보수집요원들이 각국의 금융정보 등을 수집하여 비엘피의 미국 본사에 송부하면, 비엘피의 미국 본사가 그 정보의 정확성을 검증한 후 이를 가공・분석하여 미국에 소재하는 주컴퓨터에 입력하고, 그 정보에 대한 판매계약을 체결하여, 주컴퓨터에 입력된 정보를 노드 장비와 블룸버그 수신기 등을 통하여 고객에게 전달하는 과정으로 이루어지는 만큼, 그 중 가장 본질적인 부분은 정보를 수집하고 이를 가공・분석하여 그 부가가치를 극대화하는 부분과 이를 판매하는 부분이라고 전제하고, 국내에 설치되어 있는 이 사건 노드 장비는 미국의 주컴퓨터로부터 가공・분석된 정보를 수신하여 고객에게 전달하는 장치에 불과한 점, 이 사건 블룸버그 수신기의 주된 기능은 비엘피로부터 송부된 정보를 수신하는 장비인 점 등에 비추어 비엘피가 위 각 장비를 통하여 국내에서 수행하는 활동은 비엘피의 전체 사업활동 중 본질적이고 중요한 부분을 구성한다고 볼 수 없으므로 이 사건 노드 장비와 블룸버그 수신기 소재지에 비엘피의 고정사업장이 존재한다고 할 수 없고, 나아가 비엘피 홍콩지점의 한국담당 직원들이 한국을 방문하여 고객의 사무실 등에서 비엘피가 제공하는 서비스에 대한 광고・선전 등과 같은 판촉활동을 하며 정보이용료 등의 계약조건을 안내해 주고, 비엘피의 자회사인 원고의 사무실에서 고객에게 장비사용법 등에 관한 교육훈련을 실시한 것 역시 비엘피의 본질적이고 중요한 사업활동으로 볼 수 없으므로 그 곳에도 비엘피의 고정사업장이 존재한다고 할 수 없으며, 노드 장비와 블룸버그 수신기를 통하여 수행되는 정보의 전달, 비엘피 홍콩지점 영업직원들에 의하여 원고 사무실 등에서 이루어지는 판촉 및 교육활동 등을 모두 결합한다고 하더라도, 이를 비엘피 사업의 본질적이고 중요한 사업활동에 해당한다고 할 수 없어 이 점에서도 비엘피의 국내 고정사업장이 존재한다고 볼 수 없다는 이유로 이와 달리 비엘피의 국내 고정사업장이 존재함을 전제로 하는 이 사건 처분은 더 나아가 살펴볼 필요 없이 위법하다고 판단하였다.

앞서 본 법리 및 기록에 비추어 살펴보면, 원심의 위와 같은 판단은 정당하고, 거기에 상고이유에서 주장하는 바와 같이 한미조세협약상의 고정사업장에 관한 법리를 오해하는 등으로 판결에 영향을 미친 위법이 없다.

이 사건에서 문제되는 미국조약은 정보제공 행위도 고정사업장의 소극적 요건 가운데 하나로 명시하고 있다. 그렇다면 이 사건 수신기나 노드는 정보제공 시설로서 응당 고정사업장에서 빠지는 것 아닌가? 그렇지 않은 것이, 이 사건 납세의무자의 사업 자체가 정보제공 사업이기 때문이다. 이 사건 원고는 '거주자[원고 자신]를 위한 정보의 제공'을 한 것이 아니다. 따라서 논점은 원고가 우리 국내에서 벌이는 사업활동이 '중요하고 본질적'인가 아니면 예비적·보조적인가가 된다. 원고의 사업이 정보의 수집·가공, 정보판매 계약의 체결, 정보의 전달, 이 네 가지로 이루어진다고 보면, 그 가운데 정보를 기계적으로 전달하는 행위는 예비적·보조적 활동이라고 일단 볼 수 있다. 다른 한편 금융시장에서는 정보의 전달 속도가 승패를 가른다는 점에서 정보전달 장비야말로 중요하고 본질적이라는 생각도 할 수 있다. 이 판결에서는 원고가 우리 국내에서 정보의 수집 활동을 하지는 않았는지, 우리 국내에서 고객과 어떻게 접촉하고 어떤 판매 활동을 벌였는지 설시가 없다. 경쟁업체에 견주어 장비의 특성을 분석한 것도 안 나온다.

판매에 관계되는 행위는 예비적·보조적 성격이라 보기 어려운 것이 보통이다. 우선 소극적 요건으로 명시되어 있지 않고 성질상으로도 그렇다. 직접 물건을 만들어 팔거나 노무를 공급하는 사업장이 고정사업장이 되는 것은 당연하다. 설사 매매계약의 내용에 관한 아무런 협상 권한이 없고 미리 특정된 조건에 따라서만 팔 수 있다 하더라도 고정사업장이다. 한편 계약은 해외 본점이 직접 하면서 지점은 재고를 보유하고 있다가 인도만 한다면 어떻게 되는가? OECD 모델이나 미국 모델에서는 고정사업장이 아니지만 UN 모델에서는 재고 인도가 있다면 고정사업장이다.[62] 지점의 임·직원이 물품의 판매 활동을 벌이되 고객의 구매 주문서는 해외 본점으로 바로 보내면 어떻게 될까? 고정사업장이 된다는 것이 여러 나라의 행정해석이다.[63] 본점이 판매한 물품에 대해 애프터서비스를 제공하는 것도 고정사업장이다.[64] 그러나 광고는 예비적·종속적 활동이다.[65]

62) UN 모델 제5조 제5항(b).

63) 미국의 행정해석으로, Rev. Rul. 62-31, 1962-1 CB 367; Rev. Rul. 65-263, 1965-2 CB 561. 캐나다의 행정해석으로, CCRA Policy Number P-208 (Sep. 1997), 특히 Ex. 3.

64) OECD 2014년 모델 제5조 주석 25문단, 2017년 모델 제5조 주석 63문단; 같은 캐나다 행정해석.

대법원 2016. 7. 14. 선고 2015두51415(속칭 '카지노 정켓') 판결

1. 대한민국과 필리핀공화국간의 … 이 사건 조세협약 … 에 비추어 보면, 국내에 필리핀법인의 고정사업장이 존재한다고 하기 위해서는 필리핀법인이 처분권한 또는 사용권한을 가지는 국내의 건물, 시설 또는 장치 등의 사업상의 고정된 장소를 통하여 필리핀법인의 직원 또는 그 지시를 받는 자가 예비적이거나 보조적인 사업활동이 아닌 본질적이고 중요한 사업활동을 수행하는 경우에 해당하여야 하고, 여기서 본질적이고 중요한 사업활동인지 여부는 그 사업활동의 성격과 규모, 전체 사업활동에서 차지하는 비중과 역할 등을 종합적으로 고려하여 판단하여야 한다.

2. 원심은 … ① 카지노 이용고객 모집 전문업체로서 필리핀법인인 원고가 2007. 6. 30. 외국인 전용 카지노를 운영하는 원고보조참가인과, 원고가 원고보조참가인에게 카지노 이용고객을 모집·알선하여 주는 대신 원고보조참가인으로부터 고객이 잃은 돈(이하 '매출액'이라고 한다)의 70%를 모집수수료로 지급받기로하는 정켓 계약(Junket Agreement, 이하 '이 사건 계약'이라고 한다)을 체결한 사실, ② 원고는 2007년 7월경부터 2010년까지 원고보조참가인으로부터 모집수수료 명목으로 합계 000원을 지급받았으나, 이에 관한 세금을 신고·납부하지는 않은 사실, ③ 피고는 원고가 원고보조참가인의 영업장인 00 00구 00동 000에 있는 건물 일부에 사무실(이하 '이 사건 사무실'이라고 한다)을 개설하여 카지노 이용고객의 모집, 게임지원, 게임비 공동정산 등의 활동을 … 한 사실 등을 인정하였다 … 원고가 국내에 이 사건 사무실을 두고 약 15명의 직원들을 통하여 하는 고객들을 상대로 한 호텔, 공항, 카지노영업장 안내 등의 업무와 칩 교환 업무 등은 … 원고가 해외에서 처리한 정켓모집, 프론트머니 징수 및 송부, 신용공여에 대비한 자금확보 및 담보설정 등의 본질적이고 핵심적인 업무와 비교하여 볼 때 원고가 국내에서 처리한 업무는 예비적이거나 보조적인 사업활동에 불과하다는 이유로, 이 사건 사무실이 원고의 국내 고정사업장임을 전제로 한 이 사건 처분은 위법하다고 판단하였다.

3. 그러나 원심의 위와 같은 판단은 다음과 같은 이유로 수긍하기 어렵다 … 원고가 중국, 대만, 홍콩, 필리핀, 일본 등 한국을 제외한 아시아 전 지역에서 모집한 정켓들은 한국으로 출국하기 전에 원고 또는 원고의 관계회사인 GGG그

65) OECD 2014년 모델 제5조 주석 23문단, 2017년 모델 제5조 주석 71문단

> 룹의 계좌에 돈을 예치하였다 … ① … 원고보조참가인의 매출액은 곧바로 원고가 원고보조참가인으로부터 분배받을 모집수수료의 액수와 연동되는 점, ② … 원고의 직원들 … 업무수행 역시 원고보조참가인의 매출액을 늘리는 데에 직접적으로 필요한 것인 점, ③ 특히 정켓들이 국내에 거액의 도박자금을 직접 가져오는 대신에 원고 등의 해외계좌에 돈을 예치하기만 하면 이 사건 카지노에서 게임을 할 수 있도록 하는 것은 원고보조참가인의 매출액 증대에 직결되는 요소이므로 … 원고의 직원들이 이 사건 사무실에서 수행하는 활동은 원고의 본질적이고 중요한 사업활동에 해당한다고 봄이 상당하므로, 이 사건 사무실은 원고의 국내 고정사업장에 해당한다 …

한편 사모(私募) 펀드의 투자대상국 내 활동으로 사모펀드의 고정사업장 구성이 가능할 것인가?[66] 사모펀드의 경우 원천지국 내에서 펀드 매니저 또는 그 자문회사 등 여러 형태의 지원 기구를 통해 펀드 활동이 가능한데, 구체적 사안에 따라서는 이들의 활동이 사모펀드의 고정사업장을 구성할 수 있다. 결국 펀드 매니저, 또는 자문회사가 원천지국에서 본질적이고 중요한 활동을 수행하는지 여부를 중심으로 구체적인 사실관계에 따라 판단할 문제.[67]

대법원 2017. 10. 12. 선고 2014두3044, 2014두3051(병합) 판결

> 나. 원심은 제1심판결 이유를 인용하여 판시와 같은 사실을 인정한 다음, ① 론스타펀드의 수익창출과정 중 투자자들로부터 자금을 모집하고, 외환은행 등 주식에 대한 투자를 결정하며, 이후 자산을 매각하여 투자금을 회수하는 데 대한 주요한 결정은 모두 원고 허드코파트너스를 제외한 나머지 원고들의 무한책임사원인 론스타파트너스 포[Lone Star Partners Ⅳ(Bermuda), 이하 'LSP'라 한다] 또는 론스타 글로벌 어퀴지션 리미티드(Lone Star Global Acquisitions, Ltd, 이하 'LSGA'라 한다)를 통하여 미국에서 이루어진 점, ② 론스타펀드가 수익창출을 위하여 부실기업을 인수하고 그 경영에 개입하는 과정에서 소외 2, 소외 3, 소외 4 등이 상당 부분 개입하였지만, 이들의 역할은 LSP와 법적으로 별개 법인인 론스타 어드바이저스 코리아(Lone Star Advisors Korea, 이하 'LSAK'

66) OECD 모델 주석은 투자펀드가 투자 기회 물색을 목적으로 사무소를 설립하여 정보수집만을 하는 경우는 예비적 행위에 해당한다고 적고 있다. OECD 2017년 모델 제5조 주석 69문단.
67) 상세한 논의는 김정홍, "사모펀드와 고정사업장 과세 문제—대법원 2017.10.12. 선고 2014두3044, 3051(병합) 판결을 중심으로—". 「세무와 회계연구」 7(2)(2018), 234쪽.

라 한다) 또는 허드슨 어드바이저스 코리아(Hudson Advisors Korea, 이하 'HAK'라 한다)의 대표이사나 임원 자격으로 이루어진 것으로 보이고, LSAK나 HAK가 론스타펀드와 밀접한 관계가 있고 실질적으로 소외 1에 의하여 지배되고 있더라도, 그러한 사정만으로 론스타펀드와 별개 법인격을 갖는 실체임을 부인하기는 어려운 점, ③ 소외 2 등이 외환은행의 경영에 관여하고, 외환카드 주식회사와의 합병비용을 줄이기 위하여 주가조작까지 하였으나, 이러한 사정만으로는 곧바로 론스타펀드의 대리인이나 유한책임사원의 지위에서 이루어진 것이라고 단정하기 어렵고, 더욱이 이들은 외환은행 등 주식의 매각과정에는 전혀 관여하지 아니한 점, ④ LSAK와 HAK의 설립목적이나 활동 내용에 비추어 소외 2 등이 외환은행 등의 인수 및 경영에 관여한 활동은 LSP나 LSGA가 투자 여부를 결정하기 위한 사전적, 예비적 활동 또는 자산을 관리하며 그 처분시점을 결정하는 데 도움을 주기 위한 보조적 활동으로 볼 수 있는 점 등을 종합하여 보면, 원고들이 국내에 고정사업장을 가지고 있다고 보기는 어렵다고 판단하였다.

다. 앞서 본 규정과 법리에 비추어 기록을 살펴보면, 원심의 위와 같은 판단은 정당하다. 거기에 상고이유 주장과 같이 외국법인의 고정사업장 인정요건 등에 관한 법리를 오해한 잘못이 없다.

Ⅳ. 종속대리인 고정사업장

이 개념은 요건 및 효과가 매우 불안정한 개념으로 두 가지를 따로 따지기가 어렵다. 제6장에서 따로 살펴보기로 한다.

Ⅴ. 고정된 사업장소 v. 중요하고 본질적인 연관

2009두19229 등 판결을 놓고 양자택일형 문제를 하나 던져보자. 고정사업장의 존부 판정에서 결정적 요소는 무엇인가? 고정된 사업장소인지 여부인가, 중요하고 본질적인 기능을 하는지 여부인가? 조약의 문언에 불구하고 후자이다.[68] 고정된 사업장소가 있다고 하더라도 중요하고 본질적인 기능을 수행해야 비로소 고정사업장이 된다. 그렇다면 반대 문제를 던져보자. 비거주자나 외국법

68) 대법원 2016. 1. 14. 선고 2014두8896(속칭 '매지링크') 판결; 2016. 7. 7. 선고 2015두44936 판결; 2016. 7. 14. 선고 2015두51415 판결; 2017. 10. 12. 선고 2014두3044 판결.

인의 사업 가운데 원천지국에서 벌어지고 있는 부분이 중요하고 본질적이다. 그렇다면 고정된 사업장소가 없더라도 과세해야 맞지 않나?

이 시점에서 앞의 Ⅱ.에서 본 미국의 행정해석 가운데, 가령 경마 시합에 말을 보내 두 번만 참가한다면 그 자체로 고정사업장이 된다는 해석을 다시 생각해 보자. 글귀로 본다면 '고정된 사업장'이 있다고는 도저히 말할 수 없는 사실관계에서 고정사업장이 있다는 이런 무리한 해석이 왜 나오는 것일까? 경주마로 돈을 버는 행위라면 기실 시합 참가가 활동의 전부이니까. 적어도 입법론적 관점에서 본다면 사업 활동의 전부가 자국 안에서 일어났다면 거기에서 생기는 소득을 과세하는 것은 논리적으로 가장 옳은 일 아닐까? 고정사업장이라는 개념의 기능은 과세권의 분배이다. 원천지국의 입장에서 본다면 고정사업장이란 과세할 만큼 연관이 있는가를 묻는 개념이다. 이 생각에 덧붙여서 대체로 조약의 글귀보다는 목적론적 해석을 중시하는 미국의 법해석방법론을 결합하면 경마 시합에 두 번만 참가하면 고정사업장이 된다는 해석이 나온 배경을 이해할 수 있게 된다. 비슷한 생각을 보여주는 캐나다 판결로 "Fowler" 사건[69]을 보자. 이 사건 원고인 F는 미국 거주자로서, 1985년과 1986년에 각 3주씩을 캐나다에 머물렀다. 이 기간 동안 원고는 미국에서 트레일러를 몰고 와 밴쿠버에서 열린 박람회에 참가하여 주방용품 등 잡화를 팔았다. 물리적으로 고정된 시설이 없고 시간도 연 3주에 불과했지만 캐나다 법원은 F의 고정사업장이 있다고 판시하였다. 박람회가 원고의 사업 전체에서 차지하는 중요성을 본다면 원고의 캐나다 내 행위는 중요하고 본질적이라는 것이다.

이런 판결들의 연장선상에 인도 대법원의 '포뮬러 원' 판결이[70] 있다.

Formula One Championship Ltd. v. CIT

원고는 인도에서 개최된 'FIA 포뮬러원 월드 챔피언십'(F1)의 주관사인 영국법인(FOWC: Formula One World Championship Limited)으로 인도 Jaypee(J) 사와 인도 내 F1 대회 개최권 부여 계약을 맺고 개최 수수료를 받았다. 이 계약에 따른 F1 대회의 인도 내 개최기간은 3일에 불과하였는데, 이러한 개최 수수료가 인도 내 고정사업장에 귀속되는 사업소득인지가 쟁점이다. 인도 대법원은 아래

69) Fowler v. MNR, Tax Court (Canada), 90 DTC 1834.

70) Formula One Championship Ltd. v. CIT(SC Civil Appeal No. 3849 of 2017).

세 가지 사유를 근거로 2011~2013 과세연도에 FOWC의 인도 내 고정사업장이 존재한다고 판단하였다.

(i) FOWC는 F1 대회에 관한 모든 상업적 권리를 전속적으로 소유하면서 이를 인도에서 행사하여 인도 내에 사업이 존재하였다.

(ii) 대회기간 중 J의 활동은 극히 제한되었고 FOWC는 대회에서 지배적인 역할을 수행하면서 경기장에 대한 사용권한도 행사하여 인도 내 처분가능한 사업장소가 존재하였다.

(iii) FOWC는 F1 대회의 상업적 권리를 인도 내에서 행사하면서 인도 내에서 사업의 전부 또는 일부를 수행하였다.

이와 같이 인도 대법원 역시 일주일도 안 되는 단기간이라도 사업의 중요하고 본질적인 특성이 고정된 장소를 통해 발현되는 경우 외국 기업의 고정사업장이 구성된다고 보았다.

결국 고정된 사업장소라는 개념이 과세권 분배라는 기능을 제대로 수행하고 있는지, 또는 할 수 있는지에는 의문이 들 수밖에 없다. 통신망이 발달하지 않았던 시대에는 어떤 기업이 제 물품을 다른 나라의 불특정 수요자들에게 팔려면 그 나라에 제 자신의 판매 사업소를 두게 마련이고(적어도 대리상은 두게 마련이고),[71] 따라서 원천지국은 이런 판매 사업소라는 고정사업장을 통해 판 물품판매소득(또는 전체 소득 중 판매분)을 과세할 수 있었다. 고정사업장이 있어야만 과세할 수 있다는 원칙은, 이처럼 불특정 다수인을 대상으로 한 영업에서 얻는 소득은 원천지국이 과세할 수 있음을 전제하고 만든 것이다. 원천지국에 창고를 두어 물품을 쌓아놓고 있더라도 고정사업장으로 보지 않는다는 규칙은, 판매를 단초로 삼는 것만으로도 과세권을 충분히 확보할 수 있다는 생각을 전제로 하고 있다. 그러나 기술과 교역의 발달은 이 전제를 허물고 있다. 전자상거래 등 새로운 통신망을 이용하는 기술 덕택으로 다른 나라에 구태여 판매기능을 맡는 인력이나 시설을 두지 않고서도 대규모로 물품이나 노무를 공급하는 것이 가능한 시대에 이른 것이다. 다음 세 가지를 견주어 보자. i) 미국의 공급업자가 우리나라에 판매사무소를 두고 대량으로 물건을 판다, ii) 미국의 공급업자가 우리나라에 판매사무소를 두지 않은 까닭에 우리나라에 물건을 거의 팔지 못한다, iii) 미

71) 종속대리인 고정사업장에 대해서는 제6장.

국의 공급업자가 우리나라에 판매사무소는 없지만 전자상거래 덕택으로 우리나라에 물건을 대량으로 판다. 마지막의 iii)에서는 기존의 고정사업장 개념에 의하면 우리나라는 세금을 못 걷는다. 기존의 고정사업장 개념이 예정하지 않았던 Ⅲ)이라는 새로운 상황은 i)과 ii) 가운데 어느 쪽에 가까운가?[72] 바로 이 질문이 필라 1 기획의 근본 배경이다.

제 2 절 사업소득과 다른 소득의 구분

사업소득은 고정사업장이 있어야 과세한다고 할 때, 여기에서 사업소득이란 무엇을 말하는가? 1996년 미국 모델은 "사업소득이란 사업이나 상업에서 생기는 소득으로 기업이 인적 노무를 제공하거나 유형 동산을 대여하여 얻은 소득을 포함한다"고 정하고 있었고[73] 2006년 이후로는 "사업이란 인적 노무나 독립적 성격의 다른 활동을 포함한다"고 정하고 있다.[74] 이와 달리 OECD 모델이나 UN 모델은 사업소득에 대한 별도의 정의 규정을 두고 있지 않은 채 그저 '기업의 이윤'은 고정사업장이 있어야 과세한다고 적고 있다.

사업소득과 다른 소득을 구분할 실제적인 필요는 무엇인가? 소득 종류마다 원천지국이 과세할 수 있는가가 다르고 세율상한에도 차이가 있기 때문이다. OECD 모델에서는 사업소득의 과세 여부는 고정사업장이 있는가에 달려있다. 이자소득이나 배당소득은 고정사업장이 없어도 원천징수대상이다.[75] 사용료소득은, OECD 모델이나 미국 모델에서는 고정사업장에 귀속하는 것만 과세하지만 UN 모델에서는 고정사업장이 없어도 과세한다.[76] 농업, 임업, 천연자원 채취에서 생기는 소득은 사업소득이 아니라 부동산소득으로 구분하고 부동산 소재지국에서 과세할 수 있다.[77] 인적용역 소득은 제10장. 기타소득도 조약에 따라

---

72) Chang Hee Lee, "Impact of E-Commerce on Allocation of Tax Revenue between Developed and Developing Countries". 18 Tax Notes International 2569 (1999).

73) 미국 모델 제7조 제7항.

74) 1996년 미국 모델 제7조 제7항, 2006년 미국 모델 제3조 제1항(e).

75) OECD 모델 제10조 · 제11조.

76) 각 모델조약 제12조.

77) OECD 모델 제6조 제1항.

과세 대상일 수도 있고 아닐 수도 있다. 그렇다면 이런 차이가 소득 구분에 영향을 미치게 마련. 고정사업장이 없다고 전제한다면 원천지국 국세청으로서는 사업소득이 아니라 이자·배당소득으로 구분할 유인이 생긴다. UN 모델조약처럼 사용료소득도 원천지국이 과세할 수 있다면 같은 문제가 생긴다(다른 한편 이런 과세상 차이는 현실에서 고정사업장이 있는가라는 판정에도 암암리에 영향을 미친다). 사업소득과 다른 소득의 구분 기준은 무엇인가?

1977 OECD Model Article 7 (Business Profits)

7. Where profits include items of income which are dealt with separately in other Articles of this Convention, then the provisions of those Articles shall not be affected by the provisions of this Article.

1977년 OECD 모델 제7조(사업소득)

7. 사업소득에 포함된 소득항목을 따로 다루고 있는 다른 조가 이 조약에 있다면 그런 조의 규정에 이 조가 영향을 주지는 않는다.

소득 구분 내지 사업소득의 범위 문제를 다룬 몇 가지 사례를 보자.

Thiel v. Federal Commissioner of Taxation[78)]

호주 법원의 1990년 판결로, 사업소득과 양도소득의 구별이 사건의 주요 쟁점이다.[79)] 이 사건 원고는 스위스 거주자로 스위스에서 굴착기 도매업을 영위하고 있었다. 굴착기 사업 건으로 1984년 호주를 방문하였던 원고는 지인으로부터 아직 상장 전인 신기술 투자신탁(unit trust)을 소개받고, 상장차익을 얻을 생각으로 1984년 2월 이 신탁의 수익권 4좌를 50,000 달러에 사들이고 같은 해 6월에 추가로 2좌를 100,000 달러에 사들였다. 뒤이은 11월에 이 신탁이 주식회사로 조직변경을 하게 되자 원고는 가지고 있던 수익권 6좌를 신설되는 주식회사에 현물출자하여 시가 합계 300,000 달러 상당의 주식 600,000주를 받았다. 1985년 이 주식이 상장되자 원고는 주식 가운데 252,000주를 566,307 달러에 팔았다. 호주 국세청은 수익권 현물출자 차익 15만 달러(300,000달러－150,000달

78) High Court of Australia, 94 A.L.R. 647 (April 3, 1990). 제2장 제2절 Ⅳ.

79) Thiel 판결은 그 밖에도 조세조약의 해석과 관련해서 OECD 모델 주석에 어떤 지위를 줄 것인가라는 관점에서 중요한 시사점을 주는 판결이기도 하다. 제2장 제2절 Ⅳ.

러)와 주식 양도차익(566,307달러－300,000달러×252,000주/300,000주)을 과세하였다. 쟁점은 이런 양도차익이 조약상 사업소득으로 비과세되는가이다. 원고 주장은 그가 신탁재산 현물출자에서 번 차익과 주식양도 차익은 모두 '스위스 기업의 이윤'이므로 호주에서 면세된다는 것이다.

하급심 판결은 원고가 수익권이나 주식을 사들인 것은 기존 사업의 일환도 아니고 기존 사업의 다각화를 노린 것도 아니라는 이유로 사업소득이 아니라고 판시하였다. 그저 차익을 얻을 생각이었다는 것으로는 사업소득이 되지 못한다는 것이다. 그러나 호주 대법원은 사업소득이란 반드시 계속성이나 반복성을 필요로 하는 것이 아니며 이득을 볼 생각으로 한 활동이라면 일회적 활동이더라도 기업 활동이라고 판시하였다. 정책적 이유로는 가령 부동산을 하나 가지고 있다가 파는 경우나 여럿 가지고 있다가 파는 경우나 과세상 차이를 둘 이유가 없다는 점을 들고 있다.

원천지국에서는 그저 일회적 활동을 벌인 것뿐이더라도 이윤(利潤) 동기로 벌인 일인 이상 사업소득이라는 말. 얼핏 이상하다는 생각이 들지만 애초 OECD 모델 자체에서 생긴 문제이다. 영어로 적자면 이 사건의 논점은 원고가 번 소득이 사업소득 조항에서 말하는 "profits of an enterprise"(기업의 이윤)에 해당하는가이고, 다시 "enterprise"(기업 또는 사업)라는 말은 "enterprise carried on by a resident"(거주자가 영위하는 사업이나 기업)로 정의되어 있다.[80] 이 글귀들은 OECD 모델에서 그대로 베껴온 것이므로[81] 법원은 OECD 모델 주석을 참조한다. 영어 표현으로는 이 사건 원고가 번 소득도 "profit"이라는 점은 분명하므로 남는 문제는 "enterprise"라는 말의 뜻이다. 그런데 주석은 "일정한 활동이 'enterprise'의 틀로 이루어지는가, 또는 활동 그 자체를 'enterprise'로 보는가에 대해서는 언제나 나라마다 국내법으로 풀이해 왔다. 조약에서는 'enterprise'라는 말에 대한 정의를 두려 하지 않고 있다"라고 설명하고 있다. 우리나라에서는 사업소득 조항에서 말하는 'enterprise'라는 말을 '기업'이라고 옮기는 것이 보통이고 이 책에서도 그렇게 하고 있지만 영어의 "enterprise"라는 말은 기업, 곧 사업상의 조직체보다는 훨씬 넓은 개념이다. 오히려 OECD 모델 주석의 설명은 "enterprise"라는 말은 반드시 '기업'이라는 틀로 이루어지는 활동일 필요는 없다

80) 스위스-호주 조약 제7조 제1항, 제3조 제1항.

81) 1977년 OECD 모델 제7조 제1항, 제3조 제1항(c).

고 적고 있다. 또 이 말을 좁게 옮겨 '사업'이라고 옮기기도 만만치 않은 것이, 적어도 OECD의 설명에서는 계속성 · 반복성이라는 (우리에게 익숙한) 징표가 전혀 나타나지 않는다. 이 배경 하에서 호주 대법원은 영리 목적이 있는 이상 일회적 활동이라도 "enterprise"라고 판시한 것이다.

Rev. Rul. 73-562[82)]

이 행정해석은 캐나다에서 은행사업을 영위하는 캐나다 회사가 미국 거주자에게 대출을 해주고 받은 이자가 미국-캐나다 조세조약 제1조의 목적상 '산업 및 상업상 소득'에 해당하는지를 다룬 사건이다. 미국 국세청은 캐나다의 은행이 미국에서 받는 이자소득은 은행업이라는 적극적 사업의 일환으로 미국에서 받더라도 이자소득으로 구분하여 미국-캐나다 조약상 원천징수대상이 된다고 하였다.

The Queen v. Melford Developments Inc.[83)]

앞에서 본 1982년의 캐나다 판결이다. 이 사건 납세의무자(원천징수의무자)는 캐나다 회사로 독일의 은행에서 지급보증을 받고(이 보증 덕으로 원고는 캐나다 은행에서 대출을 받았다) 보증인인 독일 은행에 보증 수수료를 지급하였다. 쟁점은 이 보증 수수료가 원천징수 대상인가이다. 1956년에 체결된 캐나다-독일 조세조약은 사업소득은 고정사업장이 없는 한 원천지국에서 면세한다고 정하고 있었다.[84)] 한편 이자는 사업소득의 범위에서 제외하여 원천지국에서 과세할 수 있게 정하고 있었다.[85)] 같은 조약은 사업소득이라는 말에 대한 정의를 두고 있지는 않았다. 한편 캐나다 국내법은 1974년 지급보증 수수료를 이자의 일종으로 보도록 법을 개정하였고 그에 따라 지급보증 수수료에 대한 국내법상 원천징수세는 25%가 되었다.

이 사건에서 국세청은 개정된 국내법에 맞추어 조약상 이자라는 말은 지급보증 수수료를 포함하는 개념으로 풀이해야 하고, 따라서 지급보증 수수료는 사업소득이 아니므로 캐나다에서 과세 대상이라고 주장하였다. 납세의무자는 이자라는 말은 조약 체결 당시의 국내법상 의미로 읽어야 하므로 지급보증 수수

---

82) 1973-2 CB 434.
83) [1982] 2 S.C.R. 504 (Canada). 제2장 제2절 V.
84) 캐나다-독일 조세조약 제3조 제1항.
85) 같은 조약 제3조 제5항.

료를 이자로 보는 나중의 국내법 변경에 불구하고 지급보증 수수료는 사업소득으로 조약상 면세된다고 주장하였다. 법원은 지급보증 수수료를 사업소득으로 보아 납세의무자에게 승소 판결을 내렸다. 국회가 조약을 배제하는 국내법을 입법할 수 있음은 분명한 일이지만,[86] 이 사건에서는 조약을 배제할 의도로 국내법을 입법한 것은 아니다. 그렇다면 국내법을 변경하여 조약의 의미를 바꿀 수는 없다는 것이다.

1994 Field Service Advice[87]

이 사건은 일본의 모회사가 미국 자회사의 은행 빚을 지급보증한 경우인데, 미-일 조약상 사업소득에 대한 정의는 미국 모델과 비슷하고, 기타소득 규정은 없다. 여기서는 은행 아닌 자가 미국 자회사에서 받는 지급보증 수수료는 적극적 사업 활동의 일환이 아니므로 사업소득이 아니고 조약에 나오는 다른 소득 어디에도 해당하지 아니하는 기타의 소득으로 조약 적용범위 밖이라고 보았다.[88]

위의 네 가지 사례를 비교해 보자. "Field Service Advice"에 나타난 미국 국세청의 입장으로는 납세의무자의 본래 사업에 포함되면 사업소득이고, 본래 사업과 다른 활동에서 생기는 소득은 기타소득이거나 다른 어떤 소득이 된다. 이와 달리 호주의 법원은 "Thiel" 판결에서, 거주지국에서 해 오던 사업을 원천지국에서 벌인 것이 아니고 원천지국에서 그저 일회적 투자 활동을 벌인 것에 지나지 않더라도 양도소득이 아니라 사업소득이라고 판시하고 있다. 또 "Rev. Rul. 73-562"에서는 은행이 은행업을 했는데도 사업소득이 아니고 이자소득이 되었다. 이런 입장의 차이를 가상적 예로 연장하여 생각해 보자. 가령 자국에서 사업 활동이 없는 개인이 장비를 임대하고 받는 임대료는 OECD 모델에서 사업소득인가? 결론은 자명하지 않다. "Thiel" 판결에 따른다면 사업소득이 되겠지만 미국의 행정해석에 따른다면 기타소득이거나 달리 사업소득 아닌 소득이 될 가능성이 높다.

---

86) 국내법에 의한 조세조약 배제에 관하여는 제2장 제1절 Ⅲ. 이재호, 국내법과 조세조약(2007).

87) 1994 Field Service Advice Lexis 714 (1994).

88) 결과적으로 미국 국내법에 따라 과세하게 되고, 미국 국내법에서는 국내사업과 관련 없는 소극적 소득(FDAP Income)이므로 30% 원천징수대상이 되는 것으로 보았다(Fixed or Determinable, Annual or Periodical Income. FDAP 소득의 개념에 대해서는 제1장 제4절 Ⅱ. 3. 참조).

제 3 절 고정사업장에 귀속하는 거래

Ⅰ. 고정사업장 과세소득의 범위 획정: 총괄주의 v. 귀속주의

앞서 보았지만 고정사업장이 있어야 과세한다는 원칙은 어디에서 생긴 것인가? 2중과세를 피하자면 총소득 기준 과세를 피해야 하고, 순소득 기준 과세를 하자면 국가가 비거주자로부터 직접 세금을 걷을 수 있어야 하기 때문에 생겨난 것이다. 고정사업장이 있다면 거기에 세금을 물릴 수 있기 때문이다.

일단 고정사업장이 있다면 세금을 어떻게 물려야 하는가? 이 문제는 기본적으로는 고정사업장이 있는 나라의 국내법으로 정할 문제이다. 앞서 보았듯 대부분의 국가에서는 국내법에 거주자·내국법인과 비거주자·외국법인을 구분하여 전자는 이렇게 과세하고 후자는 이렇게 과세한다고 정하고 있다. 우리 소득세법이나 법인세법도 마찬가지이다.[89] 아마 실례는 없겠지만 가령 비거주자나 외국법인은 과세하지 않는다고 국내법에 정한 나라가 있다면 그런 나라에서는 고정사업장이 있더라도 비거주자나 외국법인은 과세되지 않을 것이다. 뒤집어 말하면 고정사업장이 있는 외국법인이나 비거주자를 어떻게 과세할 것인가는 일차적으로 국내법으로 정할 문제라는 말이다.

그러나 조약은 국내법에 일정한 제한을 가하고 있다. 가령 외국인 투자기업에 대한 과세는 독립기업 원칙과 차별금지라는 두 가지 조약상 제한을 받는다.[90] 외국법인의 고정사업장에 대한 과세는 조약상 어떤 제한을 받는가? 이를테면 OECD 모델 제7조, 제10조 제4항, 제11조 제4항, 제12조 제3항, 제24조 제3항 등이 이러한 내용을 담은 조문에 해당한다. 그 가운데 앞의 네 가지는 모두 이른바 '귀속주의'를 정한 규정이고 제24조는 차별금지를 정한 규정이다. 차별금지는 다음 절로 미루고 여기에서는 귀속주의라는 개념만 보자.

1. 총괄주의

일단 고정사업장이 있다면 어떻게 과세할 것인가? 우선 자연스럽게 생각할

---

89) 소득세법 제3조, 법인세법 제2조.

90) 독립기업의 원칙은 OECD 모델 제9조에 규정되어 있고, 차별금지원칙은 같은 모델조약 제24조 제5항이나 미국 모델 제24조 제4항에 규정되어 있다. 제7장 제1절 Ⅲ.

수 있는 방식으로 원천지국 안에서 버는 소득은 모두 순소득 기준으로 세금을 물릴 수 있다. 실제로 대략 1960년대 말까지는 대부분의 나라가 이런 방식으로 세금을 물렸다. 일단 고정사업장이 있는 이상 그 고정사업장이 국내원천소득 전체를 자석처럼 끌어 모으게 된다는 뜻에서 이런 방식을 "force of attraction"(자력이라는 뜻이다)이라 부른다. 우리나라에서는 이러한 비유적 표현 대신, 일본 사람들의 번역을 따라서 총괄주의(總括主義)라는 말을 쓰고 있다.[91] 가령 미국에서는 1966년까지 이 총괄주의를 쓰고 있었다. 미국 국내법에 관한 이야기이니까 고정사업장이 아니라 '국내사업'이 기준이었음은 물론이다. 곧 미국내 사업이 있는 자라면 미국 원천소득을 총괄적으로 국내사업에 몰아서 순소득기준으로 신고·납세하도록 했다.[92] 국내사업이 없다면 FDAP 소득만을 총수입금액 기준으로 30% 세율로 과세했다.[93]

조세조약도 20세기 전반에는 마찬가지로 총괄주의가 일반적이었다. 가령 "Ted N. Crow" 판결로[94] 돌아가 보면 1942년의 미국-캐나다 조약이 그랬다. 1948년의 미국-덴마크 조약도 "한 체약국의 기업이 다른 체약국에 고정사업장을 두고 사업을 벌인다면, 다른 체약국은 그 기업의 자국 원천소득 전체를 과세할 수 있다"고 정하고 있다.[95] 이와 달리 이자·배당·사용료 따위의 소극적 소득에 대해서는 고정사업장이 없다면 아예 과세할 수 없도록 정하거나 과세 상한이 미국법상의 30%보다 훨씬 낮은 조약도 많았다.[96] 아무튼 용례 문제지만, 고정사업장이 없는 경우 과세 여부는 조약마다 다르니까 접어두고 고정사업장(국내사업)이 있는 경우에만 주목해서, 고정사업장이 있는 이상 국내원천소득을 총괄적

91) 일본 문헌이나 이를 베낀 우리 문헌에는 거꾸로 '총괄주의'를 영어 단어로 옮긴 "entire income method"라는 말을 쓰는 것이 있지만 국제적으로는 전혀 통하지 않는 일본식 영어이다. 일본의 용례에는 "force of attraction"을 '자력주의'라고 옮기고 총괄주의라는 말은 뒤에 볼 UN 모델의 타협안이라는 뜻으로 쓰는 문헌도 있다. 이 책에서 총괄주의란 "force of attraction"이라는 뜻이다.

92) 1966년 개정 전 미국세법 제871조(c), 제882조(a).

93) 제1장 제4절 Ⅱ. 3. 법이 이렇다 보니까 오히려 납세의무자 쪽에서 미국 내 사소한 활동을 꼬투리로 국내사업이 있다고 주장한 사건들이 있다. 보기로, Continental Trading, Inc. v. Commissioner, 265 F.2d 40 (9th Cir. 1959), cert. denied, 361 US 827 (1959). 한편 총수입금액이 21,200 달러인 이상인 개인은 순소득 기준 과세와 총수입금액의 30%를 비교해서 많은 쪽으로 과세했다. 같은 법 제871조(a)(1), 881조(a)

94) 85 T.C. 376 (1985). 제3장 제3절 Ⅳ.

95) 1948년 미국-덴마크 조약 제3조 제1항.

96) 이런 조약이 적용되는 사건에서는 고정사업장이 있다고 국세청이 주장하게 마련이다.

으로 고정사업장(국내사업)에 몰아 과세하는 제도를 총괄주의라고 부른다. 적어도 국제적 용례로서는 총괄주의라는 말은 과세 여부나 과세소득의 범위에 관한 개념은 아니고, 고정사업장의 법률효과에 관한 개념으로서 고정사업장이 있다면 거기에 몰아서 과세하는 소득의 범위가 국내원천소득 모두에 미친다는 뜻이다.

Georges Simenon v. Commissioner97)

이 사건 원고는 벨기에 출신의 저명한 소설가이다. 그는 1947년에 미국에 들어와 1951년에 집을 하나 샀다. 그 뒤 거기에 살면서 작품 활동을 하다가 1955년 3월 19일에 프랑스로 이주했다. 프랑스에서는 집을 빌려 살다가 1956년 6월에 스위스로 다시 이주하여 그곳에 안착했다. 쟁점은 1955년 3월 20일 이후에 받은 미국의 출판사와 영화사 등에서 받은 저작권료를 미국이 과세할 수 있는가이다. 이 사건 당시의 미국-프랑스 조약은 총괄주의를 택하여 "한 체약국 거주자가 다른 체약국으로부터 받은 사용료소득은 거기에 고정사업장이 없는 한 과세하지 않는다"고 정하고 있었다.98) 원고 주장은, 자기는 프랑스 거주자이며 미국에 고정사업장이 없었으므로 자기가 지급받은 소득을 미국이 과세할 수 없다는 것이다. 미국 국세청은 원고가 프랑스 거주자라는 점과 미국에 고정사업장이 없었다는 점을 모두 다투고 나섰다.

이 사건의 쟁점 조약은 프랑스의 거주자라는 말이 무슨 뜻인가를 정하고 있지 않다. 법원은, 원고가 조약상 프랑스 거주자인가는 프랑스 세법의 해석·적용 문제라고 판시한다. 조약의 목적은 2중과세를 피하자는 것이므로 원고가 프랑스 세법상 납세의무를 지는지는 프랑스 세법에 따라서 판정해야 한다는 것이다. 그런데 원고는 프랑스법에 관한 입증을 일절 하지 않은 채, 조약에 정하지 않은 말은 각국이 자국법에 따라서 판단해야 하므로99) 미국법상 거주자 판정 기준을 원고가 프랑스 거주자인지라는 판

97) Simenon v. Commissioner, 44 T.C. 820(1965).

98) 1939년 미국-프랑스 조약 제7조. 같은 판결 829쪽.

99) 쟁점 조약에는 OECD 모델 제3조 제2항에 해당하는 내용은 없었지만, 미국 재무부의 같은 조약 주석에 그 내용이 들어 있었다: T.D. 5499, 514.104문단(구 7.413문단).

정에도 적용할 수 있다고 주장하였다. 법원은 원고의 그러한 주장을 받아들이더라도 원고는 프랑스 거주자가 아니라고 판시하였다. 미국법에 따르자면 거주 의사가 애매한 사람은, 그가 미국에 살고 있는 이상은 미국 거주자이다.[100] 그러나 원고는 프랑스 거주 의사에 관한 아무런 주장·입증을 하지 않았으므로, 법원은 원고를 프랑스 거주자로 볼 수 없다고 보았던 것이다.

나아가 이 사건에서 법원은 원고가 원고료를 받은 시점에는 원고에게 미국 내 고정사업장이 없었지만, 고정사업장이 있는가라는 판단은 돈을 받은 시점을 기준으로 하는 것이 아니라 과세기간 전체를 놓고 따져서 과세기간 중 아무 때라도 고정사업장이 있었다면 그 해에 버는 소득에 관한 한 모두 고정사업장이 있었다고 보아야 한다고 판시하였다.[101] 이에 대해 원고는 몇 가지 주장을 내세웠다.

첫째로 원고는, 1955년 1월 1일에서 3월 19일까지의 기간을 별도의 과세기간으로 보아야 한다고 주장하였으나 법원은 이를 내치고 나아가 1월 1일에서 12월 31일까지의 기간 전체를 하나의 과세기간으로 보고 그 기간 중 원고는 미국에 고정사업장을 두고 있었다고 판시하였다. 원고의 두 번째 주장은, 나아가 1월 1일에서 3월 19일 동안에도 고정사업장이 없었다는 것이다. 원고는 소설을 집필하고 저작권료를 받았을 뿐이므로 사업 활동을 한 것이 아니고, 그렇다면 고정사업장이 있을 수 없다는 것이다. 이 주장을 달리 표현하자면 원고가 번 돈은 소설 집필에 대한 원고료이고 이는 오로지 원고의 정신의 산물이므로 원고의 사무실 겸 집에 귀속시킬 수 없다는 주장이기도 하다. 법원은 사업이라는 말은 넓게 읽어야 하고, 원고가 번 원고료란 '아테네가 제우스의 미간에서 태어나듯' 그저 머릿속의 생각에서 바로 소득으로 이어지는 것이 아니며, 출판사 등과 협상 기타 사업 활동을 거쳐 비로소 버는 돈이므로 원고의 주거 겸 사무실은 사업장으로 보아야 한다고 판시하였다.

1월 1일에서 3월 19일이 별도의 과세기간이라는 원고 주장은, 3월 20일에서 12월 31일까지 기간의 소득은 미국 내 고정사업장이 없는 기간 중 소득이므로 미국이 과세할 수 없다는 말이다. 그러나 이 사건의 전제가 되는 총괄주의 조약에서는 법원의 판단이 옳다고 보아야 할 것이다. 잠시라도 고정사업장이 있는

100) 이것은 옛날 판례법으로 형성된 원칙이다. 현행법에서는 날짜를 세는 기계적 방식으로 거주자 여부를 판정한다: 미국세법 제7701조(b). 제1장 제4절 III.

101) 이것은 재무부 규칙에 있는 내용으로, Jules Samann v. Commissioner, 36 T.C. 1011, aff'd 313 F.2d 361 (CA 4, 1963)에서도 받아들였다.

기간 동안 번 소득을 순소득 기준으로 과세하는 이상, 사업연도 중 한때라도 고정사업장이 있었다면 그 사업연도에 번 소득은 모두 순소득 기준으로 과세해야 한다는 해석은 옳다. 추가적 행정비용이 거의 안 들기 때문이다.

2. 귀속주의

한편 "Simenon" 사건에서 원고의 첫 주장, 곧 1월 1일에서 3월 19일까지가 별도의 과세기간이라는 주장의 실질은 1월 1일에서 12월 31일까지의 소득 중 미국이 과세할 수 있는 것은 원고가 미국 내 사업장에서 일했던 1월 1일에서 3월 19일까지의 소득뿐이라는 주장이다. 실질적으로 이 말은, 상식적으로 생각하는 과세기간, 곧 1월 1일에서 12월 31일 사이의 소득 가운데 미국이 과세할 수 있는 소득은 미국 내 고정사업장에 귀속하는 소득뿐이라는 말이다. 또 1월 1일에서 3월 19일까지의 기간 동안에도 고정사업장이 없다는 원고의 둘째 주장은 저작권료라는 소득의 특성상 사람에게 귀속하는 것이지 사업장에 귀속할 수는 없다는 말이다.

두 가지 생각을 견주어 보자. 총괄주의에서는 고정사업장과 무관한 별개의 활동에서 버는 소득 역시 고정사업장에 몰아서 과세한다. 그런데 이런 별개의 활동에서 버는 소득이 얼마인가, 특히 그 가운데에서도 순소득이 얼마인가를 파악하는 것은 국가로서나 납세의무자로서나 아주 버거운 일이다. 고정사업장이 관여하지 않은 이상 그 기업이 다른 무슨 활동을 했는지, 총수입금액은 얼마를 벌었는지, 비용은 얼마를 썼는지, 이런 정보를 고정사업장 안에서 찾을 길이 없다. 바깥에서 모으기도 어렵다. 총수입금액을 파악하자면 온 나라에 걸쳐 당해 납세의무자의 거래 상대방을 모두 파악해야 하기 때문이다. 뿐만 아니라 거주지국과 원천지국이 때로는 제3국에 걸쳐 발생하는 비용을 파악하는 것도 힘겨운 일이다.

이런 어려움을 생각하면 납세의무자로서나 국가로서나, 고정사업장과 무관한 별개의 활동은 그냥 내버려 두어서 마치 고정사업장이 없는 듯 다루자는 생각을 할 수 있다. "Simenon" 사건의 예에서라면, 과세기간 내내 고정사업장이 있었다고 보는 것 자체는 무의미하고 어떤 소득이 고정사업장에 귀속되는가만 살펴보자는 생각이다. 원고의 주장처럼 고정사업장에 귀속하는 소득만 과세한다면 적극적 사업소득으로서 고정사업장과 무관한 다른 소득은 과세하지 않고, 소극적 투자소득으로서 고정사업장과 무관한 것은 소득을 지급하는 자더러 원천징수세 형식으로 걷어서 내라고 하면 된다.

이처럼 고정사업장과 무관한 소득은 별개로 내버려 두고, 고정사업장에 대한 과세는 고정사업장의 활동에 귀속되는 소득에 국한하자는 생각을 '귀속주의'(歸屬主義, attribution principle)라 부른다. 귀속주의는 1963년 OECD 모델에서 비롯하여 이제는 거의 모든 조세조약이 다 귀속주의를 따르고 있다.

1977 OECD Model Article 7 (Business Profits)

1. The profits of an enterprise of a Contracting State shall be taxable only in that State unless the enterprise carries on business in the other Contracting State through a permanent establishment situated therein. If the enterprise carries on business as aforesaid, the profits of the enterprise may be taxed in the other State but[102] only so much of them as is attributable to that permanent establishment.

1977년 OECD 모델 제7조(사업소득)

1. 한 체약국 기업의 이윤은 그 체약국에서만 과세할 수 있지만, 그 기업이 상대방 체약국에서 고정사업장을 두고 그를 통하여 사업을 영위하는 때에는 예외로 한다. 기업이 위와 같이 사업을 영위한다면, 기업의 이윤에 대한 과세를 상대방 체약국이 할 수 있지만 다만 그 가운데 고정사업장에 귀속하는 부문에 한한다.

1977 OECD Model Article 10 (Dividends)

4. … if the beneficial owner of the dividends, being a resident of a Contracting State, carries on business in the other Contracting State … through a permanent establishment situated therein … and the holding in respect of which the dividends are paid is effectively connected with such permanent establishment … the provisions of Article 7 … shall apply.

1977년 OECD 모델 제10조(배당금)

4. 만일 배당의 수익적 소유자가 한 체약국 거주자이면서 … 사업을 상대

102) "but" 이하 부분은 문법에 안 맞는다. "only" 뒤에 "on"이라는 말을 채워서 선해했다. 문장 끝에 "may be taxed"가 생략되었다고 읽을 수도.

> 방 체약국에서 고정사업장을 통해서 하고… 배당금 지급의 기초인 주식이 고정사업장과 실질적으로 연관되어 있다면… 제7조의 규정을 적용한다.

제10조 제4항에 해당하는 글귀는 제11조의 이자소득과, 제12조의 사용료소득에도 있고 글귀는 좀 다르지만 같은 취지의 규정이 제13조의 양도소득에도 있다.[103] 주목할 점으로 제7조 제1항의 글귀에는 소득의 원천이라는 말이 안 나온다. 국외 원천이더라도 고정사업장에 귀속하는 소득인 이상 소재지국이 과세할 수 있다는 말이다. 한편 제12조 제3항 등은 원천이 고정사업장 소재지국이면서 고정사업장과 실질적 연관이 있는 배당소득·이자소득·사용료소득·양도소득을 사업소득으로 재구분하고 고정사업장에 귀속시켜서 순소득 기준으로 과세한다. 원천이 제3국인 배당소득·이자소득·사용료소득으로 고정사업장에 귀속하는 것이라면 고정사업장 소재지국에 과세권이 있는가? OECD 모델의 글귀를 따른 조약에서는 답이 애매하다. 우선 제12조 제3항 등이 기왕 있으니 이를 반대해석해서 고정사업장에 귀속시킬 수 없다고 보자는 풀이가 가능하다. 다른 한편 배당소득·이자소득·사용료소득 조문의 글귀는 모두 원천이 상대방 체약국인 경우 거주지국과 원천지국 사이의 과세권 분배만 다루고 있고 원천이 제3국인 소득은 그런 글귀의 범위 밖이다. 한편 고정사업장과 실질적 관련이 있다는 말은 이런 소득이 '기업의 이윤'이라는 개념에 포섭된다는 말이다. 그렇다면 이런 소득은 제7조 제1항에서 따로 다루고 있는 소득이므로 기타소득은 아니라고 풀이할 수도 있다. 기타소득을 거주지국에서만 과세할 수 있다고 정한 조약이라면 결국 모순이 생기고, 어느 쪽 풀이도 가능하다.

3. 총괄주의에서 귀속주의로

귀속주의가 새로운 대세로 자리 잡으면서 미국은 1966년에 비거주자·외국법인에 관한 국내법을 손보았다. 현행법은[104] 원천이 미국인 '소극적 소득'(Fixed or Determinable Annual or Periodical Income, 이른바 FDAP 소득)으로 미국내 사업에 귀속되지 않는 것에는 30% 원천징수세를 매기고 있다.[105] 자산양도소득은 재고

103) OECD 모델 제11조 제4항, 제12조 제3항, 제13조 제2항.
104) 제1장 제4절 II.
105) 미국세법 제871조(a), 제881조(a).

자산 · 부동산 · 투자자산(부동산 제외)으로 나누어 생각해 볼 수 있다. 부동산 양도소득은 순소득에 세금을 내든 총수입금액의 일정 비율로 세금을 내든 어느 경우든 미국내 세금을 벗어나지 못한다.[106] 한편 소극적 소득에 속하지도 않고 투자자산의 양도소득에도 속하지 않는 미국 원천소득은 언제나 미국내 사업과 '연관이 있는'(effectively connected) 소득으로 간주한다.[107] 그 결과 재고자산 양도소득 등 대부분의 사업소득은 미국내 사업과 연관이 있는 소득으로 순소득 기준으로 고정사업장에 몰아서 과세한다.[108] 국내원천인 소극적 소득은 국내사업에 귀속하는 것만 순소득 기준으로 과세한다는 의미에서 귀속주의의 성격이 생긴 것이다. 소극적 소득 가운데 국내사업에 귀속하지 않는 것은 총수입(지급) 금액의 30%를 원천징수한다. 한편 귀속주의적 성격이 생겼다고는 하나 재고자산 양도소득 따위 사업소득은 일단 국내사업이 있는 이상 거기에 몰아서 순소득 기준으로 과세한다는 총괄주의적 성격도 남아 있다. 이런 뜻에서 미국 현행법의 입법태도를 '수정 총괄주의'(modified force of attraction)라고 부른다.

사업소득에 대해서는 부분적으로라도 총괄주의를 유지하는 것은 무슨 까닭일까? 귀속주의 방식은 납세의무자가 이를 악용할 가능성이 있다. 고정사업장의 활동에 귀속되는 소득도 마치 고정사업장과 무관한 듯 위장하여 세금을 피할 염려가 있기 때문이다. 가령 사업소득이나 달리 원천징수세가 면제되는 소득(1963년 OECD 모델은 사용료소득에 대한 원천지국 세금을 금지한다) 같으면, 고정사업장(국내사업)에 귀속되지 않는다면 세금을 걷지 못한다. 다른 소극적 소득도 총지급금액에 조약상 상한세율을 곱한 금액이 순소득에 대한 세금보다 낮은 경우가 생기게 마련이다.

이리하여 UN 모델은 고정사업장의 활동과 같거나 비슷한 활동에서 버는 소득이라면 모두 고정사업장에 몰아서 과세한다는 절충안을 택하고 있다.[109] 그러나 OECD 모델이나 미국 모델은 이 절충안을 따르고 있지 않으며, 여타 선진국의 조약례도 거의 마찬가지이다. 아무리 같거나 비슷한 물건, 혹은 노무라 하더

106) 미국세법 제897조.

107) 미국세법 제864조(c)(3). "Effectively"란 "In effect", 곧 '법률효과상'이라는 뜻. '실질적으로'라는 뜻이 아니고.

108) 미국세법 제871조(b), 제882조.

109) UN 모델 제7조 제1항 (c)호. 다시 일본식 용례에서는 이 절충안을 총괄주의라 부르는 사람이 많다. 위의 주 91에서도 언급했다.

라도, 고정사업장 내부에서 파악해 나갈 수 있는 것이 아니라면 결국 국가로서나 납세의무자로서나 관리비용이 지나치게 높아지는 까닭이다.110)

총괄주의가 국내법에 잔존하고 있는 범위 안에서는 조약상 귀속주의는 국내법에 수정을 가하게 된다.

Rev. Rul. 81-78

이 행정해석의 쟁점은 미국 내에 고정사업장을 둔 폴란드 법인이 그 고정사업장과 무관한 다른 물품 판매업에서 국내원천소득을 벌지만 사업의 정도가 고정사업장에 이르지 않는 경우에, 이 다른 판매업의 소득을 미국이 과세하는가이다. 미국 국내법에 따른다면 미국 내 원천인 재고자산 판매업은 고정사업장에 합산 과세된다.111)

귀속주의를 택한 조약에서 특정한 거래손익이 고정사업장에 귀속되는가라는 조약 개념은 미국세법 제864조(c)(2)에 맞추어서 풀이해야 한다. 같은 법조는 FDAP 소득이나 '투자자산'(capital asset)의 양도소득이 미국 내 사업에 속하는가에 관하여, 미국 내 사업에서 쓰거나 쓰기 위해 보유하는 자산에서 소득이 생기거나(자산 사용 기준) 미국내 사업의 활동이 소득의 실현에 중요한 요인을 이룬다면(활동 기준), 그런 소득은 국내사업에 속한다고 정하고 있다. 한편 FDAP 소득이나 투자자산 양도소득 외의 다른 소득은 미국 국내법에서는 언제나 미국내 사업에 속하지만, 이것은 총괄주의 개념에 따른 것이므로 귀속주의 조약과는 맞지 않는다. 따라서 재고자산 판매업은 고정사업장에 귀속하지 않는 사업소득이고 조약에 따라서 미국에서 과세대상이 아니다.

4. 우리 법

우리 법인세법과 소득세법도 각 1990년 및 1998년까지는 총괄주의 방식을 따라서, 일단 국내사업장이 있는 이상 국내원천소득은 모두 국내사업장에 몰아

---

110) OECD 모델 제7조 주석 3문단~10문단. 이 절충안이 원칙의 문제가 아니고 행정 편의의 문제라는 점을 보여주는 예가 미국-멕시코 조약이다. 이 조약에서는, 고정사업장을 통하지 않은 거래에 사업상 이유가 있다면 합산을 배제하는 특례를 두고 있다. 미국-멕시코 조약 제7조 제1항. 가령 캘리포니아 남쪽 끝 샌디에이고에 있는 미국 회사가 멕시코 남쪽 끝에 고정사업장을 둔 상황에서 멕시코 북쪽 끝에 있는 회사에 물건을 판다면 그런 판매에서 생기는 소득은 고정사업장에 합산하지 않는다는 것이다.

111) 제1장 제4절 II, 제2장 제1절 IV. 2.

서 순소득 기준으로 과세하고 있었다. 그러나 그 이전에도 이미 우리나라가 체결한 대부분의 조약은 귀속주의 방식을 택하고 있었다. 다만 일본과 맺은 조약은, 조약 체결 당시 두 나라 모두 국내법이 총괄주의를 택하고 있었다는 사정 때문에 조약 역시 총괄주의를 따르고 있다가, 1998년 개정 조약에서 귀속주의를 택하였다.

우리 현행법에서는 국내사업장이 순소득 기준으로 신고납부해야 하는 범위는 국내사업장에 귀속하는 소득에 한한다.

> **법인세법 제91조(과세표준)** ① 국내사업장을 가진 외국법인 … 의 각 사업연도의 소득에 대한 법인세의 과세표준은 국내원천소득의 총합계액(제98조 제1항 … 에 따라 원천징수되는 국내원천소득 금액은 제외한다)에서 다음 각 호에 따른 금액을 차례로 공제한 금액으로 한다. (하략)

> **제98조(외국법인에 대한 원천징수 또는 징수의 특례)** ① 외국법인에 대하여 … 국내원천소득으로서 국내사업장과 실질적으로 관련되지 아니하거나 그 국내사업장에 귀속되지 아니하는 소득의 금액(국내사업장이 없는 외국법인에 지급하는 금액을 포함한다)을 지급하는 자 … 는 … 그 지급을 할 때에 다음 각 호의 구분에 따른 금액을 해당 법인의 각 사업연도의 소득에 대한 법인세로서 원천징수하여 그 원천징수한 날이 속하는 달의 다음 달 10일까지 … 납세지 관할 세무서등에 납부하여야 한다. (하략)

위 글귀만 본다면 국내사업장에 귀속하더라도 국외원천소득은 과세할 수 없는 것 아닐까? 실제 그렇다. 이리하여 법은 '조세조약에 따라 국내원천소득으로 과세할 수 있는 소득'을 국내원천으로 재구분하는 특칙을 두고 있다.[112] 결국 조약상 고정사업장에 귀속하는 소득이라면 우리나라에서 과세할 수 있게 된다.

Ⅱ. 고정사업장 귀속 여부의 판정

우리나라가 맺고 있는 조약은 거의 전부가 귀속주의를 택하고 있다.[113] 어

---

112) 법인세법 제93조 제5호 본문.

떤 거래를 고정사업장에 귀속시킬 수 있는가는 무슨 기준으로 판단하는가?

대법원 2016. 2. 18. 선고 2014두13829 판결

국내사업장을 가진 외국법인이 사업활동으로 내국법인에 공급한 용역의 중요하고 본질적인 부분이 국내사업장에서 이루어졌다면 그 용역으로 얻은 소득은 전부 국내사업장에 귀속되는 것으로 보아야 하고, 그 용역의 일부가 국외에서 이루어졌더라도 그 부분만 독립하여 국내사업장에 귀속되지 않는 것으로 볼 것은 아니다(대법원 1992. 6. 23. 선고 91누8852 판결 참조) … 원심은 … ③ 원고는 국내제공용역계약에 따라 지급받은 대가에 관하여는 그 용역이 원고 지점을 통하여 제공되고 소득도 원고 지점에 귀속되는 것으로 보아 부가가치세와 법인세를 신고・납부하였으나, 국외제공용역계약에 따라 지급받은 대가에 관하여는 그 용역이 국외에서 제공되고 소득도 원고 지점에 귀속되지 않는 것으로 보아 … 법인세를 신고・납부하지 아니한 사실 … 을 인정하였다 … 원고가 제공한 용역은 사업제안 준비단계에서부터 인천대교 준공 시까지 계속적으로 자문, 건설 관련 기획, 환경영향평가, 재무, 회계, 법률, 공사 관리 등 인천대교 건설과 관련된 모든 전문영역을 포괄하여 인천대교 건설사업의 진행을 관리하는 것으로서, 국외용역제공은 그 자체로 독자적인 목적을 수행하는 것이라기보다 국내제공용역과 결합하여 제공되어야만 용역 공급의 목적을 달성할 수 있는 점, 원고도 단순히 업무수행자의 국내 또는 국외 체류 여부를 주요한 기준으로 삼아 국외제공용역의 대가를 산정하였을 뿐 국내제공용역과 명확히 구분되는 방식을 사용하지 아니한 점 등에 비추어, 이 사건 국외제공용역은 국내제공용역과 유기적으로 결합하여 실질적으로 하나의 용역으로 공급된 것으로서 그 중요하고도 본질적인 부분이 원고 지점에서 이루어진 것으로 볼 수 있다 … 피고가 원고를 … 법인세 납세의무자로 본 것은 적법하다.

대법원 2020. 6. 25. 선고 2017두72935 판결

필리핀법인인 원고는 2007. 6. 30. 국내에서 외국인 전용 카지노를 운용하는 원고보조참가인과, 원고가 원고보조참가인에게 카지노 이용고객(Junket, 이하 '정켓'이라고 한다)을 모집・알선하여 주고 원고보조참가인으로부터 고객이 잃은 돈의 70%를 모집수수료로 지급받기로 하는 이른바 정켓 계약(Junket Agreement,

113) 우리나라가 인도네시아와 체결한 조세조약은 UN 모델과 같은 '절충안'의 방식을 택하고 있다.

이하 '이 사건 계약'이라고 한다)을 체결하였다.

(2) 원고는 이 사건 계약에 따라 2007년 7월 무렵부터 중국, 대만, 홍콩, 필리핀, 일본 등 한국을 제외한 아시아 전 지역을 대상으로 정켓을 모집하였다. 이는 원고가 이 사건 계약에 따라 국외에서 하는 구체적 활동 중 핵심적인 것으로, 개별적인 정켓모집활동은 대부분 각 나라에 있는 여러 하위 정켓업자들을 통하여 수행하였다. 그 이외에도 원고는 모집한 정켓들이 한국으로 출국하기 전에 원고보조참가인의 영업장에서 게임을 할 수 있도록 정켓들로부터 자금을 원고 등의 해외 계좌로 받아 원고보조참가인의 홍콩 계좌로 송금하였고, 정켓들이 게임과정에서 자금대여를 요청할 경우에 대비하여 정켓들로부터 해당 금액을 미리 받아두거나 담보 등을 설정하기도 하였으며, 정켓들과의 정산 업무와 향후의 고객유치를 위한 고객관리 업무 등을 수행하기도 하였다.

(3) 원고는 국내에서 원고보조참가인의 영업장 내 사무실(이하 '이 사건 사무실' 이라고 한다)에 직원들을 두고 원고가 모집한 정켓들에게 칩을 제공하거나 원고보조참가인이 운영하는 롤링게임에서 발생한 매출액을 확인하기도 하였고, 위 정켓들에 대한 항공권 예약 및 탑승 안내 업무, 공항에서 원고보조참가인의 영업장까지 안내하는 업무, 호텔과 식당의 예약 및 안내 업무 등을 수행하였다.

(4) 원고는 위와 같은 업무에 대한 대가로 원고보조참가인으로부터 모집수수료(이하 '이 사건 모집수수료'라고 한다)를 받았다.

다. 그런 다음 원심은 아래와 같은 이유를 들어, 이 사건 모집수수료 전액에서 부가가치세를 제외한 금액 전부가 원고의 고정사업장에 귀속되는 수입금액이라고 전제하여 부과한 법인세 부과처분 및 이 사건 모집수수료 전부에 대하여 부가가치세 납세의무가 있다고 전제하여 부과한 부가가치세 부과처분(이하 통틀어 '이 사건 처분'이라고 한다)이 위법하다고 판단하였다.

(1) 원고의 직원들이 이 사건 사무실에서 수행하는 활동이 원고의 본질적이고 중요한 사업활동에 해당한다고 하더라도, 원고의 보다 본질적이고 핵심적인 업무는 국외에서 이루어지고 있고, 그 비용도 대부분 국외에서 지출되고 있는 것으로 보인다.

(2) 이 사건 모집수수료 중 원고의 대한민국 내 고정사업장인 이 사건 사무실에 귀속되는 수입금액은 이 사건 사무실에서 수행한 업무에 대한 대가로 국한되고, 원고가 국외에서 수행한 각종 업무에 대한 대가까지 포함된다고 볼 수 없다.

(3) 이 사건 모집수수료에는 원고의 필리핀 본점에 귀속되어야 할 수입금액이 있음이 명백하고 그 액수도 상당할 것으로 보인다.

라. 앞서 본 규정과 법리에 따라 기록을 살펴보면, 원심의 위와 같은 판단은 정당하다.

하나의 거래로 고정사업장이 중요하고도 본질적인 역할을 했다? 고정사업장이 아니라 본점에 귀속되는 거래이다? 도대체 판단기준이 뭐지?

1. 건설공사 관련 과세소득 범위의 변천

첫 판결이 인용하고 있는 91누8852 판결에서 논의를 시작해보자. 건설업에서 이른바 턴키(turn key) 계약에 관련하여 어디까지를 고정사업장에 귀속시킬 것인가를 보여주는 사례이다.

대법원 1992. 6. 23. 선고 91누8852 판결

(1) 원심이 확정한 주요사실

가. 원고는 독일 … 에 본점을 두고 … 제철소설비 … 등의 제조, 조립, 판매 등을 사업목적으로 하는 외국법인으로 소외 삼성중공업주식회사와 컨소시움(consortium)을 형성하여 1985.3.6. 소외 포항종합제철주식회사와 사이에 포항제철소 제1냉연공장 합리화설비 공급건설계약을 체결하였다.

나. 위 계약상의 공급자인 컨소시움이 제공하기로 한 급부의 주요내용은 공장의 설계 및 엔지니어링, 장비의 제작 및 인도, 현지 건설공사, 공장의 가동 및 성능보장시험의 감독용역 … 등이고, 원고는 컨소시움의 대표회사로서 계약대상 공장의 조업과 성능에 대한 전반적인 보장책임과 하자담보책임을 지되 특히 개별적으로 제공하기로 한 급부의 내용은 해외기자재의 공급, 국내조달기자재의 삼성중공업과의 분담공급 … 공장의 건설공사 · 가동 및 성능보장시험 … 등이다.

다. 위와 같은 원고의 급부대가로 포철이 원고에게 독일 마르크화로 그 판시의 금액을 뒤셀도르프의 도이취은행에 개설된 원고 구좌로 송금하[였다] … (삼성중공업은 그 분담의 국내조달기자재 공급에 대하여 포철로부터 우리나라 통화로 금 4억 6,730만 원을 지급받기로 하였다) …

바. 이때 피고가 과세표준을 산정한 방식은 … 해외조달 기자재와 부품의 대가는 전부 해외관련업무수입으로, 원고분담 국내조달기자재와 감독용역의 대

가 … 는 국내업무관련수입으로 하는 등 배분하고 … 국내업무관련 소득은 전부, 해외관련소득은 그중 일정분이 각 국내사업장에 귀속되는 것으로 보고 … 산정하였다.

(2) 원심의 판단요지

가. … 피고가 해외업무관련소득 중 국내사업장 귀속분을 계산한 방법은 1984.1.7. 국세청이 … 조세협정에 의한 외국법인의 국내사업장귀속소득에 대한 계산방식으로 정한 방식인 "플랜트건설판매업 과세기준"에 따른 것 …

나. 해외기자재의 제조, 판매는 그 부품 및 그 외 여러 국내조달기자재의 공급 및 그 조립, 설치 등에 관한 각종 용역과 함께 이루어진 이른바 철강플랜트의 판매로서의 거래대상이고 … 그 소득발생지는 국내다 … .

(3) 당원의 판단

가. … 이 사건 설비건설판매계약이라는 것은 … 실질적으로 플랜트 단위의 하나의 건설판매계약이 국내에서 이루어진 것 …

나. 원고가 위와 같이 포철의 국내공장에 대한 설비건설판매계약을 하고 그 계약이행을 함에 있어 계약내용에 따라 일부 기자재를 해외에서 조달하여 공급하고 조립, 설치와 감독 및 훈련용역까지를 공급한 이상 … , 그로 인한 소득이 모두 국내원천소득이라고 본 원심의 판단은 옳고 … 원고의 국내사업장이 단지 기술감독용역만을 위하여 설치된 것으로서 기자재 공급과는 무관하다고 하는 논지는 모두 원심이 인정한 사실관계와 다른 전제에 선 것이므로 받아들일 수 없다 …

Commissioner of Income Tax v. Hyundai Heavy Industries[114)]

현대중공업이 인도에서 Oil and Natural Gas Company라는 회사에서 플랫폼의 건설을 도급받아서 우리나라에서 시설을 제조한 뒤 이를 인도 국내에서 설치하고 받은 소득에 관련하여 인도가 과세할 수 있는 소득의 범위가 어디까지인가를 다룬 사건이다.[115)] 인도 대법원은, 과세소득은 인도내 고정사업장에 귀속하는 소득에 국한한다고 판시하면서, 제조분 소득과 설치분 소득을 구별할 수 없다는 국세청측 주장을 내쳤다. 설치는 이미 제조가 끝난 물건을 들여다 설치하는 것이므로, 물건의 공급가격이 독립기업의 원칙에 맞는 이상 제조분 소득

114) Case No: Appeal (civil) 2734 of 2007 (2007. 5. 18.).

115) 이 판결에서는 인도 내 설치행위로 인하여 고정사업장이 있다고 전제하고 과세소득의 범위만 다루고 있다.

을 설치행위에 귀속시킬 수 없다는 것이다.[116]

91누8852 판결에서 보듯 한때는 '플랜트 건설업 과세 기준'이라는 것에 따라 과세했지만 우리나라가 선진국의 대열에 들어가면서 이제는 해외의 제조 행위에서 생기는 소득은 과세하지 않고 있다. 인도 대법원 판결과 마찬가지이다. 그렇다면 예전의 우리나라 과세 실무나 91누8852 판결은 얼토당토않은 후진국적 사고방식일까? 이 문제에 대해 선진국이라는 미국의 조약 해석론으로는 어떤 결론이 나올까나.

2. 미국의 조약해석론

미국의 현행법에서는 FDAP 소득은 국내사업 귀속 여부에 따라 과세방법에 차이(순소득 과세 v. 총수입금액 과세)가 있다는 점에서 조약상 귀속주의와 마찬가지이다. 조약상 귀속 여부가 국내법에 영향을 주는 경우는 아까 보았듯 재고자산 매출이익 등 사업소득 정도이다. 이런 소득은 국내법상으로는 실제로 국내사업에 귀속하지 않더라도 국내사업에 몰아서 과세하지만, 조약상으로는 국내사업에 귀속하지 않는다면 과세할 수 없다. 그렇다면 재고자산 매출이익 등이 고정사업장에 귀속하는지는 어떤 기준으로 판별할 것인가? 조약에는 '귀속'이라는 말에 대한 정의가 없다. 그렇다면 법적용지(法適用地) 법(lex fori)에 따라[117] 미국법에서 '귀속'이라는 말을 찾아서 적용하자는 식의 생각을 해 볼 수 있다. 실제로 미국법을 찾아보면 국외원천소득을 미국 내 고정사업장에 귀속시킨다는 좁은 맥락이기는 하지만, '귀속'이라는 개념을 정하고 있는 곳이 있다.[118] 이리하여 이 개념을 바로 조약상 고정사업장에 귀속하는가라는 판단에 적용할 수 있다는 주장도 있다.[119] 모든 단어란 맥락 속에서 존재하는 것이므로 그저 단어가 같다고 개념도 같다는 말은 지나치게 기술적인 주장이기는 하지만,[120] 이 주장의 결론은 옳다. 다음 판례에서 보듯 미국 내 사무소 기타 고정된 사업장에 국

116) 설치행위에서 생기는 순소득은 설치계약에 따른 총수입금액의 10%로 추계하였다. 같은 판결 13문단.

117) OECD 모델 제3조 제2항.

118) 미국세법 제864조(c)(4).

119) Vogel et als., *United States Income Tax Treaties*, Part Ⅱ, Commentary A.1.c. on art 5(1).

120) 이창희, 『세법강의』, 제3장 제2절 2.

외원천소득을 귀속시킨다는 미국법은, 그런 국외원천소득이 조세조약상 국내사업장에 귀속된다는 개념에 딱 맞추어 놓은 개념이기 때문이다.

Bank of America v. Chaco[121)]

이 사건은 미국의 속령인 괌(Guam) 정부가 "Bank of America"(이하 'BOA')에 물린 법인세에 관한 미국 판결이다.[122)] BOA는 괌에 사무소를 두고 있었고, 이 사건의 쟁점은 미국 내에서 발생한 일정한 금융소득이 이 괌 소재 사무소에 속하는 소득인가이다. 괌 정부는 소득의 원천지는 괌이 아니라 미국이지만 이 소득은 BOA의 괌 고정사업장에 귀속한다고 주장하였다. 법원은 BOA의 고정사업장과 미국 원천소득의 관련이 괌 정부가 귀속을 주장할 만큼 강하지 않다는 이유로 BOA에 승소 판결을 내렸다.

쟁점 미국원천 금융소득(괌의 입장에서 본다면 국외원천소득)이 괌 내 고정사업장에 귀속하지 않는 이유는 무엇인가? 법원은 국회 입법자료를 인용하면서 고정사업장에게 국외원천소득을 과세하는 목적은 2중비과세를 막자는 것이라고 한다. 국외원천소득을 비과세하는 나라(투자자 본국)의 법인이 미국에 고정사업장을 두고 제3국에 물건을 파는 경우, 제3국, 미국, 투자자 본국 중 어디에서도 세금을 안 내는 사태를 막자는 것이다.[123)]

과세 공백을 메운다는 관점에서 본다면[124)] 조약이 허용하는 한 최대한의 소득을 과세해야 한다. 이 구조 하에서는 '국외원천소득이더라도 미국내 고정사업장에 귀속하는 것'은 과세한다는 미국 국내법에서 말하는 고정사업장이라는 말이나 귀속이라는 말은 미국의 조약 해석에서도 그대로 타당할 수밖에 없다.

그렇다면 어떤 거래손익이 고정사업장에 귀속하는지는 어떤 기준으로 결정

---

121) Bank of America, Nat. Trust & Sav.ass'N v. Chaco, Director of Revenue & Taxation, Government of Guam, 423 F.Supp. 409 (1976).

122) 괌은 미국의 속령이므로 미국 법원의 재판을 받는다. 괌은 미국세법을 그대로 가져다 쓰되, 미국세법에서 '미국'이라는 말은 모두 '괌'으로 바꾸어 읽는 식으로 세제를 운영하고 있다.

123) 같은 판결 413쪽.

124) 한편 외국납부세액을 공제하는 나라의 법인이 미국에 세운 고정사업장이라면 2중비과세가 생기지 않는다. 투자자 본국에서 세금을 내기 때문이다. 미국의 세금이 투자자 본국의 세금을 갉아먹는 결과가 생길 수 있지만, 미국법은 투자자 본국의 세금을 우선시키는 특별 규정을 두고 있다. 뒤에 제13장에 가서 자세히 보겠지만 고정사업장에 대해서도 외국납부세액공제를 인정하면서, 본국이 제3국 원천소득에 대해 과세권을 행사한다면 그 본국 세금을 공제 대상으로 삼고 있다. 미국세법 제906조(b)(1).

하는가? 이미 앞서 "Rev. Rul. 81-78"에서 보았지만 미국세법은 소득을 버는 데 고정사업장이 중요한 요인이고 고정사업장이 소득을 버는 활동을 늘 한다면 그런 소득은 고정사업장에 귀속한다고 정하고 있다.[125)]여기에서 고정사업장이 중요한 요인인가는 어떻게 판단하는가? 소득을 세 가지로 나누어 고정사업장의 행위가 다음 중 하나에 해당하면 고정사업장이 소득을 버는 데 중요한 요인이라고 한다: i) 임대료, 사용료 또는 무체재산처분손익에서는 임대, 실시권 부여 또는 처분을 위한 계약을 유인하거나, 협상하거나 기타 계약 체결에 필요한 행위를 하는 것, ii) 금융소득 및 금융자산 처분손익에서는 자산의 취득이나 판매를 위한 계약을 유인하거나, 협상하거나 기타 체결에 필요한 행위를 하는 것, iii) 재고자산 매출손익에서는 판매 계약의 완결에 필요한 청약을 유인하거나, 매매계약을 협상하거나 또는 더 이상 협상할 필요가 없는 정도로 계약을 완결함에 필요한 다른 행위를 하는 것.[126)]

이 판단에서는 가령 매매계약을 최종 승인하는 권한이 누구에게 있는가는 중요하지 않고, 협상 기타 주요 사실행위를 누가 하는가가 중요하다. 다만 물건이나 상품의 최종 행선지가 국외이고 국외사업장이 중요한 판매기능을 맡고 있다면, 그런 물건이나 상품의 판매소득은 미국 내 사업장에 귀속하지 않는다. 다음 보기를 보자.

> [보기][127)] 외국법인 M은 미국에 둔 판매사무소를 통해서 제3국에 발전기를 팔고 있다. 발전기는 설치 · 정비 · 보수 용역을 필요로 하고 이 업무는 M의 X국 소재 사무소가 맡고 있다. M은 Y국에 발전기를 팔면서 X국 사무소에 설치 · 보수 · 정비를 맡긴다. 이런 사실관계에서는 X국 사무소가 판매에 따르는 중요한 노무를 제공하므로, M의 미국 내 판매사무소는 판매소득의 실현에 중요한 요인이 아니다. 따라서 판매소득은 M의 미국 내 사무소에 귀속하지 않는다.

먼 길을 달려왔다. 이제 금방 읽은 보기와 91누8852 판결을 견주어 보자. 미국의 재무부 규칙에 비추어본다면 과세처분은 정당한가? 위 보기가 해외분 장비판매소득이 바로 설치 · 정비 · 보수를 맡고 있는 미국 내 고정사업장에 귀속

125) 미국세법 제864조(c)(5)(B), 제865조(e)(3).

126) 미국 재무부 규칙 1.864-6(b).

127) 미국 재무부 규칙 1.864-6(b)(3)(iii).

한다고 정하고 있지는 않다. 그렇지만 판매를 맡고 있는 미국 내 고정사업장이 아니라 국외 사업장에 귀속한다는 이유는 판매에 수반하는 중요한 노무를 국외 사업장이 제공하기 때문이라고 말하고 있다. 그렇다면 91누8852 판결의 해외분 장비판매이익은 국내 고정사업장에 귀속한다고 일단 말할 수 있다. 물론 건설업체가 이 장비를 스스로 제조한 것이라면 제조분 소득과 판매분 소득을 나누어서 후자만 귀속시켜야 할 것이다. 해외분이라 하더라도 장비판매이익이 국내사업장에 귀속한다는 생각이 반드시 옳다는 말은 아니다. 아마도 OECD 회원국 다수의 외국법인 과세 실무와도 다를 것이다. 말하고 싶은 바는 그저 분명한 정답은 없다는 것이고, 나라에 따라 또 경제 발전의 정도에 따라 답이 바뀐다는 것이다. 현재의 과세 실무는 플랜트 건설업 과세기준은 포기했고, 문제를 국내사업장, 또는 국내 사업을 맡은 국내 현지법인의 소득 계산이 적정한가라는 이전가격 문제로 정리하고 있다. 그에 따라 91누8852 판결도 요사이 한 이십년 동안은 말라 죽었던 셈인데 2016년에 와서 2014두13829 판결이 이를 새삼 되살리고 있는 것은 아마 이전가격 세제를 적용하기 어려운 사안이었던 탓이려나.

3. 조약의 명문 규정

귀속 여부에 관한 명문 규정이 조약에 있는 수도 있다. 가령 미국조약이나 1977년 OECD모델은 구입 행위에는 이윤(사업소득)이 귀속되지 않는다고 명시하고 있다.[128]

Ⅲ. 고정사업장에 귀속하는 국외원천소득

앞서 보았듯 우리 국내법이나 미국법은 고정사업장에 귀속하는 이상 국외원천소득도 과세한다고 정하고 있다. 미국법은 직접 그런 내용을 두고 있고 우리 법은 조세조약상 고정사업장에 과세할 수 있는 사업소득은 국내원천소득으로 재구분한다는 규정을 두고 있다.[129] 이처럼 국외원천소득을 과세하기 때문에 외국법인의 고정사업장에도 외국납부세액 공제를 인정한다. 이 문제는 제13장의 외국납부세액 공제 부분에 가서 보기로 한다.

128) 미국조약 제8조 제4항; 1977년 OECD모델 제7조 제5항.
129) 법인세법 제93조 제5호.

한 가지 더 짚어보자. 상대방 체약국 기업이 우리나라에 고정사업장을 두고 있다는 것은 사업의 활동 기반이 두 나라에 걸쳐 있다는 점에서 본질적으로 이중거주자 문제와 같다. 나라에 따라서는 고정사업장이 있는 외국법인을 거주자인 외국법인이라고 부르기도 한다.[130] 그런데 이중거주자를 조약상 어느 한 체약국의 거주자로 판정하면 제3국 원천소득은 오로지 그런 결과적 거주지국만이 과세할 수 있고 상대방 체약국은 과세할 수 없다. 실제 조약의 글귀에 따라 차이가 있을 수 있지만 OECD 모델의 글귀로는, 제3국 원천소득은 달리 언급하지 않고 있는 기타소득이 되고, 기타소득은 오로지 거주지국만이 과세할 수 있기 때문이다.[131] 고정사업장에 귀속되는 제3국 원천소득에 대해서도 같은 문제가 생기지 않을까? 제3국 원천소득은 오로지 거주지국만이 과세할 수 있는 것 아닐까? 그렇지는 않다. 고정사업장에 귀속하는 제3국 원천소득은 기타소득이 아니기 때문이다. 조약 해석상 기타소득이란 말은 사업소득·이자소득·배당소득 같은 특정 조문에서 과세권의 분배에 관해 명문으로 다루고 있는 소득이 아닌 나머지 소득이라는 뜻이다. 기타소득에 대해서 거주지국이나 원천지국 중 어느 쪽에 과세권을 배분하는 명문 조항이 있으면 그에 따른다. 가령 특정 조약에서 기타소득을 원천지국이 과세할 수 있다고 정하고 있거나, 기타소득에 관한 조문이 아예 없다면 원천지국은 조약의 제한을 받지 않으므로 국내법에 따라 과세하면 된다. 다른 한편 OECD 모델에서는 기타소득은 거주지국에서만 과세할 수 있다고 정하고 있다.[132] 고정사업장에 귀속되는 제3국 원천소득은 조약상 '달리 다루고 있지 않은 소득'에 해당하는가? 아니다. 사업소득에 관한 조문이나 배당·이자·사용료에 관한 조문에서 고정사업장에 귀속하는 소득은 고정사업장에서 과세할 수 있다고 정하고 있으므로,[133] 달리 다루는 규정이 있는 것이고 기타소득에는 해당하지 않는다. 결국 고정사업장과 소재지국의 연관은 이중거주자와 '결과적 원천지국'(조약에 의해 거주지국이 아니라는 판정을 받는 나라)의 연관보다 한결 강하다고 말할 수 있다.

130) 가령 아르헨티나가 이에 해당한다: García Cozzi, Branch Report(Argentina), *Cahiers de Droit Fiscal International*, 2004, IFA, 132쪽.

131) 제3장 제3절 Ⅱ. OECD 모델 제21조.

132) 제3장 제4절 Ⅰ. 2. OECD 모델 제21조.

133) OECD 모델 제7조, 제10조 제4항, 제11조 제4항, 제12조 제3항.

제 4 절 고정사업장 순소득의 계산

Ⅰ. 국내법과의 관계

귀속주의란 결국 고정사업장과 무관한 소득을 고정사업장에 몰아 과세할 수 없다는 말이다. 고정사업장이 해외의 본점이나 다른 지점, 또는 특수관계자와 거래한 것이 없으면 고정사업장의 소득은 다른 납세의무자나 마찬가지로 국내법에 따라 과세하면 된다. 이리하여 우리 법은 국내사업장의 소득을 계산함에 있어서는 국내원천소득과 합리적으로 대응하는 비용을 공제하도록 정하고 있다.[134] 국내원천소득에 대응하는 비용인 한 손금산입은 국내법에 따르면 된다. 미국법에서도 미국내 사업에 관련된 비용을, 그리고 그런 비용만을 손금산입하는 것은 마찬가지이다.[135] 본점 경비의 배분에 관해서는 다음 절 참조.

> 법인세법 제91조(과세표준) ① 국내사업장을 가진 외국법인 … 의 각 사업연도의 소득에 대한 법인세의 과세표준은 국내원천소득의 총합계액(제98조제1항 … 에 따라 원천징수되는 국내원천소득금액은 제외한다)에서 다음 각 호에 따른 금액을 차례로 공제한 금액으로 한다 …
>
> 1. 제13조 제1항 제1호에 해당하는 결손금
> 2. 이 법과 다른 법률에 따른 비과세소득
> 3. 선박이나 항공기의 외국 항행으로 인하여 발생하는 소득. 다만, 그 외국법인의 본점 또는 주사무소가 있는 해당 국가가 우리나라의 법인이 운용하는 선박이나 항공기에 대하여 동일한 면제를 하는 경우만 해당한다.

이 과세표준은 내국법인의 과세표준이나[136] 거의 마찬가지. 그렇다면, 소득의 금액은 어떻게 정할까?

> 법인세법 제92조(국내원천소득금액의 계산) ① 제91조 제1항에 해당하는 외국법인의 각 사업연도의 국내원천소득의 총합계액은 해당 사업년도에 속하는

134) 법인세법 제91조 및 제92조, 법인세법 시행령 제129조 제1항 제1호, 소득세법 제121조 제2항.
135) 미국세법 제873조.
136) 법인세법 제13조. 이창희, 『세법강의』, 제13장 제1절 Ⅱ.

> 익금의 총액에서 해당 사업연도에 속하는 손금의 총액을 뺀 금액으로 하며 각 사업연도의 소득금액의 계산에 관하여는 대통령령으로 정하는 바에 따라 제14조 … 및 제54조 … 를 준용하여 계산한 금액으로 한다 …

법 제14조 … 제54조 등은 내국법인의 각 사업연도의 소득을 계산하는 규정이다. 법 제91조 제1항에 따른 국내사업장이 있다면 국내원천소득만을 따로 뽑아서 그 부분에 관하여는 내국법인과 똑같이 순소득을 계산하여 세금을 매기겠다는 것이다.[137] 그런데 여기에 영향을 미칠 듯한 것으로 우리나라의 조세조약에는 대개 다음과 같은 규정이 있다.[138]

1977 OECD Model Article 7 (Business Profits)

3. In determining the profits of a permanent establishment, there shall be allowed as deduction expenses which are incurred for the purposes of the permanent establishment, including executive and general administrative expenses so incurred, whether in the State in which the permanent establishment is situated or elsewhere.

1977년 OECD 모델 제7조(사업소득)

3. 고정사업장의 소득을 결정함에 있어서 비용으로서 고정사업장을 위하여 지출한 것은 손금산입한다. 경영 및 일반관리비용으로서 그렇게 지출한 것은 이에 포함한다. 고정사업장 소재지국에서 지출한 것이든 다른 어디이든 상관없다.

무슨 뜻인가? 국내법의 손금산입 제한 내용에 관계없이 고정사업장의 비용은 모두 손금산입해야 한다는 말인가? 조약은 고정사업장의 소득 계산에 특칙을 두고 있는 것인가?

대법원 1995. 6. 13. 선고 94누7621 판결

가. 원고 은행은 국내에 고정사업장을 두고 있는 외국법인인바, 원고 은행

137) 비거주자의 경우에도 마찬가지이다. 소득세법 제121조 제2항 참조.

138) 2010년 이후 OECD 모델에서는 빠졌지만 미국조약 제8조 제3항 등 우리나라의 실제조약 대부분에 있다. 아래 제5절 참조.

본점은 … 소외 웰스 파고은행 … 서울지점을 포괄양수하면서 자산가액 이외에 프레미엄으로 미화 1,300,000 달러(금 867,620,000원)을 추가로 지급하고 … 위 프레미엄 금액 중 미화 940,395 달러(금 627,620,000원)를 … 한미조세협약 … 제8조 제3항에 의하여 국내사업장의 사업목적과 직접적으로 관련하여 발생한 본점경비라 하여 국내지점에 배부하였다. 그런데, 원고 은행은 위와 같이 배부받은 금 627,620,000원의 경비를 1989 사업연도 결산시 장부에 계상하지 아니한 채 당해 사업연도 법인세과세표준 소득금액 계산시 위 금액을 … 영업권 상각범위액인 금 52,301,666원(627,620,000원×0.2×5/12)만을 손금산입하고 … 1990 및 1991 사업연도의 법인세 소득금액합산조정명세서에 각 금 125,524,000원(627,620,000원×0.2)씩을 손금[산입]하였다 …

3. … 한미조세협약은 위에서 본 바와 같이 그 제8조 제3항에서 국내원천소득에 합리적으로 관련되는 경비는 그 발생장소에 관계없이 비용공제가 허용된다고만 규정하고 있을 뿐이고, 그 구체적인 비용공제의 절차와 방법에 관하여는 아무런 규정을 두고 있지 아니하므로, 이는 위 규정취지에 벗어나지 않는 한 체약당사국의 국내법령이 정하는 바에 따라야 할 것인바, 법인세법 … 는 감가상각대상자산의 하나로 무형고정자산인 영업권을 규정하고 있으므로, 영업권은 감가상각에 관련된 법인세법이 정하는 바에 따라 감가상각비로서 손금처리되어야 할 것인데, 법인세법 … 각 규정을 종합하여 보면, 내국법인이 고정자산을 감가상각에 의하여 손금처리하기 위하여는 당해 고정자산을 장부상 자산으로 계상하고, 각 사업연도 결산시 그 감가상각액을 … 손익계산서에 손금으로 계상하는 결산조정에 의하여야 하고, 세무조정계산서상 손금으로 조정하는 신고조정에 의할 수는 없다고 할 것이다 … 이 사건 경비는 본점경비이지만 원고 은행 서울지점의 국내원천소득에 합리적으로 관련된 경비로서 한미조세협약 제8조 제3항에 의하여 그 비용공제가 허용되는 것임에도 불구하고 원고 은행의 각 사업연도 국내원천소득금액의 계산에 있어서는 손금에 산입되지 못하는 결과를 초래하기는 하나, 이는 국내세법이 감가상각의 경우 확정결산주의를 취하고 있으므로, 원고 은행이 국내에서 위 경비를 감가상각에 의하여 비용공제받기 위하여는 그에 따른 회계처리를 하여야 하는데도 위에서 본 바와 같이 국내세법에 따른 회계처리를 하지 아니한 데에서 비롯된 것으로서, 위와 같은 해석이 반드시 한미조세협약 제8조 제3항의 규정 취지에 벗어난 것이라고 볼 수는 없다고 할 것이다 …

Utah Mines Ltd. v. Canada[139)]

이 사건 원고는 캐나다에 고정사업장을 둔 미국 회사로 캐나다에서 광업을 하고 있었다. 캐나다법은 광업회사가 지급하는 조광료의 손금산입에 일정한 제약을 가하고 있었다. 원고는 고정사업장의 비용은 모두 손금산입할 수 있다는 앞서 본 조약 규정에 터 잡아 조광료를 손금산입할 수 있다고 주장하였다. 법원은 이 주장을 내치면서 외국법인을 내국법인보다 오히려 더 유리하게 대우할 이유가 없다고 판시하였다.

결국 OECD 모델 제7조 제3항에 해당하는 조약 규정은 고정사업장에 대한 별도의 순소득이나 손금 개념을 창설하고 있는 것은 아니다. 따라서 고정사업장의 소득금액은 내국법인이나 마찬가지 국내법에 따른다. 손금은 신고해야 공제받고 그 존재를 납세의무자가 입증해야 하는 것도 국내법과 같다.[140)]

Ⅱ. 차별금지

한결 중요한 내용은 조약상 차별금지 조항이다.[141)] 고정사업장 소재지국은 고정사업장을, 똑같은 활동을 하는 자국 기업보다 불리하게 과세할 수 없다. '자국민 대우' 규정.[142)] 그러나 고정사업장에 적용하는 법령의 내용이 언제나 국내기업(거주자가 운영하는 기업)과 완전히 같지는 않다. 당연한 말이지만 소득세제의 가장 밑바탕이 바로 거주자와 비거주자의 구별, 내국법인과 외국법인의 구별에 터잡아 전자는 전세계소득을 과세하고 후자는 국내원천소득만을 과세한다는 생각이기 때문이다.[143)] 고정사업장에 귀속하는 국외원천소득을 과세하기는 하지만 기본적으로 전세계소득 과세와 제한적 과세라는 차이는 엄존한다. 차별금지란 같은 것을 다르게 대우하면 안 된다는 말일 뿐이다. 그렇다면 어디까지가 다른 것을 달리 다루는 것이고 어디서부터가 같은 것을 달리 다루는 것인가?

---

139) Federal Court of Appeal (Canada) 31 A.C.W.S. (sd) 1307 (1992).

140) 이창희, 『세법강의』, 제3장 제3절 I. Brittingham v. Commissioner, 66 TC 373 (1976).

141) 제3장 제4절 Ⅳ.

142) OECD 모델 제24조 제3항.

143) 제1장 제4절 Ⅱ.

대법원 2009. 6. 11. 선고 2006두5175 판결

… 외국법인의 본점 등이 지출한 공통경비로서 당해 지점의 국내원천소득의 발생과 합리적으로 관련 있는 금액이 얼마인지는 사업연도가 종료된 후에야 알 수 있는 점, 원고은행 본점경비의 일부를 원고은행 서울지점(이하 '서울지점'이라고만 한다)의 세액 산정에 있어서 손금에 산입하는 것은 서울지점의 적정한 소득을 산정하기 위한 합리적인 세무상의 조정일 뿐 원고은행 본점과 서울지점 사이의 현실적인 채권·채무관계나 거래를 전제로 한 것이 아닌 점, 서울지점이 원고은행 본점으로부터 배부된 본점경비배부액을 실제로 송금하지 아니하더라도 그 손금산입이 가능한 점 등을 종합하여 보면 피고가 서울지점이 한 이 사건 본점경비배부액에 대한 외화환산손실 및 외환차손 상당액의 손금산입을 부인한 채 구 법인세법 기본통칙 6-1-33…54가 정하는 방법인 '금융결제원이 고시하는 기준환율(또는 재정환율)의 연평균'을 적용하여 이 사건 본점경비배부액에 대한 원화환산을 하여 이를 손금에 산입한 것은 일반적으로 시인된 방법에 따른 것으로서 그 합리성이 인정되어 타당하다 …

한불조세협약 제24조는 … 제2항에서 "일방국의 기업이 타방국내에 가지고 있는 고정사업장에 대한 조세는 동일한 활동을 수행하는 그 타방국의 기업에 부과되는 조세보다 불리하게 동 타방국에서 부과되지 아니한다"고 규정하여 이른바 무차별원칙을 규정하고 있는바, 이러한 무차별원칙이 적용되기 위해서는 무엇보다도 외국법인의 국내 고정사업장 등이 내국법인과 동일한 상황에 있거나 동일한 활동을 수행할 것이 전제되어야 한다 … 내국법인이 외국인으로부터 경영지원용역을 제공받고 그 비용을 상환하기 위하여 외화를 송금하는 경우는 서울지점이 이 사건 본점경비배부액을 송금하는 경우와 '동일한 상황에 있거나 동일한 활동을 수행하는 것'으로 볼 수 없다 … 본점경비배부액을 연평균 기준환율에 따라 원화로 환산한 금액만을 손금에 산입함으로써 서울지점이 본점에 송금한 금액 중 일부에 대하여 손금불산입되는 경우가 있다고 하더라도 이를 두고 한불조세협약 제24조 소정의 무차별원칙에 위배되는 것으로 볼 수 없다 …

OECD 모델 주석은 필요경비, 감가상각, 이월결손금 공제, 양도차손익이나 청산손익의 계산 따위의 일반적인 내용에서는 차이가 없어야 하고[144] 경제적 의

144) OECD 모델 제24조 주석 24문단.

미의 특례에서도 차이가 없어야 하지만,[145] 국방이나 정치적 의미가 담긴 내용에서는 차별이 가능하다고 한다.[146] 몇 가지 구체적 논점을 살펴보자.

1. 법인 주주의 수입배당금 익금불산입

많은 나라가 법인이 다른 법인에서 받는 수입배당금을 익금불산입한다. 그 취지는 배당금을 지급하는 회사 단계에서 이미 법인세를 걷었으니 주주 단계에서는 비과세해야 2중과세를 막을 수 있다는 것이다. 개인 주주나 마찬가지로 법인 주주에게 배당세액공제를 허용하는 나라도 있다.[147] 주주가 외국법인(고정사업장)인 경우에도 수입배당금을 익금불산입해야 하는가? OECD 모델 주석은 나라마다 이에 대한 생각이 엇갈림을 보여준다.[148]

고정사업장이 받은 수입배당금을 과세하는 것은 고정사업장과 내국법인 사이의 차별처럼 보이지만, 다시 보면 반드시 같은 상황의 차별은 아니다. 배당소득을 받은 뒤 그 다음 단계에서 과세상 차이가 있기 때문이다. 내국법인이라면 그 법인이 지급하는 주주 배당금에 대한 과세권이 자국에 있지만 외국법인(고정사업장)이라면 그 법인이 지급하는 주주 배당금에 대한 과세권이 자국에 없는 것이 보통이기 때문이다.[149] 특히 OECD 모델조약은 이른바 '추적 과세'를 금지하고 있다.[150] 이리하여 OECD 모델 주석은 한 가지 절충안을 내어 놓고 있다. 고정사업장이 받는 수입배당금은 익금불산입하는 대신 고정사업장에 지급하는 배당금에 대해서는 외국법인 해외 본(지)점에게 지급하는 배당금과 같이 원천징수세를 매기자는 것이다.[151]

'지점세'를 두고 있는 나라라면 외국법인이 지급하는 주주 배당금을 과세하는 것과 마찬가지 효과가 생기므로[152] 고정사업장이 받은 수입배당금은 익금불

145) 같은 주석 25~26문단.
146) 같은 주석 28문단.
147) 영국의 "Income and Corporation Tax Act" 제243조.
148) OECD 모델 제24조 주석 48문단 이하.
149) 한편 유럽법 문제이기는 하지만 "Saint-Gobain" 판결에서 유럽 법원은 유럽법상의 자국민대우 원칙은 고정사업장과 내국법인만을 비교할 일이므로, 배당금 지급이라는 다음 단계의 차이는 적절하지 않다고 판시하였다: 아래 4. 참조.
150) OECD 모델 제10조 제5항. 제7장 제3절 Ⅳ.
151) OECD 모델 제24조 주석 53문단 : 주식 소유비율에 따라 원천징수세를 5%나 15%로 매기자고 한다.
152) 제7장 제5절.

산입해야 한다. 우리 법인세법은 지점세를 조약이 명시적으로 허용하는 경우에만 과세하면서도 수입배당금 익금불산입은 모든 외국법인에게 허용해 주고 있다.[153] 한편 2022년 말에 신설된 국외원천 배당소득 익금불산입은[154] 외국법인의 국내원천소득 계산 준용 조항에서 빠져 있다.[155] 그동안 고정사업장에는 간접외국세액공제를 허용하지 않은 것과 균형을 맞춘 것인 듯싶다. 내국법인과 차별하니 조약 위반 아닌가라는 시비는 접어두더라도, 입법론으로는 내국법인에는 익금불산입과 세액공제 사이의 선택권을 주고 고정사업장에는 안 주고, 그렇게 할 이유는 생각하기 어렵다. 내국법인과 마찬가지로 외국법인 고정사업장에도 수입배당금 익금불산입 선택권을 주는 편이 앞뒤가 맞을 듯.

한편 미국에서는 지점세가 예외 없이 적용되므로[156] 고정사업장도 80% 익금불산입 규정이나 70% 익금불산입 규정을 적용받는다.[157] 다만 100% 익금불산입은 적용받지 못한다. 외국법인은 전세계소득에 세금을 내지 않고 따라서 연결납세의 범위에 포함되지 않기 때문이다. 이에 대해서는 이론적 비판이 있고[158] 실제로 100% 익금불산입을 받은 듯한 사례가 있다.[159]

2. 세율 구조

OECD 모델 주석은 고정사업장에 대한 누진세율 적용은, 외국법인 본·지점 소득 전체를 기준으로 세율을 적용할 수 있다고 한다. 내국법인 과세에서 국외소득면제 방식을 쓰더라도 세율 자체는 전세계소득 기준으로 누진세율을 적용하는 것과 균형이 맞기 때문이다.[160] 그러나 이 생각은 다른 한편으로 고정사

153) 법인세법 제92조 제1항, 제18조의2, 제96조 제1항.

154) 법인세법 제18조의4. 제13장 제4절 Ⅱ.

155) 법인세법 제92조 제1항.

156) 유일한 예외는 우리나라 법인이다. 미국 재무부 규칙 1.884-1(g)(3). 한국-미국 조약의 차별금지 조항이 1976년에 체결된 이래 그대로 남아있는 덕택이다.

157) 미국세법 제864조(c), 제882조, O'Brien, "The Non-Discrimination Article in Tax Treaties", 10 Law and Politics in International Business 545 (1979), 특히 569쪽.

158) American Law Institute, *Federal Income Tax Project: International Aspects of United States Income Taxation Ⅱ: Proposals of the American Law Institute on United States Income Tax Treaties* (Hugh J. Ault & David R. Tillinghast, 1992), 271쪽.

159) Schlumberger Ltd. v. United States, 195-75 (Ct. C. petition filed June 27, 1975) : 판결이 나오기 전 화해가 이루어진 사안이다.

160) OECD 모델 제24조 주석 56문단.

업장의 소득을 독립기업 원칙에 따라 계산해야 한다는 것과 갈등 관계에 있다. 이리하여 OECD 모델조약은 외국법인 전체의 소득을 무시하고 고정사업장을 따로 단위로 삼아 세율을 적용할 수도 있다고 한다.[161] 가령 고정사업장의 소득은 흑자이지만 외국법인 전체로는 적자인 경우를 생각할 수 있다.

여기에서 한 가지 문제가 더 생긴다. 고정사업장 단계에 이르는 사업이 둘 이상 있다면 고정사업장은 두 개가 있는 것인가, 또는 하나가 있는 것인가? 각각에 세율을 적용할 것인가, 합산할 것인가? 법인세 신고는 각각 해야 하는가, 하나만 하면 되는가? 전통적인 견해에 따르면, 고정사업장은 있는가 없는가를 묻는 것이지 몇 개 있는가를 묻는 개념이 아니다. 내국법인도 사업장이 여럿이라고 해서 세율을 각각 적용받거나 신고를 각각 하지 않는다.[162] 그러나 2003년 이후 OECD 모델 주석은 고정사업장이 여럿 있을 수 있다는 생각을 보인다.[163]

3. 절차의 차이

OECD 모델 주석은 내국법인이 받는 이자·배당·사용료소득에는 원천징수의무를 지우지 않고 고정사업장이 받는 이자·배당·사용료소득에만 원천징수 의무를 지우는 것은 결국 기납부세액으로 공제해 주더라도 내국민 대우가 아니라고 시사하면서도 결론은 얼버무리고 있다.[164] 미국의 행정해석도 고정사업장이 법인세 신고를 하지 않으면 각종 손금공제나 세액공제를 하지 않는다는 미국법이[165] 차별금지에 어긋나지 않는다고 한다. 한편 모델조약 제24조 제1항(상대방 체약국 "national"에 대한 차별금지)과 제3항(고정사업장에 대한 차별금지)의 글귀를 비교해 보라. 제1항은 모든 차별을 금하는 반면 제3항은 "세금을 더 불리하게 매겨서는 안 된다"라고 정하고 있다. 제3항은 실체법상의 차별만 금하고 있는 것인가? 절차상의 차별은 괜찮은가? 답은 뚜렷하지 않다. 우리 현행법에서는 고정사업장에 귀속하는 이자소득 등은 애초 원천징수의무가 없다.[166] 신고 절차에도 차이가 없다.[167]

161) 같은 문단.
162) 아래 제5절 Ⅲ.에 나오는 Natwest Ⅲ 판결 참조.
163) OECD 모델 제5조 주석 22문단 : 2003년 주석 5.1문단으로 추가했던 부분이다.
164) OECD 모델 제24조 주석 62문단 이하.
165) 미국세법 제882조(c)(2).
166) 법인세법 제98조 제1항.

4. 자국민대우와 간접외국세액공제

제3국 원천소득의 과세 및 외국납부세액공제 문제는 앞서 보았지만, 여기에서는 내국민대우 문제, 그 가운데에서도 간접외국세액공제 문제를 다룬 유럽 법원 판결 하나를 그저 상식으로 들어 두자. 유럽에서는 워낙 중요한 판결이니.

"Saint-Gobain"('생-고뱅') 판결[168]

이 사건 납세의무자는 프랑스 회사로 독일에 고정사업장을 두고 있었고, 이 고정사업장에 귀속되는 소득은 미국 자회사(10.2% 소유)와 독일 자회사(98.63% 소유)에서 받은 배당소득을 포함하고 있었다. 다시 독일 자회사는 스위스 손회사(33.34% 소유)에서 배당을 받았다. 이 판결 당시 독일법은 미국법과 달리 외국법인의 국내사업장에도 연결납세(정확히는 손익통산)를[169] 허용하고 있었다. 또 독일법은 10% 이상 해외 자회사에서 받는 배당소득은 외국세액공제 대상이라고 정하고 있었으나. 이 간접외국세액공제는 독일법인만 적용받을 수 있었다. 한편 미국-독일 조약은 독일법인이 25% 이상 해외 자회사에서 받은 배당소득은 독일에서 면제받도록 정하고 있었고, 스위스-독일 조약은 독일 국내법상 외국세액공제 대상이라면 독일에서 비과세받도록 정하고 있었다.

납세의무자는, 이 규정들을 합하고, 또 거기에 독일-스위스 조약상의 차별금지 조항을 얹으면 스위스 손회사에서 받는 배당소득이 독일에서 비과세대상이라고 주장하였다. 독일-프랑스 조약이 차별을 금지하고 있으므로 고정사업장도 독일법인이나 마찬가지로 간접외국세액공제를 받을 수 있어야 하고, 그렇다면 다시 독일법인이 스위스에서 받는 배당소득은 독일-스위스 조약에 따라서 면세되므로 프랑스법인이 받는 배당소득도 독일-프랑스 조약의 차별금지 조항에 따라 면세받아야 한다는 것이다(그 밖에도 판결은 납세의무자가 미국·독일 조약에 기댈 수 있는가도 다루고 있지만 미국 자회사 주식의 소유 비율은 10.2% 뿐이었으므로 왜 이 논점이 생기는지는 판결문만 보아서는 불분명하다).

이에 대해 독일 정부는 내국법인과 외국법인은 애초 과세소득의 범위가 다르므로 차별을 받을 수밖에 없다고 주장하였지만 법원은 고정사업장이 있다는

---

167) 앞의 대법원 1995. 6. 13. 선고 94누7621 판결.

168) Judgment of the Court of 21 September 1999, Saint-Gobain, C-307/97, EU:C:1999:438. 제3장 제2절 Ⅴ. 6.

169) 이창희, 『세법강의』, 제13장 제2절 Ⅶ.

이유로 일단 국외원천소득을 과세범위에 넣는 이상 이 점에서는 둘 사이에 차이가 없다고 판시하였다.[170] 또 독일 정부는 배당을 지급받은 회사가 다시 주주에게 배당을 지급하는 단계에 가서 외국법인과 내국법인 사이에 차이가 있음을 지적하였으나 법원은 이는 단순한 세수 문제일 뿐이므로 유럽법상 차별 정당화 사유가 못 된다고 판시하였다.[171] 마지막으로 독일 정부는 유럽연합 회원국이 아닌 미국과 맺은 조세조약의 혜택이 차별금지 조항의 적용을 받는가의 판단은 유럽연합의 권한에 속하지 않는다고 주장하였으나 법원은 이 주장 역시 받아들이지 않았다. 조세조약의 체결 자체는 각국의 권한이더라도 각국은 이 권한을 유럽법에 맞게 행사해야 한다는 것이다.

제 5 절 고정사업장과 독립기업 원칙

Ⅰ. 본·지점간 거래: 일체설 v. 개체설

이제 한결 어려운 문제로 들어가 고정사업장과 본점, 또는 같은 법인의 다른 고정사업장 사이에 거래가 있는 상황에서 고정사업장의 소득을 어떻게 계산할 것인가라는 문제를 생각해 보자. 조약의 사업소득 조항 전체가 다 걸려드는 문제이지만, 조약이 주는 기본적인 답은 이른바 독립기업 원칙이다. 우리나라 실제 조약의 대부분이 따르고 있는 OECD의 1963년 모델이나 1977년 모델의 글귀는 다음과 같다.

> 1977 OECD Model Article 7 (Business Profits)
>
> 2. Subject to the provisions of paragraph 3, where an enterprise of a Contracting State carries on business in the other Contracting State through a, permanent establishment situated therein, there shall in each Contracting State be attributed to that permanent establishment the profits which it might be expected to make if it were a distinct and separate enterprise engaged in the same or similar activities under the same or similar conditions and dealing wholly independently with

---

170) 위 판결문 48문단.

171) 위 판결문 50문단.

the enterprise of which it is a permanent establishment.

1977년 OECD 모델 조약 제7조(사업소득)

2. 제3항의 규정을 조건으로 하여, 한 체약국 기업이 상대방 체약국에서 그 안에 있는 고정사업장을 통하여 사업을 영위하는 경우 각 체약국에서 고정사업장에 귀속하는 사업소득이란, 고정사업장이 독자적인 별개의 기업이라면 벌었으리라 기대할 수 있는 소득으로서 고정사업장이 같거나 비슷한 활동을 같거나 비슷한 조건에서 영위하고 또 고정사업장이 속하는 기업과 완전히 독립적으로 거래하였을 경우 벌었으리라 기대할 수 있는 소득이다.

3. In determining the profits of a permanent establishment, there shall be allowed as deductions expenses which are incurred for the purposes of the permanent establishment, including executive and general administrative expenses so incurred, whether in the State in which the permanent establishment is situated or elsewhere.

3. 고정사업장의 소득을 결정함에 있어서 비용으로서 고정사업장을 위하여 지출한 것은 손금산입한다. 경영 및 일반관리비용으로서 그렇게 지출한 것은 이에 포함한다. 고정사업장 소재지국에서 지출한 것이든 다른 어디이든 상관없다.

곧 각 체약국은, 같거나 비슷한 상황에서 고정사업장이 같거나 비슷한 활동을 하면서, 고정사업장을 설치한 기업과 완전히 독립적으로 거래한다면 벌었을 이윤을 고정사업장에 귀속시켜야 한다는 것이다. 얼핏 보기에 이 말은 계열회사 사이의 독립기업 원칙,[172] 곧 각 기업이 서로 독립적이었더라면 벌었을 소득을 귀속시켜야 한다는 말과 같은 것으로 보인다. 그러나 계열회사 사이의 이전가격 문제에 쓰이는 독립기업 원칙을 고정사업장의 과세에 적용하자면 한 가지 자명한 문제가 있다. 특수관계자 사이의 거래는, 비록 특수관계 때문에 거래조건이 왜곡될 수는 있지만 일단 거래 당사자는 별개의 법인격을 가지고 있고 따라서 유효한 민사상 계약 내지 거래라는 것이 있을 수 있다. 그러나 고정사업장과 다른 본·지점 사이의 거래에서는 애초 '거래', 한결 정확히는 계약 기타

172) OECD 모델 제9조.

법률행위가 성립할 수가 없다. 본·지점 간의 '거래'란 같은 사람 안의 내부적 행위일 뿐.

이리하여 서로 맞서는 두 가지 사고방식이 생긴다. 하나는 '일체설'(一體說)이라 부를 수 있는 것으로, 결국 지점이란 외국법인의 일부일 뿐이므로 지점의 과세소득이란 외국법인 과세소득의 일부를 고정사업장에 안분하는 것이고, 이 안분 결과가 독립기업 원칙에 맞으면 된다는 생각이다. 또 하나는 '개체설'(個體說)이라 부를 수 있는 것으로, 고정사업장을 마치 현지법인처럼 생각해서 앞의 보기 같으면 가상적 매매계약을 상정하자는 것이다. 여기에서 일체설이나 개체설이나 결과는 마찬가지 아닌가라는 의문이 들 수 있다. 이상적으로는 두 가지가 같은 결과를 낳아야 한다는 지적은 옳다. 그러나 독립기업 원칙은 특정한 수치에 딱 다다르는 '엄밀한 과학'이 못 되고, 결국은 다국적기업의 국제적 소득을 '엿가락 자르듯' 나누는 것일 뿐이다.[173] 따라서 일체설과 개체설 사이에는 결과적으로 (의도하지 않았고 정당화될 수도 없는) 큰 차이가 생길 수 있다. 나아가서 둘 사이에 분명한 개념상 차이가 생기는 듯한 부분도 있다. 가령 본·지점을 합하여 본 전체 소득이 결손인 상황에서 고정사업장의 과세소득은 (+)라고 정할 수 있는가? 개체설의 사고에서는 당연히 가능하다. 일체설에서도, (−)10이라는 소득을 (+)5와 (−)15로 나눈다는 생각이 있을 수는 있지만,[174] 아무래도 꺼림칙하기 마련이다. 다른 예로 본점이 고정사업장에 물건을 보냈지만 아직 고정사업장은 물건을 팔지 못한 상황에서 본점에 매출 소득이 있다고 할 것인가? 개체설에서는 긍정하기가 쉽지만 일체설에서는 저항을 받기 마련.

OECD 모델 주석은 종래 이 점에 관해 아주 혼란스러웠다. 제7조 제2항에서는 고정사업장이 본점이나 다른 지점에서 독립해서 거래했더라면 벌었을 소득을 과세하라고 정하고 있다. 이에 관한 주석은 과세소득 산정을 고정사업장의 장부에서 시작해야 한다는 것을 강조하고 있고, 대개 이것은 개체설로 가라는 뜻으로 읽혔다.[175] 문제는 제7조 제2항을 개체설로 읽는 경우 제7조 제3항과 충돌한다는 점이다. 제7조 제3항은 본점 비용의 전부나 일부를 고정사업장에 안분하는 것을 허용하는 듯 보이지만, 개체설에서는 본점이 지점을 위해 지출한 비

173) 제4장.

174) 이것이 이른바 "creation of income doctrine"이다.

175) 1994년 OECD 모델 제7조 주석 12문단. 물론 고정사업장과 다른 본·지점이 '계약'을 체결하더라도 이는 의미가 없다는 내용의 당연한 단서가 붙어 있기는 하다. 같은 주석 13문단.

용을 지점에 안분한다는 것은 있을 수 없는 일이다. 본점과 지점을 개체로 이해한다면 본점은 지점을 위해 일정한 용역을 제공한 것이므로, 비용을 안분할 일이 아니라 용역 대가를 청구해야 한다. 나아가 일체설의 입장에서 본다면 제7조 제2항이 반드시 개체설이라는 뜻은 아니라고 반박할 수 있다. 고정사업장 과세소득의 계산을 고정사업장의 장부에서 시작한다는 말은 기실 일체설과 개체설의 대립과 무관하다. 가령 본・지점 관계가 지점 운영에 필요한 현금만 남기고 나머지 현금은 바로바로 본점에 송금하는 방식이라면, 지점은 판매수익과 국내 발생 비용만 적으면 된다.[176] 고정사업장 과세소득의 계산을 고정사업장의 장부에서 시작한다는 말은 고정사업장의 장부가 이미 본・지점간 거래를 별도 법인간 거래처럼 적고 있다는 전제에서만 타당한 동어반복일 뿐이다.[177] 아무튼 장부에 관한 주석은 개체설로 읽혔지만, 오직 일체설로만 설명할 수 있는 부분도 있었다. 가령 본・지점 간에 이자를 지급하거나 사용료를 지급한다고 인정하지는 않음을 원칙으로 삼으면서 그 대신 본・지점 전체에 걸친 비용의 안분을 요구하는 것은[178] 일체설의 입장이다. 또 구매 행위에는 소득을 귀속시키지 않는다는 제7조 제5항의 규정도 일체설의 입장에서만 설명할 수 있다. 독립한 기업이 수수료도 받지 않으면서 남을 위하여 물건을 사서 보낼 이유가 없기 때문이다.

Ⅱ. 일 체 설

이리하여 종래 OECD 회원국 각국에서는 OECD 모델조약 내지 그 주석을 각자 일체설로 또는 개체설로 풀이하고 있었다.[179] 미국의 행정해석은 "독립기업 원칙이란 반드시 미국 지점을 독립된 개체로 파악해야 한다는 뜻은 아니다"라고 밝히고 있었다.[180] 일체설의 입장에서는, 독립기업의 원칙이란 소득을 계

176) 물론 나라에 따라서는 무역규제법령상 본・지점간의 거래도 매매처럼 대금 지급을 요구하는 수가 있기는 하다.

177) 뒤 Ⅲ.에 보듯 이 점에 "Natwest" 판결의 근본적 오류가 있다.

178) 1994년 OECD 모델 제7조 주석 12.2문단, 17.4문단, 18.3문단 : 다만, 금융기관에서는 예외적으로 본・지점 간 이자를 인정하고 있다. 같은 주석 19문단 이하.

179) 이 점은 1995년의 OECD 보고서 초안이 솔직히 인정하고 있다: Discussion Draft Art. 7 (1995), Part Ⅰ. B. 9문단 이하.

180) Rev. Rul. 78-423, 1978-2 CB 194, updated by Rev. Rul. 85-7, 1985-1 CB 188.

산하는 방법이나 절차의 문제가 아니고 소득 계산의 결과를 놓고 이 결과가 특수관계 없는 회사와 견주어 마찬가지인가를 묻는 내용이나 실질의 문제라고 생각한다.[181] 고정사업장에 귀속되는 손금 계산은 미국 국내법에 따라 외국법인 전체의 비용을 안분하여 정할 수 있다는 것이다.[182] 이 생각은 일체설을 전제로 하고 있는 것이다. 다만 일체설을 택한 나라이더라도 고정사업장과 무관한 활동에서 생긴 비용까지 안분 대상으로 삼고 있지는 않다.[183] 또 본・지점 간의 내부 거래를 인정하지 않는다는 1977년 모델 주석[184]도 일체설을 전제로 한다고 볼 수밖에 없다.[185] 독일의 조약해석론도 그랬고[186] 우리나라도 국내법과 조약 모두 그렇게 풀이했다.

대법원 1987. 5. 12. 선고 85누1000 판결

원고은행이 그가 설치운영하던 해외지점과 사이에 상호 자금거래를 하면서 내부적・관행적으로 그에 대한 이자를 징수한 것으로 기장해 오고 있으나 이러한 본・지점간의 이자의 계산은 단지 각 지점의 영업결과 내지 경영성과를 평가하기 위한 지표를 알기 위한 것일 뿐 법인세법 제9조 제2항 및 제3항의 대외적인 거래에 의하여 발생한 수익 또는 손비로서 법인의 순자산의 증가 또는 감소를 가져오는 "익금" 또는 "손금"이라고는 할 수 없다(당원 1985.11.12 선고 83누40 판결 참조).

---

181) 앞의 Rev. Rul. 78-423 등 참조.

182) 가령 은행의 지급이자 안분에 관한, Rev. Rul. 89-115, 1989-2 CB 130 등.

183) 이런 의미의 일체설에 OECD 보고서는 relevant business activity 방식이라는 새로운 이름을 만들어 붙이고 있다: OECD, "Report on the Attribution of Profits to Permanent Establishments" (Dec. 2006), 특히 61문단 이하. 해외 본・지점의 소득 가운데 국내 고정사업장과 무관한 부분은 안분 대상이 될 수 없고, 고정사업장에 적절한 부분만을 고정사업장에 안분해야 한다는 생각이다.

184) 1977년 OECD 모델 제7조 주석 18~20문단.

185) American Law Institute, *Federal Income Tax Project: International Aspects of United States Income Taxation II: Proposals of the American Law Institute on United States Income Tax Treaties* (Hugh J. Ault & David R. Tillinghast, 1992), 210~211쪽.

186) *Klaus Vogel on Double Taxation Conventions*(제3판), 제7조 주석 65문단.

대법원 1989. 1. 31. 선고 85누883 판결[187]

1. … 독일연방공화국내에 본점을 두고 은행업을 영위하는 외국법인인 원고은행이 1982. 3. 16. 서울지점의 1981. 사업연도 법인세과세표준을 신고함에 있어서, 원고은행의 본점경비 중 서울지점의 손금으로 산입할 수 있는 금액을 국세청고시 제81-37호 소정의 "외국법인의 과세소득계산상 관련점경비배부방법"에 따라 산출된 금 130,978,399원으로 계산함으로써 … 법인세[를] … 납부하였다가 그후 같은 해 9. 10. 원고은행의 본점경비 중 서울지점의 손금으로 산입할 수 있는 금액의 계산은 위 국세청고시에 의할 것이 아니라 원고은행이 채택하고 있는 방식에 따르는 것이 정당하고 이에 따라 원고은행 본점경비 중 서울지점에 배부될 금액을 계산하면, 금 219,988,710원이 된다고 하면서 … 수정신고하고[188] 수정신고세액을 초과하는 기납부세액 … 환급신청을 하였던바, 피고는 같은 해 12. 6. 위 수정신고를 받아들이지 아니하고 위 세액의 환급신청을 기각하는 처분을 하였다 …

2. … 대한민국과 독일연방공화국간의 소득 및 자본에 대한 조세의 2중과세 회피를 위한 협정 제7조 제3항이 "고정사업장의 이윤을 결정함에 있어서 경영비와 일반관리비를 포함하여 동 고정사업장의 목적을 위하여 발생한 경비는 동 고정 사업장이 소재하는 체약국내에서 또는 다른 곳에서 발생하는가에 관계없이 비용공제가 허용된다"고 규정하고 있고 법인세법 시행령 제121조 제1항 제1호가 외국법인의 각 사업연도의 국내원천소득의 총합계금액 계산에 관하여 "법 제9조에서 규정하는 손금은 법 제55조에 규정하는 국내원천소득에 관련되는 수입금액자산가액과 국내원천소득에 합리적으로 배분되는 것에 한한다"고 규정하고 있어 원고은행의 본점경비중 서울지점을 위한 경비로 합리적으로 배분된 금액은 이를 법인세과세표준을 계산 신고함에 있어서 손비로 계상처리할 수 있도록 정하여져 있으나, 이와 같은 경우 본점경비의 국내지점 배분액을 구체적으로 어떠한 방법으로 계산하는 것이 합리적인지에 관하여는 아무런 규정이 없어서 국세청장은 1981. 11. 18. 고시 제81-37호로 외국법인의 과세소득계산상 관련점경비배분방법을 고시하였고, 위 고시내용은 관련점에서 발생한 경

187) 같은 취지로 대법원 1990. 3. 23. 선고 89누6750 판결, 1993. 1. 15. 선고 92누1650 판결, 2009. 6. 11. 선고 2006두5175 판결.

188) 옛 국세기본법상 감액수정신고로 현행법의 경정청구에 해당한다, 이창희, 『세법강의』, 제6장 제3절 Ⅱ.

비 중 국내사업장에 대한 산업상 또는 상업상의 이윤을 얻는 데 합리적으로 관련이 있다고 인정되는 것을 배부대상경비액으로 하여 거기에다가 국내사업장의 수입금액이 전세계 관련점수입금액의 총액에서 차지하는 비율을 곱한 금액을 배부경비액으로 한다 … 원고은행에서 채택하고 있는 본점경비의 배분방법, 즉 배부대상 본점경비를 산하 각 지점의 영업규모비율 및 매출총이익률에 비례하여 배분하는 방법은 설사 원고은행의 업종과 업태에는 적합한 합리적인 방법이고 다른 나라의 세무당국에 의하여 용인되어 오고 있다 할지라도 그것만으로는 위 조세협정과 법인세법 시행령의 규정취지에 적합한 유일한 합리적인 배분방법이라고는 단정할 수 없 … 다.

살피건대 … 본점 등 관련점경비 중 지점에 귀속될 경비액을 계산하는 방법에 관하여는 위 조세협정에 아무런 규정을 두고 있지 아니하므로 결국 본점 등 관련점의 배부대상경비 및 그 계산방법은 위 규정취지에 벗어나지 아니하는 한 체약당사국의 국내법령이 정하는 바에 따라야 할 것이고 … 국내원천소득에 관련되는 비용이 국내소득원천과 기타 소득원천에 공통되는 경우에는 국내소득원천에 합리적으로 배분되는 금액만을 손금으로 할 것이고, 이 경우의 합리적으로 배분되는 금액이라 함은 국내원천소득과 기타 소득원천에 공통되는 비용 중 국내소득원천에 관련된 실액을 반영할 수 있는 것으로 일반적으로 시인된 방법에 따라서 산출한 금액을 뜻하는 것이나, 한편 외국법인에 있어서도 그 업종과 업태 및 조직이 다양하므로 일률적으로 합리적인 관련점경비배부방법을 정하는 것은 극히 어려운 데다가 또한 그 합리성에 관하여 보더라도 이는 상대적일 뿐 절대적인 기준이 없는 것이라고 할 것이고 보면, 위 국세청고시가 정하는 수입금액의 비례에 의한 경비배분의 회계방법도 그 합리성이 있음을 엿볼 수 있고, 그것이 위 조세협정 제7조 제3항, 법인세법 시행령 제121조 제1항 등의 규정취지에 위반된 것이라고 단정할 수 없다 …

Ⅲ. 개체설의 대두

그러나 그 뒤 OECD 모델 및 주석은 일체설에 대한 회의를 보이기 시작한다. 독립기업 원칙이라는 말이 무엇을 뜻하는가를 놓고 미국과 다른 OECD 국가들 사이에 한판 싸움이 정리되면서, 독립기업 원칙이란 비교가능 제3자 가격 등 당해 거래가격의 조정에서부터 시작하는 것이고, 이익분할 방법이나 거래별 순이익률 방법 등은 보충적 방법이라고 정리하게 되자[189] 본·지점 거래에서도 일체설과 개체설 문제를 다시 정리할 수밖에 없게 되었다.[190] 이리하여 OECD는 1995년에 제7조에 관한 '고정사업장에 대한 사업소득의 귀속'이라는 제목으로 '공개 토론안'(discussion draft)을 내어 놓으면서 개체설을 택하였다.[191] 그 뒤 이 초안은 여러 차례 개정되어 2008년에 같은 제목으로 정식 보고서[192]가 나왔고 그 뒤 2010년에 다시 개정판이 나왔다.

이런 변화 속에서 1999년에 미국의 "National Westminster"(약칭 "Natwest") 판결이 나왔다. 이 판결의 쟁점은 앞서 본 85누883 판결이나 마찬가지로 본점 경비의 배부에 관한 것이다. 한결 좁게는 외국 은행의 국내 지점과 본점 사이의 내부적 자금 거래가 있을 때 국내 지점이 손금산입할 수 있는 자금비용은 국외 본점의 지급이자 가운데 일부를 안분받는 것인가, 또는 본점에서 조달해온 돈에 대한 지급이자 상당액(즉 '내부 이자')인가라는 일체설과 개체설의 대립이 이 사건의 쟁점이다. 이 사건은 1심인 "Court of Federal Claims"가 낸 3건의 판결과 항소심 판결 1건,[193] 모두 4건의 판결로 이루어져 있다. 이 판결을 읽기 전 한 가지 미리 알아두어야 할 점으로, 이 사건 이전에 대부분의 OECD 회원국은 일반적인 상(商) 기업에 대해서는 일체설을 따른다 하더라도 특별히 은행 등 금융업에는 내부이자의 계산을 허용하고 있었고, OECD 모델 주석에도 금융업은 경비 안분의 예외가 될 수 있다고 적고 있었다.[194] 그러나 미국 재무부 규칙은 은행이라 하더라도 예외를 인정하지 않고 일체설로 전세계 이자를 안분하고 있었다.

---

189) 제4장.

190) OECD, "2010 Report on the Attribution of Profits to Permanent Establishments" (22 July 2010), Preface 문단.

191) 같은 문단은 보고서의 내용이 반드시 기존의 조약 글귀에 대한 해석론 차원에 있는 것이 아님을 밝히고 있다.

192) OECD, "Report on the Attribution of Profits to Permanent Establishments" (17 July 2008).

193) National Westminster Bank PLC v. United States, 44 Fed. Cl. 120 (1999. 속칭 Natwest I); 58 Fed. Cl. 491 (2003. 속칭 Natwest Ⅱ); 69 Fed. Cl. 128 (2005. 속칭 Natwest Ⅲ), 512 F.3d 1347 (Fed. Cir. 2008), motion for rehearing and motion for rehearing enbanc denied, No. 2007-5028 (Fed. Cir. Apr. 21, 2008. 속칭 Natwest Ⅳ). 이 사건에 대해서는 여러 평석이 있다. 하나만 들자면, William W. Chip, "Interpreting Tax Treaties after Natwest", 37 Tax Management International Journal (2008. 6. 13.).

194) 1977년 OECD 모델 제7조 주석 17문단; 1963년 모델 제7조 주석 15문단. 논리적으로 이런 예외가 어떻게 가능한가는 의문이다. 주석의 설명으로는 은행의 돈은 거의 1:1로 추적할 수 있다고 하나 비현실적인 설명이다.

National Westminster PLC v. U.S.

이 사건 원고인 "Natwest"는 영국 은행의 미국 지점으로서 운용 자금의 일부를 본점에서 조달받았고 금융업 관련 미국 법령에 따라 이런 자금 거래를 마치 다른 기업에서 조달한 자금처럼 구분 계산하여 회계처리하고 있었다. 원고는 이처럼 본점에서 조달한 자금에 대한 지급이자 상당액(내부이자)을 손금산입하였으나 미국 국세청은 그 가운데 일부를 부인하였다. 원고의 회계장부를 기준으로 한다면 미국 지점의 부채비율이 전세계 영업보다 훨씬 높아지고, 원고가 부채로 잡아놓은 내부 자금에 대한 지급이자 상당액이 전세계 지급이자 가운데 미국 지점의 자산에 안분할 수 있는 금액보다 훨씬 컸기 때문이다.

미국 재무부 규칙에서는 국내 사업의 소득 계산시 이자비용은, 법인의 전세계 이자를 자산 기준으로 안분(按分)하여 미국 내 자산에 대응하는 부분을 손금산입한다.[195] 재무부 규칙이 전세계 이자비용을 안분하는 것은, 돈이란 꼬리표가 없는 것이므로 이 돈은 여기에 쓰이고 저 돈은 저기에 쓰인다고 말할 수 없다는 이유에서이다.[196] 이리하여 미국법은, 꾼 돈이든 자기자본이든 돈은 모든 재산에 (비례적으로) 골고루 흘러 들어가 있다고 보고 지급이자를 자산 기준으로 안분하여 미국에서 손금산입할 국내사업분 지급이자를 계산한다. 이 사건에서 미국 국세청은 본점이 지점에 공급한 자금에 대해 청구한 내부이자 상당액의 손금산입을 거부하고 그 대신 미국 재무부 규칙에 따라 영국은행이 지급한 전세계 지급이자 가운데 미국 내 재산에 상당하는 부분을 안분한 금액만을 손금산입하였다. 실제 숫자 대신 손쉬운 보기를 들어 전세계 영업을 합해볼 때 자산이 10,000, 부채가 9,500, 자본이 500이고 이자율이 10%라고 하자. 미국 지점의 자산은 1,000, 외부 부채는 900, 본점에서 조달한 자금 100 중 90은 본·지점간 차입금이고 10은 자본금 형식이라고 하자.[197] 원고는 900에 대한 지급이자 90에 더하여 90에 대한 내부이자 9를 손금산입하였으나(손금산입액 합계 99), 국세청은 전세계 외부이자 950(=9,500×10%) 중 원고에게 안분할 수 있는 95(=950×1,000/10,000)만 손금산입한 것이다.

---

195) 미국 재무부 규칙 1.882-5.

196) 그렇게 하지 않고 가령 "이 땅에는 내 돈이 들어가 있고 저 땅에는 꾼 돈이 들어가 있다"는 식의 임의 할당을 받아들인다면, 납세의무자는 언제나 이 땅을 담보로 제공하고 돈을 꿔서 그 돈으로 저 땅에 관계된 차입금을 갚는 식으로 자기에게 가장 유리한 방식으로 돈의 흐름을 재구성할 수 있기 때문이다. 이창희, 『세법강의』, 제11장 제1절 3.

197) 실제로 "Natwest"의 회계장부상 자본비율은 0.76% — 1.75% 였다. Natwest Ⅱ, 495쪽.

"Natwest I" 사건에서 원고는, 이 재무부 규칙은 1975년의 영국-미국 조약상 독립기업 원칙에 어긋난다고 주장하였다. 1975년 당시의 OECD 모델 주석(1963년 주석)이 고정사업장의 소득을 장부에 터잡아 계산하라고 하는 것은 개체설을 전제로 하였다는 것이다. 따라서 지점을 독립한 현지법인이나 마찬가지로 보아서 본점이 공급한 자금에 대한 지급이자 상당액은 손금산입해야 한다는 것이다. 이에 대해 국세청은 1963년 주석 가운데 일체설처럼 읽히는 부분을 강조하면서 맞섰다. 기실 1963년 주석을 보면

"고정사업장이 지급하는 지급금 가운데 특별한 문제를 낳는 것들이 있다 … 이런 경우 가운데 첫 번째가 이자, 사용료, 기타 비슷한 지급금을 고정사업장이 본점에 지급하는 것이다 … 이런 경우 지급금을 고정사업장의 소득 계산시 손금산입하지 않아야 옳다고 생각할 수 있다"

라고 적고 있는 부분[198]이 있다. 그러나 같은 주석의 그 다음 문장은 은행 등 금융업에서는 본·지점간 내부이자를 계산할 수 있다고 적고 있다. 이에 터잡아 "Natwest Ⅰ" 판결은 미국 재무부 규칙의 일체설이 1975년 영국-미국 조약에 어긋난다고 판시하는 '중간판결'[199]을 내렸다.

"Natwest Ⅱ" 사건에서는, 전세계 이자 가운데 일부를 안분하는 것은 불가능해진 까닭에 국세청은 원고의 회계장부에 따라 계산한 자본이 독립기업 원칙에 따라 계산한 금액보다 모자란다고 주장하였다. 본점에서 '꾼' 내부 자금 가운데 상당 부분은 자본으로 재구분해야 한다는 것이다. 국세청의 주장은 개체설이라는 테두리 안에 있기는 하지만 실질적으로는 "Natwest I" 당시의 주장을 포장만 바꾸어 거의 그대로 다시 내놓고 있는 것이다. 이 주장은 독립기업 원칙이란 원고의 미국 지점을 그와 비슷한 규모의 소규모 은행에 견주는 것이고 그렇다면 원고의 미국 지점의 부채비율도 그런 소규모 은행과 비슷해야 한다는 것이다. 가령 소규모 은행의 자본비율이 6%라면[200] 원고 미국 지점의 자본금도 60이 되어야 하고 따라서 원고의 본·지점 간 차입금 90 가운데 50을 자본금으로 재구분하면서(회계장부상 자본금은 10이다) 내부이자 가운데 4를 손금불산입한 당초 처분은 정당하다는 것이다.[201]

198) 1963년 OECD 모델 제7조 주석 14~15문단. Natwest I, 129쪽. Natwest Ⅰ, 120, 127쪽.
199) partial summary judgement. 우리 민사소송법 제201조의 중간판결이나 마찬가지이다.
200) 실제는 6-7%였다. Natwest Ⅱ, 495쪽.

그러나 법원은 독립기업 원칙이란 이자율이 정상인가 아닌가를 따지는 것일 뿐이고 부채인가 자본인가 하는 문제는 애초 독립기업 원칙과 무관하다고 판시한다.[202] 가장 중요한 논거는 영국이 독립기업 원칙을 개체설로 풀이한다는 것이다.[203] 이에 대해 국세청은 조약 체결 후에 생긴 OECD 주석서 및 '고정사업장에 대한 사업소득 귀속' 보고서 '공개 초안'(2001년 초안과 2003년 초안)에 따라 부채를 자본으로 재구분할 수 있다고 주장하나 법원은 이 문서들의 내용이 반드시 국세청 주장을 뒷받침하지 않을 뿐더러 이 문서들은 1975년 조약을 체결한 뒤에 생긴 것이고 또 그 내용도 현행법 해석론이라기보다는 입법론에 가깝다고 판시한다. 결론적으로 법원은 원고의 자본 구조를 그대로 인정한 상태에서 과세소득을 계산하라는 중간판결을 내렸다.

"Natwest Ⅲ"는 제1심 종국 판결로 애초 국세청이 부과한 세금의 거의 전부를 환급하라고 명하는 판결이다. 이 판결은 남아 있는 마지막 쟁점으로 원고의 미국 내 지점 6개의 소득을 합산해서 과세해야 하는가, 아니면 지점 별로 각각 과세해야 하는가라는 문제에 대해서, 비거주자·외국법인의 고정사업장이란 있는가 없는가의 문제이지 몇 개 있는가의 문제가 아니라고 판시한다. 고정사업장이 있는 이상 6개 지점의 소득은 모두 고정사업장에 귀속하는 소득으로 합산해야 한다는 것이다.

"Natwest Ⅳ"는 항소심 판결로서 하급심 판결을 그대로 유지하고 있다. 우선 영국 측의 조약해석론이 개체설이라는 것이다.[204] 또 은행업을 특히 명시하였다는 점에서 보면 OECD 모델 주석[205]의 전체 취지가 은행업에서는 개체설을 따른다는 것이다.[206] 또 OECD의 1984년 이전가격 지침을 보면, 일체설의 입장

201) 물론 원고의 전세계 자본비율과 미국 소규모 은행의 자본비율 사이에 차이가 있는 부분만큼은 차이가 생길 수 있다. 소규모 은행은 대개 한결 높은 자본비율을 맞추어야 하므로 앞의 예에서는 손금불산입액이 1만큼 한결 더 올라가지만 은행의 자본비율은 나라마다 법정 최소비율이 다르고 경영 환경도 다르므로 그 차이를 구태여 따질 실익은 없다. 이 사건에서 당초 과세처분에 따른 손금불산입액 4를 정당화한다는 점에서는 마찬가지이다.

202) "US Steel" 판결이나 "Bausch & Lomb" 판결에도 이런 생각이 나타났던 것을 기억하라. 그 밖에도 "Natwest" Ⅱ 판결은 운전자금이 아닌 돈이나 고정자산에 들어간 돈을 본점에서 조달한 것은 자본이라고 하는 원고 주장을 받아들이지만, 이 점은 독립기업 원칙과는 애초 아무 관련이 없다. 재무관리의 상식에도 어긋나지만 혹시 은행업 관련 규제법령에서 이런 해석을 끌어낼 수 있는지는 모르겠다.

203) Natwest Ⅱ, 505쪽.

204) Natwest Ⅳ, 1357쪽.

205) 제7조 주석 14~15문단.

206) Natwest Ⅳ, 1356쪽.

에서 은행의 고정사업장에 전세계 이자를 안분하는 나라는 미국과 일본뿐이고 다른 회원국은 모두 개체설의 입장에서 내부이자를 계산하고 있다는 점에 주목하면서 조약상 독립기업 원칙이란 개체설을 뜻한다고 판시한다.[207] 내국법인인 은행 정도의 자본을 가지고 있어야 한다는 주장에 대해서는 개체설이란 본점에서 독립적이라는 뜻일 뿐이고 별개의 법인격이라는 뜻은 아니라고 판시하고 있다.[208] 독립기업 원칙이란 지점과 현지법인의 차이 그 자체는 인정하고, 다만 거래 조건이 비교가능한가만 묻는 것이라는 말이다.

워낙 중요한 판결이라 전모를 다 소개했지만 당면 논점인 일체설과 개체설의 대립을 보이는 것은 1심 판결 세 가지 중 "Natwest Ⅰ"과 항소심 판결 Natwest Ⅳ. 우리나라는 앞서 대법원 판결에서 보았듯 종래 미국 재무부 규칙과 비슷한 내용을 국세청 고시로 두고 있었다.[209] 지금은 외국은행의 본·지점 간 자금거래에 대해서는 종래의 일체설을 따르든가 아니면 개체설을 따르든가 선택권을 주고 있다.[210] 한편 일반적인 해외 경비에 관해서는 종래와 마찬가지로 일체설의 입장에서 해외 경비를 국내사업장에 안분한다. 안분 방법은, 항목 별로 합리적 배분 기준을 설정하여 안분하는 것이 원칙이지만 그렇게 하기 어려운 때에는 일괄배분방법을 쓸 수 있다.[211]

OECD의 '고정사업장에 대한 사업소득의 귀속' 보고서는 2008년에 정식 보고서가[212] 나왔고 그 뒤 2010년에 다시 개정판이 나왔다. 한결 중요한 것은 이 개정판과 동시에 OECD 모델 자체를 바꾸어, 일체설의 입장을 따랐던 종래의 제3항(본점 경비를 고정사업장에 안분할 수 있다)과 제5항(단순 구매행위에는 소득을 귀속시키지 않는다), 이 두 항을 아예 모델에서 삭제한다. 이 개정의 상세는 아래 Ⅴ. 참조.

OECD 보고서는 이 새로운 입장에 따라 구체화한 개체설을 'OECD의 공식적 입장'(AOA, Authorized OECD Approach)이라고 부르고 있다. 이 보고서는 모두

207) Natwest Ⅳ, 1358쪽.
208) Natwest Ⅳ, 1360쪽.
209) 폐지 전의 법인세법 기본통칙 9-129…2.
210) 법인세법 시행령 제129조의3.
211) 법인세법 시행령 제130조, 법인세법시행규칙 제64조, 국세청 고시 2018-38호 (2018.9.1.)
212) OECD, "Report on the Attribution of Profits to Permanent Establishments" (17 July 2008). 보험업 관련 제Ⅳ부가 정식 보고서에 들어갔다.

4부로 이루어져 있다. 제Ⅰ부가 총론, 제Ⅱ부가 은행업, 제Ⅲ부가 증권업의 글로벌 트레이딩, 제Ⅳ부가 보험업이다. 이 보고서의 고갱이는 1995년 '공개 토론안'에서 크게 바뀐 것이 없다. 독립기업 원칙이라는 개념이 비교가능 제3자 가격 등 거래가격부터 쳐다보라는 뜻이라고 정한다면 당연히 개체설을 따를 수밖에 없다. 일체설에서는 거래가격이라는 개념이 없기 때문이다. 혹 있다 하더라도 이는 과세소득의 안분에서 역산되는 결과일 뿐이다. 독립기업 원칙에 따라 거래가격을 조정한다는 말은 거래가 있어야 한다는 말이고, 그러자면 본·지점 사이에 거래가 가능하다고 말할 수밖에 없다. 이리하여 OECD 보고서는 모든 기업에 대하여, 본·지점이 사용료나 이자를 주고받는 거래를 모두 인정하는 쪽으로 물꼬를 돌리고 있다. 이 보고서가 주창하는 AOA의 구체적 내용은 기업의 각 부분이 맡고 있는 기능과 위험을 분석하여 그에 맞추어 소득을 계산한다는 것이다. 그러나 솔직히 말하면 엄청난 분량에 불구하고 그 내용은 요령부득이다. 아마도 이 보고서에 터잡아 소득을 계산한다는 것은 현실적으로 불가능하리라 보인다.

Ⅳ. 본·지점 간 거래 문제의 재정의

"Natwest" 사건처럼 주목받지는 못했지만 좀 생각해 보면 아주 깊은 관련이 있는 판결로 캐나다 조세법원의 "Cudd Pressure" 판결이 있다.

Cudd Pressure Control Inc. v. The Queen[213]

이 사건 원고는 미국법인이고 주(主) 사업은 일정한 장비를 이용하여 유전 시추공의 압력을 조절하는 특수한 기술 용역을 유전개발 회사에 제공하는 것이었다. 원고는 1985년 중 캐나다 고정사업장을 통해서 "Mobil" 사의 캐나다 유전 두 곳에 용역을 제공하였고 그 대가로 하루 15,000 달러를 받았다. 북미 전체에 걸쳐서 이런 용역을 제공하는 회사는 원고를 포함하여 큰 회사가 셋 있었고 군소회사가 댓 개 더 있었다. 특수한 기술 용역이라는 사업의 성격상 원고든 경쟁업체든 이 사업을 하는 회사는 모두 해당 장비에 대한 소유권을 직접 가지고 있

213) Cudd Pressure Control Inc. v. Canada, 1995 A.C.W.S.(3d) 1075; 1995 A.C.W.S.J. LEXIS 49486. 98 DTC 6630, [1999] 1 CTC 1로 항소기각.

었다. 1985년 원고는 캐나다 고정사업장의 소득을 계산하면서 이 장비에 대한 감가상각을 손금산입하는 대신 내부 임차료 상당액 약 250만 달러를 손금산입하였다. 실제로 본·지점 사이에 돈이 오간 것은 아니고, 본·지점 간의 거래를 독립기업처럼 보고 지점이 본점에서 장비를 임차한 것으로 구성하여 임차료 상당액을 손금산입한 것이다.

이 사건의 쟁점은 두 가지이다. 제1점은, 고정사업장의 소득 계산은 국내법과 다른 조약 자체의 손금개념을 가지고 있는가라는 점이다. 1심 판결은 앞서 본 "Utah Mines" 판결[214]과 마찬가지로 아니라고 판시한다. 제2점은, 본·지점 사이에 계산한 임대료 상당액(notional rent)을 손금산입할 수 있는가이다. 원고는 개체설의 관점에서 임대료 상당액의 공제를 주장하였지만 1심 판결은 개체설의 관점을 취하더라도 반드시 공제해야 할 이유가 없다고 판시하였다. 반드시 지점이 기계장치를 임차했다고 보아야 할 이유가 없고 지점이 기계를 샀어야 한다고 본다면 감가상각액만 공제받을 수 있다는 것이다.[215] 원고는 이 업종에 속하는 기업은 모두 해당 장비를 직접 소유하므로, 독립기업 원칙에 따라 본·지점 사이의 관계를 구성한다면 본점이 장비를 소유하면서 이를 지점에 임대한 것으로 보아야 한다고 주장하였다. 그러나 1심 판결은 오히려, "Mobil" 사와의 계약은 장비 소유자가 아니면 이행할 수 없는 계약이므로 지점이 본점에서 장비를 샀다고 보아야 한다고 판시하였다.

항소심 판결은 1심 판결의 결론을 유지했지만 이유에 대해서는 재판부의 의견이 갈렸다. 판사 가운데 일부는 제1점에서는 개체설을 따라서 임차료 상당액의 손금산입이 가능하다고 보면서도 제2점에서 독립적 제3자라면 이 사건 사실관계에서 기계를 임차하지 않았을 것이라고 보았다.

"Cudd Pressure" 판결과 "Natwest" 판결은 어떤 관계인가? 모순이다. "Cudd Pressure" 판결에서는 다른 회사들이 모두 장비를 소유하고 있는 이상 독립기업 원칙이란 지점도 장비를 소유하고 있다는 가정하에 소득을 계산하는 것이라고 한다. 한편 "Natwest" 판결에서는 미국의 소규모 은행들의 자본비율은 6%인 데 비해 원고의 회계장부상 미국 지점의 자본비율은 1% 남짓이었지만, 독립기업 원칙이란 지점을 다른 미국법인처럼 생각하라는 뜻은 아니라고 한다. 어느 쪽이

214) 이 장 제4절 Ⅰ. 참조.

215) 같은 판결 45문단, 87문단.

옳은가? 기실 "Natwest" 사건이나 "Cudd Pressure" 사건의 바른 쟁점은 일체설과 개체설의 대립이 아니다. 쟁점은 내부이자나 내부임대료 같은 본·지점 간의 '거래'를 통하여 지점 과세소득을 줄일 수 있는 한도가 어디까지인가라는 문제이다. 그렇게 본다면 이것은 독립기업 원칙의 문제가 아니라 과소자본 세제의 문제일 뿐이다.[216] "Cudd Presure" 판결은 과소자본 세제와는 무관한 것 아닌가? 그렇지 않다. 기계를 샀어야 한다는 말만으로 문제가 풀리지는 않는다. 본점이 지점에 꿔준 돈으로 기계를 샀다고 본다면 다시 지급이자 상당액을 공제해야 한다는 문제를 제기할 수 있는 까닭이다. 결국 법원이 임대료 상당액의 손금산입을 부인하고 감가상각의 손금산입만을 허용하는 취지는 자기자본의 기회비용 상당액은 고정사업장의 손금이 아니라는 말이다.[217] 반면 임대료 상당액을 공제하겠다는 말은 감가상각과 자기자본의 기회비용을 모두 공제하겠다는 말이다. 무슨 말인가? 실물 시장이 균형에 있다면 자기자본으로 산 기계장치를 남에게 빌려준다고 생각하면 임대료는 감가상각과 자기자본의 기회비용을 합한 금액이라야 하는 까닭이다. 결국 쟁점은 외국 자본이 자본수입국(지점 소재지국)에서 번 소득 가운데 자기자본의 기회비용 부분을 과세할 권한을 자본수입국에 줄 것인가 말 것인가이다. 이 문제는 과소자본 세제에 가서 다시 살펴보기로 하자.

V. 옛 OECD 모델조약 제 7 조의 해석론

본·지점간의 관계를 개체설로 입법적으로 정리함에 따라 필연적으로 부딪히는 문제 가운데 하나는 예전에 OECD 모델조약 제7조 제3항에 들어 있었고 우리나라가 맺은 조약의 대부분에 있는 비용배분 조항과 다른 항의 관계를 둘러싼 해석론이다. 2010년 개정 전의 OECD 모델조약 제7조 제3항의 글귀는 본점비용 등 해외에서 발생한 실제 비용을 지점에 배부하는 것을 허용하는 것처럼 적혀 있다. 앞으로 돌아가 다시 읽어보라.

이에 대해 OECD의 2006년 보고서에서는,[218] 그 역사를 뒤져 보면 이 말은

216) 제9장.

217) Jaques Sasseville, Notional Rental Charges and the Determination of PE Profits, in Essays on Tax Treaties (2013), 81쪽.

218) OECD, "Report on the Attribution of Profits to Permanent Establishments", Part Ⅰ, Ⅱ, Ⅲ (Dec. 2006).

반드시 실제로 발생한 비용의 배부를 뜻하는 것은 아니고, 고정사업장에서 손금산입할 비용은 해외에서 지출한 것이라 하여 손금산입을 거부할 수 없다는 일종의 차별금지 규정일 뿐이라고 정리하고 있다. 따라서 제2항과 모순이 없다는 것이다.[219] 그러나 다른 한편, 제2항에 '제3항을 조건으로 하여'라는 글귀가 들어 있다는 점과, 또 제3항의 글귀 자체로 본다면, 제3항은 실제 발생 비용의 고정사업장 배부라는 뜻으로 읽는 해석도 틀린 것은 아니라고 얼버무리고 있다.[220]

한편 같은 2006년 보고서는 OECD 모델조약 제7조 제4항은 필요 없다고 한다.[221] 그러나 특수관계 기업에서 이익분할법을 새로 들여오는 마당에[222] 제7조 제4항을 구태여 삭제한다는 것이 논리적으로 앞뒤가 맞는가? 제7조 제4항의 글귀 자체에는 반드시 자산, 매출액, 인건비 등의 일률적 기준으로 소득을 안분한다는 말은 없다. 이 글귀 자체는 기능분석 등 이익분할법에 의한 안분과 양립 불가능하지 않다. 같은 보고서는 구매행위에는 소득을 배부할 수 없다는 제7조 제5항도 삭제하자고 제안하고 있다. 개체설의 입장에서 보자면 제5항은 분명 설명하기 어려운 내용이다. 다른 기업을 위하여 물건을 사서 아무런 마진을 붙이지 않고 실어 보낼 기업은 없기 때문이다.

그렇다면 이제 여기까지 온 길을 다시 돌아보자. 요컨대, OECD 보고서의 골자는 "제7조 제2항의 의미는 개체설이고, 제7조 제3항은 개체설과 충돌하는 것으로 읽을 여지가 있으며, 제7조 제4항과 제5항은 충돌하므로 삭제하자"는 것이다. 한편 제7조 제2항을 일체설로 읽으면 제3항에서 제5항의 규정과 충돌하는 문제는 없다. 그렇다면 법해석론으로 따지면 일체설과 개체설 가운데 어느 것이 올바른 해석인가? 당연히 일체설이 옳다.

이 모순을 더 이상 얼버무릴 수 없다는 논리적 곤경에 부딪히자 결국 OECD는 2010년 보고서로 개체설을 택하면서 모델조약 자체를 바꾸어 종래 제7조의 제3항, 제4항, 제5항을 모두 삭제한다. 이 문제도 결국은 다국적기업의 초과이윤에 대한 세수를 어떻게 나눠 가지는가로 이어진다. 일체설을 내치고 개체설로 가서 이전가격 세제를 적용하면 결국 초과이윤에 대한 세수는 누가 가지는가?

---

219) 같은 보고서 "Part Ⅰ" 284문단 이하. 특히 289문단.
220) 같은 문단.
221) 같은 보고서 296문단.
222) 제4장 제1절 Ⅴ. 2.

아무튼 법해석론 차원에서는 이런 개정은 본·지점 거래에서 독립기업 원칙이라는 말의 뜻을 새로 정의하고 나선 것이다.

결국 2010년 개정 전 OECD 모델과 같은 글귀를 따른 조약이라면 해석론적 차원에서는 일체설이 옳다. 다만 은행의 내부 거래에 대해서는 종래 대다수의 국가에서 이를 인정하고 있었고 우리나라의 행정해석도 마찬가지였다는 점에서, 논리적으로 궁하기는 하지만 현행 법인세법 시행령 제129조의3의 개체설적 입장이 종래의 조약 글귀와 반드시 모순되는 것은 아니라고 풀이할 수는 있다. 거주자의 국외 고정사업장의 순소득을 조약상 어떻게 계산하는가는, OECD 모델에서는 생기지 않고 실제 조약 가운데서도 우리나라에서는 미국조약에만 특유한 쟁점이지만, 아무튼 고정사업장의 순소득 계산에 관해 대법원 판결은 일체설을 분명히 밝히고 있다.

대법원 2011. 2. 24. 선고 2007두21587(속칭 'MBC') 판결

한미조세협약 제5조 제1항은 소득에 관한 2중과세의 회피에 관하여 "미국에 납부한 조세에 관해서 한국의 세액공제를 적용할 목적으로 제6조(소득의 원천)에 규정된 제 규칙이 소득의 원천을 결정하기 위하여 적용된다"고 규정하고, 제6조 제8항은 사업소득의 원천에 관하여 "일방 체약국의 거주자인 수령자가 타방 체약국 내에 두는 고정사업장에 귀속되는 산업상 또는 상업상의 이윤은 (중략) 타방 체약국 내에 원천을 둔 소득으로 취급한다"고 규정하고 있다. 그리고 제8조는 고정사업장에 귀속되는 사업소득의 범위 등에 관하여 제2항에서는 "일방 체약국의 거주자가 타방 체약국에 소재하는 고정사업장을 통하여 타방 체약국 내에서 산업상 또는 상업상의 활동에 종사하는 경우에는, 동 고정사업장이 동일한 또는 유사한 조건하에서, 동일한 또는 유사한 활동에 종사하고, 또한 어느 고정사업장을 가진 거주자와 전적으로 독립해서 거래하는 독립적 사업체로 가정하는 경우에 동 고정사업장에 귀속되는 산업상 또는 상업상의 이윤은 각 체약국 내에서 동 고정사업장에 귀속된다"고 규정하고, 제3항에서는 "고정사업장의 산업상 또는 상업상의 이윤을 결정함에 있어서, 경영비와 일반 관리비를 포함하여 합리적으로 그 이윤에 관련되는 경비는 고정사업장이 소재하는 체약국 내에서 또는 다른 곳에서 발생되는가에 관계없이 비용공제가 허용된다"고 규정하고 있다.

위와 같은 한미조세협약 제5조 제1항, 제6조 제8항의 규정에 의하면, 미주방송지사의 국외원천소득과 관련하여서도 한미조세협약 제8조 제2항이 적용될 수 있다고 할 것이지만, 그와 별도로 한미조세협약 제8조 제3항이 고정사업장에 귀속되는 사업소득의 구체적인 결정방법을 규정하고 있는 점, 위 각 규정과 관련하여 그동안 국제적으로 통용되어 온 해석은 무형자산의 경우에는 이를 동일 기업 내부의 본사 또는 고정사업장 등 어느 특정 부문에 전적으로 귀속시키는 것이 어려우므로 설령 본사와 고정사업장 사이에서 그 사용료가 수수된다 하더라도 그것을 고정사업장의 손금이나 익금에 산입할 수는 없다는 것이었던 점, 한미조세협약 체결 당시 대한민국 정부 및 미합중국 정부도 그와 같은 국제적인 해석의 범위 안에서 위 각 규정을 조약의 내용에 포함시킨 것으로 보이는 점, 소득에 관한 2중과세를 회피하고자 하는 외국납부세액 공제제도의 취지 등을 종합하여 보면, 원고가 당해 사업연도의 과세표준금액 계산상 손금에 산입한 방송프로그램의 실제 제작원가 중 미주방송지사의 국외원천소득에 합리적으로 배분되는 금액을 손금에 산입하여 미주방송지사의 국외원천소득금액을 계산하는 것은 별론으로 하고, 원심과 같이 한미조세협약 제8조 제2항을 근거로 미주방송지사가 독립기업일 경우 원고 본사에 지급하였을 것으로 예상되는 방송프로그램의 사용료에 상당하는 금액을 공제하여 미주방송지사의 국외원천소득금액을 계산하는 것은 허용될 수 없다.

Ⅵ. 공식배분법

2010년 개정 전의 옛 OECD 모델은 법인의 전세계소득 가운데 일부를 일정한 공식에 따라 고정사업장에 배분하는 방법을 예외적으로 인정하고 있고 우리나라가 맺은 조약 가운데에도 그런 글귀가 있는 조약이 적지 않다. 이런 공식배분법은 순자산증가설의 시조로 유명한 19세기 말 독일의 게오르크 폰 샨츠(Georg von Schanz)가 원천지국과 거주지국 사이에서 3:1로 과세소득을 나누자고 제안한 데에서 비롯한다고.[223)]

다른 나라 국내법으로, 미국법에는 공식배분법이 없다. 다만 고정사업장의 손금을 계산할 때에는 전세계 손금의 일부를 배분하는 방식을 쓰고 있음은 이미 본 바와 같다(또 이른바 "unitary method"라 하여 캘리포니아 주법에서 주 소득세 목적

223) Hannes, "The Atrribution of Profits to a Permanent Establishment: USA" in *Cahier de Droit Fiscal International 91b* (2006), IBFD, 691쪽.

으로 공식배분법을 쓰고 있다. 배분 기준으로는 매출액, 자산, 인건비의 세 가지를 쓴다. 캘리포니아 매출액인가 아닌가는 구매자의 주소를 기준으로 판정한다). 독일 국내법은 공식배분법(간접법)을 인정하지만, 고정사업장 자체를 놓고 소득을 계산하는 직접법에 대한 보충적 방법으로만 인정하고 있다.[224)]

독립기업 원칙, 특히 개체설의 입장에서는 '공식배분'(formulary apportionment)이란 당연히 잘못된 접근방법이고,[225)] 따라서 OECD 모델은 '협의 초안'을 거쳐서 2010년에 공식배분법을 모델에서 아예 삭제하였다. 독립기업 원칙에서 말한 일체설과 공식배분법은 일단 비슷한 생각이지만 한 가지 결정적 차이점이 있다. 일체설은 고정사업장과 연관되는 범위 안에서만 납세자 전체를 하나로 보는 것이지만 공식배분법은 고정사업장의 활동이 무엇인가를 따로 묻지 않고 전세계 소득 전체를 배분 대상으로 삼는 것이다. 이런 뜻에서 OECD는 종래의 일체설(single entity approach)이라는 말 대신 아예 'relevant business activity approach'라는 말을 쓰고 있다. 미국 모델에는 공식배분법이 없고, 또 고정사업장의 자산이나 활동에서 생긴 소득만 고정사업장의 소득에 넣을 수 있다는 규정이 있다.[226)] 손금도 공식배분은 안 된다는 미국 판결이 있음은 이미 본 바와 같다.[227)]

공식배분법의 문제점은 어떤 공식을 쓰더라도 소득 창출에 이바지하는 모든 요소를 다 반영할 길은 없다는 것이다. 따라서 투자의사 결정에 왜곡을 가져오게 된다. 가령 A 나라에서는 매출액, 인건비, 자산의 세 가지 요소로 소득을 배분하고 B 나라에서는 매출액만으로 소득을 배분한다고 하면 납세의무자는 어떻게 반응할까? 당연히 자산과 인력을 B 나라로 배치할 것이다. 장점도 있다. 무엇보다도 독립기업 원칙에 비하면 소득 조작의 가능성이 훨씬 낮다는 점이다. 그에 따라서 법을 훨씬 단순하고 명확하게 만들 수 있다. 또 장점인지 단점인지는 보는 시각에 따라 달라지지만, 공식을 어떻게 만드는가에 따라 후진국

---

224) BFH, Urteil vom 25.06.1986 – II R 213/83, BFHE 147, 264 = BStBl II 1986, 785; BFH, Urteil vom 29.06.1992 – II R 39/89, BStBl. II 1993, 63 등. 일반적 설명은 Neumann 등, The Attribution of Profits to Permanent Establishments, in Cahier de Droit Fiscal International 91 b (2006), 344쪽. 캘리포니아주의 공식배분법 적용에 대한 논의로, 노미리, 『공식배분법의 입장에서 바라본 Pillar 1 비판』(2023), 경인문화사, 50~56쪽, 63~67쪽 참조.

225) OECD 이전가격지침 Ch. Ⅰ. C.

226) 미국 모델 제7조 제2항.

227) The Northwest Life Assurance Company of Canada v. Commissioner, 107 T.C. 363 (1996); National Westminster Bank (Natwest Ⅰ), 44 Fed. Cl. 120 (1999).

이 차지하는 과세소득이 지금보다 커질 수 있다.[228] 이전가격 세제의 이익분할법이나 거래순이익률법에서 마케팅 무형자산을 인정하는 것도 결국은 같은 결과가 된다.

다른 한편, 독립기업 원칙의 문제점을 직시한다면 공식배분법이 문제 해결의 방법이 될 수 있고, 이런 관점에서 고정사업장의 소득만이 아니라 아예 현지법인의 소득 계산에까지 공식배분법을 확대하자는 주장도 있다. 실제로 유럽연합은 다국적기업에 국제적 연결납세 규정을 도입하자는 제안을 내어놓은 바 있다.[229]

2020년대에 들어서 필라 1은, 일정 규모를 넘는 다국적기업은 공식배분법으로 과세하자고 한다. 고정사업장이든 현지법인이든 가릴 것 없이 다국적기업(군)의 연결소득을 일정한 기준으로 여러 나라가 안분해서 세금을 걷자는 것. 안분기준으로는 국가별 매출액, 이 한 가지를 쓰자고 한다.[230] 연결소득 그 자체를 그냥 안분하는 것은 아니다. 이른바 "Amount A", 곧 연결 순소득이 매출액의 일정 비율을 초과하는 경우 그런 초과액 중 일부만 안분 대상으로 삼고 나머지는 거주지국이 과세한다는 것이다. 이 방식에서는 자국 내 매출액이 일정 기준을 넘는 나라라면 아예 고정사업장이 없어도 이른바 "Amount A"의 일부에 대한 과세권이 생긴다. 한편 고정사업장 소재지국이 과세할 수 있는 금액은 종래 독립기업 원칙에 따라 계산한 금액의 최대한보다는[231] 아마 오히려 줄어들 것이다.

---

228) Bird & Mintz, "Sharing the International Tax Base in a Changing World" in *Public Finance and Pubic Policy in the New Century* (Cnossen et als., eds., 2003).

229) European Commission, "Towards an Internal Market without Tax Obstacles: A Strategy for Providing Companies with a Consolidated Tax Base for the EU-wide Activities", COM(2001)582 final (2001. 10. 23.) 582쪽; Proposal for a COUNCIL DIRECTIVE on a Common Consolidated Corporate Tax Base (CCCTBEuropean Corporate Tax Base, COM(2011) 121 final(2011. 3. 16); Proposal for a Council Directive on a Common Corporate Tax Base, COM(2016) 685 Fina1; Proposal for a Countil Directive on a Common Consolidated Corporate Tax Base, COM(2016), 683 Fianal.
EU 집행위원회는 종래 국제적 연결납세(CCCTB) 논의에 진전이 없자, 최근 BEPS 2.0을 계기로 이를 'BEFIT'(Business in Europe: Framework for Income, EU 법인세 과세체계)으로 바꾸어 새로이 추진하고 있다. 그러나 아일랜드와 같이 낮은 법인세율(12.5%)로 다국적 기업 본사를 많이 유치해 온 국가들이 합의해 줄지는 의문. Proposal for a COUNCIL DIRECTIVE on Business in Europe: Framework for Income Taxation (BEFIT), COM/2023/532 final.

230) OECD/G20 (2020), Tax Challenges Arising from Digitalisation - Report on Pillar One Blueprint: Inclusive Framework on BEPS; Progress Report on Amount A of Pillar One (2022. 7. 11)

231) 제4장 제1절 Ⅲ.

제 6 절 운수소득

Ⅰ. 운수소득 특칙

성질로 따지자면 운수소득은 사업소득의 일종이지만 각국의 국내법이나 조약은 이에 관한 특칙을 두고 있다. 가령 미국 국내법의 일반 원칙은 FDAP 소득도 아니고 투자자산의 양도소득도 아닌 소득은 모두 미국내 사업에 속하는 소득으로 보고 순소득 기준으로 과세한다.[232] 그러나 운수소득에는 특칙을 두어 순소득 과세는 고정사업장에 귀속되는 소득에 국한하고[233] 고정사업장에 귀속하지 않는 미국원천 운수소득에는 4%라는 낮은 세율을 적용한다.[234](속칭 "freight tax"라 부른다). 운수업의 성질상 당연한 일이지만 이 세금은 원천징수세가 아니고 신고납부해야 한다. 여러 나라에 걸친 운수에서 버는 소득을 어떤 식으로 나누어 과세할 것인가는 아주 복잡하고 어려운 문제가 되는 까닭이다.

대법원 2021. 2. 25. 선고 2017두237 판결

가) 먼저 원고의 2006 사업연도 매출수익이 전부 국내원천소득에 해당한다는 원심판단에 관하여 본다.

(1) … 국내사업장을 가진 외국법인이 국내 및 국외에 걸쳐 선박에 의한 국제운송업을 영위하는 경우 위 사업에서 발생하는 소득 중 국내에서 승선한 여객이나 선적한 화물에 관련하여 발생한 소득만이 구 법인세법 제93조 제5호에 따른 해당 외국법인의 국내원천 사업소득으로서 각 사업연도 소득에 대한 법인세 과세표준에 포함된다고 보아야 하고, 국외에서 승선한 여객이나 선적한 화물에 관련하여 발생한 소득은 국내원천 사업소득이 아니어서 법인세 과세표준에 포함되지 아니한다. 그리고 국내원천 기타소득에 관한 구 법인세법 제93조 제11호 (차)목을 근거로 하여서도 국내 및 국외를 불문하고 위 국제운송업에서 발생하는 소득 전부가 국내원천소득에 해당한다고 해석할 수는 없다.

(2) 원고는 2006 사업연도에 국내뿐만 아니라 국외에서도 선박으로 화물을 운송하는 사업을 영위하였으므로 원고의 2006 사업연도 손익계산서상 매출수익

---

232) 미국세법 제864조(c)(2), c(3), 제871조(a), (b), 제881조(a), 제882조. 제3절 Ⅱ. 3.

233) 미국세법 제887조(b)(3).

234) 미국세법 제887조(b)(1).

에는 화물의 국외 선적과 관련하여 발생한 소득이 포함되었을 개연성이 높다. 따라서 위 매출수익이 오로지 화물의 국내 선적과 관련하여 발생한 소득으로 구성되었다는 점에 대하여 과세관청의 아무런 주장·증명이 없는 이상, 위 매출수익 전부가 국내원천소득에 해당한다고 보기 어렵다.

OECD 모델은 운수업에서는 고정사업장이 있더라도 그것만으로는 과세하지 않는다. 운수기업의 소득은 그 기업의 중심이 있는 나라 한 곳에서만 과세하고 다른 나라에서는 과세하지 않는다는 것이다.[235] 이 점에서 다른 사업소득과 다르다. 전형적 조세조약을 맺지 않은 나라 사이에서도 운수소득 2중과세 회피라는 좁은 목적의 별도 조약을 두는 경우도 많고, 행정협정을 맺은 뒤 그 행정협정의 내용에 따라 국내법으로 상호면세 조치를 취하는 경우도 많다.[236] 공식적 행정협정이 없더라도 국내법에 의한 일방적 면세 조치가 서로 맞아 들어가는 범위 안에서 결과적으로 상호주의가 성립되어 면세를 받기도 하고.

Ⅱ. 과세권: 실질적 관리장소 v. 거주지

운수기업의 중심지 국가를 어떻게 판정할 것인가에 대해서는 나라마다 생각이 다를 수 있겠지만 종래의 OECD 모델조약은 실질적 관리장소가 있는 나라가 과세권을 가져야 한다는 입장이었다.

1977 OECD Model Article 8 (Shipping, Inland Waterways Transport and Air Transport)

1. Profits from the operation of ships or aircraft in international traffic shall be taxable only in the Contracting State in which the place of effective management of the enterprise is situated.

235) OECD 모델 제8조 제1항.

236) 법인세법 제91조 제1항 3호 및 소득세법 제59조의5 제1항 2호. 미국세법 제883조(a). Rev. Rul. 2001-48, 2001-2 CB 324. 법인세법 제91조 제1항 제3호는 선박의 외국항행소득이 외국법인의 국내원천소득으로서 각 사업연도 소득에 대한 법인세 과세표준의 기초가 되는 국내원천소득 총 합계액에 포함되는 것을 전제로 상호면세의 경우에 한하여 법인세 과세표준 산정 시 해당 소득을 공제하여야 한다고 규정한 것에 불과하다. 대법원 2021. 2. 25. 선고 2017두237 판결.

1977 OECD 모델 제8조(해상, 내륙수로운송 및 항공운송)

1. 이윤으로 선박이나 항공기의 국제운항에서 버는 것을 과세할 수 있는 체약국은 그 안에 기업의 실질적 관리장소가 있는 나라만이다.

가령 독일법에 따라 설립된 독일법인이더라도 실질적 관리장소는 스위스 사무소라고 한다면 스위스만이 과세권을 가진다는 것이다. 처음에 OECD 모델이 실질적 관리장소라는 기준을 들고 나온 것은 아마도 선박이나 항공기 회사는 파나마나 라이베리아 같은 조세피난처 또는 경과세국에 적(籍)을 두고 있는 경우가 많다는 점을 생각한 때문일 것이다. 물론 많은 나라에서는 자국에 실질적 관리장소가 있는 법인이라면 이를 거주자로 보고 있고, 또 이중거주자가 된다면 실질적 관리장소를 최종 기준으로 거주지를 판정하는 경우가 많다.[237] 따라서 결국은 실질적 관리장소가 있는 나라가 최종적 거주지국이 되어, 거주지국이나 관리장소 소재지국이나 결과적으로 같은 나라가 되는 경우가 오히려 보통이었을 것이다.

반면 미국 모델은 실질적 관리장소라는 기준을 일반론으로 배격하고 있는 만큼[238] 운수소득에서도 이 개념을 거부하고 거주지를 기준으로 삼아 운수기업의 거주지국만이 과세권을 가져야 한다고 생각한다.[239] 우리나라와 미국 사이의 실제 조약도 그렇다.[240] OECD 모델 주석은 종래 미국의 입장을 반영하여 거주지국 과세를 관리장소 소재지국 과세에 대한 대안으로 주석서에 적고 있었다. 그 뒤 2013년의 개정안을 거쳐서 2017년부터는 미국의 입장이 아예 모델조약 자체에 들어오고 종래의 관리장소 기준은 주석에 나오는 대안으로 밀려났다.[241]

2017 OECD Model Article 8 (International Shipping and Air Transport) 1. Profits of an enterprise of a Contracting State from the operation of ships or aircraft in international traffic shall be taxable only in that State.

---

237) OECD 모델 제4조 제3항.

238) 미국 모델 제4조 제3항. 제3장 제3절 Ⅰ. 2.

239) 미국 모델 제8조 제1항. OECD 모델 제8조 주석 2문단.

240) 미국조약 제10조.

241) OECD, "2017 Update to the OECD Model Tax Convention" (21 Nov. 2017).

2017년 OECD 모델 제8조(국제 해상 및 항공 운송) 1. 이윤으로 한 체약국 기업이 국제운항 선박이나 항공기의 운영에서 버는 것에 대한 과세는 오로지 그 체약국만 할 수 있다.

국제운수 소득은 실질적 관리장소 소재지국에서만 과세할 수 있다고 정한 실제 조약에서는 거주지국도 과세할 수 없다. 따라서 실질적 관리장소가 있다는 이유로 거주지국의 지위도 함께 가지는 경우가 아닌 한 과세할 수 없다. 가령 독일 거주자가 영위하는 운수사업이더라도 실질적 관리장소가 스위스라면 스위스만이 과세권을 가진다. 관련 판결을 하나 보자.

Bundesfinanzhof I R 10/96 판결[242)]

스위스에서 과세된 소득이 독일에서 외국소득면제 대상인가 아니면 외국세액공제 대상으로 독일에 보충적 과세권이 있는가를 다룬 독일 판결이다. 원고는 독일의 거주자인 자연인 두 사람으로, 이들은 해운업을 하는 스위스 회사의 주식을 소유하고 있으면서 또 그 스위스 회사의 영업에 관한 익명조합원이었다. 이 두 사람은 1986년부터 1988년까지 스위스 회사로부터 주주로서 배당을 받는 동시에 익명조합원으로서 이익을 배분 받았다. 스위스는 독일-스위스 조약에 따라 두 가지 소득을 모두 배당소득으로 과세하였다(독일-스위스 조약에서 배당소득에 대한 원천징수세율은 15%이지만 독일의 익명조합원이 분배받는 소득에 대한 원천징수세율은 30%이다. 영문 요약에는 어느 쪽 소득이든 스위스 정부가 15%를 원천징수하였다고 적고 있으나 독일어 판결 원문에는 그에 관한 언급이 없다). 독일법에서는 익명조합원이 받는 분배금은 배당소득으로 과세함이 원칙이지만 이 사건의 사실관계처럼 익명조합원이 일반적 조합의 현명(顯名) 조합원처럼 무한책임을 진다는 특약이 있다면 익명조합원을 일반적 조합의 조합원으로 보고 그가 받는 소득을 사업소득으로 구분하고 있다.

원고는 그들이 스위스 사업체(조합기업)의 조합원인 만큼 스위스에 고정사업장이 있다고 보아야 하고, 원고가 받는 주식배당금이나 익명조합원 분배금은 스위스 고정사업장에 귀속되는 사업소득이므로 과세권이 스위스에만 있고 조약이 국외원천소득을 면세하므로 독일에서는 이 소득을 면세하여야 한다고 주장하였다. 법원은 원고 주장을 내쳤다. 첫째, 주식배당금의 원천이 된 주식은 스

242) BFH, Urteil vom 23.10.1996 - I R 10/96, BFHE 182, 51, BStBl II 1997, 313.

위스 고정사업장에 속하는 주식이 아니므로 독일이 배당소득에 대한 보충적 과세권이 있다는 것이다.[243] 둘째, 익명조합원 내지 조합원의 자격에서 받는 분배금에 관해서는 고정사업장에 귀속하는 사업소득이라는 점은 옳지만 다시 운수소득에 관한 특칙이 적용된다는 것이다. 독일-스위스 조약의 운수소득 조항은 스위스 조합기업의 조합원이 독일에 거주한다면 조합원으로서 버는 소득에 대해 독일이 보충적 과세권을 가진다고 정하고 있으므로, 독일은 익명조합원 분배금에 대해 보충적 과세권을 가진다는 것이다.

논의를 익명조합원 분배소득에 국한해 본다면, 독일-스위스 조약상 운수소득 조항의 특칙은 얼핏 보면 당연한 것처럼 보인다. 파트너의 지분에서 생기는 소득은 파트너의 거주지국에서 과세한다는 것이다. 그러나 가령 이 사안에서 쟁점 운수소득이 독일 거주자의 단독 사업이었다고 하자. 그렇다면 독일 정부에 과세권이 있는가? 없다. 실질적 관리장소가 독일이 아니기 때문이다. 단독 사업이라면 거주지국에 과세권이 없는데 파트너십에 참가하고 있다면 과세권이 있다는 것은 모순 아닌가? 사실 이 문제는 앞에서 본 거주지국과 관리장소 소재지국의 대립이라는 바로 그 문제일 뿐이다. 관리장소 소재지국에서 전속적 과세권을 가진다면 거주지국에서는 과세할 수 없게 되는 것이다. 조합기업에 대한 이 특칙은 운수소득은 관리장소 소재지국에서만 과세할 수 있다는 규정과 정면 충돌한다. 남의 나라 사이의 조약인지라 이 특칙의 취지는 잘 모르겠다. 일반적 사업소득에서도 고정사업장 소재지국이 과세한 소득에 대해서는 거주지국 과세권을 배제한다면, 한 걸음 나아가 실질적 관리장소 소재지국만이 과세할 수 있는 경우라면 거주지국 과세권은 당연 배제되어야 할 것이다. 이 조약은 뭔가 앞뒤가 안 맞는다는 느낌.

Ⅲ. 운수업 면세의 적용범위

조세조약이든 국내법에 따른 상호주의이든 어디까지 면세할 것인가? 나라마다 생각이 다를 수 있고 실제로 OECD 모델, UN 모델, 또 미국 모델에 모두 차이가 있다. 국제운수소득을 면세한다는 점은 공통이지만 다른 부분에는 모두

243) OECD 모델 제23조A(2) 제3장 제4절 Ⅲ.

차이가 생기기 시작한다. 내국 운송(다른 체약국 안의 내국 운송), 나용선료,[244] 컨테이너 임대료, 이런 것들에 모두 차이가 있다. 어떤 입장을 취하여 조약에 합의한 뒤에도 실무적 문제들이 여전히 생긴다. 특히 문제가 되는 것은 특정한 소득을 운수업에서 생긴 소득이라 볼 것인가, 아니면 다른 소득이라 볼 것인가의 문제이다. 몇 가지 사례를 보자.

1. 금융소득

ITC 1503 판결[245]

남아프리카 공화국 판결로 일반적 2중과세방지 협정을 다루고 있는 것이 아니고 운수업에 관한 조약상 면세 범위를 다룬 사건이다. 쟁점은 남아공에 취항하고 있는 독일 항공사의 영업 자금에 붙은 은행 이자가 면세 대상인가이다. 이 이자는 영업 자금에 붙은 것이고 영업 자금은 때로는 당좌차월 상태에 들어가기도 했던 것이므로, 이자소득은 국제운수소득의 일부라 보아야 한다고 판시하였다. 수입이자는 별개의 투자, 가령 수입을 올리기 위해 계획적으로 별도 관리되는 자금, 또는 사업의 잉여 자금에 대하여 은행이 당좌계좌에 지불하는 이자가 아니므로, 별개의 사업이나 투자로부터 파생되는 소득이 아니라 사업 그 자체로부터 파생되는 소득이라는 것이다. OECD 모델 주석도 이 판결과 같은 입장을 보이고 있다. 나아가 영업허가 조건으로 예치한 보증금처럼 사업과 불가분의 연관을 띤 것이라면 영업 자금에서 생긴 소득이 아니더라도 여전히 면세 대상이라고 한다.[246]

2. 운수사업자 상호 간의 용역 제공

인천공항에 독자적 터미널을 두고 있지 않은 외국 항공사가 우리나라에 취항한다면 손님이 타고 내리는 데 필요한 사무나 항공기 정비 등을 어떻게 처리할까? 거꾸로 우리나라 항공사가 독자적 터미널을 두고 있지 않은 외국 공항에 가서는 어떻게 할까? 이런 어려움을 해결하기 위해 각 항공사는 "International Airlines Technical Pool"(IATP)이라는, 온 세상의 항공사가 서로 돕는 시스템을 갖추고 있다. 서로 돕는 관계가 복잡한 까닭에 일일이 돈을 주고 받지 않고 참

244) 제3장 제1절 Ⅲ의 "Crown Forest" 판결 참조.

245) Special Income Tax Court(South Africa), ITC 1503 (1990), 53 SATC 342.

246) OECD 모델 제8조 주석 14문단.

가 항공사 전체의 계산을 모아서 정산하는 방식을 취한다. IATP 시스템을 통해 받는 돈도 국제운수소득 그 자체는 아니지만, 대부분의 조약에서 업무에 부대되는 소득으로 면세한다.[247)]

Lufthansa German Airlines v. Department of Income Tax[248)]

독일법인이며 독일에 실질적 관리장소를 두고 있는 루프트한자 항공이 뉴델리 공항에서 번 IATP 용역 대가가 국제운수 소득으로 면세 대상인가를 다루고 있는 인도 판결이다. 원고 루프트한자 항공은 국제 항공운송이 주업이지만 인도 안에서도 뉴델리 공항, 뭄바이 공항, 첸나이 공항 사이에서 항공기를 운행한다.

원고는 IATP의 회원사이며, IATP의 회원사로서 뉴델리 공항에서 다른 IATP 회원사들에게 최소한의 기술적 수선·유지 설비를 제공해 왔다. 원고는 뉴델리의 인디라 간디 국제공항에서 에어로플랏(러시아 항공사), 말레이지안 에어라인, 오스트리안 에어라인에게 위와 같은 설비를 제공하였으나, 그에 대한 대가를 직접 받지는 않고 공동계산의 회계기관, 가령 IATP의 정산소를 통해 상호계산이 이루어진다. 원고도 가령 뭄바이 공항에서 스위스에어(항공사)로부터 위와 같은 설비를 제공받아 왔다. 원고가 제공하는 이러한 설비는 라인유지 설비의 성격을 갖는 것으로, 항공운송업계의 상호 협조를 위한 수단의 하나로 주로 다른 IATP 회원사들을 지원하는 것을 목적으로 한다.

인도-독일 DTAA 제8조 제1항 및 제4항의 내용은 다음과 같다.

> 제1항
> 국제운송에 있어 선박 또는 항공기의 운행에서 버는 소득은 오직 실제 관리장소가 있는 나라에서만 과세한다.
> 제4항
> 제1항의 규정은 공동계산(pool)…에 참가해서 버는 소득에도 적용한다.

위 조항들의 글귀는 다음 두 가지 항목을 분명히 면세하고 있다.

---

247) OECD 모델 제8조 주석 10.1문단.

248) Income-tax Appellate Tribunal (인도 Delhi), No. 4939/Del/1999 (2004. 2. 12.). 그밖에 2022. 4. 12 결정(United Airlines).

(i) 항공기 운행에서 버는 소득
(ii) 공동계산 … 에서 버는 소득

국제 항공산업에서 공동계산이라고는 IATP뿐이다. 피고는 다른 국제 공동계산이 존재한다는 점에 어떠한 증거 제시도 하지 않았다. 원고는 IATP의 회원사이며, 그 협정에 따라 수익을 얻기도 하고 비용을 지불하기도 하였다. … 그러한 공동계산에는 오직 IATP가 있을 뿐이며, 따라서 인도와 독일 사이의 DTAA상의 규정처럼 IATP에 참가하고 번 소득도 인도에서 면세 대상이 된다.

3. 일부 도급

국제운수업을 하면서 국내 구간의 운영을 다른 사업자에게 도급을 주더라도 전체 구간의 운임이 국제운수의 소득이다.[249)]

제 7 절 지점세

제7장 제5절 참조.

249) 인도 판결로 Deputy Director of Income Tax (International Taxation) v. Balaji shipping UK Ltd (TS-635-HC-2012 (Bom)). Jonathan Schwartz, Tax Treaties (2018), 292쪽에서 재인용.

제 6 장
종속대리인 고정사업장

비거주자나 외국법인이 우리나라에서 사업의 전부나 일부를 수행하는 고정된 사업장을 두고 있지 않더라도, 우리나라 안에 그를 대리하여 계약을 체결하는 '종속대리인'이 있으면 고정사업장을 둔 것으로 본다.[1] 얼핏 보면 분명해 보이는 이 종속대리인 고정사업장이라는 개념은 실은 요건도, 법률효과도 모두 극히 불안정한 개념이다. 이하의 논의는 종속대리인 고정사업장의 의의, 요건, 효과의 차례로 진행한다.

제 1 절 종속대리인 고정사업장의 의의

다른 나라에 물품을 수출·판매하려는 자가 그 나라에 소득세를 내지 않는 범위 안에서 최대한 벌일 수 있는 판매 활동은 어디까지인가? 우선 이 업자가 우리나라에 지점이나 자회사를 세워 이 지점이나 자회사에 재고를 쌓아놓고 본격적으로 판매 활동을 벌인다고 하면 이 지점이나 자회사가 우리나라에 법인세를 낸다는 점에는 의문의 여지가 없다. 다만 그 소득이, 판매가격의 인위적 조작이 없고 독립기업 원칙에 맞는가라는 문제가 있을 뿐. 한편 이 업자가 국내에

1) 법인세법 제94조 제3항. OECD 모델 제5조 제5항.

아무런 조직을 두지 않고 전혀 무관한 우리나라 수입업자나 최종 소비자에게 물품을 바로 판매한다면 우리나라에 이 업자의 고정사업장이 없으므로 우리나라에서 소득세를 내지 않음도 분명하다. 문제는 중간 형태. 우선 가령 현행 미국조약의 글귀에서 조금 극단적 예를 들어, 미국의 수출업자가 우리나라에 보세창고를 두고 그 창고에 상품을 보관한다고 하자. 또 이 업자는 우리나라에 사무소[2)]를 두어 이 사무소에서 상품을 광고하고, 고객은 광고 내용에 따라 미국 본점으로 주문을 보내서 미국 본점과 매매계약을 맺는다고 하자. 본점과 고객이 매매계약을 맺으면 한국사무소는 본점의 지시에 따라서 계약 내용에 맞추어 물품을 고객에게 인도하라고 보세창고에 통지한다고 하자. 이런 한국 사무소는 고정사업장인가? 미국조약에서는 예비적·보조적 활동은 여러 개를 묶더라도 고정사업장이 되지 않는다고 적고 있다.[3)] 따라서 이 정도로는 고정사업장이 아니다.

위와 같은 활동 정도로 고정사업장이 안 되는 것은 좀 생각해보면 일리가 있다. 아무리 신문광고니 방송광고가 있더라도 그걸 보고 미국으로 전화를 걸거나 주문서를 보낼 우리나라 사람은 아마 드물 것이다. 물론 인터넷 주문에서는 주문을 받는 상대방이 미국에 있든 한국에 있든 아무 차이가 없다. 그렇지만 전자상거래 문제는 잠시 접어두고, 이런 법이 생기던 당시에 맞추어 일단 종이와 전화로 이루어지는 전통적 상거래를 전제로 생각한다면 아무리 광고를 하더라도 물품을 대량 판매할 길이 없다. 물품을 대량 판매하려면 역시 국내에 사람을 두고 이 사람이 전화를 받아 상담도 하고 잠재적 고객을 찾아다니면서 영업도 하고 그래야 하게 마련이(었)다. 그러니 지점을 두고 직원으로 하여금 위와 같은 활동을 하게 할 때 이를 고정사업장으로 삼으면 충분하다.

그렇다면 이렇게 하면 어떨까? 지점을 두는 대신 독립적인 우리나라 업자 하나와 계약을 맺어서 그 업자가 물건을 팔아주면 어떨까? 물론 이 업자가 아예 수입판매업자의 역할을 맡는다면 수출업자는 우리나라 세금 걱정을 할 것이 없지만, 그렇게 하고 싶지는 않고 기본적으로는 판매망을 자기가 직접 통제하고 싶다고 하자. 그렇다면 우리나라 업자에게 물건을 파는 직원과 같은 일을 맡겨서 실수요자나 중간상과 판매계약을 협상하고 체결하게 하되, 다만 이 업자를 종업

2) 상법상으로는 지점이다. 상법에서는 연락사무소와 지점의 구별이 없다. 국내에서 무엇인가 계속적 활동을 하려면 상법상 지점설치 등기를 할 수밖에 없다. 상법 제616조 제1항.

3) 미국조약 제9조 제3항.

원으로 고용하는 것이 아니라 독립적인 도급계약 관계로 처리한다면 어떨까?

Handfield v. Commissioner[4)]

이 사건 납세의무자는 캐나다의 엽서 제조판매업자로서 1949년 미국에서 제품을 팔았는데, 직접 판 것이 아니라 미국 내 판매를 미국의 수탁자에게 위탁하여 판매했다. 수탁자는 미국의 소비자들에게 팔리지 않고 남은 제품을 사들일 의무를 지고 있지 않았고, 남은 제품은 위탁자의 비용으로 위탁자에게 되돌려 보냈다. 소매가격은 위탁자가 결정하였다.

이 사건 당시의 미국-캐나다 조약은 "한 체약국의 기업이 상대방 체약국에 둔 종업원이나 대리인을 통해서 사업을 영위하고 그 종업원이나 대리인이 고용주나 본인을 위하여 계약을 체결할 일반적 대리권을 가지고 있거나 제품 재고를 보유하고 있으면서 자기가 받은 주문에 대해 늘상 그런 재고로 응한다면, 그런 기업은 상대방 체약국에 고정사업장을 둔 것으로 본다"라고 정하고 있었다.

법원은 수탁자가 소비자의 매매 상대방이 되어 매매계약의 당사자이기는 했지만, 그럼에도 불구하고 이런 식의 수탁자는 위 조약 글귀에서 말하는 위탁자의 대리인으로 보아야 한다고 판시하였다.[5)] 나아가 이런 대리인 고정사업장이 있는 이상 미국 국내법의 적용상 미국 내에서 사업을 행하고 있다고 보아야 한다고 판시하였다.

조약상 종속대리인의 요건에 관해서는 뒤이어 보겠지만, 여기에서 우선 주목할 점으로, 당시의 미국법에는 종속대리인의 개념이 없었다. 그럼에도 불구하고 법원은 종속대리인을 통해서 사업을 하는 것은 본인이 사업을 하는 것과 마찬가지라고 판시하고 있다.

---

4) 23 T.C. 633 (1955).

5) A. Skaar, *Permanent Establishment* (2nd Edition, Kluwer Law, 2020), 678쪽은 "Handfield" 사건의 법원 판결이 틀렸다고 주장하고 있다. "Skaar"의 주장은, 사업상의 위험을 경제적 독립성의 중요한 기준으로 보는 그 자신의 기준과 앞뒤가 안 맞는다.

제 2 절 종속대리인의 요건

종속대리인 고정사업장의 요건은? 우리나라의 실제 조약의 다수가 따르고 있는 1977년의 옛 OECD 모델조약에는 다음 글귀가 있다.

1977 OECD Model (Permanent Establishment)

5. … where a person - other than an agent of an independent status to whom paragraph 6 applies - is acting on behalf of an enterprise and has, and habitually exercises, in a Contracting State an authority to conclude contracts in the name of the enterprise, that enterprise shall be deemed to have a permanent establishment in that State in respect of any activities which that person undertakes for the enterprise, unless the activities of such person are limited to those mentioned in paragraph 4 which, if exercised through a fixed place of business, would not make this fixed place of business a permanent establishment under the provisions of that paragraph.

제5조(고정사업장)

5. … 어떤 사람 — 제6항을 적용받는 독립적 지위의 대리인은 제외 — 이한 체약국에서 어느 기업을 대리하여 활동하고 있고, 또한 전자의 체약국에서 가지고 있고 늘상 행사하는 권한이 계약체결을 그런 기업의 이름으로 하는 것이라면, 그런 기업이 그 체약국에 그런 사람이 그런 기업을 위하여 하는 활동과 관련하여 고정사업장을 가지고 있다고 본다. 다만 그런 사람의 활동이 제4항에 적은 것으로서 고정된 사업장소를 통하여 하더라도 제4항에서 그 고정된 사업장소를 고정사업장으로 보지 않는 것에 그친다면 예외로 한다.
6. An enterprise shall not be deemed to have a permanent establishment in a Contracting State merely because it carries on business in that State through a broker, general commission agent or any other agent of an independent status, provided that such persons are acting in the ordinary course of their business.
6. 기업이 상대방 체약국에 고정사업장을 가지고 있다고는 안 본다: 기업이

> 상대방 체약국에서 사업을 영위하는 것이 그저 중개인, 일반적 위탁매매인 또는 기타 독립적 지위를 가진 대리인을 통하는 것뿐이고 또 그러한 사람들의 활동이 자기 사업의 통상적 범위 안인 한.

우리나라의 실제 조약 가운데에는 위 글귀와 다른 내용을 담고 있는 조약도 적지 않다. 앞서 "Handfield" 판결에서 재고를 가지고 있으면서 늘상 주문에 응하는 자가 종속대리인의 범위에 들어 있었던 것을 되새겨 보라. 현행 미국조약도 그런 내용을 두고 있다.[6] 이른바 주문취득 대리인이나 재고보유 대리인을 종속대리인으로 보는 이런 글귀는 UN 모델조약에도 남아있다.[7] 이런 글귀까지 한꺼번에 생각하면 이른바 종속대리인을 고정사업장으로 간주하기 위한 요건은 다음 4가지로 요약할 수 있다: (1) 계약체결 대리권, (2) 대리인의 행위가 보조적·예비적 성격을 넘을 것, (3) 대리권의 상시 행사, (4) 종속성.

Ⅰ. '대리인'≠대리인

위 4가지 요건을 살펴보기에 앞서서, 종속대리인 규정의 주관적 적용범위의 문제로서 제5조에서 '대리인'(agent)이라는 말이 무슨 뜻인지부터 알아보자. 우선 이 말은 반드시 민사법에서 말하는 '대리인', 곧 법률행위를 대리하는 사람이라는 뜻은 아니다. 주문취득 '대리인' 또는 재고인도 '대리인'에서 대리인이라는 말이 법률행위를 대리하는 자가 아님은 자명하다. 또 계약체결 대리인에서 대리인이라는 말조차 반드시 사법상의 대리인을 뜻하지는 않는다. 뒤에 다시 본다.[8]

대리인 고정사업장에서 '대리인'이라는 말은 당해 회사의 이사나 종업원도 포함할 수 있다.[9] 나아가서 수임인이나 수급인 등 제3자와의 관계에 있어서 당해 비거주자의 사업에 속하는 일을 처리하는 사람이라면 누구나 '대리인'의 범위에 들어가는 것으로 보아야 한다. 미국의 "partnership"에 관해서, "partner"는 법률의 규정에 의한 대리권이 있다는 이유로 고정사업장 목적상 '대리인'의 개

---

6) 미국조약 제9조 제4항 (b).
7) UN 모델 제5조 제5항 (b).
8) 아래 Ⅲ.
9) Williams, *Permanent Establishments in the United States in Income Tax Treaties* (Jon. E. Bischel ed. 1978), 309쪽.

념에 포함시키는 견해가 있으나,[10] 법률의 규정에 의한 대리권을 찾을 필요도 없다. OECD 모델조약 주석에서도 남의 물건을 들여와서 파는 판매상(위탁매매인)을 "commission agent"라고 부름으로써,[11] 고정사업장 목적상 '대리인'의 개념이 민사법상의 대리인보다 넓음을 보여주고 있다.[12]

Ⅱ. 종속성(從屬性)

대리인의 개념이 사실상의 관련을 맺고 있는 자라는 넓은 개념이지만, 비거주자와 제3자 사이에 끼어 있는 사람이라고 해서 누구나 다 고정사업장이 되지는 않는다. 조세조약이 종속성을 요구하고 있는 까닭이다. '중개인, 일반적 위탁판매상(commission agent), 기타 독립적 지위를 가진 대리인'은 '그런 사람들의 활동이 자기 사업의 통상적 범위 안인 한' 고정사업장이 아니다.[13] 여기에서 핵심개념은 (1) 독립성과 종속성, (2) 통상적 영업 과정, 이 두 가지이다. 외국법인의 이사나 종업원에게 종속성이 있다고 보아야 함에는 의심의 여지가 없다. '중개인'이나 '일반적 위탁매매인'이라는 말은 독립적 대리인의 보기에 지나지 않으므로 이를 따로 따질 실익이 없고 2017년 모델에서는 이 두 가지 개념을 아예 삭제했다. 종속성이라는 말의 뜻을 미국 판결로 살펴보자. 이 판결에서 종속대리인의 정의는 앞서 본 OECD 모델조약과 실질적으로 마찬가지이다.

---

10) Leongard, "Tax Treaties, Partnerships and Partners: Exploration of a Relationship", 29 Tax Lawyer 31 (1975). 관련된 미국 판례로는, Donroy Ltd. v. United States, 16 F. Supp. 54 (N. D. Cal 1961), aff'd 301 F. 2d 200 (9th Cir. 1962).

11) OECD 모델 제5조 주석 36문단. 다른 기업의 상품이나 제품을 제 이름으로 파는 '수수료 기준 대리인'(commission agent)은 독립적 대리인이고 고정사업장은 아니다. 실제 조약에 관한 우리 정부의 번역은 "commission agent"를 위탁판매상이라고 한다. 대륙법 국가에서 "commission agent"는 자기 이름으로 물건을 파는 자이므로, 이러한 대리인을 종속대리인에서 제외시키고 있는 OECD 모델 제5조 제6항은 필요 없는 조항이 되지만, 영미법 국가에서는 "commission agent"도 원칙적으로 본인을 구속하는 것이어서 특별히 명시할 필요가 있다고 한다. John F. Avery Jones and David A. Ward, "Agents as Permanent Establishments under the OECD Model Tax Convention", European Taxation, IBFD (1993).

12) 그러나 이하에서는 논의의 편의상 대리인-본인이라는 말을 쓰기로 한다.

13) OECD 모델 제5조 제6항.

Taisei Fire & Marine Insurance v. Commissioner[14)]

이 사건 원고는 일본에 주(主) 사업장을 둔 4개 보험회사(이 사건에 있어서는 각 회사들의 개별성이 희박하므로, 이하 '원고'라고만 함)이다. 원고 각 사의 주사업은 일본의 최종 소비자를 상대로 하는 보험업이지만 동시에 재(再) 보험업도 하고 있었다. 재보험을 인수하는 경우 원고는 직접 해외 보험회사들을 상대하기도 하고, 중개인을 통하여 해외 보험회사들과 거래하기도 하였다.

원고 4개사는 미국에서 "Fortress Re Inc."(이하 '포트레스')라는 대리인을 통해서 재보험을 인수하는 영업을 하였다. 포트레스와 원고 각 사 사이에는 특수관계가 없고 포트레스의 주주는 미국 거주자인 사바(Sabbah)와 콘펠드(Kornfeld)이다. 포트레스는 원고와 관리 계약을 맺고 그 계약에 따라서 원고를 대리하여 계속적으로 재보험을 인수하였고, 원고는 재보험료를 받았다. 실제 인수 업무를 맡은 사람은 콘펠드이며, 콘펠드는 어떤 보험계약을 인수하고 어떤 보험계약을 양도할 것인지를 결정한다. 원고의 승인이나 의견을 구할 필요는 없었다. 포트레스는 한 해에 10개 정도의 재보험회사와 계약을 맺은 바 있으나 쟁점 과세연도에는 원고 4사만을 위해서 일하고 있었다. 다만 그전에 이미 맺은 계약에 따른 잔존 사무를 처리해 주는 것이 13개 사가 있었다. 새로운 재보험회사와 계약을 체결함에 있어서 원고의 허락을 받거나 심지어 협의를 거쳐야 할 의무를 부담하지 않고 있으며, 재보험금 청구를 처리하고 이에 관한 처분행위를 할 수 있는 전적인 권한이 있었다. 포트레스가 재보험을 인수하면서 지켜야 하는 유일한 제약은 '순승인한도'(net acceptance limit), 곧 단일 재보험계약과 관련된 '순책임'(net liability)의 최대금액 한도에 일정한 제한이 있었다는 것이다. 경우에 따라서 포트레스는 순승인한도를 넘는 금액의 재보험 계약을 인수하고 순승인한도를 넘는 금액 부분을 다시 제3자에게 양도할 수 있다. 관리계약상 포트레스가 체결할 수 있는 재보험계약의 수에는 제한이 없고, 다만 계약별로 순승인한도의 제한이 있을 따름이므로, 포트레스에 의하여 관리되는 재보험을 통하여 원고가 올릴 수 있는 순보험료 수입에는 상한이 없었다.

1971년 미국-일본 조세조약 제8조 제1항은 사업소득은 고정사업장 없이는 과세하지 못한다고 정하고 있다. 이 사건에서 원고는 미국에 지점 기타 고정된 사업장소를 가지고 있지 않았다. 그러나 같은 조약은 종속대리인에 관한 규정을

14) The Taisei Fire and Marine Insurance Co., Ltd., et al., v. Commissioner, 104 T.C. 535 (1995).

두고 있다.[15)]

포트레스가 원고들을 대리하여 계약을 체결할 권한을 가지고 있었다는 점에는 다툼이 없었으므로, 독립적 대리인에 해당하지 않는다면 포트레스는 원고들의 미국 내 고정사업장을 구성하게 된다. 포트레스가 독립대리인 조항에서 말하는 '중개인'이나 '일반적 위탁매매인'(general commission agent)이 아니라는 점에 관하여는 다툼이 없으므로 남는 쟁점은 '기타 독립적 지위를 가진 대리인'인가이다. 일단 거기에 해당한다면 고정사업장을 벗어나게 되는 것이, 포트레스의 업무가 자기 사업의 통상적 범위 내에 있었다는 점을 국세청도 인정하고 있기 때문이다.

원고는 법적 측면, 또는 경제적 측면 어느 한 쪽이라도 독립적이라면 고정사업장이 아니라고 주장하고 피고는 양쪽 모두 독립적이라야 독립대리인이라고 주장한다. 1971년 조약 체결 당시에 나와 있었던 1963년 OECD 모델조약 주석에서는 대리인을 고정사업장으로 간주하는 것은 엄격하게 한정해서 법적 측면·경제적 측면 어느 쪽에서 보더라도 종속적인 자라야 고정사업장이 될 수 있다고 적고 있다. 그러나 1928년 국제연맹 모델로 돌아가서 조약의 역사를 보면 양쪽 모두 독립적이라야 독립대리인이다. 1977년에 개정된 주석에서도 독립적 대리인이란 법적·경제적 양 측면에서 모두 독립적인 자를 뜻한다고 적고 있다.

독립성 여부를 판단하는 기준은 첫째, '포괄적인 통제 권한', 주석에 따르면 다른 기업을 위한 대리인의 상업적 활동에 대해 그 기업이 상세한 지시와 포괄적 통제라는 제약을 두고 있는가, 둘째, 기업의 위험을 누가 부담하는가이다.

법적 독립성 측면에서는 원고에게 포트레스를 통제할 권리가 있는지를 검토해야 한다. 원고와 포트레스 사이에는 출자 관계가 없고 둘 사이의 법적 관계는 관리계약뿐이다. 이 계약에 따를 때 포트레스가 원고를 대리하는 행위에는 완전한 자율권이 있었다. 국세청은 포트레스가 일상적인 영업과 관련하여 독립성을 보유하고 있었다는 사실을 인정하면서도 포트레스의 활동이 총 승인한도(gross acceptance limits)라는 제약을 받고 있었다고 주장한다. 그러나 그러한 제약은 독립성을 배제할 만큼의 '통제 권한'에 해당하지 않는다. 독립대리인이

15) 판결문에서 다루고 있지는 않지만 미국 국내법에서는 원고가 미국내 사업을 두고 있다는 점은 분명했을 것이다. 대리인을 통한 사업은 원고의 국내 사업이기 때문이다. 앞서 본 Handfield, 23 T.C. 633 (1955). 그 밖에, De Amodio, 34 T.C. 894 (1960), aff'd 299 F2d 623 (3d. Cir. 1962); Lewenhaupt, 20 T.C. 151 (1953), aff'd 221 F2d 227 (9th Cir. 1955) 등.

라 하더라도 결국은 특정한 의무를 이행하는 것은 당연한 것이고, 독립성 여부의 판단은 그런 의무를 어떤 식으로 이행하는가에 달려 있다. 국세청은 또한 포트레스가 일부 재보험계약 체결에 있어서 원고와 협의하였다는 점과 관리계약에 정하여진 것보다도 더 자주 활동을 보고하였다는 점을 문제 삼고 있다. 그렇지만 포트레스는 위 재보험계약에 관하여 원고와 협의하기에 앞서서 이미 그러한 계약들을 체결하였고, 빈번한 보고 역시 개별 거래 행위에 관한 승인을 받기 위한 것이라기보다는 고객과의 장기적 거래관계를 유지하기 위한 노력의 일환으로 볼 수 있다. 마지막으로 국세청은 재무부 규칙(section 1.864-7(d)(3)(iii))에 따를 때 대리인이 '오로지, 또는 거의 오로지 한 사람의 본인을 위하여'(exclusively or almost exclusively, for one principal) 행위하는가가 매우 중요하고, 이 사건에서 포트레스와 계약관계를 맺고 있는 자는 원고 4사뿐이라는 점을 지적한다. 그러나 원고 4사는 서로 각각 다른 회사이며 통모하여 집단적으로 행동한 바가 없다. 결론적으로 포트레스는 자신의 업무의 세부에 관하여 완전한 재량을 가지고 있었고 원고의 통제를 받지 아니하였으므로, 법적으로 원고로부터 독립된 존재였다.

경제적 측면에서 본다면 포트레스의 소유주는 사바와 콘펠드이고 포트레스의 소득에는 아무런 보장도 없었다. 원고 각 사는 6개월의 사전 통지만으로 포트레스와의 계약을 해지할 수 있었고, 포트레스가 수입을 올리기 위하여는 스스로 고객을 찾아야 했다. 국세청은 포트레스가 관리 보수를 받으므로 경제적 위험을 지지 않는다고 주장하나, 이 보수는 펀드 관리자가 받는 보수와 다를 바 없다. 마지막으로 포트레스가 받은 보수의 규모는 적지 않은 금액이며 아무런 경제적 위험을 지지 않는 자가 받을 수 있는 수준이 아니다. 결국 포트레스는 경제적으로도 독립한 지위에 있었던 것으로 판단할 수 있다.

이상 본 바와 같이 포트레스는 법적・경제적 독립성을 가지는 대리인으로서 미국-일본 조세조약 제9조에서 말하는 독립대리인의 지위에 있으며, 따라서 원고의 고정사업장을 구성하지 않는다. 마지막으로 OECD 1977년 주석서는 보험회사가 다른 국가 내에서 큰 규모의 사업을 하면서도 그러한 사업에서 발생하는 이윤에 대하여 과세되지 않는 경우를 이미 상정하고 보험회사의 경우에는 대리인에게 종속성이 없더라도 고정사업장으로 간주하는 규정을 둘 수 있다고 적고 있다.[16] 실제로 1970년에 체결된 미국-벨기에 조약은 그런 조문을 두고 있

16) OECD 1977년 모델 제5조 주석 38문단, 2006년 모델 제5조 주석 39문단, 2017년 모델 제5조 주석 114문단.

지만,[17] 거기에서도 재보험계약은 그 적용범위에 포함되지 않는다는 것이 재무부의 설명이다. 이런 내용이 없는 미국-일본 조약에서 포트레스가 원고의 미국 내 고정사업장을 구성하지 않는 것은 당연하다.

1. 독립성 v. 종속성

종속성의 본질은 대리인의 이해관계가 본인 내지는 국외 공급자의 이해관계와 일치한다는 데에 있다.[18] OECD 모델조약 주석은, 종속성 여부는 법적 측면과 경제적 측면 양쪽 모두를 고려해서 판단하여야 한다고 말하고 있다.[19] "Taisei" 판결은 이 말을 받아 법적 종속성이란 지배·통제를 말하고 경제적 종속성이란 대리인이 따로 지는 위험이 없다는 뜻이라고 풀이하고 있다. 그러나 기실 OECD 모델조약 주석은 그런 설명을 담고 있지는 않고 독립성에 관해서 다음 세 가지 기준을 우선 내세우고 있다. 1) 대리인이 본인으로부터 자세한 지시와 포괄적 통제를 받는다면 독립적이기 어렵다, 2) 사업 위험을 부담하지 않는 자는 독립적이기 어렵다, 3) 자회사라고 해서 반드시 독립성이 없다고 말할 수는 없다. 잇달아 주석은, 1) 본인의 지시와 통제를 받지 않고 결과에 책임을 지는 자라면 독립적이다, 2) 대리권의 범위 제한이 반드시 독립성을 해치지는 않는다, 3) 본인에 대한 대리인의 영업보고는 좋은 관계를 유지할 목적 등 대리인 자신의 영업을 위한 것이라면 반드시 독립성을 해치지 않는다, 4) 어느 한 두 사람만 위하여 일하는 대리인이라면 독립적이기 어렵다, 이상 네 가지 일차적인 기준을 내놓고 있다.

하지만 OECD 모델조약 주석이야 뭐라고 하든, 독립성이라는 말은 대리인이 제 자신의 이익을 꾀하는 데 법적 제약이 없고 또 실제로 제 자신의 이익을 꾀하는 경우라야 한다는 뜻으로 읽어야 옳다. 아예 법적으로 제약이 있다면 대리인은 본인에 종속될 수밖에 없는 것이고, 법적 제약은 없더라도 실제로 제 이익을 좇을 수 없는 경제적 상황에 있다면 역시 종속되어 있다는 말이다.[20]

---

17) UN 모델도 그런 글귀를 두고 있다. UN 모델 제5조 제6항. 그러나 재보험계약은 해당되지 않는다.

18) Skaar, 앞의 책, 741~764쪽, 특히 763쪽.

19) OECD 모델 제5조 1977년 주석 37문단. 역으로, 1963년의 주석 15문단은 두 가지 모두 종속적이라야 종속대리인이라고 적고 있다. "Taisei" 판결은 1977년 주석이 옳다고 판시하였다. 2017년 모델 주석은 법적·경제적 독립성이라는 개념을 아예 빼버렸다.

20) 2017년 OECD 모델 제5조 주석 104문단도 결국 그 뜻이다.

2. 지시와 통솔

대리인이 '본인으로부터 세부 지시를 받거나 전반적 통솔을 받고 있을 때에는' 종속적이다.[21] "Taisei" 판결은 이 말을 본인이 대리인의 일상 업무에 하나하나 간섭한다는 뜻으로 보고 있지만 꼭 그렇게 생각할 일은 아니다. '대리인이 전반적 통솔을 받아 종속적'이라는 말의 뜻은, 본인의 이익과 상충하는 사업을 꾀하지 못한다는 뜻으로 보아야 옳을 것이다. 가령 대리인이 경업금지 의무를 지고 또 그 판매 지역에 제한이 있다면 종속되어 있다고 보아야 한다.[22] OECD 모델조약 주석에서 말하는 '세부지시'라는 요건도 같은 맥락에서 이해해야 한다. 대리인이 세부지시를 받는다는 말은 본인이 자기에게 이익이 되는 방향으로 대리인의 행동을 좌우할 수 있어 대리인이 종업원이나 마찬가지가 된다는 말이다. 이 말은 결국 본인의 이익과 상충되는 행동을 하지 못할 것이라는 의미에 있어서, '전반적 통솔'이라는 말을 다시 풀어 쓴 것으로 읽어야 한다. 대리인의 사무처리 방식에 대해 본인이 아무런 지시도 보내지 않는다 하더라도, 대리인이 본인의 이익과 상충되는 이익을 꾀해서는 안 된다는 계약상 의무를 지고 있다면, 대리인은 종속적이라 보아야 한다.

3. 대리인 자신의 이익을 추구

독립적 대리인이기 위해서는 법적 독립성에 더해서 경제적, 또는 실질적 독립성이 필요하다. 대리인이 본인의 이익과 상충하는 제 이익을 실제로 꾀할 만한 처지에 있는가를 따지는 것이다. 대리인이 법률적으로는 독립해 있더라도, 기실 본인의 이익과 상충되는 별개의 이익을 꾀할 수 없는 경제적 사정이 있다면 종속적이라 보아야 한다.

"Taisei" 판결은 OECD 모델 주석을 좇아서 경제적 독립성의 징표 중 하나로 사업상의 위험을 지는 자라야 독립대리인이라고 한다.[23] 이것은 보기에 따라서는, 대리인 자신의 이익을 꾀해야 독립적이라는 말과 모순일 수도 있다. 가령 정

---

21) OECD 모델 제5조 1977년 주석 38문단, 2017년 주석 104 문단.

22) Revenue Ruling 70-424, 1970-2 C. B. 150 superceding GCM 21219, 1939-1 C. B. 20. 이 "Ruling"은 미국 국내법상의 미국내 사업이라는 개념에 관한 것이기는 하나, 조세조약의 경우와 논점이 같다.

23) OECD 모델 제5조 1977년 주석 38문단, 2017년 주석 104문단.

액(定額) 보수를 받는 대리인은 사업상의 위험을 지지 않지만, 그렇기 때문에 오히려 해외 본인의 이익이 아니라 자기 자신의 이익을 추구하려 하지 않겠는가? 그러나 그렇게 생각할 일은 아니다. 정액 보수를 받는 대리인이 본인의 이익을 내팽개치고 딴 짓을 한다면 본인은 당연히 대리계약을 해지할 것이기 때문이다.[24] 결국 사업상 위험의 대부분을 본인이 지는 경우라면 대리인은 종업원이나 마찬가지 지위에 있을 것이고 따라서 종속적 지위에 있다고 판단하는 한 가지 징표가 된다.

본인 내지 특정 공급자가 대리인의 사업에서 지배적으로 중요하다면 경제적 독립성에 영향을 미치게 마련. "Taisei" 판결에서는 법률적 독립성을 인정하는 이유 가운데 하나로 위탁자가 4인인 상황에서 위탁자 간 통모가 없었다는 점을 들고 있다. 논의의 실익은 없지만 공급자의 수는 경제적 독립성 문제라고 보아야 할 것이다. UN 모델조약에서는 어느 한 '본인'만 위해 일하는 대리인은 다른 면에서 독립적이라 하더라도 종속대리인으로 본다.[25] OECD 모델에서도 공급업자의 수는 경제적 독립성 여부를 판단하는 중요한 기준이 된다.[26] 미국법도 대리인이 오직, 또는 거의 특정 공급업자를 위해 일하는지를 중시한다.[27] 특정한 공급자가 대리인의 사업 중 압도적 비중을 지닌다면, 대리인은 그 공급업자의 눈치를 보게 되고 그 공급업자의 이익과 상충되는 행위를 할 가능성이 낮아지게 되므로, 공급업자의 수는 경제적 독립성에 영향을 미치게 된다는 것이다. 특히 2017년 모델은 주로 긴밀한 특수관계인을 위하여 일한다면 독립적 대리인이 아니라고 정하고 있다.[28] 아래 5.

4. 독립적 대리인의 통상적 사업

독립대리인으로 고정사업장이 아니게 되려면 그의 행위가 독립대리인으로서의 통상적 사업과정 안의 것이어야 한다. '통상적 사업과정'이라는 요건은 대리인이 제 위험 하에 그 자신의 이익을 추구한다는 요건을 다시 풀어 설명한 것으로 이해해야 할 것이다.[29] 예를 들어 수입판매업자가 영업의 일부로 수탁판매

24) 위임계약은 각 당사자가 언제든지 해지할 수 있다. 민법 제689조 제1항.
25) UN 모델 제5조 제7항 주석 33문단.
26) 2017년 모델 제5조 주석 109문단.
27) 미국 재무부 규칙 1. 864-7(d)(3)(iii).
28) 2017년 OECD 모델 제5조 제6항 제2문.

를 하고 있다면, 수탁판매 상품에 대해서는 사업상 위험을 부담하고 있지 않으므로 수탁판매는 수입판매업자로서의 통상적 영업 범위 바깥에 있다.[30] 수입판매업자가 수탁판매까지 아울러 하는 것이 온 나라에서 널리 볼 수 있는 현상이라고 하더라도, 그렇다고 해서 수탁판매가 수입판매업의 통상적 영업과정 안에 있다고 말할 수는 없다.[31]

5. 자 회 사

"Taisei" 판결은 경제적 독립성의 한 요소로 출자 관계가 없다는 점을 들고 있다. 역으로 자회사라면 독립성이 없는 것인가?

OECD Model Article 5 (Permanent Establishment)

7. The fact that a company which is a resident of a Contracting State controls or is controlled by a company which is a resident of the other Contracting State, or which carries on business in that other State (whether through a permanent establishment or otherwise), shall not of itself constitute either company a permanent establishment of the other.

OECD 모델 제5조(고정사업장)

7. 한 체약국 거주자인 회사가 지배하거나 지배받는 상대방 회사가 상대방 체약국 거주자이거나 상대방 체약국에서 사업을 (고정사업장을 통하든 않든) 영위한다는 사실 그 자체만으로는 어느 회사도 다른 회사의 고정사업장을 이루지 않는다.

자회사 역시 똑같은 잣대로 독립성 여부를 판단해야 한다는 것이다.[32] 그러나 자회사에 애초 경제적 독립성이 있을 수 있는지는 의문이다. 자회사란 모회사의 이익과 어긋나는 그 자신의 이익을 꾀할 처지에 있을 수가 없다. 위험이라는 면에서 보더라도 자회사에 문제가 생기면 그 손실은 당연히 모회사로 돌아간

29) 반대설로는, Skaar, 앞의 책, 766쪽.
30) OECD 모델 제5조 2003년 주석 38.7문단; 2017년 주석 110문단.
31) 2017년 OECD 모델 제5조 주석 110문단은 혼선을 보이고 있다.
32) OECD 모델 제5조 2003년 주석 38.1문단. 2017년 주석 116문단.

다. 그렇다면 자회사가 독자적으로 위험을 진다는 것 자체가 있을 수 없고, 이 점에서 이론적 논란이 계속 되고 있다.[33)]

2017 OECD Model Article 5 (Permanent Establishment)

6. … Where, however, a person acts exclusively or almost exclusively on behalf of one or more enterprises to which it is closely related, that person shall not be considered to be an independent agent within the meaning of this paragraph with respect to any such enterprise

2017년 OECD 모델 제5조(고정사업장)

6. … 어떤 사람이 오로지 또는 거의 오로지 하나 이상의 기업으로서 가까운 특수관계자를 대리하여 활동한다면, 그런 사람을 그런 기업에 관한 한 제6항의 독립적 대리인으로 안 본다.

결국 관계기업 일 말고 다른 일도 많이 하는 자회사라면 제6항 제1문의 요건을 만족하면 제5항의 종속대리인을 벗어난다. 주로 관계기업 일만 하는 자회사라면 제6항 제1문을 만족하더라도 위 제2문에 따라 제5항을 벗어나지는 못한다. 그러나 주로 관계기업 일만 한다고 해서 바로 종속대리인이 되지는 않는다. 제5항의 요건을 만족해야 종속대리인이라고 제7항이 정하고 있기 때문이다. 이 정교한 말장난이 실제 어떤 효과를 낳는지는 의문.

Ⅲ. 계약 체결권

1. 계　　약

대리인이 본인의 영업 중 특정 일부에 대해서 계약을 체결할 권한이 있다면 종속대리인 목적상 계약 체결권이 있다고 볼 수 있다.[34)] OECD 모델조약이 생기기 전에 체결된 조약들 중에는, '일반적 권한'이라는 요건을 명시한 조약도 있었지만,[35)] 이런 조약에서도 무제한의 대리권이 있어야만 종속대리인이 되는 것

33) 상세는 김해마중, 고정사업장 과세의 이론과 쟁점(2017), 제4장 제3절.

34) Williams, 앞의 책, 288쪽. Skaar, 앞의 책, 733~735쪽. 물론 계약체결권의 범위에 따라 고정사업장에 귀속할 소득의 범위는 달라진다.

35) 예를 들면 1945년 미국-영국 조세조약 Ⅱ (1)(1)조, 1948년 미국-덴마크 조세조약 Ⅱ (1)(c)조,

은 아니라고 풀이하고 있었다. 예를 들면, 미국 국세청은 "Revenue Ruling" 55-282[36]에서 미국 내 대리인이 캐나다 법인을 위해 증권을 매매할 권한만 가지고 있었던 사안에서 고정사업장이 있다고 보고 있다. 결국 계약을 체결할 권한이 특정 사업 내지는 사업의 일부로 국한되었다 하더라도, 그 권한이 고정사업장을 이루지 않는 행위에 국한된 것이 아닌 이상, 고정사업장이 될 수 있다.[37]

2. 체결할 권한

대리권의 의의에 관하여 미국의 행정해석은 판매대리인에게 계약을 승낙하거나 거절할 권한이 없는 경우 고정사업장이 안 된다고 한다.[38] 다른 나라에서도 청약(請約)을 유인하고 계약 조건을 협상하는 것만으로는 계약을 체결할 권한이 없다고 본 판례나 행정해석들이 있고,[39] 그러나 이런 세밀한 민사법적 분석에 터잡은 종래의 해석론을 통째로 흔드는 이탈리아 대법원의 판결이 있다.

Ministry of Finance (Tax Office) v. Philip Morris GmbH[40]

원고인 "Philip Morris Gmbh"(이하 '필립모리스 독일')는 독일 회사로 이탈리아에 "Intertaba SpA"(이하 '인터타바')라는 현지법인을 계열회사로 두고 있었다. 쟁점은, i) 인터타바가 필립모리스 독일의 종속대리인으로서 고정사업장이 되는가, ii) 고정사업장에 귀속하는 과세소득의 금액은 얼마인가, 특히 필립모리스 독일이 독일에서 생산하고 이탈리아 전매청에 수출한 담배에서 번 소득이 이탈리아의 과세소득에 들어가는가이다.

1949년 미국-노르웨이 조세조약 II (1)(c)조 등.

36) 1955-1 C. B. 634(캐나다 조약 관련).

37) 미국조약의 해석상 난점은 아래 V.

38) Rev. Rul. 56-594, 1956-2 C. B. 1126. 또 PLR 81-31-059.

39) 캐나다 판례로서 American Wheelabrator and Equipment Corporation v. M. N. R., in Can Tax App Bd 345 (1951); 노르웨이 행정해석 Utv. 1972 at 518(Skaar, 앞의 책, 721쪽); 프랑스 판례 Conseil d'Etat, 25 juillet 1980, n° 11 535 in Edwardes- Ker, Income Tax Treaties, art 5, 34.5011 문단.

40) Corte di Cassazione, 7 marzo 2002, n. 7682, Ministero delle Finanze (Ufficio delle imposte) c. Philip Morris GmbH. 영어판으로 4 International Tax Law Reports 903. 대법원이 원심판결을 파기환송한 뒤 납세의무자와 이탈리아 재무부 사이의 화해로 사건이 종결되었다고 한다. Student Note (Michael Muizelaar), "Adding Smoke to the Fire: Ministry of Finance (Tax Office) v. Philip Morris GmbH and the Expanding Concept of Permanent Establishment", 18 Emory International Law Review 211 (2004), 특히 216쪽 주석 39.

인터타바는 1962년에 설립된 이탈리아 법인으로서 담배 필터를 제조했다, 주식의 98%는 "Philip Morris Inc."(이하 '필립모리스 미국')라는 미국 모회사의 스위스 자회사가, 2%는 같은 미국 모회사의 다른 자회사가 보유하고 있었다. 필립모리스 독일은 이탈리아 전매청과 '판매대리점 계약'(distribution agreement)을[41] 체결하였다. 이탈리아 전매청은 이 계약에 따라서 독일산 필립모리스 담배를 수입・판매하고 그에 더해서 필립모리스 미국과 맺은 계약에 따라 사용료를 지급하면서 필립모리스 담배를 이탈리아 내에서 제조・판매하고 있었다. 필립모리스 독일은 전매청이 판매대리점 계약에 따른 의무를 충실히 이행하는지 여부를 감시하기 위한 대리인으로 인터타바를 선임하였다. 필립모리스 독일의 대리인으로서 인터타바는 창고나 소매점에 있는 담배의 품질을 검사하고 이탈리아 시장에 관한 정보를 수집하고 일정한 판매촉진 활동도 수행하였다. 필립모리스 독일은 이탈리아 전매청에 담배를 수출하고 얻은 소득에 대한 세금을 독일에 납부하였고 인터타바는 자기가 제공하는 용역의 보수에 대한 세금을 이탈리아에 납부하였다. 한편 인터타바의 임원 중 상당수는 필립모리스 계열회사의 임원직을 겸하고 있으며, 그들 중 일부는 필립모리스 계열사들 간의 대표자 회의에 참석하는가 하면 필립모리스 독일과 전매청 사이의 계약 협상 과정에 참여하기도 하였다.

이탈리아 국세청은 인터타바가 필립모리스 독일의 고정사업장이라고 보고 필립모리스 독일에게 법인세를 부과하였다.[42] 인터타바는 형식적으로만 독립된 법인일 뿐이고 필립모리스 독일이나 '필립모리스 그룹의 운영조직 중 이탈리아에 속하는 부분'(a domestic operating unit belonging to Philip Morris Group)이라는 주장이다. 인터타바는 필립모리스 계열회사들이 이탈리아 내에서 소득을 창출하여 내는 데 본질적인 역할을 하였다. 또 인터타바의 임원들 중 상당수는 필립모리스 계열회사들의 임원직을 겸직하고 있고, 그 밖에 스위스 로잔에서 열린 계열회사들의 대표자들의 회의에 인터타바의 이사가 참석하여 인터타바와 다른 계열사들의 관계를 다시 구성할 것을 제안하였다든지, 인터타바의 임원 중 일부가 필립 모리스 대표단과 전매청 사이의 계약 협상과정에 참가한 것 등 인

---

41) '대리'라는 말의 뜻을 다양하게 쓰는 다른 용례이다. 영어로 "distributor", 우리말로 판매대리점은 전혀 대리 관계가 아니고 매매 관계일 뿐이다.

42) 필립모리스 미국이 받은 사용료에 대해서도 세금을 부과했는지는 판결문만 보아서는 불분명하다. 당사자 표시에는 안 나오지만 판결문 내용에서는 인터타바가 필립모리스 미국의 종속대리인이라고 판시하는 내용도 나온다.

터타바와 필립모리스 계열회사들은 매우 밀접한 관계를 맺고 있다. 세무조사 과정에서 발견된 문서들은 필립모리스 측이 이탈리아 내 고정사업장이 존재하는 것으로 판정되는 것을 피하기 위하여 형식상 독립된 회사를 설립할 필요성을 제시하고 있으며, 인터타바는 이러한 인식에 따라 설립되었다, 이런 주장이다.

원심은 인터타바가 그대로 필립모리스 독일의 고정사업장이라고 볼 수도 없고 종속대리인으로 고정사업장이 된다고 간주할 수도 없다고 판시하였다. 단순히 상대방의 계약의 이행 여부를 감시하기 위한 활동은 소득 창출을 위한 활동이 아니므로 이러한 활동이 이루어지는 장소는 고정사업장을 구성하지 않고, 인터타바가 필립모리스 그룹의 일부인지 여부, 또는 필립모리스 계열회사들이 인터타바의 경영을 지배(control)하고 있는지 여부는 고정사업장 해당 여부와 무관하다는 것이다. 임원진이 일부 겹친다는 것만으로도 여전히 고정사업장 지위를 부여하기에 부족하다. 결국 인터타바가 필립모리스 독일을 위하여 한 활동은 부수적 성격에 그친다는 것이다.

그러나 인터타바는 필립모리스 독일뿐 아니라 다른 필립모리스 계열회사들에 대해서도 고정사업장으로서의 역할을 수행하였다. 비록 '그룹'이라는 것이 어떤 법적 의미를 가지는 단위는 아니지만, 하나 또는 둘 이상의 그룹 계열회사들이 하나의 원천국 내에 있는 조직을 통하여 공통의 관리 활동을 수행할 수 있다는 점을 고려해야 한다. 2000년판 OECD 모델 제5조 주석 24문단도 '국내 조직'(domestic structure)이 '관리 사무소'(management office)의 역할을 수행할 수 있다는 것을 밝히고 있다. 따라서 비록 필립모리스 독일과 인터타바 사이의 관계에 직접적 연관은 없더라도 다른 그룹 계열회사들이 함께 수행한 단일한 '프로그램'에 관한 모든 사실관계를 고려하는 것은 방법론상 옳다.

구체적으로 본다면 전매청의 계약이행 여부를 감시하는 것이 단순한 부수적 활동이라는 원심의 판시는 틀렸다. 우선 OECD 모델 주석서는 24문단에서 말하듯 '국제적으로 분화되어 있는 기업'(enterprise with international ramifications)이 하나의 조직에 영업활동에 대한 감독(supervision)과 조정(co-ordination)의 기능을 부여하는 경우, 그러한 조직은 독립적 대리인으로 볼 수 없고 오히려 모델조약 제5조 제2항의 '사무소'(office)로 보아야 한다. 그러한 조직은 그 기업의 사업 활동에서 본질적인 부분을 이루기 때문이다. 설사 거기까지 가지는 않더라도 계약의 적법한 이행을 감시하거나 통제하는 활동은 그 자체로 본질적이고 중요한 부분이다. 실제로 이 사건에서 외국 회사가 이윤을 얻자면 적정한 수의 창고와 판매장을 적정한 위치에 확보해서 담배 제품을 효율적으로 수송, 유통,

보존, 판매하는 것이 필수적이다. 따라서 넓은 지역에 걸친 제품의 판매·유통을 효과적이고 능동적으로 감독하고 통제하는 것은 담배를 판매하는 회사나 상표의 라이센서에게 있어서는 중요한 이해관계가 걸린 사항이다. 이와 관련하여서는 주석 25문단을 보면 교체 부품의 판매나 애프터서비스의 제공 역시 이러한 활동이 회사의 고객에 대한 서비스의 제공에 있어서 본질적이고 중요한 부분을 차지하는 이상, 고정사업장의 존재를 인정하는 근거가 된다고 적고 있다. 이 사건에서도 문제된 활동이 회사의 사업에서 본질적이고 중요한 구성 부분임을 부인할 수 없다. 주석서에서 부수적인 활동의 예로 들고 있는 자료나 정보의 수집과는 같은 차원이 아니다.

원심 판결의 잘못 가운데 하나는 인터타바의 대표자들(representatives)이 필립모리스 독일이나 기타 계열회사들과 전매청의 관계에 적극 참여한 것, 특히 전매청과의 계약 체결을 위한 협상 과정에 참여한 것과 관련된다. 종속대리인의 개념에서 계약을 체결할 권한이라는 개념은 글귀 그대로 풀이해서는 안 되고, 계약의 체결에 기여하는 모든 활동을 포함하는 것으로 풀이해야 한다.[43] 계약 체결의 권한이 있었는지 여부는 실제 경제적 상황에 의하여 판단해야 하며, 단순히 민사법적인 관점에서 결정해서는 안 된다.

파기 후 환송심은 다음의 원칙에 따라 사건을 판단하여야 한다.

i. 이탈리아에 설립된 주식회사는 동일한 그룹에 소속되고 하나의 단일한 기업전략에 따르는 수 개의 외국 회사들의 고정사업장으로서의 역할을 동시에 수행할 수 있다. 이러한 경우, 내국법인의 활동이 부수적이거나 사전 준비적인 것에 해당하는가라는 판단은 전세계적인 견지에서, 그리고 해당 그룹의 '프로그램'을 전체로서 고려하여야 한다.

ii. 거주자 회사와 비거주자 회사 간에 체결된 계약의 적정한 이행을 감독하거나 통제하는 활동은 원칙적으로 이탈리아-독일 조세조약(1992년 체결) 제5조 제4항과 제3항에서 말하는 부수적인 성격을 갖지 않는다.

iii. 내국법인의 대표자나 임원이 또 다른 내국법인과 외국법인 사이에 체결되는 계약의 체결 과정에 참여하는 것은, 비록 대리권이 없더라도 '다른 회사의 명의로 계약을 체결할 권한'의 범주에 속할 수 있다.

iv. 기반이 이탈리아가 아닌 회사가 내국법인에 사업 활동의 관리 권한을

43) 같은 판결 3.8문단.

위탁하는 것은 그러한 내국법인으로 하여금 (법인)소득세 목적상 고정사업장의 지위를 취득하게 하는 것이며, 이 점은 그러한 권한이 일정한 분야의 사업 활동에 국한되는 경우도 같다.

v. 종속성 여부의 판단이나 계약체결 과정 참여 등 고정사업장 구성요건의 확인은 단순히 형식적인 측면에서가 아니라 실질적인 측면에서 이루어져야 한다.

계약을 체결한다는 말이 계약에 서명(기명날인)한다는 뜻이 아니라 계약 협상에 관여하는 것이라는, 이 얼핏 놀라운 생각은 기실 이미 OECD 모델조약 주석에 들어있던 것이다. 계약의 모든 세부를 본인에게 구속력 있는 방식으로 협상할 수 있는 권한이 있으면, '계약을 체결할 권한'이 있다는 것이다.[44] 그러나 대리인이 아직 계약에 서명도 안했다면 어떻게 본인에게 구속력이 생길 수 있는가? 그렇게 본다면 계약체결권이라는 말은 말 그대로 계약을 체결할 권한이라는 뜻과는 거리가 있고 뭔가 종속대리인으로 삼을 만한 행동 정도의 의미로 바뀌고 만다.

필립모리스 판결이 나오기 전에도 이미 독일 판례는[45] 계약을 체결할 권한(Abschlussvollmacht)이라는 말은 반드시 법률행위를 대리할 권한을 뜻하지는 않으며, 사실행위를 함으로써 고정사업장이 될 수도 있다고 판시하고 있다. 네덜란드 대법원의 "Dutch Insurance" 판결도[46] 같은 뜻이다. 이 사건은 네덜란드-미국 조약상 고정사업장이 있는가가 쟁점이 된 사건으로서 조약은 종속대리인의 요건으로 '계약을 협상하고 체결할 권리'라는 글귀를 적고 있었다.[47] 이 사건에서 대리인에게는 계약 조건을 협상할 권한이 없었다. 그럼에도 불구하고 법원은 종속대리인이 있다고 판시하였다. 주목할 점은, '협상(negotiate)할 권한'이라는

44) OECD 모델 제5조 1977년 주석 33문단. 계약 체결권의 개념이 이렇다는 것도 조세조약상 '대리인'이라는 말이 민사법상 대리인과 다름을 보여 준다. 민사법상 대리인이라 함은, 그 정의상 법률행위를 대리하는 자일 수밖에 없기 때문이다.

45) BFH in BStBI 1971 Ⅱ 776(Skaar, 앞의 책, 723쪽에서 재인용함).

46) Hoge Raad, 15 February 1971, BNB 1971/43 (Dutch Insurance)(Skaar, 앞의 책, 732쪽에서 재인용).

47) 1952년 OEED Fiscal Committee가 처음 마련한 초안에서는 대리인이 고정사업장이 되는 요건으로 "(has and habitually exercises) a general authority to negotiate and conclude contracts"로 되어 있었다가 3번째 수정된 안에서는 "authority to negotiate or conclude contracts"로 바뀌었고 1963년 최종 채택된 안에서는 "authority to conclude contracts"로 되었다. OECD 모델조약에서 종속대리인 조항의 변천에 관한 자세한 내용은 Hans Pijl, "Agency Permanent Establishments: in the name of and the Relationship between Article 5(5) and (6) — Part 2", Bulletin for International Taxation, IBFD(2013. 2) 참조.

말에 대한 법원의 해석이다. 법원은 "negotiation"이라는 말을 계약 조건을 변경할 권리라는 뜻이 아니라, 물건을 살 잠재적 구매자를 찾아서 접촉하고 계약을 맺도록 설득하는 일련의 사실행위라고 해석하고 있다.

이런 해석론과 궤를 같이하여, 디지털 용역 거래에 대하여 종속대리인 고정사업장이 존재하는 것으로 판단한 프랑스 대법원의 판결을 보자.

Conseil d'État, 11 décembre 2020, n° 420 174[48)]

이 사건 원고(Valueclick International, 이하 VI)는 디지털 마케팅 사업(디지털 플랫폼을 통해 광고주와 웹사이트 간 제휴 서비스 및 광고주에 대한 광고 노출 서비스 제공)을 수행하는 다국적기업(Valueclick)의 아일랜드 법인이다. 원고는 미국 외 시장에 대해 "Valueclick"의 지식재산 실시권을 갖고, 프랑스 자회사(Valueclick France, 이하 VF)와 맺은 서비스 계약(원가의 8% 수수료 지급)에 따라 VF가 관리, 재무, 인사 등 지원 서비스를 원고에게 제공하고 프랑스에서 사업 개발 및 고객 관계(고객 확보, 계약의 준비, 협상 및 이행)에 관한 마케팅 대표 역할도 수행하였다. 2009~2011 사업연도에 대해 프랑스 과세당국은 VI가 프랑스-아일랜드 조약상[49)] 프랑스에 물리적 내지 종속대리인 고정사업장을 두고 사업한 것으로 보아 과세하였다.

고정사업장 해당 여부를 쟁점으로 한 소송에서 제1심은 원고 패소, 제2심은 원고 승소로 판결하였다. 프랑스 대법원은 원고의 종속대리인 고정사업장 구성 여부에 대해, OECD 모델 주석(2003년, 2005년)을 원용하면서 아래와 같이 판단하여 원심을 파기하였다.

VF는 VI와 프랑스 고객들 간 계약의 준비, 협상 및 이행 과정에서 역할을 하였는데, 프랑스 고객들과의 거래 계약이 VF에 의해 VI 명의로 정식으로 체결된 것은 아니라 하더라도 VF에 의해 계약 내용이 상시적으로 결정되었고 VI는 이를 단순히 일상적으로 승인하여 법적 구속력을 갖게 되었다고 하면서, 이 경우는 VF가 계약체결 권한을 행사하는 것으로 보아야 한다는 것이다.

48) 이 판결에서는 부가가치세법상 국내사업장(Fixed Establishment)도 있는 것으로 판단하였으나, 논의는 생략한다.

49) 1968년 프랑스-아일랜드 조약 제2조 제9항: (d)호가 적용되는 독립적 대리인을 제외하고 어느 인(人)이 일방체약국에서 타방체약국 기업을 위해 해당 기업의 명의로 계약을 체결할 권한을 상시적으로 행사하는 경우 그의 활동이 재화의 단순구입에 한정되지 않는다면 일방체약국에서 고정사업장으로 간주된다.

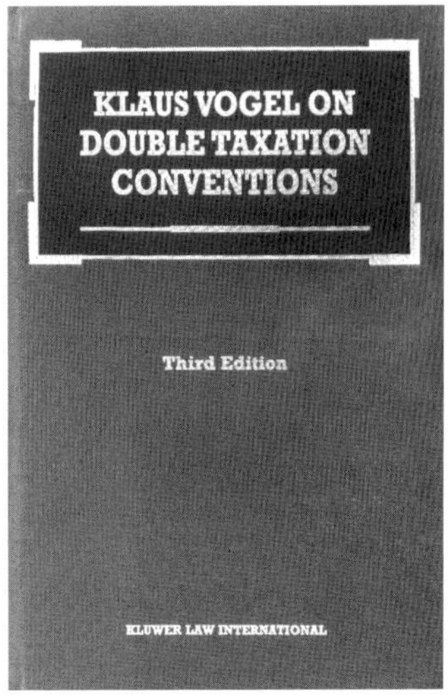

포겔(Vogel)의 주석서. 사진은 1997년에 나온 제3판이다. 독일의 저명한 국제조세학자 클라우스 포겔의 이름을 딴 이 책은 포겔이 2007년에 77세를 일기로 사망한 후에도 후학들에 의해 계속 개정된다. 2022년에는 제5판이 나왔다.

'계약을 체결할 권한'이라는 말이 글자 그대로 법률행위 대리권이라는 뜻은 아니고 뭔가 과세할 만한 빌미가 있다는 뜻이라면 이 말은 어디까지 갈 수 있는가? "Philip Morris" 판결을 극단적인 견해라면서 내치는 전통적인 주류적 견해는 '계약을 체결할 권한'이라는 명시적 문구가 있는 이상 협상 과정에 참가한다고 무조건 종속대리인이 된다고 말하기는 어렵다는 것이다. 결국 단순한 협상 관여 이상의 무엇인가 더 필요한 것이 있고[50] OECD 모델조약 주석의 글귀로는 "본인에게 구속력 있는 방식으로 계약의 모든 요소와 세부를 협상할 권한이 있는 자"라면 계약체결권이 있다는 것이다. 문제는 아직 계약서에 서명하지 않은 이상 대리인의 행위가 본인을 구속할 길이 없다는 것이다. 이리해서 포겔(Vogel)의 주석서는 "대리인이 협상한 내용대로 계약이 체결될 것으로 짐작할 수 있으면 고정사업장이 된다"고 풀이한다.[51] 즉 "대리인이 협상해 놓은 대로 본인이 계약을 체결하는 것이 통상적이라면, [고정사업장의 요건이 되는] 권한이 있다고 보아야 한다"는[52] 것이다. 프랑스의 "Valueclick" 판결도 같은 뜻이다.

반대되는 경우로, 본인이 미리 정해 놓은 조건을 따라야만 하고 계약 조건에 관한 재량 없이 단지 서명만 하는 대리인에게 계약을 체결할 권리가 있다고 볼 것인가? OECD 모델조약의 글귀로만 본다면 대리권이 있음이 당연하다. 그러나 계약체결권이라는 말 자체가 법률행위 대리권이라는 뜻이 아니라고 본다면 서명권이 있다고 해서 당연히 종속대리인이라고 말할 수 없다는 생각도 가능하다. 실제로도 이 문제에는 확립된 원칙이 있다고 하기 어렵다.[53] 가령 미국 국

50) *Klaus Vogel on Double Taxation Conventions*, 제5조 주석 문단 366.
51) 위와 같다.
52) 위와 같다.
53) Skaar, 앞의 책, 725쪽. 구판의 494쪽보다는 조금 더 단정적으로 거래의 중요한 부분이 협상된 나라에 고정사업장이 있다고 보아야 한다고 주장하지만, 이것이 조약의 문언과 잘 연결되지

세청의 행정해석[54]은 계약의 조건·내용을 본인이 모두 결정하는 경우 대리인은 고정사업장이 되지 않음을 묵시적으로 전제하고 있다.

결론적으로 '계약을 체결할 권리'라는 말의 의미는 여전히 안개 속이다(그 중요성을 감안하면 놀라운 일일지 모르지만, 이 책의 이미 여러 곳에서 살폈듯이 조세조약에는 기실 이러한 경우가 허다하다). "Philip Morris" 판결 및 "Valueclick" 판결을 좇자면, 외국 기업을 위해서 일하는 자가 고객을 찾아내서 접촉하고 계약을 맺도록 설득해 나가는 역할이 사업상 중요하고 본질적이라면 계약을 체결할 권한이라는 요건을 만족한다.

대법원 2016. 1. 14. 선고 2014두8896 판결

싱가포르법인이 종속대리인을 통해 국내에 고정사업장을 가지고 있다고 하기 위해서는, 그 대리인이 상시로 계약체결권을 행사하여야 하고 그 권한도 예비적이거나 보조적인 것을 넘어 사업활동에 본질적이고 중요한 것이어야 한다. 여기서 '본질적이고 중요한 사업활동'인지 여부는 그 사업활동의 성격과 규모, 전체 사업활동에서 차지하는 비중과 역할 등을 종합적으로 고려하여 판단하여야 한다. 따라서 싱가포르법인이 국내의 고정된 장소나 대리인을 통하여 국내에서 수행하는 사업활동이 본질적이고 중요한 것이 아니라 예비적이거나 보조적인 것에 불과하다면, 싱가포르법인은 국내에 고정사업장이나 종속대리인을 통하여 간주고정사업장을 둔 것으로 볼 수 없다. … 원고의 위임을 받은 내국법인인 주식회사 와이앤와이리서치가 국내에서 CS채권의 회수업무를 수행하고 원고의 미등기임원인 소외 2등이 국내에서 CS채권의 회수업무에 관한 보고나 공시업무를 수행하였다고 하더라도 이는 기계적·반복적인 단순 업무로서 CS채권 투자와 관련한 원고의 본질적이고 중요한 사업활동으로 보기 어렵고 … 원고가 … 종속대리인을 통하여 간주고정사업장을 둔 것으로 볼 수는 없다

2003년 OECD 모델조약 주석은 "Philip Morris" 판결을 비판하면서 종래의 해석론을 고수했지만,[55] 문제는 이 종래의 해석론이라는 것이 논리의 앞뒤가 닿지 않는다는 데에 있다. 그러다가 디지털 경제 문제와 맞물리면서 BEPS "Action

---

않음 역시 인정한다.

54) Rev. Rul. 55-282, 1955-1 C. B. 634(캐나다 조약 관련).

55) 2003년 OECD 모델 제5조 주석 38.1문단 이하.

7"을 거쳐서 결국 2017년 OECD 모델은 글귀 자체를 고친다.

2017 OECD Model Article 5 (Permanent Establishment)

5. … where a person is acting in a Contracting State on behalf of an enterprise and, in doing so, habitually concludes contracts, or habitually plays the principal role leading to the conclusion of contracts that are routinely concluded without material modification by the enterprise, and these contracts are a) in the name of the enterprise, or b) for the transfer of the ownership of, or for the granting of the right to use, property owned by that enterprise or that the enterprise has the right to use, or c) for the provision of services by that enterprise, that enterprise shall be deemed to have a permanent establishment in that State in respect of any activities which that person undertakes for the enterprise,

2017년 OECD 모델 제5조(고정사업장)

5. 어떤 사람이 한 체약국에서 어느 기업을 대리하여 활동하고 있고, 그리하면서 늘상 계약을 체결하거나 늘상 주요한 역할을 해서 결과적으로 계약체결까지 가는데 그런 계약이 중요한 변경을 그 기업이 하지 않는 채 a) 그런 기업의 이름이거나, b) 그런 기업이 소유하거나 사용권을 가지고 있는 재산의 소유권을 이전하거나 사용권을 설정하는 것이거나, c) 용역제공을 그런 기업이 하는 것이라면, 그런 기업이 그 체약국에 고정사업장을 그런 사람이 그런 기업을 위하여 하는 활동과 관련하여 가지고 있다고 본다.

b), c)의 계약 형태로는 타인 소유 물건의 매매, 비현명(非顯名)대리, 중개 등 여러 가지가 있을 수 있다. 가령 대리인이 자신의 이름으로 본인 소유 물품의 매매계약을 고객과 체결하여 본인과 고객 사이에는 권리의무가 없지만 본인이 고객에게 직접 물건을 인도하는 경우에는 종속대리인이라고 한다.[56]

2018년 말 개정한 우리 국내법의 국내사업장 글귀는 조금 다르다. 본인 명

56) 2017년 OECD 모델 제5조 주석 92문단. 이 문단의 "commissionaire"는 우리 법에서는 비현명 대리인이나 중개 대리상 정도에 해당할 것이다.

의로 계약을 체결할 대리권을 본인으로부터 부여받았거나 본인 명의가 아니더라도 b), c)의 계약을 체결할 권한을 본인에게서 부여받았다면(그에 따라 본인과 대리인 사이에 법률관계가 있다면) 종속대리인 국내사업장이다.[57] 본인으로부터 권한을 받지 않은 채 그냥 낀 사람이더라도 그 자가 협상한 내용 그대로 비거주자나 외국법인이 중요 사항을 변경하지 아니하고 계약을 체결하는 일이 반복적이라면 종속대리인 국내사업장이다.[58]

3. 정규적으로, 또는 늘상

마지막으로 종속대리인 고정사업장이 되기 위해서는 대리인이 계약을 체결할 권한을 정규적으로(regularly), 또는 늘상(habitually) 행사해야 한다. 두 말 사이에 차이는 없다.[59] 계약을 체결할 권한을 정규적으로, 또는 늘상 행사한다 함은, 어쩌다 한 번 행사하는 것이 아니라 반복해서[60] 행사한다는 말이다. 문제는, 얼마나 자주, 또 얼마나 오랜 기간 동안 행사해야 정규적 내지 상시적으로 권한을 행사한다고 볼 수 있는가 하는 점이다. 이에 관한 일반적 결론이야 내릴 길이 없다.[61] 결국 사건마다 낱낱이 따지는 수밖에.[62]

Ⅳ. 고정사업장의 소극적 요건과 종속대리인

필립모리스 판결은 OECD를 중심으로 선진국들이 가지고 있던 생각과 근본적으로 다른 점이 많다. 이 사건에서 인터타바는 대리인으로 매매계약을 체결하지도 않았고 매매계약의 모든 세부를 나서서 협상하지도 않았다. 그저 국외 공

57) 법인세법 제94조 제3항 제1호.

58) 같은 법조항 제2호.

59) *Klaus Vogel on Double Taxation Conventions*, 제5조 문단 370~373. 반대: H. Debatin & O. L. Walter, *Handbook on the United States-German Tax Convention* (looseleaf) at B Ⅱ para 79는 "regularly"라는 표현은 다른 사업자와 비교했을 때 별 차이가 없다는 뜻으로 보고 있다.

60) OECD 모델 제5조 주석 33.1문단.

61) Nitikman, "The meaning of Permanent Establishment in the 1981 U.S. Model Income Tax Treaty", 15 Int'l Tax Journal(1989), 262쪽.

62) 2003년 이탈리아 대법원 판결(Corte di Cassazione, lav., 3 luglio 2003, n. 9776)은, 한 건 뿐이더라도 계약 규모가 크고 사업상 중요하다면 계약체결권을 늘상 행사한 것으로 보았다고 한다. Lee A. Sheppard, 'The Brave New World of the Dependant Agent PE', 71 Tax Notes Internatioal 10 (2013. 7)에서 간접인용.

급자와 국내 수요자 사이의 매매계약의 체결에 웬만큼 관여하고 그 뒤 계약이 잘 이행되는지 감독했을 뿐이다. 그럼에도 불구하고 필립모리스 독일 및 필립모리스 미국의 종속대리인 고정사업장이 된다는 것이다. 나아가 이 판결은 인터타바의 역할이 필립모리스 그룹의 사업에서 본질적이고 중요했는지를 묻고 있다. 판결문에 명문으로 적지는 않았지만 종속대리인의 존부를 종속대리인 조항(OECD 모델조약으로 제5조 제5항) 그 자체를 넘어서 고정사업장의 일반적 의의(제5조 제1항과 제2항)에서 평가하고 있는 것이다. 필립모리스 판결이 나오자 사안의 중대성을 감안하여 OECD 주석은 종속대리인의 요건에 관한 주석 내용을 한 문단에서 아홉 문단으로 늘려서 앞서 본 독립성 판단에 관한 기준을 나열하고 있다.[63] 이 판결이 틀렸다는 것이다. 그 중 가장 중요한 비판은 모회사가 자회사를 지배한다는 당연한 사실 그 자체로서는 독립적인지라는 판단에 아무 영향을 줄 수 없고 출자관계가 있든 없든 똑같은 잣대로 재어야 한다는 것이다.

필립모리스 판결의 요는 계약을 체결하든 말든, 중요하고 본질적인 행위라면 종속대리인으로 고정사업장이 된다는 것이다. 2017년 OECD 모델은 제5조 제4항에서 고정사업장의 소극적 요건 전체에 관한 단서를 새로 달아 소극적 행위이더라도 본질적이고 중요한 행위(가령 성질상 구매가 본질적이고 중요한 사업을 위한 구매 행위)는 고정사업장이 된다고 한다. 이 단서가 생기기 전에도 해석론으로 같은 결과가 나와야 논리에 맞는다.[64] 그렇다면 종속대리인이 고정사업장인가도 마찬가지 기준으로 판단해야 하고 이 점에서 "Philip Morris" 판결은 옳다.

대법원 2016. 1. 14. 선고 2014두8896 판결[65]

국내에 싱가포르법인의 고정사업장이 존재한다고 하기 위해서는, 싱가포르법인이 처분권한 또는 사용권한을 가지는 국내의 건물, 시설 또는 장치 등의 사업상의 고정된 장소를 통하여 싱가포르법인의 직원 또는 그 지시를 받는 자가 예비적이거나 보조적인 사업활동이 아닌 본질적이고 중요한 사업활동을 수행하여야 하고(대법원 2011. 4. 28. 선고 2009두19229, 19236 판결 참조), 싱가포르법인이 종속대리인을 통해 국내에 고정사업장을 가지고 있다고 하기 위해서는, 그 대리인이 상시로 계약체결권을 행사하여야 하고 그 권한도 예비적이거나 보

63) OECD 모델 제5조 주석 38.1문단 이하.

64) 제5장 제1절 Ⅲ.

65) 그밖에 대법원 2017. 10. 12. 선고 2014두3044등 판결.

조적인 것을 넘어 사업활동에 본질적이고 중요한 것이어야 한다.

기실 종속대리인의 요건을 일반적 고정사업장과 맞추어 풀이해야 하는 것은 이미 예전부터 있던 문제이다. 1963년 OECD 모델에는 대리인이 고정사업장의 소극적 요건에 해당하는 행위만 한다면 종속대리인 고정사업장이 아니라는 단서, 곧 "다만 그런 사람의 활동이 제4항에 적은 것으로서 고정된 사업장소를 통하여 하더라도 제4항에서 그 고정된 사업장소를 고정사업장으로 보지 않는 것에 그친다면 예외로 한다"는 글귀가 없었다. 이 글귀가 없는 조약, 가령 미국조약에서는[66] 종속대리인의 범위와 일반적 고정사업장 사이에 모순이 있다. UN 모델에서는 재고의 인도가 고정사업장이 되는 행위 중 하나이므로,[67] 재고보유 대리인을 고정사업장으로 보더라도 앞뒤가 맞는다. 그러나 미국조약에서는 재고의 인도가 고정사업장의 소극적 요건임임에도 불구하고, 재고보유 대리인이 고정사업장에 포함되어 있다. 결과적으로, 미국의 공급업자(단 창고업자 제외)가 직접 우리나라에 창고를 두고 그 창고에서 물품을 인도하면 고정사업장이 없고, 공급업자의 대리인이 제 창고에서 물품을 인도한다면 고정사업장이 있게 된다. 계약체결 대리인의 범위에도 앞뒤가 맞지 않는 조약들이 있다. 대표적 예로 미국조약에서는 단지 구매만 하는 계약체결 대리인은 고정사업장이 아니다.[68] 이를 반대해석하면, 예를 들어 광고는 본인이 직접 한다면 고정사업장이 되지 않지만 대리인이 한다면 고정사업장이 된다. 이런 이상한 해석을 막자면 종속대리인이라는 개념은 어차피 일반적 고정사업장의 개념에 맞추어 풀이해야 한다. 결국 '중요하고 본질적인 행위'라는 것이 종속대리인 개념에서도 핵심이라고 말할 수밖에 없다. 이것이 필립모리스 판결이 던지고 있는 도전이다.

제 3 절 과세소득의 범위

종속대리인이란 무엇인가 하는 문제를 겨우 뚫고 나오자마자, 한결 더 난감

66) 미국조약, 제9조(4).
67) UN 모델, 제9조(5)(b).
68) 미국조약, 제9조(4)(a).

한 문제에 부딪히게 된다. 문제는 종속대리인이 있는 경우의 법률효과, 곧 과세소득의 범위이다. 필립모리스 판결로 돌아가 본다면 인터타바를 필립모리스 독일의 이탈리아 내 고정사업장으로 간주해서 생기는 결과는 무엇인가? 고정사업장이 있는 경우 과세소득의 범위에 관한 전형적인 조약의 글귀는 1963년 OECD 모델이나 1977년 OECD 모델을 따라 다음과 같이 적고 있다.

1977 OECD Model Article 7 (Business Profits)

2. Subject to the provisions of paragraph 3, where an enterprise of a Contracting State carries on business in the other Contracting State through a, permanent establishment situated therein, there shall in each Contracting State be attributed to that permanent establishment the profits which it might be expected to make if it were a distinct and separate enterprise engaged in the same or similar activities under the same or similar conditions and dealing wholly independently with the enterprise of which it is a permanent establishment.

1977 OECD 모델 조약 제7조(사업소득)

2. 제3항의 규정을 조건으로 하여, 한 체약국 기업이 상대방 체약국에서 그 안에 있는 고정사업장을 통하여 사업을 영위하는 경우 각 체약국에서 고정사업장에 귀속하는 사업소득이란, 고정사업장이 독자적인 별개의 기업이라면 벌었으리라 기대할 수 있는 소득으로서 고정사업장이 같거나 비슷한 활동을 같거나 비슷한 조건에서 영위하고 또 고정사업장이 속하는 기업과 완전히 독립적으로 거래하였을 경우 벌었으리라 기대할 수 있는 소득이다.

이 조문이 주는 답이 독립기업의 원칙, 즉 외국법인과 그 고정사업장이 서로 독립된 기업이었다면 생겼을 이익임은 물론이다. 그러나 다시 생각해 보면, 이것은 황당한 해답. 인터타바는 필립모리스 독일을 위해서 대리점(전매청) 관리라는 용역을 제공했고 그에 대한 보수를 받고 있었다. 그렇다면 고정사업장에 귀속하는 소득은 이미 과세하고 있었던 것 아닌가? 물론 보수의 수준이 충분했는가라는 문제는 있을 수 있지만 그 문제는 이전가격 문제일 뿐이다. 가령 인터타바가 아니라 특수관계 없는 자가 필립모리스 독일의 종속대리인으로 판정된 경우를 생각해보면 문제의 소재가 분명해진다. 대리인이 본인에게서 받는 수수료가 독립기업 사이에서 받는 수준의 적정한 수수료라면, 대리인은 이미 독립기업의 원칙에 따른 소득을 신고하고 있고, 국가는 이미 독립기업의 원칙에 따른 소득을 과세 하고 있다. 그렇다면 도대체 종속대리인을 고정사업장으로 보는 데에 무슨 실익이 있지?

아마도 이 문제의 근원은 종속대리인 고정사업장이라는 개념이 총괄주의의 유물이라는 데에서 유래하는 듯하다. 총괄주의 하에서는, 종속대리인 고정사업장을 찾아내면 대리인 소재국에 원천이 있는 모든 소득이 원천지국의 과세 대상이 된다. 대리인이 이미 독립기업이 받을 적정 수수료를 받았다 하더라도, 그것은 중요한 문제가 아니다. 국내원천소득은 모두 과세 대상이 되는 까닭이다. 종속대리인 고정사업장이라는 개념은 원래 이런 총괄주의 조약에서 생겨난 것이다.[69] 앞서 "Handfield" 판결에서 보았듯 적어도 미국 국내법에 이 개념이 생기기 전에 조약에는 이미 종속대리인 개념이 있었다.

귀속주의 조약 하에서 종속대리인 고정사업장에는 어떤 법률효과가 따르는가? 이 개념이 들어 있는 이상 아무런 법률효과가 없다고 풀이하기는 어렵다. 앞의 "Taisei" 판결로 돌아가면 국세청은 특수관계 없는 자인 포트레스가 일본 보험회사들의 종속대리인에 해당한다고 보고 일본 보험회사들에게 법인세를 부과했다. 이 사건 당사자들은 포트레스의 지위가 독립적인가 종속적인가만 다투고 있고 국세청의 과세소득의 계산에 대해서는 시시비비가 전혀 나와 있지 않다. 아마도 미국에서 받은 보험료 전액을 총수입금액으로 삼아서 순소득 기준으로 과세했을 것이다. "Revenue Ruling" 65-263은[70] 고정사업장의 소득을 미국세법 제861조에서 제864조에 따라 계산하도록 하고 있으므로[71] 미국원천소득 모두를 국내사업에 몰아서 순소득 기준으로 과세한다.

필립모리스 판결 이후 OECD는 '고정사업장에 귀속하는 소득의 범위에 관한 협의 초안'을[72] 발표하고 그 뒤 2008년에 공식 보고서를 낸 뒤, 2010년 개정하고[73] 2018년에는 BEPS "Action 7"로[74] 추가 보고서를 내었다. 이 보고서는 일

69) Chang Hee Lee, "Instability of the Dependent Agent Permanent Establishment Concept", 27 Tax Notes International 1325 (2002).

70) 1965-2 C. B. 561 (캐나다 조약).

71) 또, Daily Tax Report (BNA) 1990. 3. 6. 자 G-4에도 미국 국세청이 이런 입장이라고 나온다.

72) OECD, "Report on the Attribution of Profits to Permanent Establishments" (Dec. 2006).

단 종속대리인 고정사업장이 있다면 원천지국이 모든 소득을 과세하는 것이 기존의 해석론이라고 적고 있기도 하고, 또한 종속대리인이 관여한 거래에서 생기는 국내원천소득을 모두 과세할지도 모른다고 기업 쪽에서 염려하고 있다고 적고 있기도 하다.[75] 다른 극단으로 고정사업장이 있더라도 과세소득이 생길 수 없다는 해석(보고서의 용례로 "single taxpayer approach")도 있지만 이 해석을 따를 수도 없다는 것이다. "Single taxpayer approach"는 경제적 관점에서 간주 고정사업장에 귀속시킬 수 있는 자산과 위험을 무시한다든가, 물리적 고정사업장에는 자산과 위험을 분배할 수 있는데 간주 고정사업장에 귀속시킬 수 없다면 논리적 모순이라든가, 이런 몇 가지를 들고 있지만 결국 이 말들은 과세소득이 생긴다고 결론지어야 옳다는 말을 이리저리 동어반복한 것일 뿐이다. 결정적 이유는 그렇게 해석하지 않는다면 종속대리인 고정사업장이 무의미한 개념이 된다는 것이다.[76] 결국 이 보고서는 종속대리인이 있으면 해외의 '본인'에게 일단 고정사업장이 있는 것으로 간주하지만(종속대리인과 구별되는 납세의무자라는 점에서 "double taxpayer approach"라고 부른다), 이 경우 본인에게 과세소득이 생길 수도 있고 아닐 수도 있다고 한다. 일종의 절충론이다. 그렇다면 과세소득은 어떻게 산정하는가? 물리적 고정사업장이나 마찬가지로 두 단계를 거치면 된다고 한다: 1) 종속대리인이 맡고 있는 기능의 분석, 2) 비교가능성 분석을 통한 이익의 할당. 보고서에 정면으로 쓰고 있지는 않지만 "single taxpayer approach"라는 말을 반대로 생각한다면, 기능 분석과 이익 할당을 통해 고정사업장의 총소득을 정하고 그 총소득에서 종속대리인에게 지급한 수수료를 필요경비로 공제하는 방식으로 계산하면 종속대리인의 소득과는 구별되는 고정사업장의 과세소득을 구할 수 있다는 말일 것이다.

기능분석이란 종속대리인이 중요한 사업상 위험을 얼마나 지고 있는가(key enterpreneurial risk taking: KERT)를 분석하여 그 위험에 걸맞은 자산과 자기자본을 대리인에게 귀속시킨다는 것이다. 고정사업장의 소득은 위험, 자산, 자기자본의 세 가지에 따라 계산하면 된다.[77] 그렇다면 어떻게 하라는 말인가? 협의 초

73) OECD, "2010 Report on the Attribution of Profits to Permanent Establishments" (22 July 2010). 종속대리인에 관한 부분은 이 문서 제I부 D-5이다.

74) Additional Guidance of Attribution of Profits to Permanent Establishments (2018. 3. 22)

75) 같은 문서 D-5(i).

76) 같은 문서 D-5(ii).

안은 고정사업장에 속한 사람에 주목하고, 이 사람들이 어떤 기능을 하는가라는 구체적 사실관계를 보라는 것이다.[78]

한결 구체적 예를 본다면 종속대리인이 재고자산에 대한 소유권을 취득하지 않는 경우라면 재고 위험을 지지 않으므로 고정사업장에 추가 소득이 생기지 않는다고 한다.[79] 보고서에 적고 있지는 않지만, 풀이하자면 고정사업장의 총수입금액이 판매 수수료 상당액일 것이고 필요경비가 대리인에게 지급한 판매 수수료이므로 고정사업장의 소득은 영(0)이 된다는 말일 것이다. 다른 한편 종속대리인의 임직원이 재고를 관리한다면 그에 걸맞은 소득을 고정사업장의 소득으로 과세할 수 있다고 한다. 재고 위험을 종속대리인이 지기 때문이라는 것이다.[80]

이런 해석론이 이상하다는 것은 금방 알 수 있을 것이다. 본인, 전형적으로는 해외 공급업자와 국내 종속대리인이 개념상 서로 다른 납세의무자라는 당연한 사실에서 해외 공급업자에게 소득이 생긴다는 결론은 나오지 않는다. 특수관계 없는 자가 해외 공급자와 대리상 계약을 맺으면서 자기가 재고를 관리할지, 아니면 재고는 해외 공급자가 바로 보낼지는 당연히 계약에 반영하게 마련이고, 그에 맞추어 보수를 정하게 마련이다. 재고를 관리하든 말든 그에 관한 보수는 이미 대리상 계약을 맺을 당시 보수에 들어가 있는 것이다.

우리나라의 과세 실무를 보면 한때는 종속대리인 시비가 자주 걸리다가 1990년대 중반부터는 별로 없었다. 종속대리인 시비의 대상이 대개 외국계 국내 자회사였고, 이전가격을 조정하면 되는 마당에 구태여 고정사업장이 있다고 볼 필요가 없었기 때문이다.[81] 그러다가 OECD의 논의 동향이 종속대리인 고정사업장을 인정하는 쪽으로 정리되면서 요사이에 와서는 다시 고정사업장 과세가 늘고 있는 듯하다. 종속대리인 고정사업장이 생기는 경우 과세소득은 어떻게 계산하는가? 조세조약은 아니지만 우리 법인세법상 종속대리인 국내사업장을 인정하고 과세한 사례가 있다.[82] 이 결정을 보면 일단 해외 공급자의 국내 공급액

77) 같은 문서 B-3(i).
78) 같은 문서 B-3(i).
79) 같은 문서 D-5(ii)(a).
80) 같은 문서 D-5(ii)(a).
81) 국세청 1995. 8. 11. 국일 46501-493.
82) 조세심판원 2011. 11. 23. 결정 조심2008서2529.

을 국내원천 매출액으로 본 뒤 매출원가 및 영업비용은 국세청이 확보하기 곤란하므로 비교가능 기업의 거래순이익률(매출채권, 매입채무, 재고자산 및 영업자산의 비율 차이에 터잡아 자본비용을 조정한 후의 순이익률)의 중위값을[83] 곱하여 순이익을 산출하였다. 곧 해외 공급자의 국내원천소득 전액을 과세했다는 말이다. 해외 본인이 대리인에게 지급하여 대리인이 신고 소득에 포함한 수수료 등의 이중계산은 물론 피했다. 우리 국내법의 해석론으로는 종속대리인이든 무엇이든 외국법인의 국내사업장이 있다면 국내원천소득 전체를 순소득 기준으로 과세하는 것이 법에 맞는다.[84] 우리 국내법에는 독립기업 원칙에 따라 과세해야 한다는 제약이 없었고, 실제로 이 사건의 조세심판원 결정문에도 독립기업 원칙에 관한 언급이 아예 없다. 그렇지만 이 사건으로 미루어 짐작하면 아마도 조세조약이 있는 경우에도 국세청의 과세 실무는 국내원천소득 전액을 과세하는 방향의 실험을 상당 기간 해 보았던 듯. 2020년 초의 법인세법 시행령과 시행규칙[85] 개정 후에는 법인세법이 OECD의 AOA에 따른 과세를 규정한 셈이고, 현재의 실무는 일단 이에 따른다고 한다. AOA는 제5장 제5절 Ⅲ. 그러나 거기서 언급했듯 이에 따른 과세가 사실상 불가능하리라는 입장에서 보면 이 또한 새로운 실험일지도 모른다. 2020년부터 이 책이 출간되는 2025년 초까지 계속 행정소송이 이어지고 있는 구글코리아 사건(세액이 5천억 원 상당으로 보도되었다)은 그러한 계속되는 실험의 한 예.

종속대리인이 관여한 계약에서 생기는 국내원천소득 전부를 과세소득으로 삼든 아니면 OECD의 입장에 따라서 과세소득을 계산하든, 아무튼 비거주자·외국법인을 과세하는 경우, 절차법상으로는 이 외국법인은 종속대리인과 별개의 납세의무자이다. 따라서 납부고지서는 외국법인 앞으로 내보낸다. 나라에 따라서는 그렇게 하지 않는 경우도 있는 듯.[86] 납부고지서 송달도 외국법인에게 해야 하겠지만 우리 국세청 실무는 종속대리인에게 송달하는 듯하다.

---

83) 이 사건에서 중위값은 사분위값의 범위 안에 있었다. 제4장 제2절 Ⅱ. 1.

84) 법인세법 제91조 제1항, 제92조 제1항.

85) 특히 법인세법 시행규칙 제64조 제2항, 제3항.

86) OECD, 2010 Report on the Attribution of Profits to Permanent Establishments 보고서, D-5(ii)(b).

제 7 장

외국인 투자기업 및 외국인 투자자에 대한 과세

지금까지 보았듯 외국법인이나 비거주자 그 자체가 우리나라에 국내 지점 등 고정사업장을 두고 있는 경우 그 고정사업장을 통하여 번 소득은 모두 우리나라에서 순소득 기준으로 과세한다. 그러나 기실 국제 투자에서 지점 형태는 오히려 예외라 할 수 있고 대개 현지법인, 우리나라로 들어오는 외자(外資) 같으면 외국인 투자기업의 형태를 띠게 된다. 이 장에서는 외국인 투자기업에 대한 과세와 외국인 투자자(주주)가 받는 배당소득에 대한 과세, 이 두 가지 문제를 차례로 살펴보기로 한다.

글은 다음과 같은 차례로 풀어나간다. 우선 제1절은 외국인 투자기업에 대한 과세이다. 제2절은 외국인 투자자, 곧 비거주자·외국법인이 받는 배당소득의 과세에 관한 국내법 해석론이다. 제3절은 조세조약 해석론이다. 제4절은 배당소득에 관한 국내법 규정과 조세조약 규정이 어떻게 상호작용하는가에 관한 분석이다. 제5절은 지점세, 외국법인의 국내 지점이 해외 본점에 송금하는 이익을 배당금이나 마찬가지로 과세하는 제도에 대한 분석이다.

제1절 외국인 투자기업에 대한 과세

Ⅰ. 지점 v. 현지법인 v. 포트폴리오 투자

외국법인이 우리나라에 본격적 사업 시설을 두고 사업을 하는 형식으로는 외국법인의 지점 내지 사업장이 있을 수 있고 현지법인으로 우리 법에 따라 세운 우리나라 회사가 있을 수 있다. 지점으로 들어온다는 것은 외국법인 그 자체가 우리나라에 사업장을 하나 더 두고 사업을 벌이는 것이고, 현지법인으로 들어온다는 것은 국내의 영업이 별개의 자회사가 되고 외국법인은 모회사 내지 주주의 지위에 서는 것을 말한다. 지점으로 들어오려는 외국 회사는 그 영업소의 설치에 관하여 우리 상법에 따른 회사의 종류 가운데 가장 비슷한 회사의 지점과 동일한 등기를 하여야 한다.[1] 가령 미국의 "corporation"의 한국 지점은 주식회사의 지점으로 등기를 한다.

해외에 진출하는 형태로 현지법인과 지점 가운데 어느 것을 택할지 선택할 때에는 여러 가지 요소가 작용한다. 우선 상대방 국가의 법률에 따라서는 현지법인이나 지점 두 가지 가운데 어느 하나만 가능한 경우도 있을 수 있다. 일반론으로는 아마도 가장 중요한 점이, 법률 쪽에서 본다면 모회사의 책임 문제일 것이다. 현지법인을 우리나라의 주식회사 같이 유한책임만 지는 단체로 설립한다면 주주는 최악의 경우 투자 자금만 날리면 그만이지만(물론 특별법에 따라 무조건 주주가 추가로 책임을 지는 경우도 있을 수 있고, 주주가 직접 책임을 질 만한 행위를 했기 때문에 추가로 책임을 지는 경우도 있을 수는 있다), 해외 지점을 세우는 경우에는 언제나 무한책임이 따른다. 가령 현지 영업에서 큰 사고가 터져 엄청난 손해배상 책임을 지는 경우를 생각해 보면 차이점을 알 수 있다.

외국 기업이 우리나라에 자회사를 세우는 경우 이 자회사 자체는 우리나라 법에 따라 세운 우리나라 회사이므로, 세법의 입장에서는 내국법인이다. 따라서 다른 우리나라 회사나 마찬가지로 과세하면 된다. 한편 지점을 둔다면 국내사업장을 둔 외국법인으로서 과세한다. 앞서 보았듯 국내사업장을 둔 외국법인은 국내원천소득의 총수입금액에서 그에 관련된 필요경비를 공제한 순소득 기준으로 납세의무를 지고, 이와 같은 소득의 계산은 내국법인의 각 사업연도의 소득에

---

1) 상법 제614조 제2항.

관한 규정을 준용한다. 따라서 각 사업연도의 소득에 관한 한 우리나라 법에 따른 자회사의 꼴로 영업하든 외국법인의 국내지점으로서 영업하든 별 차이가 없다.

내국법인이 외국 주주에게 지급하는 배당금에 대해서는 원천징수세가 붙는다. 다른 한편 외국법인의 국내 지점이 해외 본점에 이익을 송금하는 것은 민사법의 입장에서 본다면 같은 법인 안의 내부적 자금 이동일 뿐이다. 그러나 세법은 이런 내부적 이익 송금을 배당소득과 마찬가지로 과세한다. 뒤에 다시 보겠지만 이것을 '지점세'라 부른다.

한편 외국인 투자자 본국의 세금에서도 차이가 있을 수 있다. 첫째, 투자자 본국이 가령 미국처럼 속인주의로 과세한다면 우리나라에 지점을 세우는 경우에는 이 한국 지점의 소득은 당연히 미국 본점의 소득과 합한 전세계소득의 일부로 바로 과세한다. 우리나라에 자회사를 세우는 경우에는 이 자회사는 모회사와 다른 별도의 법인이므로 원칙적으로는 배당하기 전에는 과세하지 않는다. 이에 비해 프랑스처럼 속지주의를 따르는 나라라면 해외 지점의 소득이나 해외 자회사의 소득이나 모두 국외 활동에 따르는 소득이므로 과세권의 범위를 벗어난다. 물론 현실 세계의 세제가 이처럼 단순하지는 않고, 피지배외국법인 세제 등 두 가지 대안 사이의 타협이 존재한다. 둘째, 한국 지점이 우리나라에 납부한 법인세는 회사 자신이 납부한 것이므로 투자자 본국(가령 미국)에서 외국 법인세액으로 공제받는다. 한편 우리나라 자회사가 납부한 법인세는 법인격이 다른 회사가 낸 것이므로 미국의 모회사가 바로 공제받을 수 있는 것은 아니고, 이것을 가능하게 하기 위한 별도의 규정이 필요하다. 투자자 본국의 세금에 어떤 차이가 있는가는 뒤에 우리 자본의 해외 진출 부분에 가서 우리나라를 투자자 본국으로 놓고 분석해 보기로 한다.

여태 본·지점과 현지법인 사이의 선택이라는 문제는 기실 암암리에 100% 투자나 적어도 외국인 주주의 입장에서 볼 때 상당한 정도 주식을 소유하는 합작투자를 전제로 논의한 것이다. 국제적 자본 이동이 기본적으로 자유로워진 오늘날의 우리 경제에서는 외국인 투자기업이라는 말은 사실 별 의미가 없다고 볼 수도 있다. 가령 삼성전자나 포스코 같은 회사는 외국인 주주의 비중이 50%를 넘고, 다른 상장회사에도 외국인 투자의 비중은 상당히 높다. 기본적으로 우리 자본시장에서 외국인의 영향력은 때로는 시장의 판세를 좌지우지할 만큼 높다.

그러나 이런 상장회사에 대한 외국인 투자에서는 특정한 투자자가 지배권이나 영향력을 확보할 만큼 높은 비중을 차지하는 경우가 거의 없고 대부분의 투자자는 포트폴리오 투자자로서 이미 존재하는 회사의 주식 가운데 일부를 증권시장에서 사들여서 소수주주의 지위에 선다. 소수주주의 지위에 있는 외국인 투자자가 받는 배당소득은 민사법적 입장에서 본다면 100% 주주가 받는 것과 마찬가지이지만 세법은 배당소득을 받는 자가 소유한 주식의 비율이 얼마만큼인가에 따라 세금을 달리 매기기도 한다.

Ⅱ. 외국인투자 촉진 세제

우리나라는 1960년대부터 시작하는 수십 년의 경제개발 단계 동안 외국인 투자를 유치하기 위해서 여러 가지 조세 특혜를 베풀었다. 외자도입진흥법, 외자도입법, 외국인투자촉진법 등 법 이름은 여러 차례 바뀌었지만, 이런 외국인 투자 관련 규제 법령에서 외국인 투자기업의 법인세, 외국인 투자자의 배당에 대한 법인세나 소득세, 출자 목적물의 통관에 대한 관세 등에 대해 여러 가지 폭넓은 조세 특혜를 두다가 1980년대 이후 확 줄어들기 시작했다.[2] 1990년대 말부터는 외국인투자 관련 법령에서 직접 조세 특혜를 정한 것은 다 없어졌다. 그 뒤에는 조세특례제한법에서 고도기술 투자나 특정 지역에 대한 투자 등 아주 예외적인 경우에 대한 조세 특혜를 그때그때의 정치·경제 상황에 따라서 베풀어 주기도 하고 말기도 하는 정도로 유지해 왔다. 그러다가 2018년 말에 아예 폐지하기에 이른 것은 유럽연합이 걸어온 시비 탓이다. 외국인투자에만 조세 특혜를 베푸는 것은[3] EU의 '공평과세 기준'에 위반된다는 이유로 우리나라를 사모아, 바베이도스 등 조세피난처와 똑같은 '비협조 지역'으로 지정했던 것.[4] 그 결

---

2) 상세는, Chang Hee Lee, "Foreign Investment and Tax Policy— Lessons from the South Korean Experience", Asia Pacific Tax Bulletin 197 (1998), 특히 195~198쪽.

3) 구 조세특례제한법 제121조의2(외국인투자에 대한 조세 감면). 기본적으로 신성장동력산업, 경제자유구역, 외국인 투자지역 등 일정한 요건을 충족하는 외국인 투자 법인에 대해 일정 기간 동안(5~7년) 해당 기업의 법인세를 50~100% 감면해 주는 제도이다.

4) EU list of non-cooperative jurisdictions for tax purposes. 지정 기준은 세 가지로 ① 조세정보교환 여부 등 투명성(transparency), ② 유해조세제도 등 공평과세(fair taxation), ③ BEPS 이행체제 가입 등 BEPS 방지 조치로, 어느 하나의 기준을 충족하지 못하면 지정 대상이 된다. EU 이사회 공식문서(2017. 12. 5.) 15429/17, FISC 345 ECOFIN 1088 참조.

과 2018년 말 조세특례제한법 개정으로 조세 특혜를 폐지했다.[5)]

투자 촉진이라는 면만 생각한다면 조세 특례를 베풀어서라도 외국인 투자를 유치하는 편이 나라에 도움 된다고 일단 생각할 수 있다. 정상적 세제에서는 들어오지 않았을 외자가 조세감면 덕으로 들어와서 우리나라 안에서 경제 활동이 일어난다면 국내에 그만큼 일자리가 생기니까.[6)] 그러나 경제 발전이 고도화되어 자본의 국제적 흐름이 자유로워지면 이런 투자 촉진책은 세제 전체를 흔들게 된다. 개발도상국은 대체로 외환 통제 제도를 가지고 있으므로 외자와 내자를 구별해서 외자에 대해서만 조세 특례를 베풀 수 있지만, 외환 통제가 불가능한 선진국에서는[7)] 그렇게 할 길이 없다. 이리하여 자본 유치 경쟁을 한다면 내자·외자의 구별 없이 자본 일반에 대한 과세를 낮추는 꼴이 될 수밖에 없다. 가치관 또는 이해관계에 따라서 박수를 칠 사람도 있겠지만[8)] 각국의 정치 체제 또는 세계 전체의 정치·경제 체제를 놓고 본다면 그에 대한 반대 세력 역시 그냥 물러설 리야 없으니. 이리하여 유럽연합이나 OECD는 한때 자본유치 경쟁 그 자체를 기본적으로는 유해한 것으로 생각하고 규제하려는 움직임을 보였지만[9)] 아들 부시(Bush)가 대통령이 되면서 미국이 그에 반대하고 나섰다.[10)] 그 결과 조세경쟁에 대한 규제는 유럽 내부에서만 살아남고[11)] 전세계 단위에서는 이른바

---

5) 해당 법 개정으로 우리나라는 2019년 3월 EU 리스트에서 무사탈출. 상세는 기획재정부 2019. 3. 12.자 보도자료, "EU리스트에서 한국 제외 최종 결정" 참조

6) 제1장 제2절 Ⅳ.

7) 제도적으로는 우리나라에나 일본에 외국환 관리에 관한 법령이 있지만 선진국이 될수록 그 내용이 점점 자본 이동의 자유를 보장할 수밖에 없다. 근본적으로 외환통제는 자유시장경제와 양립불가능하기 때문이다.

8) 자본유치 경쟁이 세계경제의 효율을 올린다는 주장으로, Roin, "Competition and Evasion: Another Perspective on International Tax Competition", 89 Georgetown Law Journal 543 (2001).

9) European Union, "Resolution on Code of Conduct for Business Taxation" (1997); European Union, "Primarolo Report on Code of Conduct of Business Taxation" (1999); OECD, "Harmful Tax Competition" (1998), 특히 6문단과 12문단.

10) Goulder, "New Coalition Strikes Back at OECD Tax Haven Campaign", World Tax Daily (2000) 234-2에 나오는 대니얼 미첼(Daniel J. Mitchel)의 발언은 다음과 같다: "우리 미국은 'tax haven'이다. 우리나라는 캐나다 외에 어떤 국가와도 정보 교환을 제대로 하지 않는다. 우리는 외국인 투자자의 양도소득이나 이자소득을 과세하지 않는다 … 우리는 OECD가 케이만 제도의 문제점이라고 지적하는 요소들을 다 가지고 있다 … 유럽 사람들은 우리 미국으로 자본이 흘러들어오는 것을 싫어한다." 부시(Bush) 행정부에서 미첼의 역할에 대해서는, Easson, "Harmful Tax Competition: An Evaluation of the OECD Initiative", World Tax Daily 111-8 (2004).

"tax haven"(조세피난처) 대책으로 축소되었다가 그나마 흐지부지된다.[12] 2015년 OECD의 BEPS "Action 5"의 최종 보고서는 유해(有害, harmful) 조세 제도 방지를 '최소 기준'으로 강제하고 있지만,[13] 기실 미국의 입장을 반영해서 자본 유치를 위한 조세경쟁 그 자체는 유해조세 제도가 아니라고 한다. 실제 자본 유치 효과는 없이 세금만 깎아주는 세제를 없애자고 할 뿐이다. 사정이 바뀐 것은 트럼프 세제 이후. 미숙련 노동자의 지지로 집권한 트럼프는 자본 유출을 줄이려는 생각으로 GILTI세를 들여온다. 해외 자회사의 적극적 사업소득도 미국이 즉시 과세한다는 것. 그 결과 미국 자본이 해외 시장에서 경쟁력을 잃을 판이 되자 바이든은 '필라(Pillar) 2' 기획으로 범세계적인 법인세 최저한세(글로벌최저한세)를 강요한다. 외국 자본에만 특혜를 주는 것이 아니더라도 현지법인 소재지국 법인세가 일정 수준(일단 15%)에 미달한다면 그 대신 모기업 소재지국 등이 세금을 걷어서 전체적 세부담을 15%로 끌어올리겠다는 것이다. 결국 자본수입국은 일반적으로 법인세율을 최소 15%로 올리게 마련이다. 제14장 제4절.

Ⅲ. 외국인 투자기업과 조세조약

외국인 투자기업은 우리나라 법에 따라 설립되는 우리나라 현지법인이므로 우리 법인세법상 우리나라 법인이다. 따라서 일반적인 우리나라 법인과 똑같이 우리나라 법에 따른 세금을 내어야 하고 조세조약이란 원칙적으로 적용할 여지가 없다. 그런데 생각해 보면 현실 세계에서 대외 투자란 금융업 정도를 제외한다면 거의 언제나 현지법인의 꼴을 띠지 지점의 꼴을 띠는 법이 없다. 그렇다면 외국인 직접투자에 관한 한 조세조약이란 거의 쓸모없는 것 아닌가. 반드시 그렇지는 않다. 조세조약에는 외국인 투자회사에 관한 규정 몇 가지가 있다.

---

11) 그 결과물 가운데 가장 중요한 것으로, EU Council Directive 2003/48/EC on Taxation of Savings Income in the Form of Interest Payments (2003).

12) 그 결과물이, OECD, "Towards Global Tax Cooperation: Progress in Identifying and Eliminating Harmful Tax Practice" (2000), 10~16문단; 2001 Progress Report (2001), 16문단.

13) 구체적으로 참가국의 조세특례 제도에 대한 평가, 예규(rulings)의 자발적 교환을 통한 투명성 제고, 저세율 또는 면세 제도에 대한 '실질 활동' 요건 강화 등 3가지를 포함한다. 실제 지키는지를 각국이 상호 평가한다.

1. 차별금지

2017 OECD Model Article 24 (Non-Discrimination)

5. Enterprises of a Contracting State, the capital of which is wholly or partly owned or controlled, directly or indirectly, by one or more residents of the other Contracting State, shall not be subjected in the first-mentioned State to any taxation or any requirement connected therewith which is other or more burdensome than the taxation and connected requirements to which other similar enterprises of the first mentioned State are or may be subjected.

2017년 OECD 모델 제24조(차별금지)

5. 한 체약국 기업의 자본의 전부나 일부의 소유나 지배를 직간접적으로 상대방 체약국 거주자(들)가 하는 경우 그 기업에게, 전자의 체약국은 세금이나 그에 연관된 다른 요구를 그 체약국의 다른 비슷한 기업이 지거나 질 수 있는 세금이나 연관된 요구와 다르거나 그보다 더 무겁게 지울 수 없다.

앞서 보았듯 우리나라는 외국인 투자기업에게 여러 가지 조세 특혜를 베풀고 있고 국내기업보다 불리하게 차별하지는 않지만 두 가지 따져 볼 점이 있다. 우선 우리 법인세법은 내국법인끼리만 연결납세를 허용한다.[14] 모회사가 내국법인인 경우 외국 자회사를 연결할 수 없는 것은 모회사가 외국인 투자기업이든 일반적인 내국법인이든 아무 차이가 없으므로 차별이 없다. 한편 자회사가 내국법인이라면 내국법인인 모회사로는 연결해 들어갈 수 있지만 외국법인인 모회사로는 연결해 들어갈 수 없다. 이것은 모회사가 누구인가에 따른 차이이므로 차별 아닐까? 논리가 자명하지는 않지만 OECD 모델 주석은 차별이 아니라고 한다. 외국인 투자기업 그 자체만 보아서는 차별 여부를 판정할 수가 없기 때문이라는 것이다.[15] 한결 중요한 문제는 과소자본 세제이다. 이 제도는 내국법인 가운데 국외 주주로부터 꾼 차입금이 있는 회사에만 적용하고, 국내 주주로부터 꾼 차입금이 있는 내국법인에는 적용하지 않기 때문이다.[16] OECD 모델 조약

14) 법인세법 제76조의8.
15) OECD 모델 제24조 주석 77문단.

주석은 이것도 차별이 아니라고 한다. 선뜻 받아들이기 어려운 결론이지만 과소자본 세제 부분에 가서 보기로 한다.

2. 독립기업 원칙

외국인투자기업이 국외 특수관계자와 거래하는 경우 외국인 투자기업의 소재지국이 과세할 수 있는 소득은 독립기업 원칙에 따라 계산하여야 한다. 가령 국내법이 특수관계자 사이의 거래는 무조건 합산하여 소득을 계산하고 이 소득을 두 특수관계자 사이에서 일정 비율로 나눈다고 정한다고 하자. 조세조약이 있다면 외국인 투자기업에는 그런 국내법을 적용할 수 없다는 것이다. 물론 우리나라 국내법의 부당행위계산 부인 제도는 이미 '특수관계인이 아닌 자 간의 정상적 거래에서 적용되거나 적용될 것으로 판단되는 가격'을 기준으로 소득을 계산하므로 조약상의 독립기업 원칙과 충돌할 일은 없다. 「국제조세의 조정에 관한 법률」에 따른 이전가격 세제는 어차피 자족적 규정이기도 하지만. 제4장 제2절. 한편 미국세법 제482조에서 가령 무형자산에 귀속되는 소득을 주기적으로 조정한다는 부분에 대해서는 독립기업 원칙에 어긋난다는 시비가 있지만, 결국 앞문으로, 또 뒷문으로 조약 해석론에 들어왔고 끝내 우리 국내법에도 들어왔음은 이미 본 바와 같다.

제 2 절 비거주자·외국법인의 배당소득 과세에 관한 국내법

Ⅰ. 배당소득 원천징수세

우리 국내법은 비거주자·외국법인이 받아가는 배당소득의 원천이 국내라면 20%의 원천징수세를 물리고 있다.

> 법인세법 제98조(외국법인에 대한 원천징수 또는 징수의 특례) ① 외국법인에 대하여 … 국내원천소득으로서 국내사업장과 실질적으로 관련되지 아니하거나 그 국내사업장에 귀속되지 아니하는 소득의 금액(국내사업장이 없는 외국법인에 지급하는 금액을 포함한다)을 지급하는 자 … 는 … 그 지급을 할 때

16) 「국제조세조정에 관한 법률」 제22조.

에 다음 각 호의 구분에 따른 금액을 해당 법인의 각 사업연도의 소득에 대한 법인세로서 원천징수하여 … 납부하여야 한다 …

2. 제93조 … 제2호 … 에 따른 국내원천 배당소득: 지급금액의 100분의 20.

소득세법도 거의 같은 내용을 정하고 있고,[17] 이 원천징수세 탓에 외국법인인 주주는 배당을 지급하는 회사 단계의 법인세와 주주 단계의 원천징수세라는 2중과세를 받는다. 주주가 내국법인이라면 배당소득의 전부 또는 일부를 익금불산입할 수 있다. 가령 주식소유 비율이 100%라면 모회사가 받은 배당소득을 전액 익금불산입할 수 있으므로[18] 자회사 단계의 법인세만 부담한다. 그러나 외국법인인 주주는 이런 법인세 2중과세 배제 장치의 혜택을 누리지 못하고 원천징수세를 부담한다. 또 본국법에 따라서는 모회사 단계에서 법인세를 추가로 부담할 수도 있다. 미국세법은 우리 법과 같은 구조로 원천징수세를 물리고 있고 세율은 30%이다.[19] 일본법은 20%의 원천징수세를 물리고 있고.[20]

Ⅱ. 배당소득의 범위

법인세법 제93조(외국법인의 국내원천소득) …

2. 국내원천 배당소득: 내국법인 또는 법인으로 보는 단체나 그 밖에 국내에 소재하는 자로부터 지급받는 다음 각 목의 소득

나. 「소득세법」 제17조제1항에 따른 배당소득(같은 항 제6호에 따른 소득은 제외한다)

마. 「국제조세조정에 관한 법률」 제13조 또는 제22조에 따라 배당으로 처분된 금액

소득세법 제17조(배당소득) ① 배당소득은 해당 과세기간에 발생한 다음 각 호의 소득으로 한다.

1. 내국법인으로부터 받는 이익이나 잉여금의 배당 또는 분배금
2. 법인으로 보는 단체로부터 받는 배당금 또는 분배금

---

17) 소득세법 제156조 제1항, 제120조.

18) 법인세법 제18조의2 제1항 제1호

19) 미국세법 제1441조(a), 제1442조(a). "Revenue Act of 1936"에서 시작했다.

20) 일본법은 외국법인이 받아가는 국내원천 배당소득도 소득세법에서 규정한다. 일본 소득세법 제179조 제1호, 제178조, 제161조 제5호, 제7조 제1항 제5호.

2의2. 「법인세법」 제5조제2항에 따라 내국법인으로 보는 신탁재산(이하 "법인과세 신탁재산"이라 한다)으로부터 받는 배당금 또는 분배금
3. 의제배당
4. 「법인세법」에 따라 배당으로 처분된 금액
5. … 집합투자기구로부터의 이익
5의2. … 파생결합증권 또는 파생결합사채로부터의 이익
5의3. … 금전이 아닌 재산의 신탁 … 수익증권으로부터의 이익
5의4. … 투자계약증권으로부터의 이익
6. 외국법인으로부터 받는 이익이나 잉여금의 배당 또는 분배금
7. 「국제조세조정에 관한 법률」 제27조[21]에 따라 배당받은 것으로 간주된 금액
8. 제43조에 따른 공동사업에서 발생한 소득금액 중 같은 조 제1항에 따른 출자공동사업자의 손익분배비율에 해당하는 금액
9. 제1호부터 제5호까지, 제5호의2, 제6호 및 제7호에 따른 소득과 유사한 소득으로서 수익분배의 성격이 있는 것
10. 제1호부터 제5호까지, 제5호의2 및 제6호부터 제9호까지의 규정 중 어느 하나에 해당하는 소득을 발생시키는 거래 또는 행위와 파생상품이 대통령령으로 정하는 바에 따라 결합된 경우 해당 파생상품의 거래 또는 행위로부터의 이익

배당소득의 원천지가 국내인가 국외인가는 다음 항으로 넘기고 여기에서는 우선 배당소득이라는 말의 범위만 생각해보자. 배당소득의 범위, 궁극적으로는 소득세법 제17조 제1항 제9호가 말하는 '수익분배'의 범위가 어디까지인가는 분명한 줄을 긋기 어렵다. 배당소득과 이자소득의 구분은 기본적으로 근본적으로 연속선상에 있는 기업 금융을 자의적으로 둘로 나눈 것이다. 이 구분은 기업 금융이 단순하던 옛날에는 그런대로 제 구실을 했지만 금융 기법이 매우 발달한 오늘날의 경제 현실과는 맞지 않는다. 이자소득과의 구분 등 배당소득의 외연 문제는 국제조세 특유의 문제는 아니고 우리 소득세법상 소득 구분 문제로 돌아가니[22] 여기에서는 논외로 한다. 배당소득과 주식 양도소득을 구별하는 기준은

21) 피지배외국법인 세제에 따른 배당간주액. 성질상 비거주자·외국법인의 배당소득이 될 수 없다.
22) 이창희, 『세법강의』, 제11장 제4절 Ⅰ.

무엇인가? 가령 배당락(配當落) 직전에 주식을 양도한다면 양도대금 가운데 배당에 상당하는 금액은 양도대금의 일부인가 또는 배당소득인가? 민사법적 시각에서 보면 분명 양도대금의 일부이다. 세법 쪽에서 생각해도 마찬가지이다. 배당금을 지급받는 자에게 배당소득을 과세하는 이상, 주식을 양수하는 사람에게 배당소득을 과세해야 한다. 그렇다면 양도인에 대해서 또다시 배당소득을 과세할 수는 없고, 양도인이 받는 주식 처분대금은 유보이익에 기인하는 부분이더라도 여전히 주식 처분대금일 뿐이고 배당소득은 아니다. 아무튼 민사법적 논리로 배당소득과 주식 양도소득을 구별할 수는 있지만, 소득의 종류가 자신에게 유리해지도록 납세의무자가 거래 방식을 임의로 정할 수 있다는 문제가 생김은 쉽게 알 수 있다.[23)]

거래 방식의 구성 문제를 넘어서 배당소득인지 아닌지 민사법적 분석 자체가 어려운 경우도 있다. 가령 주식의 대차(貸借)는 어떻게 될까? 주식을 남에게 빌려준다면, 대주(貸主)는 나중에 차주(借主)로부터 주식을 되돌려 받으면서 배당금 상당액을 보상받는다.[24)] 이 배당금 상당액은 배당소득인가 이자소득인가?

민사법의 시각에서 본다면, 주식은 돈이나 쌀같이 불특정물이므로 주식 소비대차에서는 애초 대주가 차주에게 주식을 빌려줄 때 소유권이 차주에게 이전하고 나중에 주식을 돌려받을 때 소유권이 다시 대주에게 이전한다. 그렇게 본다면 주식 소비대차는 환매조건부 주식매매와 마찬가지로 과세하자, 곧 애초 주식을 빌려줄 때 대주에게 양도소득을 과세하고 차주가 주식을 가지고 있는 동안 받는 배당은 차주에게 배당소득으로 과세하자고 생각할 수 있다.[25)] 나중에 차주가 주식을 되돌려 줄 때에 가서는 차주에게 양도소득을 과세해야 하고(유보이익 말고는 주가에 변동을 주는 요소가 없다면 양도소득의 금액은 영(0)원이 될 것이다), 대주는 주식을 보유하고 있지 않으므로 그가 차주에게서 보상받는 배당금 상당액은 재산의 보유에서 생기는 소득도 아니고 재산의 처분에서 생기는 소득도 아닌

23) 이창희, 『세법강의』, 제20장 제2절 Ⅰ.

24) 배당금 상당액을 보상받는다면 환매조건부 주식매매(이른바 "repo")와 계산이 같아지고, 미리 약정한 특정 금액(이자 상당액)을 보상받는다면 배당과 이자를 스왑(swap)하는 것과 계산이 같아진다. 금융투자업협회의 "증권 대차거래 약관"은 대차거래 계약이 종료하는 경우 차입자가 대여자에게 대차증권, 대차 수수료 및 미지급된 대차증권에 대한 수익(이자, 배당, 신주인수권 등의 수익)을 반환하라고 하므로(제6조 제1항, 제9조 제1항) 전자의 경우가 통상적이리라.

25) 대법원 2006. 9. 28. 선고 2005두2971 판결은 이런 생각을 전제한 듯하다.

제3의 소득이라는 성격을 얻는다. 차주는 주식의 소유자이므로 그가 받는 배당금은 배당소득으로 구분하지만 그가 지급하는 배당금 상당액은 배당소득이나 양도소득에서 상계할 수 없는 제3의 성격을 지닌 경비가 된다.

그러나 세법상의 법률효과가 이런 민사법적 분석 그대로 생긴다고 성큼 받아들이기는 어렵다. 대주나 차주가 양도대금을 주고받는 것이 없는데 양도소득이 생긴다는 것은 상식적으로 이상하다고 생각할 수도 있다. 임대차를 양도로 보지 않으면서 소비대차를 양도로 보는 것은 이상하지 않은가? 물건을 빌려왔다가 돌려주는 것뿐인데 무슨 양도소득이 생기는가? 임대차와 균형을 맞추어 생각한다면 대주가 여전히 주식을 소유하는 것처럼 과세해야 할 것이고, 그렇다면 보상받는 배당금 상당액을 대주의 배당소득으로 과세해야[26) 앞뒤가 맞는다. 차주는 주식을 보유한 적이 없으므로 그가 받는 배당금과 그가 지급하는 배당금상당액은 제3의 손익이라는 성격을 얻게 된다. 민사법적 시각에서는 배당금을 받는 자가 차주이지만, 배당소득은 대주에게 과세하게 된다.

Ⅲ. 배당소득의 원천

배당소득의 원천이 국내에 있는가 국외에 있는가는, 배당소득을 '내국법인 또는 법인으로 보는 단체나 그 밖에 국내에 소재하는 자로부터 지급받는'가에 달려 있다. 법의 글귀에서 배당소득에는 반드시 실제 지급받는 금액만이 아니라 '배당으로 처분된 금액'이나 '배당받은 것으로 간주된 금액'도 들어가므로, 위 문장에서 '지급받는'이라는 말은 반드시 실제 지급받는다는 뜻은 아니고 지급받는 것으로 '보는' 경우도 포함한다.

내국법인으로부터 지급받는 것은 국내에 소재하는 자로부터 지급받는 경우 중 하나이고, '법인으로 보는 단체'는 내국 단체라야 국내로부터 지급받는 경우가 된다. 가령 일본에 속하는 단체를 놓고, 우리 법으로 치면 '법인으로 보는 단체'에 해당한다는 이유로 그런 단체가 지급하는 소득의 원천이 우리나라에 있다고 말할 수야 없다. '그 밖에 국내로부터 지급받는' 경우의 범위가 어디인가 역

26) 대통령령은 이런 생각을 보이고 있다. 법인세법 시행령 제26조의3 제4항. 다만 현행법은 비거주자나 외국법인이 받는 배당금상당액 보상금을 국내원천소득에서 빼고 있다. 소득세법 시행령 제179조 제17항, 법인세법 시행령 제132조 제15항.

시 지급자가 내국 단체인가에 따른다고 풀이해야 한다.[27] 지급자 기준이라는 말. 결국 소득세법 제17조 제1항 가운데 제6호와 제7호의 배당소득은 외국법인이 지급자인 것을 전제로 하므로 국내원천이 아니다.

지급자가 내국 단체인가 아닌가는 어떻게 판단하는가? 법은 내국법인이라는 말을 '국내에 본점이나 주사무소 또는 사업의 실질적 관리장소를 둔 법인'으로 정의하고 있다.[28] 본점이나 주사무소가 어디에 있는가라는 기준은 별 문제를 낳지 않는 뚜렷한 기준이지만, 실질적 관리장소라는 기준은 여러 가지 문제를 낳는다. 조세조약에서는 같은 글귀를 이사회가 열리는 장소로 풀이하는 것이 일반적이지만[29] 여러 가지 어려운 문제를 낳는 해석이다. 실질적 관리장소가 어디인가는 일의적으로 정할 수 없고 구체적 정황에 따라 판단할 수밖에 없다. 특히 문제가 되는 것은 소득세법 제17조 제1항 제8호에서 '출자 공동사업자'가 할당받는 이익이다. 가령 일본법인 둘이 일본에서 공동사업을 하면서 이사회를 제주도에서 연다면 각 공동사업자에 대한 공동사업소득 할당액은 우리나라에 원천이 있는 배당소득으로 보아야 하는가? 그렇게 풀이하기는 어렵고 사업장이 있는 곳을 기준으로 원천을 판단하여야 할 것이다.

비교법(比較法)의 관점에서는 지급자 기준을 따르지 않고, 배당원천이 된 소득을 어디에서 번 것인가라는 장소 기준으로 배당소득의 원천을 정할 수도 있다. 가령 미국세법은 지급자를 기준으로 미국법인이 지급하는 배당은 미국원천소득이라고 정한 데[30] 더해서, 외국법인이 지급하는 배당이더라도 미국내 사업에서 번 소득의 유보액을 배당하는 것이라면 그 원천은 미국이라고 정하고 있다.[31] 미국내 사업에서 번 소득인 이상 미국법인이든 외국법인이든, 그런 소득에서 지급하는 배당은 미국에 과세권이 있어야 한다는 생각이다. 이리하여 오랫동안 미국법은 외국법인이 지급하는 배당이더라도, 배당 재원 가운데 미국원천소득이 차지하는 부분만큼은 미국원천소득으로 과세했다.[32] 이를 보통 "secondary

27) 지급자가 내국단체인가 외국단체인가에 대해서는 제1장 제2절 참조.

28) 법인세법 제2조 제1호 및 소득세법 제1조의2 제2항.

29) OECD 모델 제4조 주석 24.1문단.

30) 미국세법 제861조(a)(2), 제862조(a)(2).

31) 미국세법 제861조(a)(2)(B).

32) 미국세법 제861조(a)(2)(B), 제862조(a)(2). 다만 애초 미국원천소득의 비중이 총수입금액의 25%에 미치지 못하는 외국법인이 지급하는 배당금은 무시한다. 25% 이상인가의 판정은 원칙적으로 최근 세 해를 기준으로 한다. 같은 법조. 외국법인이라 하여 원천징수의무를 벗어나지

dividend" 규칙, 그에 대한 원천징수세를 "secondary withholding tax"라 부른다. 외국법인이 지급하는 배당금에 대해서도 미국이 이를 '추적하여 과세'하겠다는, 말하자면 미국법을 섭외 적용하겠다는 이런 규정은 다른 나라와의 관계에서 여러 가지 어려움을 일으키게 마련이고, 뒤에 보듯 이를 명문으로 금지하는 규정을 조세조약에 두는 경우가 많다. 역으로, 배당금을 지급하는 자가 미국법인이기는 하지만, 배당 재원이 대부분 국외원천소득이라면 배당소득의 원천을 국외라고 할 것인가? 1986년 전에는, 총소득금액[33] 가운데 미국원천소득이 20% 미만인 미국법인(속칭 80/20 법인)이 지급하는 배당금이라면 전액을 국외원천소득으로 보고 있었다.[34] 그러나 이런 역외 적용이 일으킨 정치적·실무적 어려움 때문에 결국은 미국도 "secondary withholding tax"를 포기했다. 1986년 개정법은 지점세 제도를 들여오면서, 지점세를 무는 외국법인이라면 추적과세를 하지 않기로 하였다.[35] 지점세란 외국법인이 본점에 송금하는 돈을 배당금처럼 보고 거기에 원천징수세에 상당하는 세금을 물리는 것이다.[36] 한 걸음 나아가 현행법은 배당금의 원천이 미국이라는 규정은 그냥 지키고 있지만[37] 외국법인으로부터 배당금을 받아가는 자가 외국인 비거주자나 외국법인이라면 원천징수세를 면제한다고 정하고 있다.[38]

는 못한다. 미국세법 제1441조(a).

33) 미국법상 총소득금액은 우리 법의 총수입금액이나 익금 총액과 반드시 같지는 않다. 대표적인 차이로 우리 법은 매출액을 총수입금액(익금)으로 잡고 매출원가를 필요경비(손금)으로 잡지만 미국법에서는 매출총이익(=매출액－매출원가)을 총소득금액으로 잡는다. 애초 미국법의 용어로는 총소득금액이라는 말과 매출총이익이라는 말이 둘 다 "gross income"이다. 상세는 이창희, 『세법강의』, 제19장 제3절 Ⅱ.

34) 1986년 "Tax Reform Act" 제1214조(b)로 개정되기 전의 미국세법 제861조(a)(2)A. 옛 법에서는, 가령 미국 내 자회사를 둔 미국법인(모회사)이 동시에 외국법인 자회사에서 받은 배당과 미국 내 자회사에서 받은 배당을 섞어버리는 방식으로 소득입금액에서 미국원천소득이 차지하는 비중을 20% 미만으로 떨어뜨린다는 문제가 있었다. Staff of the Joint Committee on Taxation, 100th Cong., 1st Sess., "General Explanation of the Tax Reform Act of 1986" (1987), 937쪽.

35) 미국세법 제884조(e)(3)(A).

36) 이 장 제5절.

37) 미국세법 제861조(a)(2), 제862조(a)(2).

38) 2004. 12. 31. P.L. 제409조(a)에 따라 개정된 미국세법 제871조(i)(2)(D), 제881조(d).

제 3 절 배당소득에 대한 조세조약상 세율상한

Ⅰ. 배당소득 원천징수세에 대한 조약상 상한

조세조약은, 전형으로서 OECD 모델조약이나 미국 모델조약은 배당소득 원천징수세에 일정 상한을 두고 있다. 흔히들 '제한세율'이라고 부르지만 세율이 아니고 상한(上限)일 뿐이므로 바른 표현이 아니다.[39]

1977 OECD Model Article 10 (Dividends)

1. Dividends paid by a company which is a resident of a Contracting State to a resident of the other Contracting State may be taxed in that other State.

1977년 OECD 모델 제10조(배당)

1. 배당금으로서 한 체약국 거주자인 회사가 상대방 체약국 거주자에게 지급하는 것은 상대방 체약국에서 과세할 수 있다.

2. However, such dividends may also be taxed in the Contracting State of which the company paying the dividends is a resident and according to the laws of that State, but if the recipient is the beneficial owner of the dividends the tax so charged shall not exceed:

2. 그러나 그런 배당금은 배당금을 지급하는 회사가 거주자로 있는 체약국에서도 자국법에 따라 과세할 수 있다. 다만 배당금의 수익적 소유자가 상대방 체약국 거주자라면 위와 같이 과세하는 세금은 다음을 넘지 못한다:

   a) 5 per cent of the gross amount of the dividends if the beneficial owner is a company (other than a partnership) which holds directly at least 25 per cent of the capital of the company paying the dividends;

   a) 수익적 소유자가 회사(파트너십은 제외)로서 배당금 지급회사 자본의 25% 이상을 직접 소유하고 있다면, 배당금 지급총액의 5%,

39) 제2장 제1절 Ⅳ.

b) 15 per cent of the gross amount of the dividends in all other cases. The competent authorities of the Contracting States shall by mutual agreement settle the mode of application of these limitations. This paragraph shall not affect the taxation of the company in respect of the profits out of which the dividends are paid.

b) 다른 경우라면 모두 배당금 지급총액의 15%.
두 체약국의 권한당국은 상호합의로 이 제한의 적용방식을 정할 수 있다. 이 항은 배당금 지급의 원천이 되는 회사의 이윤의 과세에 대해서는 영향을 주지 않는다.

3. The term “dividends” as used in this Article means income from shares, “jouissance” shares or “jouissance” rights, mining shares, founders’ shares or other rights, not being debt-claims, participating in profits, as well as income from other corporate rights which is subjected to the same taxation treatment as income from shares by the laws of the State of which the company making the distribution is a resident.

3. 이 조에서 “배당금”이라는 말은 주식, 수익증권이나 수익권, mining share, founder’s share, 기타 채권(債權)이 아닌 권리로서 이익에 참가하는 권리에서 생기는 소득과 회사법상의 다른 권리에서 생기는 소득으로서 지급자인 회사가 거주자로 있는 체약국에서 주식에서 생기는 소득이나 마찬가지로 과세하는 소득을 말한다.

4.~5. (생략)

우선 제1항은 거의 의미가 없다. 원천지국에 속하는 회사가 상대방 체약국(거주지국)에 거주하는 주주에게 지급하는 배당금을 주주의 거주지국이 과세할 수 있다는 당연한 내용이다. 제1항이 지닌 유일한 의미는, 제2항의 세율상한의 적용 대상을 정하는 것. 제2항의 적용 대상인 배당은 제1항에서 정한 배당, 즉 원천지국에 거주하는 회사가 상대방 체약국 거주자에게 지급하는 배당이기 때문이다. 제1항과 제2항을 합쳐 읽으면 결국 그 내용은, 원천지국에 속하는 회사가 상대방 체약국 거주자에게 지급하는 배당소득에 대한 원천지국의 세금은 조약의 상한에 걸린다는 것. OECD 모델조약은 이 상한을 두 가지 경우로 나누어, 15%를 원칙으로 하되 주식소유 비율이 일정 기준(25%)을 넘는 법인 주주가 받는 배당에 대한 상한은 5%로 한결 낮추고 있다. 제2항에 따른 원천지국 과세권 제한은 배당금을 받는 상대방 체약국 거주자가 수익적 소유자인 경우에 한한다. 수익적 소유자는 제3장 제2절 Ⅲ. 5%를 적용받기 위한 요건으로 자본 25%를 '소유'한다는 말은 반드시 민사법상 소유는 아니다. 민사법상 소유자 아닌 자를 배당소득의 실질귀속자로 보는 경우 실질귀속자를 소유자로 본다.[40] OECD 모델처럼 '직접' 소유라는 글귀에서 실질귀속자가 직접 소유자인가에 대해서는 논란이[41] 있다.

제2항 a)에서 회사라는 말은 법인세를 내는 단체라는 뜻이므로[42] 실질귀속자가 상대방 체약국에서 법인세를 내는 단체가 아니라면 5%가 아니라 15%가 상한이다.[43] 2017년 OECD 모델이 제2항 a)의 괄호 속 '파트너십은 제외'라는 말을 뺀 것은 1977년 당시와 달리 이제는 파트너십이라는 말을 '투시 단체'라는 뜻으로 쓰기 때문이다. 외국 회사가 지급하는 배당금은 애초 제1항에서 벗어나므로 제2항까지 안 간다.[44]

2017년 OECD 모델은 5% 상한을 적용받으려면 주식소유 기간이 365일(정확히는 배당 지급일을 포함하여 365일)을 넘어야 한다는 내용을 제2항에 신설했고 이 내용은 다자조약 제8조에도 들어갔다. 우리나라는 제8조를 유보했으므로 실제 조약에는 영향이 없다. 한편 우리나라의 실제 조약에도 낮은 상한을 적용받자면 일정 기간 주식을 보유해야 한다고 정한 것이 있다. 가령 일본조약은 6개월 기간을 정하고 있다.[45]

---

40) 대법원 2013. 5. 24. 선고 2012두24573 판결. 아래 제4절 Ⅰ.

41) 윤지현, 조세조약의 배당과세에서 '낮은' 세율을 적용받기 위한 요건인 주식 '소유' 또는 '직접 소유'의 개념에 관하여, 조세법연구 21-3(2015), 421쪽. 대법원 2019. 12. 24. 선고 2016두35212 판결(일명 데카펀드 판결)은 독일의 상장·공모형 펀드를 설립한 독일 자산운용사가 국내 부동산법인에 투자하면서 받은 배당은 자산운용사가 펀드와 함께 하나의 집합투자기구로 기능하면서 국내 법인 주식을 직접 소유하고 자산운용사가 배당소득에 대한 사용수익권을 갖는다고 보아, 5% 세율 적용 대상인 것으로 판단하였다.

42) OECD 모델 제3조 제1항 b).

43) 대법원 2013. 10. 24. 선고 2011두22747 판결; 2015. 3. 26. 선고 2013두7711 판결; 2015. 5. 28. 선고 2013두7704 판결.

44) 2017년 OECD 모델 제10조 주석 11문단은 틀렸다. 상대방 체약국 거주자인 단체라면 애초 제1항에서 벗어난다.

45) 일본조약의 한글본은 "이윤배분이 발생한 회계기간"의 종료 직전 6개월이라고 적고 있으나 그

Ⅱ. 조약상 배당소득의 범위

배당소득의 범위가 조약마다 다를 수 있음은 물론이다. 가령 미국조약에는 배당소득의 정의가 없으므로 우리 국내법에서 배당소득이면 조약에서도 배당소득이다. OECD 모델의 글귀에서는 제2항이 정한 세율상한에 걸리는 '그런 배당금'이란 제3항의 배당금으로서 한 체약국 거주자인 회사가 상대방 체약국 거주자에게 분배하는 것을 말한다. 제1항에서 '지급'이라는 말은 회사의 자격에서 지급하는 것이므로 분배라는 뜻. 여기에서 '회사'라는 말은 회사법상의 개념이 아니고 법인세를 내는 단체라는 말이다.[46] '주주'나 '주식'도 맞추어 풀이하면 된다.

1. 주식 배당금

제2항을 적용받는 소득의 대표 격으로 주주가 받는 배당금은 제3항의 '주식 … 에서 생기는 소득'이다. '주식에서 생기는 소득'이라는 말의 가장 핵심적 징표는 법인세를 내는 단체가 분배하는 이익이나 잉여금으로서 이를 손금산입할 수 없다는 것. '주식에서 생기는 소득과 마찬가지로 과세하는 소득'이라는 말도 그런 뜻으로 읽어야 한다. 특정한 금융상품이나 권리에 '주식'이라는 이름을 붙인다 하여 그 실체 내용과 관계없이 주식이 되지는 않는다. 주식과 채권은 이름이 아니라 실체 내용에 따라 구별해야 한다. 민사법적 성질이 이 실체 내용이 될 수도 없다. 민사법상 성질로는 주식과 채권・채무의 구별은 모순 개념이 아니고 연속선의 양 끝일 뿐이다. 회사법이 회사 재산에 대한 권리자를 주주와 채권자, 이 두 가지로 구별하는 이유는 권리의 선후(先後)를 정하기 위한 것이다. 그런데 권리의 선후는 권리의 종류마다 따로 정할 수 있는 것이므로 꼭 두 가지로 양분할 길이 없다. 가령 똑같은 내용을 담은 권리에 비(非) 참가적・누적적 우선주라는 이름표를 달 수도 있고 후순위 사채라는 이름을 붙일 수도 있다. 조약에서 주식과 채권, 두 가지를 일의적으로 구별하기 위해서는 세법상의 개념, 곧 회사(법인세를 내는 단체)가 투자수익을 지급하면서 이를 손금산입할 수 있는

에 우선하는 영어본의 six months before the end of the "accounting period for which the distribution of profits take place"라는 말은 그 뜻이 아니고 "배당의 대상이 되는 회계기간" 직전 6개월이라는 뜻이다. 대법원 2021. 7. 1. 선고 2018두54408 판결.

46) OECD 모델 제1조 b).

가라는 기준에 따를 수밖에 없다. 회사가 투자수익을 지급하면서 이를 손금산입할 수 있다면 이름을 무어라 붙이든, 채권 순위 등 민사법적 성질이 어떻든 소득세법 제17조 제1항 제1호의 '내국법인으로부터 받는 이익이나 잉여금의 배당 또는 분배금'이 아니다.

2. 주식에서 생기는 소득이나 마찬가지로 과세하는 소득

분배하는 단체가 손금산입할 수 없는 배당금이나 분배금이 제2항의 '그런 배당금'인가는 경우에 따라 다르다.

1) 조합원이 받는 배당금은 조합이 법인세를 내지 않으므로 회사가 지급하는 것이 아니어서 '그런 배당금'이 아니고 제2항에 걸리지 않는다. 조합(사업)이 우리나라에 있는 이상 조합원 각자에게도 우리나라에 고정사업장이 있는 것이므로 애초 조합이 사업소득을 버는 단계에서 해마다 각 조합원의 몫의 순소득을 국내법대로 과세하면 된다. 이때 배당금은 원본 회수이므로 따로 과세할 여지가 없다.[47]

2) 익명조합의 과세에 대한 조약상 제약도 위 1) 그대로이다. 국내에 고정사업장이 있는 이상 현명(顯名) 조합원 및 익명조합원 몫의 순소득을 국내법대로 과세하면 된다. 우리 소득세법이 익명조합원의 몫을 배당소득으로 구분하지만, 조약상은 배당소득이 아니고 익명조합원 국내사업장의 사업소득일 뿐이다. 소득세법에서 배당소득으로 구분하는 것도 사업소득 결손금이라는 개념을 인정하지 않는다는 말일 뿐이고 세율은 현명조합원의 사업소득이나 마찬가지로 종합소득세율을 적용한다.[48] 결국 1) 그대로이다.

3) 신탁의 이익은 실물 신탁이나 위탁자가 지배하는 사모 투자신탁이라면 투시해서 과세하고 조약상의 소득 구분도 그에 따른다. 자본시장법에 따른 투자신탁에서 생기는 이익은, 소득세법상 '집합투자기구로부터의 이익'으로서 배당소득이다.[49] 이런 소득세법상 배당소득은 OECD 모델을 따른 조약에서도 배당소득이다. 신탁 수익권의 양도에서 생기는 소득은 소득세법이 집합투자기구로부터의 이익으로 과세하므로 배당소득이다. 2025년에 생길 예정이었던 소득세법

---

47) 소득세법 제43조 제2항. 이창희, 『세법강의』, 제10장 제2절 Ⅲ. 3, 제14장 제1절 Ⅱ.4, 제2절, 제3절 Ⅰ.

48) 소득세법 제14조 제3항 제6호, 제17조 제1항 제8호.

49) 소득세법 제17조 제1항 제5호, 제155조의3. 이창희, 『세법강의』, 제11장 제4절 5.

의 금융투자소득이라는 구분이 결국 무산되었으므로 적어도 당분간 이러한 결론은 그대로 간다. 혹 실물 신탁이나 사모 투자신탁이 아닌 비(非) 적격 투자신탁에서 분배받는 것이 있다면 소득세법에서는 분배받는 단계에 가서 배당소득이지만 OECD 모델의 글귀에서는 회사가 분배하는 것에 해당하지 않고 '회사법상의 권리'로 받는 것이 아니다. 투자신탁 단계에서 소득세나 법인세를 안 내니까[50] 주식에서 생기는 소득이나 마찬가지로 과세하는 소득이 아니고 우리나라 거주자인 회사가 지급하는 소득도 아니다. 제3항에 나오는 '수익증권'(jouissance shares)이나[51] '수익권'(jouissance rights) 내지 '기타 채권(債權)이 아닌 권리로서 이익에 참가하는 권리'에 해당할 수는 있지만 투자신탁 단계에서 법인세를 내지 않으니 제1항의 회사가 지급하는 분배금이라는 요건은 여전히 만족하지 못한다. OECD 모델 주석에서도 그렇게 읽고 있다.[52] 그러나 그런 소득을 조약상 기타소득으로 구분하는 것도 마땅치 않다. 우리나라에서 법인세를 낸 경우에도 배당에 다시 원천징수세를 물리는 것과 견주면, 법인세도 안 내는 마당에 기타소득이라서 원천징수세도 안 내는 것이 원칙이 되고 만다. 논리가 궁하기는 하지만 우리 소득세법이 배당소득으로 구분한다는 점에 기대어 조약상으로도 배당소득이라고 보는 것이[53] 현실적인 답.

4) 미국 모델은 RIC나[54] REITs[55] 같은 집합투자기구에서 받는 배당이라면 모자(母子) 회사(10% 이상 주식 소유) 사이의 배당이더라도 세율상한을 높여서 15%로 정하고 있다.[56] 왜 그렇게 할까? 외국 투자자가 다수의 미국 회사에 포트폴리오 투자를 한다면 15%로 과세받는다. 이것을 피하려면? 미국에 집합투자기구를 세워 똑같은 투자를 하면 된다. 집합투자기구는 사실상 법인세를 안 내지만 그러면서도 외국 투자자와는 모자회사 관계가 성립하고, 그에 따라서 낮은

---

50) 소득세법 제2조의2 제6항, 법인세법 제5조 제1항, 제2항. 이창희, 『세법강의』, 제10장 제1절 4., 제11장 제4절 Ⅰ. 5.

51) 좌수(share)가 있는 신탁수익증권 정도에 해당하는 프랑스법의 개념이다. 小松芳明, 租稅條約の硏究 (1982), 68쪽에 의존해서 이 말을 출자금을 상환받았지만 의결권이나 배당청구권 같은 권리가 잔존한 주식이라는 뜻이라고 설명하는 문헌이 있지만 애초 小松가 모르고 쓴 것이다.

52) 2017년 OECD 모델 제10조 주석 67.7 문단.

53) 2017년 OECD 모델 제10조 주석 23문단.

54) 미국세법 제851(b) Part Ⅰ에 정한 요건을 갖춘 regulated investment company.

55) 미국세법 제851(b) Part Ⅱ에 정한 요건을 갖춘 "real estate investment trusts".

56) 미국 모델 제10조 제3항.

세율을 적용받을 수 있게 되니. 모자회사라는 이유로 낮은 세율을 적용받는 것은 자회사가 미국에서 법인세를 낸다는 전제가 있다는 것이다.[57] OECD 모델은 이 내용을 주석에서 대안으로만 언급하고 있다.[58] 뒤집으면 배당금을 지급하는 단체가 법인세를 안 내는 이상 배당금에 조약 혜택을 줄 수 없다는 논리로 이어지고, 앞 1), 2), 3)의 해석론을 뒷받침한다.

5) 파생결합 사채에서 생기는 소득은[59] 회사법상의 개념이므로 회사가 지급 내지 분배한다는 제1항의 요건에는 해당한다. 파생결합 증권에서 생기는 소득이나 배당소득을 발생시키는 거래와 파생상품이 결합된 경우[60] 따위도 제1항의 요건에 해당할 수도 있다. 이런 소득이 제3항의 '회사법상의 다른 권리'에서 생기는 소득으로서 주식에서 생기는 배당금이나 마찬가지로 과세하는 소득에 해당하는가는 손금산입 가부에 달려 있다. OECD 모델 주석은 자본과 부채의 구별을 이야기하면서 이익참가 사채는 주식이 아니라고 한다. 다른 한편 채무라 하더라도 수익률이 채무자의 사업성에 달려 있는 것은 주식이라고 한다.[61]

그러나 엉뚱한 사족. 배당소득이라는 말을 회사법상의 권리에 터잡아 투자자에게 지급하는 소득으로서 회사가 손금산입할 수 없는 소득이라는 뜻으로 풀이하는 이상, 이는 세법상의 개념이지 회사법상의 개념이 아니다. 설사 수익률이 채무자의 사업성에 달려있다고 하더라도 지급하는 투자수익을 손금산입할 수 없는 이상 배당소득이다. 애초 투자 위험이란 자본과 부채를 준별할 수 있는 기준이 못 된다.[62] 결국 투자신탁의 이익이나 마찬가지로 소득세법상 배당소득이라는 점에 기대어 조약에서도 배당소득으로 구분하는 수밖에 없다.

6) 과소자본 세제의 적용을 받아 손금불산입되는 이자는 조약상 배당소득인

---

57) Rhoades & Langer, *U.S. International Taxation and Tax Treaties*(looseleaf), Matthew Bender & Co., 50.07절.

58) 2017년 OECD 모델 제10조 주석 67.4문단. 실제 일본-우즈베키스탄 조약 제10조 제3항은 다음과 같다. …dividends which are deductible in computing the taxable income of the company paying the dividends in the Contracting State of which that company is a resident may be taxed in that Contracting State according to the laws of that Contracting State, but if the beneficial owner of the dividends is a resident of the other Contracting State, the tax so charged shall not exceed 15 per cent of the gross amount of the dividends.

59) 소득세법 제17조 제1항 5호의2. 이창희, 『세법강의』, 제11장 제4절 Ⅰ. 6.

60) 같은 법조항 제10호.

61) OECD 모델 제10조 주석 24, 25문단.

62) 이창희, 『세법강의』, 제11장 제4절 Ⅰ, 제20장 제3절 Ⅲ.

가?[63] 우리 국내법에서는 국외 지배주주에게 지급한 돈은 배당소득으로 처분하고 국외 지배주주의 지급보증을 받아 은행 등 제3자에게 지급한 돈은 기타사외유출로 소득처분하지만,[64] 이는 국내법 적용상의 소득 구분일 뿐이다. 조약상의 소득 구분은 조약의 글귀에 달려 있다.

OECD 모델과 같은 글귀를 띤 조약이라면, 국외 주주에게 배당 처분된 금액은 배당소득으로 보아야 한다. 과세하는 나라인 우리 국내법이(lex fori) 주식에서 생긴 소득과 마찬가지로 배당소득으로 과세하기 때문이다.[65] 한편 지점이 본점에게 지급하는 이자 상당액(내부이자)을[66] 손금불산입한 것은 OECD 모델의 글귀에서는 여전히 이자소득이다. 배당이라는 말을 "주식으로부터 생기는 소득과 분배를 하는 법인이 거주자로 되어 있는 체약국의 세법에 의하여 주식에서 발생되는 소득과 동일하게 취급되는 다른 소득"으로 규정함으로써[67] 법인이 아닌 지점 소재지국의 세법에 의한 배당소득은 상정하지 않고 있고, 위 글귀에 따라 거주지국(=본점 소재지국=상대방 체약국)의 법이 법정지국(法廷地國, lex fori)에 우선하기 때문이다.[68] 제3자에게 지급하는 금액은, '회사법상의 권리에서 생기는 소득'이 아니므로 조약에서는 여전히 이자소득이다. 제3자에게 지급하는 이자는 국내법에서도 이자소득으로 보아야 하므로 법인세법이나 소득세법에 따른 원천징수 대상이다. 기타사외유출로 처분한다고 하여 이자소득이라는 성격이 바뀌는 것은 아니다. 법이 정한 이자소득의 요건에 해당하는 이상 소득처분과 무관하게 그 자체로 이자소득이기 때문이다.[69] 원천징수세율은 조약상 해당 소득에 대한 세율상한에 걸리게 된다.

한편 미국법처럼 손금불산입한 이자라 하더라도 여전히 이자의 성격을 가진다고 보는 법제에서는 국외 주주가 받아가는 금액도 여전히 조약상 이자라고 구분할 수밖에 없다. 미국법에서는 이자소득이라는 성격은 그대로 있고 다만 손금산입에 한도가 있을 뿐이다.[70] 따라서 조약에서도 이자와 배당의 구분문제는

63) 이 논점에 관한 상세는 제9장 참조.

64) 「국제조세조정에 관한 법률」 제22조 제2항, 같은 법 시행령 제49조.

65) OECD 모델 제3조 제2항.

66) 제5장 제5절 Ⅵ.

67) OECD 모델 제10조 제3항.

68) 대법원 2018. 2. 28. 선고 2015두2710 판결.

69) 대법원 1999. 9. 17. 선고 97누9666 판결; 2005. 5. 12. 선고 2003두15300 판결. 이창희, 『세법강의』, 제18장 제5절 Ⅶ. 4.

생기지 않는다.

7) "mining share"나 "founder's share"라는 말은 우리 법에는 없는 개념으로 무의미하다. 어느 나라 법에서 온 것인지도 잘 모르겠다. 적어도 영국법에는 그런 개념이 없다는데.[71)]

3. 주식 양도소득 v. 배당소득

주식 양도소득은 '재산의 양도에서 생기는 양도차익'으로 제13조 제5항에 따라 원천지국에서 비과세되는 것인가, 또는 '주식에서 생기는 소득'으로 제10조 제2항의 세율상한에 걸리는 것인가? 미국의 행정해석을 하나 보자.

Rev. Rul. 92-85[72)]

A국법인인 FP는 미국법인인 DX와 Z국법인인 FX를 완전자회사로 거느리고 있다. FX는 다시 그 밑에 역시 Z국법인인 완전손회사로 FY를 거느리고 있다. FX는 FY 주식 전부를 자매회사인 DX에 팔고, DX는 그 대가로 FX에 200만 달러를 지급한다. 미국과 Z국 사이에 조세조약이 있고 이 조약은 미국법인이 Z국 거주자인 주주에게 지급하는 배당금에 OECD 모델과 같은 글귀를 정해 두고 곧 10% 이상 주주라면 세율상한은 지급 금액의 5%이고, 다른 주주라면 세율상한은 지급 금액의 15%이다. A국과 미국 사이에도 조세조약이 있고 배당소득에 관한 내용은 미국-Z국 사이의 조약과 같다. 주식 매매대금을 지급한 미국법인 DX의 배당가능이익은 90만 달러고 매각대상이 된 Z국 법인 FY의 배당가능이익은 110만 달러이다. DX는 주식 매매대금을 지급할 때 세금을 원천징수해야 하는가, 한다면 얼마를 해야 하는가?

주식 대금을 지급한 미국법인 DX의 배당가능이익은 90만 달러고 매각 대상이 된 Z국 법인 FY의 배당가능이익은 110만 달러이다. 따라서 미국 국내법에 따르면 FX는 DX에서 90만 달러를 배당받고 FY에서 110만 달러를 배당받는 것으로 본다. 따라서 90만 달러는 미국법인이 지급하는 것으로 보아 미국원천소득이므로 30% 원천징수 대상이고 110만 달러는 외국법인이 지급하는 것으로 보

---

70) 미국세법 제163조(j).

71) Avery Jones, Problems of Categorising Income for Tax Treaty Purposes, in International and Comparative Taxation (2002), 10쪽.

72) 1992-2 CB 69.

아 국외원천소득이므로 원천징수 대상이 아니다.

Z국 조약이나 A국 조약은 모두 조약에서 배당소득에 대해서는 세율상한을 두고 있고, 여기에서 배당금이라는 말은 "회사법상의 다른 권리에서 생기는 소득으로서 지급자인 회사가 거주자로 있는 체약국에서 주식에서 생기는 소득이나 마찬가지로 과세하는 소득"을 포함한다고 정하고 있다. 따라서 90만 달러는 조약상 배당소득의 객관적 범위에 들어간다. 한편 미국-Z국 조약상 세율상한에 걸리는 배당금이란 미국 회사가 Z국 거주자에게 지급하는 배당금이다.[73] 미국 회사인 DX가 Z국 회사인 FX에 지급하는 90만 달러는 여기에 해당하므로 미국-Z국 조약이 정한 세율상한에 걸린다. Z국법인인 FY가 Z국법인인 FX에 지급한 것으로 보는 110만 달러는 미국-Z국 조약상 배당소득 조항의 적용을 받지 않지만, 어차피 미국 국내법에서도 원천징수 대상이 아니다. 한편 미국-A국 조약은 적용할 여지가 없다. 미국법인이 A국 거주자에게 지급하는 것으로 보는 금액이 없기 때문이다.

미국-Z국 조약에서 90만 달러에 대한 세율상한은 5%와 15% 가운데 어느 쪽인가? 답은 배당을 받는 것으로 보는 FX가 배당을 지급하는 것으로 보는 DX의 주식을 얼마나 소유하고 있는가에 달려있다. 두 회사는 자매회사이므로 실제 소유하고 있는 주식은 없다. 그러나 미국 국내법이 FX가 DX의 주식을 직접 소유한 것으로 의제하므로, 조약의 목적으로도 FX는 DX 주식 전부를 직접 소유한 것으로 의제한다.[74] 따라서 세율상한은 5%의 낮은 세율이다. 결국 미국법인 DX가 지급하는 200만 달러 가운데 90만 달러(DX의 배당가능이익)에 대해서 미국-Z국 조약상 배당소득 조문을 적용하여 5%를 원천징수해야 한다.

우리나라 법의 의제배당이나 마찬가지로 미국법도, 회사가 감자(減資)하는 과정에서 주주가 가지고 있는 주식을 회사에 되돌려 주면서 돈을 받는다면 받는 돈과 주식 취득원가의 차액을 과세한다.[75] 소득의 성격은 원칙적으로는 주식 양도소득이다. 그러나 감자 전후를 통해 회사의 지배라는 경제적 실질에 변화가

73) OECD 모델 제10조 제1항, 제2항.

74) 그러나 이와 반대되는 행정해석으로 Rev. Rul. 84-21, 1984-1 CB 307.

75) 회사가 주주의 주식을 소각하고 주주에게 대가를 지급하는 경우의 과세는 미국세법 제302조(b)의 요건(완전한 주주 지위의 상실, 불균등 감자, 본질상 배당에 해당하지 않는 감자, 회사의 부분 청산으로 인한 감자)을 충족한다면 교환 거래로서 양도차익이 과세되게 되나 이러한 양도의 요건에 해당하지 않는 일반적인 경우에는 배당소득으로 과세한다. 미국세법 제301조(c), 제316조. 이창희, 미국법인세법 제4장 제1절 Ⅱ.

없다면 주식 취득원가를 공제해 주지 않고 지급 금액 전체를 분배로 보아 배당가능이익의 범위 안에서 배당소득으로 과세한다.[76] 가령 어차피 주식 100%를 가지고 있는 주주라면, 회사에서 돈 100억원을 배당받으나, 또는 주식 100주 가운데 10주를 감자하면서 감자대가로 돈 100억원을 받으나 경제적 실질에 아무 차이가 없는 까닭이다. 감자가 아니고 회사의 자기주식 취득이더라도 똑같이 과세한다. 역시 경제적 실질에 차이가 없기 때문이다.[77] 한 걸음 더 나아가 주식을 주식발행 회사가 직접 되사는 것이 아니고 관련 회사(자회사나 자매회사)가 취득하는 경우에도 마찬가지로 과세한다. 가령 갑·을 두 회사를 소유하고 있는 주주가, 갑 주식을을 회사에 파는 경우에도 결과적으로 주주가 갑·을 두 회사를 그대로 지배한다는 사정에 아무 변화가 없는 이상 주주가 을 회사에서 받은 돈을 배당소득으로 과세한다.[78] 다시 한 걸음 더 나아가 미국법은 법인 주주가 자기 밑에 딸린 자회사 주식을 오누이 회사에게 파는 경우에도 매각대금 전액을, 돈을 받는 주주가 배당받는 것으로 보고 과세한다.[79] 지배관계의 실질에 아무 변화가 없는 채 돈만 흐른다는 점은 마찬가지이기 때문이다.

이같이 배당소득으로 과세하는 금액은, 경제적 실질에 변화가 없는 이상은 지급받는 금액 전액이 원칙이지만, 배당가능이익이 그보다 적다면 배당가능이익의 범위 안에서만 과세한다.[80] 여기에서 배당가능이익은 직접 돈을 지급하는 회사만 보는 것이 아니고 매각 대상이 된 자회사의 배당가능이익도 고려한다. "Rev. Rul." 92-85의 사실관계에 미국법을 적용하면 FX는 DX에서 90만 달러를 배당받고 FY에서 110만 달러를 배당받는 것으로 본다. 따라서 배당소득 200만 달러 가운데 90만 달러만이 미국법인이 지급하는 미국원천소득으로 30% 원천징수 대상이다.

문제는 조약이 이 국내법에 어떤 제약을 가하는가이다. 민사법적 관점에서는 미국법인 DX가 Z국법인 FX에 주식 양수대금 200만 달러를 지급하는 것이다. 그러나 미국세법이 이 200만 달러를 모두 배당소득으로 보는 것이다. 우선 조약

76) 미국세법 제301조, 제302조, 제316조(a). 이창희, 『세법강의』, 제14장 제4절 Ⅳ.
77) 이창희, 『세법강의』, 같은 절 Ⅴ; 『미국법인세법』, 제4장 제1절 Ⅰ.
78) 미국세법 제304조(a)(1).
79) 미국세법 제318조(a)(3), 제304조(c)(1), 제304조(c)(3)(A), 미국 재무부 규칙 1.318-(b)(3). Rev. Rul. 91-5, 1991-1 CB 114.
80) 미국세법 제301조(c)(1), 제316조, 제304조(b)(2).

이 이 200만 달러에 원천징수세를 물리는 것은 아니다. 세금은 국내법으로 물리는 것이고 조약상의 배당소득 조항은 거기에 제약을 가할 뿐이다. 조약의 글귀는 배당소득을 국내법에 따라 과세하되 다만 조약에 정한 상한에 걸린다고 적고 있을 뿐이다. 국내법상 과세 대상이 아니더라도 특정한 방식으로 과세한다는 말은 없다. 국내법에서 원천징수 대상인 금액은 90만 달러이다. 나머지 110만 달러는 국내법상 과세 대상이 아니므로 애초 조약상 과세 여부를 물을 필요가 없다. 90만 달러에 대한 국내법상 과세권에는 조약이 어떤 제약을 가하는가? 이에 제약을 가하는 조약 규정이 있는가?

Z국 조약이나 A국 조약의 배당소득 조문에서 배당금이라는 말은 "회사법상의 다른 권리에서 생기는 소득으로서 지급자인 회사가 거주자로 있는 체약국에서 주식에서 생기는 소득이나 마찬가지로 과세하는 소득"을 포함한다고 정하고 있다. 이 행정해석은 이 글귀에 터잡아 90만 달러는 민사법상 주식 매매대금임에도 불구하고 조약상 배당소득의 객관적 범위에 들어간다고 한다.

미국의 행정해석과 달리 OECD 모델 주석은 주식 양도소득은 배당소득이 아니고 제13조 제5항의 양도소득에 포섭된다고 풀이하고 있다.[81] 글귀로 따지자면 주석이 맞다. 주식 양도소득은 회사법상의 권리에서 생기는 소득이 아니고 옛 주주와 새 주주 사이의 매매계약에서 생기는 소득이다. 따라서 주식에서 생기는 소득이 아니라 재산의 양도차익으로 구분된다. 주식 양도소득을 제외한다면 우리 소득세법이나 법인세법은 주식에서 생기는 소득을 모두 배당소득으로 과세하고 있다.[82] 반드시 주식에서 생기는 소득이 아니더라도 국내법에서 배당소득으로 과세하는 소득은 '주식에서 생기는 소득이나 마찬가지로 과세하는 소득'으로서 조약상 배당소득이 되므로, 소득세법이나 법인세법에서 비거주자·외국법인의 배당소득으로 구분되는 소득은 모두 OECD 모델의 글귀에서는 조약상 배당소득이 된다.[83] "Rev. Rul." 92-85의 사실관계라면 우리 국내법에서 주식양도소득이므로 OECD 모델의 글귀에서도 양도소득이다.

---

81) OECD 모델 제13조 주석 30문단.

82) 이 장 제2절 Ⅱ.의 주식대차에서 생기는 소득의 구분 문제 부분 참조.

83) 회사가 주주로부터 자기주식을 사들이는 경우, 주주의 소득이 배당소득인가 양도소득인가는 어려운 문제가 된다. 우리 법 해석론으로는 양도소득으로 볼 수밖에 없다. 이창희, 『세법강의』, 제14장 제4절 Ⅴ.

Ⅲ. 배당소득의 원천

법인세법과 소득세법은 배당소득의 원천을 배당을 지급하는 '법인 또는 법인으로 보는 단체'가 내국 단체인가 아닌가에 따라 정하고 있다.[84] 한편 OECD 모델을 따른 조약은 상대방 체약국 거주자에게 지급하는 배당소득에 대한 원천지국의 과세권을 배당금을 지급하는 회사가 자국법인인 경우로 제한하고 있다.[85] 소득의 원천이라는 말을 직접 쓰고 있지는 않지만 배당을 지급하는 회사의 거주지를 기준으로 배당소득의 원천을 정하고 있는 셈이다.

국내법이 '법인 또는 법인으로 보는 단체'라는 말을 쓰고 있는 것과 달리 조약은 '회사'라는 말을 쓰고 있지만, 배당을 지급하는 법인이란 법인세를 내는 것을 전제하므로 회사가 되어 결국 둘 사이에 차이는 없다. 한편 국내법상 내국법인·외국법인의 구별과 조약상 '거주자인 법인'과 '비거주자인 법인'의 구별은 일단 말이 다르지만, 결과적·기능적으로 차이가 없다. 조세조약에서 거주자라는 말은 국내법상 전세계소득에 대한 납세의무를 지는 자를 뜻한다.[86] 우리 국내법상 전세계소득 납세의무를 지는 법인은 내국법인일 수밖에 없다.[87] 따라서 국내법상 내국법인은 조약상 거주자이고 국내법상 외국법인은 조약상 비거주자이다. 다만 우리 국내법상 내국법인이라 하더라도, 동시에 다른 체약국의 국내법상 그 나라 법인이어서 조약상 이중거주자 조항에[88] 따라 다른 체약국의 법인으로 구분되는 법인이 있다면, 그런 법인이 지급하는 배당소득에 대해서는 우리나라의 과세권이 미치지 않는다.[89]

Ⅳ. 추적과세 금지

앞에서 옛 미국법의 예를 보았듯, 나라에 따라서는 배당금 지급자가 내국법인이 아니더라도 애초 배당의 재원(財源)이 된 법인소득의 원천이 국내에 있다

84) 이 장 제2절 Ⅱ, Ⅲ.항 참조.
85) OECD 모델 제21조 제1항, 제10조 제2항.
86) OECD 모델 제4조 제1항. 제3장 제1절 참조.
87) 법인세법 제2조.
88) OECD 모델 제4조 제2항.
89) OECD 모델 제10조 제2항, 제21조 제1항.

면 배당소득 역시 국내원천소득이라고 정하고 이른바 "secondary withholding tax"를 과세하는 경우가 있다. OECD 모델은 이런 '추적 과세'를 명문으로 금지하고 있다.

1977 OECD Model Article 10 (Dividends)

5. Where a company which is a resident of a Contracting State derives profits or income from the other Contracting State, that other State may not impose any tax on the dividends paid by the company, except insofar as such dividends are paid to a resident of that other State or insofar as the holding in respect of which the dividends are paid is effectively connected with a permanent establishment or a fixed base situated in that other State, nor subject the company's undistributed profits to a tax on the company's undistributed profits, even if the dividends paid or the undistributed profits consist wholly or partly of profits or income arising in such other State

1977년 OECD 모델 제10조(배당)

5. 한 체약국 거주자인 회사가 이윤이나 소득을 상대방 체약국에서 버는 경우 상대방 체약국은 그런 회사가 지급하는 배당금을 과세할 수 없고 (다만 배당금을 지급받는 자가 상대방 체약국 거주자이거나 배당금의 권원이 되는 주식지분이 상대방 체약국에 있는 고정사업장에 실질적으로 관련되는 경우는 예외) 그런 회사의 유보이익에 대하여 유보이익세를 물릴 수도 없다. 지급배당금이나 유보이익의 전부나 일부를 구성하는 이윤이나 소득이 상대방 체약국에서 발생했더라도 마찬가지이다.

앞서 추적과세 금지 조항에 관해 영국 법원과 미국 법원이 전혀 다른 결과에 이르렀던 세 판결의[90] 사실관계에 OECD 모델을 적용하면 어떤 결과가 나올까? 모두 원고 패소 판결이 나올 것이다. "Strathalmond" 판결의 사실관계에서는 미국 시민이라고 해서 영국 거주자의 범위에서 빠져나가지 않기 때문이다. "Great West Life" 판결의 사실관계에서는 논란의 여지도 없이 당연히 원고 패소가 될 것이다. OECD 모델에는 '상대방 체약국'이 자국에 있는 고정사업장에 속하는 소득

90) 제2장 제2절 II.

을 과세할 수 있다는 명문 규정이 추가로 들어있으니까. "Commerzbank" 판결의 사실관계에서는 조약체결 당사국이 아닌 제3국 법인은 조약의 적용 대상이 아니고.

제 4 절 조약 규정의 입법론적 변천: 법인세 2중과세와 조약

조세조약은 거의 모두 OECD 모델을 따르고 있고 그 내용은 앞에서 본 바와 같다. 그런데 OECD 모델의 내용은 도대체 어디에서 온 것인가? 조세조약이 그런 내용을 담는 것은 논리필연인가?

Ⅰ. "classical system"과 조약

원천징수세에 대한 상한을 지급배당금의 일부로 정하고 있는 OECD 모델의 구조는 주주와 별개로 회사에 법인세를 매기는 고전적 이중과세 제도를 전제로 하여 생겨난 것이다.[91] 주주에게 원천징수세를 따로 물리는 구조는 기본적으로 법인세 2중과세 제도의 산물이다.[92] 우리 법은 배당소득 익금불산입이나 배당세액공제를 통해 법인세 2중과세를 제거·경감하고 있기는 하지만,[93] 이런 2중과세 제거 장치는 주주가 거주자나 내국법인인 경우에만 적용되고 비거주자나 외국법인에 대해서는 2중과세를 계속하고 있다.[94] 다른 나라에서도 이 사정은 대체로 비슷하다. 2중과세 구조에서는 비거주자나 외국법인인 주주가 받아가는 배당은 이

Prof. Hugh J. Ault. 보스턴 대학(Boston College)에서 오랜 동안 세법을 가르쳤다. OECD 모델 관련 역할에 관해서는 제2장 제2절 Ⅳ. 참조.

91) OECD 모델 제10조 주석 42문단.

92) Hugh J. Ault, "Corporate Integration, Tax Treaties and the Division of the International Tax Base", 47 Tax Law Review 565 (1992), 특히 566쪽.

93) 개인 주주의 소득에 대하여는 소득세법 제56조 및 제17조 제3항(불완전 "gross-up" 조항)의 배당세액공제 제도가, 법인 주주 소득에 대하여는 법인세법 제18조의2의 수입배당금액 익금불산입 제도 및 법인세법 제51조의2의 소득공제 제도가 법인세 2중과세 제거·경감의 근간을 이루고 있다. 한편 개인 주주에 대하여는 우리나라에서는 금융소득 분리과세와 세부담을 맞추기 위해 법인세 부담은 일부만 제거해 주고 있다. 상세는 이창희, 『세법강의』, 제13장 제4절, 제14장 제3절 Ⅳ.

94) 소득세법 제56조의 배당세액공제는 거주자를 대상으로 하고 있다.

자나 사용료를 받아가는 것과 비슷하게 보이게 마련이고, 따라서 국내원천소득으로 보아 총수입금액의 일부를 세금으로 원천징수하는 것이 논리적으로 자연스럽다.

OECD 모델은 주식소유 비율이 얼마나 되는가를 따져서 배당에 대한 세율 상한을 두 가지로 달리 정하고 있다. 자본의 금액을 기준으로 주식소유 비율이 25%를 넘는 법인 주주에 대한 상한은 5%로 정하고, 다른 모든 주주(통상 '포트폴리오 투자자'라고 부른다)에 대한 상한은 15%로 정하고 있다.[95] 일정 기준을 넘는 법인 주주에 대해서 이처럼 한결 낮은 세율을 정한 취지는 중복 과세를 피하여 국제투자를 촉진하자는 뜻이라고.[96]

대법원 2013. 5. 24. 선고 2012두24573 판결

배당소득에 대한 과세권 배분을 정하고 있는 「대한민국과 일본국 간의 소득에 대한 조세의 2중과세회피와 탈세방지를 위한 협약」(이하 '한・일 조세조약'이라 한다) 제10조 … 제2항은 … 배당을 지급하는 법인이 거주자인 일방체약국에서도 동 체약국의 법에 의하여 과세할 수 있되, 다만 그 배당의 수익적 소유자가 타방체약국의 거주자인 경우 그 부과되는 조세는 다음을 초과할 수 없다고 하면서, 그 (가)목에서 그 수익적 소유자가 … 배당을 지급하는 법인이 발행한 의결권 있는 주식을 적어도 25%를 소유하고 있는 법인인 경우에는 배당총액의 5%, (나)목에서 기타의 경우에는 배당총액의 15%라고 각 규정하고 있다. 위 규정의 취지는 배당소득에 대하여 거주지국 과세 및 원천지국 과세를 모두 허용하되, 다만 2중과세를 최소화하고 국제투자를 촉진하기 위하여 제한세율의 한도 내에서만 원천지국 과세를 인정하며, 특히 배당의 수익적 소유자가 배당을 지급하는 법인이 발행한 의결권 있는 주식을 25% 이상 소유하고 있는 법인인 경우에는 그와 같은 필요성이 크다고 보아 일반적인 경우보다 낮은 세율, 즉 5%의 제한세율을 적용하도록 하고 있는 것으로 볼 수 있다 … 한・일 조세조약 제10조 제2항 (가)목에서 배당의 수익적 소유자가 배당을 지급하는 법인이 발행한 주식을 '소유'하고 있을 것을 요건으로 하고 있을 뿐 수익적 소유자가 '직접' 소유할 것을 명시적으로 규정하고 있지 않은 이상 위 조항의 '소유'의 의미를 '직접 소유'만으로 축소하여 해석할 수 없다 … 원고들의 100% 출자자인

95) OECD 모델 제10조.

96) OECD 모델 제10조 주석 10문단.

> 말레이시아 라부안 소재 투자법인 사이스코리아홀딩스리미티드(Sithe Korea Holdings Ltd)가 이 사건 배당소득의 형식적 귀속자에 불과하고, 이 사건 배당소득의 실질귀속자를 위 투자법인의 100% 출자자인 일본국 법인 마루베니로 보는 이상 한·일 조세조약 제10조 제2항 (가)목에서 정한 수익적 소유자에 해당하는 마루베니가 원고들이 발행한 의결권 있는 주식을 25% 이상 '소유'하고 있다고 보아 이 사건 배당소득에 대하여 5%의 제한세율이 적용되어야 한다.

투자자의 거주지 본국이 매기는 법인세 2중과세의 부담을 원천지국이 줄여주어야 한다는 논리는 선뜻 납득하기 어렵지만 아무튼 이 설명을 전제로 한다면, 낮은 세율의 적용 기준이 되는 주식소유 비율을 주식의 종류에 관계없이 자본금 금액 기준으로 정의하는 것은[97] 앞뒤가 닿는다. 의결권 주식이든 무의결권 주식이든 법인 단계에서 비용을 공제받지 못한 채 배당소득에 다시 세금을 내는 것은 마찬가지니까. 마찬가지 이유로 과소자본 세제에 따라 손금불산입당한 지급이자가 있는 경우 그 원본도 여기에서 말하는 자본금이 된다.[98]

한편 미국 모델에서는 낮은 세율의 적용 기준을 달리하여 의결권 있는 주식의 10% 이상으로 정의하고 있다. 미국 국내법 및 미국 모델조약 제23조의 간접외국세액공제 규정에 맞춰 둔 것. 법인 주주가 받는 배당에 원천징수세율을 낮추어주는 이유가 법인세 2중과세 부담을 낮추자는 것이라면 미국 모델의 입법태도가 옳다. 10%라는 기준이 꼭 옳다는 말은 아니다. 간접외국세액공제 역시 법인 주주가 지는 법인세 2중과세 부담을 제거해 주기 위한 제도라는 점에서, 낮은 원천징수세율을 정하는 기준이나 간접외국세액공제를 인정하는 기준이나 마찬가지라는 말이다. 이 기준을 어떻게 정할 것인가는 행정 편의 문제. 간접외국세액공제를 허용하려면 납세의무자나 행정청이 자회사에 관한 정보를 파악하고 관리하는 데 행정 비용이 들게 마련이다. 미국 모델에서는 10% 정도가 좋겠다고 정한 것이다. 구체적인 숫자야 얼마가 되든 아무튼 이 비율을 정한다면 법인 주주에 대한 배당소득 원천징수세에서도 같은 비율을 택하는 것이 논리에 맞다. 투자 비율이 미미하다면 행정 비용이 오히려 더 들어가는 것을 막기 위해 법인 주주이더라도 개인이나 마찬가지로 과세하고, 투자 비율이 일정 기준을 넘는다

97) OECD 모델 제10조 주석 15문단 c).
98) 같은 문단의 d).

면 법인세 2중과세를 고려하는 것이다.[99]

미국 모델과 OECD 모델의 또 한 가지 차이로 미국 모델은 RIC나[100] REITs[101] 같은 집합투자기구에서 받는 배당이라면 모자회사(10% 이상 주식 소유) 사이의 배당이더라도 세율상한을 높여서 15%로 정하고 있다.[102] 외국 투자자가 다수의 미국 회사에 포트폴리오 투자를 한다면 15%로 과세받는다. 이것을 피하려면 미국에 집합투자기구를 세워 똑같은 투자를 하면 된다. 집합투자기구는 법인세를 안 내지만 그러면서도 외국투자자와는 모자회사 관계가 성립하고, 그에 따라서 낮은 세율을 적용받을 수 있게 된다. 바꾸어 말하자면, 모자회사라는 이유로 낮은 세율을 적용받는 것은 자회사가 미국에서 법인세를 낸다는 전제가 있다는 것.[103]

Ⅱ. 법인세 2중과세 배제와 조약

법인세 2중과세 부담을 없애주는 나라라 하더라도 이 제도를 비거주자·외국법인에게까지 적용할 것인가는 별개 문제. 외국인 투자를 유치하자는 입장에서 국내 투자자보다 높은 세부담을 지울 이유가 없다는 생각을 한다면[104] 배당소득에 대한 원천징수세는 없애자고 생각할 수 있다.[105] 다른 한편 오히려 그와 반대로 외국인 투자자에 대해서는 일단은 2중과세 부담을 지우고[106] 조세조약으로 문제를 해결하자고 생각할 수도 있다.[107] 외국인 투자의 유치를 생각하는

99) 다만 이러한 논리는 미국과 같이 기본적으로 "classical system"을 취하는 국가에서 더 자연스러운 것이기는 하다.

100) 미국세법 제851(b) Part I에 정한 요건을 갖춘 regulated investment company.

101) 미국세법 제851(b) Part Ⅱ에 정한 요건을 갖춘 real estate investment trusts.

102) 미국 모델 제10조 제3항.

103) Rhoades & Langer, *U.S. International Taxation and Tax Treaties*(looseleaf), Matthew Bender & Co., 50.07절. 제3절 Ⅱ. 2. 4)에서도 언급.

104) Valadao, "Income Tax Treaties and the Treatment of Dividends Received by Foreign Shareholders from Domestic Corporations under an Integrated System", 29 North Carolina Int'l Journal of Law and Commerical Regulation (2004), 481쪽.

105) Hellerstein et als, "Constitutional Restraints on Corporate Tax Integration", 62 Tax Law Review 1 (2008), 특히 9쪽.

106) 우리 법도 그렇다. 소득세법 제56조.

107) 이런 입법례의 효시는 1968년 프랑스라고 한다. Ault, 앞의 글, 특히 585쪽. 법인세 2중과세와 조약의 관계에 관한 일반론은 같은 글 외에 McNulty, "Corporate Income Tax Reform in the United States: Proposals for Integration of the Corporate and Individual Income Taxes and

경우에도, 회사 소재지국이 국내법으로 배당소득 원천징수세를 없애주는 것이 반드시 능사는 아니다. 원천지국이 일방적으로 세금을 없애 주더라도 투자자의 거주지국이 세금을 매긴다면 아무 소용이 없어지니까.[108] 실제로 2중과세 배제 장치를 두고 있는 나라의 다수는 후자를 따라서, 국내법에서는 과세하고 조약에서 2중과세를 배제하고 있다.[109] 유럽연합의 각국도 뒤에 다시 볼 유럽법원의 판결이 나오기 전까지는 거의 모두 법인세 2중과세 배제 조치에서 국외 주주를 국내 주주보다 불리하게 대우하고 있었다.[110]

법인세 2중과세 부담을 없애주는 나라가 맺는 실제 조약의 보기로 1977년 영국조약의 우리말 정본은 다음과 같이 정하고 있다.

제10조(배당)

3. 영국의 개인거주자가 영국의 법인거주자에 의하여 지급되는 배당에 대하여 세액공제를 받을 수 있는 한 … 다음 규정이 적용된다.

(a)…(ii) 한국의 거주자가 본항의 (b)세항에 의한 배당에 대하여 세액공제를 받을 수 있는 경우에, 영국에서도 영국의 법에 따라 동 배당금액 또는 가액과 동 세액공제금액의 합계액에 대하여 15%를 초과하지 않은 율로 과세될 수 있다…

(b) 영국의 거주자인 법인으로부터 배당을 받는 한국의 거주자는 하기 본항 (c)세항에 따를 것을 조건으로, 그리고 그가 그 배당의 수익적 소유자인 경우에, 영국의 개인거주자가 그 배당을 받았더라면 향유하였을 그 배당에 대한 세액공제를 받을 수 있으며 또한 그러한 세액공제액 중 그의 영국조세채무를 초과하는 부분에 대한 환급을 받을 수 있다.

자못 요령부득인 이 내용을 이해하자면 우선 그 당시 영국이 두고 있었던

International Aspects", 12 Int'l Tax and Business Lawyer 161 (1994).

108) OECD 모델 제24조 주석 30문단; American Law Institute, *Federal Income Taxation Project: Integration of the Individual and Corporate Income Taxes: Reporter's Study of Corporate Tax Integration* (Alvic C. Warren, 1993), 특히 188쪽.

109) 미국 재무부, "Integration of the Individual and Corporate Tax Systems: Taxing Business Income Once" (1992), 16쪽, 74쪽; American Law Institute, 위의 책, 170~171쪽.

110) Weiner, "Practical Aspects of Implementing Formulary Apportionment in the European Union", 8 Florida Tax Review 629 (2007), 특히 632~633쪽.

"advance corporation tax"(줄여서 ACT라 부른다)라는 제도를 알아야 한다. Ⅱ의 이하 논의는 읽다가 모르겠으면, "아, 조약이란 두 나라의 법제를 서로 맞추어서 짜야 하는구나, 그냥 OECD 모델을 베끼는 것이 아니구나", 그것만 기억하고 그냥 Ⅲ으로 건너뛰면 된다. 이 주제는 앞으로도 거듭 나온다.

ACT란 배당이라는 현금흐름에 매기는 세금이다. ACT는 법인세에서 공제받는 선납 세액이므로 같은 세금을 이중으로 내는 것은 아니다. 가령 법인세율이 51%, ACT 세율이 세후 배당금(순 현금 지급액)의 3/7인 상황에서[111] 회사가 세전 소득 100원을 벌어 이를 전액 배당한다고 하자. 법인 단계에서 납부할 세금은 얼마이고 세후 기준으로 배당하는 현금은 얼마인가? ACT는 원래 그 이듬해, 또는 과거의 사업연도 본세에서 공제받는 것이지만[112] 시차는 무시하고 올해의 본세에서 공제받는다고 치자. 맞는 계산으로는 ACT가 21원이 된다. 왜? 법인세 51원에서 ACT 21원을 공제하면 회사가 납부할 세금은 30원이고 일단 배당할 현금은 70원이 된다. 그러나 이 70원에서 ACT를 빼고 나머지를 배당해야 한다. 그러자면 최종적 현금 배당액이 49원, ACT가 21원(=49×3/7)이라야 계산이 맞는다. 다시 정리하자면 주주가 배당받는 금액은 법인세를 내기 전의 소득 100원에서 법인세 본세 51원(=ACT 21원 더하기 ACT 공제후 법인세 30원)을 공제한 51원이다. ACT는 추가적 부담이 아니고 법인세 본세만이 실질 부담액이 된다.[113] 한편 개인 주주의 단계에서는 ACT 상당액을 "gross-up"하여 배당소득에 포함하면서 배당세액 공제를 받는다. 앞 보기에서는 배당소득의 금액은 70원이 되고, 주주의 개인 소득세율이 50%라면 납부할 세액은 35원(=70×50%)에서 21원을 공제한 14원이 된다. 법인세 부담을 완전히 제거해 주자면 21원이 아니라 법인세 부담액 51원을 "gross-up"해야 하겠지만 ACT 제도 당시의 영국에서는 법인세 부담의 일부만 제거해 주면서 그 제거율을 ACT라는 우연적 비율에 맞추고 있었던 셈이다.[114] ACT를 두는 이유는 조세 특례 때문이다. 법인 단계의 조세 특례가 주주

111) 1970-80년대 당시 영국의 법인세율은 50%가량이었고, ACT 세율은 3/7이었다. Arthur Andersen & Co., *The US/UK Double Tax Treaty* (1980), 10쪽.

112) 미래로는 언제까지라도 이월할 수 있고 과거로는 2년간 소급할 수 있었다. Arthur Andersen & Co., 위 책 같은 쪽.

113) 수식으로 생각해보면, 법인이 납부할 세액은 법인세 본세에서 ACT를 차감한 금액, 곧 (51－ACT)이다. 본세만 공제하고 ACT는 공제하기 전의 배당금은 100－(51－ACT)=49+ACT이다. 배당시에는 49+ACT에서 ACT를 차감한 금액을 배당하므로, 세후 배당금은 49원이다. 정리하자면 ACT가 얼마이든 세후 배당금에 차이가 없다.

단계까지 자동 연장되는 것을 막기 위해, 법에 달리 정하지 않은 이상 회사가 주주에게 지급하는 배당금에는 일정한 세금을 물리는 것이다.

ACT 제도를 전제로 할 때 조약은 어떤 내용을 담게 되는가? 우선 영국 투자자가 우리나라 회사에서 받는 배당은 OECD 모델과 달라질 이유가 없고 실제 옛 영국조약도 그렇다. 우리나라가 법인세 2중과세 제도를 가지고 있는 이상 우리나라는 회사에서 법인세를 걷고 그에 더하여 배당금에서 원천징수세를 걷으면 된다. 이 구조는 국내에서 법인세에 더하여 주주의 배당금에서 세금을 걷는 것에 대응하고, 따라서 조약에서도 OECD 모델을 그냥 따르면 된다. 영국으로서는 영국 국내 투자보다 우리나라에 대한 투자가 더 무거운 세부담을 지게 되지만, 영국이 이를 마다할 이유가 없다. 국내 투자보다 대외 투자를 좀 높게 과세하는 편이 자본수출국의 국익에 맞기 때문이다.

문제는 우리나라 투자자가 영국에 투자하는 경우이다. 1977년의 영국조약은, 우리나라에 속하는 개인 투자자에 대해서도 영국 투자자나 마찬가지로 법인세(ACT) 상당액의 환급을 허용하면서[115] "gross-up"한 배당액(세후 배당액＋세액)의 15%를 배당소득에 대한 세금으로 영국 정부가 걷을 수 있다고 정하고 있다.[116] 가령 법인세율이 50%, ACT 세율이 3/7일 때 주주가 받는 배당금이 49원이라면 "gross-up"한 배당액은 70원(＝49＋49×3/7)이고 주주가 환급받을 수 있는 금액은 21원이다. 한편 배당소득에 대한 원천징수세액은 70원의 15%인 10.5원이므로, 두 가지를 상계하면 우리나라 주주는 영국 정부에서 10.5원을 환급받는다. 배당을 받을 때 세금을 내는 것이 아니라 오히려 법인 단계에서 납부한 세액 가운데 일부를 환급받는 것이다. 여기에서 두 가지 문제가 생긴다. 첫째로 우리나라에서 과세소득으로 잡아야 하는 금액은 49원인가, 59.5원인가, 또는 70원인가? 둘째, 배당을 받을 당시 실제로는 10.5원을 환급받으면서, "gross-up"한 배당금에 대한 원천징수세 10.5원은 외국납부세액으로 공제받을 수 있는가? 1977년의 영국조약은 이에 대해 아무런 규정을 두고 있지 않다. 외국납부세액공제에 관한 특칙이라면 그저 출자 비율이 10% 이상인 법인 주주에게만 간접외국

114) 이 점에서 우리 현행법과 비슷한 결과를 낳는다. 이창희, 『세법강의』, 제13장 제3절 Ⅲ, 제4절 Ⅰ.

115) 1976년 한국-영국 조약 제10조 제3항(b). 미국은, 그렇게 하지 않으면 조약상 차별금지 조항의 위반이라고 주장하기도 한다. "Ault"에 따르면 1965년의 미국-독일 조약 협상시 그런 주장을 한 사례가 있다고 한다. Ault, 앞의 글, 583~584쪽.

116) 1976년 한국-영국 조약 제10조 제3항(a).

세액공제를 인정한다는 것뿐이다.[117] 실제로 영국조약에서 이런 쟁점을 다루고 있는 판결이나 행정해석은 없는 듯하다. 아마도 실제 사례가 거의 없었기 때문이리라. 한편 1980년의 미국-영국 조약은 이 점에 대해 분명한 답을 주고 있다. 우선 배당소득 조항을 보면 미국 주주가 앞의 예와 같은 배당을 받는다면 미국에서 과세소득으로 잡는 금액은 환급받은 ACT를 포함한 70원이다.[118] 또한 2중과세 방지 조항을 보면, 이 70원에 대한 영국의 15% 원천징수세 10.5원, 실제로는 ACT 21원에서 차감하는 금액 10.5원은 미국에서 외국납부세액으로 공제받을 수 있다.[119] 간접외국세액공제는 제13장 제4절.

Ⅲ. 법인세 2중과세 제도의 변화

그 뒤 1996년에 개정된 영국조약의 배당소득 조문은 OECD 모델과 똑같다. 어떻게 된 일일까? 영국의 국내법이 법인세를 2중과세하는 방식으로 되돌아간 까닭이다. 영국을 비롯한 유럽 각국의 법인세 2중과세 방지제도는 거주자·내국법인과 비거주자·외국법인을 차별한다는 점에서 유럽법 위반이라는 유럽법원의 판결이 나오게 됨에 따라 유럽 각국의 국내법은 다시 요동치게 되었다.

유럽연합은 오랫동안 법인세 2중과세 방지 제도를 차별적으로 운영함에 따른 유럽 자본시장의 왜곡을 바로잡기 위해 유럽연합 전체에 걸친 통일적 제도를 마련하고자 애썼지만 큰 성과가 없었다.[120] 지금까지의 성과는 그저 속칭 '모자회사(母子會社) 지침'[121]으로 법인 간 배당에 대한 2중과세를 일부 없앴을 뿐이다. 같은 지침(Directive)은 자회사 소재지국에게는 다른 나라 모회사(10% 이상 주주)가 받는 배당에 대해 원천징수세를 매기는 것을 금지하고, 모회사 소재지국에게는 그런 배당을 비과세하거나 자회사가 납부한 세금을 간접외국세액으로 공제하도록 정하고 있다.[122]

117) 같은 조약 제21조 제2항 제2문.

118) 1975년 미국-영국 조약 제10조 제2항(a)(iii).

119) 같은 조약 제23조 제1항(b).

120) 세금 문제에 관해 유럽 행정부가 무엇인가 결정하자면 회원국 전체의 합의가 필요하다. 마스트리히트 조약 제99조.

121) Council Directive 90/435, Common System of Taxation Applicable in the Case of Parent Companies and Subsidiaries of Different Member States, 1990 O.J. (L 225) 6, as amended by Council Directive 2003/123, 2004 O.J. (L 7) 41.

이 상황에서 유럽연합 회원국이라면 다른 회원국에서 오는 투자자를 국내 투자자보다 불리하게 대우할 수 없다는 유럽법원 판결이 나왔다. 여러 판결이 복잡하게 얽혀 있지만 여기에서는 영국의 ACT에 관련한 사건으로 "Hoechst/Metallgesellschaft" 판결을[123] 간단히 보자. 이 사건의 쟁점은 좁게는 영국의 ACT 제도에서 모회사와 자회사가 모두 영국법인이라면 ACT를 내지 않아도 되는 데 비해 모회사가 외국법인이라면 ACT를 내게 한 것이 유럽법을 어긴 차별인가라는 문제이다. ACT는 법인세 본세의 선납이므로 결국은 세금에 차이가 없지만, 영국 회사가 모회사라면 "group income election"을 하고 ACT 선납을 피할 수 있다. 한편 모회사가 다른 유럽 국가의 회사라면 이 선택이 불가능하고 ACT를 선납해야 한다. 원고는 이 시차가 유럽법 위반이라 주장하면서 영국 정부를 상대로 시차로 인한 손해배상을 구하였고(민사 사건), 영국 정부는 유럽법원에 유럽법 위반 여부를 물었다. 법원은 주주의 국적에 따른 이런 차별이 유럽법 위반이라고 판시하였다.[124] 이 사건에서는 한결 나아간 쟁점으로 비거주자 주주에게는, 조약에 별도 규정이 없는 이상 법인세 2중과세 부담을 제거해 주지 않도록 정하고 있는 영국법 자체가 유럽법 위반이라는 문제가 떠올랐다. 앞서 보았듯 ACT 제도 하의 영국 국내법에서는 영국 거주자는 법인 단계의 세금을 세액공제 받으므로 주주 단계의 세금만 물면 된다. 비거주자는 법인 단계의 영국 세금을 물고 주주 단계에 가서 본국법에 따른 세금을 다시 물게 된다. 이리하여 영국 거주자가 영국에 투자하는 경우와 다른 나라 거주자가 영국에 투자하는 경우 사이에는 세부담에 큰 차이가 생긴다. 이 차이가 유럽법의 기본원칙인 차별금지에 어긋난다는 문제가 제기된 것이다.

재미있는 점은 후자의 큰 쟁점에서 ACT 제도가 통째로 유럽법 위반이라는 판결이 나올 것을 우려하여, 이 판결이 나오기 전에 영국이 아예 ACT 제도를 폐지하였고 독일 등 다른 나라도 비슷한 생각에서 "imputation", 또는 배당세액공제 제도를 폐지하였다는 것이다.[125] 그렇다면 어떤 제도를 택했으려나? 스페인

122) 위 지침 제7쪽.

123) Judgment of the Court of 8 March 2001, Metallgesellschaft, C-397/98, Hoechst, C-410/98, EU:C:2001:134. 아래 제9장 제3절 Ⅳ.

124) Hoechst 사건과 같은 쟁점을 다룬 후속판결로 Manninen 판결, Judgment of the Court of 7 September 2004, Manninen, C-319/02, EU:C:2004:484

125) Judgment of the Court of 12 December 2006, ACT Group, C-374/04, EU:C:2006:773. 판결은 유럽법 위반이 아니라고 판시하였으나, 그 전에 이미 각국은 국내법을 개정하였다. 이창희, "비

등 몇 나라라는 법인세를 2중과세하는 고전적 제도로 완전히 돌아갔다.[126] 그리스 등 몇 나라는 외국 주주든 내국 주주든 배당소득에 관한 세금을 아예 없애버리는 제도를 택했다.[127] 한편 현행 독일법은 이른바 '소득의 절반'(halb-Einkünfte) 제도라 하여 기본적으로는 법인과 주주를 2중과세하는 제도로 돌아가되 배당소득의 절반을 비과세하는 제도를 택하였고, 대부분의 유럽 국가가 일부 비과세나 세액공제를 통해 비슷한 결과가 생기는 제도를 택하였다.[128] 결과에 있어서는 2중과세 부담이 남는다는 점에서는 고전적 세제(classical system)와 비슷한 왜곡이 생기지만, 법제로서는 배당소득을 따로 과세하는 분류과세 방식이라는 이름으로 정당화하고 있다.

이렇게 되자 조세조약에도 다시 변화가 일 수밖에 없었고, 조세조약의 배당소득 조문은 가령 영국조약이 그렇듯 다시 OECD 모델과 거의 같은 내용으로 돌아가는 것이 이치에 맞게 되었다.[129] 다른 한편, 반드시 그래야만 하는 것은 아니다. 유럽법원은 어떤 식으로든, 국내 투자든 국제 투자든 배당소득의 세부담에 차가 없어지도록 조세조약에 정하면 유럽법에 어긋날 바가 없다고 보고 있기 때문이다. 가령 회사 소재지국에서는 배당소득 원천징수세에 차별을 두더라도, 주주의 거주지국이 회사 소재지국의 세액을 공제해 주어서 이 차별을 상쇄시킨다면 유럽법 위반이 아니라는 것이다.[130] 결국 유럽연합 각국의 국내법이 어떻게 되는가도 아직 유동적인 상황이고, 조약이 어떻게 되는가는 더욱 유동적인 상황이다. 다만 한 가지 분명한 것으로, 브렉시트(Brexit) 이후[131] 영국의 국내법은 더 이상 유럽법의 차별금지 원칙의 적용을 받지 않는다.

거주자·외국법인의 배당소득에 대한 과세", 서울대학교 법학 제50권 4호 244쪽에서 주석 89번이 달린 괄호 안의 문장은 "실제로는 … 유럽법 위반이 아니라는…"을 잘못 쓴 것이다.

126) Palao, "New Income Tax Law and Anti-Fraud Legislation in Spain", 61 Bulletin for Int'l Taxation 139 (2007), 특히 140~141쪽.

127) Hellerstein et als., 앞의 글, 40쪽.

128) 이에 관하여는 Christiana Djanani & Ralf Herbener, "Germany report", *Cahier de droit fiscal international* 88A (2003), 434~435쪽 참조. 법인세 2중과세를 둘러싼 유럽법의 전반적 동향과 문제점에 대해서는 Graetz and Warren, "Income Tax Discrimination and Economic Integration of Europe", 115 Yale Law Journal 1186 (2006) 참조.

129) 국내법과 조약의 내용이 본문과 같고 세율 수준이 현재와 같다면 국제 투자와 국내 투자 사이에 세부담이 비슷하게 된다. 이에 관한 상세는 외국납부세액공제 제도에 관한 자세한 분석을 필요로 하므로 이 책의 범위 밖이다.

130) Judgment of the Court of 8 November 2007, Amurta, C-379/05, EU:C:2007:655.

131) 브렉시트의 법적 효과는 2020. 1. 31. 발생하였다.

Ⅳ. 미국의 최근 조약 실무

마지막으로, 최근에 체결된 미국의 조약들은 80% 이상 자회사라면 아예 배당소득 원천징수세를 면제하는 경우가 많다.[132] 미국 국내 투자에서 80% 이상 자회사라면 연결납세가 가능하고 배당소득에 세금이 전혀 붙지 않는 것과 균형을 맞추려는 미국의 정책을 반영한 것이다. 이런 구조에서는 자회사가 낸 세금은 간접외국세액공제를 받고 배당에는 원천징수세가 없으므로 결국 미국 투자자의 입장에서 본다면 국내 투자나 대외 투자나 세부담이 같아진다. 트럼프의 세제 개편(2017년 12월) 이후 미국의 조약들은 간접외국세액공제 방식 대신 해외배당 익금불산입(dividend received deduction)[133] 제도를 반영하여 체결되고 있다.[134] 제13장 제4절 I.

제 5 절 지 점 세

Ⅰ. 지점세란?

지점세 제도는 미국이 처음 시작한 제도로 배당소득 추적과세와 깊은 관련이 있음은 앞에서 이미 본 바 있다. 배당소득 추적과세란 내국법인과 외국법인 사이에 같은 세부담을 지우자는 생각이다. 미국법인은 미국에서 법인세를 내고, 그 법인이 지급하는 배당금에 대해 주주가 다시 소득세를 낸다. 바꾸어 말하면 외국 투자자가 자회사로 미국법인을 설립한다면 미국법인 단계에서 법인세를 내고 투자자인 외국 모회사는 다시 배당소득에 대한 원천징수세를 이중으로 내게 된다. 다른 한편 외국법인이 미국에 현지법인을 세우는 것이 아니고 직접 지점을 둔다면, 미국 지점이 버는 소득에는 법인세를 물리지만 그 사업장에서 본점으로 송금하는 이윤은 같은 법인 내부의 자금 흐름일 뿐이므로 미국이 세금을 물리지 못한다. 자회사가 배당을 지급한다면 모회사는 우리나라에 원천이 있는 배당소득을 받아가는 외국법인으로서 납세의무를 지게 되고, 따라서 배당을 지

132) 예를 들어 2001년 영국-미국 조약 제10조 제3항.

133) 미국세법 제245A조.

134) 미국-크로아티아 조약(2022년 12월 서명) 제23조 제2b)항.

급하는 자회사는 원천징수세액을 공제한 잔액만을 외국법인에 지급하고 원천징수세액을 국가에 납부하여야 한다.[135] 이에 비해 지점이 이익을 송금하는 것은 같은 법인 안의 자금 흐름일 뿐이므로 원천징수 의무가 안 생긴다.

그렇지만 다시 생각해 본다면 이 차이는 이상하네. 지점이든 현지법인이든 국내에서 사업을 벌이고 돈을 버는 점은 똑같잖아? 국내 현지의 기업에 별개의 법인격이 있는가 없는가는 그저 '종이쪽지의 차이'일 뿐이다. 국내에 기업을 세우면서 한 등기가 새로운 회사의 설립등기인가, 아니면 국내 지점의 설치등기인가, 그저 그 차이일 뿐이다. 이리하여 오랫동안 미국법은 두 가지 사이에 균형을 맞추자는 생각으로 외국법인이 미국에서 사업을 한다면 법인세를 걷는 데 더해서 외국법인이 지급하는 배당금에 대해서도 다시 미국 세금을 물렸다. 다만 국외 주주에게 세금을 물리기는 어려우므로 배당금을 지급하는 외국법인에게 원천징수 의무를 씌우고 있었다[136](이런 추적과세 제도를 가지게 된 이유로, 미국 기업이 세부담의 형평 문제를 제기했다고 하나 반드시 옳은 이유는 아닌 듯하다. 외국 기업에서 배당금을 받는 주주의 본국이 세금을 물린다면 결국 세부담에는 차이가 없기 때문이다. 물론 이 배당금을 미국원천소득으로 보아 면세하는 나라가 있었을는지 모르지만, 자국법인이 지급하는 배당금을 미국원천소득으로 하는 나라는 드물었을 것이다. 아마도 정확한 설명은 외국법인이 지급하는 배당금을 미국이 과세한다면 외국 주주는 이 세금을 외국에서 공제받을 수 있었을 것이므로 미국의 세수가 는다고 보는 편이 맞을 것이다). 그러나 실제로 추적과세를 당하는 회사는 거의 없었다. 국외 거래에 대해 미국 세금을 걷자는 생각이 실효성을 확보하기가 어려웠음은 물론이다.

이처럼 외국법인의 국내 지점이 미국 자회사보다 여전히 세제상 유리하다는 것은 잘못이라는 생각으로 미국의 1986년 개정법은 추적과세 대신 지점세 제도를 들여왔다. 입법 형식은, 지점세를 무는 외국법인이라면 추적과세를 하지 않는다는 것.[137] 지점세란 외국법인이 본점에 송금하는 돈을 배당금처럼 보고 거기에 원천징수세에 상당하는 세금을 물리는 것이다(그와 더불어 지점이자세 제도를 들여와, 국내사업장에 배부하는 이자에 대해서는 지점이자세를 물리기로 하였다). 그 뒤 많은 나라에서 이와 비슷한 방법으로 지점세를 들여왔고, 우리 법에도 이

135) 법인세법 제98조 제1항.

136) 미국세법 제861조(a)(2)(B). 예전에는 이자에 대해서도 같은 제도가 있었음을 "Strathalmond" 판결에서 읽은 기억이 있을 것이다. 제2장 제2절 Ⅱ.

137) 미국세법 제884조(e)(3)(A).

지점세 제도가 있다.

> 第96조(외국법인의 국내사업장에 대한 과세특례) ① 외국법인(비영리외국법인은 제외한다)의 국내사업장은 우리나라와 그 … 거주지국 … 와 체결한 조세조약에 따라 제2항에 따른 과세대상 소득금액(… 조세조약에서 이윤의 송금액에 대하여 과세할 수 있도록 규정하고 있는 경우에는 대통령령으로 정하는 송금액으로 한다[138])에 제3항에 따른 세율을 적용하여 계산한 세액을 제95조에 따른 법인세에 추가하여 납부하여야 한다. 다만, 그 외국법인의 거주지국이 그 국가에 있는 우리나라의 법인의 국외사업장에 대하여 추가하여 과세하지 아니하는 경우에는 그러하지 아니하다.
>
> ② 제1항의 과세대상 소득금액은 해당 국내사업장의 각 사업연도의 소득금액에서 다음 각 호의 금액을 뺀 금액으로 한다 …
>
> 3. 해당 국내사업장이 사업을 위하여 재투자할 것으로 인정되는 금액 …
> 4. 「국제조세조정에 관한 법률」 제22조에[139] 따라 손금에 산입되지 아니한 금액
>
> ③ 제1항에서 적용되는 세율은 제98조 제1항 제3호에 따른 세율로 하되, 우리나라와 해당 외국법인의 거주지국이 체결한 조세조약으로 세율을 따로 정하는 경우에는 그 조약에 따른다.

제3항에서 말하는 '제98조 제1항 제3호에 따른 세율'이란 배당소득에 대한 세율이다. 제2항의 '과세대상 소득금액'이란 송금액을 간접적으로 표시한 것이다. 지점이 번 돈에서 세금을 내고 남은 돈에서 국내 사업에 재투자하는 돈을 뺀 금액은 곧 본점에 송금할 금액이 되는 까닭이다. 이 금액을 한 해에 한 번씩 계산하여 세금을 물린다는 것이다. 송금 때마다 일일이 세금을 물리지 않는 데에는 이유가 있다. 배당과 달라 본점과 지점 사이의 송금은 꼭 이익이 있어야만 보낼 수 있는 것도 아니고 송금 시기도 아무 때나 자유로우므로, 국가가 송금액에 대해 일일이 배당 상당액을 계산하여 세금을 매기기는 몹시 번거로운 까닭이다.

---

138) 필리핀조약이 그렇다. 송금시 과세하는 방식을 "branch remittance tax"라고 따로 부르기도 한다.

139) 배당으로 간주된 이자. 아래 제9장.

Ⅱ. 지점세와 조세조약

지점세와 조세조약의 관계에서는 어려운 문제가 생긴다. 애초 미국이 지점세를 들여온 취지 자체에서 입법론적 분석에 불분명한 부분이 있었기 때문이다. 앞에서 설명한 방식으로는, 미국이 지점세를 들여온 이유는 배당소득에 대한 추적과세가 현실적으로 집행 불가능했기 때문이라고 했다. 그러나 기실 단순한 집행불능만이 아니라 규범상으로도 추적과세가 불가능한 경우가 많았다. 미국이 체결한 조약 가운데 다수가 정면으로 추적과세를 금지했기 때문이다.[140] 추적과세는 미국법의 역외 적용이라는 시비를 낳게 마련이고 이 점에서 미국은 논리적 열세를 보여 추적과세를 금하는 조약에 합의할 수밖에 없다.

미국 국회는 이에 불만이었다. 조세조약 탓에 지점과 현지법인 사이에 차이가 나는 것도 용납하기 어렵다는 생각에서 조약상의 추적과세 금지 조항에도 불구하고 세금을 걷으려면 어떤 구조를 짜야할까를 생각한다. 바로 그 구조가 지점세. 추적과세 내지 역외 적용이 아니면서 세금을 걷겠다는 생각으로 역외 배당 대신 국내 지점의 본점 송금에 세금을 매긴다는 것이다. 이리하여 역외 적용 시비는 피했지만 한 가지 문제가 남았다. 지점더러 본점 송금시 세금을 내라는 것은, 조약상의 차별금지 조항, 특히 고정사업장에 대한 내국민대우 조항과 충돌한다고 볼 수 있다. 내국법인은 각 사업연도의 소득에 대한 세금 한 가지만 내면 되지만 외국법인의 국내 지점은 각 사업연도의 소득에 대한 세금을 내고 다시 지점세를 내야 하기 때문에 불리한 대우를 받는다는 결과. 이에 관해 미국 국회는 지점세가 차별 과세라는 점은 인식하면서도 "외국법인과 주주를 묶어서 보면 내국법인과 주주를 묶어서 보는 것보다 더 나쁜 대우를 받는 것이 아니다"라는 이유로 합리적 차별이라고 보았다.[141] 그러나 미국 재무부는 입법 당시나[142] 법집행 단계에 가서나[143] 지점세는 고정사업장 내국민대우 조항과 어긋난다고 보았다. 최종 타협안으로 나온 것이 지점세를 조약보다 무조건 우선시키는 조약배제(treaty overide)는 피하고 잠정적으로는 조약을 우선시키되, 지점세 조항

---

140) OECD 모델 제10조 제5항, 미국 모델 제10조 제7항.

141) Staff of the Joint Committee on Taxation, "General Explanation of the Tax Reform Act of 1986" (99th Cong. 2d Sess.), 1038쪽.

142) 같은 문서, 1043쪽.

143) 미국 재무부 규칙 1.884-1(g)(3). Notice 87-56, 1987-2 CB 367.

에 어긋나는 조약은 장차 전부 재협상할 것을 행정부에 요청했다.[144] 그 결과 미국은 지점세 조항을 입법한 뒤 조약의 재협상에 들어갔고 현재 한국조약을 뺀 모든 조약에서 지점세 부과가 가능하다.[145] 이처럼 지점세가 자리를 잡게 되자 배당소득 추적과세는 그만하기로 했다.[146]

역사에 관한 한 가지 사족이 지점세와 LOB의 관계. 잠정적으로 조약을 우선시키는 전제로 미국 국회는 특정한 조약 상대방 국가의 거주자라는 이유로 조약의 덕을 볼 수 있는 외국법인은 그 국가의 실질적 거주자에 한한다는 제약을 두었다. 오늘날에 와서는 조약혜택 제한(limitation on benefit; LOB)이라 하여 조약상 혜택은 그 어떤 것이든 상대방 국가의 실질적 거주자라야 누릴 수 있다는 조항을 둔 조약도 있지만[147] 연혁적으로 볼 때 LOB 조항의 내용이 구체화한 것은 바로 이 1986년 개정법에 의한 지점세이다. 지점세를 배제하는 조약을 적용받으려는 자는 그 조약의 실질적 거주자라야 한다는 내용을 국내법에 두고, 그를 구체화하기 위하여 특정한 외국법인이 특정한 체약국의 실질적 거주자인지를 판정하는 길고 긴 기준을 입법한 것이다. 자세한 내용은 이미 본 오늘날의 LOB 조항과 별 다를 바가 없다. 한편 고정사업장 내국민대우 조항이 없는 조약에서는 국내법상의 지점세율(30%) 대신 그 조약의 배당소득 세율상한을 실질적 거주자에게 적용한다.[148] 지점세에 관한 별도 규정을 둔 조약이라면 조약 내용에 따름은 물론이다.

우리 법과 조약의 관계는? 우선 어느 조약에 지점세는 얼마를 넘지 못한다는 식으로 지점세에 대한 세율상한이 따로 있다면 그런 상한의 적용을 받음은 물론이다. 앞의 법 제96조 제3항은 이를 확인하는 규정. 우리나라가 맺은 조약 가운데에도 실제로 그런 조약이 몇 개 있고[149] 법인세법은 조약에 그런 내용이

---

144) Staff of the Joint Committee on Taxation, 위의 문서, 1038쪽.

145) 우리나라 법인의 미국 지점은 지점세를 내지 않는다. 미국 재무부 규칙 1.884-1(g)(3). 다만, 외국법인이 조약의 혜택을 받기 위해서는 법인과 법인 거주국 사이의 실질적 관련에 관한 미국 국내법의 규정을 만족해야만 한다. 미국세법 제884(e)(2)조. 이론상으로는 조약적용 대상인가는 오로지 조약의 해석에만 달려 있는 것이므로 미국법의 이런 규정은 조약 위반이다. 그러나 미국의 국내법이 조약을 어기더라도 법의 효력 그 자체에는 영향이 없고, 다만 미국 정부가 다른 정부에 대해 조약 위반의 책임을 질 따름이다. 제2장 제1절 Ⅳ. 1.

146) 미국세법 제871조(i)(2)(D), 제881조(d).

147) 제3장 제2절 Ⅴ.

148) 미국세법 제884조(e)(2)(A)(ii).

149) 캐나다, 프랑스, 호주, 인도네시아, 필리핀, 브라질, 카자흐스탄 등.

있는 경우에만 지점세를 매긴다.

조약에 지점세 조항이 없는 경우 지점세를 매기도록 국내법에 정한다면 조약 위반인가? 우리나라가 맺은 조약은 거의 다 OECD 모델을 따라 외국법인이라 하여 내국법인보다 무겁게 세금을 매기지 않는다고 정하고 있고 특히 외국법인의 고정사업장에 내국법인보다 무거운 세금을 매겨서는 안 된다고 정하고 있다.[150] 외국법인에만 지점세를 매기는 것은 이 차별금지 조항의 위반이 아닐까? 실제로 주석가들은 위반이라고 보고 있고[151] 미국에서는 조세조약에 고정사업장에 대한 차별과세를 금한다는 조항이 있는 나라의 법인에 대해서는 지점세를 매기지 않는다.[152][153] 지점세에 관한 규정이 따로 없고 또 차별금지 조항도 없는 조약[154]이라면 지점세는 국내법에 따라서만 매기면 된다. 우리 법이 조세조약에 지점세 조항이 있을 때에만[155] 지점세를 매기는 것은 지점세 제도를 두기 전에 조약을 맺은 나라의 기득권을 존중하자는 외교 예양(禮讓)이다.

미국법은 지점세는 배당소득에 대한 조약상 상한 안에서만 과세한다는 규정을 두고 있다.[156] 지점세가 배당소득에 대한 원천징수세와 맞먹는 것이기는 하지만 배당소득에 대한 조약의 글귀가 당연히 지점세에 적용된다고 읽기는 어려우므로, 국내법상 지점세 조항 자체를 손대어 조약의 배당소득 조항을 지점세에 적용하는 것과 같은 결과를 얻고 있는 것이다. 국내법에 그런 규정이 없는 우리나라에서 배당소득에 대한 조약 규정이 지점세에 당연히 적용된다고 풀이하기는 어렵다.

150) OECD 모델 제24조.

151) *Klaus Vogel on Double Taxation Conventions*, 제24조 주석 69문단.

152) 미국 재무부 규칙 1.884-1(g).

153) 고정사업장에 대한 차별금지 조항은 없이 그저 국적에 따른 차별만을 금하고 있는 조약에서 지점세가 허용되는가는 다툴 만한 문제이지만, 우리나라가 맺은 조약 가운데에서는 그런 조약이 없다. 주석가들은 국적에 따른 차별금지 조항이 지점세를 금한다고 풀이한다. *Klaus Vogel on Double Taxation Conventions*, 제24조 주석 69문단. 그러나 미국은 고정사업장의 차별금지를 정한 조약에서만 지점세를 비과세하고 있다.

154) 예를 들어 뉴질랜드와의 조약.

155) 예를 들어 프랑스, 캐나다, 인도네시아, 필리핀.

156) 미국세법 제884(e)(2)(A)(ii). 가령 호주 법인이라면 15% 상한을 적용한다. 미국 재무부 규칙 1.884-1(g)(4).

제 8 장
비거주자 · 외국법인의 이자소득

이 장은 비거주자 · 외국법인이 받는 이자소득의 과세에 관한 국내법과 조세조약의 해석론이다. 이하 제1절은 이자소득에 관한 국내법과 조약 규정의 개관. 비거주자 · 외국법인이 받는 이자소득의 과세에서는 이자소득이란 무엇인가라는 소득 구분 문제, 이자소득의 지역적 원천을 국내와 국외로 판정하는 문제, 이자소득에 대한 조약적용 가부 문제 등이 생긴다는 것을 밝힌다. 제2절 이하의 과제는 몇 가지 어렵고 중요한 해석상 난점에 국한한다. 우선 제2절의 국내법 분석에서는 채권의 전전(轉傳) 유통시 보유기간 별 이자 상당액에 대하여 원천징수의무를 지우는 국내법 조문의 해석상 난점을 지적하고 해석론을 전개한다. 제3절은 조세조약으로 넘어가서 우선 Ⅰ항과 Ⅱ항은 조세조약 하에서 이자소득 과세가 어떤 제약을 받는지 분석하기 위한 전초로, 조약상 이자소득의 범위 및 이자소득의 원천 판정에 대한 법해석론을 다룬다. 이 분석을 바탕으로 Ⅲ항에서는 고정사업장이 지급하는 이자에 관한 3면 관계, 곧 고정사업장 소재지국, 본점 소재지국, 이자소득을 받아가는 자의 거주지국 사이에 과세권이 어떻게 교착하는가라는 문제를 살펴본다. Ⅳ항은 지점이자세에 대한 제한으로서 이자소득에 관한 조항 외에, 조세조약상의 차별금지와 추적과세 금지를 살펴본다.

제 1 절 이자소득 과세의 틀

우리 소득세법과 법인세법은 비거주자・외국법인이 받아가는 이자소득에 대해서, 지급 총액의 20%(채권이자라면 14%)라는 세금을 부과하고, 이자를 지급하는 자에게 원천징수 의무를 지우고 있다.

법인세법 제93조(외국법인의 국내원천소득) 외국법인의 국내원천소득은 다음 각 호와 같이 구분한다.

1. 국내원천 이자소득: 다음 각 목의 어느 하나에 해당하는 소득으로서 「소득세법」 … 에 따른 이자소득과 그 밖의 대금의 이자 및 신탁의 이익. 다만, 거주자 또는 내국법인의 국외사업장을 위하여 그 국외사업장이 직접 차용한 차입금의 이자는 제외한다.
   가. 국가, 지방자치단체, 거주자, 내국법인 또는 외국법인의 국내사업장이나 … 비거주자의 국내사업장으로부터 지급받는 소득
   나. 외국법인 또는 비거주자로부터 지급받는 소득으로서 그 소득을 지급하는 외국법인 또는 비거주자의 국내사업장과 실질적으로 관련하여 그 국내사업장의 소득금액을 계산할 때 필요경비 또는 손금에 산입되는 것

법인세법 제98조(외국법인에 대한 원천징수 또는 징수의 특례) ① 외국법인에 대하여 … 국내원천소득으로서 국내사업장과 실질적으로 관련되지 아니하거나 그 국내사업장에 귀속되지 아니하는 소득의 금액(국내사업장이 없는 외국법인에 지급하는 금액을 포함한다)을 지급하는 자 …는 … 그 지급을 할 때에 다음 각 호의 구분에 따른 금액을 해당 법인의 각 사업연도의 소득에 대한 법인세로서 원천징수하여 … 납부하여야 한다 …

1. 제93조제1호에 따른 국내원천 이자소득: 다음 각 목의 구분에 따른 금액
   가. 국가, 지방자치단체 및 내국법인이 발행하는 채권에서 발생하는 이자소득: 지급금액의 100분의 14.
   나. 가목 외의 이자소득: 지급금액의 100분의 20.

국내사업장이 없는 외국법인이 받는 국내원천 이자소득은 이자소득의 수입

금액을 과세표준으로 삼는다. 법인세법은 이 과세표준에 대한 세율을 바로 정하는 대신, 이자소득을 지급하는 자에게 지급액의 일정 비율(지방소득세가 덧붙는다[1])을 원천징수할 의무를 지우는 방식으로 세율을 정하고 있다.[2] 여기에서 말하는 '이자소득'이란 소득세법에서 말하는 이자소득이다.[3]

그러나 이자소득에 대한 과세가 실제 이루어지는 것은 오히려 예외이다. 많은 나라에서 자본유치 경쟁의 한 갈래로 이자소득에 대한 세금을 면제하고 있고, 뒤에서 다시 보겠지만 우리나라도 그렇다.

이자소득에 대한 세금 면제와는 별도로, 조세조약은 이자소득에 대한 원천지국의 세금에 일정 상한을 둔다. 미국 모델은 이자소득에 대한 원천지국의 과세권을 아예 없애고 있다. 한편 OECD 모델은 이자소득에 대한 세금의 상한을 지급 총액의 10%로 정하고 있다. 세율상한을 두는 경우에는 장기차관 이자와 나머지 이자를 구별한다든가 그 밖에 이자소득의 종류를 나누어 원천징수세율을 달리 정하기도 한다. 조약례에 따라서는 일정한 범위의 이자소득에는 원천지국 세금을 아예 면제하고 다른 이자소득에만 세율상한을 두기도 하고, 일정한 종류의 이자소득을 따로 추려내어 특별히 면세 대상으로 정할 수도 있다. 예를 들어 다음과 같은 소득을 면세 대상으로 정한 조약례를 흔히 볼 수 있듯.[4]

1. 국가(정부)나 중앙은행이 받는 이자
2. 국가나 지방자치단체가 지급하는 이자
3. 수출금융 이자
4. 금융기관이 받는 이자
5. 외상/연부 이자

우리나라가 맺은 조세조약은 거의 다 '국가(정부)나 중앙은행이 받는 이자'를 면세하고 있다. 정부나 중앙은행의 100% 자회사가 받는 이자소득도 면세하는 수가 있고. 이른바 '국부펀드'(sovereign wealth fund)를 상호 면세하기도.

---

1) 지방세법 제103조의47~52.
2) 법인세법 제98조 제1항 제1호.
3) 법인세법 제93조 제1호. 소득세법상 이자소득의 범위에 대해서는 이창희, 『세법강의』, 제11장 제4절 참조.
4) OECD 모델 제11조 주석 7.1문단 이하.

제 2 절 비거주자·외국법인의 이자소득 과세에 관한 국내법

Ⅰ. 이자소득의 원천 판정

외국법인에 대해서는 국내원천 이자소득만을 과세하므로, 이자소득의 지역적 원천을 판단해야 한다.

1. 우선 이자소득을 지급하는 자가 국가, 지방자치단체, 거주자, 내국법인 또는 외국법인의 국내사업장, 또는 소득세법상 비거주자의 국내사업장이라면, 이자소득의 원천은 국내에 있다.[5] 다만 거주자 또는 내국법인의 국외사업장을 위하여 그 국외사업장이 직접 차용한 차입금의 이자의 원천은 국외에 있다.

대법원 2016. 1. 14. 선고 2013두10267 판결

구 법인세법 제93조 제1호는 비거주자나 외국법인이 내국법인 등으로부터 지급받는 이자소득을 원칙적으로 국내원천소득으로 정하면서 거주자 또는 내국법인의 국외사업장이 직접 차용한 차입금의 이자만을 예외적으로 국내원천소득에서 제외하도록 명시하고 있는 점, 보증인이 주채무자를 위해 채권자에게 이자소득을 지급하는 경우 지급 이후에는 보증인과 주채무자 간에 구상관계만 존재할 뿐이어서 소득의 원천지는 이자소득의 지급 시점을 기준으로 판단할 필요가 있는 점, 채권자가 이자소득을 지급받는 때에 그 보증인을 원천징수의무자로 삼는 것이 소득의 발생원천에서 지급 시점에 원천징수를 함으로써 과세편의와 세수확보를 기한다는 원천징수제도의 본질에도 부합하는 점 … 등을 종합하여 보면, 내국법인인 보증인이 외국법인인 주채무자를 위해 비거주자나 외국법인인 채권자에게 지급하는 이자소득의 경우에는 구 법인세법 제93조 제1호 (가)목에서 정한 국내원천소득에 해당하여 내국법인인 보증인은 구 법인세법 제98조 제1항에 따라 법인세를 원천징수할 의무가 있고, 주채무자가 보증인의 해외 자회사라고 하여 이와 달리 볼 것은 아니다.

2. "외국법인 또는 비거주자로부터 지급받는 소득이더라도 그 소득을 지급하는 자의 국내사업장과 실질적으로 관련하여 그 국내사업장의 소득금액을 계

---

5) 법인세법 제93조 제1호 가목.

산할 때 필요경비 또는 손금에 산입되는 것"이라면 이자소득의 원천은 우리나라에 있다.[6] 이 규정은 1986년 미국세법에서 생긴 이른바 '지점이자세' 제도와[7] 비슷한 내용을 1996년부터 들여온 것이다.[8] 지점이자세란, 이자 자체의 지급은 외국법인이 국외에서 하는 것이더라도 그렇게 지급하는 이자가 외국법인의 미국 내 지점의 소득계산시 손금산입하는 것이라면 미국 거주자나 미국법인이 지급하는 것과 마찬가지로 30% 세율의 원천징수세를 물리는 제도이다.[9]

이 제도가 생기기 전 1986년 이전의 미국법에서는 이자소득의 지역적 원천은 이자를 지급하는 자가 거주자·내국법인이라면 미국원천소득, 비거주자·외국법인이라면 국외원천소득이라고 원칙을 정하고 있었다.[10] 그렇다 하여 외국법인이 지급하는 이자를 모두 비과세한 것은 아니다. 전세계소득에 견주어 미국원천소득의 비중이 50% 미만인 외국법인이 지급하는 이자는 국외원천소득이지만,[11] 50% 이상인 외국법인이 지급하는 이자는 일부를 미국원천소득으로 과세했다.[12] 바꾸어 말하면, 외국법인이더라도 미국원천소득이 50% 이상인 자가 꾼 돈이라면 그 돈이 차주의 미국내 사업과 미국 외 사업에 골고루 사용되었다고 보고, 이자를 각 사업의 총소득금액을[13] 기준으로 안분하여 미국내 사업에 안분한 금액을 대주의 미국원천소득으로 과세했다. 보기를 들어 총소득금액 기준으로 미국 원천소득이 300, 국외원천소득이 100인 외국법인이 자국 내 은행에 지급하는 이자가 20이 있다면 꾼 돈 그 자체는 전액 자국 내 사업에 쓰인 것으로

---

6) 법인세법 제93조 제1호 나목.

7) 입법배경의 상세는 Joseph Isenbergh, *International Taxation: U.S. Taxation of Foreign Taxpayers and Foreign Income* (1990), 4.10절.

8) 1995. 12. 29. 법률 제5033호로 개정된 법인세법 제55조 제1항 제1호 나목. 이용섭·이동신, 「국제조세」(2012), 511쪽은 1996년부터 사용지주의를 들여온 것이라고 하나 원래 있던 내용이 사용지주의에 해당한다. 아래 3.

9) 미국세법 제884조(f).

10) 미국세법 제861조(a)(1). 지금도 이 점은 마찬가지이지만 제884조(f)의 지점이자세라는 특칙이 우선한다.

11) Tax Reform Act of 1986(P.L. 99-514), 제1241조(b)(1)(B)로 개정하기 전의 미국세법 제861조(a)(1)(B).

12) 같은 법조(a)(1)(C).

13) 미국법상 총소득금액은 우리 법의 총수입금액이나 익금 총액과 반드시 같지는 않다. 대표적인 차이로 우리 법은 매출액을 총수입금액(익금)으로 잡고 매출원가를 필요경비(손금)으로 잡지만 미국법에서는 매출총이익(=매출액−매출원가)을 총소득금액으로 잡는다. 애초 미국법의 용어로는 총소득금액이라는 말과 매출총이익이라는 말이 둘 다 "gross income"이다. 상세는 이창희, 『세법강의』, 제19장 제3절 Ⅱ.

추적이 가능하다고 하자. 그렇더라도 지급이자 가운데 15의 원천은 미국이 되고, 은행은 미국원천의 FDAP 소득을 버는 비거주자로서 미국에서 납세의무를 지게 된다. 돈에는 꼬리표가 없으니 차입금으로 조달한 현금 가운데 3/4은 사용지가 미국이고 그렇다면 이자소득 중 15의 원천은 미국이라는 것이다. 이 제도는 미국내 사업장에서 흘러나가는 이자만이 아니라 미국 밖에서 외국법인 사이에 일어난 자금 흐름이더라도 적어도 일부는 미국원천소득으로 과세하는 것이고, 역외(域外) 과세라고 할 수 있다. 이 제도가 가지는 맹점으로, 50%라는 비율이 가지는 자의성(恣意性)은 분명하다. 또 역외과세는 집행도 어렵고 다른 나라와의 관계에도 문제를 일으키게 마련이다.[14)]

1986년 미국은 이런 역외 추적과세를 포기하면서 그 대신 이른바 지점이자세 제도를 들여와, 외국법인이 지급하는 이자에 대해서는 외국법인의 지점 내지 국내사업장을 기준으로 과세 여부를 판단하는 것으로 바꾸었다(이 점에서는 제7장에서 살펴본 배당소득 추적과세와 지점세 간 관계와 비슷). 미국 내 지점이 손금산입할 수 있는 이자에는 그 지점이 '직접 지급'하는 이자와[15)] 해외의 다른 본·지점에서 발생한 이자를 미국 지점에 안분받은 것이 있다.[16)] 미국세법은 국내사업의 소득 계산시 이자비용은 법인의 전세계 이자를 자산 기준으로 안분하여 미국 내 자산에 해당하는 부분을 손금산입한다.[17)] 돈에는 꼬리표가 없으니 이 돈이 여기에, 저 돈이 저기에 쓰인다고 구별 못 한다는 것. 이리하여 미국법은 차입한 돈이든 자기자본이든 돈은 전세계의 모든 재산에 골고루 분포되어 있다고 보고, 지급이자를 자산 기준으로 안분하여 미국에서 손금산입할 국내사업분 지급이자를 계산하는 방식을 취한다.

이처럼 국내사업의 소득 계산에서 손금산입하는 이자 가운데 지점이 '직접 지급'하였다고 보아 지점 장부에 계상하는 것이 좁은 의미의 '지점 이자'(branch interest)이고, 해외 이자의 안분 등 이유로 손금산입액이 좁은 의미의 지점이자보다 큰 경우 그 차액을 '초과 이자'(excess interest)라고 부른다.[18)] 지점의 당기손익

14) 이런 역외과세를 금하는 조약이 많았다. 제2장 제2절 Ⅱ의 "The Great-West Life Assurance Co" 판결.

15) 미국 재무부 규칙 1.884-4(a).

16) 미국 재무부 규칙 1.884-4(a)(ii). 제5장 제5절 Ⅲ.

17) 미국 재무부 규칙 1.882-5.

18) 미국 재무부 규칙 1.884-4(a)(2).

계산 결과 결손금이 발생하여 이자의 손금산입이 지점의 법인세를 줄이지 못하더라도 지점이자세는 여전히 내야 한다.[19)]

3. 다시 우리 법인세법으로 돌아와 앞 1.의 단서에서 국외사업장이 직접 차용한 돈의 이자라면 국내원천소득에서 제외한다는 규정은 입법론상 당연한 것은 아니다. 내국법인은 전세계소득에 대해 납세의무를 지므로 국외사업장에서 차입한 돈이라도 하더라도 지급이자는 전세계소득 계산시 손금산입한다. 이 점에서 국내사업장이 빌리는 돈이나 국외사업장이 빌리는 돈이나 아무 차이가 없고, 입법론상으로는 국외사업장이 직접 차용한 돈의 이자도 국내원천소득으로 삼을 수도 있다. 실제 미국법에서는 미국법인의 국외사업장에서 꾼 돈의 이자라 하더라도 여전히 미국원천소득이다.[20)] 미국법의 기본 입장은 이자를 지급하는 사람을 기준으로 미국법인이 지급하는 이자소득이라면 세계 어디에서 지급하든 원천지가 모두 미국이라고 본다(residence of payor rule). 이자란 채무자를 기준으로 부(富)가 창출되는 곳에 원천이 있다고 보아야 하지만, 그런 장소를 실제로 파악할 길이 없으니 채무자의 거주지를 기준으로 원천을 정한다는 이론이다.[21)] 한편 외국법인이 지급하는 이자에 대해서는 앞서 살펴본 바와 같이 예전에는 추적과세 조항을 두고 있다가, 1986년에 법을 바꾸면서 미국내 순소득 신고시 손금산입하는 이자라면 원천이 미국에 있는 것은 아니지만 결과적으로는 원천징수세와 같은 세율로 지점이자세를 과세한다. 이와 달리 우리 법은 차입금의 사용 장소를 기준으로 원천을 판정하고 있다. 돈에 꼬리표가 있다고 가정한다는[22)] 점에서 집행에 어려움이 있는 것은 별론으로 하더라도 이자를 받아가는 자에게 우리나라 세금을 물리지 않으면서 이자를 지급하는 자에게 손금산입을 허용하는 것은 그른 논리.

---

19) Taiyo Hawaii Company, Ltd. v. Commissioner, 108 T.C. 590, 601-603 (1997). 관련 평석으로 Goldberg, "Taiyo Hawaii Co. Ltd: Destined for Frequent Citation", Canadian Tax Journal (1998. 6. 1.).

20) 구체적인 보기로 Joel D. Kuntz and Robert J. Peroni, *U.S. International Taxation*, WG&L, A2.03[2][b]의 Example 참조. 2010년까지는 미국법인이더라도 적극적 해외사업의 비중이 80%를 넘는다면 지급이자 전체를 국외원천소득으로 보았지만, 2011년 이후에는 이 예외도 없어졌다. 상세는 같은 책 Ⅴ.3(Supplement) SA2-13.

21) American Law Institute, *Federal Income Tax Project: International Aspects of U.S. Income Taxation* (1987), 67~68쪽.

22) 어차피 독립기업 원칙과 관련하여 OECD의 대세가 이 방향에 있기는 하다. 제5장 제5절.

Ⅱ. 채권의 전전유통과 이자소득

채권의 전전(轉傳) 유통이 있는 경우 이자소득(할인이나 할증 발행을 고려한 금액임은 물론이다)은 어떻게 과세해야 하려나. 예를 들어 투자자가 어느 해 1. 1.에 금 10,000원을 주고 채권을 샀다고 하자. 만기는 1년 뒤인 그 해 12. 31.이며 이자는 만기에 1,000원을 지급한다고 하자. 투자자가 이 채권을 만기 직전인 12. 30.에 11,000원에 판다면 취득가액과 매도가액의 차액 1,000원은 이자소득인가, 양도소득인가? 우리나라 법에서는 국내 거래라면 이 차액은 채권의 보유 기간에 상당하는 금액으로서 이자소득이다.[23] 가령 미국법처럼 이자소득을 애초 발생주의에 따라 인식한다면 1,000원이 이자소득이라는 것이 너무나 당연하다. 그러나 우리 법에서는 이자소득은 기본적으로 현금주의를 따르므로 위와 같은 차액이 이자소득이라는 결론은 채권의 보유기간 이자라는 예외 규정을 거쳐서 비로소 나오게 된다. 아무튼 이 채권을 1년간 보유한 투자자가 버는 소득 1,000원의 성격은 이자소득이다.

국내거래가 아닌 국제금융에서도 보유기간이자 상당액에 대한 원천징수 규정이 있다. 위 사례를 바꾸어, 채권을 발행한 자가 갑이라는 내국법인이고 1. 1. 최초 채권발행 때 이 채권을 처음 산 사람은 X라는 외국법인이라 하자. 이제 이자를 받기 직전인 12. 30. X는 이 채권을 Y라는 외국법인에 팔고 11,000원을 받는다고 하자. 이 경우 Y는 지급액 11,000원 가운데 얼마에 대해 원천징수세를 걷어야 하는가?

> 법인세법 제98조의3(외국법인의 원천징수대상채권 등에 대한 원천징수의 특례) ① 외국법인 … 에게 원천징수대상채권 등의 이자 등을 지급하는 자 또는 원천징수대상채권 등의 이자 등을 지급받기 전에 외국법인으로부터 원천징수대상채권 등을 매수 … 하는 자는 그 외국법인의 보유기간을 고려하여 대통령령으로 정하는 바에 따라 원천징수하여야 한다.

23) 법인세법 시행령 제70조 제1항 제1호, 소득세법 제46조 제1항 및 제2항, 같은 법 시행령 제45조 제10호, 제102조, 제193조의2. 이창희, 『세법강의』, 제11장 제4절 Ⅳ. 분개로 생각하면 채권보유기간의 경과에 따라 1,000원이라는 미수이자채권과 이자소득이 생긴 것이고, 채권처분시에 받은 돈 11,000원은 채권의 양도대금 10,000원과 미수이자채권의 양도대금 1,000원의 합이므로 처분시에는 손익이 생기지 않는다.

외국법인의 보유기간이 확인되는 부분이라면 조세조약상 세율상한 등 외국법인이기 때문에 적용받는 세율로 원천징수하고, 보유기간이 확인되지 않는 부분은 국내 거래에 대한 세율로 원천징수한다.[24] 조약이 적용되는 경우에 대해서는 뒤에서 더 자세히 보고, 여기에서는 우선 조약이 없는 나라의 외국법인으로 논의를 한정한다면 채권의 전전유통에 대한 원천징수세율은 국내법상 이자소득에 적용되는 세율이 된다. 위 법령을 앞의 사례에 적용하면, Y가 지급하는 11,000원 가운데 X의 보유기간이자 상당액인 1,000원은 이자소득이고 따라서 Y는 지급금액 1,000원 전체에 대해 14%의 세율로 140원을 원천징수하여 납부하고, 잔액 10,860원을 X에게 지급하여야 하는 것으로 보인다.

이제 X와 Y 사이의 거래에 뒤이어 Y가 갑에게서 원리금을 받을 때에 이르러 갑이 원천징수해야 하는 금액은 얼마인가? Y의 보유기간은 영(0)이므로 갑이 원천징수할 세액은 없고, 갑은 11,000원 전액을 Y에게 지급해야 맞는다. Y의 채권 보유기간은 한순간뿐이었으므로 아무런 손익이 있을 수 없고 따라서 받을 돈이 11,000원이 되어야 Y가 지급한 돈인 10,860원과 원천징수세 납부액 140원의 합계와 들어맞는다.[25] 시행령의 글귀는 이 결과와 아귀가 안 맞는 듯한 부분이 있지만[26] 법인세법 제98조의3에서 "보유기간을 고려하여 대통령령으로 정하는 바에 따라 원천징수하여야 한다"는 말을 "원천징수세액은 각각의 보유기간에 비례하도록 대통령령으로 정하여야 한다"는 뜻으로 좁혀 읽어야 마땅하다. 위 예

24) 법인세법 제73조 제1항, 소득세법 제127조 제1항 제1호의 이자소득금액, 소득세법 제129조 제1항 제1호, 법인세법 시행령 제138조 제1항. 채권이자라면 현행법상 14%의 이율이 적용된다.

25) 국내 거래에서는 당연히 그렇게 되어 있다. 법인세법 제73조 제8항, 같은 법 시행령 제113조. 이창희, 『세법강의』, 제21장 제1절 Ⅲ.

26) 위 예에 법인세법 시행령 제138조의3을 적용하면, 첫 단계로 Y가 X에게 세전 금액으로 11,000원을 지급할 때 Y는 '외국법인에 대하여 원천징수대상채권 등의 이자 등을 지급받기 전에 외국법인으로부터 원천징수대상채권 등을 매수하는 자'에 해당한다. 따라서 '그(이자 등) 지급금액 중 당해 외국법인의 보유기간이자상당액에 … 세율을 적용하여 계산한 금액' 즉 1,000원에 대하여 14%라는 세율을 적용한 금액 140원을 '원천징수하여야 한다'. 둘째 단계로 甲이 Y에게 세전 금액으로 원리금 11,000원을 지급할 때 甲은 '외국법인에 대하여 이자 등을 지급하는 자'에 해당한다. 따라서 '그 (이자)지급금액 중 제1호의 보유기간이자상당액을 차감한 금액'에 대하여 14%라는 '세율을 적용하여 계산한 금액'을 원천징수하여야 한다. 여기에서 '제1호의 보유기간이자상당액'이라는 말은 '〈당해 외국법인〉의 보유기간이자상당액'이므로 이자를 지급받는 Y를 말하고, Y의 보유기간이자 상당액은 영(0)원이므로 원천징수 대상 금액은 지급금액인 1,000원이며, 따라서 甲은 1,000원에 14%를 적용한 140원을 원천징수하여야 한다는 결론에 이른다. 이 이상한 결과를 피하려면 제1호에 나오는 '당해'라는 말 둘 중 앞의 것은 없는 것으로 보아야 한다.

에서 Y가 원천징수할 세액은 X의 보유기간 12개월에 비례하여 140원이고, 갑이 원천징수할 세액은 Y의 보유기간 영(0)에 비례하여 영(0)원이 된다.

그런데 앞의 예에서 Y가 140원을 원천징수하여 납부하고 갑은 원천징수·납부할 세액이 없다는 결론은 과연 그러한가? 우선 외국법인인 Y는 국내사업장이 없으니 우리나라 정부에 세금을 원천징수할 의무가 없는 것 아닐까? 그러나 법의 글귀에 '원천징수대상채권 등을 매수하는 자'는 누구나 원천징수의무를 지므로 국내사업장이 없는 외국법인이라 하여 원천징수의무를 피할 수는 없다. 원천징수의무에 대해서는 제도 자체를 둘러싸고 위헌 시비가 있지만[27] 외국법인에게 우리나라 헌법의 보호를 받을 권리가 있다고 보기는 어렵다. 법인세법 시행령도 '원천징수의무자가 국내에 주소, 거소, 본점, 주사무소, 사업의 실질적 관리장소 또는 국내사업장이 없는 경우'에는 납세관리인을 따로 정하여 관할 세무서장에게 신고하도록 정하여, 국내사업장이 없는 외국법인도 원천징수의무자의 범위에 들어감을 분명히 하고 있다.[28]

Y가 부담하는 세액 140원에 대한 원천징수의무에 관한 두 번째 문제는 소득의 원천이다. X는 Y로부터 이자소득 1,000원을 받는다. 그렇다면 이 1,000원은 외국법인(Y)으로부터 지급받는 국외원천소득이 되고, 따라서 외국법인(X)의 국외원천소득에 관하여 Y에게는 원천징수의무가 없는 것 아닐까? 그러나 그렇게 풀이할 수는 없다. '이자 등을 지급받기 전에 외국법인으로부터 원천징수대상채권 등을 매수하는 자는 … 원천징수하여야 한다'는 법 제98조의3의 글귀에서 이미 법은, 이자를 지급하는 자가 마지막 단계에서 이자를 지급하는 채권발행 내국법인 갑이라는 것을 전제하고 있다. X는 Y로부터 이자를 지급받는 것이 아니고, 갑이 지급하는 이자 가운데 X의 보유기간 부분이 X에게 귀속하는 것일 뿐이다. 결국 X가 받은 돈 1,000원은 Y로부터 지급받은 것임에도 불구하고, 갑이 지급하는 이자소득 1,000원 가운데 X에게 귀속되는 부분으로서 국내원천소득이다.

외국법인인 Y가 원천징수의무를 진다는 사실을 몰랐다거나 달리 원천징수를 하지 않았다면 어떤 결과가 생기는가? 원천징수에 관한 X와 Y 사이의 관계를 종래의 이론에 따라 완납적(完納的) 원천징수로 본다면 우리 정부는 140원(더하기 가산세)을 원천징수의무자인 Y로부터 징수하여야 하고, 일부 판례처럼[29] 예

27) 이창희, 『세법강의』, 제5장 제6절 Ⅰ.

28) 법인세법 시행령 제137조 제5항.

납적(豫納的) 원천징수로 본다면 원천납세의무자인 X로부터도 징수할 수 있다. 그러나 어느 쪽이든, 국내에 사업장도 두고 있지 않은 외국법인으로부터 세금을 징수한다는 것은 비현실적인 방법이므로 Y가 원천징수하지 않은 세액은 갑이 Y로부터 원천징수하도록 하는 것이 가장 좋은 답이다. 현행 법인세법 제98조의3이나 그에 딸린 시행령의 해석상 이런 결론이 가능한지는 의문이지만, 적어도 입법론적 관점에서 보자면 이자를 지급하는 채권 발행자는 지급하는 이자 전액에 대한 원천징수의무를 지되 다만 채권의 소지인이나 그 전 단계의 보유자가 이미 원천징수·납부한 세액이 있다면 이를 공제하고 원천징수하도록 하는 것이 옳다. 앞의 예에서 Y는 11,000원을 주고 산 채권을 갑으로부터 상환 받을 때 10,860원만 지급받을 수 있다는 결과가 되지만 이는 Y가 우리 법에 따른 원천징수라는 제 의무를 다하지 못했기 때문에 일어난 일이고, 세액 상당액 140원을 X로부터 되찾는 것은 Y와 X, 둘 사이의 문제이다.

이제 여기에서 사실관계를 바꾸어, 갑으로부터 채권을 처음 산 사람이 내국법인 을이고 을이 이자를 받기 직전에 외국법인 Y에게 채권을 팔았다고 하자. 채권이 만기가 되어 실제로 돈을 받아가는 자는 외국법인 Y이지만 갑은 전 단계 각 보유자의 신원을 확인하여 각 보유자 별로 그에 맞는 법령을 적용하여야 한다. Y에게 이자를 지급하면서 갑은 乙의 보유기간 분(分) 이자에 대해서는 내국법인에 지급하는 이자로 원천징수하고, Y의 보유기간 분 이자에 대해서는 외국법인에 지급하는 이자로 원천징수하게 된다. 이 예에서 Y의 보유기간은 영(0)이므로 Y에게 귀속될 이자는 없고, 乙의 보유기간 이자 1,000원에 대하여는 14%의 세율을 적용하여 140원을 원천징수하여야 한다.[30)]

Ⅲ. 채권 양도차익

채권 보유자가 이자를 지급받기 전에 채권을 제3자에게 파는 경우 채권의 매매 가격이 애초의 원리금과 일치한다는 보장은 없다. 가령 앞의 예에서 갑이

29) 대법원 1984. 2. 8. 선고 82누424 판결; 대법원 2001. 12. 27. 선고 2000두10649 판결; 대법원 2006. 7. 13. 선고 2004두4604 판결 등.

30) 이 경우 갑의 원천징수가 법인세법 제73조에 따른 원천징수인가, 또는 동법 시행령 제138조의3에 따른 원천징수인가라는 문제가 생기지만 현행법에서는 세율이 같으므로 논의의 실익이 없다.

발행한 채권을 10,000원에 매수한 X가 반 년이 지난 뒤 이 채권을 다시 Y에게 처분한다고 할 때, X와 Y 사이의 매매 가격이 원금 10,000원에 반 년치 이자 500원을 더한 10,500원[31]이 된다는 보장은 없고, 시장이자율이나 갑의 신용도가 변동한다면 채권 가격은 달라진다. 만일 Y가 X에게 채권 가격으로 10,700원을 지불했다면 X가 번 소득 700원의 성격은 무엇인가? 500원은 이자소득이고 200원은 양도소득이다. 자연인인 거주자의 채권 양도차익은 이자소득에 포함되지 않고 달리 과세 대상이 아니지만 내국법인의 채권 양도차익은 순자산증가액의 일부로서 과세 대상이다.[32]

비거주자 · 외국법인의 채권 양도차익은 과세대상인가? 미국법에서는 재고자산 아닌 동산의 양도차익은 양도자의 주소지를 기준으로 원천을 판정하므로, 채권 양도차익은 외국원천소득이 되어 과세 대상이 아니다. 그러나 우리 법인세법은 '그 밖의 유가증권(「자본시장과 금융투자업에 관한 법률」 제4조에 따른 증권을 포함한다)을 양도함으로써 발생하는 소득으로서 대통령령으로 정하는 소득'을 국내원천으로 정하고 있다.[33] 전전유통이 가능한 채권은 여기에서 말하는 유가증권에 해당한다. 국내원천에 들어가는 '그 밖의 유가증권'이란 '내국법인이 발행한 그 밖의 유가증권'과 '외국법인의 국내사업장이 발행한 그 밖의 유가증권'이지만, 그 가운데 국내사업장을 가지고 있지 아니한 외국법인이나 비거주자의 경우 법인세법 시행령이 과세 대상으로 삼고 있는 것은 '내국법인 또는 거주자나 비거주자 · 외국법인의 국내사업장에 주식 또는 출자지분 외의 유가증권을 양도함으로써 발생하는 소득'뿐이다.[34] 결국 외국법인인 X가 외국법인인 Y에게서 받는 소득 700원 가운데 채권 양도차익 200원 부분은 과세하지 않는다. 다른 한편, 앞의 예를 조금 바꾸어 X가 Y에게 채권을 팔면서 받은 대금이 10,400원으로 X에게 채권 양도차손 100원이 생기고, Y는 10,400원을 주고 산 채권을 甲으로부터 11,000원에 상환받으면서 보유기간분 이자소득 500원과 채권 양도차익 100원을 번다면 Y의 채권 양도차익은 과세 대상이다. 상식적으로 납득하기 어려운 비

31) 여기에서 이자 500원은 이자 10%를 손쉽게 단리(單利)로 월할(月割) 계산한 금액이다. 복리로 계산한 6개월 분 이자는 500원보다 더 작은 값이 나오지만 편의상 이 차이는 무시하기로 한다. 실제로 금융 실무에서도 이자계산 기간 중 채권 매매가 있는 경우에는 단리로 이자를 월할 계산한다.

32) 이창희, 『세법강의』, 제20장 제1절 Ⅲ.

33) 법인세법 제93조 제9호, 소득세법 제119조 제11호.

34) 법인세법 시행령 제132조 제8항 제4호.

대칭성이 생기지만 현행법의 글귀로는 그렇다. 실제 문제는 잘 안 생긴다. 채권 양도차익은 조약으로 비과세라는 것이 오히려 일반적.[35]

내국법인, 거주자 또는 비거주자·외국법인의 국내사업장에 양도하는 경우이더라도, 양도의 목적물이 국채, 통화안정증권 등 법령이 정한 채권이라면 과세하지 않는다.[36]

Ⅳ. 국제금융 이자소득 감면 특례

소득세법이나 법인세법에 대한 특례로 공공차관(公共借款)의 대주(貸主)가 받는 이자소득은 차관 협약에 정하는 바에 따라 감면한다.[37] 한결 더 중요한 면제 규정은 사인(私人) 사이의 국제 금융거래에 관한 특례이다.

> 조세특례제한법 제21조(국제금융거래에 따른 이자소득 등에 대한 법인세 등의 면제) ① 다음 각 호의 어느 하나의 소득을 받는 자(거주자, 내국법인 및 외국법인의 국내사업장은 제외한다)에 대해서는 소득세 또는 법인세를 면제한다.
>
> 1. 국가·지방자치단체 또는 내국법인이 국외에서 발행하는 외화표시채권의 이자 및 수수료
> 2. 「외국환거래법」에 따른 외국환업무취급기관이 같은 법에서 정하는 바에 따라 외국금융기관으로부터 차입하여 외화로 상환하여야 할 외화채무에 대하여 지급하는 이자 및 수수료
> 3. 대통령령으로 정하는 금융회사 등이 「외국환거래법」에서 정하는 바에 따라 국외에서 발행하거나 매각하는 외화표시어음과 외화예금증서의 이자 및 수수료

국제 금융거래에서 이자소득을 면제하는 것은 다른 나라에서도 흔히 볼 수 있다. 앞서 외국인투자 촉진 세제에서 본 자본유치 경쟁이다. 기실 국제 금융소득에 대해서는 비과세나 면세가 오히려 일반적이다. 가령 미국법은 외국 은행이

---

35) 제3절 Ⅰ. 6.

36) 법인세법 제93조의3. 2022년 말 법인세법 개정에 따라, 2010년 삭제된 국채 등 이자 및 양도소득 비과세 조항이 다시 도입된 것이다.

37) 「공공차관의 도입 및 관리에 관한 법률」 제2조, 조세특례제한법 제20조 제1항.

받는 예금 이자를 면세하고 포트폴리오(portfolio) 이자(이 말은 무기명식 채권의 이자나 10% 이상 주주가 받는 이자 외의 이자를 다 포함하고, 여기서 이자는 사채할인발행차금도 포함한다)도 면세한다.[38] 우리 법의 면세는 외화표시 채권에 국한된다는 점에서는 범위가 더 좁아 보이기는 하지만 기실 외국법인과의 금융거래는 모두 외화표시 거래. 상대가 외국법인이라면 원화표시 거래는 법령상으로도, 현실적으로도 불가능하다. 외국 금융기관이 받는 이자는 모두 면세이고 그 밖의 채권도 발행지가 국외라면 모두 면세받는다.

앞서 언급하였지만 미국법에서는 지점이자(branch interest)는 미국법인이 지급하는 이자나 마찬가지로 과세한다. 따라서 예금 이자를 면세하는 규정이나[39] 포트폴리오 이자를 면세하는 규정은 지점이자에도 똑같이 적용한다. 이자를 받아가는 사람이 미국내 사업을 하고 있고 이 이자소득이 그 사업에 속하는 사업소득이라면 원천징수세를 적용하지 않는 것도 마찬가지. 한편 초과이자(excess interest)는 미국 지점을 둔 외국법인의 미국 내 완전 자회사가 그 외국법인에 지급하는 이자처럼 과세한다.[40] 따라서 초과이자에는 포트폴리오 이자 면세는 없고 외국법인이 은행인 경우 예금 이자로서 면세받을 수 있을 뿐이다.[41]

제 3 절 비거주자 · 외국법인 이자소득의 과세에 대한 조약상 제약

1995 OECD Model Article 11 (Interest)

1. Interest arising in a Contracting State and paid to a resident of the other Contracting State may be taxed in that other State.

1995년 OECD Model 제11조(이자)

1. 이자로서 한 체약국에서 발생하고 지급받는 자가 상대방 체약국 거주자인 것은 상대방 체약국에서 과세할 수 있다.

2. However, such interest may also be taxed in the Contracting State in

38) 미국세법 제871조(h), 제881조(c). 조건부 이자 등을 과세하는 예외는 있다. 이자를 받는 자가 외국 은행이라면 면제하지 않는다. 미국세법 제881(c)(3)조. 미국 은행과의 경쟁중립성 때문이다. 상세는, Kuntz and Peroni, 앞의 책, C.1.03[2][C].

39) 미국세법 제871조(i)(2)(A).

40) 미국세법 제884조(f)(1)(B).

41) 미국 재무부 규칙 1.884-4(a)(2)(ii) 및 (iii).

which it arises according to the laws of that State, but if the beneficial owner of the interest is a resident of the other Contracting State, the tax so charged shall not exceed 10 per cent of the gross amount of the interest.

2. 그러나 그런 이자는, 이자가 발생하는 국가에서도 자국법에 따라 과세할 수 있다. 다만, 이자의 수익적 소유자가 상대방 체약국의 거주자라면 위와 같이 매기는 세금은 이자 총지급액의 10%를 넘을 수 없다.

우리나라의 실제 조약 가운데 러시아 조약과 헝가리 조약에서는 세율상한이 영(0)%. 나머지는 모두 이자소득에 원천징수세를 물린다. 개발도상국과 맺은 조약에서는 은행이 받는 이자는 세율상한이 한결 낮은 수가 많다. 이자소득의 발생지국(발생하는 국가) 내지 원천지국의 과세권이 위와 같은 상한에 걸리는 요건은, ① 이자, ② 소득의 발생지 내지 원천지, ③ 수익적 소유자, 이 세 가지 개념으로 이루어진다. 수익적 소유자에 대해서는 이미 보았으므로[42] 앞의 두 가지만 살펴보자.

Ⅰ. 조약상 이자소득의 범위

이 항에서는 조약이 말하는 '이자'라는 말의 범위, 가령 위에 본 OECD 모델의 제11조 제1항과 제2항 글귀에서 말하는 '이자'라는 말은 무엇을 뜻하는가. 어떤 소득이 국내법상 이자소득이라 하더라도 위 제1항에서 말하는 이자가 아니라면 제2항의 제한을 안 받는다. 역으로 국내법상 이자소득이 아닌 것이라 하더라도 제1항의 이자소득에 해당한다면 제2항의 제한을 받는다. 문제는 물론, 바로 앞의 두 문장에서 말하는 결과가 과연 일어날 수 있는가, 국내법상의 이자 개념과 무관하게 조약상 이자의 외연을 따로 확정할 수 있는가에 있다.

1963년 OECD 모델(안)은 '이자'라는 말을 '담보가 있든 없든, 채무자의 이윤에 참가할 권리가 있든 없든, 정부 증권이나 회사채에서 생기는 소득과, 소득이 발생한 나라의 세법이 금전 대여에서 생기는 소득과 마찬가지로 과세하는 모든 다른 소득'이라고 정의하고 있었다. 당시의 주석은, 이 정의가 여러 가지 종류의

42) 제3장 제2절 Ⅲ.

이자를 모두 망라한 것은 아니라고 밝히면서 그 때문에 원천지국에서 금전대여의 대가와 마찬가지로 취급하는 소득을 이자소득으로 본다고 정할 필요가 있다고 설명한다. 우리나라가 맺은 실제 조약에서도 가령 미국조약은 국내법상 이자소득은 조약상으로도 이자소득이라고 정하고 있다.[43] 따라서 미국 거주자가 우리나라 채무자에게서 받는 소득세법상 이자는 조약상 세율상한인 12%의 범위 안에서[44] 국내법에 따른 이자소득 원천징수 대상이다.[45]

이와 달리 1977년 이래의 OECD 모델은 종전의 정의에서 이자소득의 범위가 국내법에 의존하던 부분을 떼어버렸다.

1977 OECD Model, Article 11 (Interest)

3. The term "interest" as used in this Article means income from debt-claims of every kind, whether or not secured by mortgage and whether or not carrying a right to participate in the debtor's profits, and in particular, income from government securities and income from bonds or debentures, including premiums and prizes attaching to such securities, bonds or debentures. Penalty charges for late payment shall not be regarded as interest for the purpose of this Article.

1977년 OECD 모델 제11조(이자)

3. 이 조의 용어로 "이자"란 모든 종류의 채권, 담보가 있든 없든, 채무자의 이윤에 참가할 권리가 있든 없든 채권에서 생기는 소득과, 특히 정부의 증권에서 생기는 소득과 회사채에서 생기는 소득으로 그런 증권이나 회사채에 붙어 있는 할증금이나 상금을 포함한 소득이다. 지급지체에 따른 벌금은 이자가 아니다.

'모든 종류의 채권'(債權, debt-claims)이라는 말의 의도가 조약상 이자소득의 범위를 넓혀서[46] 결과적으로는 이자소득 조항의 적용범위를 넓히려는 것이리라 짐작할 수 있다. 한편 미국 모델은 옛 OECD 모델과 마찬가지로 이자의 범위에

43) 미국조약 제13조 제6항.

44) 미국조약 제13조 제2항.

45) 법인세법 제93조 제1호 가목, 제98조 제1항 제3호.

46) OECD 모델 제11조 주석 21문단은 현행 모델에서 이자소득의 범위는 모든 이자를 망라한다고 풀이하고 있다.

'국내법이 금전대여에서 생기는 소득처럼 과세하는 소득'을 얹고 있다.[47] 그러나 채권에서 생기는 소득이 모두 다 이자소득이라는 것은 애초 말이 안 된다. 소득을 낳는 법률관계치고 채권 관계 아닌 것이 있으랴. 이자소득의 범위가 문제되는 몇 가지 사례를 보자.

1. 지연손해금

가령 미국조약에는 OECD 모델 제3항 제2문의 지연손해금 부분 내용이 없다. 그렇다면 지연손해금은 미국조약에서 이자인가? 아니라면 무슨 소득?

대법원 2016. 6. 10. 선고 2014두39784 판결[48]

…'한·미 조세조약… 제13조는…'이자'라 함은 공채, 사채, 국채, 어음 또는, 그 담보의 유무와 이익 참가권의 수반 여부에 관계없는, 기타의 채무증서와 모든 종류의 채권으로부터 발생하는 소득 및 그 소득의 원천이 있는 체약국의 세법에 따라 금전의 대부에서 발생한 소득으로 취급되는 기타의 소득을 의미한다."라고 규정하고 있다… 한편 구 법인세법… 제93조는 외국법인의 국내원천소득을 구분하여 제1호에서 '소득세법 제16조 제1항에 규정하는 이자소득' 등을 규정하면서, 이와 별도로 제11호 (나)목에서 '국내에서 지급하는 위약금 또는 배상금으로서 대통령령이 정하는 소득'을 규정하고 있… 다.

2. 한·미 조세조약… 의 '모든 종류의 채권으로부터 발생하는 소득'의 의미를 채권으로부터 유래된 소득이기만 하면 모두 이자에 해당한다는 것으로 볼 수 없음은 분명하다. 한편 한·미 조세조약에서 '모든 종류의 채권으로부터 발생하는 소득'에 관하여 특별한 정의규정을 두고 있지 아니하고 달리 문맥상 위 문언의 의미가 명확하게 드러난다고 할 수도 없는데, 이와 같은 경우에 한·미 조세조약 제2조 제2항 제1문에 의하면 해당 용어는 그 조세가 결정되는 체약국의 법에 따라 내포하는 의미를 가진다. 우리나라 국내법에 이 사건 쟁점조항이 말하는 '모든 종류의 채권으로부터 발생하는 소득'에 해당되는 정의규정은 없으나, 구 법인세법 제93조가 인용하는 구 소득세법(2009. 12. 31. 법률 제9897호로 개정되기 전의 것) 제16조 제1항은 이자소득으로… 금전 사용에 따른 대가로서

---

47) 미국 모델 조세조약의 글귀에 따라 이자소득에 포함되는 경우에 대해서는 미국 모델 제11조 제3항 주석 참조.

48) 제2장 제2절 V.

의 성격이 있는 것'을 규정하고 있는 반면, 구 법인세법의 해석에 있어서 채무의 이행지체로 인한 지연손해금은 본래의 계약의 내용이 되는 지급 자체에 대한 손해가 아니고 그 채무가 금전채무라고 하여 달리 볼 것도 아니므로 구 법인세법 제93조 제1호의 '이자소득'이 아니라 제11호 (나)목의 '위약금 또는 배상금'에 해당할 수 있을 뿐이다(대법원 1997. 3. 28. 선고 95누7406 판결 등 참조) … 한편 OECD 모델 조세협약 제11조 제3항 제2문에서는 지급지체로 인한 벌과금은 이자에서 제외된다고 규정하고 있고, 위 조항의 주석에서는 체약당사국은 양자 간 협상에서 위 제2문을 생략하고 벌과금을 이자로 취급할 수 있다고 설명하고 있으나, 이러한 내용은 1977년 개정판에서 비로소 신설된 것이므로, 1976. 6. 4. 이미 체결된 한·미 조세조약에서 체약당사국인 대한민국과 미합중국이 위 내용을 참조하여 지연손해금을 이자의 범위에 포함시키기로 정하였다고 볼 수는 없다.

그런데도 원심은 이와 달리 금전채무의 이행지체로 인한 지연손해금이 이 사건 쟁점조항에서 정한 이자에 해당한다고 잘못 전제한 다음, 원고의 주식매매대금채권에서 발생한 약정 지연손해금인 이 사건 소득이 이 사건 쟁점조항에서 정한 이자에 해당하지 … 아니한다고 보아 피고가 원고의 경정청구를 거부한 이 사건 처분이 위법하다고 판단하였다. 이러한 원심의 판단에는 이 사건 쟁점조항의 해석에 관한 법리를 오해하여 판결에 영향을 미친 잘못이 있다.

지연손해금에 관한 조약 규정이[49] 없다는 것을 반대해석할 일은 아니라는 판시야 당연하다. 그렇다면 지연손해금이 이자소득이 아니라는 결론은 어디에서 끌어낸 것인가? 이자소득이 아니라면 원고가 지연손해금에 대해 물어야 할 세금은 얼마이고 그 근거는 무엇인가?[50]

2. 외상 매매의 이자 상당액

외상 매매의 이자 상당액에 관해서 상반된 결론을 내리고 있는 미국과 프랑스의 판결을 차례로 보자.

---

49) 발트3국 조약과 남미 몇 국가와 맺은 조약에서는 지연손해금은 이자소득이 아니라고 명문으로 정하고 있다. 김정홍, "금전채무의 이행지체에 따른 지연손해금에 대한 한-미조세조약상 소득 구분", 『대법원판례해설』 2016년 하반기, 113쪽.

50) 답은 이 사건 1심 판결을 보면 알 수 있다. 서울행정법원 2014. 2. 28. 선고 2013구합97143 판결(구글에서 쉽게 검색할 수 있다).

Tedd N. Crow v. Commissioner[51]

미국 시민이며 거주자였던 이 사건 납세의무자 C는 1978년 11월 캐나다로 이주하면서 미국 시민권을 포기했다. 해외 이주 및 영주권 포기의 주된 동기는 미국 세금을 피하자는 것이었다. 캐나다로 이주 후 약 한 달이 지나서 C는 자기 소유인 미국법인 주식을 636만 6천 달러를 받고 팔면서, 이 사건 당시의 미국-캐나다 조약 제8조(양도소득)에 따를 때 미국은 캐나다 거주자의 미국법인 주식 양도차익을 과세할 수 없다고 주장하였다.[52] 여기에서 636만 6천 달러라고 했지만, 이 금액은 사실은 20년 간 균등액으로 분할 상환받는 어음 20장의 액면 총계이다. 국세청은 우선, 미국-캐나다 조약에서 "saving clause"는 과거 미국 국민이었던 자를 포함한다는 논리로 미국법에 따라 과세하려 했지만 법원은 이 논리를 받아들이지 않았다.[53]

따라서 C는 조약을 적용받을 수 있게 되었고, 조약 제8조는 투자자산 양도소득을 비과세하고 있었다. 이에 국세청은 주식 양도대금 전액을 당장 현금으로 받은 경우와 견주어 보면 장기 할부로 받는 636만 6천 달러 가운데에는 이자 상당액이 포함되어 있다는 논리를 세웠다. 이 이자 상당액은 양도소득 규정의 적용을 받을 수 없고 자산소득으로(1942년 조약에는 이자소득 규정이 따로 없고 자산소득 규정이 있었다[54]) 조약상 15% 원천징수세 과세 대상이라는 것이다. 자산소득 규정의 적용범위에 이자가 들어가도록 의정서(protocol)에 명시한 내용이 있었고, 거기에서 말하는 이자는 이자부 사채나 국·공채 등에서 생기는 소득을 포함한다고 정하고 있었지만 장기 할부매매 대금 속에 숨어있는 이자 상당액에 대해서는 아무런 언급이 없었다. 국세청은 미국 국내법이 그런 이자 상당액을 추려내어 이자로 과세하므로, 원고가 받은 이자 상당액 역시 이자소득에 해당한다고 주장했다.[55] 이에 대해 원고는 조약이나 의정서 내용에 숨은 이

---

51) 85 T.C 376, 389 (1985).

52) 1942년 미국-캐나다 조약 제8조. 56 Stat. 1399, T.S. No. 983. 제3장 제3절 Ⅳ.

53) 제3장 제3절 Ⅳ.

54) 정확히는 조약 제11조 제1항이 "한 체약국이 자국원천소득(earned income 곧 일해서 버는 소득은 제외)에 관하여 자국에 고정사업장이 없는 다른 체약국 거주자에게 매기는 세금은 15%를 넘을 수 없다"라고 정하고 있었다. 편의상 자산소득 규정이라 옮겼지만 자산소득보다 적용범위가 넓다.

55) 미국세법 제483조. 따라서 장기매출채권이나 할부대가 중 이자상당액은 매도인의 판매액에서 빠지고 취득원가에도 들어가지 않는다. 그 대신 해마다 이자상당액이 매도인에게는 이자소득이고 매수인에게는 지급이자가 된다. 미국 재무부 규칙 1.483-1 (a)(2).

자를 이자로 과세한다는 말이 없다는 점을 내세우고, 또 1942년 조약 체결 당시에는 미국법에도 숨은 이자를 이자로 추려낸다는 규정이 없었으므로 원고의 소득은 모두 조약상으로는 이자소득이 아니고 양도소득으로 비과세라고 주장하였다. 그러나 법원은 원고가 받은 이자 상당액이 이자소득이 아니라고 해서 당연히 양도소득에 해당하는 것은 아니라고 판시하고 이자소득이 아니더라도 여전히 자산소득 조문에 들어가므로(자산소득이 아니라면 조약의 적용범위 밖이므로 국내법에 따라 30% 과세한다는 것이다) 15% 범위 안에서는 국내법으로 과세할 수 있다고 판시하였다. 또한 국회가 일방적으로 조약을 배제할 수 있는 마당에 조약 해석이 반드시 조약 체결 당시의 국내법에 따를 필요는 없다고 판시하면서[56] 국세청 승소 판결을 내렸다.

SA Golay Buchel France[57]

이 사건 원고 G는 스위스 회사의 프랑스 자회사이다. G는 모회사에서 외상으로 물건을 사들여왔고 그 외상 매입금에 이자를 물었다. 프랑스 국세청은 이 이자는 프랑스-스위스 조약상 이자소득으로 10% 원천징수 대상이라고 보았으나 원고는 이 이자는 매입 대금의 일부로 보아야 한다고 주장하였다. 법원은 납세의무자 승소 판결을 내렸다. 조약의 이자소득 조문이 이자라는 말을 '모든 종류의 채권에서 생기는 소득'으로 정의하고 있지만 '모든 종류의 채권'이라는 말을 다시 정의하고 있지 않으므로 이 말은 결국 국내법으로 돌아와야 한다는 것이다. 프랑스 국내법에 따른다면 이런 외상매입금 이자는 구입 대금의 일부로 보아야 하고, 매도인 측에서 본다면 사업소득이라고 보아야 하므로 과세 대상이 아니라는 것이다.

위 두 가지 판결은 구체적 사실관계에 따른 최종 결론에서는 정면 모순되고 있다. "Crow" 판결은 국내법이 매매 대금 속에 숨은 이자를 따로 추려내어 이자소득으로 구분하는 이상 조약상으로도 이자소득이라고 보는 반면 "Golay" 판결은 매매 대금 외에 따로 지급한 이자도 매매 대금의 일부로 보고 있다. 그러나 한편으로, 국내법상 이자소득이라면 조약상 이자소득이라는 말이 조약에 없음에

---

56) 뒤에서 볼 R. v. Melford Developments Inc., 1982 CanLII 201 (SCC), [1982] 2 S.C.R. 504 판결에서 캐나다 대법원은 반대의 입장을 보였다.

57) Conseil d'État, 27 janvier 2001, n° 215 124.

도 불구하고 조약상 이자소득인지 아닌지를 국내법상 소득 구분에 따라 판단한다는 점에서는 두 판결이 같고, 앞의 2014두39784 판결도 같다.[58)]

현행 OECD 모델에서 할부나 외상 매입대금 속에 숨어있는 이자 상당액을 이자소득으로 볼지 매매 대금의 일부로 볼지는 분명하지 않다. 이자라는 말을 '채권채무관계에서 발생하는 모든 소득'이라고 정의하고 있고, 또 '이 정의는 원칙적으로 모든 것을 망라'하고 '국내법이 이자소득으로 과세하는 소득을 실제로 모두 포괄'한다는 식의 주석[59)]으로 본다면 매매 대금 속에 숨어 있는 이자 상당액도 이자소득이려나. 그러나 다른 한편 '설비, 상품 또는 노무를 외상으로 매매한 결과 생기는 채무에 관련하여 지급하는 이자'도 입법론적 관점에서 보자면 면세할 필요가 있고, 따로 이자를 받든 매매 대금의 일부로 받든 이 차이는 중요하지 않다는 식의 주석은[60)] 매매 대금 속에 숨어 있는 이자는 이자소득으로 따로 추려내지 않는다는 것을 전제로 하고 있다. 결국 답은 국내법으로 돌아갈 수밖에 없을 것이다. "Crow" 판결과 "Golay" 판결은 실체법적 결론에서는 정반대의 입장을 취하고 있지만, 쟁점을 국내법에 따라 판단하고 있다는 점에서는 같다.

3. 은행이 받는 이자

Rev. Rul. 73-562[61)]

캐나다 은행이 미국의 차주(借主)에게 돈을 꿔주고 받는 이자가 미국-캐나다 조약에서 사업소득으로 면세받는지, 아니면 이자소득으로 원천징수 대상인지가가 쟁점이다. 이 은행은 미국에 고정사업장을 두고 미국에서도 은행업을 적극적으로 영위하였다. 그런데 미국 지점의 영업과 무관하게 캐나다 본점이 미국의 차주에게 돈을 꿔줄 일이 생겼고 그에 따라 미국 거주자에게서 대출이자를 받게 되어 이 대출이자에 대한 과세 여부가 문제되기에 이르렀다.

이 사건에 적용되는 1942년의 미국-캐나다 조약(1957년 일부 개정)의 사업소득(조약의 정확한 문구로는 '산업 및 상업적 소득') 조항은, 캐나다 거주자가 받는 사업소득은 미국 내 고정사업장에 귀속되지 않는 한 미국이 과세할 수 없

58) 국내법과 조약 해석의 관계에 대해서는 제2장 참조.
59) OECD 모델 제11조 주석 21문단.
60) OECD 모델 제11조 주석 7.9문단.
61) 1973-2 CB 434.

다고 정하고 있다. 그러나 여기에서 사업소득이라는 말은 임대료와 사용료, 이자, 배당, 관리수수료, 또는 '투자자산'(capital assets)의 양도소득을 포함하지 않는다고 정하고 있었고, 이처럼 사업소득에서 제외되는 소득의 과세 여부와 과세방법은 국내법에 맡겨져 있다.[62] 따라서 쟁점은 고정사업장이 없는 비거주자인 외국 은행이 적극적 은행업을 수행하는 과정에서 거주자로부터 받는 이자소득이 사업소득인지 이자소득인지의 문제가 되고, 사업소득이라면 고정사업장에 귀속되지 않으므로 과세 대상이 아니지만 이자소득이라면 원천징수 대상이다.

조약의 사업소득 조문이 사업소득의 범위를 정하면서 이자소득을 사업소득의 범위에서 제외하고 있으므로, 은행업이라는 적극적 사업에 속하는 것이더라도 이자는 사업소득에 들어가지 않는다. 따라서 본점이 받는 이자는 조약에 따른 15% 원천징수세 과세 대상이라는 결론을 내렸다.

OECD 모델 조약에서도 같은 결과가 나온다. OECD 모델의 사업소득 조문에 따르면, 다른 조문에 따로 구분된 소득은 사업소득에 안 들어간다.[63] 따라서 이자소득 조문에서 말하는 이자소득의 범위에 들어가는 것은 사업소득에 해당하지 않는다.[64] 이자소득에 관한 조문은 채권·채무 관계에서 생기는 소득은 모두 이자소득으로 정의하면서 '이자'라는 말을 쓰고 있다. 여기에는 적극적 사업 여부에 관한 언급이 없으므로 은행이 받는 이자라 하더라도 이자소득. 사업소득이 아니다. 따라서 은행이 받는 이자는 이자소득 조문의 적용을 받아, 고정사업장에 귀속하는 이자가 아닌 한 10% 세율의 원천징수 대상이 된다. 한편 OECD 모델조약 주석은 금융기관이 받는 이자소득을 면세 대상으로 삼을 수도 있다는 대안을 입법론으로 제시하고 있다.[65] 은행이 대여하는 돈은 거의 대부분 예금자에게서 꾼 돈을 다시 빌려주는 것임을 생각하면 지급받는 이자 금액의 10%를 원천징수하는 것은 순소득 기준으로 따졌을 때 지나치게 높은 세율이 되기 쉽다는 이유이다. 우리나라와 개발도상국 사이의 조약에서는 은행에 대한 세율상한

62) 또 같은 조약은 소극적 소득에 대해서는 총괄주의를 택하고 있었지만, 미국법이 귀속주의(정확히는 '수정된 총괄주의')를 택하면서 고정사업장에 귀속되지 않는 소극적 소득에 대해서는 조약 적용상 고정사업장이 없는 것으로 보라고 정하고 있었다.

63) OECD 1977년 모델 제7조 제7항, 2017년 모델 제7조 제4항, 제5장 제2절.

64) Klaus Vogel et als., *United States Income Tax Treaties* (looseleaf), Part II Commentary re Art 11, Overview.

65) OECD 모델 제11조 주석 7.7문단.

을 한결 낮춘 경우가 많다.

4. 지급보증 수수료

금융업 회사가 지급받는 지급보증 수수료는 이자소득으로 볼 것인가, 사업소득 등 다른 소득으로 볼 것인가?[66)]

Field Service Advice Memo 200147033[67)]

리스업과 대금업을 영위하는 외국법인 P(미국내 사업은 하지 않고 있음)의 미국 자회사인 S가 미국 내 제3자로부터 차입금을 빌리기 위하여 모회사 P의 지급보증을 받으면서 보증 수수료를 지급한다면, 미국법에서 이 수수료는 FDAP 소득[68)]으로서 30% 원천징수 대상이다. 한편 P가 적용받는 조세조약의 이자소득 조항은 이자라는 말을 미국 조세조약 모델과 마찬가지로 '모든 종류의 채권에서 생기는 소득'으로서 '부동산 담보가 있든 없든, 채무자의 이윤에 참가할 권리가 있든 없든 채권에서 생기는 소득' 및 '소득의 원천지국 세법이 금전 대여에서 얻는 소득과 마찬가지로 과세하는 다른 모든 소득'이라고 정의하고 있다. 지급보증 수수료는 '금전 대여에서 얻는 소득과 마찬가지'인 소득이 아니므로 이자소득이 아니고, 사업소득이든가 아니면 조약의 적용범위에 들어가지 않는 소득(기타의 소득) 둘 중 하나이다. 지급보증 수수료가 사업소득에 해당하는지는 지급보증이 보증을 한 P의 사업 활동 범위에 들어가는가에 달려 있다.[69)] P가 금융업과 리스업을 영위한다는 사정을 고려하면 지급보증 수수료가 P의 사업소득에 해당할 가능성도 있지만 P의 사업 활동에 관한 구체적 정황을 알아야 판단할 수 있다.

The Queen v. Melford Developments[70)]

이 사건 납세의무자(원천징수의무자)는 캐나다 회사로 캐나다 은행에서 돈

---

66) 외국납부세액 공제와 관련하여 지급보증수수료는 이자소득이 아니므로 상대방 체약국에 과세권이 없고 달리 구분하지 않은 소득으로 우리나라에만 과세권이 있다는 판결로 대법원 2024. 2. 8. 선고 2021두32248 판결. 제3장 제4절 I.2. 제13장 제2절 Ⅱ.

67) IRS, Nov. 23, 2001.

68) Fixed, determinable, annual or periodical income. 소극적 소득. FDAP 소득의 개념에 대해서는 제1장 제4절 Ⅱ. 3. 참조.

69) 제5장 제2절에 나온 1994 "Field Service Advice" 참조.

70) R. v. Melford Developments Inc., 1982 CanLII 201 (SCC), [1982] 2 S.C.R. 504. 앞 제2장 제2절 Ⅴ.

을 꾸기 위하여 독일의 은행에서 지급보증을 받고 보증 수수료를 지급하였다. 1956년에 체결된 캐나다-독일 조세조약은 제3조에서 고정사업장이 없는 한 사업소득은 원천지국에서 면세한다고 정하고 있었지만 이자는 사업소득의 범위에서 제외하여 원천지국에서 과세할 수 있게 정하고 있었다. 한편 캐나다 국내법은 1974년 지급보증 수수료를 이자의 일종으로 보도록 법을 개정하였고, 그에 따라 지급보증 수수료에 대한 국내법상 원천징수세는 25%가 되었다. 캐나다 국세청은 개정된 국내법에 따라 조약상 이자란 말은 지급보증 수수료를 포함하는 개념으로 풀이했다. 따라서 사업소득이 아니므로 (캐나다에 고정사업장이 없는 납세의무자의 경우에도) 이자소득으로서 과세대상으로 보고 과세했다. 납세의무자는 이자라는 말은 조약 체결 당시의 국내법상 의미로 읽어야 하므로, 지급보증 수수료를 이자로 보는 나중의 국내법 변경에도 불구하고 조약상 면세된다고 다투었고, 법원은 납세의무자 승소 판결을 내렸다. 국회가 조약을 배제하는 국내법을 입법할 수 있음은 분명하지만, 이 사건에서는 조약을 배제할 의도로 국내법을 입법한 것은 아니기 때문에 국내법에 따라 조약의 의미를 바꿀 수 없다는 것이다.[71)]

5. 채권할인발행차금과 보유기간 이자

국채나 회사채의 할인발행차금에 대하여, OECD 모델 주석은 이를 이자소득이라고 하고 있다.[72)] 미국의 행정해석도 같다.[73)] 할증 발행을 하였다면 할증발행액을 제외한 순지급액만이 이자소득이다.[74)] 만기 전에 채권을 발행자가 아닌 다른 매수인에게 파는 경우 보유기간 이자 상당액도 이자소득이다.[75)]

6. 채권의 양도차익

우리 국내법은 비거주자나 외국법인 사이의 채권 양도차익은 과세를 안 하지만, 비거주자·외국법인이 거주자·내국법인이나 비거주자·외국법인의 국내

71) 조약 제정 당시의 국내법에 따를 것인가, 또는 조약 적용 시를 기준으로 국내법을 따를 것인가라는 쟁점에 관해서는 이 판결과 앞서 본 "Crow" 판결이 정반대이다. 제2장 제2절 V.

72) OECD 모델 제11조 주석 20문단.

73) Rev. Rul. 74-172, 1974-1 CB 178.

74) OECD 모델 제11조 주석 20문단.

75) OECD 모델 제11조 주석 20.1문단.

사업장에 양도함으로써 발생하는 채권 양도차익은 국내원천소득으로 과세한다.[76] 그러나 OECD 모델 조세조약에서는 부동산, 고정사업장의 사업 자산, 부동산회사 주식 아닌 다른 동산의 양도로 인한 소득은 양도자의 거주지국에서만 과세할 수 있다고 정하고 있다.[77] 해당 조문에 대한 주석은 '동산'의 개념에 주식, 증권, 사채, 채권 기타 유사한 것들이 모두 포함된다는 점을 분명히 하고 있다.[78] 따라서 OECD 모델과 같은 규정을 두고 있는 조세조약의 적용을 받을 경우, 국내 법인세법의 규정에도 불구하고 채권의 양도차익은 과세하지 않는다.

Ⅱ. 이자소득의 원천과 세율상한

1. 조약 규정

OECD 모델 제11조 제2항에 따른 세율상한의 적용 대상은 제11조 제1항의 이자이므로, '한 체약국에서 발생한 이자로 상대방 체약국 거주자에게 지급하는 이자'이다.[79] 미국 모델에는 이자소득의 원천에 관한 규정이 없다. 이자소득은 이자를 받는 자의 거주지국에서만 과세한다고 정하고 있기 때문이다. 그러나 OECD 모델처럼 이자를 원천지국에서 과세할 수 있다고 정한 조약에서는 이자소득의 원천을 판정하는 규칙을 마련해야 한다. 이리하여 OECD 모델은 '한 체약국에서 발생한 이자'를 일단 그 체약국 거주자가 지급하는 이자로 정의한다.

1977 OECD Model Article 11 (Interest)

> 5. Interest shall be deemed to arise in a Contracting State when the payer is that State itself, a political subdivision, a local authority or a resident of that State.

1977년 OECD 모델 제11조(이자)

> 5. 이자는 한 체약국에서 발생한다고 본다: 지급자가 그 체약국 자신이거나 그 체약국의 정치적 하부조직, 지방정부 또는 거주자라면.

---

76) 제1절 Ⅲ.

77) OECD 모델 제13조 제5항.

78) OECD 모델 제13조 주석 30문단.

79) OECD 모델 제11조 제1항.

고정사업장이 지급하는 이자에 대해서는 아래 3.과 Ⅲ. 어느 나라 거주자이든 간에 누군가가 그 체약국에 고정사업장을 두고 있고, 그 고정사업장과 관련하여 꾼 차입금의 이자를 고정사업장이 부담하였다면 그런 이자도 고정사업장이 있는 체약국에서 발생한 것으로 본다.[80] 곧 지급자의 거주지를 기준으로 하되, 고정사업장을 마치 별도의 사람처럼 대우한다는 말이다.

2. 채권 보유기간 이자의 원천

채권의 전전유통이 있는 경우에는 세율상한이 어느 조약에 따르는가라는 문제가 생긴다. 예를 들어 우리나라 법인 갑이 미국법인 X에게 채권을 발행해 주었고 이자를 지급받기 바로 전날에 X가 이 채권을 일본법인 Y에게 팔았다면, 갑이 지급하는 이자에 대한 원천징수세의 상한이 한-미 조세조약과 한-일 조세조약 사이에 12%와 10%로 서로 다르다. 우리 현행법의 논리에서는 이자는 내국법인 갑이 지급하는 것이고 그 이자가 각 보유자인 X, Y에게 보유 기간 별로 귀속한다는 것이므로, 실제로 돈을 받아가는 자는 일본법인 Y이지만 갑은 각 보유자의 신원을 확인하여 각 보유자 별로 조약을 적용하여야 한다. 이러한 결론은 조약남용이나 실(實) 수익자 여부를 빌미삼은 조약 적용의 배제와는 다른 문제이다. 위 예에서 Y의 보유 기간이 하루라고 극단적으로 가정했기에 조약남용이나 실수익자 문제가 생기는 것처럼 보이지만 문제를 단적으로 보여주려는 것일 뿐이다. Y의 보유 기간이 길든 짧든 각 보유자 별로 보유 기간을 계산하여 이자소득을 나누고 조약을 각각 적용하여야 한다는 결론에는 아무 변화가 없다. 일본법인 Y가 받아가는 소득의 전부나 일부가 다른 사람, 곧 X에게 귀속하므로 그에 대해 일본조약의 적용을 배제하는 것이 아니라, 우리 국내법과 조약의 관계상 애초 각 보유자 별로 보유 기간 귀속분만이 조약 적용 대상인 것이다. 무기명식 채권의 이자라면 실제로 돈을 받아가는 자가 누구이든 관계없이, 신원 및 보유 기간의 확인이 불가능하다고 보아 조약 적용을 배제하고 국내 거래로 보고 원천징수하여야 한다. 기명식 채권에서도 신원 및 보유 기간의 확인이 안 되는 부분은 국내 거래로 보고 원천징수하여야 한다.

---

80) OECD 모델 제11조 제5항.

3. 고정사업장이 지급하는 이자의 원천

OECD 모델 제11조의 글귀에서는 한 체약국 법인이 다른 체약국에 둔 고정사업장이 지급하는 이자의 원천은 고정사업장 소재지국에 있다.[81] 앞의 제5항 제1문만 보면 고정사업장이 지급하는 이자의 원천 역시 고정사업장을 둔 자(채무자)의 거주지국(손쉽게 '본점 소재지국'이라[82] 부르자)에 원천이 있다. 그러나 다시 제2문에 아래 특칙이 있다.

1977 OECD Model Article 11 (Interest)

5. … Where, however, the person paying the interest, whether he is a resident of a Contracting State or not, has in a Contracting State a permanent establishment … in connection with which the indebtedness on which the interest is paid was incurred, and such interest is borne by such permanent establishment … , then such interest shall be deemed to arise in the State in which the permanent establishment … is situated.

1977 OECD 모델 제11조(이자)

5. … 이자 지급자가, 그가 어느 한 체약국 거주자이든 아니든, 한 체약국에 고정사업장을 두고 있고 이자를 지급시키는 채무가 그 고정사업장과 연관되어 있으며 이자 부담자가 그 고정사업장이라면, 이자는 고정사업장이 소재한 체약국에서 발생한 것으로 본다.

본점 소재지국 법인이 지급하는 이자이더라도, 다른 체약국에 있는 고정사업장이 지급하고 부담하는 이자라면 발생지 내지 원천은 고정사업장 소재지국이다.

고정사업장이 본점 소재지국에 거주하는 채권자에게 이자를 지급한다면 고정사업장 소재지국의 과세권은 제11조 제2항의 세율상한에 걸린다. '이자로서 한 체약국(고정사업장 소재지국)에서 발생하고 상대방 체약국(본점 소재지국) 거주자에게 지급되는 것'이라는 점에서 이자를 지급하는 자가 자국(고정사업장 소재지

81) 이 문장은 양면 관계만 고려한 것이다. 삼면 관계는 뒤에 다시 본다.

82) 거주지국 판단은 물론 본점 소재지만으로 하는 것은 아니고 다른 요소도 고려한다. 제3장 참조.

국) 거주자인 경우와 다를 바 없다. 본점 소재지국 겸 채권자 소재지국의 과세권에는 조약상 아무런 제약이 없다.

이제 위 고정사업장에서 이자를 받는 채권자가 고정사업장 소재지국에 거주한다고 하자. 고정사업장 소재지국 겸 채권자 소재지국의 과세권에 조약상 아무 제약이 없음은 당연하다. 문제는 본점 소재지국의 과세권이다. 이 이자는 '이자로서 한 체약국에서 발생하고 상대방 체약국 거주자에게 지급되는 것'에 해당하지 않는다. 그렇다면 제2항의 세율상한에도 걸리지 않는다. 제2항의 적용범위는 제1항을 적용받는 이자이기 때문이다. 그렇다면 고정사업장 소재지국 안에서 일어나는 자금 흐름을 본점 소재지국이 자국법대로 과세하면 된다는 말인가? 가령 미국법처럼 다른 나라에 있는 고정사업장이 지급하는 이자라 하더라도 자국법인이 지급하는 이상 자국원천소득이라고 보는 나라라면, 이자를 지급하는 고정사업장에게 원천징수세를 물릴 수 있는 것인가? 그렇지는 않다. OECD 모델의 글귀에서는 이런 이자는 제11조의 적용범위를 벗어나게 되고, 그 대신 제21조(기타소득)의 '한 체약국 거주자의 소득 항목으로서, 어디에서 발생하는 것이든 이 조약의 앞서 나온 조문 어디에서도 다루지 않고 있는 소득'이 되어 '그 체약국에서만 과세할 수 있다'. 곧 이자를 지급받는 자의 거주지국에서만 과세할 수 있다.

이 사례에 실제의 미국조약을 적용하면 어떻게 될까? 가령 우리나라 법인의 미국 지점이 미국 거주자에게 이자를 지급한다면, 조약이 미국의 과세권을 제약하지 않는다는 것은 당연하다. 우리나라에는 조약상 어떤 제약이 있는가? 미국조약 제13조는 제1항에서 "타방체약국의 거주자에 의하여 일방체약국의 원천으로부터 발생한 이자는 양 체약국에 의하여 과세될 수 있다"라고 정하고, 제2항에서 "타방체약국의 거주자에 의하여 일방체약국내의 원천으로부터 발생한 이자에 대하여 일방체약국이 부과하는 세율은 그 이자총액의 12퍼센트를 초과해서는 아니 된다"라고 정하고 있다. 한편 이자소득의 원천에 대해서는 제6조 제2항에 OECD 모델 제11조 제5항과 비슷한 내용을 두어, 어느 체약국에 있는 고정사업장이 지급하고 부담하는 이자라면 지급자가 우리나라 법인이라 하더라도 소득의 원천을 고정사업장 소재지국(이 예에서는 미국)으로 본다고 정하고 있다. 이를 모으면 미국 내 고정사업장이 미국 거주자에게 지급하는 이자는 한미조약 제11조에서 말하는 '타방체약국 거주자에 의하여 일방체약국 내의 원천으로부터 발생한 이자'가 아니고, 같은 조의 적용범위를 벗어난다. 그런데 OECD 모델과 달리 미국조약에는 다른 조에서 달리 정하지 않고 있는 기타의 소득에 관한 내용이 없다. 따라서 미국조약 제13조의 적용범위를 벗어나는 이자소득을 우리나라가 어떻게 과세할 것인가는 오로지 우리 국내법에 달려 있다. 그렇지만 우리나라 국내법은 이런 상황에서 실제로 세금을 매기지는 않는다. 국외사업장이 직접 꾼 차입금에 대해 국외사업장이 지급하는 이자는 국내원천소득으로 보지 않는 까닭이다.[83]

Ⅲ. 삼면 관계에 대한 이자소득 조항 적용

이제 세 나라가 얽히는 삼면 관계로 고정사업장(branch) 소재지국(B국), 본점(home office) 소재지국(H국), 채권자 거주지국(R국)이 서로 다른 경우를 따져보자.

1. 원천지국의 과세권에 대한 조약상 제약

B-R조약, H-R조약, B-H 조약이 모두 OECD 모델과 같다면 고정사업장이 지급하는 이자에 대한 B국의 과세권은 조약의 제한을 받는가? 이자소득 조항의 '한 체약국에서 발생한 이자로 상대방 체약국에 거주하는 수익적 소유자에게 지급하는 이자'는 일정한 세율상한에 걸린다는 글귀는 지점이자세에 어떤 영향을 미치는가?

먼저 지점이 직접 사용한 차입금에 대한 이자는 B-R 조약에 있는 위 제한에 걸리는가? 걸린다.[84] OECD 모델에서는, B국 안에 있는 고정사업장이 지급하는 이자의 원천지는 B국이기 때문이다. 혹시 이자를 지급하는 자는 B국 법인이 아니라 H국 법인이므로 B-R조약의 적용범위를 벗어나는 것 아닐까? H국 법인이 B-R조약의 혜택을 누리겠다고 주장할 수 있는 것일까? OECD 모델의 글귀에서는 채권자·채무자가 둘 다 조약 당사국의 거주자일 필요가 없다. 이자소득을 받아가는 채권자가 '어느 한 체약국 … 에 거주하는 자'라는 사실만으로 인적 적

83) 법인세법 제93조 제1호 단서, 소득세법 제119조 제1호 단서. 미국법에는 이런 규정이 없으므로 미국법인의 한국지점이 한국 거주자에게 이자를 지급하는 경우 미국에서 원천징수세 문제가 생길 수 있다. 과세한다는 판결이나 행정해석을 찾지는 못했다.

84) 미국 재무부 규칙 1.884-4(b)(8)(ii).

용범위에 들어간다.[85] B-R조약 제5항 제2문이 "이자 지급자가 … 어느 한 체약국 거주자이든 아니든 이자는 고정사업장이 소재한 체약국에서 발생한 것으로 본다"고 정한 이상 이자 지급자가 H국 법인이라는 사실은 이자의 원천지가 B국이라는 사실에 아무 영향을 주지 않는다. 따라서 B국의 과세권은 B-R 조약의 제약을 받는다.

초과이자에 대해서는 생각할 점이 하나 더 있다. 앞서 보았듯 미국법에서는 초과이자를 내국법인이 지점을 둔 외국법인에 지급하는 이자로 의제하고 있다. 아래 Ⅳ. 2.에서 다시 언급. 따라서 B-H 조약을 적용한다.[86] 가령 미국-독일 조약은 이자소득을 거주지국에서만 과세할 수 있다고 정하고 있으므로 독일 법인의 미국 지점에 대해서는 초과이자에 원천징수세를 매기지 못한다.[87] 두 나라 사이의 '추가 협약'은 이를 확인하여 "독일 회사의 미국 고정사업장에서 공제하는 이자로 고정사업장이 실제 지급한 이자를 넘는 금액은 독일 거주자가 수익적 소유자로 받는 소득으로 본다"고 정하고 있다.[88] 되풀이하지만, 이자소득을 받아가는 자가 속하는 나라와 맺은 조약(B-R 조약)이 아니라 이자소득을 지급하는 외국법인이 속하는 나라와 맺은 조약(B-H 조약)의 이자소득 조항이 적용된다.

초과이자세에 관한 미국법의 이런 해석론은 우리나라의 조약 해석에도 타당한가? 그렇게 보기 어렵다. 미국법의 해석론은 초과이자세를 내국법인이 본점 소재지국 법인에게 지급하는 이자로 간주한다는 미국법의 규정에서 나오는 것이기 때문이다. 그런 내용이 없는 우리 법에서는 여전히 초과이자란 외국법인의 본점이 받아가는 이자가 아니고 오히려 본점이 제3국 법인에게 지급하는 이자일 뿐이다. 그렇다면 우리나라와 H 사이의 조약(B-H 조약)을 적용할 여지가 없다. R국과 맺은 조약(B-R 조약)은 적용되는가? 본점이 지급한 이자를 고정사업장에 할당해서 손금산입했다는 것은 자금이 고정사업장의 사업에 쓰였다는 것을 전제해야 가능하다. 그렇다면 이런 초과이자의 원천은 우리나라에 있다고 보아야 한다. 이런 이자를 채권자(R국 거주자)에게 지급한다면 우리나라와 R국 사이의 조약(B-R 조약)상의 세율상한에 걸린다. 결국 초과이자나 지점이 직접 사용한 차입

85) OECD 모델 제1조. 미국조약에는 인적 적용범위 조항이 아예 없으므로 논점 자체가 없어진다.
86) 미국 재무부 규칙 1.884-(c)(3)(i).
87) 미국-독일 조약 제11조 제1항.
88) 미국-독일 조약 2006년 protocol 제16조.

금에 대한 이자나 똑같이 B-R 조약이 적용된다. 따라서 우리나라가 조약을 적용할 때에는 좁은 뜻의 지점이자와 초과이자를 구별할 필요가 없다.

2. 고정사업장 소재지국, 본점 소재지국, 거주지국, 세 나라 과세권의 관계

H국의 과세권과 B국의 과세권은 서로 어떤 관계에 있는가? 가령 채무자인 일본(H국) 법인의 한국(B국) 지점이 채권자인 미국(R국) 거주자에게 이자를 지급한다고 하자. 우선 우리 국내법에서는 원천징수대상이다. 미국조약(B-R 조약)에서 이 이자소득은 우리나라에 원천이 있는 소득으로서[89] 미국 거주자가 받아가는 소득이므로 원천지국의 이자소득 과세권 상한(12%)에[90] 걸린다. 한편 일본조약(B-H 조약)에는 일본법인의 한국 지점이 제3국 거주자에게 지급하는 이자에 관해 우리나라의 과세권을 제약하는 규정은 없다. 일본조약상 이자소득의 원천지가 한국인 것은 맞지만 일본 거주자에게 지급하는 것이 아니므로 원천지국 과세권에 대한 제약은 없다. 결국 우리나라는 미국조약이 정한 상한 안에서 원천징수세를 매기게 된다.

일본의 과세권은 어떻게 되는가? 일본조약상 이 소득의 원천이 한국에 있기는 하지만 일본조약에는 일본법인의 한국 내 고정사업장이 제3국(미국) 채권자에게 지급하는 이자에 대한 일본의 과세권을 제약하는 규정은 없다. 한편 일본-미국(H-R) 조약에서는 이 이자소득의 원천이 일본에 없다.[91] 이 조약은 미국법인이 일본법인의 제3국 고정사업장으로부터 지급받는 이자는 일본원천소득으로 보지 않는다고 명문으로 정하고 있고,[92] 일본원천이 아닌 소득은 달리 구분되지 않은 기타소득이 되어 채권자의 거주지국인 미국에만 과세권이 있고[93] 일본에

---

89) 미국조약 제6조 제2항 (a). "… 다음의 경우에 이자는 고정사업장이 소재하고 있는 국가내에 원천을 둔 것으로 간주된다. (a) 동 이자를 지급하는 인(그가 어느 체약국의 거주자인가 여부에 관계없음)이 그 이자지급의 원인이 되는 채무발생에 관련한 고정사업장을 일방체약국내에 두며 또한 동 이자가 고정사업장에 의하여 부담되는 경우 …"

90) 미국조약 제13조 제2항. "타방체약국의 거주자에 의하여 일방체약국내의 원천으로부터 발생한 이자에 대하여 일방체약국이 부과하는 세율은 그 이자총액의 12퍼센트를 초과해서는 아니된다".

91) 엄밀히는 일본이 아니라는 말이다. 양자조약에서는 어느 특정한 제3국의 원천소득이라는 개념은 없다.

92) 미국-일본 조약 제11조 제7항(b). "어느 한 체약국 거주자이든 아니든 이자를 지급하는 자가 그의 거주지국 아닌 나라에 고정사업장을 두고 있으며, 그 고정사업장에 연관하여 이자지급의 원인채무를 지고 그런 이자를 고정사업장이 부담한 경우로서 … 고정사업장이 두 체약국 아닌 나라에 소재한다면 이자는 두 체약국 중 어느 쪽에서도 발생하지 않은 것으로 본다".

는 과세권이 없다.[94] 결국 원천지국의 자격으로서는 우리나라만이 세금을 매기게 되고, 미국조약상 원천이 우리나라인 소득은 미국의 외국납부세액 공제 목적으로도 우리나라 원천 소득으로 보므로[95] 미국의 채권자는 이 세금을 미국에서 외국납부세액으로 공제받을 수 있다. 결국 우리나라만이 세금을 걷는다.[96] 순소득에 대한 미국의 세부담이 우리나라의 원천징수세보다 높다면 미국이 보충적 과세권을 행사할 수 있음은 물론이다.

이제 사실관계를 바꾸어 미국(H국) 법인의 한국(B국) 지점이 일본(R국)의 채권자에게 이자를 지급한다고 하자. 이 이자는 우리 국내법상 원천징수 대상이다. 일본조약(B-R)에서 이 이자는 원천지가 우리나라인[97] 이자로서 일본 거주자에게 지급하는 이자소득이므로 일본조약상 세율상한(10%)에 걸린다.[98] 미국(B-H)조약에는 제3국(일본) 거주자에게 지급하는 이자에 관해 원천지국의 과세권을 제한하는 규정이 없으므로 미국조약이 우리 국내법에 따른 과세를 제약하지는 않는다. 결국 우리나라는 일본조약의 상한 안에서 원천징수세를 매길 수 있다. 미국의 과세권은 어떻게 되는가? 이 이자는 미국법인이 지급하는 이자이므로 미국 국내법상 미국 원천소득으로 원천징수 대상이다. 조약상 제약은 어떻게 되는가? 미국(B-H)조약의 세율상한 규정은 '타방 체약국(미국) 거주자에 의하여 일방 체약국(한국) 내의 원천으로부터 발생한 이자'에 걸릴 뿐이므로, 일본 거주자에게 지급하는 이자는 이에 걸리지 않는다. 따라서 미국조약이 미국 국내법에 따른 과세를 제약하지는 않는다. 미국-일본(H-R) 조약에는 OECD 모델에 없는

---

93) 같은 조약 제21조 제1항. "한 체약국 거주자의 소득으로서 어디에서 발생하는 것이든 이 조약의 위 각 조에서 다루고 있지 않은 소득은 그 체약국에서만 과세할 수 있다".

94) 한편 같은 사실관계에서 실제의 미국-일본 조약이 아니라 OECD 모델을 적용하면 이자소득을 지급하는 자가 일본법인이므로 일본은 원천지국이 되고 조약이 정한 상한의 범위 안에서 과세권을 행사할 수 있게 된다. OECD 모델 주석 제11조 주석 28문단. 기실 실제의 미국-일본 조약에서도 제1조 제4항의 "saving clause"를 고려하면 이자를 지급하는 법인의 거주지국에 과세권이 있다는 결론이 나오지만, 일본의 주석가들은 거주지국에 과세권이 없다고 적고 있다. 뒤에 본다.

95) 미국조약 제5조 제1항.

96) 다만 이 이자소득이 유일한 소득이라면 외국납부세액공제 한도를 초과하게 될 가능성이 높다. 공제 한도는 필요경비를 공제한 순소득 기준이 되기 때문이다.

97) 일본조약 제11조 제7항. "이자의 지급인이 일방체약국의 거주자인지 여부에 관계없이, 동 인이 일방체약국 안에 그 이자의 지급원인이 되는 채무의 발생과 관련된 고정사업장 또는 고정시설을 가지고 있고 또한 이자가 그러한 고정사업장 또는 고정시설에 의하여 부담되는 경우, 그러한 이자는 동 고정사업장 또는 고정시설이 소재하는 체약국에서 발생되는 것으로 본다".

98) 일본조약 제11조 제2항.

특칙으로 제3국 고정사업장이 지급하는 이자에 관한 규정이 있고, 제3국(우리나라) 고정사업장이 지급하는 이자는 미국 원천에서 빠져나간다.[99] 따라서 제3국 원천소득이 되어 미국-일본 조약상 기타소득으로서 채권자의 거주지국인 일본에서만 과세할 수 있다.[100] 결국 미국법인의 한국 지점이 일본의 대주에게 지급하는 이자는 우리나라의 원천징수세만 물고 일본조약상 우리나라의 원천징수세는 일본에서 외국납부세액공제를 받을 수 있다. 제3국 고정사업장이 지급하는 이자의 원천은 그 제3국(우리나라)이라는 미국-일본(H-R) 조약의 규정이 없다면 어떻게 될까? 우리나라와 미국 둘 다 원천징수세를 물리게 된다. 이에 관해 OECD 모델 주석은 세 나라가 국세청 간 협의를 할 수 있다고 말하고 있을 뿐이다.[101]

Ⅳ. 지점이자세에 대한 조약상 제한

이자소득 조문 말고 다른 조약 조문 가운데 지점이자세를 제약하는 것은 없는가? 물론 이 문제는 조약의 구체적 글귀에 달려 있다. 관계되는 조약 규정으로는 몇 가지를 생각해 볼 수 있다.

1. 차별금지 조항

우리나라가 맺은 조약은 거의 모두 OECD 모델을 따라 외국법인이라 하여 내국법인보다 무겁게 세금을 매기지 않는다고 정하고 있고 특히 외국법인의 고정사업장에 내국법인보다 무거운 세금을 매겨서는 안 된다고 정하고 있다.[102] 지점이자세와 밀접한 연관이 있는 지점세에 관하여 보자면, 외국법인에만 지점세를 매기는 것은 이 차별금지 조항의 위반이라고 보는 것이 일반적이다.[103] 미국에서도 조세조약에 고정사업장에 대한 차별과세를 금한다는 조항이 있는 나라의 법인에 대해서는 지점세를 매기지 않는다.[104] 지점이자세는 지점세나 마찬

99) 미국-일본 조약 제11조 제7항(b).

100) 矢内一好, 詳解 日米租税條約 (2004), 123쪽.

101) OECD 모델 제11조 주석 29문단.

102) OECD 모델 제24조.

103) *Klaus Vogel on Double Taxation Conventions*, 제24조 주석 69문단.

104) 미국 재무부 규칙 1.884-1(g). 우리나라 법인의 미국 지점은 지점세를 내지 않는다. 제7장 제5절 Ⅱ.

가지로 차별금지를 어기는 것은 아닐까? 지점세와 달리, 어긋나지 않는다는 것이 미국 행정부의 해석론이다.[105] 현지법인이 손금산입하는 이자가 원천징수 대상이므로 지점에서 손금산입하는 이자도 마찬가지라는 것이다.

2. 추적과세 금지 조항

가장 직접적인 영향을 미칠 수 있는 조약 규정은 추적과세 금지 조항이다. 지점이자세, 특히 초과이자란 본질적으로 추적과세의 변형이므로 조약상 추적과세 금지 조항과 충돌할 가능성이 있다. 우리나라가 맺은 실제 조약 가운데에는 추적과세 금지 조항의 사례가 없는 듯하지만, 지점이자세가 낳는 3면관계에 관한 조약 해석론을 이해하자면 이 문제를 짚고 넘어갈 필요가 있다.

OECD 모델을 따르는 전형적 조약에서 이자소득 규정의 적용범위는 '한 체약국 거주자가 상대방 체약국 거주자에게 지급하는 이자'인데, 추적과세 금지 조항은 상대방 체약국이 아니라 제3국 거주자에게 지급하는 이자를 원천지국이 과세할 수 없다고 정한다. 가령 미국-노르웨이 조약[106] 제9조 제5항은 "한 체약국 거주자가 상대방 체약국 거주자 아닌 자에게 지급하는 이자는 상대방 체약국에서 면세된다"고 정하고 있다.

이미 본 바 있지만 추적과세 금지 조항의 배경으로 1986년 이전 옛 미국법은, 총소득금액[107] 기준으로 볼 때 국외원천소득이 미국원천소득보다 더 많은 법인이라면, 미국 내 사업장에서 사용한 자금에 대한 이자 역시 미국원천소득이 아니고 따라서 미국 내 사업장에서는 지급이자를 필요경비로 공제하지만 이자를 받아가는 자에 대해서는 과세하지 않았다. 다른 한편 미국원천소득이 국외원천소득보다 더 많은 외국법인이라면, 지급이자를 미국원천소득과 국외원천소득의 비율로 안분하여 전자에 안분된 이자는 원천이 미국이라고 정하고 있었다.[108] 제2절 Ⅰ.1. 보기의 숫자로 총소득금액 기준으로 미국원천소득이 300, 노

---

105) Notice 89-80, 1989-2 CB 394, 397.

106) 1971년 조약, 현행 조약은 1980. 9. 19.에 다시 체결되었다.

107) 미국법상 총소득금액은 우리 법의 총수입금액이나 익금 총액과 반드시 같지는 않다. 대표적인 차이로 우리 법은 매출액을 총수입금액(익금)으로 잡고 매출원가를 필요경비(손금)으로 잡지만 미국법에서는 매출총이익(=매출액－매출원가)을 총소득금액으로 잡는다. 애초 미국법의 용어로는 총소득금액이라는 말과 매출총이익이라는 말이 둘 다 "gross income"이다. 상세는 이창희, 『세법강의』, 제19장 제3절 Ⅱ.

108) 1986년 이전 미국세법 제861(a)91)(B)조, 제861(a)(1)(C)조. 앞서 보았듯 현행법에서도 지급이자

르웨이 원천소득이 100인 노르웨이 법인이 노르웨이 은행에 지급하는 이자가 20이라고 하자. 노르웨이 은행에서 꾼 돈이 전액 노르웨이 국내 사업에 쓰였더라도 지급이자 가운데 15의 원천은 미국에 있다고 보는 것이다. 돈에는 꼬리표가 없다는 점에서 나름 합리적인 생각이지만, 노르웨이의 입장에서 보자면 오로지 자국 안에서 벌어지는 이자의 흐름 20에 대해서 미국이 원천지국으로 과세권을 역외 행사하는 결과가 되고 또 미국의 입장에서도 실제 집행하기는 어려운 내용이다. 이리하여 미국-노르웨이 조약은 노르웨이 거주자가 지급하는 이자는, 미국 거주자가 받는 것이 아닌 이상 미국에 과세권이 없다고 추적과세 금지 조항을 두고 있다.

추적과세 금지 조항은 1986년에 들어온 현행법의 지점이자세를 막는가? 현행법은 미국 내 사업장이 지급하는 이자, 또는 이자 자체의 지급은 외국법인이 국외에서 지급하는 것이더라도 그렇게 지급하는 이자가 외국법인의 미국 지점의 소득을 계산할 때 손금산입하는 이자(이른바 초과이자, excess interest)라면 30% 원천징수세를 물린다.[109] 추적과세 금지 조항과 지점이자세의 관계는 물론 조약의 구체적인 글귀에 달려 있다. 가령 앞에 본 노르웨이 조약의 글귀에서는 한 체약국(H국) 거주자(지점을 둔 외국법인)가 제3국(R국) 거주자에게 지급하는 이자를 상대방 체약국(지점 소재지국=B국)이 과세할 수 없으므로, 지점 소재지국이 지점이자세를 매길 수 없다.[110] 그러나 놀랍게도 미국법의 해석론은 초과이자에 대해서는 이 글귀가 낳는 결과를 부인한다. 미국 재무부 규칙을 보면 "외국법인이 지급하는 이자를 면세하거나 세금을 경감하는 어떠한 조약 규정도 초과이자에 대한 세금의 부과를 금지하거나 경감하지 않는다"고 적고 있다.[111] 이미 보았지만 미국법에서는 외국법인의 고정사업장에 할당되거나 안분된 초과이자는 외국법인이 누구인가에게 지급한 것으로 보는 것이 아니라 오히려 미국법인이 그 외국법인에 지급한 것으로 보기 때문이다.[112] 고정사업장을 미국 자회사로,

---

의 손금산입은 법인의 지급이자를 국내분과 국외분으로 안분한다. 다만 안분 기준은 총소득금액이 아니라 자산 총액이다. 미국 재무부 규칙 1.882-5.

109) 미국세법 제884(f)조.

110) 미국 재무부 규칙 1.884-4(b)(8)(i), (b)(8)(vi). Ex. 1. 상대방 체약국의 qualified resident라는 요건은 일반적 조약해석론과 무관한 미국법 문제이므로 논외로 한다.

111) 미국 재무부 규칙 1.884-4(c)(3)(ii).

112) 미국세법 제884(f)(1)조.

본점을 외국 모회사로 의제하여 외국 모회사가 미국 자회사에서 돈을 받아가는 것으로 보는 것이다. 그렇게 본다면 고정사업장이 손금산입하는 이자는 미국법인이 지급하는 이자가 되어 버리므로 '외국법인이 지급하는 이자'의 추적과세를 금지하는 조약 조항의 적용범위를 벗어나게 되는 것이다. 물론 이런 재구성을 따르면 외국 모회사는 이 돈을 다시 제3국 거주자에게 지급하는 것으로 보아야 하지만 이 부분은 미국이 알 바 아니고 외국법인이 지급한 이자에 관련한 조약 규정(추적과세 금지)은 모두 부적절하다는 것이다. 그 대신 초과이자세는 미국과 본점 소재지국 사이의 조약을 적용받게 되는 점은 이미 보았다.

현실의 조약의 추적과세 금지 조항은 한결 복잡한 수가 많다. 가령 앞서 본 미국-노르웨이 조약의 추적과세 금지조항에는 다음과 같은 단서가 달려 있다.

미국-노르웨이 조세조약 제9조(이자)

7. … 다만 다음 경우는 … 본 항이 적용되지 않는다.

가) 이자를 제24조 제2항에 따라 상대방 체약국(이 사례에서는 미국) 원천인 소득으로 취급할 때

제24조(소득의 원천)

2. … 이자를 지급하는 자(어느 한 체약국 거주자이든 아니든 상관없다)가 한 체약국(이 사례에서는 미국)에 고정사업장을 두고 있고 이자발생원인이 되는 채무가 그 고정사업장과 관련하여 생긴 것이며 이자를 고정사업장이 부담하였다면…그런 이자는 고정사업장 소재지국에 원천이 있는 것으로 본다.

지점이 직접 지급하는 이자가 단서의 과세요건에 해당한다는 사실에는 별 다툼이 있기 어렵고 미국은 이자에 지점이자세를 물릴 수 있다. 그러나 초과이자는 앞서 보았듯 애초 추적과세 금지 조항의 적용범위를 벗어난다는 것이 미국의 해석론이다.

제 9 장
이자비용 손금불산입

이 장에서는 과소자본 세제, 곧 우리 「국제조세조정에 관한 법률」 제3장(국외지배주주에게 지급하는 이자에 대한 과세조정)을 검토하고 이 제도와 조세조약의 관계를 검토한다. 논의는 과소자본 세제의 의의와 역사적 배경, 우리 현행법의 내용, 과소자본 세제와 조세조약의 관계라는 차례로 진행한다. 아울러 21세기에 들어서 새로 생긴 제도로, BEPS "Action 4"에 터잡은 '소득 대비 과다 이자비용의 손금불산입' 제도와 BEPS "Action 2"에 터잡은 '혼성금융상품 이자비용의 손금불산입'도 살핀다.

제 1 절 이자비용과 '세원 잠식'

다국적기업은 되도록 현지법인 또는 국내사업장 소재지국의 세부담을 줄이려고 한다. 투자자(주주 법인) 본국의 세제가 외국소득을 면제한다면 현지법인이나 국내사업장 소재지국의 법인세가 그대로 투자자에 대한 최종적 세부담이 되므로 이를 줄이려 함은 당연하다. 투자자 본국의 세제가 외국납부세액을 공제하는 경우에도 현지법인이나 국내사업장 소재지국에 내는 세금을 줄이려는 경향은 그대로 남는다. 우선 외국납부세액의 공제 한도[1] 따위의 여러 가지 사정을 생각하면 외국에 내는 세금을 줄이는 것이 낫다.[2] 다음으로 현지법인의 경우에는 현지법인과 주주의 법인격이 다르다는 이유로 현지법인이 소재지국에 내는 세금을 주주 단계에서 공제받지 못할 수 있다. 이른바 간접외국세액공제 내지는 "deemed-paid-credit" 제도가 있어서 현지법인이 내는 법인세를 주주가 낸 세액으로 의제하여 외국납부세액으로 공제받을 수 있다 하더라도,[3] 현지법인이 낸 세금과 배당에 붙는 세금을 합하면 공제한도를 넘는 것이 오히려 보통이다.

현지법인이나 사업장의 소득을 줄이는 순쉬운 방편은 내부거래 이전가격의 조작이다. 또 다른 수단은 현지법인의 부채비율을 올리는 것이다. 지급이자는 손금이 되지만 배당은 손금이 되지 않는다. 모회사가 받아가는 지급이자 원천징수세에 대한 세부담은 현지법인의 법인세에 배당소득 원천징수세를 더한 세부담보다 훨씬 적은 까닭이다. 이자소득과 배당소득에 대한 조약상 세율상한을 고려해도 이 결과가 바뀌는 경우는 생각하기 어렵다. 국내사업장의 경우에는 본점이나 다른 사업장이 국내사업장에서 '지급이자'라는 명목으로 받아가는 돈(내부이자)이 세법상 손금산입 가능한가 따위의 복잡한 문제가 있지만, 가령 은행업처럼 내부이자의 손금산입을 인정하는 경우에는[4] 현지법인과 똑같은 과소자본 문제가 생긴다. 이하의 논의에서 '현지법인' 또는 '자회사'라는 말은, 달리 말이 없는 한 내부이자의 손금산입이 가능한 한 국내사업장을 포함하는 뜻으로 쓰기로 한다.

다국적기업이 우리나라 소재 자회사의 부채비율을 높여서 법인세 부담을 줄이려 하는 데 대한 대책으로 「국제조세조정에 관한 법률」은 이른바 과소자본 세제를 두고 있다. 곧 내국법인의 차입금 가운데 해외의 특수관계자로부터 차입하였거나 특수관계자의 지급보증으로 차입한 부채와 주주의 출자액을 비교하여, 위와 같은 부채와 자본의 비율이 일정 기준을 넘으면 초과 부분에 대한 지급이자를 손금불산입한다.[5]

과소자본 세제를 처음 들여온 나라는 아마 캐나다인 듯싶다. 캐나다는 1971년 이 제도를 들여왔고 그 이유로 캐나다 자회사의 주주인 비거주자가 출자 형

---

1) 우리 법으로 치면 법인세법 제57조 제1항, 소득세법 제57조 제1항. 제13장 제3절.

2) 상세는 Chang Hee Lee, "A Strategic Approach for Small Capital Importing Countries to Tax US Investors without Regard to Treaty Considerations", 2 Asia Pacific Tax Bulletin 365(1996).

3) 법인세법 제57조 제4항; 미국세법 제902조. 제13장 제4절.

4) 이를 전제한 규정으로 「국제조세조정에 관한 법률」 시행령 제46조 제1항 단서.

5) 「국제조세조정에 관한 법률」 제22조.

식 대신 채권·채무라는 형식으로 자금을 댄다면 50% 세율을 적용받는 자회사의 세금이 줄어드는 데 비해 지급이자에 대한 원천징수세는 훨씬 낮다는 점을 지적하고 있다. 그에 대한 대책으로 캐나다 법인이 발행주식 25% 이상을 소유한 비거주자에게 진 빚이 자본금의 3배를 넘는다면 그런 초과 차입금에 해당하는 지급이자를 배당으로 간주하는 제도를 들여 왔다.[6] 그 뒤 비슷한 생각에서 여러 나라가 과소자본 세제를 들여왔고, OECD에서도 1987년 과소자본 세제에 관한 보고서[7]를 채택하게 되었다. 차입금에 일정한도를 두고 한도초과차입금에 대한 지급이자는 손금불산입하도록 각국 국내법에 정하라는 것이다. 우리나라는 1995년에 과소자본 세제를 「국제조세조정에 관한 법률」의 일부로 입법했다.

그런데 여기에서 한 가지 의문이 생길 수 있다. 캐나다나 유럽 여러 나라가 과소자본 세제를 들여올 당시 이런 나라에서는 거의 다 배당세액공제(imputation)나 기타 방법을 통하여 법인세 2중과세 문제를 이미 해소한 상태였다. 그렇다면 주주가 회사에 돈을 대는 형식이 자본금이든 차입금이든 결국 세부담에는 아무런 차이가 없는 것 아닌가? 가령 이자 100원을 받는다면 회사에서는 이를 손금산입하므로 법인세 부담이 없고 주주 단계에서만 세금 부담을 진다. 다른 한편 배당금 100원을 받는다면 회사에서는 손금산입할 수 없으므로 법인세 부담을 지지만 주주 단계에 가서 이 법인세를 기납부세액으로 공제받을 수 있으므로 결국 최종적 세부담은 이자를 받는 것과 마찬가지가 된다. 그렇다면 과소자본 세제가 왜 필요한가? 답은 법인세 2중과세의 배제는 주주가 거주자인 경우에 국한되어 있었다는 점에 있다. 대부분의 나라에서는 외국인 투자에 대하여 법인세와 배당소득세를 2중과세한다. 우리 법도 그렇다. 우리 법인세법은 내국법인이 받는 배당금에 대해서는 일정한 범위 안에서 익금불산입이나 소득공제를 하고 있지만[8] 외국법인이 받아가는 배당금에 대해서는 아무런 2중과세 배제 조치가 없다. 실례를 찾기는 어렵겠지만 혹시 비거주자 개인이 우리나라에 직접 투자하는 경우라도 우리 소득세법에 따른 배당세액공제는 거주자에게만 적용된다.[9]

6) 캐나다 판결, Specialty Manufacturing Ltd. v. Queen, 95-781(IT)G (1997. 8. 25.)에서 재인용.

7) OECD Committee on Fiscal Affairs, "Thin Capitalization, Taxation of Entertainers, Artistes and Sportsmen-Issues", in *Issues in International Taxation*, No. 2 (1987). 현재는 2017 OECD 모델에 부록 R(4)로 붙어 있다.

8) 법인세법 제18조의2, 제7장 제4절 Ⅰ. 이창희, 『세법강의』, 제13장 제4절, 제14장 제3절 Ⅳ. 외국법인의 국내사업장에 귀속되는 배당소득이라면 내국법인과 마찬가지로 앞의 법조를 적용한다. 법인세법 제92조 제1항, 제91조 제1항, 제98조 제1항.

특이한 것은 미국법이다. 1989년에 들어온[10] 미국의 과소자본 세제는 다른 나라와 배경이 다르고, 어떻게 본다면 애초 문제의식이 잘못된 것이었다. 미국법에서는, 미국법인이 조세조약을 적용받지 않는 비거주자에게 이자를 지급한다면 이자를 지급하는 회사는 이를 손금산입할 수 있고[11] 이자를 지급받는 자는 30%의 원천징수세를 물게 된다.[12] 한편 조세조약의 덕택으로 이자를 지급받는 자가 원천징수세를 면제받는다면 한도 초과 이자를 지급하는 법인은 이를 전혀 손금산입할 수 없다.[13] 그런데 미국법인의 법인세율(최고세율)은 언제나 30%보다 높았다.[14] 그렇다면 조세조약이 있는 쪽과 없는 쪽, 어느 쪽의 세부담이 높은가? 조약이 있는 쪽의 세금 부담이 오히려 높다. 돈을 지급하는 자와 지급받는 자가 사람이 서로 다르다고 생각할는지 모르지만, 100% 투자기업을 생각한다면 이런 법형식의 차이는 아무 의미가 없다. 100원의 지급이자 공제 전 이익이 있는데 이를 전액 이자 형식으로 가져간다고 하자. 이자소득 원천징수세를 완전 면제받는 조약의 적용 대상이라면 법인 단계에서는 이자를 손금산입하지 못하므로 법인세를 35원 부담하고 주주 겸 채권자는 잔액 65원을 배당받는다. 조세조약이 없는 경우라면 법인세는 없고 100원을 배당받지만 원천징수세 30원을 내고 세후 금액으로 70원을 가져간다. 100% 자회사가 아니라 하더라도 세금을 어느 쪽에서 걷는가는 경제적 실질에 아무런 차이를 줄 수 없다.

어쩌다가 이렇게 이상한 일이 벌어지게 되었을까? 과소자본 세제를 들여오던 1989년 당시 다른 선진국과 달리 미국의 세제는 전형적 "classical system"('고전적 세제')이었다. 이 체제 하에서는 국제 거래에 특유한 과소자본 문제란 없다. 주주나 채권자가 거주자이든 비거주자이든, 납세의무자로서는 언제나 주식 형태보다는 채권·채무 형태를 통해서 법인 단계의 세금을 줄일 유인을 가진다.[15] 이리하여 미국에서는 일찍부터 주식과 채권·채무의 구별이 과세 실무 및 재판에서 중요한 문제로 등장했고, 미국 재무부가 나서서 이에 관한 법령을 정비해

9) 소득세법 제56조.
10) P.L. 101-239 제7710(a)조.
11) 미국세법 제163조(a).
12) 미국세법 제871조(a)(1)(A), 제881조(a)(1).
13) 미국세법 제163조(j)(1)(A), (3)(A), (5)(B).
14) 미국세법 제11조.
15) 이창희, 『세법강의』, 제13장 제3절 Ⅱ.

보려 하였으나 결국 실패하고 말았다.[16] 그러던 와중에 1989년 유달리 투자자가 비거주자인 경우에만 과소자본을 규제하는 세제를 들여오게 된 것이다. 주식이라는 형태를 피하고 채권·채무라는 형태로 법인 단계의 세금을 줄이려는 현상은 투자자가 거주자든 비거주자든 마찬가지이지만, 그 중에서 외국인 투자기업만을 골라서 단속하기로 한 것이다. 과소자본 세제가 결과적으로 외국인 투자기업만을 목표로 삼는다는 점은 비거주자에게 배당세액공제를 배제하고 있던 유럽 각국과 마찬가지이지만, 애초 문제의식이 이처럼 왜곡되어 있었던 까닭에 아주 이상한 결과를 낳게 된다. 조세조약이 이자소득 원천징수세에 상한을 두고 있다는 것이 문제의 본질로 비치게 된 것이다. 곧 조세조약이 없다면, 법인이 이자소득을 손금산입하더라도 이자를 받아가는 자에게서 국내법상 세율로 원천징수세 30%를 걷을 수 있을 터인데, 조세조약 탓에 외국인들이 자본을 차입금으로 속이는 형태로 법인과 투자자 어느 단계에서도 세금을 내지 않은 채 미국에서 생산한 부가가치를 그냥 가져간다고 생각하기에 이른 것이다.

조세조약이 이자소득 원천징수세를 완전 면세한다면 법인과 투자자 어느 단계에서도 세금을 전혀 내지 않은 채 미국에서 생산한 부가가치를 가져간다는 말은 당연히 옳다. 그러나 이것이 문제라고 생각한다면 정공법은 당연히 이자소득에 대한 조세조약의 차꼬를 푸는 것이다. 문제의 본질은 자본금을 차입금으로 위장하는 주주가 있다는 것이 아니라, 부가가치를 이자 형식으로 분배받는다면 미국에 전혀 세금을 내지 않고 가져갈 수 있다는 것이고, 이것은 이자를 받아가는 비거주자가 주주이거나 아니거나 아무 상관이 없는 까닭이다.

어쨌거나 미국 국회에서는, 외국인 투자기업들이 미국의 세금을 빼먹는다는 배외(排外) 감정 차원에서 문제를 허투루 풀어나가게 된다. 정치권이란 언제나 그렇듯. 아마 이미 유럽 각국이 비거주자에게만 적용하는 과소자본 세제를 들여오고 있었던 것도 자극이 되었을 것이다. 이를 배경으로 1989년 개정법은, 조약 덕택에 원천징수세를 30%보다 낮게 내면서 받아가는 이자라면 손금산입을 부인(조약으로 감면받는 비율만큼 부인)하게 되었다. 그러나 문제의 본질이 "classical system" 일반에 걸친 자본과 부채의 구별이라는 구도를 숨긴 채 문제가 마치 외국인 투자기업에 특유한 국제조세 문제인 듯한 겉모습을 만들어 낼 필요성에서 한 가지 독특한 구조가 생긴다. 기준을 초과하는 관계회사 차입금의 실질이 자

16) 같은 책, 제20장 제3절 III.

본이라는 식의 문제 제기를 피한 채, 차입금이라는 법적 성격은 그대로 두면서 지급이자를 손금불산입해야 한다는 과제가 생긴 것이다. 이렇게 하려면 해결책은 한 가지뿐. 기준초과 차입금 지급이자의 부인을 손금산입 시기의 문제로 이해하는 것, 즉 본질은 손금산입 가능한 지급이자이지만 다만 그 손금산입 시기에 제약을 가한다는 것이다. 이리하여 한도를 초과한 이자는 이듬해로 이월하여 공제받을 수 있다는 내용으로 법을 만들게 되었다.[17)]

21세기에 들어와서는 이자비용의 공제에 대한 시비가 다시 BEPS의 논점으로 떠올랐고 그 결과 두 가지 제도가 새로 생겼다. 첫째는 과소자본 세제의 보완이라 할 수 있는 BEPS "Action 4". 특수관계인 차입금만 아니라 제3자 차입금에 대한 지급이자, 특수관계인 차입금에 붙는 이자율, 차입금에 대한 지급이자 자체는 정상적이더라도 차입한 돈으로 비과세소득을 얻는 경우의 지급이자, 이런 것도 문제라고 여기고 전반적인 지급이자 손금산입 공제 제한을 추가했다. 둘째는 BEPS "Action 2"로, 혼성 금융상품을 이용해서 채무자 쪽에서는 지급이자를 손금산입하면서 채권자 쪽에서는 배당소득 익금불산입하는 2중비과세에 대한 대책을 두어야 한다는 생각이다. 우리나라도 이 두 가지 보고서를 반영해서 2018년에 법을 개정했다.

제 2 절 우리나라의 과소자본 세제

국제조세조정에 관한 법률 제22조(출자금액 대비 과다차입금 지급이자의 손금불산입) ② 내국법인(외국법인의 국내사업장을 포함한다. 이하 이 장에서 같다)의 차입금 중 국외지배주주로부터 차입한 금액(친족 등··· 국외지배주주의 특수관계인으로부터 차입한 금액을 포함한다)과 국외지배주주의 지급보증(담보의 제공 등 실질적으로 지급을 보증하는 경우를 포함한다)에 의하여 제3자로부터 차입한 금액이 그 국외지배주주가 출자한 출자금액의 2배를 초과하는 경우에는 그 초과분에 대한 지급이자 및 할인료는 그 내국법인의 손금(損金)에 산입하지 아니하며 ··· 「법인세법」 제67조에 따른 배당 또는 기타사외유출로

17) 미국세법 제163조(j)(1)(B). 프랑스 현행법도 같다고 한다. Collet, "France to Reform Thin Capitalization Rule", Tax Notes International (Oct. 10, 2005).

처분된 것으로 본다 …

서울고등법원 2012. 5. 2. 선고 2011누40327 판결(대법원 2012. 9. 13. 선고 2012두11737 판결로 심리불속행 상고기각)

원고는 싱가포르공화국에 본점을 두고 1981. 10. 1. 국내에 지점(이하 '원고 지점')을 개설하여 금융업을 영위하고 있다 … 원고 지점은 2003 내지 2005 사업연도 중 국제조세조정에 관한 법률(2010. 1. 1. 법률 제9914호로 개정되기 전의 것, 이하 '국조법') 제2조 제1항 제11호 나.목 소정의 '국외지배주주'에 해당하는 원고 본점으로부터의 차입금 중 같은 법 제14조 제2항, 같은 법 시행령(2006. 8. 24. 대통령령 제19650호로 개정되기 전의 것, 이하 같다) 제26조에 의하여 국외지배주주의 출자지분의 6배를 초과한 차입금의 지급이자에 해당하는 2003 사업연도 1,144,008,381원, 2004 사업연도 265,499,959원 및 2005 사업연도 1,828,050,699원 합계 3,237,559,039원에 대하여 국조법 제14조 제1항에 의하여 손금불산입으로 세무조정하고, '기타 사외유출'로 소득처분하였다…피고는 원고 지점에 대한 세무조사를 실시한 결과, 2010. 2. 25. 2004 사업연도 265,499,959원, 2005 사업연도 1,828,050,699원 합계 2,093,550,658원(이하 '이 사건 쟁점금액')을 국조법 시행령 제25조 제5항에 의하여 '배당'으로 소득처분 … 하였다(이하 '이 사건 처분'이라 한다) … 원고는 위 소득금액변동통지 내역에 따라 산정한 2004 사업연도 원천징수법인세 24,136,360원 및 2005 사업연도 원천징수법인세 166,186,427원을 신고·납부한 뒤, 2010. 5. 12. 조세심판원에 이 사건 처분에 대하여 심판청구를 제기하였으나, 조세심판원은 2010. 12. 31. 원고의 청구를 기각하였다 …

국조법 제14조 제1항은 일정한 출자분을 초과하는 차입금에 대한 지급이자는 손금에 산입하지 아니하되, 그 소득처분은 대통령령이 정하는 바에 따라 법인세법 제67조에 의한 배당 또는 기타 사외유출로 처분된 것으로 간주하도록 규정하고, 같은 시행령 제25조 제5항은 국외 지배주주로부터 차입한 금액에 대한 이자 중 손금불산입된 금액은 법인세법 제67조에 의한 배당으로 처분된 것으로 본다고 규정하고 있다 … 이 사건 종전 조항에는 외국법인 국내원천소득으로 '소득세법 제17조 제1항에 규정된 배당소득과 국조법 제9조에 의하여 배당으로 처분된 금액'만을 규정하고 있었을 뿐 국조법 제14조에 따라 배당으로 처분된 금액을 국내원천소득으로 구분하지 않고 있었다. 이 사건 개정조항에서 처음으로 국조법 제14조에 따라 배당으로 처분된 금액이 외국법인 국내원천소득으로 추가되었다.

피고는, 이 사건 개정 조항이 국조법 제14조, 국조법 시행령 제25조에 의하여 배당으로 처분된 금액은 배당소득으로 취급되어야 하는 당연한 원리를 확인하는 의미에서 개정된 것이라고 주장하나, 조세법률주의 원칙에 비추어 이 사건 개정조항은 국조법 제14조에 따른 간주배당소득을 외국법인에 대한 과세대상인 국내원천소득 항목으로 신설한 것으로 창설적 효력을 가진다. 이 사건 개정조항이 시행(2006. 1. 1.)되기 이전에 배당으로 처분 간주된 이 사건 쟁점금액은 외국법인 국내원천소득이 아니므로 피고는 원고에게 이에 대한 법인세를 부과할 수 없다.

I. 국외지배주주

과소자본 세제에서 지급이자 손금불산입 대상이 되는 차입금은 '국외 지배주주'에게서 꾼 차입금이다. 그런데 앞의 2011누40327 판결은 외국법인의 국내지점에 과소자본 세제를 적용한 사건이다. 국내 지점이 해외 본점에서 돈을 꾸었다는 말인가?

과소자본 세제에서 '국외 지배주주'란 내국법인이나 국내사업장을 실질적으로 지배하는 자를 말한다. 제4장 제2절 I. 내국법인의 경우라면 외국의 주주·출자자 또는 그런 자가 출자한 외국법인이 그에 해당한다.[18] 비거주자나 외국법인의 국내사업장은 독립된 법인이 아니므로 회사법의 뜻으로 '지배주주'는 있을 수 없고 민사법으로 따지면 국내사업장이 해외 본점이나 다른 지점으로부터 돈을 차입[19]한다는 것이 있을 수 없다. 그렇지만 앞서 고정사업장과 독립기업 원칙의 관계에서 보았듯, 국내사업장이 해외 본점이나 다른 해외 지점에서 조달한 내부자금을 차입금이라는 형식으로 '처리'하면서 지급이자 상당액을 손금산입하는 경우에는 과세소득이 줄어든다는 문제는 똑같이 생긴다. 이리하여 법은 외국법인의 국내사업장에 과소자본 세제를 적용하는 경우 국외지배주주라는 말을 외국법인의 본점, 지점, 그 외국법인의 외국 주주 및 그 외국법인·외국 주주가

18) 「국제조세조정에 관한 법률」 제22조 제1항 제1호.

19) 같은 법 제22조 제2항.

출자한 외국법인으로 정의하고 있다. 그에 맞추자면 법 제14조에서 말하는 '차입'이라는 말 역시 지급이자 상당액을 손금산입하는 본·지점간 내부거래를 포함한다고 읽어야 한다.

Ⅱ. 손금불산입 대상 지급이자

손금불산입하는 금액은 차입금 가운데 출자금의 일정 배수(倍數)를 초과하는 부분에 대한 지급이자 및 할인료이다.[20] 여기에서 '지급이자 및 할인료'란? 차입금에서 발생한 모든 이자소득으로서 사채할인발행차금상각액, 융통어음할인료 등 그 경제적 실질이 이자에 해당하는 것.[21] '그 경제적 실질이 이자'라는 말은 범위를 특정하기 어려운 개념이다. 가령 내국법인이 국외지배주주로부터 상품을 사면서 매입대금을 외상으로 산다고 할 때 매매대금 안에 들어 있는 이자 상당액은 손금불산입 대상이 되는가? 소득세법에서는 '이자소득'의 범위에 들어가지 않는다는 대법원 판결이 있으나[22] 법인세법에서는 장기 할부나 장기 외상매수 대금 속에 들어 있는 이자 상당액은 이자비용으로[23] 과소자본 세제의 적용 대상이 된다.

Ⅲ. 차입금과 자기자본의 비교

손금불산입 기준이 되는 배수로서 국외지배주주 차입금/출자금액 비율은 3:1이었다가 이제는 2:1로 바뀌었다. 금융업에서는 앞서 2011누40327 판결에서 보았듯 6:1이다.[24] 나아가 내국법인이 차입금의 규모 및 차입 조건이 특수관계가 없는 자 사이의 통상적인 차입 규모 및 조건과 동일 또는 유사한 것임을 입증하는 경우에는 그 차입금에 대한 지급이자 및 할인료에 손금불산입 문제가 안

20) 같은 법 제22조 제2항. 2배를 초과하는지는 연평균 잔액 기준(적수 기준)으로 따진다. 같은 법 시행령 제46조 제2항.

21) 건설자금이자는 제외한다. 같은 법 시행령 제46조 제2항.

22) 대법원 1991. 7. 26. 선고 91누117 판결. 현 소득세법 제16조 제1항 제12호는 이른바 유형별 포괄주의를 택하고 있지만 조세범처벌법 제13조를 생각하면 이자소득의 범위를 제한적으로 풀이해야 한다.

23) 이창희, 『세법강의』, 제19장 제2절 Ⅰ.

24) 「국제조세조정에 관한 법률」 제22조 제3항, 같은 법 시행령 제50조.

생긴다.[25] 통상적 차입 규모를 넘더라도 당해 내국법인과 동종의 사업을 영위하는 법인으로서 사업 규모 및 경영 여건 등이 유사한 내국법인의 전형적 국외지배주주 차입금/출자금액 비율의 범위 안에 드는 차입금에 대해서는 지급이자 손금불산입 문제가 안 생기도록 정하고 있다.[26] 통상적인 차입금과 동일하거나 유사한가는 이자율, 만기일, 지급방법, 자본전환 가능성, 다른 채권과의 우선 순위 등을 고려할 때 해당 차입금이 사실상 출자에 해당하지 아니한가를 따진다.[27]

국외지배주주 차입금 외에 국외지배주주의 지급보증으로 제3자로부터 차입한 금액도 과소자본 세제의 적용대상이다.[28] 미국의 1993년 개정법에서[29] 온 것.[30] 모회사가 차입금을 꾸어서 이를 다시 대여해 주는 것이나 마찬가지라는 생각 때문이다. 국외지배주주가 보증한 차입금에 더하여 국외지배주주의 지급보증이 없는 제3자 차입금도, 1) 해당 내국법인과 국외지배주주 간에 사전 약정이 있고, 2) 차입 조건이 해당 내국법인과 국외지배주주에 의하여 실질적으로 결정된다면, 이를 국외지배주주로부터 차입한 금액으로 보아 과소자본 세제를 적용한다.[31] 여기에서 '제3자'의 범위에는 특별한 제한이 없으므로 거주자나 내국법인에게 지급한 이자도 손금불산입. 제3자가 국외 특수관계자라면 앞 2)의 요건만 만족한다면 손금불산입 대상이다.[32]

차입금과 비교 대상이 되는 국외지배주주의 출자금액이란 자기자본(순자산가액)과 납입자본 가운데 큰 금액을 골라서, 그 금액 가운데 국외주주에게 속하는 부분(주주별 납입자본금 기준으로 따진다)을 말한다.[33] 국내사업장의 경우에는 출자금액이란 순자산액을 말한다. 국외지배주주로부터 차입한 금액에 대한 이자 중 손금불산입된 금액은 배당으로 본다.[34] 이같은 소득 성격 재구성에 의해 원천징수할 세액이 달라지는 경우에는 차액만을 조정한다.[35]

25) 같은 법 제22조 제4항.
26) 같은 법 시행령 제51조 제1항 제2호.
27) 같은 법 시행령 제51조 제1항 제1호.
28) 같은 법 제22조 제2항.
29) P.L. 103-66, 13228(a)조.
30) 미국세법 제163조(j)(1)(A), (3)(B), (6)(D).
31) 「국제조세조정에 관한 법률」 제23조.
32) 같은 법조.
33) 같은 법 시행령 제47조 제1항.
34) 같은 법 시행령 제49조 .
35) 같은 법 제22조 제5항.

Ⅳ. 소득처분

과소자본 세제에 따라 지급이자를 손금불산입하는 것은 이를 받아간 국외지배주주에 대한 과세에 어떤 영향을 주는가? 소득의 성격을 무엇이라 볼 것인가? 현행법에서는 국외지배주주에게 지급한 이자는 배당으로 재구성한다.[36] 한도 초과 차입금의 실질을 자본금으로 본다는 말. 비거주자가 받는 이자소득과 배당소득은 이제는 원천징수세율이 다르다.[37] 과세 시기도 달라질 수 있다.[38] 또 나중에 보겠지만 조세조약에서 이자소득과 배당소득의 구별이 중요할 수도 있다. 한편 국외지배주주의 지급보증으로 제3자로부터 차입한 금액에 대한 이자로 손금불산입된 금액은 기타사외유출로 보므로,[39] 원천징수 대상이 아니다. 납세의무자의 입장에서 본다면 모회사가 꾼 돈을 자회사에 꾸어주어야 할 형편이라면, 아예 자회사가 바로 꾸게 하면서 필요한 지급보증을 하는 편이 더 유리한 결과를 낳는다.

앞의 2011누40327 판결에서는 그 당시 법에서 배당으로 과세한다는 조문이 없다는 이유로 과세처분을 취소하고 있지만, 기실 모자회사 관계라면 성질상 당연히 배당이라는 주장이 옳다. 국내원천소득을 정한 법인세법 조문은 국내원천소득의 범위를 열거한 것이 아니고 소득의 원천을 내외로 갈라가는 기준을 소득의 종류 별로 설정하고 있는 조문이라는 점은 제1장 제3절 Ⅰ. 다른 한편, 비록 판시 이유는 틀렸지만, 이 판결의 결론은 옳다. 납세의무자가 내국법인이 아니고 국내사업장이기 때문이다. 배당이라는 개념은 애초 회사와 주주 사이에서만 있을 수 있는 개념이므로 본·지점 사이에는 애초 적용할 수가 없다. 다만 지점세라는 제도로 지점의 본점 송금액을 배당이나 마찬가지로 과세하는 것일 뿐이다. 지점세 제도가 적용되지 않는 경우에는 지점의 이익을 본점에 정면으로 송

36) 같은 법 제22조 제2항. 같은 법 시행령 제49, 법인세법 제93조 제2호. 다른 나라도 대개는 그렇다. 미국은 종래의 과소자본 세제에서는 이자소득이라는 성격을 그대로 지녔지만 현행법은 과소자본 세제를 폐지하고 소득대비 과다이자를 손금불산입한다. 아래 제5절. 입법례는, Gadwood & Morton, Interest Deductibility: the Implementation of BEPS Action 4 (General Report, 104A Cahier de Droit Fiscal International, 2019).

37) 법인세법 제98조 제1항 제1호(이자소득), 제2호(배당소득). 법인세법 제18조의2에 따른 2중과세배제는 내국법인에만 해당한다.

38) 이자소득은 현금주의로 과세하나 배당소득은 배당 결의일을 기준으로 과세한다. 법인세법 시행령 제70조 제1항, 제2항. 이창희, 『세법강의』, 제11장 제4절 Ⅱ.

39) 「국제조세조정에 관한 법률」 제22조 제2항. 같은 법 시행령 제49조.

금하더라도 배당소득으로 과세할 수 없다. 그렇다면 본점에 송금한 것으로 간주하는 이자 상당액을 배당소득으로 과세하는 것은 논리가 두동진다.

위 판결에 나왔듯 현행 법령의 글귀로는 지점이나 내국법인이나 소득처분에 아무 차이가 없이 배당소득으로 과세한다. 그러나 지점의 경우 한도 초과 이자로 손금불산입한 금액을 배당소득으로 과세할 수 있는 것은 지점세를 과세할 수 있는 범위 안에서만[40] 가능하다고 보아야 옳다.

제 3 절 과소자본 세제와 조세조약

과소자본 세제와 조세조약의 관계에서 몇 가지 어려운 문제가 있다.

Ⅰ. 조약상 소득 구분

과소자본 세제의 적용을 받아 손금불산입되는 이자는 조약상 무슨 소득으로 구분해야 하는가? 이자소득인가, 배당소득인가? 세율상한이 다르다든가 법인 단계에서 낸 세금의 일부를 주주에게 돌려준다든가, 조약에 이런 규정이 있으면 소득 구분의 문제가 생길 수 있다. 앞서 우리 국내법에서는 이를 배당소득 또는 기타사외유출로 소득처분하지만, 이는 국내법 적용상의 소득 구분일 뿐. 조약상의 소득 구분은 별개의 쟁점이다. 가령 영국조약처럼 아예 명문 규정을 두기도 한다.[41] 배당소득인지 이자소득인지라는 구분 문제는 조약의 글귀가 어떤지, 또 조약과 국내법의 관계를 정한 국내법이 있는지, 이런 요소들을 하나하나 따져 보아야 한다.

체코 행정대법원 2Afs 108/2004-16[42]

체코 공화국의 거주자 회사인 이 사건 납세자는 해외 지배주주에 해당하는 미국 회사와 네덜란드 회사로부터 돈을 빌리고 이자를 지급했다. 차입금 이자가

---

40) 제7장 제5절 Ⅱ.

41) 영국조약 교환각서 제2항은 배당소득이라고 한다.

42) 2Afs 108/2004-16 (2005. 2. 10.). IBFD "Tax Treaties" 데이터베이스.

채무자의 수익성에 연동되어 있다는 사정과 자국의 과소자본 세제에 터잡아 체코 국세청은 이 차입금의 이자를 배당금으로 재구성하면서 과도한 이자를 손금불산입했다. 아울러 국세청은 이 이자를 체코-미국 조약 및 체코-네덜란드 조약상 배당금으로 보고, 같은 조약의 배당소득 조항이[43] 정한 세율상한의 범위 안에서 원천징수세를 매겼다. 한편 같은 조약의 이자소득 조항에서는[44] 이자소득에 대한 전속적 과세권이 이자를 받는 자의 거주지에 있었다. 법원은 과소자본 세제의 적용을 받아 손금불산입하였더라도 이자는 조세조약상 여전히 이자로 구분해야 하고 따라서 원천징수 대상이 아니라고 판단했다.

같은 취지로 아일랜드 대법원의 "Murphy v. Asahi"[45] 판결. 물론 개개 조약의 글귀에 달려 있는 문제이기는 하나, 글귀가 OECD 모델 조약과 같은 조약이라면 이런 판결에 찬동하기는 어렵다. OECD 모델은 '회사법상의 권리에서 생기는 소득으로서 지급하는 회사의 거주지국 법에서 주식에서 받는 소득과 과세상 같은 취급을 받는 소득'을 배당소득에 포함하고 있기 때문이다.[46] 실제로 이 사건에서 체코-미국 조약 및 체코-네덜란드 조약의 배당소득 조항도 같은 글귀를 담고 있었다.[47] 이 글귀에서는, 우리나라처럼 국내법이 손금불산입한 이자의 성격을 배당으로 재구분하는 경우에는 조약상으로도 배당소득이라고 보아야 옳다.[48] 한편 미국법처럼 손금불산입한 이자라 하더라도 이는 여전히 이자의 성격을 가진다고 보는 법제에서는 조약상으로도 이자라고 구분할 수밖에 없다. 한결 정확히 표현한다면 미국법에서는, 조약상 이자소득으로 구분된다는 것이 과소자본 세제상 손금불산입의 전제요건이 되어 있고, 따라서 조약상 소득 구분이라는 문제가 따로 안 생긴다.

---

43) 체코-미국 조약 제10조, 체코-네덜란드 조약 제10조.

44) 체코-미국 조약 제11조, 체코-네덜란드 조약 제11조.

45) Supreme Court (Ireland) Case 81 of 1985. 제2장 제1절 Ⅲ.에서 본 판결이다.

46) OECD 모델 제10조 제3항. '회사법상의 권리'라는 말은 영어로 "corporate rights". 제10조 제3항에서는 이 말이 이자소득의 핵심개념인 "debt-claims"과 구별되는 것으로 쓰고 있어서 글귀를 따지자면 애매한 점이 없지는 않다. 가령 모회사가 자회사에게 돈을 빌려 주고 돌려받을 권리는 "debt-claim"인가, "corporate right"인가? 아니면 둘 다인가?

47) 체코-미국 조약 제10조 제4항, 체코-네덜란드 조약 제10조 제2항.

48) 김석환, "과소자본세제와 조세조약", 「저스티스」 159호(2017), 342쪽.

대법원 2018. 2. 28. 선고 2015두2710(속칭 'DBS') 판결[49]

가. 외국법인의 국내사업장을 포함한 내국법인이 국외지배주주로부터 금전을 차입한 경우 차입금 중 일정 한도 초과분에 대한 … 지급이자가 조세조약상 배당소득으로서 원천지국의 과세권이 인정되는지는 우리나라가 그 국외지배주주인 외국법인이 거주자로 되어 있는 나라와 체결한 조세조약에 따라 판단하여야 하고, 이때 만일 그 조세조약상 배당소득이 아닌 이자소득 등 다른 소득에 해당한다면 그에 따라 원천지국의 과세권 유무나 적용되는 제한세율 등이 결정된다고 할 것이다 …

(1) 한 · 싱가포르 조세조약은 제3조 제1항 (바)목에서 '법인'을 '법인격이 있는 실체 또는 조세 목적상 법인격이 있는 실체로 취급되는 기타 실체'로 규정하고 있고, 제5조 제2항 (나)목에서 고정사업장의 하나로 '지점'을 규정하고 있으며, 같은 조 제7항에서 "일방체약국의 거주자인 법인이 타방체약국의 거주자인 법인 또는 타방체약국에서(고정사업장을 통하거나 또는 다른 방법에 의하여) 사업을 영위하는 법인을 지배하거나 또는 그에 의하여 지배되고 있다는 사실만으로 어느 법인이 타 법인의 고정사업장으로 되지는 아니한다."라고 규정하는 등 법인과 지점을 명확히 구분하고 있으므로, 한 · 싱가포르 조세조약상 원고 지점을 '법인'으로 보기는 어렵다.

(2) 그런데 한 · 싱가포르 조세조약 제10조 제4항은 배당을 '주식으로부터 생기는 소득과 분배를 하는 법인이 거주자로 되어 있는 체약국의 세법에 의하여 주식에서 발생되는 소득과 동일하게 취급되는 다른 소득'으로 규정함으로써 법인이 아닌 지점 소재지국의 세법에 의한 배당소득은 상정하지 않고 있고, 또한 싱가포르의 세법에 지점이 법인에 지급한 이자를 주식에서 발생되는 소득과 동일하게 취급하는 규정이 있다고 볼 아무런 자료가 없다. 따라서 이 사건 금액은 한 · 싱가포르 조세조약에서 규정하는 '배당소득'에 해당하지 않는다.

(3) 한편 한 · 싱가포르 조세조약 제11조 제5항은 이자를 '담보의 유무와 이윤에 대한 참가권의 수반 여부에 관계없이 정부 증권, 채권 또는 사채와 모든 종류의 다른 채권으로부터 발생되는 소득 및 소득이 발생하는 국가의 세법에 따라 금전의 대부에서 발생되는 소득과 동일하게 취급되는 다른 소득'으로 규정하고 있고, 이 사건 금액은 차입금에 대한 지급이자로서 채권으로부터 발생되는

---

49) 조약상 소득구분과 국내법상 소득구분의 관계는 제3장 제4절 Ⅰ. 3.

소득에 해당하므로 한·싱가포르 조세조약에서 규정하는 '이자소득'으로 볼 수 있다.

(4) 결국, 이 사건 금액은 이 사건 조항에 의하여 국내 세법상 배당으로 간주되는 이상 국내원천 배당소득에 해당하고, 그 결과 구 조세특례제한법(2011. 12. 31. 법률 제11133호로 개정되기 전의 것) 제21조 제1항에 의하여 법인세가 면제되는 국제금융거래에 따른 이자소득에는 해당하지 않는 것이나, 다만 국내세법보다 우선하는 한·싱가포르 조세조약상으로는 배당소득이 아닌 이자소득에 해당하여 이를 전제로 제한세율 등이 정해질 것이므로, 원심으로서는 이러한 사정들을 종합하여 이 사건 처분의 적법 여부 등을 판단하였어야 했다.

라. 그럼에도 원심은 위와 같은 사정을 구체적으로 살펴보지 아니한 채 그 판시와 같은 이유만으로 이 사건 금액이 한·싱가포르 조세조약상 배당소득에 해당하지 않는 이상 이 사건 처분이 위법하다고 판단하였다. 이러한 원심의 판단에는 과소자본세제의 적용효과 및 조세조약의 소득구분 등에 관한 법리를 오해하여 판결에 영향을 미친 잘못이 있다. 이 점을 지적하는 취지의 상고이유 주장은 이유 있다.

2015두2710 판결과 앞의 체코 판결은 쟁점이 같은가 다른가? 사실관계에 어떤 차이가 있고 이 점이 결론에 어떤 영향을 미쳤는가? 체코 판결에서는 '분배를 하는 법인이 거주자로 되어있는 체약국의 세법'이란 우리나라 법이므로, 제10조 제3항은, 달리 정의하지 않은 용어는 과세하는 체약국의 법(lex fori)에 따른다는 제3조 제2항과 모순이 없다. 2015두2710 판결에서는 제10조 제3항이 제3조 제2항에 우선할 수밖에 없고 제10조 제3항의 법이 싱가포르 법이니 우리 국내법에 따른 배당 처분은 조약상 소득 구분에는 부적절하다는 것이다.[50]

Ⅱ. 과소자본 세제와 독립기업원칙

과소자본세제는 부당행위계산 부인의 일종인가? 문제의 소재를 보여주는 캐나다 판결에서 시작해보자.

---

50) 이 사건 재판연구관의 글로 곽상민, 과소자본세제에 따른 본·지점 초과이자에 따른 베당간주와 조세조약상 소득 구분, 「대법원 판례해설」(2018년 상반기), 92쪽.

Specialty Manufacturing v. Queen[51)]

이 사건 원고는 미국법인의 캐나다 자회사이다. 원고는 소요 자금 거의 전액을 모회사 및 모회사의 자매회사에서 꾼 차입금 형식으로 조달하였고 자기자본은 거의 없었다.[52)] 캐나다의 과소자본 세제는 발행주식 총수의 25% 이상을 소유한 외국 주주(특수관계자의 주식을 합산하여 25% 이상 해당 여부를 계산한다)로부터 꾼 차입금이 자기자본의 3배를 초과한다면, 그런 초과분 차입금에 대한 지급이자는 공제할 수 없다고 정하고 있다.[53)] 따라서 국세청은 원고가 모회사 및 이모회사에 지급한 지급이자 거의 전액을 손금부인하였다.

그런데 문제는 이 차입금이, 모회사와 이모회사가 아무런 특수관계가 없는 은행에서 꾼 돈을, 꾼 금리 그대로 원고에게 다시 꾸어준 것이라는 점이다. 이 사건 1심에서 원고는 국세청의 과세처분은 두 가지 점에서 조세조약에 어긋난다고 주장한다. 첫째는 독립기업 원칙에 어긋난다는 것이고, 둘째는 차별금지 조항에 어긋난다는 것이다. 둘째 주장은 잠시 미루어 놓고 우선 첫째 주장만 살펴보자.

원고가 모회사 및 이모회사에 지급한 차입금 금리가 독립기업 사이의 금리임에는 의문의 여지가 없다. 그렇다면 이 지급이자는 독립기업의 원칙에 맞는 것이고, 이를 손금불산입하면 미국-캐나다 조세조약에 어긋난다는 것이다. 다시 말하면 원고 주장은 거주지국의 증액경정은 오로지, 특수관계자 간 거래 조건(이 사건에서는 이자율)이 독립기업의 원칙에 어긋날 때에만 가능하다는 것이다. 그러니 쟁점인 증액경정은 불가능하다는 것.

원고는 이 주장의 논거로 OECD 모델 주석을[54)] 들이대지만, 하급심인 캐나다 조세법원은 원고가 드는 주석이 1992년에 나온 것인 데 비해 이 사건에 적용될 미국-캐나다 조약은 이미 1942년에 체결되고 그 뒤 1980년에 수정되었다는

51) Specialty Manufacturing v. Queen, Federal Court of Appeal (Canada), Case No. 659-97 (1999. 5. 18.). 1심 판결은 Tax Court of Canada Case No. 95-781(IT)G (1997. 8. 25.). 과소자본세제에 관한 여러 나라 판결 가운데 구태여 이 판결을 보기로 드는 것은 영어로 적힌 판결 가운데에서 논점을 가장 잘 보여주기 때문이다. 다른 나라 판결 가운데 대표적인 보기로는 프랑스의 Andritz 판결이다. Conseil d'État, 30 décembre 2003, n° 233 894 (SA Andritz). 아래 Ⅳ. 상세는 Berengier, "French Supreme Court Decisions Undermine Thin Capitalization Rules", 2004 Worldwide Tax Daily 11-1 (2004. 1. 16.).

52) 항소심 판결 13문단.

53) 캐나다 "Income Tax Act" 제18조 제4항, 같은 판결 3문단에서 재인용.

54) OECD 모델 제9조 주석 3문단.

> 점을 지적한다. 1992년의 주석은 그 전에 체결된 조약의 해석에 참고하기에는 적절하지 않다는 것이다.[55] 한편 원고가 인용한 주석과 무관한 1942년 조약이나 1980년 조약에서는, 과소자본 문제는 독립기업 원칙의 적용범위에 들어가지 않는다고 판시한다. 따라서 조약은 국내법상 과소자본 세제를 금하는 것이 아니고, 이자율이 독립기업 원칙에 맞는다는 사정만으로 국내법상 과소자본 세제의 적용을 막을 수는 없다고 판시하였다.
>
> 2심 판결은 거래 조건이 독립기업의 원칙에 맞는 한 조세조약이 지급이자 손금불산입을 금지한다는 원고 주장 자체는 받아들이지만, 거래 조건이 독립기업의 원칙에 맞는다는 말은 이자율만이 아니라 자본 구조(資本構造)까지 포함하는 개념이라고 판단한다. 이 사건에서 원고에게 자기자본이 거의 없다는 원고와 모회사의 관계 자체가 독립기업의 원칙에 맞지 않는 것이고, 독립적 제3자라면 그런 회사에 돈을 꿔줄 리가 없다는 것이다. 따라서 이 건 이자지급은 독립기업 원칙에 어긋나는 것으로 손금불산입할 수 있다고 판시하였다. 원고 패소.

"Specialty Manufacturing" 사건의 1심 판결과 항소심 판결은 독립기업 원칙과 과소자본 세제의 관계에 대해서 아주 다른 생각을 보여주고 있다. 1심은 과소자본 세제는 독립기업 원칙과 무관하고, 조약의 범위 밖에 있는 문제이기 때문에 내국법인에게 국내법을 적용하여 손금불산입하는 것이라 보고 있다. 이에 비해 2심 판결은 과소자본 세제는 독립기업 원칙의 일부이지만, '독립기업이라면 돈을 꿔주지 않았을 것이므로' 원고의 이자 지급은 독립기업 원칙에 어긋난다고 한다. 프랑스 법원의 "Andritz" 판결은 독립기업 원칙은 이자율의 적정성을 따지는 조항일 뿐이고, 과소자본 세제를 독립기업 원칙으로 정당화할 수는 없다고 판시하였다.[56]

"Specialty Manufacturing" 사건에서는 원고에게 자기자본이 거의 없었다는 특별한 사정 때문에 어느 입장을 따르든 결론에 차이가 없지만 일반론으로 두 가지 생각은 아주 다른 결과를 낳을 수도. 사실관계를 바꾸어 가령 원고의 재무구조가 그렇게까지 나쁘지는 않았고 비슷한 처지에 있는, 국외지배주주가 없는 다른 회사의 재무구조와 비슷했다고 치자.[57] 원고는 자신의 재무구조가 독립기

55) 조세조약 해석에서 OECD 모델 주석의 지위에 대해서는 제2장 제2절 III. 참조.

56) Conseil d'Etat 1983. 11. 4. 선고 34516 판결; Conseil d'État, 30 décembre 2003, n° 233 894 (SA Andritz). Berengier, 앞의 글에서 재인용.

업 원칙에 어긋나지 않는다는 이유로 국내법상 과소자본 세제의 적용을 피할 수 있는가? 과소자본 세제가 독립기업 원칙의 일부라면 피할 수 있어야 한다. 한편 과소자본 세제가 독립기업 원칙의 일부가 아니라면 손금불산입 여부는 조약의 제한을 받지 않는 것이고, 납세의무자의 이자 지급이 독립기업 원칙에 어긋나지 않는다는 것을 입증하더라도 이자의 손금불산입은 국내법에 따를 뿐이다.

독립기업 원칙과 과소자본 세제의 관계는 큰 혼선을 보이고 있다. 혼선이 있기는 하나 OECD 모델 주석은 기본적으로는 과소자본 세제가 독립기업 원칙의 적용범위 안에 들어가고 과소자본 세제는 독립기업 원칙에 어긋나지 않도록 운용해야 한다고 한다. OECD 모델 주석은, 가) 제9조가 국내법상의 과소자본 세제를 막는 것은 아니나 제9조를 적용하기 위해서는 그 적용 결과가 차입자의 이윤을 독립기업 사이에서 얻었을 이윤에 맞추는 것이어야 하고, 나) 제9조는 모자회사 간 금리가 적정한가라는 판단만이 아니라 차입금이라는 겉모습을 띤 돈이 실제는 자기자본이나 기타 다른 성격을 지닌 것인가라는 판단에도 적절하고, 다) 과소자본 세제의 적용결과는 독립기업이 얻었을 이윤을 넘으면 안 된다고 한다.[58] 과소자본 세제란 특수관계자들이 자기자본에 차입금이라는 겉모습을 씌워놓은 것을 실질에 맞추어 자기자본으로 재구분하는 제도라고 보는 것이다. “Specialty Manufacturing” 판결의 항소심도 이런 관점. 재무구조가 나쁜 이상 독립적 제3자는 돈을 꿔주지 않았을 것이고 따라서 원고가 지급한 이자는 손금불산입한다는 것이다.

과소자본 세제를 이처럼 숨은 이익처분의 일종이라고 본다면 이는 부당행위계산 부인의 한 갈래. 한편 독립기업 원칙이란 당연히 부당행위계산 부인 제도와 같은 것이다.[59] 그렇게 본다면 과소자본 세제와 독립기업 원칙은 본질적으로 같은 것이라고 생각할 수도 있다. 이리하여 우리나라를 비롯한 일부 국가에서는 특수관계자 차입금이 기준 차입금을 넘는 회사라 하더라도, 제3자 차입금을 가진 다른 회사들의 재무구조나 및 차입 조건과 마찬가지라는 것을 증명하면

57) 가령 우리 현행법에서는, 부채/자본비율이 2:1을 넘더라도 “나만 자본구조가 유달리 나쁜 것이 아니다”라는 사실을 입증하면 지급이자의 손금불산입을 피할 수 있다. 「국제조세조정에 관한 법률」 제22조 제4항. 그러나 “Specialty Manufacturing” 사건 당시의 캐나다 법에는 이런 내용이 없었다.

58) OECD 모델 제9조 주석 3문단.

59) 이창희, 『세법강의』, 제17장 제2절 V.

과소자본 세제의 적용을 벗어날 수 있다고 정하고 있다.[60] 조약이 있는 경우 내국법인과 상대방 체약국 거주자인 특수관계인 사이의 거래에 따르는 내국법인에 대한 우리나라의 과세는 독립기업 원칙을 따라야 하므로, 위와 같은 증명이 있는 부분은 독립기업 원칙에 어긋나지 않는다는 생각이다.

그러나 과연 그런가? 여기에서 관점을 바꾸어 "Specialty Manufacturing" 사건에서 모회사의 거주지국인 미국 국세청의 입장에서 독립기업의 원칙을 적용해 보자. 모회사는 이자를 제대로 받고 있는가? 독립기업 원칙이란 국외지배주주와 현지법인의 관계가 금전 소비대차 관계임을 전제로 하고, 독립적 제3자라면 어떻게 할 것인가를 묻는 것이다. 이 사안을, 가령 독립기업 원칙에 따라 특수관계자 사이의 사용료를 조정하는 경우와 견주어보자. 독립기업 원칙이란 어디부터 가정하고 들어가는 것인가? 기술을 제공한다는 사실까지 가정하고 사용료만 조정하는 것이다. 특수관계가 없었더라면 아예 기술을 제공하지 않았을 것이라고 가정하지는 않는다.[61] 여기에 맞춘다면 과소자본 세제에서도 돈은 꿔주었다고 가정하고 특수관계 없는 자라면 이자율을 얼마로 계산했을까를 묻는 것이다. 달리 생각하면, 주주 외에는 아무도 돈을 댈 사람이 없었다는 이유로 이 돈은 출자라고 생각한다면 같은 논리로 기술을 대는 것도 현물출자가 될 수밖에 없다. 이전가격에서 문제되는 다국적기업의 기술이란 제3자에게서는 구할 수 없는 것이고 특수관계자만이 제공할 수 있는 것이기 때문이다. 독립기업 원칙이라는 것이 기술의 제공 자체는, 기술의 현물출자가 아니라 라이선스하는 것이라고 거래 형태를 특정해 놓고 그 거래 조건, 곧 사용료가 적정한가를 묻는 것이라면, 자금 관계에서도 같은 원칙은 자금의 제공 자체는 금전 소비대차로 특정해 놓고 이자율이 적정한 것인가를 묻는 것이어야 논리의 앞뒤가 맞는다.

현지법인의 재무구조가 거의 차입금이라는 사실을 전제로 하고 제3자가 원고에게 돈을 꿔준다면 이자를 이 사건 은행 이자율보다 더 받으려 할까, 덜 받으려 할까? 당연히 훨씬 더 받으려 할 것. 독립기업 원칙에 따르자면 미국은 모회사의 이자소득을 증액경정할 수 있을 것이다. 그렇다면 캐나다가 자회사의 소득을 감액경정해 주어야 독립기업 원칙에 맞는다. 무슨 말인가? 과소자본 세제는 독립기업 원칙과 기본적으로 반대되는 방향에 있다는 말. 이와 달리 항소심

60) 「국제조세조정에 관한 법률」 제22조 제4항.

61) 제4장에서 본 U.S. Steel, Bausch & Lomb, Natwest II 판결을 다시 보라.

판결은 재무구조가 나쁜 회사라면 아무도 돈을 꿔주지 않았을 것이고, 따라서 지급이자가 생기지 않았을 것이라고 보고 있다. 그러나 이런 생각을 앞 문단에서 본 기술료 이전가격으로 끌어들이면 재무구조가 나빠지는 한 사용료라는 형식으로도 돈을 받아갈 수 없고 기술을 현물출자 해야 마땅하다는 주장이 언제라도 서게 된다. 결국 과소자본 세제를 독립기업 원칙의 일환으로 정당화하기는 어렵고, 과소자본 세제는 독립기업 원칙과 별개의 제도라고 보아야 논리의 앞뒤가 맞는다.

그러나 아무튼 OECD가 과소자본 세제의 도입을 의무화하고 있는 이상 실무적 법해석론으로서는, 과소자본 세제는 조약과 아무런 모순이 없고 특수관계인 차입금의 비율이 제3자 차입금뿐인 다른 법인보다 높다는 사실 자체가 독립기업 원칙에 어긋난다고 답을 낼 수밖에 없다. 아예 조약 자체에 과소자본 세제와 독립기업 원칙 사이에 모순이 없다고 못박기도 한다.[62] 수많은 법률 문제에서 으레 익숙한 수법을 빌려서 '통설, 다수설이다'는 논거 아닌 논거를 대고 더 이상 따지지 않는, 불편한 진실을 받아들일 수밖에.

Ⅲ. 과소자본세제와 손금산입 차별금지

Speciality Manufacturing v. Queen (계속)

원고는 둘째 주장으로 캐나다의 과소자본 세제가 1980년에 체결된 미국-캐나다 조세조약의[63] 차별금지 조항에 어긋난다고 우겼다. 곧 캐나다 정부는, 이자를 지급받는 자가 미국 거주자인가 캐나다 거주자인가에 따라 원고의 이자비용 손금산입 여부에 차별을 둘 수 없다는 것이다.[64] 따라서 돈을 지급받는 자가 미국 거주자라는 이유로 차별적으로 이자비용을 손금불산입하는 것은 조약에 어긋난다는 것이다. 이 내용은 OECD 모델조약과[65] 같지만, 미국-캐나다 조약에는 모델에 없는 특칙이 있다. 곧 1980년 조약 체결 당시 캐나다 국내법에는 이미 과소자본 세제가 있었고, 같은 조약은 이 세제는 조약상 차별금지 원칙과 무관하게 그대로 적용할 수 있다고 정하고 있었다. 따라서 조세법원은 차별금지

62) 영국조약 교환각서 제2조.
63) 이 조약은 이 사건 쟁점 과세연도 가운데 일부에만 적용된다.
64) 1980년 미국-캐나다 조약 제25조 제7항.
65) OECD 모델 제24조 제4항.

주장도 내친다. 2심에서는, 원고도 차별금지 주장을 아예 제기하지 않았다.

미국-캐나다 조약의 특약은 이 글의 관심 밖이고, 이하에서는 일반론으로 이런 특약이 없는 경우 차별금지 조항과 과소자본 세제의 관계 문제를 생각해보자. 차별금지 조항에는 여러 가지 내용이 들어있지만, "Specialty Manufacturing" 사건에서 쟁점이 된 것은 현행 OECD 모델 조약 제24조 제4항에 해당하는 내용이다.

2017 OECD Model Article 24 (Non-discrimination)

4. Except where the provisions of paragraph 1 of Article 9, paragraph 6 of Article 11, or paragraph 4 of Article 12, apply, interest, royalties and other disbursements paid by an enterprise of a Contracting State to a resident of the other Contracting State shall, for the purpose of determining the taxable profits of such enterprise, be deductible under the same conditions as if they had been paid to a resident of the first-mentioned State.

2017년 OECD 모델 제24조(차별금지)

4. 예외로 제9조 제1항, 제11조 제6항 또는 제12조 제4항이 적용되지 않는 한, 이자, 사용료 기타 지출로 한 체약국기업이 지급을 상대방 체약국 거주자에게 하는 것은 그런 기업의 이윤을 결정할 때, 이를 공제해주기를 똑같은 조건으로 해주되 마치 전자의 체약국 거주자에게 지급한 것처럼 똑같이 해주어야 한다.

비용을 지급하는 자의 거주지국은 비용을 지급받는 자가 자국 거주자인가, 또는 상대방 체약국 거주자인가에 따라서 비용의 손금산입에 차별을 둘 수 없다는 것. 과소자본 세제는 이 손금산입 차별금지에 어긋나지 않는가? OECD 모델 주석은[66] 채권자가 거주자이든 비거주자이든 과소자본 세제를 똑같이 적용한다면 차별금지 원칙에 어긋날 바 없다고 한다. 그야 물론 너무나 당연한 말씀. 문제는 세계 각국의 과소자본 세제는 애초 비거주자에게 지급하는 이자를 노리고

66) 2008년 삭제 전의 1992년 OECD 모델 제25조 주석 58문단.

만든 것이라는 점이다.[67] 한편 차별이 있는가라는 문제는 해외 모회사가 직접 받는 차입금 이자에서만 생긴다. 해외 모회사의 지급보증을 받은 차입금의 지급이자는 이자를 받는 자가 거주자이든 비거주자이든 모두 손금불산입 대상이 되기 때문이다.[68]

해외 모회사가 직접 받는 차입금 이자에 대한 손금불산입은 조약상 차별금지 의무에 어긋나는가? 미국 국회의 공식적 입장은 아니라고. 그 이유는? 미국의 과소자본 세제는 비거주자에게만 적용하는 것이 아니라 미국 거주자라 하더라도 미국 세금을 면제받는 자(=비영리법인)에게는 똑같이 적용하기 때문이라나.[69] 그러나 사실 이 설명은, 과소자본 세제가 손금산입의 차별이라는 시비를 막자고 붙여 놓은 억지에 가깝다. 여러 가지 이론적 시비 가운데 한 가지만 들어 보더라도, 미국 거주자인 비영리법인이 지배주주로서 그 산하에 영리법인을 거느리는 경우는 사실 거의 없으니까. 비영리법인은 그 성질상 다른 내국법인에 대한 지배권을 장악하는 경우가 거의 없기 때문이다. 한편 우리 법은 미국법 같은 '위장 전술'을 쓰지 않고 과소자본 세제를 애초부터 해외 지배주주에게만 적용한다.[70]

그러나 과소자본 세제가 손금산입 차별금지에 어긋난다고 바로 결론 짓기는 아직 이르다. 모델조약의 글귀를 보면, '독립기업 원칙을 적용하는 경우만 빼고' 차별은 안 된다고 적고 있으니까.[71] 이 말은 독립기업 원칙에 맞는 범위 안에서는 차별도 가능하다는 뜻으로 읽을[72] 여지가 있으니까.

이 점에 관하여 미국 모델 주석은, 미국의 과소자본 세제는 이 예외 덕택에 조약 위반에서 벗어난다고 한다.[73] 이 말은 과소자본 세제가 개념상 독립기업 원칙의 일부라는 생각을 전제로 해야 성립할 수 있는 말이다. 그러나 이 주석은 과소자본 세제에 관한 미국의 일반적 주장과 앞뒤가 어긋난다. 미국은 과소자

67) 미국의 조약에서도 saving clause에 불구하고 과소자본세제가 채권자에 따른 손금산입 차별금지를 낳는가라는 문제는 여전히 생긴다. 차별금지조항은 saving clause에 우선하기 때문이다. 미국 모델 제1조 제5항, Rev. Rul. 72-330, 1972-2 CB 444, amplified by Rev. Rul. 72-598, 1972-2 CB 451, superceded by Rev. Rul. 91-58, 1991-2 CB 340.

68) 이 장 제2절 Ⅲ. 참조.

69) HR Conf. Rep. No. 386, 102d Cong., 1st Sess. 569 (1989).

70) 「국제조세조정에 관한 법률」 제22조 제2항.

71) OECD 모델 제24조 제4항, 미국 모델 제24조 제4항.

72) "Specialty Manufacturing" 사건의 하급심 판결은 그렇게 읽고 있다.

73) 미국 모델 제24조 주석 354문단.

본 세제에 따라 손금불산입하더라도 지급이자는 여전히 지급이자로서의 성격을 지닌다는 생각에 터잡아, 국내법에서는 과소자본 세제를 손금산입 시기의 문제로 생각하고 있다.[74] 그러나 이런 생각은 독립기업 원칙과 충돌한다. 앞서 보았듯 재무구조가 나쁜 회사에 독립적 제3자가 돈을 꿔주는 상황을 생각해 본다면 당연히 더 많은 이자를 받을 것이기 때문이다. 과소자본세제를 독립기업 원칙의 일부라고 말하면서, 그렇더라도 이자는 이자라고 말하는 것은 논리에 닿지 않는다.

OECD 모델조약의 글귀에서도 독립기업 원칙을 적용하는 한 손금산입에 차별이 가능하다.[75] 주석은 이 말을 풀이하면서, 국내법상 과소자본 세제에 따라 외견상 이자를 배당으로 재구성하는 것은 독립기업 원칙의 범위 안에서만 허용될 수 있다고 한다.[76] 또 독립기업 원칙이 과소자본 세제를 막는 것은 아니나, 과소자본 세제를 적용한 결과로 산출되는 차입자의 소득은 독립기업 원칙에 따른다면 발생할 소득을 추산하는 것이어야 한다고 한다.[77] 이런 점에서 OECD 주석의 입장은 과소자본 세제가 반드시 독립기업 원칙의 일부는 아니고 서로 별개의 제도라고 생각하면서, 독립기업 원칙에 따라 산정한 차입자의 과세소득이 과소자본 세제를 적용한 결과 나오는 과세소득의 상한(上限)이라고 말하고 있는 것이다. 그러나 같은 주석은 외견상 차입금의 실질이 이자인가라는 문제의 판정에는 독립기업 원칙이 적절하다고 적고 있기도 하고[78] 이 점에서는 과소자본 세제가 독립기업 원칙의 일부라는 듯한 느낌을 풍기고 있기도 하다.

현실적으로 과소자본 세제와 손금산입 차별금지 조항의 관계는 '눈 감고 아웅'이다. 미국 국회가 억지 명분을 만들어 둔 데서 알 수 있듯 과소자본 세제는 손금산입 차별금지 조항에 어긋난다. 그러나 세계 거의 모든 나라가 과소자본 세제를 가지고 있고 OECD도 그렇게 하라고 권고하기도 했다.[79] 과소자본 세제가 손금산입의 차별이라는 점을 누구나 다 알면서도, 차별이 아닌 척 하고 있는

---

74) 이 장 제1절 참조.
75) OECD 모델 제24조 4항.
76) OECD 모델 제24조 주석 74문단.
77) OECD 모델 제9조 주석 3문단.
78) 같은 문단.
79) OECD Committee on Fiscal Affairs, "Thin Capitalization, Taxation of Entertainers, Artistes and Sportsmen-Issues".

것. 바로 이 위선 때문에 과소자본 세제의 본질이 무엇인가, 이 제도와 차별금지의 관계는 무엇인가를 둘러 싼 논의가 온통 헝클어져 있는 것이다. 글귀만 따지자면, 독립기업 원칙을 적용하는 한 손금산입에 차별을 둘 수 있다는 모델조약의 글귀는, 국내 거래는 내버려 둔 채 국제 거래에만 부당행위계산을 부인할 수 있다는 말이다. 거래 상대방의 소득을 줄여주는 대응조정을[80] 인정하는 한 국내 거래에서는 부당행위계산 부인의 실익이 거의 없기 때문이다. 그러나 너무나 당연해 보이는 이런 해석론은 현재까지 국제사회에서 전혀 나온 바가 없다. 이 글귀는 그저 과소자본 세제가 차별금지에 어긋나지 않는다는 결론에 견강부회(牽强附會)되고 있을 따름이다.

Ⅳ. 과소자본 세제와 외국인 투자기업에 대한 차별금지

조세조약은 모델조약에 따라 외국인 투자기업을 다른 내국법인보다 불리하게 차별하는 것을 금하고 있다.

2017 OECD Model Article 24 (Non-Discrimination)

5. Enterprises of a Contracting State, the capital of which is wholly or partly owned or controlled, directly or indirectly, by one or more residents of the other Contracting State, shall not be subjected in the first-mentioned State to any taxation or any requirement connected therewith which is other or more burdensome than the taxation and connected requirements to which other similar enterprises of the first mentioned State are or may be subjected.

2017년 OECD 모델 제24조(차별금지)

5. 한 체약국 기업의 자본의 전부나 일부의 소유나 지배를 직간접적으로 상대방 체약국 거주자(들)가 하는 경우 그 기업에게, 전자의 체약국은 세금이나 그에 연관된 다른 요구를 그 체약국의 다른 비슷한 기업이 지거나 질 수 있는 세금이나 연관된 요구와 다르거나 그보다 더 무겁게 지울 수 없다.

“Specialty Manufacturing” 사건에 적용되는 1987년의 미국-캐나다 조약 제

80) 이창희, 『세법강의』, 제22장 제3절 Ⅲ 참조.

25조(차별금지)에도 마찬가지로 외국인 투자기업에 대한 차별금지 조항도 들어 있다.[81] 이 사건에서는 무슨 이유에서인지 원고가 이 주장을 내세우지 않았지만, 과소자본 세제는 외국인 투자기업에 대한 차별 아닐까? 과소자본 세제란 결국 '한 체약국 기업의 자본의 전부나 일부를 다른 체약국 거주자가 직·간접적으로 소유하거나 통제'한다는 이유로 다른 기업보다 불리하게 이자의 손금산입을 제약하는 것 아닌가. 가령 앞서 보았듯 미국의 과소자본 세제에서는 외국 주주가 지급보증한 차입금의 이자는 손금산입 차별금지에는 걸리지 않는다. 이자를 받는 자가 거주자이든 비거주자이든 모두 과소자본 세제에 걸리기 때문이다. 그러나 이 경우도 외국인 투자기업에 대한 차별이라는 주장은 일단 성립한다. 지급보증한 자가 미국 주주라면 지급이자를 손금산입하니까.

2008년까지 OECD 모델 주석은 외국인 투자기업 차별금지 조항이 "과소자본 세제에 적절하기는 하지만 이는 일반 조항이므로, 이자비용의 손금산입에 관한 한 이 논점을 한결 더 특정하고 있는 제4항(이 항은 제9조 제1항 및 제11조 제6항에 대해 언급하고 있다)을 우선적용해야 한다"고 적고 있었다.[82] 그러나 사실 이 주석은 틀렸다. 제4항은 비용을 지급받는 자의 내외 구분에 따른 차별을 금지하는 것이고 제5항은 주주의 내외 구분에 따른 차별을 금지하는 것이므로, 제4항이 제5항에 대한 특별법이 아니다. 서로 적용범위가 다른 조항일 따름이다. 두 조항이 겹치는 부분에서 어느 조항이 우선하는가에 대한 답을 조약의 글귀에서 끌어낼 수는 없다. 이리하여 현행 OECD 모델은 앞의 설명을 슬쩍 삭제했다.[83]

이 논점을 다룬 사건으로 프랑스 법원의 판결을 보자.

Andritz 판결[84]

이 사건 원고는 오스트리아 법인의 프랑스 99% 자회사이다. 프랑스법은 자

---

81) 미국-캐나다 조약(1987), 제25조 제5항.

82) 2008년 삭제 전 OECD 모델 제24조 주석 58문단.

83) 2017년 OECD 모델 제24조 주석 79문단. Burkhalter-Martinez, BEPS Action 4 and Its Compatibility with the Principle of Non-Discrimination Under Article 24(4) of the OECD Model Convention, 47 Intertax 55 (2019), 특히 61쪽은 주석의 해석론이 실제 바뀐 것이 없다고 하나, 애초 종래의 해석론부터 틀렸다. 79문단의 설명을 받아들이자면 따지려 하지 말고 그냥 축자적 신앙의 대상으로 삼는 길뿐이다.

84) Conseil d'État, 30 décembre 2003, n° 233 894 (SA Andritz). 이 판결의 내용은 Berengier, 앞의 글에서 재인용하였다.

기자본의 1.5배를 넘는 주주 차입금의 이자는 손금불산입한다.[85] 다만 모회사가 프랑스에서 법인세를 내는 회사로서 배당소득 2중과세의 혜택을 받는 회사라면 자회사가 지급이자를 손금산입할 수 있다. 원고는 이런 국내법은 외국인 투자기업에 대한 차별이므로 조약에[86] 어긋난다고 주장했다. 1심은 원고의 주장을 받아들였지만 2심은 국세청 승소 판결을 내렸다. 그 이유로 2심은 외국법인도 프랑스에 고정사업장을 두고 있다면 프랑스에 법인세를 내고 따라서 고정사업장에 딸려 있는 자회사는 모회사의 고정사업장에 지급한 이자를 손금산입할 수 있으므로 차별이 없다는 점을 내세웠다. 그러나 대법원은 2심 판결을 다시 뒤집어 원고승소 판결을 내렸다. 국세청은 프랑스 자회사를 거느린 외국의 모회사와 프랑스 자회사를 거느린 프랑스 모회사는 서로 같은 상황에 있다고 볼 수 없고, 따라서 둘을 달리 취급한다고 하더라도 차별이 아니라고 주장하였다. 그러나 대법원은, 오스트리아 회사가 프랑스에서 사업 활동을 벌였더라면 프랑스에서 법인세를 내었을 것이므로, 프랑스에 국내사업장이 없는 회사라고 하더라도 오스트리아 회사와 프랑스 회사를 차별해서는 안 된다고 판결하였다.

한편 이 논점에 관한 미국 국회의 입법심의 자료(상원 재정위원회 보고서)는 과소자본 세제가 '주로 외국계 다국적기업에 영향을 주겠지만' 그렇더라도 차별은 아니라고.[87] 그 이유는? 과소자본 세제의 유일한 목적이 '주주가 비거주자라는 사실 때문에 국내법이 실효를 발휘하기 어려운 영역에서 외국인 투자기업과 다른 미국 납세의무자를 비슷하게 대우하기 위한 것'이라나. 갈피 잡기 어려운 설명. 결국 차별임은 인정하면서, 국내법의 실효성을 확보하려면 차별이 불가피하다는 말을 돌려서 하고 있는 것이다. 같은 보고서는 조금 더 솔직하게 과소자본 세제가 '비슷한 환경에 있는 사람들을 엉뚱하게 달리 대우하지는 않는다고 위원회는 생각'한다고 속내를 드러내기도 했고.

결국 문제는 '국내법의 실효성 확보'가 조약의 글귀에 어긋나는 차별을 정당화할 수 있는가가 된다. 국내법 규정을 조약에 우선시킬 만한 사정이 없다면 해석론으로는 긍정하기 어렵다.[88] 이리하여 조세조약에 명문의 규정을 두어 차

85) 다른 요건도 있다. 프랑스 세법 제39조 제1항, 제212조.

86) 프랑스-오스트리아 조약 제26조 제3항.

87) S. Rep. No. 36, 103d Cong., 2st Sess. 318(1993).

88) 이에 대해서는 제2장 및 이재호, "국내법에 의한 조세조약의 배제에 관한 연구", 서울대학교 법학박사 학위논문(2007) 참조.

별금지 조항의 예외로 과소자본 세제를 명문으로 정하는 조약이 많이 생겨나게 되었다. "Speciality Manufacturing" 판결의 캐나다 조약이 바로 그렇다.

그러나 적어도 유럽 내부에서는 이런 조약에 다시 제동이 걸리게 되었다. 유럽법의 차별금지가[89] 다시 쟁점이 되는 까닭이다.

Lankhorst-Hohorst 판결[90]

이 사건 원고는 네덜란드 회사 LH BV의 독일 자회사인 "LH GmbH"이다. 이 사건 원고는 LH BV의 모회사인 네덜란드 회사 LT BV에서 시장 금리로 후순위 사채 형식으로 돈을 꾸었다. 독일 국세청은 과소자본 세제를 적용하여 이 사채에 대해 원고가 지급하는 이자를 숨은 배당으로 보아 손금불산입하면서 법인세를 추징하였다. 이에 대해 원고는 독일의 과소자본 세제는 유럽법의 차별금지(기업 설립의 자유)에 어긋난다고 주장하였고 독일의 조세법원은 유럽법원에 이 부분에 관한 판단을 구하였다. 이에 대해 독일 정부, 덴마크 정부, 영국 정부, 그리고 유럽 행정부(Commission)는 과소자본 세제는 이자 형식으로 과세소득을 줄여 조세를 회피하는 것을 막자는 규정이고, 이 조항이 없으면 자회사의 소득에 대한 세수가 주주의 소재지국으로 넘어간다는 점을 지적하였다. 그러나 유럽법원은 기존 판례에 따라 세수에 대한 고려는 차별을 정당화하지 않고, 더구나 자회사 소재지국과 모회사 소재지국을 합쳐 본다면 조세회피는 없다고 판시하였다. 두 번째로 독일 정부와 영국 정부는 과소자본 세제는 세제의 통일성 유지에 필요하다고 주장하면서, 한결 구체적으로는 과소자본 세제는 조세조약의 독립기업 원칙에 맞는다고 주장하였다. 주주 차입금을 인정할지는 그 차입금을 제3자로부터 조달할 수 있었을까를 물어서 정해야 하고, OECD 모델이 시장 여건에 맞지 않는 주주 차입금 이자를 손금불산입하는 것은 이런 관점에 서 있다는 것이다. 그러나 법원은 일반론으로 조세 체계의 통일성이 차별을 정당화할 수 있는 경우도 있기는 하지만[91] 이 사건에서는 차별을 정당화할 만한 사유가 못 된다고 판시하였다.[92]

---

89) 유럽법원은 기업 설립의 자유, 자본 이동의 자유, 노동력 이동의 자유, 상품 이동의 자유 등 '자유' 개념에서 차별금지 원칙을 끌어내고 있다. 초기 판결의 예로, Judgment of the Court of 7 May 1985, Commission v. France, C-18/84, EU:C:1985:175.

90) Judgment of the Court of 12 December 2002, Lankhorst-Hohorst,C-324/00, EU:C:2002:749

91) Judgment of the Court of 28 January 1992, Bachman, C-204/90, EU:C:1992:35; Judgment of the Court of 28 January 1992, Commission v. Belgium, C-300/90, EU:C:1992:37.

92) 그 이유로 이 사건 납세의무자는 독일 정부의 조치로 피해를 입을 뿐 덕보는 것은 없다고 지

"Lankhorst-Hohorst" 판결에 대한 유럽 각국의 반응은 크게 두 가지. 하나는 과소자본 세제를 없애거나 약화시키는 것이고 또 하나는 이 제도를 국내 출자자에게도 적용하는 것이다. 스페인이 전자를, 영국과 이탈리아가 후자를 택했다고 한다.[93] 프랑스도 후자의 길을 택하면서 미국법을 본따 손금불산입 이자를 장래로 이월할 수 있게 했다.[94] 한편 독일은 특수관계 여부를 불문하고, 또 이자를 받아가는 자의 내외를 불문하고 지급이자의 손금산입에 제한을 가하도록 법을 고쳤다.[95] 국내 투자에서 법인세 2중과세 부담을 제거해 주는 제도를 가지고 있는 나라라면 후자의 길을 택해도 별 무리가 없다. 어차피 국내 투자에는 자기자본을 부채로 위장하려는 압력이 생기지 않기 때문에 애초부터 과소자본 세제를 국내 출자자에게 적용했어도 별 문제가 없기 때문이다. 그러나 문제는 이제 훨씬 복잡한 양상을 띠게 되었다. 유럽 법원의 또 다른 판결인 "Hoechst/Metallgesellschaft" 판결의 여파로[96] 유럽 각국은 국내 주주에게만 배당세액공제를 적용하던 종래의 2중과세 배제 방식을 버리고 국내 투자에서도 고전적 세제로 돌아가고 있기 때문이다. 이렇게 되면 부채와 자본의 구별 문제는 다시 국제·국내를 가릴 것 없는 일반적 문제로 등장하게 된다. 그러나 고전적 세제를 유지하는 이상 이 문제는, 미국의 경험이 보여주듯 애초 답을 낼 수가 없다. 어쨌든 기존의 유럽법원 판결을 전제로 하고 각국이 세법을 짠다면 국내·외에 모두 적용하는 과소자본 세제를 짤 수밖에 없을 것이다.

결론적으로 과소자본 세제는 조세조약상 독립기업 원칙 및 차별금지 조항

적하고 있다. 유럽법에서 차별금지원칙 위반의 정당화 사유로 인정되는 세제의 통일성 내지 세법 체계의 일체성(coherence of the tax system)은 Bachman 사건(앞의 각주 91)에서 최초로 인정되었다. Bachman 사건에서는 보험료의 소득공제와 보험금의 과세권이 '직접 관련성'(direct link), 즉, 조세부담과 조세혜택이 동일한 소득 및 납세자와 관련 되기 때문에 정당화 사유가 인정된 것인데, 이 사건에서는 독일 정부의 과소자본 세제 적용으로 인한 손해를 상쇄하는 납세의무자의 다른 조세혜택을 독일이 제시하지 못했다는 것이다. 유럽법 문제로, 조세조약의 차별금지 조항에 과소자본 세제를 인정한다는 명문의 예외를 두더라도 과소자본 세제는 유럽법 위반이 된다. Conseil d'État, 30 décembre 2003, no 249 047 (SARL Coreal Gestion).

93) BDO Seidman LL.P., Tax News International No. 11, December 2003; Kofler, "The Relationship between the Arm's Length Principle in the OECD Model Treaty & EC Tax Law", 16 Journal of International Taxation 32 (2005).

94) Collet, "France to Reform Thin Capitalization Rule", Tax Notes International (Oct. 10, 2005).

95) Kessler, "New German Thin Cap Rules", Tax Notes International (2007. 7. 16.).

96) Judgment of the Court of 8 March 2001, Metallgesellschaft, C-397/98, Hoechst, C-410/98, EU:C:2001:134. 제7장 제4절 Ⅲ.

에 어긋난다. 그렇다고 하여 과소자본 세제가 잘못된 제도라고 말할 수는 없다. 과소자본 세제가 조약과 어긋난다는 사실을 국제사회가 애써 눈감아 오고 있다는 사실 자체가 문제의 본질을 정확히 보여준다. OECD 모델에 터잡은 조세조약이 국제조세의 규범으로서 그런대로 오륙십년을 굴러오기는 했지만, 이것은 반석 위에 서 있는 체계가 아니다. 조세조약이란 국제정치의 현실을 반영하고, 또 때로는 중대한 논리적 모순을 안고 있기도 한 불안정한 체계일 뿐이다.[97] 과소자본 세제라는 한 가지만 보더라도, 어림잡아 1970년대로부터 한 삼십년 동안의 대세는 과소자본 세제가 논리적 무리에 불구하고 해석론으로, 또는 아예 명문으로 조약에 규정을 두는 방식으로 조세조약을 밀어내는 형국이었다. 그러다가 21세기에 들어서자 유럽법이 과소자본 세제를 다시 밀쳐내는 새로운 세가 두드러지기 시작했다. 앞으로의 대세는 감히 내다볼 길이 없고. 국제조세의 온갖 문제 가운데에서도 이 문제는 그저, 세계 공영(共榮)의 이념과 각 국의 국가이익, 세계화와 국수주의, 합리적 정책과 비합리적 정치가 뒤엉킨, 그야말로 세법이란 무엇인가를 보여주는 좋은 사례라는 점을 들고 싶을 뿐.

제 4 절 소득 대비 과다이자

과소자본 세제가 생긴 뒤에도 이자비용이라는 형식으로 원천지국 현지법인이나 고정사업장의 과세소득을 갉아먹는다는 시비는 여전히 남았다. 특수관계인 차입금만 아니라 제3자 차입금에 대한 지급이자, 특수관계인 차입금에 붙는 이자율, 차입금에 대한 지급이자 자체는 정상적이더라도 차입한 돈으로 비과세소득을 얻는 경우의 지급이자, 이런 것도 모두 문제라고 여기고 전반적인 공제 한도를 두자는 것이다. 곧 채권자가 누구이든 지급이자 공제는 다 합해서 소득의 일정 비율을 한도로 삼자는 것. 이런 생각의 실제 입법례가 독일과 일본.[98] 이 생각이 BEPS "Action 4"로 이어져서 2015년에 최종 보고서가[99] 나왔다. 미국은 2017년 말 종래의 과소자본 세제를 전면 개정하여 부채자본 비율이 아니라 소득

97) 다른 보기를 든 같은 논증의 예로 제5장.

98) 2008년 개정 독일 소득세법 제4조(h), 2013년 개정 일본 法人税法 제8a조.

99) OECD, BEPS Action 4 Final Report: Limiting Base Erosions Involving Interest Deductions and Other Financial Payments (2015).

대비 비율만 묻는 것으로 법을 바꾸었다.[100] 우리나라는 종래의 과소자본 세제를 그대로 둔 채 2017년에 앞의 세 가지 중 특수관계인 차입금 부분에만 법을 새로 얹었다.

> **국제조세조정에 관한 법률 제24조(소득 대비 과다 지급이자의 손금불산입)** ① 이 조에서 사용하는 용어의 뜻은 다음과 같다.
> 1. "순이자비용"이란 국외특수관계인에게 지급한 이자등에서 국외특수관계인으로부터 받은 이자수익을 뺀 금액을 말한다.
> 2. "조정소득금액"이란 감가상각비와 순이자비용을 빼기 전 소득금액을 말한다.
>
> ② 내국법인이 국외특수관계인으로부터 차입한 금액에 대한 순이자비용이 조정소득금액의 30퍼센트를 초과하는 경우에는 그 초과하는 금액은 손금에 산입하지 아니하며 「법인세법」 제67조에 따른 기타사외유출로 처분된 것으로 본다.
>
> ③ 제2항은 금융업 및 이와 유사한 업종 등을 하는 내국법인으로서 대통령령으로 정하는 내국법인에는 적용하지 아니한다.

과소자본 세제는 국외지배주주 및 그 특수관계인으로부터의 차입금에 적용하는 데 비해 이 법조는 국외특수관계인으로부터의 차입금에 적용한다. 거의 겹치겠지만 다른 부분도 아마 있으리라.

조정소득 금액이란 이른바 EBITDA,[101] 곧 영업이익[102] 계산시까지 공제한 감가상각액이 있으면 이를 영업이익에 다시 더한 금액이라는 말이다. 이자수익, 지급이자, 할인료 등의 금융거래 손익을 반영하기 전 윗 단계의 영업이익에서 그 전에 이미 공제한 감가상각이 있으면 이를 더해서, 감가상각도 공제하기 전의 금액을 구하라는 말이다. 기실 EBITDA란 법이나 회계기준 같은 규범적 개념이 아니고 특정 기업의 수익성과 장래를 내다보려는 경영분석 개념이므로 법에 덜렁 집어넣을 수 있는 안정적 개념은 아니다. 분석 대상인 재무제표상 영업손익에 반영된 것도 그 해에만 있었던 특별한 손익이어서 장차의 수익성과 무관하

---

100) 2017.12.31. P.L. 115-97 제13301조로 개정된 미국세법 제163조(j).

101) earnings before interest, taxes, depreciation and amortization. 영어에서는 무형자산의 상각을 따로 추려 amortization이라 부른다.

102) 제4장 제2절 Ⅱ. 2.와 Ⅵ.

다면 경영 분석에서는 뺀다. 그러나 법에 일단 들어간 이상 이런 식으로 해석할 수는 없고 확정된 재무제표상의 수치를 가지고 기계적으로 구하는 수밖에 없다.

제24조는 독립기업 원칙에 어긋나지 않는가? BEPS "Action 4" 보고서나 OECD 모델 주석은 아무 말이 없다. 앞의 과소자본 세제와 독립기업 원칙의 관계 그대로이다. 그러나 아무튼 특수관계인 차입금의 규모 및 차입 조건이 독립기업 차입금의 규모나 차입 조건과 비슷하다면 과소자본 세제를 벗어날 수 있다는 제22조 제4항의 규정은, 그렇게 비슷하다면 차입금의 규모나 차입 조건이 독립기업의 원칙에 맞으니 더 이상 손금불산입할 여지가 없다는 뜻으로 받아들일 수밖에 없다. 조약이 적용된다면 제24조에서도 마찬가지로 보아야 한다. 조약상 독립기업 원칙이 적용되는 이상 특수관계인 차입금의 규모 및 차입 조건이 독립기업 차입금의 규모나 차입 조건과 비슷하다면 제24조에 기대는 손금불산입은 불가능하다. 제24조를 조약에 우선하는[103] 규정이라 풀이할 논거도 없고.

제24조는 조약상의 차별금지, 특히 채권자가 거주자이든 비거주자이든 손금산입에 차별을 두어서는 안 된다는 제24조 제4항에 어긋나지 않는가? BEPS "Action 4"에서 제3자 차입금의 이자도 부인할 수 있다는 부분은 당연한 조약 위반이다. 이 부분은 독립기업 원칙 운운하는 제24조 제4항의 글귀에 기댈 수도 없다. 제3자와의 거래이니까. 그러나 제24조는 제3자 차입금에는 적용하지 않으므로 그 문제는 없다.

제24조가 외국인 투자기업에 대한 차별을 금지하는 제24조 제5항에 어긋나는 경우는 있다. 제24조는 주주나 출자자가 누구인가를 직접 묻고 있지는 않지만 국외특수관계인이라는 개념이 국외 주주와 겹치는 부분에서는 제24조 제5항에 어긋난다. 독일에서는 평등에 어긋난다는 위헌 시비도 있다.[104]

제 5 절 혼성 금융상품을 이용한 2중비과세 방지

내국법인이 외국법인인 모법인과 금융거래를 하면서 모법인에게 이자를 지

103) 제2장 제1절 Ⅳ. 3.

104) 하급심 판결로 BFH, Beschluss vom 14.10.2015 - I R 20/15, BFHE 252, 44, BStBl II 2017, 1240. Tipke/Lang, 제11장 56문단.

급한다고 하자. 그런데 이 금융거래 내지 금융상품이 채권・채무라는 성격과 출자라는 성격이 섞인 '혼성' 금융이라서[105] 우리나라에서는 전자로 보지만 모법인이 속하는 나라에서는 후자로 보는 경우가 생길 수 있다. 그런데 배당소득에 대해서는 이를 익금불산입하든가 배당세액공제를 해주는 방식으로 법인세 2중과세를 피하는 나라가 많다.[106] 자국법인에게서 받은 배당소득과 달리 원천이 국외에 있는 배당소득에 대해서는 이런 일반적 2중과세 배제 장치를 적용하지는 않는 나라가 많지만 다시 국외원천 배당소득을 익금불산입하는[107] 나라가 많고, 우리나라도 2022년 말 이를 들여왔다.[108] 그 결과 우리나라 자회사는 우리나라 법인세를 안 내고, 다른 나라 모회사도 그 나라 법인세나 소득세를 안 낸다는 2중비과세가 생길 수 있다. 이런 경우 우리나라에서 지급이자를 손금불산입할 수 있다는 조문이 2017년에 법에 들어왔다. BEPS "Action 2"[109] 가운데 혼성 금융상품 부분을 반영한 것이다.

> 국제조세조정에 관한 법률 제25조(혼성금융상품 거래에 따른 지급이자의 손금불산입)
>
> ① 이 조에서 "혼성금융상품"이란 자본 및 부채의 성격을 동시에 갖고 있는 금융상품 … 을 말한다.
>
> ② 내국법인이 국외특수관계인과의 혼성금융상품 거래에 따라 지급한 이자 등 중 … 거래 상대방이 소재한 국가에서 거래 상대방의 소득에 포함되지 아니하는 등 과세되지 아니한 금액은 … 익금에 산입하며 「법인세법」 제67조에 따른 기타사외유출로 처분된 것으로 본다. 이 경우 내국법인은 대통령령으로 정하는 바에 따라 계산한 이자 상당액을 적정기간 종료일이 속하는 사업연도의 법인세에 더하여 납부하여야 한다.

---

105) 이창희, 『세법강의』, 제20장 제3절 Ⅲ.

106) 우리나라의 사정은 이창희, 『세법강의』, 제13장 제4절, 제14장 제3절 Ⅱ. 3., Ⅳ.

107) 자회사에서 받는 배당소득, 한결 좁게는 해외 자회사에서 받는 배당소득을 익금불산입하는 제도를 속칭 "participation exemption"이라 부른다. 미국법이나 영국법에는 이 용어가 없다. 영어로 법률을 만들지 않는 나라에서는 이 용어는 속칭일 수밖에 없다.

108) 법인세법 제18조의4. 제13장 제4절 Ⅰ. Ⅱ.

109) OECD, BEPS Action 2: Neutralising the Effects of Hybrid Mismatch Arrangements (2015 Final Report). 이 문서는 혼성단체나 이중거주자가 비용을 두 나라에서 손금산입하는 문제도 다루고 있지만 우리나라 법에는 아직 들어오지 않았다. 들여오자는 주장으로 김범준, OECD BEPS Action 2와 연계규정, 「조세법연구」 24-1(2018), 95쪽.

위 법조는 '거래상대방이 소재한 국가에서 거래상대방의 소득에 포함하지 아니'한다고 소득 단계만 언급하고 있어서 일단 비과세, 익금불산입, 소득공제는 포함하지만[110] 외국납부세액공제는 포함하지 않는 것으로 읽힌다. 아마 모회사가 속하는 나라의 간접 외국납부세액공제가 자회사 거주지국에 실제로 납부한 세액을 계산해서 그만큼만 공제해 준다고 전제해서 애초 2중비과세가 없다고 여긴 것이리라. 배당금의 일정 비율을 공제해 주는 방식으로 외국납부세액을 계산한다면 2중비과세가 생기겠지만 세상 모든 나라의 법을 다 알 길이야 없다. 마지막으로 BEPS "Action 2"는 이런 손금불산입이 조약상 차별금지에 어긋나지 않는다고 한다.[111]

110) 비과세와 익금불산입은 「국제조세조정에 관한 법률」 시행령 제59조 제1항 제1호에, 90% 이상 소득공제는 같은 조항 제2호에 해당한다.

111) OECD, 같은 문서, 447~449문단.

제10장
인적용역소득

제 1 절 인적용역소득 과세의 틀

우리나라에 국내사업장을 둔 외국법인이나 비거주자가 우리나라에 원천이 있는 인적(人的) 용역 소득을 번다면, 그런 소득은 다른 소득과 마찬가지로 국내사업장에 모아서 순소득 기준으로 과세한다. 한편 국내사업장이 없는 외국법인이나 비거주자가 버는 인적용역소득의 원천지가 우리나라라면 그런 소득을 지급하는 자가 지급액의 일정 금액을 원천징수세로 공제하여 국세청에 납부한다.

위와 같은 국내법에 따른 과세는 조세조약에 따른 제한을 받을 수 있다. 우리나라가 체결한 조세조약 가운데에는 인적용역소득을 종속적 인적용역소득(근로소득)과 독립적 인적용역소득으로 나누어서, 각각 우리나라의 과세권을 축소하는 조문을 두고 있는 것이 많다. 이와 달리 종속적 인적용역에 대한 조문만 두고 독립적 인적용역에 대해서는 따로 조문을 두지 않고 있는 조약도 있다. 이런 조약에서는 사업소득 조문과 독립적 인적용역의 관계가 문제된다.

제 2 절 국내법상 인적용역소득의 과세

Ⅰ. 인적 용역의 소득 구분

우리 현행법에서는 비거주자나 외국법인이 인적 용역 내지 노무를 제공하고 받는 소득에 대한 소득 구분이 법인세법과 소득세법 사이에 서로 다르다. 외국단체의 국내법상 구분은 이미 보았다.[1]

법인세법에서는 우선 몇 가지 인적 용역을 특정하고 따로 규정을 두어, '대통령령이 정하는 인적 용역을 제공함으로써 발생하는 소득'을 사업소득에서 따로 추려내고 있다.[2] 여기에서 '대통령령이 정하는 인적 용역'이란 다음 각호의 1에 해당하는 것을 말한다.[3]

1. 영화·연극의 배우, 음악가 기타 공중연예인이 제공하는 용역
2. 직업운동가가 제공하는 용역
3. 변호사·공인회계사·건축사·측량사·변리사 기타 자유직업자가 제공하는 용역
4. 과학기술·경영관리 기타 분야에 관한 전문적 지식 또는 특별한 기능을 가진 자가 당해 지식 또는 기능을 활용하여 제공하는 용역

위 네 가지 인적용역소득으로서 국내사업장이 없는 외국법인이나 비거주자가 받는 국내원천소득은 수입금액을 과세표준으로 삼는다.[4] 법은 이 과세표준에 대한 세율을 바로 정하는 대신 인적용역소득을 지급하는 자에게 지급액의 20%를 원천징수할 의무를 지우는 방식으로 세율을 정하고 있다[5](지방소득세가 덧붙는다[6]). 그 밖에도 법은 위 인적용역소득 외에 '국내에서 … 제공하는 인적 용역에 관련하여 제공받은 경제적 이익으로 생긴 소득'으로서 대통령령이 정하는 소득을 별개의 소득으로 구분하고 있지만,[7] 그 내용을 정하는 대통령령은 나

1) 제1장 제4절.
2) 법인세법 제93조 제5호, 제6호.
3) 같은 법 시행령 제132조 제6항.
4) 법인세법 제91조 제2항, 제1항, 제92조 제2항. 소득세법 제121조 제3항, 제126조 제1항.
5) 법인세법 제98조 제1항 제4호, 소득세법 제156조 제1항 제4호.
6) 지방세법 제103조의10, 제103조의12, 제103조의18.

와 있지 않다.

외국법인이 위 네 가지 말고 다른 인적 용역을 제공하고 받는 소득, 가령 비숙련 노무자 파견업에서 생기는 소득은 모두 사업소득으로 구분한다. 법인이란 그 자체로서 '자기의 계산과 책임 하에 계속적·반복적으로' 활동한다고 보아야 하고, 외국 회사라면 영리 목적도 당연히 있기 때문이다. 사업소득은, 국내사업장이 없는 자가 받는 소득과 국내사업장이 있더라도 국내사업장과 실질적 관련이 없거나 국내사업장에 귀속되지 아니하는 소득은 국내원천 사업소득을 과세표준으로 삼아 2%를 원천징수 방식으로 과세한다.[8] 국내사업장과 실질적 관련이 있는 소득 내지 국내사업장에 귀속되는 소득은 국내사업장에 모아서 순소득 기준으로 과세한다.[9]

소득세법도 배우, 운동선수, 변호사, 과학기술자 등 네 가지 직업군의 인적 용역에 대한 규정을 따로 두어 사업소득에서 추려내고 있음은 마찬가지.[10]

그에 더하여 소득세법은 비거주자가 '국내에서 제공하는 근로의 대가로 받는' 급여나 퇴직급여는 따로 추려 근로소득이나 퇴직소득으로 과세한다.[11] 근로소득과 퇴직소득의 구분은 거주자와 다를 바 없다.[12] 법은 비거주자의 근로소득이나 퇴직소득은 거주자에 대한 규정을 준용하라고 정하고 있으나[13](가령 비거주자의 근로소득이나 퇴직소득도 원천징수와 연말정산의 대상이라는 말이다) 성질상 달라지는 수가 있다. 근로를 '국내에서 제공'한다면 원천납세의무가 생기지만, 원천징수의무는 '국내에서 … 비거주자에게' 근로소득이나 퇴직소득을 '지급하는 자'가 지기 때문이다.[14] '국내에서 지급하는' 것이 아니어서 지급자에게 원천징수 의무가 없더라도 '국내에서 제공하는 근로의 대가로 받는' 것인 이상 받는 사

---

7) 법인세법 제93조 제10호(차), 소득세법 제119조 제12호(타).

8) 법인세법 제91조 제3항, 제98조 제1항 제1호, 제93조 제5호. 소득세법 제121조 제3항 및 제4항, 제156조 제1항 제3호, 제119조 제5호.

9) 법인세법 제91조 제1항, 제92조 제1항. 소득세법 제121조 제2항.

10) 소득세법 제119조 제6호, 같은 법 시행령 제179조 제6항. 외국인 직업운동가는 거주자이더라도 계약 기간에 관계없이 구단에서 받는 소득은 비거주자나 마찬가지로 20% 원천징수 대상. 소득세법 제129조 제1항 제3호.

11) 소득세법 제121조 제2항, 제119조 제7호 및 제8호. 국내 파견 근로자에 대한 특례는 소득세법 제156조의7 제1항.

12) 이창희, 『세법강의』, 제11장 제2절.

13) 다만 비거주자는 인적 공제에 제약이 있다. 소득세법 제122조 제1항.

14) 소득세법 제127조.

람에게는 원천납세의무가 있고 신고·납세하여야 한다.[15] 국내에서 지급하는 것이더라도 애초 국외 근로의 대가라서 원천납세의무가 없다면 원천징수의무도 없다. 외국인 근로자에 대해서는 소득세법상 인적 공제에 제약이 있지만[16] 본인이 신청하면 낮은 비례세율을 적용한다.[17] 외국인 기술자에 대해서는 별도의 특례가 있다.[18]

Ⅱ. 인적용역소득의 원천

앞 Ⅰ.항에 적은 배우, 운동선수, 변호사, 과학기술자 같은 네 가지 직업군의 인적 용역이라면 소득의 지역적 원천의 내외 구분은 인적 용역에 해당하는 역무를 제공하는 장소가 국내인가 국외인가에 따른다. 다만 우리나라에 원천이 있다고 조약에서 정한 소득이라면 소득세법에서도 원천지를 국내로 재구분한다.[19]

일반적인 사업소득으로 구분하는 인적 용역이라면 '당해 사업에서 발생하는 소득 중 당해 사업에 관련된 업무를 국내 업무와 국외 업무로 구분하여 이들 업무를 각각 다른 독립적 사업자가 행하고 또한 이들 독립사업자 간에 통상의 거래 조건에 의한 거래가격에 따라 거래가 이루어졌다고 가정할 경우 그 국내 업무와 관련하여 발생하는 소득, 또는 그 국내 업무에 관한 수입금액과 경비, 소득 등을 측정하는 데 합리적이라고 판단되는 요인을 고려하여 판정한 그 국내 업무와 관련하여 발생하는 소득'이 국내원천 소득이다.[20] 국내사업장이란 사업의 전부 또는 일부를 수행하는 고정된 장소를 뜻하므로[21] 외국법인의 국내사업이 있기는 하나 국내사업장에 해당하지 않는 수준이라면 위 글귀에 따라 국내 사업에 속하는 국내원천소득이 생겨서 총수입금액 기준으로 과세하는 경우가 있을 수

15) 소득세법 제124조로 준용하는 제73조 제1항 제1호 및 제2호는 연말정산으로 그 해의 소득계산 및 세액 정산을 마쳤을 것을 전제로 한다.

16) 소득세법 제122조.

17) 조세특례제한법 제18조의2. 2022년 말 개정으로 국내에서 최초로 근로를 제공한 날부터 20년간 19퍼센트 단일 세율이 적용된다.

18) 조세특례제한법 제18조.

19) 가령 인도조약의 기술용역(제12조 제5항). 법인세법 제93조 제6호, 소득세법 제119조 제6호.

20) 법인세법 제93조 제5호, 같은 법 시행령 제132조 제2항 제9호. 소득세법 제119조 제5호, 같은 법 시행령 제179조 제2항 제9호.

21) 법인세법 제94조 제1항, 소득세법 제120조 제1항.

가 있다. 아무튼 '국내사업'이라는 말은 사업 활동이 국내에서 벌어지는 경우를 말한다고 읽을 수밖에 없다. 조약에서 우리나라 원천소득으로 과세할 수 있다면 소득세법에서도 원천지를 우리나라로 재구분한다.[22]

자연인 비거주자가 근로의 대가로 받는 급여나 퇴직급여는 근로의 제공 장소가 국내인가 국외인가에 따라 지역적 원천을 판정한다.[23]

자연인 비거주자가 독립적 인적 용역을 제공하고 받는 소득으로서 앞에서 살핀 네 가지 인적 용역에 해당하지 않고 사업의 단계에도 이르지 않은 것은 원천을 어떻게 판정하는가? 특정 소득의 원천 판정은 원천판정 규칙(소득세법에서는 제119조)에 나와 있는 소득 가운데 하나로 구분해서 판정한다.[24] 네 가지 인적용역소득이든 사업소득이든, 또는 근로의 대가이든 모두 용역 제공이나 사업장소가 국내인가 국외인가를 기준으로 원천을 판정하는 것은 마찬가지이므로, 어느 호로 구분하든지 용역제공 장소를 기준으로 소득의 원천을 판정하여야 한다. 납세의무자가 법인이든 자연인이든 이 점에서는 차이가 없다.[25] 그런 장소가 어디인가는 다툼의 소지가 거의 없고, 실제 문제가 되는 것은 국내외에 걸쳐서 용역을 제공하는 경우 대가 가운데 국내 분과 국외 분을 어떻게 안분하는가이다. 분명한 정답이 있을 수 없는 문제이니 구체적 정황 별로 판단할 수밖에. 참고로 미국 판례는 국내외 별로 일한 날짜를 따져서 보수 총액을 안분한 것이 대세.[26]

제 3 절 인적용역소득 과세에 대한 조약상 제약

Ⅰ. 조약 규정

2000년 개정 전의 OECD 모델조약은 인적 용역 내지 노무를 제공하고 얻는

22) 법인세법 제93조 제5호, 소득세법 제119조 제5호.
23) 소득세법 제119조 제7호, 제8호.
24) 제1장 제3절.
25) 참고로 미국법에서는 법인세법이 따로 없으니까 법인이 제공하는 인적 용역의 지역적 원천을 자연인이나 마찬가지로 정해야 하는가라는 쟁점이 있었다. 판례는 그렇다고 한다. Bank of America v. United States, 680 F.2d 142 (Ct. Cl. 1982).
26) Stemkowski v. Commissioner, 76 TC 252 (1981), 특히 284쪽.

소득을 독립적 지위에서 제공하는 노무와 근로자의 지위에서 제공하는 종속적 노무로 나누어 규정을 따로 두고 있었고 그 밖의 특칙으로 회사의 이사, 예술가 및 운동선수, 공무원 등에 관한 조문 몇 개를 따로 두고 있었다. 현행 OECD 모델에서는 독립적 노무에 관한 조문을 없앴지만, UN 모델은 지금도 그 조문을 남겨 두고 있다. 현실 세계의 조약도 대부분은 아직도 독립적 노무소득 또는 인적용역소득에 관한 조문을 남겨 두고 있고.

OECD 모델의 종속적 노무 조문은, 근로소득은 거주지국만이 아니라 근로자가 실제 일하는 나라(원천지국)에서도 과세할 수 있다고 정하고 있다. 다만 다른 나라에 단기간 출장 나가서 일하는 사람까지 모두 원천지국에서 과세하지는 말자는 생각에서, 원천지국에 머무는 시간이 한 해 183일 이하이고 근로소득을 지급하는 고용주가 원천지국 내 사업장에서 이를 손금산입하지 않는다면 원천지국에서는 과세하지 않는다.[27] 한편 개발도상국의 조약례에서는 다시 금액 한도를 설정하여 단기출장이더라도 근로소득이 일정금액을 넘는다면 원천지국에서 과세할 수 있다고 정한 경우도 많다. 이 문단에서 "근로소득"이라는 말을 쓰기는 했지만 대부분의 조약에 나오는 "고용에 관련한 임금 기타 보수" 정도의 글귀를 줄여 부르는 말이므로, 우리 소득세법의 개념으로는 근로소득과 퇴직소득, 두 가지를 다 포함하는 개념이다.

2000년 개정 전의 OECD 모델의 독립적(獨立的) 노무 조문에서는 "한 체약국 거주자가 전문적 노무나 그 밖에 독립적 성격의 활동에 관련하여 받는 소득은 그가 해당 활동을 행하기 위해 상대방 체약국에 고정시설을 가지고 있지 않은 이상 첫 체약국(거주지국)에서만 과세할 수 있다"라고 정하고 있었다. 이 내용은 기실 사업소득 조문과 똑같다. 유일한 차이는 고정사업장이라는 말 대신 '고정 시설'이라는 말을 쓰고 있는 것뿐이다. 이 차이는 의사나 변호사 같은 전문직은 '사업' 내지 상행위가 아니라고 보는 전통적 대륙법의 용례(우리나라도 그렇다[28]) 때문이다. 의사나 변호사는 성질상 '사업장'을 가질 수 없으므로 고정사업장 대신 고정시설이라는 표현을 택했던 것이다.[29] 그러다가 결국 2000년 개정된 현행 OECD 모델은 말장난을 접고 전문적 노무도 모두 사업의 개념 안에 집어

27) OECD 모델 제15조.

28) 대법원 2007. 7. 26. 선고 2006마334 판결. 이철송,「상법총칙·상행위」제16판(박영사, 2022), 86쪽; 송옥렬,『상법강의』제15판(홍문사, 2025), 22~23쪽.

29) 2000년 개정전 OECD 모델 제14조 주석 4문단.

넣기로 하면서[30] 독립적 노무에 관한 조문을 아예 없애버렸다.[31]

다른 한편 UN 모델에는 독립적 노무 조문이 남아있다. 그 내용이 사업소득 조문과 다르기 때문이다. 독립적 노무 조문은 OECD 모델로 치자면 사업소득 조문과 근로소득 조문의 내용을 절충. 실제 노무 제공이 일어나는 국가(원천지국)에 고정시설이 있다면 거기에 귀속되는 소득을 과세하고, 고정시설이 없더라도 장기 출장(183일 이상)이라면 출장 기간에 해당하는 소득을 원천지국이 과세할 수 있다는 것.[32] 반드시 이런 내용은 아니더라도 실제 조약례 가운데 다수는 독립적 노무에 대한 원천지국의 과세권을 사업소득보다 훨씬 넓게 정하고 있다. 물론 구체적 내용은 조약마다 아주 다양한 모습을 띠고 있다.

노무소득에 관해서는 다시 몇 가지 특칙(特則)이 있다. 우선 OECD 모델에서 이사의 보수는 독립적 노무에서 따로 추려내어 거주지나 노무 제공지가 아니라 보수를 지급하는 회사의 거주지국에서도 과세할 수 있다.[33] OECD 모델 주석은 이 조의 뜻을, 이사의 노무는 제공 장소가 어디인지 판명하기 어려운 경우가 많으므로 회사의 거주지국을 노무제공 장소로 본다는 뜻이라고 풀이하고 있지만, 글귀 자체와 반드시 맞지는 않는 해석이다.[34] UN 모델은 이사만이 아니라 고급 관리직의 보수도 회사의 거주지국에서 과세할 수 있다고 정하기도.[35] 둘째, 연예인과 운동선수가 거주지국 아닌 다른 나라(원천지국)에서 활동한 대가로 받는 보수는 원천지국에서 과세할 수 있다[36](다만 미국 모델은 보수의 금액이 적다면 원천지국 과세를 면제[37]). 연예인이나 운동선수가 직접 보수를 받지 않고 가운데에 회사를 끼우더라도 거기에는 사업소득 조문이나 독립적 노무 조문을 적용하지 않고 활동이 일어난 나라에서 과세할 수 있다.[38] 셋째, 연금소득은 근로의 대가로 받는 것임에도 불구하고 근로 제공지가 아니라 거주지국에서만

30) OECD 모델 제3조 제1항 h, 또 제14조 삭제 부분에 관한 설명.

31) OECD 모델 제3조 주석 10.2문단.

32) UN 모델 제14조 제1항.

33) OECD 모델 제16조.

34) OECD 모델에는 회사의 거주지국을 노무제공 장소로 본다는 말은 없다. 따라서 글귀로 따지자면 이사의 거주지국과 회사의 거주지국 말고도 노무제공 장소나 다른 이유로 보수에 대한 과세권을 행사하는 제3국이 있을 수도 있다.

35) UN 모델 제16조 제2항.

36) OECD 모델 제17조 제1항.

37) 면제기준은 미화 20,000 달러이다. 미국 모델 제17조 제1항.

38) OECD 모델 제17조 제2항.

과세한다.[39] 넷째, 공무원 보수는 이를 지급하는 나라만 과세할 수 있는 것이 원칙이다.[40] 다섯째, 학생이나 직업훈련생,[41] 또 교수 등에 관한 특칙을 둔 조약례도 많이 있다.

Ⅱ. 독립적 v. 종속적 노무

노무를 제공하는 자가 독립적 수급인인가, 아니면 종속적 근로자인가라는 구별 문제는 앞에서 보았듯 국내법에서도 생기고 조세조약에서도 생긴다. 국내법상 구별은 비거주자·외국법인에 국한되지 않는 일반적 구별로[42] 이 글의 범위 밖이지만 결론만 적자면 한 마디로 단정할 수 없는 줄긋기. 조세조약에서도 같은 문제가 생긴다.

1977 OECD Model Article 14 (Independent Personal Services)

1. Income derived by a resident of a Contracting State in respect of professional services or other activities of an independent character shall be taxable only in that State unless he has a fixed base regularly available to him in the other Contracting State for the purpose of performing his activities. If he has such a fixed base, the income may be taxed in the other State but only so much of it as is attributable to that fixed base.

1977년 OECD 모델 제14조(독립적 인적용역)

1. 소득으로서 한 체약국 거주자가 전문적 용역이나 다른 독립적 성격의 활동에 관련하여 버는 것은 그 체약국에서만 과세할 수 있다. 다만 그가 둔 고정시설로서 정규적으로 사용할 수 있는 것이 상대방 체약국 안에 있고 그런 활동을 수행할 목적이라면 예외로 한다. 그런 고정시설을 두고 있다면 그런 소득에 대한 과세를 상대방 체약국도 할 수 있지만, 그 범위는 고정시설에 귀속되는 것까지만 과세할 수 있다.

---

39) OECD 모델 제18조.

40) OECD 모델 제19조.

41) OECD 모델 제20조.

42) 이창희, 『세법강의』, 제11장 제2절 Ⅰ. 참조.

1977 OECD Model Article 15 (Dependent Personal Services)

1. … salaries, wages and other similar remuneration derived by a resident of a Contracting State in respect of an employment shall be taxable only in that State unless the employment is exercised in the other Contracting State. If the employment is so exercised, such remuneration as is derived therefrom may be taxed in that other State.

1977년 OECD 모델 제15조(종속적 인적용역)

1. … 임금, 노임, 기타 유사한 보수로서 한 체약국 거주자가 고용에 관련하여 버는 것에 대한 과세는 그 체약국에서만 할 수 있다. 다만 고용 수행이 상대방 체약국 안이라면 예외이다. 고용을 그렇게 수행한다면 보수를 거기에서 버는 것에 대한 과세는 상대방 체약국에서도 할 수 있다.

캐나다 판결 하나. 이 판결에 적용된 캐나다-미국 조약의 독립적 인적 용역 조문과 종속적 인적 용역 조문은 1963년 OECD 모델과 똑같고 실질 내용은 1977년 모델과 같다.

Wolf v. Canada[43)]

비정규직 파견 근로자에 관한 캐나다 항소법원의 판결이다. 이 사건 원고인 "Wolf"는 미국 거주자로서, 뉴욕과 플로리다 등지에서 항공산업 전문 엔지니어로 일하다가 캐나다 앨버타 주(州) 캘거리에 위치한 "Kirk-Mayer"라는 이름의 인력파견 회사를 통해 퀘벡 주에 위치한 "Canadair" 사(社)에서 일하게 되었다. "Canadair" 등 항공사는 일시적 업무량 폭주로 사람이 필요해지면 근로자를 고용하는 대신 컨설턴트(consultant)라는 이름을 붙여 도급계약 형식으로 사람을 뽑았다. 이런 컨설턴트들은 고용 안정성이 없는 대신 보수를 훨씬 많이 받게 되고, 원고도 "Canadair"에서 컨설턴트로 일을 하기 시작했다.

원고와 "Kirk-Mayer" 사이의 계약은, 원고가 독립적 수급인인 컨설턴트의 지위에서 "Canadair"에 용역을 제공한다고 정하고 있다. 그가 업무를 성실히 수행하지 않는다면 "Kirk-Mayer"는 계약을 해지할 수 있고, 초기 계약 기간은 1년이며, "Canadair"는 인력 수요 상황에 따라 연장 여부를 결정하는 권한을 가지고 있었다.

43) Federal Court of Appeal, 2002 FCA 96, [2002] 4 F.C. 396.

“Kirk-Mayer”가 원고에게 지급하는 보수는 일과 중, 일과 후, 휴일 근무 등으로 세분하여 일한 시간에 따라 차등 지급되었다. 원고는 업무 시간을 종합하여 “Canadair”에 보고하고, “Canadair”는 이를 검토한 후 “Kirk-Mayer”에 보수를 지급하고, 다시 “Kirk-Mayer” 사는 자기가 받을 수수료를 공제한 나머지를 원고에게 지급하였다(그 밖에 캐나다 국내법에 따라 일정 금액을 원천징수한 것이 있지만 이 사건 쟁점과는 무관하다).

“Kirk-Mayer”와 원고 간의 계약에는 “Canadair”와의 계약 기간이 만료되면 3개월 안에 “Canadair”에서 유사한 업무를 재개할 수 없도록 하는 조항이 포함되어 있었는데, 이는 컨설턴트가 직접 “Canadair”와 고용 관계를 맺지 못하도록 하여 “Kirk-Mayer”가 인력수급 대행으로 얻는 이익을 지키려는 것이었다.

원고는 항공기를 시험하고 제어 장치, 온도, 진동 등을 조정하여 안전성 인증기준을 통과하도록 하는 비행시험 장비에서 일했다. 과업이 주어지면 어떤 식으로 일할 것인가는 원고의 재량에 맡겨져 있었고 작업 방식에 대해 이래라 저래라 하는 사람은 없었다. 작업에는 매우 특수한 컴퓨터가 필요했는데, 원고에게 할당된 사무실이나 책상이 없었으므로 그는 비어있는 컴퓨터를 찾아 일해야 했다. 일반 종업원(employee)과는 달리, 원고의 출입증에는 빨간 줄이 쳐져 있었고, 회사 운영에 관한 회의에서 배제되어 회사가 돌아가는 상황에 대해 알 수 없었으며, 회사가 제공하는 교육 프로그램에도 참여할 수 없었다. 원고는 그의 업무에 대한 모든 위험을 떠안아야 했고, 언제 일을 그만두게 될지도 알 수 없었다. 재계약에 대한 보장이나 연금혜택, 복지 제도, 스톡옵션 등도 없었다. 원고의 계약 관계는 1990년에 시작하여 1995년까지 갱신되었다.

1990년부터 1995년까지 원고의 세금을 산정하면서 캐나다 국세청은 원고의 소득을 사업소득이 아닌 근로소득으로 보고 과세하고 필요경비의 공제도 부인했다. 이에 원고는, 자신은 캐나다-미국 조약 제14조에 해당하는 독립적 지위에 있었으므로 과세 대상이 아니라고 주장하였다. 이 사건에서 원고가 미국 거주자라는 점과 고정시설이 없었다는 점에 대해서는 두 당사자 사이에 다툼이 없었으므로, 원고의 노무가 독립적이었는가 종속적이었는가가 유일한 쟁점으로 남는다.

법원은 원고승소 판결을 내리고 있다. 쟁점은 법률관계가 ‘독립적’인 도급계약인가 종속적인 ‘고용’ 계약인가이다. 세 명의 판사가 드는 이유에 각각 조금씩 차이가 있기는 하지만 공통적으로, 원고와 “Kirk-Mayer”, 또는 “Canadair” 사이의 계약관계에 대한 준거법이 캐나다 퀘벡 주 민법임을[44] 확정한 뒤 캐나다 민법에 따를 때 원고의 지위가 고용계약에 해당하는가, 또는 도급계약에 해당하는가를 검토한다. 이 쟁점은 구체적 사실관계에 달려있는 애매한 문제이지만, 법원은 지휘·통제, 작업 도구의 소유 여부, 직업의 안정성 등을 검토한 뒤, 당사자의 의사로 볼 때(다수의견), 또는 객관적 징표로 볼 때(보충의견) 독립적 노무라고 판시하고 있다.

위 판결이 던지는 어려움은 자명하다. 위 판결은 동어반복일 뿐이다. 고용계약인지 도급계약인지를 구별하는 기준을 당사자의 의도가 고용이었는지 도급이었는지에서 찾고 있는 것이다. 애초 답이 없는 문제에 뭔가 답이 있는 듯한 외관을 차려주는 것일 뿐.

Ⅲ. 근로소득

1. 일반적 근로소득

조약마다 내용과 글귀가 다르기는 하지만 우리 국내법처럼 근로소득과 퇴직소득을 구분하는 조약은 없는 듯 하다. OECD 모델의 글귀를 따른 조약이라면 근로의 대가로 받는 보수인 이상 재직과 퇴직의 구분 없이 다 종속적 근로소득 규정에 포섭된다.[45] 이하 근로소득이라고 적은 경우이더라도 조약 개념이라면 우리 국내법으로 쳐서 근로소득과 퇴직소득을 다 포함하는 뜻이다.

OECD 모델 등 많은 조약의 근로소득 조문에서는 근로자가 어느 나라 거주자인가, 고용주가 어느 나라 거주자인가, 근로 제공지국에서 근로를 제공한 날짜 수는 얼마나 되는가, 이런 쟁점들이 생긴다. 영국 거주자가 미국에서 번 근로소득이 영국-미국 조약의 다음 조문에 따라 면세되는지를 다룬 미국 판결을 가지고 쟁점을 따져보자.

미국-영국 조세조약(1945) 제11조

1. 영국 거주자인 개인이 특정한 과세연도 동안 미국 안에서 수행한 인적

44) 퀘벡 주 민법이 따로 생기기 전에는 남부 캐나다의 민법.

45) 245개월 간 독일 회사 직원으로, 처음에는 독일 거주자(129개월), 나중에는 프랑스 거주자로 (116개월) 일한 원고의 퇴직소득에 대해 독일-프랑스 조약의 근로소득 조항에 따라 전체 기간 중 독일 거주자인 기간만큼 독일의 과세권을 인정한 독일 판결이 있다. BFH, Urteil vom 01.08.2024 – VI R 52/20, BFHE 283, 100, BStBl II 2024, 694.

(전문직업 포함) 노무의 보수를 면세받기 위해서는 (a) 그가 그 과세연도 중 미국에 체류한 기간이 총 183일을 넘지 않고, (b) 그 용역의 수행이 영국 거주자를 위한 또는 대신하는(for or on behalf of) 것이어야 한다.

Maclean v. Commissioner[46)]

원고 P는 영국 거주자이고 영국 국민이다. P는 "Plessy Ltd."라는 영국 회사의 부장으로 근무하다가 그 회사의 손회사인 미국의 "Rohr-Plessy"라는 회사로 2년 동안 파견 근무를 나가게 된다. 원고는 1973년 8월에 미국에 입국했고 1975년 8월에 미국을 떠났다. 이 2년의 기간 동안 3회에 걸쳐 며칠씩 미국을 떠난 것을 제외하고는 쭉 미국에 살았다. 2년 동안 P는 "Rohr-Plessy"로부터만 봉급을 받았고, 연방 및 주 소득세와 사회보장세액이 원천징수되었다. 1973년 P는 12,806 달러를 받았고, 1974년에는 상여금 포함 39,218 달러를 지급받았다. 원고는 1973년 8월 입국 시점에서 1974년 2월 28일까지의 기간을 과세연도로 삼아서 미국에 소득세를 신고했다. 이 사건의 쟁점은 1973년 원고가 번 미국 내 근로소득 약 12,806 달러와 1974년 1월 1일에서 1974년 2월 28일까지의 기간 동안 원고가 번 미국 내 근로소득 5,500 달러의 과세 여부이다. 원고는 이 두 가지와 다른 사소한 소득을 합한 18,497 달러를 모두 영국-미국 조약에 따른 면세 대상으로 신고했다. P는 이 소득에 대해 영국에서 과세되지 않았으며, "Rohr-Plessy"는 P의 임금을 미국 법인세 신고에서 비용으로 공제했다. "Plessy Ltd."와 계약된 연금을 제외하고는 P는 모든 면에서 "Rohr- Plessy"의 피(被) 고용자(employee)였다. "Rohr-Plessy"에서 P의 직책은 부사장이자 "Precision Machine Systems"의 사업 관리자였으며, 재직 기간 동안 이 사업부의 관리와 감독을 맡았다. P가 매일 일과를 보고하는 직속 상관은 "Rohr-Plessy"의 사장이었다.

제1쟁점으로 원고는 1973년 3월 1일에서 1974년 2월 28일까지의 기간을 본인의 사업연도로 삼아 과세받을 권리가 있다고 주장한다. 그러나 원고가 장부를 기장하지 않은 이상 원고에 대한 과세는 역년을 기준으로 삼아야 한다. 제2쟁점은 1973년분 소득이 조약상 비과세 받는가이다. 조약상 비과세는 (1) 원고가 영국 거주자이고, (2) 미국에 183일 이하 체류했고, (3) 노무 제공의 상대방이 영국 거주자라는 세 가지 요건을 만족해야 한다. 1973년분 소득에 대해서는 원고의 체류 일수가 183일에 미치지 못한다는 점에 다툼이 없다.

46) 73 T.C. 1045 (1980).

원고 P는 그가 미국에서 파견 근무한 기간 내내 영국의 과세 대상인 영국 거주자였다고 주장하나, P는 미국 내 근로소득을 영국에 신고한 적이 없다. 이에 대해 P는 영국은 송금주의 과세를 하는 까닭에 미국 내 근로소득을 영국에 신고납부할 의무가 없다고 하지만, 이 주장을 충분히 입증하지 못했다. 따라서 미국에 입국한 1973년 8월 이후 2년 동안 P는 미국 국내법상 미국 거주자였고 따라서 조약 제2조에 따를 때 조약상으로도 미국 거주자였다.

예비적으로 고용주의 거주지가 어디인가라는 문제를 본다면, 조약상 비과세는 원고의 노무가 '영국 거주자를 위하여 또는 대신하여'(for or on behalf of) 이루어졌을 것을 전제로 한다. 그러나 이 사건에서 원고에게 보수를 지급한 자는 미국 손회사인 "Rohr-Plessy"이다. 원고는 영국 거주자인 "Plessy Ltd."와의 고용 관계가 동 기간에도 유지되었다고 주장하였지만 그렇게 볼 수 없고 원고는 미국 손회사를 위하여 용역을 제공하였다고 보아야 한다. 파견 기간 동안 원고의 시간과 능력은 "Rohr-Plessy"의 활동에 직접적으로 쓰여졌으며, 그가 매일 일과를 보고하는 직속 상관은 "Rohr-Plessy"의 사장이었고, 오히려 원고 자신이 "Rohr-Plessy"의 업무를 감독하고 이사회에 보고했다. 그의 활동은 직접적으로 "Rohr-Plessy"의 이익을 위한 것이었고, 원고의 활동에 기인한 "Plessy Ltd."의 이익은 미국 회사의 주주로서 얻는 부차적 결과일 뿐이다. 기업과 주주는 별개이며 회사의 영업 활동 역시 주주와 분리되어 있으므로, "Plessy Ltd."가 얻는 이익은 주주로서 얻는 간접적인 혜택에 불과하다. 결국 원고의 고용주는 미국 손회사이고 원고의 소득은 미국에서 과세 대상이다.

이 판결에서 원고 P는 1974년 1월 1일에서 2월 28일까지의 기간이 제 과세연도라고 주장하였다. 왜 그랬을까? 앞에 인용한 조항 (a)를 다시 보라. P는 1974년 소득 가운데 3월 1일 이후에 받은 것은 미국 내 과세소득이라는 점을 인정하고 애초 과세 대상으로 신고하였지만, 1974년 1월 1일에서 2월 28일까지의 소득 5,500달러는 어떻게 신고했는가? 1973년분 소득과 마찬가지로 조약상 면세라고 신고하였다. 1973년 3월 1일에서 1974년 2월 28일까지가 별개의 과세연도가 된다면 그 연도 중 미국에 거주한 기간이 183일 밑으로 떨어지기 때문. 회계기간을 조작하는 이런 극단적 "tax planning"은 제치고 역년을 기준으로 날짜를 따지더라도, 원천지국의 세금을 회피하려는 남용의 가능성은 남는다. 가령 파견기간이 1년 정도라고 하자. 이런 사람이 앞의 미국-영국 조약에서 미국의 세금을 피하려면 어떤 길이 있을까? 출입국 날짜를 맞추면 된다. 가령 1973년 7월 2일에 들어와서 1974년 6월 29일에 나간다면 1973년 중 미국 거주기간은 183일 이하이고 1974년 중 미국 거주기간도 183일 이하가 된다. 이 결과가 싫다면 조약에 뭐라고 적어야 할까?

2017 OECD Model Article 15 (Income from Employment)

2. … remuneration derived by a resident of a Contracting State in respect of an employment exercised in the other Contracting State shall be taxable only in the first-mentioned State if:

a) the recipient is present in the other State for a period or periods not exceeding in the aggregate 183 days in any twelve month period commencing or ending in the fiscal year concerned …

2017년 OECD 모델 제15조(근로소득)

2. … 한 체약국 거주자가 버는 보수로서 근로수행을 상대방 체약국 안에서 한 것에 대한 과세를 전자의 체약국에서만 하기 위해서는:

a) 받는 사람의 상대방 체약국 체류기간이 그 해당 과세연도 중 시작하거나 끝나는 어떠한 12개월 기간 중에도 183일 이하이고 …

이 글귀에서는 12개월 기간의 시기(始期)와 종기(終期)를 어떤 식으로 잡든 체류 기간이 '해당 과세연도 중 시작하거나 끝나는 12개월 기간 중 183일 이하'라야 비과세 대상이다. 사업연도 별로 183일 여부를 세는 것이 아니라 쟁점 과세연도의 아무 날을 기준으로 잡더라도 그 전후 12개월 사이에 183일 이상 체류한다면 과세 대상이다.

"Maclean" 판결에서 노무 제공의 상대방이 미국 거주자인가라는 쟁점은 근로자를 고용하고 있는 자가 누구인가, 고용관계의 당사자인 고용주(雇用主)가 누구인가를 묻는 것이다. "Maclean" 판결에서는 민사법으로 따질 때 미국 손회사를 고용주로 보아야 하므로 조약상 비과세 규정은 적용받지 못한다고 판시하였다. 이 판결의 조약과 달리 현행 OECD 모델 조약에서는 고용주가 누구인가는 묻지 않고 보수를 지급하는 자가 누구인가를 묻는다.

2017 OECD Model Article 15 (Income from Employment)

2. … remuneration derived by a resident of a Contracting State in respect of an employment exercised in the other Contracting State shall be taxable only in the first-mentioned State if …
   b) the remuneration is paid by, or on behalf of, an employer who is not a resident of the other State …

2017년 OECD 모델 제15조(근로소득)

2. … 한 체약국 거주자가 버는 보수로서 근로수행을 상대방 체약국 안에서 한 것에 대한 과세를 전자의 체약국에서만 하기 위해서는: …
   b) 보수를 지급하거나 자기의 계산으로 하는 고용주가 상대방 체약국의 거주자가 아니어야 하고 …

원천지국의 과세권을 벗어나려면 보수를 지급하거나 부담하는 자가 비거주자나 외국법인이어야 한다는 말이다. “Maclean” 판결의 사실관계에 이 글귀를 적용한다면 보수를 지급한 자가 상대방 체약국인 미국의 거주자이므로 원고가 받은 소득은 미국에서 당연히 과세 대상이다. 이 글귀가 있더라도 다시 원천지국에서 비과세받을 여지가 있지 않을까? 앞서 본 “Wolf” 판결로 돌아가본다면 원고에게 보수를 지급한 자는 원천지국 법인(캐나다 법인 “Canadair”)이 아니라 상대방 체약국 법인(미국법인 “Kirk-Mayer”)이다. “Maclean” 사건에서도 “Rohr-Plessy”는 “Plessy Ltd.”에 보수를 지급하고 P는 “Plessy Ltd.”에서 급여를 받도록 계약을 짰다면 위 글귀에서 원천지국의 과세권이 없어지지 않는가? 그 말은 맞지만 문제가 그렇게 손쉽지는 않다.

2017 OECD Model Article 15 (Income from Employment)

2. … remuneration derived by a resident of a Contracting State in respect of an employment exercised in the other Contracting State shall be taxable only in the first-mentioned State if …
   c) the remuneration is not borne by a permanent establishment which the employer has in the other State.

2017년 OECD 모델 제15조(근로소득)

2. … 한 체약국 거주자가 버는 보수로서 근로수행을 상대방 체약국 안에

서 한 것에 대한 과세를 전자의 체약국에서만 하기 위해서는: …

c) 보수의 부담을 고용주의 상대방 체약국 내 고정사업장이 지지 말아야 한다.

P가 미국에 사업년도 내내 머무르고 그의 노무 덕택에 "Plessy Ltd."가 원천지국에서 계속적 · 반복적으로 소득을 받는다면 "Plessy Ltd."는 미국에 고정사업장을 두고 있다고 볼 가능성이 높다. 물론 이 고정사업장이 원고의 급여를 손금산입하지 않는다면 원고는 원천지국의 소득세를 피할 수 있겠지만 그 대신 "Plessy Ltd."는 법인세를 내야 하는 입장에 놓이게 될 것이다.

이상 세 가지를 다 반영하여 현행 OECD 모델에서 원천지국 과세를 피하기 위한 세 가지 요건만 다시 정리해 보자.

2017 OECD Model Artice 15 (Income from Employment)

2. … remuneration derived by a resident of a Contracting State in respect of an employment exercised in the other Contracting State shall be taxable only in the first-mentioned State if:

a) the recipient is present in the other State for a period or periods not exceeding in the aggregate 183 days in any twelve month period commencing or ending in the fiscal year concerned, and

b) the remuneration is paid by, or on behalf of, an employer who is not a resident of the other State, and

c) the remuneration is not borne by a permanent establishment which the employer has in the other State.

2017년 OECD 제15조(근로소득)

2. … 한 체약국 거주자가 버는 보수로서 근로수행을 상대방 체약국 안에서 한 것에 대한 과세를 전자의 체약국에서만 하기 위해서는:

a) 받는 사람의 상대방 체약국 체류기간이 그 해당 과세연도 중 시작하거나 끝나는 어떠한 12개월 기간 중에도 183일 이하이고, 또한

b) 보수를 지급하거나 자기의 계산으로 하는 고용주가 상대방 체약국의 거주자가 아니어야 하고, 또한

c) 보수의 부담을 고용주의 상대방 체약국 내 고정사업장이 지지 말아

야 한다.

마지막으로 OECD 모델 주석은 예전에는, 근로자와 원(原) 고용주 사이에 인력공급 회사를 형식적으로 끼워넣는 경우에는 실질적 고용관계는 근로자와 원 고용주 사이에 존재한다고 풀이하고 있었다.[47] 이런 식의 접근에서는 어디서부터가 형식적 고용관계이고 어디서부터 실질이 있는 것인지에 관한 답이 헝클어질 수밖에 없다. 2010년에 와서는 국내법에서 형식적 고용관계를 중시하는 국가들이 있는 경우 이들 국가들은 조약에 별도로 제15조 제2항의 원천지국 비과세 규정을 배제하는 요건을 명시한 규정에 합의할 수 있다고 한다.[48]

2. 공무원 보수

종속적 노무이기는 하지만 공무원 보수에는 특칙. 현재 우리나라 거주자라고 하더라고 상대방 체약국 공무원이 받는 보수는 과세할 수 없다. 양자조약에 이 조가 없어도 「외교관계에 관한 비엔나 협약」에 따라 다른 나라 외교관의 보수는 비과세한다.[49]

1977 OECD Model Article 19 (Government Service)

1. a) Remuneration … paid by a Contracting State or a political subdivision or a local authority thereof to an individual in respect of services rendered to that State or subdivision or authority shall be taxable only in that State.

1977년 OECD 모델 제19조 (정부 복무)

1. a) 보수 … 의 지급을 한 체약국이나 그 정치적 하부조직이나 지방정부가 개인에게 그런 국가, 하부조직, 지방정부를 위한 복무와 관련하여 지급하는 것에 대한 과세는 오로지 그 국가에서만 할 수 있다.
   b) However, such remuneration shall be taxable only in the other Contracting State if the services are rendered in that State and the

47) 2010년 개정 전 OECD 모델 제15조 주석 8문단. 비슷한 생각을 담고 있는 미국의 행정해석으로 Rev. Rul. 74-330, 1974-2 CB 278 (1974).
48) 2017년 OECD 모델 제15조 주석 8.3문단.
49) 「외교관계에 관한 비엔나 협약」 제34조.

individuals a resident of that State who:

(i) is a national of that State; or

(ii) did not become a resident of that State solely for the purpose of rendering the services.

b) 그러나, 그런 보수에 대한 과세는 상대방 체약국에서만 할 수 있다: 만일 복무 제공이 그 체약국 안이고 위 개인이 그 체약국의 거주자이면서

(i) 그 체약국의 국민일 것; 또는

(ii) 오로지 복무제공을 위하여 그 체약국의 거주자가 된 것은 아닐 것.

3. The provisions of Articles 15, 16 and 18 shall apply to remuneration and pensions in respect of services rendered in connection with a business carried on by a Contracting State or a political subdivision or a local authority thereof.

3. 제15조, 제16조 및 제18조의 규정을 적용한다: 보수 … 가 한 체약국이나 그 정치적 하부조직이나 지방정부가 영위하는 사업에 관련한 복무 제공에 관한 것이라면.

제1항 a)의 '보수'라는 말은 1994년 모델부터 "salaries, wages and other similar remuneration", 곧 '급여, 임금, 기타 이와 비슷한 보수'로 바뀌었고 우리나라의 조약도 그 무렵 이후 생긴 것은 대체로 같다. 그냥 '보수'라는 말만 나오는 옛날 조약에서도 공무원 보수라는 뜻이고, 수급인 등 독립적 노무의 보수는 제7조나 아래에서 볼 제15조에 따른다.[50]

제3항의 '사업'이란 애매한 말이지만[51] 입법취지로는 국고(國庫) 사업이라는 뜻이다. 전매 사업이라면 과세 대상일 것. 철도, 우편, 통신 따위는 애매하지만 공무원이 다른 나라에 가서 그런 일을 공무로 하는 경우란 생각하기 어렵다. 공무원 퇴직연금에 대한 특칙은 아래 VI.

3. 학생과 교수

어느 체약국 거주자였다가 상대방 체약국의 학교나 산업체에 학생이나 연

50) 2017년 OECD 모델 제19조 주석 2.1문단.

51) 제5장 제2절.

수생으로 유학이나 파견을 가는 경우 유학이나 파견기간 동안 상대방 체약국 거주자이더라도 학비나 생활비로 받는 돈에 대해서 특칙을 둔 조약이 많다.

> 1977 OECD Model Article 20 (Students)
> Payments which a student or business apprentice who is or was immediately before visiting a Contracting State a resident of the other Contracting State and who is present in the first-mentioned State solely for the purpose of his education or training receives for the purpose of his maintenance, education or training shall not be taxed in that State, provided that such payments arise from sources outside that State.
> 1977년 OECD 모델 제20조(학생)
> 학생이나 산업연구생으로 현재 또는 한 체약국을 방문하기 직전에 상대방 체약국 거주자이거나 이었던 자가 전자의 체약국에 있는 유일한 목적이 교육이나 훈련이고, 그런 자가 지급금을 받는 목적이 오로지 그의 생활, 교육 또는 훈련이라면 그런 지급금에 대한 과세를 전자의 체약국이 할 수 없다. 다만 지급금이 전자의 체약국 국외의 원천에서 생기는 경우에 한한다.

이 조는 거주지국, 즉 유학생 등의 체재지국의 과세권에 대한 제약이다. 이 조가 없다면 가령 우리나라 로펌에서 일하던 변호사가 미국으로 유학가서 등록금 및 생활비 조로 받는 돈은 과거 우리나라에서 일한 대가로 받는 소득이므로, 앞 1.에서 보듯이 우리나라에 원천지국 과세권이 있지만 조약상 근로소득, 또는 독립적 인적 용역 규정의 제약을 받게 되어서 미국에 거주지국으로서 보충적 과세권이 있다. 그러나 위 조문이 있으면 미국에는 과세권이 아예 없고 우리나라는 국내법대로 세금을 매기면 된다. OECD 모델의 위 단서 부분과 달리, 가령 미국조약은 우리(미국) 유학생이 받는 돈의 원천이 미국(우리나라)인 소득도 일정 범위 안에서는 미국이(우리나라가) 과세하지 않는다. OECD 모델에는 없지만 대학 교수에 대해서도 비슷하게 정한 조약도 많다. 조약의 글귀에 따라서는 학생이나 교수가 유학 중인 나라의 과세권만이 아니라 본국의 과세권까지 제약하기도.

Ⅳ. 독립적 노무

현행 OECD 모델에서는 없어졌지만 우리나라의 실제 조약 가운데 상당수에는 아직도 독립적 인적 용역에 관한 조문이 남아있고, 또 그 내용을 보면 원천지국에 고정시설이 없더라도 과세할 수 있도록 하고 있다. 가령 미국조약을 보자.

미국조약 제18조(독립의 인적용역)

2. 일방체약국의 거주자인 개인이 타방체약국내에서 독립된 자격으로 인적용역을 제공하여 취득하는 소득은, 다음의 경우에 동 타방체약국에 의하여 과세될 수 있다.
   a) 동 개인이 과세연도 중 총 183일 이상의 단일기간 또는 제 기간 동안[52] 동 타방체약국내에 체재하는 경우
   b) 상기 소득이 과세연도 중 미화 3,000불 또는 이에 상당하는 원화를 초과하는 경우, 또는
   c) 동 개인이 동 과세연도 중 총 183일 이상의 단일기간 또는 제 기간 동안 동 타방체약국내에 고정시설을 유지하는 경우. 다만, 이 경우에는 동 고정시설에 귀속되는 소득액에 한한다.

조약에 따라서는 근로소득과 독립적 노무를 한 조문에 묶어서 인적용역소득으로 규정하기도 한다. 가령 1998년 10월 8일 개정되기 전의 옛 일본조약에서는 인적 용역에 대해서 다음과 같이 정하고 있다.

옛 일본 조약 제12조

1. … 한 체약국 거주자가 받는 인적용역의 보수…가 상대방 체약국 원천에서 버는 것이라면 상대방 체약국이 과세할 수 있다.

1. 법인의 인적 용역

원천지국의 과세권을 넓혀 놓은 이런 조약에서 가장 중요한 문제 가운데 하

52) 'for a period or periods aggregating 183 days or more in the taxable year.'

나가, 독립적 노무 조문이 법인의 인적 용역에도 적용되는가라는 것이다. 미국조약 제18조는 적용 대상을 개인·자연인에 한정한다는 것이 글귀에서 분명하지만[53] 그렇지 않은 조약들도 있기 때문이다. 가령 현행 일본조약 제14조(독립적 인적용역)의 글귀에는 개인이라는 말이 없다. 같은 조의 적용범위는 '한 체약국 거주자'가 받는 인적용역소득이고 일본조약에서 거주자라는 말은 우리 식 용어로 자연인 거주자와 내국법인을 다 포함하는 개념이다.

이 논점을 실제로 다룬 사건으로, 옛 일본조약에서[54] 인적용역소득 조항의 거주자라는 말이 법인을 포함하는가를 다룬 대법원 판결이[55] 있다. 쟁점은 한국 내의 플랜트 건설과 관련하여 일본법인이 6개월 미만의 기간에 걸쳐 감리 용역을 제공한 경우 이 일본법인이 받은 소득을 우리나라가 과세할 수 있는가라는 문제. 이 쟁점의 하부 논점 중 하나로서 원고는[56] 일본법인이 인적용역소득을 제공하고 받는 소득은 인적용역소득으로 볼 수 없고 사업소득으로 보아야 한다는 주장을 내어 놓았다. 옛 일본조약에서는 사업소득으로 구분한다면 고정사업장이 없는 한 우리나라에 과세권이 없고,[57] 6개월 미만의 국내 활동은 고정사업장이 되지 않는다.[58] 다른 한편 인적용역소득으로 구분한다면 원천이 우리나라에 있는 소득은 과세대상이 된다. 이 사건에서는 소득의 원천지가 우리나라라는 점은 분명했고, 결국 인적용역소득에 해당한다면 국내법대로 과세하고 사업소득이 된다면[59] 면세한다는 결과가 생긴다.

문제는 독립적 인적용역소득의 적용범위인 '… 거주자가 … 수령하는 보수'라는 글귀에서 '거주자'라는 말이 법인을 포함하는가이다. 이 사건 당시 미국조약 등은 인적용역소득의 적용범위를 '거주자인 개인'이 받는 인적 용역의 보수로 명시하고 있고,[60] 따라서 법인이 받는 인적용역소득은 사업소득의 일부로 보게 된다. 다른 한편 옛 영국조약에서는 인적용역소득 조항이 법인의 인적 용역

53) 대법원 1987. 3. 10. 선고 86누212, 86누215 판결.

54) 1970. 3. 3. 서명.

55) 대법원 1995. 8. 25. 선고 94누7843 판결.

56) 이 사건의 원고는 일본법인이 아니라 그 법인에 기술 관련 대가를 지급하면서 법인세 원천징수를 하지 않은 까닭에 원천징수세액 본세 및 가산세를 추징당한 한국법인이다.

57) 옛 일본조약 제6조 제1항.

58) 같은 조약 제4조 제4항(b)(i).

59) 고정사업장의 존부는 뒤에 따로 살펴본다.

60) 미국조약 제18조, 다른 조약례로는 프랑스조약 제14조, 독일조약 제14조, 호주조약 제14조.

에도 적용된다.[61] 옛 일본조약에는 법인의 인적용역소득 원천에 관한 규정은 있었지만[62] 인적용역소득 조문의 주관적 적용범위가 법인을 포섭하는지가 분명하지 않았다.

인적용역소득 규정의 적용범위가 자연인뿐인가, 아니면 법인을 포함하는가 하는 문제에 대해서는 해석론이 갈릴 수 있다. 우선 조세조약의 연혁은 인적용역소득 규정이 자연인에게만 적용된다는 주장을 뒷받침한다. 인적용역소득의 범위에 관해 OECD 모델은 '일방 체약국의 거주자가 전문직업적 용역 또는 기타 독립적인 성격의 행위와 관련하여 취득한 소득'이라고 표현하여 인적용역소득의 주관적 적용범위를 '거주자'로 정하고 있다.[63] UN 모델 역시 이를 이어 받아 인적용역소득을 '일방 체약국의 거주자가 자유직업 기타 독립적인 성격을 갖는 활동에 대해서 취득하는 소득'이라고 표현하여[64] '거주자'라는 표현으로 주관적 적용범위를 정하고 있다. OECD 모델 주석은 여기에서 '거주자'의 의미를 밝히고 있지는 않다. UN 모델 주석은 여러 곳에 걸쳐서 인적용역소득 규정이 개인에게만 적용됨을 밝히고 있다. 특히 "협상단은 제14조(인적용역소득)와 제5조(고정사업장)의 관계에 대해서 협의했고 제14조의 규정은 개인이 활동을 제공하는 대가로 개인에게 직접 지급되는 보수에 대해서 적용된다는 것을 일반적으로 합의했다. 법인이 그 종업원 기타 다른 인원의 용역을 제공하는 데 관련해서 법인에게 주는 보수는 제5조(고정사업장)의 적용을 받는다"고 명시하고 있기도.[65]

그러나 위와 같은 연혁에 기한 해석이 반드시 일반적으로 받아들여져 있지는 않다. 한 예를 들면 클라우스 포겔(Klaus Vogel)은 연혁을 무시하고 문리에 따른 해석을 좇고 있다. 포겔의 주석서는 "인적용역소득 조항의 해석으로, 거주자의 의미에 관해서는 제3조(정의 규정) 주석을 참조하라. OECD 및 UN 모델하에서는 회사 및 다른 사단 역시 인적용역소득을 벌 수 있다. 또 국내법이 실질과세원칙 등에 기해 그런 소득을 개인에게 귀속시키는 것은 별론"이라고 토를 달고 있다.[66]

---

61) 옛 영국조약 제14조, 제4조.
62) 옛 일본조약 제12조 제2항.
63) OECD 모델 제14조 제1항.
64) UN 모델 제14조 제1항.
65) UN 모델 제14조 주석.
66) *Klaus Vogel on Double Taxation Conventions*(제3판), 제14조 주석 13.

이 사건 대법원 판결은 건설 관련 용역이라면 인적용역소득 조문을 적용하지 않는다고 밝히고 있다. 건설 관련 용역에 대해서는 따로 결론을 내릴 수 있는 것이 고정사업장의 정의 조문에[67] 건설 관련 용역이 따로 나와 있기 때문이다. 건설 관련 용역의 제공기간이 6개월 이하라면 고정사업장이 아니라는 조문은 그런 용역은 용역 제공지국에서 과세하지 않는다는 뜻이고, 그러자면 용역 제공지국에서 인적 용역을 과세할 수 있다는 조문은 적용하지 말아야 한다는 것.[68] 다른 한편 이 판결의 글귀 가운데에는 한결 넓은 취지로 인적용역소득 조문은 법인에게는 적용할 수 없다고 전제한 듯한 표현이 나오는 곳도 있다. 국세청 실무는 반대인 듯.

2. 독립적 노무에 관한 OECD 모델 개정

인적 용역 내지 노무에 관한 현행 모델 조약의 내용은, 독립적 노무라면 고정사업장이 없는 이상 원천지국에 과세권이 없고, 종속적 노무는 원칙적으로 원천지국에 과세권이 있다는 것이다. 이런 이분법은 말이 되는가? 현행 모델 조약이 독립적 노무에 사업소득 조항을 적용하는 것은 고정사업장이 없다면 순소득을 확인할 수 없다는 생각이다.[69] 행정 편의이기는 하지만 맞는 말이다. 그러나 앞의 이분법 역시 여러 가지 어려움을 낳는다. 앞의 "Wolf" 판결에서 보았듯 두 가지의 구분도 어렵고, 또 인력공급 회사를 가운데에 끼우는 경우 사업소득 조문을 적용할 것인가, 또는 법형식에 불구하고 근로소득 조문을 적용할 것인가라는 문제도 생긴다. 한결 근본적인 문제로 종속적 노무와 독립적 노무 사이에 과세 규칙을 전혀 달리하는 것이 과연 좋은 제도인가도 의문.

이와 같은 문제의식에 터잡아 1980년 UN모델은 일찍이 '서비스 고정사업장'(Services PE) 개념을 도입하였고,[70] 일부 선진국 간 조세조약에도 이와 유사한 조항이 들어왔다.[71] 2008년에 채택된 OECD 모델 주석은 한편으로는 사업소득

67) 옛 일본 조약 제4조 제4항 (b)(i).

68) 이 판결에 관한 대법원 재판연구관의 해설로, 서기석, "조세조약에 있어서 건설관련 용역소득의 소득 구분", 조세법연구 Ⅱ권(1996) 372면 이하.

69) OECD 모델 제5조 2008년 주석 42.11문단. 이 내용은 2006년의 협의초안, OECD, "The Tax Treaty Treatment of Services: Proposed Commentary Changes"에서 옮겨온 것이다.

70) 2021년 UN 모델 제5(3)(b)조: 기업이 어느 체약국 내에서 그 직원 또는 계약된 다른 인원을 통해 자문 용역을 포함한 용역을 어느 12개월 기간 중 한 기간 또는 여러 기간 합쳐 183일을 초과하여 계속하여 제공하는 경우.

조문을 적용해야 마땅하다는 기존 입장을 옹호하면서[72] 다른 한편으로는 독립적 노무소득 또는 인적용역소득은 노무 제공지에서 과세해야 마땅하다는 주장을 대안으로 나란히 병렬시키고 있다. 노무소득 가운데에는 원천지국에 고정사업장이 없이도 상당한 소득을 벌 수 있는 것이 많고, 그렇다면 행정상 어려움이 있더라도 노무소득은 원천지에서 과세해야 한다는 것이다.[73] 이리하여 OECD 모델 주석은 인적용역소득을 원천지에서 과세하기를 원하는 국가는 사업소득 조항에 다음과 같은 특칙을 신설하라고 권하고 있다.

> 앞(제5조 사업소득)의 제1항에서 3항의 규정에 불구하고 한 체약국의 기업이 상대방 체약국에서 제공하는 용역이
>
> a) 개인을 통한 것이며, 그런 개인이 상대방 체약국 내 체류기간이 과세대상 사업연도 중 시작하거나 끝나는 임의의 12개월 기간 중 183일을 넘고, 또 그런 기간(들) 동안 그 기업의 적극적 사업활동에 귀속하는 총수입금액의 50% 너머가 상대방 체약국에서 그런 개인을 통하여 제공하는 용역에서 버는 것이거나, 또는
>
> b) 임의의 12개월 기간 중 합계 183일을 넘는 기간(들)동안 동일하거나 연관된 프로젝트를 위하여 제공된 것으로서 개인을 통한 것이고 이를 제공하는 개인이 상대방 체약국 안에(서) 있거나 용역을 제공한다면,
>
> 상대방 체약국 안에서 일어나는 행위로서 그런 용역제공 행위는 상대방 체약국 안에 있는 그 기업의 고정사업장을 통하여 일어나는 것으로 간주한다(단서 생략).[74]

결국 2000년 개정으로 독립적 인적용역소득 조문을 삭제하여 다른 사업소득과 똑같이 고정사업장 없이는 과세하지 못한다고 정한 지 8년 만에, 인적 용역을 제공하는 기업의 경우에는 통상 말하는 고정사업장이 없더라도 임직원의

71) 선진국 간 조약에 서비스 고정사업장 개념이 들어온 사례로 대표적인 것은 캐나다-미국 조약(제5의정서, 2008년)인데, 그 계기는 "Dudney" 판결이다. The Queen v. William A. Dudney, 2000 DTC 6169(FCA).

72) OECD 모델 제5조 2008년 주석 같은 문단.

73) OECD 모델 제5조 2008년 주석 42.16문단, 42.17문단; 2017년 주석 137문단, 138문단.

74) OECD 모델 제5조 2008년 주석 42.23문단; 2017년 주석 144문단.

체류 기간이 일정 기준을 넘는다면 (서비스) 고정사업장이 있는 것으로 보아 과세할 수 있다는 내용을 대안으로 다시 집어넣기에 이른 것. 뭐지, 도대체 무슨 일이? 2000년 개정 전의 독립적 인적용역소득 조문은 고정시설이 있어야 과세한다고 정하고 있었고, 고정시설이라는 말은 고정사업장이나 실제로는 같은 말이다.[75] 종래의 독립적 인적용역소득 조문 대신 사업소득 조문을 적용한다는 2000년 개정은 실제 내용의 변화는 아니었다. 그런데 2008년 이후 OECD의 현 입장은 원천지국의 과세권을 종전보다 오히려 더 넓히는 것을 기존 조문에 대한 대안으로 나란히 인정하고 있는 것이다. 어떻게 된 것인가?

답은 OECD 모델의 내용, 곧 인적용역소득은 고정시설 내지 고정사업장이 있어야 과세할 수 있다는 조문은 기실 현실 세계의 실제 조약과 거리가 먼 경우가 많다는 데에 있다. 앞서 본 옛 일본조약이나 옛 영국조약[76] 등은 인적용역소득을 용역 제공지국에서 과세할 수 있다고 명시하고 있었다.[77] 그밖에도 실제 조약은 오히려 다수가 용역 제공지국에 과세권을 주고 있었던 경우가 많다. 이런 현실에서 OECD의 논의 과정에 개발도상국이 실질적으로 끼어들기 시작하면서 실제 조약례에 따른 현실화 압력이 생겼고 그 결과 주석서에 기존 조문에 대한 대안을 두기로 타협. 우리나라는 중국, 인도, 인도네시아 조약 등에 서비스 고정사업장 규정을 두고 있다.

3. 이사의 보수

1977 OECD Model Article 16 (Directors' Fees) Directors' fees and other similar payments derived by a resident of a Contracting State in his capacity as a member of the board of directors of a company which is a resident of the other Contracting State may be taxed in that other State.

1977년 OECD 모델 제16조(이사의 보수) 이사의 보수 기타 비슷한 지급금을 한 체약국 거주자가 회사의 이사회 구성원이라는 자격에서 버는 것이고 그 회사의 거주지국이 상대방 체약국이라면 과세를 상대방 체약국이 할 수 있다.

75) 의사, 변호사 같은 전문직은 사업이 아니라는 생각 때문에 고정사업장 대신 고정시설이라는 말을 쓰고 있었다는 점은 이미 보았다.

76) 1977. 4. 21. 서명. 현행 조약은 1996. 10. 25. 서명, 1996. 12. 29. 발효하였다.

77) 다만 체재 기간이 183일 이하인 자가 비거주자・외국법인으로부터 지급받는 보수로서 지급자가 원천지국에서 손금산입하지 않는 것은 비과세한다. 옛 영국조약 제14조 제2항.

회사의 이사가, 곧 이사회의 구성원이 그 지위에서 받는 보수는 소득 구분이 불분명하다. 이사는 이러한 업무에서 회사에 종속되어 있지 않으므로 이사 보수는 '근로의 대가'는 아니다.[78] 상근(常勤)인 사내(社內) 이사가 받는 보수라면 근로의 대가로 받는 부분과 이사로서 받는 부분이 섞여 있다.[79] 근로의 대가가 아니고 이사로서 비거주자가 받는 보수는 재직시 받는 것이든 퇴직시 받는 것이든 소득세법 제119조에서는 제7호나 제8호의 근로의 대가로 구분할 수는 없고 제119조 제6호의 '인적용역소득'으로 구분해야 한다.[80] OECD 모델에서는 제16조가 따로 있으므로 제15조는 적용할 여지가 없다. 제16조의 위 글귀를 따라서 조약에서 내국법인의 이사로서 받는 보수를 우리나라가 과세할 수 있다고 정한 경우라면 이사 업무의 실제 집행장소가 어딘가에 관계없이 소득세법 제119조 제6호 괄호 부분에 따라서 원천지를 우리나라로 재구분한다.

Ⅴ. 연예인과 운동선수

현행 OECD 모델 조약은 연예인(운동선수 등 포함)에 대한 특칙을 두어 그런 사람이 받는 소득은 언제나 원천지국(활동이 일어나는 나라)에서 과세할 수 있다고 정하고 있다. 나아가 가운데에 다른 회사를 끼워서 연예인이나 운동선수는 회사에서 돈을 받는다면 회사의 소득 역시 원천지국에서 과세할 수 있다고 정하고 있다.

1977 OECD Model Article 17 (Artistes and Sportsmen)

1. Notwithstanding the provisions of Articles 14 and 15, income derived by a resident of a Contracting State as an entertainer, such as a theatre, motion picture, radio or television artiste, or a musician, or as an athlete, from his personal activities as such exercised in the other Contracting State, may be taxed in that other State.

1977년 OECD 모델 제17조(연예인과 운동선수)

1. 제14조와 제15조의[81] 규정에 불구하고 소득을, 한 체약국 거주자가 연

78) 이창희, 『세법강의』, 제11장 제2절 Ⅰ. 4. ↔ 소득세법시행령 제179조 제8항 제2호.

79) 2017년 OECD 모델 제16조 주석 2문단.

80) 소득세법시행령 제179조 제6항 후단. 같은 영조항 제2호.

> 예인으로서, 곧 극장 · 영화 · 라디오 · 텔레비전의 배우나 음악가로서, 또는 운동선수로서 인적활동을 상대방 체약국에서 벌인 것에 대한 과세는 상대방 체약국이 할 수 있다.

연예인이나 운동선수의 소득은 고정시설이 없더라도 공연이나 경기를 한 나라에서 과세할 수 있고, 남에게 종속되어 근로소득으로 받더라도 마찬가지라는 말이다. 이런 특칙이 없다면 OECD 모델에서는 연예인이 받는 소득 역시 사업소득 조문, 또는 실제 내용은 마찬가지인 예전의 독립적 노무 조문을 적용받게 된다. 그런데 연예인이 다른 나라에 가서 공연을 하는 경우 받아가는 소득은 높지만 실제 머무르는 시간은 얼마 안 되게 마련이어서 고정사업장이나 고정시설이 안 생긴다. 그 때문에 OECD 모델은 연예인에 관한 특칙을 두어 고정사업장이나 고정시설의 존부에 관계없이 상대방 체약국이 과세할 수 있다고 정하고 있는 것이다.

그 뒤 2000년 모델은 독립적 인적 용역에 관한 제14조를 삭제하면서 그 소득이 사업소득에 포함됨에 따라 위 제17조 글귀에서도 '제14조'라는 말을 '제7조'로 바꾸었다. 제17조의 요건을, 고정시설이 없어도 과세할 수 있다는 말을 고정사업장이 없어도 과세할 수 있다는 말로 바꾼 셈이다. 그러다가 다시 2014년 모델에 와서는 '제7조'를 삭제했다. 아마 제17조에 해당하는 소득은 애초 사업소득에서 빠진다는 것을 뒤늦게 깨달은 듯하다. 사업소득이라는 소득 구분은 보충적 성격이기 때문이다.[82]

1977 OECD Model Article 17 (Artistes and Sportsmen)

> 2. Where income in respect of personal activities exercised by an entertainer or an athlete in his capacity as such accrues not to the entertainer or athlete himself but to another person, that income may, notwithstanding the provisions of Articles 7, 14 and 15, be taxed in the Contracting State in which the activities of the entertainer or athlete are exercised.

---

81) 근로소득.

82) 2010년 OECD 모델 제7조 제4항. 제5장 제2절.

1977년 OECD 모델 제17조(연예인과 운동선수)

2. 연예인이나 운동선수가 그런 자격에서 벌인 인적 활동에 관련한 소득의 귀속자가 연예인이나 운동선수 그 자신이 아니라 다른 사람이라면, 그런 소득에 대한 과세는 제7조, 제14조 및 제15조의 규정에 불구하고 연예인이나 운동선수가 활동을 벌인 체약국에서 할 수 있다.

2014년 이후의 OECD 모델의 제2항에서 '제15조'만 남긴 것은 제1항이나 마찬가지이다. 제2항은 왜 필요할까? 제1항만 있다고 생각해보자. 이 경우 원천지국의 세금을 피하려면 어떻게 하면 될까? 쉽게 생각할 수 있는 방법이 가운데에 외국 기획사를 끼워서 기획사가 소득을 받아가게 하는 것이다. 그렇게 하면 기획사가 받아가는 소득은 사업소득이나 독립적 노무 소득, 또는 인적용역소득이 되어 고정사업장이나 고정시설이 없으면 과세할 수 없다. 연예인 개인이 받는 소득이 근로소득이 될 수 있겠지만, 연예인의 체류 기간이 183일 이하이고 지급자가 외국법인이며 그 외국법인의 고정사업장이 없으므로 근로소득도 거주지국에서만 과세할 수 있게 된다.

제2항에 해당하는 소득은 '제15조의 규정에 불구하고' 과세할 수 있으므로 연예인의 근로소득은 과세할 수 있다. '제7조의 규정에 불구하고'라는 말이 빠진 현행 모델에서 기획사의 소득은 과세할 수 있는가? 기획사의 소득 역시 연예인의 '활동에 관련한 소득'에 해당하므로 제2항에 따르고, 제2항에서 따로 다루고 있는 소득인 이상 사업소득에서 빠지므로[83] 고정사업장이 없어도 과세할 수 있다.[84]

연예인에 관한 특칙이 있는 조약의 해석에 관한 사건으로 캐나다 판결 하나를 보자. '스팅'(Sting)이라는 이름으로 잘 알려진 록 그룹 사건이다. 이 사건의 미국-캐나다 조약의 연예인 특칙은 OECD 모델과 내용이 실질적으로 같되, 다만 제2항의 뜻을 분명히 하는 제2문이 더 들어가 있다.

캐나다-미국 조세조약 제16조(연예인과 운동선수)

2. … 앞 문장의 적용시, 연예인이나 운동선수의 소득은 다음 경우 다른 사람에게 귀속하는 것으로 보지 않는다: 연예인이나 운동선수 또는 그 특

83) 1977년 OECD 모델 제7조 제7항; 2017년 OECD 모델 제7조 제4항.

84) 2017년 OECD 모델 제17조 주석 11.1문단에는 논거가 없지만 아무튼 결론은 맞는다.

수관계자가 移延보수, 상여, 수수료, 배당, 파트너십의 분배금, 기타 분배금을 포함하여 어떤 식으로든 직간접적 형태로 다른 사람의 이익에 참가하는 경우.

Sumner v. The Queen[85)]

이 사건 원고는 고든 섬너(Gordon M. Sumner)라는 자연인과 록산(Roxanne)라는 미국법인이다. 섬너는 '스팅'이라는 이름으로 잘 알려진 록 스타로서, 본건 과세연도인 1991년에 영국에 거주하고 있었다. 그 해에 그는 캐나다, 미국, 멕시코를 포함하는 북미 투어를 가졌고, 캐나다에서는 6번 공연했다. 북미 투어는 "Roxanne Music Inc."의 총괄 하에 이루어졌는데, 이 회사는 순소득의 95%를 섬너에게 지급할 계약상 의무를 지고 있었다. 록산의 전 지분을 소유하고 있는 자는 네덜란드 회사 "Wyneco B.V."이고, 이 회사는 "Dihkof"라는 사람의 단독 소유이다. 1990년 9월 4일, 섬너는 "Wyneco"의 '종업원'(employee)이 되는 고용계약을 Wyneco와 맺었다. 또한 "Wyneco"는 록산과 계약을 맺어서 제 종업원인 섬너의 노무를 록산에 '임대'(loan out)했고, 록산은 순소득의 95%를 섬너에게 지급하기로 했다.

록산은 1991년 북미 투어에서 미화 5,965,599 달러의 총수입금액을 얻었고, 그 중 미화 543,494 달러(9.11%)를 캐나다 공연에서 얻었다. 섬너가 1991년 록산으로부터 받은 급여는 미화 1,488,000 달러였고 그 중 미화 37,200 달러(= 42,780 캐나다 달러)를 캐나다 공연에 안분하여 캐나다 과세소득으로 신고했다. 캐나다 국세청은 이를 155,890 캐나다 달러로 증액경정했다.

섬너가 다투는 쟁점은 안분 기준이다.

섬너는 업무 일수를 기준으로 소득을 다음과 같이 안분했다.

$$\text{USD } 1{,}488{,}000 \times \frac{6(\text{캐나다에서의 업무일수})}{240(\text{총 업무일수})}$$
$$= \text{USD } 37{,}200 \times 1.15(\text{환율})$$
$$= \text{CND } 42{,}780$$

한편 캐나다 국세청은 총수입금액을 기준으로 안분했다.

85) Tax Court (Canada) 98-1222 (1999. 12. 7.). 98-1410(IT)G와 병합.

$$\text{USD } 1{,}488{,}000 \times \frac{\text{USD } 543{,}494(\text{캐나다 공연 총수입금액})}{\text{USD } 5{,}965{,}599(\text{북미 공연 총수입금액})}$$

= USD 135,557(USD)×1.15(환율)

= CND 155,890

록산은 캐나다에 법인세 납세의무가 없다고 주장한다. 록산은 델라웨어 주법에 따라 설립된 미국법인으로 캐나다에는 고정사업장이 없다. 1991년 캐나다 소득신고에서 캐나다 투어 총수입금액을 625,018 캐나다 달러(=미화 543,494 달러)로 신고했는데, 급여와 근로 혜택으로 230,083 달러를 공제하고(국세청은 이를 섬너와만 관련된 것으로 판단), 기타 비용을 고려할 때 결과적으로 캐나다 투어에서 104,530 달러의 손실을 보았다고 주장했다. 국세청은 비용 공제의 일부를 부인했다. 원고는 인정해야 마땅한 비용 공제를 국세청이 부인했다고 주장하였지만, 이를 입증할 충분한 증거는 없다. 따라서 만약 록산에 대해 캐나다에서 과세할 수 있다면, 국세청이 확정한 금액에 따라야 하며, 이 점에 대한 입증책임은 록산에게 있다.

섬너가 다투는 안분 기준에 관해서 보면, 조약이나 법령에 이 기준에 관한 규정이 없고 또 원고가 주장하는 날짜 기준이 총수입금액 기준보다 더 합리적이라는 증거도 없다. 또한 고용주인 록산 역시 총수입금액 기준으로 안분한 것을 본다면 국세청의 원 처분을 유지할 수밖에 없다.

록산이 캐나다에서 과세되는지에 관해서는, 록산이 캐나다에 고정사업장을 두지 않았으므로 만약 제7조(사업소득)를 적용받는다면 캐나다가 록산을 과세할 수 없다. 국세청은 제16조를 근거로 과세하였으나 원고는 이 사건에는 제7조만 적용되고 제16조는 적용되지 않는다고 주장한다. 제16조는 글귀를 볼 때 소득 전부가 소속 회사로 넘어가는 경우에만 적용되고, 이 사건에서는 섬너가 캐나다에서 세금을 내므로 록산에게는 일반적 조항인 제7조가 적용된다는 것이다. 그러나 받아들일 수 없는 주장이다. 첫 번째로 조약의 글귀를 원고 주장처럼 읽어야 할 이유가 없다. 두 번

Sting(Sumner)

째로 이 사건 사실관계는 섬너가 록산의 사업소득에 "상여 … 기타 분배금을 포함하여 … 직·간접적 형태로" 참가하는 경우에 해당한다. 세 번째로 미국 재무부의 주석서도 이런 입장이다. 마지막으로 OECD 모델 제17조 주석 11문단을 보면 소득의 일부로 연예인에게 과세할 수 없는 부분은 그를 대신 받는 자에게 과세할 수 있다고 정하고 있다.[86)]

실제 조약에서는 조약마다 내용이 다르므로 기획사 등을 이용한 조세회피가 다양한 모습으로 일어난다. 가령 우리나라에서 널리 알려진 사례로 마이클 잭슨의 1996년 내한 공연시 소속 기획사(미국법인)도 우리나라에 법인세를 내지 않았고 잭슨도 소득세를 내지 않았다고 한다. 미국조약에는 연예인에 관한 특칙이 없다. 독립적 인적용역소득은 3,000 달러만 넘으면 우리나라가 과세할 수 있지만 이 조문은 개인에게만 적용된다.[87)] 잭슨의 기획사는 우리나라에 고정사업장이 없으므로 사업소득 조문에 따라서 법인세를 피할 수 있었다고 하지만 잭슨의 (개인) 소득세는 걷을 수 있는 것 아닐까? 3,000 달러가 넘는 근로소득은 근로장소가 우리나라라면 과세할 수 있으니까.[88)] 이 사건에서 마이클 잭슨이 받은 소득은 근로소득이 아니라 배당소득이었다는 것(섬너 사건의 캐나다-미국 조약 조문을 다시 읽어보라). 이 배당소득은 미국법인에서 받은 것이므로 미국원천소득이 되었고 따라서 우리나라 소득세를 내지 않았다는 것이다.[89)] 현행 소득세법에서는 연예인이나 운동선수 개인이 받는 소득은, 용역제공 대가인 이상 지급금액의 20%를 세금으로 걷는다.

제156조의5(비거주 연예인 등의 용역 제공과 관련된 원천징수 절차 특례) ① 비거주자인 연예인 또는 운동가 등 대통령령으로 정하는 자(이하 이 조에서 "비거주 연예인등"이라 한다)가 국내에서 제공한 용역(제119조 제6호·제7호 및 제12호를 포함한다. 이하 이 조에서 같다)과 관련하여 지급받는 보수 또는 대가에 대해서 조세조약에 따라 국내사업장이 없거나 국내사업장에 귀속되

86) 2017년 OECD 모델 제17조 주석 11문단.

87) 미국조약 제18조.

88) 미국조약 제19조.

89) 정확한 사실관계가 나와 있지는 않지만 전병욱, "외국연예인 및 체육인의 과세문제", 「조세와 법」 제3권(2010. 10), 109쪽, 특히 123쪽에 나와 있는 국세청 행정해석 참조.

지 아니하는 등의 이유로 과세되지 아니하는 외국법인(이하 이 조에서 "비과세 외국연예등법인"이라 한다)에 비거주 연예인등이 국내에서 제공한 용역과 관련하여 보수 또는 대가를 지급하는 자는 조세조약에도 불구하고 그 지급하는 금액의 100분의 20의 금액을 원천징수하여 … 납부하여야 한다.

② 제156조 제1항에도 불구하고 비과세 외국연예등법인은 비거주 연예인등의 용역 제공과 관련하여 보수 또는 대가를 지급할 때 그 지급금액의 100분의 20의 금액을 지급받는 자의 국내원천소득에 대한 소득세로서 원천징수하여 … 납부하여야 한다. 이 경우 비거주 연예인등이 국내에서 제공한 용역과 관련하여 비과세 외국연예등법인에 대가를 지급하는 자가 제1항에 따라 원천징수하여 납부한 경우에는 그 납부한 금액의 범위에서 그 소득세를 납부한 것으로 본다.

③ 제1항에 따라 원천징수하여 납부한 금액이 제2항에 따라 원천징수하여 납부한 금액보다 큰 경우 그 차액에 대하여 비과세 외국연예등법인은 대통령령으로 정하는 바에 따라 관할 세무서장에게 환급을 신청할 수 있다.

Ⅵ. 퇴직연금

노무의 대가를 바로 받지 않고 일정한 기간이 지난 뒤에 받는 경우가 있다. 그 대표가 퇴직연금. 오늘날 대부분의 선진국은 연금이라는 강제저축 제도를 운영한다. 연금이란 소득재분배의 성격도 웬만큼 띠지만 본질적으로는 노무소득의 일부를 강제 저축하였다가 뒤에 원리금을 받는 것이다.[90] OECD 모델은 연금소득은 거주지국에서만 과세할 수 있다는 규정을 두고 있다.

OECD Model Article18 (Pensions) … pensions and other similar remuneration paid to a resident of a Contracting State in consideration of past employment shall be taxable only in that State.

OECD 모델 조약 제18조(연금) … 연금 기타 이와 비슷한 보수의 지급이 한 체약국 거주자의 과거 근로에 대한 대가라면 과세는 그 체약국에서만 할 수 있다.

---

90) 이창희, 『세법강의』, 제11장 제3절 Ⅰ.

1. 2중과세와 2중비과세

제18조는 그냥 기계적으로 따라가면 되는 일반적인 정답이 아니다. 다른 조나 마찬가지로 연금소득에 관한 조약 역시 나라 별로 세제의 차이에서 생기는 2중과세나 2중비과세 문제를 생각하면서 입법해야 한다. 어떤 사람이 갑 나라에서 일하다가 은퇴하면서 을 나라로 이주한다고 하고 논점을 따져보자.

1) 갑, 을 두 나라가 모두 연금 불입액을 소득공제하고(exempt) 연금 수령액(원리금)을 과세하는(taxed) 형식(이른바 EET[91] 방식)으로 연금소득에 특혜를[92] 주고 있다고 하자. 이 경우 조세조약에 연금소득에 관한 규정을 따로 두지 않았다면, 연금으로 받는 돈 가운데 불입액(拂入額) 원금에 해당하는 부분은 근로소득이라 보아야 하고 이자에 해당하는 부분은 이자소득(경우에 따라서는 배당소득 등 다른 소득이 될 수도 있겠지만)으로 보아야 할 것이다. 따라서 갑 나라는 원천지국으로서 이 근로소득과 이자소득에 대한 우선적 과세권을 행사하고 을 나라는 거주지국으로 이런 소득을 면세하던가 보충적 과세권을 행사할 수 있다. 이와 달리 OECD 모델처럼 연금소득은 거주지국에서만 과세한다고 조약으로 정한다면, 연금의 형태로 사후(事後) 지급하는 근로소득이나 그에 덧붙은 이자소득에 대해서는 원천지국인 갑의 과세권을 배제하고 세수를 을로 넘기게 된 것이다.

2) 갑 나라에서는 EET 방식으로 연금 불입액을 소득공제하고 연금 수령액을 과세하지만 을 나라에서는 TEE 방식으로 불입액에 대한 소득공제가 없고 수령액은 비과세한다고 하자. 조약에 연금에 관한 특칙이 없다면 갑 나라는 과세이연된 근로소득 및 이자소득에 대해 원천지국으로서 과세권을 가지게 된다. 을 나라는 TEE 방식으로 연금 수령액을 과세하지 않으므로 갑, 을 사이에 2중과세는 생기지 않는다. 한편 OECD 모델과 같은 규정을 둔다면 을 나라로 이주한 사람은 어느 나라에서도 세금을 내지 않는 이중비과세가 생기게 된다. 갑에서는 조약으로 면세받고 을에서는 국내법상 비과세이기 때문이다. 그렇다면 조약에

91) exempt, exempt, taxed. 가운데 비과세는 연금기금의 운용수익에 대한 비과세를 말한다. 아래 3항.

92) 이창희, 『세법강의』, 제11장 제3절.

어떤 내용을 둘 것인가? 연금소득에 대한 조약 규정을 아예 두지 않든가 아니면 OECD 모델과 달리 갑 나라에서 연금소득을 과세할 수 있다는 명문 규정을 두면 된다.

3) 갑은 TEE, 을은 EET라고 하자. 조약에 특칙이 없다면 연금불입액 원금 부분에 이중과세가 생기게 된다. 연금수령액 가운데 원금 부분은 갑 나라가 근로소득으로 이미 과세한 것이다. 그런데도 을 나라는 원리금 전액을 다시 과세하므로 2중과세가 생긴다. OECD 모델과 같은 규정을 두더라도 이 2중과세는 그대로 남는다.

4) 갑, 을 두 나라 모두 TEE라고 하자. 그렇다면 2중과세나 2중비과세 문제는 생기지 않는다. 조약에 OECD 모델과 같은 특례를 두더라도 을의 국내법이 연금소득을 비과세하므로 조약의 내용은 무의미해진다.

5) 위 네 가지 경우를 모으면 1)과 4)처럼 TEE든 EET든 두 나라의 연금세제가 같다면 2중과세나 2중비과세는 생기지 않는다. 두 나라의 세제가 서로 다르면 2)에서는 2중비과세가, 3)에서는 2중과세가 생긴다. 이 문제를 푸는 답은? 놀랍게도 거주지국이 아니라 원천지국 내지 노무 제공지국에서 과세해야 한다는 것. OECD 모델의 거주지국 과세 규정은 1)에서는 그저 세수를 원천지국에서 거주지국으로 이전시키는 효과를 낳을 뿐이며 4)에서는 무의미하다. 2)에서는 2중비과세가 생기고 3)에서는 2중과세가 생긴다. OECD 모델 주석은 네 가지 가능성 중 3)의 2중과세에만 주목하면서, 원천지국이 연금 수령액을 비과세하는 경우 거주지국에서도 과세 못 한다는 규정을 두라고 권하고 있고 미국 모델은 정면으로 이 내용을 채택하고 있다.[93] 그러나 이것은 OECD 모델 규정이 낳는 네 가지 가능성 중 한 가지의 모순을 보여주는 것일 뿐이다. 연금소득의 과세에 관한 2중과세나 2중비과세를 해결하는 방법은 거주지국 과세가 아니라 원천지국 과세이다. 2중과세나 2중비과세 문제는 서로 제도가 다른 앞의 2)와 3)에서

93) OECD 모델 제18조 주석 22~23문단. 미국 모델 제17조 제1항 b). 나아가 미국 모델은 연금기금의 이자소득을 연금 가입자에게 바로바로 과세할 수 없다는 규정도 두고 있다. 2006년 미국모델 제18조 제1항.

만 생기고, 어느 경우든 문제를 푸는 정답은 원천지국 과세이다.

그렇다면 왜 OECD 모델은 거주지국 과세를 정하고 있지? 이런 특칙을 따로 둘 필요성은 무엇이려나? 두 가지. 첫째는, 담세력의 파악은 거주지국이 더 잘할 수 있다는 일반론이다.[94] 둘째는 연금소득의 원천에 관한 개념상, 또 실무상 혼란이다.[95] 연금소득의 원천은 연금을 지급하는 나라(연금 운용주체의 거주지국)인가, 연금소득을 받는 자가 과거 일했던 나라인가? 근로소득을 벌던 당시 거주지국이 연금 불입액을 비과세했던 이상 그 나라를 원천지국으로 보아야 하겠지만 연금을 지급하는 나라에서는 생각이 다를 수도 있다. 또 여러 나라에 걸쳐 일하다가 퇴직한 사람이라면 원천지국 과세에는 상당한 어려움이 생길 수도 있다. 옳은 말이지만, 이 논거는 두 나라의 세제가 기본적으로 같다는 전제 하에 있다. 물론 OECD 회원국 상호간에는 이 전제가 거의 옳다. 대부분의 나라가 경우 1)에 속하니까.[96] 그러나 연금 세제가 서로 다른 나라 사이에서는 OECD의 연금소득 조문을 그대로 베껴올 일은 아니다. 이 말은 연금소득에 관한 조문 역시 언제나 두 체약국의 세제를 면밀히 비교 검토해서 정해야 한다는 말이다. 앞의 네 가지 경우는 두 나라의 법제를 극히 단순화한 것일 뿐이며 똑같은 법제를 가진 나라는 아마 없을 것이다. 그렇다면 법제가 일견 비슷한 나라 사이에서도 법제의 같고 다름을 조율하기 위한 깊은 분석이 필요할 수밖에 없다. OECD 모델 조약은 여러 나라의 상황에 맞추어 본 몇 가지 대안을 내어놓고 있지만,[97] 이 대안 역시 세상을 극히 단순화하여 내어놓은 것일 뿐. 아무 것이나 그냥 골라잡을 수 있는 것도 아니고.

우리나라 실제 조세조약을 보면, 우리나라 연금소득 과세체계가 EET 방식인 점과 앞의 1)의 문제점을 감안하여 2010년대 이후 체결된 조약은 원천지국 과세로 정하는 조약들이 생겨났고,[98] 국내 세법에도 비거주자의 국내원천 연금

---

94) OECD 모델 제18조 주석 17문단.

95) OECD 모델 제18조 주석 19-19.1문단.

96) 실상은 훨씬 복잡하다. 포르투갈 등 남유럽에서는 은퇴 이민자 유치를 위해 국외원천 연금소득을 면세하거나 저율 과세해서 2중비과세 문제를 낳고 있다. 이 때문에 스웨덴과 포르투갈은 조약 개정에 합의했으나 포르투갈이 비준을 지연시켰고 결국 스웨덴이 2022년부터 조약을 종료시켰다고 한다. 포르투갈 정부 관보 Notice No. 2/2022.

97) OECD 모델 제18조 주석 15문단.

98) 가봉, 룩셈부르크, 바레인, 브루나이, 싱가포르(개정후), 체코(개정후), 칠레, 콜롬비아, 타지키스탄, 투르크메니스탄, 파나마, 페루, 홍콩

소득 과세조항을 들여왔다.[99]

6) 공무원연금

1977 OECD Model Article 19 (Government Service)

2. a) Any pension paid by, or out of funds created by, a Contracting State or a political subdivision or a local authority thereof to an individual in respect of services rendered to that State or subdivision or authority shall be taxable only in that State.

1977년 OECD 모델 제19조(정부복무)

2. a) 연금의 지급자나 그를 부담하는 자금의 조성자가 한 체약국, 그 정치적 하부조직 또는 지방정부인 것으로서 개인이 같은 체약국, 그 정치적 하부조직 또는 지방정부에게 한 복무와 관련한 것에 대한 과세는 오로지 같은 체약국에서만 할 수 있다.

   b) However, such pension shall be taxable only in the other Contracting State if the individual is a resident of, and a national of, that State.

   b) 그러나, 그런 연금에 대한 과세를 상대방 체약국만 할 수 있다: 만일 그런 개인이 같은 체약국의 거주자 겸 국민이라면.

b)의 가능성을 무시한다면 공무원 연금에 대해서는 원천지국 과세를 정하고 있어서 민간 연금과 정반대이다. 일반론으로 원천지국 과세가 정답이라는 점은 이미 보았다. 공무원 보수를 지급하면서 과세하지 않은 국가가 나중에 연금 단계에 가서 과세할 수 있어야 한다는 것이야 당연하다. 공무원 연금만이 아니고 우리나라의 국민연금 같은 공적 연금도 은퇴 전 일하던 나라에서 과세하도록 정하고 있는 조약도[100] 있다. 국고 사업을 하던 공무원이 받는 연금에는 제18조를 적용한다.[101]

2. EET 방식 연금소득 조문의 해석론

아무튼 호주 같은 예외도 있지만 우리나라를 비롯한 대다수의 OECD 회원

99) 소득세법 제119조 제8의2호.
100) 미국 모델 제17조 제3항.
101) OECD 모델 제19조 제3항.

국들은 거의 모두 비슷한 EET 방식을 따르고 있는 듯하다. 이 전제 하에서 OECD 모델의 연금소득 조문, 곧 "과거의 근로에 대한 대가로 한 체약국 거주자가 받는 연금 기타 이와 비슷한 소득은 그 체약국에서만 과세할 수 있다"는 말의 뜻을 풀어보자.

1) '거주자가': 연금을 받는 자에 대해서는 특별한 제한이 없다. 거주자인 이상 연금을 받는 자가 연금 불입액을 납부한 자가 아닌 경우라도, 가령 유족연금에 대해서도 거주지국만이 과세권을 가진다.

2) '연금 기타 이와 비슷한 소득': 여기에서 연금이란 반드시 해마다 받는 돈이라는 뜻은 아니고 일시금이더라도 연금에 갈음하여 받는 것이라면 연금에 해당한다.[102] 과거 근로의 대가로 받는 돈인 이상 반드시 연금 형태가 아닌 돈, 가령 우리 법으로 치자면 퇴직금이 이에 해당할 수 있다.[103] 지급자가 누구인가도 묻지 않고, 과거 근로의 대가인가만 묻고 있으니까.

3) '근로의 대가로': 이 조항은 근로소득의 일부로 조성된 연금은 거주지국에서만 과세할 수 있다고 정하고 있다. 따라서 자영업자(또는 자영업자이었던 자)가 받는 연금은, 가령 우리나라의 국민연금법에 따른 연금(이른바 개인형 퇴직연금, IRP)이더라도 이 조항의 적용 대상이 아니다.[104] 사회보장 제도에 따라 받는 돈 가운데에서 과거의 근로 실적과 무관한 돈은 이 조항의 적용을 받지 않고 기타소득이 된다[105](한편 미국 모델은 사회보장 지급금은 모두 지급하는 국가에서만 과세하도록 정하고 있다[106]). 우리 법으로 치자면 자영업자가 받는 개인형 퇴직연금이나 근로자가 확정기여형 퇴직연금 계좌에 임의로 추가 납입한 금액에서 받는 연금은 금융계약의 원리금이므로 이 조의 적용범위 밖이다.[107]

---

102) OECD 모델 제18조 주석 5문단.
103) OECD 모델 제18조 주석 5문단. 다만 개별적인 사안에서라면, 이러한 돈이 국내법의 분류에 따라 근로소득이 될 여지도 있기 때문에 구체적인 사실관계를 더 따져보아야 하리라.
104) OECD 모델 제18조 주석 7문단.
105) OECD 모델 제18조 24문단, 26문단.
106) 미국 모델 제17조 제3항. OECD 모델 제18조 주석 27문단. 제1장 제4절 Ⅱ. 3.
107) OECD 모델 제18조 주석 3문단, 7문단.

Levert v. The Queen[108)]

캐나다 거주자가 미국에서 받은 연금에 대한 캐나다 정부의 과세권이 미국-캐나다 조약의 적용을 받는가라는 문제를 다룬 사건이다. 앞에서 보았듯 2중과세를 막기 위하여 OECD 모델 주석은 원천지국이 연금 지급금을 비과세한다면 거주지국에서도 과세하면 안 된다는 내용을 두라고 권하고 있다. 이 사건에서 미국-캐나다 조약은 미국 모델을 따라서 실제로 그런 내용을 두고 있다. 문제는 미국 정부가 이 사건 연금 지급금을 비과세하는 이유가, 미국이 캐나다와 달리 TEE 방식을 쓰기 때문이 아니라는 점이다. 이 사건 연금 지급금은 장애연금이고 미국은 국내법에 따라 장애연금을 비과세하고 있다. 법원은, 미국에서 비과세한다면 거주지국인 캐나다에서도 비과세하라는 내용이 조약에 있는 이상 캐나다에서 비과세하는 것은 당연하다고 판시하고 있다. 나아가 60세가 넘은 뒤 장애연금이 노령연금으로 바뀐다는 이유로 비과세를 과세로 전환할 수 없다고 판시하고 있다.

위 "Levert" 사건과 비슷한 상황에서 미국-영국 조약 제17조의 해석이 문제된 사안에서 영국 법원도 같은 판단을 내렸다.[109)]

3. 연금기금 불입액과 기금 운용소득

OECD 모델의 연금소득 조문은 EET 방식을 전제하고 연금을 받는 단계만 따지고 있는 것이다. 연금에 관한 2중과세나 2중비과세 문제는 애초 근로자가 연금을 불입하는 단계와 연금기금이 운용 수익을 얻는 단계까지 마저 따져보지 않을 수 없다. 현행 OECD 모델은 이 문제에 관한 조문을 두고 있지는 않지만 그 대신 주석에 원래 한 체약국에서 연금에 가입해 있던 사람이 얼마 동안 다른 체약국에 머물면서 자국의 연금을 계속 유지할 가능성에 관한 설명을 담고 있다.

---

108) Tax Court (Canada) Case 1999-566(IT) (2001).

109) Macklin v. HMRC, FTC/145/2013(UK Upper Tribunal, 2015). 이 사건 원고는 세계은행에서 퇴직한 영국 거주자로, 세계은행(워싱턴 D.C 소재) 근무 기간 동안 미국에서 불입한 퇴직연금에 대해 미-영 조약에 따라 원천지국인 미국에서 해당 연금이 비과세되므로 거주지국인 영국에서도 과세할 수 없다고 주장하였고, 법원은 원고 승소 판결을 내렸다.

1) 연금기금에 대한 불입액

가령 미국 모회사에 근무하면서 연금을 붓던 미국인이 우리나라 자회사에 파견근무를 나와 월급을 우리나라 자회사에서 받는다고 하고, 조세조약에 따를 때 우리나라에 이 미국인의 근로소득에 대한 과세권이 있다고 하자. 또 이 미국인은 장차 미국으로 돌아갈 것이므로 종래 미국 모회사를 통하여 붓던 연금을 계속 유지하기를 원할 것이고, 미국 모회사와 이 미국인은 각각 종래의 연금부담금과 기여금을 계속 불입한다고 하자. 우리 소득세법에 따르면 미국 모회사가 부담하는 부담금은 이 미국인의 소득이 되고 개인이 부담하는 기여금은 소득공제 대상이 아니다. 근로자퇴직급여보장법에 따른 연금이 아니기 때문.[110] OECD 모델 조약 주석은 이에 대한 특칙을 두어 국외(國外) 연금의 성질이 국내 연금과 마찬가지라고 권한당국 간 협의가 이루어진다면, 국외 연금도 국내 연금과 마찬가지로 대우하라고 권하고 있다.[111] 미국 모델은 이런 조항을 이미 두고 있다.[112] 미국 판결 하나.

Bichindaritz v. Commissioner[113]

이 사건에 관계된 미국-프랑스 조약(1994년 체결, 2001년 발효)은 국외 연금에 대하여 OECD 모델 주석에 들어있는 것과 같은 내용을 실제 두고 있다. 곧 두 나라의 권한당국이 한 체약국의 연금기금이 상대방 체약국의 세법에서 인정하는 연금기금과 마찬가지라고 합의하는 경우에는 한 체약국 거주자이면서 그 체약국의 국민이 아닌 사람이 (또는 그런 사람을 위하여) 상대방 체약국의 세법이 인정하는 연금기금에 출연한 돈을 거주지국의 연금기금에 출연한 돈과 마찬가지로 보도록 정하고 있다. 한편 미국세법 제219조(e)(2)는 제501조(c)(18)에 정한 퇴직연금기금에 출연하는 돈은 소득공제하도록 정하고 있었다.

이 사건 쟁점은 프랑스인으로 미국에서 교수로 근무하는 원고가 미국에서 개인소득세 과세표준을 계산하면서 프랑스의 연금기금에 출연한 기여금을 미국에서 소득공제받을 수 있는가이다. 미국 국세청은 당국 간 합의가 없으므로 쟁점 기여금의 소득공제는 불가능하다고 주장하였다. 법원은 두 가지 연금기금이

---

110) 소득세법 제12조, 제51조의3. 이창희, 『세법강의』, 제11장 제2절 Ⅱ. 2., 제3절.

111) OECD 모델 제18조 주석 33, 34, 37, 65문단.

112) 미국 모델 제18조.

113) T.C. Memo. 2005-298.

같은가를 따지면서 미국세법 제501조(C)(18)의 요건으로 (i) 연금기금의 재원이 종업원 출연금일 것, (ii) 연금기금을 연금지급 이외의 다른 목적에 쓰지 않을 것, (iii) 연금의 내용이 상후하박(上厚下薄)이 아닐 것, 이 세 가지를 들고 있다. 프랑스의 연금기금이 이 요건을 만족한다는 사실을 원고가 입증하지 못하였으므로 법원은 원고의 청구를 내치고, 따라서 권한당국 사이의 합의가 소득공제의 요건인가라는 쟁점은 답하지 않았다.[114]

미국 모델의 규정은 연금기금 불입액에 대한 원천지국의 과세권을 OECD 모델 주석이 제안하는 내용보다 한결 더 좁히고 있다. OECD 모델 주석은 위 예에서 보듯 한 체약국의 거주자가 얼마 동안 다른 체약국에 머무는 경우를 상정하고 있다.[115] 미국 모델은 원래 자기가 거주지인 국가에 그대로 살면서 다른 체약국의 연금에 가입하는 경우도 상정하고 그런 경우에도 연금기금 불입액을 비과세하도록 정하고 있다. 어떤 경우에 이런 상황이 생길 수 있을까? 미국 시민이 다른 나라에 살면서 미국의 연금에 가입하는 경우 정도를 생각할 수 있다.[116]

2) 연금기금의 운용소득

연금기금이 버는 투자소득에 대해서도 출연액과 똑같은 문제가 생긴다. 우리나라에 사는 미국인이 미국의 연금기금에 출연한다고 할 때, 우리나라(근로 제공지)가 이 출연액을 공제하지 않는다는 말은 미국의 연금기금의 존재를 무시하고 미국의 연금기금에 출연한 돈을 그 미국인 개인의 저축으로 본다는 말이다. 그렇다면 그 출연금에 붙는 운용수익 역시 우리나라의 과세소득에 들어간다. 장차 미국이 거주지국으로서 연금을 과세하는[117] 이상 이 운용수익은 2중과세를 받게 된다. 이리하여 미국 모델은 출연금에 붙는 운용수익을 상대방 체약국이 과세하지 않도록 하는 규정을[118] 두어 2중과세를 피한다. OECD 모델 주석도 비슷한 내용을 제안하고 있다.[119] 연금기금이 돈을 어느 나라에 투자할까라는 투

114) 이 부분에 관해서는 앞서 본 캐나다 판결도 판단을 유보하였음을 기억하라.
115) OECD 모델 제18조 주석 37문단.
116) 2016년 미국 모델 제18조 제3항.
117) 이창희, 세법강의 제11장 제3절 II.3.
118) 2006년 미국 모델 제18조 제1항.

자 중립성을 이루자는 것. 자국 연금기금의 운용수익을 비과세하니[120] 상대방 체약국에 투자하는 경우도 서로 비과세하자는 생각이다. 상대방 체약국에서 받는 이자소득은 이미 이른바 '국부 펀드'로[121] 비과세하는 조약이 많지만[122] 국부펀드에 대한 배당소득을 비과세하는 조약 규정은[123] 아직 따로 없다.[124]

4. 개인연금저축과 종신 정기금

개인이 가령 우리나라에서 연금저축을 들어 두었다가 은퇴하면서 미국으로 이주하여 저축 원리금을 연금 형태로 받는다면 어떻게 과세하는가? 우리 국내법에서는, 법에서 연금저축의 불입에 일정한 한도를 두어 한도 내의 불입액은 세액공제 방식으로 세금을 면하거나 줄여주고 있다. 원리금을 받을 때 가서는 원리금 전체를 연금소득으로 과세한다. 불입 당시 한도를 넘는 불입액은 세금 혜택을 못 받았으므로 뒤에 연금을 받을 때 가서는 이자 부분만을 연금소득으로 과세한다.[125]

한도 내 불입액의 원리금은 국내법상 연금소득이지만 그럼에도 불구하고 OECD 모델의 연금소득 글귀에는 걸리지 않는다. 근로의 대가가 아니기 때문이다. 따라서 원리금을 원금 부분과 이자 부분으로 갈라서 원금 부분은 근로소득 조항을 적용하여 과세하고 후자의 이자 부분은 이자소득 조항에 따라 원천징수해야 한다. 한도 초과 불입액으로 조성된 원리금에서는, 원금 부분은 이미 과세된 것이므로 조약상으로도 소득이 아니고 이자 부분만 이자소득 조항의 적용을 받는다고 풀이해야 한다.

조약례에 따라서는 개인연금 저축에 따라 지급받는 연금에도 연금소득 조항을 적용하기도 한다. 가령 미국 모델조약에서는 '근로의 대가로'라는 말이 없

119) OECD 모델 제18조 주석 69문단.

120) 우리나라의 국민연금기금, 공무원연금기금, 군인연금기금은 운용은 공단이 하더라도 돈 자체는 국가에 속하므로 운용수익은 국내법상 과세 대상이 아니다. 이창희, 세법강의, 제11장 제3절 II.

121) 한국투자공사(KIC)가 운용하는 돈도 국가의 돈을 위탁받은 국부펀드이다. 한국투자공사법 제1조. 연금과는 무관하고 외환 보유고를 운용한다.

122) 제8장 제1절.

123) 가령 미국 모델 제10조 제3항.

124) 국부펀드 상호간 주식 투자의 규모가 어떤지는 모르겠다.

125) 소득세법 제59조의3 제1항, 소득세법 제20조의3 제1항 제2호와 제3항, 소득세법 제21조 제1항. 미국세법 제402조(a), 제403조(a), 제72조. 이창희, 『세법강의』, 제11장 제3절 III.

다. 따라서 연금소득 조항을 적용받는다.[126)]

연금저축에서 저축액을 여러 차례 나누어 불입하는 것이 아니고 한 번에 목돈을 불입한다면 전형적 정기금(定期金) 계약이 된다(우리나라 금융업계에서는 연금이라는 말을 쓰지만 앞 항의 퇴직연금과 혼동을 피하기 위해 민법의 용례에 따라 정기금이라는 말을 쓰기로 하자). 미국 모델은 정기금으로 해마다 받는 소득도 거주지국에서만 과세할 수 있다고 정하고 있다.[127)] 미국 모델에서는 이자소득 역시 거주지국에서만 과세하므로[128)] 정기금 가운데 이자소득 부분을 과세하지 않는 것은 당연하다. OECD 모델에는 정기금 조항은 따로 없고, 주석은 정기금 소득을 이자소득으로 볼 수 없다고 적고 있다.[129)] 그러나 그 논거가 무엇인지는 분명하지 않고, 또 이자소득이 아니면 무슨 소득이라는 뜻인지 알 수가 없다. 종신 정기금이라면 투자 원본을 넘는 부분은 이자소득의 성격과 보험금의 성격이 섞여 있다. 정기금 조항이 따로 없는 조약이라면 OECD 모델 주석에 불구하고, 이자 부분은 이자소득으로 대우하여야 할 것이다. 정기금의 법적 성질을 다룬 미국 판결을 하나 보자.

Abeid v. Commissioner[130)]

이 사건 원고는 1 달러 주고 산 복권이 당첨되어 1992년부터 해마다 722,000 달러를 받게 된 '세상에 이런 일'의 주인공. 쟁점은 이 돈이 미국-이스라엘 조약상 정기금으로서 미국의 과세권을 벗어나는가이다. 법원은 이 사건에서 해마다 받는 돈은 전형적 정기금 계약으로 받은 것이 아니고 복권의 이익이므로 정기금이 아니고 달리 구분되지 않은 소득이라고 판시하였다. 미국-이스라엘 조약에는 기타소득 규정이 없으므로 미국 국내법에 따라 과세하면 된다는 것이다.

이 판결이 옳으려나? 이 사건 원고가 받은 소득은 성질상 두 가지로 이루어진다. 복권 당첨액 전체를 당장 현금으로 받는다면 이 돈은 기타소득에 해당할

126) 미국 모델 제17조 제1항. 미국 국내법에서 "individual retirement account"가 조약에서 말하는 "pension"이라는 말에 들어간다는 해석의 논거가 무엇인지는 반드시 자명하지는 않다.
127) 2016년 미국 모델 제17조 제4항.
128) 미국 모델 제11조.
129) OECD 모델 제11조 주석 23문단.
130) 122 T.C. 404 (2004).

것이다. 복권 회사에서 전체를 현금으로 주지 않는다면 금융기관이나 다른 사람과 계약을 맺어 당첨금을 받을 권리를 팔 수도 있다. 곧 정기금 흐름 전체의 현재가치 상당액은 기타소득으로 보아야 한다. 원고가 받는 정기금은, 이 현재가치를 해마다 받는 현금흐름과 맞바꾼 것이다. 이 현금흐름은 애초 기타소득으로 과세된 원본 부분과 아직 과세되지 않은 이자부분, 두 가지로 이루어진다. 애초 현재가치 상당액을 기타소득으로 바로 과세하지 않은 이상, 정기금 흐름에서 원본 부분은 기타소득으로 과세할 수 있지만 이자 부분은 조약상의 정기금 조항에 따라 비과세했어야 옳다.

이 판결이 보여주듯 복권 당첨금은 기타소득이 됨이 원칙이다. 그렇다면 정기금에 관한 특약이 없는 조약이라면 종신 정기금 가운데 이자 부분은 이자소득을 적용하고 보험금 부분은 기타소득 규정을 적용한다는 말이 된다. OECD 모델의 글귀를 따른 조약이라면, 오래 사는 사람은 기타소득으로 면제받는 부분이 생길 것이다.

Ⅶ. 주식매수선택권(stock option)

주식매수선택권, 흔히 부르는 말로 스톡옵션은 연금과 비슷한 문제를 낳는다. 소득 구분, 과세시기, 과세권 여부. 근로의 대가를 당장 받지 않고 나중에 받는다는 점에서 연금과 마찬가지이기 때문이다. 딱 맞는 판결은 아니지만 같은 논점을 보여주는 미국 판결에서 시작해보자.

Clayton et als. v. United States[131)]

이 사건 원고는 자동차회사 크라이슬러의 캐나다 자회사에 근무하던 캐나다 사람이다. 크라이슬러는 경영 위기를 맞아 특별법에 따라 기업 구조를 조정하는 과정에서, 종업원들이 이미 발생하였거나 장차 발생할 임금 채권의 일부를 포기하고 그 대신 회사가 종업원 지주제(ESOP: Employee Stock Ownership Plan)를 도입하였다. 회사는 종업원(자회사 종업원 포함)을 수익자로 삼아 일정한 수의 주식을 은행(수탁자)에게 넘기는 신탁(Employee Stock Ownership Trust)을 설정하였다. 원고 역시 이 신탁에 따라서 신탁 주식 가운데 제 몫의 수

131) 33 Fed Cl. 628 (1986).

> 익자가 되었다. 수탁자는 주식에서 배당소득이 생기면 이를 다시 주식에 재투자하였다. 그 뒤 수탁자는 원고의 지시에 따라 원고 몫의 주식을 크라이슬러에 양도하고 양도 대가로 받은 현금을 원고에게 넘겨주었다. 쟁점은 미국-캐나다 조약에 따를 때 신탁 설정 당시의 주식 가치와 원고의 지시에 따른 양도 당시의 주식 가치의 차액을 미국이 과세할 수 있는가이다.

이 사건의 쟁점은 주가 상승 부분의 과세 여부이다. 원고가 받은 돈 가운데 애초 크라이슬러가 주식을 신탁할 당시의 주식 가치는 이 사건에서 애초 과세되지 않았다. 왜 미국의 과세권에 속하지 않지? 임금 채권을 변제받은 근로소득이고[132] 근로의 제공지가 캐나다라서 애초 미국에 과세권이 없다. 주식 가치의 증가분은 조약상 어떤 소득으로 구분되는가? OECD 모델 조약 같으면 비거주자의 재산 양도소득이 되어 미국에서 과세할 수 없을 것이다.[133] 그러나 이 사건 미국-캐나다 조약의 해석상 법원은 과세 대상이라고 판시하였다. 과세 근거는 같은 조약에 특유한 제22조 제2항이다:

> 상속재단이나 신탁이 분배하는 소득이 제1항[달리 구분되지 않은 기타의 소득]에 해당한다면 한 체약국 거주자인 상속재단이나 신탁이 다른 체약국 거주자인 수익자에게 분배하는 소득은 전자의 체약국이 국내법에 따라 과세할 수 있다. 다만 세율은 지급 총액의 15%를 넘지 못하고, 또한 전자의 체약국 국외에서 발생하는 소득을 분배하는 부분은 과세할 수 없다."[134]

"Clayton" 판결에서 원고가 주식 처분 시점에 받은 돈을 근로소득과 양도소득 두 가지로 나누어야 한다는 문제가 생겼던 것은 각 소득에 대해 적용할 조약 규정이 서로 다르기 때문이다. 이 사건의 미국-캐나다 조약에서 미국에게는, 전자에 대해서는 과세권이 없고 후자에 대해서는 과세권이 있었다. 한편 이 사건 사실관계에 OECD 모델을 그대로 적용한다면 후자에 대해서도 미국에 과세권이 없었을 것이다. 동산 양도소득은 거주지국에만 과세권이 있으니까.

주식 처분대가를 근로소득과 양도소득으로 나누어 과세해야 하는 것은 스

132) OECD 모델 제15조 주석 12.1문단.
133) OECD 모델 제13조 제5항. 제15조 주석 12.4문단.
134) 미국-캐나다 조약 제22조 제2항.

톡옵션에서도 마찬가지이다. 스톡옵션에서는 근로계약이나 위임계약의 일부로 스톡옵션을 받고 계약에서 정한 조건이 만족되면 권리를 행사한다. 주식의 시가와 행사가격 사이의 차액을 바로 바로 현금을 받는 수도 있고, 아니면 주식을 받았다가 나중에 처분할 수도 있다.

우선 스톡옵션 권리를 받는 시점에서 권리의 가치는 노무의 대가이므로[135) 조약상 근로소득이나 이사 보수 규정을 적용받는다(독립적 노무가 될 가능성도 있겠지만 논외로 한다). 해당 조문의 요건을 만족하는 이상 국내법에서 과세 대상으로 삼고 있다면 과세할 수 있다.[136) 그러나 적어도 우리나라에서는 이 시점에서 바로 세금을 매기지는 않는다. 옵션 권리 자체의 가치가 얼마인지를 확정하기 어려운 까닭이다.[137) 옵션 권리의 행사 결과 차액을 바로 현금으로 받는다면 대부분의 국가에서는 이 소득을 과세할 것이다.[138) 이 과세권은 조약상 근로소득 조항이나 이사보수 조항의 제약을 받게 되고 해당 조항에서 과세 가능한 범위 안에서 과세하게 된다. 권리 행사의 결과 주식을 받는다면 어떻게 되는가? 주식을 받는 시점에 차액을 바로 과세하는 나라라면 주식의 가치만큼 현금을 받는 경우와 아무 차이가 없이 근로소득이나 이사 보수가 된다. 그 뒤 생기는 주식 가치의 변동에 따른 손익은 조약상 양도소득 규정의 적용을 받는다. 한편 주식을 받는 시점에 바로 과세하지 않고 주식 처분의 시점, 퇴직 시점 또는 법령상 달리 정한 시점에 가서 과세하는 나라라면 그런 과세 시점에 가서, 과세 시점 현재의 이득을 근로소득이나 이사 보수와 주식 양도차익으로 나누어서 조약을 적용해야 한다.[139)

위 문단에서 본 법률효과는 분명하지만 실무에서는 곤란한 문제가 생긴다. 여러 나라에 걸쳐서 일을 하거나, 다른 나라로 은퇴하는 문제 때문이다. 조약의 글귀로 보자면, 어떤 원천지국 안에서 일한 대가로 받는 옵션인 이상 행사 기타 과세 가능한 시점에 가서는 이미 다른 나라의 거주자가 되었다고 하더라도 원천지국에 과세권이 있다.[140) 그러나 실제 과세하기도 어려울 것이고, 또 과세할 수

135) 이창희, 『세법강의』, 제11장 제2절 V.

136) OECD 모델 제15조 주석 12.3문단.

137) 물론 "stock warrant"로서 옵션 자체가 상장되어 있거나 달리 객관적 가치 산정이 가능하다면 과세할 수 있을 것이다.

138) 물론 옵션 부여 당시 과세한 금액이 있다면 그 금액을 뺀 차액만이 소득이 된다.

139) OECD 모델 제15조 주석 12.2문단.

있다고 하더라도 두 가지 가량 생각할 점이 있다. 첫째는 옵션 권리를 행사해서 얻는 이득이 자국 내 근로에 연관된 것인가라는 판정 문제. 가령 어떤 사람이 옵션을 받는다는 근로계약을 체결하고 IBM의 한국 현지법인에서 3년간 일한 뒤 미국으로 가서 IBM 본사에서 다시 2년간 일하고 옵션 권리를 행사했다고 하자. 가령 옵션 권리를 받을 당시 5년간 일한다는 조건으로 받은 것이라면, 옵션 행사에 따르는 소득은 우리나라와 미국이 나누어서 과세권을 행사할 수 있다. OECD 모델 주석은 날짜를 따져서 안분하라고 한다.[141] 그러나 근로계약 내용이 옵션 권리는 바로 주면서 다만 권리의 행사는 5년 뒤에야 가능하다고 정하고 있다면, 이 옵션의 이익은 우리나라에서 모두 과세할 수 있다.[142] 이론상은 수긍이 가지만 실무에서는 아주 곤란한 구별임을 바로 알 수 있다.

140) OECD 모델 제15조 주석 12.1문단, 12.5문단, 12.6문단.

141) OECD 모델 제15조 주석 12.14문단.

142) OECD 모델 제15조 주석 12.8문단.

제11장
임대소득과 양도소득

이 장은 물건의 임대소득과 양도소득을, 부동산과 다른 재산으로 나누어 각각 다룬다. 부동산 임대소득과 부동산 양도소득은 조세조약에서 원천지국에게 과세권을 주고 있는 대표적인 소득이다. 조약상의 부동산 임대소득과 관련한 주요 논점으로는 임대 행위가 계속적인 사업의 수준에 이르는지 여부 및 고정사업장 유무가 임대소득의 산정에 영향을 주는지가 있다. 부동산 양도소득에서는 특히 논란이 되는 문제는 '부동산 회사' 주식의 양도이다. 부동산 아닌 다른 물건의 임대소득과 양도소득은 선박이나 항공기, 재고자산, 주식, 기타의 동산을 각각 살펴본다.

제 1 절 부동산 관련 소득의 과세에 관한 국내법

Ⅰ. 관련 법령

부동산에 관련하여 비거주자·외국법인이 받아갈 수 있는 소득으로는, i) 임대소득, ii) 농업, 임업, 광업 내지 지하자원 채굴처럼 부동산을 직접 이용해서 버는 소득, iii) 양도소득 정도를 생각할 수 있다. 관련 조문의 글귀가 복잡하게 얽혀 있지만, 소득세법과 법인세법은 i), ii)를 구별하지 않고 부동산소득, 곧 부동산의 '임대 또는 그밖의 운영으로 인하여 발생하는 소득'이라는 같은 구분으로 묶고 있고 부동산소득은 성질상 부동산 그 자체가 국내사업장에 해당한다. 부동산소득과 양도소득, 어느 쪽이든지 모두 우리 소득세법과 법인세법이 순(純)소득 기준으로 신고・납세 의무를 지우고 있는 것은 같지만 원천징수 여부에 차이가 있고 과세표준의 계산에도 차이가 있다. 우리 법인세법의 관련 조항을 보자. 소득세법의 관련 조항은 법인세법과 실질적으로 같고.

법인세법 제97조(신고·납부·결정·경정 및 징수) ① 제91조 제1항에 해당하는 외국법인과 제91조 제2항 … 에 해당하는 외국법인으로서 제93조 제7호에 따른 국내원천 부동산소득이 있는 외국법인의 각 사업연도의 소득에 대한 법인세의 신고・납부・결정・경정 및 징수에 대하여는 이 절에서 규정하는 것을 제외하고는 …의[1] 규정을 준용한다. (하략)

법인세법 제91조(과세표준) ① 국내사업장을 가진 외국법인과 제93조 제3호에 따른 국내원천 부동산소득이 있는 외국법인의 각 사업연도의 소득에 대한 법인세의 과세표준은 국내원천소득의 총합계액 … 에서 다음 각 호에 따른 금액을 차례로 공제한 금액으로 한다.

1. … 결손금(국내에서 발생한 결손금만 해당한다)

② 제1항에 해당하지 아니하는 외국법인의 경우에는 제93조 각 호의 구분에 따른 각 국내원천소득의 금액을 그 법인의 각 사업연도의 소득에 대한 법인세의 과세표준으로 한다.

법인세법 제92조(국내원천소득 금액의 계산) ③ 제91조 제2항에 따른 외국법인의 각 사업연도의 국내원천소득의 금액 중 제93조 제7호에 따른 국내원천 부동산양도소득 금액은 그 소득을 발생시키는 자산(이하 이 조에서 "토지등"이라 한다)의 양도가액에서 다음 각 호의 금액을 뺀 금액으로 한다.

1. 취득가액. (단서 생략)
2. 토지등을 양도하기 위하여 직접 지출한 비용

법인세법 제95조(세율) 제91조 제1항에 따른 외국법인과 같은 조 제2항 … 에 따른 외국법인으로서 제93조 제7호에 따른 국내원천 부동산양도소득이 있

1) 과세표준 등의 신고 등 내국법인에 관한 규정.

는 외국법인의 각 사업연도의 소득에 대한 법인세는 제91조에 따른 과세표준의 금액에 제55조[2]를 적용하여 계산한 금액(제95조의2에 따른 토지등의 양도소득에 대한 법인세액이 있는 경우에는 이를 합한 금액으로 한다)으로 한다.

법인세법 제93조(국내원천소득) 외국법인의 국내원천소득은 다음 각 호의 구분에 따른 소득으로 한다.

3. 국내원천 부동산소득: 국내에 있는 부동산 또는 부동산상의 권리와 국내에서 취득한 광업권, 조광권(租鑛權), 흙.모래.돌의 채취에 관한 권리 또는 지하수의 개발・이용권의 양도・임대 또는 그 밖의 운영으로 인하여 발생하는 소득. 다만, 제7호에 따른 양도소득은 제외한다.
7. 국내원천 부동산양도소득: 국내에 있는 다음 각 목의 어느 하나에 해당하는 자산・권리를 양도함으로써 발생하는 소득.
   가. 「소득세법」 제94조 제1항 제1호・제2호 … 에 따른 자산・권리
   나. 내국법인의 주식등(주식등을 기초로 하여 발행한 예탁증서 및 신주인수권을 포함한다. 이하 이 장에서 같다) 중 양도일이 속하는 사업연도 개시일 현재의 그 법인의 자산총액 중 다음 가액의 합계액이 100분의 50 이상인 법인의 주식등(이하 이 조에서 "부동산주식등"이라 한다)으로서 「자본시장과 금융투자업에 관한 법률」에 따른 증권시장에 상장되지 아니한 주식등
      1) 「소득세법」 제94조 제1항 제1호 및 제2호의 자산가액

소득세법 제94조(양도소득의 범위) ① 양도소득은 해당 과세기간에 발생한 다음 각 호의 소득으로 한다.

1. 토지 … 또는 건물 … 의 양도로 발생하는 소득
2. 다음 각 목의 어느 하나에 해당하는 부동산에 관한 권리의 양도로 발생하는 소득
   가. 부동산을 취득할 수 있는 권리 …
   나. 지상권
   다. 전세권과 등기된 부동산임차권

---

2) 내국법인에 대한 세율.

법인세법 제98조(외국법인에 대한 원천징수 또는 징수의 특례) ① 외국법인에 대하여 제93조 제1호·제2호 및 제4호부터 제10호까지의 규정에 따른 국내원천소득 … 을 지급하는 자 … 는 제97조에도 불구하고 그 지급을 할 때에 다음 각 호의 구분에 따른 금액을 해당 법인의 각 사업연도의 소득에 대한 법인세로서 원천징수하여 … 납부하여야 한다 …

5. 제93조 제7호에 따른 국내원천 부동산양도소득: 지급금액의 100분의 10. 다만, 양도한 자산의 취득가액 및 양도비용이 확인되는 경우에는 그 지급금액의 100분의 10에 상당하는 금액과 그 자산의 양도차익의 100분의 20에 상당하는 금액 중 적은 금액으로 한다.

Ⅱ. 원천징수와 신고납부

임대료 등 부동산소득은 제93조 제3호의 소득이고 법인세법 제98조나 다른 조항에서 임차료를 지급하는 임차인에게 원천징수의무를 지우는 조항은 없다. 부동산소득을 버는 외국법인은 제97조 제1항에서 말하는 '제91조 제1항에 해당하는 외국법인'으로서 순소득 기준으로 신고·납세 의무를 진다. 한편 부동산양도소득은 제93조 제7호의 소득이므로 양수인은 지급액의 10%, 또는 양도차익의 20%를 원천징수하여 납부하여야 하고, 다시 양도인은 제97조 제1항에 따라서 순소득 기준으로 양도차익에 대한 법인세를 신고납부한다. 이 경우 법에 명문 규정은 없으나[3] 양수인이 원천납부한 세액은 응당 기납부세액으로 공제받는다고 보아야 한다.

Ⅲ. 과세표준의 계산

부동산소득(광업 포함)은 당연히 국내사업장(부동산)을 두고 사업을 하는 경우에 해당한다. 고정사업장 순소득의 계산은 제5장 제4절. 부동산소득이나 양도소득은 둘 다 순소득 기준으로 신고·납세 의무를 진다는 점은 같다. 법이 부동산에서 생기는 소득을 언제나 순소득 기준으로 과세하도록 정하면서 과세표준을 국내사업장이 있는 외국법인과 똑같이 정하고 있는 것은[4] 부동산 그 자체에

3) 법인세법 제97조 제1항 단서, 제64조 제1항 제4호, 제98조 제1항 제5호.

사업장에 맞먹는 의의를 주고 있는 것이다.

구체적인 과세표준의 계산에서는 양도소득과 부동산소득 사이에 차이가 있다. 임대소득 등 부동산소득은 제97조에 따라 내국법인과 마찬가지로 각 사업연도의 소득을 구한 뒤 제91조 제1항에 따라 각 사업연도의 소득에서 이월결손금 등을 공제하여 과세표준을 구한다. 부동산 양도소득을 버는 외국법인은 제91조 제2항에서 말하는 '제1항에 해당하지 아니하는 외국법인'이므로 각 사업연도의 소득이 그대로 과세표준이 되고, 각 사업연도의 소득은 내국법인에 관한 규정과 무관하게 제92조 제3항이 직접 정한 바에 따라 양도가액에서 취득가액과 양도비용을 뺀 금액이다. 또한 거주자의 경우 소득세법은 부동산임대소득을 사업소득에 포함시키면서 결손금 통산을 제약하여 소득 조작을 막는[5] 특칙을 두고 있고,[6] 이 규정은 비거주자에게도 준용한다.[7] 법인세법에는 그런 규정이 따로 없으나 적어도 입법론으로는 둘 사이에 차이를 둘 이유가 없다.

미국법은 미국 내 부동산에서 생기는 임대소득을 미국원천소득으로 삼아,[8] 부동산 임대가 미국내 사업의 수준에 이른다면 순소득에 세금을 매기고[9] 사업의 수준에 이르지 않는다면 임차인에게 총 지급금액(=임대료)의 일정비율로 세금을 원천징수할 의무를 지우고 있다.[10] 그런데 이 원천징수세율이 총 지급금액의 30%라서 세금 부담이 순소득에 최고 세율을 적용한 경우보다 더 높은 수가 많다. 따라서 미국세법은 부동산 임대소득을 버는 비거주자나 외국법인에게 순소득 기준으로 과세받을 선택권을 주고 있다.[11] 결국 현실적인 최종 결과는 우리 법과 큰 차이가 없다.

---

4) 법인세법 제91조 제1항.

5) 상세는 이창희, 『세법강의』, 제21장 제2절.

6) 소득세법 제45조 제2항. 상세는 이창희, 『세법강의』, 제11장 제1절 Ⅳ.

7) 소득세법 제122조.

8) 미국세법 제861조(a)(4).

9) 미국세법 제871조(b), 제882조.

10) 미국세법 제871조(a)(1), 제881조(a)(1), 제1441조, 제1442조.

11) 미국세법 제871조(d), 제881조(d). 영국, 독일, 캐나다, 네덜란드 등도 비슷하다고 한다. Hugh Ault et al., *Comparative Income Taxation* (4th ed., 2020), 655~657쪽.

Ⅳ. 부동산회사 주식의 양도소득

법인세법 제93조 제7호[12]에 따라 '양도소득'을 과세하는 자산의 범위는 소득세법상 양도소득과 똑같지는 않다. 제1호의 토지·건물, 또 제2호의 부동산에 관한 권리는 양도소득과 같지만[13] 법인세법 제93조 제7호 나)목에 터잡아 과세하는 주식(부동산회사의 주식)의 범위는 소득세법상 거주자에 대한 과세와 다르다. 소득세법상 거주자의 양도소득 조문에서는 i) 골프장이나 스키장 등을 영위하는 법인으로서 자산 총액 중 부동산의 비중이 80% 이상인 법인의 주식은 단 한 주를 팔더라도 양도소득세의 과세 대상이고, ii) 일반적으로는 자산총액 중 부동산의 비중이 50% 이상인 법인이 발행한 주식의 50% 이상을 팔면 양도소득세 과세 대상이다.[14] 그러나 비거주자나 외국법인이라면 부동산의 비중이 50% 이상인 비상장법인의 주식은 단 한 주를 팔더라도 과세 대상이다. 상장법인이라면 부동산의 비중이 50% 이상이더라도 다른 주식과 마찬가지. 아래 제4절 V.

거주자에 대한 과세와 비거주자·외국법인에 대한 과세에서 이런 차이가 있다는 점에 대해서는 글귀가 현행법과 다른 옛 법에서도 판례는 마찬가지로 풀이하고 있었다. 이 판례를 보기에 앞서서 관련 법령(2003. 12. 30. 개정되기 전의 옛 법)의 글귀를 먼저 살펴보자.

> **옛 법인세법 제93조(국내원천소득)** 외국법인의 국내원천소득은 다음 각호와 같이 구분한다.
>
> 7. 소득세법 제94조에 규정하는 양도소득 (하략)

> **옛 소득세법 제94조(양도소득의 범위)** 양도소득은 당해 연도에 발생한 다음 각호의 소득으로 한다.
>
> 4. 주식 또는 출자지분(이하 '주식 등'이라 한다)의 주권 또는 출자증권을 발행한 법인의 주주의 구성, 특정자산의 보유현황 또는 사업의 종류 등을 감안하여 대통령령이 정하는 자산(이하 '기타자산'이라 한다)의 양도로 발생하는 소득

---

12) 소득세법 제119조 제9호 나목도 같다.

13) 상세는 이창희, 『세법강의』, 제12장 제1절.

14) 소득세법 제94조 제1항 제4호 다목, 같은 법 시행령 제158조 제1항 제5호.

옛 소득세법시행령 제158조(기타자산의 범위)

① 법 제94조 제1항 제4호에서 기타자산이라 함은 다음 각호의 1에 해당하는 것을 말한다.

1. 법인의 자산총액 중 부동산과 그에 관한 권리 가액의 합계액이 100분의 50 이상이고, 그 법인의 주식등의 합계액 중 주주 1인 및 그 특수관계인이 소유하고 있는 주식등의 합계액이 100분의 50 이상이며, 주주 1인 및 그 특수관계인이 그 법인의 주식등의 합계액의 100분의 50 이상을 타인에게 양도하는 경우의 당해 주식등

옛 법인세법 시행령 제132조(국내원천소득의 범위)

⑨ 법인세법 제93조 제7호의 규정을 적용함에 있어서 소득세법 제94조 제1항 제4호의 규정에 의한 기타자산 중 주식등은 동법 시행령 제158조 제1항의 규정에 불구하고 양도일이 속하는 사업연도 개시일 현재 당해 법인의 자산총액 중 부동산과 그에 관한 권리 가액의 합계액이 100분의 50 이상인 법인의 주식등(유가증권시장등에 상장 또는 등록된 주식등을 제외한다)으로 한다.

대법원 2012. 10. 11. 선고 2010두20164 판결

1. 가. (생략)

나. 한편 외국법인의 법인세 과세대상인 국내원천소득을 정하고 있는 구 법인세법(2003. 12. 30. 법률 제7005호로 개정되기 전의 것, 이하 같다) 제93조는 제7호에서 그 원천소득의 하나로 '소득세법 제94조에 규정하는 양도소득(동조 제1항 제3호의 소득을 제외한다)'이라고 규정함으로써, '대통령령에서 구체적 요건을 정하도록 한 구 소득세법 제94조 제1항 제4호의 기타자산 양도소득'을 국내원천소득으로 규정하고 있을 뿐, 구 소득세법에 의하여 소득세 과세 대상이 되는 기타자산의 양도소득을 국내원천소득으로 규정하고 있지 않다. 이는 과세 입법 목적에 부합되게 기타자산에 관하여 대통령령으로 정할 수 있도록 한 구 소득세법의 취지와 마찬가지로, 구 법인세법의 경우에도 부동산 과다보유 법인의 주식등의 양도로 인하여 실질적으로 부동산 양도소득이 발생되는 성격이 짙은 양도소득에 관하여 차별적으로 높은 세율이 적용되도록 한 구 법인세법 제95조 등 구 법인세법의 외국법인에 관한 과세 입법 목적 등을 고려하여 외국법

인의 국내원천소득으로서 과세 대상이 되는 주식등을 비롯한 기타자산의 구체적인 요건을 대통령령으로 정할 수 있도록 한 것으로 해석된다.

다. 이러한 규정의 내용과 취지에 비추어 보면, 구 법인세법 제93조 제7호는 구 소득세법 제94조에서 규정하는 양도소득의 유형과 아울러 그 속에 있는 위임의 근거규정을 인용한 것으로 볼 수 있고, 여기서 말하는 '소득세법 제94조에 규정하는 양도소득(동조 제1항 제3호의 소득을 제외한다)'으로서 '소득세법 제94조 제1항 제4호에서 규정하고 있는 소득'(이하 이에 해당하는 국내원천소득을 '이 사건 국내원천소득'이라 한다)이란 '주식등의 주권 또는 출자증권을 발행한 법인의 주주의 구성, 특정자산의 보유현황 또는 사업의 종류 등을 감안하여 대통령령이 정하는 기타자산의 양도로 발생하는 소득'을 의미한다고 해석할 수 있다. 이에 따라 구 법인세법 시행령(2003. 12. 30. 대통령령 제18174호로 개정되기 전의 것, 이하 같다) 제132조 제10항은 '법인세법 제93조 제7호의 규정을 적용함에 있어서 소득세법 제94조 제1항 제4호의 규정에 의한 기타자산 중 주식등은 동법 시행령 제158조 제1항의 규정에 불구하고 양도일이 속하는 사업연도 개시일 현재 당해 법인의 자산총액 중 부동산과 그에 관한 권리 가액의 합계액이 100분의 50 이상인 법인의 주식등(유가증권시장등에 상장 또는 등록된 주식등을 제외한다)으로 한다'라고 규정(이하 '이 사건 시행령 규정'이라 한다)함으로써, 이 사건 국내원천소득과 관련하여 위에서 본 구 소득세법 시행령 규정에서 정한 여러 기타자산 중 주식등에 관한 요건을 일부 수정하여 그 요건을 별도로 정하고 있다. 이는 앞서 본 바와 같이 이 사건 국내원천소득과 관련하여 외국법인에 관한 과세 입법 목적 등을 고려하여 기타자산의 구체적인 요건을 대통령령으로 정할 수 있도록 한 구 법인세법 제93조 제7호에 근거한 것으로서 유효하다고 할 것이다. 결국, 이 사건 국내원천소득과 관련하여 주식등이 기타자산에 해당하는지 여부를 판단할 때에는 이 사건 시행령 규정이 위 구 소득세법 시행령 규정에 우선하여 적용된다 할 것이고, 구 법인세법 제93조 제7호 본문의 적용대상인 이 사건 국내원천소득 중 기타자산인 주식등에 관한 소득은 '이 사건 시행령 규정에서 정한 요건에 해당하는 주식등의 양도로 발생하는 소득'이라 할 것이다.

법인세법 제93조 제7호는 2003년 12월 30일 개정되어 부동산회사 주식에 관한 내용을 대통령령으로 정하도록 위임하고 있다.

대법원 2012. 4. 6. 선고 2011두3951 판결

… 구 법인세법(2008. 12. 26. 법률 제9267호로 개정되기 전의 것, 이하 같다) 제93조 제7호 본문은 외국법인의 국내원천소득의 하나로 '소득세법 제94조의 규정에 의한 양도소득(동조 제1항 제3호의 소득을 제외한다)으로서 대통령령이 정하는 소득'을 규정하고, 그 위임에 의한 구 법인세법 시행령(2006. 2. 9. 대통령령 제19328호로 개정되기 전의 것, 이하 같다) 제132조 제10항 제2호는 그 소득의 하나로 "소득세법 제94조 제1항 제4호의 소득. 이 경우 동호 중 '주식등'은 동법 시행령 제158조 제1항의 규정에 불구하고 양도일이 속하는 사업연도 개시일 현재 당해 법인의 자산총액 중 부동산과 그에 관한 권리 가액의 합계액이 100분의 50 이상인 법인의 주식등(유가증권시장에서 상장 또는 등록된 주식등을 제외한다)으로 한다"고 규정하고 있다.

원심은 그 채택 증거를 종합하여, … 원고는 … 버뮤다국 법률에 의하여 설립된 법인인 사실, ② 원고는 … 론스타펀드Ⅲ의 다른 일원들과 함께 벨기에 법인 스타홀딩스 에스에이치(이하 'SH'라 한다)를 설립하고, SH는 주식회사 씨엔제이트레이딩(나중에 '주식회사 스타타워'로 명칭을 변경하였다. 이하 '스타타워'라 한다)의 주식 전부를 인수한 다음(그 중 원고의 보유지분율은 2%이다), 스타타워를 통하여 서울 강남구 역삼동 737 토지 및 그 지상 건물을 매수한 후 스타타워의 주식 전부를 매각함으로써 약 2,450억 원 상당의 이 사건 양도소득이 발생한 사실, ③ 피고는, 이 사건 양도소득은 … 구 법인세법 제93조 제7호가 정하는 소득에 해당한다고 보아 원고에 대하여는 약 16억 원의 법인세를 과세하는 이 사건 처분을 한 사실 등을 인정하였다.

원심은 … 원고가 취득하였다가 양도한 스타타워 주식의 지분비율은 2%에 불과하여 구 소득세법 시행령 제158조 제1항 제1호가 정하는 주식소유비율요건과 주식양도비율요건을 갖추지 못하였으므로 이 사건 양도소득 중 원고 귀속분은 구 법인세법 제93조 제7호의 소득에 해당하지 않는다고 보아 구 법인세법 제93조 제7호를 근거로 한 이 사건 처분은 위법하다고 판단하였다.

그러나 원심의 이와 같은 판단은 다음과 같은 이유로 수긍할 수 없다 … 구 법인세법 제93조 제7호는 외국법인의 국내원천 양도소득에 관하여 구 소득세법 제94조 제1항 제4호 다목의 규정을 인용함으로써 거주자의 경우와 같이 양도소득 중 부동산 양도소득이나 그와 같은 성격이 짙은 소득으로서 차별적으로 높은 세율을 적용할 필요가 있는 부분을 별도로 규정하면서, 그 구체적 범위에 관하여는 구 소득세법 제94조 제1항 제4호 다목과는 다른 고유한 입법목적과 사정변경 등을 탄력적으로 반영하기 위하여 구 소득세법 제94조 제1항 제4호 다목의 위임에 의한 시행령 규정에 따르지 않고 독자적으로 자신의 시행령 규정에 위임한 것이[다] … 따라서 구 법인세법 제93조 제7호의 위임에 의한 구 법인세법 시행령 제132조 제10항 제2호가 그 후문에서 '구 소득세법 시행령 제158조 제1항의 규정에 불구하고'라고 하면서 … 그 적용범위가 구 소득세법 시행령 제158조 제1항 제1호의 적용범위보다 다소 넓어졌다고 해서 모법인 구 법인세법 제93조 제7호의 위임범위를 벗어났다고 할 수 없다.[15]

Ⅴ. 내재적(內在的) 임대소득

국내사업장이 있는 비거주자나 외국법인이 사업장 재산의 일부로 부동산을 소유하면서 직접 사용하고 있는 경우 그 부동산에 귀속되는 소득(imputed income)을 따로 구분 계산하여야 하는가? 가령 사업장 전체로는 결손인 법인이라 하더라도 부동산에 귀속시킬 지급이자 등 다른 비용이 별로 없다면 임대소득 상당액을 따로 구분하여 세금을 내어야 하는가? 현행법의 해석론으로는 그렇지 않다. "국내사업장을 가진 외국법인과 제93조 제3호의 소득이 있는 외국법인의 각 사업연도 소득에 대한 과세표준은 국내원천소득의 총합계액에서" 결손금 등을 공제한 금액이기 때문이다. 국내원천소득을 모두 합하여 한 개의 과세표준을 구하는 것이므로 구태여 임대료 상당액을 따로 구분할(그렇게 한다면 사업소득 계산시 같은 임대료 상당액을 경비로 공제하므로 서로 상계된다) 필요가 없다. 자연인 비거주자의 개인적 소비를 위한 부동산에 딸린 내재적 임대소득[16] 상당액은 '임대 또는 그 밖의 운영으로 인하여 발생하는 소득'이 아니므로 거주자나 마찬가지로 과세 대상이 아니다.

15) 그 밖에 대법원 2012. 4. 26. 선고 2010두15179 판결, 2012. 4. 26. 선고 2010두11948 판결.
16) 이창희, 『세법강의』, 제11장 제2절 Ⅴ.

제 2 절 부동산소득에 관한 조약 규정

Ⅰ. 조약 글귀

대부분의 조약례에서는 부동산에서 버는 소득은 부동산 소재지국이 과세할 수 있다.[17] OECD 모델조약 주석은 "부동산소득과 원천지국 사이에는 언제나 깊은 경제적 연관이 있다"고 적고 있기도. 규범적으로 보아 원천지국의 과세권 가운데에서 가장 널리 정당성을 인정받는 것이 부동산소득이라는 것은 기실 부동산소득이야 말로 원천지국(부동산 소재지국)이 현실적 힘으로써 과세권을 행사하기 가장 쉬운 소득이라는 데에서 비롯한다.[18] 부동산에서 생기는 소득에 관하여 OECD 모델조약은 다음과 같이 정하고 있고, 실제 조약례에서도 비슷한 글귀를 두고 있다.

1977 OECD Model Article 6 (Income from Immovable Property)

1. Income derived by a resident of a Contracting State from immovable property (including income from agriculture or forestry) situated in the other Contracting State may be taxed in that other State.

1977년 OECD 모델 제6조(부동산에서 버는 소득)

1. 한 체약국 거주자가 버는 소득으로서 상대방 체약국 안에 있는 부동산에서 버는 소득(농업이나 임업에서 버는 소득 포함)은 상대방 체약국에서 과세할 수 있다.

2. The term "immovable property" shall have the meaning which it has under the law of the Contracting State in which the property in question is situated. The term shall in any case include property accessory to immovable property, livestock and equipment used in

---

17) 어쩌면 모든 조약일지도 모르겠지만 세상의 모든 조약을 다 읽어보지는 못했으니….

18) 제2장 제1절 Ⅰ. 1. Brian Arnold, "At Sixes and Sevens: The Relationship between the Taxation of Business Profits and Income from Immovable Property", 60 Bulletin for International Taxation 5 (2006), 특히 6쪽; "원천지국의 과세권은, 어떤 나라든 그 나라에서 벌어지는 경제활동에 따르는 소득의 일정 부분을 세금으로 걷을 수 있는 현실적 힘이 있다는 사실의 법적 표현이다." 이창희, 『세법강의』, 제17장 제1절 Ⅳ.

agriculture and forestry, rights to which the provisions of general law respecting landed property apply, usufruct of immovable property and rights to variable or fixed payments as consideration for the working of, or the right to work, mineral deposits, sources and other natural resources; ships, boats and aircraft shall not be regarded as immovable property.

2. '부동산'이라는 용어의 뜻은 쟁점 재산이 소재한 체약국의 법에서 가지는 뜻을 따른다. 이 용어는 어떤 경우라도 부동산의 종물(從物), 농업과 임업에서 쓰이는 농산물·나무와[19] 장비, 지상권(地上權),[20] 부동산 용익(用益)물권, 그리고 광물, "sources" 기타 천연자원의 채취대가 또는 채취할 권리의 대가로 변동 또는 고정된 금액을 받을 권리를 포함한다; 선박, 배 및 항공기는 부동산으로 보지 않는다.[21]

3. The provisions of paragraph 1 shall apply to income derived from the direct use, letting, or use in any other form of immovable property.

3. 제1항의 규정은 부동산의 직접사용, 임대 기타 어떠한 형식의 사용이더라도 거기에서 생기는 소득에 적용한다.

4. The provisions of paragraphs 1 and 3 shall also apply to the income from immovable property of an enterprise and to income from immovable property used for the performance of independent personal services.

4. 제1항 및 제3항의 규정은 기업의 부동산에서 생기는 소득과 독립적 인적용역의 제공에 쓰이는 부동산에서 생기는 소득에도 적용한다.

Ⅱ. 부동산의 뜻

임대소득 등 '부동산에서 버는 소득'에 관한 전형적인 조약 글귀에서 부동산이라는 말의 정의는 OECD 모델과 거의 똑같은 것이 보통이다. 부동산에 관해

19) "livestock"을 농업과 임업 두 가지에 맞추어 농산물과 나무로 옮겼다.

20) 영어판의 표현으로는 '토지 재산'(landed property)에 관한 일반적 법률을 적용받는 권리. 이에 대해서는 아래에서 다시 본다.

21) 선박, 항공기를 제외하고 있는 것은 제8조의 운수소득으로 구분하기 때문이다. 제5장 제6절.

서는 나라마다 민사법이 워낙 다르다보니 이 조의 적용범위를 판단하기 어렵다. 우선 우리말이 정본이 조약이라면 일단 글자 그대로 읽어야 마땅하지만 뜻이 통하지 않는 경우라면 동등한 정본인 영어판을 참조할 수밖에 없다.

OECD 모델의 글귀 가운데 앞서 '부동산의 종물(從物)'이라 옮긴 부분은 영어판의 "accessory", 불어판의 "accessoires" 및 독어판의 "Zubehör"라는 말을 옮긴 것이다. 민사법상의 법률용어로는 정확하게 '종물'이지만, 포겔(Klaus Vogel)의 주석서는 이 말을 그보다는 한결 넓은 뜻으로 풀이하여 가령 임대업의 사업재산에 속하는 현금이나 유가증권 등도 거기에 들어간다고 보고 있다.[22] "Equipment"라는 말은 독일어판과 불어판에서는 아예 살아 있거나 죽은 식물(재고)이라고 적고 있지만, 영어의 "equipment"라는 말에 그런 뜻을 담기는 어렵다. 우리말이 정본인 조약에서 '장비'라고 적고 있는 경우라면 농림업의 기계나 기구 등이 거기에 해당하고, 영어 정본의 "equipment"도 같은 뜻으로 풀이할 수밖에 없다. 우리말 번역 가운데 '지상권(地上權)'에 대응하는 영어판 표현은 '토지재산에 관한 일반적 법률을 적용받는 권리'(rights to which the provisions of general law respecting landed property apply)이다. 이 말은 독어판과 불어판에서는 '부동산에 관한 민사법 규정을 적용받는 권리'로 되어 있고, 이런 권리란 적어도 독일법에서는[23] 우리 법의 지상권에 해당한다. 다음으로 '부동산 용익(用益) 물권'이라는 말은, 영어판, 불어판과 독어판에서 각 "usufruct", "usufruit", "Nutzungsrechte"라는 말을 옮긴 것이다. 포겔의 주석서는 이 말이 우리 법의 지역권(地役權), 또 우리 법에는 없는 독일법상의 '물적 부담'(Reallasten)을 포괄하는 개념이라고 적고 있다.[24] 개념상으로는 우리 법의 용익물권 정도에 대응한다고 볼 수밖에 없다. 앞에서 말한 어느 하나가 아닌 재산이더라도 소재지국의 법에서 부동산으로 보는 것은 조약상 부동산이 된다.

Ⅲ. 임대소득 v. 사업소득

부동산 임대소득에 관한 전형적인 조약 글귀는 부동산 소재지국에도 과세

---

22) *Klaus Vogel on Double Taxation Conventions*(제3판), 제6조 주석 25문단.

23) Vogel, 같은 문단.

24) Vogel, 같은 문단.

권이 있다는 것을 밝히고 있을 뿐이고 과세표준의 계산이나 상한에 관해서는 정하고 있는 바가 없다. 부동산 임대소득도 사업의 수준에 이른다면 응당 사업소득이 되는 것이고, 조약상 고정사업장 원칙에 따라서 국내에 고정사업장이 없으면 비과세하고[25] 고정사업장이 있으면 순소득 기준으로만 과세할 수 있는 것[26] 아닐까?

Herbert v. Commissioner[27]

이 사건 원고는 영국 거주자로서 1952년에서 1953년의 기간 동안 미국 내 부동산을 소유하고 임대료를 받았다. 부동산의 수리는 임차인의 책임이었고 임대인은 임대료를 받은 것 외에는 다른 활동을 한 바가 없었다(임대료 소득에 대한 세금, 부동산에 관한 보험료, 부동산을 담보로 한 저당권 부(附) 채무의 원리금은 물론 임대인의 부담이었다). 이 사건 당시의 미국-영국 조약은 영국 거주자가 미국에서 받는 부동산 임대소득에 대해서는 총수입금액의 15%를 세율상한으로 정하고 있었지만, 영국 거주자가 미국 내에서 사업을 하는 경우에는 이 상한을 배제하고 미국법에 따라 순소득에 대한 세금을 내게 정하고 있었다. 또한 같은 조약은 미국 내에 고정사업장이 없는 한 미국 내에서 사업을 하는 것으로 간주하지는 않는다고 정하고 있었다.

쟁점은 두 가지: i) 미국 내에서 부동산을 소유하고 임대료를 받는 행위가 미국내 사업에 해당하는가, ii) 미국 내 부동산은 조약상 고정사업장에 해당하는가. 법원은 원고의 행위는 그저 재산을 소유하고 임대료를 받은 것일 뿐이므로 미국내 사업에 해당하지 않는다고 보았고, 따라서 원고의 부동산이 미국 내 고정사업장에 해당하는가는 따로 판단하지 않았다. 따라서 원고의 임대료는 세율상한 15%에 걸린다고 판시하였다.

현행 OECD 모델 조약에서라면 어떤 결론이 나오는가? "Herbert" 판결의 실제 조약에서는 부동산 임대소득에도 세율상한을 두면서 다만 고정사업장이 있든가 달리 미국 내에서 사업을 하는 자라면 상한을 배제하고 있었다. 이 글귀와 달리 OECD 모델 조약에서는 사업소득 조문과 부동산소득 조문이 따로 있고 부

25) 가령 OECD 모델 제7조 제1항 제1문.

26) 가령 OECD 모델 제7조 제1항 제2문, 제2항.

27) Elizabeth Herbert v. Commissioner 30 T.C. 26 (1958).

동산소득 조문에는 고정사업장에 관한 언급이 없다. 이 글귀에서 부동산 임대는, 계속적 · 반복적으로 이루어지는 것이라면 사업이 되고, 사업이 된다면 고정사업장 없이는 과세할 수 없는 것 아닐까? 1963년 첫 OECD 모델이 나오기 전의 조약이지만 그 내용이 근접해 있는 1951년의 스위스-미국 조약에 관한 미국 조세법원 판결을 하나 보자.

de Amodio v. Commissioner[28)]

이 사건의 원고인 "John de Amodio"는 스위스 거주자이고, 미국에 소재한 부동산을 신탁재산으로 하는 신탁의 수익자였으며, 그 누이인 이네스가 미국에 거주하는 등 미국과 상당한 관련을 맺고 있었다. 원고는 1949년에 미국을 방문하였고, 댈러스에 들렀을 때 투자를 위한 부동산 매입을 계획하였다. 원고는 이 때 대리인(agent)을 통하여 댈러스 로스 가에 있는 건물을 구매한 후 1949년 말경에 유럽으로 돌아갔다. 원고가 이 건물을 임대하여 받을 임대료는 원고와 계약을 맺은 부동산 관리 회사(real estate firm)가 실제 수령한 뒤 일정한 비용 및 수수료를 공제한 나머지를 금융기관(정확히는 신탁회사)에게 지급하였고, 그 외에 댈러스 시에 도로 포장 비용을 납부한다거나 지붕 수리비를 지출하는 등의 행위 역시 위 부동산 관리 회사가 맡았다. 신탁회사는 이와 같이 수령한 돈으로 저당권 원리금이나 화재 보험료 또는 공공책임 보험료, 또는 각종 세금을 지급하는 외에 스스로의 수수료를 공제하였다. 1951년에 원고는 미국 댈러스를 다시 방문하였고, 이 때 댈러스에 있는 대리인에게 추가로 부동산에 투자할 의향을 밝히고 그를 대리하여 부동산 매매계약을 체결할 권한을 부여하였다. 스위스에 있는 동안 원고는 미국 내에 있는 다른 자산관리 회사에게 보유하고 있는 채권을 팔아 새로운 부동산(역시 건물)의 매매대금에 충당할 것을 지시하였다. 이 건물에 있어서도 임대료의 수령과 각종 비용의 지급은 또 다른 댈러스 부동산 관리 회사에 의하여 수행되었고, 임대계약 중 일부는 역시 대리인에 의하여 갱신되기도 하였으며 새로운 임차인을 확보하기도 하였다. 대리인은 역시 임대료를 수취하고 저당권 원리금이나 조세를 납부하거나 건물 수리비를 지출하였다. 그 밖에도 원고는 1947년경에 설립된 신탁(Amodio Trust)의 수익자였으며, 이 신탁은 역시 댈러스에 소재한 부동산을 신탁재산으로 하고 있었다. 앞에서 살펴본 바와 같이 신탁재산인 부동산의 처분으로 인하여 발생한 처분이익에 관하여

28) Inez de Amodio, John de Amodio v. Commissioner, 34 T.C. 894 (1960).

는 원고가 (그 누이인 이네스와 함께) 직접 납세의무를 부담하였고, 이 부동산 역시 미국 거주자인 대리인들에 의하여 관리(즉 임대료 수령, 수리비 지출, 임차인 확보 등)되었다.

법원은 이 사건 원고가 투자 목적으로 부동산을 매수하였고 대리인이 광범위한 활동을 한 점에서 "Herbert" 사건과 다르다고 보고, 원고의 대리인이 수행한 활동은 그저 부동산을 보유하고 소득을 받는 수준을 넘어서 중요하고 계속적이고 정기적인 활동에 해당한다고 판시하였다. 따라서 원고는 국내법상 미국 내 사업을 영위한 것이고, 그에 따라 순소득을 과세표준으로 하는 납세의무를 진다고 판시하였다.

뒤따르는 쟁점은, 원고가 스위스 거주자이므로 미국-스위스 조약이 미국 국내법에 의한 원고의 납세의무에 영향을 주는가이다. 같은 조약은 현행 OECD 모델과 비슷한 사업소득 조항을 두고, 또 부동산에서 생기는 소득(양도소득 포함)은 부동산 소재지국에서만[29] 과세할 수 있다고 정한 부동산 소득 조항을 따로 두고 있었다. 이 구조 하에서 법원은, 원고의 부동산 임대는 미국 국내법상 사업이고, 원고는 이 임대소득에 관하여 미국 내에서 사업을 하는 자로서 국내법에 따른 납세의무를 진다고 판시하고 있다.[30]

요는 원고의 부동산 임대행위는 사업의 수준에 이르렀지만 국내법에 따른 납세의무를 그대로 진다는 것이다. 이 판결이 옳으려나? 부동산 임대가 미국내 사업이라면 조약의 사업소득 조문을 적용받는 것이고, 그렇다면 고정사업장이 있는가를 검토했어야 옳지 않을까? 아니다. 우선 원고의 임대수입이 국내법상 사업소득으로 구분된다는 것은 조약상의 소득 구분과는 전혀 다른 문제이다(한결 정확히는 이 사건에 관한 미국법에서는 '사업소득'이라는 소득 구분 자체가 없다. 납세의무자의 행위가 미국 내에서 사업의 수준에 이르렀는가를 물을 뿐이다). 물론 이 사건에서는 미국내 사업이 존재한다고 한 이상 임대소득은 조약 목적으로도 일단은 사업소득이 된다. 그렇지만 동시에 이 임대소득은 조약상 부동산소득이기도 하다. 그렇다면 어느 쪽 구분이 우선? 부동산소득이 우선한다.[31] 이자, 배당, 사

29) 소재지국만이 과세할 수 있다고 정한 점에서 현행 OECD 모델과 다르다.

30) 본문에 다루지 않은 논점으로 신탁재산에 귀속한 이자와 배당소득의 과세에 관해서는, 임대행위가 국내법상 국내 사업에 해당하지만 조약상 고정사업장에 이르지 않는다는 이유로 조약상 세율상한을 적용하였다. 이에 대해서는 제5장 제1절 Ⅱ.

31) Papotti et als, "Interaction of Articles 6, 7, and 21 of the 2000 OECD Model Convention", 56

용료소득이라면 고정사업장에 귀속하는 것은 사업소득이라는 규정이 있지만[32] 부동산소득에는 그런 말이 없기 때문이다.[33] "de Amodio" 판결은 이 점에 관해 자세한 분석을 담고 있지는 않지만, 쟁점 임대소득을 국내법에 따라 그대로 과세한다는 결론은 조약상으로는 임대소득을 부동산에서 생기는 소득으로 구분하는 것을 당연히 전제하고 있는 것이다. 조약의 글귀를 볼 때, 부동산에서 생기는 소득이라면 국내법대로 과세할 수 있지만 사업소득이라면 고정사업장이 있어야만 과세할 수 있기 때문이다.

"de Amodio" 판결의 옛 미국-스위스 조약처럼 현행 OECD 모델을 본받은 대부분의 실정 조약도 부동산소득 조문을 사업소득 조문과 따로 두고 있고, 특정한 소득을 사업소득으로 구분하는 것은 달리 구분된 소득보다 후순위이다.[34] 이 글귀에서는 "de Amodio" 판결의 논리가 그대로 통하고, 일단 부동산소득에 해당하는 한 사업소득은 아니라고 보아야 한다. 설사 부동산의 임대가 고정사업장의 수준에 이른다고 하더라도 사업소득 조문이 아니라 부동산소득 조문으로 의율하는 것은 마찬가지이다. 따라서 소유 부동산의 임대에서 생기는 소득은 고정사업장이거나 고정사업장에 속하는 부동산에서 생긴 것이더라도 여전히 부동산소득이다.

그러나 고정사업장의 존부와 무관하게 임대소득을 과세할 수 있다는 말은 반드시 총수입금액 기준으로 과세한다는 말은 아니다. 부동산소득을 어떻게 과세하는가는 국내법에서 정하는 바에 따른다.[35] 부동산소득 조항에서는 그저 부동산 소재지국에서 과세할 수 있다고 정하고 있을 뿐이다. 총수입금액 기준으로 과세하든 순(純) 소득 기준으로 과세하든 이는 오로지 소재지국의 국내법에 달려 있다. 이미 보았듯 우리 법은 농림업이나 광업의 소득이든 임대소득이든 부동산에서 생기는 소득을 언제나 순소득 기준으로 과세하도록 하면서 과세표준을 국내사업장이 있는 외국법인과 똑같이 정하고 있다.[36]

Bulletin for International Fiscal Documentation 10 (2002), 특히 516쪽에서는 부동산소득은 사업소득에 속하지 않는다고 하나, 두 조문 사이에 경합이 있는 것으로 보아야 할 것이다. 어느 쪽이든 결론에는 차이가 없다.

32) OECD 모델 제10조 제4항, 제11조 제4항, 제12조 제3항.

33) 같은 해석으로 *Klaus Vogel on Double Taxation Conventions*, 제6조 주석 233문단. Arnold, 앞의 글, 10쪽. Arnold는 이것이 입법론으로는 그르다고 비판하고 있다.

34) OECD 1977년 모델 제7조 제7항. 2017년 모델 제7조 제4항

35) OECD 모델 제6조 주석 4문단은, 무슨 말인지 갈피잡기 어렵지만 이런 뜻인 듯하다.

Ⅳ. 내재적 임대소득

한결 더 복잡한 문제는 고정사업장이 사업에 직접 사용하고 있는 부동산에 숨어 있는 임료 상당액의 '내재적 소득'(imputed income)이다. 현행 OECD 모델에서 부동산소득이라는 말은 '부동산의 직접 사용 … 기타 어떤 형식의 사용이더라도 거기에서 생기는 소득'을 포함한다. '부동산의 직접 사용'에서 생기는 소득이라는 말은 임료 상당액의 내재적 소득이라는 뜻일 수밖에 없다.[37] 또한 이자·배당·사용료소득이라면 고정사업장에 귀속하는 것은 사업소득이라는 규정이 있지만[38] 부동산소득에는 그런 말이 없고 오히려 명문의 규정으로 부동산소득 조문의 내용은 기업企業의 부동산에도(나아가 미국 모델에서는 독립적 노무에 쓰이는 부동산에도[39]) 적용된다고 정하고 있다.[40] '기업의 부동산'이라는 말이, 임대업이든 또는 다른 사업이든 사업에 쓰고 있는 부동산이라는 뜻일 수밖에 없는 이상 내재적 임대소득을 전반적 사업소득에서 따로 구분해 내어 부동산소득 조문을 적용해야 하는 점은 조약상 분명하다. 이 말은 설사 사업 전체로는 손실이 나고 있는 기업이라 하더라도 부동산에 딸린 임료 상당액의 내재적 소득은 따로 추려내어 여전히 과세할 수 있다는 말이다. 따라서 소유 부동산의 직접 사용에서 생기는 소득은 고정사업장에 속하는 자산이더라도 여전히 부동산 임대소득이다.

그러나 부동산 임대소득을 어떻게 과세하는가, 곧 임대소득을 따로 추려 과세하는가, 아니면 사업소득에 포함하여 과세하는가는 국내법에서 정하게 되어 있다. 이미 보았듯 우리 국내법 해석상은 내재적 임대소득 상당액을 따로 추리는 것이 아니고 국내사업장의 사업소득에 포함하여 과세한다. 국내법을 개정하여 부동산 임대료 상당액을 사업소득 계산시에는 경비로 공제하고 그 대신 같은 금액을 부동산 임대소득으로 과세하면서 총수입금액 기준으로 과세하려면 할

36) 법인세법 제91조 제1항.

37) 이창희, 세법강의 제8장 제1절 5, 제11장 제2절 Ⅴ. 2.; *Klaus Vogel on Double Taxation Conventions*, 제6조 주석 156문단. Hoge Raad der Nederlanden(네덜란드 대법원), 2022. 5. 27. 선고 No. 21/03579 판결. 네덜란드에 아파트를 소유한 멕시코 거주자에 대한 네덜란드 세법에 따른 내재적 임대소득 과세는 네덜란드-멕시코 조약 제6조의 위반이 아니라고 판단한 사안이다. 네덜란드 대법원은 조약 제6조 제3항의 부동산의 '사용'(use)에는 부동산의 모든 사용형태를 포괄하는 개념으로 내재적 임대소득도 사용에 따른 소득에 포함된다고 판시하였다.

38) OECD 모델 제10조 제4항, 제11조 제4항, 제12조 제3항.

39) 미국 모델 제6조 제4항.

40) OECD 모델 제6조 제4항.

수 있을 것이다. 그러나 입법론으로서는 이런 입장은 이미 비판의 대상이 되어 있는바, 조약 자체를 개정하여 고정사업장에 속하는 것이라면 부동산 임대소득도 사업소득의 일부로 삼자라는 주장이 나와 있는 마당.[41)]

V. 미국법상의 선택권

마지막으로 "de Amodio" 판결을 꼼꼼 읽어보면 기실 재미있는 문제가 하나 숨어 있다. 이 사건에서 문제된 옛 스위스-미국 조약을 보면, 한 체약국 거주자는 상대방 체약국에 있는 부동산에서 생기는 소득에 대해 상대방 체약국에 고정사업장이 있는 것처럼 보고 순소득 기준으로 세금을 계산할 수 있는 선택권을 가진다고 정하고 있었다. 앞서 보았듯 고정사업장이 없는 경우 국내법상 납세의무가 임대료 총액의 30%라는 매우 높은 수준이었기 때문에 미국은 국내법과 조약에서 이런 선택권을 주고 있었던 것이다. 그런데 이 사건 원고는 이 선택권을 행사하지 않았고, 또 그 점을 주장하고 있다. 왜 그랬을까? 원고는 부동산소득 말고도 원천이 미국인 이자소득과 배당소득을 받았고, 고정사업장이 있는 것처럼 과세받을 선택권을 행사한다면 이런 소득에 관한 조약상 세율상한이라는 혜택을 포기해야 했기 때문이다. 기실 이 사건에서는 미국 국세청이 부동산 임대 등 원고의 미국내 사업이 고정사업장의 수준에 이르렀기 때문에 원고의 선택 여부에 관계없이 이자소득과 배당소득을 순소득 기준으로 미국 국내법에 따라 과세해야 한다고 주장하였지만 법원은 이 주장을 내치고 이자소득과 배당소득은 조약상 세율상한 안에서만 과세할 수 있다고 판시하였다.

제 3 절 조세조약상 부동산 양도소득

I. 조약 글귀

부동산에 관한 소득인 한 임대소득 만이 아니라 양도소득도 소재지국이 과

41) Arnold, 앞의 글, 13쪽 이하. 비판의 요지는 부동산 임대소득을 총소득 기준으로 과세하는 것은 추계과세 시대의 유산이라고. 관련 문헌으로, *Tax Law Design and Drafting* (Thuronyi ed., 2000), 421쪽 이하 Thuronyi, "Presumptive Taxation", 특히 425쪽.

세할 수 있는 것이 보통이다. 앞서 본 "de Amodio" 판결의 원고는 기실 부동산 임대소득만이 아니라 양도소득도 벌었고, 결과적으로 순소득을 기준으로 미국 국내법에 따른 납세의무를 그대로 지게 되었다. 현행 OECD 모델이나 실정 조약의 부동산 양도소득 조항의 글귀는 "de Amodio" 판결의 실제 조약과는 많이 다르다. OECD 모델의 글귀는 다음과 같다.

2003 OECD Model Article 13 (Capital Gains)

1. Gains derived by a resident of a Contracting State from the alienation of immovable property referred to in Article 6 and situated in the other Contracting State may be taxed in that other State.

2003년 OECD 모델 제13조(양도차익)

1. 한 체약국 거주자가 버는 차익이, 제6조에서 말하는 부동산으로서 상대방 체약국에 있는 것을 양도하여 버는 차익이라면 과세를 상대방 체약국이 할 수 있다.

4. Gains derived by a resident of a Contracting State from the alienation of shares deriving more than 50 per cent of their value directly or indirectly from immovable property situated in the other Contracting State may be taxed in that other State.
4. 한 체약국 거주자가 버는 차익이, 주식을 양도하여 버는 것으로서 주식가치의 50% 너머가 상대방 체약국에 있는 부동산에서 직간접으로 나오는 차익이라면 과세를 상대방 체약국이 할 수 있다.

5. Gains from the alienation of any property other than that referred to in paragraphs 1, 2, 3 and 4, shall be taxable only in the Contracting State of which the alienator is a resident.
5. 한 체약국 거주자가 버는 양도차익이 제1항, 제2항, 제3항, 제4항에 적은 것 아닌 다른 재산에서 버는 것이라면 과세는 양도자가 거주하는 체약국에서만 할 수 있다.

Ⅱ. 부동산의 범위

실정 조약의 부동산 양도소득에서 말하는 부동산의 범위는 부동산 임대소득에서 말하는 부동산과 반드시 같지는 않다. 가령 미국 모델 조약의 부동산 양도소득 규정은 명문으로 부동산의 범위를 한결 넓혀서 적용범위를 미국 국내법으로 끌어 맞추고 있다.[42]

Ⅲ. 부동산회사의 주식

시비가 잦은 것은 '부동산 회사'의 주식. OECD 모델은 2003년부터 한 체약국에 있는 부동산이 재산 가치의 50%를 넘는 회사의 주식이라면 이런 주식의 양도는 해당 부동산이 있는 체약국에서 과세할 수 있다는 특칙을 두고 있다.[43] 이 특칙을 적용하려면 부동산이 회사 자산의 50%를 넘어야 하고[44] 부채나 순자산은 생각할 필요가 없다.[45] 이 특칙이 없는 조약이라면 설사 재산의 대부분이 부동산인 회사라 하더라도 주식의 양도는 양도소득 조문을 적용받고, OECD 모델의 글귀를 따른 조약이라면 양도인의 거주지국에서만 과세할 수 있다.[46] 실제로 우리나라가 체결한 조약을 보면 부동산이 자산 가치의 50% 이상이라는 요건을 정한 조약이 있고[47] '주로' 혹은 '대부분'(mainly)이라는 표현을 쓰고 있는 조약도 있다.[48]

부동산회사에 관해 2003년에 들어간 특칙은 미국이 1980년에 FIRPTA (Foreign Investment in Real Property Tax Act)를[49] 입법하여 국내법에 채용하고 있

42) 미국 모델 제13조 제2항.
43) OECD 모델 제13조 제4항.
44) OECD 모델 제13조 주석 28.4문단.
45) OECD 모델 제13조 주석 28.3항에서는 당해 부동산에 대해 담보된 부채인지 여부도 무관하다고 한다. 부채를 제외시키는 이유는, 기업이 조달한 자금은 기업 전체에 골고루 들어가므로 특정한 자산에 귀속시킬 수 없다는 것이라고 한다. Stefano Simontacchi, "Immovable property companies as defined in Article 13(4) of the OECD Model", 60 Bulletin for International Taxation 29 (2006), 33쪽.
46) OECD 모델 제13조 제5항.
47) 2006년에 개정된 캐나다조약 제13조 제4항.
48) 2006년에 체결된 이란조약 제13조 제4항.
49) Foreign Investment in Real Property Tax Act, P.L. No. 96-499 (1980), 제1122조.

던 내용이 미국 모델을 거쳐[50] OECD 모델에까지 들어온 것이다. 미국은 1980년 전에는 비거주자의 주식 양도차익을 과세하지 않았지만 1980년에 FIRPTA를 입법하면서 미국 내 부동산이 자산의 50%를 넘는 미국법인(부동산회사)의 주식이라면 주식 양도차익을 과세하기 시작했다. 이제는 미국뿐 아니라 다른 나라에서도 비슷한 내용을 국내법에 정한 나라가 많다. 이미 보았듯 우리 법도 비상장 부동산회사 주식이라면 단 1주만 팔아도 양도차익을 과세한다.[51] 그렇지 않으면 부동산을 가진 사람이 이 부동산을 현물출자하여 회사를 세운 뒤 그 주식을 파는 형식으로 부동산 양도소득세를 피할 수 있기 때문이다. 현물출자 때 세금을 받아낼 수 있겠지만, 실질적 소유 관계에 변함이 없다면 이른바 우리 식 개념으로 기업 구조조정의 한 갈래로 양도소득세를 물리지 않는 경우가 많고[52] 또 물린다 하더라도 시가의 파악이 어렵기 때문에 부동산회사의 주식에 양도소득세를 물리는 것이다.

부동산회사가 상장법인이라면, OECD 모델의 글귀에서는 부동산회사에 해당하지만 막상 우리 국내법이 다른 주식의 양도소득과 마찬가지로 다룬다. 가령 국내사업장이 없는 외국법인이 상장 부동산회사의 25% 미만의 주주라면 애초에 국내법에서 과세하지 않으므로[53] 조약상 부동산회사라는 것은 실제는 무의미하다. 25% 이상의 주주였다면 국내법상 주식 양도소득으로 과세하고, 조약상으로는 부동산회사에 해당하므로 국내법대로 과세할 수 있다. 부동산이 50% 이상인 상장법인의 주주인 외국법인이 국내에 사업장을 두고 있다면 단 1주를 팔더라도 국내법상 주식 양도소득으로 과세하고, 조약상 부동산회사에 해당하므로 국내법대로 과세할 수 있다.

미국은 조약에 부동산회사에 관한 특칙이 없는 경우에도 부동산회사의 주식이라면 양도소득을 과세하고 있다. 조약 위반이라는 국제 공법(公法) 문제를 무시한 채 FIRPTA라는 국내법에 조약보다 우선하는 효력을 주고 있기 때문이다[54](다만 FIRPTA가 나온 뒤에 새로 맺은 조약에서 FIRPTA와 다른 내용을 정하는 경우에는 그 조약을 따른다[55]). 그렇다면 상호주의로 우리나라도 부동산회사의 주식

50) 미국 모델 제13조 제1항, 제2항.
51) 법인세법 제93조 제7호 나목.
52) 이창희, 『세법강의』, 제15장 제1절 Ⅲ. 1. 이창희, 『미국법인세법』, 제2장, 제8장, 제9장.
53) 법인세법 제93조 제9호, 법인세법 시행령 제132조 제8항 제2호.
54) FIRPTA (94 Stat. 2690-2691, 1980) 제1125조 (c)(1). 제2장 제1절 Ⅳ. 3. 4).

양도차익을 부동산처럼 과세할 수 있는 것 아닐까?

대법원 2016. 12. 15. 선고 2015두2611 판결

가. 대한민국과 미합중국 간의 소득에 관한 조세의 2중과세 회피와 탈세방지 및 국제무역과 투자의 증진을 위한 협약(이하 '한·미 조세조약'이라 한다) 제27조는 개별적 과세처분에 관한 상호합의뿐만 아니라 '조약의 적용에 관하여 발생하는 곤란 또는 의문'을 해결하기 위한 일반적 상호합의절차를 규정하고 있고, 일반적 상호합의의 대상 중 하나로 '특정 소득항목의 원천을 동일하게 결정하는 것'을 들고 있으며[제2항 씨(C)호], 권한 있는 당국이 그러한 합의에 도달하는 경우 그 합의에 따라 양 체약국이 그 소득에 대하여 과세하며 또한 조세의 환불 또는 세액의 공제를 허용한다고 규정하고 있다(제4항). 그리고 제6조 제9항은 소득별 원천을 규정한 제1항 내지 제8항이 적용되지 아니하는 항목의 소득원천에 관하여 일방 체약국 법이 타방 체약국 법과 상이하거나 또는 어느 체약국 법에 의하여 용이하게 결정될 수 없을 경우에 2중과세를 회피하거나 기타 조약상 목적을 촉진하기 위하여 양 체약국의 권한 있는 당국이 조약 목적상 공동의 원천을 확정할 수 있다고 규정하고 있다.

부동산을 과다 보유하고 있는 회사의 주식이 양도됨에 따라 발생하는 소득(이하 '부동산 주식 양도소득'이라 한다)의 경우 외형상으로는 주식의 양도소득에 해당함이 분명하지만 그 실질은 부동산 자체가 양도됨으로써 발생하는 소득과 다를 바 없다고 볼 여지가 있는데, 한·미 조세조약 제15조는 부동산 소득의 경우 부동산이 소재하는 체약국에 의하여 과세될 수 있다고 규정한 반면 제16조는 타방 체약국에 소재하는 부동산의 매각 등에 의하여 발생하는 소득이거나 타방 체약국 내의 고정사업장과 실질적으로 관련되는 소득 등이 아닌 한 자본적 자산의 매각 등으로부터 발생하는 소득은 거주지국에서만 과세되고 타방 체약국에 의한 과세로부터 면제된다고 규정하고 있으면서도, 소득별 원천에 관한 제6조는 부동산 주식 양도소득에 관하여 따로 규정하고 있지 아니하다. 한편 조세조약과 국내법 사이의 우열관계를 신법우선의 원칙에 따르도록 하고 있는 미국은 한·미 조세조약의 체결 이후에 국내법으로 미국 소재 부동산을 과다보유한 법인의 주식 양도소득에 대하여 미국 원천소득으로 과세하도록 하였고, 한국 역시 한국 소재 부동산을 과다보유한 법인의 주식 양도소득에 대하여 국내원천

55) 같은 법조 (c)(2).

소득으로 보아 과세하는 규정을 두고 있다. 이러한 경우 한국과 미국 사이에 한국 소재 부동산을 과다보유한 법인 주식의 양도소득에 대한 한국의 과세권 행사에 관하여 상호합의절차가 개시되어 한국 원천소득으로 합의하였다면, 이와 같은 합의는 한·미 조세조약 제27조 제2항 씨(C)호가 예정한 조약의 적용, 특히 특정 소득항목의 원천을 동일하게 결정하는 데 관하여 발생하는 곤란 또는 의문을 해결하기 위한 상호합의에 해당하여 유효하다고 볼 것이므로 한국은 그에 따라 한국 소재 부동산을 과다보유한 법인 주식의 양도소득에 대하여 과세할 수 있고, 이 경우 국내에서 따로 조약 개정에 준하는 절차를 밟지 않았다고 하여 그 효력을 부인할 것이 아니다.

나. … 한국 재정경제부가 1997. 4. 21. 미국 국세청에 제안하여 수차례 협의를 거친 후, 양국이 1999. 6. 23. '한·미 조세조약 제6조 제9항과 제27조 제2항 씨(C)호의 목적상 2중과세 방지를 위하여 한국 소재 부동산을 과다보유한 법인의 주식 양도소득의 원천이 부동산 소재지국에 있다'고 합의하여 2001. 4. 6. 공표한 이 사건 쟁점합의는 부동산 주식 양도소득에 관하여 부동산 소재지국이 그 과세권을 행사한다는 점이 내포된 것으로서, 한·미 조세조약 제27조 등이 이미 예정한 상호합의절차를 거친 것에 불과할 뿐 기존 조약 내용의 범위와 한계를 벗어나 이를 실질적으로 변경하는 조약 개정이라고 볼 수 없다.

Commissioner v. Lamesa Holdings BV[56)]

이 사건은 레너드 그린(Leonard Green)이라는 미국의 유명한 기업 사냥꾼, 한결 정확히는 그린이 무한책임 파트너로 경영하는 유한 파트너십이, 주식이 저평가되어 있었던 호주의 광업 회사를 적대적으로 인수하고 뒤에 그 주식을 비싼 값에 판 사건이다. 쟁점은 이 주식 양도차익이 호주-네덜란드 조약상 호주에서 과세 대상인가이다. 난데없이 네덜란드 조약이 등장한 것은 애초 양도차익의 비과세를 노리고 네덜란드 회사를 가운데 세우는 형식으로 기업을 인수했기 때문이다.

이 사건 적대적 인수의 목표물이 된 "Arimco"라는 호주의 상장회사는 그 산하에 "Arimco Mining"이라는 광업회사를 자회사로 거느리고 있었다. "Arimco"의 주식이 저평가되어 있다는 사실을 파악한 그린은 이 회사의 주식을 인수하

56) Federal Commissioner of Taxation v. Lamesa Holdings Bv, 157 ALR 290 (Federal Court of Australia 1997).

여 차익을 남기기로 마음먹고 우선 “Arimco” 주식의 18.1%를 주식 시장에서 매수한다. 그 뒤 장차 “Arimco” 주식을 인수할 주체로 ARL이라는 회사와 그 100% 자회사로 ARM이라는 회사를 호주법인으로 세운다. 판결문만 보아서는 호주 안에 이런 모자회사 구조를 갖춘 이유는 분명하지 않다. 연이어 그린은 네덜란드에 “Lamesa”라는 회사를 세우고 그가 소유한 ARL 주식을 “Lamesa”에 양도한다. 1992년 1월 31일에서 2월 6일이라는 단기간에 걸쳐 이 정지 작업을 마치자 ARM은 은행에서 빌린 돈으로 “Arimco” 주식의 공개매수에 들어가고, 이 시도가 성공하여 1992년 7월까지는 “Arimco” 주식의 전수를 매수하였다. 그 뒤 1993년 11월 그린은 ARL의 주식을 신주 발행 형식으로 상장하였고 신주 납입대금으로 은행 빚을 갚았다. 이에 따라 “Lamesa”의 ARL 주식소유 비율은 98.2%에서 67.35%로 낮아졌다. 뒤이은 1994년에서 1996년에 걸쳐 “Lamesa”는 나머지 ARL 주식 전부를 어떤 투자은행에 팔았고, 결국 1억 3천만 달러 가량 양도차익을 벌었다.

호주 국세청은 이 주식의 양도차익을 부동산 양도차익으로 보고 양도소득세를 부과하였다. 호주-네덜란드 조약은 부동산 양도소득은 부동산 소재지에서 과세할 수 있다고 정하고 있다. 여기에서 부동산이라는 말은 i) 토지 임차권이나 토지에 대한 직접적 권리, ii) 천연자원을 채굴하거나 시추할 수 있는 권리, iii) 어느 체약국에 있는 땅에 대한 직접적 권리나 어느 체약국에 있는 천연자원을 채굴하거나 시추할 수 있는 권리가 재산의 전부이거나 중요 부분을 차지하는 회사의 주식을 포함하고 있었다. 국세청은 ARL의 자회사가 소유한 부동산은 법인격을 투시하여 i)호에 따라 ARL이 소유한 것으로 보아야 한다는 주장과 iii)호에 따른 과세는 자회사가 직접 부동산을 소유한 경우만이 아니라 그 밑의 손회사 등이 소유한 경우도 포함한다고 주장하였다. 호주-네덜란드 조약에서는 양도소득 조문을 따로 두고 있지 않았고 이 사건 주식 양도차익이 부동산 양도소득에 해당하지 않는다면 사업소득으로 비과세 대상이 된다.[57] 법원은 주식은 동산이므로 달리 특약이 없다면 부동산이 될 수가 없고, 법인격은 함부로 투시할 수 없다는 이유로 쟁점 주식 양도차익은 부동산 양도소득이 아니라고 판시하여 국세청 패소 판결을 내렸다.[58]

---

57) 호주 법원은 사업소득 조문을 아주 넓게 적용한다. 예를 들어 제5장 제2절의 Thiel v. Federal Commissioner of Taxation 171 CLR 338 (1990), High Court of Australia.

58) 호주는 이 사건 이후 법으로 “자산의 가치 전부 또는 중요 부분이 직접적이든 또는 1개 이상의 중간 단계 회사나 기타 주체를 통해 가지는 토지나 토지에 대한 권리로부터 나오는 회사

우리 대법원 판결의 쟁점은, 상호합의를 기화로 '부동산회사의 주식'을 '부동산'이라는 개념에 포섭할 수 있는가이다. 호주 판결의 쟁점은 부동산회사가 아닌 그 자회사의 주식을 '부동산'이라는 개념에 포섭할 수 있는가이다. 조약의 글귀는 다르지만 본질적으로 같은 쟁점이다. 조약 글귀에 포섭되지 않는 주식을 포섭되는 것처럼 과세할 수 있는가? 두 판결의 답은 다르다. 당연히 부정해야 할 것 같은 이 쟁점에 대한 답이 어려워지는 것은 FIRPTA를 조약보다 우선시키는 미국법 내지 미국 법원의 태도를 전제할 때 조약의 해석·적용에 상호주의가 설 자리가 있는가라는 문제가 깔려 있기 때문이다.[59] 2019년 말 개정 법인세법은 이에 관하여 '조세조약의 해석·적용과 관련하여 그 조세조약 상대국과 상호합의에 따라 우리나라에 과세권한이 있는 것으로 인정'된다면 원천이 우리나라라고 정하고 있다.[60]

2017년 OECD 모델조약이나 미국 모델조약의 글귀는 주식 등 출자지분(Comparable interests)의 가치 가운데 부동산에서 '직접' 또는 '간접'으로("directly or indirectly") 나오는 부분이 50%를 넘는다면 부동산에 포섭하고[61] 다자조약에도 같은 내용이[62] 있지만 우리나라는 유보를 달았다. UN 모델조약에서 주식의 가치가 '주로'(principally) 부동산에서 나오는 경우라는 말도 50% 기준이라고 본다.[63] 명시적으로 '간접적인' 부동산 자산 가치의 주식 양도까지 포섭하는 조약 규정이라면 여러 개의 중간 단계 회사들을 이용하는 경우도 원천지국에서 과세대상이 될 것이다.

등의 주식 기타 지분의 양도 또는 처분"에 대해서 과세할 수 있다고 정하면서, 미국 FIRPTA처럼 법 시행 전에 이미 체결된 기존 조약을 제치고 우선 적용한다는 조항을 넣었다고 한다. Agreements Act., Sec. 3A. Michael Kobetsky, "The Aftermath of the Lamesa Case", 59 Bulletin for International Taxation 236 (June 2005), 243~244쪽에서 재인용.

59) 부정적인 입장으로, 윤지현, "Crossing Back the Rubicon? - A Thought on Whether Korea Can Tax Capital Gain Arising from a Sale of Real Property Company Shares under its Tax Treaty with the U.S.", 「조세학술논집」 제31집 제3호(2015). 한편 대법원 2015두2611 판결에 관한 대법원 재판연구관의 평석으로, 김정홍, "한·미 조세조약상 부동산 주식의 양도소득에 대한 과세권", 「대법원판례해설」 제110호(2017).

60) 법인세법 제93조 제7호(나).

61) 2017년 OECD 모델 제14조 제4항. 365일 중 아무 때라도 50%를 넘어가면 원천지국에 과세권이 있다. 양도 직전에 다른 자산을 사들여서 조세를 회피하지 못하게 하려는 것. 50% 여부는 부채는 무시하고 자산만 놓고 따진다. OECD 모델 제13조 주석 28.4문단.

62) 다자조약 제9조.

63) UN 모델 제13조 제4b항.

Ⅳ. 양도소득의 계산

부동산의 양도소득이란 무엇을 뜻하는가? 이것은 과세하는 나라의 국내법에 따르는가, 아니면 조약 고유의 개념인가?

Haas Estate v. The Queen[64)]

이 사건 원고는, 미국 거주자로서 1954년에 캐나다 법인의 주식을 약 65만 달러에 취득하여 이를 쭉 가지고 있다가 1991년에 사망한 사람의 상속재단이다.[65)] 캐나다는 1971년 주식의 양도차익을 과세하기 시작하면서 그 전에 취득한 주식은 1971년에, 1971년 당시의 시가로 취득한 것으로 본다는 특칙을 두었고, 1971년 당시 이 주식의 시가는 약 323만 달러이었다. 또 캐나다 법에서는 사람이 죽으면 그 때까지 쌓인 미실현이득에 양도소득세를 물리고[66)] 1991년 당시 이 주식의 시가는 1,750만 달러이었다. 이 사건에 적용된 1980년 미국-캐나다 조약은 1980년 이전에 취득한 재산을 1985년 이후에 양도한다면 양도차익 가운데 1984년까지의 보유기간에 귀속하는 부분은 비과세한다는 특칙을 두었다.[67)] 이런 조항은 미국이 1980년 전에는 비거주자의 주식 양도차익을 과세하지 않다가 1980년의 FIRPTA로 부동산이 주(主) 재산인 법인의 주식이라면 주식 양도차익을 과세하기 시작했기 때문에 둔 일종의 경과 규정이다. 1942년에 체결된 미국-캐나다 조약은 상대방 체약국 거주자의 주식 양도차익을 과세하지 않도록 정하고 있었지만 1980년에 개정된 조약은 FIRPTA를 반영하여 부동산법인의 주식 양도차익에 대한 과세를 허용했다.[68)] 이 개정 조약은 1985년 발효하였으므로 실제 과세는 1985년부터 시작하였다. 같은 개정 조약은 경과 조치로, 개정 전인 1984년까지의 보유 기간에 귀속하는 양도소득은 비과세한다는 특칙을 두었던 것이다.[69)]

---

64) The Estate of the Late Fredrick J. Haas v. Her Majesty the Queen, Tax Court of Canada (Docket: 98-1768(IT)G) 1999년 10월 14일 판결.

65) 과세단위로서 상속재단에 관하여는 이창희, 『세법강의』, 제10장 제2절 Ⅱ.

66) 이창희, 『세법강의』, 제12장 제2절, 제25장 제1절 Ⅰ.

67) 미국-캐나다 조약(1980) 제13조 제9항.

68) 같은 조약 제13조 제3항(b).

69) 같은 조약 제13조 제9항. 미국 국회는 FIRPTA를 이미 있는 기존의 조약에 우선시켜서 조약에 불구하고 과세하였으므로 개정조약의 의의는 주식양도차익에 대한 과세를 허용했다기보다는 조약발효전에 이미 생긴 양도차익의 비과세를 규정한 데 있다.

쟁점은 비과세 분 양도소득과 과세 분 양도소득의 안분이다. 원고는 1954년부터 1991년까지라는 37년의 보유 기간을 계산하여 (1,750만 − 65만 = 1,685만 달러)라는 37년 분 총 양도소득을 계산한 뒤, 그 가운데 30/37(1954년에서 1984년까지)이 비과세되므로 과세 대상 양도소득은 1,685만×7/37=319만 달러라고 주장하였다. 한편 국세청은 양도소득이란 캐나다가 양도소득 과세를 시작한 1971년에서 1991년까지의 20년 사이에 생긴 소득으로 보고, 20년간 양도소득 총액 (1,750만 − 323만 = 1,427만 달러)를 계산하여 그 가운데 13년 분(1971년에서 1984년까지)이 비과세되므로 과세 대상 양도차익은 1,427만×7/20 = 499만 달러라고 주장하였다.[70] 두 주장의 차이는 '한 체약국에서 과세대상인 양도소득'이라는 글귀와 '한 체약국에서 과세대상인 양도소득 가운데 조약 발효일까지의 기간에 속하는 양도소득'이라는 글귀에 나오는 '양도소득'이라는 말의 뜻에 관한 것이다. 원고의 주장은 이 양도소득이란 취득 시점에서 간주 양도 시점까지의 소득이라는 것이고, 국세청의 주장은 이 양도소득이란 캐나다법에서 양도소득세를 과세하기 시작한 1971년에서 1991년까지의 소득이라는 것이다.

원고는 조약의 경과 규정은 미국의 FIRPTA를 반영한 것이므로, FIRPTA에 맞추어서 해석해야 한다고 주장한다. FIRPTA는 법 시행 전에 이미 취득한 재산의 양도차익도 경과 규정 없이 모두 과세 대상으로 삼았으므로,[71] 특별히 조약에 규정을 두어 취득 시기에서 조약 발효 시기 사이에 생긴 양도차익은 면제한다는 규정을 두었다는 것이다. 그렇게 본다면 실제 취득 시기인 1954년부터 1991년까지 기간에 속하는 양도차익 가운데 1954년에서 1985년 사이의 기간에 안분되는 부분을 면세해야 한다는 것이다. 나아가서 FIRPTA와 관련하여 조약을 이런 뜻으로 풀이한 내용을 담고 있는 미국 재무부의 조약 주석에 캐나다 재무부도 동의했고,[72] 그렇다면 두 나라가 조약을 상호 동등하게 풀이해야 할 것이므로 캐나다 역시 미국 재무부 주석에 따라 양도차익 가운데 30/37을 면제해야 한다는 것이다.

원고의 주장에 일리가 있지만 받아들일 수 없다. 미국 재무부의 조약 주석이 원고의 주장을 뒷받침하는 것은 물론이지만, 캐나다 행정부가 내놓은 행정해

70) 이 판결은 조약의 발효 당시인 1985년의 시가가 얼마였는가는 다루지 않고 있다. 이 시가를 알았다면 다툼의 여지가 없어진다. 또 이 판결은 양도차익의 기간별 안분 방법으로 복리가 아니라 단리를 쓰는 것을 당연한 전제로 받아들이고 있다. 복리를 썼더라면 두 가지 방법의 차이가 확 줄었을 것이다.

71) 가령 이 사건 부동산이 미국에 있었다면 1,750만 달러−65만 달러=1,685만 달러.

72) 미국-캐나다 사이에서는 아마 그렇게 하는 듯하다. 같은 판결 29문단.

석도 법원을 구속하지 못하는 마당에 미국의 행정해석이 법원을 구속할 수는 없다. 미국 재무부의 설명서는 조약이 아니고 비엔나 협약이 말하는 조약 체결의 '맥락'(context)에도 들어가지 않는다. 캐나다 국세청의 동의는 비엔나 협약이 말하는 사후적 합의도 아니다. 조약의 글귀로 들어가면 조약이 양도소득이라는 말의 뜻을 따로 정하고 있지 않으므로 이 말은 캐나다의 국내법에 따라야 하고, 캐나다 국내법의 양도소득이란 당연히 1971년 이후의 양도소득이다.

대법원 2016. 9. 8. 선고 2016두39290 판결

(원심판결)

룩셈부르크법인 Delphi International S.a.r.l.(이하 'DIS'라 한다)는 2009. 10. 16. … 미국법인 Delphi Automotive Systems (Holding), Inc.(이하 'DASHI' 라고 한다)로부터 … 국내법인인 대성전기공업 주식회사 발행의 비상장 주식 1,913,980주(지분율 49.5%, 이하 '이 사건 주식'이라 한다)를 증여받았다 … 원고는 2010. 12. 13.경 DIS와 이 사건 주식에 대하여 396억 원에 매매계약을 체결하고, 2011. 1. 31. 그 대금을 지급[하면서] 아래와 같이 DIS의 2011 사업연도 소득에 대한 법인세로서 원천징수하여 신고·납부하였다.

… 원고는 이 사건 주식의 취득가액을 DIS가 증여받은 당시인 2009. 10. 2.자 시가 … 36,865,168,780원으로 산정한 다음, 이 사건 양도차익은 위 양도대금 396억 원에서 위 취득가액을 뺀 2,734,831,220원(= 39,600,000,000원 - 36,865,168,780원)으로 산정하였다 … 구 법인세법 제92조 제2항 제1호 단서, 제98조 제1항 제5호 단서에 따[라] 원고는 위 양도차익의 20%에 해당하는 546,966,244원(=2,734,831,220원 × 0.2)을 원천징수하였다 … 피고는 DIS가 이 사건 주식의 수증이익에 대한 법인세를 납부하지 아니하여 법인세법 시행령 제129조 제3항 제2호 단서에 정한 수증 당시의 시가를 취득가액으로 할 수 있는 경우(이 사건 주식의 증여로 인한 소득이 과세된 경우)에 해당하지 않는다는 이유로, 법인세법 시행령 제129조 제3항 제2호 본문에 따라 … DASHI의 이 사건 주식 매수가액 27,625,521,864원을 취득가액으로 하여 양도차익을 11,974,487,136원(=양도대금 39,600,000,000원 - 27,625,521,864원)으로 산정하였다 …

(대법원 판결)

… 제93조는 외국법인의 국내원천소득의 하나로 제9호 (가)목에서 '일정한 요건을 갖춘 내국법인이 발행한 주식을 양도함으로써 발생하는 소득'을, 제10호 (다)목에서 '국내에 있는 자산을 증여받아 생기는 소득'을 들고 있다 … 구 법인세법 제92조 제2항은 제1호 단서에서 '제93조 제9호에 따른 국내원천소득의 경우에는 그 수입금액에서 대통령령으로 정하는 바에 따라 확인된 해당 유가증권의 취득가액 및 양도비용을 공제하여 계산한 금액으로 할 수 있다'고 규정하고 있고, 그 위임에 따른 법인세법 시행령 제129조 제3항은 유가증권의 취득가액 및 양도비용에 관하여 제2호 본문(이하 '이 사건 본문 조항'이라 한다)에서 '수증자가 양도한 유가증권의 취득가액은 해당 양도자산의 당초의 증여자를 해당 유가증권의 양도자로 보고 제1호에 따라 계산한 금액'으로 규정하면서 그 단서(이하 '이 사건 단서 조항'이라 한다)에서 '해당 유가증권이 법 제93조 제10호 (다)목에 따라 과세된 경우에는 해당 유가증권의 수증 당시의 시가'로 규정하고 있다 … 한·룩 조세조약 … 제21조 제1호는 '자산을 증여받아 생긴 소득'과 같은 기타소득에 대하여 '소득의 발생지를 불문하고 이 협약의 선행 제 조항에 규정되지 아니한 일방체약국의 거주자의 소득에 대하여는 동 일방체약국에서만 과세될 수 있다'고 규정하고 있으나, 한·룩 조세조약에 대한 의정서(1986. 12. 26.) 제3조는 '제21조의 규정에도 불구하고 이 조약은 재산의 양도소득에 대한 조세에는 적용되지 아니한다'고 정하고 있 … 다. 한·룩 조세조약 및 그 의정서는 … 소득을 사업소득, 이자소득, 배당소득, 기타소득 등으로 구분한 다음 각 소득별로 원천지국과 거주지국 사이에 과세권을 조정하는 조항을 두고 있을 뿐 각 소득금액의 구체적인 산정방법이나 양도소득 및 수증소득의 범위 등에 관하여는 따로 정하고 있지 아니하다. … 외국법인이 증여받은 내국법인 발행 주식을 양도함으로써 발생하는 소득을 계산함에 있어서 증여자가 주식을 보유한 기간 동안의 가치증가액에 상응하는 자본이득을 수증법인에게 귀속되는 양도소득으로 보아 과세할지의 여부는 입법정책의 문제이고, 이 사건 본문 조항은 수증법인이 그 주식을 양도할 때에 그와 같은 자본이득이 수증법인에게 실현된 것으로 보아 양도소득금액을 계산하도록 규정하여 한·룩 조세조약에 따라 원천지국의 과세권이 인정되는 양도소득의 범위를 정하고 있을 따름이므로, 증여재산 자체의 가치에 대하여 그 증여를 과세의 계기로 삼아 수증소득으로 과세하는 규정으로 볼 수 없다. 따라서 … 양도소득금액을 계산하면서 이 사건 본문 조

항을 적용한 것을 두고 수증소득에 대한 원천지국의 과세권을 제한하는 한·룩 조세조약 제21조 제1호에 위반된다 … 고 볼 수 없다. 나아가 이 사건 단서 조항은 … 취득가액을 수증 당시의 시가로 정하면서 조세조약을 이용한 조세회피 등을 방지하기 위하여 그 적용 범위를 수증소득이 과세된 경우로 한정하고 있음을 알 수 있으므로, 수증소득이 실제 과세된 바가 없다면 한·룩 조세조약에 따라 비과세되더라도 이 사건 단서 조항이 적용될 수 없다 …

두 판결의 취지는 양도소득이라는 말이 국내법을 떠나서 조약 자체에서 고유한 뜻을 가지지 못한다는 것이다. OECD 모델 주석도 마찬가지.[73)]

특히 양도소득에서 자주 생기는 문제로 소득 금액은 어느 나라의 돈을 기준으로 계산하는가? 가령 미국 거주자가 320만원을 주고 산 재산을 뒤에 1,750만원에 팔았지만 환율 변동을 감안하면 미화 기준으로는 오히려 손해가 날 수도 있다. "Haas" 판결에서 나온 금액은 모두 원천지국인 캐나다 돈으로 표시한 금액이고, 미국 돈으로 얼마에 해당하는가는 아예 언급조차 하지 않고 있다. 당연히 옳다. "소득 금액은 원칙적으로 과세권을 가진 국가의 통화에 의하여 산정하여야 하므로, 국외에 있는 자산의 가격 변동에 따른 거주자의 소득을 과세 대상으로 하는 경우 그 소득 금액은 환율 변동에 따른 손익을 통산하여 계산하지 않을 수 없다."[74)] 국내사업장을 가진 외국법인이나 부동산 임대소득이 있는 외국법인이 다른 나라 통화를 기능통화로 선택한 경우라면 해당 외화로 소득을 계산할 수 있으나,[75)] 양도소득에는 이 특례가 적용되지 않는다.[76)]

제 4 절 다른 재산의 임대나 양도소득

부동산이 아닌 다른 재산의 임대나 양도에서 생기는 소득은 어떻게 과세할 것인가?

73) OECD 모델 제13조 주석 12문단.
74) 대법원 2015. 12. 10. 선고 2013두6107 판결. 제1장 제3절 Ⅳ.
75) 법인세법 제53조의2.
76) 법인세법 제92조 제1항 및 제2항. 그밖에 소득세법 제118조의4 제2항과 같은 법 시행령 제178조의5 제1항.

Ⅰ. 국내법과 조약의 관련 조문

법인세법 제93조(국내원천소득) 외국법인의 국내원천소득은 다음 각 호와 같이 구분한다.

4. 국내원천 선박등임대소득: 거주자, 내국법인 또는 외국법인의 국내사업장이나 … 비거주자의 국내사업장에 선박, 항공기, 등록된 자동차나 건설기계 또는 산업상·상업상·과학상의 기계·설비·장치, 그 밖에 … 용구(用具)를 임대함으로써 발생하는 소득
5. 국내원천 사업소득: 외국법인이 경영하는 사업에서 발생하는 소득 …
8. 국내원천 사용료소득: 다음 각 목의 어느 하나에 해당하는 권리·자산 또는 정보(이하 이 호에서 "권리등"이라 한다)를 국내에서 사용하거나 그 대가를 국내에서 지급하는 경우 그 대가 및 그 권리등을 양도함으로써 발생하는 소득 … .
   가. 학술 또는 예술상의 저작물(영화필름을 포함한다)의 저작권, 특허권, 상표권, 디자인, 모형, 도면, 비밀스러운 공식 또는 공정(工程), 라디오·텔레비전방송용 필름 및 테이프, 그 밖에 이와 유사한 자산이나 권리
   나. 산업상·상업상·과학상의 지식·경험에 관한 정보 또는 노하우
9. 국내원천 유가증권양도소득: 다음 각 목의 어느 하나에 해당하는 주식등 … 또는 그 밖의 유가증권 … 을 양도함으로써 발생하는 소득 …
   가. 내국법인이 발행한 주식등과 그 밖의 유가증권
   나. 외국법인이 발행한 주식등(「자본시장과 금융투자업에 관한 법률」에 따른 증권시장에 상장된 것으로 한정한다)과 외국법인의 국내사업장이 발행한 그 밖의 유가증권
10. 국내원천 기타소득: 제1호부터 제9호까지의 규정에 따른 소득 외의 소득으로서 다음 각 목의 어느 하나에 해당하는 소득
   바. 국내법에 따른 면허·허가, 그 밖에 이와 유사한 처분에 의하여 설정된 권리와 부동산 외의 국내자산을 양도함으로써 생기는 소득
   타. 가목부터 자목까지의 소득 외에 국내에서 하는 사업이나 국내에서 제공하는 인적용역 또는 국내에 있는 자산과 관련하여 제공받은 경제적 이익으로 생긴 소득(국가 또는 특별법에 따라 설립된 금융회사

등이 발행한 외화표시채권을 상환함으로써 받은 금액이 그 외화표시채권의 발행가액을 초과하는 경우에는 그 차액을 포함하지 아니한다) 또는 이와 유사한 소득으로서 대통령령으로 정하는 소득[77)]

법인세법 제98조(외국법인에 대한 원천징수 또는 징수의 특례) ① 외국법인에 대하여 제93조 … 제4호부터 제10호까지의 규정에 따른 국내원천소득으로서 국내사업장과 실질적으로 관련되지 아니하거나 그 국내사업장에 귀속되지 아니하는 소득의 금액(국내사업장이 없는 외국법인에 지급하는 금액을 포함한다)을 지급하는 자는…그 지급을 할 때에 다음 각 호의 구분에 따른 금액을 해당 법인의 각 사업연도의 소득에 대한 법인세로서 원천징수하여 … 납부하여야 한다. (하략)

3. 제93조 제4호에 따른 국내원천 선박등임대소득 및 제5호에 따른 국내원천 사업소득: 지급금액의 100분의 2
6. 제93조 제8호에 따른 국내원천 사용료소득: 지급금액의 100분의 20 …
7. 제93조 제9호에 따른 국내원천 유가증권양도소득: 지급금액(제92조 제2항 제2호에 해당하는 경우에는 같은 호의 "정상가격"을 말한다. 이하 이 호에서 같다)의 100분의 10. 다만, 제92조 제2항 제1호 단서에 따라 해당 유가증권의 취득가액 및 양도비용이 확인되는 경우에는 그 지급금액등의 100분의 10에 상당하는 금액과 그 자산의 양도차익의 100분의 20에 상당하는 금액 중 적은 금액으로 한다.
8. 제93조 제10호에 따른 국내원천 기타소득: 지급금액(같은 호 다목의 소득에 대해서는 대통령령으로 정하는 금액)의 100분의 20.

1977 OECD Model Article 7 (Business Profits)

1. The profits of an enterprise of a Contracting State shall be taxable only in that State unless the enterprise carries on business in the other Contracting State through a permanent establishment situated therein. If the enterprise carries on business as aforesaid, the profits of the enterprise may be taxed in the other State but only so much of them as is attributable to that permanent establishment.

77) 이에 관한 대통령령은 안 나온다.

1977년 OECD 모델 제7조(사업소득)

1. 한 체약국 기업의 이윤은 그 체약국에서만 과세할 수 있지만, 그 기업이 상대방 체약국에서 고정사업장을 두고 그를 통하여 사업을 영위하는 때에는 예외로 한다. 기업이 위와 같이 사업을 영위한다면, 기업의 이윤에 대한 과세를 상대방 체약국이 할 수 있지만 다만 그 가운데 고정사업장에 귀속하는 부문에 한한다.

7. Where profits include items of income which are dealt with separately in other Articles of this Convention, then the provisions of those Articles shall not be affected by the provisions of this Article.

7. 사업소득에 포함된 소득항목을 따로 다루고 있는 다른 조가 이 조약에 있다면 그런 조의 규정에 이 조가 영향을 주지는 않는다.

1977 OECD Model Article 8 (Shipping, Inland Waterways Transport and Air Transport)

1. Profits from the operation of ships or aircraft in international traffic shall be taxable only in the Contracting State in which the place of effective management of the enterprise is situated.

1977 OECD 모델 제8조(해상, 내륙수로운송 및 항공운송)

1. 국제운항 선박이나 항공기의 운영 이윤에 대한 과세를 할 수 있는 체약국은 그 안에 기업의 실질적 관리장소가 있는 나라뿐이다.

1977 OECD Model Article 13 (Capital Gains)

3. Gains from the alienation of ships or aircraft operated in international traffic, boats engaged in inland. waterways transport or movable property pertaining to the operation of such ships, aircraft or boats, shall be taxable only in the Contracting State in which the place of effective management of the enterprise is situated.

1977년 OECD 모델 제13조(양도차익)

3. 양도차익으로서 국제운송에 운영하던 선박이나 항공기 … 에 대한 과세는 오로지 그런 기업의 실질적 관리장소가 있던 체약국에서만 할 수 있다.

4. Gains from the alienation of any property other than that referred to in

paragraphs 1, 2 and 3, shall be taxable only in the Contracting State of which the alienator is a resident.

5. 재산의 양도차익은, 제1항, 2항, 3항에 나오는 것이 아니라면, 그에 대한 과세는 오로지 양도인이 거주하는 체약국만 할 수 있다.

1977 OECD Model Article 21 (Other Income)

1. Items of income of a resident of a Contracting State, wherever arising, not dealt with in the foregoing Articles of this Convention shall be taxable only in that State.

1977년 OECD 모델 제21조(기타소득)

1. 한 체약국 거주자의 소득 항목으로서, 어디에서 발생하는 것이든 이 조약의 앞서 나온 조문에서 다루지 않고 있는 것에 대한 과세는 그 체약국만 할 수 있다.

Ⅱ. 선박 · 항공기의 임대소득과 양도소득

법인세법 제93조 제4호의 임대료소득은 임차인을 기준으로 지역적 원천을 정하고 있다. 우리나라 법인이나 우리나라 거주자가 지급하는 임대료라면 사용장소가 해외이더라도 국내원천이다. 비거주자나 외국법인이 지급하는 임대료라면 국내사업장에서 사용하는 것만이 국내원천이다. 제4호의 소득에 대한 원천징수세율은 제5호의 일반적 사업소득이나 마찬가지로 2%이다.

선박, 항공기, 자동차, 건설기계, 산업상의 장비 등의 임대에서 생기는 소득은 임대 행위의 정도로 따질 때 '사업에서 발생하는 소득'이라 하더라도 법인세법 제93조 제5호의 사업소득에 해당하기에 앞서 한결 더 좁은 내용을 특정하고 있는 제4호에 먼저 해당한다. 문제는 선박 등을 '임대'한다는 말의 뜻이다. 옛 상법에서는[78] 속칭 '나용선'(裸傭船, bareboat charter), 그러니까 선원을 붙이지 않은 채 배만을 빌려주는 계약을 선박 임대차(현행법의 용어로 선체(船體) 용선[79])라고 불렀다. 한편 항해(航海) 용선, 곧 선박 소유자가[80] 선박만이 아니라 선장과

78) 2008. 8. 4. 시행 법률 제5581호로 개정되기 전 상법 제765조.

79) 상법 제847조.

80) 이하 선박소유자라는 말은 轉貸借의 전대인을 포함한다.

선원을 같이 제공하고 그들을 통하여 운항을 지배하는 계약은 운송계약이다.[81] 선체용선 계약에서 받는 용선료는 법인세법 제93조 제4호의 임대소득이고, 항해용선 계약에서 받는 운임은 제5호의 사업소득이다. 다만 항해용선의 경우 선박 소유자는 국내에 사업장이 있는 자로서 순소득 기준으로 납세의무를 진다고 보아야 한다.[82] 선박 소유자가 국내에 선박과 인원을 모두 두고 있는 셈이니까. 문제는 정기(定期) 용선 계약. 법전에 나온 용어만 따지자면 선체 용선료만이 임대료에 해당하고 정기용선은 항해용선이나 마찬가지로 사업소득에 해당한다고 풀이할 수도 있다. 다른 한편 상법의 글귀가 선체용선과 정기용선에서는 용선료라는 말을 쓰고 항해용선에서는 운임이라는 말을 쓰는 데서 알 수 있듯 정기용선계약의 성질은 선체용선에 가깝다고 볼 수도 있고. 또한 정기용선에서 제3자에 대한 책임의 소재를 둘러싼 상법학의 학설을 보면, i) 정기용선자는 단순히 운송 의뢰인에 불과하므로 선박 소유자가 운송자로서 책임을 진다는 견해, ii) 정기용선자는 선장이나 선원을 지휘하므로 선체용선자나 마찬가지로 책임을 진다는 견해, iii) 우리 판례의[83] 태도로 항해 기술에 관한 것(해기 사항)은 선박 소유자가 책임을 지고 운송계약에 관한 것(상사 사항)은 정기용선자가 책임을 진다는 견해로 나뉘어 있다.[84] 논란의 소지는 있지만 선박 소유자가 받는 소득의 성질은, i)을 따르면 사업소득, ii)나 iii)을 따르면 임대소득이라고 볼 수 있을 것이다. 우리나라의 행정해석은 정기용선료를 사업소득으로 보고 있다.[85]

미국법에서도 이 점은 혼란스럽다. 우리 법과 달리 미국법은 운수소득을 따로 구분하고 있고,[86] 선체용선까지도 운수소득에 포함한다.[87] 미국내 사업에서 버는 운수소득은 순소득 기준으로 미국법인과 같은 일반적 세율로 세금을 매기고, 다른 운수소득으로 원천이 미국인 부분에는 총소득 기준으로 4%의 세금을 매긴다.[88] 운수소득을 지급하는 자에게는 원천징수의무가 없고[89] 4%라는 세금

81) 송옥렬, 「상법강의」, 제15판(2025), 383~384쪽.

82) 다만 상호면세조약이나 일반적 조세조약에서 달리 정하고 있는 것이 오히려 보통이므로 실제로 납세의무를 지는 경우는 생각하기 어렵다. 제5장 제6절.

83) 대법원 2003. 8. 22. 선고 2001다65977 판결.

84) 이른바 금반언설은 세법상의 쟁점과는 무관하므로 생략하였다. 상세는 송옥렬, 앞의 책 422~423쪽.

85) 국세청 외인 1264.37-3247 (1982. 9. 23.).

86) 미국세법 제863조(c).

87) S. Rep. No. 313, 99th Cong., 2d Sec. 341 (1986).

은 소득을 받아가는 자가 신고납부하여야 한다. '미국내 사업에서 버는 운수소득'이란 다른 일반적 미국내 사업 개념과 달리 고정사업장 개념으로 정의하고 있다. 조금 더 자세히 본다면 법령은 임대소득과 운수소득을 구별하여, 전자는 미국 내에 원천을 둔 운수소득의 대부분이 고정사업장에 귀속하는 경우 미국내 사업에서 버는 소득이 되고, 후자는 고정사업장이 있고 미국내 원천 운수소득의 대부분이 미국에서 시작하거나 끝나는 정기운항에 귀속하는 경우 미국내 사업에서 버는 소득이 된다.[90] 정기용선과 항해용선에 대해서는 법령에 명문 규정이 없고 행정해석은 후자의 운수소득으로 보고 있다.[91]

조세조약까지 같이 생각하면 소득 구분과 과세요건은 한결 더 복잡해진다. OECD 모델에는 동산 임대소득에 관한 규정이 따로 없고, 다만 제8조가 선박이나 항공기의 운영에서 생기는 사업소득은 관리장소가 있는 체약국에서만 과세한다고 정하고 있다. 운수소득은 고정사업장이 있더라도 원천지국에서 과세할 수 없다는 말. 여기에서 운수소득은 부수 사업의 소득도 포함한다.[92] 운수회사가 사업 활동의 과정에서 정기용선으로 선박만이 아니라 선장 및 선원 등을 제공하면 이것도 운수업이고, 다른 한편 선체용선료는 운수소득이 아니고 사업소득이지만,[93] 그것도 운수업을 영위하는 중에 생기는 부수적 용역으로 운수소득에 들어가는 경우도 있을 수 있다는 것이 OECD 모델 주석의 입장이다.[94]

용선계약에 관한 국내법 규정과 조약(OECD 모델의 글귀를 따른 조약)을 묶어서 우리나라에 관리장소가 없는 비거주자나 외국법인이 받아가는 소득에 대해 따져보자. 선체용선에 따르는 선박 임대차 소득은 국내법상은 임대소득으로 2% 원천징수 대상이지만 조약상 사업소득이고 고정사업장에 귀속하지 않는 한 과세할 수 없다. 정기용선료는 국내법상 임대소득인지 사업소득인지를 확정하기 어렵지만 조약이 있는 나라의 거주자가 받는 것이라면 운수소득이므로 과세할

88) 미국세법 제863조(c), 제887조.

89) Kuntz and Peroni, *U.S. International Taxation* (looseleaf), WG&L, C.1.07[09]절.

90) 미국세법 제887조(b)(4).

91) Rev. Proc. 91-12, 1991-1 CB 473. Kunts and Peroni, 앞의 책 C.1.07[4].

92) OECD 모델 제8조 주석 4문단. 운수소득에 관한 전체적 분석은 제5장 제6절.

93) 미국 모델조약 제8조 제2항에서는 미국 국내법에 맞추어 운수소득.

94) 같은 조 주석 5문단. 가령 보잉이나 항공기 임대업자가 받는 항공기 임대료는 OECD 모델에서는 임대소득이지만 미국 모델에서는 운수소득. 한편 델타항공이 대한항공에서 받는 항공기 임대료는 OECD 모델에서도 대체로 운수소득.

수 없다. 항해용선료는 국내법상 사업소득이지만 조약상 운수소득이므로 과세할 수 없다.

이상의 논의를 바탕으로 국내법의 해석 문제로 다시 돌아온다면, 아마도 선체용선료를 한 꼭지로 삼고 정기용선료와 항해용선료(운임)를 다른 한 꼭지로 묶는 편이 국내법과 조약 사이에서 혼선을 줄이는 편일 것이다. 선체용선료는 국내법상 임대소득으로 2% 원천징수 대상이지만 OECD 모델을 따른 조약을 적용받는 경우에는 조약상 사업소득이 되어 고정사업장에 귀속하지 않는 한 과세하지 않는 결과가 된다. 정기용선료와 항해용선료는 국내법상 사업소득이지만 OECD 모델을 따른 조약을 적용받는 경우에는 조약상 운수소득이 되어 실질적 관리장소가 우리나라에 없는 한 과세하지 않는 결과가 된다. 조약을 적용받지 않는 경우에는 정기용선료와 항해용선료는 성질상 우리나라에 국내사업장이 있는 것으로 보아 과세 대상이라고 보아야 할 것이다.

조약에 따라서는 OECD 모델과 사뭇 다른 내용을 담고 있기도. 가장 중요한 사례로 우리나라와 미국 사이의 조약에서는 '임대인이 선박 또는 항공기의 국제운수상의 운행에 종사하지 아니하는 자'이고 그런 임대인이 '선박 또는 항공기의 사용 또는 사용권의 대가로서 받는 모든 종류의 지급금'은 사용료소득으로 구분하고 있고, 우리나라가 국내원천 사용료소득에 매길 수 있는 세금에 15%라는 세율상한을 두고 있다.[95] 이 상한은 국내법상 세율 2%보다 높으므로 실제 의미가 없다. 정기용선과 항해용선이라면 정의상 선박 소유자가 운수업자일 수밖에 없고 따라서 용선료는 사용료가 될 수 없고 운수소득으로 비과세한다.[96] 선체용선료는 운수업자가 받는 것이라면 '유형(有形)의 개인 재산(동산)의 임대'에서 생기는 소득으로서[97] 사업소득이 되고, 운수업자 아닌 자가 받는 것이라면 사용료소득이 된다. 우리 국내법 규정과 합쳐보면, 정기용선료나 항해용선료는 비과세하고 선체용선료는 운수업자가 받는 것이라면 고정사업장이 없으므로 비과세하고 운수업자 아닌 자가 받는 것은 2%라는 국내법상 세율로 원천징수세를 물린다.

95) 미국조약 제14조 (1) 및 (4)(a). 제2자 제1절 Ⅳ. 1, 제3장 제4절 Ⅰ. 3.

96) 미국조약 제10조.

97) 미국조약 제8조(5). 한글본도 정본인 조약이지만 이 조항에서 '개인재산'이라는 말은 영어본 "personal property"의 뜻을 따라서 동산이라고 풀이할 수밖에 없다. 아니면 아예 뜻이 안 통한다.

선박이나 항공기의 양도소득은 법인세법 제93조 제10호 바목에 해당하므로 국내 자산의 양도라면 국내원천소득이고 지급액의 20%를 원천징수세로 물린다. OECD 모델에서는 거주지국만이 이런 양도소득을 과세할 수 있다.[98]

Ⅲ. 다른 동산이나 권리의 임대소득

산업상·상업상·과학상의 기계, 설비, 장치, 그밖의 용구 등의 임대료는 법인세법 제93조 제4호의 소득이고 원천징수세율은 2%이다.[99] OECD 모델의 글귀를 따른 조약을 적용받는 경우에는 으레 조약상 사업소득이 되게 마련이므로 고정사업장에 귀속하지 않는 한 과세하지 않는다. 글귀가 다른 조약, 가령 인도 거주자가 받는 산업 설비 임대소득은 같은 조약상 사용료로 구분하고 세율상한 15%에 걸리지만,[100] 법인세법상 세율이 2%로 더 낮으므로 이 상한은 의미가 없다. 그러나 법인세법은 다시 특칙을 두어 이런 소득에 대한 국내법상 세율을 다시 20%로 끌어올리지만, 이 세율은 다시 인도조약의 세율상한 15%에 걸린다.[101] 제12장 제2절 Ⅱ.

전시 목적으로 미술품 같은 예술 저작물을 임차하는 경우라면 임차인이 전시권(展示權)을 설정받는 것이므로 임대료는 법인세법 제93조 제8호의 소득(사용료)에 해당하고 원천징수세율은 20%이다. 예술 저작물 임대소득의 지역적 원천은 사용 장소나 대가 지급의 장소가 국내인가에 따라 정한다. OECD 모델의 글귀에서 미술품 사용 대가는 제12조의 사용료에 해당하고, 거주지국만이 과세권을 가진다.[102] 우리나라의 실제 조약에서는 원천지국에 과세권이 없는 경우는 오히려 드물고 대부분은 일정한 세율상한을 두고 있다. 원천징수세는 이러한 조약상 상한을 넘을 수 없다.

제4호나 제8호의 어느 쪽에도 해당하지 않는 동산이라면, 성질상 둘 가운데 가까운 쪽으로 구분하여 소득의 원천과 세율을 정한다. 지식재산권 등 권리에 관해서는 제12장 참조.

98) OECD 모델 제13조 제3항.
99) 2003년까지는 사용료소득으로 과세했다.
100) 인도조약 제13조(2) 및 (3).
101) 법인세법 제98조의7 제1항.
102) OECD 모델 제12조.

Ⅳ. 재고자산의 양도소득

미국법은 재고자산의 양도소득에 관한 명문 규정을 두어 i) 국외에서 구매하여 국내에 파는 경우, ii) 국내에서 구매하여 국외에 파는 경우 소득의 지역적 원천을 어떻게 나누는가를 정하고 있다.[103] 국내에서 구매하여 국내에 파는 경우나 국외에서 구매하여 국외에서 파는 경우에 관해서는 아무런 규정이 없지만 성질상 전자는 국내원천. 후자는 국외원천.[104] 우리 법에는 재고자산에 관한 규정이 따로 없으므로 법인세법 제93조 제5호의 사업소득으로 구분한다. 재고자산이란 성질상 사업자의 사업재산일 수밖에 없기 때문이다. 재고자산, 곧 사업자가 일상적 판매 목적으로 보유하고 있는 자산의 양도에서 발생하는 소득은 법인세법 제93조 제5호의 사업소득으로 구분하고 2%의 원천징수세율을 적용한다.

제93조 제5호는 국내원천소득의 범위에 관하여 그저 '외국법인의 사업소득'이라고만 정하고 있으나, 사업소득이라 하여 무조건 국내원천소득이 될 수는 없는 것이고 소득의 지역적 원천이 우리나라 안이 되자면 우리나라와 일정한 지역적 연관이 있어야 하는 것은 성질상 당연하다. 법인세법 시행령은 단순한 도·소매업자가 국외에서 양도받은 재고자산을 국내에서 양도한다면 양도에서 생기는 모든 소득이 국내원천소득이라고 정하고 있다.[105] 한편 제조업자라면 양도장소나 제조장소가 국내(외)인 경우 그런 양도행위나 제조행위에 귀속하는 소득이 국내(외)원천소득이다.[106] 이 말은 제조업자의 소득을 이른바 독립기업의 원칙에 따라 제조 분(分)과 양도 분으로 나누어 각 양도 장소와 제조 장소가 국내(외)인가를 따져서 원천을 판정한다는 말이다. 여기에서 재고자산의 양도 장소란 어떻게 판정하는가? 미국법에서는 소유권 이전의 장소를 말한다.[107] 그러나 법인세법 시행령은 매매계약을 국내에서 체결하였거나 협상의 중요 부분이 국내에서 이루어진다면 국내에서 양도가 이루어지는 것으로 풀이하고 있다.[108] 국내에

103) 미국세법 제861조(a)(6), 제862조(a)(6), 제863조(b).

104) Carding Gill Ltd., 38 BTA 669 (1938). American Law Institute, *Federal Income Tax Project: International Aspects of United States Income Taxation* (1987) 20쪽, 특히 주석 17번.

105) 법인세법 시행령 제132조 제2항 제1호.

106) 같은 영조항 제2호 및 제3호.

107) United States v. Ballanovski, 268 F.2d 298 (2nd Cir., 1956). 제1장 제3절.

108) 법인세법 시행령 제132조 제5항.

서 구매한 자산을 국내에서 양도하는 경우나 국내에서 제조한 자산을 국내에서 양도하는 경우 소득 전부가 국내원천소득이 됨은 성질상 당연하다.

조세조약에서는 재고자산의 양도에서 생기는 소득은 사업소득으로 구분하고, 사업소득은 국내사업장에 귀속되는 소득만 과세할 수 있다. 앞 문단에서 본 우리 국내법에 따른 국내원천소득의 범위는 실질적으로 조약상 고정사업장에 귀속하는 소득과 일치한다.

Ⅴ. 주식이나 채권의 양도소득

이미 보았지만 부동산이 50% 이상인 회사의 주식이더라도 상장주식이라면 우리 법인세법은 다른 상장주식과 마찬가지로 과세한다.[109] 부동산이 50%인 이상 상장회사라도 OECD 모델에서는 제13조 제4항의 부동산회사에 해당한다. 상장 부동산회사의 주주인 외국법인의 주식소유 비율이 25% 미만이라면 법인세법에서 과세하지 않으므로[110] OECD 모델 제13조 제4항은 무의미하다. 25% 이상의 주주였다면 국내법상 주식 양도소득으로 과세하고, 제13조 제4항의 부동산회사인 이상 국내법대로 과세할 수 있다. 주주인 외국법인이 국내에 사업장을 두고 있다면 단 1주를 팔더라도 국내법상 주식 양도소득으로 과세하고,[111] 부동산이 50% 이상인 이상 조약상 부동산회사에 해당하므로 국내법대로 과세할 수 있다. 거주자였던 자가 이민 등으로 국외 전출한다면 전출일에 국내 주식을 양도한 것으로 보아 양도소득세를 매긴다.[112]

부동산회사가 아닌 회사의 주식 등 출자 증권(出資證券)이나 그 밖의 다른 유가증권의 양도에서 버는 소득은 내국법인이 발행한 증권이라면 국내원천이다.[113] 외국법인이 발행한 유가증권이라면, 우리나라 증권시장에 상장한 것이거나 국내사업장이 발행한 것이라야 국내원천소득이다.[114] 여기에서 유가증권이라는 말은 어음, 수표 등 유가증권법학의 개념은 아니고, 종래 기업회계에서 유

---

109) 법인세법 제93조 제7호 나목 및 제9호.
110) 법인세법 제93조 제9호, 법인세법 시행령 제132조 제8항 제2호.
111) 같은 영조항 제1호.
112) 소득세법 제118조의9.
113) 법인세법 제93조 제9호 가목.
114) 같은 법조 제9호 나목, 다목.

가증권이라 부르던 금융투자의 대상 정도, 기본적으로는 주식과 채권(債券)을 뜻한다. 유가증권 양도소득에 대한 원천징수세율은 지급액의 10% 또는 취득가액 및 양도비용을 공제한 순소득의 20% 중 적은 금액이다.[115] 양도가액, 취득가액, 양도비용 등이 모두 원화 기준 금액임은 당연하다.

주식부터 보자면, 원천이 국내인 주식 양도소득이라 하더라도 다 과세하지는 않고 대통령령으로 정한 소득만 과세한다.[116] 원천이 국내인 경우, 현행 법령상의 과세 대상은 국내사업장을 가지고 있는 외국법인·비거주자라면 모든 주식이고 국내사업장이 없는 외국법인·비거주자라면 주식소유 비율이 25% 이상인 상장주식이다.[117] 조세특례제한법은 다른 나라의 증권시장에 상장된 주식(직접 상장, 또는 주식예탁 증서를 통한 상장)의 양도차익에 대한 소득세나 법인세를 면제하고 있다.[118] 우리나라와 다른 인연이 없는 외국 거주자 사이의 양도를 과세하는 것은 개념상으로도 곤란하고 실효성도 없기 때문이다. 둘째로 채권의 양도차익 가운데 과세 대상도 국내사업장의 유무에 따라 다르다. 국내사업장을 가지고 있는 외국법인·비거주자라면 '유가증권을 양도함으로써 발생하는 모든 소득'이지만 양도시에 법 제93조 제1호의 이자소득으로 과세되는 소득은 제외한다.[119] 비거주자·외국법인이 채권을 양도하는 경우 보유기간 별 이자 상당액은 이자소득으로 과세하므로[120] 2중과세는 피하고 나머지 금액, 곧 채권의 양도차익을 과세한다는 말이다.[121] 국내사업장이 없는 비거주자·외국법인이라면 양수인이 내국법인·거주자이거나 외국법인·비거주자의 국내사업장인 경우에만 채권의 양도차익을 과세한다.[122] 양도인에게 국내사업장이 없는 경우에도 보유기간 별 이자상당액을 과세하는 것은 마찬가지지만, 채권의 양도차익 부분은 양수인이 누구인가에 따라서 과세 여부가 달라질 수 있다.[123]

115) 법인세법 제98조 제1항 제5호.

116) 법인세법 제93조 제9호, 같은 법 시행령 제132조 제8항. 입법형식으로는 앞의 영조항에 적은 소득만이 국내원천소득인 것처럼 적고 있으나 원천개념의 성질상 본문과 같이 풀이해야 옳다.

117) 25% 미만도 비과세받자면 증권시장을 통하여 양도하여야 한다. 같은 영조항 제2호.

118) 조세특례제한법 제21조 제3항. 동시상장 주식이라면 어느 나라 거래소에서 양도하는가에 따라 차이가 생긴다.

119) 법인세법 시행령 제132조 제8항 제3호.

120) 법인세법 제98조의3, 같은 법 시행령 제138조의3.

121) 채권의 양도차익에 대한 상세는 이 책 제8장 제2절; 이창희, 『세법강의』, 제11장 제4절 Ⅰ. 1. 또 제12장 제1절.

122) 법인세법 시행령 제132조 제8항 제4호.

유가증권 양도소득을 번 양도인에게 국내사업장이 없다면 신고·납세 의무가 없다.[124] 따라서 양수인의 원천징수로 조세채무가 소멸한다. 양수인은 그 지급액의 10%를 법인세로서 원천징수하여 납부하여야 한다. 다만 유가증권의 취득가액 및 양도비용이 확인되는 경우에는 그 지급액(양도인의 입장에서 보면 수입금액)의 10%에 상당하는 금액과, 그 지급액에서 취득원가 및 양도비용을 공제하여 계산한 금액의 20% 가운데 적은 금액을 원천징수하면 된다.[125] 양도인에게 국내사업장이 있으면 일단 신고·납세 의무가 생기지만,[126] 양도소득이 국내사업장과 실질적으로 관련되지 아니하거나 국내사업장에 귀속되지 아니하는 경우에는 납세의무는 양수인의 원천징수로 종결되고[127] 양도소득은 신고할 국내원천소득에 포함하지 아니한다.[128]

OECD 모델에서는 부동산주식(상장 여부를 따지지 않는다[129])이 아닌 유가증권에 대해서는 명문 규정이 따로 없으므로, 일반적인 주식이나 채권의 양도소득은 달리 구분하지 않은 동산의 양도소득으로 양도인의 거주지국에서만 과세할 수 있다.[130] OECD 모델 주석은 여기에서 말하는 '동산'에 주식, 증권, 사채, 채권 기타 유사한 것들이 모두 포함된다고 분명히 밝히고 있다.[131] 상장한 부동산회사의 주식이라 하더라도 OECD 모델에서는 여전히 부동산회사의 주식이다.

실제 조약의 글귀는 이와 다른 경우가 많고 다양한 모습을 보이고 있다. 우리 국내법처럼 주식소유 비율이 일정 기준을 넘는다면 원천지국에서 과세할 수 있도록 하는 조약도 제법 있고, 드물기는 하지만 주식의 양도차익을 언제나 과세할 수 있도록 하는 조약도 있다. 채권에 대한 특칙을 따로 둔 조약은 없는 듯하므로 원천지국이 채권의 양도차익을 과세할 수 있는 경우는 거의 없을 것이다. 미국조약 제16조는 '자본적 자산'의 양도차익에 세금을 물리지 않는다고 정하고 있다. 우리 법에는 '자본적 자산'이라는 개념이 없으므로 채권이나 주식 양

123) 제8장 제2절 III.
124) 법인세법 제97조 제1항의 반대해석.
125) 법인세법 제98조 제1항 제7호, 제92조 제2항 제1호 단서.
126) 법인세법 제97조; 제1장 제4절.
127) 법인세법 제98조 제1항.
128) 법인세법 제91조 제1항.
129) OECD 모델 제13조 제4항.
130) OECD 모델 제13조 제5항.
131) OECD 모델 제13조 주석 30문단.

도소득은 제16조에 따른 비과세를 못 받는다는 해석도 가능하지만[132] 행정해석은 이 개념을 미국법에 맞추어[133] 풀이해서 비과세하는 듯.

Ⅵ. 다른 동산의 양도소득

다른 동산의 양도소득은 국내법에서는, 국내 자산이라면 국내원천이고 국외자산이라면 국외원천이다.[134] OECD 모델에서는 양도인의 거주지국에서만 과세할 수 있다.[135]

132) 미국조약 제2조 제2항
133) 이창희, 『미국법인세법』, 제1장 제2절 4.
134) 법인세법 제93조 제10호 바.
135) OECD 모델 제13조 제5항.

제12장 사용료소득

이하 제1절은 사용료소득에 관한 국내법령 및 조약 규정의 개관이다. 제2절은 소득 구분의 문제를 다룬다. 사용료소득의 과세에 관해서는 법령이나 조약상 사업소득, 인적용역소득, 양도소득 혹은 기타소득 등이 모두 관련될 수 있다. 또 사용료소득과 다른 소득의 성격이 혼합되어 있어 이를 구분해 내어야 하는 경우도 있다. 소프트웨어 사용료에 관련하여서도 소득 구분에 어려운 문제가 생기고, 이 문제는 근본적으로는 소득 구분이라는 제도 자체의 한계에서 오는 것이다. 제3절에서는 사용료소득의 원천 판정을 검토한다. OECD 모델조약은 사용료소득에 대한 과세권을 거주지국에 주고 있지만 현실의 조약례들은 오히려 원천지 과세권을 정하고 있는 경우가 많기에 원천 판정 문제가 생긴다. 가장 널리 쓰이는 것은 사용지 기준이지만 뒤에 보듯 이 기준은 중복과세(cascading tax)라는 문제를 일으킬 수 있다.

제 1 절 사용료소득 과세의 틀

'지식재산'에[1] 관련하여 외국법인이 받는 소득의[2] 과세에 관해 법인세법

1) Intellectual property. 종래의 번역은 '지적재산(권)'이지만 2011년 입법된 지식재산기본법

은[3] 경제적 성질에 따라 소득의 종류를 나누어 서로 달리 과세하고 있다. 지식재산권의 양도나 사용과 관련된 소득의 종류를 법인세법에서 찾아보면, 사업소득,[4] 인적용역소득,[5] 사용료소득,[6] 기타의 소득[7]이 있다. 이들 소득은 그 소득을 받는 외국법인이나 비거주자가 국내에 사업장을 두고 있고, 그 소득이 국내사업장과 실질적으로 관련되거나 국내사업장에 귀속되는 경우에는 국내원천소득을 총합계하여 과세한다.[8] 여기에서 국내원천소득이란 필요경비를 제외한 순소득을 말한다.[9] 결국 국내사업장에 귀속되는 소득은 순소득을 모두 모아 과세하고, 과세방법으로 당해 외국법인이나 비거주자가 내국법인이나 거주자와 마찬가지 방법으로 신고·납세하게 하고 있다.[10]

비거주자나 외국법인이 지적재산권이나 기술도입계약 등과 관련하여 사용료, 기술료, 실시료, 기술용역 대가 등의 명목으로 받는 소득에 관련된 우리 법인세법과 OECD 모델의 규정은 다음 정도이다.

> 법인세법 제93조(외국법인의 국내원천소득) 외국법인의 국내원천소득은 다음 각 호와 같이 구분한다.
>
> 4. 국내원천 선박등임대소득: 거주자, 내국법인 또는 외국법인의 국내사업장이나 … 비거주자의 국내사업장에 … 산업상·상업상·과학상의 기계·설비·장치 … 용구를 임대함으로써 발생하는 소득
> 5. 국내원천 사업소득: 외국법인이 경영하는 사업에서 발생하는 소득 …

(2011. 5. 29. 법률 제10629호)에 맞추어 '지식재산'이라는 말을 쓰기로 한다. 용어의 변천에 관해서는 박준석, "무체재산권·지적소유권·지적재산권·지식재산권— 한국 지재법 총칭 변화의 연혁적·실증적 비판", 서울대학교 「법학」, 제53권 제4호(2012. 12.), 109~160쪽.

2) 지식재산권 관련 소득을 자연인 비거주자가 한국에서 받는 경우도 없지는 않겠지만, 현실적 중요성이 없으므로 논외로 한다. 또, 그런 경우가 있다 하더라도 국제조세 문제에 관한 한 개인과 법인은 원칙적으로 같은 방법으로 과세된다.

3) 본문에서는 법인세법만 언급하고 있지만, 지식재산권의 과세 문제는 법인세법과 소득세법이 마찬가지이다. 이 장에서 "소득세"라는 말은 문맥에 따라 '소득을 과세객체로 하는 조세'라는 뜻인 곳도 있고 '우리 소득세법에 따른 소득세'라는 뜻인 곳도 있다.

4) 법인세법 제93조 제5호.

5) 같은 조 제6호.

6) 같은 조 제8호.

7) 같은 조 제10호.

8) 법인세법 제91조 제1항.

9) 법인세법 제92조 제2항.

10) 법인세법 제97조 제1항, 제60조, 제64조.

6. 국내원천 인적용역소득: 국내에서 … 인적용역을 제공함으로써 발생하는 소득
7. (생략)
8. 국내원천 사용료소득: 다음 각 목의 어느 하나에 해당하는 권리·자산 또는 정보(이하 이 호에서 "권리등"이라 한다)를 국내에서 사용하거나 그 대가를 국내에서 지급하는 경우 그 대가 및 그 권리등을 양도함으로써 발생하는 소득 … .

가. 학술 또는 예술상의 저작물(영화필름을 포함한다)의 저작권, 특허권, 상표권, 디자인, 모형, 도면, 비밀스러운 공식 또는 공정(工程), 라디오·텔레비전방송용 필름 및 테이프, 그 밖에 이와 유사한 자산이나 권리

나. 산업상·상업상·과학상의 지식·경험에 관한 정보 또는 노하우

다. 사용지(使用地)를 기준으로 국내원천소득 해당 여부를 규정하는 조세조약(이하 이 조에서 "사용지 기준 조세조약"이라 한다)에서 사용료의 정의에 포함되는 그 밖에 이와 유사한 재산 또는 권리[특허권, 실용신안권, 상표권, 디자인권 등 그 행사에 등록이 필요한 권리(이하 이 조에서 "특허권등"이라 한다)가 국내에서 등록되지 아니하였으나 그에 포함된 제조방법·기술·정보 등이 국내에서의 제조·생산과 관련되는 등 국내에서 사실상 실시되거나 사용되는 것을 말한다]

법인세법 제98조(외국법인에 대한 원천징수 또는 징수의 특례) ① 외국법인에 대하여 제93조 … 제4호부터 제10호까지의 규정에 따른 국내원천소득 … 을 지급하는 자는 … 그 지급을 할 때에 다음 각 호의 구분에 따른 금액을 … 원천징수하여 … 납부하여야 한다. (단서 생략)

6. 제93조 … 제8호에 따른 국내원천 사용료소득: 지급금액 … 의 100분의 20. (하략)

1977 OECD Model Article 7 (Business Profits) 1. The profits of an enterprise of a Contracting State shall be taxable only in that State unless the enterprise carries on business in the other Contracting State through a permanent establishment situated therein. If the enterprise carries on business as aforesaid, the profits of the enterprise may be taxed in the other State but only so much of them as is attributable to that permanent establishment.

1977년 OECD 모델 제7조(사업소득)

1. 한 체약국 기업의 이윤은 그 체약국에서만 과세할 수 있지만, 그 기업이 상대방 체약국에서 고정사업장을 두고 그를 통하여 사업을 영위하는 때에는 예외로 한다. 기업이 위와 같이 사업을 영위한다면, 기업의 이윤에 대한 과세를 상대방 체약국이 할 수 있지만 다만 그 가운데 고정사업장에 귀속하는 부분에 한한다.

7. Where profits include items of income which are dealt with separately in other Articles of this Convention, then the provisions of those Articles shall not be affected by the provisions of this Article.

7. 사업소득에 포함된 소득항목을 따로 다루고 있는 다른 조가 이 조약에 있다면 그런 조의 규정에 이 조가 영향을 주지는 않는다.

1992 OECD Model Article 12 (Royalties) 1. Royalties arising in a Contracting State and beneficially owned by a resident of the other Contracting State shall be taxable only in that other State.

1992년 OECD 모델 제12조(사용료)

1. 사용료로서 한 체약국에서 발생하고 상대방 체약국의 거주자가 수익적 소유자인 것에 대한 과세는 상대방 체약국에서만 할 수 있다.

2. The term "royalties" as used in this Article means payments of any kind received as a consideration for the use of, or the right to use, any copyright of literary, artistic or scientific work including cinematograph films, any patent, trademark, design or model, plan, secret formula or process, or for information concerning industrial, commercial or scientific experience.

2. 이 조에서 쓰는 용어로 "사용료"란 사용이나 사용권에 대한 모든 대가로, 영화필름을 포함하는 문학, 예술 또는 과학적 작업에 대한 저작권,[11] 특허권, 상표권, 디자인이나[12] 모형, 도면, 비밀 공식이나 공정에 관한 대가, 또는 산업상, 상업상 또는 과학상 경험에 관한 정보의 대가로 받는 모든 종류의 지급금을 말한다.

---

11) '문학, 예술 또는 과학적 작업에 대한'이라는 수식어는 '저작권'까지만 걸린다.

12) 종래의 의장권법은 디자인보호법으로 바뀌었다.

1992 OECD Model Article 13 (Capital Gains)

5. Gains from the alienation of any property other than that referred to in paragraphs 1, 2, 3 and 4, shall be taxable only in the Contracting State of which the alienator is a resident.

1992년 OECD 모델 제13조(양도차익)

5. 양도차익으로서 제1항, 2항, 3항, 4항에 나온 것 외의 다른 재산에서 생기는 것에 대한 과세는 양도인이 거주하는 체약국에서만 할 수 있다.

한편 실제 조약 가운데에는 독립적 인적용역소득에 대한 규정을 일반적 사업소득 규정에서 갈라내어 따로 둔 것이 많다. 제10장 제3절 Ⅰ, Ⅳ. 그런 조약은 독립적 인적용역소득을 원칙적으로 원천지국에서 과세할 수 없게 한 것도 있고 있게 한 것도 있다. 이런 조약에서는 사용료소득과 독립적 인적용역소득의 구분이 문제될 수 있다. OECD 모델 제12조 제1항에 나오는 수익적 소유자에 대해서는 제3장 제2절.

제 2 절 사용료소득과 다른 소득의 구분

Ⅰ. 국내법상 사용료 v. 인적용역소득

우리 법인세법과 소득세법에서는 소득 구분에 따라 소득의 지역적 원천이 달라질 수 있고 원천징수세율도 달라질 수 있다. 비거주자나 외국법인이 인적용역을 제공함으로써 얻는 소득(인적용역소득)의 원천 구분은 용역제공 장소가 국내인가 국외인가에 따르고 저작권, 특허권, 산업상의 정보 등 법에 정한 권리·자산 또는 정보의 사용 대가나 양도 대가(사용료소득[13])의 원천 구분은 사용 장소나 대가의 지급 장소가 국내인가 국외인가에 따른다. 또한 인적 용역 가운데 일정한 기술용역소득에 대한 원천징수세는 총지급액의 3%이지만 다른 인적용역소득이나 사용료소득에 대한 원천징수세는 총 지급액의 20%이다.[14]

13) 일단 사용 대가와 양도 대가, 두 가지를 합쳐서 사용료소득이라 부르기로 하지만 뒤에 조약을 따질 때에는 용례가 달라질 수 있다. 사용 대가만을 사용료라고 부르는 조약이 오히려 보통이기 때문이다. 실제로 사용 대가인 이상 이름이 무엇이더라도(가령 국제 마케팅비) 사용료이다. 대법원 2016. 8. 30. 선고 2015구52098 판결.

사용료소득과 인적용역소득을 구분하는 전통적 기준은 재산과 노무의 구별(property/service dichotomy)이다. 지식재산권이나 노하우 같은 재산을 제공하는 대가라면 사용료소득이고 인적 용역 내지 노무를 제공하는 대가라면 인적용역소득이다. 이 기준은 일찍이 미국의 1932년 "Ingram v. Bowers" 판결에서 유래한 것이다. 이 판결과 그 뒤의 후속 판결 하나를 보자.

Ingram v. Bowers[15)]

20세기 초반의 전설적인 테너 가수 엔리코 카루소는 미국의 빅터(Victor) 레코드 회사 스튜디오에서 노래를 불러 원판(matrix)[16)]에 취입하고 빅터사가 파는 음반의 판매량에 따라서 개당 일정 금액(최소한 연 10만 달러)을[17)] 받기로 했다. 빅터 사는 그 뒤 이 원판을 해외 레코드사에 다시 양도했다(기실 양도인지 라이선스인지는 불분명하나 논점과 무관하다). 쟁점은 카루소가 빅터사에서 받은 돈이 용역소득인가 또는 사용료소득인가 하는 점이다. 원고는 사용료소득이므로 미국내 판매분만이 미국원천이라고 주장하였으나 국세청은 인적용역소득이고 용역제공 장소가 미국이므로 미국내 판매분이든 해외 판매분이든 소득 전액이 미국 원천소득미국 원천소득이라고 주장한다.

Enrico Caruso

계약서는 카루소가 받은 돈의 명목을 "royalty"라고 부르고 있지만 당사자가 지은 이름은 의미가 없고, 소득 구분은 무엇을 대가로 돈을 받는가에 달려있다. 카루소가 부른 노래는 원판에 다 들어갔고 원판 및 저작권은 애초부터 레코드 회사에 귀속했다. 카루소는 레코드 회사에 아무런 재산을 양도한 것이 없고 레코드 사가 버는 돈에 대한 아무런 권리가 없었다. 그는 그저 노무를 제공했을 뿐이므로 그가 받은 소득은 용역의 대가이고 따라서 소득의 원천은 미국이다.[18)] 또

---

14) 법인세법 제98조 제1항 제4호, 제6호.

15) 47 F.2d 925, aff'd, 57 F.2d 65 (2d Cir. 1932). 원고의 이름이 "Ingram"인 것은 이 사건 원고가 카루소의 유산재단이고 그 관리인이 카루소의 처였던 "Dorothy Caruso Ingram"이기 때문이다.

16) 당시의 기술로는 애초 녹음은 왁스에 하고 이 왁스에 쇳물을 부어 금형을 만들었다. 이것이 "matrix", 곧 원판이다. SP판이나 LP판 같은 레코드는 이 원판에서 복사해내었다.

17) 카루소가 받은 돈은 그 뒤 평생에 걸쳐 해마다 10만 불을 훨씬 넘었다고 한다. 47 F.2d 925, 특히 926쪽.

18) 이 판결에 대한 주석은 Robert L. Williams, "Foreign Operations-Source of Income", A-18, (BNA Tax Management Portfolio, No. BO-5th) 및 Joseph Isenbergh, *International Taxation*,

한 빅터 사가 원판을 해외 다른 회사에 양도했다는 사실은 카루소가 받은 소득의 원천 판단에 아무 영향을 주지 않는다.

Karrer v. United States[19]

원고 K는 스위스 태생의 화학자로서 비타민 B와 E를 발견하고 화학 구조를 해명한 공로로 1937년에 노벨상을 받은 인물이다. 바젤 대학 교수인 K는 스위스 회사인 호프만 라로슈(Hoffman-La Roche, 이하 HLR)와 맺은 계약에 따라 비타민 B-2와 E의 화학 구조를 해명하여 이를 HLR에 제공하였다. K와 HLR의 관계가 스위스법상 고용에 해당했기에 K의 연구 성과는 직무발명에 해당했다. HLR은 비타민의 화학 구조에 대한 특허를 세계 여러 나라에서 등록하고 합성 비타민을 판매하기 시작했고 K는 그에 따른 판매액의 일정 비율을 받기로 하였다. 한편 미국처럼 자연인만이 특허를 출원할 수 있는 나라에서는 K의 이름으로 특허를 출원하되 등록 직후 K가 HLR에게 특허권을 양도하기로 하였다. HLR는 미국에서는 제품을 직접 생산하지 않고 "Nutley"(이하 'N')라는 미국 회사에게 특허(정확히는 출원 상태에 있는 특허를 받을 권리)를 양도하였고 그 뒤 K는 N의 제품 판매액 가운데 일정 비율을 받았다.

쟁점은 N이 K에게 지급한 돈이 용역의 대가인가, 또는 사용료인가이다. 용역 대가라면, 용역제공 장소가 스위스 바젤 대학이므로 소득 전체가 국외원천소득이 되어 미국의 과세권을 벗어난다. 사용료라면 미국 특허권의 사용 대가 부분은 미국원천소득이 된다.

원고의 소득은 용역의 대가이므로 미국에서 과세할 수 없다. 원고 K는 아무런 재산을 양도한 바 없다. N이 특허권을 양도받았지만 그 권리는 HLR가 준 것이고 K는 애초부터 특허권자가 아니었다는 것이다. 결국 원고가 받은 돈은 재산의 대가일 수가 없고 용역소득이라는 것.[20]

두 판결의 사실관계를 그대로 우리나라 법에 적용한다면 어떤 결론이 나올까? 먼저 "Karrer" 사건에서는 아마 같은 결론. 특허권이 처음부터 회사에 귀속한 이상 K의 보수가 이른바 경상 로열티 방식으로 제품 매출액의 일정 비율이었

Foundation Press, 제4.44-4.45.2.절 참조.

19) 152 F. Supp. 66 (Ct. Cl. 1957).

20) 이 판결에 대한 주석은, Isenbergh, International Taxation, 4.44절.

다고 하더라도 K가 받은 보수는 인적 용역의 대가로 받았다고 보아야 한다. 한편 "Ingram" 판결에서 카루소와 빅터 사 사이의 관계는 우리 법에서는 자못 달라진다. 우리 현행 저작권법에서는 카루소의 노래를 담은 원판이나 음반을 애초부터 V사가 저작권을 가지는 업무상 저작물로 보기는 어렵다. 업무상 저작물이란 '사용자의 기획 하에 [그]의 업무에 종사하는 자가 업무상 작성하는 저작물'이다.[21] 여기에서 사용자라는 말은 고용관계를 의미한다고 보아야 한다.[22] 카루소와 V사의 관계를 고용이라고 보기는 어려우므로 원판이나 음반의 저작자는 카루소이고, 저작권 전체가 일단 카루소에게 속한다.[23] 둘의 관계는 카루소가 저작권 가운데에서 저작재산권, 구체적으로는 복제권과 배포권을 V사에 양도한 것으로 보아야 한다. 설사 저작권이 애초부터 V사에게 귀속한다는 특약이 있다 하더라도 이 사건에서 저작인격권은 카루소에게 남아 있다고 보아야 할 것이다. 가령 V사가 카루소의 음반을 다른 사람이 노래한 것이라고 표시한다든가 그 노래를 다른 사람의 노래와 섞어서 동일성을 훼손하는 것은 불가능하다고 보아야 한다. 이처럼 저작인격권이 카루소에게 남아 있다는 것은 애초 저작권 자체는 카루소의 것이라고 전제해야 가능하다. 결국 카루소가 V사에게서 받은 돈은 저작재산권의 양도 대가로서 우리 법에서는 사용료소득에 해당한다.

법령에 따라 등록된 특허권, 상표권 같은 지식재산권의 사용 대가나 양도 대가는 사용료소득이다. 등록된 지식재산권이 없고 기술 용역이 제공되는 경우에도 '산업상·상업상·과학상의 지식·경험에 관한 정보나 노하우'의 대가는 사용료소득이다. 대법원은[24]

"원고(원천징수의무자)가 소외 회사(미국법인)로부터 제공받은 용역은 미공개된 특별한 지식이나 경험을 전수하는 이른바 노하우(know-how)가 아니라 동종의 용역업자들이 통상적으로 수행할 수 있는 성질의 것으로 국내 기술진만으로도 조사가 가능한 것이고 … 소외회사가 제공한 이 사건 용역이 이른바 노하우가 아니고 동종의 용역업체들이 통상적으로 수행할 수 있는 성질의 것이라면 이

---

21) 저작권법 제2조 제31호.

22) 정상조 편, 「저작권법 주해」, 박영사(2007), 293쪽(박성호 집필).

23) 저작권법 제10조.

24) 대법원 1987. 3. 10. 선고 86누225 판결.

는 … 인적용역소득에 해당한다"

고 판시한 바 있다. 이 판결은 통상적인 용역의 대가는 사업소득 내지는 인적용역소득이지만 노하우는 재산의 성격을 가진다는 뜻이다.

현실 세계에서 기술용역 계약은, 노하우도 웬만큼 전수하지만 동시에 상당한 부분은 통상적 용역으로 이루어지고 있다. 이 같은 혼합 계약에서 어느 한 쪽이 훨씬 중요해서 두 가지가 주종(主從) 관계를 이룬다면 소득 구분은?

대법원 1989. 5. 9. 선고 87누1050 판결

외국법인이 내국인에게 제공한 기술전수 · 교육훈련용역이 동종의 용역수행자가 통상적으로 보유하는 전문적 지식 또는 특별한 기능으로 임무를 수행하는 기술용역에 불과하고, 그 용역도입에 다소의 기술적 정보(Know-How)가 전수된다 하더라도 전체적으로 보아 기술적 정보의 전수가 주된 목적이 아니고, 그 법인이 미8군에 원격조정모형 항공 목표물을 군납하는 데 필수적으로 부수하는 것에 불과하며, 내국인이 지급한 대가도 기술용역제공과 관련된 파견교관의 왕복항공료, 국내체재중의 숙박비, 일당 등 실비 변상적 성질의 것으로 기술적 정보에 대한 보상적 성질을 띠지 않는다면, 그 법인이 지급받은 소득은 「대한민국과 미합중국간의 소득에 관한 조세의 2중과세회피와 탈세방지 및 국제무역과 투자의 증진을 위한 협약」 제14조 제4항 소정의 "사용료"에 해당하는 것이 아니라 법인세법 제55조 제1항 제6호 소정의 "인적용역소득"에 해당한다.

재산의 대가 부분과 용역대가 부분 두 가지 모두가 중요한 경우에는 구분계산이 필요하다.[25] 미국 조세법원의 2011년 판결을 보자.

Retief Goosen, 2001년과 2004년 US오픈 우승자이다.

Retief Goosen v. Commissioner[26]

이 사건 원고인 레티프 구센은 남아프리카 출신이지만 영국 거주자인 프로골프 선수이고 미국의 광고주들에게서 돈을 받았다. 원고는 시합 때 광고주들

25) Rev. Rul. 55-17, 1955-1 CB 388, superceded by Rev. Rul. 64-56, 1964-1 CB 133.
26) 136 T.C. 547 (2011).

Sergio Garcia

의 상호나 상품(명)이 들어가 있는 복장을 입을 의무를 지고, 광고주들은 광고에 원고의 이름과 초상을 쓸 권리를 받기로 하는 계약을 맺었다. 쟁점은 원고가 받은 돈이 지정 복장을 입고 시합에 임한다는 인적 용역의 대가인가, 아니면 광고주들에게 원고의 성명권과 초상권을 사용하게 허락한 대가인가이다. 두 가지는 다 똑같이 중요하므로 원고의 소득 가운데 50%는 인적용역소득, 50%는 사용료소득이다.[27)]

Ⅱ. 조약상 사용료소득 v. 인적용역소득·사업소득

1. 구별의 실익

사용료소득과 인적용역소득의 구분에 관한 논의는 조약에서도 필요한 것이 보통이다. 현행 OECD 모델에서는 인적용역소득이라는 구분은 따로 없이 사업소득의 일종이므로 문제는 사용료소득과 사업소득의 구분이 되지만 기실 이 구분은 필요가 없다. 어느 쪽 소득이든 고정사업장에 귀속하는 소득만 원천지국이 과세할 수 있고,[28)] 그렇지 않은 소득은 원천지국에 과세권이 없기 때문이다.[29)] 그러나 현실 세계의 조약, 특히 우리나라의 조약은 거의 모두 오히려 UN 모델에 가까워서[30)] 고정사업장에 귀속하지 않는 기술료에 대해서도 원천지국에 과세권을 주고 있다.[31)] 이런 조약례에서는 사용료소득이라면 과세 대상이지만 사업소득이라면 대개는 과세 대상이 아니다. 또 독립적 인적용역소득 조문이 따로 있다면 사용료와 독립적 인적용역소득의 구별이 문제된다. 이 구별 기준은 기본

27) 한편, 같은 법원은 또 다른 유명 골퍼 세르히오 가르시아가 맺은 유사한 계약에서 인적 용역보다는 골퍼의 이미지에 대한 대가가 더 중요성을 띤다고 보아 소득 가운데 65%가 사용료소득이고 35%가 인적용역소득이라고 하였다. Garcia v. Commissioner, 140 T.C. No. 6 (2013) WL 999377. 두 판결을 비교한 글로, Seth William Stern, "The IRS' Double-Bogey: Goosen v. Commissioner remains a fairway to characterize endorsement income for nonresident alien athletes in Garcia v. Commissioner", Villanova Sports and Entertainment Law Journal, Vol. 20, No. 605 (2013).

28) OECD 모델 제7조 제1항, 제12조 제3항.

29) OECD 모델 제7조 제1항, 제12조 제1항.

30) UN 모델 제12조 제2항.

31) OECD 회원국들 중에서도 약 절반 가량이 원천지국에서 과세할 수 있게 하고 있다고 한다. Lee A. Sheppard, "News Analysis : Should Licensee Countries Withhold on Royalties?", Tax notes International (Nov. 26, 2007), 822쪽.

적으로는 앞 항에서 본 그대로.

대법원 2022. 7. 28. 선고 2019두52706 판결

원고는 미합중국 법률에 따라 설립된 미합중국법인으로서, 법인세법 제94조에 따른 국내사업장을 가지고 있지 않다. … 원고는 대한민국에서 신용카드업을 영위하는 회원사들(이하 '회원사들'이라 한다)로부터 ① 마스터카드 소지자의 국내 거래금액 중 신용결제금액의 0.03%와 현금서비스금액의 0.01%에 해당하는 돈(Issuer Assessment, 이하 '발급사분담금'이라 한다)과 ② 마스터카드 소지자가 원고의 국제결제 네트워크 시스템(이하 '이 사건 시스템'이라 한다)을 이용한 국외 거래금액 중 신용결제금액과 현금서비스금액의 각 0.184%에 해당하는 돈(Daily Assessment Incoming, 이하 '발급사일일분담금'이라 한다)을 지급받아 왔다(이하 위 각 분담금을 '이 사건 분담금'이라 한다). … 회원사들은 이 사건 분담금이 구 법인세법(2010. 12. 30. 법률 제10423호로 개정되기 전의 것, 이하 같다) 제93조 제9호 (가)목에서 국내원천소득으로 정한 상표권 사용의 대가에 해당함을 전제로, 이 사건 분담금에 대한 2008, 2009, 2010 사업연도 법인세(이하 '이 사건 법인세'라 한다)를 원천징수하여 피고들에게 납부하였다. … 원고는 이 사건 분담금이 사업소득에 해당하여 국내원천소득이 아니라는 이유로 피고들에게 이 사건 법인세의 환급을 구하는 경정청구를 하였다. …

이 사건 분담금 중 발급사분담금은 상표권 사용의 대가로, 발급사일일분담금은 포괄적 역무 제공의 대가로 볼 여지가 충분하다. … 회원사들은 원고의 상표를 부착하여 마스터카드를 발급하거나 가입신청서에 원고의 상표를 표시하는 등의 방법으로 국내에서 참가인의 상표권을 사용한다. 이처럼 상표권의 사용이 국내에서 이루어지므로 그 대가는 국내 거래금액을 기준으로 산정되는 발급사분담금과 밀접한 관련이 있다. 한편 원고의 상표가 부착된 마스터카드를 국내에서 사용하는 경우 회원사들이 자체적으로 구축한 전자결제 네트워크 시스템만 이용될 뿐 원고의 이 사건 시스템은 전혀 이용되지 않는다. … 원고는 이 사건 시스템을 통해 회원사들이 발급한 마스터카드의 소지자가 이를 국외에서 사용할 수 있도록 관련 서비스를 제공한다. 발급사일일분담금은 이 사건 시스템을 이용한 마스터카드의 국외 거래금액을 기준으로 산정되고 원고가 이 사건 시스템을 통해 제공하는 포괄적 역무와 관련하여 발생한 것이므로, 원고가 회원사들에게 제공한 포괄적 역무의 대가로 볼 수 있다. … 회원사들이 국내에서 원고의 상표권을 사용하는 것과는 달리 마스터카드의 소지자가 이를 국외에서 사용하는 과정에서 회원사들이 원고의 상표권을 사용한다고 보기 어렵다.

그 밖에도 조약의 구체적 글귀에 따라서는 두 가지를 구별할 다른 이유가 있을 수도 있다. 조약 사건으로 미국 조세법원의 1984년 "Boulez" 판결을 보자. 이 사건에서 문제된 옛 미국-독일 조약은 OECD 모델과 마찬가지로 사용료소득에 원천징수세를 물리고 있지 않았다. 그렇다면 사용료인가 아닌가라는 문제는 왜 생기는가? 이 조약은 현행 OECD 모델과 달리 독립적 인적용역소득에 관한 조문을 따로 두어서 고정시설이 없더라도 일정 범위에서 원천지국의 과세권을 인정하고 있었다. 이 사건에서는 원고는 사용료이니까 미국에서는 비과세라고 주장하고 미국 국세청은 인적 용역이니까 과세 대상이라고 주장. 원·피고의 입장이 "Karrer" 사건과는 정반대이고 "Ingram" 사건과 같아진다.

Pierre Boulez v. Commissioner[32)]

원고인 불레즈(Boulez)는 프랑스 출신이지만 독일에 살았던 세계적 지휘자·작곡가로서 미국에서도 뉴욕필하모닉 오케스트라 등을 지휘한 바 있다. 원고는 CBS 레코드(Record)와 녹음 계약을 맺으면서 음반 판매액의 일정 비율을 받기로 했다. 원판이나 음반에 대한 저작권은 모두 CBS에 귀속하는 것으로 약정했고 저작권 등록 역시 CBS가 자기 이름으로 신청했다.[33)] 미국 국세청은 1975년 이 약정에 따라 불레즈가 받은 돈[34)] 약 40,000 달러가 인적용역소득으로 미국에서 과세 대상이라고 보았으나 독일 정부는 사용료소득이므로 미국에 과세권이 없다고 보았다. 두 나라는 권한당국 간 협의를 했으나 합의에 이르지 못했고 원고는 이 사건 소송에 이르게 된 것이다. 사건의 사실관계는 "Ingram v. Bowers: 판결과 거의 비슷하지만 그 판결과 다른 점으로 원고는 미국의 저작권법(1909년 법)이 1971년의 "Sound Recording Amendment Act"로 개정되었다는 점

32) 83 T.C. 594 (1984).

33) 저작권은 반드시 등록할 필요는 없지만 저작재산권의 양도 등 일정한 행위는 등록하지 않으면 제3자에게 대항할 수 없다. 저작권법 제54조. 미국의 등록기관은 U.S. Copyright Office이다.

34) 미국에서 돈을 직접 받은 사람은 불레즈가 아니라 그 대리인인 "Beacon Concerts Ltd"라는 회사였다. 이 회사는 영국법인이었지만 미국-영국 조약은 이 사건에서 적용되지 않았다. 영국법인인 대리인은 그저 돈을 받아 본인 내지 수익적 소유자인 불레즈에게 넘겨주는 역할만 맡았기 때문이다. 대신 미국-독일 조약이 적용되었다.

Pierre Boulez

을 지적한다. 1909년 법에서는 지휘자나 연주자에게 저작권이 없었지만 1971년 법이 이를 신설했다는 것이다.[35]

이 지적은 옳지만, 이 사건 원판이나 음반은 모두 업무상 저작물이므로 애초부터 CBS에 저작권이 있다. 미국법에서는 업무상 저작물의 범위는 고용계약만이 아니라 도급계약도 포함한다. 따라서 소득의 성격은 인적용역소득이고 미국에서 과세 대상이다.

2. 장비 사용료와 기술용역 대가

1992년 전의 OECD 모델은 산업상·과학상 장비의 사용료를 사용료소득에 포함하고 있었다. UN 모델은[36] 지금도 그렇고 개발도상국 상호 간의 조약 가운데에는 이를 좇는 경우가 많다.[37] 우리나라의 실제 조약 가운데에 인도[38] 등 개발도상국과의 조약에 그런 경우가 많다. 20세기에는 우리나라가 개발도상국 입장에서 그런 조약을 맺기도 했고,[39] 한·일 관계의 특수성 때문에 일본조약은 1970년 조약뿐만 아니라 1998년 개정 조약도 그렇다.[40] 그런 조약이 있는 경우라면 국내법상의 원천징수세율이 2%에서 20%로 올라가지만,[41] 다시 사용료소득에 대한 조약상 사용료소득 세율상한에 걸린다.[42] 미국조약과 일본조약은 선박이나 항공기의 임대차계약에 따른 임대소득도 사용료소득에 포함하고 있지만, 과학상의 장비등과 달리 국내법상의 원천징수세율이 2% 그대로 남으므로[43] 그보다 높은 조약상의 세율상한은 무의미하다.[44] 혹시라도 특수한 선박이

35) 우리 법 개념으로 저작인격권 정도로 생각하면 되지만 미국법에서는 인격권이라는 개념이 없으므로 재산권의 일종이다.

36) UN 모델 제12조 제3항.

37) 1963년 OECD 모델조약안과 1977년 모델조약에서는 산업상·과학상 장비의 사용료를 사용료소득에 포함시키고 있었으나 1992년 모델조약부터 삭제되었다. 장비 임대에서 발생하는 마진이 낮다는 점을 생각하면 총수입금액 기준의 사용료소득 과세가 맞지 않다는 생각에서이다. *Klaus Vogel on Double Taxation Conventions*, 제12조 주석 162문단.

38) 인도조약 제13조 제3항.

39) 가령 1978년 독일조약 제12조 제3항에서는 장비의 사용에 명시적으로 '나용선 계약에 의하여 임차한 선박 및 항공기'를 포함시키고 있었으나 2000년에 체결된 개정 의정서에서는 이 부분아 삭제되었다. 다른 보기로 제3장 제1절 Ⅲ의 "Crown Forest" 판결.

40) 일본조약 제12조 제3항.

41) 법인세법 제93조 제8호 제2문이 사용료로 다시 구분한다.

42) 법인세법 제98조의7 제1항.

43) 법인세법 제98조 제1항 제3호. 같은 법 제93조 제4호가 선박, 항공기, 자동차, 건설기계를 산

나 항공기라서 산업상·상업상·과학상의 기계·설비·장치 등에 해당한다면 국내법상의 원천징수세율이 20%로 올라가지만 다시 조약상 사용료소득 세율상한에 걸린다.

또 인적 용역도 '기술'에 관련된 것이라면 사용료에 포함하거나 별도의 규정을 두어 사용료처럼 과세할 수 있다는 규정을 두는 조약도 있다(이를 보통 'Technical Service Fee'라고 한다).[45] 인도가 맺은 조약의 다수가 그렇고, 개발도상국의 입장을 반영해서 2017년에는 UN 모델에도 들어갔다.[46] 우리나라에서도 인도조약은 '경영, 기술, 상담 성격의 용역에 대한 대가'는 사용료와 마찬가지로 원천지국에서 과세할 수 있지만 조약상 세율상한(10%)에 걸린다고 정하고 있다.[47] 한편 같은 조약은 독립적 인적용역소득에 대한 조문을 따로 두고 있어서[48] 소득 구분의 문제가 생긴다. 기술용역계약의 대가를 사용료에 포함하거나 사용료처럼 과세하는 조약에 맞추어 우리나라의 과세권을 확대하기 위한 특칙으로 법은 '국외에서 제공하는 인적용역'이더라도 '조세조약에 따라 국내에서 발생하는 것으로 간주되는 소득'이라면 국내법에서도 국내원천소득으로 재구분한다.[49]

Deputy Commissioner v. Chadbourne[50]

이 사건의 쟁점은 기술도입 계약 체결과 관련하여 미국 변호사가 받은 법률자문료가 인도-미국 조약상 독립적 인적용역소득인가 또는 기술용역소득인가이다. 이 조약 제12조는 '기술이나 상담 용역에 대한 대가'로서 사용료를 낳는 권리, 재산 또는 정보를 적용하거나 누리는 데 관계되거나 기술적인 지식, 경험 등을 이용하게 하는 것은 사용료와 마찬가지로 원천지국에서 세율상한 안에서 과세할 수 있다고 정하고 있다.[51] 한편 제15조에 따르면, '의사, 변호사 … 를

업상·상업상·과학상 장치 등과 나란히 따로 적고 있으므로 후자가 전자를 포섭할 수 없다.

44) 제2장 제1절 Ⅳ.

45) 일부 조약에서는 Technical Service Fee를 지급받는 자가 순소득을 기준으로 할 것인지 총액을 기준으로 할 것인지 선택할 수 있도록 정하고 있다. Jonathan Schwarz, *Schwarz on Tax Treaties* (6th Edition, Wolters Kluwer, 2022), ¶9.14 (pp. 287~290).

46) 2017년 UN 모델 제12A조.

47) 인도조약 제13조 제1항, 제2항, 제4항. 인도가 체결한 조약은 그런 수가 많다.

48) 같은 조약 제15조.

49) 법인세법 제93조 제6호, 소득세법 제119조 제6호.

50) Deputy Commissioner v. Chadbourne and Parke LLP, 93 TTJ Mum 734 (2005. 1. 25.).

포함하는 전문직업적 용역이나 유사한 성격의 기타 독립적 활동'에서 얻는 소득은 원천지국 내의 고정시설을 통해서 버는 소득이거나 인도에 머무는 기간이 90일을 넘어야 과세할 수 있다.[52] 이 사건 원고의 법률 자문은 기술도입계약에 관련된 것이었고 원고는 인도에 고정시설을 두거나 90일 이상 머무른 적이 없다. 따라서 쟁점은 이 법률 자문이 제12조의 '상담 용역'인가 아니면 제15조의 '전문직업적 용역'인가가 된다.

변호사 보수는 전문직업적 용역이라고 명시되어 있고, 일단 전문직업적 용역으로 구분되면 제12조의 상담 용역에서는 벗어난다. 원고 승소.

3. 소득 구분의 기준

OECD 모델로 돌아가면 기술용역소득에 대한 규정이 따로 있지는 않고 문제는 일반적인 사업/인적노무 소득과 사용료소득의 구분 문제가 된다. OECD 모델은 사용료라는 말을 글이나 예술품 또는 과학의 작업성과(영화필름 포함)에 대한 저작권의 사용이나 사용권에 대한 대가, 특허, 상표, 도안이나 모형, 계획, 비밀의 공식이나 공정의 사용이나 사용권에 대한 대가, 또는 산업적·상업적, 또는 과학적 경험에 관한 정보에 대한 대가라고 정의하고 있다.[53] 이 정의는 지식재산권, 또는 법적 보호를 받는 권리는 아니더라도 재산 가치가 있는 정보가 이전되어야 사용료(로열티) 소득으로 구분한다는 말이다. 독일어판 OECD 모델에서는 이 사용료라는 말 대신 애초 '실시 대가'(Lizenzgebühren)라는 말을 쓰고 있다. 저작권, 특허권 등 법적 보호를 받는 지식재산권의 사용 대가가 사용료소득이 된다는 점에는 별 의문의 여지가 없다. 상표권은 미(未) 등록이더라도 저명 상표는 보호받는다. 영화필름 역시 저작권의 보호를 받으므로 사용료가 된다. OECD 주석서는 영화필름의 사용료를 사업소득으로 할 수도 있다고 적고 있지만,[54] OECD 모델 그 자체에서는 사업소득과 사용료소득은 구별의 실익이 없다. 아마도 원천지국에 사용료 과세권을 인정하는 조약을 염두에 두고서 한 말일 것.

---

51) 미국-인도 조약 제12조.

52) 미국-인도 조약 제15조 제1항.

53) 이 부분은 글귀가 어법에 맞지 않아서 정확한 번역이 불가능하나 영어, 독어, 불어를 모두 읽으면 위와 같은 뜻으로 번역하는 것이 옳다.

54) 대법원 1986. 2. 19. 선고 85구401 판결; 1987. 3. 10. 선고 86누225 판결. OECD 모델 제12조 주석 10문단.

실제로 문제가 되는 것은 지식재산권은 없지만 무엇인가 재산이라 볼 만한 것이 이전된다고 볼 수 있는가라는 문제이다. 법적 재산권이 없는데 무언가 재산이라 볼 만한 것이 이전된다고 본다면 애초에 모순 아닐까? 문제는 지식재산권의 속성에서 비롯한다. 신기술을 개발한 사람이 반드시 특허권을 신청하지는 않는다. 특허권을 얻어야 보호를 받는데, 특허권을 신청하지 않을 이유가 있는가? 있다. 특허권이 있어야 보호를 받는 것은 옳지만, 역으로 특허권을 얻고 일정 기간이 지나면 특허 받은 기술은 온 세상에 공개되는 까닭이다. 애초 특허라는 제도가 독점권을 주자는 데 목적이 있는 것이 아니라 기술 개발을 촉진해서 온 세상에 득이 되도록 하자는 목적으로 있기 때문이다. 그렇다면 남이 자신의 신기술을 적어도 상당 기간 쫓아오지 못할 것이라 생각한다면 특허를 신청하지 않고 자신의 신기술이나 정보를 비밀로 유지하고 싶은 사람이 생기게 마련이다. 이처럼 특허 받지 않은 신기술도 일정한 범위 안에서 법의 보호를 받는다. 부정경쟁방지법의 보호를 받는 영업 비밀은 아예 지식재산권의 일종으로 본다. 부정경쟁방지법의 보호를 받지 못하더라도 특별한 사유가 있다면 민법상 불법행위제도의 보호를 받고 금지청구권까지 행사할 수 있는 가능성도 있고.[55] 이런 의미에서 지식재산권이 없더라도 재산이라 볼 만한 기술이나 정보 내지 노하우(know-how)라는 개념이 생겨난다.[56] 우리 대법원은 이 개념을 '비공개 정보'라는 뜻으로 풀이한다.[57] 같은 판결은 우리나라에 등록하지 않은 특허이더라도 외국에서 등록된다면 등록 당시 공개된 특허기술은 비공개정보가 아니므로 그 대가는 사용료소득이 아니라고 한다.[58] 그러나 나라마다 말이 다르고 이용할 수 있는 문헌이나 데이터베이스도 다르며 기술 수준도 다른 이상 공개정보인가 아닌가는 우리나라를 기준으로 판단할 일.[59]

---

55) 대법원 2010. 8. 15.자 2008마1541 결정. 상세는 박성호, "지식재산법의 비침해행위와 일반불법행위", 정보법학, 제15권 제1호, 191쪽.

56) OECD 모델 제12조 주석 11문단.

57) 대법원 2007. 9. 7. 선고 2005두8641 판결.

58) 대법원 2007. 9. 7. 선고 2005두8641 판결.

59) 대법원 2000. 1. 21. 선고 97누11065 판결. Chang Hee Lee, Taxation of U.S.-Korea Technology Transfer, A Developing Country's Point of View, 10 International Tax & Business Lawyer (1992), 19쪽.

4. 혼합계약

지식재산권이 아닌 것도 사용료소득을 낳을 수 있다는 것을 일단 긍정한다면 다시 곤란한 소득 구분 문제가 생긴다. 기술에 관한 일을 무엇인가 하고서 받는 돈이라면 언제나 이것이 무슨 소득인가, 노하우를 제공하고 받는 대가로서 사용료소득인가, 아니면 단순한 노무의 대가로서 사업소득(조약에 따라서는 독립적 인적용역소득)인가라는 문제가 생기게 마련이다.

대법원 2015. 6. 24. 선고 2015두950 판결

1. … 한·독 조세조약 제7조 제1호는 사업이윤에 관하여 "일방체약국 기업의 이윤에 대하여는, 그 기업이 타방체약국 안에 소재하는 고정사업장을 통하여 동 타방체약국에서 사업을 수행하지 아니하는 한, 동 일방체약국에서만 과세한다…"라고 규정하고 있고 제12조는 사용료소득에 관하여 … 수취인이 사용료의 수익적 소유자인 경우 그와 같이 부과되는 조세는 다음을 초과할 수 없다"라고 정하면서 (나)목에서 '기타의 모든 경우에는 그러한 사용료 총액의 10퍼센트'로 규정하고, 제3호에서 "이 조에서 사용되는 사용료라 함은 … 도면, 비밀공식이나 공정의 사용 또는 사용권 … 또는 산업적·상업적 또는 학술적 경험에 관한 정보에 대한 대가로 받는 모든 종류의 지급금을 말한다"라고 규정하고 있다.

2. … (1) 독일 법인인 원고는 현대제철 주식회사(이하 '현대제철'이라고만 한다)와 일관제철소 설비구매 계약(이하 '이 사건 계약'이라 한다)을 체결하여, 코크 오븐 플랜트 및 가스정제 플랜트 등 이 사건 각 플랜트의 공사를 위한 설비의 공급, 설계 및 엔지니어링, 감리 등 용역을 제공하고 그 대가로 국외설비대금 117,422,000유로, 설계 및 엔지니어링 용역대금(이하 '이 사건 설계대금'이라 한다) 21,000,000유로, 감리 용역대금 17,575,000유로를 각 지급받기로 하였다… ① … 이 사건 각 플랜트의 설비에 관한 설계 및 엔지니어링 용역(이하 '이 사건 용역'이라 한다)은 이 사건 각 플랜트 설비를 공급하는 데 필수적으로 수반되는 설계 및 도면작성 작업인 점, ② 이 사건 용역이 고도의 기술력을 필요로 하는 것이라 하더라도 동종의 용역수행자가 통상적으로 보유하는 전문적 지식이나 특별한 기능으로는 수행할 수 없는 수준이라고 단정할 수 없는 점, ③ 이 사건 계약상 비밀보호 조항은 쌍방에게 동등하게 비밀보호의무를 부과하는 것으로서 일반적인 용역계약 또는 판매계약에서 전형적으로 사용되는 내용인

점, ④ 이 사건 용역이 약 2년 6개월의 장기간에 걸쳐 이행되었고 그 대가인 이 사건 설계대금은 대부분 인건비 등 실비변상적 요소로 지출되는 등 이 사건 설계대금이 인적 용역의 대가로 보기에 지나치게 높은 금액이라고 보기도 어려운 점, ⑤ 이 사건 계약에 따라 원고는 이 사건 용역의 이행과 결과를 보증하고 있는 점, ⑥ 원고가 보유한 코크 오븐 플랜트 설비 등 분야에 관한 고도의 기술력 및 비공개 기술정보가 이 사건 용역의 수행과정에서 일부 현대제철에게 공개 또는 이전되었을 가능성이 있으나 이는 인적 용역의 제공과정에서 부수적으로 발생한 것으로 보이는 점 등을 종합하여 보면, 국내에 고정사업장이 없는 독일 법인인 원고가 지급받은 이 사건 설계대금은 인적 용역의 대가로서 한·독 조세조약 제7조에 의하여 국내에서 원천납세의무가 없다.

한편 "Formula 1" 자동차 경기에 유명한 외국 선수를 참가시키면서 받는 대가는 사용료소득이라는 판결도 있다.[60] OECD 모델 주석은, 노하우 자체를 가르쳐 주면서 비밀유지 의무를 계약에 정하는 것이라면 사용료소득이고 노무제공 과정에서 노하우를 사용할 뿐이라면 사업소득(인적용역소득)일 뿐이라고 말하면서, 전자라면 정보를 넘겨주는 것 외에는 따로 할 일이 별로 없지만 후자에서는 일 자체가 주 내용이 된다고 적고 있다.[61] 이리하여 단순한 기술 지원의 대가나 엔지니어, 법률가, 회계사 등의 의견에 대한 대가는 인적용역소득이라고 한다.[62] 이 두 가지가 섞인 계약에서는 두 가지를 구분할 필요가 있지만 두 가지가 주종의 관계에 있다면 계약의 주된 목적에 맞추어 대가 전체를 어느 한 쪽 소득으로 구분할 수 있다고 적고 있다.[63] 2015두950 판결이나 미국 조세법원의 "Retief Goosen" 판결과 마찬가지이다.

Ⅲ. 조약상 사용료소득 v. 양도소득

재산권 내지 재산의 대가로 받는 소득이라고 해서 언제나 사용료소득인 것은 아니다. 법령이나 조약의 글귀에 따라서는 양도소득이 될 수도. 미국 대법원

60) 대법원 2015두58362(심리불속행). 판결문에 나오지 않지만 "Formula 1"이라는 이름의 사용대가가 따로 없었다면 애초 용역 대가는 미미하고 이름값이 주된 계약이라 보아야 한다.
61) OECD 모델 제12조 주석 11.3문단.
62) OECD 모델 제12조 주석 11.4문단.
63) OECD 모델 제12조 주석 11.6문단.

의 고전적인 판결에서부터 이야기를 풀어보자.

Commissioner v. Wodehouse[64)]

이 사건 납세의무자인 우드하우스(Pelham G. Wodehouse)는 20세기 전반에 주로 활동한, 당시에는 세계적 유명 작가로서 영국 출신이지만 프랑스에 살고 있었다. 원고는 미국의 몇몇 잡지사와 소설 연재계약을 맺었다. 계약 당시 작품은 아직 쓰지 않은 상태였지만 장차 해당 잡지사에 독점적 출판권을 주기로 하고 정액 원고료로 1938년에 40,000 달러, 1941년에 40,000 달러를 미리 받았다. 당시의 미국법(1938년 법)에서는 미국내 사업이 없는 비거주자라면 원천이 미국에 있는 FDAP 소득만을,[65)] 총소득의 일정 금액을 원천징수하는 방식으로 과세하고 있었고[66)] 동산 양도소득은 FDAP 소득에 들어가지 않았다.[67)] 국세청은 이 사건 정액 원고료는 미국내 저작권의 사용료이므로 FDAP 소득에 해당한다고 보고 과세하였다. 이에 대해 원고 우드하우스는 원고료는 FDAP 소득이 아니고 따라서 과세 대상이 아니라고 주장하였다. 구체적으로는 1) 이 사건 원고료는 저작권의 양도 대가이므로 동산 양도소득이다, 2) 돈을 한 번에 받았으므로 FDAP의 "fixed or determinable, annual or periodical"이라는 글귀에 해당하지 않는다, 이 두 가지 주장을 내세우고 있다.

제1) 쟁점에 관해 프랭크퍼터(Felix Frankfurter) 대법관 등의 소수의견은 우드하우스가 출판사에 독점적인 처분 권한과 방해배제 권한을 넘겨준 이상 이는 양도에 해당하므로 과세 대상이 아니라고 보고 있다.[68)] 그러나 저작권의 대가로 받는 이상 이는 FDAP 소득에 해당한다. 입법사(立法史)를 찾아보면 비과세할 의도가 없었다. 제2) 쟁점에서도 원고의 소득은 계속적·반복적이 아니지만 그래도 FDAP 소득이다. FDAP라는 말이 생겨난 역사가 납세의무를 현실화하여 종래의 원천징수의

Wodehouse

64) 337 U.S. 369 (1949). 이 작가에 대해서는 www.wodehouse.co.uk.

65) Fixed or Determinable, Annual or Periodical Income. FDAP 소득에 대해서는 제1장 제4절 II. 3.

66) 1938 Revenue Act, Sec. 211 and Sec. 143.

67) 명문규정은 없으나 그렇게 해석하고 있었다. 337 U.S. 369, 특히 407쪽. 당시의 재무부 규칙 111, Sec. 29.211-7, 29.143-2.

68) 같은 판결 420쪽.

무와 범위를 맞추자는 것이기 때문이다. 그렇게 보면 이 말은 글귀 그대로 계속적·반복적이라는 뜻은 아니고 원천징수의무자가 손쉽게 원천징수할 만한 소득이라는 뜻일 뿐이다.

양도소득과 사용료 사이의 경계선에 관한 그 뒤의 판례로 1946년 사건인 "Myers v. Commissioner" 판결이[69] 있다. 미국 조세법원의 판시 요지는 i) 특허 실시권이 특정 지역 내에서 전속적인 것이고, ii) 실시권의 기간이 특허권의 잔존 기간과 같다면, 그런 실시권의 부여는 세법상은 양도로 보아야 한다는 것이다.[70] 그 뒤 "Coplan v. Commissioner"[71] 사건에서 조세법원은 "Myers" 판결이 제시한 두 가지 요건이 만족된다면 실시권의 부여는 세법상 양도로 본다는 해석을 다시 확인하였다. "Coplan" 판결은 실시권자가 파산하거나 최소 판매량을 달성하지 못하는 경우에는 실시계약을 해지할 수 있다 하더라도, "Myers" 판결의 두 가지 요건이 만족된다면 세법상은 양도로 본다고 판시하였다. 그 뒤 미국 국세청은 전속성이라는 요건을 더 명확히 하여, 실시권자의 권리가 법률적으로 보호받는 것이어야 한다, 즉 실시권이 부여된 지역에서 제3자의 특허 침해가 있는 경우 실시권자가 그에 대한 침해배제청구권을 가지고 있는 경우에만 양도로 본다는 점을 명확히 하고 있다.[72] 상표권[73] 및 노하우[74]에 대해서도 마찬가지이다. 한편 전용(專用) 실시료이지만 사용료소득이라는 것으로 "AMP Inc." 판결이 있다. 이 판결은 미국법인이 해외 계열회사에서 특허권 전용실시권의 대가로 받은 경상(經常) 기술료(매출액의 일정 비율)가 외국납부세액 공제 목적상 미국원천소득인가 국외원천소득인가를 다룬 사건이고, 다시 이 쟁점은 전용실시권 대가를 사용료로 볼 것인가, 또는 양도소득으로 볼 것인가에 달려 있다.

---

69) 6 T.C. 258 (1946). 이 사건은 기술료를 매출액의 일정 비율로 받는 경우 이를 사용료로 취급하는 미국세법 규정이 생기기 전의 사건이다. 미국세법 861(a)(4), 865(a), (d), 881(a) 참조.

70) Boris I. Bittker & Lawrence Lokken, *Fundamentals of International Taxation* (2003/2004 ed.), Research Institute of America, 73~21, 73~22쪽. 같은 취지로 Pickren v. United States, 378 F.2d 595, 598 (5th Cir. 1967) 판결은 25년의 기간을 정해 전용실시권을 준 사안에서, 비밀 기술이 법적 보호를 받는 기간이 25년 이후에도 남아 있으므로 양도가 아니라 라이선스 부여로 보았다.

71) 28 T.C. 1189(1957).

72) Rev. Rul. 71-564, 1971-2 CB 179.

73) Rev. Rul. 68-443, 1968-2 CB 304.

74) Rev. Proc. 69-19, 1969-2 CB 301.

AMP Inc. v. United States[75)]

이 사건 원고인 AMP는 전기접속 장비 및 관계 응용기계 등을 제조하는바, 쟁점 기간 중 멕시코, 오스트리아 및 푸에르토리코 소재 계열회사를 통하여 영업을 하였다. 원고는 원고 및 해외 계열회사들이 제작하고 판매하는 제품들에 관한 수많은 국내 및 국외 특허를 가지고 있었고, 1962년 12월 31일 각국의 계열회사들에게 각각 해당국 특허에 관한 전용실시권을 부여하고 해당 특허를 이용하여 생산한 제품에 대한 순 매출액의 일정 비율(통상 5%)을 지급받는 계약을 맺고 그에 따라 대가를 받았다. 위 계열회사들이 약정한 대가를 지급하지 못하거나 지급불능, 또는 파산에 이를 경우 계약을 해지할 수 있다. 계약 체결의 장소는 원고의 본점 소재지인 미국 펜실베이니아였고 계약의 준거법 역시 펜실베이니아 주법이다.

원고는 쟁점 대가를 받을 때 해당 각국의 원천징수세를 징수당하였고 특허를 해외에서 사용하는 대가는 국외원천소득이라는 미국법 규정에[76)] 따라 이 대가를 국외원천소득으로 신고하였다. 그러나 국세청은 원고의 신고를 경정하면서 이 대가를 특허권이라는 재산의 양도소득으로 구분하고, 양도 장소가 미국(양도계약 체결 장소)이라는 이유로 국내원천소득으로 보고 있다. 동산 양도소득의 원천은 소유권의 이전 장소가 미국 안인가 밖인가에 달려있기 때문이다.[77)] 특허권 실시 대가가 사용료가 아니라 양도소득이라는 국세청 주장의 논거는 실시권의 성격이 전용실시권이라는 것과, 원고가 세율 적용과 관련된 목적으로 쟁점 소득을 고정자산 양도소득(capital gain[78)])으로 신고하였다는 것이다.

그러나 세율 결정상 경상 소득인가 고정자산 양도소득인가라는 문제와 외국납부세액 공제 목적상 소득 구분 문제는 서로 다른 문제이고,[79)] 또 전용실시권과 통상실시권을 준별할 이유를 찾기 어렵다. 나아가 쟁점 소득을 양도차익이

---

75) 492 F. Supp. 27 (1979).

76) 현행법으로 미국세법 제862조(a)(4).

77) United States v. Balanovski, 236 F.2d 298 (2nd Cir., 1956). 제1장 제3절 Ⅱ. 현행법에서는 재고자산만 그렇다. 미국세법 제862조(a)(6). 제11장 제4절 Ⅳ. 그 밖의 동산은 양도자의 거주지에 따라 원천을 구분하는 것이 원칙이지만, 여러 예외가 있고 가령 본문과 같이 지식재산권 양도 대가의 금액이 그 뒤의 판매량 등에 달려있다면 로열티의 원천 규칙에 따라 원천을 정한다. 미국세법 제865조(a), (d).

78) "Capital gain"이라는 말은 우리 용어로는 고정자산이나 투자자산 양도소득 정도에 해당한다. 이창희, 『미국 법인세법』, 제1장 제2절 Ⅰ. 3, Ⅰ. 4.

79) Rohmer v. Commissioner, 153 F.2d 61 (2nd Cir.), cert. denied, 328 U.S. 862 (1946).

라 보더라도 소득의 원천은 국외라고 보아야 한다. 특허권이란 등록된 국가에서 효력을 갖는 것이고, 그 국가에서만 존재하는 것이다. 따라서 본건 외국 특허권들은 모두 해외에 존재할 뿐이다. 모든 제품들은 해외에서 제조·판매되고 그 대가도 위 각 회사들로부터 지급된다. 미국과의 유일한 연결점은 원고가 미국에 있고 그 계약이 공식적으로 미국에서 체결되었다는 것뿐이다. 계약체결 장소에 근거한 명의이전 기준은 전적으로 인위적인 것이므로 이 사건에는 적용할 수가 없고, 결국 쟁점 소득을 양도차익이라고 보더라도 여전히 국외원천소득이다.[80]

주석가들은 AMP 판결에서 전용실시권임에도 불구하고 실시료를 사용료소득으로 본 것에 대해서는 매출액의 일정 비율을 지급받는 '경상'(經常) 기술료 방식이었다는 점이 중요했다고 보고 있다.[81] 한편 미국 국세청은 기술료가 정액인가 경상 기술료인가는 소득 구분에 중요하지 않다고 보고 있고[82] 같은 취지의 판결도 있다.[83] 미국 현행법에서는 비거주자나 외국법인이 받는 것이라면 지식재산권 등의 양도 대가도, 경상 기술료 방식으로 매출액의 일정 비율 등 사후적 조건에 따라 금액이 정해지는 것은 FDAP 소득이나 마찬가지로 총 지급금액의 30%라는 원천징수세를 물린다.[84] 원천지가 미국이어야 하고 또 미국내 사업에 속하지 않는 소득에 관한 말임은 물론이다.

Ⅳ. 소프트웨어

재산과 노무라는 구별을 기준으로 사용료소득과 인적용역소득을 구분해 온 것은 이미 오랜 문제. 그에 더해 기술이 고도화하면서 새로 생긴 문제가 있다. 소프트웨어 도입 대가를 당해 소프트웨어의 사용 대가로 볼 것인가, 또는 소프트웨어를 담고 있는 상품의 판매 대가(사업소득)로 볼 것인가?

80) 현행법은 861조(a)(6), 862조(a)(6), 865조(a).

81) Kuntz and Peroni, *U.S. International Taxation*, WG&L, A2.03[7][d]절.

82) Rev. Rul. 60-226, 1960-1 CB 26.

83) Commissioner v. Celanese Corp., 140 F2d 339 (DC cir., 1944).

84) 미국세법 제871조(a)(D). 기술적으로는 양도소득이라는 구분 자체는 유지한 채 과세방법을 바꾼 것이다.

대법원 1997. 12. 12. 선고 97누4005 판결

구 법인세법(1994. 12. 22. 법률 제4804호로 개정되기 전의 것, 이하 '법'이라고 한다) 제55조 제1항은, 제53조에서 '국내원천 … 사용료라 함은 통상 노하우라고 일컫는 발명, 기술, 제조방법, 경영방법 등에 관한 비공개 기술정보를 사용하는 대가를 말하므로, 내국법인이 외국법인으로부터 도입한 소프트웨어의 기능과 도입가격, 특약내용 등에 비추어 그 소프트웨어의 도입이 단순히 상품을 수입한 것이 아니라 노하우 또는 그 기술을 도입한 것이라면, 그 기술도입 대가를 그 외국법인의 국내원천소득인 사용료소득으로 보고 법 제59조에 정한 원천징수의무자인 내국법인에 대하여 법인세를 징수할 수 있다 할 것이다(대법원 1995. 4. 11. 선고 94누15653 판결 참조). … 소프트웨어 수입이 노하우 또는 그 기술을 도입한 것인지 여부를 판단함에 있어서는 특별한 사정이 없는 한 외국의 소프트웨어 공급자로부터 복제판매권 등을 수여받지 아니한 채 외국 공급자가 스스로 복제하여 만든 소프트웨어 복제물을 그대로 수입하여 사용하거나 판매하는 경우에는 소프트웨어를 상품으로 수입하는 것으로 볼 것이고, 그 밖에 해당 소프트웨어의 비공개 원시코드(Source Code)가 제공되는 경우, 원시코드가 제공되지 않더라도 국내도입자의 개별적인 주문에 의해 제작·개작된 소프트웨어가 제공된 경우 및 소프트웨어의 지급대가가 당해 소프트웨어의 사용형태 또는 재생산량의 규모 등 소프트웨어의 사용과 관련된 일정기준에 기초하여 결정되는 경우 등에는 노하우 또는 기술을 도입하는 것으로 볼 수 있다. … 이 사건 소프트웨어는 그 기능과 성질상 구입회사들의 토지·건물의 전산화나 설계업무 자동화를 보조하는 역할을 수행하는 것으로 별도의 독립적 기능이 있는 것은 아닌 사실, 따라서 이 사건 소프트웨어의 구입회사들도 이를 내부업무의 편의를 위한 도구로서 구입하였고 구입하는 과정에서 원고 회사의 직원들로부터 운영방법에 관하여 간단한 설명을 들었을 뿐 별도의 기술지원이나 기술전수는 없었으며, 당해 소프트웨어의 작동원리를 알 수 있는 비공개 원시코드를 제공받은 적도 없는 사실, 이 사건 소프트웨어에 대하여는 이미 많은 경쟁제품들이 있고 가격이 정형화되어 있어서 구입회사들은 소개책자 등을 통하여 제품들을 비교 선택한 후 원고가 인터그래프사로부터 수입한 것을 수입시 현상대로 구입한 것이고, 개별적인 주문에 의하여 제작되거나 개작된 소프트웨어를 제공받은 적이 없는 사실, 또한 이 사건 소프트웨어의 종류별 단위가격이 미화

1,000 내지 2,000불 정도로 도입당시 일정액으로 확정되었던 사실. … 이 사건 소프트웨어는 범용 소프트웨어로서 외국의 소프트웨어 공급업자가 스스로 소프트웨어를 복제하여 판매한 상품에 불과하다고 봄이 상당하다 할 것이고 달리 이 사건 소프트웨어의 도입이 노하우의 전수라고는 보기 어렵다.[85)]

대법원 2000. 1. 21. 선고 97누11065 판결

소프트웨어의 도입가격이 모두 거액이고, 각 도입계약에 각 소프트웨어에 들어 있는 비밀 내용을 제3자에게 공개할 수 없다는 내용이 포함되어 있는 사실, 각 소프트웨어에 포함된 기술이 당시 국내에서는 개발・공급이 불가능한 고도 수준의 것이었을 뿐만 아니라, 미국 등지에서 다년간 전기회사의 경영 및 관리, 핵발전소 등의 건설사업관리, 원자로의 설계 및 운용 등에 관한 기술・경험・정보가 축적되어 개발된 것들인 사실, 불특정 다수인에게 판매된다거나 간단한 사용설명서에 의하여 쉽게 사용방법을 알 수 있는 것이 아니라 제공자가 소프트웨어를 직접 설치하고 사용자에 대한 교육・훈련을 실시하며 일정한 기간 동안 소프트웨어의 유지・관리・오류시정・수준향상 등을 책임지고 관련기술을 지원하여야 하는 사실, 일부 소프트웨어는 원자력 제어계통의 고도기술로서 주무부장관의 확인・추천을 받아 그 수입에 대한 관세가 감면된 사실을 인정한 다음, 이 사건 각 소프트웨어의 도입은 단순히 상품을 수입한 것이 아니라 노하우 또는 그 기술을 도입한 것으로 봄이 상당하[다].

하드웨어와 소프트웨어가 분리 가능한 경우, 전형적 문제를 들자면 개인용 컴퓨터에 쓰는 범용(汎用) 소프트웨어의 대가에 대해서는 그 자체를 놓고 사용료인가 사업소득(재고자산 판매대가)인가라는 문제가 생긴다. 매수인이 그저 프로그램만 받는 것을 넘어서 원시코드,[86)] 로직, 알고리듬, 프로그래밍 언어나 기법처럼 프로그램 아래 깔려 있는 원리까지 받는 것은 정보나 노하우의 대가이므로 사용료소득이 된다.[87)] 노하우가 없더라도 소프트웨어란 그 성질상 저작권의 일

85) 이 판결의 선행판결인 대법원 1995. 4. 11. 선고 94누15653 판결에 대한 평석으로 이철송, “컴퓨터 소프트웨어의 공급대가의 과세에 관한 연구”, 「조세학술논집」 제14집(1998. 4), 150~151쪽.

86) 대법원 2000. 10. 10. 선고 99두4884 판결.

87) OECD 모델 제12조 주석 14.3문단. 서울고등법원 1997. 1. 14. 선고 95구5495 판결은 “① 해당 소프트웨어의 비공개 원시코드가 제공되는 경우 ② 원시코드가 제공되지 아니하는 경우에도 국내도입자의 개별적인 주문에 의해 제작・개작된 소프트웨어가 제공된 경우, ③ 소프트웨어

부 양도나 사용이 생기게 마련이니 사용료소득 아닌가? OECD 모델 주석은 저작권법 문제가 아니라고 달리 풀이하고 있다. 저작권법이 나라마다 다를 수 있기 때문이다. 가령 어떤 나라의 저작권법이 프로그램을 사서 쓰는 사람과 공급자의 관계를 저작권의 이용 허락(라이선스)으로 보고 있더라도 조세조약에서는 공급자의 소득은 사용료가 아니라 사업소득으로 구분해야 한다는 것이다.[88] 프로그램을 사용하려면 응당 하드디스크나 적어도 램(RAM)에 복제해서 사용하기 마련이고, 저작권법이나 두 당사자 사이의 약정에서 이를 복제 및 사용이라고 보더라도 세법에서는 그에 관계없이 프로그램의 매매에서 사업소득이 생기는 것으로 보아야 한다는 것이다.[89][90] 프로그램을 사는 방법이 디스크가 아니라 다운로드 받는 경우에도 마찬가지로 매매로 보아야 하고[91] '사이트 라이선스'(site license)로 매수인의 기업조직 내부 여러 곳에 복제할 권리가 있더라도 마찬가지라는 것이다.[92] 기실 위와 같은 해석론은 우리 저작권법과는 애초 아무런 충돌이 없다. 우리 법에서는 단순한 프로그램 사용자라면 애초 공급자로부터 아무런 저작권법상의 권리를 받는 것이[93] 없고 그저 프로그램을 용도대로 사용하는 것이 저작자의 권리를 침해하지 않는다는 정도의 보호를 받을 뿐이다.[94] 따라서

의 지급대가가 당해 소프트웨어의 사용형태 또는 재생산량의 규모 등 소프트웨어의 사용과 관련된 일정기준에 기초하여 결정되는 경우에는 노하우 또는 기술을 도입하는 것으로 일응 볼 수 있을 것"이라고 한다.

88) OECD 모델 제12조 주석 14문단.

89) 같은 조 주석 17.3문단.

90) 핀란드 회사가 한국, 일본, 중국, 베트남의 고객들에게 CD-ROM형식으로 소프트웨어를 판매하였는데, 구매자는 제공받은 CD-ROM에서 소프트웨어를 컴퓨터에 설치하여 사업에 사용할 수 있었고, 프로그램을 재판매하거나 재배포할 권리는 없었다. 구입 회사들은 모두 사용료소득으로 원천징수세를 징수납부하였다. 핀란드 회사가 이 원천징수된 세액을 자국에서 세액공제 받으려 하자 핀란드 대법원은 이를 사업소득으로 보고 한국, 일본, 중국의 세금은 고정사업장이 없어서 납부할 필요가 없는 세금이라 세액공제가 허용되지 않는다고 판시하였다. 핀란드와 이 세 국가들은 1972년부터 1987년 사이에 조세조약을 체결하였다. 다른 한편 2002년 체결한 핀란드-베트남 조세조약에는 컴퓨터 소프트웨어 사용권리에 대한 대가를 특별히 사용료소득으로 포함시키고 있어서 세액공제를 허용하였다고 한다(KHO 2011:101). Seppo Penttilä, "Country Digest : Finland, Court Denies Tax Credits for Software Royalty Taxes", 65 Tax Notes International, 183쪽 (Jan. 16, 2012). 제13장 제2절 V.

91) OECD 모델 제12조 주석 14.1문단.

92) 같은 조 주석 14.2문단.

93) 저작권법 제45조에 따른 양도나 제46조에 따른 이용허락.

94) 한 가지 난점으로는 사용자가 프로그램을 일시적으로 램에 복제하는 것에 대해서는 저작권법 제35조의2에 이용자를 보호하는 규정이 있지만 하드디스크 복제에 대해서는 아무런 규정이 없다는 점이다. 하드디스크에 복제해 넣는 것이 저작권 침해가 아니라는 결론을 선험적으로

프로그램 매매 대가를 사업소득으로 구분하더라도 저작권법과 부딪히지 않는다.

매수인이 소프트웨어를 사는 목적이 제 자신의 이용이 아니라 다른 사람에 대한 재판매라면 공급자가 받는 대가는 무슨 소득인가? 소프트웨어를 담은 디스크를 매매하는 경우라면 이용자가 한 개를 사는 경우나 판매업자가 다수를 사는 경우나 법률적 성질에 차이가 없고 사업소득이 될 것이다.[95] 공급업자에게서 산 디스크는 하나이지만 그 뒤 이것을 복제해서 다음 단계의 이용자들에게 팔면서 하나 팔 때마다 일정 금액을 공급자에게 지급한다면 어떻게 될까? 이용자들로 하여금 판매업자의 웹사이트에서 프로그램을 다운로드받게 한다면 어떻게 될까? 이런 경우라면 판매업자는 복제권이나[96] 공중송신권(公衆送信權)을[97] 취득하는 것이고, 공급업자가 받는 대가는 이런 복제권이나 공중송신권의 대가로 보아야 하고 따라서 사용료소득이 될 것이다.[98] 우리나라의 행정해석은 대가가 '재생산량의 규모 등 소프트웨어의 사용과 관련된 일정한 기준에 기초하여 결정되는 경우' 사용료소득이라고 풀이하고 있다.[99] 미국법 같은 명문 규정이[100] 없는 이상 대가의 지급 방식 그 자체는 소득 구분에서 결정적 기준이 될 수는 없고 법적 성질을 결정하는 단초 가운데 하나일 뿐이지만, 대가가 재판매량에 따라 결정된다는 말은 그 대가가 복제권이나 공중송신권에 대한 대가라는 말과 논리적 동치라고 보아야 할 것이다.

매도인이 소프트웨어에 대한 제 권리를 아예 다 매수인에게 넘긴다면 사용료소득은 아니다. 통상은 양도소득이 될 것이다.[101] 매도인에게 권리의 일부가 잔존하더라도 전속적 지역이나 기간을 설정해 주면서 그 범위 안에서는 오로지

먼저 내려놓고 거꾸로 본문과 같은 기존 이론으로 설명하자면, 이용자는 저작권법 제45조의 양도나 제46조의 이용 허락을 받는 것은 아니고 '권리 소진' 원칙의 효과로서 보호받거나 제35조의2에 준하는 보호를 받는다고 할 수밖에 없을 듯하다. 또한 이용자는 무권리자이지만 저작권을 침해하는 것은 아니라는 설명에 맞추자면 저작권법 제124조 제1항 제3호의 불법이용은 애초에 저작권을 침해하는 것이므로 구태여 간주 규정을 둘 필요가 없게 된다.

95) OECD 모델 제12조 주석 14.4문단.

96) 저작권법 제16조.

97) 저작권법 제18조.

98) OECD 모델 제12조 주석 14.4문단.

99) 법인세법기본통칙 93-132 … 8.

100) 미국세법 제865조(d). 이 조항도 엄밀히는 소득 구분을 정한 것은 아니고, 경상 기술료 방식의 지급금은 소득의 지역적 원천을 판정할 때 사용료와 마찬가지 기준으로 판정한다고 정하고 있을 뿐이다.

101) OECD 모델 제12조 주석 15문단, 16문단.

매수인에게만 권리가 있다고 정한다면 소득 구분 문제는 한결 어려워진다. 앞 Ⅲ.에서 본 바와 같다.

마지막으로 한 가지 문제만 던져보자. 1) 국내의 판매업자가 외국의 공급업자에게서 프로그램 디스크 백만 장을 장당 만원에 사오는 것, 2) 국내의 판매업자가 프로그램을 백만 장을 복사하거나 백만 번 다운로드시킬 권리를 사오되 한 장 복사하거나 다운로드시킬 때마다 만원씩 지급하기로 하는 것, 이 두 가지 사이에 실질적 차이가 있는가? 없다. 일찍이 20세기 말에 제기된 이 문제는[102] 꽤 세월이 흐른 아직도 안 풀린 채 그대로 남아 있다. 애초 문제 자체가 따로 풀어낼 수 있는 작은 문제가 아니고, 소득 구분이라는 기존의 법제 자체가 시대에 뒤떨어진 것이라는 큰 문제의 일부이다 보니.

Ⅴ. 지식재산권 침해 손해배상금

대법원 1992. 5. 12. 선고 91누6887 판결

원고는 자동차를 생산하는 국내법인이고 소외 현대모터 아메리카(이하 현지법인이라 약칭한다) 는 원고 회사에서 생산한 자동차를 미국에 수출하기 위해 원고의 자회사로 미국에 설립한 현지법인이며 소외 필립스석유주식회사 (이하 필립스라 약칭한다)는 폴리프로필렌이라는 물질에 대한 특허권을 가진 미국법인으로서 대한민국에 사업장을 갖고 있지 아니한 사실, 원고와 현지법인 사이에, 1986.1.1. 현지법인은 원고가 생산하여 수출하는 자동차를 미국 내에서 전량 판매하되 그 판매한 자동차가 미국 내 타인의 특허권을 침해 또는 사용하므로써 현지법인이 부담하게 되는 일체의 비용은 원고가 보상하기로 약정한 사실, 한편 현지법인은 위 필립스사와의 사이에 1989.2.15. 필립스사의 특허물질인 폴리프로필렌이 부품에 포함된 위 자동차의 수입 및 판매를 허용하되 현지법인은 필립스사에게 그 특허권의 사용료로서 자동차 1대당 미화 57센트씩 지급하기로 약정한 사실, 이에 따라 원고는 현지법인이 필립스사에게 지급한 특허권 사용료 상당 금액으로서 1989.5.16. 금 66,390,000원, 같은 해 6.9. 금 191,473,158원 합계 금 257,863,158원을 현지법인(원심판시의 필립스사는 현지법인의 오기임이

102) Chang Hee Lee, "Impact of E-Commerce on Allocation of Tax Revenue between Developed and Developing Countries", 18 Tax Notes International 2569 (1999).

분명하다)에게 지급한 사실 … 원고가 특허권자인 위 필립스사와 직접 특허권 사용계약을 체결하거나 사용료를 지급하지 않고 원고는 현지법인과만 특허권 사용료 보상계약을 체결하여 그 사용료 상당금액을 지급하고 현지법인이 필립스사와 계약을 체결하여 그 사용료를 지급하는 방식으로 거래가 이루어졌다 하더라도 위 거래 관계는 그 실질에 있어서 생산업체인 원고가 판매업체인 현지법인을 통하여 또는 그를 대리인으로 하여 … 필립스사의 특허권을 사용하고 그 대가를 지급한 것 … 현지법인이 필립스사에 지급한 이 사건 특허사용료는 원고가 생산한 자동차가 미국에 수입, 판매되어 필립스사가 미국 내에서 가지는 특허실시권을 침해 또는 사용한데 따른 대가로 지급된 것 …

그 뒤 거의 비슷한 사실관계에서 2005두8641 판결은 대우전자가 미국 특허권자에게 물어준 돈을 사용료소득으로 구분했다.

대법원 2007. 9. 7. 선고 2005두8641 판결

원고의 자(자)회사로서 미국 현지법인인 Daewoo Electronics Corporation of America(이하 'DECA'라 한다)가 원고로부터 원고가 생산한 TV, VTR 및 컴퓨터 모니터를 수입하여 미국에서 판매하던 중, 원고가 위 제품의 제조과정에서 사용한 일부 기술이 미국법인인 I.P. Global Ltd(이하 'I.P. Global'이라 한다)가 미국 내에서 보유하고 있는 특허실시권을 침해하였다는 이유로 I.P. Global과 사이에 특허분쟁이 발생하자, 그 해결을 위하여 DECA는 I.P. Global과 사이에 위 특허실시권의 침해 및 사용에 따른 대가로 I.P. Global에게 특허실시료 및 화해금을 지급하기로 하는 약정을 체결하는 한편, 원고는 DECA와 사이에 DECA가 I.P. Global에게 지급하는 위 실시료 및 화해금 상당액을 모두 부담하기로 약정한 후, DECA를 통하여 I.P. Global에게 위 각 약정에 따른 실시료 등으로 미화 총 524만 달러(원화 67억 8,512,000원 상당)를 지급한 사실을 인정한 다음, I.P. Global이 특허실시권을 보유하고 있는 이 사건 특허기술이 대한민국에 특허권으로 등록되지 아니한 이 사건에서, 원고가 DECA를 통하여 I.P. Global에게 지급한 위 실시료 및 화해금 상당액은 DECA가 원고로부터 수입하여 미국 내에서 판매하는 전자제품이 I.P. Global의 미국 내에서의 위 특허실시권을 침해 또는 사용한 데에 기인한 것 … 또한 미국 내에서 특허 등록되면서 공개된 이 사건 특허기술이 구 법인세법 제93조 제9호 (나)목 소정의 '정보 및 노하우'에 해당하지 않는다고 판단하였는바, 앞서 본 법리와 기록에 비추어 살펴보면, 이러한 원심의 사실인정 및 판단은 정당하고, 거기에 상고이유에서 주장하는 바와 같은 구 법인세법 제93조 제9호 … 의 국내원천 사용료소득의 범위에 관한 법리오해나 채증법칙 위배 등의 위법이 없다.

한편 얼핏 같은 논점을 다룬 듯 보이지만 그 전의 판결로 대법원 1997. 12. 9. 선고 97누966 판결은 논점이 다르다. 이 판결은 특허권 실시계약을 맺었지만 실시권자가 실시료를 지급하지 않자 특허권자가 실시료 및 지연이자를 청구했지만, 변호사 비용을 빼고 실제 받은 돈이 지연이자 부분뿐이었던 사안이다. 이 판결은 이 지연이자를 제11호(한결 구체적으로는 제11호의 위임에 따른 시행령 규정)에 나오는 손해배상금이라고 구분한 뒤[103] 해당 호의 내외 판정 기준을 적용하여 국외원천소득이라 판정한 사안이다. 2005두8641 판결에서도 이 판결은 인용하고 있지 않다.

2005두8641 판결에서 대법원은 하급심의 결론을 그대로 유지했지만 소득구분이라는 법률 문제에 대해서는 달리 보고 있다. 하급심은 "특허기술을 침해하였다는 이유로 발생한 특허분쟁과 관련하여 … 특허기술에 대하여 이 사건 실시료 상당액을 지급하기로 한 약정에 따라 … 송금한 이 사건 실시료 상당액은 … 특허실시권을 침해 또는 사용한 데 기인한 것"이라고 적고 있다. 기실 하급심 판결에 나오는 이 내용은 대법원 91누6887 판결의 결론 부분에서 현대자동차가 지급한 돈의 성격을 "이 사건 특허 사용료는 … 특허실시권을 침해 또는 사용한 데 따른 대가로 지급된 것"이라는 표현을 거의 그대로 가져온 것이다.

그러나 91누6887 판결에서 현대자동차가 지급한 돈과 2005두8641 판결에서 대우전자가 지급한 돈의 성격에는 본질적 차이가 있다. 전자에서는 '자동차 1대당 미화 57센트'씩을 지급한 것이고 후자에서는 '524만 달러'를 지급한 것이다. 이 524만 달러에 관해 2005두8641 판결은, 다른 부분에서는 하급심 판결의 표현을 거의 그대로 따르면서도, 하급심과 달리 적고 있다.[104] 지급한 돈의 성격이 실시료가 아니라 '특허실시료 및 화해금'이라고 하면서, 화해약정으로 특허 실시

103) 제8장 제3절 Ⅰ. 1.

104) 하급심 판결과 대법원 판결을 비교하면 다른 유일한 차이점은 하급심에서 특허기술을 침해했다는 부정확한 표현을 쓴 것을 바로잡아 특허실시권을 침해했다고 고친 것이다.

권을 부여하여 앞으로는 특허 침해 시비를 걸지 않겠다는 대가 부분은 특허 실시권을 사용하는 대가이고 과거에 특허를 침해하였다는 사실 때문에 물어내는 돈 부분은 특허 실시권을 침해한 대가로 구분하고 있는 것이다.

2005두8641 판결의 하급심 판결은 제9호(사용료소득)만 인용하고 있고 제11호(손해배상금)는 인용하고 있지 않다. 지급하는 돈의 성격을 일의적으로 실시료라고 파악했기 때문에 손해배상금에 관한 법령은 애초 검토할 필요가 없고 제9호만 인용하고 있는 것이다. 이와 달리 대법원은 지급하는 돈의 민사법상 성격을 특허실시료 및 화해금이라고 구태여 나누어 적고 있으면서도 제11호는 인용하지 않고 제9호만 인용하고 있다. 지급된 화해금이 법인세법 제93조 제11호에 해당한다고 보지 않았다는 말이다. 그렇다고 하여 그 화해금이 제93조의 어느 호에도 해당하지 않는다는 이유로 국외원천소득으로 판단한 것도 아니다. 특허권과 관련하여 지급한 화해금도 제9호에 명시되어 있지 않지만 제9호의 소득으로 본 것이다.[105][106] 소득의 원천 판정 규칙을 정하기 위해서 제93조에서 정한 구분 가운데 어느 하나로 판별한다는 말이다.

2005두8641 판결의 취지는 응당 윗 문단처럼 읽어야 법에 맞다. 미등록 특허권을 침해해서 지급하게 되는 돈의 법적 성격은 불법행위 손해배상금이다. 위에 인용한 옛 법조문으로는 제93조 제11호(현행법으로는 제10호)의 (나)에 '배상금'이라는 구분이 있지만 대통령령은 이 말을 '계약의 위약 또는 해약으로 인하여 지급받는 손해배상'이라고 풀이하고 있다.[107] 특허권 침해라는 불법행위를 제8호의 특허권의 '사용'이라는 개념에 포섭하든가 제10호(나) 및 대통령령의 '계약의 위약'이라는 말에 포섭하든가 둘 중 하나에 포섭해야 한다. 말뜻의 한계가 어디까지인가를 따지면 특허권 침해 행위를 사용에 포섭하는 것은 가능하지만 불법행위를 계약에 포섭할 수는 없다. 결국 옛 법인세법에서는 제8호의 사용료소득이 될 수밖에 없다. 다른 한 가지 가능성은 제11호(현행법으로 제10호)의 (가)에 나오는 '자산 … 과 관련하여 받은 손해배상금'이라는 개념에 포섭하는 것이다.

105) 제9호의 글귀 가운데 위 인용 부분은 그 뒤 개정된 법령에서 제8호로 그대로 이어졌고 다만 사소한 문구 수정만 있었으므로 과거 1967. 11. 29. 전면개정된 법인세법 국내원천소득 조문이 들어온 뒤 현 시점까지 중 어느 때라도 대법원의 위와 같은 결론은 적용 가능하다.

106) 특허권 침해 시비를 종결하는 화해계약에 따라 지급받은 돈의 소득 구분이라는 거의 동일한 사실관계에서 소득의 성격을 사용료로 본 미국 국세청 행정해석으로 "Field Service Advice" 200139022(2001)와 1997WL33314788(1997).

107) 법인세법 시행령 제132조 제10항.

미등록 특허권이나 불법행위 손해배상채권을 '자산'이라는 개념에 포섭하는 것은 일단 가능하다.

2019년말 개정법은 외국 특허권 침해 손해배상금이라는 소득 구분을 따로 신설했다. 그런 소득은 지급자가 국내에 있는 자인가, 미등록 특허권에 포함된 기술로 국내 제조를 하는 등 국내에서 '사실상 사용'이 있는가라는 두 가지 기준을 다 만족하면 국내원천이다.

제93조(외국법인의 국내원천 소득)

10. 차. 사용지 기준 조세조약 상대국의 법인이 소유한 특허권등으로서 국내에서 등록되지 아니하고 국외에서 등록된 특허권등을 침해하여 발생하는 손해에 대하여 국내에서 지급하는 손해배상금·보상금·화해금·일실이익 또는 그 밖에 이와 유사한 소득. 이 경우 해당 특허권등에 포함된 제조방법·기술·정보 등이 국내에서의 제조·생산과 관련되는 등 국내에서 사실상 실시되거나 사용되는 것과 관련되어 지급하는 소득으로 한정한다.

제10호 (차)의 소득에 대한 원천징수세는 15%이다.[108] 사용지 기준 조세조약이란 우리나라에서 미국조약뿐이다. 15%라는 세율은 미국조약상 사용료소득에 대한 세율상한과 맞추어 놓은 것이다. 미국조약상으로는 여전히 사용료소득으로 구분하더라도 조약 위반 시비가 안 생기도록.

제 3 절 사용료소득의 원천

OECD 모델에는 사용료소득의 원천을 판정하는 기준이 없다. 거주지국에만 과세권이 있다고 정하고 있기에 원천을 판정할 필요가 없기 때문이다.[109] 오랫

108) 법인세법 제98조 제1항 제8호.

109) Niv Tadmore, "Source Taxation of Cross-Border Intellectual Supplies — Concepts, History and Evolution into the Digital Age", Bulletin for International Taxation (Jan. 2007)에서는 OECD가 거주지국 과세를 지지하는 논리로 내세우는, 사용료소득이 전체적으로 거주지국과 더 밀접한 관련이 있다는 점이 꼭 옳은 것은 아니라고 지적하고 있다. 사용료소득은, 1) 관련 자산을 사용하게 해줌으로써 가치가 하락하는 것에 대한 대가, 2) 정기적으로 대가를 지급하는 경우에

동안 미국 모델도 마찬가지였다가 2016년 모델 이후에는 판정 기준을 두고 있다.[110] 이에 비해 UN 모델처럼 원천지국에 사용료 과세권이 있는 조약에서는 소득의 원천을 판정하는 기준이 필요하다.[111]

I. 지급자 v. 사용지

앞에 보았듯 법인세법과 소득세법은 '권리등을… 국내에서 사용하거나 그 대가를 국내에서 지급하는 경우' 사용료소득의 원천은 국내라고 정하고 있다.[112] 국내에 등록되지 않은 특허권의 침해로 생기는 손해배상금은 '국내에서 지급하는' 것으로서 '해당 특허권등에 포함된 제조방법 · 기술 · 정보 등이 국내에서의 제조 · 생산과 관련되는 등 국내에서 사실상 실시되거나 사용'되는 것이라면 국내원천이다.

1. 지급자 기준

위 글귀에서 돈을 '국내에서 지급'한다는 말은 국내 '로부터' 지급 받는다는 말이다. 돈을 주고 받는 장소가 국내라는 뜻은 아니다. 그런 장소는 완전히 임의로 정할 수 있기 때문이다. 일본식 용례로 '지급지'(支給地) 주의라고 일컫기도 하지만 만국 공통의 정확한 표현으로는 '지급자' 기준(residence of payor rule)이 맞다. 지급자가 우리나라 거주자이든가 외국법인의 국내사업장이라면 원천이 우리나라라는 말이다. 이자소득이나 배당소득에서 널리 쓰이는 기준과 같다. 조약도 우리나라의 실제 조약을 비롯한 세계 대부분의 조약이 거의 다 지급자 기준이다. 보기로 독일조약의 해당 글귀를 보자.

독일조약 Article 12 (Royalties)

5. Royalties shall be deemed to arise in a Contracting State when the

---

서 전체 기간 동안 관련 자산의 위험을 보유하는 것에 대한 대가, 3) 라이센스된 자산에 대한 대가, 이 세 가지로 나눌 수 있고, 그 가운데 3)은 "licensor"의 나라가 아니라 "licensee"의 나라에서 지식재산권을 보호하기 때문에 생겨나는 가치라는 것이다.

110) 예외적 원천지 과세가 생겼기 때문이다. 2016년 미국 모델 제12조 제2항(특별조세 제도, 본사이전기업), 제12조 제5항.

111) UN 모델 제12조 제5항.

112) 법인세법 제93조 제8호, 소득세법 제119조 제10호.

payer is … a resident of that State.

독일조약 제12조(사용료소득)

5. 사용료가 한 체약국에서 발생한다고 본다: 지급자가 그 체약국 거주자라면.

2. 사용지 기준

한편 법인세법과 소득세법의 위 글귀에서 '국내에서 사용'하면 국내원천이라는 규정은 미국법과[113] 같다. 미국 모델은 자국법을 따라 사용지 기준을 따르지만 실제 조약례는 i) 지급자 기준, ii) 지급자 기준을 원칙으로 삼되 사용지 기준으로 보완, iii) 순수한 사용지 기준, 세 가지. iii)은 실례가 거의 없다. 그런데 공교롭게도 그런 드문 예외 가운데 하나가 우리나라. 이것이 우리나라에서 오래 이어지는 논란을 낳았다.

미국조약 제6조(소득의 원천)

3. 제14조(사용료) (4)항에 규정된 재산 … 의 사용 또는 사용할 권리에 대하여 동 조항에 규정된 사용료는 어느 체약국내의 동 재산의 사용 또는 사용할 권리에 대하여 지급되는 경우에만 동 체약국 내에 원천을 둔 소득으로 취급된다.

위 사용지 기준, 즉 특허권의 사용 장소가 어디인가에 관한 첫 대법원 판결은 91누6887 판결이다. 오랜 논란의 발단인 셈.

대법원 1992. 5. 12. 선고 91누6887 판결

특허권은 국가에 의한 특허처분에 의하여 특허출원인에게 부여되는 권리로서 각국의 특허법과 그 법에 따라 특허를 부여할 권리는 각국에 있어서 독립적으로 존재하여 지역적 제한을 지니게 되므로 … 특허실시에 관한 권리는 특허권이 설정 등록된 국가의 영역내에서만 그 효력이 미치는 것이라고 할 것이고 따라서 … 당해 특허권의 사용 혹은 침해문제는 특허권을 가진 외국법인이 그 특허권의 효력이 미치는 외국 내에서 위 특허제품의 수입, 판매에 대하여 가지는 특허실시권의 사용, 침해에 관한 문제일 뿐 대한민국 내에서의 특허제품 사용

113) 미국세법 제861조(a)(4), 제862조(a)(4).

자체에 관한 문제와는 관계가 없는 것이다.

결국 법인세법 제55조 제1항 제9호 가목에서 …「특허권 등을 국내에서 사용하는 경우에 당해 대가로 인한 소득」이나 미국조약 제6조, 제14조 제4항에서의 「특허권 등에 대한 사용료는 어느 체약국내의 동 재산의 사용 또는 사용할 권리에 대하여 지급되는 경우에만 동 체약국내에 원천을 둔 소득으로 취급된다」는 규정의 의미는 … 외국법인 혹은 미국법인이 대한민국에 특허권을 등록하여 대한민국내에서 특허실시권을 가지는 경우에 그 특허실시권의 사용대가로 지급받는 소득을 의미한다고 해석하여야 할 것이다.

같은 취지의 대법원 2007. 9. 7. 선고 2005두8641 판결이 뒤이어 나오자 행정부 쪽에 비상이 걸렸다. 이 때문에 줄어드는 세수가 상당하다는 것. 그래서 판례의 결론을 뒤집기 위한 글귀로 "특허권 … 등 권리의 행사에 등록이 필요한 권리는 해당 특허권 등이 국외(國外)에서 등록되었고 국내에서 제조·판매 등에 사용된 경우에는 국내 등록 여부에 관계없이[114] 국내에서 사용된 것으로 본다"는 단서가 법인세법에 들어갔다.[115] 하지만 이를 무력화하는 판결이 다시 나왔다.

대법원 2014. 11. 27. 선고 2012두18356 판결

한미조세협약 제6조 제3항, 제14조 제4항은 특허권의 속지주의 원칙상 특허권자가 특허물건을 독점적으로 생산, 사용, 양도, 대여, 수입 또는 전시하는 등의 특허실시에 관한 권리는 특허권이 등록된 국가의 영역 내에서만 효력이 미친다고 보아 미국법인이 국내에 특허권을 등록하여 국내에서 특허실시권을 가지는 경우에 그 특허실시권의 사용대가로 지급받는 소득만을 국내원천소득으로 정하였을 뿐이고, 한미조세협약의 해석상 특허권이 등록된 국가 외에서는 특허권의 침해가 발생할 수 없어 이를 사용하거나 사용의 대가를 지급한다는 것을 관념할 수도 없다. 따라서 미국법인이 특허권을 국외에서 등록하였을 뿐 국내에는 등록하지 아니한 경우에는 미국법인이 그와 관련하여 지급받는 소득은 그 사용의 대가가 될 수 없으므로 이를 국내원천소득으로 볼 수 없다.

---

114) 다자조약인 '특허 협력 조약'(Patent Cooperation Treaty)에 가입되어 있는 국가의 출원인은 1회의 국제 출원으로 모든 체약국의 특허청에 직접 출원한 효과가 발생한다.

115) 2008. 12. 26. 법률 제9267호로 개정된 법인세법 제93조 제9호 단서 제2문.

이 판결에 대해서는 다음과 같이 비판할 수 있다.

1) 미국조약의 '어느 체약국내의 동 재산의 사용 또는 사용할 권리'라는 말에서 '어느 체약국내의'라는 말은 '동 재산'을 수식하는 것이 아니고 '사용 또는 사용할 권리'를 수식하는 말이다. 미국조약 영어 정본, 또 영어 정본의 원본인 미국법의 글귀를 보면 분명하다.

2) 우리나라에 등록된 특허권이어야 소득의 원천이 국내라는 생각은 지급자주의와 정면으로 반대된다. 지급자가 거주자라면 국내원천소득이라는 지급자기준은 그저 지급자가 누구인가만을 묻는 것이다. 이 기준은 특허권의 등록 국가를 묻지 않는다. 특허권의 사용이란 특허권 등록국 내에서만 있을 수 있다는 풀이는 법이 정한 지급자기준이 무의미하다는 말이다.

특허권 사용료의 지급에는 4가지 경우가 존재한다: (가) 거주자가 지급하는 국내 특허의 사용료, (나) 거주자가 지급하는 외국 특허 사용료, (다) 비거주자가 지급하는 국내 특허 사용료, (라) 비거주자가 지급하는 외국 특허 사용료.

지급자기준이란 (가)와 (나)가 국내원천소득이라는 말이다. 즉 지급자주의를 병용한다는 말은 (나)도 국내원천소득이어야 한다는 의미이다. 그런데 특허권 속지주의를 세법에 끌어올 경우 (가)와 (다)만이 국내원천소득이 되므로 지급자기준을 병용한다는 법인세법의 글귀가 아무 의미를 갖지 못하게 된다. 나아가 특허권 속지주의를 세법에서도 그대로 받아들인다면 (다)는 개념상으로는 국내원천소득이 되지만 (다)에 대해서 우리나라가 전속적 과세권을 가진다는 생각은 아직까지 우리 법인세법에는 없다. 결국 특허권 속지주의를 가지고 사용료소득의 원천 판정 기준으로 삼는다는 말은 (가)만을 과세한다는 말이어서 사용 장소기준과 지급자 기준을 병용하는 법인세법 제93조의 구조와 모순된다.

3) 실시료 내지 사용료를 주고받을 권리·의무는 특허법의 효력으로 생기는 대세적 권리가 아니고 특허권자와 지급자 사이의 민사법 관계에서 생가는 채권 채무일 뿐이다. 특허권과 이를 기초로 한 계약상의 권리·의무(사용할 권리와 사용료를 지급할 의무)는 별개라는 점에서, 대법원은 특허가 소급적으로 무효라 하더라도 실시계약이 소급적 무효는 아니고, 특허권자가 이미 지급받은 실시료를 실시권자에게 부당이득으로 반환할 의무는 원칙적으로는 없다고 보고 있다.[116] 특허를 사용할 권리 및 사용료를 지급할 의무는 민사법적 권리·의무로서 우리

116) 대법원 2014. 11. 13. 선고 2012다42666, 42673 판결.

나라 안에, 적어도 우리나라 안에도 존재한다.

4) 특허권의 사용 장소에 관한 미국판결 및 행정해석은 특허권 속지주의를 따르지 않는다.[117)]

5) 미등록 특허권의 사용 장소가 어디인가에 관한 옛 법인세법 제93조 제8호 단서 제2문은 "lex fori" 규칙에 따라서 미국조약의 해석에 적용해야 하고, 나아가 제2문은 오로지 미국조약상 사용료소득 조항에만 관계되는 조문이므로 미국조약에 대한 특별 규정이다.

2019년말 개정법은 "사용지(使用地)를 기준으로 국내원천소득 해당 여부를 규정하는 조세조약(이하 이 조에서 '사용지 기준 조세조약'이라 한다)에서 사용료의 정의에 포함되는 그 밖에 이와 유사한 재산 또는 권리[특허권, 실용신안권, 상표권, 디자인권 등 그 행사에 등록이 필요한 권리(이하 이 조에서 '특허권등'이라 한다)가 국내에서 등록되지 아니하였으나 그에 포함된 제조방법·기술·정보 등이 국내에서의 제조·생산과 관련되는 등 국내에서 사실상 실시되거나 사용되는 것을 말한다]"를 '국내에서 사용하거나 그 대가를 국내에서 지급'한다면 소득의 원천이 국내라고 정하고 있다.[118)] 미국조약은 사용지 기준 조세조약이므로 국내에서 등록되지 아니한 외국 특허권에 포함된 기술이 국내 제조 등 국내에서 사용된다면 소득의 원천은 우리나라이다. 이러한 소득은 미국조약 '제14조(4)(a)의 "기타 이와 유사한 재산 또는 권리'이므로 '제14조 (4)항에 규정된 재산의 사용 또는 사용할 권리에 대하여 동 조항에 규정된 사용료'이고 제6조 (3)항에 따라 '사용 또는 사용할 권리'가 우리나라 안에 있다면 미국조약에서도 소득의 원천이 우리나라이다. 여기에서 사용이나 사용할 권리가 우리나라 안인가라는 판단은 "lex fori"로[119)] 우리 법인세법에 맞추어, 외국 특허권에 "포함된 제조방법·기술·정보 등이 국내에서의 제조·생산과 관련되는 등 국내에서 사실상 실시되거나 사용"되는가라는 뜻으로 읽을 수밖에 없다. 미국 국내법에 맞추어 읽더라도 외국 특허권이 포함하는 기술로 국내 제조가 이루어진다면 제조지국인 우리나라에 사용료의 원천이 있다. 외국 특허권의 침해로 인한 손해배상금 역시 같은 뜻으로 국내에서 사실상 실시되거나 사용된다면 국내원천이고 그에 따른 15% 원천징수세는 미국조약 제

117) 상세는 이창희·양한희, 미등록특허권 침해에 따르는 손해배상금의 과세, 「조세법연구」 25-3(2019), 101쪽, 특히 146~160쪽.

118) 법인세법 제93조 제8호.

119) 미국조약 제2조(2). 제2장 제2절 Ⅴ.

14조(1)의 세율상한 안이다.

대법원 입장을 지지하는 견해도 비슷하게 많다. 최근에는 (i) '사용 장소'의 개념은 미국 법에서 널리 쓰이는데 여기서도 지식재산권의 종류에 따라 논란이 분분하여 원천 판정에 관한 확실한 해석론을 세우기가 애초에 쉽지 않다는 점을 지적하고, (ii) 원천 개념이 애초에 불안정한 데다 우리나라에서 문제되는 사안의 성격상 경제적 현상을 분석하여 '모 아니면 도' 식으로 어느 한 쪽에 원천이 있다고 결론을 내리는 일이 불가능하기 때문에, (iii) 이미 오랜 기간 안정된 판례를 형성하여 온 것이라면 지금 시점에서 판례를 바꾸는 일은 생각하기 어렵다고 주장하기도 한다.[120)]

Ⅱ. 원천 판정 규칙의 차이와 중복과세

원천 판정 규칙이 나라마다 다르면 국제적 중복과세가 생길 수 있다.

Procter & Gamble Co. and Subsidiaries v. United States[121)]

원고 P&G는 생활 잡화의 제조·판매사로서 널리 알려진 미국법인이다. P&G는 동북아의 영업을 맡은 자회사로서 P&G NEA라는 회사('NEA')를 두었다. NEA의 설립준거법은 싱가포르 법이지만 주사무소는 일본에 있었고 따라서 일본세법상 일본법인이다. P&G는 일본 및 한국에 상표권을 등록해 두었고 NEA는 이 상표권에 대한 실시권자로서 일본 및 한국 시장에서 제품을 판매하면서 판매액의 일정 비율을 P&G에 대한 사용료로 지급했다. 일본은 사용료소득의 원천을 지급자주의로 정하고 있으므로[122)] P&G가 받는 사용료는 일본원천소득이지만 미국-일본 조약의 세율상한 10%에 걸리고[123)] NEA는 그에 따라 원천징수세를 일본 정부에 납부했다. 한편 한국의 법인세법에 따를 때 이 사용료 가운데 한국 판매분은 한국에 원천이 있다. 한국에 등록된 상표권의 사용대가이므로 사용지가 한국이기 때문이다. NEA는 한국에 아무런 사업장을 두고 있지 않았지만 한국 국세청은 이 사용료에 대한 원천징수세를 NEA에 물렸다. 물린 금액은 한

120) 윤지현, "한미조세조약이 정하는 '특허권 사용의 장소' 개념을 둘러싼 해석론의 '어제, 오늘, 그리고 내일'", 「조세학술논집」 제40집 제2호(2024), 29쪽 이하.

121) U.S. District Court (Southern District of Ohio), Doc 2010-5311 (July 6, 2010).

122) 일본 法人税法 제138조 제7호.

123) 미국-일본 조세조약 제14조.

국-미국 조약상 상한에 따라서 지급 금액의 15%이다. P&G는 NEA에 이 세금을 지급하고, 일본의 원천징수세에 더하여 한국 원천징수세를 미국에서 외국납부세액으로 공제했으나 미국 국세청은 이를 거부했다.

원고 P&G가 일본에 납부한 세금은 외국납부세액 공제를 받을 수 없다. P&G가 가능한 불복 절차를 다 밟지 않았기 때문에 일본에 납부한 세금은[124] 자발적 기부금에 해당한다. P&G는 애초 법무법인 율촌의 의견서를 받았는데 그 의견서는 한국 국세청의 원천징수세 징수처분이 정당하다고 적고 있다. 그에 따라서 불복 절차를 밟지 않았다. 그러나 율촌의 의견서를 미국-일본 조약상 권한당국 간 합의절차를 밟지 않은 이유로 원용할 수는 없다. 권한당국 간 합의절차에도 불구하고 한국과 일본이 모두 세금을 매긴다면 미국에서 두 가지를 다 공제받을 수도 있지만, 그런 절차를 밟지 않은 이상 이중 공제는 안 된다. 결과적으로 한국의 원천징수세가 이미 공제받은 일본의 원천징수세를 넘는 5% 부분만 추가 공제를 받을 수 있다.

Ⅲ. 사용지 기준과 중복과세

앞에서 본 판결처럼 사용료의 지역적 원천에 대한 판정 규칙이 달라서 여러 나라에서 중복과세가 생기기도 하지만 기실 사용지주의는 그 자체로 중복과세 문제를 낳을 수 있다. 아래 "SDI Netherlands" 판결은 원천지국 국세청이 비거주자 사이의 거래를 과세했다는 점에서 "Procter & Gamble Co." 판결과 마찬가지이다. 차이점은 "SDI Netherlands" 사건에서는 지식재산 실시권자(實施權者)가 재(再) 실시권을 설정해 주었기에 사용료의 흐름이 두 번 나타난다는 점에 차이가 있다. 이 사건은 미국-네덜란드 조약이, 미국 거주자가 네덜란드 거주자에게 지급하는 사용료에 대한 미국의 과세권을 부인하고 있다는 점을 배경으로 한다. 이 규정 탓에 미국 국세청은 네덜란드 거주자인 원고가 받은 실시료에 원천징수세를 매길 수 없었고, 그렇게 되자 이 실시료의 흐름을 좇아가서 원고가 다시 제3국 법인에 지급한 실시료를 그 대신 과세하겠다고 나선 것이다.

124) 판결문의 글귀로는 공제를 부인한 부분이 우리나라 세금인지 일본세금인지 자명하지는 않지만.

SDI Netherlands v. Commissioner[125)]

이 사건 원고인 SDI N은 네덜란드 법인으로, 버뮤다 법인인 SDI B의 자회사이다. 원고는 다시 미국에 SDI USA라는 자회사(B의 입장에서는 손회사)를 거느리고 있었다. SDI N은 SDI B가 소유한 전 세계에 걸친 컴퓨터 소프트웨어의 실시권을 설정받았고, 이 실시권에 터잡아 미국 내 소프트웨어 재실시권을 SDI USA에게 설정해 주었다. SDI USA는 SDI N에게 실시료를 지급하였고, 다시 SDI N은 SDI B에게 실시료를 지급하였다. 원고가 지급한 실시료는, 원고가 받은 실시료에 93% 내지 98% 정도의 사전 약정 비율을 적용한 금액이다. SDI USA가 지급한 실시료는 원고 SDI N의 전세계소득 가운데 약 40% 내지 60% 정도의 비중을 차지하고 있었다. 쟁점은 네덜란드 법인인 원고가 SDI B에 지급한 실시료에 관하여 미국법상 미국원천소득으로 원천징수의무를 지는가이다.

SDI B가 원고를 통하지 않고 SDI USA에 바로 실시권을 설정해 주었더라면, 미국과 버뮤다 사이에는 조약이 없으므로 미국은 국내법에 따라 원천징수세를 걷었을 것이다. 그렇다면 원고를 가운데 끼워서 미국의 세금을 회피할 수 있는가? 이 문제는 가운데 낀 원고를 한갓 도관이나 대리인으로 볼 수 있는가에 달려있다. 그렇게 볼 수 없다. SDI B와 원고의 관계는 원고와 SDI USA 사이의 관계와 하나로 묶기 어려운 개별적 관계이고 원고는 매개 행위에서 자신의 소득을 얻었으므로 "Aiken" 판결의 사실관계보다는 "Nothern Indiana" 판결의 사실관계에[126)] 가깝다. 따라서 원고가 SDI B에 지급한 실시료는 미국내 원천소득이 아니다.[127)]

이 사건과 "Aiken" 사건이나 "Northern Indiana" 사건의 차이점은 국세청으로부터 원천징수세 부과처분을 받은 자가 미국법인이 아니라 가운데 낀 네덜란드법인이라는 점이다. 그런데 여기에서 법원의 논리에 한 가지 문제점이 있다. 보이는가? 가운데 낀 원고가 도관인가 아닌가라는 문제는 SDI N을 가운데에 끼

---

125) SDI Netherlands B.V. v. Commissioner, 107 T.C. 161 (1996).

126) 이 두 판결 및 조약남용에 대해서는 제3장 제2절.

127) 이 판결에 대한 대표적 평석으로, Cunningham, "Sourcing Royalties Paid by Foreign Intermediaries", 76 Tax Notes 959 (1997). 수익적 소유자의 관점에서 이 판결 및 "Aiken", "Northern Indiana" 사건을 분석한 글로, Saurabh Jain, *Effectiveness of the Beneficial Ownership Test in Conduit Company Cases* (2013), IBFD, 19~21쪽, 38쪽, 91~93쪽, 172~180쪽 참조.

운 거래 형식에 불구하고 사용료 계약의 실질적 당사자가 SDI USA와 SDI B라고 보아 SDI USA에게 원천징수의무가 있는가를 따지는 것이다. 그런데 이 사건에서는 애초 국세청은 SDI USA에 원천징수세를 물린 적이 없고 소송 과정에서도 실질적 당사자가 SDI USA와 SDI B라는 주장을 내세우지도 않았다. 국세청은 SDI USA와 원고 사이의 거래가 진실한 거래이고 원고와 SDI B 사이의 거래도 진실한 거래라는 전제 하에서, SDI B가 미국법에 따라 납세의무를 지고 원고도 미국법에 따라 원천징수의무를 진다고 주장하였다.[128] 그럼에도 불구하고 법원은, 이 사건을 조약남용 사건으로 보고 원고가 가운데 낀 형식이 실질에 부합하는가를 따져서 판단을 내리고 있다. 논리로 따지면 정녕 틀린 판결이다.[129][130] 원고를 무시할 수 있는가라는 문제와 원고에게 원천징수의무가 있는가는 분명 다른 논점이다. 그렇다면 법원은 왜 이런 무리수를 두고 있는가? 판결문은 속내를 다음과 같이 비치고 있다.

> 우리의 이런 결론을 떠받치는 논거로 들 수 있는 것은 피고[국세청]처럼 법을 해석한다면 "cascading royalties" 문제가 생긴다는 것, 곧 똑같은 사용료의 흐름이 실시권자의 사슬을 따라서 흘러갈 때 거기에 원천징수세를 중복해서 물릴 수 있다는 점이다. … 미국-네덜란드 조약이 없다면 SDI USA가 지급하는 사용료 역시 원천징수 대상으로 되어 두 번 과세한다는 것이 피고의 논리가 된다. … 국회의 입법의도가 "cascading"을 허용하는 것이라고 결론지을 수는 없다.[131]

"Cascading"이라는 말은 여러 단계로 이루어진 폭포수를 말한다. 앞 판결에서 사용료가 SDI USA에서 SDI N으로 흐르고, 다시 SDI N에서 SDI B로 흐르는 폭포가 있으면 미국 국내법은 두 단계 모두 세금을 매긴다는 것이다.[132] 이런

128) 정확하게 이 문제를 다룬 행정해석으로 Rev. Rul. 80-362, 1980-2 CB208이 있으나 법원은 이를 그대로 내쳤다.

129) Kuntz and Peroni, 앞의 책, A2.03[7][a]절 주석 297.

130) 이 판결은 많은 비판의 대상이 되었는데, 판결의 결론이 사용지 기준을 정하고 있는 미국세법 제861(a)(4) 조문에 정면으로 반한다는 점과, 법원의 판결에 따르면 사용료소득의 원천을 임의로 바꿀 수 있게 된다는 문제가 있다는 것이다. Michael J. McIntyre, "The Royalty Source Rule, Treaty Shopping, Cascading Effects, and the U.S. Tax Court's Indefensible Decision in SDI Netherlands", 15 Tax Notes International 2031 (1997).

131) SDI Netherlands, 107 T.C. 161 (1996), 176쪽.

중복과세는 사용료소득의 원천을 재산의 사용 장소를 기준으로 판정하기 때문이다. 어떤 외국법인이 미국 특허실시권을 설정받고 스스로는 물품을 생산하지 않은 채 다른 비거주자에게 재실시권만 부여하였다고 하자. 사용 장소 기준에 따른다면 본래의 실시권료나 재실시권료나 두 가지가 모두 미국법에 따른 과세 대상이므로 각 총수입금액의 30%라는 세금을 내야 한다. 특허권자는 그가 받는 사용료 전체 금액의 30%를 세금으로 낸다. 과세표준이 총수입금액이므로 실시권자는 자기가 지급한 실시권료를 공제할 여지도 없이 재실시권료의 30%를 세금으로 내야 한다. 이것은 분명 이상한 결과이다.[133] 이 문제점 때문에 법원은 사용료소득의 원천이 어디인가라는 문제를 조약남용이 있는가라는 문제로 돌려 풀고 있는 것이다.

눈을 크게 뜨고 본다면 사용료소득의 원천을 사용지주의로 판정한다는 것은 이자소득이나 배당소득의 과세에서 원천지국이 자국법을 역외(域外)적용하는 것, 이른바 추적과세와 같은 문제이다.[134] 미국은 1986년 이전에는 비거주자·외국법인이 다른 비거주자·외국법인에게 지급하는 이자이더라도 차주의 사업에서 미국내 사업이 차지하는 비중이 소득금액 기준으로 50%를 넘는다면(정확히는 미국원천소득이 총소득의 50%를 넘는 비거주자라면) 꾼 돈이 미국내 사업과 해외사업에 골고루 사용되었다고 보고 지급이자를 안분하여 미국내 사업에 속하는 금액을 대주(貸主)의 미국원천소득으로 과세했다.[135] 배당소득에 대해서도 마찬가지이다. 외국법인이 다른 비거주자·외국법인에게 지급하는 배당금이더라도 미국내 사업에서 번 소득을 배당하는 것이라면 그 원천은 미국이다.[136] 돈의 사용지가 미국인 이상 배당소득의 원천은 미국이라는 것이다. 따라서 배당금을 지급받는 비거주자·외국법인은 미국원천의 FDAP 소득에 대한 납세의무를 부담

132) 이런 뜻에서는 도관회사를 이용한 조약남용은 거의 언제나 "cascading"이라고 부를 수도 있다. 그러나 뒤에 보듯 이자소득이나 배당소득에 대해서는 "cascading"이 있더라도 중복과세 문제는 생기지 않으므로 구태여 그런 말을 쓰지 않고 있고 "cascading"이라는 말이 나오면 으레 중복과세를 뜻한다. 현행 미국법상 사용료에 대한 중복과세나, 매입세액 공제를 하지 않는 경우 중복과세를 낳는 매출세(우리나라의 옛 영업세 같은 turnover tax)를 "cascading tax"라고 부른다.

133) 이 예는, American Law Institute, *Federal Income Tax Project: International Aspects of United States Income Taxation* (1987), 138~139쪽의 예를 간추린 것이다.

134) 이자소득 추적과세에 대해서는 제8장 제2절 Ⅰ., 제3절 Ⅳ., 배당소득 추적과세에 대해서는 제7장 제2절 Ⅲ., 제3절 Ⅳ., 제5절 참조.

135) 1986년 이전 미국세법 제861조(a)(1)(B), 제861조(a)(1)(C).

136) 미국세법 제861조(a)(2)(B).

하고, 배당금을 지급하는 외국법인은 이른바 "secondary withholding tax"를 원천징수해서 납부해야 했다. 그러나 이른바 추적과세 내지 역외 적용은 다른 나라의 반발을 불렀고 또 실제로 집행하기가 어려웠다. 이리하여 1986년의 개정법은 이자소득과 배당소득의 추적과세 대신 지점이자세와 지점세라는 제도를 들여왔음은 이미 앞에서 살펴본 대로이다. 이야기가 나온 김에 다시 한 번 정리하여 보자.

지점이자세란 외국법인의 미국 내 지점에서 손금산입하는 이자는 지점이 직접 지급하는 것(좁은 뜻의 '지점이자': branch interest)이든 해외 지급이자를 미국 내 지점에 안분해 온 것('초과이자': excess interest)이든 모두 미국 내 지점이 원천징수세에 상당하는 세금을 물어야 한다는 것이다.[137] 법은 좁은 뜻의 지점이자는 미국법인이 지급하는 이자로 간주한다.[138] 따라서 이런 이자는 미국원천소득이 되고[139] 이자를 지급받는 자는 미국원천의 이자소득을 받는 자로서 납세의무를 지며 이자를 지급하는 외국법인(미국 내 지점)은 원천징수의무를 진다. 초과이자는 미국 내 지점을 둔 바로 그 외국법인에게 미국법인이 지급한 것으로 본다.[140] 말하자면 미국 지점을 미국 자회사로, 본점을 외국 모회사로 의제하는 것이다. 따라서 외국법인(본점)은 원천이 미국인 이자소득에 납세의무를 지게 되고 미국 지점은 원천징수의무를 지게 된다. 최종 결과는 1986년 이전의 역외 적용이나 별 차이는 없다. 다만 비거주자 사이의 거래까지 추적과세하는 대신에 국내 지점에다 원천징수세를 물림으로써 역외 적용이라는 시비를 피하고 있는 것이다.

배당소득에 대한 "secondary withholding tax"를 대체한 제도는 지점세이다. 지점세란 미국 내 지점이 해외로 보내는 이익 송금액을 계산해서 그것을 배당소득이나 마찬가지로 과세하는 제도이다. 종전의 제도에서는 미국원천소득이 배당될 때 미국의 세금을 물렸지만 1986년 개정법에서는 미국 내 지점이 이익을 송금해 나갈 때 배당소득과 같은 세금을 물리고[141] "secondary withholding tax"는

137) 미국세법 제884조(f). 제8장 제2절 Ⅰ. 2, 제3절 Ⅱ. 3.
138) 미국세법 제884조(f)(1)(A).
139) 이 간주 조항이 없으면 미국법인이 지급하는 이자라야 미국원천소득이다. 미국세법 제861조(a)(1).
140) 미국세법 제884조(f)(1)(B).
141) 미국세법 제884조(a). 제7장 제5절.

포기했다.[142] 지점세의 효과는 추적과세와 똑같지는 않다. 추적과세에서는 미국 지점의 이익을 해외 송금하지 않았더라도 이익 상당액을 주주에게 배당한다면 이는 과세한다. 이에 비해 지점세 제도에서는 실제 배당이 있더라도 해외 송금 전에는 과세하지 않고, 역으로 실제 배당이 없더라도 해외 송금이 있으면 과세한다. 이처럼 정확히 일치하지는 않지만 큰 틀에서는 미국에서 번 돈이라면 회사 단계만이 아니라 주주 단계에서도 세금을 물린다는 점은 마찬가지이고 역시 역외 적용 시비를 피하려는 것이다.

이처럼 이자소득과 배당소득에 대해서 사용지주의를 관철하는 것은 결국 택하기 어려운 대안이다. 자국법의 역외 적용이라는 성격을 갖기 때문이다. 그렇다면 유달리 사용료소득에 대해서만 사용지주의를 관철한다는 것은 도대체 가능한가? 필요한가?[143] 기실 역외 적용에 따르는 부작용은 사용료 쪽이 훨씬 더 크다. 이자소득이나 배당소득에서는 법인격이 다른 회사 사이에서 이자나 배당이라는 자금 흐름의 '다단계 폭포'가 있는 경우 이를 추적해 들어가서 각 단계에 모두 세금을 물리지는 않는다. 그러나 사용료소득의 원천을 사용지주의로 정하는 경우에는 각 단계에 모두 세금을 물리는 결과가 된다. 이것이 "SDI Netherlands" 판결이 보여주고 있는 고민의 본질인 것이다. 입법으로 풀어야 할 문제를 해석으로 덮으려 했다는 치명적인 방법론적 오류는 남지만.

142) 미국세법 제884조(e)(3)(A).

143) 여기에 더하여, 우리나라의 '미등록 특허' 논란에서 보이듯이, 오늘날의 경제 현실에서 다양한 지식재산권의 '사용'이나 그 사용의 '장소'를 논란 없이, 어느 한 곳으로 몰아서 정하는 일이 결코 쉽지 않다는 점도 상기하라.

제 3 편

해외사업의 과세

해외 사업의 과세라는 작명이 꼭 마땅한지는 모르겠는데, 제3편은 우리 자본이나 기업의 해외 진출에 따르는 우리나라 세금 문제를 다룬다. 영어로는 "out-bound rule"이라고 부른다. 제13장은 다른 나라가 매긴 세금에 관한 2중과세 문제이다. 제14장은 조세피난처에서 비롯된 피지배외국법인 세제와 필라 1, 2의 현황과 전망을 논의한다.

제13장
외국납부세액공제

이 장은 외국납부세액공제에 관한 국내법과 조세조약 규정을 분석한다. 구체적으로는 외국납부세액공제의 요건, 공제 한도, 간접외국세액공제, 고정사업장에 귀속되는 외국납부세액의 공제, 마지막으로 속인주의 과세가 경합하는 경우의 외국납부세액공제를 차례로 살펴 나간다.

제 1 절　외국납부세액공제의 의의

전 세계에 걸친 활동을 하는 우리 기업이나 거주자라면 다른 나라에서 번 소득을 놓고 다른 나라에 세금을 낸 것이 있게 마련이다. 그렇지만 우리나라는 이런 납세의무자에 대해 다시 전세계소득에 세금을 걷는다. 그리하여 국내에서만 활동을 하는 경우와 견주어 볼 때 전 세계에 걸쳐 활동하는 납세의무자는 한결 무거운 세금 부담을 지게 되고, 따라서 상대적으로 해외 진출을 꺼리게 된다. 그렇다면 어떻게 할 것인가? 다른 나라의 세금을 줄일 수 있다면 제일 좋겠지만, 다른 나라가 제 세금을 줄여줄 것인가는 조세조약의 문제로 다시 다른 나라 기업의 우리나라 진입시 우리나라가 세금을 얼마나 줄여줄 것인가와 맞물린다. 우리나라 단독으로 국내법으로 정할 일로는, 우리 기업이나 거주자가 다른 나라에 낸 세금을 기정사실로 삼고 이를 어떻게 할 것인가의 문제만이 남는다. 이리하여 법인세법은 다음과 같은 조문을 두고 있고 소득세법[1]도 거의 같은[2] 조문을 두고 있다.

> **법인세법 제57조(외국납부세액공제 등)** ① 내국법인의 각 사업연도의 소득에 대한 과세표준에 국외원천소득이 포함되어 있는 경우로서 그 국외원천소득에 대하여 … 외국법인세액 … 을 납부하였거나 납부할 것이 있는 경우에는 다음 계산식에 따른 … 공제한도금액 … 내에서 외국법인세액을 해당 사업연도의 산출세액에서 공제할 수 있다.
>
> $$\text{공제한도금액} = A \times \frac{B}{C}$$
>
> A : 해당사업연도의 산출세액
> B : 국외원천소득
> C : 해당 사업연도의 소득에 대한 과세표준
>
> ② 제1항을 적용할 때 … 외국법인세액이 해당 사업연도의 공제한도금액을 초과하는 … 금액은 … 10년 … 이월공제기간 … 로 이월하여 … 공제받을 수 있다. 다만 … 이월공제기간 내에 공제받지 못한 … 외국법인세액은 … 손금에 산입할 수 있다.

종래에는 세액공제 방식과 손금산입 방식 가운데 하나를 납세의무자가 고르도록 하다가 원칙적으로 세액공제 방식으로 일원화한 것이지만, 원한다면 외국납부세액의 손금산입도 여전히 가능하다.[3]

납세의무자의 입장에서는 두 가지 방법 가운데 손금산입보다는 세액공제 쪽이 대체로 유리함은 물론이다. 그러나 우리나라의 국익(國益)이라는 관점에서는, 다른 나라에 낸 세금을 손금산입하는 것이 나라에 유리하다. 납세의무자가 국내에 투자한다면 세전(稅前) 투자수익 전체가 우리나라에 속한다. 세금 부분은 국가가, 순소득 부분은 납세의무자가 차지하게 된다. 한편 납세의무자가 해외에

---

1) 종합소득과 퇴직소득에 대하여는 소득세법 제57조, 양도소득에 대하여는 제118조의6. 개인지방소득세는 지방세특례제한법 제97조.

2) 뒤에 제4절에서 보듯 소득세법과 법인세법 사이에는 간접외국세액공제에서 차이가 있다.

3) 법인세법 시행령 제19조 제10호.

투자한다면 투자수익 가운데 우리나라(=국가+납세의무자)가 차지하는 부분은 다른 나라의 세금을 뺀 나머지 부분이다. 이 금액(세전 수익-외국세액)은 바로 우리나라 전체의 입장에서 본 국민소득의 순증가 분이기도 하다. 따라서 우리 경제 전체의 입장에서 본다면 국내 투자의 세전 수익률과 해외 투자의 세후 수익률(세전 수익-외국세액)을 비교하여 높은 쪽에 투자하는 것이 옳은 선택이 된다. 이를 보장하는 것이 바로 외국납부세액의 손금산입 방식이다. 외국납부세액을 손금산입한다는 말은 다른 나라 세금을 낸 뒤 납세의무자에게 남는 것(곧 세전 수익-외국세액)을 우리나라의 과세소득으로 삼아 세금을 걷는다는 말이다. 납세의무자의 손에 남는 최종적 순소득은 우리나라 세금을 낸 나머지이므로, 국내 투자와 해외 투자의 세율이 같은 이상 납세의무자는 국내 투자의 세전 수익률과 해외 투자의 세후 수익률(세전 수익-외국세액)이 같아지는 점에서 투자를 결정하게 된다. 바로 이 점은 우리 경제 전체로서도 국익을 극대화하는 점이 된다. 해외 투자의 경우 과세소득을 (세전 수익-외국세액)으로 정한다는 말은 외국세액을 손금산입한다는 말이다. 이런 뜻에서 외국납부세액 손금산입 방식에는 '국가적 중립성'(national neutrality)이 있다고 말한다. 국가로서는 납세자가 국내에 투자하든 국외에 투자하든 마찬가지라는 말이다. 한편 외국납부세액공제 방식은 자본수출의 중립성을 노리는 것이다. 또한 2022년 말 법인세법 개정으로 도입된 국외원천 배당소득 면제 방식은, 해외 자회사는 외국 세금만 내게 함으로써 해외시장 경쟁력의 제고를 노리는 것이다. 자본수입국의 입장에서는 자본수입의 중립성을 확보하는 방식이다.[4)]

조세조약은 외국납부세액공제 방식이나 외국소득면제 방식 가운데 하나를 택하고 있다. 국가 중립성이란 세계 전체로 본다면 국제 투자가 국내 투자보다 무거운 세부담을 진다는 뜻이고 따라서 세계 경제의 효율을 해치는 까닭이다.[5)] 우리나라의 실제 조약에서 우리나라가 택한 방법은 언제나 외국납부세액공제 방식이지만 상대방 체약국에서는 외국소득면제 방식을 택한 경우도 제법 있다.[6)] 또 독일처럼 국내법에서는 외국납부세액공제 방식을 택하면서도[7)] 조약으

4) 제1장 제2절 Ⅳ.

5) 이창희, 『세법강의』, 제17장 제1절 Ⅳ.

6) 베네룩스 3국, 스위스, 파나마 등 조세피난처에 가까운 나라들은 다 외국소득면제 방식이다. 국제투자의 통로 역할을 노리는 것.

7) 독일 소득세법 제34조, 법인세법 제26조.

로 자국 거주자나 자국법인에게 국외소득면제를 허용하는[8] 입법례도 있다. 일본은 국외원천 배당소득을 면제한다.[9] 지방세법은 자연인·개인의 외국납부세액공제 규정만 두고 법인에 대해서는 아무런 규정이 없다가[10] 2020년 말 개정으로 외국납부세액공제가 가능하게 되었다.[11]

내국법인만이 아니라 외국법인의 고정사업장도 외국납부세액공제를 받을 수 있다.[12] 고정사업장에 귀속하는 사업소득이라면 원천이 국외인 소득도 과세소득에 들어가기 때문이다.[13] 이와 관련해서는 외국법인 본국이 매긴 세금은 어떻게 할 것인가, 또 조세조약상 차별금지 조항의 영향은 어떤가라는 문제가 생긴다. 아래 제5절.

제 2 절 외국납부세액공제의 요건

외국납부세액으로서 공제나 손금산입을 하려면 앞서 보았듯 '외국소득세액'이나 '외국법인세액'이어야 하므로, 우선 세금이어야 하고 다시 우리나라의 소득세나 법인세에 해당하는 세금이어야 한다. 그에 앞선 선결 문제로 돈을 낸 것이 있어야 함은 물론이다.

Ⅰ. 얼마를 낸 것인가?

돈을 낸 것이 있는가? 내었다면 얼마를 낸 것인가? 얼핏 자명해 보이는 이 문제도 실상 어렵다.

---

8) 독일 조약의 외국소득면제 조항에 대해서는, *Klaus Vogel on Double Taxation Conventions*(제3판), 제23조 주석 42문단.

9) 일본 *法人税法* 제23조의2.

10) 현행 조약에는 그런 글귀가 없다는 주장으로 이창, "법인지방소득세에 대한 외국납부세액 공제 적용 가부", 「조세법연구」 25-2, 135쪽, 특히 163쪽.

11) 지방세법 제103조의19, 제103조의34.

12) 법인세법 제97조 제1항.

13) 법인세법 제93조 제5호.

Continental Illinois Corp. v. Commissioner[14)]

이 사건 원고인 미국 C 은행은 브라질의 차주(借主)들에게 돈을 꿔 주면서 금리를 브라질의 원천징수세를 뺀, 이를테면 "net of tax"로 정했다. 가령 브라질의 원천징수세가 25%라면, 대출약정서에서 이자율을 12%라고 정하는 대신 거기에서 12%×25%=3%라는 원천징수세를 공제한 후의 숫자인 9%를 "net of tax" 이자율로 정하고, 원천징수세는 차주가 법에 따라 알아서 내는 것이다. 차주들은 원천징수세를 납부했고 C 은행은 원천징수세를 납부했다는 차주들의 확인서를 받았다.

이 사건 외국납부세액공제의 거부 이유가 된 사실관계 중 일부로서[15)] 기실 브라질은 대주에게서 원천징수세를 걷은 뒤 같은 금액을 차주에게 보조금으로 지급하는 제도를 가지고 있었다. 앞의 숫자례에서 차주들이 25%의 세율로 원천징수세를 납부했다고 하지만 실은 브라질 정부가 납부받은 세액의 대부분에 상당하는 보조금을 차주들에게 지급했다. 실제로는 원천징수세를 면제하면서도 대주들이 본국에서 외국납부세액공제를 받게 해주어서 자본조달 비용을 줄이려는 속셈이다.[16)] 이 판결문을 작성할 때 당시의 법에는 이런 보조금은 외국납부세액에서 상계한다는 명문 규정이 있었다.[17)] 이 사건이 벌어진 사업연도에는 이런 규정은 없었지만 재무부 규칙에 같은 내용이 있었고 법원은 이 규칙을 그대로 인정해서 원고 패소 판결을 내린다.

---

14) 998 F.2d 513 (7th Cir., 1993).

15) 본문에 다루는 논점은 기실 판결문에서는 끝에서 간단히 다루고 있다. 판결문의 주요 쟁점은 C 은행이 자기 이름으로 세금을 납부했다는 브라질 국세청의 영수증이 없는 채로 3%를 외국납부세액으로 공제받을 수 있는가이다. 이 쟁점이 생긴 것은 이 사건 대출계약이 끝난 뒤에 미국국세청이, 이자율을 세후기준으로 약정하였더라도 납세의무자 명의로 된 영수증이 있다면 외국납부세액공제를 허용한다는 행정해석을 내면서 소급적용은 하지 않았기 때문이다. 법원은, 차주의 확인서를 기초로 공제를 허용한다면 납세의무자와 차주가 짜고서 외국납부세액을 허위로 올릴 가능성이 있다는 이유로 납세의무자의 주장을 내친다. 가령 실제로는 세전 이자율 12%에서 원천징수세 3%를 빼고 세후 9%를 받으면서, 마치 세전 이자율 15%에서 원천징수세 4%를 빼고 세후 9%를 받은 것처럼 허위확인서를 받아와서 세금을 줄일 수 있다는 것이다. 미국의 세율이 30%라면 전자의 경우 미국에 낼 세금은 12%×30%=3.6%에서 3%를 공제한 0.6%이고 후자의 경우 미국에 낼 세금은 15%×30%=4.5%에서 4%를 공제한 0.5%가 된다. 두 번째 쟁점은 미국 국세청의 무리한 과세 때문에 생긴 것이다. 영수증이 없어서 납세의무자가 외국납부세액을 공제받을 수 없는 것을 기화로 국세청은 소득금액 자체는 12%로 계산하면서 외국납부세액 3%는 공제해주지 않아야 한다고 주장하였지만 법원은 이를 내친다.

16) 판결문에는 브라질의 외환사정에 관한 설명이 있으나 여기에서 구태여 논의할 이유가 없다.

17) 현행법도 같다. 미국세법 제901조(i).

세금으로 받은 돈을 되돌려 준다면 세금을 걷지 않은 것이라는 자명해 보이는 명제도 실제 적용에서는 어려움에 부딪히는 수가 많다. 가령 외국인투자기업을 위한 공단 지역에서 땅을 싸게 빌린다면 세금을 돌려받는 것인가? 외국인투자기업 유치를 위한 정부 보조금을 현금으로 받는다면 어떤가?[18)]

이 맥락에서 한 때 국제적으로 중요한 문제였던 것이 이른바 '간주세액공제'(看做稅額控除, tax sparing credit)이다. 많은 개발도상국들은 외자 유치를 위한 조세감면 제도를 두고 있다. 우리나라도 오랫동안 그랬고 지금도 일부 남아 있다.[19)] 그런데 거주지국이 외국납부세액공제 방식을 따르고 있다면 개도국이 조세를 감면하더라도 아무런 투자유치 효과가 없게 된다. 원천지국이 세금을 감면하면 그만큼 거주지국이 보충적 과세권을 행사하여 자국 세금을 더 걷는 까닭이다. 따라서 개발도상국들은 자국이 실제 세금을 걷지 않더라도 거주지국이 보충적 과세권을 행사하지 말라, 곧 원천지국에 세금을 안 내었더라도 마치 낸 것처럼 공제해 달라고 요구하게 되었다. UN 모델조약은 이 내용을 두고 있다.[20)] 한편 우리 현행법은 조세조약에 특칙이 있다면,[21)] 간주세액의 공제를 허용해서 마치 실제 낸 세금인 양 공제받을 수 있는 길을 열어 두고 있다.[22)]

대법원 2018. 3. 13. 선고 2017두59727 판결

한·중 조세조약 … 이 사건 조항은 전문에서 … '일방 체약당사국에서 납부하는 조세는 조세경감, 면제 또는 경제발전 촉진을 위한 그 밖의 조세유인조치 관련 법률규정이 없었더라면 납부하였어야 할 조세를 포함하는 것으로 간주한다.'고 정하고, 후문에서 '이 항의 목적상 제10조 제2항 등의 경우에는 세액은 배당 등 총액의 10%인 것으로 간주한다'[고] 정하고 있다 … 한·중 조세조약 제

18) OECD의 '필라 2' 기획을 이어받은 우리나라 「국제조세조정에 관한 법률」의 '글로벌최저한세' 조항에서도 이를 감안한 조문이 있는데, 이른바 '적격환급가능세액공제'를 해당 구성기업의 소득으로 취급하는 시행령 제104조 제1항 제12호이다(원칙적으로 세금을 줄이지는 않고 별도의 소득으로 취급된다). 그리고 이는, 본문에서 말한 것과 같은 현금 보조금이 (국제기업회계기준의 적용에 따라) 소득으로 취급되는 것과 마찬가지라는 것이 OECD의 이해이다. '필라 2' 모델법안에 대한 주석 제4조 관련 문단 111.

19) 조세특례제한법 제121조의2 이하.

20) UN 모델 제23B조 제2항.

21) 멕시코, 필리핀, 방글라데시, 불가리아, 스리랑카, 인도네시아, 파키스탄 조약 등. 중국조약의 한시법은 실효했다.

22) 법인세법 제57조 제3항; 소득세법 제57조 제3항.

> 10조 제2항 (가)목은 '배당의 수익적 소유자가 배당을 지급하는 회사의 자본 25% 이상을 직접 소유하는 회사(조합은 제외)인 경우'에는 2중과세를 최소화하고 국제투자를 촉진할 필요성이 일반적인 경우보다 크다고 보아 일반적인 경우에 적용되는 제한세율인 총배당액의 10%보다 낮은 5%의 한도 내에서만 배당소득에 대한 원천지국 과세를 인정하고 있는데, 이 사건 조항 후문은 그와 같은 경우에 실질적으로 투자유치의 효과를 거둘 수 있도록 일률적으로 10%의 세율이 적용되는 것으로 간주하여 외국납부세액을 산정하도록 하고 있다.
>
> 이처럼 공제세율을 간주함으로써 특별한 조세혜택을 부여하는 방식은 한·중 조세조약 체약국의 의사에 따라 그 적용대상과 시한이 명확히 한정되어 있는 만큼, 원천지국의 국내법률에서 거주지국 투자회사가 받는 배당소득에 대한 세율이 변경되었다고 하여 그에 따라 이 사건 조항 후문의 의미가 달라진다고 보기 어렵다.
>
> 위에서 본 간주외국납부세액 공제에 관한 규정의 체계와 내용 등에 비추어 보면, 한·중 조세조약 제10조 제2항 (가)목에 의하여 원천지국에서 5%의 제한세율로 배당소득에 대한 조세를 납부하였더라도, 이 사건 조항 후문에 따라 원천지국에 납부한 것으로 간주되는 세액은 총배당액의 10%로 보는 것이 타당하다 … 이 사건 조항 후문에 따라 원고가 원천지국인 중국에 납부한 것으로 간주되는 10%에 의한 세액과 직접외국납부세액의 차액인 이 사건 세액은 구 법인세법 제57조 제3항에서 정한 세액공제 대상에 해당한다고 보아야 한다.

간주세액공제를 한다는 말은 거주지국이 보충적 과세권을 행사하지 않는다는 말. 2017두59727 판결에서 보듯 간주세액공제 5% 부분은 중국에서 세금을 안 내었지만 우리나라에서 공제받는다는 것. 손쉽게 간주세액공제액이 거주지국의 보충적 과세권 전액에 해당한다고 하자. 이 경우 해외 투자기업은 원천지국과 거주지국 어느 쪽에서도 세금을 내지 않게 되고, 결과적으로 외국소득면제 방식과[23] 같아진다. 미국에서는 국회가 1957년에 간주외국세액공제 조항을 둔 미국-파키스탄 조약에 대한 비준 동의를 거부한 이래로 간주세액공제를 허용하지 않는 것이 굳건한 조세정책이 되어 있다.[24] 이렇게 되자 개발도상국 가운데

23) OECD 모델로 치면 제23조A 제4항이 없는 상태의 면제 방식. 이 조항은 원천지국이 세금을 매기지 않거나 경감한다면 거주지국이 세금을 매길 수 있다고 정하고 있다. 제3장 제4절 Ⅲ.

24) 제3장 제2절 Ⅴ. 주석 253. 미국이 간주외국세액공제를 해주면 미국 회사들이 해외 현지법인에서 배당을 받을 때 세금이 없어지므로 배당을 촉진하게 되어서 오히려 개발도상국에 손해

에는 자국이 세금을 감면해준 소득에 대해서 보충적 과세권을 행사하지 않는 나라(간주외국세액공제 제도를 두고 있거나 국외원천소득을 면제하는 나라)에서 온 투자자라면 세금을 감면해 주지만 미국처럼 보충적 과세권을 행사하는 나라에서 온 투자자라면 세금을 매기는 나라들이 생겼다. 미국 재무부 규칙은 이런 세금을 "soak-up tax"라고 비하(卑下)하면서 외국납부세액공제를 부인하고 있다.[25] 그런 해석이 법에 맞는지는 의문.[26]

Ⅱ. 소득세 · 법인세인가?

엄밀히는 이 질문에는 두 가지 내용이 있다. 첫 번째는 외국 정부에 납부한 돈이 세금인가 아닌가를 묻는 것이고 둘째는 세금이라 하더라도 소득을 과세물건으로 하는 세금이라야 공제받을 수 있다는 것이다.

1. 낼 의무가 있는가?

우선 적어도 미국에서는 세법이나 조약의 해석에 의문이 있는 경우 조세조약상 권한당국 간 합의를 포함하여 쟁송 절차를 밟지 않았다면 세금이 아니라 자발적 납부액 내지 기부금으로 보아서 세액공제를 거부한다.[27]

대법원 2024. 2. 8. 선고 2021두32248 판결

이 사건 지급보증수수료는 원고가 제공한 지급보증의 대가일 뿐이고 원고 자신이 자금을 제공한 것에 대한 대가는 아니므로 한·중 조세조약 제11조에서 규정하고 있는 '이자'에 해당하지 아니한다고 봄이 타당하다. 이러한 경우 이 사

가 된다는 것이 미국의 주장이다. 그런 주장의 예로, M.S. Feinberg, "United States Views on Selected Aspects of Developing Country Tax Treaty Issues", in Double Taxation Treaties between Industrialised and Developing Countries; OECD and UN models, a Comparison (IFA Congress Seminar Series, Vol. 15, 1990). 그러나 간주외국세액공제가 있으면 애초 외국인 투자가 촉진되었을 것을 생각하면 옳은 주장이 아니다.

25) 미국 재무부 규칙 1.901-2(c)(1).

26) Joseph Isenbergh, International Taxation (looseleaf). 제18.17.2절. Dolan and DuPuy, 901 T.M. The Foreign Tax Credit: Overview and Creditability Issues (looseleaf), 제Ⅱ.D.4절. 미국법의 글귀를 따지는 문제이므로 자세한 논의는 피한다.

27) 미국 재무부 규칙 1.901-2(e)(5)(i); P&G v. United States, U.S. District Court, Doc 2010-16268 (제12장 제4절 Ⅱ. 참조).

건 지급보증수수료가 그 외의 다른 조항에서 취급하고 있는 소득 항목에도 속하지 아니하는 한 결국 한·중 조세조약 제22조 제1항에 따라 거주지국인 우리나라에만 과세권이 있으므로, 중국에 납부한 이 사건 원천징수세액은 구 법인세법 제57조 제1항 제1호에 따른 외국납부세액공제 대상에 해당하지 않는다.

2. 소득에 대한 세금인가?

세금의 성격도 따져야 한다. 가령 다른 나라에서 총수입금액 기준으로 물리는 세금이 있다면 이것이 소득세나 법인세의 원천징수세액인지 또는 우리나라의 부가가치세나 매상세(賣上稅, turnover tax) 같은 소비세인지를[28] 구별해야 한다. 또 실제 문제에서는 세금인가 아닌가라는 질문과 소득세나 법인세인가라는 질문은 서로 뒤엉킨다. 가령 천연자원 개발업에 투자하고 있는 경우라면 외국정부에 낸 돈이 세금이라고 보든, 광업권, 조광권, 기타 채굴권의 대가이므로 세금이 아니라고 보든, 아니면 세금이지만 우리나라의 소득세나 법인세에 해당하지 않는다고 보든, 어느 쪽이든 외국납부세액공제는 불가능하다. 이에 관한 우리나라 판결과 미국 판결을 하나씩 보자.

대법원 1982. 12. 28. 선고 80누316 판결

2. 원심은 … 원고 회사가 인도네시아국과 필리핀국에 납부한 이 사건 외국납부세액은 그 명칭은 법인세 혹은 회사세, 화물세, 운반세, 소득세로 되어 있지만 실은 원고회사 소유 선박이 위 두 국가의 항구에서 원목을 적재하기 위하여 정박하였을 당시 당해국가의 세법에 의하여 출항시에 징수당한 세액으로서 이는 원고 회사의 선박이 현지 외국항 입항 중에 소득이 발생함으로 인하여 그 소득금액을 근거로 산출하여 부과납부한 것이 아니고 당해 항차로 인한 소득과는 무관하게(즉 당해 항차로 인하여 얻을 수 있는 수익이나 소득이 과세표준계산의 기준이 되어 있지 아니하다) 화주와 선주간에 운송계약된 적재화물량(원목)의 용량(평방미터당)에 대한 운송수입금액(운임)에 2퍼센트(다만 필리핀국 인캄택스의 경우에는 2.5퍼센트)의 세율을 적용하여 과세된 것이므로 이들은 모두 선박출항시에 납부하는 일종의 출항세 내지 수출세로서 부득이한 공과금에 불과한 사실을 인정하고 위 외국납세액은 법인세법 제9조 제3항, 동법시행령 제12조

28) 베트남의 세금(도급계약 보수에 대한 세금)을 다룬 행정해석으로 기재부 국제조세제도과-112 (2016.3.4.)와 152(2018.2.6.)

> 제2항 제10호 본문 소정의 손금에 해당하는 제세공과금이라고 판단하고 있다.
> 3. 살피건대, 원심설시의 인도네시아 및 필리핀에서 원고가 당해국에 납부한 각종 세금을 법인세 성질의 것으로 볼 것인가 아니면 손금에 해당하는 공과금이라고 볼 것인가가 바로 이 사건 피고의 과세처분의 적법여부를 판별하는 관건이라고 할 것인바 … 외국세법의 내용은 그 방면의 전문가가 아니면 쉽게 이해하기 어려운 것이므로 원심으로서는 관계 외국세법전문가에의 감정 또는 관계기관에의 사실조회 등에 의하여 위 각국의 조세제도에 입각한 위 외국납부세액의 성질을 규명하였어야 할 것[이다] … 그러므로 원심판결을 파기하고, 사건을 다시 심리판단케 하기 위하여 원심인 서울고등법원에 환송하기로 하여 관여법관의 일치된 의견으로 주문과 같이 판결한다.

이 사건 쟁점인 필리핀 세금은 "income tax"라는 제목을 달고 있지만 그렇다고 하여 당연히 공제 대상인 것은 아니고 우리 법의 소득세나 법인세 같은 성질을 띤 것인가를 따져 보아야 한다는 것이다. 다른 나라 세금의 제목이 "income tax"나 "corporation tax" 또는 그와 비슷한 다른 외국어라고 하여 그대로 우리나라의 소득세나 법인세에 해당하는 것이 아님은 너무나 당연하다. 일본의 '所得税'나 '法人税'도 (우리말처럼 발음하자면) '쇼도크제이'와 '호우진제이'일 뿐 소득세나 법인세는 아니다. 이런 외국 세금이 우리나라의 소득세나 법인세에 해당하는가는 외국법의 내용을 우리 법과 견주어서 비슷한가를 따져야 한다. 무엇을 따져보아야 하는가?

Inland Steel Company v. U.S.[29)]

> 원고는 미국법인인 철강 회사로서 완전자회사인 캐나다 법인 "Caland Ore Company, Limited"(이하 'C'라고 한다)를 통해서 캐나다 온타리오 주에서 철광석을 채굴하여 원료로 사용했다. C는 캐나다에서 국세인 '법인세'(income tax)와 온타리오 주세인 '주 법인세'(corporation tax)를 냈고 그에 더해서 온타리오 주세인 '광업세'(OMT=Ontario Mining Tax)를 냈다. 원고는 C를 연결납세 대상에 포함하여 미국에 연결법인세를 내면서 C가 낸 OMT도 외국납부세액으로 공제했고[30)] 국세청은 이를 부인했다. 쟁점은 OMT가 순소득에 대한 과세인가

29) Inland Steel Company v. United States, 230 Ct. Cl. 314, 677 F.2d 72 (1982).
30) 현행법에서는 외국법인은 연결대상이 아니다. 미국세법 제1504조(b)(C).

이다.

OMT는 광석의 채굴에서 얻는 소득을 과세하는 방식으로서 과세표준은 총수입금액에서 일정 비용을 공제하여 계산한다. 총수입금액은, 1) 미가공 광석을 파는 경우에는 판매액, 2) 광석을 광산에서 가공하여 판매하는 경우에는 가공하기 전 광석의 시가, 3) 가공하기 전 광석의 시가를 확인할 수 없는 경우에는 주정부가 산정한 가치로 계산한다. C가 채굴한 철광석은 현지에서 가공하여 반출한 것이고 가공 전 철광석의 시가가 얼마인지는 확인할 수가 없었으므로 3)의 방법이 쓰였다. 3)에서 가공 전 광석의 가치란, 가공된 광석의 판매액에서 (1) 가공비와 마케팅 비용 (2) 본점경비 배분액 (3) 공장의 감가상각액, (4) 가공에 귀속될 소득, 이 네 가지를 빼는 방식으로 역산한다. 가공에 귀속될 소득이란 가공 대상인 자산의 취득원가의 8%이지만 채굴 및 가공 전체에서 생기는 소득의 15%를 하한으로 하고 같은 소득의 65%를 상한으로 한다. 이렇게 미가공 광석의 가치(=OMT 총수입금액)을 구한 뒤 거기에서 빼는 비용은 운송비, 채굴 인건비, 광업 자산의 감가상각비, 일정한 시추 및 개발비 등 10가지로 법정되어 있었다. 다른 비용, 가령 토지의 취득 관련 비용, 조세공과금, 회의비, 이사 보수 중 일정비율 등은 공제 대상이 아니었다. 지급이자, 제3자에게 지급한 사용료, 광석의 감모액, 생산 개시 전의 시추 및 개발비 등도 공제 대상이 아니었다.

결국 OMT는 소득세와 재산세의 성격이 섞여 있는 세금이고 광업을 하기 위한 허가의 대가라는 측면이 있다. OMT가 순소득을 과세하는 것이라고는 하나 미국의 소득세에서 말하는 순소득을 과세물건으로 삼고 있다고는 말하기 어렵다. 역사를 따져본다면 캐나다가 연방국가로 탄생하기 전에 이미 온타리오 주는 광산업에 광물의 가치를 과세표준으로 하는 '로열티'를 간접세로 매기고 있다가, 그 뒤 주 정부의 과세권이 직접세로 제한되자 법을 바꾸어 순소득 기준 과세를 택하기는 했으나 로열티라는 성격이 웬만큼 남아있다.

OMT에서 비용 공제에 제한이 있다고 하여 소득세가 아니라면 분류과세(schedular taxation)하는[31] 세금도 같은 이유로 소득세가 아니게 되고, 또 미국의 원천징수세도 지급이자 등 비용을 공제하지 않는다는 점을 지적하는 원고의 주장은 받아들일 수 없다. 원천징수세를 부담하는 비거주자에게는 총수입금액을 상쇄할 만한 미국 내 비용이 있기 어려우므로 OMT를 그에 견줄 수는 없고, 전체적으로 볼 때 OMT는 금융 비용을 인정하지 않는 등 필요경비의 공제에 큰

31) 이창희, 『세법강의』, 제9장 제2절 Ⅰ, 제11장 제4절 Ⅱ.

제약이 있어서 미국법상의 소득을 과세하는 것이라고 인정할 수 없다.

마지막으로 OMT의 총수입금액은 아직 판매하지 않은 재고자산의 가치도 포함하는데, 미국의 소득세는 실현된 소득만 과세하므로 OMT와는 다르다.

"Inland Steel" 판결은 소득세제에서 '소득'이라는 말이 도대체 무슨 뜻인가라는 고민을 보여준다. 외국 세금이 우리나라의 소득세나 법인세에 해당하는가라는 판단은 우선 소득이라는 개념의 이념형과[32] 역사에서[33] 시작하여, 과세물건이 순자산의 증가인가에서부터 따질 수밖에 없지만 분명한 정답은 애초 있을 수 없다. 우리 소득세법의 소득 개념 자체가 소득원천설로서 포괄적 소득개념이 아니고 그러다 보니 비용 공제에도 여러 가지 제약이 있기 때문이다.[34] 법인세법의 경우에는 순자산증가설 내지 '헤이그-사이먼즈(Haig-Simons)의 소득 개념'이라는 이념형이[35] 있으므로 비교적 정답을 내기가 쉽다. 위 "Inland Steel" 판결이 '소득에 대한 조세'라는 개념의 요건으로 제시하고 있는 것은 무엇인가? 1) 과세물건이 순소득이 되도록 비용 공제가 있어야 한다, 2) 실현주의, 3) 얼핏 눈에 잘 띄지 않지만 과세 대상 총수입금액의 범위가 포괄적이어야 한다, 이 세 가지이다.[36] 이 가운데 1)과 3)은 순자산증가설의 기본이다. "Inland Steel" 판결 이후 온타리오 주는 법을 바꾸어서 비용 공제 항목을 늘렸고 개정된 OMT는 미국에서 외국납부세액공제 대상이라는 후속 판결이 나왔다.[37] 한편 앞의 세 가지 요건 가운데 실현주의는 실제는 별 문제가 안 된다.[38] 나라마다 손익의 귀속시기에 관한 법이 많이 다르다는 점을 감안하고 있기 때문이다. 또한 소득이라는 개념의 이념형으로 돌아간다면 애초 실현주의는 소득 개념과 어긋난다.[39]

헤이그-사이먼즈의 소득 개념이라는 최소한의 기준이 있더라도 여전히 답하기 어려운 문제들도 있다. 앞의 80누316 판결로 돌아가 보자. 이 사건 세금은

32) 이창희, 『세법강의』, 제8장 제1절.
33) 이창희, 『세법강의』, 제7장.
34) 이창희, 『세법강의』, 제9장, 제11장 제4절 Ⅱ.
35) 이창희, 『세법강의』, 제7장 제1절~제3절, 제8장 제1절, 제13장 제1절.
36) 미국 재무부 규칙 1.901-2(b)(1).
37) Texas Gulf, Inc. v. Commissioner (107 T.C. 51, 1996).
38) 가령 외국법상의 과세 시기가 미국법상 실현 시기보다 빨라도 상관없다. 미국 재무부 규칙 1.901-2(b)(2)(i)(A).
39) 상세는 이창희, 『세법강의』, 제8장 제1절, 제18장 제2절.

아마도 우리 조세특례제한법의 '톤(ton) 세(稅)' 제도와 비슷해 보인다. 해운 기업에 대해서는 실(實) 소득을 계산해서 세금을 매기는 대신 선박의 순 톤수를 기준으로 계산한 일정 금액을 과세표준으로 삼아 세금을 매기는 것이다.[40] 법인세법에 따른 실제 소득과 무관하지만 그래도 이 세금은 우리나라 법에서는 법인세이다. 조세특례제한법에 따라 계산한 금액이 '법인세 과세표준'이기 때문이다. 80누316 판결의 사실관계는 알 수 없지만 인도네시아나 필리핀의 쟁점 세금이 그 나라의 통상적 법인세를 대체하는 이런 특별한 세금이었다고 가정한다면 외국납부세액공제 대상인가? 명문의 규정은 없지만 그렇다고 보아야 할 것이다. 미국 판례는 외국 정부의 특정한 과세처분이 소득세나 법인세인가는 그 특정한 세액 하나만 보고 따질 일이 아니고 세제 전체 속에서 차지하는 위치를 보고 판단하여야 한다고 한다.[41] 나아가 미국법은 '소득에 대한 조세 대신에'(in lieu of a tax on income) 내는 세금(속칭 "in-lieu tax")은 공제 대상이라는 명문 규정을 두고 있다.[42] 가령 외국의 원천징수세는 그 자체로 소득세나 법인세인가에는 의문이 있지만 적어도 "in-lieu tax"에 해당하므로 공제 대상이라고 풀이한다.[43]

3. 조세조약에 따른 공제 적격

조세조약에 따른 외국납부세액공제라면 어떤 세금을 공제 대상으로 삼을 것인가는 조약으로 정하기 나름이다. 가령 미국-영국 조약은 영국의 "petroleum revenue tax"를 미국이 세액공제해 주도록 정하고 있다.[44] 우리나라의 실제 조약에 따른 외국세액공제는 모두 우리 국내법 규정을 조건으로 삼고 있으므로 우리나라의 소득세나 법인세에 해당하지 않는 외국세액을 공제받는 경우는 없는 듯하다. 조약의 적용 대상을 소득에 대한 조세로 정하지 않고 상대방 체약국의 특정한 세목으로 정하는 경우에는 상대방 체약국의 법이 바뀌면 새 법에 따른 조세가 공제 대상인가라는 문제가 생길 수 있다. 이 문제를 다룬 미국의 행정해

40) 조세특례제한법 제104조의10.

41) Schering Corp. v. Commissioner, 69 T.C. 579 (1978), 특히 592쪽(배당소득에 대한 스위스의 원천징수세). 미국의 입장에서 보면 배당이 아니라 대여금의 환수였기 때문에 소득에 대한 세금이 아니라는 시비가 생겼다(제4장 제4절 Ⅳ.).

42) 미국세법 제903조.

43) 미국 재무부 규칙 1.901-2(b)(4) Ex.2; Dolan, "Creditability of Foreign Income Taxes", Tax Management Portfolio, 415-2nd, A24~25쪽.

44) 미국-영국 조약 제2조 제3항 b(iv), 제24조 제1항 제2문.

석을 하나 보자. 이 해석은 네덜란드의 이원적(二元的) 소득세가 국내법상 당연한 공제 대상은 아님을 전제로 조약상 공제 여부만 따지고 있다.

Rev. Rul. 2002-16[45)]

네덜란드가 소득세제를 바꿈에 따라 새로 생긴 세금이 종래의 미국-네덜란드 조세조약에 따른 공제 대상이 되는가를 다룬 미국의 행정해석이다. 네덜란드는 2001년 1월 1일자로 세법을 고쳐 종래의 종합과세 제도를 분류과세 제도로 바꾸면서[46)] 소득을 세 가지로 구분하였다: 1) 노무소득(사업소득, 전문직 소득, 재고자산 양도소득, 근로소득, 연금소득 및 조합기업소득의 자기 지분), 증권매매업자의 배당소득, 자기 소유이고 자기가 살고 있는 집의 임료 상당 내재적 소득, 2) 대주주(발행주식총수의 5% 이상을 소유한 주주)의 배당소득과 주식 양도차익, 3) 순투자자산에 대하여 간주 수익률(현재는 4%)로 계산한 자산소득(이자소득, 배당소득, 부동산소득). 세 가지 소득은 각각 구분 계산하고 결손금도 서로 통산하지 않고, 각 소득 내부에서 일정 기간 다른 과세연도로 이월할 수 있을 뿐이다. 인적 공제는 1), 2), 3)의 차례로 적용하고, 그래도 남는 금액은 차기로 이월한다. 세율도 서로 달라 1)의 소득에는 52%를 상한으로 하는 누진율을 적용하고, 2)의 소득에는 25%, 3)의 소득에는 30%라는 세율을 적용한다.

비거주자도 네덜란드 국내원천인 1)의 소득, 네덜란드 회사에 관련한 2)의 소득, 3) 네덜란드 안에 있는 재산(다만 주식은 네덜란드 안에 있는 재산으로 보지 않는다)에 관한 3)의 소득, 세 가지에 대해서 세금을 납부할 의무를 진다. 논점은 미국 거주자가 네덜란드에 납부한 3)의 자산소득세가 1993년에 체결된 네덜란드-미국 조약에 따른 공제 대상인가이다.

해당 조약 제25조 제4항(외국세액공제)은 미국 거주자는 네덜란드에 납부한 소득세를 공제할 수 있다고 정하고, 제2조 제1항(a)와 제2항에 적은 세금은 소득세로 본다고 적고 있다. 한편 제2조 제1항(a)는 조약 체결 당시의 네덜란드 소득세를 조약의 적용범위에 넣고 있고 제2항은 조약 체결 당시에 있던 세금이 아니더라도 조약 체결 후에 기왕의 세금에 더하여, 또는 그에 대신하여 매기는 세금으로, 같거나 실질적으로 비슷한 세금을 조약의 적용범위에 넣고 있다.

앞서 본 조약 제2조의 적용대상 세금 조항은 각 당사자의 국내법 변경에 따

45) 2002-1 CB 740.

46) 북유럽에서 시작한 이른바 이원적 소득세(dual income taxation)의 일종이다. 자본소득을 가볍게 과세하여 자본을 유치하겠다는 것이 기본 취지이다. 이창희, 『세법강의』, 제8장 제3절 III.

라 조약이 쓸모 없어지는 것을 막으려는 의도이므로, 새 세금의 내용이 종래의 세금과 실질적으로 비슷하다면 공제 대상이 되고, 비슷한가는 구체적 사정에 따라 판단할 문제이다. 2001년 개정세법에 따른 새 세금은 종합적으로 볼 때 종래의 세금과 실질적으로 비슷한 것으로 공제 대상이다.

Ⅲ. 누가 낸 것인가?

외국납부세액공제를 받기 위해서는 자기가 낸 세금이어야 한다. 다만 외국자회사가 낸 세금을 내국법인이 간접외국세액으로 공제받는 경우가 있지만 이는 뒤에 다시 본다. 자기가 낸 세금인지는 자명한 것 아닐까? 꼭 그렇지는 않다.

1. "Biddle" 판결

고전적 판결로 미국 대법원의 "Biddle" 판결을 보자. 이 사건의 배경으로 당시의 영국법은 법인세 2중과세 방지 방법으로 주주에게 전형적인 "imputation", 즉 각 주주에게 귀속되는 법인세 상당액을 소득에 "gross-up"하고 같은 세액을 배당세액공제 받는 제도를 가지고 있었다.[47] 가령 회사의 세전 소득이 100원이고 법인세가 20%이어서 세후 소득 80원을 배당한다면, 주주가 실제 받는 배당금은 80원이지만 법인이 낸 세금 20원을 주주가 낸 것으로 보아 "gross-up"하여 주주의 소득을 100원으로 하고 같은 20원을 주주의 기납부세액으로 공제하는 것이다. 만일 주주에게 적용되는 세율이 30%라면 법인단계의 세액 20을 공제하고 주주가 추가로 납부하는 세액은 10이 된다. 기본적으로 우리나라의 배당세액공제나 마찬가지 제도이다.[48] 이제 영국법인에서 배당금을 받는 주주가 미국 거주자라고 하자. 주주의 소득과 영국 납부세액은 얼마인가? 각 (100원, 20원)인가 (80원, 0원)인가? 이 문제가 생겨나는 배경은 "Biddle" 사건 당시 미국법은 영국법과 달리 '고전적'(classical)인 법인세 2중과세 제도를 가지고 있었다는 점이다.

---

47) 이창희, 『세법강의』, 제14장 제2절 Ⅲ.

48) 소득세법 제56조. 다만 우리 소득세법은 실제 법인세 상당액이 아니라 배당받은 현금의 일정 비율을 공제하고, 이 공제액은 법인세 2중과세 부담을 다 없애주지 못한다. 금융소득 분리과세와 형평을 맞추기 위한 것이다. 이창희, 『세법강의』, 제14장 제4절.

Biddle v. Commissioner[49]

이 사건 원고는 영국 회사에 출자하고 있는 미국인 주주로 1929년과 1931년 영국 회사에서 현금배당을 받았다.

영국 소득세 신고를 할 때, 영국 법인의 주주들이 소득으로 신고해야 하는 금액은 실제 받는 배당금액에 법인이 자신의 소득에 대해 납부한 세금 중 각 주주의 몫을 반영하는 금액을 더한 금액이다. 이 사건의 쟁점은 영국법상 "gross-up" 금액이자 배당세액공제 금액인 20원을 미국에서 외국납부세액으로 공제받을 수 있는가이다.

원고는 과세연도 1929년과 1931년 동안에, 세 개의 영국 회사에서 각 현금배당을 받았다. 영국 회사는 각 주주에게 배당금을 지급하면서 그에 딸린 법인세 상당액이 얼마인지를 통지한다. 원고가 영국 국세청에 제출한 소득세 신고서 상의[50] 소득금액은 실제 받은 현금배당액과 그에 딸린 법인세 상당액을 더한 금액이었다. 원고가 미국에 소득세 신고서를 내면서 소득으로 신고한 금액은 영국의 소득세 신고서 상의 소득금액과 같은 금액이었고, 소득금액에 포함한 영국의 법인세 상당액을 자기가 납부한 외국납부세액으로 공제하고 공제한도를 넘는 금액은 필요경비에 넣었다. 이에 대해 미국 국세청은 실제 받은 현금배당액만이 소득이며 외국납부세액이나 필요경비로 공제할 수 있는 금액은 없다고 보았고 하급심은 국세청 승소 판결을 내렸다.

법령의 글귀에서 '자기가 납부한' 외국납부세액이라는 말은, 법령 자체가 외국법의 개념을 따르도록 정한 것이 아닌 이상 글자 그대로 읽어야 한다. 설사 영국법상으로는 법인세 상당액을 주주가 납부한 것으로 보더라도 마찬가지이다. 쟁점은 영국법상의 법인세 상당액이다. 이 세금은 회사가 내고 세금을 내지 않은 경우 강제징수의 대상도 회사이다.

영국법에서는 주주 단계에서 추가로 납부할 세금은 법인세 전(前) 배당금 상당액으로 "gross-up"한 금액, 곧 주주가 실제 받은 배당금과 법인세 상당액의 합계액에 대해 매긴다. 주주의 소득이 면세되거나 면세점 이하라면 법인세 상당액은 전액 주주가 환급받는다. 이 점이 법인세 상당액의 납부자는 주주라는 원고 주장의 요점이다. 그러나 이 주장을 받아들인다면 영국 법인세는 주주들이

49) 302 U.S. 573 (1938).

50) 판결문으로 미루어 보면 그 당시의 영국법에서는 비거주자 주주의 배당소득에도 신고·납세 의무가 있었던 듯하다.

내는 세금이라는 영국법의 개념을 받아들이는 것이 된다. 미국법은 다르다. 회사가 내는 세금이 결과적으로 주주들의 부담으로 돌아간다는 점이야 법이 어떻든 마찬가지이겠지만 미국법이 설정한 권리·의무는 이 점을 고려하지 않은 채 설정한 것이다.

이 판결은 미국 국제조세법의 주춧돌이 된 중요한 판결이다. 영국 회사가 세전 소득으로 100을 벌어서 법인세 20을 내고 80을 배당하는 예로 돌아가면 이 사건 납세의무자의 주장은 영국법상 자기 소득이 100이고 자기 조세채무가 20이므로, 미국에서도 외국납부세액 20을 공제받아야 한다는 것. 법원은 이 주장을 내치고 주주의 소득은 80원이고 외국납부세액은 영(0)원이라고 판시하고 있다. 영국법상 주주 단계의 세율이 30%라면 어떻게 되는가? 주주 단계에서 추가 납부한 영국세액 10원만이 외국납부세액이라는 것이다. 납세의무자가 자신의 고유한 조세채무로서 납부한 금액은 10일 뿐이고, 20에 대해 납세의무를 지는 자는 주주가 아닌 회사라는 것이다. 외국납부세액공제란 자기 자신의 조세채무를 납부한 경우에 해주는 것이고,[51] 여기에서 자기 자신의 조세채무인가 아닌가는 미국법에 따라 판단해야 한다는 것이다. 그런데 미국법상 조세채무라는 개념은 국가와 채권·채무(債權債務)가 생기는 관계를 말하는 것이다. 영국법에서는 영국 회사가 법인세를 납부하지 않은 경우 국가가 이를 강제징수할 수 있는 대상은 주주가 아니고 법인이므로,[52] 결국 배당세액공제 부분 20은 설사 영국법상으로는 주주의 채무라고 정하고 있다고 하더라도 미국법의 관점에서는 회사의 채무일 뿐 주주의 채무는 아니라는 것. 요는 "자기 자신의 조세채무를 이행한 것이라야 외국납부세액으로 공제 받는다"고 할 때 자신의 조세채무인가는 미국법을 기준으로 판단해야 한다는 것이다. 한 걸음 더 일반화한다면 미국의 입장에서 볼 때 외국법은 하나의 사실일 뿐이고 법률은 아니며, 외국법의 개념이 미국법 어디에 해당하는가는 미국법의 관점에서 파악한다는 것이다.[53]

51) 모회사는 자회사가 낸 세금을 간접외국세액공제 받을 수 있지만 이 사건 납세의무자는 자연인이므로 간접외국세액공제는 받지 못한다. 아래 제4절 Ⅰ.

52) "Biddle" 판결에서 인용하고 있는 영국 판결로, Dalgety & Co., Ltd. v. Commissioner, 15 British Tax Cases 216, 특히 238쪽.

53) Philip R. West, "Foreign Law in U.S. International Taxation", 3 Florida Tax Review 148 (1996), 특히 150쪽 이하. 우리나라에서는 이 문제는 너무나 자명하다. 우리말로 법을 만드는 나라는 우리나라뿐이니까.

분석의 범위를 좁혀서, 납세의무자의 주장을 받아준다면 어떤 일이 벌어지는가? 사안을 단순화하여 주주 단계의 세율이 영국이나 미국 모두 20%라고 하자. 원고 주장대로 회사 단계에서 납부한 영국의 세금 20을 미국이 주주 단계에서 공제해 준다면 어떤 일이 발생하는가? 세금 전체를 영국이 가져가게 된다. 결국 납세의무자의 주장은 영국에 세금 낸 것 한 가지로 모든 세금 문제를 종결짓자는 말이 된다. 이 주장을 받아들일 수 없는 것은, 미국 국내 투자와 비교해 보면 자명하다. '고전적' 세제(classical system)를 가지고 있는 미국의 입장에서 보자면 국내 투자의 경우 법인세를 걷고 나서 주주 단계의 배당금에 다시 개인소득세를 물리는 이상 해외 투자에 대한 세금 부담을 그보다 낮출 아무런 이유가 없다. 해외 투자도 주주 단계의 배당금에 다시 세금을 물려야 세부담이 같아진다.

영국의 입장에서 "Biddle" 판결을 본다면, 미국의 주주가 대영(對英) 투자를 하는 경우와 영국 주주의 국내 투자 사이에 세부담에 차이가 생긴다. 전자에는 영국이 법인세를 걷고 미국은 주주 단계의 세금을 걷는다는 2중과세가 그대로 남아있기 때문이다. 영국으로서는 미국 투자자라 하여 더 높은 세부담을 지울 이유가 없다는 생각을 할 수도 있다(일반론으로 외국인 투자에 대한 최선의 조세정책은 비과세이지만, "ring fencing"이 불가능한 이상 두 가지를 평등하게 취급하는 것이 현실적인 최선의 정책이다. 제1장 제2절 Ⅳ. 2.). 그렇다면 영국으로서는 일방적으로 법인 단계의 세금을 안 매기는 것과 동일한 효과를 얻을 수 있도록 법인 단계의 세금을 외국인 주주에게 환급해 줄 유인이 생긴다.54) 기실 이런 조치는 국내법에 둘 수도 있다. 그러나 다른 한편 영국 투자자의 대미(對美) 투자에 미국은 법인세를 그대로 매기는 마당에 미국 투자자의 대영 투자에 영국이 법인세를 환급해 주는 것은 불공평하다고 생각한다면 국내법을 통해 일방적으로 외국인 투자자에 대한 법인 단계의 세금을 포기하는 것은 억울하다고 생각할 수도 있다. 결국은 이런 문제를 다 다룰 수 있는 수단은 국내법으로는 안 되고 조약뿐이다. 두 나라의 국내법을 반영하여 조약 내용을 정한다면 온갖 특수한 내용들이 다 들어갈 수밖에 없다. 뒤에 다시 보기로 한다.

54) "Biddle" 판결문의 내용을 보면 이 사건 당시의 영국법은 그랬던 것으로 보인다.

2. 혼성단체

실상 "Biddle" 판결은 요사이 말하는 '혼성 단체'(hybrid entity) 문제의 효시일 수도 있다. 영국 회사를 놓고 영국법은 이를 투시하여 주주를 납세의무자로 삼으니 영국 법인세는 주주가 낸 기납부세액이라는 것이다. 미국법은 같은 영국 회사를 주주와 독립된 법인이라고 보니 영국 법인세는 주주가 아닌 남이 낸 것이다. 이것이 미국 연방대법원의 판결.

대법원 2016. 1. 14. 선고 2015두3393 판결

1. 구 법인세법 … 제57조 제1항 제1호(이하 '이 사건 조항'이라 한다)는 내국법인의 각 사업연도의 과세표준에 국외원천소득이 포함되어 있는 경우 그 국외원천소득에 대하여 납부하였거나 납부할 외국법인세액 … 을 해당 사업연도의 법인세액에서 공제 … 할 수 있도록 규정하고 있다. 그리고 제57조 제4항은 내국법인의 각 사업연도의 소득금액에 제5항의 요건을 갖춘 외국자회사로부터 받는 이익의 배당이나 잉여금의 분배액이 포함되어 있는 경우 그 외국자회사의 소득에 대하여 부과된 외국법인세액 중 일정 금액을 내국법인의 외국법인세액으로 보아 이 사건 조항을 적용하도록 하는 간접외국납부세액 공제를 규정하고 있다.

따라서 내국법인이 출자한 외국법인인 단체의 소득에 대하여 부과된 외국법인세액은 내국법인이 납부하였거나 납부할 세액이 아니므로 특별한 사정이 없는 한 그 내국법인은 이 사건 조항에 따른 외국납부세액 공제를 적용받을 수 없고, 구 법인세법 제57조 제4항의 요건이 충족되는 경우에 한하여 간접외국납부세액 공제를 적용받을 수 있을 뿐이다. 내국법인이 출자한 단체가 외국법인에 해당하는지는 구 법인세법상 외국법인의 구체적 요건에 관하여 본점 또는 주사무소의 소재지 외에 별다른 규정이 없는 이상 단체가 설립된 국가의 법령 내용과 단체의 실질에 비추어 우리나라의 사법상 단체의 구성원으로부터 독립된 별개의 권리·의무의 귀속주체로 볼 수 있는지에 따라 판단하여야 한다(대법원 2012. 1. 27. 선고 2010두5950판결 참조).

2. …① 원고는 미국 델라웨어주 법률에 따라 설립된 유한파트너쉽(Limited Partnership)인 … 부동산 투자펀드 … (이하 '이 사건 각 펀드'라 한다)에 투자한 사실, ② 이 사건 각 펀드는 미국 유한책임회사(Limited Liability Company. 이

하 '이 사건 LLC'라 하고, 이 사건 각 펀드와 함께 '이 사건 투자기구'라 한다) 등 다단계 거래구조를 통하여 다양한 투자처에 투자하였고, 이 중 일본에 있는 부동산에 대한 투자는 일본에 설립된 특정목적회사(Tokutei Mokuteki Kaisha. 이하 'TMK'라 한다)인 Chofu Holding TMK 등 여러 TMK를 통하여 부동산을 취득하는 등의 방법으로 한 사실, ③ 각 TMK는 주주인 이 사건 LLC에게 배당소득을 지급하면서 그 LLC를 소득자로 하여 배당소득에 대한 법인세를 원천징수(이하 '쟁점세액'이라 한다)하여 일본 국세청에 납부하였고, 그 배당소득을 차례로 지급받은 이 사건 각 펀드와 LLC 등은 미국에서 법인과세 방식을 선택하지 아니함으로써 법인세를 납부하지 아니하였으며, 원고는 이 사건 각 펀드의 유한책임사원(Limited Partner) 중 하나로서 그 지분에 따라 이 사건 각 펀드로부터 그 배당소득 중에서 쟁점세액 및 운용비용 등을 공제한 나머지를 배당받은 사실…

…이 사건 투자기구는 원고 등과는 별도의 독립된 권리·의무의 귀속주체로서 직접 또는 하위의 단체 등을 통하여 일본에서 원천징수세액이 공제된 배당소득을 지급받은 것이고, 쟁점세액은 원고와 독립된 권리·의무의 귀속주체인 이 사건 투자기구가 납부한 것일 뿐이므로, 원고가 이 사건 조항에 따라 원고의 법인세에서 쟁점세액을 공제받을 수는 없다.

이 사건에서 돈은 TMK → LLC → LP → 원고의 순서로 흘렀다. 쟁점인 외국법인세는 일본의 원천징수세로, LLC가 원천징수 당한 세금이다. 원고 주장은 상대방 체약국의 법에서 LLC나 LP는 모두 투시단체이니 TMK에서 배당소득을 받은 자는 원고이고, 따라서 원고는 자기가 받은 배당소득에 대한 일본의 원천징수세를 공제받을 수 있다는 것이다. 이에 대해서 법원은 2010두5950 판결(론스타) 그대로 민사법상 성질을 기준으로 따지면 미국의 LP나 LLC는 우리 세법에서는 법인에 해당한다는 것이다.[55] 그렇다면 이 사건 배당소득은 LLC가 일단 받고 상위(上位) 배당으로 다시 LP가 받고 다시 그 상위 배당으로 원고가 받은 것. 따라서 쟁점인 일본 원천징수세의 과세는 외국법인인 LLC가 받은 것일 뿐이지 원고가 직접 받은 것이 아니라는 판시. 이처럼 혼성단체인 외국법인으로부터 받는 배당이나 분배액에 대해 발생하는 2중과세 문제 해결을 위해 2010년 말 법이 개정되었다. 외국법을 우리법보다 우선시킨다고 비판할 여지가 있지만

55) 제1장 제4절 Ⅰ.

아무튼.

> **법인세법 제57조(외국납부세액공제 등)** ⑥ 내국법인의 각 사업연도의 소득금액에 외국법인으로부터 받는 수입배당금액이 포함되어 있는 경우로서 그 외국법인의 소득에 대하여 해당 외국법인이 아니라 출자자인 내국법인이 직접 납세의무를 부담하는 … 경우에는 그 외국법인의 소득에 대하여 출자자인 내국법인에게 부과된 외국법인세액 중 해당 수입배당금액에 대응하는 것으로서 대통령령으로 정하는 바에 따라 계산한 금액은 제1항에 따른 세액공제 또는 손금산입의 대상이 되는 외국법인세액으로 본다.
>
> **소득세법 제57조(외국납부세액공제)** ④ 거주자의 종합소득금액 또는 퇴직소득금액에 외국법인으로부터 받는 이익의 배당이나 잉여금의 분배액(이하 이 항에서 "수입배당금액"이라 한다)이 포함되어 있는 경우로서 그 외국법인의 소득에 대하여 해당 외국법인이 아니라 출자자인 거주자가 직접 납세의무를 부담하는 … 경우에는 그 외국법인의 소득에 대하여 출자자인 거주자에게 부과된 외국소득세액 중 해당 수입배당금액에 대응하는 것으로서 대통령령으로 정하는 바에 따라 계산한 금액은 제1항에 따른 세액공제 또는 필요경비산입의 대상이 되는 외국소득세액으로 본다.

다른 보기를 들어보자. 우리나라 거주자인 한국남이라는 사람과 아일랜드 거주자인 아이린이 50:50으로 출자한 합명회사가 아일랜드에서 상표 사용료를 받는다고 하자. 아일랜드조약에서는 거주지국인 우리나라만이 사용료를 과세할 수 있다.[56] 문제는 우리 상법에 따른 합명회사는 아일랜드법에서는 투시 대상이고 각 사원을 바로 과세하므로[57] 사용료소득의 절반은 아이린의 소득이라는 것. 따라서 아일랜드는 거주지국으로 사용료소득의 절반에 소득세를 매길 수 있다. 합명회사는 이 아일랜드 소득세를 외국납부세액으로 공제받을 수 있는가? 두 가지를 따져야 한다. 첫째, 아일랜드 소득세는 조약 위반으로 불공제 대상 아닐까? 조약 위반은 아니다. 우리나라 합명회사가 아일랜드 국내법상 어떤 단체에 해당하는가는 조약에 규정이 없으니 아일랜드 국내법 문제일 뿐이다. 론스타를 우리 대법원이 법인에 해당한다고 본 것이 조약 위반이 아닌 것과 똑같은 이른바 '성

56) 아일랜드 조약 제12조 제1항.

57) TCA 1997, 제30조, 제1008조.

질 결정'(qualification) 문제. 둘째, 아일랜드 소득세는 누가 낸 것인가? 우리 법의 입장에서는 아이린이 낸 것일 뿐이고 합명회사가 낸 것이 아니다. "Biddle" 판결. 따라서 외국납부세액 공제는 못 받는다.[58] 사례에 사실관계를 조금 더 넣어서 사용료를 낳는 상표가 합명회사가 제 돈으로 개발하고 등록한 영업재산이라고 하자. 합명회사가 내는 우리나라 법인세 가운데 절반을 아이린은 아일랜드에서 외국납부세액으로 공제받을 수 있는가? 아일랜드 국내법에서는 합명회사란 존재 자체가 없고 우리나라에 한국남과 아이린의 50:50 동업사업장이 있는 것 뿐이다. 그렇다면 이 사업장이 낸 법인세 가운데 절반은 아이린의 한국 사업장에 귀속하는 소득으로 한국이 원천지국으로서 과세한 것이다. 따라서 아일랜드에서 외국납부세액 공제를 받을 수 있어야 논리가 맞지만,[59] 다시 민사법상 인격이 다르니 아이린이 낸 세금이 아니라는 주장도 반드시 틀렸다고 단언하기는 어렵다. 결국은 아일랜드 국내법 문제로 돌아갈 것.

Ⅳ. 공제 시기

공제 대상인 외국세액은 '납부하였거나 납부할' 세액을 말한다.[60] 이 말은 현금주의와 발생주의 사이에서 선택할 수 있다거나 장차 납부할 다른 나라 세금을 미리 공제할 수 있다는[61] 뜻은 아니고, 외국납부세액을 미리 선납하였거나 아직 납부하지 아니하였더라도 '해당 국외원천소득이 과세표준에 산입되어 있는 사업연도의 산출세액에서 공제'한다는 말이다.[62] 이 구조에서는 외국정부가 외국세액을 추징하거나 환급하는 경우 애초의 귀속 사업연도로 소급하여 외국납부세액공제액을 다시 계산하여 세액을 경정하여야 한다. 외국세액의 환급으로 인하여 결과적으로 외국납부세액을 과다 공제 받은 경우라면 그런 환급이 있어야 비로소 우리나라가 법인세를 추징할 수 있으므로 환급을 받은 날이 국세기본

58) 2017년에 추가된 OECD 모델 제23조 제1항 괄호 부분은 당연한 사리의 확인. OECD 모델 제23조 주석 11.1문단. OECD 파트너십 보고서(1999), 보기 16은 해석론으로는 답이 틀렸다. 외국납부세액 공제를 해주기로 정책적으로 정할 수 있는 것이야 당연.

59) OECD 모델 제23조 주석 11.2문단 보기 A.

60) 법인세법 제57조 제1항.

61) 미국에서는 선택이 가능하다. 미국세법 제905조(a).

62) 법인세법 시행령 제94조 제3항.

법 제26조의2에서 말하는 법인세를 '부과할 수 있는 날'이다. 따라서 부과제척기간은 외국 법인세를 환급받은 날로부터 기산해야 옳다. 미국법은 외국 정부가 외국세금을 환급해 주는 경우 국세청이 그에 맞추어 세액을 증액경정한다고 정하고 있는데 판례는 이 글귀를, 증액경정은 당초의 사업연도로부터 시간이 얼마나 흘렀든 제척기간에 걸리지 않는다는 뜻으로 풀이하고 있다.[63] 조약에 따른 공제라면 조약 자체에서 공제 시기를 정한 것이 따로 있을 수 있다.[64]

Ⅴ. 소득의 원천 v. 상대방 체약국의 조약상 과세권

외국납부세액공제는 '국외원천소득에 대하여 납부하였거나 납부할' 세액임을 전제로 한다. 제도 자체가 국외원천소득에 대해 보충적 과세권을 행사하자는 것이므로, 원천이 우리 국내인 소득에 외국이 부과한 세금은 애초 공제 대상이 아니다. 국내원천소득에 대해서는 우리나라만이 독점적 과세권을 가진다는 것. 가령 미국법인의 한국 지점이 우리나라 법인에게 이자를 지급한다고 하자. 우리 법인세법상 이 이자소득의 지역적 원천은 우리나라에 있다.[65] 한편 미국법은 이 이자소득을 미국원천소득으로 과세하지만,[66] 우리 국내법의 입장에서 본다면 미국이 우리나라 원천인 소득을 과세하는 것일 뿐이고 이 경우 미국의 법인세는 공제 대상이 아니다. 외국 법인세가 공제 대상이 되려면 과세 대상이 국외원천소득인 경우에 한한다는 우리 법의 규정은 기실 미국법이나 일본법에는 없다. 미국법이나 일본법의 외국납부세액공제 제도에서 소득의 원천이라는 개념은 다음 제3절에서 검토하는 공제한도액의 하부 개념이다. 일본법이나 미국법에서는 외국 법인세라면 공제 대상이 되고 다만 공제한도액에 걸릴 뿐이며 공제한도액의 계산은 소득의 원천을 따져서 정하도록 되어 있다.[67] 그러나 우리 법인세법 제57조와 소득세법 제57조의 글귀에서는 공제한도액의 계산과는 별도로 애초에 '국외원천소득에 대하여 납부하였거나 납부할' 세액만이 공제 대상이다.

---

63) 미국세법 제905조(c). Pacific Metals Corp. v. Commissioner, 1 T.C. 1028 (1943) 이래 굳은 판례이다.

64) 제2장 제2절 Ⅲ.과 아래 제4절 Ⅵ.의 "Xerox" 판결.

65) 법인세법 제93조 제1호 가목.

66) 미국세법 제861조(a), 제881조(a). 제8장 제3절 Ⅱ.

67) 일본 법인세법 제69조 제1항. 미국세법 제901조, 제904조.

현실적으로는 소득의 원천이 우리나라에 있다는 이유로 바로 공제를 부인하는 것은 각종 원천징수세처럼 특정한 항목의 소득에 대한 외국 법인세에나 적용할 수 있을 것이다. 각 사업연도의 소득에 대한 외국의 법인세나 소득세를 놓고 그 가운데 국내원천소득(우리나라의 입장에서 본 국내원천소득)에 부과된 것을 따로 구분 계산하는 것은 매우 어려운 작업일 것이다.

공제한도액과는 별도로 국외원천소득에 대한 외국세액이라야 공제 대상이 된다는 국내법 규정은 조세조약의 수정을 받는다. 조약상의 외국납부세액공제 조항은 원천지국이 스스로의 세금을 합의한 범위로 줄이는 데 대한 대가로 거주지국은 그런 범위 안에서 원천지국의 과세권을 우선시키는 내용을 담는다. 거주지국은 원천지국이 세금을 매기지 않은 부분에서 보충적 과세권을 행사하는 것이므로, 원천지국이 조약에 맞는 세금을 매기는 이상 거주지국은 그런 세금을 공제해 주어야 한다. 이리하여 OECD 모델 제23조B는 다음과 같이 정하고 있다:

OECD Model Article 23B (Credit Method)

1. Where a resident of a Contracting State derives income … which may be taxed in the other Contracting State in accordance with the provisions of this Convention … the first mentioned State shall allow … as a deduction from the tax on the income of that resident, an amount equal to the income tax paid in that other State.

OECD 모델 제23조B(세액공제)

1. 한 체약국 거주자가 버는 소득 …을 상대방 체약국에서 이 조약에 따라 과세할 수 있다면 전자의 체약국이 그 거주자의 소득에 대한 세금에서 공제해줄 금액은 상대방 체약국에 낸 세금 만큼이다.

조약이 특정한 소득에 대한 원천지국의 과세권을 인정하는 이상은 그런 소득에 대한 원천지국의 세금은 공제 대상이 된다고 정해야 조세조약의 협상과 체결이 가능하다. 이렇게 하는 방법으로 다시 두 가지 생각이 있을 수 있다. 하나는 조약에 소득의 원천에 관한 규정을 따로 정해 두는 것이다. 원천지국의 과세권 여부나 원천지국 세금의 공제 여부는 이 소득원천 규정에 맞추어 정하면 된다. 예를 들자면 이자소득의 원천은 이자를 지급하는 자의 거주지에 따른다는 소득원천 규정을 두고, 이자 규정에서는 원천지국은 자국에 원천이 있는 이자소득을 과세할 수 있다고 정하고, 외국납부세액공제 조항에서는 거주지국은 원천지국에 원천이 있는 이자소득에 대한 원천지국 세금을 공제해 주어야 한다고 적는 것이다. 예전의 1977년 미국 모델은 이런 구조를 띠고 있었고, 우리나라의 현행 미국조약도 이런 구조를 따르고 있다. 그러나 다시 생각해 보면 여기에서 소득원천 규정은 단순한 매개 조항일 뿐이고, 조약의 구조에서 꼭 있어야 할 이유가 없다. 앞의 예로 돌아가서 이자소득에 대한 원천지국 세금은 이자를 지급하는 자가 자국 거주자인 경우에만 매길 수 있다고 정하고, 외국세액공제 조항에 가서는 조약이 허용한 원천지국 세금은 공제 대상이라고 정하면 된다. 현행 OECD 모델이나 미국 모델조약은 모두 이런 꼴. 어느 쪽이든지 상대방 체약국이 매긴 세금이 우리나라에서 공제 대상이 되는가는 상대방 체약국에 과세권이 있는가에 달려 있을 뿐이므로,[68] 우리나라가 따로 원천을 따져서 공제 대상의 해당 여부를 결정할 이유가 없게 된다.

상대방 체약국이 매긴 세금이 조약 위반이라면 외국납부세액 공제를 못 받는다.[69] 조약의 특정한 글귀의 뜻을 둘러싸고 상대방 체약국 법원과 우리 법원 사이에 법해석이 갈린다면, 상대방 체약국의 세금을 공제하지 않는 것은 당연하다. 한편 생각의 차이가 언제나 조약 위반은 아니다. 가령 앞서 본 "Schering" 판결로 돌아가면 기술료의 정상가액이 얼마인가라는 사실 판단은 정답이 없고 상호합의로도 해결이 안 된다면 미국 국세청의 판단을 스위스 국세청이나 법원이 받아들여야 할 이유가 없다. 그렇다면 스위스가 매기는 세금은 조약 위반이 아니고 달리 공제 부적격 사유가 없는 한 미국에서 공제 대상이다. 제4장 제4절 Ⅳ.

다른 보기로 우리나라 거주자인 한국남이 아일랜드에 투시단체인 리미티드 파트너십(LP)을 세워서 사업을 벌인다고 하자. 론스타 판결을 따르자면 LP는 우리나라 법으로 쳐서 '법인'— 굳이 말하자면 합자회사와 비슷— 에 해당한다. 제1장 제4절 Ⅰ. 이제 한국남이 LP 지분을 양도한다면 아일랜드 법에서는 한국남 자신이 소유하던 아일랜드 사업장 재산을 양도한 것으로 보고 국내법 및 조약에 따라 사업소득이나 양도소득으로 과세할 것이다.[70] 한편 우리나라의 입장

---

68) 제12장 제2절 Ⅳ. 주석의 핀란드 판결(KHO 2011:101).

69) 대법원 2024. 2. 8. 선고 2021두32248 판결. 앞 Ⅱ.

70) 아일랜드 조약 제13조 제4항.

에서는 한국남은 출자지분을 양도한 것이므로 과세권은 거주지국인 우리나라에만 있다.[71] 아일랜드가 매기는 세금은 조약 위반인가? 아니다. 아일랜드에 있던 사업재산의 소유자가 한국남인가 LP인가는 조약에서 답이 안 나오고 두 나라 각각 제 국내법으로 돌아갈 뿐이다. 아일랜드의 세금이 조약 위반이 아니니 달리 공제 부적격이 되지 않는 이상 우리나라가 아일랜드 세금을 공제해 주어야 한다.[72] 다른 한편 한국남이 LP 사업과 무관하게 따로 아일랜드 회사의 주식을 사두었다가 이를 판다고 하자. 아일랜드가 이 주식의 양도차익을 과세한다면 조약 위반이므로 우리나라는 외국납부세액을 공제하지 않는다.

제 3 절 외국납부세액의 공제한도

우리나라 등 여러 나라가 택하고 있는 외국납부세액공제 제도는 외국에 납부한 세액이 있다고 해서 이를 무조건 모두 공제해 주지는 않는다. 앞에서 보았듯 우리 법인세법과 소득세법은 외국 정부가 세금을 매긴 소득의 원천이 우리나라라면 그 자체로서 공제를 부인한다. 또한 미국이나 일본 등 다른 나라에도 대개 있는 제도로, 우리 법은 외국납부세액의 공제를 '(전세계소득에 대한 세액)×(국외원천소득)/(전세계소득에 대한 과세표준)'이라는 한도 안에서만 인정한다.[73] 이 한도는 바로 국외원천소득에 (세액/과세표준)=법인세율을 곱한 금액이 된다. 이런 한도를 두지 않는다면 다른 나라가 우리나라보다 높은 세율로 세금을 매기는 경우 우리나라는 그런 세금도 공제해 주게 된다. 이는 우리나라의 기업이 우리나라 안에서 번 소득에 대한 세금의 일부를 다른 나라에 그냥 넘겨주는 결과가 되고, 이 때문에 국외원천소득에 대한 공제한도를 두고 있다.[74] 한도를 넘는 외국세액은 10년간 이월하여 공제받을 수 있다.[75]

---

71) 같은 조약 제13조 제6항.

72) OECD 모델 제23조 주석 32.4문단.

73) 법인세법 제57조 제1항; 소득세법 제57조 제1항.

74) 같은 생각에서 미국법은 국외 손실이 국내원천소득을 잠식하는 것을 허용하지 않는다. 미국세법 제904조(f).

75) 법인세법 제57조 제2항; 소득세법 제57조 제2항.

Ⅰ. 국외원천소득

그런데 법인세법이나 소득세법은 '국외원천소득'이 무엇을 말하는가에 대해 아무런 규정을 두지 않고 있었다. 이리하여 판례는 외국납부세액의 공제한도를 정함에 있어서 소득의 원천은 외국법인의 국내원천소득에 대한 조문을 준용했다.[76] 2013년 법인세법 시행령의 신설 조문도 '국외에서 발생한 소득으로서 내국법인의 각 사업연도 소득의 계산에 관한 규정을 준용하여 산출한 금액'으로 풀이하고 있다.[77]

Ⅱ. 필요경비의 내외 안분

공제한도=(전세계소득에 대한 세액)×(국외원천소득)/(전세계소득에 대한 과세표준) 이라는 공식의 성질상 국외원천소득이라는 말은 당연히 순소득 개념. 전세계소득에 대한 과세표준 가운데 국외원천소득이 차지하는 비율이 얼마나 되는가를 따지는 것이기 때문이다. 따라서 국외원천소득에 딸린 필요경비를 빼야 하고, 국내·외 원천소득에 대한 공통 경비가 있는 경우에는 국외원천소득에 대응하는 부분을 안분하여야 한다.[78] 다른 나라가 순소득 기준으로 세금을 매기든 총수입금액을 기준으로 세금을 매기든 우리나라 법과는 무관하다.

대법원 1987. 2. 24. 선고 86누219 판결

법인세법 … 에 의하여 외국납부 법인세공제 한도액을 결정함에 있어 국외원천소득금액을 계산하는 경우에 법인의 당해년도 과세표준 금액 계산상 손금에 산입한 각종 충당금, 준비금 또는 국내외 전체 영업을 위한 공통경비 등이 있을 때에는 이를 그 발생원인에 따라 적정하게 안분하여 그중 외국지점 영업에 관련된 부분은 당해 외국지점의 손금으로 계산하여야 한다.

왜냐하면, 법인세법 … 은 외국납부 법인세액은 법인의 당해년도 법인세액 중 국외원천소득이 당해연도 과세표준금액에서 차지하는 비율을 곱하여 산출한

76) 대법원 1987. 2. 24. 선고 86누219 판결; 1987. 5. 12. 선고 85누1000 판결 등.

77) 법인세법 시행령 제94조 제15항.

78) 2019년 개정된 법인세법 시행령 제94조 제2항은 이를 직접 비용과 배분 비용의 개념으로 구분하여 규정하고 있다.

금액을 한도로 이를 공제하도록 규정하면서 국외원천소득금액의 결정방법에 대하여는 아무런 규정을 두고 있지 않으므로 위의 국외원천소득은 법인세법 … 이 정하는 소득개념에 따라 외국지점의 당해연도 익금총액에서 그 손금총액을 공제하는 방법으로 계산하여야 할 것이고, 위에서 본 각 손금은 그것이 외국지점에서 직접 지출된 경비는 아니지만 그 중 외국지점 영업에 관련된 부분은 실질적으로 당해 외국지점 영업을 위하여 지출되거나 또는 당해 외국지점 경영상의 필요에서 인정되는 손금에 해당하는 것이어서 이는 당해 외국지점의 손금으로 봄이 상당하며, 또 위와 같이 외국지점의 영업을 위하여 지출되거나 그 경영상의 필요에서 인정되는 손금상당액을 당해 외국지점의 국외원천소득금액 계산상 그 외국지점의 손금으로 인정하지 않는다면 당해 외국지점의 국외원천소득금액을 그 실질소득금액보다 많게 하여 외국납부 법인세공제한도액 계산에 있어서도 그 공제한도액을 부당하게 높이는 결과가 되기 때문이다.

따라서 원심이 같은 취지에서 피고가 원고법인의 이 사건 각 과세연도의 외국지점별 외국납부 법인세액공제한도액을 결정함에 있어 원고법인의 당해연도 과세표준금액계산상 손금으로 산입한 각종 충당금, 준비금 또는 국내의 영업을 위한 공통경비 등을 그 각 발생원인에 따라 적정하게 안분하여 외국지점영업에 관련된 것으로 인정되는 손금상당액을 당해 외국지점의 국외원천소득금액에 손금으로 조정가산하여 각 외국지점별 외국납부 법인세공제한도 액을 결정한 조치를 그대로 유지한 것은 정당하[다].

대법원 2015. 3. 26. 선고 2014두5613 판결

… 외국법인세액 공제한도를 계산할 때 '국외원천소득금액'은 내국법인의 해당 사업연도에 속하는 국외에 원천을 둔 익금 총액에서 그와 관련된 손금 총액을 공제하여 산정하여야 하고, 이는 내국법인이 국외원천소득이 발생한 원천지국에 고정사업장을 두지 아니하여 그 국외원천소득에 대하여 수입금액에 일정한 원천징수세율을 곱하여 산출된 법인세를 부담하였던 경우에도 마찬가지이다 … 국외 고정사업장을 두지 아니한 원고가 외국방송사에 방송프로그램을 판매하여 얻은 이 사건 국외원천소득에 대하여 외국에서 그 수입금액에 일정한 원천징수세율을 곱하여 산출된 법인세를 부담하였다고 하더라도, 구 법인세법 제57조 제1항 제1호에 따라 외국법인세액 공제한도를 계산할 때는 그 수입금액에서 그와 관련된 경비를 공제하여 국외원천소득금액을 산정하여야 한다 …

Ⅲ. 국별(國別) 한도 v. 일괄(一括) 한도

종래 우리 법에는 외국납부세액의 공제한도를 나라 별로 계산하는지 모두 묶어서 계산하는지에 대한 명문의 규정이 없었고, 판례는 국별 한도 방식을 따르고 있었다.79)

대법원 1987. 2. 24. 선고 85누651 판결

법인세법(1982. 12. 21. 법률 제3577호로 개정되기 전의 법률) 제24조의3 제1항은 내국법인의 각 사업년도의 과세표준금액에 국외원천소득이 포함되어 있는 경우에 그 국외원천소득에 대하여 대통령령이 정하는 외국법인세액을 납부하였거나, 납부할 것이 있는 때에는 제22조의 규정에 의하여 산출한 당해 사업연도의 법인세액에 국외원천소득이 당해 사업연도의 과세표준금액에서 차지하는 비율을 곱하여 산출한 금액을 한도로 외국법인세액을 당해사업연도의 법인세액에서 공제한다고 규정하고 있는바, 법인의 국외사업장이 2개 이상의 나라에 있는 경우의 위의 국외원천소득을 국외사업장에 있는 나라별로 계산한 소득금액으로 보아 그 공제한도액을 나라별로 정할 것인지(국별 한도방식) 또는 위의 국외원천소득을 국외 모든 사업장의 소득과 결손을 가감한 후의 소득금액으로 보아 그 공제한도액 또는 국외의 전체 소득금액에 대하여 일괄하여 정할 것인지(일괄한도 방식)는 위 규정자체만으로는 반드시 명백한 것이라고 할 수 없다.

그러나 외국법인세는 모든 국외 모든 사업장의 소득과 결손을 가감하여 과세되는 것이 아니라 국외사업장이 있는 나라별로 각 그 나라의 세법에 따라 과세될 뿐만 아니라 국제간에 중복과세방지를 위한 조약이 체결되더라도 그 내용은 나라마다 다를 수가 있고 또 모든 국외사업장의 소득과 결손을 가감하여 결손이 되더라도 어느 나라에서 발생한 소득은 법인소득금액산출에 있어 익금으로 가산되어 법인세과세표준금액에 포함되게 되며 나아가 위 규정에 의한 외국납부 법인세공제는 동일한 소득에 대한 국가간의 중복과세를 방지하여 내국법인의 조세부담을 감경하려는 데에 그 취지가 있는 점등을 함께 고려해보면, 위 법조에 규정된 국외원천소득은 국외사업장이 있는 나라별로 계산한 소득금액을

79) 대법원 1987. 2. 24. 선고 85누651 판결; 1987. 5. 12. 선고 85누1000 판결. 2015년 이후 법인세법시행령 제94조 제7항도 국별한도를 정하고 있다.

> 의미하는 것이고, 따라서 위 법인세법규정에 의한 외국납부세액공제 또한 국외사업장이 있는 나라별 소득금액에 대하여 그 한도액을 정하여 그 한도내에서 나라별로 세액공제를 함이 상당하다 할 것이다.
>
> 그러므로 원심이 같은 취지에서 피고가 원고법인에 대한 1982년도 법인세를 조사 결정함에 있어 원고법인이 그 사업연도 중 사우디아라비아국에서 금 13,984,105,410원의 국외원천소득이 발생하여 이에 대한 같은 나라의 법인세 금 3,474,801,520원을 납부하였는데도 원고법인의 국외 모든 사업장의 소득이 전체적으로 금 15,598,159,373원의 결손이 있다하여 원고법인의 과세표준금액에 국외원천소득이 포함되지 아니한 것으로 보고 위 사우디아라비아국의 외국납부법인세액중 같은 나라에서 발생한 국외 원천소득에 대한 위 법인세법 규정에 의한 공제한도액금 1,623,000,000원을 공제하지 아니하고서 한 피고의 이 사건 과세처분은 위 공제한도액과 이에 대한 가산세 금 162,300,000원의 합계 금 1,785,300,000원의 범위 내에서 위법하다고 하여 그 부분의 취소를 명한 것은 정당하고 거기에 주장하는 바와 같은 법인세과세표준과 외국납부 법인세공제제도의 취지를 오해하여 위 법인세법규정의 해석을 잘못한 위법이 있다 할 수 없다. 주장은 이유없다.

위 85누651 판결에서 국별 한도가 옳다고 주장한 사람은 국세청인가 납세의무자인가? 납세의무자. 숫자를 다시 보면 사우디아라비아에서 생긴 소득이 13,984이고 사우디아라비아에 낸 세금이 3,424이며 다른 나라에서는 29,582의 결손(缺損)이 생겼고(13,984－29,582＝－15,598) 세금 낸 것도 없다. 사우디와 다른 나라를 합하면 국외원천소득은 순손실(－15,598)이 나 있다. 일괄 한도와 국별 한도 중 어느 쪽이 납세의무자에게 유리한가? 국별 한도. 일괄 한도를 적용하는 경우 원고가 공제받을 수 있는 금액은 없다. 왜? 결손이기 때문. 국별 한도를 적용한다면 원고가 사우디에 낸 세금은 1,623을 한도로 공제받을 수 있다.

그러나 국별 한도가 납세의무자에게 더 유리한 것은 이처럼 일부 국가에서 결손이 발생하는 예외적 상황이다. 반대로 A, B 두 나라에서 국외원천소득을 각 100씩 벌었고 A에 낸 세금은 40, B에 낸 세금은 20이라고 하자. 우리나라의 세율을 30%로 잡으면 국별 한도제에서는 두 나라 세금이 각각 30이라는 한도에 걸리고, B에 낸 세금은 20을 다 공제받지만 A에 낸 세금은 30만 공제받고 10을 공제받지 못한 상태로 이월하게 된다. 일괄 한도제에서는 국외원천소득 200에 대한 한도가 60이므로 두 나라를 합한 외국납부세액 60(=20+40)을 다 공제받을 수 있다.

국별 한도라는 것은 애초 외국납부세액공제의 취지와 잘 안 맞는다. 85누651 판결의 숫자로 돌아가면, 원고의 국외원천소득은 (−)15,598이다. 그럼에도 불구하고 원고는 사우디 소득 13,984 부분에 대해서는 외국납부세액을 공제받았다. 이 말은 원고의 국내원천소득 가운데 13,984만큼이 국외원천소득에 의해 잠식되었다는 말이다. 애초 외국납부세액공제 제도란, 국내원천소득에 대해서는 우리나라만이 과세권을 행사하고 국외원천소득에 대해서 보충적 과세권을 행사함으로써 자본수출의 중립성을 확보하자는 제도이다. 국내원천소득에 대해서는 우리나라만이 과세한다는 것은 외국소득면제 방식도 마찬가지이고, 외국납부세액공제 방식은 국외원천 소득 부분에 대해서 보충적 과세권을 행사한다는 데 그 존재근거가 있는 것이다. 애초 우리 국내법은 국외원천소득인가 국내원천소득인가를 묻고 있을 뿐이지 어느 나라에 원천이 있는가를 묻는 경우가 없다.[80]

우리 법의 해석론 차원에서 본다면, 국외원천소득이라는 개념은 이처럼 일괄 한도를 요구하지만 기실 이 제도에는 치명적 문제점이 있다. 앞의 A, B 두 나라 사례에서 공제받지 못하고 이월된 외국납부세액 10이 있는 상황으로 돌아가 보자. 이제 납세의무자에게 1) 세전 소득이 100이고 우리나라 세금이 30인 국내 투자, 2) 세전 소득이 90이고 원천지국 세금이 없는 해외 투자, 이 두 가지 투자안이 있다. 이월된 세액이 없다면 납세의무자는 어느 투자안을 택할까? 당연히 1). 세후 소득을 본다면 1)에서는 100−30=70이고 2)에서는 90−27=63이기 때문이다. 납세의무자로 하여금 1)을 택하게 하는 것이 우리나라의 국익에도 맞음은 물론이다. 1)에서는 국민소득이 100(=순소득 70+세금 30) 증가하고 2)에서는 국민소득이 90(=순소득 63+세금 27) 증가하기 때문이다. 한편 이월된 세액 10을 고려한다면 납세의무자는 어느 쪽을 택할까? 1)안의 순소득은 70 그대로이지만 2)안에서는 국외원천소득에 대한 세금 27 가운데 10이 줄어들어서 순소득이 90−17=73이 된다. 앞서 공제받지 못했던 세액 10을 여기에서 공제받을 수 있기 때문이다. 따라서 납세의무자는 응당 2)를 택하게 마련이다. 무슨 말? 일괄한도 제도는 저율과세 되는 국외원천소득을 얻는 방향으로 투자를 유인하게 된다는 말. 가령 조세피난처에 자회사를 세운다면 투시하거나 피지배외국법인 세

80) 이 장 제2절 V. 참고.

제를 적용하더라도 소득의 원천은 국외가 되는 것이 보통이므로, 이런 식의 자본 유출을 낳는다.

그렇다면 대책은? 앞서 공제받지 못한 세액 10을 나중의 다른 국외원천소득에 사용하지 못하게 하면 된다. 곧 투자 하나하나 건별(件別)로 외국납부세액공제 제도를 적용하는 것. 제도의 존재근거로 돌아가 보면 외국납부세액공제란 국외원천소득에 대해서 보충적 과세권을 행사하자는 생각이다. 다른 나라 세금이 우리나라 세금보다 높으면 더 이상 과세할 것이 없고, 다른 나라 세금이 우리나라 세금보다 낮으면 차액만큼 우리나라가 보충적 과세권을 행사하자는 것이다. 이 말은 당연히, 적어도 이념형의 차원에서는 국외원천소득 한 건 한 건을 놓고 따질 것을 요구한다.

그러나 외국납부세액공제 한도를 건별로 설정하는 것은 너무 비싼 제도로 현실적으로 운용이 불가능하다. 그렇다면 어떻게 하랴? 일괄 한도의 부작용이, 세율이 낮은 국외원천소득을 찾아서 자본이 국외로 흘러나간다는 것이라는 점을 생각하면 건별 한도 다음의 차선책은 세율이 낮은 소득과 높은 소득을 서로 섞지 못하게 하는 것이다. 미국의 1986년 "Tax Reform Act"에서는 국외원천소득을 무려 9가지 종류("basket")로 구분하여 각각의 한도를 구분 계산하고 특정한 "basket"에 속하는 외국납부세액을 다른 "basket"의 소득에서 '교차 공제'(cross-crediting)받지 못하게 했다.[81] 그러다가 결국은 이 복잡한 제도를 다시 극히 단순화해서 2006년부터는 소극적 소득과 일반적 소득이라는 두 가지로만 구분하고 있다. 2017년부터는 '외국 지점의 소득'과 'GILTI 소득'이라는 두 구분을 다시 신설했다.[82]

앞에서 제도의 취지에 맞지 않는다고 내치기는 했지만, 판례가 국별 한도를 택한 것도 좋게 생각하자면 나름 남용을 막겠다는 생각이었으리라.[83] 외국납부세액의 공제한도 조문에 소득의 경제적 성질이나 소득 구분에 관한 말이 아예 없는 이상 그런 식의 한도를 둘 길이야 없으니. 그렇다고 국내원천소득의 잠식이나 자본 유출 문제를 제대로 막지는 못하겠지만.

앞의 85누651 판결처럼 국외원천소득에 전체적으로 결손이 생기면 기실 일

81) 2006. 12. 31. 개정되기 전의 미국세법 제904조(d). GILTI는 제14장 제5절 II. 2.
82) 미국세법 제904조(d)(1)A, B.
83) 2015년 법인세법시행령에 국별 한도를 둘 당시 기획재정부 자료도 같은 이유를 들고 있다.

괄 한도제를 쓰고 교차 공제를 막는다 하더라도 남는 문제가 하나 더 있다. 사우디 소득이 13,984이고 국외원천소득 전체는 (−)15,598이라면 사우디 세금을 공제받지 못하더라도 국내원천소득은 여전히 잠식당한다. 국외원천소득 (−)15,598이 전세계소득에 반영되니까. 외국납부세액공제 제도의 기본이념이 국내원천소득과 국외원천소득을 갈라 후자에 대해서 보충적 과세권을 행사하자는 것이라면 국외원천소득은 결손이더라도 국내원천소득에 대한 세금은 그대로 걷어야 한다. 이리하여 미국법은 과세표준 계산시 공제한 국외원천 결손액이 있으면, 나중에 국외원천소득이 생겼을 때 예전에 공제한 결손액만큼을 국내원천소득으로 '재구분'(recapture)한다.[84]

제 4 절 국외원천배당소득 익금불산입 v. 간접외국세액공제

우리나라 회사가 다른 나라에 '직접 가는 것'이 아니라 자회사를 세워 이를 통해 '간접적'으로 투자하거나 사업을 벌인다면 그 자회사가 납부한 외국 세금은 어떻게 할 것인가?

Ⅰ. 해외 자회사 배당소득 과세의 뼈대

2022년까지 우리 법인세법은 외국 자회사가 낸 세금을 마치 국내 모회사가 낸 세금처럼 공제해 주면서 자연인 · 개인 주주가 세운 해외법인이 낸 세금은 개인 주주 단계에서 공제해 주지 않는 차별적 제도를 가지고 있었다. 법인세법에 따른 간접외국세액 공제는 10% 이상 주주인 내국법인만 받는다.[85] 소득세법에는 위와 같은 규정이 없으므로 개인 주주는 간접외국세액공제를 받을 수 없다. 실상 개인 주주를 이렇게 불리하게 대우하는 것은 법인과 개인 주주를 2중과세하던 '고전적 세제'에 터잡고 있다. 개인 주주가 법인에서 받는 배당금을 그냥 주주의 과세소득으로 잡는 제도를 국내 투자든 국외 투자든 통일적으로 갖춘 것. 배당세액공제 방식으로 법인세 2중과세 부담을 없애주는 나라라면 개인 주

84) 미국세법 제904조(f).

85) 법인세법 제57조 제5항. 2022년 말 개정 전 주식 보유비율은 25%이다.

주에 대해서도 간접외국세액공제를 허용해야 논리가 맞지만 실상 그렇게 하는 나라는 거의 없었던 듯. 개인 주주가 직접 해외법인을 세우는 것 자체가 이례적이고 관리하기도 힘든 탓이었으리라. 우리나라는 개인 주주에게 배당세액공제를 허용한 뒤에도 법인 주주는 여전히 2중과세하는 제도를 오랫동안 유지했고 그 시절에는 법인 주주도 간접외국세액공제는 받을 수 없었다. 그 뒤 법인 주주에 대한 간접외국세액공제가 1996년부터 허용되었고,[86] 1990년대 후반 IMF으로부터 구제금융을 받던 시절 법인 주주의 수입배당금을 익금불산입하는 제도가 2000년에서 2001년부터 생겼다.[87] 2012년부터는 10% 이상 법인 주주에게 간접외국세액공제를 허용한다.[88]

오랫동안 미국은 국내 배당소득은 익금불산입하지만 이와 달리 10% 이상 법인 주주가 받는 국외원천배당소득은 익금산입하면서 간접외국세액을 공제했다. 다른 나라의 세율이 미국보다 낮은 경우에는 세율 차이만큼 세금을 보충적으로 더 걷자는 생각. 다른 한편 유럽 여러 나라는 일정 비율 이상의 법인 주주는 국내·외를 묻지 않고 배당소득을 익금불산입하는 이른바 "participation exemption" 제도를 둔 경우가 많았다. 일본도 미국처럼 간접외국세액공제 제도를 두면서도 국외원천 배당소득에 건별 한도는 안 두고 있다가 2009년부터 국외원천 배당소득의 익금불산입 제도를 들여왔다. 미국도 2017년의 '트럼프 세제개편'으로 10% 이상 법인 주주의 간접외국세액공제를 폐지하고 국외원천 배당소득을 익금불산입하기 시작했다.[89] 피지배외국법인 세제(Subpart F)에는 간접외국세액공제가 남아있다.[90] 우리나라의 2022년 말 개정 법인세법도 이 대세를 따르게 되었다.

---

86) 그 후 여러 차례 변동을 거쳐 2011년 법인세법 개정(제57조 제4항)으로 '조세조약으로 정하는 범위에서' 문구를 삭제하고 조약과 무관하게 간접외국세액공제를 허용하였다.

87) 이창희, 『세법강의』, 제14장 제3절 Ⅳ.

88) 2010년 이전에도 조약 덕택으로 간접외국세액공제를 받는 것은 이론상으로는 가능했다. 가령 미국조약 제5조 제1항. 국내법에 조문이 없었던 1996년 이전에는 실제로는 공제를 못 받은 듯하지만 아래 Ⅴ의 National Cash Register 판결. 한편 조약이 없거나 조약에 간접외국세액공제 조문이 없는 경우라도 옛 조세특례제한법(제104조의6, 2011. 12. 31. 삭제)에 따라 간접외국세액공제가 가능했다.

89) P.L. 115-97, Sec. 14301(a)로 미국세법 제902조 삭제. 제245A조 신설.

90) 미국세법 제960조.

Ⅱ. 국외원천 배당소득 익금불산입

제18조의4(외국자회사 수입배당금액의 익금불산입) ① 내국법인 … 외국자회사 … 로부터 받은 … 수입배당금액 … 의 100분의 95 … 금액은 … 익금에 산입하지 아니한다.

③ 「국제조세조정에 관한 법률」… 에 따라 특정외국법인의 유보소득에 대하여 내국법인이 배당받은 것으로 보는 금액 및 해당 유보소득이 실제 배당된 경우의 수입배당금액에 대해서는 제1항을 적용하지 아니한다.

④ 제1항에도 불구하고 다음 각 호의 어느 하나에 해당하는 금액은 각 사업연도의 소득금액을 계산할 때 익금에 산입한다.

1. 「국제조세조정에 관한 법률」 제27조제1항 각 호의 요건을 모두 충족하는 특정외국법인으로부터 받은 수입배당금액 …
2. 혼성금융상품(자본 및 부채의 성격을 동시에 가지고 있는 금융상품으로서 대통령령으로 정하는 금융상품을 말한다)의 거래에 따라 내국법인이 지급받는 수입배당금액
3. 제1호 및 제2호와 유사한 것으로서 대통령령으로 정하는 수입배당금액

국외원천 배당소득의 익금불산입을 위한 해외 자회사 요건은 간접외국세액공제와 같은 지분율 10%이다. 익금불산입률을 95%로 정한 것은 독일법의 선례를 따라서 자회사 관리비용이 5%쯤 되리라고 어림잡은 것. 배당소득을 익금불산입한다면 그에 관련된 비용은 손금불산입해야 한다.[91] 그런 비용의 실제 지출액을 따로 찾아서 손금불산입하는 수고를 덜고 그냥 어림잡아 5%를 떨어내고 95%만 익금불산입한 것이다. 제3항의 '특정외국법인 유보소득의 배당 간주'는 곧 피지배외국법인 세제의 적용과 관련된 것으로서, 그 내용은 제14장에서 자세히 살핀다. 간단히 말하자면, 애초 해외 자회사의 소득 가운데 일정한 소극적 소득을 모회사에게 과세하자는 취지이니 익금으로 잡는 것이다. 제4항 제1호는 흔하지는 않겠지만, '특정외국법인'이 실제로 배당한 금액도 배당 간주된 금액처럼 익금으로 다룬다.[92] 제4항 제2호의 혼성 금융상품은 혼성 금융상품에 따르는 투자수익을, 지급하는 해외 자회사는 이자비용으로 손금산입하고 지급받는 국내

91) 이창희, 『세법강의』, 제22장 제1절 Ⅸ.
92) 법인세법 시행령 제18조 제2항.

모회사는 수입배당금으로 익금불산입하는 2중 비과세를 막자는 것이다. 내국법인이 외국 모회사에 혼성금융상품 투자수익을 지급하는 경우 내국법인의 이자비용을 손금불산입하는 「국제조세조정에 관한 법률」 제25조의 안짝. 제9장 제4절.

Ⅲ. 간접외국세액공제

앞으로 어떻게 될지는 두고 볼 일이지만 2022년 말 개정으로 간접외국세액공제 제도가 사라진 것은 아니다. 무엇보다 배당소득 익금불산입은 납세의무자가 명시적으로 선택해야 하고 그렇지 않으면 간접외국세액공제를 받는다.

법인세법 제18조의4(외국자회사 수입배당금액의 익금불산입)

① … 수입배당금액 … 은 익금에 산입하지 아니한다.

⑤ 제1항을 적용받으려는 내국법인은 외국자회사 수입배당금액 명세서를 … 제출하여야 한다.

법인세법 제57조(외국납부세액공제 등) ① … 국외원천소득에 대하여 … 납부하였거나 납부할 것 … 외국법인세액을 … 산출세액에서 공제할 수 있다.

④ 내국법인의 각 사업연도의 소득금액에 외국자회사로부터 받는 … 수입배당금액 … 이 포함되어 있는 경우 그 외국자회사의 소득에 대하여 부과된 외국법인세액 … 은 제1항에 따른 세액공제되는 외국법인세액으로 본다.

⑤ 제4항에서 "외국자회사"란 내국법인이 의결권 있는 발행주식총수 또는 출자총액의 100분의 10 … 이상을 출자하고 있는 외국법인으로서 대통령령으로 정하는 요건을 갖춘 법인을 말한다.

⑦ 제18조의4에 따른 익금불산입의 적용대상이 되는 수입배당금액에 대해서는 제1항부터 제6항까지의 규정을 적용하지 아니한다.

나아가 우리나라가 맺은 조약은 모두 외국납부세액공제 방식을 취하고 그 중에서 30여 개는 간접외국세액공제를 추가로 허용하고 있다. 이 간접외국세액공제는 10% 이상 주주인 내국법인만 받는다. 소득세법에는 위와 같은 규정이 없으므로 개인 주주는 간접외국세액공제를 받을 수 없다. 조약 글귀 문제지만 간접외국세액공제의 요건을 한결 완화한 조약이 있을 수 있다. 가령 2022년까지 법인세법은 25% 이상 주주라야 간접외국세액공제를 허용했지만 미국조약은 10% 이상 주주 법인에게 간접외국세액공제를 허용한다.[93] 그밖에도 조약이 법인세법보다 한결 완화된 요건을 정한 것이 있을 수도 있다.

1. Gross-Up

해외 자회사를 껍질로 보아 외국납부세액을 공제하는 이상 해외 자회사에서 받는 소득금액은 외국 세액을 납부하기 전의 금액으로 "gross-up"하여 계산한다.[94]

American Chicle Co. v. U.S.[95]

원고는 미국법인이고 해외 자회사에서 배당을 받았다. 간접외국세액공제에 관한 당시 미국법의 글귀는 국외 자회사에서 배당금을 받는 미국법인은, '유보이익[96]에 관련하여 자회사가 외국에 낸 세금 가운데 배당금이 유보이익에서 차지하는 비율'만큼 외국에 세금을 '낸 것으로 간주'한다고(deemed to have paid[97]) 정하고 있었다. 이 산식에서 비율 부분에 대해서는 두 당사자 사이에 다툼이 없다. 쟁점은 '유보이익에 관련하여 자회사가 외국에 낸 세금'이라는 말의 뜻이다. 하급심 판결이 들고 있는 숫자례로 자회사가 세전 소득 400을 벌어 외국 세금 160을 납부하고 남은 돈 240을 모두 배당한다고 하자. 이 예에서 배당금이 유보이익에서 차지하는 비율이 240/240이라는 점에 대해서는 원・피고 사이에 다툼이 없다. 문제는 이 비율에 곱할 부분, 곧 '유보이익에 관련하여 자회사가 외국에 낸 세금'이 얼마인가이다. 원고 주장은 외국에 낸 세액 그 자체인 160이라는 것이고 국세청 주장은 거기에 240/400(＝세후소득/세전소득)을 곱하여 계산한 160×240/400＝96이라는 것이다.[98]

---

93) 미국조약 제5조(1). 명문으로 국내법과 달리 정한 것이므로, '한국법의 규정에 의거하고 또한 한국법의 제한에 따를 것을 조건으로'라는 말만으로는 법인세법에 따라 25%가 적용된다고 풀이할 수 없다. 아래 V의 "National Cash Register" 판결.

94) 법인세법 제15조 제2항 제2호. "Gross-up"의 구조는 배당세액공제와 마찬가지이다. 이창희, 『세법강의』, 제13장 제3절 Ⅲ.

95) American Chicle Co. v. United States, 316 U.S. 450 (1942).

96) 그 당시의 법령상 용어로 "accumulated profit". 해마다 세후 순소득 가운데 배당하지 않고 유보한 금액의 누계를 뜻하므로 오늘날의 회계 용어로 "accumulated earnings"에 해당하는 '유보이익'이라는 말로 옮겼다.

97) 이 글귀에 따라 미국에서는 간접외국세액공제를 보통 "deemed-paid credit"이라고 부른다. 제2절 I의 '간주 세액공제'(tax sparing credit)와 혼동하지 말라.

> 법의 글귀로 보면 국세청의 주장이 옳다. 법은 납부한 세액의 일정 비율이 아니라 자회사의 유보이익에 관련하여 납부한 세액의 일정 비율을 공제한다고 정하고 있다. 2중과세의 방지라는 입법 목적을 기준으로 보더라도 그렇다. 모회사의 소득으로 잡히는 배당금의 금액은 자회사의 세후 유보이익에서 나오는 것이다. 자회사가 납부하는 외국세액은 세후 소득을 기준으로 계산한 것이 아니고 세전 소득을 기준으로 계산한다. 그렇다면 외국 세액으로 공제받을 수 있는 금액은 세액 전액이 아니고 유보소득에 딸린 금액일 뿐이다.
>
> 입법사(立法史)를 보아도 그렇다. 1918년 법은 (각 사업연도에 자회사가 납부한 세액)×(배당금)/(각 사업연도의 세전 소득)을 공제하도록 정하고 있었다. 이 글귀는 유보이익과 무관했기 때문에, 가령 배당금을 지급하는 해에 납부한 세액이 없다면 이미 과거에 세금을 내고 나서 유보한 소득을 배당하는 경우에도 공제받을 세액이 없다는 등 여러 가지 이상한 결과를 낳았다. 이리하여 1921년에 법을 고쳐서 각 사업연도의 세후 소득 유보액을 구하고 그런 유보액에 딸린 세액을 공제받을 수 있도록 한 것이다. 원고 주장은 1918년 법의 비율을 적용해야 한다는 것으로서 1921년 개정 이후의 법에는 어긋난다. 원고는 1930년까지 적용된 재무부 규칙이 원고 주장처럼 외국납부세액을 공제하도록 정하고 있었고 이 규칙은 관습법을 형성하였다고 주장하나 이 주장은 받아들일 수 없다.

글귀나 논리에서 원고 주장이 당연 옳지 않나? 아니다. 그르다. 판결문이 지적하고 있듯 원고가 해외 지점을 통해서 같은 소득 400을 벌었다면 원고의 과세소득과 외국납부세액공제액은 각 400과 160이다. 이것을 생각하면 배당소득에는 240만 잡아넣으면서 160을 외국납부세액으로 공제해 준다면, 결국 외국세액 160을 손금산입하고(곧 과세표준에 들어갈 금액을 400에서 240으로 줄이고) 이를 다시 세액공제 받는 이중의 혜택을 누리게 된다.[99] 그렇다면 배당소득으로 과세하는 금액이 실제 배당금(=세후소득)인 240인 이상 세액공제액도 역시 그만큼 줄여서 160×60%=96으로 계산해야 앞뒤가 맞는다. 나아가 누진세율에서 소득 400이 240보다 한결 높은 세율 구간에 속한다면 세액공제액 조정만으로는 납세자가 보는 부당한 이득이 다 없어지지 않고 해외 지점이 낸 세금이나 마찬가지

98) 94 Ct. Cl. 699 (1941), 특히 707쪽.

99) 같은 판결문 709쪽.

로 소득 자체를 400으로 정하고 세액공제액을 160으로 계산해야 한다. 이리하여 현행법은 해외 자회사에서 배당소득을 받는 경우 자회사가 낸 외국납부세액만큼 소득금액을 "gross-up" 하여 240＋160＝400을 과세소득으로 정하고 있다.[100] 우리 법도 마찬가지.[101]

2. 배당금에 딸린 외국 법인세의 추적

우리 법인세법은 '외국 자회사의 소득에 대하여 부과된 외국 법인세액 중 수입배당금액에 대응하는 것'을 공제해 주라고 정하고 있다.[102] 이를 받아 대통령령은[103] 공제할 금액을 (외국 자회사의 해당 사업연도 법인세)×수입배당금/(외국자회사의 해당 사업연도 소득금액－외국 자회사의 해당 사업연도 법인세액)이라고 정하고 있다.

우선 이 식에서 '해당 사업연도'라는 말은 배당금을 수입한 해라는 뜻이 아니다. 만일 위 식에서 해당 사업연도라는 말을 '배당금을 받은 해'라는 뜻으로 읽는다면 앞의 "American Chicle" 판결에서 본 미국의 1918년 법과 같은 문제가 생긴다. 미국의 1918년 법은 공제할 금액을 (외국 자회사의 해당 사업연도 법인세)×(해당 사업연도의 수입배당금)/(외국 자회사의 해당 사업연도 소득금액)이라고 정하고 있었다. 이 공식의 뒷부분 비율에서 '해당 사업연도의 소득금액'이라는 말이 세전 소득인가 세후 소득인가라는 자명한 문제점은 접어놓더라도, 이 공식은 온갖 문제점을 낳았다. "American Chicle" 판결에도 나오지만 이 공식에서는 공제할 외국세액은 배당을 받은 사업연도의 소득과 그 사업연도의 법인세가 얼마인가에 달려 있게 되어서 실제로 배당금에 딸린 세부담과는 무관하게 된다. 결과적으로 배당을 하지 않은 해에 납부한 외국 법인세는 그대로 사라지고, 역으로 각 사업연도 소득보다 더 많은 금액을 배당한 해에는 실제 납부한 세액과 무관한 금액이 배당한 해의 세율을 기준으로 공제 대상이 되어 버린다.[104] 가령 외국 자회사가 제1차, 2차, 3차, 4차 사업연도 동안 해마다 100을 벌었고 외국 세액은 세율이 움직여서 각 (30, 50, 20, 60)이라고 하자. 세후 소득 240은

100) 미국세법 제78조.
101) 법인세법 제15조 제2항 제2호.
102) 법인세법 제57조 제4항.
103) 법인세법 시행령 제94조 제8항.
104) Isenbergh, 앞의 책, 23.3절.

모두 제4차년에 배당한다. 우리 시행령에서 말하는 해당 사업연도라는 말을 수입배당금을 받은 해라고 풀이한다면 어떤 결과가 생기는가? 제3차년까지는 배당금이 없으므로 공제받을 금액이 없고 제4차년에는 60×240 /(100－60)＝360이 된다. 외국 세액이 (40, 40, 50, 0)이라면 어떻게 되는가? 제3차년까지는 배당금이 없으므로 공제받을 금액이 없고 제4차년에는 납부한 외국 세액이 없으므로 공제받을 금액이 없어진다. 결국 배당금 조성의 원천이 된 소득이 외국 법인세를 얼마나 납부한 소득인가를 추적해서, 배당금에 딸린 법인세를 파악해야 한다. 우리 법인세법이 '외국 법인세액 중 수입배당금에 대응하는 것'을 공제해주라는 말은 이런 뜻이다.

배당금에 딸린 외국 법인세는 어떻게 추적할 것인가?[105] 예를 들어 세전 소득 400에서 외국 법인세 160을 빼면 세후 소득은 240이고 그 가운데 200만 배당했다면 외국납부세액으로 공제받을 수 있는 금액은 얼마인가? 160이라는 세금은 세전 소득 400(＝세후 소득 240)에 대한 세금이다. 현금으로 받은 배당금이 200이면 배당소득에 산입하는 금액은 200(＝200＋"gross-up" 133)이고 그에 딸린 외국 세액은 133이다. 곧 (공제 적격이 되는 세액＝납부한 세액×배당금/세후소득＝배당금×납부한 세액/세후소득＝배당금×외국 법인세 부담률)이라고 정리할 수 있다. 앞의 예로는 160×200 / 240＝200×160 / 240＝133이 된다.

이 산식은 외국 법인세 부담률을 각 사업연도 별로 따로 계산할 것인가, 아니면 여러 해를 뭉뚱그려 계산할 것인가라는 문제를 낳는다. 예를 조금 바꾸어 400이라는 세전 소득은 두 해 동안 각 200씩 번 것이라고 하자. 첫 해에는 외국 법인세 120을 내고 세후 소득 80을 유보했다. 둘째 해에는 외국 법인세로 40을 냈고 세후 소득이 160이다. 둘째 해 말에 배당가능이익 240(＝80＋160) 가운데 200을 배당한다면 거기에 딸린 외국 세액은 얼마인가? 가능한 계산으로는 선입선출법(先入先出法), 후입선출법(後入先出法), 평균법(平均法) 등의 생각이 있을 수 있다.

(i) 선입선출법에 따라 200을 첫째 해의 소득 80과 둘째 해의 소득 120이라고 본다면 공제할 외국 세액은 첫해의 외국 법인세 120과 둘째 해의 외국 법인

105) 기실 배당세액공제 제도에서도 원래는 똑같은 문제가 생긴다. American Law Institute, *Integration of the U.S. Corporarte and Individual Income Taxes* (1993), Part Ⅱ, 2.2, e. 우리 현행법은 실제 세부담을 공제해주는 방식이 아니라 법으로 정한 일정비율을 공제하므로 추적 문제가 안 생긴다. 이창희, 『세법강의』, 제13장 제4절. 분리과세 금융소득과의 균형 때문이다.

세 40에 120/160을 곱한 30의 합계 150이다. 이렇게 계산한 외국 세액은 배당소득에 "gross-up"해 주어야 하므로 둘째 해의 과세표준에 들어갈 배당소득은 200+150=350이 된다.

(ii) 후입선출법에 따라 200을 둘째 해의 소득 160과 첫해의 소득 40이라고 본다면 거기에 딸린 외국 세액은 둘째 해의 세액 40과 첫해의 세액 120에 40/80을 곱한 60의 합계 100이다. 같은 세액을 "gross-up"해 주어야 하므로 배당소득은 200+100=300이 된다.

(iii) 평균법에[106] 따른다면 배당 직전 외국자회사에는 배당가능이익(세후 소득 누계) 240과 외국 법인세 160(=120+40)이 있으므로 세후 소득(80+160=240)을 기준으로 한 외국 법인세 부담률은 160/240=67%이다. 따라서 둘째 해 말에 배당받은 200에는 200×67%=133의 외국 세액이 딸려 있는 것이고, 과세표준에 넣을 배당소득의 금액은 333, 그에 딸린 외국세액은 133이다.

배당가능이익을 다 배당받은 뒤에는 위 보기에서는 세 가지 방법 모두 종국적 결과는 같아지고 어느 방법을 택하더라도 큰 차이는 없다. 법인세법 시행령의 글귀는 각 사업연도 별 소득금액과 각 사업연도 별 법인세를 기준으로 추적하도록 정하고 있다. 외국 법인세는 어느 해 분인지(법인세가 해당하는 사업연도가 어느 해인지), 그 해의 소득은 얼마인지를 따지라는 것이다. 그러니 평균법은 불가능하다.[107] 남는 방법은 선입선출법과 후입선출법인데, 내국법인에 대한 이월결손금 공제를 선입선출법으로 해석하는 집행명령이 있는 것과[108] 균형을 맞추면 간접외국세액공제도 선입선출법으로 풀이하여야 할 것이다.[109] 미국법은 예전에는 후입선출법을 택하고 있었지만[110] 1986년부터는 평균법을 택하고 있

106) 여기에서 말하는 '평균법'이란 현행 미국세법 제902조처럼 아직 배당하지 않고 남아 있는 배당가능이익과 그에 딸린 법인세를 추적하는 '이동 평균법' 개념이다. '총 평균법' 개념으로 배당금을 이미 받은 금액과 그에 따라 이미 공제받은 간접외국세액을 모두 포함하여 세부담률을 계산할 수도 있겠지만, 별로 적절치 않은 방법이라는 것은 자명하다.

107) 각 사업연도의 소득과 해당 사업연도의 법인세를 따지게 되어 있는 점에서 이 공식은 미국의 1918년법과 비슷하게 보이지만 '해당 사업연도'라는 개념이 수입배당금을 받은 해라는 개념이 아니라는 점에서 다르다.

108) 법인세법 시행령 제10조.

109) 2014. 2. 1. 개정된 법인세법 시행령 제94조 제8항도 선입선출법을 택하고 있다.

110) 1986년 개정 전의 미국세법 제902조(c)는 "배당금은 최근에 유보한 이익에서 오는 것으로 한다"라고 정하고 있었다. 국내 배당의 "nimble dividend" 개념이다. 이창희, 『미국법인세법』, 제3장 제1절 Ⅱ. 1.

다.[111] 이런 변화의 배경을 보여주는 판결을 하나 보자. 선입선출법과 후입선출법은 순서가 다를 뿐 생기는 논점은 전적으로 동일하므로 이 판결의 쟁점은 우리 현행법에서도 똑같이 생겨난다.

U.S. v. Goodyear Tire and Rubber Company[112]

원고는 미국법인이고, 1970년과 1971년 영국 자회사(Goodyear Great Britain)에서 받은 배당금을 소득에 포함하면서 공제할 세액을 (납부한 외국세액)×(배당금/세후 소득)으로 계산해서 간접외국세액공제를 받았다. 1973년에 G.G.B는 결손을 내었고 1972년 역시 결손이었으므로 1973년 분 결손을 1970년과 1971년으로 소급 공제해서 두 해 분 세금을 영국 정부로부터 환급받았다. 이 환급은 1975년과 1976년에 있었고, 몇 해 뒤인 1980년에 이르러[113] 미국 국세청은 1970년과 1971년 분 외국납부세액을 줄이면서 그에 따라 미국에 낼 1970년 분 세액과 1971년 세액을 증액경정했다. 쟁점은 자회사의 각 사업연도 소득의 계산이다. 원고 주장은 1973년 분 결손금을 소급 공제하면 1970년과 1971년 둘 다 결손이 되고, 따라서 그 두 해에 지급했던 배당금은 더 옛날로 거슬러 올라가 1969년[114]의 소득으로 조성한 것이 되므로 1969년 분[115] 영국 법인세 가운데 배당금에 상당하는 부분[116]을 공제받을 수 있다는 것이다. 이에 대해 국세청은 영국 자회사이더라도 외국납부세액 계산상의 각 사업연도 소득이란 미국법에 따라 계산해야 하므로 결과가 달라진다고 주장한다. 1973년에 결손이 나게 한 비용은 미국법상으로는 손금산입할 수 없고,[117] 1973년 소득을 미국법에 따라 계산한다면 애초 결손이 나지 않은 것이 된다. 따라서 1970년과 1971년의 소득은 (+)가 되지만, 그 두 해의 소득에 대해서는 영국에서 세금을 납부한 것이 없으므로 공제받을 외국 법인세가 없다는 것이다.[118] 법원은 국세청 승소 판결

111) 2017년 삭제 전 미국세법 제902조(a), 902조(c).

112) 493 U.S. 132 (1989). 이에 대한 평석으로 Blum, "The Goodyear Case: The Rule of Foreign Law in Calculating the Indirect Foreign Tax Credit", 45 Tax Notes 457 (1989).

113) 미국세법 제6501조에 따른 부과제척기간은 법인세를 신고한 날로부터 3년(중(重) 과소신고라면 6년)이지만 외국납부세액의 환급에 따른 증액경정은 이 기간에 걸리지 않음은 이미 본 바와 같다. Pacific Metals Corp. v. Commissioner, 1 T.C. 1028 (1943).

114) 정확히는 1968년 및 1969년.

115) 정확히는 1968년 및 1969년.

116) 이렇게 계산하면 배당금에 딸린 1968년 및 1969년 영국 법인세가 100만 파운드가 넘는다.

117) 불법행위 손해배상금 채권이 생겨서 순자산감소가 없다.

118) 정확히는 1970년 및 1971년분 영국 법인세가 전혀 없지는 않았지만, 판결문에 자세한 사실관

을 내린다. 간접외국세액공제의 입법취지가 해외 자회사도 해외 지점처럼 외국세액을 공제해주자는 것인 이상 자회사의 각 사업연도의 소득은 미국법을 기준으로 계산해야 한다고 판시하였다. 한결 더 근본적으로는 국내법상 제도는 국내법 개념에 따라 해석·적용해야 한다는 "Biddle" 판결을 들고 있다.

이 판결에는 분석에 필요한 구체적 숫자가 다 나오지 않으므로 사실관계를 조금 더 단순화한 가상 사례를 만들어서 쟁점을 다시 보자. 판결문에 나온 연도 중 의미가 있는 해인 1969년, 1970년, 1971년, 1973년 및 1980년만을 추려 제1기에서 제5기라고 하고, 이 다섯 해에 외국 자회사의 세전 소득이 외국법 기준으로 (500, 200, 200, −400, 0)이라고 하자. 외국 자회사가 일단 납부한 외국 법인세는 세율 50%로 (250, 100, 100, 0, 0)이지만, 뒤에 제4기 결손금 400을 제2기와 제3기의 소득에서 소급 공제 받으면서 경정받은 세액을 기준으로 한다면 외국 법인세 납부액은 (250, 0, 0, 0, 0)이다. 외국 법인세 공제 이후의 세후 소득으로 인한 배당가능이익의 증감은 4년간 (250, 100, 100, −400)이 되고 외국법 기준으로 제5기에 남아있는 배당가능이익은 250+100+100−400=50이지만 외국 법인세 200을 제5기에 환급받은 뒤에는 250이 된다. 한편 미국법을 기준으로 하면 외국 자회사의 소득은 (500, 200, 200, 0, 0)이고, 외국 법인세 (250, 100, 100, 0, 0)을 빼면 배당가능이익의 증감은 (250, 100, 100, 0, 0)이고 제5기에 남아 있는 배당가능이익은 450이다. 제5기에 원고는 50을 배당했다. 후입선출법으로 따질 때 이 배당금 50에 딸린 외국 세액은 얼마인가? 원고 주장은 외국법을 기준으로 볼 때 제4기 결손금 400이 제3기 순소득 100, 제2기 순소득 100, 또 제1기 순소득 250 가운데 200을 잠식했으므로, 배당금 50은 제1기의 소득을 배당한 것이고 따라서 제1기 법인세 250 가운데 1/5인 50이 외국세액공제 대상이라는 것이다. 한편 국세청 주장은 국내법을 기준으로 따질 때 제5기에 남아 있는 배당가능이익은 450이므로, 배당금 50은 후입선출 기준으로 볼 때 제3기 소득을 배당한 것인데 제3기에는 결국 외국 법인세를 낸 것이 없으므로 배당금에 딸린 외국 세액은 없다는 것이다.

"Goodyear" 사건의 원고는 외국 자회사의 각 사업연도의 소득은 외국법을 기준으로 계산해야 한다고 주장한다. 그렇게 하지 않는다면 공제받지 못하는 외

계가 안 나온다.

국 세액이 생겨서 국제적 2중과세를 피할 수 없다는 것이다. 이 사건의 사실관계와는 다르지만, 가령 법이 서로 달라서 제x기의 소득이 외국법에서는 (+)이고 그에 따라 외국 법인세를 낸 것이 있지만 국내법에서는 영(0)이거나 결손이고 두 나라 법의 차이는 단순한 시차가 아니고 영구적 차이라고 하자. 국내법을 기준으로 삼는다면 배당가능이익 가운데 제x기의 소득으로 조성한 것은 있을 수가 없다. 소득이 없기 때문이다. 그렇다면 제x기분으로 납부한 외국 법인세는 영영 공제받을 수 없게 되고 만다. 이런 결과가 생긴다는 점은 법원도 인정하였지만[119] 그럼에도 불구하고 법원은 외국 자회사의 각 사업연도의 소득은 국내법을 기준으로 계산해야 한다고 판시한다.[120] 이 판결의 사실관계처럼 원고가 든 예와 반대로 외국법에서는 소득이 없지만 국내법에서는 소득이 있는 경우 해외지점은 당연히 세금을 내고, 그렇다면 외국 자회사를 해외 지점보다 더 유리하게 대우할 수 없다는 것이다. 우리 법에서는 외국 자회사의 해당 '사업연도의 소득'을 계산해야 하는 이상 이 말은 당연히 우리 법으로 계산할 수밖에 없다. 각 '사업연도의 소득'이라고 우리말로 적고 있는 개념은 우리나라 법인세법을 떠나서는 존재하지 않는다. "Goodyear" 판결에서는 영국과 미국이 같은 말을 쓰다 보니 이 쟁점이 생겨나지만, 법을 우리말로 정하고 있는 나라가 우리나라밖에 없는 이상 우리나라에서는 엄밀히는 쟁점 자체가 아예 생길 수 없다.

"Goodyear" 판결에서 당연히 전제하고 있는 것으로, 외국 정부가 어느 사업연도 분 외국 법인세를 나중에 증액경정하거나 감액경정하는 경우 추가납부할 외국 법인세나 환급받을 외국 법인세는 소급하여 당초 사업연도에 귀속시켜야 한다. 앞서 보았듯 우리 법에서도 외국세액공제는 발생주의 기준으로 '각 사업연도의 과세표준에 … 포함되어 있는 … 국외원천소득에 대하여 … 납부하였거나 납부할' 외국 법인세를 공제하는 것이므로,[121] 간접외국세액공제에서도 추가납부세액이나 환급세액은 이를 소급시켜 해당 사업연도 분 외국 법인세를 수정하여야 한다. 한편 현행 미국법은 평균법을 쓰므로 해당 사업연도를 꼭 추적할 필요성이 낮아지고, 이리하여 미국 재무부 규칙은 추가납부세액이나 환급세액을 배당가능이익과 외국 법인세의 잔고에 산입하여 장래에 걸쳐서 반영하는 것을

119) 또한 미국의 행정해석도 그랬다. Rev. Rul. 74-550, 1974-2 C.B. 209.

120) 같은 뜻으로 BFH, Urteil vom 13.06.2018 - I R 94/15, BFHE 262, 79, BStBl II 2020, 755.

121) 법인세법 제57조 제1항.

허용한다.[122] 앞의 숫자예로 외국 자회사의 세전 소득이 (500, 200, 200, －400, 0)이고 제4기 환급세액 200이 생긴다면 외국 법인세 납부액을 (250, 100, 100, －200, 0)으로 계산하고 세후 소득으로 인한 배당가능이익의 증감을 (250, 100, 100, －200)으로 계산하는 것이다. 제5기에 남아 있는 배당가능이익(=5년간 세후소득 누계)은 250＋100＋100－200＝250이 되고 거기에 딸린 외국 법인세(5년간 법인세 누계)는 250＋100＋100－200＝250이다. 따라서 세후 소득(배당금액 기준)으로 세부담률은 100%이고 제5기 받은 배당금 50에 딸린 외국 법인세는 50이 된다.

3. 손회사(孫會社)의 법인세

간접외국세액공제 대상이 되는 외국 법인세란 '외국 자회사의 소득에 대하여 부과된 법인세'이다.[123] 이 글귀 그 자체는 2단계에 있는 손회사나 그 밑 단계에서 납부한 법인세를 안 포함한다. 2014년까지는 손회사가 납부한 법인세도 50%를 시행령으로 공제해 주었다.[124] 미국법은 1942년 이래 오랫동안 3단계의 증손(曾孫) 회사까지 세액공제를 해 주다가, 1997년 이후에는 피지배외국법인 등 일정 요건을 만족한다면 5단계까지 공제해주었다.[125] 지금은 "Subpart F"와 GILTI 최저한세에만 남아 있다.[126]

Ⅳ. 혼성 단체

제2절 Ⅲ.의 2015두3393 판결로 돌아가 보면 돈은 일본법인(TMK)→미국의 투시단체(LLC + LP)→원고의 순서로 흘렀고 쟁점은 일본의 원천징수세를 원고가 공제받을 수 있는가이다. 공제받을 수 있다는 규정을 2010년말 법인세법과 소득세법에 신설한 것은 이미 보았다. 기실 원고가 법인이고 (LLC + LP)에 대한 출자 비율이 10% 이상이라면 신설 조항이 없더라도 간접외국세액공제를 받을 수 있다. (LLC + LP)라는 '외국법인의 소득에 대하여 부과된 외국법인세'에 해당

122) 미국 재무부 규칙 1.905-3T(d)(ii).
123) 법인세법 제57조 제4항.
124) 법인세법 시행령 제94조 제8항.
125) 미국세법 제902조(a), 제902조(b).
126) 미국세법 제960조 (a), (d).

한다.

Ⅴ. 간접투자회사와 외국납부세액공제

포트폴리오 투자자의 해외 투자는 대체로 집합투자기구를 통해 이루어진다.[127)]

1) 우리나라 법에 따라 설립된 투자회사는 원칙적으로 지급배당금 소득공제 방식으로 법인세 2중과세를 벗어난다. 제13장 제4절 Ⅲ. 이처럼 납부할 법인세가 영(0)인 투자회사가 해외 투자를 하게 되면 외국의 원천징수세는 영(0)이라는 공제한도에 걸리고 만다. 직접 투자자라면 받았을 세액공제를 받는 것과 균형을 맞추기 위해서 법은 2006년부터 특칙을 두어 외국납부세액공제를 일정 한도 안에서 허용한다. 구체적 형태는 여러 차례 바뀌고 있다. 2024년까지는 외국납부세액을 국세청이 투자회사에게 내어 주어서(국내법상 원천징수세율이 상한) 배당가능이익을 세전 소득으로 환원하고, 다시 투자회사가 투자자에게 배당하는 단계에 가서 배당소득에 대한 소득세법상 원천징수세율로 세금을 원천징수한다. 가령 총 투자수익이 1,000인 해외 투자에서 외국의 원천징수세가 조약상 상한인 10%이고 배당소득 원천징수세율이 14%라고 하자. 제2절 Ⅱ, 제11장 제6절. 외국의 원천징수세 100을 빼고 900을 받은 투자회사는 국세청에서 100(상한 140)을 받아서 1,000을 배당할 때 140을 원천징수하고[128)] 860을 투자자에게 지급한다. 투자자가 법인이거나 금융소득 종합과세 대상자라면 과세소득은 1,000에 자신의 세율로 세금을 내고 원천징수당한 기납부세액 140을 공제받는다. 가령 종합소득세율이 14%라면 더 내거나 환급받을 금액이 없다. 외국납부세액 공제한도는 앞 Ⅰ. 3. 그대로.

2025년부터 적용할 2022년 말 개정법에서는 국세청이 투자회사에 주는 돈은 없다. 투자회사는 900(외국납부세액이 차감된 세후 기준가격)을 지급하면서 거기에서 14% 원천징수세액 126을 산출하고, 여기에 조정 외국납부세액(86)을 뺀 금액(40=126−86)을 원천징수하여 860을 투자자에게 지급한다. 종합과세 대상이거나 법인인 투자자는 확정신고 시 역시 과세소득 900에 대한 세금을 부담하면서 '조정 외국납부세액'을 공제받는다. 조정외국납부세액이란 종전 세전 소득 기준

127) 집합투자기구는 이창희, 『세법강의』, 제11장 제4절 Ⅰ. 5.

128) 소득세법 제129조.

으로 펀드 단계에서 외국납부세액공제를 해 주던 것과 동일한 결과가 나오도록 일정한 조정 비율을 적용하는 방식이다. 위 보기와 같이 종합소득세율이 14%인 투자자의 조정외국납부세액은 86이 될 것이다. 그래야 세후 소득 기준 결정세액 126(=900×14%)에서 조정외국납부세액 86을 공제받아서 결국 투자자의 입장에서는 40의 추가 세금을 내고 손에 들어오는 현금은 900－40=860이 된다.

2) 투자신탁이 번 소득은 신탁을 투과해서 투자자(수익자)에게 해마다 실제 지급하므로(pass-through) 개개 투자자가 외국납부세액공제를 받는 것이 원칙이다. 앞 보기라면 과세소득 1,000에 대한 세액에서 외국납부세액 100을 공제받는다. 문제는 원천지국의 법이 달라서 우리나라 투자신탁을 법인으로 과세하거나 개별 투자자 신원을 하나하나 소명을 못 해서 원천지국에서 일괄 과세받는 수가 흔하다는 것. 조합 형태의 투자기구에도 똑같은 문제가 생긴다, 이를 감안해서 법은 회사형, 조합형, 신탁형을 구별하지 않고 이를 모두 간접투자회사라고 부르면서 똑같이 1)의 방식으로 과세한다.

Ⅵ. 조약상 간접외국세액공제

조약과 국내법의 교착을 보여주는 예로 미국 법원의 "National Cash Register" 판결을[129] 보자. 이 사건 당시의 미국법은 미국 회사에 간접외국세액공제를 허용하고 있었다. "American Chicle" 판결에서 보았듯 그 당시의 법은 지금의 "gross-up" 제도 대신, 익금의 금액은 배당금의 금액 그대로 하고 공제할 간접세액을 줄여서 (배당금에 딸린 외국 법인세 납부액)×(세후 소득/세전 소득)으로 정하고 있었다. 한편 이 사건 당시의 미국-영국 조약은 외국납부세액공제에 관한 특칙을 두어 미국 거주자인 주주가 영국 회사에서 배당금을 받는다면 영국 회사가 납부한 영국 법인세 중 배당금에 귀속되는 세액을 주주가 납부한 것으로 간주한다고 정하고 있었다.[130] 앞서 "Biddle" 판결이 영국의 법인세는 법인이 낸 세금일 뿐이고 주주가 낸 세금이 아니라고 판시하고, 따라서 영국 법인세를 미국의 주주 단계 세금에서 외국납부세액으로 공제할 수 없다고 판시하였다. 따라서 영국의 주주가 영국 회사에 투자하는 경우라면 법인세 2중과세 부담

129) National Cash Register Co. v. U.S., 400 F.2d 820 (1968).

130) 1945년 미국-영국 조세조약 제13조.

이 없지만 미국의 주주가 영국 회사에 투자하는 경우에는 법인세 2중과세 부담이 남게 되었다. 이렇게 되자 영국-미국 두 나라는 조약으로, 미국 주주의 세부담을 덜어주기 위한 특약을 맺게 되었다. 조약에 미국 주주가 영국 법인세를 "gross-up" 하면서 같은 영국 법인세 상당액은 미국 주주가 납부한 것으로 본다는 간접외국세액공제 조문을 둔 것이다. NCR 사건의 원고는 미국법인이었으므로 국내법상 간접외국세액공제 제도도 적용받을 수 있고 조약상 특칙도 적용받을 수 있는 상황에 있었다. 쟁점은 두 가지의 관계가 어떻게 되는가이다.

National Cash Register Co. v. U.S.[131]

이 사건 원고 NCR은 미국에 주(主) 사무소를 두고 있는 미국법인으로서 영국에 "NCR Ltd"라는 100% 자회사를 두고 있었다.[132] 쟁점은 원고가 1958년 영국 자회사에서 받은 배당소득에 관련하여 공제받을 수 있는 외국납부세액이 얼마인가이다.[133] 이 사건 당시 영국법은 법인에 대해서는 통상적인 소득세(법인세) 38.75%에 더해서 법인에만 매기는 세금으로 "profits tax"를 추가로 물렸다. 영국 자회사의 1958년 세전 소득, 세금, 세후 소득(배당가능이익 증가액) 및 배당금은 다음과 같다.

세전 소득 2,409－세금 1,174(＝정규 법인세 962＋profits tax 212)＝
세후 소득 1,235. 배당금＝1,019

미국 국세청은 이 국내법 규정에 따라 배당금 1,019를 익금산입하고, 그에 딸린 외국 법인세를 1,174×1,019/1,235＝968로 정한 뒤 간접세액으로 공제할 금액은 968×1,235/2,409＝496으로 계산하였다. 한편 원고는 조약의 "gross-up" 규정에 따라 배당소득의 금액을 배당금 1,019에 38.75%의 "standard tax" 상당액 645를 "gross-up"한 1,664로 계산하고[134] 645를 조약상의 외국납부세액으로 공제하였다. 그에 더하여 원고는 남은 세액 각 529(＝1,174－645)에, 세전 배당

131) 400 F. 2d 820 (6th Cir. 1968).

132) 자회사가 하나 더 있었지만 쟁점이 똑같으므로 이하에서는 하나만 분석한다.

133) 사실은 이 판결의 쟁점을 바로 이해했는지는 의심스럽다. 본문은 하급심 판결과 항소심 판결에 있는 숫자들을 분석해서 나름대로 쟁점을 새로이 정리해 낸 것이다.

134) 조약 자체의 글귀로는 반드시 분명하지 않지만 이 사건 하급심 판결이 인용하고 있는 미국 국세청의 행정해석은 "standard tax"만이 외국납부세액공제 대상이라고 풀이하고 있다.

금 상당액이 세전 배당가능이익에서 차지하는 비율(=1,664/2,409)을 곱하여 구한 금액 365를, 국내법에 따른 간접외국세액으로 추가로 공제하였다.[135]

이 사건 하급심은 원고 승소 판결을 내렸지만 항소심은 이를 뒤집어 국세청 편을 든다. 판결 이유는 국내법상 공제와 조약상 공제 둘 중 하나를 고르는 것이지 둘 다 적용받지는 못한다는 것이다.

이 판결의 분석은 상당한 혼선을 보인다. 우선 아직 배당하지 않은 유보이익에 딸린 외국 법인세도 공제받을 수 있다는 원고 주장을 내친 것은 당연히 옳다. 그러나 그에 대한 이유로 조약상 공제와 국내법상 공제를 다 받을 수 있다면 아직 배당하지 않은 유보이익 부분에 딸린 외국 법인세도 공제대상이 된다는 식의 설명을 드는 것은 정면으로 틀린 말이다. 이 사건 당시 미국 국내법이나 우리 현행법이나 아직 배당하지 않은 유보이익에 딸린 외국 법인세는 공제 대상이 아니기 때문이다. 이 사건 원고가 아직 배당하지 않은 유보이익에 딸린 외국 법인세를 국내법상의 간접외국세액공제라고 부른 것 때문에 빚어진 혼선으로 보인다. 나아가 이 판결에는 아예 분석이 없지만 아마도 진정한 쟁점은 원고가 배당소득으로 익금산입한 금액은 조약에 따라 "standard tax" 부분만을 "gross-up"한 금액이고, 한편 외국납부세액으로 공제하려 한 금액은 영국 세금 전체에 해당하는 부분이었다는 점인 듯하다. 원고는 "gross-up"하여 배당소득에 포함한 금액은 "standard tax" 부분만 잡으면서 공제대상 세액은 "profits tax"를 포함한 실제 외국세액이 되어야 한다고 주장한 셈이다. 말하자면 배당소득의 금액을 조약상의 "gross-up" 규정에 따라 계산한 이상 "American Chicle" 판결과 달리 실제 납부한 외국세액을 전액 공제받을 수 있다고 주장한 것이다.

쟁점을 이와 같이 다시 정리한다면 국내법과 조약을 섞어서 적용받지는 못한다는 판시 취지는 당연히 옳다. 세금이란 국내법에 따라 내는 것이므로 일단 국내법에 따른 세액을 계산하여야 하고, 그 다음에 조약에 따른 상한을 계산하는 것이다. 이 두 가지는 전혀 별개의 계산이다. 가령 국내법에 따라 낼 세액이 1,000이지만 조약에 따른 세액 상한이 500이라면 500을 내는 것이다. 조약에 따른 세액 상한은 조약을 적용하는 것이므로 오로지 조약만 가지고 계산해야 한다. 그 결과를 국내법과 비교하는 것. 조약에 따른 외국납부세액공제액과 국내

135) 이 사건 하급심 판결 270 F.Supp. 930, 14문단.

법에 따른 외국납부세액공제액을 견주어, 큰 쪽을 공제하는 것이다. 따라서 두 가지를 섞는 "cherry-picking"은 불가능하다. 결국 쟁점을 완전히 오해하기는 했지만 법원의 법률 판단은 옳고 판시 취지도 옳다.

Xerox Corporation v. the United States[136)]

제2장 Ⅲ.에서 보았던 조약의 해석방법, 특히 입법 목적을 어떻게 파악하는가에 관해서 공부할 때 보았던 사건이다. 이 판결은 영국이 "advance corporation tax"(ACT) 제도를 가지고 있던 시절, 영국에 납부한 ACT를 미국에서 간접 외국납부세액으로 공제받을 수 있는 시기가 언제인가를 다루고 있다. ACT가 무엇인지는 제7장 제4절 Ⅱ.에서 옛 한국-영국 조약 제10조(배당소득)의 복잡한 글귀가 무슨 뜻인지를 따질 때 보았다. 이 사건 원고인 미국법인 제록스(Xerox)의 영국 자회사 RXL이 원고에게 배당소득을 지급하면서 영국 정부에 ACT를 납부한 근거가 되는 옛 미국-영국 조약의 배당소득 조문도 글귀는 거의 같지만 미국 주주가 환급받을 ACT는 영국 거주자의 절반이고 영국의 원천징수세는 5%라는 점이 다르다. 실제 판결에 숫자가 안 나오니 제7장 제4절 Ⅱ.의 보기를 물려받아 1974년 RXL의 세전 소득이 100,000원이었고 ACT를 포함하는 법인세율이 51%, ACT 세율이 3/7이었으며 원고는 배당가능이익 전액을 배당한다고 하자. (법인세 납부와 ACT 납부는 모두 같은 해에 이루어진다고 생각한다.) RXL은 법인세 본세 30,000원을 납부하고 남은 70,000원을 원고에게 지급할 배당금 49,000원과 ACT 21,000원(=49,000×3/7)으로 갈라서 각 지급하고 납부한다. 정확히는 법인세 본세가 51,000원이지만 ACT 21,000원을 기납부세액으로 공제받아 납부할 세액은 30,000원이라는 말이다.[137)] 영국 주주라면 국내법에 따라서 이 ACT 21,000원을 전액 환급받는다. 미국 주주는 그 절반인 10,500원을 조약에 따라서 영국 정부에서 환급받을 수 있지만, 다시 환급받는 ACT 10,500원을 얹은 배당소득 59,500원의 5%인 2,975원만큼 원천징수세를 내어서, 결국 현금은 49,000+10,500- 2,975=56,525원을 받게 된다. 이 경우 직접 외국납부세액만 따진다면 원고의 익금은 59,500원이고 원천징수세액 2,975원은 외국납부세액으로 공제받을 수 있다.

옛 미국-영국 조약의 간접외국세액 공제 조항은 주식소유 비율이 10% 이상

---

136) Xerox Corporation v. United States, 41 F.3d 647, 74 A.F.T.R.2d 94-7097, 94-2 USTC P 50, 623.

137) 배당금 지급이 한 해 뒤라면 첫해에 법인세 51,000원을 납부하고 이듬해에 21,000원을 공제받는다.

인 미국의 법인 주주는 배당금을 지급하는 영국법인이 영국에 납부한 법인세를 공제받을 수 있다고 정하고 있다. 그에 더하여 영국 주주라면 환급받았을 ACT 상당액, 이 보기라면 환급받지 못한 나머지 금액 10,500원을 "배당금을 지급하는 영국법인에게 부과된 법인세로 본다"고 정하고 있다. 영국 법인세 본세만 본다면 RXL이 납부할 법인세는 공제 시기야 언제이든 궁극적으로는 51%이고 ACT는 영국 법인세의 선납이므로 언젠가는 본세의 일부로 공제받는다. 그럼에도 불구하고 문제가 터진 것은, RXL이 ACT 21,000원을 영국 정부에 납부한 뒤 이를 기납부세액으로 법인세 본세에서 공제받은 것이 아니고, 공제받을 권리를 관계회사에 양도했기 때문이다. 영국법은 같은 그룹 안에서는 기납부 ACT 공제권을 서로 당겨쓸 수 있도록 허용하고 있었다. 관계회사에 대한 양도와 무관하게 RXL이 ACT를 납부한 1974년에 간접외국세액으로 공제받을 수 있다는 것이 원고 주장이다. 피고 주장은 간접외국세액공제는 법인세 본세를 납부한 해에 속하는 것이므로 법인세 본세에서 차감하지 않고 관계회사에 양도한 ACT 납부액에는 공제 적격이 없다는 것이다.[138)]

국세청의 입장이 재무부의 "Technical Explanation"에 맞기는 하지만 양국의 협상 담당 공무원의 증언을 종합할 때 조약 협상 당시 이런 해석이 있다는 것을 영국 측이 알았던 적도 없다. 조약의 취지와 글귀로 볼 때 ACT는 법인세 본세와 다른 세금이고 이를 납부한 해에 공제받을 수 있다. 이 사건 ACT는 1974년에 납부한 뒤 환급받은 적이 없다. 관계회사에 대한 양도는 환급이 아니다. 권한당국 간 협의로 공제 시기는 미국법에 따른다고 정했지만, 이 사건 ACT를 공제받을 수 없다는 주장은 행정해석일 뿐이고 미국법이 아니다.

제 5 절 고정사업장과 제3국 납부세액의 공제

고정사업장에 제3국 원천소득을 과세하는 경우 제3국이 부과하는 세금은

138) 판결문에 안 나오지만 양 당사자의 생각을 이렇게 정리할 수 있다. ACT 납부시 원고는 (차) 법인세 21,000 (대) 현금 21,000, 국세청은 (차) 선급법인세 21,000 (대) 현금 21,000. 실제로 본세에서 차감하고 현금 30,000원을 납부할 때 원고는 (차) 법인세 30,000 (대) 현금 30,000, 국세청은 (차) 법인세 51,000 (대) 선급법인세 21,000+현금 30,000. 이 사건에서는 ACT 공제권 양도시 원고는 (차) 관계회사 주식(또는 채권) 21,000 (대) 자기자본(소득) 21,000, 국세청은 (차) 관계회사 주식(또는 채권) 21,000 (대) 선급법인세 21,000.

외국납부세액으로 공제해 주어야 하는가? 거주지국이 아닌데도 외국납부세액공제를 해주어야 하는가? 꼭 거주지국이라야 외국납부세액공제를 해주라는 이치는 없다. 애초 외국납부세액공제를 해주는 뜻이 2중과세를 막자는 것이고, 2중과세의 가능성이 생긴다는 점에서는 고정사업장에 귀속하는 제3국 소득도 마찬가지이다. 나아가 외국납부세액공제 문제는 제3국 소득만이 아니라 고정사업장을 둔 외국법인 본국의 세금에 관해서도 똑같이 생긴다. 본국에 원천을 둔 소득이 고정사업장에 귀속될 수도 있기 때문이다.

이리하여 미국법은 미국내 사업에 귀속되는 소득에 대해 다른 나라에 납부한 세금이 있다면 이 세금을 공제해 준다. 다만 소득의 원천이 미국임에도 불구하고 다른 나라가 납세의무자의 거주지국이라는 이유로 물린 세금은 공제해 주지 않는다.[139] 따라서 제3국 원천소득을 본국에서 전세계 소득 기준으로 과세한 것도 미국에서 공제해 주고 있다.[140] (다만, 상품의 최종 행선지가 미국이라면 미국원천소득으로 보므로 공제 대상이 아니다.[141]) 결과적으로 거주지국의 전세계 소득 과세권을 미국내 사업에 귀속하는 국외원천소득에 대한 미국의 과세권보다 우선하고 있는 셈이다. 미국세법은 국외원천 배당소득이 고정사업장에 귀속하는 경우, 간접외국세액공제도 허용한다.[142] 주식소유 비율이 10% 이상인 법인 주주라야 한다는 등의 다른 요건을 만족해야 함은 물론이다. 우리나라 역시 2001년부터는 외국법인의 국내사업장에도 제57조(외국납부세액 공제) 제1항을 준용해서 세액공제를 허용한다.

> 법인세법 제97조(신고·납부 …) ① 제91조 제1항에 해당하는 외국법인 … 에 대하여는 … 다음 각 호의 구분에 따른 규정을 준용한다.
> 1. 세액공제 … 의 경우: 제57조 제1항 …

고정사업장에 외국납부세액공제를 허용할지는 순전히 고정사업장 소재지국의 재량인가? 조세조약은 여기에 어떤 제약을 가하고 있는가? 개별 조세조약은 대개 OECD 모델조약과 비슷한 차별금지 조항을 두고 있다.

139) 미국세법 제906조.
140) Rev. Rul. 80-243, 1980-2 CB 413.
141) 미국세법 제865조(e)(2).
142) 미국세법 제906조(b)(4), 같은 법 제902조(a).

OECD 모델조약 제24조(차별금지) ③ "한 체약국(본국) 거주자가 다른 체약국(소재지국)에 둔 고정사업장에 대한 소재지국 과세는, 똑같은 활동을 하는 다른 소재지국 기업보다 더 불리해서는 안 된다."[143)]

'자국민 대우'(自國民待遇)라는 말이다. 이 말은 무슨 뜻인가? 논의를 외국납부세액공제로 좁혀보자. 예를 들어 F국의 회사가 G국에 고정사업장을 두고 있고 이 고정사업장은 U국 회사 주식의 10.2%를 소유하고 있으며 U국 회사에서 배당소득 100원을 받는다고 하자. 이 배당소득에 대해 U국은 원천징수세를 부과하는가? 당연히 부과할 것이다. U국 국내법에 따른 원천징수세는 배당금의 30%이지만, U-F 조약에 따라(납세의무자가 F국 거주자임을 기억하라) 배당금의 15%라는 상한에 걸리고 따라서 U국이 15원을 원천징수하였다고 하자. 그런데 U-G 조약에서는 G국 거주자가 지급받는 U국 원천 배당소득에 대한 세율상한을 12%로 정하고, 이 12% 원천징수세는 G국 거주자가 G국에 세금을 납부할 때 외국납부세액으로 공제할 수 있다고 하자. 이 상황에서 G국 국세청은 F회사의 고정사업장에 U국에 납부한 세액 가운데 얼마를 공제해 줄 조약상 의무를 지는가? 조약의 글귀는 G국 거주자보다 불리하게 대우하지 말아야 한다는 것이므로 12원만 공제해 주면 된다. 사실관계를 조금 바꾸어, 다른 것은 다 같지만 U-F 조약의 세율상한이 10%이고 그에 따라 U국이 10원을 원천징수하였다고 하자. G국은 U국 세금 가운데 얼마를 세액공제해 주어야 하는가? U국에 납부한 세금이 10원뿐이므로 10원만 공제해 주면 된다. 결과적으로 F국의 고정사업장이 U국 세액에서 공제받는 금액은, F-U 조약과 G-U 조약의 배당소득 세율상한 가운데 낮은 쪽이 된다. 이것이 OECD 모델 주석이 내리고 있는 결론이다.[144)]

그런데 여기에서 한 가지 의문이 생긴다. 이 결론은 과연 옳은가? G국의 국내법은 외국납부세액에 대해서 공제가 아니라 손금산입만 허용하고 있고, 외국납부세액공제는 오로지 조약에 의해서만 허용한다고 하자. 그밖에도 조약이 국내법보다 유리한 경우가 생길 수 있다. 그렇다면 G국은 국내법의 규정을 넘어

143) OECD 모델조약 제24조 제3항.

144) OECD모델 제24조 주석 52문단. 유럽법원의 "Saint-Gobain" 판결은 U-G조약이 U국 소득을 G국이 면제하게 하고 있다면 F의 고정사업장이 받은 U국 소득도 면제해야 한다고 판시하였다: Judgment of the Court of 21 September 1999, Saint-Gobain, C-307/97, EU:C:1999:438. 제5장 제4절 Ⅱ. 4.

서는 U-G 조약상의 외국납부세액공제 조문을 F국법인에게 적용해주어야 하는가? F-G 조약에서 차별금지 조항의 내용은 "G국은, F국 거주자가 G국에 둔 고정사업장에게 똑같은 활동을 하는 G국 기업보다 더 불리하게 과세할 수 없다"는 것이다. F국법인에게 자국민대우를 하는가라는 논점에서 G국은 국내법만 고려하면 충분하지 않은가? U-G 조약의 적용 대상이 아닌 F국법인을 놓고, U-G 조약을 자국민에게 적용한 결과가 어떻게 되는지까지 다 따져서 결과적으로 U-G 조약의 혜택까지 베풀어 주어야 하는가? 이 문제에 대해서는 아직 논란이 계속되고 있다. 포겔(K. Vogel)의 주석서는 U-G조약을 주관적 적용범위를 넘는 F국법인에게 적용할 이유는 없다고 하는 입장이지만[145] 이에 대한 비판도 만만치 않다.[146] 사실은 앞 문단에서 OECD 주석서의 결론이라고 소개한 내용 자체가 애매하다. 기존 조약의 글귀를 해석하면 위와 같은 해석론이 나온다는 말인지, 아니면 입법론으로 위와 같은 내용을 조약에 적어 넣을 수 있다는 말인지, 갈피를 못 잡고 있다.[147]

이제 위 보기를 다시 조금 바꾸어 U국이 바로 F국이라고 하자. 곧 F국법인이 G국에 둔 고정사업장이 F국 거주자로부터 F국원천소득을 받는다고 하자. 이때 F국과 G국 사이의 2중과세는 어떻게 조정할 것인가?

대법원 2024. 1. 25. 선고 2021두46940 판결

1. 사안의 개요

원심판결 이유와 기록에 의하면 다음과 같은 사실을 알 수 있다.

가. 원고는 본점 소재지가 중화인민공화국(이하 '중국'이라 한다)인 외국법인으로서 서울 소재 국내사업장(이하 '원고 서울지점'이라 한다)을 두고 국내에서도 금융업을 영위하고 있다.

나. 원고 서울지점은… 국내에서 조달한 자금을 원고의 중국 내 지점에 예금하거나 중국 내 사업자에 대여하고, 그에 따른 이자(이하 '이 사건 소득'이라 하고, 위 중국 내 지점 및 사업자를 '이 사건 중국거주자들'이라 한다)를 얻었다.

다. 원고 서울지점은 이 사건 소득을 위 각 사업연도의 법인세 과세표준에

145) Klaus Vogel on Double Taxation Conventions(제3판), 제24조 주석 132b 문단.

146) 가령 Jimenez et als., Triangular Cases, Tax Treaties and EC Law : The SaintGobain Decision of the ECJ, Bulletin for International Taxation (June 2001) 241, 특히 245쪽.

147) OECD 모델조약 제24조 주석 52문단.

포함하여 해당 사업연도의 법인세를 신고·납부하면서, 이 사건 중국거주자들이 원고 서울지점에 지급할 이자 중 10% 상당액(이하 '이 사건 원천징수세액'이라 한다)을 원천징수하여 중국 과세당국에 납부하[고] … 외국납부세액으로 공제하여 법인세를 신고하였다.

라. 피고는, 이 사건 원천징수세액이 제3국이 아닌 원고의 거주지국인 중국에 납부된 세액이므로 구 법인세법에 따른 외국납부세액공제가 배제되어야 함을 전제로 … 원고에게 … 법인세(가산세 포함)를 부과하였다(이하 '이 사건 처분'이라 한다).

2. 거주지국에 납부한 세액의 외국납부세액공제 대상 해당 여부에 관하여(제1 상고이유)

가. … 구 법인세법 제57조 제1항 제1호는 내국법인의 각 사업연도의 과세표준에 국외원천소득이 포함되어 있는 경우 그 국외원천소득에 대하여 납부하였거나 납부할 외국법인세액이 있는 때에는 공제한도의 범위 내에서 외국법인세액을 해당 사업연도의 법인세액에서 공제할 수 있도록 정하고 있다. 그리고 구 법인세법 제97조 제1항은 국내사업장을 가진 외국법인의 각 사업연도의 소득에 대한 법인세의 신고·납부 등에 대하여 제57조 제1항의 규정을 준용하도록 하고 있다.

한편 … '한·중 조세조약' … 은 제11조에서 이자소득에 대한 과세권의 배분을 정하고 있으나, 이 사건 소득과 같이 '일방체약국에서 발생하여 일방체약국의 거주자에게 지급되는 이자'에 해당하는 소득에 관하여는 따로 규정하고 있지 아니하다. 다만 한·중 조세조약 제22조 제2항에서는 '같은 조약의 전기 각 조에서 취급되지 아니한 일방체약국 거주자의 소득 항목'과 관련하여, '일방체약국의 거주자인 소득의 수취인이 타방체약국에 소재하는 고정사업장을 통하여 동 타방체약국에서 사업을 경영하고, 소득의 지급원인이 되는 권리 또는 재산이 그러한 고정사업장과 실질적으로 관련되는 경우'에 제7조 등의 규정을 적용하도록 하고 있다. 그런데 한·중 조세조약 제7조 제1항에서는 '일방체약국의 기업이 타방체약국에 소재하는 고정사업장을 통하여 동 타방체약국에서 사업을 경영하는 경우'에 그 고정사업장에 귀속되는 이윤에 대하여 위 타방체약국에서 과세할 수 있음을 규정하고 있다. 또한 한·중 조세조약 제23조 제2항에서는 '중국 거주자가 우리나라로부터 소득을 취득할 경우'에 그 소득에 대하여 우리나라의 법과 한·중 조세조약의 제규정에 따라 납부하는 세액에 대한 세액공제 등의 이중과세 조정에 관하여 규정하고 있다. 이러한 한·중 조세조약 규정들의 문언 및 체계 등에 의하면, 원고의 거주지국인 중국에서 발생하여 우리나라 소재 고정사업장에 귀속된 이 사건 소득에 대하여는 우리나라가 먼저 과세권을 행사할 수 있고, 이중과세의 조정은 그 후에 거주지국인 중국이 원고에 대한 과세를 하면서 우리나라에 납부한 세액에 대하여 세액공제를 하는 등의 방법으로 이루어지게 된다. 나아가 이와 같은 한·중 조세조약 규정들에 따른 결과를 같은 조약 제24조 제2항의 무차별원칙 위반으로 볼 수도 없다.

그런데 구 법인세법 제97조 제1항에서 같은 법 제57조 제1항을 준용하는 취지는 기본적으로 국내사업장이 있는 외국법인에게도 내국법인과 동일하게 제3국에서 납부한 세액에 대하여 외국납부세액공제 등을 허용함에 있는바, 이러한 취지와 관련 규정들의 문언 및 체계 등에 비추어 보면, 이 사건 소득과 같이 외국법인의 거주지국에서 발생하여 우리나라에 소재한 위 외국법인의 고정사업장에 귀속된 소득으로서 거주지국과 체결한 조세조약의 해석상 그 소득에 대하여 우리나라가 먼저 과세권을 행사할 수 있고, 그에 따른 이중과세 조정은 거주지국에서 이루어지게 되는 경우에는, 그 소득에 대하여 거주지국에 납부한 세액이 있더라도 그 세액이 구 법인세법 제97조 제1항, 제57조 제1항 제1호에 따른 외국납부세액공제 대상에 해당한다고 볼 수는 없다.

나. 원심은 판시와 같은 이유로, 이 사건 소득에 대하여는 한·중 조세조약에 따라 고정사업장 소재지국인 우리나라가 먼저 과세권을 행사할 수 있고, 거주지국인 중국이 이중과세를 회피할 의무를 부담한다고 해석함이 타당하며, 구 법인세법 제97조 제1항, 제57조 제1항 제1호에 따른 외국납부세액공제는 허용되지 아니한다고 판단하였다. 원심판결 이유를 관련 법리와 기록에 비추어 살펴보면, 원심의 판단에 상고이유 주장과 같이 외국납부세액공제 대상에 관한 법리를 오해하는 등의 잘못이 없다.

위 판결에 나오듯 OECD의 입장은, 조약에서 달리 정하지 않으면 이 사건에서 중국에 과세권이 없다는 쪽에 가깝다. OECD 모델 주석은 제21조 제2항(이 조약에서 달리 정하고 있지 않은 소득은 거주지국에서만 과세할 수 있다는 제1항의 규정은, 거주지국 거주자가 받는 소득이지만 다른 체약국에 둔 고정사업장에 귀속되는 소득에는 적용하지 않는다)에 이런 토를 달고 있다.

"이 조항은 소득을 받는 자와 지급하는 자가 모두 같은 체약국 거주자이지만 그 소득이 소득을 받는 자가 다른 체약국에 둔 고정사업장에 귀속되는 경우도 포함한다. 이런 경우 과세권은 고정사업장이 있는 나라에 주어진다. 2중과세 부담이 생긴다면 거주지국이 23A조나 23B조에 따라 부담을 제거해 주어야 한다. 그러나 거주지국 겸 원천지국의 배당소득이나 이자소득 과세에는 문제가 생길 수 있다. 제7조와 제23A조를 합쳐 보면 그 나라는 소득에 대한 조세를 걷지 못하게 된다. 이런 소득을 타방 체약국 거주자에게 지급했더라면 거주지국 겸 원천지국은 원천지국으로서 제10조나 제11조에 따라 원천징수세를 걷었을 것임을 생각하면 이상해진다. 이 결과를 받아들일 수 없는 체약국들은 조약에 특칙을 두어 거주지국은 원천지국 자격에서 이자나 배당에 대한 원천징수세를 제10조나 제11조에 따라 걷을 수 있다고 정할 수 있다."[148]

위 내용은 기본적으로 국외소득을 면제하는 나라에나 적절하다. 국외소득을 면제하는 나라라면, 제23조A의 글귀가, 거주지국은 다른 체약국이 과세할 수 있는 소득을 면제해 주어야 한다고 적고 있기에, 거주지국은 다른 체약국 내 고정사업장에 귀속되는 소득(곧 다른 체약국이 과세할 수 있는 소득)을 과세할 수 없게 된다. 자국 거주자가 자국 거주자에게 지급하는 소득을 과세할 수 없다는 이 결과는 아주 이상하고, 그러니 별도 규정을 둘 수 있다는 것이다. 한편 외국납부세액을 공제하는 국가라면 조약 어디에도 고정사업장에 귀속되는 소득을 거주지국이 과세하지 못한다는 말은 없다. 제7조 제1항 후문은 소재지국의 과세권을 제약하는 규정일 뿐 거주지국의 과세권과는 무관하다. 제21조 제2항도 고정사업장 소재지국이 과세할 수 있다는 말일 뿐 거주지국이 과세 못한다는 말은 아니다. 고정사업장에 귀속하는 소득이더라도 거주지국 겸 원천지국이 원천지국 입장에서 과세하는 것을 막는 조문은 없다. 그렇다면 남는 문제는 거주지국 겸 원천지국은 어디까지 과세할 수 있고, 고정사업장 소재지국은 이 세금을 어디까지 공제해 줄 것인가의 문제일 뿐이다.

이 사건에서 중국은 국내법으로 10% 원천징수세를 10% 매겼지만 실상 이 과세권을 중국조약이 제한하는 것은 없다. 자국 거주자가 자국 거주자에게 지급한 소득이므로 제10조에서 제12조의 글귀는 적용할 길이 없다. 이와 정반대로

148) OECD 모델조약 제21조 주석 5문단.

이 사건 판결은 중국에 아예 과세권이 없다고 한다. 그냥 OECD 문서에 그런 내용이 있다는 것은 법률가로서는 이유가 못 된다. 다른 이유로 이 소득의 원천이 우리나라에 있다는 논거는 맞는가? 법인세법의 해석으로서는 맞지만 중국조약의 해석에서는 안 맞는다. 고정사업장에 귀속되는 소득이니 조약상 우리나라가 과세할 수 있는 소득이고 따라서 원천이 우리나라에 있다는 논리는 우리 법인세법이 외국법인이라면 원천이 국내에 있는 소득에만 세금을 매긴다고 정하고 있기에, 고정사업장에 귀속되는 소득의 원천을 국내로 재구분해서 과세하는 것이다. 제5장 제3절 Ⅰ. 4. 조약에서는 고정사업장에 과세하는 소득의 범위에 원천 개념이 없다. 귀속 개념이 있을 뿐이다. 고정사업장에 귀속하는 거래라면 거기에서 생기는 소득은 원천이 어디든 소재지국에 과세권이 있다. 따라서 귀속하는 거래의 원천을 고정사업장 소재지국으로 재구분한다는 개념은 없다. 외국납부세액공제 조약이라면 가령 이 사건에서 중국이 원천지국으로서 과세권을 행사하는 것을 막는 규정은 없다.

원천지국 겸 거주지국이 원천지국 지위에서 일단 매긴 세금을 고정사업장 소재지국은 외국납부세액으로 공제해 주어야 하는가? 외국납부세액공제 규정에서는 상대방 체약국이 조약상 과세권이 있다면 거주지국에 공제의무가 있다. 그러나 이 규정은 거주지국의 의무일 뿐이고 고정사업장 소재지국에는 적용되지 않는다. 소재지국은 차별금지에 걸릴 뿐이다. 공제를 안 한다면 우리나라 거주자와 차별하는 것인가? 우리나라 거주자라면 거주지국 겸 원천지국에 낸 세금이 있다면 우리나라에 낸 세금일 수밖에 없고, 그런 세금은 애초 외국납부세액일 수가 없다. 따라서 외국납부세액공제에서 고정사업장을 거주자보다 불리하게 대우한다는 차별은 애초 생길 수가 없다. 그러나 꼭 그렇게 과세할 것인가, 또 정책적 입장에서 바람직한가는 별개 문제이다. 외국법인 본국 거주자가 역시 그 나라 거주자인 외국법인(고정사업장)에 지급한 소득을 제3국 거주자에게 지급하는 소득과 견준다면 본국과의 관련은 전자가 훨씬 높다. 그런데도 본국에 과세권이 아예 없다고? 고정사업장 소재지국의 법인세율이 본국보다 높다면 본국의 보충적 과세권이란 무의미하고, 본국은 아무런 세금을 못 걷는다? 이상하지 않나?[149] 아래 제6절.

149) 이미 자세히 논증하였지만 더 상세한 내용은, 윤지현, "우리나라 소재 고정사업장의 '본국'과 이 고정사업장에 '귀속'하는 이자를 지급하는 채무자의 거주지국이 같을 때의 소득과세 문제

제 6 절 속인주의 과세의 경합과 2중과세 배제

원천이 자국 밖인 소득에 두 나라가 세금을 물린다는 앞 제5절의 문제는 실상 고정사업장 소재지국과 외국법인 본국 사이에서만 생기는 것이 아니다. 그 문제가 왜 생겼나 다시 생각해 보면 실상 외국법인은 고정사업장 소재지국에서 그 나라 법인과 아주 비슷한 지위에 서기 때문이다. 제1장 제4절 Ⅱ. 자국에 고정사업장이 있는 외국법인을 거주 외국법인이라고 부르는 나라도 있는 것을 생각해 보면 된다. 제3국 원천인 소득, 한결 넓게는 원천이 자국 밖인 소득에 두 나라가 세금을 매기는 한결 흔한 상황은 '2중 거주자'(二重居住者)이다. 어떤 사람이 두 나라 모두의 거주자인 경우 조약은 이중거주자를 어느 한 쪽의 거주자로 판정하는 조문을 두고 있으므로, 두 나라 모두에 전세계소득 납세의무를 지는 일은 없어진다. 그런데 조약에 있음에도 불구하고 두 체약국 모두에 전세계소득에 대한 납세의무를 지는 경우가 생긴다. 바로 미국 시민이나 미국 영주권자(이하 '미국시민'이라 줄인다)의 경우이다. 미국법은 미국시민에게 전세계소득에 대한 납세의무를 지우고 있다. 가령 우리나라의 세율이 30%이고 미국의 세율이 35%라면 어떻게 될까? 미국은 소득 10,000에 대한 세금 3,500을 걷는데 우리나라가 매기는 세금을 깎아준다. 우리나라는 세금 3,000을 걷는데 미국이 매기는 세금을 깎아준다. 미국이 세금을 미리 매겼다면 우리나라는 세금을 걷을 수 없다는 말인가? 역으로 우리나라가 세금을 미리 매겼다면 우리나라는 3,000을 걷고 미국은 500을 걷는다는 말인가? 그럴 리야 없지. 도대체 어떻게 되는 것일까?

우선 미국시민이 상대방 체약국 거주자로 판정된다면 그런 사람은 조약상 상대방 체약국 거주자로 판정받는 것이 상례일 것이다. 이중거주자 판정 기준에서 국적은 후순위이니까. 그렇다면 상대방 체약국 거주자이므로 미국의 전세계소득 과세권이 조약의 제약을 받는가? 조약의 글귀 나름이지만 보통은 그렇지 않고, 미국 모델을 따른 조약이라면 미국이 여전히 전세계소득 과세권을 가진

— 외국납부세액 공제와 관련하여", 「조세학술논집」 제39집 제1호(2023), 1~42쪽 참조. 이와 달리 고정사업장 소재국의 과세권이 우선한다는 견해로, 김석환, "고정사업장의 외국납부세액 공제 — 삼각관계(triangular cases)에서 조세조약 및 국내법의 해석에 관하여", 「조세학술논집」 제36집 제4호(2020), 43~83쪽; 황남석, "조세조약상 삼각관계의 과세문제", 「조세법연구」 제28집 제2호(2022), 117~149쪽.

다. 미국 모델 제1조 제4항의 "saving clause"는 이중거주자 기준에 의해 미국 거주자로 판정된 자와는 별도로 미국시민에 대해서 전세계소득 과세권을 유보하고 있기 때문이다. 그렇다면 2중과세가 생기지 않는가?

Filler v. Commissioner[150)]

이 사건 원고는 미국시민으로 1972년 당시 'IBM 유럽'의 직원으로 프랑스에 거주하고 있었다. 그는 1972년에 5일간 미국에 출장 와서 일했고 그가 받은 근로소득 가운데 일정 금액은 이런 미국 내 근로에 귀속된다.[151)] 쟁점은 원고가 미국에 이 소득에 대한 세금을 내야 하는가, 프랑스 세금은 어떻게 되는가이다.

이 사건 당시의 프랑스-미국 조약의 관련 조문을 간단히 요약하면 다음과 같다.

제15조 근로자가 거주지국 아닌 다른 체약국(원천지국)에서 근로를 제공한다면 원천지국에 과세권이 있지만 단기 체재자(원천지국에 머무르는 시간이 183일 이하이고, 고용주가 외국법인이며, 그 고정사업장에서 급여로 손금산입하지 않는다는 세 가지 조건을 만족하는 자)는 원천지국에서 면세한다.

제22조 (4)(a) 미국은, 마치 이 조약이 없는 양 미국시민을 과세할 수 있다. 다만 이 조약에 따른 외국납부세액공제 조항, 사회보장 조항, 차별금지 조항은 앞 문장의 영향을 받지 않는다.

제23조 (1) 미국시민이나 미국 거주자는 미국에 세금을 낼 때 프랑스에 낸 세금을 공제받을 수 있다. 공제액은 프랑스 세금에 터 잡되, 프랑스원천 소득이 전세계소득에 차지하는 비율만큼을 상한으로 한다.

제23조 (2) 두 나라 모두가 과세할 수 있는 소득으로 원천이 미국에 있는 소득이라면 미국에 낸 세금을 공제해 주되 프랑스가 매기는 세금을 상한으로 한다. 다른 소득으로 미국에 과세권이 있는 소득이라면 프랑스는 면제한다.

이 사건 원고는 프랑스에서, 미국에서 받은 근로소득을 포함하여 전세계소득에 세금을 냈다. 또한 이 사람은 미국에서도 전세계소득을 신고하면서 프랑스에 납부한 세액이 더 크므로 미국에 낼 세금이 없다고 주장하였다. 그러나 미국

150) 74 T.C. 406 (1980).

151) 정확한 사실은 2년간 각 5일씩 일했고 번 소득금액도 다르지만 본문처럼 간단히 하기로 한다.

국세청은 조약 제23조 제1항에 따라, 프랑스에 납부한 세금을 미국에서 번 근로소득 부분과 프랑스에서 받은 근로소득 부분으로 나누어 후자에만 세액공제를 허용하였다. 곧 미국에서 번 근로소득 부분은 미국에 세금을 내야 한다는 것이다.

미국에 소득세 신고를 하면서 공제받을 수 있는 프랑스 세액의 상한이 얼마인가라는 쟁점은 미국에서 일하고 받은 근로소득의 원천이 있는 곳이, 제23조의 해석상 미국인가 프랑스인가에 달려 있다. 이 문제는 제23조에서 말하는 '프랑스 원천 소득'이라는 말의 뜻에 달려있다. 법원은 제23조 제1항에 소득의 원천 규정에 관한 언급이 없는 이상, 미국이 외국납부세액공제를 해줄까라는 판단에서 원천이라는 말은 미국법에 따라 풀이해야 한다고 판시한다. 그렇다면 프랑스가 전세계소득 전체에 세금을 매긴 것이 잘못되었다는 말인가? 법원은 그렇다고 판시한다. 제23조 제2항에 따르자면, 미국에 과세권이 있는 소득은 프랑스에서는 면제 대상이다. 제15조는 단기 체재자를 면세하지만 제22조(4)(a)의 "saving clause"에 따라 미국은 국내법대로 과세할 권리가 있고, 제15조는 "saving clause"의 예외에 해당하지 않는다. 따라서 프랑스가 외국납부세액공제를 거절한 것이 잘못이라는 것이다. 이 사건 원고는, 자기는 잘못이 없고 두 나라가 서로 세금을 달리 매겨서 2중과세를 당했으니 억울하다고 하소연하였으나 법원은 2중과세 문제는 권한당국 간 합의로 정할 일이고 법원의 소관 업무가 아니라고 원고 주장을 내쳤다.

"Filler" 판결에서 2중과세가 생긴 까닭은 미국이 자국민이라면 전세계소득을 과세하기 때문인가? 미국과 프랑스 두 나라가 모두 전세계소득을 과세하는 이상 2중과세는 필연적인가? 그렇지 않다. 이 사건에서 미국과 프랑스 사이에 소득의 원천이 어디인가라는 점에 생각이 같았더라면 2중과세는 생기지 않았을 것이다. 소득의 원천이 미국이라는 점을 프랑스 정부도 인정했더라면 프랑스에서 전세계소득을 과세하면서 미국 세액을 공제해 주었을 것이다. 무슨 말인가? 두 나라가 모두 전세계소득 과세권을 행사한다고는 하지만 결국은 소득의 원천지국이 어디인가를 따져서 그 나라에 우선적 과세권을 주는 식으로 2중과세를 해결하도록 조약에 정하고 있었다는 것이다. 이 사건에서도 그런 2중과세 방지 규정이 있었지만 소득의 원천 개념이 끼어드는 글귀 때문에 2중과세가 생겨난 것이다.

원천지국을 최우선시킨다는 생각은 오늘날의 미국 모델에서도 마찬가지이다.[152] 미국 모델에 있는 이 특별 규정의 내용은 원천지국이 일차 과세권을 가지고 거주지국이나 미국(국적지국)은 보충적 과세권을 행사한다는 것이다. 미국 모델의 구체적 내용은 다음과 같다.

제23조(2중과세의 배제)

1. (생략: 상대방 체약국에 적용되는 2중과세 방지규정)
2. 미국법(개정이 있다면 기본원칙이 바뀌지 않은 한 개정된 미국법)의 규정에 따라 또 미국법의 제한을 조건으로 해서, 미국은 미국 거주자나 시민이 납부할 미국세금에서 다음을 공제해준다:
   a) 거주자나 시민이 다른 체약국에 납부하였거나 납부하여야 하는 세금
   b) (이하 생략)
3. 제2항의 목적에서는, 다른 체약국 거주자가 번, 미국법에 따른 과세 대상인 소득을 다른 체약국이 이 조약에 따라 과세할 수 있다면, 그런 소득은 다른 체약국에 원천이 있는 것으로 본다.
4. 미국 시민이 (다른 체약국)의 거주자라면:
   a) 미국 시민이 아닌 (다른 체약국) 거주자가 소득을 얻었더라면 이 조약에 따라 미국의 세금을 면제받거나 낮은 세율을 적용받았을 소득에 관해서는, 다른 체약국은 미국이 매길 수 있는 세금("saving clause"에 따라 시민이라는 이유 하나만으로 매기는 세금 외의 다른 세금)을 세액공제한다.
   b) 위 a)에서 말하는 소득에 대하여 미국에 납부할 세금을 제2항에 따라 결정할 때에는, 미국은 a)의 세액공제를 하고 난 뒤 다른 체약국에 낼 세금을 미국 세금에서 공제해준다; 이 세액공제는 a)에 따라 공제받을 수 있는 미국 세금은 줄이지 못한다.
   c) 위 b)에 따라 미국에서 2중과세를 방지할 목적으로 (또 오로지 그 목적으로만) 위 a)에서 말하는 소득은 b)에 따라 2중과세를 방지한다는 목적 하에서만 다른 체약국 원천 소득으로 본다.

곧 미국원천소득에 대해서는 미국이 일차적으로 과세권을 행사하여 비거주자에 대한 세율로 세금을 매기고, 전세계소득에 대한 상대방 체약국의 세부담이

152) 미국 모델 제23조 제4항.

미국의 원천징수세보다 높다면 그 나라가 보충적 과세권을 행사하여 그 차액에 세금을 매긴다. 만일 전세계소득에 대한 미국의 세율이 상대방 체약국보다 높다면 미국은 다시 보충적 과세권을 행사하여 그 차액만큼 세금을 매긴다. "Filler" 판결의 사실관계로 돌아가, 납세의무자의 미국원천 근로소득 100달러에 대한 미국의 원천징수세율은 15%라 하고, 미국의 소득세율은 35%라 가정하고 여기에 현행 미국 모델을 적용해보자. 납세의무자가 미국에서 소득을 받을 때 미국이 일차적으로 과세권을 행사하여 비거주자에 대한 세율인 15%로 원천징수한다. 이제 프랑스의 세율이 미국보다 낮아(높아) 25%(40%)라면 프랑스의 세금은 25달러(40달러)이지만, 거기에서 미국의 원천징수세 15달러를 외국납부세액으로 공제하므로 프랑스에 납부할 세액은 10달러(25달러)이다.[153] 한편 이 사람은 미국 국적자이기 때문에 미국에서 전세계소득 100달러에 대해 35달러라는 세금을 부담해야 한다. ① 프랑스의 세율이 25%인 경우에는 납세의무자는 35달러와 25달러(미국의 원천징수세 15달러에 프랑스의 세금 10달러를 더한 금액)의 차액 10달러를 미국 정부에 다시 추가납부해야 한다. 바꾸어 말하면 미국의 세금 35달러에서 기납부세액 15달러와 외국납부세액 10달러를 공제한 10달러를 추가납부하는 것이다. ② 프랑스의 세율이 40%라면 이미 부담한 세금이 40달러(미국의 원천징수세 15달러에 외국의 세금 25달러를 더한 금액)이므로, 미국 정부에 추가납부할 세액이나 돌려받을 세액은 없다. 납부할 세액이 없다는 말은 전세계소득에 대한 미국의 세금 35달러에서 35달러를 공제받는다는 말이고, 공제받는 금액 35달러는 기납부세액 15달러와 외국(프랑스) 납부세액 25달러 가운데 20달러, 이 두 가지이다.

이처럼 미국에서 최종 부담세액을 산정하는 과정에서 외국납부세액으로 공제하는 프랑스의 세액(①의 10달러, ②의 20달러) 부분의 소득은 원천이 미국이지만 외국납부세액공제 목적으로는 원천을 국외로 재구분(re-sourcing)한다. 미국원천소득에 대해서는 외국납부세액공제가 불가능하기 때문에 논리를 맞추어주는 것이다. 구태여 금액을 계산하자면 각 28.57달러(28.57×35%=10)과 57.14달러(57.14×35%=20)의 원천을 국외로 바꾸어주게 된다.

위에서 본 2중과세 배제 방법은 조약이 있음에도 불구하고 거주지국과 국적지국 두 나라에서 전세계소득 과세를 당하는 자에 관하여 두 나라의 과세권을 조정하는 것이다. 생각해 보면 거주지국과 국적지국이라는 요소는 우연적인 것

153) 미국 모델 제23조 제4항 a).

일 뿐이다. 조약에도 불구하고 두 나라에서 모두 전세계소득 과세를 당하는 자라면 같은 방식을 적용하는 것이 이론상 가능하다. 앞에서 이미 적었지만, 조약상 이중거주자 판정 기준에 불구하고 끝까지 이중거주자로 남는 자에 대해서도 같은 내용으로 2중과세를 배제하는 것이 가능하다. 그러나 그런 조약례는 아직 없는 듯하다.

제14장
피지배외국법인 세제

제 1 절 조세피난처와 국제적 조세회피

조세피난처는 세계 경제에서 결코 무시할 수 없는 비중을 차지한다.[1] 제14장은 조세피난처 대책의 하나로 '피(被) 지배 외국법인'(controlled foreign corporation, CFC) 세제를 다룬다.[2] 그밖의 다른 대책으로 이전가격 세제나 비용공제 부인 등은 제4장, 제5장 제5절, 제9장.

제14장에서 '피지배외국법인'이라고 하는 말은 우리 「국제조세조정에 관한 법률」('국조법') 제4장(특정외국법인의 유보소득에 대한 합산과세)에서 말하는 '특정

1) 십여 년 전 통계로 전세계 국제금융의 절반, 외국인직접투자의 30%가 조세피난처를 통한다. R. Palan, R. Murphy & C. Chavagneux, Tax Havens: How Globalization Really Works (2010; 이하 'Palan, Murphy & Chavagneux'), 50~53쪽. 숨은 돈을 전세계의 자본수입 통계와 자본수출 통계의 차액으로 추정해보면 조세피난처에 신원(身元)이나 적(籍)을 둔 돈이 미국, 유럽, 일본의 순외채 총합계보다 더 크다. T. Piketti, Capital in the Twenty-First Century (2014), 제12장 그림 12.6. 다른 추계는 최소한으로 잡더라도 전세계 가계 금융자산의 8% 또는 GDP 총계의 10% 정도라고 한다. 그 가운데 스위스의 비중이 2001년 40%, 2006-2007년 45~50%이다가, 금융위기 이후 떨어지기 시작해서 2017년 쯤 와서는 30%라고 한다. A. Alstadsaeter, N. Johannesen & Zucman, Who Owns the Wealth In Tax Havens?, NBER Working Paper 23805 (2017), 15쪽과 Figure 2. 2. www.nber.org/system/files/working_papers/w23805/w23805.pdf.

2) 이하 상세는 이창희, "조세피난처/피지배외국법인 세제의 회고와 전망", 「조세학술논집」 제38집(2022), 1쪽 참조.

외국법인'보다는 범위가 넓다. 다른 나라 법을 아우르는 개념으로 일정한 외국법인의 소득을 주주에게 배당한 것으로 보거나 뭔가 다른 방법으로 주주의 거주지국에서 투시 과세하는[3] 법제에서 그런 외국법인을 피지배외국법인이라고 부르기로 한다. 대개는 외국 자회사나 해외 자회사 정도의 말이지만 투시과세 대상인 경우 이를 일컫는 말로 CFC라는 용례가 국제적으로 거의 굳었고, 간편함을 감안하여 이를 그대로 옮겨서 쓰기로 한다. 둘째, '조세피난처'라는 말은 소득세・법인세가 아예 없거나 아주 낮은 경(輕) 과세국이나 경과세 지역이라는 헐거운 뜻으로 쓴다. 이제는 국조법에서 이 말을 안 쓰지만 예전에는 법인의 부담세액이 법에 정한 기준보다 낮은 국가나 지역을 조세피난처라고 부르면서 조세피난처 법인을 주주 과세의 대상으로 삼았다. 피지배외국법인 세제의 세계사에서 입법 계기가 된 문제의 나라나 지역을 뭉쳐 부를 말이 필요하고 이를 '조세피난처'라고 부르기로 한다.

제1절은 1950년대 말까지 조세피난처의 역사 내지 그 말의 역사를 짧게 본다. 용례의 정리에 필요한 작업이지만 그 자체로 재미있는 역사일뿐더러, 상식적 이해와 달리 조세피난처란 근본적으로 자본수입국의 이해관계에 얽힌 개념이라는 것을 보여 준다. 제2절에서는 조세회피 대책으로 미국이 투시과세를 들여온 역사를 본다. 효시(嚆矢)라 할 1930년대에 시작한 '개인 투자회사'(FPHC; foreign personal holding company)에 대한 주주과세 제도를 살펴보고, 뒤이어 오늘날 피지배외국법인 세제의 원형(原型)이 된 1960년대의 "Subpart F"를 다룬다. 요는 세계 경제사(經濟史)의 흐름 속에서 미국이 구조적 국제수지 위기에 부딪히자 자본 유출을 억제하는 통제 수단으로 피지배외국법인 세제를 입법했다는 것이다. 제3절은 피지배외국법인 세제가 전세계적으로 번진 역사를 본다. 미국 외의 다른 나라들이 새로 자본수출국이 되면서 그 인근에 조세피난처가 생겨나서 조세조약망을 이용한 조세회피가 번지는 과정이다. 이 역사는 조세회피 대책으로 세계 여러 나라가 피지배외국법인 세제를 입법하는 과정이기도 하다. 제4절은 우리 법의 해석론이다. 마지막 제5절은 현행 법제를 통째 흔들고 있는 당면 국제 정세에 대한 분석이다. 조세피난처를 둘러싼 국제적 갈등, 나아가 해외 자

3) 주주가 배당받은 것으로 간주하는 것은 엄밀히는 투시과세와 다르지만 혼동할 여지가 없는 곳에서는 두 가지 용어를 섞어 쓴다. 분명한 구별이 필요한 곳에서는 '배당간주 과세'라고 부른다.

회사의 적극적 소득에 대한 과세 문제를 둘러싼 갈등을 다룬다.

Ⅰ. 조세피난처의 기원(起源)

조세피난처라는 말에는 여러 가지 뜻이 뒤엉켜 있다. 조세피난처란 영어의 "tax haven"을 직역한 말이다. 영어권에서 "tax haven"이라는 말의 일상적 의미가 오늘날의 조세피난처, 곧 세금 때문에 피해서 들어가거나 찾아들어가는 국가나 지역이라는 뜻으로 쓰이기 시작한 것은 대략 1960년 무렵이다.[4] 다시 뒤집으면 조세피난처를 통한 국제적 조세회피라는 것이 문제라는 생각이 일반화한 것이 1960년 무렵부터라는 말이다. 조세피난처라는 말은 금융기관이 예금자 정보를 비밀로 지켜주면서 '검은 돈'을 끌어들이는 지역이라는 개념과, 세금이 없거나 낮은 지역이라는 개념이 뒤섞인 개념이다. 이 개념에는 다시 한 가지 전제가 있다. 법인 설립이 아주 손쉬운 지역이어야 한다는 것이다. 조세피난처의 낮은 세율을 이용하려는 투자이든 예금주 비밀 보호를 찾아들어오는 돈이든, 투자자로서는 본인의 신원을 드러내지 않고 투자 규모도 드러내지 않은 채 손쉽게 현지법인을 설립할 수 있다는 것이, 절대적 필요는 아니더라도 사실상 필요하게 마련이다. 이 세 가지 요소는 실제 역사에서는 뒤엉킨다. 도대체 조세피난처는 언제 어디에서 시작한 것일까?[5]

1. 19세기 말 델라웨어

얼핏 놀랄 수도 있겠지만 오늘날 통설적인 견해는 지금 용례로 조세피난처의 기원을 19세기 후반 미국의 뉴저지와 델라웨어에서 찾는다.[6] 조세피난처라는 말조차 생기기 전의 일이지만. 뉴저지와 델라웨어가 지금의 용례로 조세피난처가 된 첫걸음은 세금 문제보다 회사 설립의 난이도였다. 오늘날은 이른바 준칙주의(準則主義)로, 최소한의 요건을 충족하는 한 누구나 자유로이 회사를 세울 수 있는 것이 일반 원칙이지만 기실 이것은 19세기 후반에나 생긴 비교적 새로

4) www.collinsdictionary.com

5) 이 부분 논의는 인터넷으로 확인할 수 있는 옛 법령 외에는 거의 간접 사료에 터잡았다. 직접 사료를 뒤져본다면 응당 틀린 곳이 있으리라. 그러나 전체적인 논지나 서술의 흐름에 영향을 미치지는 않을 정도일 것이다.

6) Palan, Murphy & Chavagneux, 109~111쪽.

운 현상이다. 1720년의 “South Sea Company” 사건으로 주식회사가 아예 불법화 되었던 까닭이다.[7] 19세기 중엽 상공업의 중심지였던 매사추세츠, 뉴욕 등이 회사법을 입법했지만, 오늘날의 준칙주의와는 거리가 멀었다. 이 와중에서 1889년 당시 심각한 재정 위기를 겪으면서 돌파구를 모색하던 뉴저지가 인근 뉴욕의 회사들을 뉴저지로 끌어들일 속셈으로 기업 활동에 유리한 법제를 입법했다.[8] 이보다 한 술 더 떠서 역외 자본에게 자신의 법제를 이용(또는 악용)할 기회를 제공한 것은 델라웨어이다. 델라웨어는 규제를 한결 더 줄인 회사법제를 입법하면서, 그 참에 아예 주(州) 소득세도 없앴다.[9] 이렇게 시작된 ‘하향 평준화’ 경쟁에 버몬트, 네바다, 와이오밍 등도 끼어들었지만 최종 승자는 델라웨어였다. 오늘날 미국 상장법인의 반이 델라웨어 법인이고, (우스개소리 같지만 정말로) ‘델라웨어에는’ 자연인보다 법인이 더 많다.[10] 지금은 금지했지만 최근까지도 델라웨어 법인에서는 무기명식(無記名式) 주식의 발행이 가능해서 주주가 누군지를 비밀에 부칠 수 있었다.

2. 스 위 스

지금의 용례로 조세피난처의 본격적 시작은 제1차 세계대전 뒤 스위스였다. 1814년 이래 영세 중립국이라는 지위 덕으로 1870년대의 보불(普佛) 전쟁과 파리꼬뮨(Paris Commune), 그 뒤 제1차 세계대전 과정에서 스위스에 엄청난 돈이 몰려들었다. 재무제표 자료로 스위스 은행 전체의 자산 총계를 프랑스 은행에 견주어 보면 1913년에는 27%이던 것이 1929년에는 거의 맞먹는 수준인 73%로 늘었다. 각국 은행의 예금 총계를 국민수로 나눈 금액을 보면 스위스가 단연 세계 최고였다. 실제 수치는 이 통계의 배도 넘었을 법하다고 추단할 수 있게 하여 주는 다른 자료들도 있다고 한다. 독일인들이 보유한 금융자산의 1/4에서

7) 제7장 제4절.

8) Palan, Murphy & Chavagneux, 109~111쪽.

9) Palan, Murphy & Chavagneux, 109~111쪽.

10) Lesley Waine, How Delaware Thrives as a Tax Haven (New York Times 2012. 6. 30). 오바마가 케이먼 제도의 어느 건물에 있는 회사가 12,000개나 된다고 지적하자 케이먼 제도 금융위원장이 되받아치기를, 델라웨어의 ‘노스 오렌지 가(街, North Orange Street) 1209번지에는 217,000개의 회사가 있다고. 이 건물은 세법이나 회계 분야의 서적 출판으로도 널리 알려진 “Wolters Kluwer”가 경영관리 서비스를 제공하는 곳이다. Shaxson, Treasure Islands(2011), 제6장, 주석 40 뒤(이 책은 '보물섬'이라는 제목 아래 우리말로도 번역되어 있다. 니콜라스 색슨, 이유영 옮김, 보물섬, 부키, 2012, 240쪽 이하).

1/2 정도가 스위스에 가 있었다는 추산도 있다.

돈이 스위스로, 또 스위스로 몰려든 데에는 몇 가지 이유가 있다. 우선 두 세계대전 사이의 휴지기에 스위스는 실제로는 세법을 집행하지 않는 방식으로 세부담을 낮추어 주었다. 그에 더해서 조세피난처들의 원형으로 투자회사(holding company)에 대한 조세 특혜를 들여왔다.[11] 1차 대전 전에도 이미 스위스의 일부 지방은 투자 회사에 대한 조세 특혜를 베풀어서 원천이 스위스 국외에 있는 금융소득을 비과세하거나 아주 낮은 세율로 과세했지만 1930년부터는 아예 과세하지 않는 지방이 반도 넘었다는 것이다.

스위스가 조세피난처라는 이름을 얻은 이유로 국외원천소득 비과세보다 더 중요한 것은 예금주 비밀 보호이다.[12] 금융정보 등 기업 활동에 관한 정보를 '절대적으로 보호하는' 법제를 본격적으로 입법한 것은 1934년의 스위스 은행법이다. 민사법적 보호만 하다가 이제 형벌로 다스리기 시작. 세계 어떤 나라의 어떤 국가기관이 요청하더라도 이를 거부해야 하고 혹시라도 정보를 누설하면 벌금뿐 아니라 징역과 같은 자유형에 처하기 시작했다.[13] 1932년 프랑스 국세청이 조세조약에 기대어 자료 제공을 요청하자 스위스 은행에 넣어둔 비자금도 노출될 수 있다는 염려로 예금주들이 돈을 인출하기 시작했다. 그 사태 수습 차원에서 1934년에 비밀보호법을 강화한 것.[14]

11) 여기에서 '투자회사'라는 말은 지주회사를 포함하는 뜻이다. S. Paquier, Swiss Holding Companies from the Mid-nineteenth Century to the Early 1930s, 8 Financial History Review 163(2001), 특히 163~164쪽. 우리말에서는 장기적인 주식 소유를 목적으로 하는 회사, 곧 자회사 위에 있는 모회사를 지주회사라고 부르고 주식 등 각종 금융상품에 단기 투자해서 금융소득을 얻는 매개체가 되는 회사를 투자회사라고 부르는 것이 보통이지만, 영어에서 "holding company"라는 말은, 주식만 소유하는 회사든, 주식 외에 사채 등 다른 금융상품도 소유하는 회사든 포괄적으로 다 그렇게 부르는 것이 보통이다. 아래에서 볼 미국의 "personal holding company" (PHC) 세(稅)나 국외 PHC 관련 과세 제도에서도 "holding company"라는 말은 모두 투자회사라는 뜻이다.

12) 예금주 비밀 보호의 기원은 영국 고등법원, 1923. 12. 17. 선고 "Tournier v. National Provincial and Union Bank of England" 판결, [1924] 1 K.B. 461. Godfrey 외 8인, Bank Confindentiality, 17 Business Law International 173 (2016), 특히 175쪽.

13) 스위스의 1934년 은행법 제47조.

14) Palan, Murphy & Chavagneux, 120~122쪽.

Ⅱ. 자본소득에 대한 경과세와 조세피난처

왜 세금을 안 매기는가? 스위스로 모인 돈, 프랑스 은행의 3/4에 이르고, 독일 금융자산 전체의 1/2에 이르고 그 말고도 사방에서 모인 엄청난 돈이 스위스에 실물로 투자되지 않은 것이야 당연하다. 실제로 생산 활동을 하는 유럽 각국에 산업자본으로 투자되었음은 물론이다. 그렇다면 왜 구태여 스위스를 거쳤을까? 돈 세탁을 접어놓고 논의를 세금 문제로 좁히면, 동어반복이지만 스위스를 거치면 세금이 줄었기 때문이다. 유럽 각국의 자본유치 경쟁이 스위스를 필요로 했다는 말이다.[15] 자본을 유치하자면 스위스를 거쳐 들어온 자본의 신원을 구태여 밝혀서 세금을 더 물리지 않는 편이 상책이다. 영국은 "의도적으로 눈을 감았다."[16] 어느 나라든 그렇게 하는 나라가 있는 이상 다른 나라는 뒤쫓게 마련이다. 자본유치 경쟁을 하는 이상 세금 부담을 줄여주는 것이 경쟁 수단이고 여기서 세금 부담이란 어느 나라 세금이든 자본이 지는 모든 세금 부담을 말한다. 자국의 세금도 줄여주는 마당에 남의 나라 세금이야 오죽하랴. 그러니 스위스가 지금의 용례로 조세피난처였음에도 불구하고, 당시의 국제 정세에서 그대로 용납되었던 것.

제 2 절 미국의 Subpart F 세제

오늘날의 피지배외국법인 세제는 아직 배당하지도 않은 유보소득을 주주에게 배당한 것으로 간주해서 주주에게 세금을 물린다. 이 제도는 어떤 연유로 생겼을까?

Ⅰ. FPHC(Foreign Personal Holding Company) 투시과세

미국 소득세제의 시작이었던 1864년 법에서는[17] 법인을 별개의 단위로 보

15) 이 명제를 실제 사료로 증명할 길은 없다. 조세피난처의 속성상 직접 통계가 안 나온다.
16) 1930년 영국세법 입법 자료에 이런 말이 나온다고 한다. Farquet, 앞의 글, 12쪽 주석 43,
17) Act of June 30, 1864. ch. 173, 18 Stat. 223.

지 않고 회사의 주주를 개인 기업이나 조합원처럼 과세했다. 그러다가 1913년부터는 고전적 세제(classical system)로 법인을 단위로 삼아서 법인세를 따로 매기기 시작하면서[18] 출자자에 대한 과세는 법인에서 배당받은 소득에 국한했다. 1913년 법은 누진세 회피 목적으로 세운 법인이라면 예외적으로 투시했지만[19] "Eisner v. Macomber" 판결이[20] 나오자 1921년에 투시과세 대신 유보이익세(accumulated earnings tax; AET)라는 법인 단계 세금을 배당간주 과세 대신 들여왔다. 소득 유보의 수준이 불합리하게 높은 법인이라면 출자자가 아니라 법인에게 세금을, 조금 더 정확히는 세금 형식의 벌금을 물린다는 것이다.[21] 유보이익세의 이 주관적 기준에 대한 불만이 나오자[22] 1934년에는 법에 객관적 기준을 두어서 주주 몇 명이 소극적 투자를 하는 수단인 사적, 또는 개인적 투자회사(PHC, personal holding company), 곧 '법인격 있는 지갑'에 "PHC tax"를 물렸다.[23] 다시 1937년에는 PHC를 외국법인(FPHC, Foreign PHC)의 꼴로 세운다면 투시과세해서 국내 주주에게 세금을 물리기 시작했다. 외국법인에게 "PHC tax"를 물리면 괜스레 외교 문제를 일으킬지도 모르니 외국법인(FPHC)이 아니라 미국 주주에게 세금을 물린다는 것이다. 실제 사업은 없는 채 조세회피 목적으로 세운 외국법인이라면 미배당 유보소득을 주주가 배당받은 것으로 간주하여 과세하겠다는 것.

1937년 법의 FPHC라는 개념은 소득의 60% 이상이 이자, 배당 등 소극적 소득(엄밀히는 법에 정한 "FPHC income")이고 5인 이하인 미국의 개인 출자자가 주식의 50% 이상을 소유하고 있는 외국법인이라면[24] 그런 외국법인의 유보소득을 미국 출자자에게 과세한다. 외국법인을 투자 매체나 법인격 있는 지갑으로 삼아 이자소득, 배당소득 등을 번다면 그런 외국법인의 소득은 개인 출자자들에게 바

---

18) 한결 정확히는 1909년에 법인이라는 특권에 대한 대가라는 성격으로, Corporate Excise Tax Act, Act of Aug. 5, 1909, sec. 38, 36, 36 Stat. 11이 생겼다. 이창희, 『세법강의』, 제13장 제3절 Ⅳ.

19) Tariff Act of 1913, Ⅱ. A. 38 Stat. 114, Subdivision 2, 특히 166~167쪽.

20) 252 US 189 (1920). 이창희, 『미국법인세법』, 제3장 제5절.

21) Revenue Act of 1921, sec. 104. 현행법으로 미국세법 제531~537조. 이창희, 『세법강의』, 제13장 제3절 Ⅳ.

22) H.R. Rep. No. 704, 73d Cong. 2 Sess. 1 (1934), 특히 11쪽.

23) Revenue Act of 1934, sec. 351(d). '법인격 있는 지갑'이라는 표현은 같은 보고서 같은 쪽에 나온다. "PHC tax"의 현행법으로는 미국세법 제541조~제542조. 법인 형태의 인적용역소득에도 물린다. 2005년 이후에는 외국법인에는 적용하지 않는다.

24) 1954년 미국세법 제552조, 제553조.

로 바로 과세하겠다는 말이다.[25] 이런 투시과세를 받았다면 법인단계에서 PHC tax를 안 내는 것이야 당연하다.

FPHC란 무엇에 대한 대책인가? 이 제도는 돈 많은 개인들이 투자회사의 형식을 미국법인으로 하지 않고 외국법인으로 하면 세금이 줄어든다고 염려한다. 왜 이런 염려를 했을까? 가장 큰 배경은 아마 1930년대 후반 미국의 소득세율이 80% 가까이에 이르는 엄청난 누진세였다는 점이리라. 그러니 소득 귀속자를 개인으로부터 투자회사로 바꿀 유인이 생기는 것은 당연했다. 그러나 소득이전을 통한 누진세 회피 가능성은 외국법인이 아니라 미국법인이라는 형식으로 투자회사를 세워도 똑같다. 그러니 FPHC 세제를 누진율 회피에 대한 대책이라고 보기는 어렵다. 그렇다면 무엇을 염려한 것인가? 왜 하필 외국법인만 문제 삼았을까?

우선 과세 대상 주주를 돈 많은 개인으로 국한했다는 점은 무엇을 뜻하는가? 자본수출 그 자체를 염려한 것은 아니라는 말이다. 당연한 이야기로 대규모 자본수출은 기업의 해외 투자로 일어난다. 그것은 염려 대상이 아니고 규모가 뻔한 개인 투자자의 자본수출만 따지고 있는 것. 자본수출 그 자체를 염려하지 않은 것은 실상 당연하다. 20세기 초는 미국이 그야말로 막판에 제국주의 대열에 끼어든 이래[26] 미국 자본이 끊임없이 해외로 진출하는 시기였다. 제국주의란 종주국이 식민지에서 받아오는 '투자'(?) 수익 덕택으로 자국이 생산하는 이상의 소비 수준을 유지하는 체제이다. 구조적 무역적자를 지탱하고도 돈이 남아서 식민지를 더 늘려나갔다. 뒤집으면 식민지 수탈을 늘려나가서 구조적 무역적자를 지탱하던 시대. 지나친 자본 수출, 이런 염려 자체가 있을 수 없었던 시대.

둘째, 유보소득을 배당으로 간주하는 대상을 이자・배당 등 소극적 투자소득으로 정한 것은 왜 그럴까? 지금에 와서는 FPHC 세제는 자본수출 세제의 한 갈래로 생각하는 것이 보통이다. 그러나 입법 당시로 돌아가면 주 관심사는 바하마나 파나마였다. 거기에 세운 법인을 거쳐서 미국 은행에 예금을 한다면 이자소득을 비과세받는다는 것.[27] FPHC에 돈을 보내고 그 돈을 미국에 예금하는

25) Report of the Joint Committee on Tax Evasion and Avoidance of the Congress of the United States, House Doc. No. 337, 75th Cong., 1st Sess. 7 (1937).

26) 1898년 스페인 전쟁에서 이긴 뒤 1899년 하와이를 병합하고 1900년 필리핀을 점령한 뒤 1905년에 태프트-카츠라(Taft-Katsura) 밀약으로 일본은 조선을, 미국은 필리핀을 식민지로 삼았다.

27) 기본적으로는 지금도 비과세한다. 제8장 제2절 Ⅳ.

'왕복 여행'만 하면 이자소득이 미국 세금을 벗어난다는 것이었다. 지금의 우리말로 '검은 머리 외국인' 문제가 생기는 것. 조세피난처를 거쳐 유럽으로 수출하는 자본이 미국의 세금을 벗어난다는 문제는? 지리적 거리나 양차 대전 사이의 불안정한 제국주의 시대라는 1930년대의 정치·경제 여건을 생각하면 바하마나 파나마 법인을 유럽 투자의 교두보로 삼을까 염려할 이유는 없었을 터. 스위스 법인을 끼운 유럽 투자는? 스위스로 들어온 돈의 출처에 미국도 있기는 하지만 대부분 프랑스나 독일이었다.[28)]

마지막으로, FPHC란 어느 나라 법인인가를 묻지 않는다. FPHC 입법 자료는 거의 바하마, 버뮤다, 뉴 펀들랜드 등 미국 주위의 조세피난처만 다루고 있지만 막상 법은 조세피난처라는 개념을 두지 않고 어느 나라에 세운 법인인가를 묻지 않는다. 영국의 식민지를 콕 꼬집기는 아마 부담스러웠을 것이고, 또 드러나기만 한다면 스위스 따위 다른 조세피난처를 배제할 이유도 없다. 실제 사례로 알 카포네의 자금세탁은 '스위스 왕복여행'이었다고 하니까.

Ⅱ. "Subpart F"의 입법 배경

1962년 케네디 행정부는 자본 수출 관련 세제를 기본부터 다시 짚어보기 시작했다. 바하마 같은 후진국에 세운 '법인격 있는 지갑'이라는 문제는 애초 빙산의 일각이고 바른 논점은 일반적인 해외 자회사 그 자체, 기업의 자본 수출 그 자체라는 것이다. 케네디 대통령의 국정연설을 보면 해외 자회사라는 형식으로 미국의 세금을 피하는 것을 막을 필요가 있다는 말이 나온다. 개인 투자자들이 세금을 빼먹으면서 돈놀이를 한다는 것보다 더 큰 염려는 정상적인 기업의 해외투자 그 자체라는 것. 꼭 조세피난처가 아닌 나라이더라도 미국보다 실효세율이 낮은 나라가 있는 이상 거기에 세워 둔 현지법인에 소득을 유보하면 그 나라 세금만 내게 마련이고, 그러니 사업 활동 자체를 그 나라로 옮길 유인이 생긴다. 미국의 국가적 입장에서 본다면 지나친 자본 유출이 일어난다는 것이다. 이리하

---

28) C. Farquet, The Rise of the Swiss Tax Haven in the Interwar Period (EHES Working Papers in Economic History no. 27), 5쪽 주 13에 나오는 스위스 통계. 이탈리아, 오스트리아, 스페인 돈도 있지만 미국 돈에 대한 언급은 없다. 근래의 연구를 보면 돈을 어느 조세피난처에 두는가는 투자자 본국에 얼마나 가까운가와 상관관계가 높다. Alstadsaeter, Johannesen & Zucman, Who Owns the Wealth in Tax Havens(2017), 13쪽.

여 케네디 행정부는 해외 자회사와 내국법인(해외 지점)의 구별을 없애 자본수출의 중립성을 확보하자는 내용의 법안을 제출하였다.

이 문제는 1930년대의 FPHC와는 문제의식 자체가 다르다, 조세피난처 국가들이 전주(錢主) 신원을 감추는 바람에 전주들이 세금을 빼먹는다는 문제가 아니라, 그 뒤 몇십 년 사이에 다국적기업의 국제 투자 그 자체가 문제로 등장했다는 것이다. 조세피난처가 있는 이상 미국법인들은 그런 곳에 세운 자회사를 전세계적 계열기업 군(群) 안의 내부 거래에 괜히 끼워서 소득의 일부를 조세피난처 자회사에 귀속시킴으로써 세금을 줄일 수 있게 된다. 전형적으로는 중간지주회사가 받는 배당소득, 자금대여 회사가 받는 이자소득, 보험회사가 받는 보험료소득, 무형자산의 실시권자나 재(再) 실시권자가 받는 사용료소득, 신용장 양도를 통해 자회사에 귀속시킨 상품의 전매차익, 이런 형식을 빌릴 수 있다. 외국계 다국적기업에 대해서도 똑같은 식으로 미국에서 버는 소득을 해외로 빼돌린다는 문제가 제기된 것이다.

케네디 행정부가 제출한 법안 설명을 보면 여전히 조세피난처에 주목하고 있기는 하지만 FPHC 때와는 사뭇 결이 다르다. 조세피난처의 대표격으로 지목한 것이 영국령 버진 아일랜드 따위 미국 언저리 어딘가가 아니라 스위스이다. 스위스에는 개인 출자자들이 소유한 '법인격 있는 지갑'도 가 있지만[29] 한결 중요한 것은 주로 유럽 시장에서 사업을 벌이는 미국 자본의 자회사였다. 그 스위스가 문제라는 것. 미국계 스위스 회사의 1/3 너머가 1960년 한 해에 생겼다는 것이다.[30] 스위스에 더해서 또 하나 두드러지는 조세피난처로 들고 있는 것이 보험회사 유치에 특화한 버뮤다이다. 버뮤다는 1958년에 자국과 무관한 자가 버뮤다에 단체를 세울 수 있도록 정면으로 법을 만들었다.[31] 1950년대 말부터 버뮤다에 자리잡은 조세회피용 법인의 대종은 기업집단 소속 법인들로부터 보험료를 받는 이른바 '내부 보험회사'(captive insurance company)였다.[32]

29) 1968년부터 미국국세청은 스위스 은행들이 미국에 보내는 우편물을 추적해서 조세회피를 파악하다가 1972년에 중단한다. 여러 가지 이유가 있지만 세무조사 비용을 들일만큼 세수가 나오지 않았다. Gordon 보고서, 113~114쪽.

30) President's Tax Recommendations, April 20, 1961, 87th Cong., 1st Sess. V. 1(이하 1961 청문회 의사록), 특히 261쪽.

31) Exempted Partnerships Act of 1958.

32) 정확한 연유는 찾지 못했다. 1950년대에는 선박 편의치적(便宜置籍)에서도 성공해서 세계 전체의 선박 가운데 절반이 버뮤다에 적을 두고 있었다고 한다. Palan, Murphy & Chavagneux,

1930년대에는 자국 자본의 대외 진출을 너무나 당연시하던 미국이 자본 유출을 문제라고 여기게 된 사정 변화는 무엇인가? 제국주의적 팽창, 거기까지는 아니더라도 미국이 자본을 끝없이 수출하던 시대가 지나갔다는 말이다. '브레튼우즈(Bretton Woods) 체제'가 위기에 빠진 것. 제2차 세계대전 이후 브레튼우즈 체제란 한 마디로 '금 태환'이[33] 보장되는 유일한 통화로서 미국 달러가 세계 경제의 기축통화라는 말이다. 이 체제는 생산력의 압도적 격차 탓이다. 세계 대부분의 국가가 미국이 만든 물건을 사야 먹고 살 수 있었고, 그러자니 달러가 있어야 한다. 그런데 단기 자본은 미국으로, 미국으로 몰려들고 있었으니 각국이 이 달러를 얻자면 직접투자든 차관이든 미국 자본의 대외 수출이 계속되어야 한다. 서유럽과 일본을 재건하기 위한 미국의 국책이 자본수출이었다는 말이다.[34] 미국은 무역흑자로 얻은 달러를 외국에 끝없이 투자해서 투자수익을 얻었다. 그러나 전쟁이 끝나고 열댓 해가 지나 유럽과 일본의 생산력이 올라가면서 1960년대에는 세계 생산물 가운데 미국이 차지하는 비중이 떨어지고 미국의 무역수지 흑자가 줄어들기 시작했다. 끝없는 자본수출을 더 이상 유지할 수 없게 된 것. 이제 미국이 거꾸로 자본을 수입할 수밖에 없게 되었다.[35] 최종 입법은 해외 시장에서 미국 자본의 경쟁력이 외국 자본에 밀리지 않도록 적극적 사업소득을 투시 대상에서 제외했지만. 자본시장 전체에서 달러의 유출을 그대로 두어도 되는가라는 고민의 결과가 세제로 이어진 것이다. 브레튼우즈 체제에서 미국이 자본의 유출·입을 직접 통제할 처지가 아닌 것이야 당연하다. 그 대체 역할을 미국 세법의 "Subpart F"가 맡은 것이다.

127쪽.

33) 일본식 용어지만 아무튼 '금 태환'(金兌換)이란 금과 바꾸어준다는 말이다.

34) M. Graetz, Taxing International Income: Inadequate Principles, Outdated Concepts, and Unsatisfactory Policy, 54 Tax Law Review 261 (2001), 특히 294쪽. G. Ammendola, From Creditor to Debtor: The U.S. Pursuit of Foreign Capital: The Case for the Repeal of Withholding Tax (1994), 주석 27-29 부분. 이 책은 '구글 북스'에 쪽수가 안 나와서 주석번호로 인용.

35) 미국은 1957년부터 무역수지가 적자로 돌았고 그 결과 유럽기업들에게는 순수출 대금이 달러로 남아서 이 돈이 유럽의 금융기관에 쌓이기 시작했다. 이것이 유로달러이다. 유로달러의 기원은 소련 기업들이 정치적 위험을 피하여 달러를 유럽은행에 예치한 데에서 찾는다. M. Friedman, The Euro-Dollar Market, reprinted in Hals E. Scott & Phillip A. Wellons, International Finance (1995), 535쪽.

Ⅲ. "Subpart F"의 구조

1962년법의 "Subpart F"가[36] 기존 법제와 다른 점은, 돈 많은 개인들이 외국법인을 통해 세금을 피하는 것뿐만 아니라 기업 활동 역시 조세회피는 안 된다는 생각이다. 피지배외국법인, 곧 개인이든 법인이든 10% 이상 미국 주주를 합한 주식소유 비율이 50% 이상인 외국법인이[37] 바하마, 스위스 기타 어떤 나라에서든 소득을 번다면 그 가운데 'Subpart F 소득'을 10% 이상 미국 주주에게[38] 과세한다.[39] 적극적 사업소득은 기본적으로는 미국의 투시 대상이 아니다. 결국 자본수출의 중립성이라는 논리와 경쟁력 확보 사이의 타협이다.[40] 상세한 내용은 이미 우리말 문헌이 여럿 있으므로[41] 이 글의 논지에 필요한 범위 안에서 뼈대만 추려보자. 배당간주 대상인 'Subpart F 소득'이란 아래 1), 2), 3), 세 가지이고 그 가운데 1)과 2)를 묶어서 '해외 기지회사 소득'이라[42] 부른다.

1) FPHC 소득

'FPHC 소득'이란 이자, 배당, 특수관계자에게서 받는 임대료나 기술료 등 전형적인 소극적 소득을 포함한다.[43] 이자소득이나 배당소득도 피지배외국법인 소재지국에서 받는 소득이라면 나름 적극적 사업에 따른 것이므로 빠진다.[44] 종

36) Revenue Act of 1962, P.L. 87-834. 미국세법 제951조에서 제964조.

37) controlled foreign corporation. 지배 여부는 의결권의 50%에 의해 정해진다. 미국세법 제957조.

38) 엄밀히는 미국 시민, 거주자 또는 미국법인으로 의결권 있는 주식의 10% 이상을 소유하는 자이다. 미국세법 제951조(b), 제7701조(a)(30). 그 뒤 1986년에는 주식소유 비율에 관계없이 주주를 바로 과세하거나 또는 뒤에 투자이익을 회수할 때 과세하면서 그 동안 미루어준 세금에 대한 이자를 받는 제도로 "passive foreign investment company와 qualified electing fund"가 생겼다. 미국세법 제1291조~제1298조. 신고의무는 미국세법 제6038조(a)(1).

39) 미국세법 제951조(a). "Subpart F"가 위헌이 아니라는 판결로서는, Garlock Inc., 489 F2d 197(2nd Cir. 1972), cert. denied 417 US 911 등.

40) H. Rep. No. 1447, 87th Cong., 2d Sess. 57, 62 (1962); S. Rep. No. 1881, 87th Cong., 2d Sess. 82-83 (1962). 108 Cong Rec. 17551 (1962). Treasury, The Deferral of Income Earned Through U.S. Controlled Foreign Corporations (2000), 19~22쪽.

41) 대표적으로 최정희 · 양인준, "미국의 피지배외국법인 세제에 대한 연구", 「조세학술논집」 35집 4호(2019), 71쪽; 백제흠, 피지배외국법인의 유보소득 과세제도에 관한 연구, 서울대학교 법학박사학위 논문(2005).

42) 미국세법 제954조(a).

43) Foreign Personal Holding Company Income. 미국세법 제952조(a)(2), 제954조(a)(1), 제954조(c).

44) 미국세법 제954조(c)(3)(A)(i)

래의 FPHC 세제를 보완하는 성격이고, 두 가지 요건을 모두 만족한다면 FPHC로 주주를 과세한다.[45)]

2) 해외기지회사 판매소득과 해외기지회사 용역소득

판매나 용역 등 사업소득도 법인 소재지국에서 벌이는 사업 활동의 성과가 아니고, 사업 장소가 아닌 제3국에 세운 '기지(基地) 회사'(base company)가[46)] 특수관계자 거래에서 버는 소득(해외 기지회사 소득)이라면[47)] 'Subpart F 소득'에 들어간다.[48)] 신용장 양도 등의 형식으로 판매차익을 빼돌릴 수 있기 때문이다. 행정부가 제출한 법안 설명서는 독일의 제조 자회사와 최종 매수인 사이에 끼운 스위스 자회사를 보기로 들고 있다.[49)]

3) 다른 소득

보험료 소득도 부보(附保) 위험이 미국 내의 것이라면 'Subpart F 소득'이다.[50)] 그 뒤 개정법으로 1975년과 1982년에 해외 기지회사가 버는 선박운송 소득과 석유 관련 소득을 나중에 포함했다.[51)] 세금 문제와는 전혀 별개로 미국의 국익을 해치는 일정한 외국법인을 세금이라는 형식으로 제재하기 위해 소득의 개념을 조작한 것도 1976년에 생겼다.[52)]

4) 보완 규정

피지배외국법인이나 주주가 납부한 외국세액은, 실제 배당 받은 것이나 마찬가지로 외국납부세액으로 공제한다.[53)] 배당금을 실제로 지급받는 때에 가서는, 이미 과세한 소득이므로 과세하지 않는다. 피지배외국법인이 미국에 투자한 경우에는 배당가능이익의 범위 안에서는 투자액 전액을 미국내 주주에게 과세한다.[54)]

---

45) 미국세법 제951조(d).
46) Foreign Base Company. 상세는 미국세법 제954조(d)(1)(A), 제954조(e)(1)(B) 참조.
47) Foreign Base Company Income.
48) 미국세법 제952조.
49) H.R. Doc. No. 140 , 87th Cong. 1st Sess (1961), 특히 25쪽.
50) 미국세법 제952조, 제953조.
51) 미국세법 제954조(f), (g).
52) 미국세법 제952조(a)(3), (4).
53) 미국세법 제960조. 소득의 원천은 투시한다. 미국세법 제904조(g).

경제적 실질이 배당과 마찬가지인 까닭이다. 피지배외국법인 주식의 양도소득도 배당가능이익 범위 안에서는 배당소득으로 과세한다.[55] 주주는 "Subpart F"에 따라 세금을 내는 대신 해외 자회사를 내국법인으로 의제하여 세금을 낼 수 있다.[56] 피지배외국법인 소재지국의 세율이 미국의 90% 이상이라면 배당간주 대상에서 제외할 수 있다.[57]

"Subpart F"가 과세 대상을 10% 이상 주주로 국한한다는 점에 대한 보완으로 한꺼번에 입법한 것이 '외국 투자펀드'(FIC, foreign investment company) 세제이다. 미국 사람이 50% 이상을 투자한 외국 펀드라면 투자자의 주식소유 비율이 얼마든 관계없이 투자자산 양도소득에 대한 우대를 배제하고[58] 경상소득과 같은 세율로 세금을 물렸다.[59] 그 결과 외국법인인 펀드의 소득을 바로바로 주주에게 과세한 것은 아니지만, 미국법인인 펀드보다도 세부담이 훨씬 높아져서 외국(역외) 투자펀드의 형태로 미국 사람들의 투자를 유치하는 것은 사실상 사라졌다. 애초부터 입법의도 자체가 그런 투자 형태를 압살하는 것이었다고 평가받는다.

제 3 절 조세피난처와 CFC 세제의 확산

미국이 피지배외국법인 세제를 입법한 뒤에도 한 10여 년은 이를 좇는 나라가 없었다. 애초 피지배외국법인 세제란 브레튼우즈 체제 하에서 유일한 기축통화국인 미국이 직접적 외환 통제에 갈음할 자본유출 억제 수단으로 들여온 미국 특유의 문제였다. 그러다가 달러 유출을 더 이상 막지 못한 미국이 1971년에 금태환을 정지하면서 브레튼우즈 체제가 무너지고 변동환율제가 자리잡았다. 서유

54) 소극적 소득이 아니더라도 과세한다. 미국세법 제952조(a)(1)(B), 제956조. 2017년 '트럼프 세제 개편'으로 배당소득을 비과세하면서 이 조를 그냥 둔 입법 실수가 생겨서, 이 조를 실제 적용하지 않는다고 재무부 규칙으로 정했다.

55) 미국세법 제1248조.

56) 미국 내 주주는 피지배외국법인의 소득에 미국의 세율을 적용한 세금을 미국에 내되, 다른 나라의 세금을 공제받을 수 있다. 미국세법 제962조.

57) 속칭 "high-tax kick-out". 미국세법 제954조(b)(4).

58) 투자자산 양도소득에 대한 우대는 이창희, 『미국법인세법』, 박영사(2018), 제1장 제2절 4.

59) 2004년 폐기 전 미국세법 제1246조.

럽 각국이 자본수출국으로 자리잡으면서 런던을 중심으로 유로마켓이 생기고, 이런 국제 금융자본의 투자 및 조세회피를 돕는 외곽 조직으로 '역외(offshore) 금융센터' 내지 조세피난처가 전세계에 자리잡았다. 그에 맞서 피지배외국법인 세제도 캐나다, 독일, 프랑스, 일본 등을 거쳐서 1990년대에는 우리나라 등 세계 여러 나라로 번져 나간다.

I. 유로마켓과 '영국 왕실령'(Crown Dependency)

1960년대 이후의 구조적 무역적자로 미국에서 흘러나온 달러는 런던 국제 금융시장에서 '유로달러'라는 꼴의 금융자본이 된다. 유럽, 일본, 산유국, 러시아 등의 정부・기업, 궁극적으로는 전주들이 대미 무역흑자로 번 달러를 미국 기업들에게 다시 꿔 주거나 투자하는 시장이 생겨난 것.[60] 미국에 물건을 팔아서 번 달러 가운데 엄청난 분량이 런던에 모이기 시작한 이유는 무엇일까? 근본적으로 세 가지 이유가 있다. 첫째, 무기명 채권의 형태로 거래되어서 전주의 신원이 드러나지 않았고, 그 덕으로 둘째, 합법・비합법의 온갖 수단으로 세금을 벗어났다. 유로 채(債)의 정의 내지 본질적 징표가 바로 이 두 가지였다.[61] 유로채는 애초부터 무기명식이어서 전주가 누군지 분명히 밝히기는 어렵지만 유럽과 일본의 전주들이 대종이었음은 분명하다.[62]

셋째, 그렇더라도 하필 왜 런던인가? 영국이 정책적으로 런던을 돈 모으는 중심지로 삼은 것이다. 대영제국 당시 런던은, '스털링 블록'이라는 해가 지지 않는 제국, 세계 무역의 60%를 차지하는 제국의 돈이 모이고 흘러나가는 세계 금융자본의 중심지였다. 그러나 제2차 세계대전 이후 식민지가 속속 독립하면서 대영제국은 급격히 몰락하고 파운드 가치 폭락과 자본의 런던 탈출이 뒤이었다. 망할 판에 이른 영국의 금융산업은 무언가 활로를 찾아야 했다. 바로 그 대책이 미국 밖에서 역외 달러 시장을 새로 형성하면서 런던을 그 중심지로 삼자는 것.[63]

---

60) H. E. Scott & P. A. Wellons, Internationak Finance (4th ed. 1997), 710~711쪽, 711쪽 Table 3.

61) 31 Bank of England Quarterly Bulletin 521-598, reprinted in Scott & Wellons, 앞의 책, 704~716쪽, 특히 704쪽.

62) Bank of England, Scott & Wellons, 앞의 책, 710~711쪽, 713쪽.

영국 중앙은행은 1957년 비거주자 사이의 금융이라면 영국에 속하는 은행이 중개하고 영국 안에서 이루어지더라도 영국 증권법상의 온갖 규제에서 면제해 주었다. 영국 안에서 벌어지는 일은 기관투자자 상호간의 도매 거래일 뿐이니 투자자 보호 조치가 필요없고, 영국 안에서 벌어지는 일에 대해서는 다른 어떤 나라의 규제도 영국이 허용하지 않겠다는 것이다. 한편 투자자가 미국 거주자가 아니므로 사채 발행자가 미국법인이더라도 미국 증권법상의 온갖 투자자 보호 조치도 벗어났다.64) 무슨 말인가? 가령 독일 전주의 돈을 영국 밖의 어딘가에 유치하고 그 돈이 미국의 차주에게 흘러들어가게 하면 영국법의 규제와 미국법의 규제를 다 벗어난다는 것이다. 그러자면 영국 밖의 어디엔가 전주와 차주가 믿을만한 금융기관이 필요해진다. 영국의 은행이 바로 이 금융기관 역할을 맡은 것이다. 영국 밖이지만 영국의 은행들이 마음대로 활개를 펼 수 있는 지역이란 어디인가? 스위스나 리히텐쉬타인이 있지만 더 좋은 곳을 새로 만들면 된다. 만들다니? 영국에서 따로 독립할 가능성이 없는 약소 식민지로, 홍콩, 케이먼 제도, 영국령 버진 아일랜드, 저지(Jersey), 건지(Guernsey), 맨 섬(Isle of Man) … 영국의 금융기관들은 이런 식민지에 지점이나 자회사를 두고 자금의 중개를 시작했다. 지점이나 자회사를 두었다고 하지만, 금융거래의 귀속 주체로 삼을 수 있는 법인격 내지 법적 주체가 영국 밖에 필요했다는 말일 뿐이고 그저 연락받은 대로 장부를 관리할 경리직원 정도를 두었다는 말일 뿐이다.65) 아무튼 종래 식민지에 투자하고 있던 산업자본이 철수하면서 조세피난처를 거쳐서 금융자본으로 탈을 바꾸어 쓰고 유로마켓으로 들어왔다.66)

Ⅱ. 신흥 조세피난처

유로마켓은 런던이라는 중심에서 영국 주위의 식민지이자 왕실 직할령

63) Palan, Murphy & Chavagneux, 131~133쪽. 다시 그 중심에 "City of London"(COL)이라는 특이한 자치단체가 있다.

64) Scott & Wellons, 730~749쪽, 특히 757쪽의 이탈리아 사례.

65) 좀 나중의 일이지만 1988년 통계를 보면 케이먼 제도 금융기관의 자산·부채는 COL의 1/3 정도였지만 종업원 수는 COL에 100만 명, 케이먼 제도에 5,400명 정도였다고 한다. Palan, Murphy & Chavagneux, 136쪽.

66) V. Ogle, 'Funk Money': The End of Empires, The Expansion of Tax Havens, and Decolonization as an Economic and Financial Event (2020), 249 Past and Present 213 (2020).

(Crown Dependency)인 저지, 건지, 맨 섬으로 번지고, 미국 은행이 참가하면서 다시 케이먼 제도 등 카리브 해의 영국 식민지로 번지고, 또 다시 1960년대에는 일본 자본에 힘입어 홍콩과 싱가포르로 번졌다.[67] 원래 있던 유럽 대륙의 스위스, 리히텐쉬타인, 룩셈부르크, 이 정도를 제외하면 기본적으로는 런던에 있는 영국계나 미국계 금융회사들이 영국의 식민지에 현지 금융기관을 세운 것이다. 금융기관이라고는 하나 실제 역할은 그저 회계장부 등 법적 구조 유지에 필요한 인원 한두 명을 둔다는 말이다. 유로마켓의 급성장을 배경으로 스스로 조세피난처를 자임하는 나라가 1970년대 들어 세계 곳곳에 생겨났다. 마침내는 태평양의 외딴 식민지 섬들(우리에게는 좀 생소한 이름들이지만 산호해 인근의 바누아투, 나우루, 쿡 제도 등)까지 번졌다.[68]

1. 케이먼 제도

종래 조세피난처의 선두였던 바하마는 백인 지배층의 패권이 흔들리면서 조세피난처로서의 위치를 슬슬 잃기 시작했다.[69] 1973년 영국에서 독립한 뒤에는 정치적 불안이, 적어도 그렇다는 이미지가 한결 커졌고 1980년대 이후로는 거의 역할을 잃었다.

그 뒤 새로 생겨서 지금까지도 조세피난처의 대표로 자리잡고 있는 것이 미국 바로 옆의 케이먼 제도(Cayman Islands)이다. 지금도 영국군이 지키고 있는 이 섬은 1959년에 자마이카에서 따로 떨어져 나오기 위한 헌법을 만들었다.[70] 1960년에 영국의 1842년 회사법을 베낀 법률을 입법해서 다른 나라 사람들이 법인을 설립할 수 있게 했고 케이먼제도 법인이나 투자자는 법인세나 소득세를 낼 의무가 없었다. 기실 특별한 우대 조치랄 것도 못되는 것이 플랜테이션조차 들어설 수 없었던 워낙 낙후된 지역이다 보니 애초 소득세제가 없었다. 회사라는 제도도 없는 마당에 소득세라는 제도가 없는 것이야 너무나 당연한 일이었고, 이 상황은 자연스레 조세피난처의 지위로 이어졌다. 뒤이어 은행법, 신탁업법, 신탁법

67) 직접적 계기는 인도차이나 전쟁, 베트남 전쟁으로 1967~-68년 유럽의 금융시장이 경색된 데에 있다고 한다. Palan, History of Tax Havens.

68) Shaxson, 앞의 책, 제4장 주석 50 뒤(우리말 번역본에서는 173쪽).

69) Freyer & Morriss, Creating Cayman as an Offshore Financial Center, 45 Arizona State Law Journal 1297 (2013), 특히 1328~1329쪽.

70) 같은 글, 1313~1316쪽. 이 역사를 미국 마피아와 바하마 지배층의 유착 관계에 금이 가면서 마피아가 케이먼 제도를 조세피난처로 끌어들이는 과정이라고 평가하기도 한다.

등을 입법하면서[71] 투자자 신원을 보호함으로써[72] 조세피난처로 가는 길에 박차를 가했다. 1972년 영국이 스털링 지역을 영국 본토와 왕실 직할령(Crown Dependency: 저지, 건지, 맨 섬)으로 축소하자 케이먼 제도는 아예 자국 통화를 미국 달러에 고정시켰다. 1976년 미국이 케이먼 제도를 이용한 자금 세탁을 조사하자 케이먼 제도는 미국 법원의 판결에[73] 정면으로 맞서면서 금융비밀 보호를 한결 강화하기도 했다.[74] 1983년 미국 상원의 보고서는 미국의 검은 돈을 세탁하는 주된 창구가 케이먼 제도라고 밝히기도 했다. 2007년 현재 케이먼 제도에는 인구 51,000명에 은행이 427개 있었다. 조세조약의 혜택을 직접 누리지 못하는 케이먼 제도가 조세피난처로 자리잡을 수 있었던 이유는 뒤에 조세회피의 법적 구조 부분에서 다시 보자.

2. '비 그치자 대 나듯'

1970년대 말에는 조세피난처를 자처하는 국가가 몇 십 개 있었다. 영국의 식민지이거나 식민지였던 곳으로, 앵귈라(Anguilla), 바하마(Bahamas), 바베이도스(Barbados), 버뮤다(Bermuda), 영국령 버진 아일랜드(British Virgin Islands), 키프로스(Cyprus), 케이만 제도, 건지, 홍콩, 맨 섬, 저지, 몰타(Malta), 모리셔스(Mauritius), 몬트세랫(Montserrat), 나우루(Nauru), 세이셸(Seychelles), 싱가폴, 세인트 빈센트 그레나딘(St. Vincent & Grenadines), 터크스 케이커스(Turks and Caicos), 바누아투(Vanuatu). 이 현상을 지켜보면서, 아, "우리도 끼면 되겠네"라는 착각에 빠져서 스스로 조세피난처를 자처한 나라들도 나왔으니 필리핀, 코스타리카, 레바논, 모나코, 니카라과, UAE. 1990년대 초까지도 우리 신문에서 우리나라도 '역외 금융' 중심지가 되자, 또는 '역외 금융' 중심지를 육성하자고 주장할 정도였으니.

71) Freyer & Morriss, 1325~1330쪽.

72) I. Kobert & J. Yellin, The United States Treaty with the United Kingdom Concerning the Cayman Islands and the Mutual Legal Assistance in Criminal Matters: The End of Another Tax Haven, 19 Inter-American Law Review 663(1983), 특히 668~674쪽.

73) United States v. Field, 532 F. 2d 404 (5th Cir. 1976), cert. denied, 429 U.S. 940 (1976).

74) R. A. Gordon, Tax Havens and their use by United States Taxpayers (1981), 특히 16쪽. 조세피난처 문제를 다룬 최초의 본격적 연구이다. 이하 'Gordon 보고서'로 약칭. Shaxson, 앞의 책, 5장 주석 50뒤(우리말 번역본에서 'Gordon 보고서'에 관한 언급은 227쪽).

Ⅲ. 조세회피의 법적 구조: 조세조약과 조세피난처

조세피난처를 이해하려면 우선 조세조약의 역할을 이해해야 한다. 요는 1970년대에 조세피난처가 곳곳에 생겨난 중요한 배경이 옛 제국주의 열강끼리 맺은 1950년대의 조세조약이 식민지에 확대 적용되었다는 것이다. 가령 1945년의 영국-미국 조약이 1958년부터 버진 아일랜드와 미국 사이에 적용되는 등 영국 식민지들이[75] 영국의 조약망에 끼어들었다. 뒤에 다시 보듯 네덜란드의 식민지였던 네덜란드 안틸레스는 1955년부터 네덜란드-미국 조약,[76] 1957년부터는 네덜란드-영국 조약의 적용범위에 들어갔다.[77] 자국 식민지들과 상대방 체약국 사이의 투자와 교역을 늘려서 자국 식민지를 지원하겠다는 정치적·외교적 목적으로[78] 식민 종주국들이 조세조약을 식민지에 적용한 것. 이것이 1970년대 조세피난처의 확대 배경이 되었다.

1. 네덜란드 안틸레스

우리나라에서는 거의 문제가 안 되었지만 특히 미국에서 문제로 떠올라 국제조세법에 큰 영향을 마친 조세피난처가 네덜란드 안틸레스(이하 '안틸레스')이다. 2010년 해체되어 이제는 네덜란드의 일부가 되었지만 거기까지 이르는 과정이야말로 조세피난처 문제의 핵심이다. 1954년 안틸레스는 역외 소득을 실효세율 2.4~3%정도로 저율 과세하는 세제를 들여왔지만[79] 역외 금융의 유치 실적은 거의 없었다. 그러다가 1970년대 말 미국 정부가 안틸레스 법인을 자금조달 창구로 쓰면서 세계 최대의 조세피난처로 떠올랐다. 네덜란드 안틸레스의 전성기였던 1982년 현재 유로본드(회사채) 발행 시장은 달러표시 채권만 치더라도 이미

75) Gordon 보고서 149쪽. 명단은 A. Jones, The U.K.'s Early Tax Treaties with European Countries, in Studies in the History of Tax Law (Peter Harris & Dominic de Cogan ed.), Ⅴ.8, 295, 특히 328쪽 주석 159와 333~336쪽 "Table 2"에 나온다.

76) Convention between the United States of America and the United Kingdom of Great Britain and Northern Ireland for the Avoidance of Double Taxation and the Prevention of Fiscal Evasion with Respect to Income Taxes(1945. 4. 16.), 제22조.

77) A. Jones, 330쪽.

78) A. Jones, 332쪽.

79) Boise & Morriss, Change, Dependency, and Regime Plasticity in Offshore Financial Intermediation: The Saga of the Netherlands Antilles, 45 Texas International Law Journal 377 (2009), 특히 405쪽.

미국 국내의 회사채 시장을 압도하는 규모였고, 이 유로본드 가운데 절반 이상이 네덜란드 안틸레스 법인을 통해서 미국 회사들이 꾼 돈이었다.[80] 그러나 그 후 미국이 정책을 바꾸어 구태여 안틸레스라는 창구를 통하지 않고서도 미국법인이 자금을 유치할 수 있게 하자 하루아침에 망했다. 도대체 무슨 일이?

안틸레스가 엄청나게 중요한 조세피난처가 된 것은 조세조약 덕택이다. 안틸레스는 1955년에 미국-네덜란드 조약의 적용지역에 편입되었다. 1948년에 체결된 이 조약은 식민지에도 적용할 가능성을 처음부터 열어두고 있었고, 1955년 네덜란드의 요청에 따라 안틸레스 법인도 네덜란드 법인이나 마찬가지로 조약을 적용받는 대상이 되었다.[81] 국내법도 그에 발맞추어 1954년에는 역외에서 받는 이자소득은 지급이자 등 필요경비를 공제한 순소득(금리 마진이나 스프레드) 기준으로 3%도 안 되는 세율로 저율 과세하도록 법을 만들었다.[82] 안틸레스 법인이 국외로 지급하는 이자소득에는 원천징수세를 안 물렸다.[83]

어떤 일이 벌어지는가? 유로마켓의 무기명 사채권자 → 안틸레스 법인 → 미국의 차주, 원금이 이렇게 흐르고 이자가 반대 방향으로 흐른다면 이자소득이 세금을 벗어난다. 선진국 사이의 조약답게 미국과 네덜란드 사이의 조약은 이자소득에 대한 원천징수세를 상호 면제하고 있었다.[84] 네덜란드 안틸레스 법인이 미국의 차주에게서 받는 이자소득이 미국에서 세금을 안 낸다는 말이다. 그 이자소득에 안틸레스가 세금을 물리기는 하지만 지급이자를 필요경비로 공제하니 마진이 거의 안 생기고 혹 있더라도 세율이 워낙 낮으니 실제로는 세금 부담이 없다. 다시 안틸레스 법인이 전주에게 지급하는 이자소득에도 원천징수세가 없다. 무기명채권이므로[85] 유로마켓의 전주는 신원이 드러나지 않고 전주 본국의

---

80) H.R. 98th Cong. 265-76(1983)에 나오는 재무부 차관 "Chapoton"의 진술로 Tax Evasion Through the Netherlands Antilles and Other Tax Haven Countries. Google Books에 나온다.

81) Convention with Respect to Taxes on Income (1949. 4. 29), 62 Stat. 1757 (1948) as amended by Protocol (1955. 6. 15.), 6 UST 3696 (1955). Gordon 보고서, 149쪽.

82) Boise & Morriss, 405쪽. R. Hock, The Use of International Finance Subsidiaries in the Netherlands Antilles, 9 North Carolina Journal of International Law 51(1983), 특히 59쪽.

83) T. Prime, International Bonds and Certificate of Deposit 45-54, reprinted in Scott & Wellons, 749-755, 특히 750쪽, 753쪽. Gordon 보고서, 154~156쪽. 그 당시의 네덜란드 안틸레스 법을 직접 찾지는 못했다. 당시 미국법에는 이자소득이나 배당소득 추적과세 조항이 있었지만 미국-네덜란드 조약은 이를 금하고 있었다.

84) 미국-네덜란드 조약 제8조.

85) Boise & Morriss, 381쪽 주석 9.

세금도 빼먹는다.

그러나 미국과 조약이 있고 자국의 세금이 없으며 비거주자에게 지급하는 소득에 대한 원천징수세가 없다는 이 세 가지 조건만으로는 유로달러가 미국으로 흘러드는 창구로 하필 안틸레스가 독점적 지위를 누리게 된 이유를 설명할 수 없다. 구태여 안틸레스가 아니더라도 이자에 대한 원천징수세가 없거나 아주 낮은 조약이 있다면 어느 나라 어느 지역이나 같은 역할을 할 수 있기 때문이다.[86] 자국의 법인세율이 높더라도 미국에서 받는 이자와 제3국에 지급하는 이자비용이 서로 씻겨나가 순소득이 없어지니 유럽의 거의 어느 나라라도 안틸레스와 같은 역할을 할 수 있다. 실제 역사를 보아도 네덜란드 조약이 안틸레스에게 적용되기 시작한 것은 1955년이지만 안틸레스가 자금조달 통로가 된 것은 1977년에나 시작했다.[87]

안틸레스라는 특유한 조세피난처는 실상 미국 정부가 1977년 무렵 거의 인위적으로 만들어 낸 작품이다. 1970년대 말에 이르자 미국의 국내 이자율이 유로달러의 이자율보다 더 올라간다. 당연한 사리로 미국기업들은 유로달러를 꾸고 싶어 하지만 문제는 미국의 원천징수세 부담이었다. 1936년에 10%로 시작해서 1939년에 15%로 그 뒤 다시 30%로 올랐다.[88] 이자로 받는 금액 그 자체의 30%라는 원천징수세가 금리 마진(spread)보다 더 높은 것이 상례인 만큼 원천징수세를 물면 유로달러의 이자비용이 국내 금리보다 오히려 더 높아진다. 이 상황에서 미국 기업이 꾸는 유로달러에 세금을 안 물리는 수단으로 안틸레스에 세운 자회사를 통해서 자금을 조달하는 길을 미국 정부가 열어주었다. 미국 회사들에게 안틸레스 자회사를 세우고 그 자회사를 무기명채권의 발행 주체로 삼아 유로마켓의 기관투자자로부터 자금을 꾼 것.[89]

실상 안틸레스를 이용하기 전에도 유럽 국가의 대부분은 이미 미국과 조세조약을 맺고 있으니 구태여 안틸레스를 안 거쳐도 미국의 원천징수세는 면제받고 있었다. 그렇다면 왜 안틸레스라는 우회로를 열어주었을까? '직항'이 가능한

---

86) Gordon 보고서, 154쪽.

87) Board of Governors of the Federal Reserve System (US). Rest of the World: Corporate Bonds Issued by Netherlands Antilles Financial Subsidiaries of U.S Corporations: [BOGZ1FU263063103A]. fred.stlouisfed.org/seies/BOGZ1FU263063103A에 나오는 도표.

88) Scott & Wellons, 752쪽.

89) 앞 H.R., 98th Congs (1983), 275~276쪽에 나오는 Chapoton의 진술.

데? 이것이 문제의 핵심이다. 전주가 어느 나라에 속하는지를 묻지 않고 그러니까 조약과 무관하게 미국의 원천징수세를 면제해 주겠다는 것이 안틸레스 조세피난처의 핵심이다. 나아가 안틸레스를 통하면 미국의 원천징수세만이 아니라 전주 본국의 세금도 다 피할 수 있다. 안틸레스법은 무기명채권을 허용하고 금융비밀 누설을 범죄로 삼고 있었다. 그러니 안틸레스를 거쳐서 미국에 들어오는 돈은 대주의 본국 세금도 당연히 피할 수 있다. 이것을 다 알면서도 안틸레스에 금융 자회사를 세우도록 미국 정부가 장려한 것이다. 그저 미국 전주가 신원을 감추고 외국인인 척 무기명채권을 살 가능성만 차단했을 뿐이다. 전주의 본국이 세금을 못 걷게 하는 제도를 미국이 입법했다는 말이다. 자본을 수입한다는 입장에서 본다면 자본에 대한 세금이 줄수록 자국에 이익이니까.

그러나 1980년대에 들어와서 미국은 안틸레스 정책을 재고하기 시작해서 1983년부터는 안틸레스 금융 자회사의 신설 허가를 안 내주다가,[90] 1984년에는 이른바 포트폴리오 이자소득이라는 개념을 들여와서 직항을 연다. 구태여 안틸레스 자회사를 거칠 것 없이 미국 기업이 직접 꾸는 경우 심지어 무기명채권을 발행하는 경우에도[91] 국내법으로 원천징수세를 면제한다.[92] 마침내 1987년에는 안틸레스 조약을 폐기한다. 왜? 우선 손쉽게 제3국 자본이 안틸레스를 거쳐 들어오니 조세조약의 남용으로 미국의 세금이 준다고 생각할 수 있지만 정답이 아니다. 애초 안틸레스를 창구로 삼은 이유가 미국의 원천징수세를 없애주자는 것이었다. 새 법제의[93] 취지는 괜히 안틸레스를 거치는 거래비용을 들일 필요 없이 미국법인이 바로 유로달러를 꾸더라도 전주가 누구인지도 안 묻고 미국의 원천징수세도 안 물리겠다는[94] 것이었을 뿐이다. 직항을 타도 조세회피를 허용한다는 것이다. 그렇다면 무엇을 염려한 것인가? 실제 입법 자료를 보면 두 가지가 나온다.[95]

---

90) Boise & Morriss, 303쪽.

91) 꿔주는 사람을 비거주자로 국한하기 위한 일정한 절차 규정이 있다. 그래도 염려는 남아서 무기명 국채는 아예 추가발행을 폐지했다. Kung, Taxation: Repeal of Thirty Percent Withholding Tax on Interest Paid to Foreigners, 26 Harvard International Law Journal 303.

92) 금융기관의 대출이자와 특수관계인 사이의 이자 정도만 빠지고 그밖의 모든 이자소득이 그에 해당한다. Deficit Reduction Act of 1984, P.L. No. 98-369, 제127조(a), 98 Stat. 494, 특히 648~650쪽.

93) 1982년의 TEFRA(Tax Equity and Fiscal Responsibility Act), 1983년의 IDTCA(Interest and Dividend Compliance Act), 1984년의 TRA(Tax Reform Act), 세 가지 법률로 이루어졌다.

94) Deficit Reduction Act of 1984, P.L. No. 98-369, 제127조(a), 98 Stat. 494, 특히 648~650쪽.

우선 조세조약 정책 쪽에서 볼 때 안틸레스 때문에 조약남용이 생긴다는 말은 맞다. 그러나 이 염려는 자본수입국의 입장에서 하는 염려가 아니다. 오히려 자본수출국이라는 입장에서 보는 것이다. 어느 한 상대방 체약국과 조약을 맺은 뒤 제3국 자본이 그 조약을 이용할 수 있게 허용한다면, 제3국은 구태여 미국과 조약을 맺을 이유가 없다. 미국 자본이 제3국에 진출하는 경우 그 제3국의 원천징수세를 줄일 길이 없어진다는 말이다.[96] 둘째, 실제 입법사를 찾아보면 한결 더 현실적 고민이 나온다. 외자(外資)로 위장한 내자(內資)가 조세 감면도 훔치고 합법·비합법으로 세금을 빼먹는다는 것이다. 무기명증권을 쓰는 이상 안틸레스 왕복여행만 하면 내자 역시 모든 세금을 다 피할 수 있다. 자본유치 효과는 전혀 없이 내자가 세금만 피하는 것이다.[97] 이를 막기 위해서 일단 원칙으로서는 무기명채권의 이자를 손금불산입할뿐만 아니라 다시 원금의 1%라는 벌금을 거래세(excise tax)라는 형식으로 물렸다.[98] 그렇지만 전주가 미국 바깥에 있는 자라고 믿을 만한 사정과 그런 보장이 있다면 원천징수세를 면제하고 다른 세금과 벌칙도 모두 면제해 주었다.[99]

안틸레스 조세피난처 그 자체가 애초 미국이 만들어낸 것이었던 만큼 1984년부터 포트폴리오 이자소득에 대한 원천징수세를 면제하자[100] 안틸레스를 통한 유로달러 조달 기타 금융거래가 모두 사라진 것이야 당연하다. 1983년 이후에도 그나마 숨은 안 끊어졌지만 1987년 미국이 안틸레스를 아예 조약망 밖으로 내치자 그대로 망했다. 구태여 안틸레스를 경유지국으로 삼아 거기에 중간 투자회사를 둘 정치·경제 환경을 이루지 못했기 때문이다. 케이먼 제도는 조약 관계가 있는 다른 경유지국(가령 1987년 이전의 안틸레스)을 거쳐서 받은 소득을 쌓아올릴 중간 투자회사를 둘 만한 정치·경제 환경을 이룩했지만 안틸레스는 그 점에서 실패했다. 그저 국외원천소득 경과세만으로는 미국 자본의 유치 경쟁에

95) 앞 H.R., 98th Cong (1983), 2쪽 이하 윌리엄 앤더슨(William Anderson)의 진술, 특히 9쪽.

96) 제3장 제2절 V. 5. 이 때문에 조약남용에 관한 종래의 논의와 미국 모델에서 시작한 LOB 조항은 무엇이 남용인가라는 정의 자체가 다르고 대책도 다르다.

97) 앞 98th Cong. Hearings의 Anderson 진술, Boise & Morriss, 417쪽, 주석 260. Gordon 보고서 160쪽. Senate Comm, on Finance, 98th Cong. 2d Sess., Explanations of Provisions of the Deficit Reduction Act 423 (1984). 제3장 제2절 V. 2.(미국조약의 투자회사 규정)

98) 미국세법 163조(f), 4701조(a). Scott & Wellons, 754쪽.

99) 상세는 Kung, 앞의 글, 주석 27.

100) 현행 미국세법 제871조(h)는 무기명채권이라면 원천징수세를 매긴다.

서 케이먼 제도에 이길 수가 없었고 유럽 자본의 유치에서는 스위스, 벨기에, 심지어는 네덜란드 본국 그 자체가 모두 안틸레스의 경쟁자였던 것.

2. 아일랜드와 네덜란드

1990년대에 들어서자 아일랜드의 역할이 중요해졌다. 1980년대에 들어서 미국이 영국 식민지를 영국-미국 조세조약에서 제외한 덕이다. 아일랜드는 전통적 조세피난처가 아니었기에 꽤 넓은 조약망이 있었다. 특히 우리나라, 미국, 영국, 독일 등 여러 나라와 아일랜드 사이의 조약은 이자소득이나 사용료소득에 대한 원천징수세를 아예 면제하고 있다.[101)] 아일랜드는 1987년에 역외금융 센터를 더블린에 세우고 법인세율을 확 낮추었다. 가령 미국의 전주가 미국 → 아일랜드 → 우리나라, 이 차례로 우리나라의 차주에게 돈을 꿔주고 우리나라에서 받아가는 이자소득을 아일랜드에 유보한다고 하자. 우리나라 법인은 지급이자를 손금산입할 수 있지만 우리나라와 아일랜드 사이의 조세조약은 아일랜드 법인이 받아가는 이자소득에 대한 우리나라 원천징수세를 막는다. 아일랜드로 흘러들어온 이자소득은 국외원천소득이므로 아일랜드에서도 세금을 거의 안 물린다. 이리하여 엄청난 규모의 외자가 아일랜드에 적(籍)을 두기에 이르렀다.

네덜란드도 마찬가지. 2008년 현재 네덜란드에는 네덜란드 법인이지만 실제 사무소 없이 우편함만 있는 법인이 20,000개 가량 있었고, 인적 투자회사 42,000여 개 중에는 5,800개 너머가 그런 '우편함 법인'이었다.[102)] 5,800개 가운데 약 절반은 스위스, 안틸레스, 케이먼제도 등 전형적 조세피난처 법인의 자회사였다.

네덜란드와 아일랜드의 이런 기능은 앞의 안틸레스와 아무 차이가 없다. 그럼에도 불구하고 네덜란드와 아일랜드는 공식적으로 조세피난처라고 낙인찍힌 적이 없다. 나름 국내 시장이 있는 나라이고 유럽연합의 중요한 회원국인 덕택이다.

3. 조세피난처 거미줄 망의 구조

미국은 1983년에 영국이나 네덜란드 식민지의 대부분을 조약 적용의 대상 범위에서 뺐다.[103)] 바하마나 케이먼 제도와 미국 사이에는 조세조약이 적용된

---

101) 아일랜드 조약 제11조, 제12조.

102) SOMO paper, The Global Problem of Tax Havens: The Case of the Netherlands (May, 2008).

103) 미국 하원 98회 위원회 의사록, 53쪽, 565쪽. A. Jones, 329쪽 주석 165.

적이 아예 없다. 그런데도 네덜란드 '우편함 법인'의 예에서 알 수 있듯 케이먼 제도나 영국령 버진 아일랜드는 역외금융 중심지로 번성하고 있다. 아일랜드도 조세피난처로 번성하고 있다. 어떻게 된 일일까? 우선 외국 자본에 대한 조세 특혜를 두는 나라가 많이 있다. 앞의 안틸레스나 지금의 아일랜드, 또는 아프리카 여러 나라에 있는 다양한 세력이나 지파(支派) 자금의 인도 투자에 특화한 모리셔스처럼[104] 자국으로 흘러들어오는 금융소득에 대해 원천지국의 원천징수세를 면제(또는 저율 과세)받을 수 있는 조세조약망을 가지고 있고 자국에서 흘러나가는 금융소득에 대해서 국내법이나 조세조약으로 원천징수세를 면제(또는 저율 과세)하는 나라가 있다. 이런 나라가 있기만 하면 케이먼 제도, 버진 아일랜드, 스위스, 네덜란드 같은 경과세국은 조세피난처나 역외금융 중심지 역할의 수행에 아무 지장이 없다.

간단하지만 실제 자주 볼 수 있는 구조로 어느 나라의 전주가 미국→케이먼 제도→아일랜드→우리나라, 이 차례로 우리나라 차주에게 돈을 꿔주고 우리나라에서 받아가는 이자소득을 케이먼 제도에 유보한다고 하자.[105] 우리나라 차주는 지급이자를 손금산입할 수 있지만 우리나라와 아일랜드 사이의 조세조약은 아일랜드 법인이 받아가는 이자소득에 대한 우리나라 원천징수세를 막는다. 아일랜드는 역외금융으로 비거주자가 받아가는 이자소득에 원천징수세를 안 물린다. 수입이자와 지급이자가 서로 씻겨나가므로 아일랜드법인의 순소득에도 물릴 세금이 없다. 케이먼 제도로 흘러들어온 이자소득은 국외원천소득이므로 케이먼 제도는 세금을 안 물린다. 케이먼 제도가 정보를 안 주는 이상 전주 본국도 세금을 못 물린다. 그렇다면 중간에, 이 보기의 아일랜드나 예전의 안틸레스 역할을 해주는 조세조약 경유지국이 있기만 하면, 경과세국은 소득을 유보하는 기지국(基地國)으로 살아남는다. 네덜란드나 아일랜드 등이 지금도 경유지국 역할을 하고 있다. 실상 구조를 짜느라 머리를 좀 써야 하기는 한다. "Dutch Sandwich"나 "Double Irish Sandwich"와 같은 희화화된 이름으로 잘 알려져 있듯 경유지국이 2중·3중으로 필요할 수도 있다. 아무튼 이런 경유지국이 있으면 경과세국이 살아남을 여지가 있다. 바로 그 경과세국 역할을 하겠다고 온갖 나

104) Palan, Murphy & Chavagneux, 148쪽.

105) OECD, Addressing the Tax Challeges of the Digital Economy (BEPS "Action 1"의 '최종 보고서', 2015), 79쪽 그림 참조.

라들이 '비온 뒤 대 나듯' 스스로 조세피난처를 자임했던 것이다.

위 보기의 전주가 아프리카나 아랍의 독재자라고 하자. 국고나 국민들한테서 이리저리 훔치고 뺏은 돈을 빌려주는 것이라고 하자. 어떻게 하는 걸까? 실제로 현금 다발을 들고 케이먼 제도로 갈 리가 없다. 런던으로 가서 영국계나 미국계 금융기관에 찾아가면 된다. 그런 금융기관의 조세피난처 소재 해외 자회사, 가령 케이먼 제도 법인이 발행한 무기명주식이나 무기명채권을 사는 형식으로 돈을 예금하면 된다. 실제 돈이 전신환으로 케이먼 제도까지 갔다 오는지, 은행의 장부에 기표만 하는지는 모르겠지만 아무튼 이 돈은 다시 케이먼 제도 법인이 아일랜드 법인에게 꿔주는 등 '합법적 신분'으로 런던으로 흘러 들어와서 정규 금융망을 통해서 어딘가 돈 쓸 사람에게 흘러들어간다.

조세피난처, 역외금융센터, 또는 기지국을 자임한 나라나 지역 몇 십 곳이 다 번성할 수 없는 것이야 당연하다. 결국 살아남은 것은 극히 일부. 스위스, 네덜란드, 오스트리아, 아일랜드 등 유럽 몇 나라가 경유지국 겸 기지국으로, 케이먼 제도, 영국령 버진 아일랜드 등 몇 곳이 기지국으로 살아남았다. 전주들이 사는 나라와 지리적 거리가 가까워야 하고, 전주들의 신원을 감추어 주어야 하고, 그러면서도 전주들이 돈 떼먹힐 염려를 안 해도 될 정도로 정치와 법제가 안정되어 있는 곳, 이런 곳만 기지국으로 살아남은 것이다. 옛 식민 종주국과 적절한 정치적·헌법적 거리를 유지해서 그 후광을 입으면서도 탄력적으로 조세피난처 법제를 입법할 수 있는 자율권, 이것이 생존의 필요조건. 프랑스의 식민지는 애초 미국 주위에 남아 있는 곳이 없었다. 안틸레스 등 네덜란드 식민지는 네덜란드와 정치적 관계를 적절히 형성하지 못했고, 결국 살아남은 것은 영국 식민지 몇 군데.[106)]

Ⅳ. 조세피난처 세제의 확산

외환 통제를 졸업하면서 각국은 조세피난처 세제를 들여오기 시작한다.[107)] 전체적 흐름을 보면 몇 가지 특색이 드러난다. 첫째, 실제로 조세피난처 역할을

106) Freyer & Morriss, 1336~1351쪽. 안틸레스의 실패는, Boise & Morriss, 앞의 글.

107) OECD, Studies in Taxation of Foreign Source Income, Controlled Foreign Company Legislation (1996), 18쪽. Treasury, The Deferral of Income Earned Through U.S. Controlled Foreign Corporations (2000), 59쪽에서 재인용.

하고 있더라도 감히 미국을 조세피난처로 구분한 나라는 하나도 없다. 네덜란드조차 조세피난처 목록에 포함한 나라도 없다. 있다면 미국 하나려나. 둘째, 각국의 명단을 보면 자국에서 거리가 먼 곳을 조세피난처 목록에서 빼는 경향이 있다. 조세피난처 염려의 본질이 자본 유출보다는 외국 자본으로 위장한 내국 자본이라는 점을 보여주는 것. 셋째, 조세피난처 세제는 자본수출에 대한 직접 규제 내지 외환 통제가 없어지면서 이를 보완하는 대책으로 들어왔다. 선행 입법례 가운데 캐나다, 프랑스, 영국은 생략하고 우리 법에 직접 영향을 미친 미국법과 일본법, 그리고 일본법에 영향을 미친 독일법만 살펴보자.

1. 미국의 PFIC

미국은 1986년 PFIC(passive foreign investment company)이라는 개념을 다시 얹었다. 종래의 FPHC, FIC, "Subpart F"가 모두 일정한 범위의 미국 사람에게 50% 넘는 지배력이 있을 것을 요건으로 삼고 있었던 것이 탐탁지 않아서, PFIC에 해당하는 외국법인이라면 지배력을 따질 것 없이, 또 투자자 각자의 주식소유 비율이 얼마이든 관계 없이 모두 과세이연 혜택을 배제한 것이다. 과세이연 배제 방법은 1) 과세시기 자체는 투자자의 소득실현 시기까지 기다리되 이자 상당액을 모두 물어내는 방법, 2) PFIC의 소득을 즉시 배당한 것으로 간주(QEF; qualified electing fund), 3) 상장 펀드라면 주식을 시가 평가하는 방법, 이 세 가지 중 하나를 고를 수 있다. 2005년부터는 PFIC 과세를 강화하면서 FPHC 세제와 FIC 세제를 그 안으로 흡수했다.

2. 독 일

'로마 조약'에 맞추어 자본 자유화의 길로 들어선 독일은 1959년 자본수입을 완전 자유화 했다. 그러다가 브레튼우즈 체제가 무너지는 과정에서 한 때는 자본수입을 직접 규제하기도 했지만 결국 허사로 돌아가자 외환 통제를 포기한다. 피지배외국법인 세제는 1972년에 들여왔다. 자본수출에 대한 직접 규제를 없애면서 50% 이상 외국 자회사(피지배외국법인)의 소득 가운데 이자 등 소극적 소득을 배당으로 간주하여 자연인이든 법인이든 독일 주주에게 바로 과세하는 방식을 따랐다.[108] 소극적 소득만 투시 대상이라는 점은 미국과 같지만, 피지배

108) Aussensteuergesetz(이하 '독일 국제조세법') 제7조.

외국법인 가운데 세부담율이 30%[109] 이하인 법인의 소득만 투시한다는 차이가 있다. 조세피난처를 특정하지는 않았지만 결국 자회사를 조세피난처에 세운 경우에만 투시한다는 것이다. 그밖에도 몇 가지 차이가 있다. 피지배외국법인인가 아닌가는 각자 주식소유 비율이 얼마든 관계없이 주주인 독일법인이나 거주자를 다 합해서 50% 이상을 소유하는가 아닌가로 판정하고, 일단 피지배외국법인이 되면 1% 이상인(일정 요건 하에서는 1% 미만인 경우에도) 독일 주주는 모두 배당간주 대상이다. 외국납부세액을 공제하는 것은 당연하다.

그런데 한 가지 문제가 생겼다. 국내법이야 입법하기 나름이지만 독일이 맺은 조세조약 가운데 대다수는 국내법의 외국납부세액공제를 배제하고 국외원천소득 면제 방식을 택하고 있었다. 그렇다면 피지배외국법인의 소득을 배당으로 간주해서 과세하는 것이 불가능하지 않은가? 이리해서 1992년에 법을 개정하면서 소극적 투자소득에 관한 한 국내법을 조약보다 우선시키는 규정을 두었고, 다시 2003년부터는 국내법상 피지배외국법인 세제 전체를 조약에 우선시켰다.[110] 그룹 내 금융에 관해 남겨두었던 일부 예외도 2003년에 모두 없애서 피지배외국법인 세제 전체를 관철시킨 것. 새로 개정된 조약에는 아예 피지배외국법인 세제를 인정한다는 명문 규정을 두고 있다.[111]

현행법에서는, 오로지 조세회피만 노린 것이 아닌 한 유럽연합 회원국에 있는 자회사의 소득을 투시해서 주주 본국이 과세하는 것은 유럽법상 '기업 설립의 자유'에[112] 어긋난다는 유럽법원의 "Cadbury Schweppes" 판결에[113] 맞추어 피지배외국법인 세제에 대한 예외를 두고 있다. 그러나 다시 그 뒤 피지배외국법인 세제의 강화라는 추세에 맞춘 2016년의 유럽법 지침이[114] 나와서 두 규범 사이의 관계는 불확실하다.[115] 이 문제는 프랑스 등 다른 유럽연합 회원국도 똑

109) 2001년부터는 25%. 독일 국제조세법 제7조. 현행법에서는 독일 법인세율이 15%이므로 피지배외국법인의 소극적 소득은 언제나 투시한다.

110) 독일 국제조세법 제20조 제1항.

111) 보기로 독일-영국 조약(2010) 제23조 제1항; 독일-네덜란드 조약(2012) 제22조 제1항.

112) 제2장 제1절 Ⅱ.

113) Judgment of the Court of 12 September 2006, Cadbury Schweppes, C-196/04, EU:C:2006:544.

114) European Council, Anti-Tax Avoidance Directive("ATAD") 2016/1164. 아래 Ⅵ. 1.

115) 유럽 이사회(Council of EU)의 입장은 ATAD가 판결에 어긋나지 않는다는 것이고, 나아가 어긋나더라도 "Cadbury Schweppes" 판결은 국내법이 유럽조약에 어긋난다는 것일 뿐 ATAD와 유럽조약의 관계에는 미치지 않는다는 듯하나, 잘라 말할 만큼 유럽법에 밝지는 않고 이 책의 범위 밖이다. 문헌은 많다. OECD BEPS Action 3 보고서 22문단 등. 더 상세한 것에 관심이 있

같다.

3. 일 본

일본은 1970년대에 무역흑자가 누적되고 그에 따라 통화량이 증가하자 외환 자유화 정책을 세웠다. 1978년에 속칭 '외국자회사 합산 세제'를 들여오고 뒤이어 1980년에 외환 자유화가 이루어졌다. 배당간주 대상인 외국 자회사 내지 피지배외국법인의 개념은 독일법과 다르고, 미국법처럼 발행주식 총수의 10%(1992년에서 2010년은 5%) 이상을[116] 소유한 내국법인이나 거주자만 따져서 그들의 주식을 합한 것이 50%를 초과하는 외국법인을 말한다.[117] 일단 피지배외국법인이 되면 위와 같이 10%(5%) 이상을 소유한 개인이나 법인 주주에게 피지배외국법인의 유보소득 가운데 자기 몫을 배당간주해서 주주를 과세한다.

여기까지는 미국법과 비슷하지만 중요한 차이점이 몇 가지 있다. 우선 배당간주 대상인 피지배외국법인이 될 수 있는 것은, 미국이 아니라 독일의 선례를 따라서 조세피난처에 둔 외국법인에 한한다. 그러면서도 다시 독일법과 다른 것이 독일처럼 피지배외국법인의 세부담률을 따져서 배당간주 대상인지 아닌지 정하는 것이 아니고, 아예 정부가 그런 나라를 명시적으로 지정해서 조세피난처 목록을 발표했다. 조세피난처의 명단을 발표하는 일본식 제도는 1980년대 여러 나라에서 유행했지만 외교 문제를 일으켰고 견디지 못한 일본은 1993년에 독일식으로 법을 바꾸어 일본의 법인세율에 견주어 일정 수준 이하인 나라에 세운 법인을 대상으로 삼았다.[118] 일본법에서 한결 더 중요한 특색은 배당간주의 단위이다. 미국이나 독일에서는 수동적 소득의 금액이 얼마인가를 따져서 그런 소득을 배당으로 간주하지만 그와 달리 일본의 1978년 법은 일단 피지배외국법인이 되면 그 소득 전부를 배당간주하는 "all or nothing" 방식을 택했다.[119] 일본

는 사람은 우선 W. Haslehner et al., "A Guide to the Anti-Tax Avoidance Directive", Elgar Publishing (2020)의, 알렉잔더 루스트(A. Rust)가 쓴 제7장을 참조하라. BEPS 기획의 방향을 유럽연합 법 내에 확대하여 수입하는 ATAD가 기존의 유럽법원 판례와 충돌하는 듯 보이는 부분에 관해서는, 프란스 바니스텐달(Frans Vanistendael)의 제1장이 더 비판적인 문제의식을 보인다.

116) 일본 租稅特別措置法 제66조의6 제1항.

117) 같은 법 제40조의4 제2항 제1호, 제66조의6 제2항 제1호.

118) 같은 법 제66조의6 제1항, 제2항

119) 같은 법 제66조의6 제1항, 제2항.

법에서도 능동적 소득과 수동적 소득의 구별은 중요하지만, 이 구별은 특정한 해외 자회사를 피지배외국법인에서 빼주는 요건으로서, 조세피난처에 세운 해외 자회사도 주된 사업이 능동적 사업이라면 배당간주 대상에서 제외했다.[120] 이 "all or nothing" 방식 역시 미국식 제도에 대한 대안으로 그 뒤 여러 나라에 번졌다. 그 뒤 2009년에 "participation exemption" 제도를 들여오면서[121] 2010년부터는 주된 사업이 적극적 사업인 해외 자회사도 수동적 소득은 주주에게 과세하는 것으로 배당간주의 범위를 확대했다.[122] 2017년에는 BEPS "Action 3"를 반영해서 다시 법을 고쳤다.

제 4 절 우리 피지배외국법인 세제

우리나라에서도 외환·자본 자유화가 진행됨에 따라[123] 1995년 피지배외국법인 세제를 「국제조세 조정에 관한 법률」에 담게 되었다. 일본처럼 우리 법도 소득의 성질보다는 해외 자회사가 어디에 있는가를 더 중시한다. 법은 조세피난처에 본점, 주사무소 또는 실질적 관리장소를 둔 외국법인으로서 내국인과 특수관계가 있는 법인('특정외국법인')의 배당가능 유보소득은,[124] 그 가운데 내국인에게 귀속될 금액을 내국인이 받은 것으로 보고 과세한다.[125] 소득의 성질이 능동적인지 수동적인지 가리지 않는 "all or nothing" 방식이다. 위와 같이 과세되는 '내국인'의 범위는 특정외국법인의 각 사업연도 말 현재 발행 주식의 총수 또는 출자금액의 10%(예전에는 20%) 이상을 직접 또는 간접적으로 보유하고 있거나 친족 등을 통하여 보유하고 있는 자이다.[126] 한편 '특수관계'란 원칙

120) 같은 법 제66조 제3항

121) 일본 法人税法 제23조의2.

122) 일본 租稅特別措置法 제66조의6 제4항.

123) 입법 배경에 관한 당시 기획재정부 주무국장의 명시적 설명으로 이근경·이철송, "신국제조세법의 운영방향", 「조세학술논집」 12집(1996), 16쪽. 그밖에 이경근(당시 기재부 담당 과장), 국제조세 이해와 실무(개정6판, 2020), 제4장 0202.

124) 특정외국법인 소재지국의 회계 원칙에 따라 계산한다. 대법원 2017. 3. 16. 선고 2015두55295 판결.

125) 국조법 제27조 제1항.

126) 국조법 제27조 제2항.

적으로 50% 이상의 주식 소유라는 뜻이므로,[127] 결국 50% 이상 주주만 과세하는 것이 원칙이어서 과세대상 주주의 범위는 아주 좁은 편이다. 50% 소유 말고 금전대차 등 다른 사정으로 특수관계가 성립한다면 10% 주주도 과세 대상이 될 수 있다.

'조세피난처'란 세부담률이 법인세법 제55조에 따른 최고세율(24%)의 70%, 곧 16.8% 이하인 국가나 지역을 말한다.[128] 특정외국법인이 조세피난처에 둔 사업장을 통하여 사업을 실질적으로 영위하는 경우에는 유보소득을 주주에게 과세하지 아니한다.[129] 사업을 영위하더라도 사업 자체가 주식·채권 등 수동적 투자이거나, 주로 특수관계자 거래에서 인위적 이전이 쉬운 종류의 소득을 얻는 회사라면 유보소득을 주주에게 과세한다.[130] 실제 배당 지급시에 해외에서 납부한 세액이 있다면 외국납부세액으로 공제받을 수 있다. 경정청구로 시차를 맞출 수 있다.[131]

대법원 2016. 2. 18. 선고 2015두1243 판결

1) 특정외국법인 관련 배당간주 적용 제외 여부

가) 구 국제조세조정에 관한 법률(2010. 1. 1. 법률 제9914호로 개정되기 전의 것, 이하 '국제조세조정법'이라고 한다)은 제17조 제1항에서 "법인의 실제발생소득의 전부 또는 상당부분에 대하여 조세를 부과하지 아니하거나 그 법인의 부담세액이 당해 실제발생소득의 100분의 15 이하인 국가 또는 지역(이하 '조세피난처'라고 한다)에 본점 또는 주사무소를 둔 외국법인에 대하여 내국인이 출자한 경우에는 그 외국법인 중 내국인과 특수관계가 있는 법인(이하 '특정외국법인'이라고 한다)의 각 사업연도말 현재 배당 가능한 유보소득 중 내국인에게 귀속될 금액은 내국인이 배당받은 것으로 본다."고 규정하면서도 … "특정외국법인이 조세피난처에 사업을 위하여 필요한 사무소·점포·공장 등의 고정된 시설을 가지고 있고, 그 시설을 통하여 사업을 실질적으로 영위하고 있는 경우에는 제17조를 적용하지 아니한다."고 규정하고 있다.

---

127) 국조법 제2조 제1항 제3호.

128) 국조법 제27조 제1항.

129) 국조법 제27조 제1항, 제3항, 제28조 제2호.

130) 국조법 제29조. 정상가격을 넘는 해외 유보액은 이전가격 세제로 과세할 수 있다. 해외 지주회사의 특례는 같은 법 제28조 제3호.

131) 국조법 제33조.

나) 원심은, ① 원고가 선주사업과 자동차해상운송사업을 주로 영위하는 시도그룹의 실질적인 경영자인 사실, ② 시도그룹은 선박을 소유하기 위하여 편의치적국인 라이베리아 등에 설립된 다수의 특수목적법인(선박 1척의 소유 목적으로 설립된 법인으로서 이하 '단선회사'라고 한다)들과 각 단선회사의 지분을 100% 보유한 지주회사로서, 파나마에 설립된 시도홀딩과 시도탱커홀딩 등으로 구성된 사실, ③ 각 단선회사는 소유 선박을 용・대선하는 사업을 영위하면서 얻는 용・대선료를 주된 수입원으로 하고 있던 사실, ④ 원고는 명의신탁을 통하여 시도홀딩과 시도탱커홀딩의 주식을 100% 보유하고 있는 사실 등을 각 인정하였다.

나아가 원심은, 단선회사가 소유한 선박은 고정된 시설이 아닌 점, 시도홀딩, 시도탱커홀딩 및 각 단선회사는 모두 거주지국에서 사업을 영위할 고정된 시설이 없고, 고정된 시설을 통하여 실질적으로 사업을 영위하고 있다고 볼 수 없는 점 등에 비추어 보면 시도홀딩, 시도탱커홀딩 및 각 단선회사는 국제조세조정법에서 정한 특정외국법인 배당간주 과세의 적용 제외 대상이 아니라고 판단하였다.

다) 앞서 본 규정과 관련 법리 등에 비추어 살펴보면, 원심의 이러한 판단에 상고이유 주장과 같이 국제조세조정법상 특정외국법인의 배당간주 과세에 관한 법리 등을 오해한 위법이 없다.

2) 시도홀딩과 시도탱커홀딩의 연결재무제표를 기준으로 산정한 이 사건 특정외국법인 배당간주 유보소득금액의 위법 여부

가) 국제조세조정법은 제17조 제2항에서 "제1항의 적용을 받는 내국인의 범위는 특정외국법인의 각 사업연도말 현재 발행주식의 총수 또는 출자금액의 100분의 20 이상을 직접 또는 간접으로 보유하고 있는 자로 한다."고 규정하고, 제3항에서 "특정외국법인의 각 사업연도말 현재 실제발생소득이 대통령령이 정하는 금액 이하인 경우에는 제1항의 규정을 적용하지 아니한다."고 규정하고 있다. … 국제조세조정법 시행령 … 는 "법 제17조 제3항에서 '대통령령이 정하는 금액'이라 함은 … 1억원 … 말한다. … "고 규정하고 있다.

나) 원심은, 시도홀딩과 시도탱커홀딩의 실제발생소득이 1억 원을 초과하여 국제조세조정법상 특정외국법인 배당간주 과세 규정의 적용대상이고 그 배당가능 유보소득을 산정할 때 최소금액 각 1억 원씩 합계 2억 원만 공제된다 … 고

판단하였다.

다) 그러나 원심의 이러한 판단은 다음과 같은 이유로 수긍하기 어렵다. 앞서 본 규정들의 문언과 취지 등에 비추어 보면, 특정외국법인은 조세피난처에 본점 등을 두고 실제발생소득이 1억 원을 초과하는 외국법인으로서 내국인이 직접적으로 주식을 보유한 외국법인과 간접적으로 주식을 보유한 외국법인을 모두 포함하므로, 각 특정외국법인의 배당가능 유보소득은 특정외국법인마다 개별적으로 산정하여야 한다고 볼 것이다. 또한 국제조세조정법 시행령 제31조 제1항 제8호는 특정외국법인의 배당가능 유보소득을 기본적으로 해당 특정외국법인의 처분전이익잉여금으로부터 제34조의2에서 정한 최소금액인 1억 원 등을 공제하여 산정하도록 규정하고 있으므로, 내국인이 지배하고 있는 각 외국법인이 조세피난처에 본점 등을 두고 있더라도 그 법인의 실제발생소득이 1억 원 이하인 경우 국제조세조정법 제17조에서 정한 배당간주 규정의 적용대상인 특정외국법인이 될 수 없고, 각 외국법인이 이러한 특정외국법인에 해당하는 경우에도 그 배당가능 유보소득을 산정할 때에는 최소금액 1억 원을 각각 공제해야 한다.

대법원 2015. 11. 26. 선고 2013두25399 판결

(1) ① 원고들, 소외인 및 훈진산업 주식회사는 2000. 5. 2. 말레이시아 라부안에 투자지주회사인 Pacific Gate Company Limited(이하 'PGC'라고 한다)를 설립하였고, 이후 원고 1이 83%, 원고 2가 17%의 지분을 보유한 주주로 남게 되었다.

② 원고들은 2000. 4.경 세무상 신고의무가 없고 지역의 특성상 재무제표와 감사보고서의 작성이 의무화되어 있지 아니하여 현지에서 과세될 가능성이 낮은 말레이시아 라부안에 투자지주회사를 설립하기로 하고, PGC의 설립을 주도하였다.

③ PGC는 말레이시아 라부안에 특별한 물적 시설이나 고용된 직원이 존재하지 않으며, 원고들의 지시에 따라 홍콩에 있는 회사가 관련 업무를 모두 대행할 뿐 이사회 결의 등 법인의 주요 의사결정절차도 제대로 이루어지지 아니하였다.

④ 원고 1이 PGC의 계좌에서 자신의 계좌로 수시로 입출금을 하는 등 PGC는 그 자산관리를 원고 1에게 의존하였음에도 신뢰할 만한 회계장부도 작성하지 아니하였다.

⑤ 한편 싱가포르 영주권자인 원고 1은 2000년부터 2007년까지 국내 체류일수가 매년 9일 내지 112일에 불과하였고, 원고 2는 국내 거주자이기는 하나 PGC 주식의 17%만 보유하고 있어 PGC가 얻은 소득은 국제조세조정에 관한 법률(이하 '국제조세조정법'이라고 한다)에 따른 특정외국법인 배당간주의 대상이 아니었다.

(2) 피고는 PGC가 그 실체를 인정할 수 없는 도관회사에 불과하여 PGC의 … 소득이 원고 2에게 귀속된다고 보아 2010. 7. 14. 원고 2에게 2005년 및 2008년 귀속 각 양도소득세, 2005년 내지 2009년 귀속 각 종합소득세를 부과함과 아울러, PGC가 수취한 … 소득이 2008년부터 국내 거주자에 해당하는 원고 1에게도 귀속된다고 보아 같은 날 원고 1에게 PGC의 국내외 … 소득 등에 관하여 2008년 및 2009년 귀속 각 종합소득세를 부과하였다(원고들에 대한 위 각 부과처분을 통틀어 이하 '이 사건 각 부과처분'이라고 한다).

다. 이와 같은 PGC의 설립경위와 목적, PGC의 인적·물적 조직과 사업활동 내역, PGC의 의사결정과 자산관리의 태양, PGC의 지배구조 등에 관한 사실관계를 앞에서 본 법리에 비추어 보면, (1) PGC는 소득세를 비과세하거나 낮은 세율로 과세하는 조세피난처에 설립된 회사로서 그 명의의 재산을 지배·관리할 능력이 없을 뿐만 아니라 실질적인 사업활동을 수행할 능력도 없고, 원고들이 그 지배권을 통하여 PGC의 의사결정과 자산관리를 하면서 PGC의 명의로 실질적인 사업활동을 수행하였으며, 이러한 명의와 실질의 괴리는 오로지 PGC를 거래와 행위의 주체로 개입시켜 소득의 귀속자를 원고들로부터 PGC로 변경함으로써 국내 세법에 따라 과세되어야 할 소득을 PGC에 유보하여 두려는 조세회피의 목적에서 비롯된 것으로 볼 수 있으므로, PGC가 실질과세의 원칙상 그 실체를 인정할 수 없 … 다[132] 할 것이며, (2) PGC가 얻은 소득금액은 이를 실질적으로 지배·관리하는 원고들에게 직접 귀속되었다고 봄이 타당하다.

132) 판결 원문은 "없는 이른바 '기지회사'에 해당한다". 기지회사라는 말을 실체가 부인되는 회사라는 뜻으로 쓰는 것은 일반적 용례가 아니다. 일반적 용례의 기지회사에 해당한다고 해서 그냥 실체를 부인할 수야 없다. 기지회사라는 말의 뜻은 제3장 제2절 V. 5., 제14장 제2절 III. 조세피난처에 세운 해외 자회사는 전형적으로 기지회사가 된다.

제 5 절 피지배외국법인 세제의 전망

피지배외국법인 세제란 조세피난처에 세운 해외 자회사를 통해 벌어지는 조세회피를 막자는 것이다. 애초 조세피난처를 다 없애면 조세회피 그 자체가 없어지지 않나? 이미 역사에서 짐작했겠지만 그렇게 쉬운 문제가 아니다. 나아가 피지배외국법인 세제를 이른바 글로벌 최저한세로 탈바꿈시키자는 것이 현재 논의 중인 이른바 '필라'(Pillar) 2이다.

Ⅰ. 조세피난처 공방과 금융 비밀

1990년대 중반까지는 각국이 자본유치 경쟁을 벌이면서 조세피난처를 이용한 조세회피가 극성을 부린다. 1990년대 후반부터는 자본유치 경쟁을 자제하면서 조세피난처를 규제하려는 유럽연합과 조세피난처를 감싸는 미국의 대립으로 혼조를 보인다. 그러다가 9.11 테러 이후 '금융 투명성'을 강화할 필요가 높아지면서 미국이 2010년 FATCA를 입법한다. 2014년에는 다자조약의 형태로 금융정보교환 협정이 생기고 2018년부터는 '공통 보고 기준'(CRS, common reporting standard)으로 각국의 협력 수준이 높아진다.

1. 1980년대의 자본유치 경쟁

1980년대에 들어서자 유로채 시장과 주요 각국의 국내 채권시장이나 외채시장 사이의 구별이 허물어지는 양상이 생긴다.[133] 이미 보았듯 미국은 1984년에 이자소득에 대한 원천징수세를 폐지하는 데에서 시작해서 구태여 안틸레스 같은 조세피난처 자회사를 거치지 않고 미국법인이 바로 유로달러를 꾸더라도 전주들이 미국의 원천징수세를 피할 수 있게 법을 바꾸었다. 미국이 신원을 안 알려주는 이상 전주들이 본국의 세금도 안 낸 것이야 당연하다. 독일, 스위스, 룩셈부르크 등은 자국법인이 회사채를 무기명채권으로 발행하는 것을 예전부터 허용했기에 사채권자의 신원 파악이 불가능했고 따라서 사채권자의 본국에서도 세금을 물릴 수가 없었다.[134] 오스트리아는 1989년 유럽연합 가입을 신청하면서

133) Scott & Wellons, 714쪽.
134) Scott & Wellons, 같은 쪽.

금융비밀 보호에 헌법과 같은 효력을[135] 두는 안전장치를 마련하고 나서야[136] 신청했다. 독일 등의 국내 발행시장에 다른 나라 전주들도 신원을 감춘 채 끼어들었다는 말이다. 그에 발맞추어 외국 금융기관들에게도 국내 발행시장에서 채권 인수를 허용하는 것이 오히려 일반적 추세가 되었다.

2. 1990년대의 자제 움직임 v. 미국의 재반격

1990년대 후반에 이르자 자본유치 경쟁을 억제하자는 반작용이 유럽에서 시작한다. 유럽연합은 1997년의 "Code of Conduct"로 외자에 대해서만 세금을 면제하거나 세율을 낮추어주는 각 회원국의 '우대 과세 제도'(preferential tax regime)를 파악해서 모두 없애기로 의견을 모은다.[137] 클린턴이 이끄는 미국의 민주당 정부도 짐짓 같은 생각을 보인[138] 결과 G7 정상회담을 거쳐서 1998년에 OECD가 '유해조세경쟁(Harmful Tax Competition) 보고서'로 자본유치 경쟁을 삼가자는 정책 목표를 택했다.[139] 자본 유치를 위한 세율 인하 경쟁 자체를 막자는 것은 아니지만 외자만 가려내어 조세 특혜를 주는 것은 해롭다고 보고 이를 "harmful preferential tax regime"이라 이름짓고 없애기로 했다.[140] 둘째 꼭지는 조세피난처, 특히 유럽연합 바깥의 조세피난처에 대한 공격이다. 실질적 활동이 없는 돈에 세금을 안 매기는 나라나 지역을 조세피난처라고 규정하면서 없애야 할 대상으로 삼은 것. 주목할 점으로 스위스, 아일랜드, 룩셈부르크 등 유럽 국가 내지 선진국이 별 설명도 없는 채 명단에서 빠져 있다. 아시아 금융위기의 여진으로 2000년에는 "Financial Stability Forum"도 금융위기 방지책 차원에서 조세피난처 억제책을 내었다.[141]

'유해조세경쟁 보고서'가 나오자 곧바로 그에 대한 반격이 두 방향에서 나왔다. 첫째, "우리는 굶어죽으라는 말이냐" 식의 읍소(泣訴)에 더해서 "조세피난

135) 오스트리아는 독일과 마찬가지로 일정한 법률은 헌법개정과 마찬가지로 국회의원 2/3의 찬성이 있어야 개정이 가능하다.

136) Bankwesengesetz(은행법) 제38조 제1항에 금융비밀보호 규정을 두면서 헌법개정과 마찬가지로 국회의원 2/3의 찬성이 있어야 개정할 수 있도록 했다.

137) European Union, Conclusions of the ECOFIN Council Meeting on 1 December 1997 concerning taxation policy(98/C 2/01, 1997. 1. 6.), Annex 1. Code of Conduct.

138) 1995, 1996년 G7의 정상회담. Lukas Hakelberg, The Hypocritical Hegemon(2019), 52~58쪽.

139) OECD, Harmful Tax Competition(1998).

140) OECD, 같은 보고서, 51~52 문단.

141) Financial Stability Forum, Report of the Working Group on Offshore Centres (2000).

처의 주권에 대한 내정간섭 아니냐", "유럽연합 내부의 조세피난처는 묵과하고 유럽 바깥의 조세피난처만 문제 삼느냐", "조세피난처인지 아닌지를 가려내는 기준으로 실질적 국내 활동이라는 개념은 너무 애매하지 않느냐", 대강 이런 주장이다. 한결 중요한 반격은 미국의 정치권에서 시작되었다. 복지국가에 반대하면서 범(凡) 세계적으로 세율을 낮추자는, 한 걸음 더 나아가서는 근본적으로 국가 그 자체를 믿지 않는 정치운동 조직이 미국 공화당과 연계하면서 조세피난처 각국의 반격을 지도하기 시작했다.

클린턴 행정부도 다시 흔들렸지만[142] 그 뒤 공화당의 W. 부시가 2000년 대통령에 당선되자 프로젝트에 대한 반격은 순풍에 돛단배. 유해조세경쟁 보고서대로 한다면 안틸레스 소동 이래 미국법이 면세하고 있는 대미(對美) 포트폴리오 채권자의[143] 신원을 밝혀서 투자자의 본국에 알려야 할 판이 되자 공화당 일각에서는 미국의 OECD 분담금을 내지 말자는 움직임까지 나왔다. 다시 자본에 대한 세부담 낮추기에 온 힘을 다한 부시 행정부는, 조세 경쟁 자체는 바람직한 것이라는 전제 하에, OECD의 사업이 가지는 의미를 '정보 투명성'의 추구 정도로 축소하면서 조세피난처 자체는 그냥 보존하는 데 성공했다.[144] 조세피난처에 대한 내정간섭을 하면 안 된다든가, 유럽연합 내부의 조세피난처를 묵과하니 유럽 바깥의 조세피난처도 그냥 두어야 공평하다든가, 조세피난처인지 아닌지를 가려내는 기준으로 실질적 국내 활동이라는 개념은 너무 애매하다든가, 이런 식의 주장에 미국이 편든 것이다. 그 결과 새로 마련한 기준이 외자에만 조세특혜를 주는 "ring fencing"만 막으면 된다는 것.[145] 조세피난처란 본질적으로 내자・외자 모두에 세금을 안 매기는 나라니 이제 규제 대상에서 빠져나가게 되어 미국은 적어도 OECD 차원에서는 조세피난처를 살려낼 수 있었다. 그 결과가 OECD의 2001년 보고서.[146] 나아가 2002년에 나온 OECD의 조세피난처 명단은

---

142) Hakelberg, 60~62쪽.

143) 미국세법 제881조(h), 제881조(c). 상세는, J. Kunts and R. Peronii, U.S. International Taxation, C.1.03[2][C].

144) M. Webb, Defining the Boundaries of Legitimate State Practices: Norma, Trannational Actors and the OECD's Project on Harmful Tax Competition, 11 Review of International Political Economy 787-827 (2004). Hakelberg, 15쪽, 75~84쪽.

145) Statement of Paul H. O'Neill before the Senate Committee Statement of Paul H. O'Neill Before the Senate Committee On Governmental Affairs Permanent Subcommittee (July 18, 2021), https://home.treasury.gov/news/press-releases/pr486. Palan, Murphy & Chavagneux, 227~228쪽.

146) OECD, The 2001 Progress Report(2001), 특히 16문단. Hakelberg, 79쪽.

황당하게 줄어들어 남은 것은 딱 일곱 나라: 안도라, 라이베리아, 리히텐쉬타인, 나우루, 바누아투, 마샬 제도, 모나코. 2006년에는 리히텐쉬타인 하나만 남았고 그 뒤에는 아예 명단 자체가 없어졌다.

미국이 이처럼 조세피난처를 살려내려 한 동기는 무엇이려나. 첫째, 미국은 수출 장려책의 한 갈래로 '수출 기업'(FSC, foreign sales corporation)이 조세피난처에 소득을 떨구어 세부담을 줄일 수 있도록 법에 정하고 있었다.[147] 둘째로 미국 자체가 조세피난처. 특히 델라웨어, 네바다, 와이오밍처럼 주법으로 조세피난처를 만들어내고 있었다. 조세피난처라는 공격을 받자 룩셈부르크가 "내 눈의 티보다 네 눈의 들보부터", 이 문제를 유럽 각국에 정면 제기한 것을 보면[148] 미국은 이자소득을 대략 비과세하는가 하면 LLC 투시를 이용해서 법인세를 안 내고 투자자 신원도 비밀로 감춘다는 것이다. 미국의 전주가 우리나라 → 아일랜드 → 케이먼 제도 → 미국의 경로로 투자수익을 받는다고 하자. 미국의 입장에서는 우리나라, 아일랜드, 케이먼 제도에서 정보만 확보할 수 있으면,[149] 케이먼 제도에 유보한 소득을 배당 간주해서 주주를 과세하면 된다. 미국 세금을 제대로 다 걷는 이상 우리나라, 아일랜드, 케이먼 제도, 세 나라의 세금이 줄면 줄수록 미국 전주의 순소득이 늘어난다. 역으로 우리나라 전주가 미국에 돈을 투자하고 투자수익은 미국 → 아일랜드 → 케이먼 제도 → 우리나라의 경로로 받는다고 하자. 미국의 입장에서는 우리나라가 세금을 못 걷는 편이 자국에 유리하다.[150] 그래야 자본조달 비용이 떨어지기 때문이다.[151] 바로 이 정보 비대칭성이 조세피난처 문제의 본질이다.[152] 즉 조세피난처를 온존시키면서 스스로는 과세 정보를 파악하고자 하는 것이 미국의 전략이다.[153] 자본조달 비용을 낮추려

---

147) WTO Dispute Settlement Body (appellate body), 2006. 3. 17., WT/DS108/36 결정은 미국세법의 FSC 법제가 수출 보조금에 해당하므로 WTO 협정 위반이라고 판시했다.

148) S. Gnaedinger, Luxembourg P.M. Calls out U.S. States as Tax Haven, Tax Notes International (April 6, 2009), 13쪽,

149) 금융정보 교환에 관한 양자협정은 아래 3.

150) 2000년대 스위스 HSBC 은행의 스칸디나비아 예금주들이 본국에서 신고를 누락한 소득이 80%라고 한다. Hakelberg, 3쪽.

151) 한편 하켈버그(Hakelberg)는 미국은 경제 규모가 워낙 커서 외자 유치로 얻는 이익이 상대적으로 적다고 보고, 그럼에도 불구하고 외국 전주들에 대한 세금을 낮추려는 이유를 미국 기업 내지 공화당 때문이라고 본다. Hakelberg, 16~23쪽. 그럴 수도 있지만 이 글의 범위 밖이고, 어느 쪽으로 보든 본문의 분석에는 영향이 없다.

152) Hakelberg, 28~30쪽.

153) '조세정의 네트워크'(Tax Justice Network)가 2009년 현재 정보 투명성이 가장 낮은 나라를 뽑

는 것은 유럽연합도 마찬가지일 수 있지만[154] 직접세에 관한 한 주권의 단위가 유럽연합이 아니라 각 회원국이므로 미국처럼 못 한다. 각국이 각자 제 이익을 좇으니까.[155]

3. 9.11과 금융투명성

미국의 힘에 밀리고 말았지만 유럽연합은 제 힘 닿는 데까지는 금융투명성 확대라는 목표에 매달려 2000년에 OECD 산하에 "Global Forum on Transparency and Exchange of Information for Tax Purposes" ("Global Forum")라는 긴 이름의 회의체를 만든다. 여기에 다시 얽혀든 것이 9·11 이후의 테러방지 대책이다.[156] 미국 역시 테러를 막기 위해 전세계에 걸쳐서 수상한 자금 흐름을 파악해야 하는 입장에 선 것이다. 이미 그전 1989년 G7이 '자금세탁방지 협의 조직'(FATF, financial action task force)을 만들었지만 큰 성과가 없다가[157] 9.11로 사정이 바뀐다. 유럽연합은 2001년 자금세탁방지법을[158] 미국은 2001년 "USA Patriot Act"를 입법해서 나라 밖의 수상한 자금 흐름을 파악하기 위해서 온 세상 모든 금융기관으로부터 가능한 한 많은 정보를 모으기 시작한다.[159] 유럽연합은 2003년의 "Savings Directive"로 룩셈부르크, 벨기에, 오스트리아의 금융 투명성을 강화하면서 이자에 세금을 물렸고[160] 비회원국인 스위스나 리히텐쉬타인 등 유럽 내 조세피난처에도 압력을 넣어 금융 투명성을 강화시켰다.[161] 그 뒤 2008년에 집권한 오바마 행정부는 금융위기와 UBS 스캔들 등을 겪고 나서,

---

은 것을 보면 1위가 미국이다. 그 다음이 룩셈부르크, 케이먼 제도, 스위스, 영국의 순이다. Shaxson, 앞의 책, 제6장 주석 44 뒤(우리말 번역본에서는 245쪽).

154) 하켈버그는 미국과 유럽은 입장이 다르다고 생각한다. 국내 정치, 단순화하면 자본의 힘과 노동의 머릿 수 사이의 권력 게임이 다르다는 생각. Hakelberg, 37~47쪽.

155) Hakelberg, 35~36쪽.

156) A. Hishikawa, The Death of Tax Havens?, 26 Boston College International and Comparative Law Review(2002), 389, 특히 415쪽.

157) Palan, Murhpy & Chavagneux, 205~209쪽.

158) Directive 2001/97/EC of the European Parliament and of the Council of 4 December 2001 amending Council Directive 91/308/EEC on prevention of the use of the financial system for the purpose of money laundering-Commission Declaration

159) Public Law 107 - 56 (Oct. 26, 2001).

160) 금융비밀보호를 완전 폐기하는 대신 세금을 일부 걷어서 보내준다는 것이다. Council Directive 2003/48 (2003. 6. 3.), 제11조.

161) 같은 지침, 제17조. 그 결과 스위스에 있던 돈이 대거 유럽 밖의 조세피난처로 옮겨갔다고 한다. Alstadsaeter, Johannessen & Zucman, 10쪽.

2009년에 위 글로벌 포럼에 가입하고 2010년 급기야 FATCA(foreign account tax compliance act, 해외계좌납세성실법)를 입법한다. 다른 나라의 금융기관들이 미국계 전주를 파악해서 보고할 의무란 종래에는 미국원천 금융소득에만 있었다.[162] FATCA는 소득의 원천이 미국 밖에 있는 자금 흐름에도 전주 신원을 파악해서 보고하도록 다른 나라의 금융기관에게 강요하는 내용이다. 다른 나라 금융기관에게 강요한다고? 이 의무를 위반하면 미국에서 받는 모든 현금 흐름의 30%를 벌금으로 원천징수하므로[163] 어느 나라의 금융기관이든 당연히 따를 수밖에 없다. 국내법에 금융비밀 보호의무가 있으면 법률 위반으로 처벌을 받을 텐데? 문제를 제기한 것이 다름 아닌 미국이니 어쩌겠는가, 법을 바꿔야지.[164]

마침내 오스트리아는 안전장치로 마련한 헌법적 효력을 폐기하는 수모를 겪으면서 금융비밀 보호를 포기하겠다고 2014년에 약속하고 법을 바꾼다.[165] 룩셈부르크와 벨기에도 포기. 유럽법의 최혜국 조항 덕택에 유럽연합 회원국들 역시 미국이 받는 것과 같은 정도의 금융 정보를 받을 수 있게 되었다. 그 덕택에 유럽연합은 '직접세 행정협조 지침'을 마련하고 2014년부터 금융 정보의 '자동교환'(automatic exchange of information)을 시작한다.[166] 스위스는 유럽연합의 회원국은 아니지만 전주 신원을 유럽 각국에 감출 명분을 잃고 하릴없이 유럽의 금융정보 교환 시스템에 참가한다.[167] 그러면 스위스, 오스트리아 등은 유럽 밖의 조세피난처에 밀려서 망하지 않나? 이런 나라들은 다른 조세피난처도 유럽 각국에 정보를 제공해야 한다고 우겨서 그 결과 2014년에는 글로벌 포럼을 재구성, 2014년에 다자조약 형태로 '금융정보교환 행정협정'을 맺고[168] 이를 틀로 삼아 2018년부터는 OECD 주관으로 '공통 보고 기준'(common reporting standard,

---

162) 미국세법 제1442조(c)(2). 이것이 "Qualified Intermediary" 프로그램이다. 특히 internal revenue procedure 2017-15.

163) 미국세법 제1471조.

164) Hakelberg, 앞의 책 Preface.

165) 2009년에 입법한 '정보교환실시법'(Amtshilfe-Durchfürungsgesetz)에 따로 특칙을 두는 형식을 취했다. 2014. 6. 13. 개정한 같은 법률 제4조. 그래도 일부 남았던 비밀 보호는 2015년 은행법 제4조를 고쳐서 CRS를 따른다고 정하는 형식으로 폐기. 2015. 8. 14. Bundesgesetzblaat 1~2쪽. 같은 관보 제1쪽에 개정 법률의 이름이 나오지만 너무 길어서 생략.

166) Directive on Administrative Cooperation(DAC), Council Directive 2011/16/EU

167) Hakelberg, 4쪽.

168) Multilateral Competent Authority Agreement on Automatic Exchange of Financial Account Information(속칭 CRS MCAA) https://www.oecd.org/tax/transparency/

"CRS")을 실시하기로 한다.

한편 막상 미국은 2014년의 금융정보교환 행정협정에서 빠지는 대신 따로 100여 국과 양자 행정협정을 맺어서 FATCA에 따른 정보를 상호주의 방식으로 주고받기로 한다. OECD와 함께 일을 벌이다가 결말 단계에 가면 이렇게 OECD의 작업 결과물에서 빠지고 혼자만 자기가 만든 법령대로 움직이는 것은 미국이 역사적으로 흔히 벌여온 일. 한편 이에 따라 우리나라와 맺은 협정은 정식 조약으로[169] 국회의 동의를 받아서 비준하고 2016년 9월 8일에 발효했다. 우리나라 사람이 미국으로 투자하는 경우 가운데 낀 우리나라 금융기관은 이른바 "Qualified Intermediary"(QI)로서 자기 책임 하에 미국 세금을 원천징수해서 미국 국세청에 보낸다. 우리나라 투자자 하나하나의 신원을 미국 국세청에 알리지는 않는다.[170] 혹시라도 미국 전주가 왕복여행으로 우리 금융기관을 거쳐 미국에 투자하는 경우 그런 미국 전주의 신원을 미국 국세청에 알릴 뿐이다.[171] 미국에 투자한 우리나라 전주의 신원은 미국 국세청이 아예 관리하지 않으므로 우리나라에 알릴 의무가 없다. 혹시라도 우리 전주가 우리 금융기관을 거치지 않고 직접 미국 금융기관에서 소득을 받는 극히 이례적인 상황 아니고는 없다. 그러나 우리나라 사람이 합법적 또는 탈법적 방법으로 제3국 소재 금융기관을 경유해서 미국에 투자했다면, 그런 제3 경유국에서 정보를 얻는 것이 혹시 가능할는지는 몰라도 미국에서 투자자 신원이나 소득 정보를 파악할 길은 없다. 애초 QI라는 "프로그램의 목적이 외국인이 신원을 감춘 채 미국에 투자할 수 있게 하는 것이다."[172]

Ⅱ. 해외 자회사의 적극적 소득은?

대세가 다시 요동치기 시작한 것은 2017년의 트럼프 1기 집권 이후이다. 블루컬러 노동자의 지지로 집권한 트럼프 행정부는 적극적 사업을 벌이기 위한 자본수출도 억제하는 방향으로 물꼬를 튼다. 미국 내 일자리를 늘리는 것이 더 중

169) 「대한민국 정부와 미합중국 정부 간의 국제 납세의무 준수 촉진을 위한 협정」.
170) 미국세법 제1441조.
171) Hakelberg, 65~67쪽, 105~109쪽.
172) 로젠블룸(H. D. Rosenbloom) 선생 말씀이라고 한다. Shaxson, 앞의 책, 제6장 주석 25 다다음 문단(우리말 번역본에서는 230쪽).

요하다는 생각. 공화당도 그렇게 나오는 마당에 그 뒤 바이든 행정부가 같은 정책을 유지하는 것이야 당연하다. 그러면서 해외 경쟁력 확보를 위해서 새로 들고 나온 생각이 '글로벌 최저한세'이다. 미국계 다국적기업에 미국이 지우는 세부담과 같은 세부담을 다른 자본수출국들도 자국계 다국적기업에 지우라는 것이다. 일자리 확보를 위해 자본 유출을 억제하면서도 미국계 자본이 해외 시장에서 세부담 때문에 경쟁에 밀리는 것을 막자는 생각이다. 피지배외국법인의 과세대상 소득에 적극적 소득까지 포함하자는 제안이다.

1. 피지배외국법인 세제와 BEPS "Action 3"

2015년의 BEPS "Action 3"는 이른바 "best practice"로서 각국이 피지배외국법인 세제를 가다듬기를 권고했다.[173] 유럽연합도 2016년의 '조세회피방지 지침'(ATAD)으로[174] 2018년 말까지는 피지배외국법인 세제를 들여올 의무를 지웠다. OECD가 피지배외국법인 세제의 통일과 범세계적 확산을 꾀한 이유는 무엇일까? 이미 피지배외국법인 세제를 입법한 미국, 캐나다, 일본, 독일 등이 자국계 다국적기업의 경쟁력을 염려한 까닭이다.[175]

주목할 점은 새 내용으로 배당 간주할 소득의 범위를 정하는 방법으로 정상소득을 넘는 초과이윤을 배당 간주하자는 제안(초과이윤 분석)을 내었다는 것.[176] 미국의 "Subpart F"든 다른 나라든 기존의 피지배외국법인 세제는 근본적으로는 피지배외국법인의 능동적 사업소득은 투시과세에서 제외한다. 그와 달리 BEPS "Action 3"는 오로지 능동적 사업소득만 벌더라도 초과이윤 부분에는 세금을 물리자는 제안을 낸 것이다. 1960년대 초 "Subpart F"의 단초가 되었던 생각, 진짜 문제는 조세피난처가 아니라 해외 투자 그 자체라는 생각, 해외 자회사나 해외 지점이나 그게 그거라는 바로 그 생각에 맥이 닿는다. 이 생각이 일각에서 줄곧 이어지기는 했지만[177] 미국 자본의 해외 경쟁력에 대한 염려라는 고전적 반론을

---

173) OECD, Designing Effective Controlled Foreign Company Rules. Action 3 Final Report(2015, 이하 'BEPS Action 3 보고서'). https://www.oecd.org/tax/transparency/. 가령 '페이퍼 컴퍼니', '캐시박스', 블랙리스트 등에 대한 배당간주 과세를 강화하라고 한다. 우리말 문헌도 이미 숱하다. 대표적으로 최정희 · 양인준, 앞의 글.

174) Council Directive, Anti-Tax Avoidance Directive("ATAD") 2016/1164.

175) BEPS Action 3 보고서 Ch. 1.

176) BEPS Action 3 보고서, 87~94문단.

177) 가령 U.S. Treasury Department, The Deferral of Income Earned Through U.S. Controlled

뚫지는 못했다. 그러다가 BEPS "Action 3"에 나타난 것이다. 그렇더라도 피지배외국법인을 아예 해외 지점이나 마찬가지로 과세하자는 생각은 아니고 초과이윤만 주주 내지 모회사가 속하는 본국에서 바로 과세하자고 한다.

다국적기업이 얻는 초과이윤은 원래 본국에서 과세하는 것이 맞다고 전제하고 있는 생각이다. 피지배외국법인에 초과이윤이 생긴다면 이는 모두 소득을 인위적으로 이전한 것이라는 전제 하에 그런 초과이윤을 주주의 본국에서 과세하자는 것이다. 이를 정당화하는 억지 개념이 이른바 무형자산, 미국식 용어로 "super royalty"이다. 초과이윤이란 모두 지식재산에서 생기는 것이니 모두 소극적 소득이고 따라서 피지배외국법인 세제의 배당간주 범위에 들어간다는 것이다. 1980년대 말에서 1990년대 초 미국과 다른 OECD 회원국 사이에서 벌어졌던 독립기업 원칙 논란 당시에는 미국이 이런 입장을 OECD에 관철시키지 못했다.[178] 이십 몇 년 만에 성공, 그렇지만 반드시 채택해야 하는 최소한의 기준, 곧 "minimum standard"가 아니니 부분적 성공을 거둔 것이랄까.

2. '트럼프 세제'

초과이윤의 배당 간주라는 이 생각은 뒤이어 2017년 트럼프 세제 개편에서 이른바 GILTI 세(稅)로 나타난다. 큰 배경은 전통적으로 민주당의 텃밭이었던 미숙련 노동자가 이제 트럼프 정권의 가장 강력한지지 기반으로 자리매김한 것이다. 트럼프와 공화당이 이제는 자본의 해외 유출을 막아야 하는 입장에 섰다는 말이다. 트럼프 세제 개편의 기본은 자본소득에 대한 세부담 낮추기. 법인세율을 35%에서 21%로 낮추었다. 국제조세 쪽에서는 이른바 "participation exemption"으로 10% 이상 주주가 외국법인으로부터 받는 배당소득을 익금불산입.[179] 문제는 "participation exemption"이 자본 유출의 가능성을 한결 높인다는 것. 소득을 해외 자회사에 유보하는 단계를 넘어서 실제 배당받는 소득에도 미국이 보충적 과세권을 행사 안 하니 경(輕) 과세하는 외국의 세금이 최종 세부담이 되기 때문이다. 자본 유출은 아니더라도 이전가격 조작 등 여러 가지 방법으로 경과세국의 피지배외국법인으로 소득을 빼돌려서 미국 내 과세소득이 줄어

Foreign Corporations (2000).

178) OECD, Transfer Pricing Guidelines for Multinational Enterprises and Tax Administration (1995). 이 책 제4장 제1절 V.

179) 미국세법 제245A조.

들 가능성도 올라갔고. 그 대책이 배당간주 과세의 강화, 곧 피지배외국법인의 초과이윤(GILTI; Global Intangible Low-taxed Income)을 미국 주주에게 과세하는 GILTI세이다.[180] 피지배외국법인의 실제 사업자산(유형자산)에 정상 수익률을 곱한 만큼만 실제 사업 활동에 따르는 소득으로 보아서 과세이연하고 정상 수익률을 넘는 초과이윤은 모두 배당 간주한다는 것이다.[181] 법인 주주라면 50% 소득공제를 해주므로[182] 실효세율은 절반으로 줄어든다. 당연한 일로 "Subpart F"와 이중과세는 하지 않는다.[183] 피지배외국법인 소재국에 낸 법인세를 외국납부세액으로 공제해 주므로(한도는 외국 법인세액의 80%[184]), 결국은 경과세국에 있는 피지배외국법인의 초과이윤 부분은 즉시 보충적 과세권을 행사하겠다는 생각이다. 이 초과이윤에다가 '전 세계적으로 저율 과세된 무형자산 소득'이라는 이름을 붙여 두기는 했지만 실상 무형자산과는 무관하다. 다국적기업 초과이윤의 본질은 독점이윤일 뿐이다. 초과이윤을 얻을 수 있다는 사실 그 자체를 무형자산이라고 부른다면 무형자산에서 초과이윤이 생긴다는 말은 그저 동어반복이다. 정치적 이데올로기 개념일 뿐이다.

GILTI세는 어떤 결과를 낳는가? 종전의 "Subpart F"나 그를 본딴 종래의 피지배외국법인 세제는 이자, 사용료, 이전가격으로 조작할 수 있는 재고자산 매매차익, 이런 식의 장부나 문서로 이 나라 저 나라로 옮길 수 있는 소득에 관한 규정이다. 이런 소득의 해외 이전을 막을 수는 있지만 실물 자본이나 생산 활동 그 자체를 해외로 옮기는 것을 피지배외국법인 세제가 막아주지는 못한다. 외국에서 벌이는 적극적 사업이라면 그 나라 기업이나 제3국 기업과 경쟁중립성을 지키자는 생각에서 배당간주 대상이 아니다. 가령 아일랜드에서 실제 사업을 벌여서 얻는 소득은 주주에게 과세하지 못한다. 애초 "Subpart F" 입법 당시 정상적 기업의 해외 투자 그 자체가 문제라고 생각했던 그대로이다. 그와 달리 GILTI세는 적극적 사업소득이라고 하더라도 투시과세 대상으로 삼겠다는 것. 그렇다면 경쟁중립성은? 미국 자본이 해외 시장에서 밀릴 텐데? 미국만이 아니라 다른 나라도 모두 투시과세를 하게 하면 된다. 바로 이것이 BEPS "Action 3"에 이

180) 정확히는 주식소유비율 10% 이상인 미국주주. 미국세법 제951A조.
181) 정상수익률을 10%로 높게 잡아주고 있기는 하다. 미국세법 제951A조(b)(1).
182) 미국세법 제250조(a)(1)(B).
183) Subpart F income은 GILTI tested income에서 제외한다. 미국세법 제951A조(c)(2)(A)(i)(II).
184) 미국세법 제960조(d)(1).

미 나타났던 미국의 책략이다.

BEPS "Action 3"을 따라서 다른 자본수출국도 적극적 소득을 과세한다면 미국은 GILTI세로 자본 유출을 억제할 수 있는가? GILTI세를 내더라도 미국 안에 투자하는 것보다는 해외에 투자할 유인이 여전히 남는 부분이 있다. 애초 GILTI는 초과이윤 부분만 투시과세한다. 자본수출 중립성을 노리지 않았다. 국내 투자에 견주면 해외 투자의 세부담이 여전히 낮다. 이 문제를 보완하는 추가 대책이 두 가지.

첫째가 'BEAT 최저한세'. 미국법인이 해외 특수관계인에게 사용료나 이자를 지급하는 경우 이를 손금산입하기 전의 소득금액을 과세표준으로 삼아 최저한세를 물린다.[185] 얼핏 알아차리기는 어렵지만 GILTI의 연장선에서 자본 유출을 막자는 목표를 가지고 있다. GILTI세를 물리더라도 미국법인이 손금산입으로 줄이는 세액이 GILTI 세액보다 더 크다면 자본 유출을 막을 수 없다고 생각한 것이다. 둘째가 FDII(foreign-derived intangible income). GILTI세에서 정상이윤 부분이 투시과세를 벗어나는 부분에 대한 대책이다.[186] 요는 재화나 용역을 미국 내에서 생산해서 해외로 수출하는 경우에도 실물 자본이나 사업에 딸린 정상이윤에 대한 세금을 깎아주어서, 생산기지 해외 이전을 줄이자는 것이다. 그 방법으로 '국외원천 무형자산 소득'이라는 엉뚱한 이름을 붙여서 수출로 버는 소득의 일부를 공제해 주기로 했다.[187] 국내 투자에 대한 세부담을 깎아주어 해외 투자에 맞추자는 것.

3. Pillar 1, 2

1) 동지에서 적으로

2015년의 '최종' 보고서로 BEPS 작업은 일단 마무리된 듯했지만 아니었다. BEPS는 애초 동상이몽(同床異夢)에서 시작했다. 1990년대 후반 디지털 경제가 시작되면서 십수 년 동안 미국 등 선진국은 다국적기업의 초과이윤을 주주나 모회사의 본국이 과세하는 것이 국제조세의 당연한 규범이라 우겼다.[188] 그러다가

185) BEAT 최저한세율은 2018년 5%, 2019년 이후 10%. 미국세법 제59A조. 소득을 받아가는 특수관계인 소재지국의 세율이 얼마든 관계없이 손금산입을 부인한다는 점에서 필라P 2와 차이가 있다.

186) 그밖에 GILTI 세제의 외국납부세액 공제율에 80%라는 상한이 있어서 한도 초과액이 생기는 부분도 해외 투자를 일으킨다. 제13장 제3절 Ⅲ.

187) 미국세법 제250조.

21세기에 들어와서 판이 바뀌기 시작했다. 미국이 압도적 디지털 선진국이 되면서 유럽 각국이나 일본 등이 오히려 전통적 후진국과 한편이 되어 새 판을 짜자고 나선 것이다. 최종 결과는? 2015년 BEPS 기획의 최종보고서까지는 미국이 이겼다. 최종보고서들 중에서도 바로 제1번에 나오는 공식적 결론은, 디지털 경제라고 해서 고유의 문제가 생기는 것은 없다는 것. 그저 기존 규범의 집행상 어려움이 생기는 정도뿐이라는 것.[189] 이렇게 되자 2018년 무렵부터 유럽 각국과 개발도상국들은 디지털 기업에 아무튼 세금(속칭 GAAF세, 우리나라에서는 흔히 '구글세')을 물리겠다고 나섰다. 우회이익세, 디지털 서비스세 등의 다른 이름을 붙였으니 소득에 관한 조세가 아니고 그러니 조약 위반이 아니라는 억지 주장을 내세우면서. 다시 미국이 그런 나라에서 수입하는 물품에 보복 관세를 물리겠다고 나서면서 세계적 긴장이 올라갔다. 제5장 제1절 Ⅰ.

이에 대한 타협책 논의가 이른바 BEPS 2.0이라는 연장전이다. BEPS 자체가 다자조약(2018. 7. 1. 발효)을 필요로 했던 만큼 OECD와 G20는 2016년부터 "Inclusive Framework"(IF, '포괄적 이행체계'라는 번역도 있다)라는 이름의 비공식 조직으로 세계 거의 모든 나라를 얽었다. 이 IF의 이름으로[190] BEPS 2.0 연장전을 시작했다. IF의 2018년 '중간 보고서'는, 디지털 경제에 고유한 문제란 없다던 2015년 BEPS "Action 1"의 최종 결론을 슬그머니 손보기 시작한다. 디지털 경제가 "여러 가지 한결 넓은 도전을 낳았다"는 것.[191] 그렇더라도 디지털 경제와 나머지 경제를 구분하면 안 된다는 종래의 결론이 일단 그대로 살아남았다. 다시 2019년 1월부터는 두 꼭지로 BEPS 2.0 논의를 본격화하면서 미국의 입장과 타협을 시작했다.

---

188) Chang Hee Lee, Impact of E-Commerce on Allocation of Tax Revenue Between Developed and Developing Countries, 18 Tax Notes International 2569 (1999). Richard Krever & Peter Mellor, History and Theory of Formulary Apportionment, in The Allocation of Multinational Business Income: Reassessing the Formulary Apportionment Option (Rick Krever & François Vaillancourt ed., 2020), 11쪽.

189) OECD, Addressing the Tax Challenges of the Digital Economy, Action 1 Final Report (2015), 241문단, 353문단, 368문단.

190) 제2장 제1절 Ⅱ.

191) OECD, Tax Challenges Arising From Digitalisation - Interim Report (2018), 257쪽.

2) '필라(Pillar) 1'

(1) 개 관

첫째 꼭지인 '필라 1'은 기존 조세조약의 고정사업장 원칙과 독립기업 원칙 두 가지를 다 손보아서 상품이나 용역의 수입국에 어느 정도 세수를 넘긴다는 것이다(제4장 제6절). 몇 년 간의 논의를 거쳐 2023년 7월에 나온 IF의 문서는[192] 필라 1에 관해 수입국이 "Amount A"와 "Amount B"를 과세할 수 있다고 한다.

(2) "Amount A"

그 후 2023년 10월에 공개된 'Amount A 이행을 위한 다자조약'(안)은 전체 7부, 53개 조문으로 구성되었는데,[193] 핵심은 매출액과 소득이 일정 기준을 넘는[194] 그룹이라면 고정사업장이 없어도 수입국이 기준초과 소득의 일정 부분을[195] 과세할 수 있다는 것이다. OECD는 이 조약안의 특징으로 다국적기업이 "Amount A" 과세 대상인지 여부의 판단 및 실제 적용과정에 구속력 있는 중재절차를 도입하여 '조세 확실성'(tax certainty)을 보장하고, 나아가 각 나라는 디지털 서비스세 등 여러 가지 일방적 조치를 일체 배제하는 것을 들고 있다.

아무튼 중요한 점으로 Amount A 과세대상인 대규모 다국적기업이란 디지털 기업만 아니라 소비재 기업도 포함하고 있다. 전자제품, 옷, 자동차, 이런 평범한 유체물(有體物) 소비재도 인터넷의 덕택으로 대량으로 팔 수 있다는 명분이지만 중간에 다른 도·소매업자가 끼어 있는 경우도 과세 대상이니 결국은 디지털 경제와는 무관하고 미국의 이익을 반영한 것일 뿐이다. 가령 우리나라가 구글을 과세하니 미국은 삼성전자를 과세하겠다는 것. 삼성전자가 미국의 인터넷 주문을 받아서 미국의 소비자에게 직접 판매하는 물량뿐만 아니라 유통 경로가 어떻든 미국에 파는 것은 다 과세하겠다는 것이다. 애초에 "Amount A"는 다자

---

192) OECD, Outcome Statement on the Two-Pillar Solution to Address the Tax Challenges Arising from the Digitalisation of the Economy, 2023. 7. 11.

193) 일반(제1부), 정의(제2부), 이익의 배분과 과세(제3부), 이중과세 제거(제4부), 행정과 확실성(제5부), 당사국들의 특정 조치에 대한 취급(제6부), 최종 규정(제7부)이다. 조문의 복잡성으로 볼 때 혹시 다자조약이 합의되더라도 실제 적용을 위한 국내 입법은 상당히 어려운 작업이 될 것이다.

194) 매출액 기준은 200억 유로, 소득 기준은 매출액의 10%. OECD, 다자협약안(2023. 10월), 제3조 제1항.

195) (연결소득 - 매출액의 10%)의 1/4로 이를 '적용대상 초과이익'(Amount A Profit)이라 한다. 다자협약안 제2조 제4항. 이 금액은 국별 매출액이 100만 유로(nexus)를 넘는 각 수입국에 매출액 기준으로 안분한다.

조약으로 합의하여 2025년부터 이를 적용하려는 목표를 갖고 있었지만, 현 시점에서 보면 아직 다자조약도 체결되지 않았고[196] 현실적으로 트럼프 2기 행정부에서 미국이[197] 이를 비준하지도 않을 것으로 예상됨에 따라[198] 오히려 여러 나라의 디지털 서비스세가 부활할 조짐이 보인다.[199]

(3) "Amount B"

한편 필라 1 기획 중에서도 "Amount B"는 조세행정의 역량이 부족한 개발도상국을 대상으로 기본적인 유통 활동에 대해 복잡한 이전가격 세제를 단순화하여 표준화된 고정된 이익률을 적용하는 방안이다.[200] "Amount B"의 1단계는 2025년 1월 1일 이후 과세연도부터 국가 별로 도입을 선택하도록 하였고,[201] 그 내용은 OECD 이전가격지침 제4장(이전가격 분쟁 예방 및 해결을 위한 행정적 접근방법)의 부록으로 반영되어 있다. "Amount B"의 적용 대상은 유형(有形) 상품의 도매업자로 사업 관련 위험을 제한적으로 부담하는 재판매업자이다.[202] 정상가격 산정은 기업이 유통하는 상품 분류와 기업의 영업 형태(매출 대비 자산・비용의 비율)에 따라 만들어진 '표준가격 산정표'(pricing matrix)를 통해 기준이익률(영업이익/매출)을 식별하는 방식이다. 그러나 이를 어느 한 국가가 도입하더라도 상호합의 상대방 국가가 이를 채택하지 않은 경우는 기존 이전가격지침에 따르게 된다.

---

196) 일반론으로, 다자조약은 먼저 이를 논의하는 외교회의에서 최종 문안이 채택되고, 다음에 각 당사국들이 국내 절차를 거쳐 서명한 후, 일정 수 이상의 국가가 이를 비준하여 발효된다.

197) 필라 1 다자조약에서 미국의 비중은 절대적이다. 조약 발효를 위해 "Amount A" 적용 대상인 다국적기업의 모회사 소재국에 대한 배점(총 1000점) 중 600점에 해당하는 국가와 30개국의 비준이 있어야 발효되는데(다자조약안 제48조), 미국이 486점을 차지한다. OECD 다자조약안 Annex Ⅰ.

198) Tax notes, "Trump Win Casts Shadow Over OECD Global Tax Reforms", 2024. 11. 12.

199) 대표적으로 캐나다(2024. 6월 발효), 뉴질랜드(2025. 1월 발효), 이탈리아(2024. 12월 발효) 등이 있다. 인도는 이미 2016년부터 일정한 온라인 광고 서비스를 비롯한 디지털 거래에 '균등세'(Equalisation Levy)라는 명목으로 원천징수를 하고 있다.

200) OECD, Pillar One – Amount B, 2024, 3쪽. 이에 대한 논의로, 노미리. "Pillar 1 Amount B에 관한 비판적인 고찰", 「조세학술논집」 40(2), 2024, 67~103쪽.

201) 2단계는 "Amount A" 발효 시 전 국가에 의무적으로 적용될 예정이다.

202) i) 독특하고 가치있는 기여를 하는 경우, ii) 원자재, 디지털재화 유통 및 서비스업, iii) 소매 매출이 전체 매출의 20%를 초과하는 경우는 적용에서 제외된다.

3) '필라(Pillar) 2'

(1) 합의 배경

'필라 2'는 피지배외국법인의 적극적 사업소득 중 초과이윤 부분을 주주 내지 모법인 소재지국에서 과세하자는 생각이다. 그동안 다국적기업들이 조세피난처에[203] 소득을 유보해서 투자자 본국의 세금을 피해온 것에 대한 대책으로 실효 법인세율의 하한선(15%)을 도입하도록 간접 강제하겠다는 것이다. 미국은 그간 자신들의 GILTI와 비슷한 꼴로 간다면 필라 2는 대환영이라고 밝혔다. 애초 필라 2 그 자체가 GILTI에서 시작했으니까. 문제는 필라 1이었다. 애당초 디지털 경제를 겨냥한 기획이지만 그 적용범위에 소비재를 끼워 넣는 것만으로 만족하지 못한 1기 트럼프 행정부는 2020년 중반부터 논의 자체를 거부했다. 종래대로 초과이윤은 미국이 차지해야 맞는데, 고정사업장도 없이 과세한다거나 독립기업 원칙이 아닌 다른 방식으로 과세소득을 정한다거나, 이런 변화를 받아들이느니 차라리 판을 깨겠다는 것이다. 미국의 무역보복 위협을 무릅쓰고 GAAF세를 강행할 나라는 없으리라는, 역시 트럼프다운 강공책. 아무튼 이 와중에 OECD는 IF의 이름으로 2020년 10월에 필라 1, 2 "Blueprint" 보고서를[204] 내놓았다.

2021년 1월 들어선 바이든 행정부는 선거공약이었던 사회간접자본 확충에 들 돈을 마련하겠다는 생각으로 법인세를 28% 수준으로 올리고 거기에 맞추어 GILTI세도 올리겠다는 안을 낸다. 그러면서 필라 1, 2 논의를 재개한다. 필라 2가 시행된다면 필라 1을 받아들이겠다는 것이다. 디지털 서비스 세로 판이 통째 깨어지는 것보다는 타협이 서로에게 낫다는[205] 생각이었으리라. 결국 2021년 10월 8일 OECD/G20 합의에[206] 뒤이어 다른 나라들의 대거 참여로 2021년 10월 전반적인 뼈대에 130개국 이상이 합의했다.[207] 그에 따라 2021년 12월에는 매출액이 7.5억 유로 이상인 다국적기업에 적용할 최저한 법인세율을 15%로 정한

203) 대표적으로, 아일랜드의 법인세율은 12.5%이다.

204) OECD, Tax Challenges Arising from Digitalisation – Report on Pillar One Blueprint; Tax Challenges Arising from Digitalisation – Report on Pillar Two Blueprint.

205) OECD, Tax Challenges Arising from Digitalisation – Economic Impact Assessment (2020).

206) OECD/G20, Statement on a Two-Pillar Solution to Address the Tax Challenges Arising From the Digitilisation of the Economy(2021. 10. 8) (이하 "OECD/G20 선언").

207) OECD/G20, Tax Challenges Arising from the Digitalisation of the Economy – Global Anti-Base Erosion Model Rules (Pillar Two) (2021. 12. 20). 이 보고서(이하 Pillar 2 모델법안)는 2021. 12. 14. IF의 승인을 받았다고 하면서도 스스로를 OECD의 2021 문서로 인용하라고 한다.

필라 2 모델 법안과 유럽연합의 필라 2 시행 지침(directive) 안이 나왔고, 유럽이사회는 1년 후인 2022년 12월 '필라 2 지침'에 합의하였다.[208)]

2024년 12월 현재 EU 지침에 따라 EU 회원국들의 필라 2 국내 입법이 거의 완료된 상태이고, 우리나라, 일본을 포함한 OECD 회원국들, 그밖에도 조세피난처인 싱가포르, 버뮤다, 바베이도스, 스위스 등도 자국 사정에 맞게 필라 2 제도를 도입하고 있다. 우리나라는 필라 2 모델 법안과 2022년 3월에 나온 주석(Commentary)에 맞추어 2022년 말 개정 국조법에 제5장(글로벌최저한세)을 신설했다.[209)] 글로벌최저한세의 적용 대상은 직전 4개 회계연도 중 2개 연도 이상의 연결재무제표상 매출액이 7.5억 유로 이상인 다국적기업 그룹으로,[210)] 대체로 국조법 제16조에 따른 '국가별 보고서' 제출의무자가 이에 해당한다. 최저한세 과세는 이른바 '소득산입규칙'과 '소득산입보완규칙'으로 구성된다.[211)]

(2) 소득산입규칙

소득산입규칙(Income Inclusion Rule, IIR)은 실효세율이 15% 미만인 경과세국 소재 피지배외국법인에 대한 모(母) 법인 거주지국의 보충적 과세권을 정하고 있다. 우리 국조법의 용례로는 '저율과세구성기업'에 대한 '추가세액 배분액'을 우리 모기업의 소유 지분만큼 우리나라가 과세한다.[212)] 저율 과세국의 세율이 가령 0%라면 우리나라가 차액 부분 15%를, 10%라면 5%를 '추가로'(top-up) 과세할 수 있다는 것이다. 저세율 국가에 유보된 자회사 소득을 배당한 것으로 간주하는 피지배외국법인 세제의 적용범위를 확대한 셈이다. 모기업에 대한 과세권 배분 순위는 '최종모기업', '차상위 중간모기업' 등의 순으로 하고, 다만 '부분소유 모기업'(Partially-Owned Parent Entity, POPE)[213)]에 대해서는 예외적으로 최우선권을 부여한다.[214)]

---

208) Council Directive (EU) 2022/2523 of 14 December 2022 on ensuring a global minimum level of taxation for multinational enterprise groups and large-scale domestic groups in the Union

209) 제5장은 제1절(통칙), 제2절(추가세액의 계산), 제3절(추가세액의 과세), 제4절(특례), 제5절(신고 및 납부)로 구성된다.

210) 국조법 제62조 제1항. 정부기관, 국제기구, 비영리기구, 연금펀드 등 일정한 단체는 적용대상에서 제외한다. 같은 조 제2항.

211) 소득산입규칙은 2024. 1. 1.부터, 소득산입보완규칙은 2025. 1. 1.부터 시행한다.

212) 국조법 제72조.

213) 같은 다국적기업그룹에 속하지 않는 제3자가 20%를 초과하는 지분을 소유한 중간모기업. 국조법 제61조 제1항 제8호.

214) 필라 2 모델법안 2.1.4.조. 국조법 제72조 제5항. 이후 최종모회사의 과세금액 계산시에는 부

가령 필라 2의 적용 대상인 다국적기업 그룹의 최종모회사는 네덜란드법인이고, 그 네덜란드법인이 우리나라 내국법인 갑(중간지주회사)의 지분 100%를 보유하며, 갑은 저율과세국 자회사 B의 지분 100%를 보유한다고 하자. 저율과세국의 실효세율이 10%이고 B의 '글로벌최저한세 소득'이 100이라면 추가세액으로 물릴 금액은 (15%−10%)×100=5. 네덜란드는 필라 2를 국내법으로 도입하였으므로(소득산입규칙은 2023년 12월 31일부터 발효), 이 경우 5라는 세수는 우리나라가 아니라 최종모기업 소재지국인 네덜란드가 걷는다. 그런데 위 보기에서 갑이 저율과세국 자회사 B의 지분을 60% 보유하고, 나머지 40%는 이 기업 그룹에 속하지 않는 제3국 법인이 보유하고 있다고 하자(즉 이때 갑은 '부분소유 모기업'이다). 그렇다면 B의 추가세액 5 가운데 갑의 지분 60/100에 해당하는 3을 부분소유모기업인 갑이 우리 국세청에 내야 한다.[215] 그리고 갑이 부분소유모기업으로서 납부한 글로벌최저한세 상당 금액은 해당 그룹의 최종모기업인 네덜란드법인의 글로벌최저한세 계산시 차감한다.[216] 소득산입규칙은 기본적으로 최종모기업 소재지국에 과세권을 주지만, 그 하위 단계의 법인에 제3자 지분이 들어와 있는 경우에는 이처럼 예외가 인정된다. 따라서 과세권의 배분을 둘러싼 논리가 단순하지만은 않은 셈이다.

가정을 바꾸어 위 보기에서 최종모기업 소재지국이 필라 2에 가입하지 않은 어떤 나라(예를 들어 미국)라고, 곧 갑이 미국 기업의 한국 자회사라고 하자. 이때에도 최종모기업 소재지국부터 소득산입규칙의 적용 여부를 검토하지만 미국에는 추가세액을 과세할 소득산입규칙이 없으므로, 그 다음 순서의 중간모기업 소재지국인 우리나라가 3이라는 조세수입을 얻는다(제3자 보유의 40% 지분 상당액 2는 추가세액의 과세범위에서 빠지는 것에 유의하라).

(3) 소득산입보완규칙

마지막으로, 위 사례에서 만약 최종모기업(미국 기업)이 갑과 별도로 완전자회사 C를 미국이 아닌 다른 필라 2 비가입국에 두고 있는데, C 소재지국의 실효세율이 10%이며 C의 과세소득이 100이라고 하자. 이 경우에도 C에 관하여 추가세액으로 물릴 금액은 (15%−10%)×100=5. 이 경우 5라는 세금은, 소득산입규

분소유모기업이 납부한 세금 상당액을 차감한다. 국조법 제72조 제8항.

215) 국조법 제72조 제5항.

216) 국조법 제72조 제8항. 네덜란드 최종모기업에 배분되는 3에서 갑이 낸 3을 차감하여 결국 0이 된다.

칙(IIR)만으로는 최종모기업 소재지국인 미국에서도, C 소재지국에서도 과세할 수 없다. 이때 바로 소득산입보완규칙(UTPR)이 등장한다. 즉 같은 다국적기업그룹 소속 '구성기업'의 소재지국 중 소득산입보완규칙을 도입한 나라가 있다면, 그 나라가 이 규칙의 적용 하에 과세권을 갖는다. 위 사안에서는 C와 같은 다국적기업그룹에 속한 (자매회사) 갑 법인의 소재지국인 우리나라가 소득산입보완규칙에 따라 C에 관한 세수 5를 걷는다.[217] 결국 추가세액이 발생함에도 불구하고 소득산입규칙으로 이를 실제 징수할 수 없을 때 소득산입보완규칙이 '보완 장치'(backstop)로 기능하는 것이다. 만약 같은 다국적기업 그룹 소속의 '구성기업'이 소재하면서 소득산입보완규칙을 도입한 국가가 2개 이상 있다면 각 국가의 종업원 수와 유형자산을 5 : 5 비중으로 평균한 비율에 따라 과세권을 배분한다.[218]

(4) 저세율 국가의 대응책

저세율 국가 입장에서는 자국에 소재한 자회사들이 이와 같이 상위 단계 모회사 소재지 국가들의 추가 과세대상이 되지 않도록 스스로 '적격 소재국 추가세'(QDMTT)를[219] 도입할 수 있다. 낮은 세율을 적용해도 깎아준 세금이 소득산입규칙이든 소득산입보완규칙이든 결국 다른 나라의 국고로 들어간다면 아무런 의미가 없으니, 스스로 추가세액을 과세하게끔 유도한다는 뜻이다. 결국 적용 순위를 보면, 적격소재국추가세 → 소득산입규칙 → 소득산입보완규칙의 순서로 된다. 이와 같이 각 나라가 추가세액의 세수를 두고 정해진 순서에 따라 달려들게끔 고안한 것이 '필라 2'의 나름 절묘한 설계이다. 우리나라가 재빨리 '필라 2' 입법을 완료한 이유 역시 거기에 있다고 보아야 할 듯.

(5) '글로벌최저한세 소득'과 실효세율의 계산

최저한세 적용 여부를 결정하기 위한 다국적기업 구성기업들의 국가별 실효세율은 어떻게 계산하는가? 주목할 점은 과세소득의 금액을 기본적으로는 국제회계기준에 맡기고 있다는 점이다. 나라마다 세법은 워낙 다르니 통일적인 규범이 국제회계기준뿐이라는 생각이다. 국가별 구성기업의 글로벌최저한세 소득은 각 사업연도 당기순이익에 일정한 조정 항목을[220] 반영하여 구한다. 한편 국

217) 국조법 제73조 제1항.

218) 국조법 제73조 제4항.

219) Qualified Domestic Minimum Top-up Tax. 국조법 제70조, 같은 법 시행령 제120조. 스위스, 싱가포르, 바베이도스, 버뮤다 등 상당수의 조세피난처 국가들이 이를 도입하고 있다. 우리나라 법에는 없다.

가별 구성기업의 실효세율은 해당 사업연도에 소재지국에 납부한 세금(조정대상조세의 합계)을[221] (글로벌최저한세 소득 합계액－결손금 합계액)으로 나눈 금액이다.

(6) 초과이윤의 과세

실효세율이 15%보다 낮다고 해서 바로 추가세액 납부의무가 생기지는 않는다. 앞서 언급한대로 애초 필라 2는 도널드 트럼프 집권 1기의 세제 개편으로 들어온 GILTI의 변형이다. 해외 현지법인 소득 가운데 초과이윤 부분은 자본수출국의 특허 등 무형자산 덕택이라고 보고, 그런 초과이윤을 자본수출국이 바로 과세하자는 생각이다. 따라서 구성기업 소재지국 추가세액의 계산은 최저한세율 미달세율[(15%－국가별 실효세율)×(순글로벌최저한세소득－실질기반제외소득[222])]을 구하고, 여기에 일정한 조정을 한다.[223] '실질 기반 제외 소득'이란 투자된 자본이나 인력 등을 따져보았을 때 걸맞는 정상이윤이라는 개념이다.

필라 2의 협상 과정으로 다시 돌아가 보면 소득산입규칙 과세표준이라 할 "adjusted GloBE(Global Anti-Base Erosion)" 소득이란 BEPS 2.0의 시작 단계에서는 GILTI의 어순을 약간 손본 "Global Low Taxed Intangible Income"이라고 부르면서 애매한 뜻으로 썼다. 필라 2 모델 법안에 와서는 소득에서 유형자산에 딸린 정상적 소득(유형자산 가액의 5%)과 인건비의 5%, 이 두 가지를 뺀 금액으로 정의한다.[224] 피지배외국법인 세제로 이미 세금을 물린 부분은 이중과세하지 않는다.[225]

(7) 사례를 이용한 설명

이상의 논의 내용을 토대로 하나의 다국적기업을 상정하고 이에 대한 여러 가지 사례를 들어 필라 2를 적용해 보자.

---

220) 순조세비용 가산, 배당소득 차감, 뇌물 등 정책적 부인비용의 가산 등. 국조법 제66조 제1항.

221) 구성기업의 당기 법인세비용으로 계상된 금액에 총이연법인세조정금액 등 일정한 조정을 거친다. 국조법 제67조 제1항.

222) 실질기반제외소득은 국가 내 구성기업의 인건비 및 유형자산 순장부가액의 일정 금액으로 한다. 국조법 제70조 제3항.

223) 국조법 제70조. 해당 다국적기업그룹의 구성기업이 소재한 국가의 당기추가세액가산액을 더하고, 해당 다국적기업그룹의 구성기업이 소재한 국가의 적격소재국추가세액을 뺀다.

224) Pillar 2 모델 법안 제5.3조. 경과규정으로 최초에는 급여액의 10%, 유형자산의 8% 공제에서 시작해서 10년 동안 공제율을 차차 낮추겠다고 한다. 모델법안 9.2조.

225) 같은 보고서, 145문단.

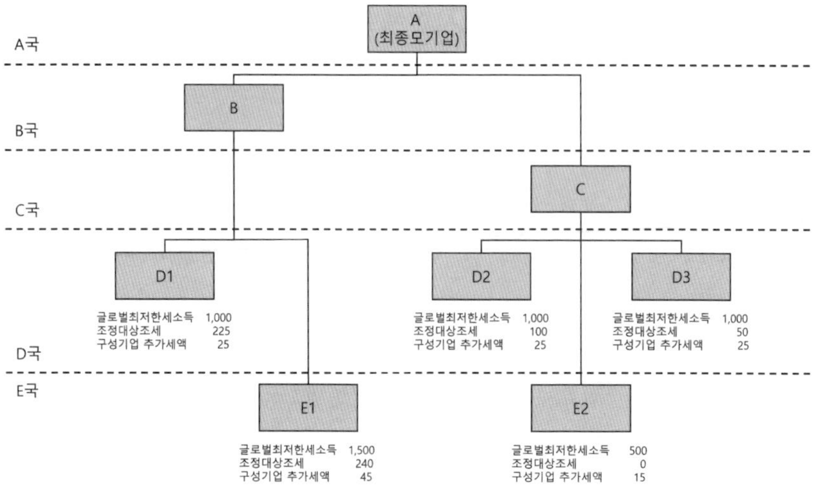

위 그림은 A를 최종모기업으로 하는 가상의 다국적기업 그룹의 구조도이다. 별도의 가정이 없는 한 실선으로 연결된 회사들은, 위의 회사가 아래의 회사 지분의 100%를 보유한다고 하자. 위 그림에 등장하는 나라들 중 D국과 E국만이 '필라 2' 제도 하에서 저율과세 국가라고 가정한다.

각 사업연도 다국적기업 그룹의 실효세율은 국가 별로 계산하고, 이에 따라 D국의 국가 별 실효세율은 12.5%(=375/3,000)이다.[226] D국의 '추가세액비율'은 최저한세율(15%)에서 실효세율(12.5%)을 뺀 2.5%이고,[227] 따라서 D국의 추가세액은 75(=2.5%×3,000)이다.[228] 이 추가세액 75는 D국에 소재한 각 구성기업의 글로벌최저한세소득에 비례하여 안분되므로,[229] D1 · D2 · D3에 각 25씩 배분된다. 한편 E국의 국가별 실효세율은 12%(=240/2000)이다.[230] 그러므로 E국의 추가세액비율은 3%(=15%-12%)이고,[231] E국의 추가세액은 60(=3%×2,000)이다.[232] 이 추가세액 60 중에서 45는 E1에, 15는 E2에 각각 배분된다.[233] 이제 추가세액이 계산되었으니 다음으로는 어떤 과세방법으로 어떤 나라가 과세할지를 정해야

226) 국조법 제69조 제1항, 제2항. D국에 있는 D1, D2, D3의 소득과 세금을 통산해야 한다.
227) 국조법 제70조 제2항.
228) 국조법 제70조 제1항.
229) 국조법 제71조.
230) 국조법 제69조 제2항.
231) 국조법 제70조 제2항
232) 국조법 제70조 제1항.
233) 국조법 제71조.

한다. 국가별 '필라 2' 도입 여부에 따라 구체적 사례를 들어 보자.

(사례 1) A국 · B국 · C국이 국조법과 같은 소득산입규칙을 도입했고, D국과 E국은 필라 2를 전혀 도입하지 않았거나, 도입했더라도 적격소재국추가세는 도입하지 않았다고 하자. 앞서 보았듯이 소득산입규칙은 원칙적으로 최종모기업부터 적용 여부를 따져본다.[234] 이 사례에서는 소득산입규칙에 의해 최종모기업 A가 D국과 E국 소재 구성기업들의 추가세액 합계 135를 A국에 납부할 의무를 부담한다.[235] 모두가 '필라 2'를 도입했다 하더라도, 중간지주회사들이 소재한 B국이나 C국이 아니라 최종모기업의 소재지국인 A국이 조세수입을 올리게 됨을 눈여겨 보라.

(사례 2) 이번에는 B국이 국조법과 같은 소득산입규칙을 도입했고, D국은 적격소재국추가세를 도입했으며, 나머지 나라들은 필라 2를 도입하지 않았다고 하자. 앞서 말했듯이 글로벌최저한세의 과세규칙은 적격소재국추가세 → 소득산입규칙 → 소득산입보완규칙의 순서로 적용된다. 따라서 D국에서 먼저 D1 · D2 · D3에 대해 산정된 추가세액 75에 대해 적격소재국추가세 과세권을 행사한다. 그렇다면 B국 입장에서는 D국의 추가세액이 0이 되므로,[236] D1에 대해서는 소득산입규칙에 따른 과세권을 행사할 수 없게 된다. 다만 이 사례에서는 A국이 필라 2를 도입하지 않아 A가 소득산입규칙을 적용받지 않으므로, 중간모기업 B가 E1의 추가세액 45에 대해서는 소득산입규칙에 따른 납세의무를 B국에 부담한다.[237] E2의 추가세액 15는 어떻게 되는가? 과세되지 않는다. E2의 모기업인 A나 C의 소재지국이 소득산입규칙을 도입하지 않았고, 같은 다국적기업그룹 내의 어떤 구성기업의 소재지국도 소득산입보완규칙을 도입하지 않았기 때문이다.

(사례 3) 위 사례 2의 사실관계에 추가하여 B국이 국조법과 같은 소득산입보완규칙도 도입했다고 하자. 이렇게 바뀐 가정을 적용해도 B국 입장에서 D국의

234) 국조법 제72조 제3항, 제4항.
235) 국조법 제72조 제3항.
236) 국조법 제70조 제1항, 제5항.
237) 국조법 제72조 제4항.

추가세액은 0이 되고,[238] B가 E1의 추가세액 45에 대해 소득산입규칙에 따른 납세의무를 부담한다.[239] E2의 추가세액 15는 어떻게 되는가? 이는 어느 나라에서도 소득산입규칙이 적용되지 아니하는 금액으로서 이번에는 B국의 소득산입보완규칙의 적용을 받고,[240] 이에 따라 B가 E2의 15에 대해서도 소득산입보완규칙에 따른 납부의무를 B국에 부담한다.[241] B국이 발빠르게 '필라 2'의 소득산입규칙과 소득산입보완규칙을 모두 도입한 데에서 나온 결과이다.

(사례 4) 사안을 조금만 더 복잡하게 해보자. A국과 B국이 국조법과 같은 소득산입규칙을 도입했고, C국은 '필라 2'를 전혀 도입하지 않았으며, D국은 적격소재국추가세를 도입했다고 하자. 그리고 B의 지분 중 75%만 A가 보유하고, 나머지 25%는 해당 다국적기업 그룹에 속하지 않는 제3자가 보유한다고 가정한다.

그룹에 속하지 않는 제3자가 20%를 초과하는 지분을 보유하는 중간모기업인 B는 부분소유모기업(POPE)에 해당한다.[242] 저율과세구성기업과 최종모기업 사이에 부분소유모기업이 있으면, 소득산입규칙을 적용할 때 부분소유모기업이 그 아래에 있는 저율과세구성기업의 추가세액을 그 소재지국에 납부하여야 하고,[243] 최종모기업의 납부세액 계산시에는 부분소유모기업이 납부한 추가세액을 차감한다.[244] 그런데 앞서 사례 2에서 본 것처럼, B국 입장에서는 적격소재국추가세를 도입한 D국의 추가세액은 0이 되고,[245] D1에 대해서는 소득산입규칙에 따른 과세권을 행사할 수 없게 된다. 그러므로 B는 소득산입규칙에 의해 E1의 추가세액 45를 납부할 의무를 부담한다.[246] A는 E1의 추가세액 45에 대해 소득산입규칙에 따른 납부의무를 부담하지 않는다.[247] E2의 추가세액 15는 어떻게 될까? E2부터 A까지 사이에 부분소유모기업이 존재하지 않으므로, 다시 원칙으

238) 국조법 제70조 제1항, 제5항.
239) 국조법 제72조 제4항.
240) 국조법 제73조 제1항.
241) 국조법 제73조 제7항.
242) 국조법 제61조 제1항 제8호.
243) 국조법 제72조 제5항
244) 국조법 제72조 제8항. 앞의 (2)에서 살펴본 내용이다.
245) 국조법 제70조 제1항, 제5항.
246) 국조법 제72조 제5항.
247) 국조법 제72조 제8항. 이중과세 방지를 위한 조치가 이루어지는 셈이다.

로 돌아가 최종모기업 A가 소득산입규칙에 따라 이를 납부한다. 즉 소득산입규칙은 최종모기업 소재지국에게 과세권을 일반적으로 주지만, 다만 중간에 제3자 보유 지분이 있는 부분소유모기업이 있으면 부분소유모기업 소재지국에서 그에 앞서 과세할 수 있게 된다고 정리할 수 있다.

A국 입장에서 구체적인 계산 과정은 다음과 같다. (i) 적격소재국추가세를 도입한 D국의 추가세액은 0이 되므로[248] D1 · D2 · D3에 대해서는 소득산입규칙에 따른 과세권을 행사할 수 없다. (ii) E1의 추가세액 중 33.75(=45×75%)[249]와 E2의 추가세액 15, 합계 48.75는 일단 최종모기업의 소재지국인 A에 배분된다.[250] 그러나 이 48.75 중 33.75에 대해서는 B국이 우선하여 자국 소재 부분소유모기업 B에 납세의무를 지운다.[251] 그러므로 이중과세 방지를 위해 A의 추가세액배분액을 계산할 때는 이 33.75를 차감하고,[252] 최종적으로 A가 소득산입규칙에 따라 납부하는 추가세액에는 15(=48.75-33.75)만이 남게 된다.

(8) 그 밖의 내용

글로벌 최저한세는 애초 합의문에서는 반드시 지워야 할 의무는 아니었다.[253] 그러다가 '블루프린트' 보고서와 모델법안에 와서는 이를 물릴 의무가 있는 것으로 시나브로 바뀌었다.[254] 이 점에서 BEPS "Action 3"와 본질적으로 다르다. BEPS "Action 3"의 권고만으로는 다른 자본수출국들이 피지배외국법인의 소득을 투시해서 배당간주 과세할 의무가 생기지는 않는다. 피지배외국법인 소재지국 기업이 낮은 세율로 세금을 내니 미국 기업의 현지 자회사가 경쟁에 밀린다는 염려도 그대로 남는다. 이 때문에 필라 2로 피지배외국법인 소재지국과 그밖의 자본수출국들 모두에게 미국과 같은 세율로 세금을 물릴 의무를 지우자는 것이다.

같은 맥락에서 필라 2는 이른바 '원천지국 과세규칙'(subject to tax rule, 이하 'STTR')으로 연결회사(connected company)[255] 간 지급된 사용료나 이자 등 일정한

248) 국조법 제70조 제1항, 제5항.

249) 국조법 제72조 제2항, 동법 시행령 제122조 제1항.

250) 국조법 제72조 제3항.

251) 국조법 제72조 제5항.

252) 국조법 제72조 제8항.

253) OECD/G20 선언.

254) Pillar 2 모델법안 제2.1.1조. 이미 그 전의 OECD/G20, Tax Challenges Arising from Digitalisation - Report on Pilar Two Blueprint, 19문단.

종류의 소득에 관하여 수취국에서 9% 미만의 명목세율로 과세되는 경우 이를 '지급하는 법인'의 소재지국이 추가세액을 징수할 수 있다고 정하고 있다.[256] 가령 원천지국(S)에서 2.5% 원천징수된 사용료가 거주지국(R)에서 4%(총액 기준)로 과세된다면, (9-4-2.5)=2.5%만큼 S국에서 추가과세되는 것이다. STTR은 조약에 의해 도입되고 연결매출액이 7.5억 유로 이상일 것을 요구하지도 않는다는 점에서, 각국의 국내법에 의해 도입되고 연결매출액이 7.5억유로 이상일 것을 요건으로 하는 IIR, UTPR, QDMTT와 구분된다.[257] STTR은 기존 양자 조세조약의 개정, 또는 다자조약(STTR MLI)[258] 가입을 통해 도입될 수 있다.[259] STTR이 도입된 경우의 적용순서는 '필라 2' 과세규칙 중 가장 먼저이다(STTR → QDMTT → IIR → UTPR).[260] 즉 STTR에 따라 추가로 부담하는 세액은, QDMTT에 따른 세액처럼 추가세액을 줄이는 효과가 있다.

한편 STTR은 모자회사 간 어느 쪽에서 어느 쪽으로 돈이 흐르는가 묻지 않는다. '블루프린트' 보고서는 '원천지국'의 세수 확보 방안이라고 적고 있지만 여기에서 원천지국이란 자본수입국이나 후진국이라기보다는 자본수출국이다. 후진국이 세금을 안 매기는 조세피난처와 조약을 맺으면서 조세피난처 모법인이 받아가는 소득에 원천징수세를 면제하는 경우란 생각하기 어렵다. 네덜란드나 아일랜드 같은 경유지국과 조약을 맺을 수는 있지만 경유지국에서 비용공제를 허용한 결과 순소득이 영(0)이더라도 지급지국의 추가 과세는 불가능하다.[261] 전형적인 자본수입국이나 후진국이 추가 과세로 세금을 걷지 못한다는 말이다.

---

255) 여기서는 일방이 타방에 대해 지배력(control)을 갖거나, 쌍방 모두가 같은 자(들)에 의해 지배될 때, 서로 '연결'(connected)되었다고 본다. 50% 이상 지분을 보유하면 지배력이 있는 것으로 본다. OECD, Tax Challenges Arising from the Digitalisation of the Economy - Subject to Tax Rule (Pillar Two), 2023. 7. 17.(이하 'STTR 모델조약안') 제10항.

256) OECD/G20, Outcome Statement on the Two-Pillar Solution to Address the Tax Challenges Arising from the Digitalisation of the Economy, 2023. 7 11. 3쪽. 이에 따라 OECD는 STTR 모델조약안을 제시하여 개발도상국이 원하는 경우 조약에 이를 반영하는 법적 장치를 마련하였다.

257) '필라 2' 기획의 용례로, IIR · UTPR · QDMTT를 묶어서 '글로벌최저한세 규칙'(GloBE Rules)라고 하는데, STTR은 글로벌최저한세 규칙에 속하지 않는다.

258) OECD/G20 IF는 2023. 9. 'STTR 다자조약(MLI)'를 공개했고, 2024. 9. 19. 9개국(바베이도스, 벨리즈, 베냉, 카보베르데, 콩고 민주 공화국, 인도네시아, 루마니아, 산마리노, 튀르키예)이 서명했다. (https://www.oecd.org/en/about/news/press-releases/2024/09/new-treaty-advances-pillar-two-global-minimum-tax-subject-to-tax-rule-designed-to-protect-tax-bases-in-developing-countries.html)

259) STTR 모델조약안 5문단.

260) STTR 모델조약안 44문단.

261) Blueprint 642문단.

STTR이란 실상은 BEAT의 연장선.[262] 근본적으로는 미국 등 자본수출국이 자본 유출을 억제하겠다는 생각이다. 모회사가 피지배외국법인으로 사용료 등의 형식으로 빼돌리는 소득을 IIR로 과세하더라도 모회사가 사용료 손금산입으로 줄이는 세액이 더 크다면 자본 유출을 못 막는다. 그러니 모회사가 지급하는 사용료를 손금불산입해서 자본유출을 막겠다는 것. BEAT와 다른 점은, BEAT 손금불산입은 받는 쪽에서 세금을 물리는가 안 물리는가를 묻지 않지만 STTR은 받는 쪽에서 일정한 비율[263] 이상으로 세금을 물린다면 지급하는 쪽에서는 추가 과세하지 않는다.

(9) '필라 2' 평가

다시 소득산입규칙으로 돌아가자면, 최종모기업 소재지국이 세금을 물리는 이상 중간지주회사 소재지국은 세금을 걷을 수 없다는 것이 중요하다. 필라 2를 다자조약으로 규율하지 않는 이상 중간지주회사에서 세금을 걷을지 말지는 그 소재지국이 국내법으로 정할 문제이다. GILTI세처럼 자국법으로 정하면 되고 기존의 조세조약이 이를 막지는 못한다.[264] 그리고 이런 식으로 중간지주회사에서 걷는 세금은 그 상위의 모기업에서 간접외국세액으로 공제받게 마련이다. 그런데 '필라 2' 모델법안은 이를 뒤집어서 최종모기업이 과세하는 이상 중간지주회사 소재지국은 세금을 걷을 수 없다고 정하고 있다.[265] 혹시라도 최종모기업 소재지국께서 세금을 안 물린다는 자비를 베푸신다면 그런 세액 상당액을 중간지주회사 소재지국(들)이 나누어 걷을 수 있겠지만….[266]

한편 필라 2는 적격소재국추가세(QDMTT)가 소득산입규칙(IIR)이나 소득산입보완규칙(UTPR)에 우선하여 적용되도록 정하고 있으므로,[267] 앞서 본대로 조세피난처를 포함한 저세율국가 입장에서는 자국에 소재한 자회사들이 이와 같이 상위 단계 모회사 소재지 국가들의 추가 과세대상이 되지 않도록 하는 범위

262) S. Gadzo & S. Jozipovic, International Corporate Tax Regime Post-BEPS, 48 Intertax 443(2020).

263) OECD STTR 모델조약안은 9%로 정하고 있다.

264) 배당간주 투시과세란 결국 투시대상인 피지배외국법인을 과세하는 것과 마찬가지니 고정사업장이 있어야 과세할 수 있다는 조세조약에 어긋난다는 시비가 있지만 피지배외국법인 세제는 애초 이 시비를 그냥 무시하고 입법했다.

265) '필라 2' 모델법안 제2.5.2조. 다만 '부분소유모기업'이 있는 경우는 예외이고 이 때문에 '필라 2' 기획은 더욱 복잡한 성격을 띤다.

266) 모델법안 제2.4조. 세수를 나누는 기준은 종업원 수와 유형자산의 가액을 5 : 5 비중으로 가중평균한다. 같은 법안 제2.6조.

267) 필라 2 모델법안 제10조 주석 118.31문단

에서 저율과세를 포기할 수도 있다. 이런 식으로 도입되어 세수가 다른 나라로 이전되는 일을 방지하는 세금이 곧 '적격소재국추가세'(QDMTT)이다. 그러나 이러한 적격소재국추가세(QDMTT)가 '필라 2'를 도입한 나라에 최종모기업이 있는 다국적기업 그룹의 구성기업에만 적용된다면 기존 조세조약의 차별금지 조항에 어긋날 수 있고, 나아가 적어도 미국은 이를 차별적 세금이라며 이른바 "soak-up tax"라고 보아 외국납부세액 공제를 부인할[268] 가능성이 여전히 있다.

그 밖에 '필라 2'에 대해서는, 각 자본수출국이 국내법으로 피지배외국법인 세제를 강화하면 충분하다는 비판과 소득산입규칙으로 세금을 더 얹더라도 어차피 국내 투자의 세율보다 낮으니 자본수출중립성을 확보하지 못한다는 비판이 있다.[269] 그러나 적어도 미국의 입장에서는 가당치 않은 비판이다. 이미 보았듯 애초 GILTI는 자본수출중립성을 노리지 않았다.

'필라 2'가 안고 있는 훨씬 중요한 이론적 문제는 최종 투자자의 본국이 아니라 최종 모회사의 설립지국이 세금을 걷는다는 점이다. 최종 모회사라고 했지만 회사만이 아니라 파트너십이나 신탁 같은 투시단체나 투시 대상 기업형태도 포함한다. 미국의 투자자나 다른 선진국 투자자가 우리나라 법인이나 조합기업, 동업과세 단체를 거쳐서 해외에 투자하는 사례가 얼마나 있을까? 역으로 가령 우리나라 투자자가 미국이나 일본을 거쳐서 해외에 투자하는 사례는 아마 더 많을 것이다.

'필라 2'는 각국의 법인세 내지 최저한세 과세표준 계산에도 영향을 미칠 것이다. 소득산입 대상인지 아닌지를 피지배외국법인 하나하나를 놓고 판단하므로 국내법에 따른 과세표준 계산이 기업회계와 차이가 크면 뜻밖에 모법인 거주지국에서 과세대상이 될 가능성이 생긴다. 결국 과세소득의 계산에 관한 법규정을 정비해서 국제회계기준에 맞추든가 '필라 2'의 내용 그대로 최저한세를 계산하도록 하는 결과가 생길 것이다. 다시 더 길게는 미국은 국제회계기준을 미국세법에 맞추어 뜯어고치려 할 것이고 아마 거의 다 성공하리라.

(10) 전　망

'필라 2'가 과연 전세계적 규범으로 자리잡을지는 아직 불분명하다. 관건은

268) 미국 재무부 규칙 1.901-2(c)(1).

269) B. Arnold, The Evolution of Controlled Foreign Corporation Rules and Beyond, Bulletin for International Taxation(2019), 631쪽, 특히 644쪽.

다시 미국이다. 2025년 1월 현재 EU를 비롯하여 다수 OECD 국가와 싱가포르, 스위스, 버뮤다 등 주요 저세율 국가와 조세피난처들이 '필라 2'를 자국 실정에 맞도록 도입하여 일단 추동력을 얻기는 했다. 그러나 애초 '필라 2'의 주창자이자 그 영향을 가장 많이 받는 미국은 아직도 GILTI 세제를 OECD 글로벌최저한세 기준에 맞추지 않고 있다.[270] 신흥 경제권에서 가장 중요한 중국과 인도[271] 역시 필라 2 도입 움직임이 없다. 애초 '필라 2' 논의 과정에서 각국은 '필라 2'의 소득산입규칙이 GILTI와 똑같지는 않지만 근본적으로 비슷하고 '필라 2' 합의 전에 GILTI가 먼저 있었으니 몇 가지만 손보면 그냥 같다고 쳐주기로 했었는데….[272] 현재 OECD는 GILTI 세제를 '통산형(通算型) 피지배외국법인 세제'(blended CFC regime)로 분류하고,[273] 이에 따라 간편한 방식으로 미국이 걷은 GILTI 세금을 국별로 소재한 CFC에 대해 배분해 주나, 어디까지나 이는 한시적인 방법이다.[274]

2022년 8월 미국은 "Inflation Reduction Act"(IRA)를 입법했다. 이 법은 미국법인(외국법인의 미국 자회사, 곧 미국에 있는 중간 모회사를 포함)의 연결재무제표상 소득(일정한 수정을 가한 것이다. adjusted financial statement income)에[275] 15% 최저한세(CAMT)를 매긴다. 해외 자회사의 소득에 대한 소재지국의 법인세가 최저한세에 못 미치면 적극적 소득이라 하더라도 최저한세를 물린다. CAMT가 '필라 2'의 소득산입규칙(IIR)에 해당하는지에는 회의적인 시각이 강하다.[276] 해당하지 않는다면 미국계 기업의 해외 자회사 소재지국이 소득산입보완규칙(UTPR)을 활

270) 2022년 민주당의 Build Back Better Act에서 GILTI세에 대해 세율을 인상하고(15.015%), 전 세계 통산방식(globally blended regime)에서 국가별 계산방식으로 변경하는 등 Pillar 2와 부합하는 방향으로 개정을 시도하였으나 채택되지 못하였다.

271) 인도의 사정에 대해서는, Aditya Hans et als, India and the two-pillar solution: the road ahead, 2024. 8. 16. https://www.internationaltaxreview.com/article/2dmy2lhwi8la8dmbp6gw0/sponsored/india-and-the-two-pillar-solution-the-road-ahead.

272) OECD/G20 선언.

273) CFC 세제에 따라 CFC 주주 기업이 낸 세금은 해당 CFC(구성기업)에 배분된다. Pillar 2 모델법안 제4.3.2(c)조, 국조법 시행령 제111조 제1항 제5호.

274) OECD, Administrative Guidance on the Global AntiBase Erosion Model Rules (Pillar Two), 2023. 2. 2. 67~68쪽. 이러한 방식은 2025. 12. 31. 이전 개시되는 사업연도부터 적용되나 2027. 6. 30. 이후 종료되는 사업연도는 포함하지 않는다.

275) 직전 3년간 평균 연결 소득이 10억 달러를 넘는 경우 적용되며, 외국 다국적기업의 미국 자회사(연결기준, 미국 내 사업소득도 포함)는 1억 달러 초과 시 적용된다.

276) A. Rifaat, "Inflation Reduction Act Raises Pillar 2 Hopes and Concerns", Taxnotes, 2022. 8. 18.

용한 과세를 할 수 있다. 미국에 있는 중간 모회사에 대한 CAMT가 QDMTT에 해당하는가라는 문제도 있다. 해당하지 않는다면 상위 모회사 소재지국은 IIR 과세를 할 수 있다. 이런 문제가 생기는 가장 큰 이유로는, CAMT는 그룹 전체의 연결이익에 대한 과세이지만 '필라 2'는 국별로 계산된 이익을 기준으로 한다는 것을 들 수 있다. 적용대상 법인의 범위 역시 CAMT가 훨씬 좁다.

'필라 2'의 합의 당시에는 미국이 자국법을 '필라 2'에 맞춘다는 전제가 있었지만 바이든 행정부는 그 약속을 못 지켰다. 그동안 드러난 사정 가운데 우선 법적·기술적 시비로 미국은 외국납부세액 공제든 GILTI든 CAMT든 '전세계 통산'(global blending) 방식을 쓰고 있어서 IIR의 '국별 계산'(jurisdictional blending) 방식과 맞추기가 어렵다는 문제가 있다. 실질적으로 중요한 이유는 '트럼프 1기' 이래 미국 내 일자리를 늘리는 것이 공화당뿐 아니라 민주당에게도 결정적으로 중요한 정책 목표가 되었다는 것이다. 미국 정치권의 표현으로는 '필라 2'가 미국의 과세고권(課稅高權, tax-writing authority)을 침해한다는 것이다.[277] 세금에 관한 조약이 과세고권을 제약하는 것이야 당연하지만(기실 'BEPS 기획' 등 OECD의 최근 행보는 늘 이런 측면을 포함하고 있었다) 실상 이 주장의 구체적 내용은 미국 국내법에 따른 연구개발(R&D) 세액공제 등 자본 유치책이 허사로 돌아간다는 것이다. 정치적 결정타는 세 번째 이유로, 미국계 기업에 미국이 IIR 세금을 안 물린다고 해서 중간모회사 소재지국이 UTPR 세금을 물린다는 것은 그 자체로 미국에 대한 도전이라 여기는 우월 의식. 미국 하원은 UTPR을 미국 기업에 대한 역외 과세 또는 차별적 과세라고 하면서 강력한 보복과세 입법안을 내놓고[278] OECD에 항의서한도 보냈다.[279] OECD는 미국 등 아직 필라 2를 제대로 도입하지 않은 국가들과 필라 2 자체의 이행 부담에 따른 준비 기간을 고려하여 이른바 '전환기 적용면제'(transitional safe harbor)를 시행 중이지만,[280] 이 기간이

277) 미국 상원 재정위원회 공화당 의원들이 재닛 옐런(Janet Yellen) 재무장관에게 보낸 2022. 2. 16.자 서한에 필라 2에 대한 공화당의 반대 입장이 분명히 나타나 있다. https://www.finance.senate.gov/imo/media/doc/finance_republicans_oecd_follow-up.pdf.

278) 미국 하원 세입세출위원회 제이슨 스미스(Jason Smith) 의장 보도자료, "Ways and Means Republicans Introduce Bill to Combat Biden's Global Tax Surrender", 2023. 5. 25.

279) OECD에 송부된 2024. 9. 17.자 미국 하원 의장, 세입세출위원장 등 명의 서한은 미국세법의 입법은 하원에서 비롯되며 OECD의 국제조세합의는 미국세법을 대체할 수 없다고 한다. https://waysandmeans.house.gov/wp-content/uploads/2024/09/U.S.-House-Letter-to-OECD.pdf

280) 어느 국가에서 국가별보고서에 따른 총수익금액이 1천만 유로, 세전손익금액이 1백만 유로보다 작거나(소액 요건), 실효세율이 일정 비율(15~17%) 이상이거나(실효세율 요건), 세전소익금

끝나면 필라 2에 합치하지 않는 미국 제도로 인해 결국 미국 다국적기업이 다른 나라에서 UTPR로 추가 과세되는 (재앙적?) 결과를 초래할 수 있다. 여기에 얽혀 이미 미국 밖에서도 UTPR 과세가 기존의 조세조약과 어긋난다는 논란이 있고[281] 필라 2가 투자조약(bilateral investment treaty)[282]에 어긋난다는 시비 역시 있다.[283]

중국이 '필라 2' 체제 내로 안 들어온 상황에서 미국이 IIR 과세를 한다면 해외 경쟁에서 밀리리라는 염려도 있다. 중국판 GAAF 기업으로 불리는 알리바바, 바이두 등 많은 다국적기업들의 최종모기업(Ultimate Parent Entity)은 중국이 아닌 케이먼 제도, 영국령 버진아일랜드(BVI) 등[284] 조세피난처에 거주지를 두고 있다.[285] 중국 자본이 조세피난처를 활용해서 조세회피를 감행하는 것은 중국 정부의 의도적 묵인 없이는 생각하기 힘드니, 아마도 중국 기업들의 국제 경쟁력을 강화하겠다는 정책적 의도가 있으리라.[286] 현재로서는 중국이 '필라 2'에

액이 실질기반제외소득금액의 합계보다 작거나 같은 경우에(초과이익 요건), 추가세액(top-up tax)을 0으로 본다(2026년 12월 31일 이전에 개시하고 2028년 6월 30일 이전에 종료하는 각 사업연도). 아울러 명목 법인세율이 20% 이상인 최종모회사 소재지국에 대해서는 UTPR 적용을 면제할 수 있다(2026년 12월 30일 이전 종료하는 사업연도). 국조법 제80조, 같은 법 시행령 제138조.

281) UTPR은 외국 거주자인 구성기업의 소득에 대해 단지 국내 관계기업이 있다는 이유로 과세함으로써 조세조약 제7조 제1항(고정사업장 사업소득 과세), 제9조(이전가격 과세), 제24조 제5항(외국인투자법인 차별금지)의 위반이 될 수 있다는 주장이다. 대표적으로, Jinyan Li, "The Pillar 2 Undertaxed Payments Rule Departs From International Consensus and Tax Treaties, Taxnotes Federal", 2022. 3. 21.; Reuven S. Avi-Yonah, "The UTPR and the Treaties," Tax Notes Int'l, 2023. 1 2. 이에 대한 반론으로, Allison Christians & Stephen Shay, "The Consistency of Pillar 2 UTPR With U.S. Bilateral Tax Treaties", Taxnotes, 2023. 1. 23.

282) 제2장 제1절 Ⅰ.1.

283) 현실적인 예로, 어느 국가의 '경제특별구역'(special economic zone)에 입주한 외국인 투자기업에 대한 조세특례 등이 QDMTT 적용으로 조기에 종료되는 경우 이는 투자조약의 공정·공평대우(fair and equitable treatment) 위반이 될 수 있고, UTPR의 경우도 과세대상 구성기업에 대한 과세 연계점(nexus)이 전혀 없는 상태에서 과세하는 것이므로 '수용'(expropriation)에 해당할 수 있다는 것이다. 상세한 논의는, Błażej Kuźniacki, "Pillar 2 and International Investment Agreements: 'QDMTT Payable' Seals an Internationally Wrongful Act", Taxnotes, 2023. 10. 9.; UNCTAD의 보고서로, "THE GLOBAL MINIMUM TAX AND INVESTMENT TREATIES: EXPLORING POLICY OPTIONS", IIA Issues Note, 2023. 11월.

284) 케이먼과 BVI는 아직 필라 2 입법 계획이 없다.

285) Noam Noked & Jingyi Wang, "Chinese companies in tax havens", Journal of International Economic Law, Vol. 27, Issue 3, September 2024, p. 529

286) Reuven S. Avi-Yonah, "Where Is China Now on Pillar 2?", Tax Notes International, 2024. 10. 11.

가입하지 않더라도 중국 다국적기업들이 '필라 2'의 추가과세에 노출될 가능성은 적다. 가령 중국이 IIR을 도입한다고 해도 중국이 자국계 다국적기업의 최종 모기업 소재지가 아니므로 케이먼 제도에 유보된 소득에 추가과세할 가능성이 없다. 법인 소득에 과세하지 않는 케이먼 제도가 과세할 리도 물론 없다. 제3국에 자회사나 고정사업장이 없다면 UTPR로 과세될 가능성도 낮은데, 실제로 대개 현재의 중국계 다국적기업은 그러한 형태라고….[287)]

4. 트럼프 2.0, 그리고 UN의 등장

2025년 1월 20일 미국 대통령으로 다시 취임한 트럼프는 그와 동시에 기후변화에 관한 파리 협정 재탈퇴, 세계보건기구(WHO) 탈퇴, 여러 국가(캐나다, 멕시코, 중국)에 대한 관세인상 조치(또는 협박) 등 미국 중심의 일방주의 정책을 거침없이 발표하였다. 이와 함께 트럼프는 국제조세에 관한 두 개의 '행정명령'(Memorandum)을 내렸다.[288)] 이 행정명령은 바이든 행정부가 그 동안 참여해 온 필라 1, 2 논의 결과를 모두 부정하고 미국의 국익에 반하는 외국의 어떤 조세관련 조치에 대해서도 관세 및 그 밖의 조세 등 가용한 모든 대응조치를 취하겠다는 선언이다. 미국, 더 정확히는 국회와 행정부를 장악한 미국 공화당으로서는 미국 기업의 경쟁력과 일자리 창출에 방해가 되는(또는 된다고 생각하는) 어떠한 국제조세 규범도 허용하지 않겠다는 뜻이리라. OECD가 지난 십 여 년 동안 BEPS 1.0과 2.0 작업을 진행하면서 줄곧 강조해 왔던 "세계적 문제는 세계적 해결책을 요한다"(Global problem requires global solution)는 명제는 힘을 잃고 다시 미국과 비(非) 미국 간 싸움으로 돌아온 것이다. 그런데 미국 외 국가들도 크게 선진국과 개도국으로 입장이 갈라진다. 그동안 OECD가 IF라는 이름으로 OECD 외 개도국들을 포괄하는 국제조세 협의체를 만들어 지금까지 끌고 왔지만, 필라 1, 2에 관해 내놓은 수백, 수천쪽의 보고서, 조약 문안, 주석서, 행정지

287) Reuven S. Avi-Yonah, 앞의 글, p. 428.

288) 하나는 OECD의 '글로벌 조세합의'(Global Tax Deal)에 대하여, 1) 이전 바이든 행정부가 OECD 글로벌 조세합의와 관련하여 한 모든 약속이 미국 내에서 무효임을 OECD에 통보하고, 2) 재무장관과 '미국 무역대표'(USTR)는 미국 조세조약에 위반하거나 미국 기업에 역외 과세, 또는 차별적 과세 조치를 하는 외국 세법 규정을 조사하고 이에 대응하는 조치를 마련하여 60일 내에 보고하도록 명령한다. 다른 하나는 '미국 우선 통상정책'(America First Trade Policy)으로, 미국세법 제891조에 따라 재무장관이 상무장관 및 미국 무역대표와 협의하여 미국 시민이나 기업에 대한 외국의 차별적, 또는 역외 과세를 조사하도록 명령한다.

침 등은 국제조세 전문가를 자처하는 이들조차도 적시에 제대로 소화하기가 어렵다는 점을 감안하면, 대부분의 개도국들은 그저 IF라는 협의체에 이름만 빌려주는 신세일 뿐이다.

이러한 현실에 불만을 가진 개도국들은 아프리카 그룹의 주도 하에 "Global South"라는 이름으로[289)]아예 BEPS 논의의 장을 UN으로 바꾸려고 시도하고 있다.[290)] 몇 년간의 논의를 거쳐 현재 UN 차원에서는 '지속가능한 개발'을 목표로, 조세 및 이와 관련된 문제를 다루는 포용적이고 효율적인 '국제조세협력 체제를 설립하기 위한 기본협약'(United Nations framework convention on international tax cooperation)을 체결하기 위해 작업 중이다. UN의 논의는 OECD/IF와[291)] 중복된다는 OECD, EU, 미국의 강력한 견제에도 불구하고, 다수결 원칙이 지배하는 UN 총회 결의에 따라 진행되고 있는데,[292)] 2025년~2027년 간 정부 간 협의를 통해 기본협약과 이에 딸린 2개 의정서(protocol)를 채택할 예정이다. 2025년 1월 공개된 기본협약 논의를 위한 '위임 사항'(terms of reference) 초안을 보면, 기존 OECD/IF가 주도해 온 BEPS 논의의 대안으로 개도국들의 이해관계를 선명하게 반영하는 내용의 국제조세 실체 및 절차 규범을 위한 작업임을 명시하고 있다.[293)] 위 초안에 따르면 UN의 기본협약에는 다국적기업에 대한 공평한 과세권의 배분, 고액 자산가의 조세회피 문제 해결과 실효적인 과세, 지속가능한 개발을 위한 국제조세협력, 조세행정 상호 지원, 분쟁의 효과적 예방과 해결 등에 대한 내용들이 들어가 있다. 기본협약에 딸린 의정서는 우선 디지털 화(化)된 글로벌 경제의 국경 간 서비스 제공에 대한 소득과세 문제를 다루고,[294)] 다른 하나

289) 과거 UN에서 G77로 불리던 개도국 그룹이 이름을 바꾼 것이다. "Global South"의 실질적인 리더는 중국, 인도, 브라질, 남아공 등 BRICS 국가들이다.

290) 간단한 배경 설명으로, United Nations, "The global South and new international tax architecture: The quest for development finance", 2024 Trade and development report, Chapter V, https://unctad.org/system/files/official-document/tdr2024ch5_en.pdf. UN 주도의 국제조세체제를 지지하는 입장으로, Yariv Brauner, "A UN Dawn For The International Tax Regime", Intertax, Vol 52, Issue 2, 2024, pp. 100~103.

291) OECD/IF란 백몇십 국가가 OECD의 산하 조직이라는 희한한 구조. 제2장 제1절 Ⅰ. 3.

292) 가장 최근 결의로, 78/230 of 22 December 2023 on the promotion of inclusive and effective international tax cooperation at the United Nations.

293) UN General Assembly, Terms of reference for a United Nations Framework Convention on International Tax Cooperation, A/AC.298/2, 2025. 1. 16. 한편, 트럼프 행정부는 2025. 2. 4. 미국이 UN 기본협약 논의에서 철수한다고 UN에 통보하였다.

294) UN 모델조약(2021년)은 자동화된 디지털 서비스(Automated Digital Services)에 대해 원천지국

는 디지털 경제의 과세, 불법자금세탁 대응 과세조치, 조세분쟁 예방 및 해결, 고액자산가 조세회피 대응 등 4가지 주제 중에서 그 논의 대상을 정할 것으로 예정하고 있다.

이런 상황을 국제정치적 관점에서 보자면 기존 BEPS 2.0 논의를 모두 부정하는 미국, BEPS 2.0 논의를 마무리하려는 EU 등 나머지 선진국, 미국・EU가 주도해 온 OECD 논의의 판을 깨고 UN이라는 새로운 틀에서 개도국들의 이해관계를 관철하려는 "Global South"가 각각 다른 입장에서 자본유치 경쟁과 세수 싸움을 벌이고 있는 것이다. 결국 지난 100여 년간 느슨한 형태로 미국과 OECD 선진국들의 암묵적 동조 하에 그럭저럭 현상 유지를 해 온 국제조세 질서가 밑바닥에서부터 흔들리고 있는 양상이다.[295)]

트럼프의 행정명령에 따라 미국이 필라 2와 디지털 서비스 세 등에 대한 대책으로 관세 및 조세 조치들이 실행되어 조세와 무역이 얽힌 복잡한 경제 전쟁이 정말로 벌어질 것인가? 당장 미국 국회는 2025년에 GILTI, FDII 등 2017년 트럼프 세제 개편과 관련된 법개정(TCJA) 중 주요 국제조세 제도의 연장 방식을 결정해야 한다.[296)] 파국을 피하기 위해 OECD와 EU 등 선진국들이 미국의 입장을 최대한 반영하는 선에서 기존 필라 2의 합의 내용을 미국의 세법 개정에 맞추어 수정하고 타협점을 모색할 가능성이 있다. 그것만으로 갈등이 봉합된다는 보장은 없다. 개도국들이 주도하는 UN 국제조세협력 논의의 진행 양상에 따라서는 디지털 경제 과세를 포함한 향후 국제조세 질서의 주도권을 두고 선진국 대 개도국 간 대립이 본격화될 수도 있다. '개도국'이라는 수많은 나라들도 물론 이해관계가 제각각이겠지만, 이제는 '선진국'이라도 해도 '미국 우선'을 내세우는 미국과 다른 나라들의 입장은 극명하게 갈리니 그러한 대립의 양상은 정말로 단순하지가 않으리라.

과세권을 인정하는 제12B조를 신설하였다.

295) 국제조세질서에 대한 개괄적 논의로, 김정홍, "국제조세질서의 현황과 전망 - BEPS를 중심으로-", 「BFL」(2023. 3.), 서울대학교 금융법센터, 108~121쪽.

296) TCJA 규정상 GILTI 세율(10.5%)은 2025년 말까지 적용되고 그 이후 개시하는 사업연도부터 13.125%가 적용된다. FDII는 13.125%의 세율로 2025년 말까지 적용되고 그 이후 개시하는 사업연도부터 16.4%가 적용되도록 예정되어 있다.

5. 어디로 가는가?

복잡·착잡하고 앞을 내다보기 힘든 어지러운 논의였지만 그 정도로 해 두고, 이제 다시 원래의 논의로 돌아와 보자. 결국 조세피난처의 개념 내지 피지배외국법인 세제의 적용범위는 각국 및 각 정파의 이해관계와 힘에 따라 변동하는 정치적 개념이다. 좁은 뜻의 조세피난처, 그러니까 영국의 식민지에서 비롯한 인구 몇 십만 짜리 섬나라나 리히텐쉬타인 등의 운명은 어떻게 되는 것일까? 얼핏 보면 미국의 GILTI세나 글로벌 최저한세는 자본 유출을 억제해서 일자리를 확보하면서도 글로벌 최저한세로 자국계 다국적기업의 해외 경쟁력을 확보하는, 두 마리 토끼를 다 잡는 전략처럼 보인다. 이 구조에서는 조세피난처란 꼭 필요하지는 않다.[297] 정보 투명성을 확보하는 편이 이 전략을 구사하는 데 오히려 도움된다고 얼핏 생각할 수도 있다. 그러나 조세피난처의 역사를 되짚어보면 문제가 그렇게 간단하지 않다. 자본 유출을 억제하자는 생각은 외국 자본을 유치하자는 생각과 본질적으로 같다. 일단 백몇십 년 역사가 보여주는 바는 미국이든 어느 나라든[298] 자국 세금을 면제해서라도 자본조달 비용을 낮추는 전략을 취했다. 외국 자본에 대한 세금을 줄여주자면 그 기본은 당연 다른 나라가 걷을 세금을 줄이는 것부터 시작한다. 자국 세금조차도 줄인다면 다른 나라의 세금을 줄이자는 노력을 하는 것이야 너무나 당연하다. 다른 나라, 그러니까 전주의 본국이 걷을 세금을 줄일 길은 무엇인가? 전주 신원을 감추어주는 것이 최선의 길이다. 이 상황은 지금도 여전하다. 그렇다면 조세피난처는 온존될 것인가? 일단 도널드 트럼프의 출현 이후 미국만이 아니라 유럽 등 여러 나라에서 탈 세계화(deglobalization), 보호무역주의를 기치로 미숙련 노동자가 자본 내지 전통적 보수 세력과 정치적으로 연합해서 집권하는 현 세계 정세가 지금처럼 이대로 지속된다면 아마도 조세피난처가 그대로 보존될 가능성이 높다. 조세피난처 따위 어떻게 본다면 잘고 잔 문제도, 세계 자본주의나 국제 정치체제의 운명이라는 크디 큰 문제의 단편이라는 말이다.

297) 실제 버뮤다, 바하마, 바베이도스, 지브롤터, 저지, 리히텐슈타인 등 조세피난처들이 적격국내최저한세(QDMTT)를 중심으로 필라 2를 도입하였거나 도입중에 있다. 자국에서 과세하지 않으면 다른 나라에 과세권이 넘어가기 때문이다.

298) 중국이 과거 미국의 길을 따라가고 있다.

판 례 색 인

1. 국내 판례

[대법원]

[고등법원]

[행정법원]

[헌법재판소]

2. 국외 판례 등

[미국]

[미국 행정해석]

[캐나다]

[캐나다 행정해석]

[호주]

[영국]

[아일랜드]

[프랑스]

[독일]

[네덜란드]

[이탈리아]

[노르웨이 행정해석]

[체코]

[유럽법원]

[인도]

[남아프리카 공화국]

[일본]

[ICSID]

사 항 색 인

[ㄱ]

[ㄴ]

[ㄷ]

[ㅁ]

[ㅂ]

공저자 약력

이창희

공인회계사, 미국변호사
서울대학교 법과대학 졸업
미국 하버드대학교 법학석사
미국 하버드대학교 법학박사
(현) 서울대학교 법학전문대학원 교수
(전) 하버드대, 뉴욕대, 도쿄대 교수(Visiting Professor)

김정홍

미국변호사
서울대학교 법과대학 졸업
미국 조지워싱턴대학교 법학석사
서울대학교 법학전문박사
(현) 법무법인(유) 광장 외국변호사/기획재정부 세제발전심의위원(국제조세)
(전) 서울시립대 세무전문대학원 겸임교수
기획재정부 국제조세제도과장
대법원 재판연구관(조세조, 전문직)

윤지현

변호사
서울대학교 법과대학 졸업
서울대학교 법학석사
미국 조지타운대학교 법학석사
서울대학교 법학박사
(현) 서울대학교 법학전문대학원 교수
(전) 법무법인 율촌 변호사

제4판

국제조세법

초판발행 2015년 1월 15일
제4판발행 2025년 6월 25일

지은이 이창희·김정홍·윤지현
펴낸이 안종만·안상준

편 집 이승현
기획/마케팅 조성호
표지디자인 Benstory
제 작 고철민·김원표

펴낸곳 (주) 박영사
서울특별시 금천구 가산디지털2로 53, 210호(가산동, 한라시그마밸리)
등록 1959. 3. 11. 제300-1959-1호(倫)
전 화 02)733-6771
f a x 02)736-4818
e-mail pys@pybook.co.kr
homepage www.pybook.co.kr
ISBN 979-11-303-4973-2 93360

정 가 49,000원